CLIE

DICCIONARIO

DE

PROFECÍA

y

ESCATOLOGÍA

CLIE

DICCIONARIO DE PROFECÍA *y* ESCATOLOGÍA

Rigoberto Gálvez A.

EDITORIAL CLIE
C/ Ferrocarril, 8
08232 VILADECAVALLS
(Barcelona) ESPAÑA
E-mail: clie@clie.es
http://www.clie.es

© 2024 por Rigoberto M. Gálvez Alvarado

«Cualquier forma de reproducción, distribución, comunicación pública o transformación de esta obra solo puede ser realizada con la autorización de sus titulares, salvo excepción prevista por la ley. Diríjase a CEDRO (Centro Español de Derechos Reprográficos) si necesita fotocopiar o escanear algún fragmento de esta obra (www.conlicencia.com; 917 021 970 / 932 720 447)».

© 2024 por Editorial CLIE. Todos los derechos reservados.

Diccionario de profecía y escatología
ISBN: 978-84-19055-77-4
Depósito legal: B 15504-2024
Referencia bíblica
Diccionarios y enciclopedias
REL006670

Impreso en Estados Unidos de América / *Printed in the United States of America*

24 25 26 27 28 TRM 9 8 7 6 5 4 3 2 1

Acerca del autor

El doctor Rigoberto M. Gálvez es un pastor y teólogo guatemalteco, casado. Posee los siguientes grados académicos: licenciatura en Teología por la Universidad Mariano Gálvez de Guatemala, maestría en Ciencias de la Comunicación (MSc), doctorado en Teología (ThD, PhD) otorgados por la Universidad Panamericana de Guatemala. Ha sido catedrático en el área de Teología Sistemática e Historia del cristianismo y ha formado parte de ternas examinadoras en las áreas de teología y humanidades en distintas universidades de Guatemala; asesor y revisor de varias tesis de licenciatura, maestría y doctorado. Se desempeña como rector del Seminario Bíblico Teológico de Guatemala —SETEGUA— desde 1992 a la fecha; forma parte del consejo doctoral del Consorcio de Seminarios de Latinoamérica —CONSELA—. En el ministerio pastoral sirve a tiempo completo desde 1987 al presente. Es copastor general de Iglesia de Jesucristo La Familia de Dios desde el año 1990 a la fecha. Es autor de varios libros y artículos publicados en España, Inglaterra, Argentina, México y Guatemala, entre otros: Teología de la comunicación, un acercamiento bíblico a los medios masivos de comunicación, publicado por la Editorial CLIE, Barcelona, 2001; Unidad y diversidad del protestantismo latinoamericano, junto a José Míguez Bonino y Juan Sepúlveda, publicado por la Editorial Kairós, Argentina, 2002; La obediencia de Jesús de Nazaret, modelo para la misión de la Iglesia, Ediciones Fortaleza, Guatemala, 2005; Para entender la teología; una introducción a la teología cristiana, CLIE, Barcelona, 2015; es uno de los varios autores del libro *The Reshaping of Mission in Latin American*, publicado en inglés por la Editorial Regnum Books International, Oxford, Inglaterra, traducido al portugués, y publicado en español por la Editorial CUPSA, México; Autocrítica a la religiosidad popular evangélica, CLIE, Barcelona, 2018; Cómo preparar y elaborar mejores sermones, CLIE, Barcelona 2020; Repensar la escatología, revisión crítica y propuesta, CLIE, 2023; Consejos para hablar bien en público, CLIE, Barcelona, 2023; El Espíritu Santo dador de vida y poder, pneumatología, un enfoque integrativo, Kerigma, Oregón, 2023.

Índice

La mejor manera de usar este diccionario ix

Abreviaturas xi

Prefacio xiii

Prólogo xv

Artículos A-Z 1

Índice general de artículos 799

Bibliografía 805

La mejor manera de usar este diccionario

A continuación, encontrará algunas sugerencias de cómo usar de manera efectiva este diccionario.

Abreviaturas
En páginas siguientes se encuentra la lista de abreviaturas empleadas en este diccionario.

Bibliografía
La bibliografía completa se encuentra al final de esta obra.

Entradas
La lista de entradas o artículos la encontrará en el *Índice general de artículos*, en orden alfabético para identificar los temas tratados y facilitar su búsqueda.

Explicación
De las diversas posturas proféticas y escatológicas.

Referencias
Se han empleado referencias cruzadas para establecer conexiones entre los diferentes términos.

Transliteración
Algunas palabras en griego y hebreo han sido escritas en su forma original, pero otras han sido transliteradas al castellano para mejor comprensión de los lectores.

Versiones de la Biblia
Las citas bíblicas han sido tomadas de diversas versiones descritas en la bibliografía.

Abreviaturas

Libros de la Biblia

Abd.	Abdías	2 Jn.	2. Epístola de san Juan
Am.	Amós	3 Jn.	3. Epístola de san Juan
Ap.	Apocalipsis	Job	Job
Cnt.	Cantar de los Cantares	Jon.	Jonás
Col.	Colosenses	Jos.	Josué
1 Co.	1. Epístola a los Corintios	Jue.	Jueces
2 Co.	2. Epístola a los Corintios	Jud.	Epístola de san Judas
1 Cr.	1. Libro de Crónicas	Lm.	Lamentaciones
2 Cr.	2. Libro de Crónicas	Lc.	Evangelio de san Lucas
Dn.	Daniel	Lv.	Levítico
Dt.	Deuteronomio	Mal.	Malaquías
Ec.	Eclesiastés	Mi.	Miqueas
Ef.	Epístola a los Efesios	Mr.	Evangelio de san Marcos
Esd.	Esdras	Mt.	Evangelio de san Mateo
Est.	Ester	Nah.	Nahum
Éx.	Éxodo	Neh.	Nehemías
Ez.	Ezequiel	Nm.	Números
Fil.	Epístola a los Filipenses	Os.	Oseas
Flm.	Epístola a Filemón	1 P.	1. Epístola de san Pedro
Gá.	Epístola a los Gálatas	2 P.	2. Epístola de san Pedro
Gn.	Génesis	Pr.	Proverbios
Hab.	Habacuc	1 R.	1. Libro de los Reyes
Hag.	Hageo	2 R.	2. Libro de los Reyes
He.	Epístola a los Hebreos	Ro.	Epístola a los Romanos
Hch.	Hechos de los Apóstoles	Rut	Rut
Is.	Isaías	Sal.	Salmos
Jer.	Jeremías	1 S.	1. Libro de Samuel
Jl.	Joel	2 S.	2. Libro de Samuel
Jn.	Juan	Sof.	Sofonías
1 Jn.	1. Epístola de san Juan	Stg.	Epístola de Santiago

1 Ti.	1. Epístola a Timoteo	1 Ts.	1. Epístola a los Tesalonicenses
2 Ti.	2. Epístola a Timoteo	2 Ts.	2. Epístola a los Tesalonicenses
Tit.	Epístola a Tito	Zac.	Zacarías

Otras abreviaturas

A.	Autor	LXX	versión griega del AT por los setenta
a.	año	NT	Nuevo Testamento
a.C.	antes de Cristo	p., pp.	página, páginas
art.	artículo	p. ej.	por ejemplo
AT	Antiguo Testamento	s., ss.	siguiente/s
ca	cerca hacia	s., ss.	siglo/s
cap.	capítulo	sept.	septuaginta
cf.	confróntese	vol., vols.	volumen, volúmenes
d.C.	después de Cristo	v., vv.	versículo, versículos

Biblias

BDMPE	Biblia de estudio del mensaje profético y escatológico, RVR, Editorial Clie, 2021.
DHH	Dios habla hoy, © Sociedades Bíblicas Unidas, 1966, 1970, 1979, 1983, 1996.
LBLA	La Biblia de las Américas 1986, 1995, 1997 por The Lockman Foundation.
LBR	La Biblia de la Reforma, Editorial concordia, España, 2014.
NBV	Nueva Biblia Viva, 2006, 2008 por Bíblica, Inc.
NTV	La Santa Biblia, Nueva Traducción Viviente, Tyndale House Foundation, 2010.
NVI	Santa Biblia, Nueva Versión Internacional NVI © 1999, 2015, 2022 por Bíblica, Inc.
PDT	Palabra de Dios para Todos 2005, 2008, 2012, 2015. Centro Mundial de Traducción de La Biblia 2005, 2008, 2012, 2015 Bible League International.
RVA-2015	Versión Reina Valera Actualizada, Copyright © 2015 por Editorial Mundo Hispano.
RVC	Reina Valera Contemporánea 2009, 2011 por Sociedades Bíblicas Unidas.
RVR1960	Reina-Valera 1960, Sociedades Bíblicas en América Latina, 1960. Renovado © Sociedades Bíblicas Unidas, 1988.
RVR1977	Reina Valera Revisada 1977 por Harper Collins Christian Publishing.
TLA	Traducción en Lenguaje Actual 2000 por United Bible Societies.

Prefacio

La Biblia es un libro de profecía; el contenido del cristianismo también es profecía (2 P. 1:19-21). Jesucristo, el rey y salvador del mundo, fundador del cristianismo, es el profeta mayor de Moisés (Dt. 18:18); y se reconoce, sin vacilaciones, que es el centro de la profecía bíblica. Vistas, así las cosas, la profecía bíblica es el hilo conductor desde Génesis (3:15) hasta Apocalipsis (1:3, 22). En forma paralela, la escatología recorre toda la Escritura como una doctrina que impregna toda la enseñanza judeocristiana. Esa verdad la han proclamado teólogos de gran reconocimiento: "La escatología no es solo tema de un capítulo particular de la dogmática, sino que determina la perspectiva para la totalidad de la doctrina cristiana" (Pannenberg, 2007); "El cristianismo que no sea totalmente y en su integridad escatología, no tiene nada que ver en absoluto con Cristo" (Barth, 1984). Expresó esta misma verdad en otro de sus escritos: "El cristianismo que no es plenamente y sin reservas escatología, no tiene con Cristo, plenamente y sin reservas, nada que ver" (Barth, 1998); "Mas, en realidad, escatología significa doctrina acerca de la esperanza cristiana, la cual abarca tanto lo esperado como el mismo esperar vivificado. En su integridad y no solo en un apéndice, el cristianismo es escatología... Lo escatológico no es algo situado al lado del cristianismo, sino que, sencillamente, es el centro de la fe cristiana..."; "La escatología debería ser no el punto final de la teología, sino su comienzo..." (Moltmann, 1981).

"La escatología no es exclusivamente un tratado teológico individual, o un apartado de la revelación y la fe cristianas. Abarca de manera precisa la totalidad que las agrupa. Por ello, todas las doctrinas de la Iglesia presentan una enérgica impregnación escatológica. Gira sobre ellas el vínculo de los misterios y todas ellas se reflejan entre sí" (Alviar, 2017).

La profecía y los eventos del futuro siempre han sido temas de interés desde el principio de la historia de la salvación. Llaman la atención por sus contenidos predictivos, de exhortación, notificación, petición, advertencia; unos referidos a eventos presentes, otros a eventos futuros sobre: el pueblo de Israel, las naciones extranjeras que le oprimen, la liberación que vendrá del Mesías, incluso, sobre el ministerio de la Iglesia, hasta la consumación del reino de Dios y la nueva creación de todas las cosas.

Surgió un despertar de la profecía en la Iglesia a finales del siglo XX e inicios del siglo XXI. De manera específica, el interés por la profecía bíblica y la escatología se aceleró a partir de la segunda guerra mundial, el fin del segundo milenio y la fundación del Estado de Israel en el año de 1948. Ha crecido, aún más, en las dos últimas décadas. Por ello, algunos teólogos, maestros, profetas, pastores y laicos siguen de cerca todo lo que acontece en el mundo.

DICCIONARIO DE PROFECÍA Y ESCATOLOGÍA

La escatología, que estudia los eventos del fin de la historia y lo que vendrá después, también ha cobrado relevancia a partir de los grandes y recientes eventos catastróficos: terremotos, sunamis, tormentas, ciclones, huracanes, guerras, pestes, aparecimientos de falsos cristos, eventos religiosos de interés mundial. Además, el surgimiento de grandes dificultades a nivel global: crisis sanitarias, alimentarias, económicas, ecológicas, guerras y nuevas ideologías contrarias al concepto de la ética cristiana… Ante ese panorama desalentador, la profecía y la escatología cristianas tienen respuestas para un mundo polarizado, sin esperanza, que ha caído en el mar de la confusión y para una Iglesia temerosa, dividida.

El futuro es incierto. La predicción de científicos, especialistas de diversas áreas, anuncian que vendrán eventos más dramáticos. Eso no es novedad para la Escritura, pues esta anuncia que mientras más se acerque el retorno del Señor, la intensidad de las catástrofes cósmicas, el aparecimiento de falsos ministros, la maldad, la perversidad, y las crisis de diversa índole, aumentarán.

Ante esas realidades, surge la necesidad de que se añada otra herramienta que ayude a comprender mejor la profecía y la escatología bíblicas; para interpretar mejor el cumplimiento de la Escritura, discernir los acontecimientos con propiedad, evitar caer en el error, la confusión, el miedo. Eso sí, se ha pensado que sea una herramienta para cristianos laicos; servidores y líderes eclesiásticos; estudiantes de teología y teólogos jóvenes; también pastores y evangelistas, que desean comprender mejor los tiempos que se están viviendo. Es aquí donde creo, con humildad, que tiene cabida este Diccionario de Profecía y Escatología que abarca los términos, vocablos, conceptos y temas relacionados con estas dos áreas centralísimas en toda la Biblia y la teología cristiana.

Las entradas han sido elaboradas para informar, con la mayor precisión bíblica y teológica posibles, las distintas concepciones, palabras; presentando, cuando amerita, distintas posturas sobre la comprensión de un mismo tema de profecía o de escatología. Cada vocablo o concepto se describe por separado desde la A hasta la Z para evitar que el lector busque dentro de los mismos contenidos, pero sí ofrece referencias cruzadas.

A medida que el lector consulte o se adentre en la lectura de los vocablos en los temas del diccionario y los medite, afianzará un conocimiento primordial, conociendo sobre la profecía y la escatología. Y como resultado, su fe crecerá, su esperanza se consolidará y el amor divino rebosará sobre él, pues confirmará que tiene un Dios Todopoderoso que gobierna los tiempos, los cumplimientos y revela que el bien triunfará definitivamente sobre el mal, por medio de la obra de Jesucristo y por el ministerio del Espíritu creador, dador de vida y poder. Tendrá la convicción de que Jesucristo, en la consumación de su reino, es el pleno cumplimiento de la profecía, es el *Éschaton*, el garante de la promesa y la bienaventurada esperanza de la resurrección de los muertos y la nueva creación de todas las cosas en la glorificación plena del Dios trino.

Rigoberto M. Gálvez, ThD. PhD.
Profesor de Teología Bíblica y Sistemática

Prólogo

En el mismo inicio de esta obra magna, su autor acertadamente nos dice que "la Biblia es un libro de profecía". Esto no solo se debe a que la mayoría de los múltiples libros que la componen son proféticos, sino también a que incluso los llamados libros históricos fueron entendidos por el pueblo de Israel como libros proféticos, y así figuran en su canon. Esto es así porque el fenómeno profético en Israel no se limita a la videncia del futuro, sino que es una vivencia de Dios dentro de la Alianza o Pacto, el marco que regula y define la religión y la sociedad de Israel. La Alianza es el acto por el cual Dios se compromete a cuidar y socorrer a su pueblo en los momentos de necesidad. A cambio, Dios exige amor, fidelidad y un comportamiento ético acorde a los valores que considera imprescindibles para llevar una vida social justa, honrada, respetuosa y solidaria. Estos principios básicos incluyen honrar a los padres, no robar ni codiciar los bienes del prójimo, no quitar la vida a nadie y mantener la verdad y la honradez en los juicios. Dios espera ver estos valores puestos en práctica, tanto a nivel individual como comunitario.

El profeta es aquella persona que contempla la realidad, abre los ojos ante la injusticia y los atentados contra los más vulnerables de la comunidad: los huérfanos, las viudas, los pobres y los extranjeros… (véase Éx. 22:22-23; Dt. 10:18; 27:19; Sal. 68:5; 103:6; 146:9; Is. 1:17; Jer. 49:11; Os. 14:3). Cuando el profeta ve estos males, y otros peores como la idolatría en la comunidad de la Alianza, se siente enardecido, dolido en su ser más profundo, y siente como Dios mismo entra en él mediante su Espíritu y le insta a hablar, a denunciar esas injusticias y los males incompatibles con un pueblo elegido llamado por Dios a ser santo. En la mayoría de los casos siente la profecía como una carga, un peso, una responsabilidad, un oficio ineludible de parte de Dios porque sabe que no va a ser bien recibido, todo lo contrario, será rechazado, perseguido, hasta el límite de la muerte. Monarquía, profetas oficiales, pueblo, unidos se levantan él verdadero profeta.

El pueblo en conjunto está seguro de la protección de Dios, cuentan con el Templo de Dios (Jer. 7:4), ofrecen sacrificios abundantes, ovejas, toros, bueyes (Is. 1:11-18; Jer. 6:20; Am. 5:22; Mal. 1:10; 1 S. 15:22; Pr. 15:8), ¿cómo no va estar Dios satisfecho con ellos? Los profetas del reino, que solo después de los eventos se revelarán falsos, se oponen a los profetas enviados por Jehová. A estos últimos se les acusa de ser negativos, desleales a la nación, agoreros y pesimistas. A pesar de ser despreciados, los profetas enviados por Dios denuncian a aquellos que confían en la multitud de ofrendas y sacrificios, pero que olvidan lo más importante y querido por el Dios de la Alianza: la justicia y la misericordia (Os. 6:6-7; Pr. 21:3).

Estos profetas son verdaderos no por ser reconocidos por el pueblo y las autoridades, sino por mantenerse fieles al espíritu de la Alianza, a pesar de toda oposición. Saben que, en algún momento, Dios los reivindicará. No son profetas porque vean el futuro en una bola de cristal, sino porque están en comunión con Dios y saben que Él no puede tolerar la idolatría y la injusticia que la acompaña. Dado que los sacerdotes del templo y los profetas de palacio no se alzan contra los crímenes cometidos en la ciudad santa, es el mismo Dios quien suscitará pueblos extranjeros para que funjan como emisarios de su ira contra el pecado y la injusticia. En este sentido, los profetas y sus escuelas son los verdaderos autores de gran parte de la literatura del Antiguo Testamento. El pueblo de Dios prospera cuando le es fiel y guarda la Alianza; en cambio, es arruinado y dispersado cuando la quebranta y olvida sus principios. Esta es la visión y el esquema teológico que se encuentra en los libros de Deuteronomio, Samuel, Reyes y Crónicas.

Además, el autor afirma que, de manera paralela a la profecía, la escatología impregna toda la Escritura como una doctrina fundamental en la enseñanza judía y cristiana. Agrega que esta verdad ha sido proclamada por teólogos de gran renombre. La escatología tiene que ver con la "esperanza" y está relacionada con la profecía, pues anuncia y apunta hacia un tiempo nuevo que está por llegar. En las últimas décadas, la escatología ha captado la atención de muchos estudiosos bíblicos, especialmente de corte adventista, quienes han visto en el inminente retorno de Cristo, el milenio, el 666 y los 144 000 (véanse los artículos correspondientes en esta obra) los temas centrales de su pensamiento, dando origen a un buen número de sectas.

La escatología, asociada al apocalipticismo (véase "Apocalíptica"), surge en tiempos de crisis y ansiedad social y política, apoderándose de la mente de muchos, quienes se dedican a construir sus propios esquemas de "teología ficción". No importan los fracasos, las interpretaciones erróneas o las falsas fechas propuestas como el inicio del fin del mundo, pues la escatología sigue suscitando gran interés. Por ello, es vital y espiritualmente necesaria una obra como la presente, que ofrezca orden y claridad en un campo plagado de especulaciones infundadas. Parafraseando al apóstol Pablo, podemos decir: "estudiaré con el espíritu, pero también con inteligencia". Esto es precisamente lo que el Dr. Gálvez pretende lograr en esta obra, con humildad y un riguroso enfoque bíblico, teológico y académico.

En este *Diccionario de profecía y escatología* se recogen todos los términos, vocablos, conceptos y temas relacionados con estas dos áreas centralísimas de la Biblia y de la teología cristiana: la profecía y la escatología. Todos y cada uno de los artículos que lo componen "han sido elaborados para informar, con la mayor precisión bíblica y teológica posibles, las distintas concepciones, palabras; presentando, cuando amerita, distintas posturas sobre la comprensión de un mismo tema de profecía o de escatología". El lector ya formado, como el que se incorpora a este campo de estudio, encontrará en cada artículo los temas y aspectos referidos a esta cuestión profético-escatológica con referencias cruzadas que hacen de esta obra una de las más completas y extensas en el mercado bíblico-teológico actual, con citas y análisis del pensamiento de los autores clásicos —Chafer, Pentecost, Ryrie, Carballosa, Lacueva y otros—, pero también de los teólogos más vanguardistas de nuestra época: Barth, Cullmann, Tillich, Pannenberg, Moltmann.

Una obra provechosa para leer y consultar. Agradecidos con el autor por el esfuerzo realizado.

Alfonso Ropero
En un lugar de La Mancha, 7 de junio de 2024.

ABDÍAS, LIBRO DE

El nombre "Abdías" es una transliteración del nombre en hebreo que se escribe אֹבַדְיָה, y se pronuncia "Obadyah". Significa "siervo de Yahvé" o "adorador de Yahvé". El nombre está compuesto por dos elementos: "ab" que significa "siervo" o "adorador" y "Yah" que es una abreviación del nombre de Dios Yahvé. Así, el nombre "Abdías", en hebreo, implica una conexión y dedicación al servicio y adoración a Dios (Schökel).

La identidad del autor llamado Abdías, su lugar de nacimiento y la fecha del libro, son las más inciertas de los profetas del Antiguo Testamento. Lo que sí está claro, en el texto, es que Abdías profetiza contra el reino de Edom, un pequeño reino establecido cerca al sureste de Judá.

Uno de los pecados abominables de Edom fue la traición. Durante la invasión babilónica de Judá en 588-586 a.C., Edom se alió con Babilonia para pelear contra Judá. Mientras Judá luchaba contra los poderosos babilonios, Edom incorporó porciones de tierra de Judá al enemigo, una acción reprochable ante los ojos del Señor.

El mensaje esencial de Abdías se centra en los siguientes temas: a) viene el día del Señor, el día del juicio final y la aplicación de la justicia; (b) los enemigos del Dios de Israel serán juzgados, el triunfo definitivo del Señor sobre los enemigos de su pueblo. Tal advertencia, queda ratificada en Abd. 1:15 con el anuncio de la llegada del día del Señor, en el que Edom y todos los enemigos de Israel recibirán la justa retribución por sus pecados; (c) habrá una restauración final de Israel, en contraste con la destrucción total de Edom, que tuvo lugar en el siglo V a.C., cuando los nabateos invadieron y destruyeron Edom.

La expresión *Ay, día de Yahvé*, fue acuñada por Abdías. Joel, Isaías y los profetas lo adoptaron de Abdías. El sentido originario de esa expresión: *Ay, día de Yahvé*, no es el día de juicio final escatológico, según Keil, sino el día en que Yahvé revela su majestad y su omnipotencia, de una manera gloriosa, para destruir a todos los poderes impíos y consolidar su reino. De aquí se pasó al sentido de día de juicio y de retribución que predomina en los anuncios proféticos, pero forma solo uno de los elementos de la revelación de la gloria de Dios, como aparece en nuestro pasaje. Esa expresión describe a Yahvé no solo juzgando a todas las naciones y tratándolas conforme a sus hechos (Abd. 1: 15, 16), sino anunciando la liberación de Sión (Abd. 1:17) e instaurando su reino (Abd. 1:21), (Keil). No se está refiriendo a la instauración del reino futuro de Dios y Cristo en la nueva creación de todas las cosas.

Lo distintivo de los anuncios proféticos de Abdías son los vaticinios, casi exclusivos, sobre el castigo de Edom por traicionar a Judá al unirse a los ejércitos invasores babilónicos. Es interesante que el libro de Abdías tiene un alto contenido profético. En sus veintiún versículos se encuentran diez predicciones que abarcan diecisiete versículos, lo que equivale a un 81% de versículos proféticos (BDMPE).

ABISMO

La palabra griega para "abismo" es ἄβυσσος (*ábyssos*), que se deriva de la combinación de los términos "a-" y "byssos". El prefijo "a-" en griego, generalmente, indica negación o ausencia, mientras que "byssos" se refiere a "profundidad". Por lo tanto, la etimología de ἄβυσσος sugiere la idea de algo sin fondo o de una profundidad insondable. En el contexto griego, ἄβυσσος se usa para referirse a un abismo o a una profundidad inmensa. Puede tener connotaciones de oscuridad, misterio y la idea de algo que es inalcanzable o incomprensible para el ser humano. A menudo, se utiliza en un sentido figurativo en la literatura griega para describir algo extremadamente profundo o insondable, tanto física como metafóricamente. También se puede referir al *mundo inferior, las regiones infernales* (Vine). Se le conoce también como el lugar de los perdidos. En Ro. 10:7, Pablo habla del abismo: "¿Quién bajará al abismo? esto es, para hacer que Cristo suba de entre los muertos". Es una clara referencia a las regiones inferiores como morada de demonios, de donde pueden ser soltados. Donde cobra más relevancia el abismo es en Apocalipsis, se encuentra en siete pasajes (Ap. 9:1; 2:11; 11:7; 17:8; 20:1-3). Es interesante que en el Antiguo Testamento y en el libro de Apocalipsis, el *abismo* también tiene una connotación negativa. Es un pozo sin fondo, como una profundidad de la nada que es muerte. Lugar donde están prisioneros los malos espíritus. Tiene la sugerencia de un lugar de destrucción. El rey que los dirigía era el ángel que proviene del abismo, que en hebreo se llama Abadón y en griego Apolión (Ap. 9:1), al igual que la Bestia que también surge del abismo (Ap. 11:7; 17:9). El ángel caído que ha provocado muchos males al mundo volverá a quedar encerrado juntamente con el Dragón, aquella serpiente antigua que es el diablo, llamado Satanás.

Al final, acontece el desenlace con la descripción del lago de fuego y azufre, el cual es la muerte segura y eterna para las Bestias, el Dragón y los que no aparecen escritos en el libro de la Vida del Cordero (Gálvez).

ABOMINACIÓN DESOLADORA

La expresión "abominación desoladora" se narra en Daniel y en Mateo: "…y el pueblo de un príncipe que ha de venir destruirá la ciudad y el santuario; y su fin será con inundación y hasta el fin de la guerra durarán las devastaciones… después con la muchedumbre de las abominaciones vendrá el desolador, hasta que venga la consumación, y lo que está determinado se derrame sobre el desolador" (Dn. 9:26b-27); "Por tanto, cuando veáis en el lugar santo la abominación desoladora del que habló el profeta Daniel (el que lee, entienda)" (Mt. 24:15). En este último pasaje, Jesús hace alusión a la abominación desoladora descrita en Daniel. Algunos intérpretes afirman que fue una profecía del Señor para otra abominación desoladora futura que ocurriría en un templo judío reconstruido en Jerusalén; amplían que esa profecía la cumplirá el anticristo, argumentando que lo ocurrido con Antíoco Epífanes no sucedió exactamente como lo profetizó, porque no confirmó un pacto con Israel por siete años. La razón es que, según tales intérpretes, el anticristo establecerá un pacto con Israel por siete años, pero a la mitad de los siete años lo quebrantará. Agregan que ocurrirá una profanación al convertir el templo físico en un lugar de adoración para el anticristo. Eso lo consideran como una "abominación". Dicho evento será una señal de que es el principio de los tres años y medio antes de la Gran Tribulación y del regreso inminente del Señor. Citan el siguiente versículo para reafirmar la Segunda venida apremiante: "Velad, pues, en todo tiempo orando que seáis tenidos por dignos de escapar de todas estas cosas que vendrán y de estar en pie delante del Hijo del Hombre" (Lc. 21:26).

Otros exégetas argumentan que, el intento de conectar los textos citados, no tienen correspondencia con una interpretación exacta; pues se ajusta el concepto del anticristo, el pacto y su quebranto posterior, el cese de los sacrificios, la abominación desoladora defendida; defienden la enseñanza que no es el anticristo quien confirma el pacto, sino Cristo es quien confirma tal pacto. Luego con su muerte en la cruz cesan los sacrificios porque son innecesarios, como lo describe toda la Carta a los hebreos. Para sostener su postura, afirman que la abominación desoladora es lo que señala, de manera clara y directa, el Evangelio de Lucas en el pasaje paralelo de Mateo que se refiere a ella. Comparemos los dos textos: "[15] Por tanto, cuando veáis en el lugar santo la abominación desoladora de que habló el profeta Daniel (el que lee, entienda), [16] entonces los que estén en Judea, huyan a los montes. [17] El que esté en la azotea, no descienda para tomar algo de su casa; [18] y el que esté en el campo, no vuelva atrás para tomar su capa" (Mt. 24:15-18); "[20] Pero cuando viereis a Jerusalén rodeada de ejércitos, sabed entonces que su destrucción ha llegado. [21] Entonces los que estén en Judea, huyan a los montes; y los que estén en medio de ella, váyanse; y los que estén en los campos, no entren en ella. [22] Porque estos son días de retribución, para que se cumplan todas las cosas que están escritas" (Lc. 21:20-22).

Según este enfoque, con base en el principio de interpretación *Scriptura Scripturae Interpres* (la Biblia se interpreta a sí misma), característico del método hermenéutico de las iglesias protestantes, la evidencia es clara. Lucas interpreta el pasaje de Mateo, aclarando que la abominación desoladora son los ejércitos que rodean a Jerusalén para destruirla, y aseguran que esa abominación desoladora ya tuvo cumplimiento parcial en el año 70 d.C. con los ejércitos romanos, pero el cumplimiento total de la abominación desoladora será en la Gran Tribulación final en la cual los ejércitos descritos son los ejércitos de los países árabes que rodean hoy a Jerusalén y que están mencionados con nombres antiguos en el Salmo 83:4-8: "Ellos dicen: destruyámoslos por completo, que se olvide para siempre el nombre de Israel. Toda esta gente se reunió para conspirar y han hecho un pacto contra ti: *Edom*, los *ismaelitas*, *Moab* y los descendientes de *Agar*, *Gebal*, *Amón*, *Amalec*, los *filisteos* y los que viven en *Tiro*. Hasta *Asiria* se unió a ellos y les dio armas a los descendientes de Lot". Es muy posible que estos países reciban ayuda de otros países poderosos.

Vistas así las cosas, la abominación desoladora se cumplió en parte en la invasión armada de Jerusalén a cargo del general Tito en el año 70 d.C., y se cumplirá plenamente en el futuro con la invasión de los países descritos en el párrafo anterior.

ABRAHAM

Personaje destacado en la Escritura por ser el sujeto referente profético de la formación del pueblo de Israel; quien mediante un pacto con el Dios Todopoderoso se convirtió en el padre de la nación de Israel a través de Isaac y Jacob. También es un sujeto concerniente de la fe salvadora antes de la ley de Moisés y después de esta. Su fe y su obediencia abrieron puerta grande de salvación a todas las familias de la tierra. Hombre escogido y llamado por Dios para que fuese el padre de la simiente que traería salvación para todas las naciones y la creación misma.

Su vida, carácter, fe, obediencia, abrieron el camino de la regeneración a judíos y gentiles. Abraham es el punto de partida, humana y proféticamente hablando, de la Iglesia, la cual sería formada por hombres y mujeres de toda lengua, raza y nación. Su vida y peregrinaje son una profecía andante. Originario de la ciudad antigua Ur de Caldea ubicada al sudeste de Babilonia, según los arqueólogos e historiadores bíblicos. Tuvo dos nombres: Abram y Abraham. El primero está compuesto de dos palabras: Ab = padre y Ram = elevado, significa "padre elevado". El segundo: Ab = padre y Rham = de Abram = "padre del pueblo".

Fue el Señor quien le cambió el nombre, en lugar de Abram, le puso Abraham que, a propósito, según algunos, viene del nombre babilónico *abi-rami*. Lo hizo cuando no tenía hijos. Y Abraham le creyó, pese a que su mujer Sara era estéril y él era viejo. En el llamado que Dios le hace, le promete siete bendiciones: 1) haré de ti una nación grande; 2) y te bendeciré; 3) y engrandeceré tu nombre; 4) y serás bendición; 5) bendeciré a los que te bendijeren; 6) y a los que te maldijeren maldeciré; 7) y serán benditas en ti todas las familias de la tierra (Gn. 12:2-3).

Lucas describe cómo Pedro anuncia el cumplimiento de la promesa en la simiente de Abraham: "Vosotros sois los hijos de los profetas y del convenio que Dios concertó con nuestros padres, diciendo a Abraham: y en tu descendencia serán benditas todas las familias de la tierra" (Hch. 3:25).

En el cristianismo, Abraham es reverenciado como el profeta a quien Dios eligió para revelarse y con quien Dios inició un pacto. El Apóstol Pablo declaró que todos los que creen en Jesús están incluidos en la simiente de Abraham y son herederos de la promesa hecha a Abraham.

En el Nuevo Testamento, Pablo hace ver cómo Dios cumplió las promesas hechas a Abraham; enfatiza la fe de Abraham como una confianza sencilla en las promesas de Dios (Ro. 4:18-22); en la Carta a los hebreos se hace notar la paciencia de la fe (He. 11:8-16; cf. 6:11-13); y Santiago destaca la obediencia de la fe (Stg. 2:21-23), (D. Macho).

ACONTECIMIENTOS PREVIOS A LA SEGUNDA VENIDA

En Mt. 24:3, los discípulos le preguntaron a Jesús: ¿cuándo sucederán estas cosas y qué señal habrá de tu venida, y del fin del siglo? Pero Jesús no respondió puntualmente ninguna de las tres preguntas planteadas. Sí mencionó varios acontecimientos como guerras y rumores de guerras, pestes, hambres y terremotos en diferentes lugares, pero les aclaró que no sería el fin, solo el "principio de dolores". Luego habla de falsos profetas sin mencionar el fin (Stam, 1998).

En Mt. 24, el Señor anuncia con claridad tres acontecimientos previos al fin y uno en Lc. 21; el primero es la evangelización a todo el mundo; el segundo acontecimiento previo a la venida del Señor es que la humanidad estará viviendo como en los días de Noé; el tercer acontecimiento es la abominación desoladora que describe Mateo, pero Lucas explica que esa abominación es la invasión repentina sobre Israel por diez países enemigos: "[20] Pero cuando veáis a Jerusalén rodeada de ejércitos, sabed entonces que su desolación está cerca.[21] Entonces los que estén en Judea, huyan a los montes, y los que estén en medio de la ciudad aléjense; y los que estén en los campos, no entren en ella; [22] porque estos son días de venganza, para que se cumplan todas las cosas que están escritas" (Lc. 21:20-22); el cuarto acontecimiento es la Gran Tribulación futura y final focalizada en

Israel seguida de signos en el cielo. Los otros dos acontecimientos previos a la venida del Señor los enseña Pablo: la gran apostasía final y la manifestación del hombre de pecado.

Con el fin de prepararnos debemos estar atentos a todos estos acontecimientos descritos, no a las señales apocalípticas comunes a lo largo de la historia de la Iglesia.

En conclusión: los acontecimientos previos a la Segunda venida, de acuerdo con la Escritura, son seis y los expongo en el orden siguiente:

El evangelio será predicado en todo el mundo

Este acontecimiento se encuentra en Mt. 24:14: "Y este evangelio del reino se predicará en todo el mundo como testimonio a todas las naciones, y entonces vendrá el fin".

Esta es una de las señales escatológicas más claras y previas a la venida del Señor. Esta señal no pudo cumplirse plenamente antes del año 70 d.C., en la destrucción de Jerusalén, como lo aseguran los preteristas. Si bien es cierto, hay expresiones en los escritos del Nuevo Testamento que expresan que el evangelio ha llegado al mundo entero, tales como: "Del evangelio, que ha llegado hasta vosotros, así como a todo el mundo, y lleva fruto y crece también en vosotros" (Col. 1:5-6); "…la esperanza del evangelio que habéis oído, el cual se predica en toda la creación que está debajo del cielo" (Col. 1:23); "vuestra fe se divulga por todo el mundo" (Ro. 1:8). Estas afirmaciones se quedan cortas, pues la predicación del evangelio a todo el mundo de esa época antes del 70 d.C., dejó fuera buena parte de los habitantes de otras regiones del planeta no descubiertas. Y del año 70 d.C., para acá, han pasado casi dos mil años. Hoy sí existen todas las naciones del mundo localizadas en todo el globo terráqueo. No hay más lugares geográficos por descubrir, ni más lugar para fundar nuevas naciones.

Ahora el desafío es que todas esas naciones escuchen el evangelio. Hoy se conocen datos fidedignos[1] sobre países no alcanzados, por consiguiente, hay millones de personas por evangelizar. Son varios los países que bloquean al cristianismo para que no entre por medio de la tecnología de los distintos medios de comunicación y todas las redes sociales; rechazan la llegada de misioneros cristianos. En este momento es cuando la misión de la Iglesia necesita apresurar el paso, ser creativa, inteligente y no desmayar en la proclamación, pues la venida del Señor se retrasa cuando no realizamos la evangelización, como lo expresa 2 P. 3:3-4, 9: "³ Pero antes deben saber que en los días finales vendrá gente blasfema, que andará según sus propios malos deseos ⁴ y que dirá: ¿Qué pasó con la promesa de su venida? Desde el día en que nuestros padres murieron, todas las cosas siguen tal y como eran desde el principio de la creación… ⁹ El Señor no se tarda para cumplir su promesa, como algunos piensan, sino que nos tiene paciencia y no quiere que ninguno se pierda, sino que todos se vuelvan a él".

La humanidad estará viviendo como en los tiempos de Noé

Este acontecimiento se describe en el Nuevo Testamento, con referencia clara a Gn. 6:2, 5, 8: "los hijos de Dios vieron que las hijas de los seres humanos eran hermosas. Entonces tomaron como mujeres a todas las que desearon… Y vio Jehová que la maldad de los hombres era mucha en la tierra, y que

---

1 Las naciones sin evangelizar representan el 97% de los más de tres mil millones de personas menos evangelizadas y se encuentran en la ventana 10, 40. Los bloques principales religiosos que dominan e impiden la evangelización son estos tres: islam, hindúes, budistas (https://www.edehm.net/ventana1040.htm).

todo designio de los pensamientos del corazón de ellos era de continuo solamente el mal... Pero Noé halló gracia ante los ojos de Jehová".

Jesucristo revela que el modo de vida licencioso en los tiempos de Noé, se repetiría antes de su Segunda venida: "[37] La venida del Hijo del hombre será como en tiempos de Noé. [38] Porque en los días antes del diluvio comían, bebían y se casaban y daban en casamiento, hasta el día en que Noé entró en el arca; [39] y no supieron nada de lo que sucedería hasta que llegó el diluvio y se los llevó a todos. Así será en la venida del Hijo del hombre" (Mt. 24:37-39).

Este pasaje es directo y claro. Cuando el Señor venga, la humanidad vivirá con apatía a la Palabra de Dios. Sus malos deseos carnales dominarán sus pensamientos y sus acciones de tal manera que vivirán cautivos a las pasiones desenfrenadas. En el tiempo de Noé, los hombres lo que buscaban era satisfacer sus placeres carnales sensuales. Tomaban sin ningún miramiento a todas las mujeres que se les antojaba y se casaban también con todas las que querían, vivían en festines constantes. Así lo describe el texto que citamos unos párrafos atrás. Esa será la forma de vida de los años previos a la venida del Señor. Esta condición es muy probable que se relacione con la gran apostasía final, otra señal en los años previos al advenimiento de Cristo.

Un detalle digno de aludir es que, en esta señal—acontecimiento de los tiempos de Noé, Jesús no la conecta con una Gran Tribulación a nivel mundial. Creemos que, sí habrá una Gran Tribulación, pero será para el pueblo de Israel específicamente otra vez, aunque mucho más potente que la acontecida en el año 70 d.C., en la que no se derribó una buena parte de una muralla de Jerusalén y que permanece hasta hoy. Mientras el mundo vivirá como en los días de Noé, Israel padecerá una Gran Tribulación de tres años y medio.

La gran apostasía final

Este suceso se registra en 2 Ts. 2:1-3: "[1] Pero con respecto a la venida de nuestro Señor Jesucristo y a nuestra reunión con Él, les rogamos, hermanos, [2] que no sean sacudidos fácilmente en su modo de pensar, ni se alarmen, ni por espíritu, ni por palabra, ni por carta como si fuera de nosotros, en el sentido de que el día del Señor ha llegado. [3] Que nadie los engañe en ninguna manera, porque no vendrá sin que primero venga la apostasía y sea revelado el hombre de pecado, el hijo de perdición".

Una de las verdades que resalta este texto es que Pablo no creyó nunca en el arrebatamiento y la venida inminentes. Él enseña a los creyentes que respecto de la venida del Señor no se dejen engañar con argumentos que apelen al intelecto, ni se inquieten por la información que les llegue por visiones espirituales que otros tengan, por conversaciones, o por escrito, *que les haga creer que la venida del Señor está cerca*. Y les da razones: porque primero debe venir la apostasía, y manifestación del hombre de pecado, de iniquidad.

La palabra apostasía en 2 Ts. 2:3 es *Apostasía* en el griego bíblico. Significa: revuelta, rebelión, abandono y rechazo de la fe (Vine, 1984). En el contexto del pasaje citado, Pablo da a entender que habrá una gran rebelión contra toda la obra de Dios, su evangelio, su Iglesia y contra la fe una vez dada a los santos. El destacado exegeta Aterson opina que en principio Pablo está refiriéndose a una revuelta religiosa, pero no hay certeza si se refiere a una revuelta de los judíos contra Dios. La otra posibilidad es que sea de los gentiles contra Dios, o de los cristianos contra Dios o si es una rebelión de todas las clases dentro y fuera de los cristianos. En mi opinión, se refiere a todos los cristianos nominales del mundo entero porque tenemos antecedentes. Sabemos por la historia sagrada que hubo apostasía de parte del pueblo de Israel, está descrito en el Antiguo Testamento y en los tiempos que narra el Nuevo Testamento. Pablo advierte que habrá una apostasía singular en los tiempos posteriores: "El Espíritu dice claramente que en los últimos tiempos algunos se apartarán de la fe, prestando atención a espíritus engañadores y a doctrinas de demonios" (1 Ti. 4:1).

La historia eclesiástica cuenta que en las distintas épocas de la Iglesia hay ejemplos específicos de apostasía. A la sazón, la apostasía está en acción desde que la Iglesia existe. Pero aquí es una apostasía escatológica a gran escala, porque Pablo la conecta con la venida del Señor. Este período se caracteriza por el abandono de la profesión de fe cristiana. Cientos de miles de personas que practican externamente la fe, que asisten a las congregaciones locales, que tienen nombre de cristianos, se apartan de todo lo que se relaciona con Dios, Cristo, el evangelio, la congregación local y la fe cristiana. Mi firme postura en el contexto de toda la Escritura con relación a los salvos, siempre salvos, no son ellos los que apostatan, sino aquellos que, habiendo recibido el evangelio, este no echó raíces profundas en ellos, así estos apóstatas nunca nacieron de nuevo, jamás tuvieron un encuentro real con el Señor Jesucristo, aunque saborearon algo del evangelio. Para los verdaderos cristianos es imposible que dejen la vida eterna ya experimentada, pues, ya son propiedad de Cristo, sellados por el Espíritu Santo y templos del Dios viviente, del Espíritu.

La revelación del hombre de pecado, el inicuo

Se describe específicamente en 2 Ts. 2:3b-5, 8-9: "³ ...y sea revelado el hombre de pecado, el hijo de perdición. ⁴ Este se opone y se exalta sobre todo lo que se llama Dios o es objeto de culto, de manera que se sienta en el templo de Dios, presentándose como si fuera Dios. ⁵ ¿No se acuerdan de que cuando yo estaba todavía con ustedes les decía esto? ⁸ entonces será revelado ese impío, a quien el Señor matará con el espíritu de Su boca, y destruirá con el resplandor de Su venida. ⁹ La venida del impío será conforme a la actividad de Satanás, con todo poder y señales y prodigios mentirosos".

Hay una creencia generalizada que asocia al hombre de pecado con el gran anticristo que confirmará el pacto con Israel y luego lo quebrantará a los tres años y medio durante la Gran Tribulación. Él hará que los sacrificios del templo cesen y en su lugar ofrecerá un sacrificio inmundo, al que se le ha llamado la Abominación desoladora descrita por Daniel y mencionada por Jesús. He desmentido con suficientes bases bíblicas y teológicas esas especulaciones en el apartado "El gran anticristo con gran poder visible". Otros exégetas relacionan al hombre de pecado con la bestia del mar, otros con la bestia de la tierra, y otros con el falso profeta. Como ven, estamos ante uno de los pasajes más oscuros y difíciles de interpretar. Se ha discutido desde tiempos antiguos si es un personaje escatológico concreto o una colectividad. Si correspondiera a una colectividad sería dirigida por alguien de todos modos, pero con el consenso del grupo.

Ante las serias dificultades de una interpretación certera de los exégetas eruditos y la diversidad de opiniones de los intérpretes en toda la historia, hay que aceptar con humildad que el pasaje es muy complejo, por ello me inclino por el camino de afirmar lo que el texto dice y nada más, no quiero sumar más especulaciones.

La frase "y sea *revelado*" —la palabra griega para "revelado" es *Apocalipto*, designa el carácter sobrehumano del acontecimiento (Aterson, 2003). La implicación es que el inicuo estará oculto, disfrazado y luego se revelará como "ángel de luz" como suele hacerlo Satanás, aparentando divinidad y santidad.

"El hombre de pecado" muestra una característica de iniquidad. Es un hombre malvado, practicante de pecado en extremo. Es interesante el otro adjetivo que utiliza Pablo: "El hijo de perdición" por el hecho de que esa frase la utilizó Jesús para designar a Judas el traidor, puede ser un indicio que este hombre estará dentro de la iglesia, pero la traicionará, y está destinado a la perdición sin la posibilidad de salvación, al igual que Satanás y sus ángeles.

En cuanto a la actividad del hombre inicuo "se opone a todo lo que se llama Dios o es objeto de culto y se sienta en el templo de Dios, presentándose como si fuera Dios". El oponerse a Dios y a todo lo que es objeto de culto y usurpar el lugar de Dios queriendo ser como Dios, coincide con las primeras intenciones de Luzbel en el cielo. Y el hecho de que mencione que se sienta sobre el templo de Dios, nos da luz para comprender que cuando Pablo ha dicho en varias ocasiones que los creyentes somos el templo de Dios, templos del Dios viviente, se comprenda que Pablo no habla en absoluto de un templo físico al estilo judaico como lo enseña la creencia tradicional evangélica. En el versículo 5, Pablo les dice que recuerden que él ya les había enseñado que la Iglesia es el verdadero templo. Esa declaración paulina desmorona la apreciada pero falsa creencia de esperar la reconstrucción física del templo en Jerusalén como señal y preparativo para la venida de Cristo.

La expresión "la venida del impío será conforme a la actividad de Satanás", quiere decir que es por obra e influencia directa de Satanás que viene este inicuo.

La otra locución "con todo poder y señales y prodigios mentirosos", significa que tiene el poder diabólico para realizar milagros, pero son engañosos, irreales e ilusorios. Esta descripción encaja menos con el o los anticristos porque estos se oponen contra todo lo que es de Cristo, no lo imitan. Ninguno de los anticristos definidos por Juan o en la historia de la Iglesia se les atribuye poder sobrenatural para realizar milagros, maravillas y señales. Esto es más compatible con los magos y hechiceros de Faraón que realizaron señales milagrosas, entre otras, convertir una vara en una serpiente.

Y la proposición "entonces será revelado ese impío a quien el Señor matará con el espíritu de Su boca, y destruirá con el resplandor de Su venida", destaca que el hombre de pecado tendrá un espacio de tiempo de operación en el que engañará a los incrédulos y a varios creyentes, hasta que aparezca Cristo en su Segunda venida y lo destruya con su Palabra, su presencia y el resplandor de su gloria; así como la vara de Aarón se comió las varas de los hechiceros que realizaron milagros, igualmente el poder de Cristo destruirá al hombre de pecado por cuanto el poder de Dios es insuperable.

En resumen, el hombre de pecado es un personaje escatológico concreto, su esencia es la iniquidad, la maldad, el pecado y el engaño. Está dotado de poder sobrenatural diabólico para realizar milagros engañosos, bajo la influencia directa de Satanás, y está destinado para ser el segundo hijo de perdición, después de Judas el traidor. Engañará, se sentará y dominará a una buena parte de la Iglesia, engañará a los cristianos de nombre y a los carnales, más no a los espirituales que permanecen en comunión con el Señor.

El hombre de pecado no encaja dentro del anticristo o de los anticristos como tales, encuadra más como un ministro de Satanás que engaña y se hace pasar por Dios. Tampoco encaja con el falso profeta del capítulo 19 de Apocalipsis porque este se relaciona directamente con la bestia.

Algunos eruditos lo asocian con el sacerdocio del culto imperial con su magia y hechicería para que adoraran al Imperio romano, las imágenes de su emperador de turno, recordando que en los dos primeros siglos los cristianos llamaban "la Bestia" a ciertos emperadores que representaban a dicho imperio, pero tengo mis reservas que se refiera a un hombre específico del pasado; todo apunta a un personaje futuro que aparecerá en escena antes de la Segunda venida de Cristo.

Se infiere del texto que Pablo no está pensando en el anticristo o el falso profeta de Juan. Una razón lógica es que el libro de Apocalipsis se escribió más o menos 50 años más tarde que 2 Tesalonicenses. Y cuando Juan escribe Apocalipsis, lo más seguro es que ya tenía conocimiento de la carta de 2 Tesalonicenses. A la sazón, hubiese confirmado que el hombre de pecado era el falso profeta.

Con estas características descritas y lo expuesto confío que la verdadera Iglesia guiada por el Espíritu Santo identificará tal acontecimiento.

La invasión repentina sobre Israel por diez países enemigos

Esa invasión es llamada "la abominación desoladora" por Daniel y por Jesús. Pero Lucas interpreta esa abominación como ejércitos invasores: "[20] Pero cuando veáis a Jerusalén rodeada de ejércitos, sabed entonces que su desolación está cerca. [21] Entonces los que estén en Judea, huyan a los montes, y los que estén en medio de la ciudad, aléjense; y los que estén en los campos, no entren en ella; [22] porque estos son días de venganza, para que se cumplan todas las cosas que están escritas" (Lc. 21:20-22).

Los ejércitos que invadirán a Jerusalén antes de la Segunda venida de Cristo son los 10 países árabes que rodean a Israel hoy en el siglo XXI. Sus nombres están escritos en el Sal. 83:6-8 con los nombres antiguos: *edomitas, ismaelitas, moabitas, guebalitas, agarenos, amonitas, amalecitas, filisteos, los de Tiro y los asirios*. Y parte de ellos hicieron la guerra a Israel cuando fue constituido como nación en 1948, en la guerra de los Seis Días, pero fueron vencidos. Pese a todo, lo harán de nuevo previo al retorno del Señor, esta verdad se sostiene en el mismo Salmo 83, en los versículos 2-4: "[2] Porque, he aquí, tus enemigos rugen, y los que te aborrecen se han enaltecido. [3] Hacen planes astutos contra tu pueblo, y juntos conspiran contra tus protegidos. [4] Han dicho: Venid, y destruyámoslos como nación, para que ya no haya memoria del nombre de Israel".

La nación de Irán ha dicho muchas veces que destruirá a Israel, ha estimulado a los demás países árabes para que se unan y lo destruyan; es impresionante que ha usado casi las mismas palabras del Salmo 83: "No permitamos que Israel sea nación, borrémoslo del mapa, echémoslo al mar". Este acontecimiento inaugurará la Gran Tribulación sobre el pueblo de Israel. Así que cuando los cristianos veamos que estos diez países árabes invadan repentinamente a Israel con la ayuda de otros países poderosos y comience la guerra, entonces estemos listos porque la venida del Señor está en pleno curso y se concretará al final de los tres años y medio de la Gran Tribulación.

Gran Tribulación final sobre Israel

Los argumentos dispensacionalistas sobre la Gran Tribulación intentan encajar la enseñanza del anticristo, la confirmación del pacto y el quebrantamiento del mismo, para dar soporte a ese período de gran sufrimiento descrito en el libro de Daniel: "El capítulo 12 revela el papel de Israel en ese tiempo. La expresión *en aquel tiempo* tiene una relación directa con la frase *el tiempo del fin* en 11:40. Este es el período cuando el anticristo desencadenará su persecución universal del pueblo judío. Cronológicamente, eso ocurrirá cuando dicho personaje quebrante el pacto firme que él mismo impuso sobre la nación de Israel" (Carballosa, p. 271, 1979).

He explicado en apartados anteriores, en base a las Escrituras; que no es un anticristo el que confirma el pacto, lo quebranta y hace cesar los sacrificios, sino es Jesucristo el que confirma el nuevo pacto en su sangre; con su sacrificio en la cruz, hace cesar los sacrificios; y que el pasaje que describe la Gran Tribulación tuvo parte de cumplimiento en el año 70 d.C., pero es una profecía de doble cumplimento. Por ello, en este apartado, nos referimos a la Gran Tribulación final de Israel, no a la Gran Tribulación que vivió en el año 70 d.C. Allí se cumplió buena parte de lo que el Señor anunció. En esa destrucción todavía quedó piedra sobre piedra en una buena parte de la muralla de la ciudad de Jerusalén, que se conserva hasta hoy. El muro de los lamentos es la parte visible de dicha muralla. Además, sería una temprana Gran Tribulación si fuera verdad como lo enseñan los preteristas totales. Pues Israel ha sobrevivido hasta hoy casi dos mil años después del año 70 d.C. Y sigue rodeado de los mismos 10 países árabes que odian a Israel y que los enumera el Salmo 83 con los nombres antiguos. Estas naciones quieren desaparecerlo lanzándolo al mar Mediterráneo. Y es muy significativo que el Evangelio de Lucas 21:20 nos dé una luz sobre cuál es la Abominación Desoladora de la que habló Daniel, porque en lugar de escribir la frase "abominación desoladora" de Mt. 24, la sustituye por "cuando vean a Jerusalén rodeada de ejércitos, entonces sepan que su destrucción ha llegado". Es claro que esa profecía se cumplió en el año 70 d.C., con la destrucción causada por el Imperio romano, pero también se refiere a la última Gran Tribulación en la que será rodeada por los ejércitos de estos países árabes con el apoyo de otros países que son potencias mundiales.

Pero aclaro que nuestro enfoque en este apartado es mostrar que la Gran Tribulación final anunciada por Daniel es sobre Israel, no sobre el mundo entero, ni la Iglesia de Cristo. Mientras Israel sufre la Gran Tribulación final, el resto del mundo "vive como en los tiempos de Noé" gozando más de los placeres de este mundo y el hombre de pecado engañando a una parte de la Iglesia de Cristo.

Si leemos cuidadosamente la Escritura veremos los detalles que confirman lo que enseñamos. El pasaje de Dn. 12:1: "Entonces se levantará Miguel, el gran príncipe protector de tu pueblo. Habrá un período de angustia, como no lo ha habido jamás desde que las naciones existen. Pero tu pueblo será liberado: todos los que están inscritos en el libro", indica dos veces "tu pueblo" y en la última parte "tu pueblo será liberado". No habla de un acontecimiento mundial, como en el caso de la gran estatua que simbolizaba el reino de los grandes imperios históricos desde Babilonia hasta el Imperio romano. Otro texto que nos alumbra sobre que la tribulación siempre ha sido más sobre Israel que en otras regiones, o en el mundo entero es Hch. 7:11: "Vino entonces hambre en toda la tierra de Egipto y de Canaán, y *grande tribulación*; y nuestros padres no hallaban alimentos". Al examinar el texto del libro de Éxodo habla de una gran aflicción que vivieron los antepasados de los Israelitas a causa de una hambruna.

Otro pasaje en la que aparece la frase "Gran Tribulación" es en Ap. 2:22: "He aquí, yo la arrojo en cama, y en Gran Tribulación a los que con ella adulteran, si no se arrepienten de las obras de ella".

Este versículo menciona que algunos miembros de la Iglesia de Tiatira padecerían "Gran Tribulación". Esta declaración nos enseña que la frase "Gran Tribulación" es focalizada, no representa una Gran Tribulación mundial.

El último texto donde aparece la misma frase es en Ap. 7:13-14: "Entonces uno de los ancianos me preguntó: ¿quiénes son los que están vestidos de blanco y de dónde vienen?

Yo le respondí: usted lo sabe, Señor. Entonces me dijo: son los que han pasado por un gran sufrimiento. Han lavado sus ropas y las blanquearon en la sangre del Cordero". Otras traducciones dicen "una Gran Tribulación". Pero una vez más, no dice que se refiera a un tiempo específico. Incluso puede referirse a la Gran Tribulación que han pasado todos los creyentes de todas las épocas con los grandes sufrimientos, por ejemplo, los llamados héroes de la fe y otros tantos.

La frase "Gran Tribulación" aparece una sola vez en los labios de Jesús de Nazaret: "Porque habrá entonces una Gran Tribulación, tal como no ha acontecido desde el principio del mundo hasta ahora, ni acontecerá jamás" (Mt. 24:21). La descripción minuciosa de la Gran Tribulación se encuentra en los versículos 16 al 20 de Mt. 24, y nos relata detalles que encajan solo en el lugar geográfico de Israel: "Entonces los que estén en Judea huyan a los montes". Si fuese una Gran Tribulación mundial sería inútil que escaparan hacia cualquier parte. Lc. 21:21 completa la perspectiva con otro detalle acerca de los que están en los campos lejos de Judea: "...y los que estén en los campos no entren en ella"; "orad, pues, para que vuestra huida, no sea en invierno, ni en día de reposo", se sabe que quien guarda el día de reposo de manera oficial es el pueblo de Israel.

Así las descripciones, cuando Israel esté rodeado repentinamente por los ejércitos de los países enemigos, y se desate la gran matanza, el resto del mundo estará viviendo como en los tiempos de Noé, entonces inicia la Gran Tribulación final.

Jesucristo declara en los evangelios la parte final de la Gran Tribulación y su advenimiento: "E inmediatamente después de la tribulación de aquellos días, el sol se oscurecerá, y la luna no dará su resplandor y las estrellas caerán del cielo, y las potencias de los cielos serán conmovidas. Entonces aparecerá la señal del Hijo del Hombre en el cielo, y entonces lamentarán todas las tribus de la tierra y verán al Hijo del Hombre, viniendo sobre las nubes del cielo, con poder y gran gloria" (Mt. 24:29-30). Es interesante que la única señal como tal, es la misma "señal" de la venida del Hijo del Hombre.

Luego acontecerá el gran suceso de la Segunda venida del Señor y el arrebatamiento que son simultáneos, en un solo evento. El Señor viene, y los creyentes subimos para encontrarnos con él en el aire. Esto lo explica con claridad Pablo en 1 Ts. 4:15-17: "15 Conforme a lo dicho por el Señor, afirmamos que nosotros, los que estemos vivos y hayamos quedado hasta la venida del Señor, de ninguna manera nos adelantaremos a los que hayan muerto. 16 El Señor mismo descenderá del cielo con voz de mando, con voz de arcángel y con trompeta de Dios, y los muertos en Cristo resucitarán primero. 17 Luego los que estemos vivos, los que hayamos quedado, seremos arrebatados junto con ellos en las nubes para encontrarnos con el Señor en el aire. Y así estaremos con el Señor para siempre".

El texto es claro, muestra que los que estén vivos cuando el Señor venga en su Segunda venida, serán arrebatados juntamente con los muertos en Cristo que serán resucitados en ese mismo "instante escatológico", "en un abrir y cerrar de ojos". El Señor baja, desciende a las nubes, y por el poder de su Espíritu, simultáneamente suben los vivos arrebatados transformados y los resucitados que murieron en Cristo para reunirse con él por la eternidad.

Con una lectura reposada, poniéndole sentido y con una exégesis correcta, lo veremos como la luz de medio día. Este pasaje también nos ilumina con relación al juicio final y los otros mencionados, se infiere que acontecen prácticamente en el instante teológico, puesto que el juicio de condenación para los incrédulos comienza aquí en la tierra según la teología Juanina, así como la vida eterna comienza en los creyentes aquí en la tierra, así el instante escatológico básicamente los finiquita.

En cuanto al milenio, el mismo texto nos da luz. No hay un milenio literal después de la Segunda venida del Señor: una vez llevados los vivos transformados y los muertos resucitados con el Señor en las nubes: "Y así estaremos con el Señor para siempre", pues ha entrado la eternidad, la gloria de Dios, los cielos nuevos y la tierra nueva, la nueva creación, la nueva Jerusalén; allí el Dios trino será nuestro Dios y nosotros su pueblo.

Todas las posturas anteriores a la que propongo, creen en los siete años de tribulación. Los unen de manera continua: tres años y medio que son la primera parte de la Gran Tribulación, con una aparente paz, más los otros tres años y medio de la Gran Tribulación que acontecerán en los últimos tiempos. ¡Craso error! En ninguna parte de la Escritura se encuentran esos siete años, ni sumados, menos de manera continuada. Están en un punto ciego al profesar la grave herejía mencionada en varias ocasiones: es el anticristo quien actúa durante esos primeros tres años y medio; realizando un pacto con Israel que rompe al terminar esos tres años y medio, se manifiesta abiertamente en contra de Dios y se sienta sobre el trono del nuevo templo reedificado, ofreciendo una ofrenda inmunda, la cual es la "abominación desoladora".

Otras posturas dicen que primero ocurre el rapto, luego pasan los mencionados 7 años, y exactamente al terminar acontece la Segunda venida. Son errores graves resultado de mala interpretación impregnada de especulación. Estos y otros temas los abordo con más detalle en la apocalíptica evangélica dudosa.

ADIVINACIÓN

La adivinación es un término amplio que engloba una variedad de prácticas mágicas relacionadas que eran comunes y extendidas en el antiguo Cercano Oriente durante el período bíblico. En general, se refiere a diversas técnicas utilizadas para comunicarse con fuerzas sobrenaturales, como dioses y espíritus, con el fin de determinar el futuro, protegerse del mal o mejorar una situación determinada.

Numerosos métodos de adivinación aparecen en los textos literarios de la antigüedad del Cercano Oriente, especialmente en Egipto, Asiria y Babilonia. Entre las técnicas más comunes se encontraba la observación de aves y los patrones de su vuelo, la lectura de gotas de aceite esparcidas en la superficie del agua, la astrología y la extracción y observación de las entrañas de animales sacrificados, especialmente el hígado. A partir de estas observaciones, se suponía que los adivinos podían aconsejar al rey u otros patrones sobre qué acciones tomar.

En el Antiguo Testamento, se prohibía estrictamente la práctica de la adivinación y muchas otras formas de magia y brujería. Por ejemplo, Deuteronomio 18:9-14 proporciona una lista de prácticas prohibidas, varias de las cuales se incluyen en la amplia categoría de la adivinación (aunque la traducción precisa de los términos hebreos en este texto es difícil). La adivinación y todos los demás métodos paganos relacionados para ver o determinar el futuro se describen como "detestables para el Señor" (Dt. 18:12). En el siguiente pasaje (Dt. 18:15-22), Dios instruye a Israel sobre la verdadera forma de relacionarse con lo sobrenatural, a través de los verdaderos profetas que él mismo elegirá y que hablarán en su nombre (ver **Astrolatría**).

ADIVINACIÓN Y PROFECÍA

La adivinación y la profecía son dos conceptos relacionados, pero distintos en el contexto bíblico. Aunque comparten ciertos elementos, también existen diferencias significativas en términos de origen, legitimidad y propósito.

La adivinación se refiere a prácticas o métodos utilizados para intentar predecir el futuro o recibir conocimiento oculto mediante medios sobrenaturales o mágicos. Estas prácticas pueden incluir la interpretación de señales, el uso de objetos o rituales, la consulta a espíritus, la lectura de astros, entre otros. En muchas culturas antiguas, la adivinación era común y se recurría a ella para tomar decisiones importantes o conocer el destino.

Esta primera parte pretende acercar a la figura del profeta enfocándolo desde distintas perspectivas. Parto de un dato que a veces no se valora suficientemente: la antigua relación entre adivinación y profecía. En el ámbito del enigma del presente y de la preocupación por el futuro —típico de las prácticas adivinatorias— es donde entronca humanamente la profecía. El estudio de sus semejanzas y diferencias ayuda a comprender la peculiaridad de la profecía bíblica y la evolución que fue experimentando.

La mayoría de los hombres antiguos firmarían las palabras que pone Heródoto en boca de Ciro: "Los dioses velan por mí y me predicen todo lo que contra mí se cierne". O, como parece pensar el mismo Heródoto: "Cabe deducir que, cuando sobre una ciudad o una nación van a abatirse grandes calamidades, la divinidad suele presagiarlas con antelación".

Por otro lado, la profecía bíblica se basa en la creencia de que Dios se comunica directamente con los profetas elegidos y les revela Su voluntad y mensajes específicos. Los profetas son considerados mensajeros y portavoces de Dios, transmitiendo Sus palabras y advertencias al pueblo. La profecía bíblica tiene un enfoque ético y moral, ya que busca llamar a la obediencia a Dios, denunciar el pecado y anunciar la restauración y el juicio divino.

Aunque la adivinación y la profecía puedan tener algunas similitudes superficiales, como la idea de buscar conocimiento futuro, la Biblia claramente establece la diferencia entre ellas y la trata de manera diferente. La adivinación es condenada en la Biblia como una práctica pagana y prohibida para el pueblo de Dios (Dt. 18:10-12). En contraste, la profecía bíblica es reconocida como una forma legítima de comunicación divina y se valora como un don espiritual.

Aun así, en el fondo, esta idea no difiere mucho de lo que comenta el mismo Dios antes de destruir Sodoma y Gomorra: "¿Puedo ocultarle a Abraham lo que pienso hacer?" (Gn. 18:17). O lo que se indica de pasada en el libro de Amós: "No hará cosa el Señor sin revelar su plan a sus siervos los profetas" (Am. 3:7). La vida puede deparar muchos sufrimientos y lágrimas, pero los dioses, que todo lo saben, están dispuestos a evitarnos mayores males si nos preocupamos de consultarlos, e incluso es posible que se adelanten a hacerlo (Sicre), (ver **Nigromancia**; **Necromancia**).

ADIVINACIÓN Y SACERDOTE

La relación del sacerdote israelita con la adivinación y el conocimiento del futuro o la conducta presente ha sido un tema estudiado en profundidad. En Israel, al igual que en las antiguas tradiciones mesopotámicas y egipcias, los sacerdotes desempeñaban un papel importante en la adivinación y la comunicación de oráculos divinos. Algunos procedimientos adivinatorios mencionados en la Biblia, como el uso de los urim y tummim y el efod, eran específicamente sacerdotales. En la época de Saúl y David, no era inusual que los sacerdotes actuaran como adivinos en favor del rey (Sicre).

En la Biblia, encontramos varios textos que confirman la importancia del sacerdote en este tema. Por ejemplo, el libro de los Jueces comienza con una consulta al Señor para determinar qué tribu liderará la lucha contra los cananeos (Jue. 1:1-2). Aunque no se menciona específicamente al sacerdote, al final del libro se repite una consulta similar para saber qué tribu liderará la lucha contra los benjaminitas (Jue. 20:18) y se menciona a Fineés, hijo de Eleazar, hijo de Aarón, como el sacerdote encargado de la consulta (Jue. 20:27). Sin lugar a duda, el narrador da por sentado que la consulta se realiza a través del sacerdote.

Otro ejemplo se encuentra en el relato de los danitas, cuando buscan un territorio para asentarse y consultan al levita que encuentran en casa de Micá. Le piden que consulte a Dios sobre el éxito de su viaje, y el sacerdote transmite la respuesta de que el Señor ve con buenos ojos su viaje. Durante el período de los Jueces, los danitas consultaron a Dios mientras se dirigían hacia el norte en busca de un territorio para asentarse. Al pasar por la casa de Micá y descubrir la presencia de un levita, le pidieron de inmediato "consulta a Dios para saber si nuestro viaje tendrá éxito". El sacerdote les transmitió la respuesta diciendo: "Vayan tranquilos, el Señor ve con buenos ojos su viaje" (Jue. 18:5-6). Aunque no se especifica el procedimiento utilizado, se menciona anteriormente la existencia de un efod y terafim en la capilla privada de Micá, y cuando el sacerdote se unió a los danitas, se llevó consigo estos objetos (Jue. 18:20).

La relación del sacerdote israelita con la adivinación y el conocimiento del futuro o la conducta presente ha sido objeto de estudio. En culturas antiguas como la mesopotámica y la egipcia, los sacerdotes desempeñaban un papel destacado en la adivinación y la comunicación de oráculos divinos. En Israel, algunos rituales adivinatorios mencionados en textos anteriores, como el uso de los urim y tummim y el efod, eran realizados por los sacerdotes. Por lo tanto, no es sorprendente encontrar a los sacerdotes actuando como adivinos en favor del rey, especialmente en tradiciones antiguas, como en la época de Saúl y David. Se ofrecen varios textos bíblicos que confirman la importancia del sacerdote en este contexto, presentados en orden de aparición en la Biblia. No se prejuzga la historicidad ni la antigüedad de estos textos, pero su relevancia radica en destacar la importancia del sacerdote en este tema.

Cuando Saúl y sus hombres deciden luchar contra los filisteos, el sacerdote interviene ordenando una consulta previa al Señor (1 S. 14:36-37). Al no recibir respuesta de Dios, se realiza una segunda consulta para determinar si la falta de respuesta divina se debe al pueblo o a Saúl y su hijo. No se especifica quién realizó esta consulta, pero es probable que haya sido el sacerdote, especialmente si consideramos el uso del urim y tummim, como indican explícitamente los LXX.

David también consultó a Dios a través del sacerdote Ajimélec cuando huía de Saúl y pasaba por Nob: "consultó al Señor por él" (1 S. 22:10). Aunque algunos autores interpretan esta frase de manera diferente, el diálogo posterior entre Saúl y Ajimélec demuestra que se trató de una consulta (1 S. 22:13, 15). Y como reconoce Ajimélec, "¡ni que fuera hoy la primera vez que consulto a Dios por él!", lo cual demuestra que esta actividad era fundamental para el sacerdote.

Más tarde, el sacerdote Abiatar cumpliría esta función para David utilizando el efod. En un caso, para saber si Saúl vendría en su persecución y si los hombres de Queilá lo entregarían en sus manos (1 S. 23:9-12). En otro caso, para determinar si debía perseguir a los amalecitas que habían saqueado Siclag (1 S. 30:7-8).

De acuerdo con prácticas anteriores, es razonable suponer que el sacerdote intervino en otros episodios de la vida de David. En dos casos se trata de conflictos con los filisteos. El primero, cuando consulta a Dios acerca de la posibilidad de atacar a los filisteos en Queilá (1

S. 23:2-4). El segundo, años más tarde, cuando David ya es rey (2 S. 5:19-24). Finalmente, se realizó una consulta para saber si David podía establecerse en Judá y en qué ciudad (2 S. 2:1).

El sacerdote desempeñaba un papel importante en la consulta a Dios en varios casos. Se mencionan situaciones en las que se buscaba la dirección divina antes de una batalla, para descubrir al culpable de alguna falta, para garantizar la legitimidad del linaje sacerdotal y para confirmar la elección divina de una autoridad. El procedimiento utilizado en estas consultas se asemeja a un lanzamiento de suertes, pero los detalles específicos no están claros.

En cuanto al método de las suertes, se han propuesto diferentes teorías como el uso de piedras o varitas diferenciadas por color o inscripciones, flechas marcadas o trozos de caña con nombres escritos. El problema de la falta de respuesta divina en ocasiones se presta a diversas conjeturas, y se desconoce por qué a veces no se obtenía una respuesta clara.

Se cree que los objetos utilizados en este procedimiento eran pequeños, ya que el sacerdote los llevaba colgados dentro del pectoral. Además, parece ser una práctica específica de los sacerdotes, ya que en la bendición de Leví se menciona el tummim y el urim como una prerrogativa de ellos.

El sacerdote desempeñaba un papel importante en las consultas a Dios, incluso en situaciones donde no se menciona explícitamente. Se presupone su presencia en base al contexto. Otro instrumento utilizado para consultar a Dios era el efod. En varios pasajes, David pide que le traigan el efod al sacerdote para buscar la dirección divina en decisiones importantes. En estas consultas, Dios responde a las preguntas de David a través del sacerdote.

En relación con el efod, existen diferentes interpretaciones sobre su naturaleza y función. Algunos lo ven como un vestido de una estatua divina, otros como un objeto de culto no bien definido, una urna para guardar las suertes sagradas, un vestido sacerdotal con fines oraculares, un templo en miniatura que contiene terafim y suertes, un cofre o relicario donde se guardaban los dos *betilos* llamados *terafim*, o una bolsa o bolso para guardar las suertes sagradas. La descripción exacta del efod y su uso específico no está claramente establecida en los textos bíblicos.

En algunos casos, se ha realizado una reinterpretación posterior de los textos, como en 1 S. 14:18, donde se menciona el arca en lugar del efod. Se sugiere que el cambio fue introducido por un escriba posterior, ya que la consulta a Dios se realizaba utilizando el efod, no el arca (Sicre).

En síntesis, el sacerdote desempeñaba un papel central en las consultas a Dios, y el efod era uno de los instrumentos utilizados para buscar la dirección divina en decisiones importantes. Aunque las descripciones exactas del efod y su función varían, se reconoce como un objeto sagrado relacionado con las consultas a Dios (ver **Sacerdote y profecía**).

ADVIENTO

"Adviento" significa "venida" o "llegada". Para los cristianos, "Adviento" se refiere a menudo a la parte del calendario de la iglesia que abarca los cuatro domingos previos a Navidad, en celebración de la "venida" de Cristo a la tierra. El término "Primer Advenimiento" se utiliza en un sentido teológico más amplio, refiriéndose a la venida de Jesucristo a la tierra para proveer salvación a través de su nacimiento, vida, muerte, resurrección y ascensión. Asimismo, el término "Segunda venida" hace referencia al regreso de Jesús en gloria al final de los tiempos (ver **Segunda venida**). Existen numerosas profecías en el Antiguo Testamento que señalan y predicen el primer advenimiento de Cristo. Muchas de estas profecías se identifican en el Nuevo

Testamento como profecías cumplidas acerca de Cristo. Estas profecías pueden agruparse en nueve categorías generales:

El nacimiento de Cristo: varios aspectos relacionados con el nacimiento de Cristo fueron anunciados en el Antiguo Testamento. Por ejemplo, se profetizó que Cristo sería descendiente de David (cf. Salmo 110:1 con Mateo 22:43-44; Marcos 12:36; Lucas 20:42-43), y también que tendría un origen divino (cf. Salmo 40:6-8 con Hebreos 10:5-9; 2 Pedro 2:7 con Hechos 13:33 y Hebreos 1:5; 5:5; Isaías 7:14 con Mateo 1:21-23). Miqueas predijo el lugar de su nacimiento, Belén (cf. Miqueas 5:2 con Mateo 2:6; Juan 7:42). Varios profetas del Antiguo Testamento aludieron a la oposición que enfrentaría el Mesías al nacer, como se ve en el intento de Herodes de matar a todos los bebés en Belén (cf. Oseas 11:1 con Mateo 2:15; Jeremías 31:15 con Mateo 2:16-18).

El precursor de Cristo: el Antiguo Testamento profetizó que el Mesías sería precedido por un precursor, lo cual se cumplió con Juan el Bautista (cf. Isaías 40:3-5 con Mateo 3:3; Marcos 1:3; Lucas 3:4-6; Juan 1:23; Malaquías 3:1 con Marcos 1:2; Lucas 7:27; Malaquías 4:5-6 con Mateo 11:14; 17:12; Marcos 9:12-13; Lucas 1:17), (ver **Juan el Bautista**).

El ministerio de Cristo: varios aspectos del ministerio de Cristo fueron predichos en el Antiguo Testamento. Se profetizó que el Mesías sería un profeta (cf. Deuteronomio 18:15-16, 19 con Hechos 3:22-23; 7:37; Salmo 69:9 con Juan 2:17; véase también Mateo 21:12-16; Marcos 11:15-17; Lucas 19:45-47), y que comenzaría su ministerio en Galilea (cf. Isaías 9:1-2 con Mateo 4:15-16). También fue identificado como el Siervo Sufriente del Señor (cf. Isaías 53:4 con Mateo 8:17; Isaías 61:1-2 con Lucas 4:18-21; Isaías 53:12 con Lucas 22:37; Isaías 53:3ss. con Marcos 9:12; Lucas 18:32; 24:24-25, 46), (ver **Canciones del siervo de Yahvé**). El Antiguo Testamento también señalaba la eternidad del sacerdocio de Jesús (cf. Salmo 110:4 con Hebreos 5:6; 7:17, 21). Numerosos textos profetizaron que el Mesías sería rey (cf. Zacarías 9:9 con Mateo 21:5; Juan 12:14-15), (ver **Rey mesiánico**).

La oposición de los judíos a Cristo: el Antiguo Testamento indica que el Mesías sería opuesto y oprimido por su propio pueblo (cf. Isaías 6:9-10 con Mateo 13:14-15; Marcos 4:12; Lucas 8:10; Isaías 53:1; 6:9-10 con Juan 12:37-41; Salmo 118:22-23 con Mateo 21:42; Marcos 12:10-11; Lucas 20:17; Hechos 4:11; 1 Pedro 2:7-18).

La traición de Cristo por Judas: dos textos del Antiguo Testamento describen la traición del Mesías por parte de un amigo cercano (cf. Salmo 41:9 con Juan 13:18; 17:12; Zacarías 11:12-13 con Mateo 27:9-10; ver también Salmo 109:8; 69:25 y Hechos 1:20).

Arresto y abandono de Cristo: los profetas del Antiguo Testamento declararon que el Mesías sería arrestado y luego abandonado por sus amigos y simpatizantes (cf. Zacarías 13:7 con Mateo 26:30-31; Marcos 14:27).

La muerte de Cristo: la muerte violenta del Mesías se menciona en varios lugares en el Antiguo Testamento (cf. Salmo 22:18 con Juan 19:24; Salmo 22:15 con Juan 19:28; Éxodo 12:46; Números 9:12; Salmo 34:20 con Juan 19:36; Zacarías 12:10 con Juan 19:32; Isaías 53:7-9 con Lucas 18:32; Hechos 8:32-35; 1 Corintios 15:3; Deuteronomio 21:23 con Gálatas 3:13).

La resurrección de Cristo: el Nuevo Testamento también identifica varios textos del Antiguo Testamento que apuntan a la resurrección del Mesías (cf. Salmo 16:8-11 con Hechos 2:25-28; 2 Samuel 7:12-13 con Lucas 18:33; 24:46; Oseas 6:2 con Juan 2:19-22; 1 Corintios 15:4).

La ascensión de Cristo: el Antiguo Testamento predijo no solo el sufrimiento de Cristo, sino también su glorificación, vista en su ascensión para sentarse a la diestra de Dios (cf. Salmo 110:1 con Hechos 2:34-35; Salmo 2:7 con Hechos 13:33-35; Salmo 68:18 con Efesios 4:8).

Así, el Nuevo Testamento señala numerosos ejemplos de profecías del Antiguo Testamento cumplidas por Cristo en su primer advenimiento.

AFLICCIONES MESIÁNICAS

Los "ayes mesiánicos" se refieren al período de gran dolor y tribulación que vendrá sobre el pueblo de Dios justo antes de la venida del Mesías. En el Antiguo Testamento, este concepto se asocia principalmente con el futuro Día del Señor (Is. 24:17-23; Dn. 12:1-2; Jl. 2:1-11a, 28-32; Am. 5:16-20; Sof. 1:14–2:3). Posteriormente, este concepto se desarrolló aún más en el apocalipticismo judío (ver **Apocalíptica escatológica**) y también se refleja en las profecías del Nuevo Testamento. Sin embargo, la expresión exacta "ayes mesiánicos" no aparece hasta la redacción del Talmud judío, que es posterior al Nuevo Testamento. Aunque el apocalipticismo judío no presentaba una teología completamente uniforme o consistente, se pueden identificar ciertos puntos en común en sus escritos. Estos incluyen el uso de simbolismo y visiones, el énfasis en mediadores angelicales para la revelación, la expectativa del juicio divino, un anhelo ferviente por la venida del reino de Dios que incluye los nuevos cielos y la nueva tierra, y el dualismo de las dos eras: la era presente de sufrimiento y la venidera era mesiánica de gloria. Este último punto, en particular, informa el concepto de los males mesiánicos tal como se encuentra en esta literatura, donde el sufrimiento de la era actual es retratado como dando paso a la gloria de la era venidera.

El período de transición entre estas dos eras se caracterizará por una intensificación de la aflicción que se abate sobre los judíos piadosos, lo cual a su vez da lugar al advenimiento de la era mesiánica. Este aspecto del pensamiento apocalíptico judío guarda similitudes con la descripción del Nuevo Testamento de la Gran Tribulación, especialmente en relación con las imágenes de los dolores de parto (por ejemplo, Marcos 13:8, 1 Tesalonicenses 5:3, Apocalipsis 12:2-5). A veces, estos eventos se denominan "signos de los tiempos".

Existe un sorprendente acuerdo entre el Nuevo Testamento y la literatura apocalíptica judía en lo que respecta a la Gran Tribulación, especialmente en relación con la aparición de los signos de los tiempos que culminarán con la llegada del reino de Dios. Cinco temas se repiten con frecuencia tanto en la Biblia como en los textos apocalípticos no canónicos: (1) terremotos (cf. Mr. 13:8); (2) escasez extrema (Mr. 13:8; Ap. 6:8; 18:8); (3) guerras (Mr. 13:8; Ap. 6:4); (4) conflicto interno (Mr. 13:12) y (5) disturbios cósmicos (Mr. 13:24-25; Ap. 6:12-17), (ver **Gran Tribulación**, **Reino de Dios**).

Es interesante saber que hay textos apocalípticos no canónicos que mencionan los signos de los tiempos: *el libro de Enoc*: este libro apocalíptico contiene varias referencias a los signos de los tiempos. Por ejemplo, en el capítulo 1 del libro de Enoc se habla de cómo los ángeles revelaron a Enoc "todos los secretos del cielo" y le mostraron los signos de los tiempos que vendrían. *El Apocalipsis de Baruc*: en este apocalipsis judío se describen diferentes señales y eventos que acompañarán la venida del juicio final y la era mesiánica. Estos incluyen terremotos, hambre, plagas y guerras. *El Apocalipsis de Esdras*: también conocido como el "Apocalipsis Siríaco de Esdras", este texto apocalíptico presenta una serie de visiones y revelaciones sobre los eventos futuros. Se mencionan señales y desastres naturales, como terremotos, hambre y cambios en los astros. Estos son solo algunos ejemplos de textos apocalípticos no canónicos que hacen referencia a los signos de los tiempos. Hay otros textos similares, como los rollos del mar Muerto, que también contienen detalles sobre los eventos y señales que precederán a la era mesiánica.

ÁGABO

Es el nombre de un profeta que se menciona dos veces en el Nuevo Testamento (Hch. 11:28; 21:10). Se relata que venía en un grupo de profetas que descendieron de Jerusalén a Antioquía (v. 27). Ágabo caminó 500 kilómetros, promedio, para profetizar, por el Espíritu, que vendría una hambruna en toda la tierra habitada: el mundo conocido de ese entonces. Lucas, aclara que tal hambruna sucedió en el tiempo del Emperador romano Claudio. Flavio Josefo, describe ese acontecimiento en Antigüedades, XX, 2,5; 5,2; da a entender que tuvo un alcance local (A. Weise). En otra ocasión, Ágabo, tomando el cinto de Pablo, el apóstol, y atándoselo a los pies y las manos dijo por el Espíritu: "así atarán los judíos en Jerusalén al varón de quien es este cinto, y lo entregarán en manos de los gentiles" (v. 28). El ministerio profético de Ágabo, en estos dos relatos, se interpreta como un profeta de oficio, semejante a los profetas del Antiguo Testamento, que denunciaban el pecado del pueblo de Dios; anunciaban el castigo de las naciones que oprimían al pueblo escogido; predecían las calamidades que vendrían en un futuro. En el caso de Ágabo, Lucas describe una breve parte de su ministerio profético donde destaca solo lo predictivo.

AGUA EN APOCALIPSIS

Según Pikaza, Apocalipsis presenta un cuadro en que las aguas dulces y las aguas saladas, relacionadas con tierra y cielo, conforman lo que se ha denominado los cuatro elementos cósmicos amenazados con juicio por medio del ángel que toca la trompeta y hace caer una estrella que choca contra los ríos y los manantiales (Ap. 8:10). El juicio consiste en que las aguas saladas y dulces para beber se convierten en sangre (Ap. 16:4). Por otra parte, el cauce sin agua del río puede convertirse en signo de condena, paso abierto, para los poderes de la muerte. Otro detalle es que las muchas aguas sobre las que se encuentra la gran Ramera, son una figura de los pueblos, multitudes de gentes amenazadoras de la tierra: "El ángel también me dijo: los ríos que has visto, y sobre los cuales está sentada la prostituta, representan a pueblos y a gente de diferentes idiomas y países" (Ap. 17:15). Aun así, desde otro punto de vista, el murmullo de grandes aguas aparece como sonido y señal de la multitud de los salvados (Ap. 14:2). El aspecto determinante del agua o las aguas en Apocalipsis, es el Agua de vida que nace del Trono de Dios y del Cordero: "Después me mostró un río límpido, de agua de vida. Era resplandeciente como el cristal, y salía del trono de Dios y del Cordero" (Ap. 22:1). Hecho que se describe de manera sublime: "porque el Cordero que está en medio del trono los pastoreará y los llevará a fuentes de agua de vida, y Dios mismo secará de sus ojos toda lágrima" (Ap. 7:17). Agua, cual manantial de vida, sustituye a las tempestuosas aguas del mar, porque este ha desaparecido, ha dejado de ser en la Nueva Jerusalén (Ap. 21:1). En la Ciudad Jardín, en la nueva creación de todas las cosas lo que abunda es el agua de vida para todos aquellos que creen: "También me dijo: ya está hecho. Yo soy el Alfa y la Omega, el principio y el fin. Al que tenga sed, yo le daré a beber gratuitamente de la fuente del agua de la vida" (Ap. 21:6). La exquisitez espiritual, la vida eterna, la glorificación se presentan como: agua limpia en perfección, Agua de vida, resplandeciente. En estas magníficas descripciones del Agua de Vida que brotan del Trono de Dios y del

Cordero hay un eco de lo que se describe en Ezequiel 47:1-12 y Zacarías 14:8 (Gálvez).

ÁGUILA

La palabra griega *aetós* se traduce como águila y también como buitre. Se relaciona con la raíz aemi que significa soplar, volar, como se mueve el viento (Vine). En Mt. 24:28 y Lc. 17:37 es muy probable que se refiera a buitres, pues, estas aves se reúnen alrededor de los cadáveres, y en el significado espiritual, los juicios de Dios vendrán sobre el corrompido estado de la humanidad. Vine también afirma que la figura del Águila se usa en Ez. 17 para representar los grandes poderes de Egipto y Babilonia. Se observa la connotación simbólica, profética y escatológica que se relaciona con los imperios que traen muerte y subyugación. En el caso de Apocalipsis, es posible que se relacione a los dioses celestes y gobernadores. Por ello, es muy significativo que es el ave dedicada a Zeus, o Júpiter, y ha sido desde la época venerable de Roma el símbolo de los imperios, es decir, del rey de reyes, o del dios de dioses. Es una imitación de las potestades malignas aquí en la tierra del verdadero Rey de reyes y Señor de Señores (Ap. 19:6), (Gálvez).

AHÍAS, EL PROFETA SILONITA

Ahías vivió y profetizó en tiempos turbulentos durante los últimos días de Salomón, así como durante la guerra civil que siguió a su muerte y los primeros días de los reinos divididos de Israel y Judá. Originario de la ciudad de Silo, donde el Tabernáculo se encontraba durante el tiempo de Samuel, Ahías fue un auténtico profeta y desempeñó un papel crucial en estos momentos desafiantes. En 1 Reyes 11:1-13, se relata cómo Salomón, hijo de David, se apartó de Dios y condujo a la nación hacia la adoración de ídolos. También en 2 Reyes 11:29-39, se relata que un día Jeroboam se encontró con Ahías. Cuando estuvieron solos en el campo, Ahías tomó su capa nueva y la rompió en doce pedazos. Dio a Jeroboam… diez pedazos como señal de que Dios le daría el liderazgo sobre diez tribus de Israel. También le explicó que una tribu (Benjamín) quedaría para el hijo de Salomón (Judá se da por sentado, 12:23) y que el reino no sería dividido hasta después de la muerte de Salomón. Si Jeroboam obedecía al Señor, tendría la seguridad de Su bendición y ayuda. Notamos las limitaciones que Dios puso para Jeroboam: le daría diez tribus, no el reino entero; vendría a tomar poder solamente después de la muerte de Salomón; Dios le daría casa firme solamente si obedecía al Señor y andaba en Sus caminos.

Como consecuencia de la desobediencia de Salomón, Dios anunció que tomaría las diez tribus del norte de los descendientes de Salomón y formaría una nueva nación, el reino del norte (Israel), a partir de esas tribus. No obstante, debido al amor que Dios tenía por David, prometió dejar una tribu en el sur (Judá) para la casa de David y para Salomón. Ahías, el profeta, transmitió este mensaje a Jeroboam (2 R. 11:26-39).

Ahías también le comunica a Jeroboam que Dios lo ha elegido para ser el rey de este nuevo reino. Ahías profetiza que, si Jeroboam se mantiene fiel a Dios, siguiendo el ejemplo de David en lugar del modelo idolátrico de Salomón, será bendecido y su dinastía será establecida. Sin embargo, a pesar de que Dios coloca a Jeroboam en el poder, este se aleja de Dios y se convierte en un rey malvado y desobediente (1 R. 13:33-34; 14:9). Cuando el hijo de Jeroboam se enferma, Jeroboam envía a su esposa disfrazada ante Ahías para averiguar qué le ocurrirá al niño. Ahías, al ver a través del disfraz, profetiza un juicio severo sobre Jeroboam y toda su casa, incluyendo la muerte del hijo enfermo. De esta manera, se anuncia el fin de la dinastía de Jeroboam, lo cual es una ironía inversa a lo que hubiera sucedido si Jeroboam hubiera sido obediente. Esta acción del profeta Ahías, al declarar la muerte del hijo del rey, contrasta en gran medida con el evento registrado en 1 Reyes 17:7-24, donde el profeta Elías resucita al hijo de una viuda de entre los muertos. Así, el hijo del rey desobediente muere, mientras que el hijo de la viuda fiel es traído de vuelta a la vida. En ambos eventos, están involucrados profetas fieles.

En resumen: la historia de Ahías y Jeroboam, vemos un contraste entre la obediencia y la desobediencia a Dios. Aunque Jeroboam recibió la promesa de una dinastía estable si seguía los caminos de Dios, optó por apartarse y adorar ídolos, lo que llevó a la caída de su casa. Después de la muerte de Salomón, Jeroboam se convirtió en rey del reino del norte, Israel, mientras que Roboam, hijo de Salomón, gobernó en el reino del sur, Judá. Jeroboam temía que, si permitía que el pueblo del reino del norte viajara a Jerusalén para adorar en el Templo, se volverían leales a Roboam. Por lo tanto, decidió establecer dos lugares de adoración en el reino del norte: uno en Dan y otro en Betel, donde colocó becerros de oro como ídolos para que la gente los adorara. Esa aberrante desobediencia de Jeroboam provocó la ira de Dios, y Ahías, el profeta, fue enviado para entregar un mensaje de juicio y advertencia. Ahías le anunció a Jeroboam que Dios destruiría su casa y que todos sus descendientes serían eliminados. Además, predijo que el reino del norte sería sacudido por calamidades y sufrimientos debido a la idolatría y la desobediencia del pueblo. La historia de Ahías y Jeroboam nos muestra la importancia de la obediencia a Dios y las consecuencias de alejarse de sus caminos. También resalta el papel de los profetas como mensajeros de Dios y cómo sus palabras pueden tener un impacto significativo en la historia y el destino de las personas y las naciones.

ALEGORÍA

Del Gr. *allegoría*, ajllhgoriva, NT 238 del verbo *allegoréô*, ajllhgorevw, compuesto de *allos*, a[llo~ = «diverso», y *agoréô*, ajgorevw = «hablar». Figura literaria que sustituye un concepto abstracto o idea por un objeto que lo representa. Ropero, explica que la alegoría es una metáfora prolongada. P. ej., Se enuncia un concepto por medio de imágenes poéticas, para dar a entender algo diferente. Agrega que: "El sentido literal del texto bíblico contiene alegorías de esta clase, utilizadas para facilitar la comprensión de verdades trascendentes con las que se relacionan por analogía algunos objetos materiales. P. ej., en el AT Israel es comparado con una viña traída de Egipto (Sal. 80:8). El NT presenta a Cristo como pastor y puerta del redil (Jn. 10), así como la vid verdadera (Jn. 15)". La alegoría como método de interpretación alcanzó una especial importancia en el mundo literario helenístico dentro del campo de la hermenéutica, de donde pasó a los estudios bíblicos. Se interpretaba a Homero y a Hesíodo de manera alegórica con el fin de exonerar a los dioses de las afirmaciones groseras y arbitrarias que les atribuían los mitos. Platón ya había afirmado que no se debe aceptar como cierto nada que sea indigno de la Divinidad, y advirtió que no hay que tomar los mitos al pie de la letra, sino solo en su capacidad alusiva y explicativa de otros contenidos más profundos. En el Fedón, después de presentar los lugares que ocupan las almas después de la muerte y el destino de cada una, señala que sostener que las cosas son exactamente como las ha expuesto no conviene a una persona juiciosa, pero que sostener que esto o algo similar tiene que ocurrir con nuestras almas y con sus moradas, por el hecho de que el alma es inmortal, le parece perfectamente adecuado. Los filósofos estoicos también destacaron en el uso de la alegoría. Al interpretar a los dioses del Olimpo como símbolos de los elementos naturales, lograron superar toda forma vulgar de antropomorfismo y conjugar el politeísmo tradicional con el monoteísmo filosófico (Ropero).

El judío alejandrino Filón (20 a.C.-45 d.C.) está emparentado con el uso de la alegoría aplicada a la Biblia. Él empleó este método con la intención de armonizar el libro sagrado del judaísmo con la sensibilidad moral y filosófica del mundo helénico, sin negar el primordial sentido histórico-gramatical de las Escrituras. Si bien Filón recibió la influencia del estoicismo en su aplicación del método alegórico, también encuentra su inspiración hebrea en Aristóbulo y en la Carta de Aristeas. Además, los esenios y la comunidad hebrea de los terapeutas, presentes en Egipto, también aplicaban el método alegórico en su lectura de la Biblia. El mismo Filón afirma haber tratado con "hombres inspirados, que veían en muchas de las realidades contenidas en la Ley símbolos visibles de las cosas invisibles". Los rabinos de los tiempos de Cristo ejercían continuamente la *alegoresis* en los comentarios hagádicos. Según la concepción cristiana de la Historia de la Salvación, el valor del Antiguo Testamento radica en su anuncio y testimonio de Cristo. Esta convicción se manifiesta además en una serie de términos empleados que vinculan la Historia de Israel con la Historia Evangélica: *Typos*, tuvpo~ (tipo), *antítypoi*, ajntivtupoi (figuras), *hypódeigma*, uJpovdeigma (reproducción), *skiá*, skiav (sombra), *parabolé*, parabolhv (parábola o símbolo), *allegoría*, ajllhgoriva (alegoría). El apóstol Pablo menciona directamente a algunas alegorías en la carta a los Gálatas, donde usa literalmente el participio *allegorúmenos*, ajllhgorouvmeno~ (4:24). La utilización de esta expresión resultó decisiva para la exégesis cristiana posterior. Clemente, Orígenes y otros autores alejandrinos apelaron precisamente a Pablo para legitimar con base "apostólica" la aplicación del método alegórico. Además, dado que Pablo utiliza el término allegoreúein, ajllhgoreuvein En el contexto de una exégesis tipológica, la exégesis "alegórica" de la Biblia comprenderá también la tipología en tiempos posteriores, siempre dentro del marco hermenéutico cristiano, que interpreta la historia bíblica en clave de promesa-cumplimiento. Para el autor de la Epístola a los Hebreos, todo el Antiguo Testamento (personas, hechos, sucesos) es esencialmente figurativo-alegórico. Más allá de su contexto histórico, este autor descubre el sentido profundo de la Sagrada Escritura y atribuye a hechos y personas una interpretación cristiana, pues para él en el Antiguo Testamento está latente el Evangelio de Cristo. La alegoría es una herramienta necesaria en determinados casos, una vez agotada la interpretación gramático-histórica. Es un principio de la Iglesia del Nuevo Testamento que la Escritura da testimonio de Cristo, y que tanto la Ley como los Profetas hacen referencia a Él. Esto llevó a una lectura "cristiana" del Antiguo Testamento, para descubrir a Cristo en cada libro, o a lecturas "edificantes" para los lectores cristianos de la historia judía. Como decía Orígenes, ¿qué tenemos nosotros que ver con guerras y muertes, con ciudades cuyos muros se derrumban? Y la respuesta implícita es: nada, el propósito de estos relatos es enseñarnos a los cristianos que tenemos lucha contra poderes de maldad de este mundo, cuyas fortalezas de mal moral debemos derribar. El sentido alegórico es el que nos permite adquirir una comprensión más profunda de los acontecimientos, reconociendo su significación en Cristo; P. ej. el paso del mar Rojo es un signo de la victoria de Cristo y por ello del bautismo. Este sentido no es un sentido arbitrario, que se impone según el capricho del que lee, sino el de quien, iluminado por la fe, sabe descubrir a Cristo en toda la Escritura. El sentido alegórico es el que se descubre cuando en la letra se revela el misterio de Cristo (Ropero).

Por otra parte, según Schökel, la alegoría es el segundo de los cuatro sentidos bíblicos medievales, o el primero de los sentidos espirituales. Consiste en una lectura de los textos del Antiguo Testamento, como narraciones, instituciones y personas, como símbolos de Cristo y la Iglesia. La alegoría implica interpretar los detalles de estos textos en un sentido más profundo que su significado literal.

La Biblia presenta ejemplos clásicos de alegoría. En el libro del profeta Ezequiel, en el capítulo 37, Ezequiel tiene una visión del valle de los huesos secos, que simboliza la condición espiritualmente muerta y desolada del pueblo de Israel. A través de esta visión, Dios muestra a Ezequiel cómo el Espíritu de Dios puede revivir y restaurar a su pueblo, trayendo vida y renovación. Otro ejemplo se encuentra en el libro de Isaías (Isaías 5:1-7). En esta alegoría, la vid representa al pueblo de Israel y a sus líderes. Se describe cómo Dios esperaba que produjeran frutos de justicia y rectitud, pero en cambio produjeron frutos de maldad y corrupción. Esta alegoría resalta el juicio de Dios sobre su pueblo y la necesidad de arrepentimiento y cambio.

En el NT hay otro ejemplo clásico profético: la alegoría de Sara y Agar en Gál. 4:24-25 donde el apóstol Pablo utiliza este relato bíblico como una metáfora para ilustrar dos formas de entender la relación del creyente con Dios. En el relato original del Antiguo Testamento, Sara era la esposa legítima de Abraham y Agar era su sierva egipcia. Sara era estéril y no podía tener hijos, por lo que le sugirió a Abraham que tuviera un hijo con Agar. Como resultado, Agar dio a luz a Ismael. Sin embargo, más adelante, Sara también concibió y dio a luz a Isaac, el hijo de la promesa.

En la perspectiva profética, Pablo utiliza esta historia como una alegoría para explicar dos enfoques diferentes hacia la salvación y la relación con Dios. Según Pablo, Sara representa la promesa divina y la libertad, mientras que Agar representa la esclavitud y la ley. Sara, como la esposa legítima de Abraham, representa la promesa de Dios y la fe en Su gracia. Isaac, el hijo de Sara, fue concebido por la intervención sobrenatural de Dios. De manera similar, los creyentes que se acogen a la gracia de Dios son considerados hijos de la promesa y herederos de las bendiciones divinas. Por otro lado, Agar representa la esclavitud y la ley. Ismael, el hijo de Agar, fue concebido a través de los esfuerzos humanos y la obediencia a la ley. Pablo argumenta que aquellos que dependen de la ley para su salvación están esclavizados y no pueden alcanzar la verdadera libertad y herencia de la promesa. La alegoría de Sara y Agar enfatiza la importancia de la fe en la gracia de Dios como el medio para recibir la salvación y la bendición. Pablo insta a los creyentes a abandonar la confianza en la ley y a abrazar la libertad y la vida en el Espíritu a través de la fe en Cristo.

En las alegorías proféticas, los elementos de la historia o la imagen simbólica representan realidades espirituales más amplias y significativas. Estas realidades pueden incluir el juicio de Dios, el pecado y la rebelión humana, la restauración y redención, la relación entre Dios y su pueblo, entre otros temas. Además, permite a los profetas comunicar verdades profundas en un lenguaje simbólico que puede ser más fácilmente comprendido y recordado por el público. Las imágenes y metáforas utilizadas en la alegoría se conectan con la experiencia humana y las realidades cotidianas, pero apuntan a verdades y realidades más allá de lo literal. La alegoría se usó para comunicar mensajes profundos y espirituales de manera pictórica y simbólica. A través de las imágenes y narrativas simbólicas, los profetas transmiten verdades espirituales de manera poderosa y memorables, permitiendo al público comprender y reflexionar sobre el mensaje de Dios de una manera más profunda.

ALEGÓRICA, EXÉGESIS

"Designa globalmente el método de interpretación de la Escritura dominante en la escuela de Alejandría y en gran parte de la exégesis occidental hasta el siglo XVII. Parte del principio de que el AT es la figura anticipada del NT. Por eso, sobre el sentido literal de los textos (historia) monta un sentido espiritual que a su vez se realiza en tres pasos por este orden: alegoría, tropología y anagogía según el dístico: *littera gesta docet, quot credas allegoría, moralis quid agas, quo tendas anagogía* (la letra te enseña lo ocurrido; lo que debes creer, la alegoría. La moral, qué hacer; hacia dónde tender, la anagogía). El sentido espiritual se obtiene por la lectura simbólica de los textos del AT" (Schökel).

Este enfoque se originó en la escuela de Alejandría, un centro de erudición cristiana liderado por Clemente de Alejandría en el año 190 d.C. y seguido por Orígenes en el año 202 d.C. Esta escuela estaba influenciada por la filosofía platónica y sostenía que la interpretación de la Biblia consistía en buscar un significado alegórico o simbólico detrás del sentido literal. Su objetivo principal era resaltar las profecías mesiánicas cumplidas en Jesucristo en el Antiguo Testamento

Para la exégesis alegórica, era importante comprender el sentido literal que explicaba las acciones de Dios y los personajes bíblicos en el Antiguo Testamento. El siguiente paso, llamado alegórico, buscaba encontrar los significados ocultos relativos a nuestra fe y creencias. El tercer paso, la interpretación moral, llevaba a la comprensión de las reglas de conducta que debemos aplicar en nuestra vida diaria. Finalmente, la interpretación anagógica nos enseñaba sobre el destino final de nuestras luchas.

Los tres primeros modos de interpretación (literal, alegórico y moral) formaban parte de la tradición cristiana expresada por Orígenes. En el siglo IV, San Juan Casiano añadió el cuarto modo, el anagógico. Su contemporáneo, San Agustín, utilizó el método interpretativo cuádruple en su obra *Sobre la doctrina cristiana*, la cual tuvo gran popularidad en la Edad Media, por lo que este enfoque de los cuatro niveles se convirtió en el estándar para la exégesis bíblica cristiana de ese período. En resumen, la interpretación literal buscaba entender el significado histórico y contextual de lo que Dios y los personajes bíblicos hicieron y dijeron en el Antiguo Testamento, dentro de su propio marco cultural, geográfico y lingüístico. La interpretación tipológica o alegórica intentaba establecer conexiones simbólicas entre los eventos y personajes del Antiguo Testamento y las creencias de la fe cristiana, especialmente en relación con la vida de Cristo. La interpretación tropológica (o moral) se enfocaba en extraer enseñanzas éticas y reglas de conducta que los lectores deberían aplicar en su vida cotidiana. Muchas de las parábolas de Jesús y el Libro de Proverbios están repletos de este tipo de significado moral. Finalmente, el nivel anagógico se ocupaba de interpretar los pasajes bíblicos en términos de eventos futuros de la historia cristiana, como la escatología, con temas sobre el cielo, el infierno, el juicio final y la resurrección (Tarno, 2006).

ALEGORISMO

Alegorismo o alegorización, por definición, significa: fábula, leyenda, mito, ficción, metáfora continuada. "Es un tipo de interpretación de la Escritura que deforma la verdadera alegoría. Consiste en explotar alegóricamente los símbolos buscando correspondencias minuciosas, detalle a detalle, entre el Antiguo Testamento y el Nuevo Testamento", según Schökel. La alegorización es un enfoque hermenéutico pervertido utilizado para interpretar la Biblia. Esta perspectiva interpretativa sostiene que los textos bíblicos encierran significados más profundos y ocultos que trascienden su sentido literal.

De acuerdo con este método de interpretación, los relatos bíblicos no deben ser tomados como meros hechos históricos o literales, sino que poseen una dimensión simbólica y espiritual. Se considera que cada elemento, personaje o evento en la Biblia representa una realidad más profunda y trascendente. La alegorización busca descubrir estos significados ocultos y simbólicos a través de la interpretación que raya en la ficción, donde los detalles concretos de los textos bíblicos son considerados como símbolos de verdades espirituales, enseñanzas morales o realidades teológicas más amplias.

Algunos ejemplos de alegorización extravagante, fantasiosa, incluyen interpretar que la sabiduría de Salomón provino de la multitud de sus mujeres que lo aconsejaban: 700 esposas y 300 concubinas. Esta es una interpretación caprichosa. Asimismo, interpretar que las cinco piedras que escogió David para usar con su honda y pelear con el gigante Goliat se refieren a los llamados cinco dones ministeriales descritos en Ef 4:11: "Y él mismo concedió a unos ser apóstoles y a otros profetas, a otros anunciar el evangelio y a otros ser pastores y maestros". Otro ejemplo de ello es la alegorización interpretativa del Tabernáculo descrito en el Éxodo, donde se le atribuyen significados mesiánicos a elementos como las estacas de la tienda sagrada. Aunque existe una conexión legítima entre el Tabernáculo y Cristo, es importante no deducir detalles inverosímiles de la narrativa del Éxodo.

Es importante tener en cuenta que la alegorización es una distorsión interpretativa. Al centrarse en los aspectos simbólicos y espirituales, se aleja del sentido histórico y literal de los textos bíblicos. Además, la alegorización puede ser subjetiva y dar lugar a diversas interpretaciones, lo que puede generar confusión y desacuerdos.

En la interpretación bíblica actual, es fundamental determinar si el autor original tenía la intención de transmitir un mensaje alegórico. Aunque hay ocasiones en las que se utilizan alegorías en las Escrituras, son menos comunes, y los intérpretes deben ser cautelosos al aplicar este método a la mayoría de los textos bíblicos. También la alegorización, no toma en cuenta la intención del autor inspirado. Esto llevó a interpretaciones fantasiosas y alegóricas que veían a Cristo en todas partes del Antiguo Testamento de manera exagerada.

En la interpretación bíblica actual, es fundamental determinar si el autor original tenía la intención de transmitir un mensaje alegórico. Aunque hay ocasiones en las que se utilizan alegorías en las Escrituras, son menos comunes, y los intérpretes deben ser cautelosos al aplicar este método a la mayoría de los textos bíblicos. Es importante reconocer que los intérpretes actuales no tienen libertad ilimitada para usar enfoques alegóricos según su criterio, sino que deben considerar cuidadosamente la intención del autor y el contexto histórico y cultural en el que se escribió cada pasaje.

ALEJANDRO EL GRANDE

Alejandro Magno, nacido en Pella el año 356 a.C. era hijo de Filipo, rey de Macedonia, y de Olimpia; murió en Babilonia el año 323 a.C. En opinión de algunos estudiosos, en el libro de Daniel se hace referencia a las sorprendentes y rápidas conquistas de Alejandro. Daniel 8:5-8 (2:40-43; 7:19-24) retrata a Alejandro Magno como el "cabro" del oeste (Grecia) con un notable cuerno entre sus ojos que vence al carnero (el ejército medo-persa). Esta profecía se cumple cuando Alejandro lidera a los ejércitos griegos a través del Helesponto hacia Asia Menor en el año 334 a.C. y derrota a las fuerzas persas en el río Granicus. Alejandro luego se encuentra nuevamente con los persas en Issos y los derrota rápidamente ("sin tocar el suelo"; Dn. 8:5). Posteriormente, Alejandro avanza hacia el sur, conquistando sin dificultad la costa siria y Egipto. Luego se dirige hacia el este, donde derrota a Darío el Persa por última vez, al este del río Tigris. Babilonia, Susa y Persépolis (las últimas dos fueron capitales de Persia) caen en manos de este joven rey guerrero.

La victoria de Alejandro Magno sobre Persia estableció un contacto directo entre los judíos de Palestina y la cultura griega. Además, como parte de su política, Alejandro garantizó la sumisión pacífica de los judíos y respetó los derechos que habían adquirido durante el tiempo del Imperio persa. Alejandro siguió marchando con sus ejércitos hacia el este hasta llegar al río Hidaspes en la India, donde obtiene una victoria decisiva. Sin embargo, debido a la negativa de sus tropas a seguir avanzando, Alejandro se ve obligado a regresar a Persépolis y luego a Babilonia. Allí fallece en el año 323 a.C. a la edad de treinta y tres años.

La principal contribución de Alejandro a la posteridad es la helenización, es decir, la fusión de la cultura griega con las costumbres de los pueblos que conquistó (*Hellas* es la palabra griega para Grecia). Esto lleva a la difusión del griego koiné (común) como una lengua comercial universal desde el año 330 a.C. hasta aproximadamente el año 300 a.C., y se convierte en el idioma utilizado en la Septuaginta (la traducción más antigua del Antiguo Testamento), el Nuevo Testamento y algunos escritos de los primeros padres de la iglesia. Tras la repentina muerte de Alejandro, su imperio se divide entre sus cuatro generales: Casandro (Grecia), Lisímaco (Asia), Seleuco (Babilonia y Siria) y Ptolomeo (Egipto). Esta división probablemente refleja la profecía registrada en Daniel 8:8-22.

En cuanto a la profecía mencionada en Daniel, algunos estudiosos consideran que se refiere a Alejandro como un conquistador poderoso, representado por el "cuerno notable" entre sus ojos, que vence a los medos y persas. Sin embargo, es importante tener en cuenta que la interpretación de las profecías bíblicas puede variar y existen diferentes puntos de vista al respecto.

ALFA Y OMEGA

En Apocalipsis 1:8 el texto dice: "Yo soy el Alfa y la Omega, dice el Señor Dios, que es y que era y que va a venir, el Todopoderoso". Aquí es la única vez en la que Dios se llama a sí mismo de esa manera. Juan lo repite tres veces con algunas variantes: "Yo soy el Alfa y la Omega, el primero y el último" (Ap. 1:11); "Yo soy el Alfa y la Omega, el principio y el fin" (Ap. 21:6), "Yo soy el Alfa y la Omega, el primero y el último, el principio y el fin" (Ap. 22:13). En el primer texto, que habla claramente del Señor Dios como el Alfa y la Omega, ¿se refiere a Dios o a Cristo? Es oportuno recordar que la frase *Yo Soy el que Soy* la reveló Dios a Moisés en medio de la zarza ardiente (Éx. 3:14). En el Nuevo Testamento esa frase se encuentra varias veces en el Evangelio de Juan. Jesús se identifica a sí mismo varias veces con la frase *Yo soy*: "Antes de que Abraham naciera, ¡yo soy!" (Jn. 8:58). Así, Dios y Jesús se identifican a sí mismos como "Yo soy el Alfa y la Omega". Son declaraciones paralelas: Dios: Yo soy el Alfa y la Omega (Ap. 1:8); Cristo: Yo soy el primero y el último (Ap. 1:17). Dios: Yo soy el Alfa y la Omega, el principio y el fin (Ap. 21:6); Cristo: Yo soy el Alfa y la Omega, el primero y el último, el principio y el fin (Ap. 22:13). Los paralelismos son idénticos, con la excepción de que solo Dios es llamado Todopoderoso (1:8; 4:8; 11:17; 15:3; 16:7, 14; 19:6, 15; 21:22; 2 Co.

6:18). Con todo, Cristo es eterno y podemos decir que es el primero y el último, el originador y el que completa la obra de la creación y redención. Por ello, se refiere así mismo con la primera y la última letra del alfabeto griego y el equivalente en español sería de la A a la Z, significa es y contiene toda la Palabra de Dios. Se deduce que Cristo es el agente divino en la creación de todas las cosas por parte de Dios y es el cumplimiento escatológico de todas las cosas por parte de Él.

Las frases "era, es y será" se explica de la siguiente manera: la vida terrenal de Jesús terminó en la cruz, y por esto *era*; la gente lo llamaba *el que había de venir*, refiriéndose al mesías esperado (Sal. 118:26; Mt. 11:3; Jn. 11:27). Concluimos, pues, que las palabras "Yo soy el Alfa y la Omega, el principio y el fin" se refieren a Dios y a Cristo: Ap. 21:6 para Dios; Ap. 22:13 para Cristo. La versión más breve "Yo soy el Alfa y la Omega" para Dios (Ap. 1:8) la recuerda Jesús en las palabras "Yo soy el primero y el último" (Ap. 1:17).

Casi al final de Apocalipsis, Jesús se refiere a sí mismo como el Alfa y la Omega, el principio y el fin. Luego ofrece a todos los que tienen sed que beban libremente del manantial de agua de vida (21:6; 22:17). "Soy el Alfa y la Omega, el principio y el fin". Dios, por medio de Cristo, tiene el control total de toda situación, de modo que las palabras que se pronuncian en este caso son una fuente de consuelo para los creyentes que sobrellevan dificultades y persecución a causa del evangelio. Desde el principio hasta el fin Dios es el soberano que reina en el universo que ha creado y sustenta con su poder. Es el Señor del futuro que señala más allá del juicio final hacia una nueva creación. Es la primera y la última letra del alfabeto griego; en Cristo él es la palabra de Dios. Por tanto, las palabras de Dios que se pronuncian en este pasaje tienen como fin fortalecer la fe de los cristianos en medio de apuros y angustias (Kistemaker).

ALTAR

Es el lugar que se designa con los vocablos hebreos *mizbeen* y *bémé* y griegos *Bomós* y *Bomón*, el significado de estos términos se relaciona con el lugar de sacrificios (Vine). Así, el altar en la Escritura es el lugar donde se presenta el sacrificio de las víctimas, donde hay muerte y a la vez comunión. En el primer testamento se encuentra "La ley del altar" (Éx. 20:24ss.) que especifica todos los sacrificios y ofrendas que debían ser presentadas, y Dios prometía venir al encuentro del oferente y bendecirlo. Era el lugar del encuentro entre Dios y el hombre, por eso, se ha considerado que el altar era el lugar más importante del Santuario. Hay varias referencias del altar en toda la Escritura: al principio debía ser de tierra o piedra sin labrar, sin gradas (Dt. 27:5ss.). El altar de los holocaustos era el más importante (1 R. 8:64; 2 Cr. 7:7). En el reinado de Salomón, el altar fue agregado en el espacio del templo (1 R. 9:25; 2 Cr. 8:12). Tiempo después, bajo Acaz, fue sustituido por un altar con gradas copiado de un altar arameo (2 R. 16:10-16). El relato de la construcción del templo solo menciona un altar del incienso, situado ante el santuario interior (debir). En el libro del profeta Isaías se encuentra una visión del altar en el que había brasas (Is. 6:6). También en Ezequiel hay una versión detallada del altar en un pasaje adicional (Ez. 43:13-17), que toma elementos del modelo de altar preexílico del templo de Jerusalén, antes de su destrucción y de las formas arquitectónicas extrabíblicas. En el nuevo pacto del segundo testamento, aparece la concepción espiritual real del altar y del templo de Dios (1 Co. 3:16) en conexión con la "mesa del Señor" (1 Co. 10:21). Además, se reinterpreta la muerte de Jesús en la cruz como el verdadero altar del sacrificio (He. 13:10-12), haciendo eco de lo anunciado en el salmo 43:4 como el lugar de gozo otorgado por Dios (Kasper).

En el libro de Apocalipsis se describe a los mártires degollados que se encuentran bajo el altar y su sangre clama venganza a Dios (Ap. 6:9). Un ángel añadió incienso a las oraciones de todos los santos y de la mano del ángel subió el humo del incienso a la presencia junto con las oraciones de los santos (Ap. 8:3-5). Pikaza interpreta que en estos pasajes es normal que sea una señal de tales santos y un lugar donde Dios mismo reside, habla, dirige y valora la causa final de la historia (Ap. 9:13-14, 16:7). Así, terminan los sacrificios animales, queda el altar como una muestra de la fidelidad de los cristianos.

AMILENARISMO/ AMILENIALISMO

El amilenarismo afirma que no habrá un reinado de 1000 años literales de Cristo en la tierra, si bien se mencionan una sola vez en Ap. 20:16, son simbólicos. El prefijo latino inseparable *a* significa "no" y el término "milenio" es latino para "1000 años". El amilenarismo quiere decir literalmente "no 1000 años".

Según el amilenarismo, el milenio de Ap. 20:1-6 se cumple espiritualmente en la época presente antes del regreso de Jesucristo. El milenio o reino de Cristo está presente ahora. Los amilenialistas afirman que el milenio comenzó con la resurrección y la ascensión de Cristo; termina con su Segunda venida, que da inicio al reino eterno de Cristo (Ap. 21–22).

Para los amilenialistas, Satanás está actualmente atado y los cristianos ahora disfrutan los beneficios del milenio que involucra el reinado de los santos sellados con el Espíritu Santo. El período de 1000 años que es mencionado en Ap. 20:1-6 se refiere a un largo período de tiempo indefinido entre las dos venidas de Cristo; no es un período literal de 1000 años que sucede después del regreso de Jesús.

Puesto que los amilenialistas creen que Cristo actualmente reina en el milenio, algunos, como Jay Adams, creen que el título "milenarismo realizado" es un título más correcto que "amilenarismo".

Con relación a los tiempos, los amilenialistas sostienen los siguientes argumentos: Cristo ahora gobierna en su reino, mientras que Satanás está atado para no engañar a las naciones; en la época presente, la tribulación está activa aun cuando Cristo está gobernando; cuando Jesús regrese a la tierra habrá una resurrección corporal general de todas las personas justas y un juicio general de todos los incrédulos. Luego el reino eterno comenzará.

AMÓS, LIBRO DE

Amós, un granjero y recolector de higos, fue pastor en el reino del sur de Judá. Profetizó brevemente, quizá pronunciados en el regio santuario de Betel (7:13) en un mismo día, contra el reino del norte de Israel. Amós llevó a cabo su profecía durante el reinado de

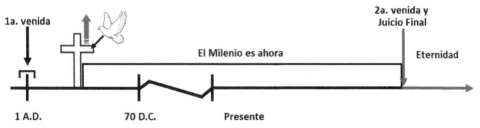

1. Imagen: Postura del amilenarismo/amilenialismo

Jeroboam II (786-746 a.C.) de Israel y Uzías en Judá, un período en el cual Israel experimentaba prosperidad económica.

El tema dominante en la variada trama del libro de Amós es el juicio inminente equilibrado por una visión de restauración al final. Desde el principio, el lector es introducido de inmediato a los diversos oráculos de juicio de Amós, utilizando una sorprendente metáfora: el Dios que una vez sirvió como pastor de Israel ahora se ha convertido en un león rugiente (Amós 1:2, 3:8). Se presenta a Dios como un Dios de juicio que castiga a su pueblo desobediente, al mismo tiempo que los exhorta a tomar medidas correctivas. A lo largo de su libro satírico, Amós muestra un toque dramático de parodia, burlándose de formas familiares e invirtiendo su efecto. A lo largo del libro, Amós denuncia cómo Israel ha quebrantado el Pacto mosaico, principalmente las enseñanzas del libro de Deuteronomio. Acusa al rey y al pueblo de idolatría, injusticia social (especialmente en relación con una vida opulenta) y adoración hipócrita. Amós también describe el inminente y terrible juicio que se avecina. La conducta íntegra y la fe inquebrantable de Amós chocan ante el lujo desmedido y descuido de los valores humanos de los gobernantes de Efraín. El primer mensaje de juicio se describe en los capítulos 1-6; con cinco visiones de la ira de Dios, mostrando su gracia; en los capítulos 7-9 relata una sucinta biografía que divide la tercera y la cuarta visión; sus visiones finales también. Y es interesante que más de la mitad de las predicciones registradas de Amós (47 de 85), según eruditos, se dedican a predecir esta catástrofe. Aunque aparecen otros 25 temas para cumplimiento futuro, de tal manera que la profecía predictiva abarca el 58 por ciento de los 146 vv. del libro. El tono de Amós es colorido, pero a la vez duro y mordaz en sus críticas hacia Israel. Aunque menciona el tema de la restauración futura, su breve vislumbre de esperanza se encuentra en el capítulo final del libro (Amós 9). Sin embargo, en secciones anteriores del libro, cuando describe el juicio y la destrucción, alude a la supervivencia de un remanente (Am. 3:12; 7:1-6; 9:8) aunque su descripción del remanente es sombría: "Como el pastor salva delante del león dos patas o un pedazo de oreja, así serán salvados los hijos de Israel" (Am. 3:12), (ver **Remanente**).

A pesar de la brevedad del libro de Amós, es un rico depósito de imágenes memorables. Estas imágenes se dividen en tres categorías principales.

La primera categoría es la imagen de las malas prácticas que ocurren en la sociedad: vender a los necesitados por un par de zapatos, pisotear hasta reducir a polvo la cabeza de los pobres (Am. 2:6-7), hacer beber vino a los nazareos (Am. 2:12), casas de marfil financiadas por la explotación (Am. 3:15), la observancia religiosa vacía (Am. 5:21-22).

La segunda categoría es la imagen del juicio y el desastre divino: una persona siendo presionada como una carreta llena de gavillas (Am. 2:13), mujeres siendo conducidas a la esclavitud con anzuelos atravesando su carne (Am. 4:2), sequía que destruye las cosechas (Am. 4:6-9), las casas siendo destrozadas (Am. 6:11), las fiestas convirtiéndose en luto (Am. 8:10).

La tercera imagen es un patrón ideal de la piedad y su bendición, que alcanza su clímax en el oráculo final de la redención: la justicia corriendo como aguas y la rectitud como un arroyo que fluye constantemente (Am. 5:24), las montañas goteando vino dulce (Am. 9:13), la gente plantando jardines y comiendo sus frutos (Am. 9:14).

Por otra parte, en los últimos cinco versículos del libro (Am. 9:11-15), el profeta Amós finalmente menciona la esperanza y la restauración futura. Dios declara que restaurará "la tienda caída de David" (Am. 9:11), en referencia al cumplimiento de las promesas del Pacto Davídico (ver **Pacto davídico**). Luego, Dios promete un tiempo en el cual Israel será restaurado en la Tierra Prometida, caracterizado por bendiciones agrícolas (Am. 9:13-15).

En resumen, el libro de Amós contiene un total de 25 predicciones, 146 versículos en total y 85 versículos proféticos.

ANA

Ana, conocida como Ana la profetisa, es mencionada en el Evangelio de Lucas en el contexto del relato del nacimiento de Jesús. Según Lucas 2:36-38, Ana era una mujer anciana y viuda que vivía en el Templo de Jerusalén. Es importante destacar que no se proporciona su nombre completo en el relato bíblico. Ana se dedicaba al servicio de Dios a través del ayuno y la oración. Lucas la describe como una profetisa, lo que indica que tenía el don de profecía y era reconocida como una portavoz de Dios para su pueblo. Su ministerio profético implicaba recibir revelaciones y mensajes divinos.

Los religiosos egocéntricos, como los escribas y fariseos, no reconocieron al Mesías y reaccionaron ante Jesús con hostilidad en lugar de fe. Pero cuando Ana vio a Jesús en el Templo, inmediatamente lo reconoció como el Mesías esperado. Ella alabó a Dios por la presencia de Jesús y compartió la noticia con aquellos que también esperaban la redención de Jerusalén. La historia de Ana destaca su profunda devoción y espera expectante por la venida del Mesías. Su testimonio es significativo porque representa a aquellos fieles en Israel que anhelaban la llegada del Salvador y reconocieron a Jesús como el cumplimiento de las promesas mesiánicas del Antiguo Testamento. Aunque no se proporcionan más detalles específicos sobre la vida y el ministerio de Ana en las Escrituras, su papel como profetisa y su testimonio de reconocimiento y alabanza a Jesús han dejado una huella duradera en la narrativa del nacimiento de Cristo, personas como Ana pueden reconocer fácilmente a Jesús, y proclamar que Él es el Mesías (ver **Mesías**).

ANCIANO DE DÍAS

El personaje del Anciano de Días aparece en dos pasajes proféticos clave de la Biblia, en el libro de Daniel. En el primer texto de Daniel 7:9, todos coinciden en que describe al Señor sentado en el trono celestial (ver **Trono**). La ropa blanca simboliza la justicia de Dios, la lana parecida a un pelo implica su antigüedad, y el trono de fuego representa su asombroso poder. En un segundo pasaje, descrito en Daniel 7:13-14, se menciona a otra figura importante, el Hijo celestial del Hombre (ver **Hijo del hombre, aportación apocalíptica a la escatología**), quien recibe el reino de Dios del Anciano de Días (ver **Reino de Dios**).

Existen dos interpretaciones destacadas del Hijo del Hombre: una es que personifica las luchas y el triunfo del antiguo pueblo de Dios, Israel, y la otra es que prefigura al futuro libertador mesiánico. El trasfondo religioso de los dos personajes en el libro de Daniel podría tener relación con la religión cananea. Al igual que el Anciano de Días en Daniel 7, el jefe del panteón de deidades cananeas era él, el dios anciano al que se dirigían con el título de "padre de los años". Además, el mito cananeo describe a Baal, hijo de Él, cabalgando sobre las nubes en su ascenso al cielo, recientemente victorioso sobre Yamm, el dios del mar caótico. Esto guarda cierta similitud con Daniel 7:13-14 (cf. vv. 1-8). Si ese es realmente el trasfondo del Anciano de Días, entonces el retrato que Daniel hace del Señor lo exalta por encima de cualquier deidad rival cananea, al igual que lo hace con el Hijo celestial del Hombre.

Otro pasaje que menciona al Anciano de Días es Apocalipsis 1:14-16. Juan, exiliado en

Patmos por las autoridades romanas debido a su fe en Jesús, recibe una visión de Dios. En esta visión, ve a una figura celestial que combina rasgos del Hijo celestial del Hombre y del Anciano de Días. Las imágenes similares que caracterizan a esta última figura (cabello blanco, presencia de fuego) ahora se aplican a Jesús, el Hijo celestial del Hombre. Juan afirma claramente aquí que Jesús, el Hijo celestial del Hombre, es el mismo que el Anciano de Días, es decir, Jesús es Dios.

Así, la relación entre el Anciano de Días y Jesús es que ambos son una misma persona. Las características atribuidas al Anciano de Días en Daniel 7:9, como el cabello blanco y la presencia de fuego, ahora se aplican a Jesús. Esta descripción visual muestra que Jesús es identificado y equiparado con el Anciano de Días. En otras palabras, Juan afirma que Jesús, el Hijo celestial del Hombre, es la encarnación y manifestación del propio Dios, el Anciano de Días. Esta afirmación es significativa, ya que establece la divinidad de Jesús y su conexión directa con el Dios eterno. Juan presenta a Jesús como el gobernante supremo y el juez final, quien tiene autoridad y poder sobre todas las cosas.

ANCIANOS EN EL APOCALIPSIS

Hay cuatro interpretaciones sobre el significado de los 24 ancianos de Apocalipsis:

a) *Son seres angelicales* que presiden la alabanza y culto a Dios, celebran con alegría el acercamiento a la consumación del reino; no han tenido contacto con el pecado, por tanto, se distinguen de los profetas y de los santos de las distintas edades. Las objeciones más comunes son: están coronados con *Stephanos*: coronas de recompensa, por lo que se asocia más a los vencedores que han soportado toda clase de vituperios, tentaciones, tribulaciones y obtienen la victoria. Es más probable que sean los doce apóstoles, por ejemplo, pues a ellos Jesús les prometió que tendrían tronos desde los cuales juzgarían a las naciones. Pero en realidad la acción de los ancianos se distingue de la de los ángeles; ello hace imposible considerarlos como los mismos. Otros argumentos: los ancianos cantan (Ap. 5:9), los ángeles dicen (Ap. 5:12); los ángeles nunca se enumeran (He. 12:22); los ancianos sí; seis veces ocurre el número. No se dice que los ángeles reciben corona, los ancianos sí. Sus coronas y tronos representan su dignidad real; el arpa y los cantos, su gozo en la adoración; mientras que sus vestidos y copas señalan el carácter y la acción sacerdotal.

b) *Son los santos del Antiguo y del Nuevo Testamento*

Esta postura se resume así: los ancianos del cielo representan a todo el sacerdocio celestial: incluye a los santos del Antiguo Testamento y a la Iglesia de la edad presente, los doce patriarcas en Israel más los doce apóstoles completan los veinticuatro. Este punto de vista une a Israel con la Iglesia en una sola compañía, sin distinción, en el momento del traslado. Objeciones dispensacionalistas: esta postura se basa en la suposición de que Israel y la Iglesia resucitan ambos en el momento del traslado y son llevados juntos a los cielos, lo que indica que la resurrección de Israel debe relacionarse con el segundo advenimiento del Mesías a la tierra. Por tanto, Israel no podría ser trasladado. Pero, según esa postura, el programa para con Israel es distinto, y tiene lugar con diferentes sujetos en un tiempo diferente. Israel no podría resucitar ni recibir la recompensa hasta el fin de su era.

c) *Los santos de esta era.* Los veinticuatro ancianos representan a los santos de esta era: la Iglesia, resucitados y trasladados a los cielos. El número veinticuatro representa todo el sacerdocio (1 Cr. 24:1-4, 29). Dios quiso que todo Israel fuese un reino de sacerdotes (Éx. 19:6), pero fallaron once tribus al adorar al becerro de oro. Por ello, este sacerdocio fue dado a la Iglesia, pues todos los que forman la Iglesia son "linaje escogido, real sacerdocio, nación santa, pueblo adquirido por Dios, para que anuncien las virtudes de aquel que los llamó de las tinieblas a su luz admirable" (1 P. 2:9). Los creyentes son un "reino de sacerdotes" (Ap. 1:6, LBLA). La Iglesia es el único cuerpo definidamente constituido como sacerdocio que podría cumplir la función de sacerdotes que ministran dirigidos por el Sumo Sacerdote. Además, su posición sugiere que ellos representan a la Iglesia. En Apocalipsis 4, los ancianos están sentados sobre tronos, alrededor del trono de Dios, unidos con Aquel que está sentado sobre el trono. A la Iglesia se le ha prometido esta misma posición (Ap. 3:21; Mt. 19:28). Sus coronas sugieren que ellos representan a la Iglesia. Estos veinticuatro no tienen coronas de monarcas (diadema), sino de vencedores (stephanos), que son las que se ganan en las batallas y tribulaciones, además, un espíritu no usaría corona. Su adoración sugiere que ellos representan a la Iglesia. La adoración es dada a Dios debido a sus actos de creación (Ap. 4:11), redención (Ap. 5:9), juicio (Ap. 9:2) y reinado (Ap. 11:17). Algunos han buscado separar a los ancianos de la redención por la cual cantan (Ap. 5:9), eliminando la palabra "nos" del texto, afirmando sobre esa base que estos no podrían ser los representantes de la Iglesia pese a la evidencia manuscrita para incluir la palabra en el texto. Además, alaban a Dios por la redención de estos de "todo linaje y lengua y pueblo y nación" (Ap. 5:9); solo la Iglesia puede incluir a todos estos. Su asociación con Cristo en un ministerio sacerdotal sugiere que ellos representan a la Iglesia. En Ap. 5:8, "se ven con arpas y copas de oro llenas de incienso, que son las oraciones de los santos". La conclusión formulada por Armerding es adecuada para el estudio que hemos hecho de estos ancianos. Él escribe: "lo último que se dice de ellos es que se postraron, en compañía de los cuatro seres vivientes, y adoraron a Dios, que estaba sentado en el trono, y decían: "¡Amén! ¡Aleluya!" (Ap. 9:4). Aquí, es oportuno recordar que cuando el Señor oraba por los suyos, pedía que ellos le conocieran a Él, que ellos estuvieran con Él, y que ellos pudieran ver su gloria (Jn. 17:3, 25).

d) *La totalidad de lo humano*. Los veinticuatro ancianos que se describen en el libro de Revelación simbolizan, según Pikaza, la totalidad de lo humano. Se relata que están alrededor de Dios, celebran el triunfo del Cordero (Ap. 4:4, 10, 5:6-8, 11:14, 7:11-13, 11:16, 14:3, 19:4). También ve como una posibilidad que las comunidades a las que Juan se refiere, impulsadas por profetas, se encuentran administradas —en plano social— por un grupo de ancianos. Aun así, en los capítulos finales del libro (21:1–22:5) ya no están en la ciudad terminada, desaparecen del drama de la consumación, porque todos: ya mayores, ya menores, mujeres y hombres, todos sin distinción, se unen de manera específica, definitiva y completa a Dios y al Cordero (Pikaza).

ÁNGELES

En ambos testamentos se registra la existencia de seres espirituales llamados ángeles o *seres celestes,* ajenos a nuestro mundo; pero en comunicación con seres humanos. En el Antiguo Testamento, los ángeles (*maleakhim* en hebreo), son mensajeros divinos que se comunican con el pueblo y los hombres de Israel para que reciban mensajes de origen divino. Son agentes realizadores de castigo y salvación. Tales ángeles, además, juegan un papel importante dentro del género apocalíptico en los libros de Daniel y Zacarías:

son actores principales en el drama del sufrimiento y de la esperanza divina. Sirven y auxilian de parte de Dios para la realización de sus propósitos eternos. En Apocalipsis, son expresión de la majestad de Dios, forman su corte. Pikaza llama a siete de ellos *los Ángeles de la presencia y acción apocalíptica*, los cuales rodean a Dios de manera constante. Los identifica con los arcángeles de la tradición judía (Ap. 8:2, 6, 17:1) quienes son designados para ejecutar el juicio tocando las siete trompetas (Ap. 7:13, 9:1, 13-14, 10:7, 11:15), y los que derraman las siete copas de la Ira de Dios (15:1-8, 16:1, 17:1, 21:9). Pikaza relaciona al Ángel de Jehová, con el Ángel *profético* quien revela a Juan el despliegue de la profecía al inicio (Ap. 1:1) y en el epílogo (Ap. 22:6, 8, 18). Con todo, en algunos pasajes del libro, parece identificarse con uno de los *siete ángeles* de la presencia mencionados (Ap. 17:1, 21:9), enlazando así trascendencia angélica con los siete que están antes. Luego, Juan, impresionado, se inclina para adorar al Ángel pero, en el acto, este se niega a recibirla, manifestándole que él es como compañero suyo vinculándole al círculo más íntimo de los siete arcángeles supremos (Ap. 19:9-10, 21:6-11). Pikaza sigue con la clasificación de los ángeles descritos en Apocalipsis: *Ángeles caídos*, comenzando con Luzbel que aparece con el nombre Dragón, expulsado del cielo (Ap. 12:1-18), luego se unen otros *ángeles malignos* que se encuentran junto al gran río Éufrates (Ap. 9:14), soltados para la batalla final, y *los ángeles soldados del ejército del Dragón*, que luchan contra Miguel (Ap. 12:7). *Los Ángeles de la naturaleza: el ángel de las aguas* (Ap. 16:5), *el ángel del fuego*, asignado a los sacrificios (Ap. 8:3-5) y a la cosecha de la historia (Ap. 14:18). *Los Ángeles del juicio* con las trompetas (Ap. 8:3-5), *Miguel* es jefe de los ángeles que luchan al servicio del Cordero (Ap. 12:7-8). Los ángeles del juicio dirigen y realizan la gran señal de la cosecha final (Ap. 14:6-20), uno anuncia la caída de Babel (Ap. 18:1), otro encierra a Satán en el abismo (Ap. 20:1). *Los Ángeles de las iglesias* son siete. Son representantes de la importancia y el propósito de las congregaciones cristianas (Ap. 1:20, 2:1, 8, 12, 18, 3:1, 7, 14). Algunos eruditos, al igual que Pikaza, consideran que se refieren a los pastores o dirigentes humanos de las iglesias. *Ángeles de la nueva Jerusalén*, Juan sabe que alrededor del Dios trino hay multitud de ángeles, pero es muy interesante que en la Nueva Jerusalén (Ap. 21:1-22) no aparecen en cuanto que Dios y su Cordero se unen a los salvos. *Los ángeles finales* son doce y se relacionan con las doce puertas de entrada a la Ciudad Jardín, han cumplido una función, siguen siendo puerta dentro de la Ciudad de Dios y su Cordero, por tanto, ya no son necesarios (Ap. 22:1-59), (Pikaza).

ANIMALES APOCALÍPTICOS

En la lista de animales de Apocalipsis, los primeros que se nombran corresponden a seres vivientes que tienen forma de: león, buey o becerro, águila (Ap. 4:7). Esta descripción evoca, de manera exacta, los tres seres vivientes que menciona Ezequiel y que les da los mismos nombres de animales. En ambos textos, el cuarto ser viviente tiene semejanza a cara de hombre. El significado que se le ha dado a estos cuatro seres vivientes en forma de tales animales ha sido variado desde épocas antiguas hasta hoy, por ejemplo, la patrística que predominó el método alegórico, enseñó que se refieren a los cuatro evangelios, pero en la actualidad una de las interpretaciones más aceptadas por eruditos es que estos cuatro rostros describen simbólicamente a los querubines; y por los nombres de animales dados personifican: decisión y valentía; fortaleza y firmeza; inteligencia y perspicacia; presteza y rapidez.

Escorpiones y langostas se relacionan con el juicio (Ap. 9:3, 5, 7, 10), pues, llevan veneno mortal, poder del abismo que destruye todo tipo de vida sobre el mundo (Hendriksen).

El león simboliza poder, peligro, pavor, cuando es vinculado a la Bestia, al mal (Ap. 13:2); fuerza divina, título de Cristo —León de Judá— rey de los animales, cuando se relaciona con el bien y la victoria divina (Ap. 4:7, 5:5, 10:3).

Pájaros y ranas, en el orden dado. Este tipo de aves se relacionan con la obscuridad, depredación, carroña, los espíritus malignos, ciudades muertas, habitación de demonios y guarida de todo espíritu inmundo, junto a Babel. Las ranas en Ap. 16:13 representan la impureza y la perversión.

ANIQUILACIONISMO

Del lat. *nihil*, nada: esta teoría sostiene que el juicio de Dios eliminará a aquellos que se rebelaron contra su soberana voluntad, incluyendo al diablo. Rechaza la doctrina de castigo eterno reservado para los impíos, que se describe con imágenes de vívidas: "fuego que nunca se apagará" y "fuego que nunca se apaga "(Mt 3:12; Mc 9:43) "Donde el gusano no muere" (Mc 9:44). Al negar la condenación divina para los pecadores niega la enseñanza de justicia divina que se enseña a lo largo de la Sagrada Escritura: el descanso eterno para los justos, y la perdición eterna para los malvados impenitentes. El aniquilacionismo ofrece más bien la exterminación de los condenados. En este caso, se elimina por completo la eficacia del castigo eterno. Además, da licencia a los seres humanos pecadores para pecar y derriba las demandas morales de la ley de Dios (Correa).

La doctrina del aniquilacionismo sostiene que el ser humano fue creado inmortal, pero aquellos que persisten en el pecado son privados de la donación de la inmortalidad mediante un acto positivo de Dios y, en última instancia, son destruidos. Hay diferentes variantes dentro del aniquilacionismo: algunos afirman que los incrédulos dejan de existir en el momento de la muerte, otros creen que esto ocurre en el momento de la resurrección, y otros sostienen que sucede después de un período de castigo tras la resurrección. En todas las variantes, el destino final de quienes rechazan a Cristo es la cesación de la existencia, es decir, la extinción total.

El concepto central de esta teoría se atribuye a Arnobio, un supuesto apologista cristiano del siglo IV. Después de él, ningún Padre de la Iglesia de importancia significativa respaldó esta doctrina. Tertuliano, Ambrosio, Crisóstomo, Jerónimo, Agustín, entre otros, enseñaron claramente la doctrina del estado consciente después de la muerte y el castigo eterno.

El aniquilacionismo está estrechamente relacionado con una doctrina llamada Inmortalidad condicional. Aunque a menudo se utilizan indistintamente, en realidad no son sinónimos. La doctrina de la Inmortalidad condicional sostiene que la inmortalidad no es un don natural del ser humano, sino un don de Dios en Cristo que solo se otorga a aquellos que creen. La persona que no acepta a Cristo es finalmente aniquilada y pierde toda conciencia. Algunos seguidores de estas doctrinas, como se mencionó anteriormente, enseñan un sufrimiento consciente de duración limitada para los incrédulos después de la muerte, después del cual serán aniquilados por Dios. El condicionalismo fue formalmente condenado como herejía en el Segundo Concilio de Constantinopla en el año 553 d.C.

Durante un largo período de aproximadamente ocho siglos, la doctrina del sueño del alma prácticamente estuvo inactiva, pero luego resurgió gracias a grupos como los Valdenses en el siglo XII, y más tarde los anabautistas y los socinianos en el siglo XVI. Hay indicios de que, antes de la Reforma, tanto Wycliffe como Tyndale enseñaron la doctrina del sueño del alma, principalmente como una refutación de la enseñanza católica del Purgatorio. Según esta doctrina, tanto los justos como los injustos duermen después de la muerte hasta el día de la resurrección. En otras palabras, entran en un estado de inactividad inconsciente, como un largo sueño en el que no son conscientes de nada, hasta el día de la resurrección cuando recobrarán el conocimiento.

Es importante aclarar que el hecho de que alguien crea en la doctrina del sueño del alma, es decir, que el alma no está consciente entre la muerte y la resurrección, no significa necesariamente que esa persona también crea o esté comprometida lógicamente con la idea de que los incrédulos son destruidos y pasan a un estado de inexistencia después de la resurrección, como sostiene el aniquilacionismo.

Con el paso del tiempo, los principales credos protestantes, como la Confesión de Westminster y otros, reafirmaron y confirmaron su adhesión a las doctrinas del estado consciente y el castigo eterno. Muchos de estos credos incluyen declaraciones directas que rechazan de manera contundente las teorías del sueño del alma y la aniquilación de los incrédulos. Además, destacados evangelistas como Edwards, Whitefield, Wesley, Spurgeon y Moody también sostuvieron la posición ortodoxa.

En la época moderna, las doctrinas del sueño del alma y el aniquilacionismo son principalmente promovidas por sectas como los Testigos de Jehová, los Crista Delfos, así como por grupos marginales como los Adventistas del Séptimo Día y otros grupos adventistas. También hay teólogos tildados de herejes y ortodoxos como John Stott, que defienden estas posiciones. Es importante mencionar que incluso desde filas anglicanas, donde se propagan todo tipo de aberraciones, John Stott se encuentra entre los defensores del aniquilacionismo.

En la realidad actual, la doctrina del aniquilacionismo ha logrado cierto avance dentro del campo evangélico, debido a la proliferación de publicaciones y la nueva orientación de algunos seminarios representativos (Rhodes).

ANIQUILACIÓN O CONSUMACIÓN DEL MUNDO

Moltmann enseña que, con respecto a la doctrina de qué pasará finalmente con el mundo, como creación, existen tres posturas: transformación, aniquilación y glorificación o deificación (Moltmann, La Venida, 2004).

Transformación

Es la postura de la Iglesia medieval antigua y la tradición reformada, impulsada graníticamente por Ireneo, Agustín, Gregorio Magno, siguiendo la línea hasta Tomás de Aquino en la Iglesia antigua. Según Moltmann, esta doctrina la retoma la tradición reformada apoyándose en la constante fidelidad de Dios a su creación y a las leyes que la rigen. La aniquilación total del mundo como creación sería contradictoria al carácter de Dios. Para él, lo que corresponde es la transformación, porque es claro que Dios quiere destruir al mundo, como sistema, someterlo a juicio y transformarlo en un mundo nuevo, sin tacha. La postura de la trasformación del mundo incluye la destrucción del mundo en el sentido explicado. Moltmann, declara que la identidad de ese mundo no se pierde, aunque se transforme. Tal transformación no es clara en cuanto a que si será una transformación total de los fundamentos y las condiciones sustanciales de este mundo creado.

En esa línea, la tradición reformada ve una continuidad en la gracia de Cristo experimentada en la historia a la gloria de Cristo, que ocurrirá en la consumación y será una transformación de la transitoriedad en la eternidad. Ello se demuestra en Ap. 5:21 en la acción del verbo en cuanto que no dice "He aquí creo" —en hebreo *bara*— sino "Yo hago", ello implica modelar lo que ya "está creado". Es transformación, no aniquilación.

Aniquilación

Moltmann indica que esta es la postura de la ortodoxia luterana que afirmó durante un siglo, en acuerdo total, que el destino sobresaliente del mundo como creación es indefectiblemente la aniquilación, no la trasformación; luego esta postura se diluyó, pero se sigue manteniendo. Afirma que después del juicio final es cuando acontece la aniquilación de la tierra, con excepción de los ángeles y los hombres. Todo lo que pertenece a este mundo será arrasado y dejará de existir. Toma apoyo bíblico 2 P. 3:10: "Pero el día del Señor vendrá como ladrón en la noche; en el cual los cielos pasarán con grande estruendo, y los elementos ardiendo serán deshechos, y la tierra y las obras que en ella hay serán quemadas". Pero yerran porque en algunos manuscritos antiguos dicen en la última parte "serán descubiertas" (nota pie de página de la traducción nueva Biblia de las Américas. Lacueva traduce en su Interlineal griego-español del Nuevo Testamento "quedarán al descubierto") en lugar de "serán quemadas". Otras versiones traducen "sometidas a juicio" en lugar de "serán quemadas". Si vamos al argumento teológico de peso encontramos que "el mundo, como creación, carece de bienaventuranza" y que los hombres serán redimidos en la consumación con cuerpo, pero olvidan que hay promesa en que la tierra en la cual el hombre fue creado, el cosmos, la creación, también será redimida en la consumación. Pues habrá cielos nuevos y tierra nueva. Ellos solo ven que el cielo subsistirá, pero la tierra dejará de ser para siempre. El problema es que confunden los esquemas de este mundo, sus criterios corrompidos a causa del pecado y su vanagloria, con la creación misma. Confunden también el cuerpo redimido por la crucifixión y por la resurrección con la carne de pecado, la *sarx*, la naturaleza pecaminosa que será destruida en su totalidad, pero el cuerpo no, el cuerpo es para la glorificación.

Si la ortodoxia luterana tuviera razón, entonces tendríamos que considerar que esa creencia no es apocalíptica cristiana, sino un fatalismo extremista, afirma acertadamente Moltmann: "Aquel que enseñe escatológicamente la aniquilación del mundo, ese tal lo que quiere es abolir la creación y parece hallarse fascinado más por la nada que por la existencia".

Glorificación o deificación

Es la postura de la teología ortodoxa y oriental. Es una ampliación de la doctrina de la Iglesia antigua llamada "doctrina de la redención física". Uno de los primeros axiomas sobre esta doctrina es el de Atanasio: "Dios se hizo hombre para que nosotros los hombres fuésemos deificados". Pero esa deificación no es que nosotros lleguemos a ser como Dios, como lo prometió la serpiente mintiéndole a Eva en el paraíso. Lo que significa es que los que estamos en Cristo llegamos a participar de la naturaleza divina, es la adopción real de hijos que realiza el Padre con los que confían en Cristo. No es la transformación de los hombres en dioses, sino la participación en las cualidades divinas: participamos ya de la vida eterna, de la vida Zoé, de la vida de Dios que se perfeccionará en la resurrección de los muertos; la comunión real e íntima que tenemos con el Dios Hombre Jesucristo. En la carta a los Romanos, vemos que la glorificación de los creyentes va de la mano con la glorificación de la creación. Además, si el Espíritu Santo se derrama con toda potencia desde Cristo sobre aquellos que creen en él, los llena, los vivifica y los hace limpios y transparentes para lo celestial, también transforma la naturaleza para entrar a los nuevos cielos y la nueva tierra, la nueva creación.

En la Biblia el ser creado a la imagen de Dios se asocia siempre con la gloria de Dios, por eso, resulta claro que el hombre no redimido está destituido de la gloria de Dios (Ro. 3:23). Con la redención retorna la gloria de Dios al hombre creyente. Si con la redención del pecado de los creyentes se restituye la gloria, también se asocia a la redención de la tierra, del cosmos, porque este fue afectado por el pecado del hombre, entonces entran ambos a la luz de la verdad de Dios y participan también de la naturaleza divina. Es inaceptable una redención de los creyentes sin la creación que gime esperando la redención de los hijos de Dios.

En resumen: ¿cuál es la postura que refleja la obra y el resultado de la crucifixión y la resurrección de Cristo? Moltmann afirma que la postura luterana ortodoxa tiene solo la perspectiva unilateral de la cruz, que aniquila el pecado y la contaminación que este produce. Pero la doctrina de la deificación ve la perspectiva unilateral de la resurrección.

La postura reformada de la transformación es más equilibrada, aunque no profundiza lo suficiente. Afirma Moltmann.

A la sazón de lo puntualizado, la tesis más aceptada es la de la nueva creación de la tierra, pero a partir de la vieja tierra. La primera creación fue hecha de la nada, la nueva creación será hecha nueva a partir de la que existe. Así como Cristo nos transforma en nuevas criaturas a partir de lo que somos en esta tierra, también ocurrirá la plenitud del cuerpo, creando un nuevo cuerpo glorificado a partir del cuerpo que poseíamos en la resurrección de los muertos. En estas facetas se refleja la magnífica obra de Cristo en su crucifixión y su resurrección de entre los muertos.

ANTICRISTO

La palabra anticristo aparece solamente 5 veces en 4 versículos de la Biblia en las cartas de Juan: cuatro veces en la 1ª carta y una vez en la 2ª. Esos versículos describen y definen quién es el anticristo, los anticristos y los que tienen el espíritu del anticristo, cuáles son las características y cómo evitar ser engañados. Esto se aplica también a los varios anticristos que han aparecido a lo largo de la historia.

Vaucher deduce que es una doctrina secundaria, de acuerdo con varios factores tales como: los pocos versículos que hablan del anticristo; su significado conciso; solo un autor lo describe y su posición aislada hace imposible que se configure una doctrina central, clara, sobre el tema (Vaucher, 1990).

Es una imprecisión asociar, de manera generalizada, al anticristo con varios personajes. A lo largo de la historia, teólogos, pastores y maestros han atribuido gran importancia a esta doctrina, interpretándola de manera incorrecta. Se lee en varios textos semejantes afirmaciones: "el anticristo es el cuerno pequeño de la bestia", "es Constantino II", "será de Babilonia", "vendrá de Jerusalén", "se circuncidará con los judíos", "el papa es el anticristo", "Yasir Arafat es el anticristo", y la lista no acaba.

En otro sentido, Walvoord, partidario de esa creencia generalizada, enseña que el anticristo tendrá poder y la capacidad para agrupar diez naciones de Europa para luego firmar el pacto de siete años: "toda vez que el anticristo gana el control de las diez naciones estará en una posición de poder y será capaz de ejecutar lo que Daniel menciona en Dn. 9:27, los últimos siete años de futuro profético con respecto a Israel antes de la Segunda venida" (Walvoord, 2003).

Para Hodge el más grande y poderoso anticristo que ha existido es quien entra en escena antes del retorno del Señor Jesucristo[2] y sigue con otra afirmación dudosa en relación a que el anticristo ha de aparecer antes de la Segunda venida de Cristo, lo cual queda expresamente dicho por el apóstol en 2 Ts. 2:1-3: "Os rogamos, hermanos, que no os dejéis mover fácilmente de vuestro modo de pensar, ni os alarméis... en el sentido de que el día del Señor ha llegado... Porque no vendrá sin que antes venga la apostasía, y sea revelado el hombre de pecado, el hijo de perdición. Esto es claro, pero en cuanto a quién o qué sea el anticristo hay no poca diversidad de opinión" (Hodge II, 1991).

Hodge piensa que el hombre de pecado es sinónimo del anticristo, lo cual es una imprecisión. La palabra y el concepto del anticristo son ajenos a la palabra y concepto del hombre de pecado. A esa imprecisión se suma un error cuando aprueba que los falsos cristos —pseudocristós en griego— son igualmente anticristos. En 2 Jn. 7 dice: "Porque muchos engañadores han salido al mundo, que no confiesan que Jesucristo ha venido en carne". He aquí el engañador y el anticristo: *ho plantos kai ho anticristós*. Así lo había predicho nuestro Señor: "Se levantarán falsos cristos y falsos profetas, y harán grandes señales y prodigios, hasta el punto de engañar, si fuera posible a los escogidos" (Mt. 24:24), (Hodge II, 1991).

Aquí ayuda saber que la palabra griega *anticristós* significa "en contra de Cristo", "el que se opone a Cristo", "el que niega a Cristo", "el enemigo de Cristo" (Vine, 1984). Ese significado va en contra de un falso Cristo —*pseudocristós*—, que pretende hacerse pasar por el Cristo verdadero, porque el anticristo se opone a todo lo que es de Cristo y niega a Cristo.

Hodge suma una caída al error y la imprecisión descritos al declarar, sin fluctuaciones, que el anticristo es el papado romanista: "...no se puede dar un argumento más concluyente para demostrar que el papado es el anticristo, que el que da el doctor Newman, Romanista". Según él, las profecías acerca de la gloria, exaltación, poder y dominio universal de Cristo tienen su cumplimiento en los papas. Pero, ¿quién es el anticristo, sino aquel que se pone en lugar de Cristo, pretendiendo el honor y el poder que pertenece a Dios manifestado en Carne? Cualquiera que haga esto es anticristo, en la forma más elevada en la que pueda aparecer (Hodge II, p. 630, 1991).

En esa línea de equivocaciones, otros teólogos confunden la bestia de Apocalipsis con el anticristo. Declaran que la bestia del capítulo trece de Apocalipsis es el anticristo. Explica que aparecerá como un líder humano de gran potencia visible que establecerá un reino mundial: "Resumiendo, la bestia, es decir, el anticristo, aparecerá como un líder humano con capacidades de hombre. En el medio de la tribulación, la bestia es herida de muerte, pero vuelve a vivir" (Ap. 13:14). Su regreso a la vida será con poderes sobrehumanos. Regresará con capacidades demoníacas con el fin de establecer su Imperio mundial.

Considero que la doctrina del anticristo es terciaria, ni siquiera secundaria. Aparecen solamente cinco referencias en la primera y segunda carta de Juan y al leerlas, sin prejuicio

---

2 Hay varios teólogos que, en sus escritos de variada índole, desde artículos, libros, hasta teologías sistemáticas, enseñan que el anticristo con poder mundial, político, económico y religioso surgirá previo a la Segunda venida de Cristo. Solo he tomado un ejemplo. No desmerito en nada el extraordinario trabajo académico de Charles Hodge en su teología sistemática por las imprecisiones descritas en este tema. Todos cometemos imprecisiones y errores. Ningún maestro de la Biblia está libre de enseñar herejías de buena fe.

y realizar una sobria interpretación, resulta claro el mensaje: no hay un tal gran anticristo que aparecerá en estos últimos tiempos antes de la Segunda venida de Cristo. El vocablo anticristo aparece solo en los siguientes textos que iré comentándolos uno a uno:

1 Jn. 2:18: "Hijitos, esta es la hora última. Ustedes han oído que viene el *anticristo*; pues bien, ahora han aparecido muchos anticristos. Por eso sabemos que es la hora última".

Todas las traducciones registran la frase "los últimos tiempos" y la mayoría de los teólogos serios están de acuerdo que estos comenzaron desde la resurrección de Cristo, el derramamiento del Espíritu en los inicios de la Iglesia primitiva y en el tiempo en que Juan recibe este conocimiento. Juan escribió esa frase hace más de dos mil años: "Esta es la hora última", "ya es el último tiempo", "Hijos, el fin está cerca". Muy bien, entonces, los últimos tiempos no son los que comenzaron a finales del siglo XX y a principios del XXI.

Juan dice a sus lectores "ustedes han oído que viene el anticristo", pues quiero que sepan que no es uno solo, sino muchos y ya han aparecido muchos anticristos. Por eso Juan discernía en que habían comenzado los últimos tiempos. La multiplicación de los anticristos era su prueba.

1 Jn. 2:22: "¿Quién es el mentiroso sino el que niega que Jesús es el Cristo? Es el *anticristo*, el que niega al Padre y al Hijo".

En este versículo, Juan dice quién es el anticristo: el mentiroso que niega que Jesús sea el Cristo, el Mesías, el hijo de Dios y el que niega al Padre y al Hijo, ese es el anticristo. Todo aquel, de cualquier época, raza, nación, que niega que Jesús es el ungido de Dios, ese es el anticristo. No hay que esperar al gran anticristo, líder mundial, político, religioso, que gobierne el mundo entero por un tiempo. No hay tal cosa.

1 Jn. 4:2-3: "² De esta manera pueden ustedes saber quién tiene el Espíritu de Dios: todo el que reconoce que Jesucristo vino como hombre verdadero, tiene el Espíritu de Dios. ³ El que no reconoce así a Jesús, no tiene el Espíritu de Dios; al contrario, tiene el espíritu del *anticristo*. Ustedes han oído que ese espíritu ha de venir; pues bien, ya está en el mundo".

Juan comprendió que había una manera de saber quién tenía el Espíritu de Dios y quién tenía el espíritu del anticristo: todo el que reconozca que Jesús vino como verdadero hombre, ese tiene el Espíritu de Dios, pero el que no lo reconoce como tal, ese tiene el espíritu del anticristo. Ahora la gran revelación que Juan da hace dos mil años es que ese espíritu del anticristo que había de venir ya estaba diseminado en el mundo desde esa época. Mas así, ¿está presente ahora? Por supuesto, está en acción, no ha tomado vacación desde el principio hasta hoy.

2 Jn. 1:7: "Pues muchos engañadores han salido al mundo que no confiesan que Jesucristo ha venido en carne. Ese es el engañador y el *anticristo*".

Desde hace dos mil años han salido muchos engañadores por el mundo que niegan la humanidad y la divinidad de Cristo. Todos ellos son anticristos. En todas las épocas de la historia de la Iglesia han existido anticristos. Hoy en pleno siglo XXI abundan los que niegan a Jesús. La teoría del gran anticristo es un distractor. Muchos creyentes están confiados creyendo que tendrán que ver primero "al gran anticristo" para saber que la venida del Señor es casi inmediata.

Así, "el gran anticristo que ha de aparecer" no aparecerá ahora, ni antes del retorno del Señor porque ya está desde hace dos mil años y en cada generación ha habido anticristos. Muchos seres humanos y entidades de todas las épocas, incluyendo la actual, son anticristos, tienen el espíritu del anticristo y no hemos caído en la cuenta, pese a que se estén oponiendo a la obra y la enseñanza de Cristo, a su iglesia y nieguen que Cristo es el salvador del mundo. Juan dice esas verdades, de modo preciso, en los versículos explicados.

Otros autores explican que los anticristos a los que se refiere Juan en este pasaje son herejes de su época, los llamados gnósticos y los cerintianos que se infiltraron en una iglesia local para desviar a los verdaderos creyentes. Estos negaban la fe de los apóstoles, los profetas y a Cristo. Estoy de acuerdo. Ellos están englobados en el gnosticismo que es una mezcla de creencias religiosas, filosóficas, de sectas judías y cristianas. Se desarrolla en los primeros siglos del cristianismo. Enseñaba que la salvación se obtenía por medio de un conocimiento secreto. Insistía que el cuerpo era malo y el alma buena, por tanto, era imposible que Dios se hiciera hombre en Jesús. Los cerintianos surgieron de las enseñanzas de Cerinto. Estos resultaron de la mezcla del ebionismo con ideas gnósticas que proclamaba Cerinto. Algunas de sus trastornadas creencias eran que el mundo no fue creado por Dios, sino por un ángel inferior que sometía bajo esclavitud a los seres humanos; que Jesús era un hombre normal hijo de José y María. Era diferente a todos los demás solo en su sabiduría y en su conducta justa.

Es claro que muchos de ellos fueron anticristos al desviar al pueblo de la fe en Cristo.

Todos estos versículos los escribe Juan con la intención de mostrar quién es el anticristo, los anticristos y el espíritu del anticristo con sus engaños y herejías; para que los creyentes supieran cómo identificarlos, y reafirmar la doctrina de Cristo y de la trinidad.

La deducción es clara, hoy tenemos anticristo, anticristos y el espíritu de los anticristos, y aumentarán con ímpetu antes de la Segunda venida de Cristo (Gálvez).

ANTÍOCO EPÍFANES

Antíoco IV Epífanes (175-164 a.C.) fue el hijo menor de Antíoco III, gobernante del Imperio seléucida. El nombre Epífanes significa "manifiesto", lo que implica "manifestado como un dios". Después de que su padre fue asesinado y su hermano mayor fue tomado como rehén por Roma, Antíoco IV asumió el trono de Siria. Su comportamiento verdaderamente extravagante y su tiranía le valieron el apodo de "Epimanes" que significa "completamente loco".

La ambición de Antíoco era utilizar la cultura griega común (helenismo) para unir el diverso Imperio seléucida. Tenía especialmente en la mira a Egipto y, en su camino, a Israel. Antíoco aceptó el soborno de Jasón, líder de la facción progriega en Jerusalén, y lo nombró sumo sacerdote en lugar del legítimo sacerdote Onías III. A cambio, Jasón accedió a helenizar Jerusalén convirtiéndola en una ciudad griega y exponiendo la ciudad a la religión siria. Según la historia judía no canónica de 2 Macabeos 4:7-22, esta etapa de desarrollo ocurrió desde el 174 a.C. al 171 a.C.

Tras una serie de eventos que culminaron con el intento de Menelao de suplantar a Jasón como sumo sacerdote y organizar un golpe de Estado en Israel, el gobernante seléucida tomó represalias contra Jerusalén en el año 169 a.C. Masacró a sus habitantes y saqueó el Templo (ver 2 Macabeos 5:11-23; Josefo, Antigüedades 12.5.3/246-47). Dos años más tarde, después de ser expulsado de Egipto por los romanos, Antíoco desató su furia sobre Jerusalén. Sus soldados atacaron la ciudad en sábado, matando a gran parte de la población masculina y esclavizando a las mujeres y niños que quedaron (1 Macabeos 1:29-36; 2 Macabeos 5:24-26).

Luego se impuso la prohibición de todos los ritos judíos, y se llevó a cabo la rededicación del templo judío al dios griego Zeus. Cualquier persona atrapada leyendo la Torá, observando el sábado, siguiendo las leyes dietéticas o circuncidando a sus hijos varones era asesinada (1 Macabeos 1:54-64). En diciembre del año 167 a.C., se realizó el primer sacrificio pagano en el altar del Lugar Santísimo en el Templo de Jerusalén (1 Macabeos 1:54).

Antíoco, al principio, encontró focos de resistencia por parte de judíos fieles, quienes se opusieron a las órdenes del gobernante y, como resultado, fueron martirizados (2 Macabeos 6:10–7:42). Pero fue con un hombre llamado Matatías y sus cinco hijos que se produjo un desafío abierto contra las políticas de Antíoco. Matatías, sacerdote del pueblo de Modín, se negó a ofrecer sacrificios a los dioses paganos y mató al representante sirio. Este incidente desencadenó una rebelión judía encabezada por su familia, conocida como los Macabeos, que culminó con la derrota de las fuerzas de Antíoco por Judas, su hijo, en diciembre de 164 a.C. En ese momento, Judas volvió a consagrar el Templo a Yahvé, el Dios de Israel, e Israel reanudó la observancia de la ley judía (1 Macabeos 4:52-59).

Después de la victoria de Judas Macabeo sobre las fuerzas de Antíoco IV Epífanes, se estableció un período de autonomía para los judíos conocido como la dinastía asmonea. Judas y sus hermanos lideraron la lucha contra la dominación seléucida y lograron liberar Jerusalén y restaurar la independencia judía en gran parte de Judea.

Bajo el liderazgo de Judas Macabeo, los judíos recuperaron el control del Templo de Jerusalén y lo purificaron. Esta victoria y rededicación del Templo se conmemora hasta el día de hoy en la festividad judía de Janucá o la Fiesta de las Luces. Durante la rededicación, se encendió el candelabro de siete brazos, el Menorá, utilizando aceite que alcanzaba solo para un día, pero milagrosamente ardió durante ocho días, hasta que se pudo obtener más aceite puro. Bajo el liderazgo de los sucesores de Judas, entre ellos su hermano Jonatán y su hermano Simón, el territorio judío se expandió y se estableció una forma de gobierno semiindependiente. Simón fue proclamado Sumo Sacerdote y líder político de los judíos, y sus descendientes gobernaron Judea bajo la dinastía asmonea durante casi un siglo.

Sin embargo, a medida que la dinastía asmonea continuó en el poder, surgieron divisiones y conflictos internos, especialmente entre las facciones de los fariseos y saduceos. Además, Judea se convirtió en un punto de interés para las potencias extranjeras como los romanos.

En el año 63 a.C., el general romano Pompeyo intervino en el conflicto interno judío y puso fin a la independencia de Judea. Aunque los gobernantes asmoneos retuvieron el título de Sumo Sacerdote, Judea se convirtió en un protectorado romano y estuvo bajo el dominio y la influencia de Roma. La historia posterior de Judea y el Templo están marcadas por tensiones y disturbios entre los judíos y los romanos, y finalmente condujo a la gran Revuelta Judía en el año 66 d.C., que terminó con la destrucción del Segundo Templo de Jerusalén en el año 70 d.C. por las fuerzas romanas dirigidas por Tito (ver **Destrucción del Templo de Jerusalén**).

Tras la destrucción del Templo, los judíos fueron dispersados y la vida judía se reorganizó en torno a las sinagogas y el estudio de la Torá. El período de los Macabeos y la lucha contra el gobierno de Antíoco IV Epífanes sigue siendo un episodio significativo en la historia judía y se considera un símbolo de resistencia y la preservación de la identidad religiosa y cultural judía en tiempos difíciles.

Más tarde, ese mismo año, Antíoco, quien había fracasado en su intento de invadir Persia, murió a causa de una enfermedad (1 Macabeos 6:1-17; 2 Macabeos 1:13-17; 9:1-29). Antíoco Epífanes IV se relaciona con la profecía bíblica en Daniel 8:11; 9:27; 11:31;

12:11. Estos pasajes resaltan el intento del gobernante seléucida de helenizar a los judíos, culminando en "la abominación desoladora". Muchos intérpretes ven la profanación del Templo de Jerusalén por parte de Antíoco como un presagio de la venida de la desolación del anticristo en un futuro Templo judío reconstruido, pero otros difieren completamente (Ver **Abominación desoladora**; **Daniel, libro de**; **Anticristo**).

APOCALIPSIS DE BARUC

El Apocalipsis de Baruc, también conocido como 2 Baruc, es un libro judío no canónico que data del siglo I d.C. Fue escrito después de la caída de Jerusalén en el año 70 d.C., aunque pretende ser de origen anterior, poco después de la destrucción babilónica de la ciudad santa en el año 587/586 a.C. Es importante tener en cuenta que el Baruc mencionado aquí no debe confundirse con el Baruc bíblico que fue padre de Jeremías, ni con el libro apócrifo de Baruc atribuido al escriba de Jeremías.

El tema central en 2 Baruc no es la teodicea, es decir, no se enfoca en la pregunta de por qué Dios permitió que Sión cayera. En cambio, se centra en la promesa y su cumplimiento, es decir, cuando Dios cumplirá su promesa de restaurar Jerusalén. El autor intenta mostrar a todos los judíos que, mientras tanto, su única esperanza es Dios y su Ley. En palabras del autor: "No tenemos nada ahora fuera del Poderoso y su Ley" (2 Baruc 85:3).

Es evidente que la Ley Mosaica tiene una gran importancia en el Apocalipsis de Baruc. Hay dos aspectos relacionados con la Ley que se destacan en el libro. En primer lugar, la ley se ve como un regalo de Dios específicamente para Israel, no para las naciones en general. Solo en un versículo (2 Baruc 82:6), se menciona que los paganos conocían la ley, pero la transgredieron. Sin embargo, en su mayoría se enfoca en su relación con los judíos. En segundo lugar, la ley tiene un carácter ético-escatológico. La fidelidad a la ley en este mundo malo asegura a los obedientes la gloria en la era venidera. El cumplimiento de la ley se considera crucial para recibir las bendiciones futuras (2 Baruc 51:7-10; 31:5–32:7; 44:3-15; 46:5-6; 77:5-7, 13-15).

La clave para la interpretación de 2 Baruc radica en la historia de Israel, que sigue el patrón de pecado, exilio y restauración, y que estructura las siete secciones del libro. Desde la perspectiva del autor, el pecado de Israel contra la ley de Dios resultó en el juicio divino y el exilio, simbolizado por la ocupación romana. Sin embargo, la esperanza de restauración también es un tema recurrente en 2 Baruc.

El mensaje general de esta obra judía del primer siglo es que las maldiciones del pacto recaen sobre Israel en la era presente debido a su pecado, pero en la era venidera, la bendición de Dios volverá a residir en ella porque se ha vuelto a la ley y al Señor. Este apocalipsis proporciona un trasfondo importante para la profecía del Nuevo Testamento en general debido a su enfoque apocalíptico y, en particular, debido a su descripción de la nueva Jerusalén. Este enfoque apocalíptico y la descripción de la nueva Jerusalén hacen de 2 Baruc un texto relevante para la profecía del Nuevo Testamento.

APOCALIPSIS, LIBRO DE

Autor y fecha
El autor se identifica con el nombre de Juan (1:1, 4; 21:2; 22:8). La iglesia postapostólica y los padres de la Iglesia creyeron que el autor es el mismo que escribió el Evangelio de Juan, el apóstol de Jesucristo. Es posible, porque hay una fuerte tradición histórica de que Juan vivió hasta una edad avanzada y hay similitudes entre el evangelio y apocalipsis — en ambos se menciona la palabra *Logos*, por

ejemplo. Esta postura sigue vigente, pero sus tesis son insuficientes. Varios eruditos difieren y se basan en los siguientes argumentos: Juan no se designa a sí mismo como apóstol; se reconoce como profeta (Ap. 22:9); designa a su escrito con el nombre de profecía (Ap. 1:3); el estilo del griego es muy diferente. En el evangelio, el griego utilizado es suave, fluido, sencillo, preciso, mientras que en Apocalipsis es tosco con ciertas irregularidades gramaticales y sintácticas. Por esas razones, se inclinan a creer que el autor fue un discípulo de Juan el apóstol. La fecha de redacción más aceptada es entre los años 81-96 d.C., bajo el reinado del emperador Domiciano.

Contexto histórico

Es una época de gran sufrimiento, persecución, tortura, cárcel y muerte para la Iglesia de Cristo. El mismo Juan se describe encarcelado en la isla de Patmos "a causa de la palabra de Dios y del testimonio de Jesús". Se incluye como uno de los hermanos en la fe y compañero en la tribulación en el reino y en la perseverancia en Jesús (Ap. 1:9). A Juan le es revelado que más creyentes serían encarcelados: "No tengas miedo de lo que estás a punto de sufrir. Te digo, el diablo pondrá algunos de ustedes en la cárcel para ponerlos a prueba, y sufrirán persecución durante diez días. Sean fieles hasta la muerte, y yo les daré la corona de la vida" (Ap. 2:10). Otros creyentes padecerían el martirio (Ap. 6:10; 16:6; 17:6; 18:24; 19:2).

La adoración del emperador romano se generalizó en esa época a tal grado, que se construyó en Éfeso un gran templo dedicado a Domiciano. Asia Menor abrazó con entusiasmo el culto al emperador porque la fuerza religiosa y la fuerza imperial consolidaron elementos políticos, sociales y económicos que se usaron en contra de los cristianos. Muchos mantuvieron firme su fe hasta las últimas consecuencias, otros no, negando abiertamente a Cristo, regresaron a la fe pagana, otros al judaísmo.

La tentación de alejarse de Cristo y comprometerse con el sistema mundial aparece claramente en los mensajes a las siete iglesias.

En suma, la situación histórica del libro refleja la terrible persecución de parte del emperador y su concubina, la religión pagana. Pese a todo, el mensaje que sostenía a los cristianos fieles era que: Jesucristo era el Señor no el César; derrotaría finalmente a todos los opositores de su Iglesia; vendría pronto para restaurar su creación y establecer su reino eterno; Satanás, el pecado y la muerte no tendrán la última palabra; el que obtiene la victoria final es el Rey de reyes y Señor de señores; ¡Jesucristo, el que es, era y ha de venir!

El autor describe que la Iglesia corría el riesgo de volverse secta gnóstica. Por ello, proclama su voz de alarma, presentando a Roma como una bestia. Las siete iglesias de apocalipsis son una representación de todas las iglesias vinculadas como una esposa. Juan, desde Patmos en su destierro, asume el lenguaje apocalíptico recreándolo en forma cristiana en su profecía para mantener firme la herencia judeocristiana y paulina.

Otros cristianos (1 P. 1:1) querían mantener la paz con el Imperio en esa misma zona. Pero el Apocalipsis afirma que esa paz es imposible, ella supondría un riesgo de contaminación idolátrica y prostitución para las iglesias; por eso da la voz de alarma, llamando a la resistencia. El Apocalipsis rechaza la pretensión del Imperio romano de, al menos en Asia, imponer a todos un modelo de economía y unidad social que implica idolatría y abandono de la fidelidad cristiana. En un aspecto, el Imperio resultaba "tolerante", dejaba que individuos y grupos expresasen hacia dentro, en sus casas y grupos cerrados, sus creencias religiosas y sociales. Pero su tolerancia iba unida a un tipo de nivelación estatal que se expresaba en una comida: carne sagrada consagrada al ídolo del Imperio y una vinculación social que se impone por igual a todos, lo que otros llaman fidelidad normal al Imperio benefactor que ofrecía la *Pax romana*. Ello implicaba, para Juan y sus hermanos en la fe, sometimiento político y exposición a la prostitución idolátrica. Así, el Apocalipsis responde a la imposición externa de Roma y a divisiones que ella causa en la iglesia.

Así lo creen algunos grupos que se sienten amenazados en su identidad nacional o cultural, respondiendo en forma de violencia militar: el Apocalipsis de Juan ha canalizado la violencia en forma martirial, no militar, ofreciendo así un modelo de insumisión creadora, imitando el modelo del Cordero sacrificado. Juan sabe que otros cristianos influenciados por los gnósticos, quizá defensores de Roma, desean colaborar de forma pacífica con el Imperio, como hacen los balaamitas y jezabelianos (en Ap. 2–3), es contra ellos que eleva su protesta profética antiromana en la gran visión de Ap. 4–20, amplía esa palabra a las iglesias (Ap. 2–3). Juan no espera la conversión del Imperio; pero confía en que cambien los cristianos, oponiéndose a la estructura económica y social del entorno.

El cristianismo no vive su vida espiritual dentro de un contexto integral real: político, social, económico y cultural, saturado de costumbres, prácticas religiosas, ritos y sacrificios paganos en los que toda la comida del imperio es ofrecida a los ídolos, incluido a las estatuas del emperador. Los cristianos son una contracultura y las visiones del emperador sirven para alimentar la resistencia de ellos ayudándoles a mantener su fidelidad mesiánica en las nuevas circunstancias socioculturales.

El Apocalipsis muestra que hay un sustrato judeocristiano: ancianos, templo, bodas... Los cristianos de Juan no son antijudíos, sino que se creen el auténtico Israel mesiánico, abierto de forma escatológica a todos los pueblos. Por eso, rechazan la doctrina de Balaam, Jezabel, Nicolaítas (Ap. 2:6, 14, 15, 20), que quieren integrar el evangelio en la estructura económica y social pagana del Imperio. La iglesia unida debe enfrentar a Roma, en cuanto que se saben a sí mismos como una comunidad fiel a Jesús resistiendo a las Bestias y a la Prostituta.

Juan entiende el cristianismo como proyecto integral de existencia: la comida y fidelidad del Imperio no es algo neutral, es una perversidad máxima para el ser humano. De esa forma, el Apocalipsis mantiene dos combates: uno exterior contra Roma, otro interior contra los disidentes de las iglesias. Algunos exégetas antiguos y modernos han pensado que, para actuar así, el Apocalipsis ha tomado el ropaje judío para el mensaje de Jesús en forma de patriarcalismo fuerte, nacionalismo fanático, miedo vengador. Por eso, añaden que sería bueno rehabilitar a Jezabel, quizá a la luz de grupos como el de Marción, que condenaron desde el principio el Apocalipsis como infiel al evangelio, expresión de un cristianismo opuesto al de Jesús y Pablo, todo lo contrario, el Apocalipsis brinda un modelo de vida cristiano muy significativo, junto a Pablo y el Evangelio de Juan, los sinópticos y Hebreos. Dentro de su posible unilateralidad, el Apocalipsis recupera un elemento esencial del evangelio: la promesa del reino y la resistencia en un contexto adverso. Eso le permite destacar elementos del mensaje de Jesús que otros libros del Nuevo Testamento han dejado en penumbra.

Destinatarios

Juan escribe desde Patmos (Ap. 1:9) y dirige su libro-carta (cartas) a las iglesias de siete ciudades de Asia (Ap. 1:4, 11), región del Asia Menor (actual Turquía), al lado de Galacia, Capadocia, Misia, Lidia, Licaonia, Ponto... en el entorno general de Oriente, donde se incluyen zonas cristianas muy significativas como Palestina, Siria, Macedonia, Acaya, Egipto. Parece claro que el Apocalipsis ha surgido en tiempos de Domiciano, al fin del siglo I d.C., en un momento de crisis para las iglesias. Quizá no existió gran persecución externa.

Su mensaje se dirige a las iglesias de Asia Menor al final del primer siglo. Su mensaje puede (y tal vez lo haga) extenderse más allá del primer siglo, pero no descuida a su audiencia original. Cualquier acercamiento a la revelación que ignora su mensaje a las siete iglesias no logra captar la naturaleza de Apocalipsis como una carta a las siete iglesias, es en realidad una carta a toda la iglesia.

Propósito

Es importante tener claro, desde el principio, el propósito del libro de Apocalipsis, pues durante muchos siglos se concibió como un libro enigmático que producía miedo y desconcierto. Por ello, algunos exégetas no lo comentaron, incluyendo a Calvino. T.H.L. Parker provee algunos hechos interesantes acerca de esto, después de haber investigado con diligencia: "…Calvino no escribió sobre el Apocalipsis debido a una razón teológica. Calvino miraba al Antiguo Testamento como ocultando a Cristo, pero el Nuevo Testamento presentaba a Cristo con total claridad. Puede haber considerado que la apocalíptica es ajena al Nuevo Testamento dado que involucraba una especie de volver a poner un velo al evangelio claro y sin ambigüedades".

Algunos versículos del capítulo 1 de Apocalipsis ya anticipan el centro del contenido de este libro: "Revelación de Cristo que Dios le dio…" (Ap. 1:1a); "que ha dado testimonio de la palabra de Dios, y del testimonio de Jesucristo…" (Ap. 1:2a); "He aquí que viene con las nubes, y todo ojo le verá…" (Ap. 1:7). Con estos textos centrales del capítulo primero, inicia la revelación de sucesos que acompañan el retorno del Señor que pone fin a la historia del mundo. Dios corre la cortina para revelar sus planes para la historia humana, planes que se centran en Cristo e inician el desarrollo de la victoria final de Jesucristo. Lo presenta con un lenguaje colorido e imágenes impresionantes, donde vence los poderes del mal, revierte la maldición del pecado, restaura su creación y vive entre su pueblo para siempre. Si bien los detalles de este asombroso y misterioso libro a menudo se debaten, la idea principal es clara: no todo termina con la muerte, el bien triunfará definitivamente sobre el mal, la consumación del reino de Dios en Cristo por el Espíritu es segura, todo con el propósito de que esa visión y profecía traiga esperanza, fortaleza y gozo para aquellos que esperan la venida del Señor en medio de grandes tribulaciones. Esa victoria origina el desenlace que trae la consumación final del reino de Dios, la bienaventurada esperanza de los hijos de Dios en la nueva creación de todas las cosas, la vida eterna y el festejo sin fin.

Estilo literario

Apocalipsis adopta tres modalidades de escritura: apocalíptica, profecía y epístola. En toda la Biblia, este escrito es único en su estilo literario. Inicia con un preámbulo o sobreescrito, luego un saludo convencional y termina con una advertencia y una despedida. Es más parecido a una epístola de esa época que a un libro, aunque en Ap. 22:9 se dice: "…los que guardan las palabras de este libro".

Es profecía. Tanto la apertura de la carta (Ap. 1:3) como el cierre (Ap. 22:7, 10, 18-19) describen el libro como una "profecía". Juan es visto como un profeta de Dios comisionado por el Señor para escribir esta profecía. En Ap. 19:10 el ángel dice a Juan: "…Soy consiervo tuyo y de tus hermanos que tienen el testimonio de Jesús… Porque el testimonio de Jesús es el espíritu de profecía". A los lectores se les ordena obedecer la profecía (Ap. 1:3; 22:7, 18-19).

Es apocalíptica. Su nombre mismo en griego es *apokalypsis*, que significa desvelar. Además, en la frase "la revelación de Jesús Cristo", el término "revelación" se traduce también por apocalipsis, como revelando lo que está escondido. El término apocalipsis describe un cuerpo de literatura que fue popular durante el tiempo entre el Antiguo y el Nuevo Testamento. La mayoría de los eruditos creen que la literatura apocalíptica surgió de la profecía hebrea y, en realidad, representa una forma intensificada de profecía escrita durante un tiempo de crisis. En el Apocalipsis hay una revelación divina a través de un intermediario celestial para alguna figura bien conocida, en la que Dios promete intervenir en la historia de la humanidad para derrotar al mal y establecer su reino.

En el Antiguo Testamento, lo apocalíptico se asocia con algunos contenidos de los libros de Daniel y Zacarías, así como pasajes selectos en otros libros proféticos de Isaías 24–27; 56–66; Ezequiel 38–39. Los apocalipsis judíos proliferaron durante el período intertestamentario en los libros apócrifos de 1 y 2 Enoc, Jubileos, 2 y 3 Baruc, 4 Esdras y el Apocalipsis de Abraham. El género apocalíptico continuó durante el período del Nuevo Testamento. Además del libro de Apocalipsis, hay algunos pasajes apocalípticos en Mateo 24-25; Marcos 13, Lucas 21.

El mensaje apocalíptico en el libro de Apocalipsis es de una situación de crisis y creciente desesperación. El pueblo de Dios enfrenta tiempos difíciles por los poderes hostiles que amenazan con abrumarlo y exterminarlo. Pero el mismo contenido del libro revela que no importa cuán sombría sea la situación. Dios es retratado como soberano y digno de confianza y su promesa dice que él mismo intervendrá para castigar a los malvados y destruir el mal. Las visiones incluidas en los textos apocalípticos transportan a otro mundo para darles una perspectiva celestial, que les permite a ellos perseverar. Además de la paciencia, los justos también están llamados a la vida santa e intachable mientras siguen al único Dios digno de adoración. Al final, Dios restaurará la creación y vivirá para siempre con su pueblo en comunidad perfecta.

La literatura apocalíptica contiene visiones fantásticas y personajes extraños. En Apocalipsis, por ejemplo, leemos de cuatro seres vivientes cubiertos de ojos y alas, un dragón rojo de siete cabezas y diez cuernos, langostas con rostros humanos y colas que pican como escorpiones. La revelación debería interpretarse teniendo esto en cuenta el género apocalíptico.

Características generales

El libro de Apocalipsis muestra un paralelismo con el libro de Zacarías en su estructura constante, característica de los apocalipsis bíblicos. Devela el desarrollo de la revelación progresiva mostrando la solución final de Dios a los males, angustias y desconciertos de un mundo convulsionado.

Es el libro con más predicciones del NT. Contiene 56 profecías en 256 versículos repartidos en 21 capítulos de los 22 que lo forman (LBMPE).

Enfoques de interpretación

Algunos autores proponen cuatro enfoques de interpretación: preterista, historicista, futurista, simbólico (Beale). Me sumo a los que formulan cinco, agregando el enfoque ecléctico, pues, yo mismo he propuesto una escatología ecléctica integrativa.

El enfoque preterista cree que el mensaje de Apocalipsis se dirige a la situación en la que vivía Juan y debe entenderse la forma en que la audiencia original en las siete iglesias de Asia Menor lo habrían entendido. Juan emplea un lenguaje figurado para comunicar a los lectores del primer siglo cómo Dios planea intervenir para liberarlos de los males del Imperio romano.

El enfoque historicista argumenta que Apocalipsis proporciona un mensaje profético de la historia de la iglesia desde el primer siglo hasta el retorno de Cristo.

El enfoque futurista afirma que la mayor parte del mensaje de Apocalipsis se refiere a un tiempo futuro justo antes de la Segunda venida de Cristo. La revelación se enfoca principalmente en lo que sucederá al final de la historia.

El enfoque simbólico sostiene que el mensaje de Apocalipsis es un acto simbólico que describe la batalla en curso entre Dios y el diablo. En vez de centrarse en eventos futuros, Apocalipsis ofrece verdades espirituales atemporales para inspirar a los cristianos de todos los tiempos mientras soportan el dolor de la persecución, la tortura, el encarcelamiento y la injusticia.

El enfoque integrativo ecléctico combina la fuerza de los enfoques tradicionales evitando sus debilidades. Encuentra valor en el mensaje para los lectores originales, pero también reconoce que algunas porciones del libro esperan cumplimiento futuro. El punto de vista integrativo también sostiene que Apocalipsis tiene un mensaje espiritual relevante para la iglesia de todas las épocas

(Gálvez, Repensar la escatología, CLIE, 2023).

Mensaje teológico
El Dios de la historia, así lo presenta el libro de Apocalipsis. Usa las frases: "Alfa y la Omega", "el principio y fin de la historia"; "el que es y que era y que ha de venir". Dios es eterno, pero no ajeno a la historia, vive junto a su pueblo en un pasado, presente y futuro.

El Dios soberano. Gobierna en el gran trono que destaca por su centralidad (Ap. 4–5), y significa el gobierno soberano de Dios como la pieza focal de la realidad última. Todo gira alrededor del trono soberano. Implica que solo Dios es supremo sobre su creación, solo él es digno de adoración. Los seres celestiales que rodean el trono adoran a Dios porque él ha creado soberanamente todas las cosas: "Digno eres, Señor y Dios nuestro, de recibir gloria y honra y poder, porque tú creaste todas las cosas, y por tu voluntad fueron creados y tienen su ser" (Ap. 4:11; cf. 4:8; 14:7; 19:6).

El Dios como juez justo. Es misericordioso con su pueblo, siempre presente para él. Dios protege a su pueblo de su ira sellándolo (Ap. 7:2-3; 14:1). Él alberga a su pueblo (Ap. 7:15), enjuga sus lágrimas (Ap. 7:17; 21:4), y suprime la muerte, el llanto, el dolor (Ap. 21:4). Él no se ha olvidado de sus hijos; más bien, Él está haciendo nuevas todas las cosas para que ellos las disfruten. El deseo de Dios de una intimidad eterna con su pueblo se manifiesta plenamente en Apocalipsis 22:1-5, donde sus siervos ven su rostro (Ap. 22:4). A los hijos de Dios se les da acceso sin obstáculos y comunión con su Padre.

El Dios victorioso. Vence de una vez por todas al mal representado por los enemigos del reino centralizados en el personaje del mal, que tiene varios nombres: el dragón, Satanás, el diablo, la serpiente, el acusador; las dos bestias, el falso profeta, que concentran poder para darlo a los imperios y sistemas mundanos en un intento de frustrar la voluntad de Dios. Apocalipsis 12 ofrece el cuadro más completo de este cósmico conflicto. El gran

Dragón es derrotado y arrojado a la tierra, donde vuelve su ira contra la mujer y el resto de su descendencia. Los socios del dragón toman la forma de dos bestias: la primera bestia surge de ese mismo mar (Ap. 13:1) y está facultada por Satanás (Ap. 13:2, 4; 16:13-14) para llevar a cabo sus propósitos de blasfemar contra Dios (Ap. 13:1, 5-6) y destruir al pueblo de Dios (Ap. 13:7).

La segunda bestia, llamada el "falso profeta" en Ap. 19:20 y 20:10, surge de la tierra y es fortalecido con poder satánico. La tradición ha dicho que representa el poder religioso y la propaganda organizada en apoyo del mal sistema político-económico. La tarea principal del falso profeta es engañar al pueblo para que adoren a la primera bestia mediante el uso de grandes señales milagrosas (Ap. 13:11-15). El dragón, la bestia del mar y la bestia de la tierra —o profeta, constituyen lo que proverbialmente se le ha llamado la trinidad satánica.

El Cordero de Dios. Juan designa el nombre de "Cordero" para Jesús ya que comunica vívidamente su papel central en la historia de la salvación: el Cordero de Dios que quita el pecado del mundo. Apocalipsis habla del Cordero como Dios, el Cordero como el sacrificio triunfante, y el Cordero como el Guerrero-Juez que regresa. Juan destaca constantemente la unidad del Cordero con Dios. Jesús aparece en el saludo inicial con su referencia a la Trinidad (Ap. 1:4-5). Cuando Juan presenta su visión de "uno como un hijo de hombre" (Ap. 1:13), usa términos que se encuentran a menudo en el Antiguo Testamento cuando se refieren a Dios mismo: la descripción de Dios como el "Anciano de Días" en Dn. 7:9-10. A lo largo de Apocalipsis también se usan expresiones que se refieren a Dios, a Cristo, afirmando así la deidad de Jesús: *Alfa y Omega, Señor*. La principal indicación de la identidad divina del Cordero en Apocalipsis es que comparte la autoridad, la gloria y la adoración reservadas para Dios (Ap. 5:6, 9-14; 7:10, 17; 12:10; 21:22-23; 22:1, 3).

El Cordero también se presenta como el sacrificio triunfante en Apocalipsis. Él es digno de abrir el rollo, porque fue inmolado y con su sangre "compraron hombres para Dios de toda tribu y lengua y pueblo y nación" (Ap. 5:9). La paradoja divina es que la victoria del Cordero llega a través del sufrimiento y el sacrificio. Él nos libró de nuestros pecados con su sangre (Ap. 1:5). El Cordero es fiel en su testimonio hasta la muerte (Ap. 1:5, 18). La muerte sacrificial se convierte en el evento crucial en la victoria final de Dios sobre el demonio. Es claro que la muerte del Cordero es seguida por su resurrección (Ap. 1:17-18). Como Cordero resucitado es capaz de fortalecer a su pueblo, quienes ahora soportan la tribulación como parte de su identificación con él (Ap. 1:9; 12:17; 20:4). Y ha prometido volver como el Cordero-Guerrero para traer última liberación y restauración.

Jesús vino a la tierra por primera vez como el Cordero del sacrificio, pero promete volver por segunda vez como el Guerrero-Juez. Su regreso se menciona temprano como el saludo de la carta (Ap. 1:7). Jesús promete a la iglesia en Filadelfia que "vendrá pronto" (Ap. 3:11), y cuando el sexto ángel derrama su copa de juicio, Jesús anuncia: "He aquí, vengo como un ¡ladrón!" (Ap. 16:15).

Dios unido con su pueblo. Juan emplea varias imágenes para designar al pueblo de Dios: *Iglesia* en Ap. 1:4, 11; 2:1; 3:1; 22:16; *santos* en Ap. 5:8; 13:10; 14:12; 17:6; *los 144 000* en 7:4; 14:1, 3; *las grandes multitudes* en Ap. 7:9; 19:1, 6; *la novia del Cordero* en Ap. 18:23; 21:2, 9; 22:17, y *la nueva Jerusalén* en Ap. 21:2, 10 y otros. Este pueblo se distingue porque ha sido redimido por la sangre del Cordero sacrificado (Ap. 1:5; 5:9; 14:3-4), ha confiado en la muerte sacrificial del Cordero, pese a la terrible persecución. La expresión:

"cada tribu, idioma, pueblo y nación", indica que el sacrificio redentor del Cordero ha creado un pueblo de Dios multicultural de todas las naciones (Ap. 5:9; 7:9; 10:11; 11:19; 13:7; 14:6; 17:15).

El juicio de Dios. En la sección central de Apocalipsis, Juan describe el juicio ascendente en severidad en tres series de siete juicios: los sellos (Ap. 6:1–8:1), las trompetas (8:2–11:19) y las copas (16:1-21). Las series de juicios llegan al final, pero no ocurren en un estricto orden cronológico (6:12-17; 11:15-19; 16:17-21). Tales juicios evocan las plagas de Egipto en Éxodo: granizo, tinieblas, llagas, langostas, ranas y cuerpos de agua que se convierten en sangre. Tanto el escenario de las plagas de Egipto como el escenario de Apocalipsis describen al Dios de justicia, enviando plagas a sus enemigos, para mostrar su poder y vindicar a su pueblo. Estas aterradoras imágenes, semejantes a las más conocidas del Antiguo Testamento, envían un mensaje de advertencia a los incrédulos para que se arrepientan o enfrentarán la condena final, mientras recuerda a los creyentes que Dios será victorioso sobre el mal.

El interludio de Apocalipsis 14 contiene el tema del juicio de Dios. La guerra entre Dios y la bestia presenta una elección clara para la humanidad: o temer a Dios y darle gloria (Ap. 14:7) o enfrentar el terrible juicio de Dios reservado para Babilonia y los que adoran a la bestia (Ap. 14:8-9). El juicio será ineludible y eterno (Ap. 14:11). Dos imágenes dramatizan el juicio inminente: la cosecha del grano (Ap. 14:14-16) y el lagar (Ap. 14:17-20). Los espantosos detalles de los seguidores de las bestias aplastados en "el gran lagar de la ira de Dios" indican que el juicio de Dios sobre el mal será absoluto (Ap. 14:19; 19:15).

Apocalipsis 17:1–19:6 informa con mayor detalle el juicio final de Dios sobre "Babilonia la grande, la madre de las prostitutas".

La batalla final se registra en detalle en Apocalipsis 19:11-21. A lo largo de la historia, las fuerzas del mal hacen la guerra contra el pueblo de Dios y parecen conquistarlos, pero cuando hacen guerra contra el Cordero, son derrotados y sus enemigos son lanzados al lago de fuego: la bestia y el falso profeta (Ap. 19:20), el diablo (Ap. 20:10), la muerte y el hades (Ap. 20:14), también los cobardes e incrédulos, los abominables y homicidas, los fornicarios y hechiceros, los idólatras y todos los mentirosos tendrán su parte en el lago que arde con fuego y azufre (Ap. 21:8) "…donde serán atormentados día y noche por los siglos de los siglos". Además, la vieja creación, el mar (Ap. 21:1), noche, lágrimas, muerte, llanto, clamor (Ap. 21:4), cosa inmunda, abominación, mentira (Ap. 21:27), serán aniquiladas para siempre.

El nuevo paraíso de Dios (Ap. 21:22). Describe la nueva Jerusalén, a Dios, como el templo, la luz, y al Cordero como la lumbrera en la nueva creación de todas las cosas, la unión de Dios con su pueblo se describe con precisión. Aparece el río de vida que brota del trono de Dios y del Cordero. La centralidad del trono de Dios, un símbolo de su gobierno soberano sobre toda realidad, confirma que Dios ha cumplido su promesa de vencer a todos sus enemigos y reivindicar a su pueblo en el cielo nuevo y tierra nueva en la que reaparece el árbol de la vida que crece junto al río de vida y da fruto todo el año, en la nueva Jerusalén, la ciudad celestial, la morada eterna de Dios y su pueblo en el festejo eterno (Gálvez).

APOCALÍPTICA

F. Lucke acuñó el término apocalíptica en el siglo XVIII. Este abarca el género literario judío de los apocalipsis y las diferentes definiciones elaboradas en la historia (Tamayo, p. 85, 2017). Cito algunas definiciones de apocalíptica:

"Estrictamente hablando significa la revelación, manifestación visionaria, influjo externo de poderes sobrenaturales en el transcurso y, sobre todo, en la meta de la historia" (Pikaza, p. 12, 2015).

"Del griego *apokalyptein*, que significa desvelar o revelar y designa esencialmente un género literario en donde los símbolos y las visiones forman la expresión máxima de su contenido particular" (Pérez Millos, p. 17, 2010).

La apocalíptica se relaciona con un tipo de literatura que nace y se forja en el período que va del judaísmo tardío del 150 a.C., al incipiente cristianismo en el año 100 d.C. Es bautizada con el nombre de Apocalíptica, mucho tiempo después por los cristianos, debido a la conexión entre esos escritos y el libro de Apocalipsis del Nuevo Testamento. El género literario apocalíptico nace como una necesidad importante, en respuesta a la crisis surgida durante y después del destierro babilónico, pues, los israelitas vivían en una desesperanza asfixiante (André, 1978).

La apocalíptica busca reconstruir la conciencia para hacer posible el restablecimiento de un mundo diferente. Para lograrlo crea símbolos que posibilitan la reconstrucción del pueblo. La apocalíptica condena el orden existente, anuncia la construcción de otro mundo mientras el profeta busca realizar el plan de Dios en el mundo. El apocalíptico reconstruye el plan de Dios, en el interior del hombre, en una realidad más allá de la física, donde lo material adquiere otro valor y la identidad está puesta en lo eterno (Aranda, 1996).

El interés de la apocalíptica también apunta a responder sobre el sufrimiento y el propósito de la historia. Anuncia la ansiada liberación y la salvación proclamando la justicia de Dios sobre el mundo, requiriendo una respuesta de los creyentes. Su mensaje se encuentra escondido en medio de figuras, visiones, sueños, imágenes y símbolos (Richard, 1994).

Una afirmación contundente para dejar en claro el contexto de la apocalíptica: "El fundamento experiencial de la apocalíptica se basa indudablemente en la promulgación de la Torá y en la experiencia del sufrimiento de Israel y de los justos" (Moltmann, 1979).

APOCALÍPTICA CRISTIANA NEOTESTAMENTARIA

Temas centrales

Los temas más importantes de la apocalíptica cristiana genuina son los acontecimientos previos a la Segunda venida: la evangelización a todas las naciones, el estilo de vida como en los tiempos de Noé, la gran apostasía final, el hombre de pecado, la Gran Tribulación final sobre Israel, la señal del hijo del hombre, la conmoción cósmica.

Temas secundarios

Los temas secundarios que enseña Cristo son los falsos cristos, las guerras, rumores de guerras, pestes, hambres terremotos, sufrimiento, persecución, muerte y falsos profetas; cuando estos aparezcan en escena todavía no es el fin.

Los temas terciarios son los que se encuentran en el Apocalipsis de Juan, que conecta con la literatura apocalíptica judía. Esos temas terciarios son, entre otros, los sellos, las copas, el número de hombre de la bestia —el 666, la gran ramera, el falso profeta y las bestias. Se suma el tema del anticristo que se encuentra descrito solamente en 1 y 2 de Juan.

La apocalíptica es secundaria en relación con la escatología neotestamentaria. Es cierto que, en el Nuevo Testamento, hay pocos y pequeños apocalipsis, no son de trascendencia. En los evangelios, son los sinópticos que registran esos cortos apocalipsis en los siguientes pasajes: Mt. 24, Mr. 13, Lc. 21, 2 P. 3:13 y el

Apocalipsis de Juan. Con esta explicación, en la apocalíptica cristiana la expectación de la venida de Cristo predomina sobre los horrores de los tiempos del fin. Por eso, la pregunta que le plantearon los discípulos a Cristo fue: ¿cuándo será la señal de tu venida y el fin del mundo? (Mt. 24:3). Después de enumerar los sufrimientos y horrores que se producirán en el mundo, dice "pero todavía no es el fin". Cuando Jesús menciona la proclamación del reino de Dios en todo el mundo, sí afirmó "entonces vendrá el fin" (Mt. 24:14). También, en el aspecto apocalíptico escatológico, la esperanza de la venida de Cristo, que se halla activa en la labor evangelizadora, predomina sobre las experiencias del final del mundo que se contemplan anticipadamente con temor y estremecimiento.

APOCALÍPTICA ESCATOLÓGICA

Según Tamayo, los libros del Antiguo Testamento que se consideran apocalípticos son: Ezequiel, específicamente los capítulos 38-39; Isaías, en los capítulos 24-27, que tradicionalmente se le conocen como *el gran apocalipsis de Isaías*. Algunos biblistas siguen la opinión de Tamayo y describen los temas del juicio universal y la victoria de Yahvé acompañada de un banquete en la montaña. Los capítulos de Isaías 34 al 35 que se le designan, *pequeño apocalipsis de Isaías*. Otros libros: Zacarías 9-14, Daniel 7-12 (Tamayo, 2017).

La literatura apocalíptica se encuentra en los libros apócrifos judíos y los destacados son: "Asunción de Moisés", el "libro 4 de Esdras", "Baruc siriaco", "Baruc griego", "Enoc etiópico" (escrito importante que alude a temas como: la vida futura mesiánica, el juicio final, la resurrección de los muertos, "el hijo del hombre", la historia universal). Tuvo una aceptación especial en la Iglesia del principio. Lo alude el libro canónico de Jud. 14, "Enoc eslavo" y "Testamento de los doce patriarcas" (Tamayo, 2017).

APOCALÍPTICA ESCATOLÓGICA DUDOSA

Se centra en la apocalíptica judía y el Apocalipsis del Nuevo Testamento, y descuida la escatología cristiana de los evangelios, el libro de los Hechos y las cartas del Nuevo Testamento. Pone el énfasis en temas secundarios, terciarios, desplazando los temas principales. Se suma el problema de la interpretación arbitraria, carente de una exégesis sana, usando la eiségesis. La exégesis supone el proceso de ver el texto objetivamente, explicándolo con el uso de ciertas reglas de la hermenéutica. La exégesis significa literalmente "sacar hacia afuera", la eiségesis es su opuesto: "insertar hacia adentro", implica una visión subjetiva y personal del intérprete. Es la forma común de tener una idea predeterminada, un concepto preconcebido tratando de adaptarlos al texto, justificándolos de manera forzada para que el texto diga lo que no dice.

La escatología evangélica a semejanza de cultivar el arte del Bonsái, se dedica a sustentar las raíces secundarias de la apocalíptica cortando las raíces centrales del árbol escatológico. El resultado es una escatología enjuta y una frondosa apocalíptica. No estudia los temas escatológicos fundamentales, sí los intrascendentes, ello es como colar el mosquito y tragarse el camello. Toma los temas apocalípticos pequeños y los estudia, menosprecia los temas centrales escatológicos, arrinconándolos al olvido. Se ha dedicado, prácticamente, a la apocalíptica con pequeñas dosis de escatología.

Grau afirma que en las diversas denominaciones e iglesias hay unidad en las doctrinas esenciales, mientras que en los asuntos no esenciales hay diversidad de opiniones; estas se amplían en los temas escatológicos. A la sazón, la confusión ha reinado en esta importante rama de la Teología Sistemática (Grau, 1990).

El desenfoque de la apocalíptica dudosa
La escatología apocalíptica cae en las tinieblas del error cuando se enfoca en las realidades últimas (Ta Éschata) en lugar de poner su mirada en los acontecimientos escatológicos en Cristo (Éschaton): su muerte, resurrección, Segunda venida y reino eterno. La apocalíptica desequilibrada camina más por el sendero de las creencias de grandes señales, acontecimientos catastróficos, el descubrimiento del significado de los eventos y personajes del Apocalipsis que, por el camino de Cristo, que es el eje central de la escatología que conduce al reino de Dios y su consumación. Además, pasa a segundo plano la enseñanza paulina y se empecina en lo apocalíptico. Se suma la influencia del pensamiento judío y griego que agregan más confusión. Todo ello, confluye para despertar la curiosidad por lo espectacular. Así las cosas, pierde de vista que Cristo es el punto de concentración y expansión de la escatología. Deja de lado los magnos eventos que Cristo ya realizó y los que realizará en su venida, lo cual abrirá las puertas a la eternidad, la nueva creación de todas las cosas, la glorificación de la Iglesia, la glorificación de Dios, el reino de paz, gozo y fiesta eterna. Esos son los signos escatológicos de primer orden.

APOCALÍPTICA JUDÍA

Es un género literario que inicia en el período intertestamentario. Posee rasgos definidos en el siglo II a.C. Se fragua a causa de las trágicas circunstancias de conquista, derrota, esclavitud, destierro, que sufrió el pueblo de Israel en manos de los grandes imperios babilonio, asirio, medo persa y griego. Ello resultó en que su condición se volviera miserable por causa de perder su tierra, hogar, bienes, gobierno y su rey. El pueblo de Israel ya no veía una salida pronta, perdieron la esperanza a tal grado, que abandonaron la profecía y se aferraron a la apocalíptica llena de símbolos cósmicos, números, colores, animales, demonios y bestias con un significado simbólico.

Los pequeños apocalipsis en el Antiguo Testamento se encuentran en escritos marginales y tardíos: Isaías, capítulos 24 al 27, Zacarías 12 al 14, Daniel 2 y 7, Joel 3. El grueso de los escritos apocalípticos se registra en los libros apócrifos de Enoc, Baruc griego y 4 Esdras (Moltmann, La venida, 2004).

Características de la apocalíptica judía como género literario
Los contenidos teológicos, en general, se resumen en los siguientes conceptos: sufrimiento, juicio, reconstrucción, salvación, justicia, trascendencia, dualismo, determinismo, liberación, historia, mitología, ángeles, demonios, resurrección, victoria. La apocalíptica se desarrolla a través de la literatura, llegando a ser considerada un género literario al mismo nivel que el género evangelio (Jolón, 2016).

Rasgos del lenguaje: repetitivo, largos discursos, predominio de cifras y listas, simbolismo de los números, aves, bestias, dragones simbólicos. Narraciones, generalmente, en formas simbólicas en el que animales en lucha simbolizan las disputas de los hombres; hay descripciones de los cielos, vientos, extrañas montañas y del árbol de la vida (Lamadrid, 2000).

La apocalíptica trae luz sobre las tensiones entre los pueblos y sus gobiernos, el poder religioso y político, los radicales y los no radicales. Para alguien que se precie de ser un conocedor de las Escrituras canónicas, la compresión de la apocalíptica como algo más que un simple lenguaje simbólico, con una profunda carga de misticismo religioso escatológico, le representará una herramienta útil a la hora de mostrar dichos textos en contextos contemporáneos (Díez Macho, 1984).

APOCALÍPTICA LITERALISTA

El literalismo apocalíptico convierte las enseñanzas importantes en irrelevantes y las irrelevantes en prioritarias.

Existe una obsesión por determinar la localización, tiempo y el modo de los acontecimientos finales apocalípticos. El problema es que la Escritura no da para ello. El literalismo evangélico cree a pie juntillas, por ejemplo, que en el cielo tendremos calles de oro de 24 kilates, un mar de cristal con las medidas exactas que la Biblia relata, que según Zoller, sus medidas son 2200 kilómetros de longitud, anchura y altura, es decir, que es un cubo perfecto. Así, se pueden calcular las medidas promedio de las habitaciones celestiales que le corresponderían a cada cristiano. Si así fuera, resultaría en una ciudad más pequeña que un microorganismo, con habitaciones tan limitadas comparadas con el inconmensurable universo. Es imposible que sea literal.

Otros han hecho el cálculo matemático de la temperatura del infierno en el centro de la tierra. En el siglo XIX, el profesor de teología de Münster, Baus, apoyándose en los datos proporcionados por la Biblia osó calcular la temperatura del fuego del infierno. Otro ejemplo elocuente son las elucubraciones en torno al orden cronológico en que se sucederían los acontecimientos del juicio final: si el incendio del mundo precedería a las resurrecciones de los muertos, o viceversa. O las incansables disquisiciones sobre la reanimación de los cadáveres en el momento de la resurrección universal (Tamayo, 2017).

El literalismo bíblico ha causado serias consecuencias. Según la tradición, Orígenes, uno de los grandes maestros defensores de la fe en los primeros siglos, para evitar caer en el pecado de la fornicación y del adulterio se castró. Otros afirman que no sucedió. Lo que sí deja entrever esa leyenda, rumor o posible verdad es que el literalismo desvía del verdadero mensaje. El problema de la lujuria está en el corazón según Mr. 7:15, 20-23: "[20] Lo que entra en el cuerpo no es lo que los contamina; ustedes se contaminan por lo que sale de su corazón…es lo que sale de su interior lo que los contamina. [21] Pues de adentro, del corazón de la persona, salen los malos pensamientos, la inmoralidad sexual, el robo, el asesinato, [22] el adulterio, la avaricia, la perversidad, el engaño, los deseos sensuales, la envidia, la calumnia, el orgullo y la necedad. [23] Todas esas vilezas provienen de adentro; esas son las que los contaminan".

La tendencia en los incrédulos, y aún de algunos cristianos, es a interpretar literalmente el contenido de los textos apocalípticos, aunque salte a la vista que es simbólico. Otro ejemplo es el de Pedro en la visión que el Señor le mostró tres veces: un gran lienzo descendía delante de él con toda clase de animales, reptiles y aves del cielo y la instrucción de la voz divina era "levántate Pedro, mata y come". El Señor no le estaba dando instrucciones en ese momento de que comiera de manera literal aves, animales, reptiles. Pedro respondió: "Señor, no, porque ninguna cosa común o inmunda he comido jamás". Por fin comprendió que el Señor se refería a los gentiles que también necesitaban escuchar el evangelio. Fue con los gentiles y les habló así: "ustedes saben muy bien que nuestra ley prohíbe que un judío se junte con un extranjero o lo visite. Pero Dios me ha hecho ver que a nadie debo llamar impuro o inmundo".

APOCALÍPTICA SECULAR

Es la secularización de la apocalíptica judía y del libro de revelación del Nuevo Testamento. Su enfoque es fatalista. Se concentra en la catástrofe, la destrucción del mundo, sin hablar de esperanza. Hablan del final trágico, no de un comienzo, de un juicio, nada de un reino (Moltmann, *La venida*, 2004). Provocan: ansiedad, cinismo, confusión, temor paralizante.

APOCALIPTICISMO JUDÍO

Según los eruditos, el apocalipticismo judío se gesta a principios del siglo II a.C., incluso el siglo II d.C. Se forja dentro de un contexto de confabulación, desconcierto, donde las promesas de Dios parecen no cumplirse; viven en tribulación, angustia, desesperanza. Dentro de su conformación hay elementos distintos y opuestos, lo que puede provocar imprecisiones en algunas percepciones si no se estudia con seriedad. El erudito alemán Käseman lo expresa así: "lo apocalíptico es la madre de toda la teología cristiana". Klaus Koch dice que la apocalíptica es para quedarse perplejo y avergonzado. Ambas declaraciones son exageradas, provocativas, pero tienen algo de verdad, afirma Collins. Es claro que el apocalipticismo, con sus ideas singulares, jugó un papel importante en las primeras etapas del cristianismo y, más ampliamente, en el judaísmo de la época. Con todo, Koch demostró que los textos apocalípticos primarios han recibido solo una atención esporádica y a menudo es evitado o ignorado por la erudición bíblica.

Collins definen el apocalipticismo judío así: "es un movimiento o una ideología en un sentido más amplio. Es un universo simbólico generado en oposición a la cultura dominante que establece la identidad, la razón de ser y la esperanza de la comunidad". La comunidad de Qumrán es un ejemplo de apocalipticismo (Collins J., p. 15, 2016).

El apocalipticismo judío posee algunos puntos en común en sus escritos: el uso de símbolos, figuras, colores, sonidos, visiones, ángeles, juicio divino, seres insólitos, que necesitan ser interpretados para descubrir el mensaje que permanece oculto en la simbología, con la esperanza de que llegue el advenimiento del reino de Dios. Además, el dualismo está presente en su visión teológica: la presente era de sufrimiento y la venidera era mesiánica de gloria. Un ejemplo es el concepto de los males mesiánicos, como se encuentra en esta literatura, donde el sufrimiento de esta era presente es retratado como dando paso a la gloria de la era venidera.

El apocalipticismo enseña que el período de transición, entre estas dos eras, se llevará a cabo mediante una intensificación de la aflicción perpetrada sobre los judíos piadosos que, a su vez, da a luz a la era mesiánica. Este aspecto, el pensamiento apocalíptico judío, es similar a la descripción del Nuevo Testamento de la Gran Tribulación. En especial, con respecto a las imágenes de los dolores de parto descritos en: Mc. 13:8; 1 Ts. 5:3; Ap. 12:2-5, llamados los signos de los tiempos. De hecho, se observa cierta correspondencia entre el Nuevo Testamento y la literatura apocalíptica canónica del Antiguo Testamento: Isaías, Joel, Daniel, Ezequiel; no canónica: Adán, Abraham. Moisés, Salomón, Esdras, y sobre todo el libro de Enoc, en las señales previas a la Gran Tribulación: terremotos, hambrunas (Mt. 24:8-9ss., Ap. 6:8; 18:8); guerras (Mc. 13:8; Ap. 6:4); luchas internas (Mc. 13:12); disturbios cósmicos (Mc. 13:24-25, Ap. 6:12-17).

La esencia del mensaje en el apocalipticismo judío es traer esperanza en medio del sufrimiento, afirmando que al final de la historia los justos que han sufrido opresión, maltrato y exclusión en manos de los paganos, aun así, al final, triunfarán sobre el mal. Mantienen la esperanza de que Dios intervendrá para su bien, en cierto momento. Por otro lado, es cierto que algunos escritos apocalípticos revelan tiempos de desesperanza, mensajes de fatalismo, relatividad, por los acontecimientos de fuerzas malignas espirituales, la fuerte oposición del mal contra el bien. Por eso, hay un reproche contra el mal en medio de la esperanza que los revitaliza.

El apocalipticismo judío es importante porque, al final, aporta elementos que recibe la apocalíptica neotestamentaria. De ahí la necesidad de conocerlo para interpretar, con precisión, el mensaje apocalíptico del Nuevo Testamento.

APÓCRIFOS

El término "apócrifos" se deriva del griego *apokryphos*, que significa "oculto" o "secreto". Se utiliza para referirse a un conjunto de escritos religiosos que no se consideran canónicos y no forman parte de la Biblia judía o cristiana estándar. Estos escritos adicionales abarcan una variedad de géneros como evangelios, epístolas, apocalipsis y libros históricos.

Se conocen cuatro clases de obras apócrifas: *los apócrifos del judaísmo palestino, los textos de Qumrán, la literatura del judaísmo helenístico, la literatura rabínica. Los apócrifos del judaísmo* se convocan bajo el nombre de apócrifos: un grupo de libros varios, cual característica común es la pseudonimia, es decir, la práctica que consiste en atribuir obras literarias a nombres supuestos, método muy usado en el mundo antiguo. Así, los autores judíos pusieron abiertamente sus obras bajo los nombres de Adán, Enoc, Moisés, Salomón, Isaías, Esdras… protegiendo su anonimato y asegurando el éxito de sus escritos. Varias partes de estos escritos fueron adaptadas en los escritos cristianos del Nuevo Testamento. El libro apócrifo de Esdras es uno de los destacados y bien recibidos por cristianos de la antigüedad. Describe seis visiones relacionadas con la cuestión del pecado, la sanidad de los hombres, el Mesías, la figura del Hombre, que recuerdan a Daniel 7 y otros. También están los escritos llamados apocalipsis: uno de ellos menciona los símbolos de la mujer, la gran ciudad, que evocan la antigua y la nueva Jerusalén que se hallan en el Apocalipsis de Juan. El Apocalipsis siríaco de Baruc (2 Bar.) hace del escrito un repertorio de temas apocalípticos y escatológicos que tienen paralelos en el Nuevo Testamento, principalmente en los escritos de Pablo. En el Apocalipsis de Elías, se habla del papel atribuido al anticristo; otros apocalipsis que contienen partes que influenciaron a los pasajes apocalípticos del Nuevo Testamento son: Apocalipsis de Sofonías, de Abraham, de Ezequiel y el de Sidrac.

Los textos apócrifos del Qumrán. Dentro de los no mencionados resaltan los documentos propios de la secta, redactados seguramente por miembros influyentes. Expresan las tendencias profundas de los esenios y sus diversas perspectivas en su corriente tardía del esenismo anterior al que conocieron Filón y Josefo.

La literatura del judaísmo helenístico. La traducción de la Biblia desempeñó un gran papel en el desarrollo de su literatura. Su cuna fue la sinagoga, con sus géneros literarios parecidos a los del judaísmo palestino: relatos con características de los escritos de las tradiciones religiosas hebreas llamadas *haggada* que contienen rituales de oración, predicación… Aun así, los escribas judíos se impregnaron del bagaje helenístico: historia, reflexión moral, filosófica y poesía.

La literatura rabínica apócrifa. Al contrario de los escritos apócrifos del judaísmo ya explicados, los escritos rabínicos son extensas recopilaciones posteriores todas a la época del Nuevo Testamento. Pero los materiales que contienen son de todas las edades; por tanto, algunos de ellos pueden ilustrar el medio evangélico y apostólico. Cuando esta literatura tomó forma después del año 70 d.C., la secta farisea se hizo cargo de la reorganización del judaísmo por lo que contienen, además, escritos de la tradición farisea; algunos elementos de origen saduceo; no contiene enseñanzas esenias. El porte es en parte judío, pero con elementos del judaísmo que influyeron en algunos pasajes del libro de los Hechos y del pensamiento paulino. Por ello, es útil saber cuáles eran sus creencias, sus costumbres, su exégesis. Otro detalle importante, la literatura rabínica es la única que informa los detalles de estos temas de primera mano. Pero, por su fecha de redacción tardía llama a la prudencia para utilizarla. Hay que conocer, hasta donde sea posible, cuál era la tradición oral de los textos escritos.

Libros escondidos o secretos, para algunos, suponen escritos inspirados por Dios, ya directa o indirectamente. Narran sobre las angustias, tribulaciones y la liberación por un ser sobrenatural y se anticipan a lo que acontecerá al final de la historia. En general, a los contenidos de los libros "escondidos" se les reconoce que son antiguos, que poseen cierta autoridad. Y, el libro de Apocalipsis de Juan, que se ha nutrido en parte de algunos libros apócrifos, ya no es escondido, se ha revelado al profeta Juan y debe darse a conocer con libertad a la Iglesia, porque ha sido reconocido ya desde tiempos antiguos como un libro canónico abierto a todo aquel que quiere conocer de él y que tendrá bendición quien lo haga como lo promete el mismo libro.

Es cierto que existen varios escritos apócrifos o "escritos misteriosos" que se consideran parte de la Biblia católica, pero no están incluidos en la Biblia protestante. Estos libros adicionales son conocidos también como deuterocanónicos y varían en número y contenido según las distintas tradiciones cristianas:

1 y 2 Esdras: estos libros son conocidos en la Biblia protestante como Esdras y Nehemías. En la Biblia católica, se dividen en dos libros separados y contienen narrativas y registros históricos relacionados con el regreso del exilio babilónico y la reconstrucción del templo en Jerusalén.

Tobías: es un libro narrativo que cuenta la historia de Tobit y su hijo Tobías. Se centra en temas como la piedad, la justicia y la providencia de Dios.

Judit: es otro libro narrativo que relata la historia de una mujer llamada Judit que salva a su pueblo al derrotar a un general enemigo.

Adiciones a Ester: estas adiciones incluyen textos adicionales que se añaden al libro de Ester en la Biblia protestante. Proporcionan más detalles y amplían la narrativa existente.

Sabiduría de Salomón: es un libro sapiencial que presenta enseñanzas y reflexiones sobre la sabiduría y la justicia, atribuidas al rey Salomón.

Eclesiástico: también conocido como Sirácida o Ben Sira, este libro es otro libro sapiencial que ofrece consejos prácticos para la vida cotidiana y reflexiones sobre la sabiduría.

Baruc: es un libro que incluye cartas atribuidas al secretario del profeta Jeremías. Estas cartas contienen oraciones y reflexiones sobre el exilio y la restauración de Jerusalén.

Epístola de Jeremías: es una carta que se atribuye al profeta Jeremías y se incluye como un apéndice del libro de Baruc.

Oración de Azarías y los Cántico de los Tres Jóvenes: estos textos son parte de la historia de Susana en el libro de Daniel y relatan una oración y un canto de alabanza atribuidos a los tres jóvenes hebreos que fueron arrojados al horno de fuego.

Susana: es un relato adicional que se encuentra en el libro de Daniel y narra la historia de Susana, una mujer justa que enfrenta acusaciones falsas.

Bel y el Dragón: también se encuentra en el libro de Daniel y contiene dos relatos adicionales. El primero involucra a un ídolo llamado Bel y el segundo relata cómo Daniel desenmascara a los sacerdotes que adoran al dragón.

Además de estos libros, existen otros escritos considerados apócrifos por algunas tradiciones cristianas como el Salmo 151 y los libros de 3 y 4 Macabeos. Sin embargo, es importante tener en cuenta que la aceptación de estos libros y su estatus canónico varían entre las diferentes denominaciones cristianas.

La tradición confesional romana defiende la canonicidad de los apócrifos por tres razones fundamentales. En primer lugar, argumentan que el Nuevo Testamento se basa en los apócrifos, citando ejemplos como Romanos 2:1-11 en relación a la Sabiduría, Mateo 11:28-30 en relación a Eclesiástico, Santiago 1:9 en relación a Eclesiástico y Hebreos 11:35 en relación a 2 Macabeos. Según esta perspectiva, los autores del Nuevo Testamento que hacen alusiones a los apócrifos parecen considerarlos inspirados.

En segundo lugar, señalan que la Septuaginta, la traducción griega de las Escrituras hebreas realizada alrededor del año 250 a.C., incluyó algunos apócrifos. Esta afirmación se basa en las copias más antiguas de la Septuaginta, que datan aproximadamente del siglo IV d.C.

En tercer lugar, argumentan que padres de la iglesia como Orígenes en el siglo III d.C. y Agustín en el siglo V d.C. aparentemente consideraban los apócrifos como inspirados.

Por otro lado, los protestantes no están de acuerdo con estas afirmaciones. En respuesta al primer punto, argumentan que el hecho de que un autor del Nuevo Testamento haga alusiones a los apócrifos no implica necesariamente que los considere inspirados. Como ejemplo, señalan que Pablo cita a filósofos paganos como Arato en Hechos 17:28, Menandro en 1 Corintios 15:34 y Epiménides en Tito 1:12-13, pero esto no significa que atribuyera canonicidad a esos escritores.

Tanto si los apócrifos estuvieron o no presentes en la versión original de la Septuaginta (un tema debatible debido a la falta de copias del original), es innegable que estos libros nunca se incluyeron en la Biblia hebrea. Incluso Filón, quien vivió en Alejandría alrededor del año 40 a.C., el lugar de origen de la Septuaginta, no consideraba que los apócrifos fueran parte de las Sagradas Escrituras. Además, aunque algunos padres importantes de la iglesia aceptaron los apócrifos como inspirados debido a que su versión de la Biblia era la Septuaginta, muchos otros no compartían esta opinión.

No obstante, si los apócrifos están justamente excluidos de las Biblias protestantes, surge la pregunta de por qué deberíamos preocuparnos por estudiar este material. Se pueden identificar varios motivos de manera rápida. En primer lugar, desde un punto de vista textual, los apócrifos, tal como se reflejan en la Septuaginta, ofrecen un valioso testimonio para la reconstrucción del texto hebreo original del Antiguo Testamento. En segundo lugar, desde una perspectiva hermenéutica, los apócrifos marcan una importante transición entre el Antiguo y el Nuevo Testamento, ya que representan la culminación de las convicciones centrales del primero y sirven como antecedentes indispensables para comprender el segundo. Por último, desde una perspectiva ética, los cristianos tienen la responsabilidad de comprender a la comunidad judía de la cual surgió el cristianismo. Los apócrifos contribuyen a este propósito al facilitar un testimonio vibrante de la lucha de Israel por forjar su fe entre los años 400 a.C. y el anuncio del año 100. En conclusión, aunque los apócrifos carecen de estatus canónico, los protestantes descuidan su estudio en detrimento de su propio entendimiento de la Biblia.

Los Pseudoepigráficos, término relacionado con los apócrifos, están compuestos por aproximadamente cincuenta textos judíos intertestamentarios como el Libro de Enoc, Jubileos, Salmos de Salomón, 2 Baruc, Testamentos de los Doce Patriarcas y la Carta de Aristeas. Estos escritos se clasifican, generalmente, como palestinos (escritos en arameo en Israel) o alejandrinos (escritos en griego en Alejandría, Egipto, y más allá). Aunque ninguna tradición religiosa considera estas obras como canónicas, las mismas tres razones para estudiar los apócrifos también se aplican a los Pseudoepigráficos (es importante destacar que, en forma y contenido, los Pseudoepigráficos difieren poco de los Apócrifos). Es probable que algunos de los textos no canónicos encontrados en los rollos del mar Muerto (una colección de más de 850 manuscritos que datan de alrededor del 150 a.C.) también deben clasificarse dentro de esta categoría. Si ese es el caso, entonces los Pseudoepigráficos incluirían cientos de obras.

APOKALUPSIS

El término "apokalupsis" etimológicamente proviene del griego "apokaluptō", que significa "descubrir", "revelar" o "manifestar". Está compuesto por el prefijo "apo" (que denota separación o desprendimiento) y "kaluptō" (que significa "cubrir" o "esconder"). Por lo tanto, literalmente, *apokalupsis* se refiere a un acto de descubrimiento o revelación de algo que estaba oculto o desconocido, también remoción de un velo. En la Biblia, *apokalupsis* se utiliza para referirse a la revelación divina de verdades espirituales y divinas a la humanidad. Por ejemplo, el libro del Apocalipsis, en el Nuevo Testamento, es conocido como "Apokalupsis Ioannou" (la Revelación de Juan), ya que se considera una revelación profética de eventos futuros y del plan de Dios para el fin de los tiempos. El término *apokalupsis* también se utiliza en el contexto de la profecía, donde implica la revelación de eventos futuros o el conocimiento de lo que hasta ese momento estaba oculto. Los profetas bíblicos eran considerados portadores de *apokalupsis*, ya que comunicaban mensajes divinos revelados a ellos para el beneficio y la guía del pueblo.

El término *apokalupsis* también tiene un contexto escatológico, relacionado con la doctrina de los últimos tiempos y el fin de los tiempos. En este sentido, *apokalupsis* se refiere a la revelación final y definitiva de Dios en el cumplimiento de su plan para la historia y la consumación de todas las cosas. Implica la revelación completa y visible de la gloria de Dios, la manifestación de su juicio final y la revelación de la realidad trascendente. Se asocia con eventos catastróficos, el juicio divino sobre el mal y la vindicación de los justos con la esperanza cristiana en la venida de Cristo y la resurrección de los muertos. Se espera que en el momento de la *apokalupsis* final, los creyentes serán transformados y participarán en la plenitud de la vida eterna junto a Dios. El libro del Apocalipsis, describe una serie de visiones apocalípticas que revelan el destino final de la humanidad, el triunfo de Dios sobre las fuerzas del mal y el establecimiento de un nuevo orden cósmico.

Teológicamente, se relaciona con la idea de la revelación progresiva de Dios a lo largo de la historia. Se considera que Dios se revela gradualmente a la humanidad a través de la creación, la historia, las Escrituras y, en última instancia, en la persona de Jesucristo. La *apokalupsis* se refiere al proceso en el cual Dios se manifiesta y comunica su voluntad y propósito a la humanidad.

De manera específica, implica la revelación gloriosa de Jesucristo que incluye una manifestación especial, completa, de sí mismo: "De manera que nada les falta en ningún don, esperando ansiosamente la revelación de nuestro Señor Jesucristo" (1 Co. 1:7). También las visiones registradas de Juan agrupan y conforman el único libro del Nuevo Testamento llamado *Apokalupsis* en griego, vocablo que significa, además, desvelamiento; término que, en algunas versiones, como en las inglesas, se traduce con el nombre latinizado de Revelación. Todo el contenido del libro lleva la traza del simbolismo apocalíptico, y forma un paralelo principal del profético y escatológico libro del AT, Zacarías. Ambos libros se complementan, juntan en el respectivo testamento las varias facetas de la apocalíptica que había aparecido en anteriores porciones en algunos pasajes del NT: las declaraciones apocalípticas de Cristo en Mt. 24-25, las de Pablo en 1 Ts. 4-5 y 2 Ts. 1-2. El vocablo *apokalupsis* no se puede separar de los libros y los pasajes descritos porque forma la revelación o manifestación de Dios y su Cristo, para establecer la última palabra sobre la revelación final apuntalada a lo largo de la llamada revelación progresiva, con el propósito de exponer la inclusiva solución de Dios a los males, temores y perplejidades del incierto mundo de hoy. Tal como declara el Espíritu de Inspiración en su salutación, "Bienaventurado el que lee, y los que oyen las palabras de esta profecía, y guardan las cosas escritas en ella; porque el tiempo está cerca" (Ap. 1:3, 22:7). El término "Apokalupsis" también se refiere a la Revelación de Jesucristo en su Segunda venida. Además, este término está asociado con la idea de quitar un velo, lo cual implica que el regreso de Jesús será una revelación especial de sí mismo. Por ejemplo, en 1 Co1:7 se menciona: "De manera que nada les falta en ningún don, mientras esperan la revelación de nuestro Señor Jesucristo".

El mismo significado se encuentra en 2 Tes 1:7-10. "Pero que Él les dé alivio a ustedes que son afligidos, y también a nosotros, cuando el Señor Jesús sea revelado desde el cielo con sus poderosos ángeles en llama de fuego, dando castigo a los que no conocen a Dios, y a los que no obedecen al evangelio de nuestro Señor Jesús. Estos sufrirán el castigo de eterna destrucción, excluidos de la presencia del Señor y de la gloria de Su poder, cuando Él venga para ser glorificado en Sus santos en aquel día y para ser admirado entre todos los que han creído; porque nuestro testimonio ha sido creído por ustedes", (ver **Adviento**, *Epiphaneía*, **Apocalipsis, Segunda venida**).

APORTE DE LA APOCALÍPTICA JUDÍA A LA ESCATOLOGÍA CRISTIANA

"La escatología apocalíptica es una perspectiva teológica que abarca un conjunto de ideas características de los escritos apocalípticos, sin necesariamente expresarse en el estilo propio de este género literario" (Collins-Hanson). Es importante comprender que esta perspectiva proporciona una contribución concreta a la reflexión sobre la historia universal, su desenlace en la consumación escatológica, el juicio universal y la salvación más allá de lo terrenal. No debemos confundir la escatología con el apocalipsis. Con el libro de Daniel se llega a la madurez de la apocalíptica del Antiguo Testamento. Este nutre algunos pequeños apocalipsis de los evangelios y, junto con los otros libros apócrifos, alimenta al contenido del Apocalipsis de Juan.

La influencia del dualismo apocalíptico se expresa en la doctrina de las dos eras: la presente era y la era futura. Cada una tiene su propio carácter y se contrapone a la otra. La era presente está dominada por el imperio del mal, por el poder de Satán, en ella reina la injusticia y la muerte. En los momentos finales de esa era, se desatará todo tipo de desgracias y horrores tanto en el terreno de la naturaleza como en el de la humanidad. La era presente cierra con la resurrección de los muertos y con el juicio de Dios sobre todo el mundo. La era futura es el anverso de la era presente, tiene carácter trasmundano y eterno. Con ella tiene lugar el fin de las desgracias y triunfan definitivamente la justicia, el bien, el amor y la vida. El nuevo eón pone fin a la historia, la interrumpe (Tamayo, 2017).

Es claro que los pequeños aportes de la apocalíptica judía sustentan temas que hay que comprender y enseñar; no para que dominen la escatología cristiana. Es pertinente reiterar que la apocalíptica neotestamentaria tiene su lugar, no posee la primacía. Ese lugar le corresponde a la escatología de la esperanza cristiana en la resurrección de Cristo, la resurrección de los muertos, su Segunda venida, el reino de Dios, la nueva creación y la glorificación de los hijos de Dios junto a la glorificación plena de Dios.

ÁRBOL DE HIGO

En el contexto bíblico, el árbol de higo tiene varias menciones significativas, especialmente en el Antiguo Testamento. El árbol de higo, conocido como la higuera, es mencionado en varios pasajes de la Biblia. Por ejemplo, en el libro de Génesis, después de que Adán y Eva desobedecieron a Dios, se dieron cuenta de su desnudez y se cubrieron con hojas de higuera. Esto simboliza su intento de esconderse y cubrir su pecado ante la presencia de Dios.

En el Nuevo Testamento, Jesús también hizo referencia al árbol de higo en un episodio registrado en los evangelios. En el Evangelio de Mateo (Mt. 21:18-22) y en el Evangelio de Marcos (Mr. 11:12-14), Jesús maldice una higuera que no tenía fruto cuando tenía hambre. Este acto simbólico se interpreta como una enseñanza sobre la importancia de la fe fructífera y genuina en los seguidores de Jesús.

El árbol de higo también tiene un significado profético en algunos pasajes de las escrituras. En el libro de Jeremías (Jer. 24:1-10), se utiliza una visión de dos canastas de higos para transmitir un mensaje profético. Los higos buenos representan a los exiliados judíos que serán restaurados y bendecidos por Dios, mientras que los higos malos representan a los judíos rebeldes que serán castigados y no experimentarán la bendición divina.

En el contexto escatológico, el árbol de higo puede ser interpretado simbólicamente en relación con los eventos finales y el fin de los tiempos. Algunos estudiosos han sugerido que la parábola de la higuera en los evangelios (Mateo 24:32-35, Marcos 13:28-31, Lucas 21:29-33) tiene una connotación escatológica. Esta parábola se refiere al surgimiento de hojas en la higuera como una señal de que el verano está cerca. En un sentido escatológico, esto podría interpretarse como una señal de que los eventos finales y el retorno de Cristo están cerca.

Esta parábola aparece en el Discurso del Monte de los Olivos (Mateo 24:32-35; Marcos 13:28-31; Lucas 21:29-33), (ver **Discurso de los olivos**). La parábola en sí es sencilla: tan pronto como los brotes verdes de la higuera se forman y las hojas comienzan a brotar, uno sabe que el verano está en camino. Sin embargo, la interpretación de esta parábola es objeto de debate.

Una opinión popular es que la higuera representa a Israel. Por lo tanto, el restablecimiento de Israel en la tierra en 1948 marcó el comienzo de la última generación antes del regreso de Cristo, con las señales de los tiempos culminando en ese evento (ver **Señales**). Sin embargo, el hecho de que una generación haya pasado sin presenciar la Parusía (la Segunda venida de Cristo) ha puesto en duda esta perspectiva.

Otro punto de vista es que el brote de la higuera se refiere a la generación de Jesús, por lo que su audiencia esperaba que regresara durante sus vidas. Un enfoque relacionado aplica el brote de la higuera y las señales de los tiempos a la inminente caída de Jerusalén en el año 70 d.C. (ver **Destrucción del Templo de Jerusalén**). Sin embargo, el problema con estas dos últimas perspectivas es que la primera generación no pareció presenciar el pleno desarrollo de los eventos predichos en el Discurso del Monte de los Olivos.

Una cuarta perspectiva parece ser más precisa, y es que el brote incipiente de la higuera y el despliegue de las señales de los tiempos se refieren a la última generación antes de la Parusía (ver **Segunda venida**), siempre y cuando eso ocurra. Es importante tener en cuenta que estas interpretaciones son teológicas y han sido objeto de debate y diferentes puntos de vista entre los estudiosos bíblicos.

ÁRBOL DE LA VIDA

El "Árbol de la vida" es un concepto que tiene origen en la tradición judeocristiana y aparece mencionado en la Biblia en varios contextos. A continuación, exploraremos su etimología, así como su significado teológico, profético y escatológico.

El término "Árbol de la vida" proviene de la combinación de dos elementos. Por un lado, "árbol" hace referencia a la planta que crece en la tierra y se eleva hacia los cielos, simbolizando la conexión entre lo divino y lo terrenal. Por otro lado, "vida" se refiere a la existencia misma, connotando vitalidad, plenitud y la fuente de todo ser. El árbol de la vida es un símbolo de la vida eterna y la comunión con Dios.

En el libro de Génesis, el árbol de la vida tiene una connotación de eternidad (Gn. 2:9). Es un punto de referencia de la libre decisión divina de crear seres inmortales (Gn. 3:22). Dios lo colocó en el huerto, junto a los otros árboles buenos para comer, con el propósito de que la primera pareja comiera de su fruto. Dios le dijo a Adán que era libre de comer de cualquier árbol del jardín, excepto el árbol del conocimiento del bien y del mal (Gn. 2:16-17). Este mandamiento da a entender que Adán y Eva podían comer del árbol de la vida y como resultado tendrían vida a perpetuidad. Mientras Adán y Eva comieran de ese árbol, disfrutarán de la inmortalidad. El propósito de Dios era que el hombre alcanzara un conocimiento del bien y del mal sin comer de la fruta prohibida. De ese modo, el hombre glorificaría a Dios y gobernaría la tierra bajo el señorío divino, al mismo tiempo, estaría aceptando sus límites: ser una criatura finita y reconociendo su distancia con Dios, el creador infinito, "el totalmente otro". Después de la caída estrepitosa, Dios prohibió a la pareja pecadora alimentarse del árbol de la vida para que no se eternizara el pecado; los expulsó del huerto (Gn. 3:23). Aun así, el pecado y la muerte se introdujeron a la raza humana, Dios colocó querubines para guardar el camino de regreso al jardín e impedir el acceso al árbol de la vida.

Por otro lado, el árbol del conocimiento del bien y del mal representa los límites y la responsabilidad que conlleva la libertad del hombre. No existe libertad sin responsabilidad. Ambas están unidas sustancialmente.

En el cristianismo, el árbol de la vida adquiere un significado aún más profundo, ya que se asocia con Jesucristo, quien ofrece la vida eterna a través de su sacrificio en la cruz. El árbol de la vida se menciona de nuevo en el libro de Apocalipsis (Ap. 2:7, 22:1-2, 14, 19). Se visualiza un río de agua de vida que fluye desde el trono de Dios, y a ambos lados del río se encuentra el árbol de la vida, que produce frutos sanadores para las naciones. Esta imagen escatológica simboliza la restauración total y la vida eterna en la presencia divina. El árbol de la vida representa la plenitud de la vida eterna y la comunión con Dios en el futuro reino celestial. Se considera un símbolo de bendición y restauración, donde los creyentes encontrarán la plenitud de la vida y la felicidad eterna. No es casualidad. Si este árbol que daba la vida aparece en la primera creación, bella, perfecta, luego es vedado a los seres humanos a causa de que el pecado entró en toda la creación por la desobediencia de Adán y Eva; tenía que aparecer en la nueva creación, libre de la maldición, pero era necesario que primero se realizara el plan de salvación de Dios para la creación y los seres humanos amados por él. Ese plan se concretó y se garantizó con la muerte y la resurrección de Jesús, pero el cumplimento total de los beneficios eternos, se dará en la nueva creación de todas las cosas, en la que estará para siempre el árbol de la vida. Por esa razón tipológica profética y escatológica es que aparece la imagen del árbol de la vida en la consumación de la glorificación de Dios y su pueblo redimido, es una relación con él mismo y la vida plena, escatológica, como victoriosa en la Jerusalén celestial. Juan describe en Apocalipsis que tendrán acceso al árbol de la vida todos aquellos que han "vencido" (v. 7), "lavado sus ropas" (v.14), ¿quiénes son todos estos? los que han sido redimidos por creer en el cristo resucitado, que derramó su sangre, como un cordero sin mancha; por recibirlo como rey, salvador del mundo, Señor, por lo cual han sido hechos hijos de Dios. Han comido del árbol de la vida, poseen la sanidad eterna y la inmortalidad (R. Gálvez).

ÁRBOLES

En sentido general, los árboles son para el Apocalipsis un símbolo predilecto de la vida del mundo. Por ello, siempre que existan humanos justos, los árboles son necesarios para su sostén (Ap. 7:1; 9:4). Es interesante que, durante el juicio sobre la tierra, al sonido de la trompeta, destruye solo la tercera parte de ellos. Los árboles que destacan son: olivo, plantas de aromas, árbol de la vida. El árbol de olivo produce aceite fino, propio de ricos; en tiempo de hambre, aparece como señal de injusticia (Ap. 6:6; 18:13). Con todo, desde otra perspectiva simbólica escatológica, los dos profetas finales de Ap. 11:4 los comparan con olivos buenos, fructíferos, porque producen aceite para alumbrar el santuario de Dios (Zac. 4:3). Plantas que despiden aromas exquisitos como la mirra o canela, el incienso (Ap. 8:3-5; 18:13) provienen de árboles, se emplean para el servicio de Dios y para señalar la injusticia social y económica, lo mismo que los restantes perfumes (Ap. 5:8; 8:3-4; 18:13). Árbol de la vida se le designa con la palabra griega *xylon*, la cual se aplica en Ap. 9:20 a la madera de los ídolos, y en Ap. 18:12 a las maderas ricas. "Este *xylon*, que recuerda al de Gn. 2, es el don final de la vida y de la comida que Jesús ofrece a los salvados en los márgenes del río que brota del Trono de Dios y del Cordero" (Pikaza), (ver Ap. 2:7; 22:2, 19).

ARCA DE LA ALIANZA

El Arca de la alianza, también conocida como el Arca del Pacto, Arca del Señor, Arca de Dios, Arca del testimonio o Arca del pacto del Señor, es un objeto sagrado mencionado en la Biblia hebrea. Era una caja rectangular hecha de madera de acacia revestida completamente con oro puro tanto por dentro como por fuera. En su tapa sólida de oro, conocida como el propiciatorio, se encontraban dos querubines enfrentados con las alas extendidas, representando la presencia y la gloria de Dios. Sus medidas aproximadas eran de 1,25 metros de largo, 0,75 metros de ancho y 0,75 metros de alto.

El Arca de la alianza contenía los Diez Mandamientos, una olla de maná del desierto errante y la vara de Aarón (He. 9:4). Era guardada en el Lugar Santísimo, primero en el Tabernáculo y luego en el Templo, siendo la parte más sagrada y se encontraba detrás de un velo. El Arca de la alianza simbolizaba la presencia de Dios en medio del pueblo de Israel y representaba la alianza especial y el pacto que Dios estableció con ellos, basado en los mandamientos y preceptos que se encontraban en las tablas de la ley. Era considerada sagrada y se creía que contenía el poder y la presencia divina. Además, recordaba constantemente la santidad de Dios y la importancia de obedecer sus mandamientos. También representaba la protección y la guía divina durante la travesía del pueblo de Israel por el desierto y en la conquista de la Tierra Prometida.

En el ámbito teológico, el Arca de la alianza es considerada un tipo de prefiguración de Cristo. Jesucristo es visto como la verdadera manifestación de la presencia y la gloria de Dios, y su sacrificio en la cruz establece una nueva alianza entre Dios y la humanidad. Al igual que el Arca guardaba los mandamientos en el Antiguo Testamento, Jesús cumplió perfectamente la ley y estableció una nueva alianza basada en la gracia y la redención.

El profeta Jeremías predice que en los días venideros no habrá más un Arca de la alianza y, además, nadie la echará de menos (Jer. 3:16). Jeremías también proclama que después de la partida del arca original, no se construirá otra nueva. Más tarde, en la vida de Jeremías, los babilonios destruyen Jerusalén y el Templo, y el arca desaparece de la historia. La mayoría de los eruditos sospechan que los babilonios probablemente la fundieron y se llevaron el oro, aunque durante siglos han circulado rumores y especulaciones sobre el destino del arca.

El punto de la profecía de Jeremías, sin embargo, es que, en el futuro, durante el tiempo del Nuevo Pacto, la presencia de Dios no se limitará a un lugar pequeño como el Arca de la alianza. La profecía de Jeremías se cumple no solo con la desaparición del arca alrededor del 587/586 a.C., sino también porque, en la era del Nuevo Testamento, la presencia de Dios mora en cada creyente. El pueblo de Dios hoy no echa de menos el arca porque tiene acceso directo a Dios a través de Cristo, y la presencia de Dios habita directamente en ellos mediante el Espíritu Santo.

En el judaísmo se creía que el Arca de la alianza, también llamada el cofre del pacto, reaparecería al final de la historia. Esto concuerda con la descripción del arca de la alianza en el libro del Apocalipsis. La imagen del templo y el cofre de la alianza aparecen en el cielo como símbolos de la presencia y el poder de Dios, listos para retribuir y recompensar a los hombres (Ap. 11:19). La visión del arca ocurre en medio de relámpagos, truenos, terremotos y lluvia de granizo, lo que sugiere que a través de la mujer y su hijo (Ap. 12), Dios llevará a cabo su obra creadora. El tema de la alianza es central en la Ciudad Jardín: se escucha una voz desde el trono que anuncia que el tabernáculo de Dios está entre los hombres y Él habitará con ellos, y ellos serán su pueblo y Dios mismo estará con ellos. También se hace una referencia al arca en la descripción de las bodas. Algunos autores interpretan que el verdadero cumplimiento del significado del Arca de la alianza se encuentra en Cristo, la Palabra Viva que habitó entre los hombres. Esto es la realización literal de lo que Dios dijo: "Andaré en medio de ellos y yo seré su Dios y ellos serán mi pueblo" (Lv. 26:12). Esta postura reafirma la figura central de la revelación de Cristo en el Apocalipsis.

ARMAGEDÓN

El único pasaje bíblico en el que se menciona "Armagedón" es en Apocalipsis 16:16: "Y los reunió en el lugar que en hebreo se llama Armagedón". Este pasaje se encuentra dentro del contexto de las siete copas de juicio descritas en Apocalipsis 16:1-21. Mientras el sexto ángel derrama su copa, los espíritus malignos engañan a los "reyes de toda la tierra" y los reúnen para la batalla en el gran día del Dios Todopoderoso (Ap. 16:14). El resultado de esta batalla se informa en Apocalipsis 17:14, 19:11-21 y 20:7-10, donde las fuerzas del mal son completamente aniquiladas por Dios Todopoderoso y el Cordero. La reunión de los malvados para la destrucción era un tema común en el Antiguo Testamento (Joel 3:11-16; Sofonías 3:8; Zacarías 12:3-4; 14:2-5). En Apocalipsis 16 se dice que esta batalla se librará en un lugar llamado "Armagedón".

La palabra "Armagedón" en hebreo es "har-mĕgiddôn", que significa "la montaña de Meguido". La ciudad de Meguido estaba estratégicamente ubicada en el norte de Palestina, en una llanura en el Valle de Jezreel o Esdraelón. Aunque Meguido no era una "montaña" propiamente dicha, fue el escenario de muchas batallas importantes en la historia de Israel (por ejemplo, Jue. 5:19; 2 R. 23:29; 2 Cr. 35:22; Zac. 12:11). Estas batallas, a menudo, presentaban a Israel justo siendo atacado por naciones injustas. La referencia de Juan a este nombre de lugar, Meguido, puede evocar asociaciones tipológicas y proféticas, como la derrota de los reyes opresores del pueblo (Jue. 5:19-21), la destrucción de los falsos profetas (1 R. 18:40), la muerte de reyes engañados que condujo al duelo (2 R. 23:29; 2 Cr. 35:20-25) y la expectativa, en conexión directa con aquel "a quien traspasaron" de una futura destrucción de "todas las naciones que vengan contra Jerusalén" y el luto de todas las tribus de Israel (Zac. 12:9-12).

La referencia a Apocalipsis 16:16 puede basarse en la tradición de Gog y Magog del tiempo del fin, que describe la derrota de las naciones enemigas en los montes de Israel, según se menciona en Ezequiel 38-39. Aunque aún existen interrogantes sobre los detalles específicos del monte de Meguido, podemos afirmar con certeza que Meguido ha sido asociado con la guerra.

La interpretación de Armagedón es objeto de diversas opiniones. Algunos creen que se refiere a una reunión literal de ejércitos en una ubicación geográfica precisa en el norte de Palestina, donde Satanás engañará a los poderes militares del mundo para que se unan en la Tierra Santa y combatan contra los ejércitos celestiales. Esta batalla se prolongará por un tiempo y culminará con la derrota de las fuerzas del mal cuando Cristo regrese.

Por otro lado, hay intérpretes que consideran a Armagedón como un símbolo del conflicto final entre las fuerzas del mal y las fuerzas de Dios que se desarrolla en todo el mundo. En este sentido, Armagedón no se refiere a una ubicación geográfica específica, al igual que otros nombres de lugares como Babilonia o el Éufrates, sino que representa al mundo entero como un campo de batalla. Independientemente de si se interpreta de manera literal o figurada, el pasaje de Apocalipsis 16:16 describe claramente una batalla real y final en la que Cristo emerge victorioso simplemente con su presencia.

Apocalipsis 19 ofrece una descripción más detallada de los ejércitos opuestos y la batalla. Se menciona al jinete del caballo blanco y a los ejércitos celestiales:

"Vi el cielo abierto y allí delante de mí estaba un caballo blanco, cuyo jinete se llama Fiel y Verdadero. Él juzga y hace la guerra con justicia. Sus ojos son como llamas de fuego, y lleva muchas diademas en la cabeza. Tiene un nombre escrito que nadie conoce, excepto él mismo. Está vestido con una túnica empapada en sangre, y su nombre es la Palabra de Dios. Los ejércitos celestiales lo siguen, montados en caballos blancos y vestidos de lino fino, blanco y limpio. De su boca sale una espada afilada para derribar las naciones. Él las gobernará con vara de hierro. Pisa el lagar del vino del furor de la ira de Dios Todopoderoso. En su túnica y en su muslo lleva escrito este nombre: REY DE REYES Y SEÑOR DE SEÑORES" (Ap. 19:11-16).

Este pasaje describe a Cristo montado en un caballo blanco, acompañado por los ejércitos celestiales. Su vestidura está empapada en sangre y se le llama la Palabra de Dios. La espada afilada que sale de su boca simboliza su poder para derribar las naciones. Él es proclamado como el Rey de reyes y el Señor de señores.

La bestia y sus ejércitos (Ap. 19:19): entonces vi a la bestia y a los reyes de la tierra y sus ejércitos reunidos juntos para hacer la guerra contra el jinete del caballo y su ejército. La batalla real (Ap. 19:20-21): pero la bestia fue capturada, y con ella el falso profeta que había realizado las señales milagrosas en su nombre. Con estas señales había engañado a los que había recibido la marca de la bestia y adorado su imagen. Los dos fueron arrojados vivos al lago de fuego de azufre ardiente. El resto de ellos eran muertos con la espada que salía de la boca del jinete del caballo, y todas las aves se saciaron de su carne.

La interpretación de Armagedón puede variar entre una batalla literal en una ubicación geográfica específica y un símbolo del conflicto final entre las fuerzas del mal y las fuerzas de Dios en todo el mundo. Sin importar la interpretación, queda claro que el pasaje de Apocalipsis describe una batalla final y real en la que Cristo emerge victorioso.

A menudo se pasa por alto en los debates sobre Apocalipsis 16:16 lo que Jesús les dice a sus seguidores en el versículo 15: "¡He aquí, vengo como ladrón! Bienaventurado el que se queda despierto y guarda su ropa consigo, para que no ande desnudo y sea avergonzado" (cf. Ap. 3:4-5, 17-18). Este versículo funciona como un paréntesis entre los versículos 14 y 16, brindando así el mensaje espiritual central para los lectores.

En vista de la próxima batalla final, los cristianos deben permanecer fieles y sin compromisos, ya que Jesús regresará pronto e inesperadamente. Es esencial que estén preparados y vigilantes, manteniendo su fe y pureza espiritual. Este llamado a la fidelidad y a la vigilancia es fundamental en el contexto de la discusión sobre Gog y Magog y la Segunda venida de Cristo.

Es claro que el contenido del texto es escueto, no da para afirmar con certeza el lugar exacto de la batalla ni otros detalles, desde tiempos antiguos hay incertidumbre. Algunos autores afirman que Hipólito el escritor y obispo de Roma fallecido en el año 236 d.C., afirmó que era el valle de Josafat; otra propuesta es la que identifica el lugar con el área al oeste del río Éufrates (Ryrie, p. 190, 2000).

Pese a todo, la interpretación más popular de esta creencia enseña que es un evento escatológico futuro que engloba a otros; que acontece previo a la Segunda venida de Cristo a la tierra y en los que están involucrados todos los reyes de la tierra. Según dicha postura, su duración se extiende hasta la última mitad del período de la tribulación. La batalla se librará en el monte Meguido, ubicado al oeste del río Jordán, en una extensa llanura a dieciséis kilómetros al sur de Nazaret. Los participantes son: a) la federación de las diez naciones capitaneadas por la Bestia; b) la federación del Norte, Rusia y sus aliados; c) los reyes de oriente; d) el rey del sur, una potencia del norte de África; todos ellos contra el Señor Jesucristo y sus ejércitos celestiales (Pentecost, 1984).

Horton también conecta esta batalla con los lugares geográficos de Israel: "Al fin de la tribulación el anticristo dirigirá a los ejércitos de muchas naciones, ejércitos reunidos por Satanás, al Armagedón. Es entonces cuando Jesús lo «derrocará con el soplo de su boca y destruirá con el esplendor de su venida» (2 Ts. 2:8). Esto se describe poderosamente en Daniel 2:34-35, 44-45; Zacarías 14 y

Apocalipsis 19:11-21. Daniel ve la piedra destruyendo la gran imagen, así como convirtiéndose en una montaña que llena la tierra entera" (Horton, p. 74, 2005).

Una explicación más sobria, tomando en cuenta el género literario apocalíptico saturado de simbolismo guía a las siguientes conclusiones: la batalla de Armagedón no puede ser aplicada con propiedad a las grandes batallas históricas en el occidente cristiano, tal como lo afirmó Clark y reiteró el brillante exegeta Hendriksen: "Durante los últimos veinte años, esta batalla de Armagedón ha sido peleada en varios lugares, de acuerdo con nuestros ciegos videntes y a nuestros profetas autoinspirados: en una ocasión, fue Austerlitz, en otra Moscú, en otra Leipzig y ahora Waterloo. Y así ha sido y seguirán yendo, siendo confundidos y confundiendo a otros". Incluso Teodoro Roosevelt, uno de los presidentes destacados de los Estados Unidos de Norteamérica, en su campaña hacia la elección creyó que él estaba peleando el Armagedón. "Estamos en el Armagedón y peleamos por el Señor" (Smith, 1951). "Se ha creído que la batalla de Armagedón sería librada ya entre Rusia y las naciones mahometanas contra el mundo anglosajón; o entre Rusia, Italia y Japón, contra Inglaterra, Francia y Estados Unidos o entre Estados Unidos, Alemania y Japón contra Rusia, China, etc., etc." (Hendriksen). Estas afirmaciones terminaron en puras especulaciones.

Con este trasfondo y con la clave hermenéutica que da Pablo al afirmar que el Antiguo Testamento se escribió para el ejemplo de los creyentes, la batalla de Armagedón en Apocalipsis es un develar que el *victory day* de Cullmann llegará; que el bien triunfará sobre el mal; que el Señor peleará las batallas por su pueblo, su Iglesia. Y que la promesa de la garantía de la derrota de los enemigos del nuevo pueblo de Dios es segura (Cullmann, 1968).

Otros autores creen que el Armagedón ocurrirá con los países árabes descritos en el Sal. 83:3-8, con nombres antiguos que hacen la promesa de borrar a Israel de la tierra y lanzarlo al mar literalmente. Si así fuera, lo que anuncia el Armagedón es que los enemigos de Israel serán derrotados milagrosamente una vez más, como en las batallas anteriores. La otra posibilidad es que se refiera al triunfo final de la Iglesia, el nuevo pueblo de Dios formado por judíos y gentiles, frente a todos los enemigos que le harán la guerra para desaparecerla, pero serán derrotados.

D. Johan, cree que *Har-magedon* representa el campo de batalla sin especificar ninguna localidad y que es difícil relacionarlo con el monte de la congregación de Is. 14:13, con la mitología babilónica. Grau se suma a la perspectiva simbólica y hace un llamado a los cristianos a concentrarse en la vida espiritual: "...Meguido fue lugar de los otros importantes eventos en la historia de Israel, tal como lo narra el Antiguo Testamento. De ahí que se la haya escogido como tipo o símbolo de la gran batalla final. Pero es erróneo el ocuparse de teorías e hipótesis en cuanto al momento y lugar exactos de esta última y definitiva contienda de la historia humana, mientras ignoramos o no prestamos suficiente atención a la necesidad de estar preparados para la venida del Señor" (Grau, 1990).

ARREBATAMIENTO

Se ha tratado en páginas anteriores el rapto secreto. Ahora lo haremos como el arrebatamiento, pues, esta doctrina se diferencia un tanto de la ya examinada, en cuanto que este es "visible".

Walvoord afirma que hay un fundamento para la doctrina del arrebatamiento en Jn. 14:1-3. Explica que Cristo aclaró a los discípulos que él volvería para arrebatar a los creyentes que estuvieran vivos: "Cristo manifestó por primera vez que volvería para llevarse al cielo a los creyentes que aún estuviesen vivos... dijo claramente que Él estaría en el cielo durante cierto tiempo, pero que al final regresaría para recogerlos y que estuviesen con Él" (Walvoord, p. 65, 2000).

En el sentido estricto, la mención del arrebatamiento se describe solo en 1 Ts. 4:17. Los teólogos sabemos que una teología bíblica sana no permite construir una doctrina sobre un solo versículo. Al mismo tiempo, hay que interpretar correctamente cada versículo en su contenido y su respectivo contexto. Pero este apreciado versículo ni siquiera necesita una interpretación profunda. Basta con leer de manera sencilla en cualquiera de las traducciones de la Biblia, sin prejuicios, para darnos cuenta de que la Segunda venida, la resurrección de los cuerpos de los creyentes y ese arrebatar descrito son simultáneos. No hay segundos, minutos, horas, días, meses, o 7 años de diferencia entre "el arrebatamiento" y la Segunda venida, ocurren en el mismo instante. Es lo que se nombra el "instante escatológico", "en un abrir y cerrar de ojos". El escatólogo Juan Stam lo describe con claridad: "Una primera enseñanza de este pasaje es la simultaneidad de las tres fases de la venida, la venida gloriosa de Cristo, la resurrección de los fieles muertos y nuestro encuentro con él en las nubes, serán todos simultáneos y constituyen un solo evento" (Stam, 1999).

Otro aspecto a considerar es que el arrebatamiento no conlleva un juicio en el que los que se van son salvos y los que se quedan son réprobos. El pasaje citado no dice nada al respecto. En ese sentido, Hernández asevera que "muchos creyentes tienden a pensar que el arrebatamiento será un proceso de selección y juicio, donde serán tomados quienes sean aprobados, mientras que serán dejados quienes sean condenados. En esta interpretación no se tiene en cuenta que en 1 Ts. 4:16-17 no se habla del rapto como un proceso de juicio y selección; tampoco se nota el juicio y la división entre aprobados y reprobados" (Hernández, 2021).

Por otra parte, varios autores entrelazan en sus escritos el arrebatamiento, la Segunda venida y el milenio; pero en la concepción escatológica paulina no aparece el milenio, como no aparece el arrebatamiento en el proyecto apocalíptico de Juan. Ello dice mucho sobre la irrelevancia del arrebatamiento, del milenio y la preeminencia de la Segunda venida. Esclarece mucho lo que describe S. Hernández: "La doctrina del arrebatamiento aparece en 1 Ts. 4:16-17. Como veremos, en el esquema narrativo de la apocalíptica paulina no se presenta la doctrina sobre el reino de mil años de Cristo y los santos sobre la tierra. Esta última doctrina aparece en el esquema narrativo de Ap. 20:1-15, donde tampoco aparece la doctrina del rapto. En Ap. 12:5 se habla del rapto, pero con un sentido muy diferente: del rapto del hijo de la mujer. El rapto en el contexto de una expectativa de la Parusía solo se da en 1 Ts. 4:16-17. Por decirlo de una forma sencilla: Pablo no habló del milenarismo; Juan, el vidente, tampoco "vio" el rapto. En vano se buscará en la Biblia hebrea un relato que presente ambas doctrinas unidas" (Hernández, 2021).

En conclusión, lo más razonable desde la Escritura es que no hay un rapto secreto, pero sí un arrebatamiento simultáneo con la venida del Señor, tampoco hay siete años de Gran Tribulación después del arrebatamiento "en el que la Iglesia estaría gozándose en las bodas del cordero y luego con la premiación en el tribunal de Cristo, mientras aquí en la tierra ocurre la Gran Tribulación sobre Israel". Ese esquema de sucesión de eventos carece de base bíblica.

ARREPENTIMIENTO

La palabra hebrea para arrepentimiento es Shub: significa literalmente girar, se traduce por volver a Dios, arrepentirse.

El término griego para arrepentimiento es "metanoeō", que significa un cambio de mente o de pensamiento. Implica un giro completo en la actitud y la dirección de una persona. El arrepentimiento está estrechamente relacionado con el concepto de volverse a Dios y también en convertirse al Señor. En la Biblia, el arrepentimiento implica reconocer el pecado, sentir pesar por él, abandonarlo y buscar una relación restaurada con Dios. Es un llamado a cambiar de vida y seguir los caminos de Dios.

Desde una perspectiva espiritual, el arrepentimiento es un acto de humildad y rendición ante Dios. Implica una profunda transformación interna, donde se reconoce la necesidad de perdón y se busca la reconciliación con Dios. Es un proceso que involucra el reconocimiento de nuestra propia pecaminosidad y la entrega de nuestra vida a Dios. En cuanto al enfoque profético, el arrepentimiento se presenta como un mensaje recurrente en los profetas del Antiguo Testamento. Los profetas llamaban al pueblo de Dios a arrepentirse de sus malos caminos y volver a Dios, advirtiendo sobre las consecuencias del pecado y anunciando la promesa de restauración y bendición para aquellos que se volvieran a Él. Desde una perspectiva escatológica, el arrepentimiento es crucial para la preparación del futuro y la venida del Reino de Dios. Se nos insta a arrepentirnos ahora, en este tiempo presente, para estar listos para el juicio final y la consumación escatológica. El arrepentimiento nos lleva a una vida de rectitud y santidad, en anticipación del reino venidero.

En resumen, el arrepentimiento implica un cambio profundo de mente y dirección, reconocer el pecado, buscar la reconciliación con Dios, experimentar una transformación interna, responder al llamado de los profetas y prepararse para el futuro venidero.

En el Antiguo Testamento, Dios llama a su pueblo para que se arrepienta de sus pecados y vuelva a Él con sinceridad. Este llamado es transmitido a través de los profetas. Los profetas advierten al pueblo que no deben quebrantar los mandamientos de Dios ni alejarse de la comunión con Él, ya que las consecuencias serán juicio, destrucción, dispersión y dolor. Sin embargo, los profetas también anuncian que, si Israel y Judá se arrepienten, su relación con Dios será restaurada y evitarán el juicio. En sus mensajes, los profetas hacen un llamado al arrepentimiento y suplican al pueblo que responda.

Un ejemplo dramático de esto es Jeremías, quien, en el contexto de la proclamación de un juicio inminente e inevitable, ruega al pueblo que se arrepienta.

En el llamado profético al arrepentimiento, la mayoría de los profetas, especialmente Jeremías, utilizan la palabra hebrea "Shub", que significa volver a Dios y arrepentirse, pero también puede significar alejarse de Dios y reincidir en el pecado. Esta doble connotación permite a los profetas hacer advertencias impactantes y juegos de palabras literariamente únicos. Jeremías, en particular, utiliza esta palabra más de cien veces. Dos ejemplos que muestran el uso de este juego de palabras son: "¡Vuélvanse a mí, hijos rebeldes! ¡Yo sanaré sus rebeliones! Aquí estamos, y a ti venimos, porque tú eres el Señor, nuestro Dios" (Jer. 3:22); y "¡Ah Israel, vuélvete a mí! ¡cómo quisiera que te volvieras a mí! ¡cómo quisiera que quitaras de mi vista tus actos repugnantes, y no anduvieras de acá para allá!" (Jer. 4:1-4).

En el libro profético del Apocalipsis, hay un llamado al arrepentimiento en ocho ocasiones, dirigido a cinco de las siete iglesias mencionadas: Éfeso, Pérgamo, Tiatira, Sardis y Laodicea. Esto muestra un llamado profético equivalente al de los profetas del Antiguo Testamento. Juan insta a estas iglesias a que se arrepientan de sus pecados y se vuelvan al Señor antes de que sufran el juicio anunciado sobre ellas. Es una advertencia de que deben arrepentirse antes de que sea demasiado tarde y el juicio llegue.

Juan observa con asombro cómo las personas no se arrepienten a pesar de los grandes y terribles juicios que presencian (Ap. 9 y 16). Esto es similar a la actitud del pueblo de Israel que se niega a arrepentirse ante el inminente juicio anunciado y el constante llamado profético al arrepentimiento.

ASTROLATRÍA

La astrolatría, o adoración de los astros, se basa en la astrología y tiene sus raíces en el antiguo Oriente. La astrología era practicada en Babilonia desde el año 1800 a.C. y estaba relacionada con la adivinación. Se creía que los fenómenos celestiales predecían eventos futuros como ascensiones al trono, guerras y cosechas. Antes del primer milenio, las principales deidades en Babilonia asumieron formas astrales de manifestación. Se conoce la existencia de una astrología en las religiones semitas no occidentales del Bronce tardío en Ugarit, donde se realizaban sacrificios a los astros. En el primer milenio a.C., las religiones asirias y babilónicas experimentaron una gran influencia astral, con repercusiones en la época del Hierro en Siria y Palestina, especialmente en la religión aramea del norte de Siria.

A partir de este punto, también se observó una influencia astral en las religiones de Israel y Judá, que se evidencia desde el siglo VIII y no solo como una imposición a Manasés bajo el dominio asirio en el siglo VII. La astrología en Israel y Judá es un fenómeno complejo con diversos aspectos. Yahveh, originalmente considerado como el Dios de la montaña, pasa a ser visto como un Dios celeste. Se le asocia con el sol (Sal. 84:12; Mal. 3:20) y en la iconografía también se le representa con aspectos lunares. Aparece una "reina del cielo" como su compañera (Jer. 7:18; 44:15-30).

El consejo celestial de Yahveh se menciona como el "ejército del cielo", que incluye al sol, la luna y las estrellas (Dt. 4:19; Sal. 148:2-3), o solo las estrellas (Dt. 17:3; 2 R. 23:5; Jer. 8:2; Dn. 8:10), en paralelo con el sol y la luna. El culto al ejército del cielo se llevaba a cabo en las terrazas de las casas y en los templos (2 R. 21:5; 23:1-7; Ez. 8:16). La adoración al ejército celestial no se limitaba a la religión popular, sino que también era un elemento constitutivo de la religión oficial (2 R. 21:3-5; Jer. 8:2; 19:13).

Estos datos están respaldados por los símbolos astrales (lunetas, Pléyades, Venus) presentes en la iconografía contemporánea, así como en la utilización de pequeñas lunas y soles como amuletos. Debido a una tendencia monolátrica en la religión judía de la época preexílica tardía, se estableció un paralelo entre la veneración del ejército celestial astralizado y el culto a los dioses extranjeros y, por lo tanto, fue condenado. Los astros fueron reducidos a su aspecto puramente funcional y se consideraron como creaciones de Yahveh (Gn. 1:14-18; Sal. 104:19-23; 136:7-9). La regularidad del movimiento de los astros transmitía a los seres humanos un sentimiento de seguridad y permanencia. Yahveh tenía su trono sobre las estrellas y nadie podía ascender o permanecer allí (Job 22:12; Is. 14:13-14; Abd. 4). En el Día de Yahveh, las estrellas palidecían (Is. 13:9-10; 24:21; Jl. 2:10; 3:4; 4:15).

Incluso en los textos postexílicos se encuentran alusiones al "ejército de los cielos" con connotaciones estelares (Is. 24:21-23; 34:4; 40:26; 45:12; Jer. 33:22; Sal. 148:1-5; Dn. 8:9-12). En Daniel 12:3 se puede percibir la concepción de la astrología o adoración de los astros, que tiene sus raíces en el antiguo Oriente.

ASTROLOGÍA

De la palabra griega ἀστήρ (*astér*), significa "estrella". En el contexto de la astrología, se refiere a los cuerpos celestes como estrellas, planetas y otros objetos astronómicos; y la palabra λόγος (*logos*) "estudio" o "tratado". Así, la astrología es el estudio de los astros con el propósito de adivinar el futuro.

La astrología ha sido creída y practicada desde tiempos antiguos. Entre los pueblos mesopotámicos, se creía que el destino de las personas y las naciones estaba escrito en las estrellas, lo que llevó al desarrollo de la ciencia de interpretar los fenómenos celestes. En aquel entonces, no existía una distinción clara entre la astronomía y la astrología, y esta situación prevalecía en muchos otros pueblos antiguos.

A partir del siglo VIII a.C., se encuentran referencias al zodíaco. La astrología a menudo se identificaba como la "ciencia caldea" o de los caldeos, y tuvo una amplia difusión en Grecia, Roma y otras naciones. Estas creencias también se encontraban entre algunos hindúes, chinos e islámicos.

En algunos grupos cristianos, se encontraban elementos de astrología, ya que veían una posible relación entre la profecía y el anuncio de la Natividad de Cristo a través de una estrella. Sin embargo, los "padres de la iglesia" se opusieron a esta tendencia, que posteriormente solo se encontró de manera aislada en altas esferas eclesiásticas (Ramos), (ver **Astrolatría**, **Adivinación**, **Adivinación y profecía**).

ASTROS/ESTRELLAS

En el Apocalipsis aparece la palabra y el concepto de astros o "estrellas" en varias ocasiones: la mujer, que para algunos exégetas simboliza a la Iglesia, aparece con doce estrellas en la cabeza (Ap. 12:1). Estas estrellas que forman la corona en torno a la cabeza de la mujer, parece que representan la totalidad celeste buena: las doce constelaciones del zodíaco. Estas, al igual que los mencionados en Ap. 1:20, son expresión del carácter celestial de la Iglesia, aquí simbolizada como "Mujer". Cristo se describe como "hijo de hombre", vestido con túnica larga, con cabello blanco y ojos como llama de fuego, y una banda de oro sobre su pecho, sus pies como bronce fino, y siete estrellas en la mano derecha (Ap. 1:16, 2:1). Estos rasgos deberían entenderse de forma simbólica, rechazando una interpretación astrológica de las siete estrellas. Jesús mismo proporciona la explicación de las siete estrellas: "las siete estrellas son los ángeles de las siete iglesias" (Ap. 1:20). Los ángeles son los mensajeros de Dios nombrados para servirle en las siete iglesias (Ap. 2:1, 8, 12, 18; 3:1, 7, 14). Y al ángel de la iglesia en Sardis escribe: "el que tiene los siete espíritus de Dios. Aquí, los siete espíritus" (Ap. 1:4, 16, 20; 2:1) parecen describir la plenitud del Espíritu Santo al que Jesús envía de parte del Padre (Jn. 14:26; 15:26-27; Hch. 2:33).

La expresión "las siete estrellas", también se encuentra en la carta a la iglesia en Éfeso (Ap. 2:1), pero ahí los creyentes habían perdido su primer amor y habían caído de su nivel espiritual (Ap. 2:4-5); aquí se los declara espiritualmente muertos, lo cual es mucho peor. Pero por medio de su Espíritu, dador de vida, Jesús puede y quiere revivir a la Iglesia. Tiene las siete estrellas en su diestra (Ap. 1:16), porque son sus mensajeros nombrados para proclamar la palabra de Dios que genera nueva vida dentro de la iglesia. Jesús da a estos portadores de buenas nuevas tanto autoridad como protección. Los comisiona para que comuniquen al pueblo no su propio mensaje, sino el de Dios. Los siete astros que el Hijo del humano lleva en su mano (Ap. 1,16; 2,1; 3,1), simbolizan en principio la totalidad cósmica (celeste), vinculada al Cristo, que aparece como eje y sostén del conjunto de la realidad. Para Juan, ellas son los ángeles (sentido y plenitud) de las iglesias (Ap. 1:20).

Otro pasaje menciona a una estrella que había caído del firmamento a la tierra, y

69

recibió la llave del pozo del abismo. Primero, el efecto del toque de trompeta del quinto ángel es que Juan tiene una visión de una estrella. Pero ¿cómo interpretamos la expresión estrella? En el siglo primero, a las estrellas se les atribuía un sentido figurativo; se pensaba que planetas errantes eran arrojados al abismo (1 Enoc 21:6; 86:1; 88:1).

El astro de la mañana es símbolo divino en multitud de pueblos, sobre todo en Babilonia (es Isthar: cf. Is. 14:12). Cristo mismo se identifica en Apocalipsis 22:16 con el astro luciente (lucero) de la mañana que anuncia el día, para ofrecerlo (ofrecerse a sí mismo) a cada uno de los vencedores (Ap. 2:28).

Los Astros caídos están asociados con ángeles perversos. Así se habla de un astro llamado Ajenjo, que se derrumba del cielo, envenenando las aguas (Ap. 8:10-11), y/o abriendo las puertas del abismo, Abbadón (Ap. 9:1-11). Conforme a Apocalipsis 12:4, el mismo dragón ha derribado a una tercera parte de los astros (¿ángeles perversos?); según a Apocalipsis 6:13 ellos caen al abrirse el sexto sello. Es evidente que ambas perspectivas no se contradicen.

ATBASH

El método de cifrado llamado atbash es ampliamente utilizado en la criptografía del alefato hebreo. Es parte de la gematría, también llamado "método exegético de permutación". La clave es reemplazar las once primeras letras por las once últimas en orden inverso. En el alfabeto latino, significaría sustituir la a por la z, la b por la y, la c por la x, etc. En el hebreo, sería reemplazar la áleph por la tau y la beth por la sin. Este tipo de códigos y claves se utilizaban, en buena medida, con fines didácticos y expositivos, pero a veces como salvaguarda frente a los extraños, para impedir la revelación de un secreto vital (Strack, GDEDB).

Este método pertenece a la categoría de la criptografía clásica y es un tipo de cifrado por sustitución. También se conoce como el método del espejo, ya que implica reemplazar la primera letra (álef) por la última (tav), la segunda (bet) por la penúltima (shin), y así sucesivamente. Uno de los ejemplos más conocidos de su uso se encuentra en el libro de Jeremías, donde a fin de no nombrar Babilonia (בבל, Babel) se utiliza el término en atbashSesac (ששך, Sheshakh).

Existen dos ejemplos claros de atbash en la Biblia, específicamente en Jeremías 25:26 y 51:41. En Jeremías 25:15-29, el profeta proclama que varias naciones beberán la copa de la ira de Dios. En el verso 25:26, al concluir su resumen de las naciones incluidas en esta ira, Jeremías declara: "y todos los reyes del norte, cercanos y lejanos, uno tras otro, todos los reinos sobre la faz de la tierra. Y después de todos ellos, el rey de Sheshach también la beberá". El término Sheshach, es un ejemplo de atbash. La letra "sh" representa la segunda letra desde el final del alfabeto hebreo, que es "b", y la letra "ch" representa la undécima letra desde el final, que es "l". Por lo tanto, las tres letras hebreas "sh, sh, ch" se traducen como las letras hebreas "b, b, l", o sea, Babilonia.

En el verso anterior, Jeremías 25:25, se menciona al rey de Zimri. No se conoce ninguna ciudad o país antiguo con el nombre de Zimri. Algunos eruditos han sugerido que Zimri es un ejemplo de atbash para Elam. Sin embargo, otros no están de acuerdo y señalan que Zimri simplemente podría ser un término despectivo o un insulto sumario hacia los reyes mencionados en los versos 25:21-24. La misma palabra Sheshach, también aparece en Jeremías 51:41, donde el texto la identifica claramente como sinónimo de Babilonia.

AUTOSUFICIENCIA DE LA GLORIA DE DIOS

¿La gloria de Dios es suficiente para él mismo? ¿Necesita Dios la gloria que le dan los hijos de Dios y la creación hecha por él?

¿Necesita el Señor la gloria que le reconoce su Iglesia?

Para responder esas preguntas, Moltmann parte de la soberanía de Dios revelada en la Escritura: "Tuya es, oh SEÑOR, la grandeza y el poder y la gloria y la victoria y la majestad, en verdad, todo lo que hay en los cielos y en la tierra; tuyo es el dominio, oh SEÑOR, y tú te exaltas como soberano, sobre todo" (1 Cr. 29:11). Así, la gloria misma de Dios es suficiente para él mismo. La tenía antes de que la creación fuera hecha: "Y ahora, glorifícame tú, Padre, junto a ti, con la gloria que tenía contigo antes que el mundo existiera" (Jn. 17:5).

El Señor, en su soberana voluntad, decidió crear a los seres humanos, el cielo y la tierra: "El Dios que hizo el mundo y todas las cosas que hay en él, es Señor del cielo y de la tierra. No vive en templos hechos por los hombres, ni necesita que nadie haga nada por él, pues él es quien nos da a todos la vida, el aire y las demás cosas" (Hch. 17:24-25). "Porque en Él fueron creadas todas las cosas, *tanto* en los cielos *como* en la tierra, visibles e invisibles; ya sean tronos o dominios o poderes o autoridades; todo ha sido creado por medio de Él y para Él. Y Él es antes de todas las cosas, y en Él todas las cosas permanecen" (Col. 1:16-17).

El Señor Dios Todopoderoso se basta a sí mismo. La autosuficiencia de Dios consiste en la gloria de Dios en sí mismo. Dios existe por sí mismo, es feliz en sí mismo, por eso Dios no necesita de su creación, el hombre, la tierra, los seres vivos, el cielo, pero su creación sí lo necesita a él. La creación no existe por sí misma, su nueva creación, su pueblo encuentra su existencia únicamente en Dios. Nada de lo creado es suficiente en sí mismo y por eso encuentra solo en Dios su suficiencia, nada de lo creado puede ser feliz en sí mismo. Dios mismo es la felicidad eterna de sus hijos, su pueblo, su nueva creación, cielos nuevos y tierra nueva. Dios mueve todas las cosas sin moverse a sí mismo porque por ser la belleza perfecta atrae hacia sí el amor de todos sus amados. Dios es perfecto en su divinidad y en sí mismo suficiente y feliz. El amor de sí mismo es un amor perfecto, suficiente (Moltmann, 2004).

La autosuficiencia de Dios es estable, perfecta y bellamente se muestra en el amor desinteresado de la decisión de crear a otro distinto de él. Eso solo puede ser el resultado de un Dios trino autosatisfecho, sin egoísmo, que se goza de su creación y desea por su buena voluntad que ella se goce también. Es claro que Dios es infinitamente feliz en su relación intratrinitaria: "Las tres divinas personas se aman mutuamente con amor completamente desinteresado, en virtud de su amor, el Padre está enteramente en el Hijo y el Hijo está enteramente en el Padre y el Espíritu Santo está enteramente en el Padre y en el Hijo mediante su entrega recíproca constituyen juntos la vida perfecta que se comunica a sí misma por medio de la entrega" (Moltmann, 2004).

AYES MESIÁNICOS

"Los Ayes son una forma literaria en la que se anuncian una desgracia o juicio a alguien y suelen comenzar con la interjección *Ay*, a veces se deduce la causa" (Schökel).

Los ayes mesiánicos también reciben el nombre de *aflicciones mesiánicas*. Son advertencias de Jesús sobre las aflicciones que vendrían sobre Jerusalén, los pueblos y los individuos que rechazan al Mesías. Son anuncios de juicio, castigo y condenación, así como de oscuridad, perdición, separación, dolor, aflicción y sufrimiento, merecidos por aquellos que rechazan la salvación a través de Jesús de Nazaret, el Mesías. El primer *Ay* mesiánico se refiere a la hipocresía de los religiosos, quienes conocen el camino de la salvación, pero no lo siguen, e impiden que otros lo encuentren (Mt. 23:13). El segundo

Ay de condenación venidera es por engañar a las viudas con largas y falsas oraciones para aprovecharse de sus bienes (Mt. 23:14). El tercer *Ay* de castigo es por realizar proselitismo para conseguir seguidores, no para su salvación, sino para moldearlos a su religiosidad perversa que los convierte en hijos del infierno.

El cuarto *Ay* de lamentación es por la ceguera espiritual que los conduce a no dar el valor debido a lo sagrado degradándolo a lo común, pues, enseñan que jurar por el templo no es de mucho valor, por lo que pueden dejar de cumplir el juramento, pero si juran por el oro del templo, entonces están obligados a cumplir tal juramento. Jesús les reprocha su bajeza espiritual, porque no disciernen que el Templo es mayor, santifica el oro (Mt. 15:16-17). Se equivocan, del mismo modo, al enseñar que jurar por el altar no es tan importante: se puede dejar de cumplir con el voto, pero si juran por la ofrenda que presentan en el altar, es obligatorio que cumplan su voto (Mt. 18:18). Jesús pone en evidencia que la ceguera espiritual mezclada con la hipocresía y la necedad es una mixtura infernal. Les dice: el juramento por el altar es más importante que lo que se pone sobre el altar, porque el altar santifica lo ofrecido y agrega que el que jura por el cielo, jura por el trono de Dios y por aquel que está sentado en él (Mt. 23:19-22). El quinto *Ay* de ruina es por la hipocresía que viven al dar la apariencia de integridad, diezmando hasta la última hoja de menta, y hasta las últimas ramitas del eneldo y del comino, pero no practican la justicia, la misericordia y la fe. Jesús les amonesta diciéndoles que es necesario que hagan ambas cosas y les reprocha también esa ceguera mortal: "¡Guías ciegos, que cuelan el mosquito, pero se tragan el camello!" (Mt. 23:23-24). El sexto *Ay* de retribución es por el robo y la injusticia que cometen solapadamente; procuran siempre llevar vestiduras largas, de apariencia piadosa, pero por dentro están corrompidos de pecados. Sus vidas son como el vaso que está limpio por fuera, pero por dentro hay suciedad: Jesús les demanda que limpien primero por dentro el vaso, que simboliza el cuerpo limpio, entonces esa pureza se transmitirá claramente en la parte externa del vaso, así como las vestiduras limpias harán honor al cuerpo limpio (Mt. 23:25-26). El sexto *Ay* lo extiende Jesús con otro ejemplo de la gravedad de la hipocresía de la apariencia de justicia que procuran para impresionar a los demás, aunque saben, de alguna manera, que por dentro están llenos de pudrición pecaminosa y de la maldad, a semejanza de los sepulcros blanqueados, hermosos por fuera, llenos de huesos putrefactos por dentro (Mt. 23:27-28). El séptimo *Ay* de juicio va dirigido a la falsa acción de impresionar al pueblo limpiando, remozando, adornando los sepulcros de los profetas de sus antepasados; de los que han sido considerados justos, jactándose de que, si ellos hubiesen vivido en este tiempo, no habrían participado en la muerte de esos santos profetas de Dios. Jesús, que conocía sus corazones y sus pensamientos, saca a luz la verdad de esas acciones: ellos son hijos de aquellos que dieron muerte a esos santos profetas de Dios, por lo que esas tales acciones testifican contra ellos mismos de que su esencia no ha cambiado, porque siguen hostigando y persiguiendo a los verdaderos profetas. ¡Por eso Jesús devela su esencia al nombrarlos "¡terminen de hacer lo que sus padres comenzaron! ¡Serpientes, generación de víboras! ¿Cómo escaparán de la condenación del infierno?" (Mt. 23:29-33).

Otros *Ayes*, que se encuentran en el Evangelio de Lucas, son el anuncio del juicio y castigo sobre la incredulidad: "Ay de ti, ¡Corazín! ¡Y ay de ti, Betsaida! Porque si en

Tiro y en Sidón se hubieran hecho los milagros que se han hecho en ustedes, ya hace tiempo que, sentadas en cilicio y cubiertas de ceniza, habrían mostrado su arrepentimiento" (Lc. 10:13). Otro *Ay* clama contra la avaricia que produce burla, prepotencia, autocomplacencia de los seres humanos: "Pero ¡ay de ustedes los ricos! porque ya han recibido su consuelo. ¡Ay de ustedes, los que ahora están satisfechos! porque habrán de pasar hambre, ¡Ay de ustedes, los que ahora ríen! porque habrán de llorar y de lamentarse, ¡Ay de ustedes, cuando todos los alaben! porque lo mismo hacían con los falsos profetas los antepasados de esta gente" (Lc. 6:24-26). Otro *Ay* anuncia la angustia que tendrán las mujeres que estén embarazadas justamente cuando el Señor retorne (Mc. 13:17).

Ayes neotestamentarios
Otros *Ayes* descritos en las cartas del Nuevo Testamento se relacionan con la negligencia en la tarea de la predicación. Es un autoreproche que sirve de ejemplo a los llamados a predicar de modo específico el evangelio y no lo cumplen: "Ay de mi si no anunciare el evangelio" (1 Co. 9:16). Otro *Ay* exclama la condenación que vendrá sobre los falsos maestros, Judas la expresa así: "¡Ay de ellos! porque han seguido el camino de Caín, y se lanzaron por lucro en el error de Balaam, y perecieron en la contradicción de Coré" (Jud. 1:11). Los *Ayes* del libro de Apocalipsis anuncian el dolor, la angustia y la aflicción del juicio final que Dios realizará sobre los malos habitantes de la tierra que no se arrepientan.

AYES PROFÉTICOS

El vocablo "Ay" del hebreo *Ajaj* es, aparentemente, una palabra primaria que expresa dolor en forma de exclamación Ay, ¡Oh! *Hóy* u *Óy* (Strong, 162). Este vocablo significa algunas veces dolor o angustia, otras: advertencia, rechazo, lamento, castigo o un sentimiento de simpatía, compasión como "*ay de mi*" (Sal. 120:57). En otros lugares, tiene una combinación profética en una forma de anatema, advertencia de castigo, calamidades que vendrán y producirán lamentos. Los profetas hebreos frecuentemente empezaban sus oráculos con la expresión de "Ay de". Cuando se referían a un sector amplio de la vida israelita expresaban, por ejemplo: "*¡Ay de ti Jerusalén!*" (Jer. 13:27). "¡Ay de los pastores que destruyen y dispersan las ovejas de mi rebaño!" (Jer. 23:1). "¡Ay de los profetas insensatos!" (Ez. 13:3). "¡Ay de los reposados en Sión…!" (Am. 6:1). Los siete ayes de Isaías (Is. 5:8, 11-12, 18-19, 21, 22, 23, 10:1).

Así, los ayes proféticos son una forma de expresión utilizada en la profecía bíblica. Estos *ayes* son declaraciones de lamento o juicio pronunciadas por los profetas en nombre de Dios hacia individuos, comunidades o naciones que han cometido pecados o han incurrido en la desobediencia. Suelen tener una estructura poética y repetitiva, enfatizando la gravedad de los pecados y advirtiendo sobre las consecuencias que vendrán como resultado de ellos. Estos pasajes suelen ser intensos y emotivos, reflejando el dolor y la indignación del profeta ante la injusticia y la maldad.

Un ejemplo famoso de ayes proféticos se encuentra en el libro de Isaías en el Antiguo Testamento. Isaías pronunció una serie de ayes contra varias naciones, incluyendo Babilonia, Asiria y Tiro. Estos ayes denunciaban la arrogancia, la opresión y la idolatría de estas naciones, y anunciaban el juicio divino que vendría sobre ellas.

Los ayes proféticos no solo expresan el juicio de Dios, sino que también contienen un llamado al arrepentimiento y a volver a Dios. A menudo, los profetas ofrecían la esperanza de restauración y perdón si la gente se volvía a Dios y abandonaba sus malos caminos. Es importante entender los ayes proféticos dentro de su contexto histórico y literario. Estos pasajes tienen un propósito específico en el mensaje profético, que es confrontar y redirigir a las personas hacia una relación fiel con Dios. Además, los ayes proféticos también pueden tener un significado más amplio y trascendente, apuntando hacia el juicio final y la necesidad de reconciliación con Dios.

B

BABILONIA

Uno de los elementos sobresalientes en el Apocalipsis es la mención de Babilonia, una ciudad que representa un sistema político religioso corrupto y la corrupción moral, espiritual que se encuentra en el mundo.

Babilonia, en su sentido histórico y literal, fue una antigua ciudad ubicada en la región de Mesopotamia. Fue conocida por su poder político, su riqueza y su influencia en la antigüedad. Pero, en el Apocalipsis, Babilonia adquiere un significado simbólico más profundo y representa un sistema maligno que se opone a Dios. En el Apocalipsis, Babilonia se presenta como una gran ciudad que ejerce poder sobre los reyes de la tierra (Ap. 17:18). Representa un sistema político y religioso que se opone a Dios y promueve la idolatría, la inmoralidad y la opresión. Babilonia es descrita como una ramera, simbolizando su promiscuidad espiritual al unirse con los poderes seculares y seducir a las naciones a alejarse de Dios. El Apocalipsis, asimismo, describe la caída de Babilonia como un juicio divino sobre su maldad y rebelión. Se nos dice que "ha caído, ha caído la gran Babilonia" (Ap. 18:2). Esta caída representa el colapso y la destrucción final del sistema corrupto que se ha levantado contra Dios y su pueblo.

El mensaje central detrás de la mención de Babilonia en el Apocalipsis es un llamado a la separación del sistema mundano y a la fidelidad total a Dios. Los creyentes son exhortados a no participar en las prácticas corruptas y a no ser seducidos por los encantos de Babilonia. En cambio, se les anima a permanecer fieles a Dios y a vivir en santidad.

El Apocalipsis nos muestra la victoria final sobre Babilonia y todos los poderes malignos. Dios tiene el control supremo y, finalmente, juzgará a Babilonia y a todos aquellos que se oponen a su reinado. La caída de Babilonia es seguida por el triunfo de la Nueva Jerusalén, que representa el reino eterno y glorioso de Dios.

La mención de Babilonia en el libro del Apocalipsis es una amonestación y un recordatorio para los creyentes de todas las épocas. Nos insta a discernir y resistir los sistemas corruptos y las prácticas inmorales que se oponen a Dios. También nos recuerda que, a pesar de la aparente grandeza y poder de Babilonia, su destino final está sellado y Dios prevalecerá. Como creyentes, debemos mantenernos firmes en nuestra fe y buscar la ciudad celestial, la Nueva Jerusalén, donde reinará la justicia y la paz eternas.

Por otra parte, varios comentaristas identifican espiritualmente a Babilona con el Israel infiel, especialmente Jerusalén (aunque otros equiparan a Babilonia con Roma y el sistema mundano, como se ha explicado). La descripción en Ap. 17:6 de la matanza de los mártires por parte de Babilonia, la gran ciudad recuerda claramente a las acusaciones de Jesús contra Jerusalén (Mt. 23:29-39). La idolatría de la ciudad también recuerda la infidelidad pasada de Israel a Dios, en este caso, probablemente, manifestado en el estatus privilegiado del judaísmo del primer siglo ante Roma.

BALAAM

Balaam es un personaje bíblico mencionado en el Antiguo Testamento, específicamente en los libros de Números y Josué. El nombre "Balaam" tiene un significado incierto, pero se cree que puede derivar de palabras hebreas que denotan "devorador" o "derrotado". En cuanto a la biografía de Balaam, se le presenta como un profeta pagano y adivino que fue llamado por el rey Balac de Moab para maldecir al pueblo de Israel. Balac tenía miedo de la gran cantidad de israelitas que habían salido de Egipto y temía que pudieran conquistar su reino. Buscando la ayuda de Balaam, Balac esperaba que sus maldiciones debilitaran o, incluso, destruyeran al pueblo de Israel. Sin embargo, a pesar de su condición de profeta pagano, Dios habló a Balaam y le prohibió maldecir a Israel. En lugar de ello, Balaam fue utilizado por Dios como un instrumento para bendecir al pueblo de Israel. A pesar de los intentos de Balac de persuadir a Balaam para que pronunciara maldiciones, Balaam solo pudo pronunciar bendiciones y palabras proféticas sobre Israel.

Desde una perspectiva bíblica, Balaam se presenta como un ejemplo de cómo Dios puede usar a cualquier persona, incluso a aquellos fuera del pueblo de Israel, para cumplir su propósito. Aunque Balaam era un profeta pagano, Dios le habló y le impidió maldecir a Israel. La historia de Balaam también destaca la importancia de la obediencia a la voluntad de Dios y la incapacidad de ir en contra de sus planes. En cuanto a la perspectiva profética y escatológica, la figura de Balaam es mencionada en el Nuevo Testamento, específicamente en el libro de Apocalipsis. En Apocalipsis 2:14, se hace referencia a la doctrina de Balaam, que se refiere a la enseñanza corrupta y seductora promovida por Balaam en su intento de maldecir a Israel. Esta referencia se utiliza para advertir a la iglesia de Pérgamo sobre la influencia de falsos maestros y la necesidad de permanecer fieles a la verdad de Dios.

Para algunos, el relato singular del profeta Balaam es una narración simbólica de la que se extrae una enseñanza moral, teológica; para otros, una historia real en la que ocurrió un extraordinario milagro: una asna que habló y reprendió a su amo profeta por el maltrato que le estaba dando. Cual sea la verdad, condensa una potente enseñanza escrita de manera magistral, destacada, dentro de los libros de la ley: todo aquel que habla en nombre de Dios puede ser tentado a cambiar el mensaje divino, adornarlo o acomodarlo por dinero; aunque al final se pondrá en evidencia el motivo de sus anuncios. Balaam sería el símbolo profético para la posteridad de los profetas que vendrían en los postreros tiempos y que se venderían por ganancias deshonestas, ya profetas auténticos, ya pseudo profetas.

En otros pasajes del primer testamento utilizan la palabra *qosen* para identificar el oficio de Balaam. Tal palabra significa adivino, un vocablo despectivo, incluso insultante, con todo, en los escritos neotestamentarios lo llaman profeta y sirve de precedente para denunciar aquellos que se han extraviado siguiendo su mal camino amando el premio de maldad (2 P. 2:15-16), los que se lanzan por lucro en el error (Jud. 1:11); a los que aparecen descritos en el libro profético apocalíptico de revelación que siguen la doctrina de Balaam que incitan a comer cosas sacrificadas a los ídolos y a cometer fornicación tentados por el lucro (Ap. 2:14).

En resumen, Balaam es un personaje bíblico que fue llamado por el rey Balac de Moab para maldecir al pueblo de Israel, pero fue utilizado por Dios para bendecirlos en su lugar. Su historia destaca la importancia de la obediencia a la voluntad de Dios y sirve como una advertencia contra la influencia de falsos maestros.

BALAAMITAS

En tres ocasiones, el Nuevo Testamento hace referencia a aquellos que siguen el camino de Balaam: 2 Pedro 2:15, Judas 11, Apocalipsis 2:14. Pedro ofrece una detallada descripción de los falsos maestros que saturan de confusión a la iglesia de Jesucristo. Estos hombres inmorales y soberbios "han dejado el camino recto y se han desviado para seguir el camino de Balaam, hijo de Beor, quien amó el salario de la maldad" (2 P. 2:15). Judas compara a los falsos maestros con tres pecadores famosos del Antiguo Testamento: "¡Ay de ellos! Han tomado el camino de Caín; se han precipitado con ánimo de lucro en el error de Balaam; han sido destruidos en la rebelión de Coré" (Jud. 11). En el mensaje a la iglesia de Pérgamo en Apocalipsis 2, Jesús reprende a la congregación por tolerar a aquellos que retienen la enseñanza de Balaam, quien enseñó a Balac a inducir a los israelitas a pecar comiendo alimentos sacrificados a los ídolos y cometiendo inmoralidad sexual (Ap. 2:14).

En todos los casos, el ejemplo de Balaam se utiliza para caracterizar a los falsos maestros como aquellos cuya rebelión contra Dios promovió la idolatría y la inmoralidad. La mayoría de los intérpretes consideran que el grupo de Balaam, los nicolaítas (Ap. 2:6, 15), y los seguidores de Jezabel (Ap. 2:20) están estrechamente relacionados, si no son idénticos.

El relato de Números 22-25 cuenta la historia de Balaam, el profeta pagano contratado por Balac, rey de Moab, para maldecir a Israel. Aunque Dios impidió que Balaam maldijera a Israel, Balaam influenció a algunas mujeres moabitas para atraer a los hombres israelitas a cometer inmoralidad sexual y participar en actos de adoración pagana. El personaje de Balaam se asoció en la tradición judía con falsos maestros que fomentaban el compromiso con la cultura pagana circundante. Así, como Balaam había engañado a Israel para que cometiera actos de fornicación sexual y espiritual, así los falsos maestros de Pérgamo animaban a los cristianos a participar en fiestas de adoración paganas, donde enfrentaban una enorme presión para comprometer su fe a través de la idolatría y la inmoralidad (ver **Jezabel, Nicolaítas, Pérgamo**).

BÁLSAMO DE GALAAD

El bálsamo de Galaad es un término que aparece en la Biblia, específicamente en el Antiguo Testamento. El bálsamo es una sustancia aromática valiosa y medicinal que se extraía de un árbol conocido como "árbol del bálsamo" o "árbol de Galaad". Este árbol era originario de la región de Galaad, ubicada en la actual Jordania.

Literalmente, el bálsamo de Galaad se refiere a la resina o sustancia curativa producida por este árbol. Era altamente valorado por sus propiedades medicinales y se utilizaba para tratar diversas enfermedades y dolencias. Además de sus propiedades curativas, el bálsamo también tenía un aroma agradable y se utilizaba en perfumes y ungüentos.

Alegóricamente, el bálsamo de Galaad se ha asociado con la curación y el alivio del sufrimiento espiritual. En la Biblia, se menciona en Génesis 37:25 que una caravana de Galaad llevaba bálsamo, especias aromáticas y mirra en su camino hacia Egipto. Además, en el libro de Jeremías, se utiliza como un símbolo de esperanza y restauración. En Jeremías 8:22, se plantea retóricamente: "¿No hay bálsamo en Galaad? ¿No hay médico allí?". Esta pregunta sugiere que el bálsamo de Galaad es una fuente de curación y restauración espiritual para el pueblo de Dios. El profeta Jeremías frecuentemente compara la situación del pueblo de Judá, sumido en el pecado, con una enfermedad o herida grave. Así, el bálsamo de Galaad se convierte en una figura retórica para resaltar que el pecado (la enfermedad) del pueblo es tan penetrante que ningún bálsamo o médico puede curarlos (ver **Cura**).

Proféticamente, el bálsamo de Galaad ha sido interpretado como un símbolo de la salvación y la gracia divina. En el libro de Jeremías, se menciona en relación con la promesa de restauración y bendición para el pueblo de Israel. En Jeremías 46:11, se dice: "Sube a Galaad y toma bálsamo, virgen hija de Egipto; en vano multiplicarás las medicinas; no habrá para ti curación". En resumen, el bálsamo de Galaad es una sustancia curativa y aromática que se extraía de un árbol en la región de Galaad. Literalmente, se refiere a esta sustancia medicinal. Alegóricamente, se asocia con la curación y el alivio del sufrimiento espiritual. Proféticamente, se interpreta como un símbolo de la salvación y la gracia divina.

BALTASAR

Balsasar o Belsasar son formas castellanas del latín *Baltassar* o del griego Βαλτάσαρ —Balsásar o Balshasar, ambas derivadas del nombre *Bel-sharra-usur*, que en acadio significa "Bēl —Baal— ha protegido al reino". Belsasar fue un príncipe babilonio que murió durante la caída de Babilonia en manos de Ciro II el Grande en el año 539 a.C. A veces su nombre también aparece como Balthazar y Belshazzar. Además de su papel como príncipe babilonio, Belsasar también desempeñó un papel importante como regente en el reino de Babilonia. Durante el reinado de su padre, Nabónido, quien se encontraba fuera de Babilonia por largos períodos de tiempo, Belsasar gobernó como regente en su ausencia. Esto indica que tenía un grado significativo de autoridad y responsabilidad en el gobierno del reino. Belsasar es conocido por ser el anfitrión de un gran banquete en el cual se utilizaban los vasos sagrados del templo de Jerusalén. Durante este banquete, una misteriosa mano escribió en la pared del palacio las famosas palabras "Mene, Mene, Tekel, Upharsin", que fueron interpretadas por el profeta Daniel como un mensaje de juicio y condena sobre el reino de Babilonia.

En el libro de Daniel 5, Belsasar es mencionado en la historia del rey de Babilonia y se registra la caída de su poder. Surgieron dos cuestiones relevantes en este capítulo: la historicidad de Belsasar y la profecía bíblica sobre él. Aunque la Biblia presenta la narración de la ruina de Belsasar como histórica, los teólogos con inclinaciones liberales han cuestionado la exactitud de Daniel 5, principalmente porque las listas de reyes de Babilonia no mencionan a Baltasar. Además, no parecía haber evidencia de que Belsasar fuera hijo de Nabucodonosor, como se sugiere en el versículo 5:2, 18 (ver **Nabucodonosor**). En cambio, Nabónido era hijo de Nabucodonosor.

Sin embargo, estas dos objeciones sobre la confiabilidad de Daniel 5 han sido respondidas. El descubrimiento del Cilindro de Nabónido en 1929 por R. P. Dougherty responde a la primera inquietud. Este documento se refiere a un Belsharusur (Belsasar), quien es llamado hijo de Nabonidus. El registro babilónico relata que Belsasar fue co-gobernante junto a Nabónido, quien estuvo ausente de Babilonia durante varios años mientras residía en Tema, en Arabia. Este descubrimiento también explica cómo se podría llamar a Belsasar hijo de Nabucodonosor, ya que en el antiguo Cercano Oriente el término "hijo" podía aplicarse a nietos y otros parientes. Así, el nieto de Nabucodonosor, Belsasar, es correctamente llamado su "hijo".

Daniel 5:24-28 profetiza que Belsasar perderá su reino ante los medos y los persas. Aunque Daniel no revela cómo sucederá, tres escritos antiguos lo hacen: el Cilindro de Nabónido (siglo VI a.C.), el Cilindro de Ciro (siglo VI a.C.) y los comentarios del historiador griego Heródoto (siglo V a.C.). Estos testimonios combinados relatan que Ciro, el gobernante de los persas y los medos, interceptó las fuerzas de Nabónido en su camino de Tema a Babilonia, derrotándolas y dejando a Babilonia esencialmente indefensa. Ciro desvió el río Éufrates, que fluía a través de Babilonia, para que sus tropas pudieran ingresar a la ciudad por el lecho del río. La capital de Babilonia cayó ante Ciro el 11 o 12 de octubre de 539 a.C., cumpliendo así la profecía de Daniel (cf. Is. 13:17-22; 21:1-10; Jer. 51:33-58).

BANQUETE DE LAS BODAS DEL CORDERO

En el libro del Apocalipsis, se describe un evento llamado la Cena o Banquete de las Bodas del Cordero. Se describen las Bodas en Ap. 19:7 y el Banquete de las Bodas en Ap. 19:9. Estos pasajes presentan una imagen de un encuentro celestial en gozo y alegría. Se llaman bienaventurados a los creyentes que son llamados al Banquete, pues se unen en comunión con el Cordero de Dios, Jesucristo. En la cultura judía, las bodas eran ocasiones de gran alegría y celebración. En el Apocalipsis, la Cena de las bodas del Cordero se presenta como un evento de celebración, donde Cristo es el Cordero y los creyentes son los invitados, simbolizando la unión íntima y eterna entre Cristo y su iglesia redimida. Se describe la preparación para la Cena de las bodas del Cordero como un proceso de purificación y santificación de la Iglesia. Los creyentes son vestidos con ropas blancas, que representan la justicia y la pureza otorgada por Cristo. Esta preparación es esencial para participar plenamente en la celebración y comunión con el Cordero. La Cena de las bodas del Cordero es un momento de comunión íntima con Jesucristo. Los creyentes tienen el privilegio de estar en la presencia del Cordero, participar en su amor y experimentar una comunión plena con Él. Es un encuentro de gozo y deleite espiritual, donde los creyentes comparten en la gloria y la victoria de Cristo. La Cena de las bodas del Cordero también representa la consumación del reino de Dios y la plenitud de la redención. Es un momento en el cual todas las promesas y propósitos de Dios se cumplen. Los creyentes participan en la victoria final sobre el mal y comparten en la herencia eterna que Dios ha preparado para ellos. Para algunos intérpretes, este Banquete es literal, lo cual resulta muy difícil de sostener a la luz del género literario apocalíptico. La mayor parte de eruditos se inclinan a creer que la Cena de las bodas del Cordero es simbólica, espiritual, muy real. Además, es un recordatorio para los creyentes de la esperanza y la anticipación de un futuro glorioso en la presencia de Dios. Es un estímulo para vivir vidas santas y fieles en preparación para ese encuentro celestial. Nos anima a perseverar en nuestra fe, sabiendo que nuestra comunión con Cristo será eterna y plenamente realizada en su venida final. Así, la Cena o Banquete de las bodas del Cordero es una imagen esperanzadora en el libro del Apocalipsis. Representa la unión eterna entre Cristo y su Iglesia redimida, así como la consumación del reino de Dios y la plenitud de la redención. Es un llamado a la purificación y la comunión íntima con el

Cordero, y una fuente de esperanza y anticipación para los creyentes (Gálvez).

En resumen, la Cena de las bodas del Cordero, se relaciona con el triunfo sobre la muerte (Ap. 19:9); la promesa de dicha que se interpreta en Ap. 3:20: "cenare con él y él conmigo" como banquete. Pero en la parte final del libro (Ap. 21:1-22:5), ese tema tiene la connotación de manera indirecta sobre el *Árbol de la vida*, del que comerán los invitados, aunque no se menciona de manera concreta el banquete. Este tema es secundario en la escatología, en cuanto que el Banquete o la Cena del Cordero, como tal, se menciona de manera específica una sola vez en toda la Biblia (Ap. 19:9).

BEATO

Beato de Liébana, conocido también como Beato de Santo Toribio de Liébana, fue un monje y escritor español que vivió en el siglo VIII. Su nombre completo era Beato de Liébana o Beato de Santo Toribio de Liébana. Es conocido primariamente por su obra "Comentario al Apocalipsis de San Juan", que es una interpretación minuciosa e íntegra del libro del Apocalipsis.

Beato nació cerca del año 730 en la región de Liébana, en el norte de España. Se convirtió en monje en el monasterio de San Martín de Turieno, junto al monasterio de Santo Toribio de Liébana, donde pasó la mayor parte de su vida. Beato fue un erudito y teólogo notorio de su tiempo, conocido por su profundo conocimiento de las Escrituras y de los Padres de la Iglesia. La obra más célebre de Beato, el "Comentario al Apocalipsis", fue escrita entre los años 776 y 786. En este libro, Beato explora y explica cada capítulo del Apocalipsis, suministrando interpretaciones simbólicas y teológicas. El Comentario al Apocalipsis también incluye nutridas ilustraciones conocidas como "mapas del Apocalipsis" o "miniaturas devotas". Estas ilustraciones son famosas por su estilo y por representar los eventos descritos en el Apocalipsis de una manera vívida, interesante. La obra de Beato fue muy influyente en la Edad Media. Sus comentarios y explicaciones del Apocalipsis fueron largamente leídos y aprendidos, y tuvieron un impacto duradero en la teología y el arte de la época. El Comentario al Apocalipsis fue copiado y divulgado en numerosos monasterios de Europa, lo que ayudó a su difusión y conservación a lo largo de los siglos. Además de su obra sobre el Apocalipsis, Beato también escribió otros tratados y comentarios teológicos. Algunos de sus escritos tratan sobre la vida de santos, mártires y temas doctrinales, morales.

Beato de Liébana falleció alrededor del año 800, dejando un legado perdurable en la historia del pensamiento cristiano y en la tradición artística. Su obra continúa siendo estudiada y apreciada en la actualidad por su valor histórico, teológico y artístico.

BELSASAR

Belsasar era el hijo de Nabonido y nieto de Nabucodonosor. Su nombre, derivado del hebreo "belsha'tstsar", significa "que Bel proteja al rey" o "príncipe de Bel" (Holman). El capítulo 5 del libro de Daniel narra la historia del rey Belsasar y su trágico destino. Belsasar era el rey de Babilonia y durante una fiesta, en un acto de profanación, utilizó los utensilios sagrados del templo de Jerusalén para beber vino con sus invitados. Esta acción fue un pecado grave y provocó la ira de Dios (Dn 5:2-4).

Durante la fiesta, aparecieron misteriosamente dedos de una mano humana que escribieron en la pared del palacio (5:5). El rey y todos los presentes quedaron aterrorizados, ya que no podían entender el significado de las palabras escritas: "Mene, Mene, Tekel, Upharsin". Ninguno de los sabios y adivinos de Babilonia pudo interpretar el mensaje.

Ante esta situación, la reina madre sugirió que se llamara a Daniel, un hombre sabio y temeroso de Dios. Daniel fue traído ante el rey y le explicó el significado de las palabras escritas. "Mene" significaba que el reino de Belsasar había sido contado y llegado a su fin. "Tekel" indicaba que había sido pesado en la balanza de la justicia y había sido hallado falto. "Upharsin" señalaba que su reino sería dividido y entregado a los medos y persas, (5:24-28).

Daniel también recordó al rey la historia de su abuelo, Nabucodonosor, y cómo había sido humillado por Dios hasta que reconoció su soberanía. Sin embargo, a diferencia de su abuelo, Belsasar no se humilló ni se arrepintió de sus pecados (5:22-23).

Esa misma noche, el rey Belsasar fue asesinado (5:30) y el imperio babilónico cayó ante los medos y persas, tal como había sido profetizado. Darío de Media tóo el reino siendo de sesenta y dos años (5:31)

La interpretación de Daniel y la tragedia consumada demostraron la soberanía de Dios sobre los reinos terrenales y la importancia de vivir en obediencia a sus mandamientos. La historia de Belsasar en el capítulo 5 de Daniel destaca la importancia de la humildad, el arrepentimiento y la reverencia hacia Dios, así como las consecuencias del pecado y la justicia divina. Daniel fue utilizado por Dios como instrumento para interpretar el mensaje cifrado en la pared y proclamar el juicio divino sobre el rey y su reino (Gálvez).

BESTIA DE DIEZ CUERNOS

Perspectiva general
La Bestia de Apocalipsis 13 es un tema complejo y fascinante en el estudio bíblico y escatológico. Aquí te proporciono algunos datos, tanto bíblicos como exegéticos y curiosos, relacionados con la Bestia de Apocalipsis 13:

Descripción bíblica: Apocalipsis 13:1-10 describe a la Bestia como una criatura poderosa que emerge del mar, con diez cuernos y siete cabezas. Estas cabezas tienen nombres blasfemos escritos en ellas. La Bestia recibe su autoridad y poder del dragón, que representa a Satanás.

Significado simbólico: la Bestia en el libro de Apocalipsis se interpreta como una representación de los poderes políticos y sistemas mundiales que se oponen al reino de Dios. Los cuernos y las cabezas simbolizan reinos o imperios históricos.

Relación con el número 666: Apocalipsis 13:18 menciona el famoso número 666 en relación con la Bestia. Este número ha sido objeto de muchas interpretaciones a lo largo de la historia. Algunos estudiosos sugieren que representa una forma de identificación o un símbolo de imperfección y oposición a Dios.

Interpretaciones históricas: muchos intérpretes han tratado de identificar a la Bestia con figuras históricas. Algunas de las interpretaciones más comunes incluyen al Imperio romano, líderes políticos o sistemas dictatoriales a lo largo de la historia.

Interpretaciones escatológicas: en la escatología cristiana, la Bestia de Apocalipsis 13 se asocia con el concepto del anticristo. Se cree que, en los últimos tiempos, surgirá un líder mundial que personificará la maldad y se opondrá a Dios y a los creyentes.

Curiosidad histórica: en el siglo XVI, el reformador protestante Martín Lutero asoció a la Bestia con el papado, y acusó al papado de ser el anticristo mencionado en Apocalipsis.

Mensaje teológico: la visión de la Bestia en Apocalipsis 13 enfatiza la importancia de mantener la fe y la fidelidad a Dios en medio de la oposición y la persecución. También destaca el triunfo final de Dios sobre las fuerzas del mal.

Es importante tener en cuenta que la interpretación de la Bestia de Apocalipsis 13 puede variar según las diferentes tradiciones teológicas y perspectivas individuales. El tema ha dado lugar a numerosas teorías y debates a lo largo de la historia del cristianismo.

Perspectivas de las distintas posturas

La imagen profética de la bestia de diez cuernos se encuentra tanto en el libro de Daniel (Dn. 7:7-8, 20, 24) como en el Apocalipsis (Ap. 12:3; 13:1; 17:3-16). Hay dos enfoques principales para identificar a la bestia de diez cuernos: (1) la bestia es un símbolo de una futura organización europea, como la Unión Europea; (2) la bestia era una entidad histórica (como Roma) opuesta al pueblo de Dios. Ninguna de estas perspectivas está libre de dificultades.

La perspectiva de la Unión Europea argumenta que la profecía de la bestia de diez cuernos se cumplirá en la actual Unión Europea. Los defensores de esta visión asumen que: (1) la bestia se refiere a un Imperio romano revivido; (2) Europa es la nueva encarnación de ese imperio; (3) los diez cuernos representan naciones y; (4) estas naciones deben ser europeas. Muchos de los escritores de profecías populares han señalado a la Unión Europea, especialmente al Mercado Común Europeo en años anteriores, como evidencia de que esta interpretación es correcta (ver **Unión Europea**). Sin embargo, es importante cuestionar la validez de esta afirmación.

En 1973, la Unión Europea contaba con nueve miembros (Bélgica, Alemania, Francia, Italia, Luxemburgo, los Países Bajos, Dinamarca, Irlanda y el Reino Unido) y parecía estar cerca de cumplir el requisito de las diez naciones mencionado en la coalición retratada en Daniel 7. En 1981, Grecia se unió a la Unión Europea, lo que llevó el número de miembros a diez. Muchos escritores populares de la época, preocupados por el fin del mundo, creían que la Unión Europea de diez miembros era una prueba de que los eventos del fin de los tiempos estaban en marcha y que el Imperio romano revivido surgiría de esta unión. Sin embargo, el tiempo pasó y el fin no llegó. En cambio, en 1986, dos países más (España y Portugal) se adhirieron a la Unión, lo que elevó el número de miembros a doce. Luego, en 1995, tres países más se unieron (Austria, Finlandia y Suecia), y el número de miembros aumentó a quince. En 2004, diez países adicionales se unieron (Chipre, República Checa, Estonia, Hungría, Letonia, Lituania, Malta, Polonia, Eslovaquia y Eslovenia), luego se sumaron más. En la actualidad, la Unión Europea tiene veintisiete Estados miembros: Bélgica, Bulgaria, Chequia, Dinamarca, Alemania, Estonia, Irlanda, Grecia, España, Francia, Croacia, Italia, Chipre, Letonia, Lituania, Luxemburgo, Hungría, Malta, Países Bajos, Austria, Polonia, Portugal, Rumanía, Eslovenia, Eslovaquia, Finlandia y Suecia. Por lo tanto, el argumento de que la Unión Europea es un cumplimiento de la profecía de Daniel 7 y una señal del surgimiento de un Imperio romano revivido de diez miembros, ha resultado ser engañoso. Es evidente que la Unión Europea de veintisiete miembros no parece cumplir con la profecía de una bestia de diez cuernos. El número de países cambia de un momento a otro.

Además, la suposición de que la Europa moderna es el equivalente de un Imperio romano revivido es defectuosa por dos motivos. En primer lugar, numerosos países que actualmente forman parte de la Unión Europea o que han sido aceptados como nuevos miembros en ella no formaban parte del Imperio romano en el primer siglo, y la mayoría de ellos nunca estuvieron bajo el dominio del Imperio romano. Estos países incluyen gran parte de Alemania, la mayor parte de los Países Bajos, así como Dinamarca, Irlanda, Finlandia, Suecia, República Checa, Estonia, Letonia, Lituania, Polonia y la República Eslovaca.

En segundo lugar, extensas áreas de territorio que fueron partes críticas del Imperio romano en el siglo I d.C., no forman parte de Europa ni de la Unión Europea. Estos países, como Egipto y Libia, eran mucho más importantes para la salud económica de Roma, ya que proporcionaban la mayor parte de los alimentos, en comparación con algunas de las provincias marginales como Gran Bretaña. Otros países que formaron parte del Imperio romano pero que no están geográficamente conectados a Europa o a la Unión Europea incluyen Marruecos, Argelia, Túnez, Israel, Jordania, Líbano, Siria y Turquía (aunque Turquía solicitó su ingreso en la UE). Por lo tanto, es simplemente incorrecto desde el punto de vista histórico y geográfico suponer que Europa es un imperio romano moderno.

Es importante tener en cuenta que las interpretaciones de la profecía bíblica pueden variar y estar sujetas a diferentes enfoques y opiniones. En el caso específico del argumento de un Imperio romano revivido en Europa, es evidente que hay discrepancias históricas y geográficas que cuestionan su validez. Por lo tanto, es importante evaluar críticamente las suposiciones y considerar diferentes perspectivas antes de llegar a conclusiones definitivas.

La perspectiva de la historia antigua

La perspectiva de la historia antigua ofrece otra interpretación importante para identificar la bestia de diez cuernos. En primer lugar, según este punto de vista, se predice la próxima victoria de Alejandro Magno en Daniel 7:7-8, 20, 24-25. Después de la muerte de Alejandro, su imperio griego se dividió entre cuatro de sus generales: Antípatro, Casandro, Seleuco I y Ptolomeo I. Los territorios de estos cuatro generales consistían en diez provincias: Macedonia, Pérgamo, Bitinia, Ponto, Capadocia, Armenia, Bactria, Partia, Seleucia y Ptolomeos (Dn. 7:7-8, 20). Además, el rey seléucida Antíoco el Grande derrotó a tres de estas provincias (Capadocia, Armenia, Partia). Antíoco fue sucedido por su hijo, Antíoco Epífanes, quien causó estragos en el pueblo judío en el año 167 a.C., siendo considerado el cuerno pequeño y grande (Dn. 7:24-25).

En segundo lugar, en relación con la bestia de diez cuernos en el libro del Apocalipsis, la interpretación histórica tradicional de ese libro sostiene que las siete cabezas de la bestia (Ap. 17:9), que equivalen a las siete colinas, se refieren a las siete colinas de la antigua Roma (Capitolio, Aventino, Celio, Esquilino, Quirinal, Viminal y Palatino). Los diez cuernos, entonces, representan a los primeros diez césares romanos: Julio César (101-44 a.C.), Augusto (27 a.C.-14 d.C.), Tiberio (14-37 d.C.), Gayo (también conocido como Calígula, 37-41 d.C.), Claudio (41-54 d.C.), Nerón (54-68 d.C.), Vespasiano (69-79 d.C.), Tito (79-81 d.C.), Domiciano (81-96 d.C.) y Nerva (96-98 d.C.). Algunos sugieren que los diez cuernos podrían haber sido las diez provincias del Imperio romano o quizás diez reyes clientes. Según este punto de vista, la bestia de diez cuernos en el Apocalipsis representa el culto imperial romano contra el cual Juan estaba predicando.

Sin embargo, hay dos problemas con esta visión histórica en su conjunto. En primer lugar, se asignan diferentes identificaciones de la bestia, una para Daniel y otra para el Apocalipsis: diez provincias griegas, especialmente Antíoco Epífanes, en el primero, y el culto imperial romano en el segundo. En segundo lugar, no todos están de acuerdo con la identificación de los diez césares en el Apocalipsis. Algunos argumentan que se deben contar los tres emperadores durante la guerra civil de Roma (Galba, Otón, Vitelio [68-69 d.C.]), mientras que Nerva no debería contarse porque vino después de que se escribiera el Apocalipsis. Si este argumento es correcto, entonces habría doce césares en lugar de diez. Además, Apocalipsis 17:12 declara que los diez reyes aún no habían recibido autoridad, lo cual no era cierto para los antiguos césares en el siglo I d.C.

En resumen, la interpretación histórica de la bestia de diez cuernos presenta desafíos en cuanto a la identificación precisa y la correlación entre los libros de Daniel y el Apocalipsis. Existen diferentes perspectivas y discrepancias en cuanto a los detalles históricos y los números exactos de los líderes mencionados. Por lo tanto, es importante reconocer las limitaciones y las diferentes interpretaciones en este tema.

Tesalonicenses, 1 y 2

La fundación de la iglesia de Tesalónica se registra en Hechos 17:1-9. Durante el segundo viaje misionero de Pablo en el año 50-51 d.C. (Hch. 15:36–18:22), él y Silas visitaron Tesalónica, la capital de la antigua provincia de Macedonia (Grecia moderna), una ciudad con 200 000 habitantes. Allí, los dos predicaron el evangelio en la sinagoga local, compuesta tanto por judíos como por temerosos de Dios (creyentes gentiles incircuncisos en Dios, Hch. 17:4).

El mensaje de Pablo era profético, específicamente que el Antiguo Testamento predijo el sufrimiento y la resurrección del Mesías, y que Jesucristo cumplió estas profecías (Hch. 17:2-3). Probablemente, Isaías 53 tuvo un papel importante en su sermón. Mientras algunos en la audiencia fueron persuadidos por el mensaje, desafortunadamente otros judíos de la sinagoga rechazaron el mensaje de Pablo y Silas, acusándolos de promover a un rey rival al César romano (Hch. 17:4-8). Se produjo un alboroto y Pablo y Silas se vieron obligados a salir de Tesalónica rápidamente. Sin embargo, aunque Pablo solo pudo predicar el evangelio durante tres sábados en esa ciudad, fue tiempo suficiente para establecer una iglesia.

Los mensajes de 1 y 2 Tesalonicenses tienen un enfoque escatológico a lo largo de ambos libros, y prácticamente todos los capítulos hacen referencia a la Segunda venida de Cristo. En 1 Tesalonicenses 1-3, cada capítulo concluye con una referencia al regreso inminente de Cristo, cuya esperanza fortalece a los cristianos de Tesalónica para que sean fieles al evangelio a pesar de las severas persecuciones. Dependiendo de la opinión de cada uno, esta aflicción podría equipararse con la Gran Tribulación (los dolores mesiánicos). 1 Tesalonicenses 4:13-18 contiene las famosas palabras de Pablo sobre el rapto, el regreso de Cristo y el consuelo que estos eventos brindan a los cristianos que lloran la pérdida de sus seres queridos creyentes. El capítulo 5 describe los últimos tiempos en términos que recuerdan a los signos de los tiempos predichos en el Discurso del Monte de los Olivos. Sin embargo, esta ira no caerá sobre los cristianos (1 Ts. 5:9; cf. 1:10; 2:15, a modo de contraste con los judíos desobedientes, que experimentarán la ira divina).

Los pretribulacionistas apelan a este pasaje como apoyo a su punto de vista de que el rapto sacará a la iglesia de este mundo antes de que comience la Gran Tribulación (1 Ts. 4). Los midtribulacionistas creen que la Iglesia sufrirá la primera mitad de la Tribulación, pero será arrebatada al cielo antes del ataque de la Gran Tribulación. Los postribulacionistas argumentan que la iglesia sufrirá toda la

Gran Tribulación, pero que Dios preservará a su pueblo a través de ese tiempo. Por lo tanto, este punto de vista no distingue el rapto de la Segunda venida.

En 2 Tesalonicenses surge un nuevo problema. Algunos habían enseñado a los cristianos de Tesalónica que la Segunda venida de Cristo y el día del Señor ya habían ocurrido (2 Ts. 2:1-2). Pablo corrige esta desinformación al señalar que los signos de los tiempos, especialmente la apostasía de los creyentes y el surgimiento del Anticristo, que son precursores de la Segunda venida, aún no han sucedido (ver también 2 Ts. 1 para la descripción de la Segunda venida visible y gloriosa de Jesús, que aún no ha ocurrido a la vista de todos). Por lo tanto, Pablo afirma que los cristianos deben seguir siendo fieles en sus trabajos, en sus hogares y en su servicio al Señor mientras esperan el regreso de Cristo (2 Ts. 3).

En las discusiones modernas sobre 1 y 2 Tesalonicenses surgen dos cuestiones críticas. En primer lugar, como se mencionó anteriormente, la cuestión de la naturaleza y el momento del rapto en 1 Tesalonicenses 4:13-17 es objeto de un acalorado debate entre pretribulacionistas, postribulacionistas y, en menor medida, tribulacionistas medios. Los pretribulacionistas hacen una distinción entre 1 Ts. 4:13-17 (el arrebatamiento secreto antes de la aparición de los signos de los tiempos) y 1 Ts. 5:1-11/2 Ts. 1-2 (los signos de los tiempos inmediatamente antes de la Segunda venida pública de Cristo; ver también el Discurso del Monte de los Olivos, especialmente Mateo 24). En otras palabras, sostienen que la iglesia será llevada al cielo en una venida secreta de Cristo (1 Ts. 4), después de lo cual comenzarán los signos de los tiempos y la Gran Tribulación, que culminarán en la Segunda venida visible y gloriosa de Cristo (1 Ts. 5:1-11; 2 Ts. 1-2). Esto es lo que Pablo quiso decir cuando dijo que la iglesia será salvada de la ira venidera (1 Ts. 1:10; 5:9).

Los postribulacionistas y, hasta cierto punto, los midtribulacionistas, argumentan lo contrario, afirmando que 1 Tesalonicenses 4:13-17 está claramente conectado con 1 Tesalonicenses 5:1-11, 2 Tesalonicenses 2-3 y Mateo 24. Es decir, consideran que ambos pasajes se refieren al mismo evento, o sea, que el rapto es la Segunda venida. Los postribulacionistas señalan los paralelos entre Mateo 24 (el Discurso del Monte de los Olivos) y 1-2 Tesalonicenses como evidencia de esta conexión.

La otra cuestión crítica planteada por los intérpretes modernos de 1 y 2 Tesalonicenses se refiere a la autoría. Algunos niegan que Pablo haya escrito 2 Tesalonicenses porque argumentan que las escatologías de las dos cartas son contradictorias. Según esta postura, 1 Tesalonicenses no contiene un calendario de eventos que precedan a la Parusía (o Segunda venida), mientras que 2 Tesalonicenses sí lo hace, lo que pone en duda la autenticidad de la última carta. Sin embargo, tanto los pretribulacionistas como los postribulacionistas, ambos conservadores teológicamente, no están de acuerdo con este punto de vista, argumentando de manera diferente que ambas cartas son consistentes en su enseñanza sobre los eventos futuros.

De esta manera, los pretribulacionistas postulan una doble venida de Cristo: un rapto secreto (1 Tesalonicenses 4:13-17) y la Parusía (1 Ts. 5:1-11; 2 Tesalonicenses 2-3). Por su parte, los postribulacionistas argumentan que 2 Tesalonicenses 2-3 no están destinados a proporcionar una lista de eventos previos al Día del Señor, sino que estos capítulos sirven como evidencia de que la Segunda venida de Cristo aún no ha ocurrido. Además, argumentan que 1 Tesalonicenses 4-5 tampoco enseña que el Día del Señor vendrá sin las correspondientes señales de los tiempos, sino más bien que vendrá repentinamente sobre los no cristianos (ver **Rapto a la mitad de la tribulación**; **Rapto parcial**; **Rapto secreto**).

BESTIA QUE SALE DE LA TIERRA

Apocalipsis 13:11: "Después vi otra bestia que subía de la tierra; y tenía dos cuernos semejantes a los de un cordero, pero hablaba como dragón".

Según Pikaza, esta *bestia* de la tierra representa la religión de oriente, que aparece después como falso profeta (Ap. 16:13; 19:20; 20:10), cual figura central del antiapocalipsis. Son, además, los profetas falsos, simbolizados por esta segunda *bestia,* compuesta por los sacerdotes y filósofos de la 1ª *bestia*. Son oficiales y servidores de su estado de violencia. Esta 2ª *bestia* es la religión y cultura dictadora al servicio de la primera. Todos se condensan ahora en esta bestia de cultura falsa al servicio del Imperio. Tiene dos cuernos semejantes a un cordero... pero habla como dragón (Ap. 13:11-12). Es cordero de poder perverso que se opone a los buenos profetas de Ap. 11:1-13. Habla al servicio del dragón, para que todos queden admirados de su poder engañoso y le brinden reverencia. Es inteligencia y palabra vendidas a la bestia, farsa hecha dictadura sistematizada. Más que el poder de las armas y penurias económicas preocupa a Juan esta Bestia; a su juicio, el peligro está en la inteligencia corrompida al servicio de la adoración perversa. "Y hace grandes señales..." (Ap. 13:13-15), como los profetas falsos que realizan señales y prodigios, capaces de engañar, si fuera posible, a los mismos elegidos (cf. Mc. 13:22). Harán que baje fuego... que levanten una estatua a la Bestia que fue herida de muerte y revivió... y dará aliento a la estatua de la *bestia*, de modo que incluso pueda hablar. Pikaza, aclara que el culto imperial de Asia conoce estatuas parlantes, capaces de emitir sonido cuando el aire las atraviesa, aunque pudiera ser de otra forma. Al final, todo es engaño, interés del Falso Profeta: su religión falsa, adoración falsa, fuego falso, palabra mentirosa (Pikaza, Apocalipsis, 2022).

En resumen, para Pikaza, las dos bestias (Ap. 11:15-14:5) son el culto imperial y el sacerdocio pagano del Imperio. Se vinculan de esa forma cultura y religión, economía y política. Este es el reto mayor de las iglesias de Asia. Para vivir dentro del Imperio, se ven obligados a participar de la política imperial en sentido externo so pena de ser desterrados, torturados o martirizados. Este era el problema en discusión en los mensajes o cartas de Jesús a las iglesias (Ap. 2-3): la prostitución, la idolatría, toda la comida era ofrecida a los ídolos; era un problema para su propia alimentación. Todo el comercio estaba en manos de un imperio en el que todo estaba sacralizado de manera pagana, tanto en Roma como en la economía, religión y cultura de Asia quien asumía los principios de sacralidad de Roma. Para Juan, el evangelio implica una enmienda a la totalidad. Pikaza escribe una cita literal de varios autores reconocidos que condensa esa realidad: "A la cabeza del culto al emperador se encontraba en Éfeso el Sumo Sacerdote de Asia, que cambiaba anualmente y era, al mismo tiempo, presidente del Congreso asiático. Por esta cualidad ostentaba el nombre de Asiarca. En Éfeso, el culto a Domiciano podía y debía desarrollarse no solo respecto al servicio divino, sino también en los aspectos político y psicológico de las masas. El Sumo Sacerdote de Domiciano era, no solo la superior autoridad eclesiástica del sacerdocio de Asia Menor sino, además, el hombre político de confianza y el portador de las normas de la idea imperial en la provincia. El nuevo templo a Domiciano, en el que ejercía su cargo, fue el lugar apropiado para celebrar las sesiones del

Congreso Asiático... La nueva efigie imperial era como una imagen milagrosa, como la imagen legítima del Dios, pues justamente es en Asia Menor donde habían arraigado tales dogmas...".

Las dos bestias del Ap. 13 representaron, en el tiempo de Juan, una gran amenaza. En cada generación instituciones, naciones y movimientos han hecho eco de esa oposición, persecución y maldad imperial dictatorial religiosa pagana. Hoy, sin duda, sigue la oposición. En ese sentido, simbolizan los poderes diabólicos unidos a los poderes humanos políticos, económicos, religiosos y naciones, que se oponen contra Jesucristo y su Iglesia. El libro de Apocalipsis debe interpretarse de acuerdo con su género en el cual la mayor parte de significados son simbólicos. El mar, las siete cabezas, los diez cuernos, las siete diademas, son símbolos de los poderes mencionados y, en este caso, de los reinos de este mundo que se oponen al reino de Dios. Es prudente entender los números siete y diez de manera simbólica como representaciones de lo completo. Las siete cabezas constituyen un frente unido contra Dios, su palabra y su pueblo y atacan con el poder pleno de diez cuernos. Las siete cabezas y los diez cuernos son los de Satanás mismo, descrito como dragón rojo gigantesco en Ap. 12:3; él es quien utiliza a la bestia, imagen de los gobiernos del mundo, para que realice el plan malévolo. Así, el dragón que tiene siete cabezas con siete coronas en ellas, y la bestia tiene diez cuernos con diez coronas en ellos, si no fuera simbólico el significado sería un resultado complicadísimo el creer que todo es literal. Los números, las cabezas, los cuernos y las coronas, diademas, son metáforas de los poderes terrenales, políticos, religiosos, desde los emperadores del Imperio romano hasta las naciones o grupos de las naciones actuales, que realizan una oposición férrea contra la Iglesia, Cristo y el reino de Dios. Satanás utiliza a poderes del mundo para ejecutar su plan malvado (Sweet, 1979).

En cuanto al significado de las dos bestias de Apocalipsis, tiene parte de razón todos los enfoques descritos, perspectivas descritas, unas más que otras: simbólica israelita, histórica, futurista aplicativa. Hay contenido simbólico, histórico y profético sobre el final de la historia, es oportuno recordar que hay profecías de doble cumplimiento.

BESTIA QUE SALE DEL MAR

Ap. 13:1-2: "Vi subir del mar un monstruo que tenía siete cabezas y diez cuernos. En cada cuerno tenía una corona, y en las cabezas tenía nombres ofensivos contra Dios. Este monstruo que yo vi, parecía un leopardo; y tenía patas como de oso, y boca como de león. El dragón le dio su poder y su trono, y mucha autoridad".

Hay varios enfoques de interpretación sobre varios pasajes del libro de Apocalipsis. Estos son algunos de ellos:

a) Simbólico israelita

Cree que el mar es una imagen de occidente, es el gran mar insondable que llega hasta Roma. Describe la ferocidad de Roma en forma literaria con esas imágenes de profecía; varios comentaristas lo han destacado.

b) Histórico o preterista

Enseñan que la primera Bestia de Ap. 13 se refiere al césar del Imperio romano. Esta reúne las cuatro características de Daniel profetizando sobre el Imperio romano. Juan ve a este como la concentración del mal y como una desviación tal, que llegan a reconocer al emperador como Dios. De ahí el culto al césar, llamado *Kyrios*. Las 7 cabezas y 10 cuernos representan a emperadores y gobernantes del Imperio. Algunos afirman que los nombres de los 7 emperadores son los siguientes: Tiberio, Calígula, Claudio, Nerón, Vespasiano, Tito, Domiciano; otros que los 10 cuernos son gobernadores y emperadores de duración corta y que no se sabe con exactitud. Ambos grupos gobernaron al Imperio romano desde la época de los primeros siglos hasta la época de la composición del Apocalipsis.

Otros eruditos opinan que los 10 cuernos corresponden a la dinastía seléucida que la conformaron diez reyes comenzando con Seleuco I, uno de los 4 sucesores de Alejandro Magno, que atacó al pueblo de Dios, pero no lo desapareció. Se encuentra descrito en el primer libro de los Macabeos.

Desde la vivencia histórica de Juan, la bestia de siete cabezas y 10 cuernos es el Imperio que de manera sostenida ha perseguido, torturado y matado a los cristianos. Es la historia del mal que se repite, ahora alcanzando su máxima expresión de crueldad.

c) Futurista y aplicativa

Es la perspectiva cristiana gentil de los tiempos posteriores al Imperio romano, hasta hoy. Por los rasgos de maldad, crueldad, oposición y persecución característicos propios del Imperio, muchos cristianos, pastores, comentaristas, teólogos, identifican la bestia de 7 cabezas con 10 cuernos con los nuevos poderes de opresión y oposición sistemáticos a Cristo y su evangelio: Imperio otomano, fascistas, comunistas, la Unión Europea, etc. Otra opinión es que hoy, todas aquellas organizaciones globales, naciones, movimientos mundiales, que se oponen o persiguen a la Iglesia de Cristo, son un eco de esa abominable bestia.

d) Premilenarista futurista dispensacionalista

Afirma que la primera bestia es el anticristo, la segunda bestia de Ap. 13 que sale de la tierra es el falso profeta, la gran ramera del capítulo 17 montada sobre el anticristo representa una seducción mundana.

La mayoría de biblistas siguen la línea de pensamiento futurista dispensacionalista en la que se afirma que el gran anticristo tiene una relación concluyente con las dos bestias descritas. Y que es ese anticristo quien confirma el pacto por siete años y después lo quebranta a los tres años y medio para autonombrarse Dios y sentarse sobre el templo de Dios: "Una de las actividades que lo harán destacable es el establecimiento del pacto con Israel que quebrantará a la mitad de la última semana, es decir, tres años y medio después de haberlo establecido (Dn. 9:26-27). Su arrogancia y orgullo personal le encumbrará sobre todos los dioses de los hombres (2 Ts. 2:4). El anticristo aparecerá en la escena final de los gentiles, antes de la venida de Jesucristo (Dn. 8:23)".

e) Postribulacionista futurista diferenciada

Declara que la bestia de 7 cabezas con 10 cuernos son naciones que se levantan contra el pueblo de Israel hasta el presente. Refiere que los diez cuernos son los 10 países árabes que rodean a Israel hoy en el siglo XXI y que sus nombres están escritos en el Sal. 83:6-8 con los nombres antiguos: edomitas, ismaelitas, moabitas, guebalitas, agarenos, amonitas, amalecitas, filisteos, los de Tiro y los asirios. Estas son las naciones o grupos que invadirán a Israel antes de la Segunda venida de Cristo. Y parte de ellos hicieron la guerra a Israel cuando fue constituido como nación en 1948, en la guerra de los Seis Días, pero fueron vencidos. Pese a todo, lo harán de nuevo previo a la Segunda venida del Señor. Se apoya en el mismo Salmo 83 en los versículos 2-4: "[2] Porque tus enemigos rugen, y los que te aborrecen se han enaltecido. [3] Hacen planes astutos contra tu pueblo, y juntos conspiran contra Tus protegidos. [4] Han dicho: Vengan, y destruyámoslos como nación, para que ya no haya memoria del nombre de Israel". Asegura que Irán, es uno de los países que ha incitado a los demás países árabes más o menos con las mismas palabras del Sal. 83: "No permitamos que Israel sea nación, borrémoslo del mapa, echémoslo al mar".

Se ha comprobado que hay profecías bíblicas de doble cumplimiento. Un ejemplo, Dios saca a su pueblo de Egipto con mano poderosa y también Dios llama a su Hijo de Egipto en un texto del libro de Oseas 11:1: "Cuando el pueblo de Israel era niño, yo lo amaba; a él, que era mi hijo, lo llamé de Egipto".

La escritura de Oseas se refiere al pasado, primeramente a la acción de Dios de libertar de la esclavitud en Egipto a su pueblo Israel. Pero también es una profecía hacia el futuro mesiánico de Jesús de Nazaret, el Cristo, en el tiempo de su niñez cuando fue necesario que sus padres huyeran con él a Egipto para protegerlo y luego regresarían a Jerusalén cuando ya no existiera peligro de muerte.

El Espíritu le revela a Mateo ese cumplimiento: "Cuando él despertó, tomó de noche al niño y a su madre, y se fue a Egipto, y se quedó allá hasta la muerte de Herodes. Esto sucedió para que se cumpliera lo que dijo el Señor por medio del profeta: de Egipto llamé a mi Hijo" (Mt. 2:14-15).

BESTIAS SALVAJES

En Gn. 2:15, se relata que Dios creó los animales del campo y declaró que esa creación era buena en gran manera. Luego Dios trajo todos los animales a Adán para que les pusiera nombre, lo que implicó que le dio autoridad sobre ellos. Tales animales eran mansos hasta que el pecado entró por medio de la desobediencia de la primera pareja. La naturaleza cambió, los animales del campo se volvieron hostiles y peligrosos para las personas. A partir de ese cambio, el pueblo de Israel tendría que luchar y cuidarse de las fieras salvajes que se habían multiplicado. Los relatos antiguos testamentarios abundan en detalles sobre esa realidad. En Éx. 23:29 y Dt. 7:22, Dios declaró que expulsaría a los cananeos de la Tierra Prometida de manera gradual porque si lo hacía de una sola vez, los animales salvajes llenarían la tierra, entonces no podrían controlarlos. Ello implicó enfrentar, por un tiempo, a los cananeos y a las fieras salvajes.

Algunos autores opinan que esas fieras salvajes simbolizan a otros reyes y naciones; es más certero creer que son fieras tal cual.

Los textos proféticos y escatológicos mencionan con frecuencia animales y fieras salvajes con la frase: "animales del campo". Se refieren a leones, osos, leopardos, hienas, serpientes y otros semejantes. Otras frases que usan para los animales salvajes son "animales malos" o "animales que pueden causar daño". Es interesante que la traducción griega del texto hebreo en la Septuaginta use la palabra *thērion* que significa "bestia" relacionándola con un animal salvaje y peligroso.

Los escritores proféticos usaron las imágenes de animales salvajes para representar la devastación y la destrucción de la tierra. Los profetas incluyen muchas veces animales salvajes junto con otros conceptos centrales para la desolación: la espada, la peste y el hambre. Proclaman que la presencia de animales salvajes merodeando la tierra, para dominar a sus habitantes, es parte del juicio venidero sobre los desobedientes Israel y Judá. Con todo, los profetas también declaran que los animales salvajes están bajo el control de Dios, los envía como parte de su juicio decretado sobre Israel (Jer. 15:3; Ez. 14:15-16). Cuando venga el Mesías, los profetas anuncian que los animales salvajes serán transformados en pacíficos animales que ya no matan ni devoran (Is. 11:6-9; 65:25). Otros profetas dicen que los animales salvajes serán quitados por completo de la tierra (Ez. 34:25, 28).

El Nuevo Testamento usa en varios textos la palabra *therión* refiriéndose a los animales salvajes. En Marcos 1:13, en el pasaje de la tentación de Jesús durante sus 40 días de ayuno estaba con las bestias salvajes y los ángeles le servían. En Hch. 28, se usa la misma palabra con relación a la serpiente que mordió a Pablo, el texto dice literalmente: "Pablo sacudió la bestia en el fuego", los traductores con buen criterio la traducen "serpiente". En Apocalipsis aparece treinta y ocho veces. En el texto de Ap. 6:8, las fieras salvajes son parte del juicio sobre la tierra. A lo largo del resto de Apocalipsis, *thērion* se traduce como "bestia" y se refiere regularmente a Satanás, destacan las dos bestias salvajes del capítulo 13. La victoria final de Cristo sobre Satanás, llamada la serpiente antigua, y su bestia son arrojadas al lago de fuego. En Apocalipsis 21 y 22 se ve la imagen definitiva de tranquilidad y seguridad por la derrota de todos los enemigos, incluidos los animales salvajes. El Dios trino y su pueblo rodeado de gloria viven la paz y la felicidad, celebran el festejo eterno en la nueva creación de todas las cosas (Ap. 22:1-5).

BETH TOGARMAH

Beth Togarmah es mencionada en la Tabla de las Naciones (Gn. 10:3; 1 Cr. 1:6) como una nación asociada con el comercio de caballos y mulos. Su nombre también aparece en el libro de Ezequiel, específicamente en los capítulos 38:6 y 27:14, donde se habla de una coalición de naciones que se levantará contra el pueblo de Dios en los últimos tiempos. Algunos estudiosos consideran que Beth Togarmah es una de las naciones que formarán parte de esta alianza.

La ubicación exacta de Beth Togarmah no está claramente identificada en la Biblia, lo que ha dado lugar a diferentes interpretaciones y teorías entre los expertos. Algunos sugieren que podría referirse a una región en la actual Armenia o al este de Anatolia en Turquía. Otros argumentan que podría hacer referencia a una tribu o grupo étnico específico en esa región.

En términos de su participación en la coalición contra el pueblo de Dios, se dice que Beth Togarmah estará aliada con Gog, el líder de la coalición, quien es identificado como un líder militar de la tierra de Magog. Juntos, estos países se unirán en un intento de atacar y conquistar a Israel en los últimos tiempos. Es importante tener en cuenta que las referencias a Beth Togarmah en la Biblia son proféticas y simbólicas, y pueden tener diferentes interpretaciones según las perspectivas teológicas e investigaciones históricas. La identificación precisa de Beth Togarmah sigue siendo objeto de debate y estudio entre los expertos en la Biblia.

En resumen, los intérpretes debaten el significado de este grupo de personas en la historia. Algunos creen que Beth Togarmah se unirá a Gog y Magog para invadir a Israel en los últimos tiempos, mientras que otros no atribuyen un significado escatológico a Ezequiel 38:1-6 (ver **Gog y Magog**).

BODAS DEL CORDERO

Esta doctrina se basa en Ap. 19:7-8: "[7] ¡Regocijémonos y alegrémonos y démosle gloria! ¡Ha llegado el momento de las bodas del Cordero! Ya su esposa se ha preparado, [8] y se le ha concedido vestirse de lino fino, limpio y refulgente. Y es que el lino fino simboliza las acciones justas de los santos".

En resumen, la enseñanza literalista afirma que es un acto literal. Acontecerá durante los siete años entre el arrebatamiento y la Segunda venida. Pero más específicamente entre el *Bimá* o juicio de los creyentes y la Segunda venida. Atestigua que las bodas del Cordero serán en el cielo, en un lugar específico, en el aire. Los participantes son Cristo y la Iglesia. El Israel físico no participará de las bodas del Cordero porque la resurrección de Israel y los santos del Antiguo Testamento acontecerá juntamente hasta la Segunda venida. Eso sí, la cena de las bodas y la fiesta de las bodas del Cordero será aquí en la tierra con Israel como invitado especial. Pero antes tiene que estar esperando el regreso del esposo y de la esposa. Explica que la cena nupcial es el cuadro parabólico de todo el milenio, al cual Israel será invitado durante el período de la Gran Tribulación, invitación que muchos rechazarán. Los que la acepten serán recibidos en ella, los que la rechacen serán expulsados. Cuando Cristo venga con su esposa en la Segunda venida, para invitarlos a la cena de la fiesta nupcial, les presentará su esposa a sus amigos israelitas (Pentecost, 1997).

Algunos autores afirman que al leer la descripción de esta enseñanza desata inmediatamente una tormenta de confusión, especulación, incluso ficción. La razón es que hay graves contradicciones, malas interpretaciones y conclusiones desafortunadas.

Para comenzar, el mismo texto da una luz de que hay simbolismo al señalar que el lino fino de la novia "simboliza las acciones justas de los santos". Si el vestido es simbólico, en ese sentido, la novia simboliza al conjunto de los creyentes, el cordero simboliza a Jesucristo el que fue sacrificado y derramó su sangre a semejanza de los sacrificios de corderos. Entonces, las bodas simbolizan la unión espiritual perfecta, eterna, entre Cristo y la Iglesia, no hay tal boda física en un lugar físico específico.

Los literalistas creen que las bodas del Cordero se efectuarán en el cielo, mientras acontece la Gran Tribulación aquí en la tierra. Pero esa enseñanza no se encuentra por ninguna parte de la Escritura, es pura especulación. Tampoco se puede identificar bíblicamente que sucederá específicamente entre el *Bimá* de Cristo y la Segunda venida, como ellos aseveran. Agregan otro tema: "la Cena del Cordero será aquí en la tierra, con el invitado especial del pueblo de Israel". Otra vez se observa que no hay textos que apoyen semejante afirmación y lo que presentan es una cena mezclada de cristianos glorificados con israelitas de cuerpo físico. Eso es contradictorio. Luego lo conectan al milenio literal aquí en la tierra, al que es invitado Israel durante la Gran Tribulación. Lo más seguro es que es un hecho espiritual real, pero simbólico. Si se afirma que es literal, el problema de comprensión de esa doctrina se dificulta, lleva a confusión porque es una mezcla de teorías con una mala interpretación.

CABALLOS EN EL APOCALIPSIS

En el libro del Apocalipsis, se muestran varios pasajes que hacen referencias a caballos. Estos pasajes a menudo se interpretan simbólicamente y representan diferentes aspectos y eventos relacionados con el fin de los tiempos y el juicio divino. Se describen cuatro jinetes que montan diferentes caballos en relación con los sellos abiertos por el Cordero de Dios. Cada jinete representa una fuerza o un evento específico. El primer jinete monta un caballo blanco y se le da un arco, simbolizando la conquista. El segundo jinete monta un caballo rojo y se le da una gran espada, representando la guerra. El tercer jinete monta un caballo negro y se le da una balanza, simbolizando la hambruna. El cuarto jinete monta un caballo pálido o verdoso y se le da autoridad sobre la cuarta parte de la tierra, representando la muerte y la destrucción.

En el capítulo 19 del Apocalipsis, se menciona un caballo blanco en relación con la Segunda venida de Jesucristo. El jinete en este caballo es descrito como "Fiel y Verdadero", y lidera un ejército celestial. Este pasaje simboliza la victoria final de Cristo sobre el mal y la instauración de su reino eterno.

El caballo en el Apocalipsis es un símbolo de poder y de guerra, aparece vinculado con la vida y la muerte. También se describe como una figura neutral (Ap. 14:20) y como expresión de riqueza, comercio pervertido (Ap. 18:13). Los cuatro caballos de Ap. 6:1-8 simbolizan la violencia progresiva de la historia y, en esa línea, aparecen en otros lugares como expresión de guerra y miedo (Ap. 9:7-9; 17:19, 19:18). El Apocalipsis presenta al caballo en escenas de triunfo divino: Jesús como guerrero vencedor, montado sobre un caballo blanco, acompañado de jinetes que cabalgan también sobre caballos blancos (Ap. 19:11-19), (Pikaza).

Es pertinente recordar que siempre hay cuatro enfoques sobre la interpretación del cumplimiento de los eventos descritos en el Apocalipsis y en la escatología en general: preterista, historicista, futurista y simbólico.

CABEZA/S

En el libro de Apocalipsis, la palabra "cabeza" y su plural "cabezas" se mencionan en varios pasajes con significados simbólicos y teológicos. La bestia de siete cabezas (Ap. 13): se describe una bestia que sube del mar y tiene siete cabezas. Estas cabezas simbolizan poder y autoridad. La bestia en sí misma puede representar un sistema o poder maligno que se opone a Dios y persigue a los seguidores de Cristo. La mujer con una corona de doce estrellas sobre su cabeza (Ap. 12): se describe a una mujer vestida de sol y con la luna debajo de sus pies, que tiene una corona de doce estrellas sobre su cabeza. La mayoría de intérpretes están de acuerdo en que esta mujer simboliza a la Iglesia o al pueblo de Dios. Las doce estrellas simbolizan, probablemente, a los doce apóstoles, y la corona indica la realeza y autoridad que Dios otorga a su pueblo. La gran ramera y sus siete cabezas (Ap. 17): se describe a una gran ramera sentada sobre muchas aguas, y se mencionan sus siete cabezas. Estas cabezas representan siete montañas y siete reyes. La gran ramera simboliza la idolatría y la corrupción espiritual, mientras que las siete cabezas representan los poderes políticos y religiosos que se oponen a Dios.

En Ap. 17, se describe las siete cabezas y los diez cuernos de una bestia escarlata. Es posible que las siete cabezas representen tanto siete montañas como siete reyes o poderes políticos. Los diez cuernos simbolizan diez reyes que reciben autoridad junto con la bestia por un breve tiempo. Esta imagen representa el poderío político y la opresión que se levanta contra Dios y su pueblo durante los tiempos finales. En el capítulo 13 del Apocalipsis, se menciona que una de las cabezas de la bestia recibió una herida mortal, pero la herida fue sanada. Esta imagen puede representar la aparente derrota y resurrección de un poder maligno. Algunos intérpretes han asociado esta imagen con eventos históricos o figuras políticas específicas, mientras que otros la ven como un símbolo más general de la resistencia y la persistencia del mal.

Es importante tener en cuenta que el Apocalipsis usa un lenguaje altamente simbólico y apocalíptico para transmitir su mensaje. Las imágenes de las cabezas y los cuernos se utilizan para representar poderes políticos, religiosos y espirituales que se oponen a Dios y su reino. La interpretación de estos símbolos puede variar dependiendo de la tradición teológica y el enfoque hermenéutico utilizado.

Los ancianos que llevan coronas de oro sobre sus cabezas simbolizan, tradicionalmente, realeza. Y la magnífica escena en la que se describe Cristo con su cabeza y sus cabellos blancos (Ap. 1:14) con sus diademas sobre su cabeza es hermosa, sus cabellos representan su sabiduría y divinidad, sus diademas sobre su cabeza representan su victoria y su reinado.

CABRÍO, MACHO

En el capítulo 8 del libro de Daniel, se relata una visión profética que el profeta Daniel tuvo durante el reinado del rey persa Ciro. En esta visión, Daniel ve diferentes simbolismos que representan reinos y eventos futuros. En particular, los versículos 14 y 15 se centran en el "macho cabrío". En el contexto de la visión, el macho cabrío representa a un poderoso rey o reino. Este macho cabrío tiene un cuerno prominente entre sus ojos, lo que denota su fuerza y dominio. Luego, el texto dice que este macho cabrío se enfrenta a otro animal, un carnero con dos cuernos, que representa a otro reino. Según la visión, el macho cabrío derrota al carnero y se engrandece aún más. Sin embargo, en el versículo 14, se menciona un período de tiempo: "Hasta dos mil trescientas tardes y mañanas; luego el santuario será purificado". Esta cifra enigmática puede interpretarse como un período de tiempo simbólico que indica una duración específica de eventos históricos.

La visión continúa con Daniel tratando de entender su significado, y es en ese momento que se le aparece un ser celestial, posiblemente el ángel Gabriel, que es llamado desde las riberas del río Ulai. Gabriel es encomendado para enseñar a Daniel el significado y la interpretación de la visión. En los versículos siguientes, se proporciona una interpretación detallada de los símbolos y eventos de la visión, incluyendo la identificación de los reinos representados por el macho cabrío y el carnero. Estos reinos se relacionan con eventos históricos y la situación geopolítica de la época de Daniel. La visión en Daniel 8 tiene un carácter profético y se considera una prefiguración de eventos futuros, incluyendo el surgimiento y la caída de reinos y el destino del pueblo de Dios. El estudio y la interpretación de esta visión son temas de debate entre los estudiosos de la Biblia y la profecía.

La visión del macho cabrío en el libro de Daniel, capítulo 8, es un pasaje profético que ha sido objeto de diferentes interpretaciones a lo largo de la historia. Aquí te presentaré algunas de las interpretaciones más comunes:

Interpretación histórica: algunos estudiosos interpretan la visión del macho cabrío como una descripción simbólica de eventos históricos que ocurrieron en el siglo II a.C. Según esta interpretación, el carnero representaría al Imperio medo persa, mientras que el macho cabrío representaría al Imperio griego, específicamente a Alejandro Magno, quien conquistó rápidamente al Imperio medo persa. Los cuatro cuernos que reemplazan al cuerno grande del macho cabrío se refieren a los cuatro generales que tomaron el control del imperio griego después de la muerte de Alejandro. Según esta interpretación, estos generales son: Cassander, quien gobernó Macedonia; Lysimachus, quien tuvo el control de Tracia; Ptolomeo I, quien se aseguró de Egipto y; Seleuco I, quien eventualmente reinó sobre Siria. Estos dos últimos generales, Ptolomeo I y Seleuco I, son especialmente relevantes en las profecías de Daniel debido a su influencia en la antigua Israel en aquellos tiempos, incluyendo el período de la Revuelta Macabea, que ocurrió en el año 167 a.C. Es importante destacar que la interpretación histórica de la visión del macho cabrío en relación con los generales de Alejandro Magno es ampliamente aceptada y respaldada por evidencias históricas.

Interpretación futurista: otros intérpretes ven la visión del macho cabrío como una profecía que se cumplirá en el futuro. Según esta visión, el carnero aún representa al Imperio medo persa, mientras que el macho cabrío representa a un poderoso líder o reino que aún está por venir. Los cuernos que se rompen y dan lugar a otros cuatro cuernos se interpretan como reinos o poderes regionales que surgirán después de la caída del líder principal. En la visión del macho cabrío en Daniel 8, los cuatro cuernos en la cabra probablemente se refieren a Antíoco IV Epífanes, el gobernante seléucida que causó tanta aflicción a Israel desde el 171 al 164 a.C. (ver **Antíoco Epífanes**). Algunos intérpretes ven una contradicción entre Daniel 2/7 y Daniel 8. Se piensa que el primero presenta el reino Medo-persa como dos entidades separadas, mientras que el último los presenta como uno. Sin embargo, la contradicción es solo aparente porque Daniel 8, al mencionar los dos cuernos del carnero, alude a las dos naciones de Media y Persia, pero ahora combinadas (ver **Cuatro bestias de Daniel**).

Interpretación simbólica: algunos estudiosos adoptan una interpretación más simbólica de la visión del macho cabrío. Ven al carnero como un símbolo de la fuerza y la soberanía, mientras que el macho cabrío representa la arrogancia y la violencia. La lucha entre ambos animales representa la lucha entre el bien y el mal, con el carnero representando el bien y el macho cabrío el mal. En esta interpretación, los cuernos que se rompen y se reemplazan por otros representan los cambios y transformaciones que ocurren en el mundo.

CALDEA/CALDEOS

En el contexto histórico bíblico profético, Caldea se refiere a una antigua región ubicada en el sur de Mesopotamia, correspondiente aproximadamente a la actual región de Irak. Durante la época del Antiguo Testamento, los caldeos fueron un pueblo poderoso y su capital, Babilonia, se convirtió en uno de los centros políticos y culturales más importantes de la región.

Babilonia y los caldeos desempeñaron un papel significativo en la historia bíblica y en las profecías relacionadas con ellos. En el libro de Daniel, por ejemplo, el rey Nabucodonosor II, gobernante caldeo, capturó a Jerusalén y llevó a muchos judíos al exilio en Babilonia en el año 586 a.C. Durante este período, Daniel y sus compañeros fueron llevados a Babilonia y sirvieron en la corte real. Las profecías bíblicas también hacen referencia a la caída de Babilonia y su imperio caldeo. Por ejemplo, el libro de Isaías profetiza la caída de Babilonia y la liberación de los exiliados judíos. Jeremías también profetizó la destrucción de Babilonia y su caída ante los medos y persas. Es importante destacar que las profecías bíblicas relacionadas con Caldea y Babilonia se cumplieron históricamente. En el año 539 a.C., el rey persa Ciro II conquistó Babilonia y puso fin al imperio caldeo, tal como fue profetizado en las Escrituras.

Por otra parte, en numerosos versículos de la Biblia, algunas traducciones al inglés y al español mencionan a los "caldeos", mientras que otras se refieren a los "babilonios". Esta variación puede resultar confusa, pero la explicación es sencilla. Caldea se refiere a una pequeña región justo al sur de Babilonia. Los caldeos desempeñaron un papel crítico en el ascenso del Imperio neobabilónico al dominio mundial. De hecho, la dinastía que produjo a Nabucodonosor y llevó a Babilonia a la escena mundial era de origen caldeo.

Por lo tanto, las personas que gobernaban el Imperio neobabilónico podían ser llamadas babilonios o caldeos. Durante gran parte del período bíblico, estos dos términos eran intercambiables. Con el fin de evitar confusiones, traducciones como la versión NVI han optado por traducir el término hebreo "Caldea" como el término más conocido "Babilonia" (ver **Babilonia**).

CALÍGULA

Calígula, cuyo nombre completo era Cayo Julio César Augusto Germánico, es conocido por su reinado infame lleno de excentricidades y actos crueles. Aquí hay algunos datos interesantes y singulares sobre el personaje. Origen del apodo: Calígula recibió su apodo debido a su infancia en el campamento militar de su padre, Germánico. Los soldados romanos le dieron el apodo de "Calígula", que significa "pequeñas botas", porque solía vestir un uniforme militar infantil completo, incluyendo botas. Durante su reinado, Calígula se ganó una reputación de crueldad y extravagancia. Se dice que disfrutaba de la humillación pública de sus enemigos y llevaba a cabo ejecuciones crueles y sádicas como entretenimiento. Calígula tenía una obsesión por su propia divinidad y se autoproclamó un dios viviente. Exigió que se le rindiera culto como a un dios y ordenó la construcción de templos y estatuas en su honor.

Se cuenta que mantenía una relación inusualmente estrecha con su caballo favorito, Incitatus. Incluso se dice que planeó nombrar a su caballo como cónsul de Roma, aunque esto es objeto de debate histórico y puede ser más una exageración que un hecho real. Calígula tenía una inclinación por el despilfarro financiero y llevó al Imperio romano a una situación económica precaria. Gastaba grandes sumas de dinero en proyectos y espectáculos costosos, lo que llevó a un aumento de los impuestos y al empobrecimiento de la población. Se dice que Calígula mantenía relaciones sexuales inapropiadas y promiscuas, incluso con sus hermanas. Su comportamiento sexual escandaloso y desenfrenado contribuyó a su reputación de libertinaje.

Sufrió una muerte prematura: El reinado de Calígula llegó a su fin cuando fue asesinado por miembros de la Guardia Pretoriana en el año 41 d.C. Su muerte puso fin a un gobierno marcado por la tiranía y la extravagancia desmedida.

Su función dentro del Imperio romano: Calígula (37-41 d.C.) fue el cuarto emperador de Roma, sucediendo a Julio César (48-44 a.C.), Augusto (31 a.C.-14 d.C.) y Tiberio (14-37 d.C.). Cayo era hijo de Germánico, sobrino de Tiberio y un popular comandante del ejército romano en el Rin.

Su relación con los judíos: el reinado de Calígula estuvo marcado por conflictos con los judíos. Su desagrado por las costumbres judías provocó un levantamiento antijudío en Alejandría, Egipto, en el año 38 d.C. En respuesta, una delegación judía encabezada por Philo, un destacado filósofo judío de Alejandría, se presentó ante Cayo para exponer su caso, pero sus esfuerzos fueron en vano. La situación empeoró aún más para los judíos cuando, en el año 40 d.C., judíos en Jamnia (Israel) derribaron un altar erigido en honor a Calígula. En represalia, el emperador ordenó que se erigiera una estatua suya en el Templo de Jerusalén. Esta acción, por supuesto, sería desastrosa, ya que recordaría a los judíos la abominación de la desolación perpetrada en el Templo de Jerusalén por Antíoco Epífanes en el año 167 a.C. (ver **Antíoco Epífanes**). Sin embargo, antes de que se llevara a cabo la orden de Cayo, miembros de la Guardia Pretoriana, los soldados de élite del emperador, lo asesinaron en el año 41 d.C. Como resultado, la guerra con los judíos se retrasó.

Algunos intérpretes populares consideran a Calígula como el anticristo en ciertos pasajes proféticos del Nuevo Testamento (ver **Anticristo**). Mantienen que Marcos 13:14-19 (cf. Mt. 24:15; Lc. 21:20), en su profecía sobre la tribulación que vendría sobre Jerusalén, hace referencia especialmente a la abominación de la desolación (v. 14), que alude al intento de Calígula de erigir su estatua en el Templo judío (ver **Abominación desoladora**). Además, algunos creen que 2 Tesalonicenses 2:4 predice el mismo evento: "Él se opone y se exalta sobre todo lo que se llama Dios o es objeto de culto, hasta el punto de sentarse en el templo de Dios, proclamándose a sí mismo como Dios". Sin embargo, otros intérpretes ven estos pasajes como cumplidos en un futuro lejano, con la llegada del anticristo en ese momento.

CANCIONES DEL SIERVO DE YAHVÉ

En varias ocasiones, en el libro de Isaías, se hace referencia al Mesías venidero como "el siervo de Dios". Cuatro pasajes en particular se enfocan en esta venida, y son conocidos como los Cantos del Siervo: Isaías 42:1-7, 49:1-6, 50:4-9 y 52:13–53:12. En ellos, Dios declara que se deleita en su Siervo y pone su Espíritu sobre él. El Siervo establecerá la justicia y reunirá de nuevo al pueblo de Israel, será una luz y un pacto para todas las naciones, y proveerá vida para el pueblo de Dios. Lo sorprendente es que el Siervo de Yahvé vendrá con humildad, sencillez y estará dispuesto a sufrir toda clase de agravios. Será burlado y rechazado por su propio pueblo. Dios hará que lleve los pecados de su pueblo y sufra por sus iniquidades. A través de él, muchos serán hechos justos y, finalmente, será exaltado al lugar que le corresponde.

A lo largo de la historia, ha habido mucha discusión en cuanto a la identidad del siervo sufriente. Isaías describe al siervo sufriente como un individuo en la mayoría de los cantos, pero en Isaías 49:3, el "siervo" se refiere a la nación de Israel. Los expertos concuerdan con esta perspectiva. En el resto de los cantos del siervo sufriente, hay certeza entre los especialistas de que se refieren a la venida del Mesías. Un texto que respalda esta afirmación es el relato de Felipe y el eunuco, en el cual el eunuco pregunta: "¿De quién está hablando el profeta, de sí mismo o de algún otro?" (Is. 53). A partir de ese texto, Felipe le explica todo acerca de Jesús, el Mesías.

En otra perspectiva se afirma que Jesús también representa el Israel ideal; a diferencia del Israel del Antiguo Testamento. Jesús es completamente obediente y cumple muchas de las cosas que la nación misma no pudo completar. Así que la nación de Israel puede ser llamada "el siervo", pero solo Jesús como el Siervo ideal del Señor cumple todo lo que Isaías profetiza en las Canciones de sirvientes.

Los especialistas proponen tres interpretaciones que abarcan los cuatro cantos del siervo del Señor:

a) Colectiva: afirma que en el contexto de todo el libro del Deuteroisaías, el título de Siervo de Yahvé se refiere de manera específica al pueblo de Israel (Is. 49:3, 5, 6; 53:13; 53:11), por la misión del pueblo escogido de proclamar el juicio y enseñar a las demás naciones el derecho, ser luz de las naciones, ofrecer la salvación. El sufrimiento, muerte y resurrección se aplican también al pueblo de Israel, después que sufrió derrotas, conquistas, destierro, volvió a Jerusalén.

b) Individual: propone cuatro posibilidades: *Moisés resucitado*. Dado que es como el prototipo del profeta y del siervo fiel del Señor, la objeción es que no encaja con Moisés el tema del martirio, el sufrimiento y la muerte redentora. *David o alguien de su linaje*. Se basa en la mención del espíritu de Yahvé que estará sobre el Siervo, que hacen posible engarzar varios textos relacionados con David y su descendencia. La objeción es contundente: no se mencionan las características majestuosas del Siervo descritas en los cantos. *Jeremías*, por el hecho de la similitud de muchos sufrimientos, pero cae de su peso porque Jeremías se lamenta constantemente de la misión que le fue dada. *Ciro*, porque es llamado siervo de Yahvé, pero la esencia de su misión es distinta a la del siervo.

c) Personalidad corporativa: los exégetas ponentes enseñan que se refiere a una personalidad corporativa. El siervo es una personalidad que no corresponde a una persona específica, sino a varias a lo largo del tiempo. La mayor parte de los eruditos se decantan por la postura de que el contenido profético de los cantos encaja sobre el Mesías Jesús de Nazaret.

Es importante destacar que estas interpretaciones han sido objeto de debate y análisis a lo largo de la historia, y no hay un consenso absoluto entre los estudiosos.

CANDELABRO

El vocablo candelabro en hebreo es *menoráh*. El Señor le ordenó a Moisés que hiciera un candelabro de oro macizo con seis brazos y una caña central para que alumbrara con siete lámparas dentro de la tienda del santuario. Este utensilio debía permanecer encendido todo el tiempo; formaba parte del ritual del culto de los hebreos al Dios Todopoderoso (Éx. 25:31-40; 37:17-24, Nm. 8:1-4). Para algunos autores, el candelabro se relaciona con el árbol de la vida, pues parece imitar a un árbol y, por los frutos, a un almendro de cuyo tronco brotan seis brazos simétricos que sirven para colocar las lámparas con sus mechas. Algunos comentaristas afirman que el almendro, simboliza al Señor que vigila (Jer. 1:11-12), al "guardián de Israel".

En el templo de Salomón se mencionan diez candelabros (1 R. 7:49; 2 Cr. 4:7), para el segundo templo solo uno (Zac. 4:1-6, 10-13), del que se apoderó Antíoco IV Epífanes el año 169 a.C. Tras su victoria, Judas Macabeo ordenó construir otro (1 Mac. 4:49s.; 2 Mac. 10:3) que Herodes sustituyó por uno nuevo de mayor tamaño, trasladado a Roma tras la destrucción del templo herodiano el año 70 d.C. Se ignora su suerte posterior.

En Zacarías 4:14 aparece la visión de un candelabro en la que el profeta contempla un candelabro y dos ramas de olivo. El erudito Tellería afirma que "son los dos ungidos que están delante del Señor de toda la tierra". Aparte de la particular expresión hebrea que RVR60 traduce por ungidos... *bené hayyitshar*, "hijos del aceite", también recogida de forma literal en la LXX... *huioí tes piótetos* y en la Vulgata *filii olei*, se destaca la idea de que son dos las figuras mesiánicas llamadas a actuar juntas. El contexto general vendría a apuntar al propio Zorobabel, a quien parece dirigido el contenido de la visión, por un lado, pero también al sumo sacerdote Josué (Esd. 5:2; Zac. 3:1), por el otro. Se halla, pues, en germen la doble concepción de un mesías real davídico y otro sacerdotal aarónico, que más tarde hallará eco en Qumrán".

Otros autores ven la visión del candelabro de Zacarías como un antecedente apocalíptico que se devela precisamente en Apocalipsis 1:2, texto en el que Juan ve "siete candelabros de oro". Luego Juan ve a Jesús como "un hijo de hombre" en toda su gloria de pie entre los candelabros (Ap. 1:13; 2:1), que se identifican en Ap. 1:20 como las "siete iglesias" (Ap. 2:5).

Así, la imagen de un candelabro simboliza un gratificante mensaje de Dios sobre la presencia entre su pueblo a lo largo del resto de Apocalipsis. Así como los candelabros tanto en el Tabernáculo como en el Templo estaban en presencia de Dios y su luz representaban la presencia de Dios (He. 9:2), así Jesús camina entre sus iglesias, y su testimonio fiel, fortalecido por su Espíritu, refleja su presencia.

La imagen del cumplimiento conclusivo del significado del candelabro aparece al final de Apocalipsis: la nueva Jerusalén será una ciudad que no tiene necesidad de luz: "La ciudad no necesita ni sol ni luna que la alumbren, porque la alumbra el resplandor de Dios, y su lámpara es el Cordero" (Ap. 21:23). En esa vivencia dichosa la oscuridad ha dejado de ser la luz eterna divina brilla entre su pueblo en el festejo sin fin.

Otra imagen impresionante se presenta en Apocalipsis 11:4, los dos candelabros "están delante del Señor de toda la tierra". El número dos en este contexto, probablemente, representa la comisión profética de dar testimonio. El cumplimiento final de la imagen del candelabro se presenta al final de Apocalipsis. Se dice que la nueva Jerusalén es una ciudad que no necesita ni sol ni luna, "porque la gloria de Dios la ilumina, y el Cordero es su lámpara" (Ap. 21:23). Luego, nuevamente en Ap. 22:5, se afirma: "No necesitarán la luz de una lámpara ni la luz del sol, porque el Señor Dios los iluminará". En ese momento, no habrá más noche, ya que la luz de la presencia personal de Dios brillará intensamente entre su pueblo (ver **Nueva Jerusalén**; **Siete Espíritus de Dios**; **Templo**; **Dos testigos**).

CÁNTICOS

En toda la Biblia, el cántico une los dos temas importantes del gozo y la adoración. De manera especial, el libro de los Salmos exhorta con frecuencia al pueblo de Dios a cantar con gozo en la adoración por causa de las obras maravillosas que Dios ha hecho por ellos. Los profetas del Antiguo Testamento, en especial Isaías, utilizan el tema del cántico de manera similar. Mientras miran hacia el maravilloso tiempo futuro de restauración y a la venida del Mesías, ellos describen al pueblo de Dios como respondiendo a su acción salvadora con gozo y cánticos de adoración (Is. 12:5-6; 35:10; 51:3, 10), con el anuncio de que la venida de la edad mesiánica será conmovedora, nueva. Isaías llama al pueblo redimido para que cante a Yahvé un cántico nuevo (Is. 42:10).

En Apocalipsis 5, el canto fusiona una vez más las dos respuestas de gozo y adoración, esta vez no solo de los redimidos, sino de toda creación. Juan ve al Cordero de pie sobre el trono en el cielo. Los cuatro seres vivientes y los veinticuatro ancianos caen ante el trono y cantan "un cántico nuevo": "Digno eres…" (Ap. 5:8-10); miles de miles de ángeles rodean el trono y también cantan: "Digno es el Cordero…" (Ap. 5:11-12). Luego, toda criatura en el cielo y en la tierra se une para cantar: "Al que está sentado en el trono y al Cordero, sea alabanza y honor y ¡gloria y poder, por los siglos de los siglos!" (Ap. 5:13), (ver **Cuatro seres vivientes**; **Veinticuatro ancianos**).

CAOSKAMPF

Chaoskampf es una palabra alemana que significa la "lucha contra el caos" o "luchar contra el caos". Algunos estudiosos consideran que este es un tema importante a lo largo de la Biblia. En el contexto de las religiones, se utiliza para describir un tema recurrente en las religiones antiguas de Oriente. El concepto *Caoskampf* también se encuentra en otros escritos de la antigua Mesopotamia, como el *Enuma Elish*, un mito babilónico de la creación. En este mito, la diosa Marduk lucha contra el monstruoso dragón Tiamat, quien personifica el caos primordial, y lo derrota para establecer el orden en el cosmos.

Algunos estudiosos sugieren que el relato de la creación no enfatiza tanto que Dios creó el mundo de la nada, sino que destaca más cómo Dios trajo orden y vida del caos acuoso. El caos a menudo se representa mediante el mar. Así, la descripción en Génesis 1:2 de la situación inicial muestra un estado de caos. La tierra se describe como "sin forma y vacía", oscura y cubierta de agua. Dios extrae la tierra, la vida y el orden de este caos.

Asimismo, en el relato de Noé y el diluvio (Gn. 6-9), las aguas vuelven a cubrir la tierra y se recurre nuevamente al caos hasta que Dios intervienen. Sin embargo, otros estudiosos señalan que en Génesis 1, cuando Dios crea el mundo, no se describe una lucha. Dios simplemente habla y el orden emerge del caos.

Aquellos que defienden este tema del *Caoskampf* señalan las numerosas veces que se utilizan las "aguas", especialmente en los Salmos, pero también en los profetas, para simbolizar la oposición a Dios (por ejemplo, Sal. 29:3; 32:6; 46:3; 74:13; 77:16; Is. 27:1). También mencionan que en Jeremías 4:23-25, el profeta describe el juicio venidero como una reversión y regreso al caos de Génesis: "Miré a la tierra, y he aquí que estaba sin forma y vacía" (la misma frase que se encuentra en Génesis 1:2). Además, las cuatro bestias de Daniel 7 tienen su origen en el mar (Dn. 7:2-3), (ver **Cuatro bestias de Daniel**).

Además, en el Antiguo Testamento, si bien el "adversario" de Dios se describe de manera vaga, en el Nuevo Testamento se identifica claramente como Satanás. No obstante, la estrecha conexión entre este "adversario" y el mar embravecido sigue presente. Por lo tanto, muchos ven la tormenta descrita en Marcos 4:35-41 como enviada por los demonios mencionados en el pasaje de Marcos 5:1-20, perpetuando así el *Caoskampf*. De esta manera, Satanás y el mar embravecido están simbólicamente relacionados.

Este tema alcanza su punto culminante en el libro del Apocalipsis. Frente al trono celestial del Cordero, en lugar de un mar embravecido, se ve un mar de vidrio (Ap. 4:6). Nuevamente, en relación con la tierra, similar a lo descrito en Daniel 7:2-3, la bestia en Apocalipsis 13 emerge del mar, esta vez para librar la guerra contra los santos (Ap. 13:1-8), subrayando la conexión entre la oposición satánica y el mar (ver **Bestias de revelación**).

Finalmente, en el clímax de este tema, cuando Juan describe los nuevos cielos y la nueva tierra, específicamente declara que "el mar ya no existía" (Ap. 21:1), simbolizando el completo fin de la oposición de Satanás y el caos (ver **Dragón, Mar**).

CARROS DE FUEGO

La palabra *merkaba* es de origen hebreo con antiguas raíces egipcias y significa "carro". Sin embargo, está compuesta por tres partes separadas que fonéticamente significan luz, cuerpo y espíritu. Básicamente, la palabra se refiere a una forma de conectar la luz, el cuerpo y el espíritu mediante el uso del símbolo de la *merkaba*.

El verdadero significado del símbolo de la *merkaba* tiene raíces antiguas. Incluso textos sagrados como la Biblia describen visiones en las que se ve este símbolo, como las que tuvo Ezequiel. Se hace referencia a Ezequiel viendo cuatro querubines montados en un carro, pero la palabra utilizada es *merkaba*. En otros contextos, se conoce como el trono de Dios en movimiento. Los libros místicos judíos también hacen referencia a la *merkaba* (Yetzirah) y siempre la describen como una construcción muy poderosa y mística.

El Judaísmo Jasídico asigna un significado muy profundo a la *merkaba*. Se refiere a adoptar un enfoque multidimensional de la naturaleza humana, el entorno y la realidad.

Basándose en los textos del Antiguo Testamento que asocian el carro con los cielos y el trono de Dios (como 2 R. 2:11, Is. 66:15, Jer. 4:13, Ez. 1), la literatura apócrifa del período intertestamentario comenzó a utilizar la palabra en referencia a algún tipo de ascenso místico al trono divino. Una de las primeras representaciones de este misticismo *merkabah* se encuentra en la visión del trono en el libro apócrifo 1 Enoc 14 (150 a.C.), pero descripciones similares también aparecen en el Nuevo Testamento (2 Co. 12:1-7, Col. 2). Estas descripciones de ascensos místicos continúan apareciendo en la literatura judía posterior al Nuevo Testamento.

Los componentes principales del *merkabah* a menudo incluyen: (1) una preparación rigurosa para el ascenso celestial a través de la oración y el ayuno; (2) un ascenso místico a través de las siete "casas" o palacios del cielo; (3) interacciones con los ángeles asignados a cada uno de los palacios mediante el uso de fórmulas mágicas, sellos, y así sucesivamente; (4) peligros que acompañan al ascenso y; (5) la visión del trono-carro glorioso y divino.

Aunque el misticismo *merkabah* y el apocalipsis están relacionados, hay tres aspectos que los distinguen. (1) Los textos de *Merkabah* se centran más en los misterios del cielo y en la descripción del trono de Dios, y menos en temas escatológicos como el apocalipticismo. Por ejemplo, el apocalipticismo suele centrarse en el juicio final, la resurrección de los muertos, el reino mesiánico y el mundo venidero, mientras que los textos *merkabah* no tienen ese enfoque. No quiere decir que el *Merkabah* no contenga elementos escatológicos (por ejemplo, 1 Enoc 14:8–25), sino que se diferencian en su énfasis. (2) El *Merkabah* se ocupa menos de la cosmología que de la apocalíptica. (3) Los textos del *Merkabah* enfatizan más el papel de los milagros que los textos apocalípticos.

Es posible que antes del año 70 d.C., el misticismo *merkabah* y el apocalipsis fueran tradiciones entrelazadas, lo que explicaría las similitudes entre ambos. Sin embargo, con las esperanzas frustradas del apocalipticismo como resultado de los eventos entre el año 70 y el 135 d.C. (como la destrucción de Jerusalén y del Templo), el *merkabah* surgió como un movimiento independiente.

CENA DE LAS BODAS DEL CORDERO

El punto de vista dispensacionalista de D. Pentecost es literal ya de las bodas, ya de la cena. La celebración de ambas las separa: las bodas del cordero se realizarán en el cielo y es solo con la Iglesia, la cena de las bodas es en la tierra, incluye al pueblo de Israel. La cena nupcial, entonces, llega a ser el cuadro parabólico de toda la era milenaria, a la cual Israel será invitado durante el período de la tribulación, invitación que muchos rechazarán y, por lo tanto, serán echados fuera; y que muchos aceptarán y serán recibidos en ella. Israel, en la Segunda venida, estará esperando que el Esposo venga de la ceremonia nupcial para invitarlo a esa cena, en la cual el Esposo presentará su esposa a sus amigos. Al final, esta postura habla de dos cenas: una en el cielo y la otra en la tierra; la iglesia con cuerpos glorificados y el pueblo de Israel con cuerpos físicos. Chafer realiza un matiz: "una segunda interpretación considera el anuncio como una anticipación a la cena de las bodas que se celebrará en la tierra después de las bodas y de la Segunda venida, de la cual se hace un anuncio en el cielo antes del regreso a la tierra para ese evento". Varios eruditos ven contradicciones en las perspectivas presentadas.

Ahora explico las representaciones de dos autores. Según Barclay, la perspectiva judía era que cuando viniera el Mesías, el pueblo de Israel sería invitado por Dios a un banquete mesiánico. El profeta Isaías presenta tal perspectiva y la describe con generosidad: "Y el Señor de los ejércitos preparará en este monte, para todos los pueblos, un banquete de manjares suculentos, un banquete de vino añejo, pedazos escogidos con tuétano, y vino añejo refinado" (Is. 25:6). Agrega que es interesante que Jesús habla que vendrán del oriente y del occidente, y se sentarán con Abraham, Isaac y Jacob en el reino de los cielos. También explica que el vocablo griego que se traduce "sentarán" se usa para indicar que se reclinarán hacia la mesa para comer. Con razón una traducción respetada la presenta así: "…y se sentarán a la mesa con Abraham, Isaac y Jacob en el reino de los cielos" (LBLA). En la última cena, Jesús dijo que, por su inminente partida de este mundo, al morir en la cruz y resucitar, ya no bebería más del fruto de la vid, hasta que lo bebiere de nuevo en el reino de su Padre (Mt. 26:29). Barclay afirma que Jesús se estaba refiriendo al gran banquete mesiánico futuro de Dios; que es posible que la antigua idea judía fuera el origen de la cena de la fiesta de las bodas del cordero, pues ese sería el verdadero banquete mesiánico. Para Barclay esa profecía y la declaración de Jesús son una alegoría sencilla que no se debe tomar como "un literalismo pueril": el mensaje de fondo es que en el Reino de Dios todos sus invitados disfrutaran de su generosidad.

Pikaza expresa que para los invitados a las bodas está preparado el banquete: felices los que respondan cuando Dios les llama. Esta es una de las bienaventuranzas apocalípticas a semejanza de los macarismos o bienaventuranzas de los evangelios sinópticos. Otro detalle que destaca Pikaza es que la palabra que utiliza Juan para banquete es muy precisa *deipnon*, solo en Apocalipsis la utiliza 19:9-10 y en el texto de 3:20, el cual dice: "He aquí, yo estoy a la puerta y llamo; si alguno oye mi voz y abre la puerta, entraré a él, y cenaré con él y él conmigo". En ese contexto Pikaza afirma que la cena-banquete es "una comida de amor… la comida verdadera es donación mutua de la vida, comen uno de otro, uno con otro (Cordero y Esposa) en felicidad eterna compartida".

La Cena del Señor adquiere un significado adicional a la luz de la imagen de la cena de bodas. La celebración de la iglesia del Señor "la cena", se convierte en un anticipo de la bendición futura de la comunión eterna con la comunidad celestial (1 Co. 11:17-34). Además, la seguridad de Jesús que "no beberá de este fruto de la vid desde ahora en adelante hasta aquel día cuando lo beba de nuevo con vosotros en el reino de mi Padre" (Mt. 26:29), se convierte en una promesa consoladora para los creyentes, especialmente para aquellos que enfrentan pruebas.

CIELO

En las Escrituras se encuentra el significado del cielo en tres direcciones. El significado como el que se integra con las aves voladoras, las nubes, el mar y la tierra; el cielo considerado como la bóveda celeste: el cielo visible de las estrellas, el sol, la luna y el cielo como la dimensión de los ángeles, arcángeles, la gloria divina, el trono de Dios donde reina, el cual el hombre no puede ver ni comprender.

Moltmann se refiere al cielo de la gloria de Dios: "En la mayoría de las expresiones referidas al cielo se expresa objetivamente la incapacidad fundamental del hombre para definir ese ámbito de la creación. La tierra es el ámbito que le ha sido confiado al hombre y con el que este está familiarizado… Pero el cielo e incluso "los cielos" son el espacio de la realidad inaccesible e incognoscible para él" (Moltmann, *Dios en la Creación*, 1987).

Erickson hace una buena distinción académica sobre el significado del cielo. Explica que el término cielo se usa de tres maneras distintas:

La *cosmológica* que se usa para designar a todo el universo: "En el principio creó Dios los cielos y la tierra" (Gn. 1:1), "Señor del cielo y de la tierra" (Mt. 11:25), es la creación material y se refiere al cielo en el que existen las estrellas.

La *divina* es la que se usa casi como sinónimo de Dios: "Padre he pecado contra el cielo y contra ti", la pregunta de Jesús a los fariseos sobre el bautismo que realizaba Juan: ¿El bautismo de Juan era del cielo o de los hombres? Otro ejemplo, "Juan les respondió: nadie puede recibir nada, si no le es dado del cielo" (Jn. 3:27).

La *escatológica* es la que se refiere a la morada de Dios que no es construida con manos humanas, es donde la manifestación de Dios es plena y los cristianos la miraremos en "un cara a cara", ya no como por espejo.

¿El cielo es un estado o un lugar?

Algunos teólogos conservadores enseñan que el cielo es un "lugar" que está diseñado dentro de lo que se llama el lugar intermedio. Dicho lugar existirá entre la muerte del creyente y la Segunda venida de Cristo. La razón es que los creyentes al morir van al cielo con su espíritu y su alma, pero no es la glorificación plena que ocurrirá cuando Cristo venga a levantar a los muertos. Entonces, todos los salvos irán definitivamente a la nueva Jerusalén, en la nueva creación, a vivir en plenitud y el festejo eterno. Así, según esa postura, todo orienta a un lugar y a un estado físico.

Otros eruditos optan por la creencia de que el cielo es un estado no un lugar físico, aunque es muy real, es una dimensión espiritual no identificable geográficamente.

Los evangelios, las cartas, en general, no hablan de manera simbólica del cielo. Es algo real, aunque no necesariamente un lugar físico. Pero en principio es el lugar de habitación de Dios, los ángeles, arcángeles y donde Cristo tiene toda la autoridad. 1 P. 3:22: "quien subió al cielo y tomó su lugar a la derecha de Dios, y a quien están sometidos los ángeles, las autoridades y los poderes". Es el lugar donde Dios muestra plenamente su presencia y su gloria.

Un representante de la postura del cielo como un lugar físico es la de Grudem. Su planteamiento es que, si la tierra donde vivimos es un lugar físico y ocupa un lugar en el espacio, el cielo tendrá que ser un lugar de alguna manera. Exhorta a que no caigamos en la tentación de pensar como algunos eruditos evangélicos que ahora dudan de que el cielo sea un lugar. Luego expresa: "El Nuevo Testamento enseña de varias maneras y con mucha claridad que el cielo es un lugar. Cuando Jesús fue llevado al cielo, el hecho de que iba a un sitio era todo el objetivo de la narración" (Grudem, 2007).

En la otra perspectiva, Erickson afirma que la característica principal del cielo es su cercanía y comunión con Dios que es puro Espíritu (Jn. 4:24). Y reflexiona: "Como Dios no ocupa espacio, que es una característica de nuestro universo, parece que el cielo debería ser un estado, una condición espiritual, y no un lugar. Esa afirmación la relaciona con el hecho de que tendremos un "cuerpo espiritual" (1 Co. 15:44), "se siembra un cuerpo natural, se resucita un cuerpo espiritual. Si hay un cuerpo natural, hay también un cuerpo espiritual", y Cristo seguirá teniendo un cuerpo glorificado, no físico, pero la resurrección del cuerpo parece hacer necesario un lugar, razona, pero es más sensato creer que es un estado más que un lugar. Y si fuese un lugar no sería con las características físicas del concepto lugar que conocemos. El cielo es otra dimensión, es otra esfera, no tendremos sexualidad como los ángeles, no habrá comida ni bebida física como la que ingerimos acá. Con todo, el cielo superará con creces la paz, la alegría y los placeres legítimos de este mundo, que son nada comparados con la paz, la gloria y gozo eternos. Otros detalles simbólicos: si el matrimonio de Cristo y la Iglesia, no es real físicamente, tampoco las bodas del cordero y la cena de las bodas son físicas, tienen que ser simbólicas, pero son reales espiritualmente y ambas muestran la realidad de la comunión íntima entre Cristo y su Iglesia. El estado del cielo no es un lugar físico, es un estado de plenitud que sobrepasa nuestro entendimiento, pero es muy real" (Erickson, 2017).

Me inclino más hacia la postura de que el cielo es un estado espiritual, pero este no puede salirse, ni aislarse de toda la nueva creación física, así como Dios, que es Espíritu, no puede desunirse de su creación material. De todos modos, el cielo, la vida eterna, el gozo eterno con nuestro Dios trino son una dimensión glorificada, bella y real. Esa es la maravillosa esperanza cristiana.

CIELO NUEVO Y TIERRA NUEVA

El pasaje que describe la nueva creación es Ap. 21:1: "Después vi un cielo nuevo y una tierra nueva; porque el primer cielo y la primera tierra habían dejado de existir, y también el mar".

Transcribo el preludio que escribe el destacado autor Pikaza sobre la doctrina de los cielos nuevos y tierra nueva: "Juan ha contado en esta escena lo incontable, diciendo para siempre, con símbolos judíos y fuerte experiencia cristiana, aquello que nos sobrepasa. Terminó lo que termina: Dragón y Bestias, muerte y hades (Ap. 20:10, 14). Aparece y se despliega para siempre, en perfección gozosa, aquello que Jesús ha ido asumiendo y realizando por su muerte en nuestra historia. Todo es nuevo, nada queda de lo antiguo, pues el mismo cielo y tierra del principio (Gn. 1:1) han huido ante la faz de Dios (Ap. 20:11) y ya no pueden ser halladas (Ap. 22:1), no por destrucción, sino por trascendencia: *¡He aquí que hago nuevas todas las cosas!* (Ap. 21:5). Esta renovación cósmica, *cielo nuevo y tierra nueva* (Ap. 21:1), abierta al gozo humano en Dios ofrece una visión *compleja* y al mismo tiempo *muy sencilla* de la salvación" (Pikaza, p. 241, 2015).

A pesar de que la nueva creación de todas las cosas es una de las revelaciones más importantes descrita en el libro de Apocalipsis, se ha descuidado en la escatología cristiana. Según Moltmann, entre otras razones porque a medida que las ciencias de la naturaleza fueron ganando terreno se enseñorearon del conocimiento del universo, los astros, el cielo y la tierra. Ello intimidó a la teología y la presionó para que abandonara el terreno de la cosmología teológica (la cosmología, del griego κοσμολογία es la rama del conocimiento que estudia el universo en conjunto), (Moltmann, *La venida*, 2004).

Moltmann está en lo cierto al afirmar que la escatología cristiana es y debe ser escatología cósmica también. De lo contrario, la escatología sería una doctrina gnóstica de la redención del alma que se libera del cuerpo solamente, sin incluir la redención del mundo como creación; perdiendo de vista que cuando Dios redime al hombre de su pecado, también promete redimir plenamente la creación que gime esperando ese tiempo.

Ruiz de la Peña va en esa línea cuando sostiene que la escatología se ha distanciado de la redención del cosmos, tildando de mala y de baja estima la tierra. Pero pierde de vista que la tierra, la creación, son parte de lo humano y que será redimida igualmente (Ruiz de la Peña, 1986).

La redención de los hombres es una redención escatológica en la resurrección de los muertos o resurrección de la carne en la vida del futuro. El redentor es el mismo creador.

Moltmann argumenta esta verdad de la siguiente manera: "Puesto que no existe ningún alma que esté desligada del cuerpo, ni existe ninguna humanidad que esté desligada de la naturaleza de la vida, de la tierra y del cosmos, no existe tampoco ninguna redención de los hombres sin la redención de la naturaleza. La redención de la humanidad está orientada hacia una humanidad que, en su existencia, permanece vinculada con la naturaleza. Por tanto, no es concebible una salvación para los hombres sin "un cielo nuevo y una nueva tierra". No puede haber vida eterna para los hombres, sin cambio en las condiciones cósmicas de la vida" (Moltmann, *La Venida*, 2004).

Moltmann, reconoce, con humildad, que no es el primero en reflexionar sobre la cuestión de la interrelación entre teología y cosmología. Menciona algunos teólogos que lo intentaron con sus propios matices: "Teilhard de Chardin sintetizó los dos ámbitos sirviéndose del concepto de la evolución y proyectó una metafísica finalista del "Punto Omega"; Alfred North, ofreció a teólogos y científicos una plataforma común desde la cual fuera concebible una escatología del proceso del mundo; Ernest Block amplió su principio esperanza, que había estado orientado históricamente para que tuviera en cuenta a la naturaleza como sujeto, luego desarrolló la enseñanza de la naturaleza, expuesta con anterioridad por F. Schelling".

En consecuencia, la escatología Moltmanniana se esfuerza por comprender la transición de la creación temporal a la creación eterna, a fin de entender la creación en la consumación eterna: "La escatología cósmica se halla en el marco del recuerdo de esa esperanza de Cristo: por medio de la muerte y la resurrección del universo se llega a la esperada nueva creación de todas las cosas y el cielo nuevo y la nueva tierra". Considero que la escatología sin la cosmología bíblica desliza en el mito gnóstico del redentor que desemboca en la apariencia fantasmal y el subjetivismo.

Compartimos un texto que respalda esa realidad de la transformación de la vieja creación a la nueva creación: "[19] Porque el anhelo ardiente de la creación es el aguardar la manifestación de los hijos de Dios. [20] Porque la creación fue sujetada a vanidad, no por su propia voluntad, sino por causa del que la sujetó en esperanza; [21] porque también la creación misma será libertada de la esclavitud de corrupción, a la libertad gloriosa de los hijos de Dios. [22] Porque sabemos que toda la creación gime a una, y a una está con dolores de parto hasta ahora; [23] y no solo ella, sino que también nosotros mismos, que tenemos las primicias del Espíritu, nosotros también gemimos dentro de nosotros mismos, esperando la adopción, la redención de nuestro cuerpo" (Ro. 8:19-23).

A nuestro parecer, la Escritura contiene suficientes fundamentos con relación a la escatología cósmica. En la visión de la apocalíptica neotestamentaria se observa la consumación del proceso creador y cómo Dios lleva a cabo el cumplimiento de habitar entre su pueblo y con su pueblo en la nueva creación: "Entonces oí una gran voz que decía desde el trono: he aquí, el tabernáculo de Dios está entre los hombres, y Él habitará entre ellos y ellos serán su pueblo, y Dios mismo estará entre ellos" (Ap. 21:3).

Si se analiza con detalle, el texto no afirma categóricamente que solo el cielo será el único lugar en que habita Dios, sino que es en los nuevos cielos y la nueva tierra en los que morará. En la consumación ha de cumplirse con una dimensión universal, la habitación oculta y anticipadora de Dios en el templo y en el pueblo. Su creador no permanece fuera o frente a su creación, sino que entra en ella hasta traspasarla toda. Eso implica la aniquilación de todos los poderes destructivos y, simultáneamente, se da la nueva creación de todas las cosas. El hombre es redimido y glorificado, participando de la gloria de Dios, pero junto con él la creación entera se ve libre de su esclavitud y de su vanidad a las que fue sujetada por causa del pecado original y originante. Así, el hombre y la creación redimidos y glorificados son limitados, pero ya no mortales, temporales o caducos. Ya la doctrina de la *theosis* de la Iglesia antigua intentó penetrar en ellos mirando la vida del Cristo resucitado y transfigurado. Y estos pensamientos no resultan insólitos (Moltmann, *El futuro*, 1979).

La *theosis* es una antigua doctrina, se enseña primero en la región oriental y luego en la occidental. Enseña que el hombre participa de la naturaleza divina. La palabra *theōsis* es una transliteración de una palabra griega, significa deificación. Esa participación de la naturaleza divina es por medio de la vida de Dios en Cristo recibida por el creyente. Es la adquisición de la salvación por la unión con Dios. Algunos teólogos contemporáneos la han señalado de herejía. Pero otros exégetas y teólogos afirman que hay conceptos y palabras en el Nuevo Testamento que son sinónimas y describen la *theōsis* como adopción, redención, herencia, glorificación, santidad y perfección. Es en Jesucristo, por medio de la fe, por gracia, y por la acción del Espíritu Santo que se recibe la *theōsis*. Es un acto del amor increado e infinito de Dios. Comienza aquí en la tierra por medio del nuevo nacimiento y avanza en una progresión abierta sin interrupciones a través de toda la eternidad. Afirman también que esa enseñanza era creída en la Iglesia del principio, en la época apostólica.

La consumación de la *theōsis* acontecerá en la resurrección del creyente. Pero aquí en la tierra comienza cuando el pecador y el pagano, se vuelven a Dios. Desde ya es derrotado el poder del pecado del mundo y de Satanás por la muerte y la resurrección de Cristo.

Es interesante que Lutero retome la doctrina antigua de la *theosis* a tal grado que la expresión clásica de la *theosis* aparezca en mayor número de pasajes de sus escritos que su fórmula predilecta *theologia crucis*, como eje central de su hermenéutica para la interpretación de las doctrinas. De ahí la consideración del grado de importancia atribuido a la doctrina de la deificación de parte de Lutero. "Feliz intercambio entre las naturalezas humana y divina", "la unión entre Cristo y el cristiano por las virtudes de la fe, el amor y la esperanza", "la fuerza de la fe cristiana que se manifiesta en la capacidad de hacer presente a Cristo en el creyente", son expresiones que reflejan la enseñanza luterana de la *theosis*.

En la nueva creación, los cristianos ya participan de la naturaleza divina como dice el apóstol Pedro, pero no solo en la esperanza como lo afirma: "³ Pues su divino poder nos ha concedido todo cuanto concierne a la vida y a la piedad, mediante el verdadero conocimiento de Aquel que nos llamó por su gloria y excelencia. ⁴ Por ellas Él nos ha concedido sus preciosas y maravillosas promesas, a fin de que ustedes lleguen a ser partícipes de la naturaleza divina, habiendo escapado de la corrupción que hay en el mundo por causa de los malos deseos" (2 P. 1:3-4).

En el libro de Apocalipsis se describe la consumación de estas promesas en conexión con algunos pasajes proféticos tales como:

Is. 25:8: "Dios el Señor destruirá a la muerte para siempre, enjugará de todos los rostros toda lágrima, y borrará de toda la tierra la afrenta de su pueblo. El Señor lo ha dicho".

Ap. 21:4: "Dios enjugará las lágrimas de los ojos de ellos, y ya no habrá muerte, ni más llanto, ni lamento ni dolor; porque las primeras cosas habrán dejado de existir".

En resumen, el mensaje que contiene el libro de Apocalipsis, independientemente de los distintos sistemas de interpretación que se usan para entenderlo, es que la soberanía de Dios se manifiesta al destruir para siempre todas las formas del mal por medio de sus definitivos e imparciales juicios. El mensaje habla de que hay esperanza basada en la resurrección de Jesucristo, porque Dios controla toda la historia, la vida, la muerte, la resurrección de los muertos y la eternidad. La manifestación gloriosa y triunfadora de Jesucristo en todo el libro, produce esperanza de seguridad espiritual completa a los que confían en Cristo. El culmen en adoración y alabanza en el festejo eterno que describe al final, enseña que el gozo, la libertad y la felicidad provenientes del Dios trino permanecerán para siempre (Lockyer, p. 21, 1988).

El libro de Apocalipsis inicia y termina con el nombre humano y terrenal del redentor: Jesucristo. Ese estupendo nombre se relaciona con su encarnación y unión con la humanidad para consumar la redención y suministrar la felicidad eterna en las mansiones celestiales a su pueblo (Gilberto, 2001), (ver **Nueva creación**).

CIENTO CUARENTA Y CUATRO MIL (144 000)

Esta doctrina secundaria de los 144 000 escogidos es mal interpretada por la apocalíptica evangélica, primeramente porque utiliza el método de interpretación gramatical histórico en el libro de Apocalipsis. Ese es el primer error bajo el brazo. Todos los eruditos reconocen que el libro de Apocalipsis es singular, por ser del género apocalíptico. Es cierto que los primeros cuatro capítulos del libro son históricos, pero el resto no.

Los promotores de esta doctrina explican que los 144 000 descritos en Ap. 7:1-8 son judíos de raza y que corresponde exactamente a 12 000 judíos de cada una de las doce tribus de Israel. El Señor sellará al remanente del pueblo judío para seguridad, de la misma manera que el sello del Espíritu Santo es la garantía de la Iglesia. Los creyentes que pertenecen a la Iglesia, ninguno de ellos pertenece a los 144 000. Es más, se piensa en que es posible que los jóvenes que comenzaron a estudiar ávidamente la torá, desde la década de los noventa y los que se han sumado, formen parte de los 144 000 sellados (Taylor, 1991).

Los 144 000 señalados en Ap. 14:1-5 simbolizan a los que se van a salvar. Significa un número completo, la totalidad del pueblo (12 x 12 x 1000 = 144 000), la totalidad de las 12 tribus del pueblo de Israel y los 12 Apóstoles de la Iglesia, el nuevo Israel. El número 1000 simboliza un número muy grande, completo, es el tiempo de Cristo (VA, *El Apocalipsis*, p. 26, 2006).

Las dos escenas de los 144 000 y de la multitud inmensa son dos imágenes similares que subrayan el mismo mensaje. La primera escena representa idealismo; y la segunda, realismo. La segunda fortalece la primera y la amplía; "las dos imágenes describen la misma realidad". Es más seguro que el número 144 000 es el resultado de 12 x 12 x 1000 y simboliza perfección de gobierno. Otros ejemplos: doce patriarcas, doce hijos de Israel, la predominancia del 12 en el templo de Salomón. En el Nuevo Testamento: doce apóstoles, doce cimientos de la Jerusalén celestial y sus respectivas medidas, 12 puertas, 12 ángeles. No se debe perder de vista que el número doce también se asocia a lo que es perfecto; el caso de la mujer con 12 estrellas en la cabeza (Ap. 12:1), las 12 tribus de Israel (Ap. 21:12), los 12 árboles que dan fruto (Ap. 22:12). De ahí que 144 000 es un número simbólico que expresa una multitud marcada por una perfección absoluta. Las doce tribus de Israel multiplicado por los doce apóstoles (Ap. 21:12, 14) y multiplicado por mil equivale a perfección. He aquí el cuadro del ideal, que va seguido de un cuadro de lo actual en el versículo.

Una multitud incalculable transmite el concepto de armonía, unidad y excelencia. Aunque es real la tentación de tomar en forma literal el término "toda tribu de Israel". En contra del exclusivismo judaico de este pasaje, el Nuevo Testamento enseña que las barreras de distinciones raciales han sido derribadas. Todos los creyentes son uno en Jesucristo (Ro. 10:12; 1 Co. 12:13; Gá. 3:28; Ef. 2:14-16; Col. 3:11). La armonía en Jesucristo trasciende todas las divisiones étnicas, sociales y sexuales. En resumen, el término Israel en este versículo representa al pueblo de Dios (Kistemaker, 2004).

Pesa el hecho también que en el Nuevo Testamento cuando se refiere a las 12 tribus de Israel, se refiere a Israel como a nación y no a doce tribus individuales (Hch. 26:7; Stg. 1:1) Las doce tribus constituyen la base sobre la que se edifica y completa la estructura de la casa de Dios y todos los habitantes de la casa de Dios constituyen una familia, sin ninguna subdivisión. Los creyentes de la Iglesia que no son Israel se injertan al olivo, para utilizar la expresión de Pablo, y crecen junto con las ramas naturales (Ro. 11:17), ello conecta con lo que dijo Jesús: "También tengo otras ovejas, que no son de este redil; también a aquellas debo traer, y oirán mi voz, y habrá un rebaño y un pastor" (Jn. 10:16). Se trata de una explicación en verdad útil porque resulta imposible explicar el orden, la genealogía e integrar un listado de tribus interpretándola como gráfica del Israel étnico. Pero si se ve en esta lista una representación de la Iglesia, como el nuevo Israel, las dificultades desaparecen. En respuesta a la gran comisión (Mt. 28:20), una multitud en todo el mundo ha llegado a la fe en Cristo y con los santos del Antiguo Testamento, conforman el número total de los siervos de Dios (He. 11:40), (Kistemaker, 2004).

CIRO

El papel histórico y profético de Ciro es destacado en varios libros del Antiguo Testamento, como 2 Crónicas, Esdras, Isaías y Daniel. En 2 Crónicas, se menciona a Ciro como el rey persa que permitió a los judíos regresar a su tierra y reconstruir el templo en Jerusalén. Esdras también relata este evento, destacando la generosidad de Ciro al devolver los objetos sagrados que habían sido saqueados del templo por Nabucodonosor. Ciro revierte el exilio político de los babilonios y permite que los judíos regresen a su tierra para reconstruir Jerusalén y el Templo (2 Cr. 36:22-23; Esd. 1:1-11; 2:64-65; 6:4-5).

En el libro de Daniel, Ciro es nuevamente mencionado como el rey persa que conquista Babilonia y permite que los judíos regresen a su tierra. Daniel incluso interpreta los sueños de Ciro, demostrando así su influencia en la historia y su papel en el plan divino.

El nombre Ciro en hebreo es *Koresh*, hijo de Cambises, rey de Anshan, ascendió al poder en el reino de Persia, actual Irán, al derrotar a los medos y a su rey, Astiages, en el año 550 a.C. Mientras tanto, en la cercana Babilonia (actual Irak), Nabónido había sucedido a Nabucodonosor en el año 555 a.C. El gobierno de Nabónido estuvo marcado por la debilitación de la fuerza babilónica. De hecho, estuvo ausente de la corte en Babilonia durante siete años, residiendo en cambio en Tema, en Arabia, dedicándose a asuntos religiosos en lugar de asuntos geopolíticos. Su hijo, Belsasar, gobernó como príncipe heredero en Babilonia (Dn. 5), (ver **Belsasar**).

En el año 539 a.C., Darío, el viceadministrador de Ciro, ingresó a Babilonia sin obstáculos, capturando la capital para Persia. El imperio neobabilónico no fue rival para el avance de Ciro y cayó fácilmente en manos de los persas. Este evento está registrado en el famoso Cilindro de Ciro.

Un aspecto interesante de la profecía bíblica es el papel de Ciro en el libro de Isaías. Aunque el profeta Isaías vivió 150 años antes de la llegada de Ciro, su libro menciona a Ciro por su nombre en tres ocasiones (Is. 44:28; 45:1, 13). En el versículo Is. 45:1, Dios se refiere a Ciro como el "ungido" de Jehová. Esencialmente, el libro de Isaías profetiza que Dios levantará a Ciro como el medio para llevar de regreso a los judíos exiliados a Israel.

Debido a que Isaías menciona específicamente a Ciro por su nombre aproximadamente 150 años antes de que llegue al poder, algunos estudiosos proponen que la última parte del libro de Isaías (Isaías 40–66) debe haber sido escrita por alguien distinto al profeta Isaías, en una época mucho más tardía, durante o después del reinado de Ciro. Sin embargo, muchos eruditos conservadores señalan que, a la luz de las numerosas profecías cumplidas en el Antiguo Testamento, no debería ser difícil aceptar que Isaías pudo profetizar acerca de Ciro por su nombre de antemano.

En resumen, Ciro desempeña un papel crucial tanto en la historia como en las profecías del Antiguo Testamento. Su generosidad y su papel como instrumento de Dios para el retorno de los judíos a su tierra son destacados en estos libros bíblicos.

CIUDAD DE DIOS

Características generales

Descripción de la ciudad: en el capítulo 21 del Apocalipsis, se describe detalladamente la Ciudad de Dios. Se la representa como una ciudad santa y celestial que desciende del cielo. Se dice que su resplandor es similar al de una piedra preciosa, como el jaspe, y que sus muros están construidos con una gran variedad de piedras preciosas. También se menciona que tiene doce puertas, cada una hecha de una sola perla, y que sus calles son de oro puro.

Fundamentos de la ciudad: según el Apocalipsis, los cimientos de la Ciudad de Dios están adornados con doce piedras preciosas diferentes: jaspe, zafiro, ágata, esmeralda, ónice, cornalina, crisólito, berilo, topacio, crisoprasa, jacinto y amatista. Cada una de estas piedras representa a uno de los doce apóstoles.

Ausencia de templo: en contraste con las ciudades terrenales, en la Ciudad de Dios no hay un templo físico. El Apocalipsis dice que el Señor Dios Todopoderoso y el Cordero (Jesús) son el templo de la ciudad. Esto simboliza la comunión directa y eterna con Dios sin la necesidad de intermediarios.

Acceso exclusivo: el Apocalipsis menciona que solo aquellos cuyos nombres están escritos en el Libro de la vida pueden entrar en la Ciudad de Dios. Esto implica que el ingreso a la ciudad celestial es exclusivo para aquellos que han sido redimidos por la fe en Jesús y han recibido la salvación.

La luz de Dios: en la Ciudad de Dios no hay necesidad de sol ni de luna, ya que la gloria de Dios la ilumina. La presencia divina es la fuente de luz y vida en la ciudad. Esta imagen simboliza la plenitud y la perfección de la comunión con Dios.

El río de agua de vida: en la Ciudad de Dios, fluye un río puro de agua de vida que procede del trono de Dios y del Cordero. Este río representa la provisión constante de vida y bendiciones que emanan de la presencia de Dios.

La curación de las naciones: según el Apocalipsis, en la Ciudad de Dios no habrá enfermedad ni dolor. Se dice que las hojas del árbol de la vida que está en medio de la ciudad son para la sanidad de las naciones. Esto indica que, en la presencia de Dios, se restaurará la salud y la totalidad.

Trasfondo antiguo testamentario

"La Ciudad de Dios" es un término que a menudo se asocia con la Nueva Jerusalén, la ciudad santa que desciende del cielo a la tierra, como se describe en Apocalipsis 21:9–22:9. La visión de la Ciudad de Dios tiene una conexión temática con los primeros capítulos del Génesis (Gn. 1–3). De hecho, existen numerosos paralelismos entre Génesis 1–3 y Apocalipsis 21–22. Estos paralelismos transmiten el mensaje de que la futura ciudad de Dios representa el paraíso restaurado, el regreso al Edén original.

Además, los textos judíos apocalípticos no canónicos también anticipaban el descenso de la Jerusalén celestial a la tierra de una manera similar a como se describe en Apocalipsis 21:9–22:9. Por ejemplo, uno de estos textos, el libro de 4 Esdras (13:35-36), habla del Mesías que se levantará en la cima del monte Sión, y cómo Sión vendrá y se manifestará a todas las naciones, preparada y construida, como un monte tallado sin manos. En otras palabras, la visión apocalíptica de Juan sobre la caída de la ciudad santa habría sido reconocible para aquellos en su época que estaban familiarizados con la literatura judía.

Contexto inmediato dentro del Apocalipsis

El contexto inmediato de Apocalipsis 21:9–22:9 se encuentra en el capítulo 17:1-18. En este pasaje, se identifica a la ramera que está aliada con el anticristo como "Babilonia", la ciudad del pecado que actúa como un obstáculo para la ciudad de Dios, la santa esposa de Cristo. Ya sea que Babilonia se refiera a una futura ciudad de Babilonia reconstruida en el tiempo del fin —en Irak moderno— o a la antigua Roma (ver **Babilonia**), queda claro que Babilonia se contrasta con la nueva Jerusalén, la ciudad de Dios.

Es fundamental comprender el concepto de la ciudad escatológica de Dios mencionado en Apocalipsis 21:9–22:9. ¿Descenderá una ciudad celestial literal a la tierra después del milenio, o es simplemente una descripción simbólica de la presencia de Dios en su iglesia en la actualidad? Los premilenialistas, generalmente, optan por la primera perspectiva, mientras que los amilenialistas y posmilenialistas tienden a estar de acuerdo con la segunda perspectiva (ver **Premilenialismo dispensacional**; **Amilenialismo**; **Postmilenialismo**; **Premilenialismo histórico**).

Los premilenialistas creen en la venida de una ciudad celestial literal que descenderá a la tierra después del milenio, tal como se describe en el Apocalipsis. Esta ciudad representaría la manifestación física y visible del reino de Dios en la tierra.

Por otro lado, los amilenialistas y posmilenialistas interpretan el retrato de la ciudad de Dios como una descripción simbólica de la presencia de Dios en su iglesia en la actualidad. Para ellos, la ciudad de Dios representa la comunión espiritual y la relación íntima que los creyentes tienen con Dios a través de Cristo. Ven el cumplimiento de las promesas bíblicas de una nueva Jerusalén como una realidad espiritual y no necesariamente como un evento futuro literal.

El contexto inmediato dentro del Apocalipsis, que incluye la descripción de Babilonia y la ciudad de Dios, plantea preguntas sobre la naturaleza y el significado de la ciudad escatológica de Dios. Las diferentes interpretaciones teológicas han llevado a perspectivas divergentes en cuanto a si se trata de una ciudad literal que descenderá a la tierra o de una representación simbólica de la comunión espiritual con Dios en la actualidad.

CIUDADES EN EL APOCALIPSIS

En el libro del Apocalipsis, se mencionan siete ciudades históricas en las que se fundaron siete iglesias. Cinco de esas ciudades se indican por nombre propio: *Éfeso* fue una ciudad significativa en la provincia romana de Asia Menor, sus ruinas se ubican hoy en Turquía. Fue el centro de la adoración a la diosa Artemisa. La carta dirigida a la iglesia de Éfeso se encuentra en Ap. 2:1-7. *Pérgamo* era una ciudad famosa por su biblioteca y su altar dedicado al emperador romano. La carta dirigida a la iglesia de Pérgamo se encuentra en Ap. 2:12-17. *Tiatira* era una ciudad comercial en Asia Menor conocida por su industria textil. La carta dirigida a la iglesia de Tiatira se encuentra en Ap. 2:18-29. *Filadelfia* era una ciudad en Asia Menor conocida por su lealtad y resistencia. La carta dirigida a la iglesia de Filadelfia se encuentra en Ap. 3:7-13. *Laodicea* era una ciudad rica en Asia Menor conocida por su prosperidad y su producción de lana. La carta dirigida a la iglesia de Laodicea se encuentra en Ap. 3:14-22. Con relación a las otras dos ciudades en las que estaban las iglesias de Sardis y Esmirna, no se mencionan nombres específicos, solo que eran ciudades que pertenecían a la región del Asia Menor.

También se mencionan otras ciudades que tienen un significado simbólico y representan diferentes aspectos y eventos relacionados con el fin de los tiempos y el juicio divino: Babilonia, se menciona como una gran ciudad que representa la corrupción y la idolatría. Se la describe como una ciudad que ejerce influencia sobre los reyes de la tierra y se la identifica con el sistema mundial de poder y opresión que se opone a Dios y su pueblo. Dependiendo de la postura escatológica, se asigna a diferentes nombres y significados: la Babilonia histórica revivida, Grecia, el Imperio romano, la propia Jerusalén del Israel actual. Jerusalén, aunque históricamente fue un lugar sagrado para el pueblo de Dios, en el Apocalipsis se utiliza como un símbolo de la rebelión y la resistencia contra Dios. Se la describe como la "gran ciudad" que persigue a los profetas y a los seguidores de Cristo. La Nueva Jerusalén, en contraste con la Jerusalén terrenal se la describe como una ciudad celestial que desciende del cielo. Esta ciudad representa la morada eterna de los redimidos y simboliza la comunión íntima con Dios. Se la describe como una ciudad llena de gloria y luz, donde no hay más dolor ni sufrimiento (Wikenhauser).

CÓDIGOS DE LA BIBLIA, LIBRO

El libro "Códigos de la Biblia" se refiere a una teoría que sostiene la existencia de mensajes ocultos y significativos dentro del texto hebreo de la Biblia. Según esta teoría, estos mensajes se encuentran codificados en forma de patrones o secuencias de letras que forman palabras o frases con significado.

La idea detrás de los códigos de la Biblia es que Dios habría colocado deliberadamente estos mensajes ocultos en el texto bíblico como una forma de revelación adicional. Los defensores de esta teoría creen que estos códigos pueden contener información profética, detalles históricos o incluso predicciones sobre eventos futuros.

Este libro controversial, aborda el tema de los supuestos códigos ocultos o mensajes secretos que se encuentran en la Biblia. Estos códigos, también conocidos como códigos de la Torá, han generado controversia y debate entre académicos y estudiosos de la Biblia. Es importante destacar que la mayoría de los expertos académicos bíblicos consideran que los llamados códigos de la Biblia son el resultado de la coincidencia estadística y la manipulación selectiva de los textos bíblicos. No existen pruebas sólidas ni consenso académico en cuanto a la existencia de códigos ocultos en la Biblia que revelen información predictiva o mensajes secretos. Los estudiosos bíblicos argumentan que la Biblia debe ser interpretada en su contexto histórico, literario y cultural, utilizando métodos hermenéuticos rigurosos y basados en un análisis textual y lingüístico sólido. Consideran que los códigos de la Biblia se basan en interpretaciones subjetivas y no cumplen con los criterios académicos aceptados para el estudio bíblico serio.

Es importante tener en cuenta que, aunque existen diferentes opiniones y enfoques dentro de los estudios bíblicos, la opinión predominante entre los expertos académicos bíblicos es que los supuestos códigos de la Biblia carecen de evidencia sustancial y deben ser tratados con escepticismo. Es recomendable consultar fuentes académicas confiables y revisadas por pares para obtener una comprensión sólida y fundamentada de la interpretación bíblica y evitar caer en teorías especulativas o pseudocientíficas.

El autor del libro "El Código Secreto de la Biblia", publicado en 1997, afirmó que había un código de secuencia de letras especial oculto en el texto hebreo del Antiguo Testamento que ahora podría desbloquearse con el uso de computadoras. Además, argumentó que este código contenía predicciones de docenas de personas y eventos modernos significativos, incluido el presidente Clinton, Watergate, la caída del mercado de valores en 1929, los alunizajes del Apolo, Adolfo Hitler, Thomas Edison, los hermanos Wright, el asesinato del primer ministro israelí Yitzhak Rabin y muchos otros. El libro de Drosnin se convirtió en un éxito inmediato.

La metodología que propuso fue la Secuencia de Letras Equidistantes (SLE) y funciona cargando el documento en la computadora, quitando todos los espacios entre las palabras. De esta manera, la computadora genera un largo flujo continuo de letras consecutivas. Los operadores le indican a la computadora que busque palabras o patrones de palabras seleccionando letras equidistantes. Primero, la computadora mira todas las demás letras, luego mira cada tercera letra, cada cuarta letra, cada quinta letra y así sucesivamente, hasta que esté mirando letras separadas por miles de letras. Luego, la computadora busca en las secuencias que ha producido y trata de encontrar coincidencias con las palabras que buscan los operadores.

El punto de vista de consenso de la erudición bíblica respetada, como mencionamos brevemente, es que no hay nada aparte de la coincidencia detrás de los mensajes secretos de Drosnin, que encuentra escondidos en la Biblia con SLE. Las refutaciones académicas al Código Bíblico han sido devastadoras y han proporcionado pruebas sólidas de que no existe nada místico, profético o divino en el Código Bíblico ELS.

Es importante destacar que la teoría de los códigos de la Biblia ha sido ampliamente debatida y criticada por estudiosos bíblicos y lingüistas. Muchos argumentan que los patrones de letras y palabras que se encuentran en el texto bíblico son simplemente el resultado de coincidencias aleatorias y no tienen un significado intencional.

Además, la teoría de los códigos de la Biblia también ha sido criticada por su falta de metodología científica y su falta de consenso entre aquellos que estudian de manera rigurosa el texto bíblico. Los estudios académicos y los comités de expertos han encontrado poca evidencia convincente de la existencia de estos códigos y consideran que la interpretación de los mismos es subjetiva y especulativa (ver **Atbash**; **Gematría**).

COLORES

En la Biblia, los colores tienen un significado simbólico en varios pasajes. P. Ej., el azul se asocia con el cielo y la divinidad. Representa la majestuosidad y la trascendencia de Dios. En Éxodo 24:10, se menciona la visión de Moisés y los ancianos de Israel, quienes vieron a Dios y bajo sus pies había como un pavimento de zafiro. El verde simboliza la vida, la fertilidad y la esperanza. Se asocia con el crecimiento y la provisión de Dios. En el Salmo 23:2, el salmista declara: "En lugares de delicados pastos me hará descansar; junto a aguas de reposo me pastoreará". Pero en el libro de Apocalipsis, su mensaje se permea e intensifica con imágenes de varios colores. Utiliza una rica simbología polícroma para transmitir significados y representar diversos aspectos de las visiones apocalípticas. Estos colores simbólicos, a menudo, se asocian con características y conceptos específicos.

En general, se le dan los siguientes significados simbólicos a la siguiente polícroma:

Blanco: se asocia con la pureza, la santidad y la victoria. Se relaciona con el color de Dios, su trono (Ap. 20:11); con Jesucristo, es descrito con cabellos blancos y vestido con una túnica blanca en Apocalipsis 1:14 y 19:11. También se menciona a los redimidos que visten ropas blancas (Ap. 3:4-5) y a los santos que siguen al Cordero en ropas blancas (Ap. 7:9).

Rojo: se relaciona con la sangre y el derramamiento de sangre, así como con el juicio y el sufrimiento. Describe la lucha entre el bien y el mal, y se menciona una gran guerra en la que las aguas se vuelven como sangre (Ap. 6:4) y los ríos y fuentes se vuelven en sangre (Ap. 16:3-4).

Pikaza, realiza una descripción acertada en el significado del color rojo. Afirma que el caballo de la guerra es de color rojo, al igual que el fuego de los caballos de muerte (Ap. 9:17), el dragón sangriento (Ap. 12:3) que persigue al Hijo de la mujer para devorarlo. Pikaza, asocia el color rojo con los colores escarlata y púrpura, los cuales son usados por la gran Ramera para adornarse (Ap. 17: 3-5) con el fin de comerciar de manera fraudulenta (Ap. 12:16).

Negro: el color negro se asocia con la oscuridad, la muerte y la maldad. En Apocalipsis, se señala una estrella que cae del cielo y convierte la tercera parte de los ríos y las fuentes en amargura y oscuridad (Ap. 8:10-11). También se habla de un humo negro que sale del pozo del abismo (Ap. 9:2). El caballo de color negro simboliza muerte (Ap. 6:5).

Verde: se relaciona con la vida, la renovación y la esperanza.

Amarillo/Dorado: se asocia con la gloria, la divinidad y la presencia de Dios. Se menciona el trono de Dios rodeado de un resplandor similar a una piedra de jaspe y de cornalina (Ap. 4:2-3). Al mismo tiempo, se describe a la Nueva Jerusalén con murallas de jaspe y calles de oro puro (Ap. 21:18). Es interesante que en el Apocalipsis se mencione una grande combinación hermosa de colores. Por ejemplo, la ciudad es representada con más de una docena de colores, se incluye también el arcoíris con sus magníficos colores. Además, es necesario tener en cuenta que, en ocasiones, los colores pueden tener diferentes interpretaciones en función del contexto y la perspectiva teológica.

COMISIÓN TRILATERAL

La Comisión trilateral es una organización no gubernamental fundada en 1973 por iniciativa de David Rockefeller, con el objetivo de fomentar la cooperación y el diálogo entre Norteamérica (Estados Unidos y Canadá), Europa (principalmente los países de la Unión Europea) y Asia-Pacífico (principalmente Japón). A continuación, se presentan algunas características de la Comisión Trilateral:

Integración regional: la Comisión trilateral se enfoca en promover la cooperación y el entendimiento entre las tres regiones mencionadas: Norteamérica, Europa y Asia-Pacífico. Busca facilitar el diálogo y la colaboración en temas de interés común.

Participación de líderes destacados: la Comisión trilateral está compuesta por aproximadamente 400 miembros provenientes de diferentes sectores, incluyendo líderes políticos, empresariales, académicos y de medios de comunicación. Estos miembros son seleccionados por invitación y representan una amplia gama de perspectivas.

Diálogo sobre temas globales: la Comisión trilateral aborda una variedad de temas globales, como la economía mundial, la gobernanza global, los desafíos medioambientales, la seguridad internacional y las relaciones internacionales. Proporciona un espacio para el intercambio de ideas y la discusión de políticas entre los miembros de las tres regiones.

Influencia en la toma de decisiones: la Comisión trilateral no es una organización con poder de decisión formal, pero sus miembros suelen ocupar posiciones de liderazgo en sus respectivos países. Esto les brinda influencia y la posibilidad de promover ideas y recomendaciones en los ámbitos político, económico y social.

Redes de contactos: la Comisión trilateral facilita el establecimiento de redes de contactos entre sus miembros, lo que promueve la colaboración y la comprensión mutua. Estas redes pueden ayudar a generar ideas y propuestas para abordar desafíos globales.

Enfoque en la estabilidad y el desarrollo: la Comisión trilateral busca promover la estabilidad política y económica a nivel mundial, así como el desarrollo sostenible. Sus miembros trabajan en conjunto para identificar soluciones a los problemas globales y abogar por acciones que beneficien a las tres regiones y al mundo en general (Web Comisión trilateral).

Algunos líderes populares han afirmado durante años que la existencia de la Comisión Trilateral es una evidencia del desarrollo de un gobierno mundial liderado por el anticristo (ver **Anticristo**) que supuestamente aparecerá en los últimos tiempos. Sin embargo, es importante señalar que esta teoría es considerada por muchos autores como una escatología evangelicalista dudosa, ya que carece de pruebas exegéticas y teológicas convincentes para respaldar la trilateral.

COMUNIDAD ECONÓMICA EUROPEA

Comunidad Económica Europea, el mercado común, el anticristo, la bestia
Esta enseñanza la afianzan en el versículo de Dn. 7:23 que dice: "Después me dijo: la cuarta bestia será un cuarto reino en la tierra, que será diferente de todos los *otros* reinos. Devorará toda la tierra, la pisoteará y la desmenuzará".

El trasfondo antiguo de esa creencia es que siempre se procuró la unión de los países europeos después de la caída de Roma en el año 476 d.C. En las épocas de las monarquías europeas, pese que se erigieron dentro de las mismas grandes y nobles familias, no se logró. Se pretendió la unificación por medio de las armas, con intentonas atrevidas como las de Carlo Magno fundando el Santo Imperio romano con el respaldo del papa León III. Fue una unión efervescente. Así como subió, bajó estrepitosamente. Sucedió igual con los ensayos de Othon, Carlos V, Felipe II, Luis XIV, Napoleón I, Guillermo II. Voltaire afirmó que esa unión entre Carlo Magno y el papa Inocencio III, con el nombre del Sacro Imperio romano, era un sacrilegio, pues no era ni santo, ni imperio, ni romano. Los demás intentos tampoco lograron unificar a los países de Europa.

Posteriormente algunos teólogos, al saber que el Mercado Común Europeo agrupaba a las naciones de Francia, Alemania, Italia, Holanda, Bélgica, Luxemburgo, Inglaterra, Irlanda y Dinamarca, declararon que se cumplía la profecía de la visión de Daniel, porque esos nueve países eran nueve dedos de la estatua descrita. Afirmaron que esa unión sería la plataforma que usaría el anticristo para su gobierno y consumar su plan.

Mucha tinta corrió sobre este tema, es decir, sobre cómo el anticristo usaría sus estructuras para obtener el poder mundial que dominaría el planeta (Almeida, 1981).

Con relación al protagonismo del anticristo en el contexto de las naciones, Ryrie lo resume así: "El anticristo, este líder occidental será un personaje tan importante durante los días de la Gran Tribulación, Daniel lo llama el cuerno pequeño (Dn. 7:8), Pablo lo llama el hombre de pecado (2 Ts. 2:3), debemos examinarlo con más detenimiento. Será un gobernante muy influyente en la política de occidente. El Mercado Común Europeo, o Mercomún, pudiera ser el eslabón entre los sucesos de hoy y los eventos de la Gran Tribulación. El Mercomún, ha logrado una especie de unión que por ahora es más económica que política, pero eventualmente podrá conducir a una alianza más fuerte y de mayores alcances entre las naciones de este grupo" (Ryrie, 1995).

Desde hace algunas décadas se ha visto el fracaso de los pronósticos, las predicciones y las especulaciones sobre personajes, instituciones, consorcios que, según los portadores de esa creencia, tomarían el protagonismo bajo el anticristo durante la Gran Tribulación.

Varias de esas entidades y personajes mencionados han salido de escena como lo atestigua el tratado de Lisboa: "La Comunidad Económica Europea que le fue dada vida civil con el Tratado de Roma de 1957 desapareció como se le conocía en la época del apogeo de escritos sobre los grandes temas y confrontaciones de la guerra fría. Fue absorbida por la Unión europea y pasó a llamarse Comunidad Europea, estas a su vez fueron absorbidas por la estructura institucional de Unión Europea. Dejó de existir en el 2009 mediante el tratado de Lisboa, la CEE. El propósito de estas entidades, fue lograr la integración económica, incluyendo el Mercado Común y la unión aduanera".

CONCEPTOS ESCATOLÓGICOS VETEROTESTAMENTARIOS

Los conceptos "promesa y esperanza" son los que abren paso a los asomos de la escatología en el Antiguo Testamento. La promesa y la esperanza son el motor de la apertura a un futuro mejor. El pueblo hebreo, luego llamado el pueblo de Israel, se ha sostenido precisamente por las promesas dadas por Dios a sus antepasados. Con razón, se ha dicho que el fundamento de la pervivencia de Israel a todos los imperios que lo dominaron, las guerras sufridas, los hostigamientos de muerte y tortura que soportó ha sido por la promesa de Dios, no tanto a causa de su fuerza militar, su raza o su cultura. Bultmann lo describe así: "La existencia misma de Israel tiene su fundamento en las promesas. Ahí encuentra el pueblo hebreo la garantía de su esperanza" (Bultmann, 1976).

La idea de la promesa y de la esperanza en el Antiguo Testamento, en la historia de Israel, tiene varias connotaciones en cuanto a la posibilidad de una "escatología" en el sentido pleno. La expectativa de que Dios salvará a su pueblo, porque él es un refugio seguro y un Dios fiel, confiando en que el desenlace de su caminar histórico, las promesas del Señor se cumplirán dándoles la victoria frente a sus enemigos y la permanencia finalmente en paz y seguridad (Ruiz de la Peña, 1986).

Un ejemplo destacado de promesas son las que se confirman como hilo conductor comenzando con los patriarcas de Israel: Abraham, Isaac y Jacob. Las promesas hechas a los patriarcas y su cumplimiento se describen en los siguientes pasajes:

Abraham: Gn. 22:18: "En tu simiente serán bendecidas todas las naciones de la tierra, por cuanto atendiste a mi voz".

Cumplimiento en el Nuevo Testamento: Gá. 3:16: "Ahora bien, las promesas fueron hechas a Abraham y a su simiente. No dice: «Y a las simientes», como si hablara de muchos, sino: «Y a tu simiente», como de uno, que es Cristo".

Isaac: Gn. 26:4: "Multiplicaré tu descendencia como las estrellas del cielo, y a tu descendencia le daré todas estas tierras. Todas las naciones de la tierra serán bendecidas en tu simiente".

Cumplimiento en el Nuevo Testamento: Ro. 9:7: "Ni todos los descendientes de Abraham son verdaderamente sus hijos, pues dice: tu descendencia vendrá por medio de Isaac".

Jacob: Gn. 28:14: "Tu descendencia será como el polvo de la tierra, y te esparcirás hacia el occidente y el oriente, hacia el norte y el sur. En ti y en tu simiente serán bendecidas todas las familias de la tierra".

Cumplimiento en el Nuevo Testamento: Ro. 9:13: "Como está escrito: A Jacob amé, pero a Esaú aborrecí".

Desde el inicio, Israel es un pueblo que es llevado en esperanza contra esperanza, venciendo obstáculos, enemigos, desiertos grandes y terribles. Sale de Egipto, camina por el desierto, llega a la tierra prometida con la esperanza de convertirse en un reino, para finalmente vivir el ansiado estado de paz integral. Esas promesas empujan a Israel a ponerse en marcha con miras hacia el futuro donde espera que se cumpla el tiempo de su paz, su riqueza y su seguridad, caminan en la esperanza de la construcción de un orden nuevo. El Dios de ellos es el que se muestra como el que los lleva en éxodo, en camino, en la historia, hacia una redención y liberación totales.

Otros autores opinan que hay que buscar con mesura los conceptos escatológicos en el Antiguo Testamento. Se escucha y se lee que algunos proclaman que "todos los profetas del Antiguo Testamento son escatologístas" o "ninguno de los profetas preexílicos predicó escatología". Son sentires opuestos de Volts y Mowinckel respectivamente sobre el tema (Tamayo, 2017).

¿Habrá acaso una posición intermedia? ¿Hay un germen escatológico en los profetas que se desarrolla progresivamente? o ¿no hay nada escatológico en el sentido exacto? O el concepto escatológico ¿es tardío en el Antiguo Testamento? Como lo enseña Van Gall que lo sitúa en el período en que se vislumbra la apocalíptica, con su rasgo fundamental de ruptura entre historia y escatología.

Mas así, lo que corresponde es clarificar hasta dónde se puedan estas opiniones opuestas y examinar algunas otras posturas.

Bultmann va más en el camino de Mowinckel. Cree que toda la profecía del Antiguo Testamento, que habla del futuro, se refiere al final de los tiempos con la llegada de la época mesiánica, no corresponde en nada a una escatología. Para sustentar su propuesta cita a Pablo:

1 Co. 10:11: "Todo eso les sucedió para servir de ejemplo, y quedó escrito para advertencia nuestra, pues a nosotros nos ha llegado el fin de los tiempos".

Ro. 15:4: "Porque todo lo que fue escrito en tiempos pasados para nuestra enseñanza se escribió" (Bultmann, 1976).

Bultmann concluye que todas las profecías del Antiguo Testamento se cumplen con el acontecimiento de Cristo, no van más allá de ese hecho.

Otros que van en la línea de Olts como Th.C. Vriezen, afirma que son cuatro etapas por las que pasa la escatología del Antiguo Testamento. La primera etapa es la preescatológica antes de los profetas; la segunda protoescatológica que va desde los profetas anteriores al destierro; y cree que existe una eminente escatología que inicia con el destierro con los profetas Hageo y Zacarías. La última etapa la asocia con la apocalíptica en el libro de Daniel.

Fohrer, L. Durr, O. Prockch y Dietrich Preuss piensan que las ideas escatológicas están en la base de la fe de Israel. Toman como fundamento el nombre del Dios de Israel, Yahvé, en su definición etimológica que significa YO SOY EL QUE SOY, pero también significa *"yo soy el que seré"*, *"yo soy el que demostraré que soy"*. Así, la intervención de Dios es dinámica, lineal, que avanza desde el éxodo hasta la conquista de la tierra prometida. Espera aún un futuro en los anuncios de los profetas en la alianza pactada con su pueblo que resulta en la espera del cumplimiento de lo anunciado. De este modo, la experiencia del pasado y del presente se proyecta siempre hacia el futuro glorioso de Israel (https://revistas.unav.edu/index.php/scripta-theologica).

Von Rad afirma que, sí hay sustratos escatológicos en los mensajes de los profetas, donde lo nuevo por esperar no se relaciona con la restauración de la gloria de Israel, sino con algo totalmente nuevo que trasciende. Cita pasajes de Isaías para sustentar su punto de vista: Is. 43:18-19: "[18] No os acordéis de las cosas pasadas, ni traigáis a memoria las cosas antiguas. [19] He aquí que yo hago cosa nueva; pronto saldrá a luz; ¿no la conoceréis? Otra vez abriré camino en el desierto, y ríos en la soledad"; Is. 42:11 en el que se encuentra un cántico nuevo; Is. 55:1-2 que habla del llamado a todos los sedientos y hambrientos para que beban y coman gratuitamente del alimento. Y ve allí un llamado a la universalización del futuro del Éschaton, pues ya no se refiere solo a Israel, sino a todas las naciones (Von Rad, 1972).

Moltmann si ve una incipiente escatología en los profetas, en las promesas que se dirigen a lo histórico y a lo futuro. Distingue un actuar de Dios en el pasado y un nuevo actuar en el futuro. Y sostiene que las promesas del futuro de Dios se alejan del exclusivismo histórico de Israel. Continúa afirmando que en principio esas promesas giran alrededor de Israel, pero en la medida que rompen los límites nacionales y espaciales, se descubren las "primeras huellas de una escatología de la humanidad" (Moltmann, 1981).

Hay otros conceptos que tienen connotación escatológica como: el día de Yahvé, el Hijo del hombre, que los podrá encontrar en el índice.

CONFERENCIA DEL CLUB DE ROMA

La Conferencia del Club de Roma, celebrada en 1972, fue un evento importante que reunió a científicos, académicos, políticos y líderes empresariales de todo el mundo para discutir los desafíos globales y las perspectivas futuras del planeta. El Club de Roma es una organización fundada en 1968 compuesta por personas destacadas de diversos campos que comparten una preocupación por el futuro de la humanidad.

Desde un enfoque histórico, la Conferencia del Club de Roma puede entenderse como un hito en la toma de conciencia global sobre los problemas medioambientales y los límites del crecimiento económico. Fue en esta conferencia donde se presentó el famoso informe "Los límites del crecimiento", elaborado por un equipo de investigadores del Instituto de Tecnología de Massachusetts (MIT) y encargado por el Club de Roma. Este informe utilizó modelos de simulación para analizar las consecuencias del crecimiento económico continuo en un mundo de recursos finitos.

El informe planteaba que, si el crecimiento económico y poblacional continuaba sin restricciones, se alcanzarían los límites de los recursos naturales y se produciría un colapso en el sistema global en el futuro. Esto generó un debate importante sobre la sostenibilidad y la necesidad de repensar los modelos económicos y de desarrollo.

Algunas interpretaciones populares han afirmado que el Club de Roma promueve un gobierno mundial dividido en diez regiones, cada una con representación en las Naciones Unidas. Según estas interpretaciones, el Club de Roma sería considerado una de las señales de que el fin de los tiempos está cerca. Sin embargo, es importante destacar que no existe ninguna conexión concreta con interpretaciones bíblicas que respalden esta afirmación (Informe Club de Roma).

COPA DE ORO

En el libro del Apocalipsis, la copa de oro se menciona en varias ocasiones: Apocalipsis 5:8; 15:7; 16:1-4, 8, 10, 12, 17; 17:1; 21:9. Y tiene un simbolismo significativo. Por ejemplo, en el capítulo 15, versículos 6-7: "Y salieron del templo los siete ángeles que tenían las siete plagas, vestidos de lino limpio y resplandeciente, y ceñidos alrededor del pecho con cintos de oro. Y uno de los cuatro seres vivientes dio a los siete ángeles siete copas de oro, llenas de la ira de Dios, que vive por los siglos de los siglos". En este pasaje, la copa de oro se refiere a las siete copas llenas de las plagas de la ira de Dios, que son derramadas sobre la tierra como juicio divino durante los eventos finales descritos en el Apocalipsis. Cada copa representa una plaga específica que trae consecuencias destructivas.

El simbolismo de la copa de oro en el Apocalipsis está relacionado con el juicio divino y la soberanía de Dios sobre el destino de la humanidad y el mundo. El oro, como metal precioso, representa la divinidad, la pureza y la perfección. Por lo tanto, la copa de oro se presenta como un símbolo de la autoridad y el poder divinos en la ejecución de su juicio sobre la tierra.

Además, la imagen de la copa de oro también puede evocar la idea de que las plagas y el juicio divino son inevitables e ineludibles. Así como una copa llena se derrama inevitablemente cuando se vuelca, las plagas de la ira de Dios se derraman sobre la tierra como una consecuencia necesaria de los acontecimientos finales.

Todas esas alusiones se basan en el trasfondo de la liturgia del Antiguo Testamento en el Templo, con sus altares, menorah y cuencos de incienso, entre otros elementos. El trasfondo de la censura de oro también puede derivar de la antigua noción judía de que los ángeles funcionaban como sacerdotes celestiales de Dios. Sin embargo, el Apocalipsis combina estos antecedentes para darle un giro negativo al uso de los censadores de oro por parte de los ángeles, ya que representan la ira de Dios que se derramará sobre los incrédulos durante la Gran Tribulación como respuesta a las oraciones de los cristianos perseguidos (Lockyer), (ver **Gran Tribulación**).

COPAS

En el libro del Apocalipsis, se mencionan varias copas que son parte de las visiones y simbolismos descritos por el apóstol Juan. Estas copas están asociadas con la ira divina, los juicios y las plagas que se derraman sobre la tierra como parte del fin de los tiempos. Se conocen comúnmente como las "copas de la ira de Dios" o las "copas de la cólera".

En Apocalipsis 15, se describe a siete ángeles que tienen siete copas llenas de las últimas siete plagas. Estas copas representan el derramamiento de la ira de Dios sobre la tierra como juicio por la maldad y la incredulidad de la humanidad. Cada copa es derramada sucesivamente, lo que resulta en plagas y calamidades que afectan a la tierra y a sus habitantes.

Las descripciones específicas de las plagas y los juicios asociados con las copas varían en el texto del Apocalipsis. Algunos ejemplos incluyen plagas de llagas dolorosas, agua convertida en sangre, calor abrasador, tinieblas, dolor y sufrimiento. Estas copas representan el castigo divino y la justicia de Dios sobre aquellos que han rechazado su amor y se han entregado a la maldad. Estas copas, también conocidas como copas de la ira de Dios, son volcadas sobre la tierra como una expresión del castigo divino hacia aquellos que han sido impíos. Un ejemplo de evocación de las copas se encuentra en Ap. 15:1: "Vi en el cielo otra señal, grande y admirable: siete ángeles que tenían las siete últimas plagas, porque en ellas se consumaba la ira de Dios". Estas plagas son desatadas a través de las copas, cada una representa un juicio específico. En Ap. 16:1-2 se menciona la primera copa: "Y oí una gran voz que decía desde el templo a los siete ángeles: 'Id y derramad sobre la tierra las siete copas de la ira de Dios'. Fue el primero y derramó su copa sobre la tierra, y vino una plaga dolorosa y maligna sobre los hombres que tenían la marca de la bestia y que adoraban su imagen". Cada copa desencadena una plaga específica, como se describe en los versículos del 16:3 al 16:21. Estos versículos mencionan plagas como úlceras malignas, mares y ríos convertidos en sangre, calor abrasador, tinieblas, entre otros. Son un recordatorio de la justicia divina y la necesidad de vivir una vida en consonancia con los mandatos divinos. La simbología de las copas se encuentra en la representación de la justicia divina y la purificación a través de las plagas. Estos eventos dramáticos y catastróficos tienen la intención de llamar a la humanidad al arrepentimiento y la enmienda de sus caminos.

En otra escena apocalíptica, se muestra a la Ramera que lleva en su mano una copa de beber con la sangre de los mártires (Ap. 17:4), como retribución a esas acciones malvadas, Dios le hará beber la copa del vino de su ira (Ap. 16:19, 18:6) a ella y a quienes le adoran. Solo hay una mención singular de unas copas que llevan los cuatro seres vivientes y los veinticuatro ancianos, y se postran para adorar delante de Dios. En la visión, cada uno tenía un arpa y llevaba una copa llena de incienso que representaba las oraciones del pueblo de Dios (Ap. 5:8).

En resumen, las copas en el libro del Apocalipsis simbolizan la ira y el juicio divino sobre la humanidad, así como la oportunidad de arrepentimiento y enmienda. Dios hace que beban de las copas de su ira para luego ofrecer el Cordero que da el agua de vida (De la Madrid).

CORDERO

Los corderos eran los animales más utilizados en el sistema de sacrificios del Antiguo Testamento (Nm. 28:16-27; 29:7-8, 13-28). Dios liberó a Israel de la muerte de todos los

CORDERO

primogénitos por la sangre de un cordero sin mancha esparcida en el marco de la puerta de sus casas (Éx. 12:1-13). Cuando el ángel del Señor pasó, en todas las casas de los hebreos no hirió a ninguno, pasó de largo, mató a todos los primogénitos de los egipcios, incluyendo a los primogénitos de los animales.

El cordero sin mancha y sin defecto que cada familia debía presentar para sacrificar en el santuario del Antiguo Testamento era un tipo del "cordero de Dios que quita el pecado del mundo": Jesús de Nazaret (Jn. 1:29, 36). El trasfondo principal de esta imagen de Jesús como el Cordero era el cordero pascual, aunque algunos ven una conexión con el Siervo Sufriente como un cordero en Isaías 53 (Hch. 8:32).

Así, la Biblia usa "cordero" tanto en sentido literal como figurado, como símbolo de inocencia, docilidad y mansedumbre (Lc. 10:3). El uso simbólico de la palabra "cordero" en el Nuevo Testamento se concentra en Jesús, el "Cordero de Dios" (Jn. 1:29, 36).

La imagen de Jesús como el Cordero se desarrolla de manera más completa en el libro de Apocalipsis, donde el término aparece veintinueve de treinta y cinco veces en el Nuevo Testamento. El Cordero es considerado digno de abrir el rollo y llevar a cabo el plan de Dios debido a que, en plena vida, el Cordero fue sacrificado, haciendo referencia clara a la muerte sacrificial de Cristo (Ap. 5:6, 9, 12; 7:14; 13:8). El sacrificio de Cristo provee la base para la derrota espiritual de Satanás: "Lo vencieron por la sangre del Cordero y por la palabra de su testimonio; no amaron tanto sus vidas como para temer la muerte" (Ap. 12:11). En una visión posterior, justo antes de que se derramen los juicios de las copas, los seguidores victoriosos del Cordero entonan el cántico de Moisés, también conocido como el "cántico del Cordero" (Ap. 15:3). Una vez más, la victoria espiritual proviene del sacrificio de muerte de Cristo.

Sin embargo, el Cordero es mucho más que una víctima sacrificial resucitada. El Cordero comparte el trono con Dios y recibe adoración tanto de humanos como de las huestes celestiales por igual (Ap. 5:6, 8-9, 12-13; 7:9-10, 17; 22:1, 3). Ambas descripciones confirman la deidad de Cristo. El Cordero exaltado también cumple el papel de juez. En la apertura del sexto sello, cuando el fin del mundo está a la vista, todos aquellos que no han seguido al Cordero enfrentarán su aterradora ira (Ap. 6:15-16). El Cordero es uno con aquel que está sentado en el trono, actuando como juez de los adversarios de Dios (cf. Ap. 14:10). Solo aquellos que han sido sellados pueden resistir su ira (Ap. 7:1-8).

En la escena posterior de los diez reyes que "hacen guerra contra el Cordero", la batalla apenas se menciona y no se describe en detalle, pero se afirma que el Cordero los vencerá porque él es el Señor de señores y el Rey de reyes (Ap. 17:14; cf. 19:16). Mientras que el emperador romano se veía a sí mismo como el gobernante supremo de la tierra (Ap. 17:18), el verdadero Rey Guerrero es Jesús. Aquellos que escucharon la Revelación por primera vez encontrarían valor en saber que Aquel que se sacrificó por ellos también es el Juez y el Rey del universo.

En Apocalipsis 13, la bestia de diez cuernos que emerge del mar contrasta con el Cordero de siete cuernos (Ap. 5:6). Fortalecida por Satanás, esta bestia hace guerra contra los santos y los vence (Ap. 13:7). Todos seguirán a la bestia, excepto aquellos cuyos nombres están escritos en el libro de la vida del Cordero (Ap. 13:8). Luego surge otra bestia con "dos cuernos como de cordero" (Ap. 13:11), nuevamente en contraste con el Cordero de siete cuernos (Ap. 5:6). En lugar de hablar como un dragón y promover engañosamente la adoración de la primera bestia, el verdadero Cordero tiene "siete cuernos" (que simbolizan poder y fuerza) y "siete ojos, que son los siete espíritus de Dios" (que representan al Espíritu Santo y Su perfecta capacidad de conocer y ver). Jesús, el exaltado, es uno con Dios Todopoderoso y con el Espíritu de verdad. Él es el legítimo dueño del libro de la vida.

El Cordero también está profundamente relacionado con su pueblo. Después de la terrible visión de las dos bestias en Apocalipsis 13, el siguiente capítulo comienza con una visión celestial del Cordero de pie sobre el monte Sión (la nueva Jerusalén) junto con un ejército de 144 000 seguidores que han sido redimidos (Ap. 14:1-3). El pueblo del Cordero lo sigue fielmente y ha sido "comprado" y "ofrecido como primicias a Dios y al Cordero" (Ap. 14:4).

Al final de Apocalipsis, el Cordero es representado como el novio que ha regresado por su novia, la iglesia (Ap. 19:7; 21:9), y aquellos que son invitados a la cena de las bodas del Cordero son bendecidos (Ap. 19:9; ver **Novia del Cordero**). La novia también es representada como una ciudad al final del libro. Los muros de la ciudad tienen doce cimientos, y sobre ellos están escritos los nombres de los doce apóstoles del Cordero (Ap. 21:14). Esta referencia a los doce apóstoles afirma la humanidad de Jesús. Junto con el Señor Dios Todopoderoso, el Cordero se convierte en el Templo de la nueva Jerusalén (Ap. 21:22), y la gloria de Dios y del Cordero sirven como fuente de luz para la ciudad celestial (Ap. 21:23). Estas imágenes comunican que el Cordero vivirá en medio de su pueblo (Newport), (ver **Bestia que sale del mar; Bestia que sale de la tierra; Cena de las Bodas del Cordero; Los 144 000**).

CORONA/DIADEMA

La corona no solo representa la posición más alta en el cuerpo humano, sino que también supera la altura de la cabeza misma. Es un símbolo de superación y se considera el emblema por excelencia de la gloria, la realeza, el poder, la victoria y la distinción. A lo largo de la historia, la corona ha sido un atributo de los dioses mitológicos y los reyes. En el mundo clásico, se otorgaban coronas hechas de ramas de laurel como recompensa por la victoria en los juegos olímpicos y los certámenes poéticos.

En el arte cristiano, la corona de espinas se convierte en el emblema de la Pasión y Crucifixión de Jesús. Por lo tanto, adquiere un significado funerario. Esta corona está formada por una rama de laurel con el monograma de Cristo en el centro, lo que la convierte en una láurea, símbolo de victoria (Pérez-Rioja).

La palabra griega utilizada para "corona" es στέφανος (*stéphanos*). Esta palabra se refiere a una corona o guirnalda de laurel que se otorgaba como premio en competiciones atléticas o como un símbolo de honor y victoria (Vine).

En el Apocalipsis, el uso de la palabra corona tiene un significado simbólico y se relaciona con la recompensa y la autoridad espiritual. Se mencionan diferentes tipos de coronas, como la "corona de vida" (Ap. 2:10), que representa la promesa de vida eterna para aquellos que perseveran en su fe hasta la muerte, y la "corona de justicia" (2 Ti. 4:8), que simboliza la recompensa reservada para aquellos que han vivido una vida justa y fiel (Henry).

Además, Ap. 4:4 menciona veinticuatro ancianos sentados en torno al trono de Dios, vestidos de ropas blancas y con coronas de oro en sus cabezas. Estas coronas simbolizan la posición de autoridad y gobierno que los ancianos tienen en la presencia de Dios. En Ap. 19:12, se menciona a Jesucristo que llevaba muchas coronas en su cabeza, hechas de oro. Esta imagen representa la realeza y el poder de Cristo como el Rey de reyes y Señor de señores. En Ap. 13:1 y 17:3, se describe a una bestia con siete cabezas. Sobre cada cabeza hay un nombre maldiciente y una diadema. Estas diademas indican el falso poder y la autoridad arrogante de la bestia, que representa sistemas políticos o imperios que se oponen al gobierno de Dios. Esta corona simboliza la recompensa y la vida eterna que se les dará a los creyentes que perseveren en su fe. En general, las coronas y diademas en el Apocalipsis representan poder, autoridad, realeza y recompensa, excepto en el caso de las coronas de la bestia de siete cabezas.

CORRELACIÓN ENTRE LA PNEUMATOLOGÍA Y LA ESCATOLOGÍA

Para Barth, el primer punto de unión entre la pneumatología y la escatología es la realidad de la resurrección de Cristo. Esta manifiesta el reino escatológico de Dios, junto al anuncio del evangelio que representa continuamente tal reino por el poder del Espíritu. La realidad a la que se refiere la teología es la realidad escatológica del Cristo resucitado y la vida nueva a la que somos atraídos por el Espíritu. Con relación al futuro escatológico de la humanidad, la historia de la encarnación es vista como la exaltación, la santificación de nuestra humanidad en el Espíritu; un movimiento que se extiende más allá de esta historia particular hacia la historia de la Iglesia. Barth, sostiene que la comunidad debe mirar a Jesucristo como el futuro final del mundo y de los seres humanos. Jesucristo mismo, facultado por el Padre y obrante por su Espíritu, atestigua y se prueba a sí mismo ante ellos no solo como el primero, sino también como el último (Ap. 1:17, 2:8) y, por tanto, como el que viene (Ap. 1:4-8).

Considero que el segundo punto de coalición entre la pneumatología y la escatología es el cumplimiento de la profecía de Joel 2, descrita en Hechos 2. El derramamiento del Espíritu en Pentecostés inauguró una nueva dimensión escatológica. Lucas, el autor del libro de los Hechos afirma que, al cumplirse tal derramamiento, anunciado por el profeta Joel, comenzaron los postreros tiempos. Así, la Iglesia del principio vivió expectante anunciando la muerte, resurrección, ascensión y la Segunda venida de nuestro Señor Jesucristo.

En esa perspectiva, G. Fee declara que hay una dimensión escatológica que trajo el derramamiento del Espíritu sobre los primeros discípulos y en el ministerio de la Iglesia Apostólica: "Igual de crucial a la experiencia del Espíritu era la concepción que la Iglesia primitiva tenía de sí misma como completamente escatológica en el sentido del ya, todavía no. Los primeros creyentes creían realmente que el futuro había comenzado y esto estaba atestiguado por el don del Espíritu derramado, quien era también la garantía de la consumación futura".

Suma el hecho de que, en los escritos del Nuevo Testamento, los escritores y la Iglesia entendían que el propósito era preparar a los convertidos para el cielo. También formar un pueblo por el poder del Espíritu para que viviera la vida del futuro, la vida de Dios plena en la era presente. Por tanto, aunque se lleva a cabo por medio de la participación individual, tiene que ver principalmente con la vida de la comunidad como sucede, en general, con la ética paulina. Hay que recordar que la escatología que se cree, determina la conducta aquí en la vida temporal.

Según los escritos de Juan, la salvación prometida, que esperamos se complete, ya comenzó en Cristo. Es impulsada con la venida del Espíritu Santo y continúa en la Iglesia, la cual instruye también acerca del sentido de nuestra vida temporal, en tanto que con la esperanza de los bienes futuros llevamos a cabo la obra que el Padre nos ha confiado en el mundo.

Desde la perspectiva de la doctrina de la resurrección, también se manifiesta la correlación entre la pneumatología y la escatología;

pues se le atribuye al Espíritu Santo el futuro de la resurrección de los justos. El mismo Espíritu que participó junto al Padre, en la resurrección de Cristo, participará en la resurrección de los muertos en Cristo en la Segunda venida (1 Co. 15:44). Es importante el detalle sobre el cuerpo resucitado de los creyentes, porque el texto afirma que será un cuerpo espiritual, un *soma pneumatikon*. Es el Espíritu Santo quien operará esa transformación escatológica.

CRISTO

La palabra griega "Χριστός" (de "chrio", que significa "ungir") no es más que la traducción de la palabra hebrea "מָשִׁיחַ" (Máshiah), que significa "el Ungido". La perspectiva de esta entrada sobre Cristo se centra en su relación con la profecía, el cumplimiento de las promesas mesiánicas y su papel como anticipo y consumación escatológica.

En las enseñanzas paulinas, se destaca que cuando llegó el momento designado por Dios, Él envió a su Hijo, quien nació de mujer y bajo la ley, con el propósito de redimir a aquellos que estaban bajo la ley y cumplir las profecías mesiánicas en la persona de Jesús, quien posteriormente fue llamado el Cristo. Los seguidores de la fe cristiana comenzaron a asociar el título "Cristo" con el nombre de Jesús. Es importante tener en cuenta que, según las cartas de San Pablo, que son los escritos cristianos más antiguos preservados, el término "Cristo" comenzó a ser utilizado como un nombre propio (aunque en ocasiones Pablo invertía el orden y escribía "Cristo Jesús", lo cual demuestra que no olvidaba el verdadero significado de este título). Durante la época apostólica, el verdadero significado del título "Mesías" aún era conocido. Al leer el Nuevo Testamento, es esencial recordar que, según la intención de los autores, "Jesucristo" generalmente se refiere a Jesús como el Mesías, el ungido. (Cullmann, 1998).

Cristo ocupa un lugar central y fundamental en la profecía

Tanto del Antiguo Testamento como en su cumplimiento y consumación en el Nuevo Testamento, Cristo es en quien se concentra y se expande la profecía bíblica. A lo largo del AT, encontramos numerosas profecías que apuntan hacia la venida del Mesías, quien sería conocido como Cristo. Estas profecías anticipaban su nacimiento virginal (Is. 7:14), su linaje mesiánico (Is 49:6-7), su ministerio, su sufrimiento, su muerte (Is 53) y su resurrección. Cristo es el cumplimiento de estas profecías, y a través de su vida, muerte y resurrección, se establece como el fundamento central de la fe cristiana.

En el NT, vemos cómo se cumplieron las profecías del AT en la persona y obra de Jesucristo. Su nacimiento en Belén (Miq 5:2), su ministerio lleno de milagros y enseñanzas, su sacrificio en la cruz como el Cordero de Dios que quita el pecado del mundo, y su resurrección victoriosa (Sal 16:10), son eventos que cumplen las profecías y establecen a Cristo como el cumplimiento final y definitivo de la promesa mesiánica.

La obra redentora de Cristo, su papel como el mediador entre Dios y la humanidad, y la salvación que ofrece a través de su sacrificio son aspectos centrales del mensaje del NT. Cristo es la piedra angular sobre la cual se edifica la fe cristiana, y en Él se encuentra la consumación de las promesas y esperanzas proféticas del AT.

La consumación de la profecía y la escatología en Cristo se extiende a la nueva creación de todas las cosas. En el libro del Apocalipsis, encontramos varias referencias que amplían esta idea. En Ap. 11:15 se menciona que los reinos del mundo han venido a ser del Señor y de su Cristo. Esto significa que, en la consumación final, todos los reinos y poderes terrenales serán sometidos bajo la autoridad y el reinado de Cristo. Es el cumplimiento de la profecía de que Cristo gobernará sobre todas las naciones y su reino será eterno. La salvación también es parte de la consumación en Cristo. En Ap. 12:10 se habla de la salvación consumada por el poder de Cristo. Esto se refiere a la victoria final sobre el mal y la redención completa de aquellos que pertenecen a Cristo. Es el cumplimiento de la obra redentora de Cristo en la cruz, donde su poder se manifiesta plenamente para llevar a cabo la salvación definitiva. También menciona la consumación del reino de Cristo en Ap. 20:4, donde se describe un reinado de mil años, en el que Cristo reinará con los santos. Esta imagen simbólica representa un período de plenitud y perfección en el reinado de Cristo. Es un tiempo de completa realización del propósito y la autoridad de Cristo sobre toda la creación.

Además, la consumación se extiende al pueblo de Dios. En Ap 20:6 se habla de la consumación del pueblo en Cristo como sacerdotes. Esto implica que aquellos que pertenecen a Cristo serán completamente transformados y capacitados para ejercer un sacerdocio espiritual. Serán partícipes de la plenitud de la comunión con Dios y servirán en su presencia de manera perfecta.

En resumen: la consumación de la profecía en Cristo abarca la nueva creación de todas las cosas. Incluye la sumisión de los reinos terrenales a su autoridad, la salvación consumada por su poder, el reinado perfecto de Cristo durante mil años y la consumación del pueblo en Cristo como sacerdotes. Es el cumplimiento final de todas las promesas y propósitos de Dios en Cristo, donde se establece la plenitud de su reino y la restauración completa de su creación (Gálvez).

Cristo es el fundamento central de la escatología

Cristo, el *Éschaton*, es el centro de las enseñanzas del NT y de las profecías del AT que apuntan hacia él. Engloba los eventos relacionados con las realidades últimas del hombre y del mundo, incluyendo su Segunda venida y todos los eventos escatológicos que se derivan de ella. Sin embargo, gran parte de la apocalíptica, que se centra en señales, conmociones cósmicas, bestias, números e imágenes apocalípticas, no se aborda en detalle.

La escatología se relaciona con el último día, con la última palabra de victoria y con la última acción de Dios en Cristo, quien siempre tiene la última palabra. Toda la escatología se concentra y se expande en Cristo, quien es el fundamento principal, por lo tanto, la escatología es cristología. Sin embargo, se expande específicamente a través de la muerte redentora y la resurrección justificadora de Cristo, que son el origen del evento escatológico y proporcionan la guía para la doctrina, la fe y la vida escatológica.

En las Escrituras, se observa que Jesucristo se sitúa en un contexto de expectativas mesiánicas. El reino de Dios, que abarca tanto el presente como el futuro, está en el centro de la predicación de Jesús y conforma su vida y sus acciones. Según Moltmann, Jesús introduce el futuro de esperanza en su primera venida a través de su vida y su obra. El carácter escatológico decisivo de Jesús significa que el futuro de Dios ya ha sido introducido en el mundo. La escatología cristiana se basa en una persona y en su historia: la historia de Jesucristo. Todos sus pronunciamientos sobre el futuro son la piedra de toque para los espíritus escatológicos y utópicos (Moltmann,1981).

Von Balthasar enfatiza que la escatología cristiana tiene un fundamento cristológico, es decir, se entiende completamente en relación con Cristo. El objeto de la escatología forma parte integral de la obediencia de fe a Cristo. La muerte y la resurrección, en el origen del acontecimiento escatológico, son los hechos orientadores de la doctrina y la vida escatológica. Es comprensible, entonces, que la muerte y, especialmente, la resurrección de Cristo sean los únicos eventos que le dan sentido y razón de ser a la Escatología Cristiana. Pablo afirma que, si estas cosas no hubieran ocurrido, nuestra fe sería vana. Sería inútil hablar o especular acerca de lo que sucede con el hombre después de la muerte, o si hay vida después de la muerte, y qué sucedería con toda la creación en un momento determinado, si los cristianos no tuvieran un anticipo escatológico en la resurrección de Cristo. No tendríamos una esperanza real. Sin embargo, Cristo es nuestra esperanza de gloria (Col 1:27).

CUARTO ESDRAS, LIBRO

El título "4 Esdras" se deriva del orden en el que los diferentes "Esdras" aparecen en la Vulgata. Los dos primeros capítulos y los dos últimos del texto latino de la Vulgata (capítulos 1-2; 15-16) son adiciones cristianas que no se consideran aquí. Además de la versión latina, existen diversas versiones de 4 Esdras como la siríaca, etiópica, árabe, armenia (muy valorada) y georgiana. Todas estas versiones parecen proceder de un manuscrito griego, del cual solo se conservan citas en la literatura patrística que posiblemente no sean literales. En general, se cree que esta obra fue compuesta después de la destrucción del templo, en las últimas décadas del siglo I d.C., y refleja el pesimismo de la época. Sin embargo, aún se debate si fue escrita por un solo autor o si intervino más de una persona con escritos de diferentes épocas. La cuestión de la unidad del libro es importante para comprender su teología.

La obra se desarrolla en Babilonia, 30 años después de la destrucción de Jerusalén, es decir, en el año 557 a.C. El protagonista es Esdras Sealtiel. La estructura del libro es clara, consta de dos partes: la primera presenta tres diálogos entre Esdras y el ángel Uriel (3:1-5:20; 5:21-6:35; 6:36-9:26), y la segunda parte incluye cuatro visiones (9:27-10:60; 11:1-12:51; 13:1-58; 14:1-47). Esdras plantea preguntas incisivas sobre la justicia de Dios, al estilo del libro de Job, y Uriel actúa como "ángel intérprete" que expresa en sus respuestas el pensamiento del autor. La obra está escrita en prosa, pero hay fragmentos que parecen ser originalmente poéticos, con el paralelismo propio de la poesía.

El libro de 4 Esdras se considera apócrifo desde el Concilio de Trento, pero en España durante todo el siglo XVI se le otorgó autoridad indiscutida. Uno de los elementos clave en la polémica sobre el posible origen judío de los indios americanos es la referencia que se hace en este libro al destierro de las diez tribus de Israel.

En este libro, el autor presenta un concepto escatológico de Dios. Dios es único y no utiliza intermediarios; él mismo es el juez final. Los israelitas son una raza elegida y la ley es un regalo especial para ellos después de haber sido rechazada por otros pueblos. El amor de Dios por Israel supera su amor por cualquier otro pueblo, por lo que los israelitas son los verdaderos representantes de la humanidad ante Dios. En este libro, también encontramos un relato fabuloso (capítulo 14:19-48) que narra cómo Nabucodonosor quemó la ley durante la destrucción de Jerusalén, pero Esdras, inspirado por Dios, dictó una nueva copia a sus escribas. Se cree que 4 Esdras fue escrito a fines del siglo I d.C.

Además, en el libro de 4 Esdras, se menciona la presencia de la inclinación al mal que proviene del pecado de Adán, la cual Dios ha eliminado. Según el ángel Urie, este período se acerca a su fin, el cual llegará cuando se haya completado el número de los justos. En el capítulo 5, se enumeran los signos que precederán al fin. Dios introducirá un nuevo período de tiempo y se llevará a cabo el juicio final (6:35-9:25). Al final de este período, se espera la aparición del Mesías, quien gobernará durante cuatrocientos años. Después de la muerte del Mesías y de aquellos que le siguen, y tras siete días de silencio, se producirá la resurrección y la apertura del paraíso y la *gehenna*. Solo unos pocos serán salvos. En la sexta visión (13:1-58), el Mesías es descrito como un hombre que emerge del mar y vuela entre las nubes del cielo. En la séptima visión, se le promete al vidente, Sealtiel o Esdras, que será trasladado junto al Hijo hasta que llegue el fin, el cual se acerca rápidamente (14:1-48). Finalmente, el vidente asciende al cielo (Diez Macho).

Así, el también llamado apocalíptico, Apócrifo, libro 4 de Esdras, también conocido como 2 Esdras, en síntesis, es un libro apócrifo que no se encuentra incluido en el canon bíblico aceptado por la mayoría de las denominaciones cristianas. Contiene una serie de visiones y diálogos que abordan temas teológicos y espirituales, así como preguntas sobre el sufrimiento, el destino de Israel y el juicio divino. El libro presenta una perspectiva apocalíptica, con descripciones simbólicas y proféticas del futuro y eventos cósmicos.

Es importante tener en cuenta que el apocalíptico de Esdras no es reconocido como parte de las Escrituras canónicas y su contenido y enseñanzas no son considerados como autoridad doctrinal por la mayoría de las tradiciones cristianas. A pesar de ello, el libro ha sido objeto de estudio e interés por parte de académicos y especialistas en teología e historia religiosa (ver **Apocalíptica escatológica**; **Nueva Jerusalén**).

CUATRO BESTIAS DE DANIEL

Aunque los capítulos 2 y 7 del libro de Daniel registran dos sueños separados (el sueño de Nabucodonosor en Daniel 2 y el sueño de Daniel en Daniel 7), ambos tratan del mismo escenario: el desarrollo histórico de cuatro reinos poderosos, comenzando desde los días de Daniel. Actualmente, existen dos enfoques principales para identificar estos cuatro reinos. Muchos intérpretes defienden la siguiente secuencia:

Reino	Líder	Fecha
Babilónico	Nabucodonodor	Alrededor de 570 a.C.
Medo-Persa	Ciro	Alrededor de 539 a.C.
Griego	Alejandro Magno	Alrededor de 330 a.C.
Imperio romano revivido	El anticristo	Tiempos del fin

Sin embargo, también existe otra interpretación ampliamente aceptada de los cuatro reinos. Aunque en general es favorecida por los teólogos liberales, no está limitada exclusivamente a esa tradición. Esta interpretación identifica los cuatro reinos de la siguiente manera:

Reino	Líder	Fecha
Babilónico	Nabucodonodor	Alrededor de 570 a.C.
Medos	Astyages	Alrededor de 550 a.C.
Persas	Ciro	Alrededor de 539 a.C.
Griego	Alejandro Magno	Alrededor de 330 a.C.

Según esta interpretación, el cuarto reino es Grecia y no un revivido Imperio romano. Además, este reino ya ha tenido lugar en la historia, por lo que no requiere una interpretación exclusivamente futurista. A continuación, resumiremos brevemente la expresión evangélica de este segundo enfoque, correlacionando las descripciones bíblicas de los cuatro reinos con los datos históricos.

En cuanto a la identificación del primer reino en los capítulos 2 y 7 de Daniel, no existe debate. La cabeza de la estatua hecha de oro fino, el metal más valioso (Dn. 2:32, 37-38), y el león con alas de águila, un antiguo símbolo de Babilonia (Dn. 7:4), representan de manera consensuada el reino de Babilonia bajo el reinado de Nabucodonosor (ver **Babilonia**).

Con el segundo reino surge el problema de la identificación. Un gran número de eruditos conservadores interpretan el pecho y los brazos de plata en la estatua humana (Dn. 2:32) y el oso con tres costillas en su boca (Dn. 7:5) como el Imperio medo persa, dirigido por Ciro, quien conquistó Babilonia en el 539 a.C. Esto es comprensible, ya que ese imperio llegó a gobernar sobre tres naciones: Libia, Babilonia y Egipto (representadas por las tres costillas). Sin embargo, otros conservadores hacen un caso plausible para identificar el segundo reino únicamente con el Imperio medo. Ese reino, bajo el liderazgo de figuras como Astiages (550 a.C.) y Cyaxares II, también derrotó a tres naciones: Urartu, Mannaea y los escitas.

Para muchos, hay dos evidencias que respaldan esta última interpretación. En primer lugar, identificar las tres costillas en la boca del oso con Urartu, Mannaea y los escitas se corresponde con Jeremías 51:27-29, donde se mencionan tres naciones que se unieron a los medos contra Babilonia: Ararat, Minni y Ashkenaz, que representan respectivamente a Urartu, Mannaea y los escitas. Estos tres grupos fueron derrotados por los medos y se incorporaron a su imperio. En segundo lugar, la inferioridad del segundo imperio en comparación con el primero (Babilonia, Dn. 2:39) encaja mucho más fácilmente en Media que en el Medo-Persa.

El único problema real con esta visión es que sabemos muy poco acerca del Imperio medo. Sin embargo, John Walton responde acertadamente a esta dificultad: una de las dificultades aquí es que sabemos muy poco sobre el Imperio medo. Su territorio era más o menos del mismo tamaño que el Imperio neobabilónico. Durante el gobierno de los sucesores de Nabucodonosor, el monarca medo fue Astiages (585-550 a.C.). Puede haber pocas dudas sobre la influencia de Astiages, ya que casó a una de sus hijas con Nabucodonosor, mientras que la otra se casó con Cambises I de Persia y se convirtió en la madre de Ciro. Incluso, el temor de Nabucodonosor al poder de los medos se evidencia en las fortificaciones que construyó a lo largo de la frontera norte. Tanto Elam como Susa parecen haber caído presas de la expansión de Astiages después de la muerte de Nabucodonosor. Todo esto respalda la opinión de que los medos podrían haber sido considerados el imperio mundial que sucedió a Babilonia después de la muerte de Nabucodonosor, aunque la ciudad de Babilonia aún no había caído.

En cuanto al tercer reino, representado por el vientre y los muslos de bronce en la estatua humana (Dn. 2:32, 39) y el leopardo con cuatro alas y cuatro cabezas (Dn. 7:6), muchos intérpretes evangélicos lo equiparan con Alejandro Magno (el leopardo) y los cuatro generales que dividieron su reino entre ellos después de su muerte en el 323 a.C. Estos cuatro generales eran Casandro (representando el oeste, es decir, Grecia), Lysimachus (el norte, es decir, Asia), Seleucus (el este, es decir, Babilonia y Siria) y Ptolomeo (el sur, es decir, Egipto).

Esta interpretación es razonable, pero existe otro enfoque igualmente viable que sostiene que el tercer reino representa al Imperio persa. En esta lectura, el leopardo representa a Persia que, con los rápidos y brillantes movimientos de los ejércitos de Ciro, derrotó al pesado e imponente imperio de Media. Las cuatro alas y las cuatro cabezas podrían simbolizar las cuatro esquinas del universo, correspondientes a la dominación mundial de Persia (en contraste con la influencia más limitada de Media). También podrían representar a los cuatro reyes persas mencionados en las Escrituras: Ciro, Artajerjes, Jerjes y Darío III Codomannus (quien fue derrotado por Alejandro Magno).

Además, la marcada superioridad del tercer reino sobre el segundo (Dn. 2:39; 7:6) encaja mejor con la supremacía persa sobre el inferior Imperio medo que la relación de Grecia con Persia, ya que ambos eran potencias mundiales. Además, los cuatro sucesores de Alejandro, tanto en la historia como en Daniel 8, representan una fuerza diluida, mientras que en Daniel 7 las cuatro cabezas/alas parecen representar la fuerza misma.

La identificación del cuarto reino en Daniel 2 y 7 como el Imperio romano tiene una larga historia, que se remonta a los tiempos del Nuevo Testamento. Se entiende de esta manera por varios de los primeros escritores no bíblicos: 2 Apocalipsis de Baruc 39:1-18 (90 d.C.); 4 Esdras 12:10-12 (80 d.C.); Josefo (Antigüedades 10.11.7); el Talmud (siglos II al V d.C.); Ireneo; Hipólito y Orígenes. Muchos escritores populares actuales siguen esta interpretación y argumentan que habrá un imperio romano revivido en la hora de la conclusión. Sin embargo, la identificación del cuarto reino de Daniel con Grecia, dirigida por Alejandro Magno (ver **Alejandro el Grande**), también tiene una venerable historia de interpretación, que se remonta incluso antes de los tiempos del Nuevo Testamento a Heródoto (1.95.130, 300 a.C.) y los Oráculos Sibilinos, libro 4 (140 a.C.).

Por lo tanto, hay dos opciones diferentes para interpretar el cuarto reino en las visiones de Daniel (Dn. 2:40-43; 7:19-24). Muchos conservadores aplican estos pasajes a Roma, apelando a las siguientes pruebas: (1) el Imperio romano se ajusta a la descripción de un ser como una bestia, a diferencia de los tres imperios anteriores, principalmente debido a su poder insuperable (fue como hierro, Dn. 2:40; cf. 7:19). De acuerdo con este enfoque, esta fue la primera etapa del Imperio romano, ocurrida aproximadamente en el 167 a.C. (2) En consecuencia, Dn. 7:20 catapulta al lector hacia adelante en el tiempo hasta, en efecto, el siglo XXI d.C., con su descripción de los diez cuernos y el cuerno que emerge de los diez con poder indiscutible. Esta es la segunda fase del Imperio romano, a saber, el renacimiento del Imperio romano. Algunos entienden que este imperio romano revivido es la presente Unión Europea (o las Naciones Unidas) que, eventualmente, será dirigida por el anticristo (ver **Bestia de diez cuernos**).

Este punto de vista es extremadamente popular entre los cristianos contemporáneos, pero ha sido cuestionado por algunos estudiosos. Dos problemas argumentan en contra de equiparar el cuarto reino con el Imperio romano revivido:

a) Esta interpretación significa que, sin explicación, Daniel 7:20 de repente salta adelante en el tiempo desde los días de Daniel hasta el siglo XXI, aunque no hay ninguna indicación de esto en el texto.

b) Esta interpretación se aparta de los principios interpretativos mucho tiempo apreciados por los evangélicos desde la Reforma al no poder arraigar el texto bíblico en su entorno histórico-cultural. Aquellos que favorecen a Grecia como el cuarto imperio argumentan que esta interpretación se ajusta al contexto histórico de Daniel 2 y 7 mucho mejor. El siguiente resumen utiliza estos antecedentes. Daniel 2:40; 7:7, 19 declaran que el cuarto reino será como el hierro, aplastando a todos sus oponentes, una descripción adecuada del ejército de Alejandro el Grande, que era totalmente invencible frente a sus enemigos, mientras que Roma fue detenida por Partia en su intento de expansión.

Daniel 7:23 nos dice que el cuarto reino será diferente a los tres reinos anteriores. La civilización occidental de Grecia era muy diferente de los tres imperios orientales de Babilonia, Media y Persia, mientras que Roma era en muchos aspectos similar a Grecia. Daniel 2:40-43 afirma que el cuarto reino será dividido en dos partes, hierro y barro cocido, que no se mezclarán bien juntas, un análisis perfecto del reino seléucida (Siria, la parte fuerte, hierro) y la ptolemaica (Egipto, la parte más débil, la arcilla, que fue finalmente invadida por los seléucidas). La referencia a las dos sustancias que no se mezclan recuerda claramente a la ruptura entre los dos reinos que se produjo a pesar de los matrimonios mixtos entre ellos.

Leemos en Daniel 7:20, 24 que el cuarto reino se dividirá en diez cuernos o reinos, que Walton identifica convincentemente con los diez estados independientes (siglo III a.C.) que eventualmente reemplazaron a los cuatro territorios de los cuatro generales que sucedieron a Alejandro Magno: Egipto ptolemaico, Seleucia, Macedonia, Pérgamo, Ponto, Bitinia, Capadocia, Armenia, Partia y Bactria. Dos de estos emergen en la narrativa bíblica debido a su relevancia para Israel en el segundo siglo antes de Cristo: Seleucia y el Egipto ptolemaico, como hemos visto (Dn. 2:4043).

Finalmente, Daniel 7:8, 20-22, 24-25, con su descripción del cuerno ganando supremacía sobre tres de los otros cuernos (reyes), como argumenta John Walton, se explica muy bien por la derrota de Capadocia, Armenia y Partia por Antíoco el Grande (siglo II a.C.), cuyo infame hijo, Antíoco IV Epífanes, continuó las hazañas de su padre y persiguió severamente a los judíos. Walton explica la relación padre-hijo con respecto al "cuerno pequeño" de Daniel: "Mientras que el sometimiento de los tres cuernos tiene mucho sentido en conexión con Antíoco el Grande, nos enfrentamos al problema de que él no califica como un cuerno pequeño convincente en relación con el resto de la descripción dada en Daniel. Esa distinción parecería adaptarse mejor a Antíoco Epífanes. Una hipótesis que aprovecharía las fortalezas de cada uno de estos elementos es aquella que considera la incorporación de Palestina al estado seléucida bajo Antíoco el Grande como el comienzo del reino del cuerno pequeño, que luego sería continuado y llevado a su culminación bajo Antíoco Epífanes. Es cierto que Daniel 7:24 habla del cuerno pequeño como un rey en lugar de un reino, pero debemos notar que incluso en ese contexto (Dn. 7:17) se ve que los dos términos son intercambiables. Por lo tanto, aunque muchos entienden los cuatro reinos de Daniel 2 y 7 como Babilonia, Medo-Persia, Grecia y Roma, también hay un fuerte caso para interpretar los reinos como Babilonia, Media, Persia y Grecia" (Walton).

CUATRO JINETES DEL APOCALIPSIS

Los cuatro jinetes del Apocalipsis, son una poderosa imagen simbólica que ha capturado la imaginación y la curiosidad de las personas a lo largo de los siglos. Estos jinetes representan una serie de juicios y eventos catastróficos que marcan el fin de los tiempos y el comienzo de un nuevo orden mundial. Cada jinete está asociado con un color y una misión específicos, y su aparición provoca tanto temor como fascinación.

Los primeros cuatro juicios de los sellos (Ap. 6:1-8) son más conocidos como los "cuatro jinetes del Apocalipsis". En cada uno de estos sellos, el Cordero los abre y Juan escucha a uno de los cuatro seres vivientes decir "ven". A continuación, ve un caballo de un color específico con un jinete que ejecuta el juicio. La presencia de los cuatro seres vivientes indica que los juicios provienen del trono de Dios. Además, la expresión "fue dado" se utiliza como un "pasivo divino", lo que significa que Dios controla el proceso, incluso cuando otorga permiso a un poder maligno para llevar a cabo su obra (Ap. 6:2, 4, 5, 8, 11; 7:2; 8:2, 3; 9:1, 3, 5; 11:1, 2; 12:14; 13:5, 7, 14, 15; 16:8). Aunque el texto no identifica explícitamente a los cuatro jinetes como ángeles de juicio, parecen serlo.

En general, las sentencias mencionadas aquí son similares a los "dolores de parto" que Jesús menciona en su enseñanza sobre los tiempos finales: guerras, naciones que se levantan contra naciones, terremotos, hambrunas y pestilencias (Mt. 24:6-8; Mr. 13:5-8; Lc. 21:8-11). El trasfondo más específico parece encontrarse en Zacarías 1:7-11 y 6:1-8, donde los jinetes de caballos de diferentes colores (o carros tirados por caballos) son enviados por Dios como instrumentos de juicio sobre los enemigos de su pueblo. En Zacarías 1:8 hay dos caballos rojos, un caballo gris moteado y un caballo blanco, mientras que en Zacarías 6:1-3 los caballos son rojos, negros, blancos y gris moteado. En Apocalipsis 6:1-8, los caballos son blancos, rojos, negros y pálidos, y los colores parecen corresponder al tipo de juicio infligido por sus jinetes (por ejemplo, el rojo para el derramamiento de sangre).

El jinete del caballo blanco lleva un arco y una corona y cabalga "conquistando", lo que indica una conquista militar o guerra. Muchos ven en esto una referencia a los partos, arqueros a caballo del Oriente que derrotaron a los romanos en batalla, incluso hasta el año 62 d.C. (cf. Ap. 9:14; 16:12). Los partos eran guerreros formidables y su color sagrado era el blanco. Aunque los partos pueden estar en el trasfondo, la imagen en general reafirma la lujuria humana por la guerra y la conquista.

El jinete del caballo rojizo tiene el poder de quitar la paz de la tierra, lo que lleva a que las personas se maten entre sí. El término "matar" se menciona en varios pasajes del Apocalipsis (ver Ap. 5:6, 9, 12; 6:9; 13:8; 18:24). Cada jinete conduce al siguiente, y la guerra resulta en derramamiento de sangre, simbolizado vívidamente por el caballo rojo. La "espada grande" también representa el juicio de muerte violenta causado por la maldad humana. Los lectores de Juan podrían haber pensado en la persecución y la matanza de los cristianos bajo el reinado de Nerón o durante las persecuciones de Domiciano.

El jinete del caballo negro sostiene una balanza, que indica racionamiento debido a la escasez de alimentos causada por el desastre económico relacionado con la guerra. Cuando un ejército conquistador devastaba una tierra, se producía hambre. Una voz celestial no especificada establece precios máximos para el grano, y se observa que el trigo es más caro que la cebada, que era el alimento principal de los pobres. La gravedad de la hambruna se revela en los precios que oscilan entre cinco y quince veces la tarifa normal. La voz también ordena que no se dañe "el aceite y el vino". Esta instrucción ha sido interpretada de varias formas, como una indicación de la dimensión social del juicio, un signo de la misericordia de Dios en medio del juicio, o una alusión al edicto de Domiciano en el año 92 d.C. para destruir las viñas.

Aunque el hambre del tercer sello es devastadora, el cuarto sello intensifica aún más los juicios. El cuarto jinete monta un caballo "pálido". El color en realidad es verde amarillento, el color de la muerte, similar al color de un cadáver. El jinete mismo es "muerte", y "hades" lo sigue de cerca (ver Ap. 1:18; 20:13, 14). Se le da poder a esta malvada alianza para matar a una cuarta parte de la población de la tierra mediante la espada, el hambre, la peste y las bestias salvajes. Listas de juicios como estas no son poco comunes en el Antiguo Testamento (por ejemplo, Jer. 14:12; 24:10; 27:8; Ez. 6:11; 12:16). La lista de Juan se asemeja más a Ezequiel 14:21, que también menciona "bestias salvajes" (ver **Bestias salvajes**).

Estos cuatro jinetes representan los juicios generales de Dios sobre la humanidad causados por el pecado: conquista, guerra, contienda, derramamiento de sangre, hambre y muerte. Estos eventos son similares al "principio de los dolores de parto" descritos por Jesús, que incluyen falsos mesías, guerras, naciones en conflicto, terremotos, hambrunas y pestes (Mt. 24, Mr. 13, Lc. 21). Según algunos autores, estos cuatro jinetes "ya están cabalgando". Las imágenes aterradoras de los jinetes están diseñadas para evocar temor en los incrédulos y conducirlos al arrepentimiento. Para los creyentes, que nunca experimentarán la ira de Dios, los jinetes sirven como un recordatorio serio de que su fe será probada y, con suerte, fortalecida durante tiempos difíciles.

Después de mencionar los dolores de parto, Jesús advierte a sus primeros discípulos que esperen pruebas: "Entonces os entregarán a tribulación, y os matarán, y seréis odiados de todas las naciones por causa de mi nombre. Muchos tropezarán entonces, y se entregarán unos a otros, y unos a otros se aborrecerán. Y muchos falsos profetas se levantarán, y engañarán a muchos; y por haberse multiplicado la maldad, el amor de muchos se enfriará. Más el que persevere hasta el fin, este será salvo" (Mt. 24:9-13).

Algunos en las iglesias de Asia Menor ya estaban experimentando estos dolores (Ap. 1:9; 2:9-10, 22). Estos primeros cuatro juicios de los sellos representan juicios preliminares que han ocurrido a lo largo de la historia, preparando el escenario para el final de la era. Aquí, los pecadores parecen destruirse a sí mismos bajo el juicio soberano de Dios. Con la apertura del quinto sello (martirio), el movimiento se acelera hacia el desenlace final de la historia (el sexto sello), (Keener), (ver **Sello**, **Juicios**).

CUATRO SERES VIVIENTES

Etimológicamente, el término "seres vivientes" o "criaturas vivientes" se deriva del griego ζῷον (*zōon*), que se refiere a los seres vivos o criaturas.

En la escena del trono celestial en Apocalipsis 4–5, se unen a los veinticuatro ancianos alrededor del trono de Dios los "cuatro seres vivientes" (Ap. 4:6-9; 5:6-14; también 6:1-7; 7:11; 14:3; 15:7; 19:4). La descripción inusual de estos seres vivientes es la siguiente: "Había también delante del trono como un mar de vidrio, semejante al cristal. En medio del trono y alrededor del trono había cuatro seres vivientes, llenos de ojos por delante y por detrás. El primer ser viviente era semejante a un león; el segundo, era semejante a un becerro; el tercer ser tenía rostro como de hombre; y el cuarto ser era semejante a un águila volando. Y los cuatro seres tenían cada uno seis alas, y alrededor y por dentro estaban llenos de ojos; y no cesaban día y noche de decir: Santo, santo, santo es el Señor Dios Todopoderoso, el que era, el que es, y el que ha de venir". Estas criaturas se encuentran junto al trono como parte del círculo interno de la presencia divina (Ap. 4:6a; literalmente, "en medio del trono y alrededor del trono").

Estos pasajes se les conoce también como "liturgia celeste" del Apocalipsis, contiene varios himnos y alabanzas estrechamente unidos entre sí. En primer lugar, el llamado *trisagion* dirigido a Dios. Los cuatro seres vivientes lo repiten "sin descanso, día y noche" (Ap. 4:8). Este himno de acción de gracias tiene un matiz de futuro. Está dirigido al "Señor Dios Todopoderoso, el que era, el que es, y el que ha de venir". Se trata de la venida del reino y de su victoria escatológica y de la Parusía del Señor Jesús "el rey de reyes y señor de los señores" (Ap. 17:14; 19:16). La Iglesia es la comunión de los redimidos que cantan con gratitud las alabanzas a Dios por una salvación tan grande. El canto confiado de los redimidos incluye el pasado, el presente y el futuro: "Digno eres de tomar el libro y de abrir sus sellos; porque tú fuiste inmolado, y con tu sangre nos has redimido para Dios de todo linaje y lengua y pueblo y nación; y nos has hecho para nuestro Dios reyes y sacerdotes" (Ap. 5:9, 10b). El aspecto escatológico viene a continuación: "y reinaremos sobre la tierra" (Ap. 5:10), (Gómez).

Con todo, hay varias interpretaciones sobre la identificación de los seres vivientes: (a) los cuatro cuartos del zodíaco según la mitología babilónica; (b) las cuatro tribus de Israel (Judá, Rubén, Efraín, Dan), cuyos estandartes estaban en los cuatro lados del tabernáculo (Nm. 2:2); (c) atributos divinos o características espirituales como la sabiduría, la fortaleza, la misericordia y la santidad; (d) toda la creación de Dios; (e) los cuatro evangelios o; (f) una orden exaltada de ángeles, esta propuesta es apoyada por el hecho de que Apocalipsis combina los querubines de Ezequiel 1 y 10 con los serafines de Isaías 6 (ver **Querubines**, **Serafines**). Sin embargo, al igual que con los veinticuatro ancianos, el papel de los cuatro seres vivientes respalda la identificación de ellos como un orden exaltado de ángeles.

La función primordial de los cuatro seres vivientes es dirigir la adoración a Dios y ejecutar el juicio divino. En su papel de líderes de la adoración, siempre están asociados con los veinticuatro ancianos (Ap. 4:6-10a; 5:6-10, 11-14; 7:11-12; 14:1-3; 19:4). Un papel adicional de los cuatro seres vivientes, que no es desempeñado por los veinticuatro ancianos, es el juicio.

En Apocalipsis 6:1-7, cuando el Cordero abre los primeros cuatro sellos, una de las criaturas da la orden "¡Ven!" a cada uno de los cuatro jinetes. En Apocalipsis 15:5-8, uno de los cuatro seres vivientes entrega las siete copas de oro llenas de la ira de Dios a los siete ángeles para que las derramen.

Al igual que los veinticuatro ancianos, que son ángeles, pero representan de alguna manera al pueblo de Dios (ver **Veinticuatro ancianos**), los cuatro seres vivientes pueden ser ángeles que representan toda la creación de Dios. Se describe que son "como" un león, un buey, un hombre y un águila (Ap. 4:7; cf. Ez. 1:10). Cada criatura tiene "seis alas", lo que les capacita para llevar a cabo rápidamente la voluntad de Dios (Ap. 4:8; cf. Is. 6:2). Su coro de alabanza sin duda es un estímulo para los creyentes que enfrentan persecución: Dios es santo, poderoso y eterno (Ap. 4:8). Él es soberano sobre toda la creación y digno de adoración y devoción.

CUERNOS

En el libro del Apocalipsis, los cuernos se mencionan en varias ocasiones y tienen un simbolismo importante positivo en algunos casos y en otros no. En el primer caso, se presentan los cuernos del altar que son una figura de Dios y de los sacrificados. De allí sale una voz potente que da inicio al juicio de la historia (Ap. 9:13); también el cordero sacrificado aparece con siete cuernos como un símbolo de omnipotencia y que son los siete espíritus de Dios, que han sido enviados para visitar toda la tierra (Ap. 5:6). En el segundo caso, se presentan los cuernos en el sentido negativo, maligno, por ejemplo, en Ap. 12:3: "Y apareció otra señal en el cielo: he aquí un gran dragón escarlata que tenía siete cabezas y diez cuernos, y en sus cabezas siete diademas". En este versículo, los cuernos representan poder y autoridad. El dragón en este contexto se identifica con Satanás, y sus cuernos indican su influencia y dominio sobre el mundo. Apocalipsis 13:1: "Me paré sobre la arena del mar, y vi subir del mar una bestia que tenía siete cabezas y diez cuernos; y en sus cuernos diez diademas; y sobre sus cabezas, un nombre blasfemo". Aquí, los cuernos nuevamente representan poder y autoridad.

La bestia mencionada es un símbolo del poder mundial opuesto a Dios, y los cuernos simbolizan los reinos o líderes que le dan su poder. Apocalipsis 17:12: "Y los diez cuernos que has visto, son diez reyes, que aún no han recibido reino; pero por una hora recibirán autoridad como reyes juntamente con la bestia". En este versículo, los cuernos representan a diez reyes o líderes políticos que se unen para apoyar a la bestia, que es un símbolo del anticristo. Los cuernos indican su poder y autoridad temporal para cumplir los propósitos malignos de la bestia. En resumen, en el contexto del Apocalipsis, los cuernos simbolizan poder, autoridad y dominio. Unos cuernos simbolizan esas características de Dios y Cristo y el resto representan tanto a Satanás como a los líderes y reinos que se levantan en oposición a Dios durante los eventos finales descritos en ese libro bíblico (Byers).

CULTO IMPERIAL

Con la dominación romana, se introdujo en el mundo helénico un nuevo culto: el de la diosa Roma o el genio de esta ciudad. Este culto era una creación artificial de carácter netamente político, y no surgía de un sentimiento religioso espontáneo. Dado que la diosa Roma era simplemente una abstracción, pronto se asoció el culto a una divinidad concreta: el culto al emperador. Así se estableció la religión imperial, y las etapas sucesivas de esta institución están marcadas en la historia (Robert - Feuillet).

Las antiguas civilizaciones como la egipcia, la mesopotámica y la grecorromana, tenían una especial reverencia hacia sus soberanos, considerándolos como hijos, representantes o enviados de las divinidades. Sin embargo, el Nuevo Testamento adopta una postura crítica y distante frente a esta concepción de dominio y soberanía. Aunque no siempre hace referencia directa al fenómeno del culto al soberano o al culto imperial, hay textos como Lucas 2:8-14 o Mateo 2:1-12 que pueden interpretarse como críticas a los soberanos. Es interesante destacar que el segundo pasaje contrasta con la aceptación y adopción de la adoración al soberano helenista oriental por parte de algunos emperadores romanos como Calígula o Nerón.

Aunque estos pasajes no expresan una posición inequívoca respecto a las autoridades y solo abordan de manera indirecta la relación con el culto imperial, Ap. 13:4-32 (como se explicará más adelante en detalle) se expresa de manera clara e inconfundible. Hace alusión a la violencia desencadenada por el culto imperial, pero también señala su fracaso. Es posible que el fondo del enunciado sobre la reconciliación en Colosenses 1:20 esté relacionado con el modelo del culto imperial. Cristo no solo es el creador de paz en la tierra, como se atribuía al emperador romano, sino también el reconciliador de todo el universo (Kasper).

De modo específico, la expresión "culto imperial" tiene su origen en la antigua Roma y se refiere al sistema religioso y político en el cual se exigía reverencia y adoración al emperador romano como una figura divina. En el contexto del Apocalipsis, el término puede hacer referencia a las prácticas religiosas y rituales asociados con el culto imperial romano que eran obligatorios para todos los ciudadanos romanos.

El culto de adoración al César alcanzó su máximo apogeo en el primer siglo. La evidencia numismática, en forma de monedas, nos proporciona ilustraciones de la pretensión del emperador de ser divino. Por ejemplo, las monedas llevaban su título de "señor y dios" y mostraban la imagen de su hijo deificado, sentado en un globo terráqueo y con las manos extendidas hacia siete estrellas (Ap. 1:20).

Irónicamente, los judíos estaban exentos del culto imperial, un privilegio que se extendía incluso hasta la época de Julio César. Sin embargo, tras la caída de Jerusalén en el año 70 d.C., el subsiguiente resentimiento de los judíos hacia los cristianos no auguraba nada bueno para los creyentes judíos. Las sinagogas idearon una forma de expulsar a estos últimos, introduciendo la maldición de los "minim" (literalmente, "herejes"), que se refería a los seguidores de Jesús, conocidos como "nazarenos", en las Dieciocho Bendiciones que se recitaban en las sinagogas alrededor del año 90 d.C. Esta "bendición" decía: "Por los renegados que no haya esperanza, y que el arrogante reino sea pronto desarraigado en nuestros días, y que los nazarenos y los *minim* [herejes] perezcan como en un momento y sean borrados del libro de la vida, y que los justos no sean inscritos. Bendito seas, oh Señor, que humillas a los arrogantes".

Los nazarenos se referían a los seguidores de Jesús, y probablemente se los identificaba como judíos cristianos. Así expuestos y excomulgados, los cristianos judíos no eran percibidos por el gobierno romano como parte del judaísmo y, por lo tanto, se enfrentaban a un cruel dilema: abandonar a Cristo para ser readmitidos en las sinagogas o negar a César. Este problema parecía ser agravado por aquellos judíos que proporcionaban lugares de reunión para las sinagogas (Kasper).

La organización del culto imperial romano tenía su sede en Éfeso. Estaba a cargo del sumo sacerdote de Asia, quien también presidía el congreso asiático. Por esta razón, se le llamaba Asiarca, según Pikaza. Su cargo era rotatorio y duraba un año. Se le consideraba el dignatario de mayor categoría en la provincia: era rico, famoso y poderoso. Provenía de las familias más acomodadas de los lugares comerciales de Asia Menor. Por lo tanto, se esforzaba por dejar recuerdos memorables de su año de mandato a través de representaciones, construcciones y fundaciones. En la época de Juan, autor del Apocalipsis, Éfeso era el centro más importante del culto al emperador Domiciano, y se enfocaba en tres aspectos: servicio divino, político y emocional-cultural de masas. Por lo tanto, el Sumo Sacerdote de Domiciano era la máxima autoridad eclesiástica en el sacerdocio de Asia Menor y el hombre político de confianza encargado de promover las normas de la idea imperial en la provincia. Pikaza agrega que "el nuevo templo a Domiciano era el lugar adecuado para celebrar las sesiones del Congreso Asiático... Las festividades comenzaban con un gran sacrificio al emperador... Era el momento propicio para llevar a cabo toda clase de representaciones en torno a la imagen imperial. Se escuchaban voces y se percibían movimientos cuya interpretación pertenecía al sentido profético del Sumo Sacerdote... La nueva imagen imperial era como un milagro, como la imagen legítima de Dios, ya que precisamente en Asia Menor se habían arraigado tales dogmas" (Pikaza).

Otros autores confirman que el culto imperial se practicó con varios emperadores romanos, desde Augusto hasta Constantino, sumando un total de treinta y seis. Juan refleja esta realidad del culto imperial en el Apocalipsis 2-3, 13:1-18 y 17:8-13. Estos pasajes resaltan el conflicto entre el cristianismo y el culto imperial. La influencia del culto imperial en Asia Menor también es comentada por Colin J. Hemer, quien señala que es una plataforma que proporciona un trasfondo crítico para comprender las cartas a las siete iglesias en el Apocalipsis 2-3. En relación con esta conexión, hay varios puntos a considerar, como la época de Domiciano (81-96 d.C.), quien también era conocido como "la bestia" y bajo cuyo gobierno el culto de adoración al César alcanzó su máximo apogeo en el primer siglo.

Por otro lado, el culto imperial blasfemo exigido por la bestia del primer siglo y la persecución intensa contra los santos recuerdan las acciones de Nerón, quien era conocido por su megalomanía. La numismática, que es el estudio de las monedas antiguas en la arqueología, proporciona evidencia en el caso de Nerón y muestra su pretensión de divinidad. Nerón hizo acuñar monedas en las que se le llamaba dios todopoderoso y salvador. En las monedas, también se representaba a Nerón como el dios Apolo tocando una lira. Mientras que los emperadores anteriores eran proclamados dioses después de su muerte, Nerón rompió con esa tradición y exigió honores divinos en vida, al igual que Calígula antes que él, durante su reinado entre 37 y 41 d.C.

Este trasfondo político e histórico arroja luz sobre la teología abordada por Juan en las siete cartas. Estos mensajes son advertencias a las iglesias para resistir la tentación de sucumbir al culto al César. Los nicolaítas (Ap. 2:6, 15) y la enseñanza de Balaam (Ap. 2:14) parecen aludir a aquellos en las iglesias que afirmaban que era permitido adorar a César. Las enseñanzas jezabelianas (Ap. 2:20-22) también pueden incluirse en esa categoría, particularmente en el contexto de la fusión del culto al César, la idolatría y el paganismo que impregnaban todo el Imperio romano, incluso los gremios comerciales de la época.

Usar este marco histórico también ayuda a comprender el significado de Apocalipsis 17:1-7. En este pasaje, el apóstol Juan describe a una mujer prostituta, llena de nombres blasfemos, sentada sobre una bestia. Varios comentaristas identifican a esta mujer con el Israel infiel, especialmente con Jerusalén (aunque otros la equiparan con Babilonia y Roma). La descripción en el versículo 17:6 de la matanza de los mártires por parte de la mujer recuerda claramente las acusaciones de Jesús contra Jerusalén (Mt. 23:29-39). La idolatría de la ciudad también evoca la infidelidad pasada de Israel hacia Dios, en este caso probablemente manifestada en el privilegiado estatus del judaísmo del primer siglo ante Roma.

Sin embargo, los primeros cristianos judíos no compartían este estatus privilegiado. Expulsados de las sinagogas, tenían que enfrentarse al culto al César. Cuando Juan habla de la bestia volviéndose contra la mujer y destruyéndola (Ap. 17:16-18), es probable que esté aludiendo al juicio divino que cayó sobre Jerusalén por su cooperación con el culto imperial. La destrucción de Jerusalén en el año 70 d.C. también parece mencionarse en el versículo 11:2, donde se dice que el atrio exterior del Templo "ha sido entregado a los gentiles. Pisotearán la ciudad santa" (Lc. 21:24).

En cuanto a Apocalipsis 13:15-18, la marca de la bestia en la mano derecha o en la frente de los adoradores, algunos estudiosos piensan que puede ser una imitación de la costumbre judía de llevar filacterias con los diez mandamientos en los brazos y la frente, basándose en Deuteronomio 6:8. Bajo esta interpretación, la exposición de la marca de la bestia podría entenderse como una acusación contra los judíos del primer siglo que negaban su compromiso con el monoteísmo al cooperar con Roma imperial. Esto explica por qué Apocalipsis se refiere a personas como aquellas "que se dicen ser judíos y no lo son, sino sinagoga de Satanás" (Ap. 2:9, 24; 1:7; 17:3). Su rechazo a Jesús y a sus seguidores, así como su aceptación del culto al César en el caso de otros, eran considerados una apostasía escatológica. Aunque esta explicación tiene mérito, algunos estudiosos del Nuevo Testamento la descalifican.

En síntesis. Todo lo explicado nos permite comprender por qué y cómo el culto imperial ocupó de inmediato el primer lugar en la religión oficial y lo mantuvo durante varios siglos. También se evidencia el poder que representaba este culto y se puede intuir el obstáculo que representaba para la propaganda cristiana. El César romano era adorado como un "dios", un "salvador" y un "señor". San Pablo y otros misioneros evangélicos reclamaron para Jesucristo los mismos títulos y atributos. En todas las ciudades de Asia Menor, Macedonia y Grecia donde predicaban, la religión imperial tenía sus templos, su clero y su base de seguidores. El conflicto era inevitable. Las autoridades romanas no podían permitir que se atacara o amenazara a la religión oficial, y los cristianos no podían reconocer la divinidad del César. A menudo tuvieron que pagar con su sangre por negarse a participar en su culto. El eco de su indignación y protestas aún resuena en el libro del Apocalipsis (Ap. 6:9-11; 13:11-17; 20:4), (Robert - Feuillet).

CUMPLIMIENTO DE LA PROFECÍA

El cumplimiento de la profecía es un tema de gran importancia en el estudio de la Biblia, y ha sido objeto de debate y diferentes enfoques interpretativos a lo largo de la historia. A grandes rasgos, el cumplimiento de la profecía se refiere a cómo se realizan las predicciones y promesas proféticas contenidas en las Escrituras.

En términos generales, existen tres enfoques principales para interpretar el cumplimiento de la profecía bíblica: el enfoque fundamentalista, el enfoque liberal y el enfoque evangélico. Estos enfoques difieren en su comprensión de cómo se cumplen las profecías y qué tipo de cumplimiento se espera ver.

El enfoque fundamentalista tiende a ver la profecía bíblica como meramente predictiva. Según esta perspectiva, las profecías se cumplen de manera literal y directa, sin importar el contexto histórico o las circunstancias. Los fundamentalistas creen que las profecías se cumplen exactamente como fueron predichas, sin necesidad de interpretación adicional o cumplimiento simbólico.

Por otro lado, el enfoque liberal tiende a ver la profecía bíblica como exclusivamente histórica. Esta perspectiva interpreta las profecías como descripciones de eventos pasados o situaciones contemporáneas al profeta, sin implicaciones directas para el futuro. Los liberales ven las profecías como expresiones de las esperanzas y preocupaciones del pueblo en ese momento, pero no como predicciones literales del futuro.

La perspectiva evangélica, en cambio, interpreta la profecía bíblica como histórica y también como predictiva del futuro. Este enfoque reconoce tanto el cumplimiento en el contexto histórico como la posibilidad de un cumplimiento adicional o más completo en el futuro. Los evangélicos creen que muchas profecías tienen un cumplimiento parcial en eventos históricos, pero también apuntan a una consumación final en el plan de Dios.

Cabe destacar que estos enfoques representan categorías generales y existen diversas variaciones y matices dentro de cada uno de ellos. Además, los estudiosos y creyentes pueden adoptar diferentes enfoques según la profecía específica que estén analizando.

El cumplimiento de la profecía es un tema complejo y desafiante en el estudio de la Biblia. Requiere una cuidadosa consideración del contexto histórico, literario y teológico de cada profecía, así como una apertura a la guía del Espíritu Santo en la interpretación. Los cristianos pueden tener diferentes puntos de vista sobre cómo se cumple la profecía, pero la importancia esencial radica en reconocer el papel central de Jesucristo como el cumplimiento definitivo de las promesas y profecías de las Escrituras.

Existen varios ejemplos de profecías cumplidas en la vida y ministerio de Jesús de Nazaret que son reconocidos por los diferentes enfoques interpretativos. A continuación, mencionaré algunos ejemplos:

Nacimiento de Jesús: Tanto el enfoque fundamentalista, el enfoque liberal y el enfoque evangélico concuerdan en que el nacimiento de Jesús en Belén cumple la profecía del Antiguo Testamento en Miqueas 5:2.

Juan el Bautista: los tres enfoques interpretativos reconocen que Juan el Bautista cumplió la profecía de Isaías 40:3 como la voz que clama en el desierto anunciando la venida del Mesías.

Ministerio y enseñanzas de Jesús: los tres enfoques también están de acuerdo en que Jesús cumplió numerosas profecías mesiánicas relacionadas con su ministerio y enseñanzas, como su predicación del Reino de Dios, los milagros que realizó y su autoridad para enseñar.

Traición de Judas: el enfoque fundamentalista, el enfoque liberal y el enfoque evangélico reconocen que la traición de Judas Iscariote y su papel en la entrega de Jesús a las autoridades religiosas se cumple en las profecías del Salmo 41:9 y el Salmo 109:8.

Sin embargo, también hay profecías en las que los diferentes enfoques interpretativos pueden tener diferencias en su comprensión del cumplimiento. Por ejemplo:

Cumplimiento del Templo: algunos enfoques interpretativos, como el fundamentalista, ven una profecía directa del cumplimiento del Templo de Jerusalén en la vida de Jesús, mientras que otros, como el enfoque liberal, pueden interpretarlo simbólicamente o como una expresión de la destrucción del sistema religioso antiguo.

Regreso de Jesús: el enfoque evangélico y el enfoque fundamentalista suelen interpretar las profecías sobre el regreso futuro de Jesús de manera literal y esperan un cumplimiento futuro. Por otro lado, el enfoque liberal tiende a interpretar estas profecías como expresiones de esperanza y transformación espiritual sin un cumplimiento literal (Gálvez).

CÚPULA DE LA ROCA

La Cúpula de la Roca es un edificio icónico ubicado en el Monte del Templo en la ciudad de Jerusalén. Tiene una gran importancia histórica, cultural, religiosa y profética para varias comunidades y religiones. A continuación, se detallan algunos aspectos relevantes sobre este monumento:

Contexto histórico y cultural: la construcción de la Cúpula de la roca comenzó en el año 687 d.C., durante el período de dominio islámico en Jerusalén. Fue encargada por el califa omeya Abd al-Malik y se completó en el año 691 d.C. El edificio fue construido sobre la explanada donde anteriormente se encontraban el Templo de Salomón y el Segundo Templo judío, que habían sido destruidos.

Arquitectura y diseño: la Cúpula de la Roca es un impresionante ejemplo de la arquitectura islámica temprana. Tiene forma octogonal y está coronada por una cúpula dorada. Su exterior está revestido de mosaicos de colores vivos y llamativos. El interior cuenta con un espacio central octogonal y está decorado con mosaicos, caligrafía árabe y detalles ornamentales.

Significado religioso: la Cúpula de la Roca es considerada uno de los lugares más sagrados del islam. Según la tradición islámica, se cree que el edificio marca el lugar desde donde el profeta Mahoma ascendió al cielo en su Viaje Nocturno. Además, se cree que alberga la Roca de la Fundación, desde donde Mahoma habría iniciado su ascenso.

Importancia para el judaísmo: aunque la Cúpula de la Roca es un lugar sagrado para el islam, también tiene un significado especial para el judaísmo. Se cree que la Roca de la Fundación es el lugar donde se encontraba el Santo de los Santos en los antiguos templos judíos. Además, la tradición judía sostiene que esta roca fue el lugar donde Abraham casi sacrificó a Isaac (Gn. 22). Para los judíos, el Monte del Templo es un lugar de gran importancia histórica y religiosa, y muchos anhelan la reconstrucción del Templo.

Profecías y simbolismo: la Cúpula de la Roca ha sido objeto de mucha especulación y atención en relación con profecías y creencias apocalípticas. Algunos intérpretes bíblicos y religiosos han asociado la presencia de la Cúpula de la Roca con profecías relacionadas con el fin de los tiempos y el establecimiento de un nuevo orden mundial que incluye la abominación desoladora, por ejemplo. Estas interpretaciones varían ampliamente y no son aceptadas universalmente.

CURA/SANIDAD ESPIRITUAL

Jeremías, junto con otros profetas del Antiguo Testamento, utiliza la imagen de la enfermedad y las heridas para describir la deplorable condición espiritual de Israel y Judá. En los capítulos 1 al 29 de Jeremías, el profeta proclama que, dado que el pueblo no se arrepentirá, el juicio es inevitable. En repetidas ocasiones, utiliza imágenes de enfermedad, afirmando que Israel/Judá está herido y enfermo, pero que no hay curación para ellos, solo juicio. Por ejemplo, en el versículo 8:22, el profeta declara: "¿No hay bálsamo en Galaad? ¿No hay médico allí? ¿Por qué, entonces, no hay cura para la herida de mi pueblo?" (ver **Bálsamo de Galaad**). Este tema se repite en los versículos 8:15, 10:19, 14:19 y 15:18.

Sin embargo, en los capítulos 30 al 33 de Jeremías, cuando el profeta contempla el futuro mesiánico, proclama la curación como parte de la salvación venidera en la era mesiánica. Así, en el capítulo 30, Dios describe primero la terrible situación existente en Jerusalén y Judá, utilizando heridas físicas y enfermedades como metáforas para representar graves enfermedades espirituales incurables:

"Tu herida es incurable, tu lesión es más allá de la curación. No hay... remedio para tu llaga, no hay sanidad para ti... ¿Por qué lloras por tu herida, tu dolor que no tiene cura? Por tu gran culpa y tus muchos pecados, te he hecho estas cosas" (Jer. 30:12-15).

Sin embargo, en marcado contraste con el inminente juicio inevitable anterior, Dios dirige su mirada hacia el futuro mesiánico y proclama: "Pero yo te restauraré a la salud y sanaré tus heridas" (Jer. 30:17). Este tema de la sanidad mesiánica para la enfermedad espiritual y las heridas de la nación resurge en el versículo 33:6. Isaías añade que será a través del sufrimiento y las heridas (es decir, la muerte) del Mesías venidero que finalmente el pueblo será sanado (Is. 53:4-5).

Aunque los profetas utilizan la enfermedad y la curación metafóricamente para representar la situación espiritual de Israel, Jesús cumple estas profecías tanto en sentido figurado como literal. Él ciertamente "sana" a las personas espiritualmente, brindando perdón y restaurando la integridad. Pero también realiza curaciones literales a un gran número de personas (ciegos, cojos, etc.), cumpliendo irónicamente una profecía figurativa de manera literal. De esta manera, Jesús cumple las profecías de Jeremías tanto en sentido literal como figurado.

La naturaleza dual, tanto literal como figurativa, de la curación realizada por Jesús se destaca mediante los posibles significados duales de la palabra griega *sōzō*. Esta palabra puede significar tanto "ser salvado espiritualmente" como "ser sanado físicamente". Cuando Jesús se dirige a la mujer que lo tocó con fe y le declara: "Tu fe te ha salvado/sanado [*sōzō*]" (Mr. 5:34), ¿se refiere exclusivamente a la curación física (ya que su hemorragia se había detenido) o incluye también la curación espiritual (perdón de pecados y liberación del juicio, como *sōzō* suele significar)? Ambos tipos de curación se han producido.

La curación desempeña un papel central en el ministerio de Jesús. No solo demuestra el cumplimiento de profecías específicas del Antiguo Testamento, sino que también caracteriza y representa la llegada del reino de Dios, señalando que en la consumación final del reino no habrá enfermedad (ni ceguera, lepra, cojera, etc.). Los milagros de sanidad realizados por Jesús también autentifican poderosamente su ministerio, testificando el hecho de que viene con el poder de Dios y debe ser identificado con el Señor, el gran sanador del Antiguo Testamento.

Al igual que ocurre con muchos otros temas bíblicos, el tema de la curación reaparece al final del libro del Apocalipsis. En Apocalipsis 22:1-2, Juan describe el árbol de la vida que crece a ambos lados del río del agua de la vida. Juan explica que las hojas del árbol "son para la sanidad de las naciones" (Hays, Scott, Pate), (ver **Árbol de la vida**).

CURACIÓN PARA ISRAEL Y LAS NACIONES

Jeremías, junto con los otros profetas del Antiguo Testamento, usa la imagen de enfermedad y heridas para describir la deplorable situación espiritual de Israel y Judá. En Jeremías 1-29, el profeta proclama que, puesto que el pueblo no se arrepentirá, el juicio es inevitable. En estos capítulos utiliza las imágenes de enfermedad con frecuencia, afirmando que Israel y Judá están heridos, enfermos; que no hay sanidad para ellos, sino juicio. Así en Jer. 8:22 el profeta declara: "¿No hay bálsamo en Galaad? ¿No hay allí médico? ¿Por qué, pues, no hay curación para la herida de mi pueblo?". Este tema se repite en Jer. 8:15; 10:19; 14:19; y 15:18.

Con todo, en Jeremías capítulos 30-33, el profeta mira al futuro y anuncia la curación como parte de la salvación futura que trae la edad mesiánica. Así, en el capítulo 30, Dios relata primero la terrible situación existente en Jerusalén y en Judá, usando heridas físicas y enfermedad como figuras o imágenes para representar enfermedades espirituales graves e incurables:

"Porque así dice el Señor: incurable es tu quebranto, y grave tu herida. No hay quien defienda tu causa; para una llaga hay cura, pero no hay mejoría para ti. Todos tus amantes te han olvidado, ya no te buscan; porque con herida de enemigo te han herido, con castigo de hombre cruel, por lo grande de tu iniquidad y lo numeroso de tus pecados. ¿Por qué gritas a causa de tu quebranto? Tu dolor es incurable. Por lo grande de tu iniquidad y lo numeroso de tus pecados, te he hecho esto" (Jer. 30:12-15).

Aun así, en marcado contraste con el juicio inevitable inminente anterior, Dios ahora mira hacia el futuro mesiánico y proclama: "Pero yo restauraré la salud y sanaré sus heridas" (Jer. 30:17). Este tema de sanidad mesiánica para la enfermedad espiritual y las heridas de la nación resurge en Jer. 33:6. Isaías añade que será esencialmente por el sufrimiento, las heridas del Mesías venidero que las gentes de Israel y las naciones serán sanadas (Is. 53:4-5).

Si bien los profetas usan la enfermedad y la curación metafóricamente para representar la situación espiritual de Israel, Jesús cumple estas profecías en el sentido figurado y literal.

139

Él ciertamente "sana" a la gente espiritualmente, brindando perdón y restaurando a la integridad; también cura físicamente a los enfermos: leprosos, ciegos, cojos… De manera irónica cumple una profecía figurativa de manera literal. Así cumple Jesús de Nazaret, cumple las profecías de Jeremías. Por ejemplo, cuando Jesús se voltea y le dice a la mujer con flujo de sangre o hemorroisa, como afirman otros exégetas: "Tu fe te ha salvado" (Mr. 5:34). La palabra griega para "salvado" es (sōzō), y significa sanidad espiritual y sanidad física. En este caso, lo que dice el texto es que la mujer fue salva espiritualmente y sana físicamente.

La sanidad juega un papel central en el ministerio de Jesús: es el cumplimiento de las profecías específicas del Antiguo Testamento, y es la señal de la irrupción del reino de Dios, con la connotación escatológica de que en la consumación final del reino no habrá ninguna enfermedad.

La *Terapeia* o sanar toda enfermedad y dolencia es muy clara en las Sagradas Escrituras. Jesús recorrió todo Israel enseñando, predicando y sanando toda enfermedad y toda dolencia. Casi sin excepción cuando predicó, también sanó a los enfermos y libertó a los endemoniados. Jesús nunca separó la predicación de las señales que hacía. Más bien, las señales de sanidad confirmaban su predicación. Mateo 4:25 describe a grandes rasgos el ministerio de Jesús: "Y recorrió Jesús toda Galilea, enseñando en las sinagogas de ellos, y predicando el evangelio del reino, y sanando toda enfermedad y toda dolencia en el pueblo". Incluso, mucha gente, quería ver a Jesús y escucharlo porque Él hablaba con autoridad y satisfacía las necesidades de salud de muchos pueblos. Jesús se volvió famoso a causa de su predicación y las sanidades que realizaba. Eso lo dice también Mateo 4:24-25.

Por si fuera poco, es contundente el testimonio del Evangelio de Mateo en cuanto que la *Terapeia* divina está incluida en la muerte expiatoria de Jesús profetizada en Is. 53:4. Eso contradice lo que algunos intérpretes afirman con relación a la sanidad que se refiere en Isaías diciendo que únicamente se menciona a la sanidad espiritual y no a la física. Pero el evangelista refuta a esos pensadores: "Vino Jesús a casa de Pedro, y vio a la suegra de este postrada en cama, con fiebre, y tocó su mano, y la fiebre la dejó; y ella se levantó, y les servía. Y cuando llegó la noche, trajeron a él muchos endemoniados; y con la palabra echó fuera a los demonios, y sanó a todos los enfermos, para que se cumpliese lo dicho por el profeta Isaías, cuando dijo; Él mismo tomó nuestras enfermedades, y llevó nuestras dolencias" (Mt. 8:14-17).

Este es uno de los pasajes más claros con relación a la aplicación de la sanidad que Jesús obtuvo para nosotros cuando murió crucificado. No necesita interpretación profunda porque el pasaje es clarísimo. El tema de la sanidad reaparece en el final de Apocalipsis. Juan describe el árbol de la vida a ambos lados del río del agua de la vida. Las hojas del árbol de Juan explican que "son para la sanidad de las naciones" (Ap. 22:1-2), (Hays, Scott, Pate).

CUS/ETIOPÍA

La antigua tierra de Cus, también conocida como Etiopía, tiene una rica historia y una serie de aspectos históricos, bíblicos y proféticos. Etimológicamente, el término "Cus" tiene un origen antiguo y proviene del hebreo "Kush". Su etimología se asocia con la palabra "negro" u "oscuro", lo que indica una posible relación con la población de piel oscura que habitaba en la región. Cus, o Etiopía, es una región que ha existido desde tiempos antiguos. En la antigüedad, se refería a los territorios ubicados al sur de Egipto, a lo largo del río Nilo Superior, en lo que ahora es el país de Sudán. Estas tierras estaban habitadas por diversos pueblos y civilizaciones, y se destacaron por su rica cultura y desarrollo. Los cusitas aparecen en toda la literatura de los pueblos del antiguo Cercano Oriente. La gente de Cus eran africanos negros, y era a través del contacto con *Kush* que el mundo antiguo estaba familiarizado con el África negra.

En el libro de Isaías, se profetiza sobre la expansión del reino de Dios hacia Etiopía, lo que indica la importancia espiritual de esta región. Los griegos etiquetaron todo al sur de Egipto, es decir, toda África negra, como Etiopía. Así, en el Nuevo Testamento, cuando los escritores se refieren a la región de Cus, la llaman Etiopía (Hch. 8:27, el eunuco etíope). Esto puede generar confusión hoy en día, ya que existe un país moderno llamado Etiopía que es diferente y se encuentra al este de la antigua Cus, lo que puede confundir el asunto. Además, los romanos llamaron a la región Nubia, y muchos historiadores en la actualidad se refieren a la región de Cus con ese término. La mayoría de las traducciones modernas de la Biblia utilizan el término "Etiopía" para referirse a esta región histórica.

La Biblia presenta inconsistencias en la forma en que traduce la palabra hebrea "Cus". En ocasiones, se traduce como "Kush", otras veces como "Etiopía" o "Nubia". No obstante, los cusitas desempeñan un papel histórico importante en la Biblia y aparecen con frecuencia. Por ejemplo, Tirhakah, el faraón cusita, marchó contra los asirios para ayudar a Jerusalén cuando estaba sitiada (2 R. 19:9; Is. 37:9). Ebed-Melec, el cusita, fue quien rescató a Jeremías cuando todo Jerusalén se había vuelto contra el profeta (Jer. 38:1-13). Además, los cusitas juegan un papel teológico y profético relevante en la Biblia, especialmente en los profetas del Antiguo Testamento y también en el libro de Hechos. Estos profetas proclaman que en la futura era mesiánica, todos los pueblos de todas las nacionalidades se reunirán como el pueblo de Dios, en cumplimiento de Génesis 12:3. Los profetas a menudo utilizan a los cusitas como representantes simbólicos de este evento, es decir, los utilizan para representar a todas las demás naciones del mundo.

En el contexto profético, Cus o Etiopía se mencionan en varias profecías bíblicas. Por ejemplo, el libro de Sofonías habla de una nación que extenderá sus manos hacia Dios desde más allá de los ríos de Cus. Esto se interpreta como una referencia a la expansión del mensaje de Dios más allá de las fronteras de Israel y hacia las naciones vecinas. En Hechos 8, se refleja este tipo de entendimiento profético. En este pasaje, el judío semita Felipe lleva a un eunuco africano negro hacia Cristo, en uno de los primeros encuentros evangelísticos registrados en la historia cristiana. Este hecho establece el escenario para la explosión del evangelio en el mundo que tuvo lugar durante los próximos treinta años, y da un anticipo de la composición mixta del nuevo pueblo de Dios que llenará el reino de Cristo (Hays).

D

DANIEL, LIBRO DE

Perspectiva general

El libro de Daniel es una obra de gran importancia dentro de la literatura bíblica. Escrito en hebreo y arameo, se considera parte de los libros proféticos del Antiguo Testamento. Su autoría se atribuye al profeta Daniel, quien vivió durante el período del exilio babilónico en el siglo VI a.C. Este libro se destaca por su riqueza teológica, su contenido profético y su narrativa histórica. A través de sus diversas secciones, Daniel presenta visiones y sueños que contienen mensajes y revelaciones divinas sobre el futuro del pueblo de Israel y del mundo en general. El libro de Daniel aborda temas como la soberanía de Dios, la fidelidad en medio de la adversidad y la victoria final del reino de Dios sobre los imperios terrenales. Además, nos brinda un valioso testimonio de la vida y el ministerio de Daniel, quien se destacó por su sabiduría, su interpretación de sueños y su firmeza en la fe.

El estilo literario de Daniel combina la narrativa histórica con la poesía, y sus visiones proféticas presentan imágenes simbólicas y alegóricas. A lo largo del libro, podemos encontrar relatos conocidos como el sueño de Nabucodonosor y la historia de Daniel en el foso de los leones, que han dejado una profunda impresión en la cultura y la tradición judeocristiana.

Diversidad de interpretaciones proféticas

El libro de Daniel ocupa un lugar de importancia en el estudio de la profecía bíblica. Sin embargo, su interpretación ha sido motivo de fuertes desacuerdos y controversias. A pesar de ello, Daniel nos brinda una valiosa perspectiva sobre el futuro escatológico y su libro contiene antecedentes críticos para comprender el libro de Apocalipsis. El tema central de Daniel se refleja en el significado de su nombre "Dios es mi juez", haciendo referencia al juicio soberano de Dios sobre los enemigos del antiguo Israel y a la liberación de su pueblo conforme al pacto con los judíos.

Autoría y fecha

Una de las cuestiones clave en relación con el libro de Daniel es su autoría y fecha, ya que ambas son importantes para la interpretación de sus profecías. Hasta el período moderno, la iglesia aceptaba la autoría tradicional de Daniel, es decir, que fue escrito por el propio Daniel, un judío que se encontraba en cautiverio en Babilonia (aproximadamente entre los años 605 y 539 a.C.). Si bien parte del libro se basa en sus experiencias con tres reyes del antiguo Cercano Oriente: Nabucodonosor (Daniel 1, 3, 4), Belsasar (Daniel 5) y Darío (Daniel 6), más de la mitad del libro registra visiones futuristas que Dios le reveló (Daniel 2, 7–12).

Perspectivas históricas

A partir de Porfirio (fallecido en el 303 d.C.), y especialmente durante la Ilustración, los académicos críticos han planteado serias dudas sobre la perspectiva tradicional. Desde un punto de vista histórico, los teólogos liberales argumentan que Daniel no escribió este libro, sino que fue escrito por un autor anónimo alrededor del 165-164 a.C., varios siglos después de la vida y muerte de Daniel. Estos argumentos se basan en supuestas imprecisiones históricas, que sugieren que el autor vivió en una época posterior al exilio babilónico, durante los días en que Israel fue perseguido por Antíoco Epífanes (ver **Antíoco Epífanes**).

Supuestas imprecisiones históricas

Daniel 1:1 afirma que: (1) Nabucodonosor invadió Palestina en el tercer año del reinado del rey Joacim, mientras que Jeremías 46:2 establece que esa invasión ocurrió en el cuarto año del reinado de Joacim. (2) No hay registros babilónicos del rey Belsasar (Dn. 5). (3) La existencia de Darío el Medo (Dn. 6) no puede ser verificada en la historia.

En respuesta a estas acusaciones, los estudiosos conservadores señalan lo siguiente: (1) en el antiguo Cercano Oriente existían dos métodos diferentes de contar los años de los reinados reales, lo que podría explicar la primera objeción. Jeremías 46:2 sigue la práctica judía de contar el año de ascenso al trono de un rey, mientras que Daniel 1:1 sigue naturalmente la datación babilónica que cuenta a partir del año de la adhesión. En esta interpretación, no hay un conflicto real en los años. (2) Aunque los registros de los reyes de Babilonia no mencionan el nombre de Belsasar, esos registros se refieren a "Belsarusur" como el hijo del último rey de Babilonia, Nabónido. Belsasar era el príncipe heredero de la ciudad capital mientras su padre estaba en campaña en Arabia durante aproximadamente siete años (ver **Belsasar**). (3) Darío el Medo se identifica con Gobrias, el gobernador de Babilonia y uno de los hombres de confianza de Ciro, o incluso podría ser el propio Ciro (Dn. 6:1; 6:28), (ver **Darío el Medo**).

Dificultades lingüísticas

El segundo cuestionamiento a la autoría de Daniel es de naturaleza lingüística. Daniel 1, junto con Daniel 8–12, está escrito en hebreo, el idioma de los judíos, mientras que Daniel 2–7 está escrito en arameo, el idioma de la antigua Babilonia. Los críticos argumentan que el arameo de Daniel data del siglo III a.C., no del siglo VI a.C., que es la fecha tradicional de Daniel. Sin embargo, los papiros arameos de Elefantina, descubiertos en el sur de Egipto, proporcionan evidencia de que el arameo de Daniel 2–7 coincide realmente con el arameo del siglo VI a.C.

Perspectivas proféticas

Los críticos argumentan que el autor de Daniel debe haber vivido inmediatamente después de la época en que Antíoco Epífanes profanó el Templo de Jerusalén (167 a.C.), ya que el libro de Daniel describe ese evento. Los eruditos conservadores no están de acuerdo y señalan que la mayoría de estas objeciones provienen de la resistencia de algunos académicos a aceptar la capacidad de los profetas bíblicos para predecir el futuro. Los dos últimos de los cuatro reinos mencionados en Daniel son predicciones a largo plazo (Grecia, 330 a 167 a.C.; Roma, ya sea en el año 33 d.C. o un imperio romano revivido en el tiempo del fin). Además, esta perspectiva sostiene que el capítulo Dn. 11:40-45, así como el capítulo 12, predicen la futura persecución escatológica de Israel por parte del anticristo.

Esbozo del libro

Entre los varios esquemas propuestos para el libro de Daniel, la siguiente estructura paralela correlaciona muy bien los capítulos del libro:
Capítulo 1: Daniel fiel entre los babilonios.
Capítulo 2: Los cuatro reinos.
Capítulo 3: El decreto de Nabucodonosor.
Capítulo 4: Sentencia sobre Nabucodonosor.
Capítulo 5: Juicio sobre Belsasar.
Capítulo 6: Daniel fiel entre los medos y los persas.
Capítulo 7: Los cuatro reinos.
Capítulo 8: Decreto de Antíoco.
Capítulo 9: Juicio sobre Jerusalén.
Capítulos 10-12: Sentencia sobre el supuesto anticristo.

Según este esquema, los capítulos 1 y 6 describen a Daniel como fiel a Dios, primero durante la era babilónica (605-539 a.C.) y luego durante el período medo-persa (a partir del 539 a.C.). Los capítulos 2 y 7 predicen el surgimiento de los cuatro reinos, así como el reino triunfante de Dios. El capítulo 3 relata el decreto de Nabucodonosor de que todos debían adorarlo, lo cual prefigura la futura demanda de Antíoco de que los judíos lo adoren en el capítulo 8. Según los capítulos 4 y 9, el juicio y la restauración de Dios recaen sobre Nabucodonosor e Israel, respectivamente. Por último, según los capítulos 5 y 10-12, el juicio de Dios cae sobre Belsasar, así como caerá sobre el futuro anticristo.

Diversos enfoques de la Gran Tribulación final

Gran parte de la profecía del Nuevo Testamento tiene sus raíces en el libro de Daniel. Por ejemplo, el discurso del olivo (Marcos 13) se basa en gran medida en Daniel 9:24-27 y 11:40-12:13, que hacen referencia a las predicciones sobre la caída de Jerusalén en el año 70 d.C. y, posiblemente, también a la Gran Tribulación que está por venir. La interpretación de si esta Gran Tribulación afectará al futuro de Israel o a la Iglesia depende del punto de vista que se adopte sobre la Tribulación. El punto de vista pretribulacional sostiene que Israel pasará por la Gran Tribulación, mientras que el punto de vista postribulacional argumenta que la iglesia sufrirá esos males mesiánicos; el punto de vista midtribulacional afirma que la Iglesia sufrirá la mitad de la Gran Tribulación.

Daniel 7:9-14, con su descripción de la venida del Hijo del Hombre celestial para recibir el reino de Dios, también proporciona el trasfondo para comprender la Segunda venida de Jesús en las nubes, tal como se describe en Mateo 24:30-31, Marcos 13:26-27 y Lucas 21:27-28. Estos mismos textos de Daniel también son fundamentales para comprender el libro de Apocalipsis, comenzando con la promesa del regreso del Hijo del Hombre en Apocalipsis 1:7, 12-18, continuando con una descripción de la Gran Tribulación en los capítulos 6-18, y culminando con el regreso de Cristo y el establecimiento del reino en los capítulos 19–22. 2 Tesalonicenses 2, que incluye una breve sección apocalíptica, también está influenciado por estos textos de Daniel, especialmente en lo que respecta a los temas del supuesto anticristo y la Gran Tribulación (Woods).

DARÍO EL MEDO

Darío era un nombre común para los gobernantes medo-persas y, en consecuencia, es bien atestiguado en fuentes persas. Especialmente bien documentado está Darío Histaspes, que murió en el 486 a.C. Sin embargo, la identificación de Darío el Medo en Daniel 5:31 y 6:1 es disputada, lo que ha llevado a cuatro interpretaciones competidoras.

(1) Darío el Medo puede ser el gobernador de Gutium, conocido como Gobrias (¿?-538 a.C.), noble persa general del rey aqueménida Ciro el Grande. Tuvo un papel importante en la captura persa de Babilonia, en octubre del 539 a. C. un oficial en el ejército de Ciro que llegó a ser gobernador del norte de Babilonia.

(2) Daniel 5:31 y 6:1 colocan a Darío el Medo en oposición a Ciro el Persa, es decir, que son dos personas diferentes.

(3) El tercer enfoque, que no es adoptado por la mayoría de los evangélicos, es que el autor del libro de Daniel ha confundido a Darío el Medo con Darío Histaspes, uno de los más grandes reyes persas.

(4) Otra posibilidad es que fuese *Gu-ba(r)-ru*, gobernador (*paḫātu*) de Babilonia y Transpotamia (es decir, *Eber-nāri*, q.v.) bajo Ciro II el Grande y Cambises, designado en el cuarto año del reinado de Ciro II (535/4 a.C.), cuando el rey fusionó estos dos países en una sola provincia.

De las cuatro posibles interpretaciones, la primera es la más plausible. Entre el reinado de Ciro y el de Darío Histaspes, los judíos que habían regresado a Israel habían sido maltratados, lo que llevó a una pausa en la reconstrucción de Jerusalén (Esd. 4:1-6). Se hizo un llamado a Darío, quien buscó y encontró el decreto original de Ciro que permitía a los judíos regresar a su tierra natal en el año 536 a.C. Darío siguió la política indulgente de Ciro, lo que llevó a la restauración de los muros de Jerusalén y su Templo (Esd. 6:1-15), (Kasper).

DAVID

Identidad

David, en hebreo bíblico *Dāwīḏ*, significa "amado"; en griego Δαυίδ (*Dabíd*), (c. 1040-966 a.C.) es un personaje de la Biblia, su vida y obra se describen en los libros de Samuel y las Crónicas, mientras su ancianidad y su muerte se narran al comienzo de I Reyes. Según esos escritos, fue sucesor de Saúl como segundo monarca del Reino unificado de Israel, que expandió significativamente el dominio hasta controlar las ciudades de Jerusalén, Samaria, Petra, Zabah y Damasco (Shockel).

David, una figura prominente en la Biblia, es conocido como el segundo rey de Israel y uno de los personajes más destacados del Antiguo Testamento. David era hijo de Isaí, de la tribu de Judá, y nació en Belén. Fue elegido por Dios para ser el rey de Israel, a pesar de ser el menor de sus hermanos.

Llamado: el llamado de David se produjo cuando era un joven pastor de ovejas. Fue ungido por el profeta Samuel como el futuro rey de Israel, lo que marcó el inicio de su camino hacia el liderazgo.

Ministerio: David tuvo un ministerio diverso y multifacético. Antes de convertirse en rey, sirvió a Saúl como músico y le proporcionaba alivio cuando sufría de espíritus malignos. Después de convertirse en rey, David demostró ser un líder militar valiente, un poeta y compositor talentoso, y también mostró sabiduría en la administración y gobierno de Israel.

Reinado: David fue el segundo rey de Israel, y gobernó desde aproximadamente 1010 a.C. al 970 a.C. Es el personaje central en 1-2 Samuel y fue sucedido por su hijo Salomón. Durante su reinado, logró unificar a las tribus de Israel y estableció Jerusalén como la capital del reino. Además, llevó a cabo numerosas conquistas militares y expandió los territorios bajo el dominio israelita.

Gloria: David es conocido por haber llevado a Israel a una época de grandeza y prosperidad. Durante su reinado, el reino de Israel experimentó una estabilidad sin precedentes y se convirtió en una potencia regional. Además, David es recordado por su valentía en el campo de batalla y por su papel en la fundación del templo en Jerusalén, aunque no pudo construirlo personalmente.

Pecado: David también cometió un grave pecado al tener una relación adúltera con Betsabé, la esposa de Urías el heteo. Como consecuencia de su pecado, Betsabé quedó embarazada y David intentó encubrirlo llamando de vuelta a Urías y tratando de hacerle creer que el niño era suyo. Cuando esto falló, David ordenó la muerte de Urías en la batalla. Sin embargo, David se arrepintió sinceramente de su pecado cuando fue confrontado por el profeta Natán y buscó el perdón y la restauración de Dios.

Restauración: a pesar de su pecado, David experimentó la gracia y la restauración de Dios. Después de su arrepentimiento, Dios perdonó a David, aunque tuvo que enfrentar las consecuencias de sus acciones. David continuó siendo rey y Dios renovó su pacto con él, prometiéndole que su linaje gobernaría para siempre.

Papel profético

David juega un papel profético importante en la Biblia. La nación de Israel se traslada a la Tierra Prometida en el libro de Josué, pero pronto se aleja de Dios y comienza un terrible declive teológico y moral que continúa a lo largo del libro de Jueces y alcanza su punto más bajo al final de dicho libro, dejando a la nación en una crisis teológica. ¿Quién rescatará a Israel de la terrible situación que encontramos al final de Jueces?

La respuesta es David, quien es presentado por primera vez en el libro de Rut y luego adquiere protagonismo en 1 Samuel. David es el héroe más destacado, el "hombre conforme al corazón de Dios", que asume el reinado y finalmente completa la conquista, sometiendo prácticamente toda la Tierra Prometida bajo el control israelita por primera vez. Además, restaura el culto a Dios en Israel, lo cual trae una gran bendición a David, culminando en el establecimiento del Pacto Davídico (ver **Pacto davídico**).

En este sentido, David cumple una función profética como un "tipo" del Mesías (ver **Tipología**). Él es el liberador elegido por Dios para restaurar a Israel. Numerosos eventos de su vida y sus Salmos parecen tener un carácter profético o tipológico, estableciendo conexiones con la vida de Cristo. Como mínimo, está claro que los escritores del Nuevo Testamento, frecuentemente, relacionan a Cristo con David. Por ejemplo, cuando David se dispone a atacar Jerusalén, sus enemigos afirman: "No entrarás aquí; incluso los ciegos y los cojos te detendrán" (2 S. 5:6). Sin embargo, el narrador destaca en el versículo 5:7: "Pero David conquistó la fortaleza de Sión, es decir, la Ciudad de David (Jerusalén)". Probablemente no sea una coincidencia, por lo tanto, que tanto Mateo como Marcos describan en detalle cómo Jesús sana a un ciego justo cuando se dirige a Jerusalén para la Pasión (Mt. 20:29-34; Mr. 10:52).

Con todo, el libro de 2 Samuel subraya que, aunque David pueda ser una imagen o tipo de Mesías, en realidad no es más que un simple hombre con debilidades. En el capítulo 11, David comete un gran pecado al tener relaciones con Betsabé y luego planificar la muerte de su esposo Urías. Todo el éxito y la bendición temporal de David se desmoronan y desaparecen debido a su desobediencia con Betsabé. David no es el Mesías, y la historia nos dirige como lectores hacia adelante, más allá de David, para esperar al verdadero Mesías quien, a diferencia de David, no tropezará ni caerá en tentación, sino que será un rey verdadero, recto y justo.

Fallecimiento: David murió en Jerusalén a una edad avanzada (1 R. 2). Antes de su muerte, hizo planes para que su hijo Salomón le sucediera en el trono y supervisó los preparativos para la construcción del templo en Jerusalén (Nelson).

DÉBORA

Identidad
Débora, cuyo nombre significa "abeja" (en hebreo, דְּבוֹרָה), es una figura notable en la Biblia, mencionada en los capítulos 4 y 5 del libro de Jueces (Vine).

Vida
La Biblia no proporciona mucha información sobre el trasfondo personal o familiar de Débora. Sin embargo, se menciona que era esposa de Lapidot.

Llamado
Débora fue llamada por Dios para desempeñar el papel de jueza en Israel durante un tiempo de opresión y conflicto. En ese momento, los israelitas estaban bajo el dominio del rey Jabín de Canaán y su general Sísara. Débora fue una profetisa y la única jueza mencionada de la nación de Israel en la antigüedad (Jue. 4:4). Como jueza, no solo ejercía liderazgo, sino que también hablaba la palabra de Dios. Es importante destacar que el término "juez" en el contexto bíblico no solo se refiere a una figura legal o judicial, sino que también implica liderazgo y guía espiritual. Débora cumplió este papel al ejercer autoridad y proporcionar dirección divina a Israel en un tiempo de necesidad.

Ministerio
Débora ejerció su ministerio como jueza y profetisa en Israel. La gente acudía a ella en busca de consejo y resolución de disputas. La Biblia relata que ella se sentaba bajo una palmera llamada "Palmera de Débora", donde la gente venía a recibir juicio y dirección.

Contribución
La contribución más conocida de Débora fue su liderazgo en la batalla contra los cananeos. Bajo la dirección de Dios, convocó a Barac, un líder militar israelita, y le instó a reunir un ejército para enfrentarse a Sísara y sus fuerzas cananeas. Débora profetizó que Dios entregaría a Sísara en manos de una mujer, y así sucedió cuando Jael, esposa de Heber, clavó una estaca en la cabeza de Sísara mientras dormía. Débora también compuso un himno de alabanza y gratitud a Dios después de la victoria, que se encuentra registrado en el capítulo 5 de Jueces. Este himno, conocido como el Cántico de Débora, celebra la intervención de Dios y la valentía de los israelitas en la batalla.

La figura de Débora destaca por su liderazgo valiente y su papel como profetisa y jueza en un tiempo en que las mujeres no eran comúnmente reconocidas en esos roles. Su contribución en la liberación de Israel y su ejemplo de fe y sabiduría siguen siendo fuente de inspiración hasta el día de hoy (McDonald).

DENUNCIA PROFÉTICA
La denuncia profética en el Antiguo Testamento se refiere a la práctica de los profetas de Israel de confrontar y reprender los pecados y las injusticias en la sociedad. Los profetas eran mensajeros de Dios que recibían revelaciones divinas y tenían la responsabilidad de transmitir los mensajes de Dios al pueblo, incluyendo palabras de advertencia y condenación cuando la nación se apartaba de los caminos del Señor (Sicre-Castillo).

La denuncia profética tenía varias causas. En primer lugar, los profetas denunciaban la idolatría y la adoración de otros dioses que eran comunes en la sociedad israelita.

También condenaban la opresión de los pobres y los débiles, la injusticia en los tribunales, la corrupción en el liderazgo y el abuso de poder por parte de los gobernantes.

La naturaleza de la denuncia profética era confrontacional y, a menudo, provocaba resistencia y persecución por parte de aquellos a quienes se dirigían. Los profetas pronunciaban juicios y advertencias sobre la nación y sus líderes, y a menudo usaban lenguaje fuerte y simbólico para transmitir el mensaje divino. Su objetivo era despertar la conciencia del pueblo y llevarlos al arrepentimiento y la restauración.

Los profetas de Israel, que vivieron en medio de un pueblo profundamente religioso, atacaron la religiosidad del pueblo, denunciaron sus prácticas religiosas, profirieron amenazas contra las gentes que acudían al templo a la hora de los rezos y de la liturgia.

Ahora bien, ¿por qué se comportaron de esa manera los profetas de Israel? ¿Es que aquellos hombres eran ateos y, en consecuencia, no les importaba el culto a Dios? No. La denuncia profética tenía una justificación moral y espiritual. Los profetas creían firmemente en la santidad y la justicia de Dios, y veían la idolatría y la injusticia como una violación de los mandamientos divinos. Veían su papel como mensajeros de Dios y sentían la responsabilidad de confrontar y denunciar el pecado para llamar al arrepentimiento y restaurar la relación del pueblo con Dios. La denuncia profética contra el culto se comprende si tenemos en cuenta que, en aquel pueblo tan piadoso y observante, se cometían terribles injusticias; se levantaban altares a Dios, pero al mismo tiempo se atropellaba a los pobres y a los débiles. Por eso, los profetas no se cansan de repetir, de mil maneras distintas: donde no hay justicia, no hay verdadero culto a Dios. Es más, donde no hay justicia, el intento de dar culto a Dios se convierte en una ofensa al Padre de todos los hombres. Por tanto, los profetas no se limitaron a exigir la práctica de la justicia. Juntamente con eso, denunciaron el culto. De tal manera que, en la práctica, llegaron a decir: donde no se busca sinceramente la justicia, no vale el intento de buscar a Dios mediante el culto, la piedad y los ceremoniales religiosos. En el fondo, todo esto nos viene a decir que, en la conciencia del hombre religioso, la fidelidad a la práctica religiosa se puede convertir, y de hecho se convierte con demasiada frecuencia, en una impresionante forma de ceguera y en un falso tranquilizante. Desde este punto de vista, la religión se puede convertir en un auténtico peligro, con relativa frecuencia ocurre que quienes practican la religión se creen, por eso mismo, que son personas honradas, se figuran que están cerca de Dios y no se inquietan demasiado por lo que ocurre en la sociedad, aunque haya gente que sufre más de la cuenta y aunque las condiciones socioeconómicas sean alarmantemente injustas. Esto ocurre ahora. Y ha ocurrido en todos los tiempos. También en el pueblo judío, tanto más cuanto que aquel pueblo era profundamente religioso (Sicre-Castillo).

Pero lo más elocuente aquí será oír directamente a los mismos profetas. Ante todo, quiero recordar la terrible requisitoria de Amós, el más antiguo de los profetas escritores: Escuchad esta palabra, vacas de Basán, en el monte de Samaría: oprimís a los indigentes, maltratáis a los pobres y pedís a vuestros maridos: "trae de beber" ... Marchad a Betel a pecar, en Guilgal pecad de firme: ofreced ázimos, pronunciad la acción de gracias, anunciad dones voluntarios... (Am. 4:1-5). El profeta es tajante: no se puede pretender dar culto a Dios cuando se oprime a los indigentes y se maltrata a los pobres. Por eso, el mismo Amós llega a decir que Dios detesta las fiestas y las celebraciones litúrgicas, porque no fluyen como el agua el derecho y la justicia. He aquí las palabras del profeta: ¡Ay de los que ansían el día del Señor! ¿De qué os servirá el día del Señor si es tenebroso y sin luz?... Detesto y rehúso vuestras fiestas, no me aplacan vuestras reuniones litúrgicas; por muchos holocaustos y ofrendas que me traigáis, no lo aceptaré ni miraré vuestras víctimas cebadas. Retirad de mi presencia el barullo de los cantos, no quiero oír la música de la cítara; que afluya como agua el derecho y la justicia como arroyo perenne (Am. 5:18-24), (Sicre-Castillo).

En el Nuevo Testamento, aunque la denuncia profética no es tan prominente como en el Antiguo Testamento, Jesús y los apóstoles continúan la tradición profética al confrontar el pecado y la hipocresía de su tiempo. Jesús denunció a los líderes religiosos por su falta de integridad y su explotación del pueblo, y los llamó al arrepentimiento. Los apóstoles también denunciaron los falsos maestros y las enseñanzas engañosas que surgían en las primeras comunidades cristianas.

En conclusión, la denuncia profética en el Antiguo Testamento fue una práctica importante en la que los profetas confrontaban y reprobaban los pecados y las injusticias en la sociedad. Tenía causas como la idolatría y la injusticia, y estaba justificada por motivos morales y espirituales. La denuncia tenía una naturaleza confrontacional y buscaba llamar al arrepentimiento y la restauración. En el Nuevo Testamento, esta tradición profética continuó con Jesús y los apóstoles confrontando el pecado y llamando a la transformación, pero en el contexto del amor de Dios y el anuncio de las buenas nuevas.

DESTRUCCIÓN DEL TEMPLO DE JERUSALÉN (70 D.C.)

Historia, asedio

El asedio de Jerusalén fue más duro de lo esperado por Tito. El ejército romano no pudo tomar la ciudad de inmediato y se vio obligado a sitiarla. Construyeron terraplenes y una muralla alrededor para evitar que los habitantes escaparan. La falta de alimentos y agua causó sufrimiento entre los sitiados, especialmente debido a la gran cantidad de peregrinos que estaban allí para la Pascua. Dentro de la ciudad, las facciones rivales luchaban entre sí y los suministros se agotaron, lo que provocó enfermedades y muertes. Los revolucionarios judíos se negaron a rendirse y arrojaban a los sospechosos por encima de las murallas. Los defensores de la ciudad estaban divididos en diferentes grupos bajo el mando de líderes como Eleazar ben Simón y Simón bar Giora (Johnson).

Anuncio profético

El Discurso del Monte de los Olivos (Mt. 24; Mr. 13; Lc. 21) registra la predicción de la caída del Templo de Jerusalén ante los romanos en el año 70 d.C. Lucas 19:41-44 proporciona una descripción detallada de ese evento en el Nuevo Testamento. En estos versículos, Jesús predice cinco acciones hostiles que acompañarán la destrucción romana de Jerusalén. (1) Los enemigos de Jerusalén levantarán un terraplén contra la ciudad, posiblemente refiriéndose a las construcciones de tierra realizadas por los soldados romanos bajo el mando del general Tito. (2) Los enemigos rodearán y sitiarán la ciudad. (3) Como resultado, Jerusalén quedará cercada por todos lados. Estos eventos son descritos por el historiador judío Josefo en su obra titulada "Guerras judías". (4) Jesús predice que los enemigos de Jerusalén, al penetrar las defensas de la ciudad, derrotarán tanto a la ciudad misma (tú) como a sus habitantes (tus hijos dentro de ti), simbolizando una derrota total (Lc. 19:44).

Cumplimiento profético

Flavio Josefo describe el cumplimiento de esta nefasta predicción: César ordenó la destrucción total de la ciudad y el templo, dejando solo en pie las torres más altas: Phasael, Hippicus y Mariamme, así como una parte del muro occidental que rodeaba la ciudad para servir como campamento para la guarnición. Estas torres y el muro restante se mantuvieron para mostrar a las generaciones futuras la antigua grandeza de la ciudad y sus fuertes defensas que, finalmente, cedieron ante la habilidad de los romanos. El resto del muro que rodeaba la ciudad fue nivelado hasta el suelo, sin dejar rastro de su antigua habitabilidad. Así llegó a su fin la ciudad de Jerusalén, una vez famosa en todo el mundo, debido a la locura de los revolucionarios (Josefo).

Interpretaciones bíblicas

La razón de la calamidad que un día caería sobre Jerusalén es que no reconoció ni aprovechó el tiempo de la visitación divina ofrecida a ella por Jesús (cf. Éx. 3:16; 1 S. 1:19-21; Lc. 1:68, 78; 7:16).

La interpretación de Lc. 19:41-44 debe seguir la línea de una aproximación profética a las palabras de Jesús sobre el destino del Templo de Jerusalén. Es decir, los acontecimientos de Lc. 19:41-44 fueron predichos por Jesús alrededor del año 33 y se cumplieron sobrenaturalmente en el año 70 d.C. Sin embargo, otros dos puntos de vista de este pasaje deben documentarse aquí:

(1) Una teoría es que Lc. 19:41-44 no fue pronunciado por Jesús, sino creado más tarde por la iglesia primitiva, *vaticinium ex eventu* (pronunciamiento después del hecho), posterior a la caída de Jerusalén. Sin embargo, además de su escepticismo innecesario hacia la habilidad sobrenatural de Jesús para predecir el futuro, tal visión pasa por alto el hecho de que las fuentes extrabíblicas registran predicciones similares de la caída de Jerusalén a manos de los romanos hechas por individuos antes de que ocurriera el hecho real. Compárese, por ejemplo, con el comentario de la comunidad de Qumrán sobre Hab. 2:8; 3:5-7, que aplicaba la predicción del profeta del Antiguo Testamento de la próxima caída de Jerusalén a manos de los babilonios en 587/586 a.C. a la Jerusalén de su día, antes de la destrucción romana. O compare el relato de Josefo en Guerras Judías (pp. 6288-309) de un hombre llamado Jesús, el hijo de Ananías (que no debe confundirse con el Jesús de los Evangelios), que predijo la caída del Templo en manos de los romanos antes del año 70 d.C.

(2) Un segundo enfoque de Lc. 19:41-44 es más favorable para una interpretación bíblica y profética. Este enfoque argumenta que los pasajes de Lucas que predicen la destrucción de Jerusalén (Lc. 19:42-44; 21:20-24) derivan de un oráculo temprano, anterior a la propia destrucción en el año 70 d.C., y no fueron escritos después de la destrucción. De hecho, el lenguaje que describe la destrucción se toma prestado de la traducción griega del Antiguo Testamento.

El reconocimiento de que Jesús utiliza el lenguaje del Antiguo Testamento en su descripción de la destrucción venidera de Jerusalén es importante. Así como los profetas del Antiguo Testamento predijeron la destrucción de Jerusalén y del Templo a manos de los babilonios en 587/586 a.C., utilizando el mismo lenguaje en Lc. 19:41-44, Jesús predijo una segunda caída de la ciudad y su Templo, esta vez a manos de los romanos. La causa en ambos casos fue la desobediencia de Israel y la negativa del pueblo a escuchar la Palabra de Dios.

DEUTEROCANÓNICOS

Es otro nombre que se le da a los libros que algunas tradiciones confesionales consideran como segundos libros inspirados, mientras que el protestantismo, los considera como no inspirados o canónicos.

El vocablo Deuterocanónicos viene de la transliteración del griego "secundariamente canónicos". Expresión usada por primera vez por Sixto Senense (1569) y que es el calificativo que los exégetas católico-romanos dan a aquellos libros que las versiones católicas tienen de más respecto del canon hebreo y protestante. Los protestantes los denominan apócrifos.

El problema se presenta únicamente para el Antiguo Testamento, puesto que para el Nuevo todos los cristianos aceptan como inspirados solamente 27 libros. Roma ha puesto en el mismo nivel que el resto de las Escrituras a los deuterocanónicos, a partir de Trento, como "un segundo canon de escritos eclesiásticos con menos autoridad que los Libros Sagrados". Estos libros deuterocanónicos son: Tobías, Judit, Sabiduría, Eclesiástico, 2 Esdras, 1 y 2 Macabeos. En el Nuevo Testamento, la Iglesia de Etiopía llegó a contar como canónicos 35 libros, mientras la de Siria admitía solamente 22. Pero oficialmente hoy la aceptación de 27 en el Nuevo Testamento es unánime para los efectos canónicos (D. Macho), (ver **Apócrifos**).

DEUTEROISAÍAS

En 1788, un año antes de la Revolución francesa, se produjo un importante cambio en el ámbito de los estudios bíblicos. Johann C. Doderlem, al revisar el comentario de Hensler sobre Isaías, mencionó por primera vez la existencia de "un profeta que, durante el exilio... agregó sus propios sentimientos y predicciones a las colecciones de Isaías". En 1789, afirmó que a partir del capítulo 40, el libro de Isaías fue compuesto por un poeta anónimo o similar a Isaías, hacia el final del exilio. Aunque se encontraron alusiones más sutiles a este tema en épocas anteriores, e incluso en escritos anteriores de Döderlein, fue a partir de ese momento que se empezó a hablar de Deuteroisaías, un profeta anónimo del exilio considerado por muchos como el más grande profeta y poeta de Israel.

Dos siglos más tarde, en 1977, Jean M. Vincent afirmó que "debemos abandonar definitivamente la hipótesis de Deuteroisaías". Según él, para entender los capítulos 40–55 de Isaías, no debemos recurrir a la existencia de un profeta genial del exilio que abrió un nuevo camino en la historia de Israel; más bien, estos capítulos deben ser interpretados en relación con el culto y al libro de Isaías en su conjunto. Las palabras de Vincent fueron consideradas blasfemas por muchos defensores de la teoría deuteroisaiana, y su argumento es objeto de debate. Sin embargo, su postura sirve como una advertencia contra la tendencia de repetir acríticamente lo que otros han dicho.

Este enfoque también se puede aplicar a las supuestas "biografías" del profeta. Se han dicho muchas cosas sobre él, pero ninguna es totalmente segura. Algunos afirman que nació en Babilonia y terminó su actividad profética allí, mientras que otros sostienen que regresó a Jerusalén después del año 538 y continuó predicando, como se refleja en los capítulos actuales de Isaías 56–66. Otros creen que siempre vivió en Jerusalén (Seinecke) o en Judá (Mowinckel), e incluso algunos han situado su actividad en Fenicia (Duhm, Causse) o en Egipto (Ewald, Bunsen, Marti, Holscher). Se ha dicho que estuvo en la corte o en el campamento de Ciro, que fue el primer misionero, que murió como mártir, que sufrió una enfermedad grave y repugnante. Sin embargo, todas estas afirmaciones no son más que conjeturas y demuestran que la "biografía" no debe ser el principal punto de apoyo para entender la obra del profeta.

Incluso, el nombre del profeta no está completamente seguro, aunque algunos creen que también se llamaba Isaías. Aunque no hay unanimidad entre los comentaristas, la mayoría acepta que este profeta actuó entre los exiliados de Babilonia hacia el final del exilio. Basándonos en las menciones de Ciro (que se indica explícitamente en Isaías 45:18, así como en los pasajes 41:1-5 y 48:12-15), podemos ubicar el contenido de estos capítulos entre el año 553, cuando comienza sus campañas victoriosas, y el año 539, cuando Babilonia se rindió. En general, se considera que estos capítulos fueron escritos después del exilio.

El estilo de Isaías II difiere significativamente del de Isaías I. En lugar de la concisión, utiliza un flujo retórico elaborado, empleando estructuras cuaternarias y enumeraciones detalladas. En las unidades más pequeñas, su construcción es menos estructurada. Sin embargo, comparte con Isaías I un oído afinado para los recursos sonoros del lenguaje y la variedad y precisión de las imágenes utilizadas. Para comprender esta obra de manera unificada, es útil tener en mente el esquema del éxodo y observar cómo se transforman los principales motivos poéticos a lo largo del texto. La fuerza del texto se despliega cuando se lee en voz alta, incluso cuando se recita por varias voces. A menudo imaginamos que una sola voz, la del poeta, recitaba todo el texto a sus oyentes, aunque dentro del texto diferentes personajes toman la palabra (Schökel-Sicre).

La profecía de Isaías II es ampliamente citada en el Nuevo Testamento, siendo especialmente influencia en el Evangelio de Juan.

DIABLO

Gr. 1228 "διάβολος" (*diábolos*). Esta palabra se deriva del verbo griego "διαβάλλω" (*diabállō*), que significa "calumniar" o "acusar falsamente" En la Biblia, "diábolos" se utiliza para referirse al diablo o Satanás, el adversario de Dios y el enemigo de la humanidad según la tradición cristiana. Esta palabra griega se encuentra en varios pasajes del Nuevo Testamento que hablan sobre la influencia maligna del diablo y su papel en la tentación y la oposición a la obra de Dios.

La palabra "diábolos" es una transcripción del vocablo griego utilizado en la Septuaginta (LXX) para traducir la palabra hebrea "satán". En el Nuevo Testamento, el nombre "diablo" se utiliza como sinónimo absoluto de Satanás, aunque esta última denominación es más típica de Palestina. En las Epístolas pastorales (1 Timoteo 3:11; 2 Timoteo 3:3; Tito 2:3), el plural de este vocablo se traduce como "calumniadores" (Nelson).

En el libro del Apocalipsis, el diablo es presentado como un ser maligno y poderoso que se opone a Dios y a la humanidad. A través de una serie de visiones y simbolismos, se describen varios aspectos relacionados con el diablo y su actividad durante diferentes etapas.

En Apocalipsis 12:9, se menciona que el diablo es arrojado a la tierra junto con sus ángeles caídos, después de una guerra en el cielo. Esta guerra celestial representa la lucha entre el bien y el mal, y el diablo es retratado como el líder de las fuerzas del mal. En Apocalipsis 12:12, se señala que el diablo tiene "poco tiempo" para actuar una vez que es arrojado a la tierra. Esto sugiere que, aunque el diablo todavía tiene algún grado de influencia y poder, su tiempo es limitado y está destinado a ser derrotado.

Más adelante, en Apocalipsis 20:2, se menciona que el diablo es atado y encadenado durante mil años. Esta imagen representa la restricción de su poder y la limitación de su capacidad para engañar y tentar a las naciones. Durante este período, se describe el reinado de Cristo y la paz en la tierra.

Finalmente, en Apocalipsis 20:10 se habla de la derrota definitiva del diablo. Se describe que el diablo será lanzado al lago de fuego y azufre, donde será atormentado para siempre. Esta imagen simbólica representa la completa destrucción y aniquilación del poder maligno del diablo.

El tema del diablo en el contexto del Apocalipsis abarca su oposición a Dios y a la humanidad, su tiempo limitado para hacer daño, su posterior atadura y la final destrucción de su poder en el lago de fuego. Estas representaciones simbólicas enfatizan la idea de que, a pesar de su poder aparente, el diablo está destinado a ser derrotado y su maldad será completamente eliminada en el plan divino.

Es importante tener en cuenta que la interpretación del libro del Apocalipsis puede variar dependiendo del enfoque hermenéutico utilizado: el preterista, historicista, futurista, idealista y ecléctico (ver **estos enfoques respectivos**), lo que puede influir en la interpretación específica del papel del diablo en desarrollo del libro (Gálvez), (ver **Satanás**).

DIÁSPORA

"Nombre que se da al conjunto de las colonias judías establecidas fuera de Palestina a raíz de los diversos destierros y emigraciones" (Schökel).

La diáspora (en griego, διασπορά) significa diseminación. Era frecuente en el judaísmo de los tiempos helenísticos para designar al conjunto de los israelitas que vivían fuera de Palestina (Ricciotti).

La diáspora se refiere a la dispersión o exilio del pueblo judío fuera de su tierra ancestral, principalmente de la Tierra de Israel. La profecía y las causas de la diáspora están relacionadas con el contexto histórico y las circunstancias en las que ocurrieron. En la Biblia, encontramos profecías que advierten sobre la posibilidad de que el pueblo de Israel sea dispersado o exiliado debido a su desobediencia y alejamiento de Dios. Una de las profecías más destacadas se encuentra en el libro de Deuteronomio capítulo 28, donde se describen las bendiciones y maldiciones que vendrían sobre la nación en función de su obediencia o desobediencia a la ley de Dios. Esta profecía incluye la advertencia de que, en caso de desobediencia persistente, el pueblo sería dispersado entre las naciones.

Las causas de la diáspora son multifacéticas y se remontan a eventos históricos significativos. Uno de los eventos más importantes fue la destrucción del Templo de Jerusalén en el año 70 d.C. por las fuerzas romanas lideradas por Tito. Este evento marcó un hito en la historia judía y resultó en la pérdida del centro religioso y político del pueblo judío. Posteriormente, hubo varias revueltas judías contra el dominio romano, como la revuelta de Bar Kojba en el siglo II d.C., que también resultó en represiones y dispersión del pueblo judío. Además de estos eventos históricos, factores como la persecución religiosa, la discriminación, las expulsiones y las migraciones forzadas también contribuyeron a la diáspora judía en diferentes momentos y lugares a lo largo de la historia. Algunos ejemplos destacados incluyen la expulsión de los judíos de España en 1492 y las persecuciones en Europa durante la Edad Media y la época moderna.

La diáspora ha tenido un alcance global, y las comunidades judías se han establecido en diferentes partes del mundo. Estas comunidades han mantenido su identidad y prácticas religiosas a lo largo de los siglos, preservando su herencia y tradiciones. Aunque muchos judíos han regresado a la Tierra de Israel desde el siglo XIX y, especialmente, después del establecimiento del Estado de Israel en 1948, la diáspora judía sigue siendo un fenómeno significativo en la actualidad con comunidades judías en distintos países del mundo.

En conclusión, la diáspora judía se refiere a la dispersión del pueblo judío fuera de la Tierra de Israel, también llamada Palestina en determinada época, y tiene sus raíces tanto en profecías bíblicas como en eventos históricos significativos. Las causas de la diáspora incluyen: la desobediencia del pueblo de Israel al Señor y sus mandamientos, como una causa espiritual; la destrucción del Templo de Jerusalén, revueltas judías, persecución religiosa, discriminación y expulsiones, como causas históricas. La diáspora ha tenido un alcance global y ha dado lugar a la formación de comunidades judías en diferentes partes del mundo.

DIESTRA DE DIOS

a) *queir* (χείρ, 5495), mano se traduce como "diestra" solo en Ap. 1:16-17, al estar calificado el sustantivo *queir* con el adjetivo *dexios*.

b) *dexios* (δεξιός, 1188), adjetivo. Se usa de la derecha, en oposición a la izquierda y, metafóricamente, de poder y autoridad, así como de un puesto de honor. Se traduce "diestra" en Mt. 26:64; Mr. 12:36; 14:62; 16:19; Lc. 20:42; 22:69; Hch. 2:25-33; 5:31; 7:55-56; Ro. 8:34; 2 Co. 6:7; Gá. 2:9; Ef. 1:20; Col. 3:1; He. 1:3, 13; 8:1; 10:12; 12:2; 1 P. 3:22; Ap. 1:16-17, 20; 2:1.

La frase "diestra de Dios" se utiliza en la Biblia para describir la posición de autoridad y poder de Dios. La palabra "diestra" se refiere a la mano derecha, que en muchas culturas se considera la mano de mayor fuerza y honor.

La "mano derecha de Dios" es una metáfora común en el Antiguo Testamento para El poder y la autoridad de Dios (Éx. 15:6, 12; Sal. 18:35; 20:6; 63:8; Is. 41:10; 48:13). La "mano derecha de Dios".

Significado antropomórfico: el uso de la frase "diestra de Dios" en la Biblia es una figura retórica que representa la autoridad y el poder de Dios como si tuviera una mano o brazo humano. Esta expresión antropomórfica se utiliza para ayudarnos a comprender la grandeza, supremacía, dominio y el gobierno de Dios de una manera que nuestra mente humana pueda asimilar.

Significado simbólico: la "diestra de Dios" representa la posición de honor y autoridad máxima en el universo. Estar a la diestra de Dios significa tener un lugar de privilegio y poder en su reino. Jesús, por ejemplo, es descrito como estando a la diestra de Dios (Hch. 7:55-56), lo que simboliza su exaltación y soberanía como el Hijo de Dios.

En el *contexto profético*, la ¡diestra de Dios", a menudo, se asocia con el Mesías y su reinado. El Sal. 110:1 es un ejemplo de esto: "Jehová dijo a mi Señor: siéntate a mi diestra, hasta que ponga a tus enemigos por estrado de tus pies". Este versículo es citado varias veces en el Nuevo Testamento para referirse a Jesús como el Mesías y su posición de autoridad suprema (ver especialmente Mt. 22:41–23:7; Mr. 12:35-40; Lc. 20:41-47; Hch. 2:34-36 [cf. 5:31; 7:55-56]; Ro. 8:34; 1 Co. 15:25-26; Ef. 1:20; Col. 3:1; He. 1:3; 8:1; 10:12; 12:2; Ap. 5:5; 22:16).

En la *perspectiva escatológica*, la "diestra de Dios" se asocia con el juicio final y la consumación del reino de Dios. En Mt. 25:31-34, por ejemplo, Jesús habla de sí mismo como el Hijo del Hombre que se sentará a la diestra de Dios en su gloria y juzgará a todas las naciones.

Efectivamente, existen diversas discusiones teológicas y escatológicas con relación a la interpretación del cumplimiento escatológico del Salmo 110:1, que describe al Cristo Rey entronizado en el asiento de David. Estas discusiones se centran en las diferentes posturas escatológicas teológicas. A continuación, se presentan algunas de estas posturas:

Postura preterista: sostiene que el cumplimiento del Salmo 110:1 ya ha ocurrido en la persona de Jesucristo después de su resurrección. Según esta perspectiva, el Salmo habría sido cumplido en la autoridad y exaltación de Jesús como Rey y Sumo Sacerdote.

Postura dispensacionalista: afirma que el cumplimiento completo del Salmo 110:1

ocurrirá en el futuro, específicamente, en la Segunda venida de Cristo. Según esta visión, Jesús aún no ha tomado plenamente su posición como el Cristo Rey entronizado en el asiento de David, y esto se llevará a cabo en la era del Milenio.

Postura futurista: similar a la postura dispensacionalista, la perspectiva futurista enseña que el cumplimiento total del Salmo 110:1 ocurrirá después de la Segunda venida de Cristo y los eventos subsiguientes, como el juicio final y la inauguración del reino eterno de Dios.

Postura simbólica: algunos intérpretes sostienen que el Salmo 110:1 es más bien una figura simbólica del poder y la autoridad espiritual de Cristo. Según esta visión, no se espera un cumplimiento literal en un sentido temporal o político, sino que el Salmo se interpreta como una expresión poética y simbólica del reinado espiritual de Cristo en la actualidad (ver **Postura preterista, dispensacionalista, futurista, simbólica**).

DIMENSIÓN ESCATOLÓGICA DEL ESPÍRITU SANTO

La doctrina tradicional del Espíritu Santo sigue el esquema del credo apostólico. El presente y el futuro de la salvación de la Iglesia y el reino de Dios son englobados por la fe en el Espíritu Santo. De resultas, la historia y la escatología son partes de la pneumatología. Esto significa a la inversa que la pneumatología es desarrollada desde una perspectiva histórica y escatológica, en el sentido de que la historia de la Iglesia, de la comunión de los santos y del perdón de los pecados hay que entenderla como la historia del futuro y la escatología de la resurrección de la carne, de la vida eterna, como el futuro de la historia. De ahí que, entendamos esta mediación entre escatología e historia como el presente del Espíritu Santo.

Vistas, así las cosas, la pneumatología escatológica es importante porque el mover del Espíritu Santo está presente desde el principio de la creación y lo estará hasta la consumación del reino de Dios en la nueva creación de todas las cosas. Luego, el Dios trino junto a su pueblo estará en el festejo eterno. Otra dimensión escatológica es el acto del Espíritu que imparte poder para el avance del reino de Dios por medio del testimonio de la Iglesia hasta lo último de la tierra y hasta los últimos tiempos previos a la Segunda venida de Cristo.

La salvación del hombre es el resultado del plan de Dios, la obra sacrificial de Jesucristo en la cruz, pero el redargüir al hombre es obra del Espíritu Santo. Esa salvación se disfruta aquí en la tierra como un degüste anticipado, por ello, posee una dimensión escatológica. Pablo, en la segunda Carta a los corintios, escribe dos veces que el Espíritu se nos ha dado como arras aquí en la tierra para tener la certeza de recibir lo que vendrá en la consumación del reino. Son afirmaciones pneumatológicas escatológicas: "Nos ha marcado con su sello y ha puesto en nuestro corazón el Espíritu Santo como garantía de lo que vamos a recibir" (2 Co. 1:22), "Y Dios es quien nos ha impulsado a esto, pues nos ha dado el Espíritu Santo como garantía de lo que hemos de recibir" (2 Co. 5:5).

Según G. Fee, el Espíritu es el agente clave en la adoración del recién constituido pueblo de Dios que anticipa la adoración de toda la creación y los hijos de Dios en la nueva Jerusalén: "Esta experiencia personal y poderosa del Espíritu escatológico no solo les transformaba de manera individual, sino que les hacía efectivos como pueblo de las Buenas Nuevas en la cultura pagana greco-romana. Y esta es la razón por la que creo que tuvieron un enorme impacto y por la que haríamos bien en hacer nuestra parte de esta realidad". Así, el Espíritu se convierte en el Espíritu que guía y capacita al nuevo pueblo para una adoración en espíritu y verdad agradable a Dios, en una existencia escatológica, mientras llega la adoración plena en la nueva creación de todas las cosas, en el festejo eterno.

Otra clave desde la perspectiva pneumatológica y escatológica es la proclamación que Jesús hace del reino como una realidad presente en su ministerio, aunque todavía es un acontecimiento que se consumará en el futuro. Con todo, fue la resurrección de Cristo y el prometido don del Espíritu lo que alteró por completo la perspectiva de la Iglesia primitiva acerca de Jesús y del pueblo de Dios. En lugar de su expectativa del tiempo del fin de raíces judías, como algo totalmente futuro, con su esperanza en un Mesías que traería consigo la resurrección de los muertos, los primeros creyentes entendían que el futuro ya se había puesto en marcha. La resurrección de Cristo marcaba el principio del fin, el cambio de las eras.

DIOS DEL CIELO

En hebreo bíblico, el término "Dios del cielo" se traduce como *Elohim HaShamayim* (אֱלֹהִים הַשָּׁמַיִם). "Elohim" es uno de los nombres más comunes para Dios en el Antiguo Testamento. Se utiliza tanto en singular como en plural, pero generalmente se interpreta como un plural majestuoso o plural de intensidad, denotando la grandeza y el poder de Dios.

HaShamayim significa "los cielos" o "el cielo". Es una palabra plural que se utiliza para referirse al espacio celestial o a la morada de Dios. Cuando estos dos términos se combinan, *Elohim HaShamayim*, se está haciendo referencia al Dios supremo y soberano que gobierna sobre los cielos y la tierra. Es importante mencionar que, en el hebreo bíblico, el nombre personal de Dios, Yahvé (YHWH), también se utiliza en combinación con "cielo" en algunos pasajes como *Yahvé Elohe HaShamayim* (יהוה אֱלֹהֵי הַשָּׁמַיִם), que se traduce como "Yahvé, Dios del cielo". Esta combinación resalta la relación íntima entre Yahvé y su soberanía sobre los cielos.

En la Biblia, el término "Dios del cielo" se utiliza en varios pasajes para referirse a Dios como el soberano y gobernante supremo sobre todas las cosas en el cielo y la tierra. Aunque no es una expresión que se repita constantemente, se encuentra en algunos momentos significativos. Aquí hay algunos ejemplos: en Génesis, Abraham hace un juramento ante el "Dios del cielo" cuando su siervo busca una esposa para Isaac (Gn. 24:3). En Esdras, el rey persa Ciro emite un edicto permitiendo a los judíos regresar a Jerusalén y reconstruir el templo, mencionando al "Dios del cielo" como aquel que le ha dado todos los reinos de la tierra y le ha encomendado la construcción del templo en Jerusalén (Esd. 1:2). En Daniel, "Dios del cielo" es el título usado para Dios (Dn. 2:18, 19, 28, 36, 44). Este título es utilizado por los judíos en el exilio, lo que sugiere connotaciones específicas de la situación del exilio. En la mayoría de los otros libros del Antiguo Testamento, uno de los principales nombres para Dios es Yahweh, el nombre personal del Dios de Israel, que se utiliza en contextos de pacto. El nombre más general para Dios es *Elohim*, que implica diversos aspectos universales de Dios.

El uso de "Dios del cielo", en contraposición a los dioses falsos, destaca la singularidad y supremacía de Dios. En Deuteronomio, Moisés instruye a Israel a adorar solo al "Dios del cielo" y no a los dioses paganos de las naciones circundantes (Dt. 4:39).

En el Nuevo Testamento, Jesús se refiere a Dios como "Padre nuestro que estás en los cielos" en la oración del Padre Nuestro (Mt. 6:9), resaltando la relación íntima y paternal de los creyentes con Dios, quien ejerce su soberanía sobre todas las cosas (Clines).

En resumen, el término "Dios del cielo" enfatiza la supremacía, singularidad y soberanía de Dios en la Biblia, y se utiliza para contrastar a Dios con los dioses falsos de otras culturas. Destaca que Dios es el único Dios verdadero digno de adoración y reconocimiento.

DISCURSO DE DESPEDIDA

El discurso de despedida también es conocido como Testamento espiritual, según Schökel. En un sentido general, se refiere a un discurso pronunciado por una figura importante antes de su muerte. Este discurso suele abarcar recuerdos, normas y exhortaciones para después de su fallecimiento, concluyendo con una bendición y una oración final. El ejemplo por excelencia es el discurso profético y escatológico de Jesús; se encuentra registrado en los evangelios sinópticos, específicamente en Mt. 24-25, Mr. 13 y Lc. 21. Es conocido como el "Discurso del Monte de los Olivos" debido a que Jesús lo pronunció mientras se encontraba en el Monte de los Olivos, frente al Templo de Jerusalén.

En este discurso, Jesús habla sobre eventos futuros y el fin de los tiempos, abordando temas como la destrucción del templo, señales de los tiempos, persecuciones, falsos mesías, guerras, hambre, terremotos y señales celestiales. También habla sobre su Segunda venida, el juicio final y el establecimiento del Reino de Dios.

Jesús advierte a sus seguidores sobre los engaños y las pruebas que enfrentarán, y los anima a mantenerse fieles y vigilantes. Les exhorta a estar preparados para su venida y a vivir vidas de justicia y amor. Además, Jesús enfatiza la importancia de estar atentos a los signos de los tiempos y de interpretarlos adecuadamente. Este discurso habla sobre eventos futuros y el destino final de la humanidad. Aunque algunas de las palabras de Jesús pueden tener un cumplimiento tanto histórico como de futuro, muchos estudiosos interpretan el discurso como una combinación de profecía inmediata y anuncio de eventos que aún están por venir (ver **Discurso de los olivos**).

DISCURSO DE LOS OLIVOS

El famoso discurso de Jesús en el monte de los Olivos es de carácter profético y escatológico. Jesús predice la destrucción del templo cuando los discípulos se acercaron a él para mostrarle los edificios del templo, diciendo: "¿Ven todo esto? De cierto les digo, que no quedará aquí piedra sobre piedra. Todo será derribado" (Mt. 24:2).

Herodes el Grande, gobernante en tiempos de Jesús, amplió y embelleció el templo. Josefo escribió que, durante ocho años consecutivos, diez mil hombres trabajaron en él para dejarlo magnífico y majestuoso, llegando a superar al templo de Salomón (Josefo, Antigüedades 15:14). El templo era amado por los judíos y constituía el centro de su vida religiosa ceremonial durante casi mil años. Lo tenían en tan alta estima que juraban por él. Cualquier menosprecio hacia el templo se consideraba una blasfemia. Al comprender esta obsesión, se entiende mejor por qué los líderes religiosos se escandalizaron cuando Jesús dijo que, aunque destruyeran el templo, él lo restauraría en tres días. Aunque Jesús se refería a su cuerpo al morir y resucitar, los religiosos enfurecidos pensaron que se refería al suntuoso templo (Mt. 26:61).

En el discurso del monte de los Olivos, registrado también en Mr. 13 y Lc. 21, Jesús realiza otras predicciones relacionadas con la aparición de falsos cristos, guerras, rumores de guerras, levantamientos de naciones contra naciones, y reinos contra reinos. También menciona pestes, hambrunas y terremotos. Estos eventos se conocen como "principios de dolores". En cuanto a la interpretación de los tiempos y cumplimientos de estas predicciones en el discurso de Jesús, existen diversas interpretaciones, destacando las enfoques pretéritos, futuristas y pretérito-futuristas (Gálvez).

El discurso de los olivos, también conocido como la Profecía del Monte de los Olivos, es un pasaje bíblico que se encuentra en los evangelios sinópticos: Marcos 13, Mateo 24 y Lucas 21. Este discurso es notable por su uso del lenguaje apocalíptico y por las advertencias de Jesús a sus seguidores sobre la tribulación y persecución que enfrentarán antes del triunfo final del Reino de Dios. También se le conoce como el Pequeño Apocalipsis. En el contexto de los evangelios, el discurso de los olivos es el último de los cinco discursos registrados en el Evangelio de Mateo y se sitúa justo antes de la narración de la pasión de Jesús, que comienza con la Unción de Jesús. Según los relatos de Mateo y Marcos, Jesús pronunció este discurso en privado a sus discípulos en el Monte de los Olivos, frente al templo. Sin embargo, en el Evangelio de Lucas, Jesús enseñó en el Templo durante un período de tiempo y se hospedó durante la noche en el Monte de los Olivos. Los estudiosos consideran ampliamente que este discurso contiene material entregado por Jesús en diferentes ocasiones y contextos (Witherington).

El discurso del Monte de los Olivos ha sido objeto de diversas perspectivas exegéticas, bíblicas, teológicas, proféticas y escatológicas. Estas perspectivas a menudo se refieren a las diferentes interpretaciones sobre el cumplimiento de las profecías contenidas en el discurso y su relevancia para el pasado, el presente y el futuro. Las distintas perspectivas se citan a continuación:

Idealista: no se perciben evidencias de un tiempo específico en los eventos proféticos de la Biblia. Por lo tanto, se concluye que su cumplimiento no puede ser determinado de antemano. Los idealistas consideran que los pasajes proféticos tienen un gran valor en cuanto a las verdades de enseñanza sobre Dios que se aplican a la vida actual. Es importante destacar que el idealismo se asocia principalmente con la erudición liberal y no es un factor relevante en las discusiones cristianas evangélicas actuales sobre el momento en que se cumplirán las profecías.

Preterista: esta perspectiva sostiene que la mayoría de las profecías del discurso del Monte de los Olivos se cumplieron, en su mayoría, en el contexto histórico del siglo I, particularmente en la destrucción del templo de Jerusalén en el año 70 d.C. Los eventos catastróficos y la persecución, mencionados en el discurso, se ven como referencias a este período histórico.

Historicista: los intérpretes historicistas ven el discurso del Monte de los Olivos como una descripción profética de eventos que se desarrollaron a lo largo de la historia cristiana. Ven en estas profecías una referencia a eventos y períodos específicos, como la persecución de los primeros cristianos, el establecimiento y la caída del Imperio romano, la Reforma Protestante.

Futurista: esta perspectiva sostiene que la mayoría de las profecías del discurso aún no se han cumplido y se refieren a eventos que ocurrirán en el futuro, especialmente en relación con la Segunda venida de Cristo y los eventos finales del tiempo. Los futuristas ven en estas profecías un escenario apocalíptico que aún está por venir.

Simbólica o espiritual: algunos intérpretes adoptan una perspectiva más simbólica o espiritual en relación con el discurso del Monte de los Olivos. Ven las profecías como representaciones de realidades espirituales y principios eternos, más que como eventos históricos o futuros específicos. Interpretan el discurso como una exhortación a la vigilancia y la fe constante en medio de las tribulaciones de la vida.

Es importante destacar que en estas posturas existen variaciones y combinaciones de enfoques dentro de cada perspectiva. Además, las interpretaciones pueden diferir entre diferentes tradiciones cristianas y estudios individuales. La comprensión del discurso del Monte de los Olivos sigue siendo un tema de debate y reflexión en el ámbito académico y teológico (Gentry).

DISPENSACIONALISMO

Los fundadores del dispensacionalismo son, en primer lugar, John Nelson Darby (1800-1882) en Inglaterra y luego C.I. Scofield (1843-1921) en Estados Unidos, quien fue discípulo de Darby. Scofield también fue influenciado por Edward Irving con tres ideas fundamentales que le facilitaron construir un dispensacionalismo más definido: a) la iglesia caerá en apostasía; b) el Israel convertido tomará el lugar de la Iglesia; c) el reino de Dios se compondrá de dos etapas: el período de mil años terrestre, seguido de una etapa eterna.

Es interesante lo que afirma Gil con relación al origen etimológico de la palabra griega para dispensación: *oikonomía*, y se refiere a un uso administrativo sin relación con una fase temporal que estuviera ligada a un plan de etapas definidas, divididas y ligadas unas con otras (A.D. Gil).

Ryrie, unos de los ponentes del dispensacionalismo moderno, explica que el movimiento dispensacionalista sistematizado no es reciente, al igual que otros. Reconoce que se configuró a partir de las enseñanzas de Darby; pero relata que hay referencias históricas de los conceptos: "Ireneo (130-200) ...por esta razón cuatro pactos principales fueron dados a la raza humana: el primero, antes del diluvio, bajo Adán; el segundo, después del diluvio, bajo Noé; el tercero, el de la ley, bajo Moisés; el cuarto, que es el que renueva al hombre y abarca todas las cosas...

Clemente de Alejandría (150-220) diferenció tres dispensaciones patriarcales (en Adán, Noé y Abraham), como también la mosaica. Samuel Hanson Coxe (1793-1880) basó su propio sistema de siete dispensaciones en la cuádruple división de Clemente. Agustín también refleja esos conceptos tempranos del dispensacionalismo" (Ryrie).

Es innegable que hay referencias antiguas de las dispensaciones. La complicación resulta a partir de la conformación y ampliación de todas las doctrinas del dispensacionalismo.

Grau, describe con detalle el origen del dispensacionalismo, cómo nació la creencia del rapto secreto y otras en el seno de este movimiento escatológico. Con mis palabras les comparto la historia que narra Grau: N. Darby, fue el fundador de los Hermanos, o Asambleas de hermanos cerrados, fue uno de los impulsores de la doctrina que sopló fuertes vientos cruzando grandes distancias e impregnaron a Inglaterra; pese a la oposición de hombres de Dios como Muller, Newton, Tregelles. Muller tomó postura ante el auge del dispensacionalismo, diciendo: "Llegó un día en que tenía que tomar una decisión: o bien me afianzaba en la Biblia o me apartaba de Darby. Escogí quedarme con mi preciosa Biblia" (Grau).

Algunos "Hermanos de las Asambleas" que creyeron al principio las enseñanzas forjadas por Darby, las abandonaron al profundizar en el estudio de la Biblia, entre otros: F. Bruce, Elison. Otros reaccionaron abiertamente manifestando su rechazo en la revista evangélica The Witnees de Julio 1972. O. J. Smith de la Iglesia de Toronto manifestó: "por un tiempo creí el rapto secreto y las doctrinas dispensacionalistas encadenadas a este, pero después de un estudio profundo y oración, encuentro que no hay ni un solo versículo que ampare la doctrina del rapto secreto". Así, Darby creó un sistema de enseñanzas e instrucciones basado en un rapto secreto y luego empezó a promover su particular idea en el año 1830. Darby se dedicaba a estudiar la Biblia e introdujo el resultado de sus estudios en el protestantismo británico, que rápidamente se extendió por todo el mundo (Grau).

John Nelson Darby era fanáticamente anticatólico. Y es reverenciado en los círculos evangélicos como el moderno fundador del rapto anterior a la tribulación, a pesar de que tomó la idea prestada del jesuita Iben Ezra y de Edward Irving. Darby viajó a lo largo y ancho de Europa y Gran Bretaña entre 1830 y 1840 predicando sus particulares creencias. Darby fue un infatigable reformador que pasó su vida predicando su doctrina del arrebatamiento y condenando, al mismo tiempo, a todos aquellos que no estaban de acuerdo con él y sus ideas. Ordenado sacerdote en la Iglesia de Inglaterra cuando tenía unos veinte años, pasó algunos años predicando a católicos, llegando a proclamar en un determinado momento que estaba convirtiendo entre seiscientas y ochocientas personas por semana. Según sus estudios de la biblia en la primera etapa del Apocalipsis se produciría el rapto, justo antes de la Gran Tribulación y después del rapto aparecería Cristo dispuesto a establecer su reino mesiánico en la tierra (Grau).

Darby introduo sus ideas en las nuevas biblias que fueron distribuidas por Cyrus Ingerson Scofield, un fiel discípulo de Darby. Scofield era un abogado y ministro norteamericano que refinó y difundió las enseñanzas del pastor Darby. Scofield, publicó la Biblia de Referencia de Scofield en 1909 basada, de manera estricta, en las notas y enseñanzas dispensacionales de Darby. Mostraba cuadros y notas a pie de página, de aspecto riguroso, en las que se explicaban científicamente las verdades proféticas de dicha escritura. En tan solo algunas décadas, la nueva biblia había vendido unos diez millones de ejemplares, convirtiéndose en el libro fundamentalista americano más influyente de todos los tiempos. Mediante la influencia de Scofield, los protestantes evangélicos asimilaron pronto y aceptaron sin reparos el tema del falso rapto bíblico introducido por Darby —aunque la palabra rapto no se menciona en ninguna parte de la biblia. Para hacernos una idea del grado de fascinación de Darby, tomaremos el caso del telégrafo, del cual opinaba que el invento era una señal de que el fin del mundo estaba cerca. Lo llamó un invento de Caín que presagiaba el Armagedón.

La combinación explosiva "Darby y Biblia Scofield" propagó con viento y fuego a todo el mundo evangélico la enseñanza del rapto secreto a las bodas del cordero; mientras aquí en la tierra entra en escena el anticristo, y acontece el período de los siete años de la Gran Tribulación. Esta enseñanza se propagó al mundo evangélico en varias denominaciones pentecostales y no pentecostales (Grau, 1990).

También Hendriksen, el famoso exegeta holandés, expone algunos fallos del dispensacionalismo que enseña dos venidas de Cristo después de su encarnación, ministerio, muerte y resurrección; a la primera venida le llama el rapto secreto y a la segunda, después de los siete años de tribulación, le llama revelación. Cree que malinterpretan los versículos en que se apoyan para el rapto: Gn. 5:21-24 que relata cómo Enoc no vio muerte y fue llevado al cielo; Jn. 14:1-3, cuando Jesús promete que regresará por los que creyeron en él, para que estén donde él está. Aquí, Jesús viene "por sus santos"; para la venida, llamada revelación, se fundamentan en 1 Ts. 3:11-13 afirmando que el Señor regresa "con sus santos" (Hendriksen). Así, en verdad enseñan tres venidas de Jesucristo con versículos mal interpretados.

Además, los dispensacionalistas, según Hendriksen, afirman que el rapto ocurrirá de manera invisible e inaudible. Es un acontecimiento secreto. Los que son "arrebatados" son los verdaderos creyentes que gozarán con el Señor durante siete años en las bodas del cordero, mientras aquí en la tierra todos los habitantes serán sometidos a la Gran Tribulación. Al final de esos siete años, que corresponden a la semana septuagésima de Daniel, Cristo y sus santos descenderán del cielo para derrotar al anticristo y sus fieles en la guerra de Armagedón, para rescatar a todos los que se hayan convertido durante la Gran Tribulación. Esa guerra la pelearán seres humanos y seres espirituales, pecadores y santos, creyentes glorificados y no glorificados, Cristo y demonios. Será una mezcla oscura de maldad espiritual, con armas espirituales y armas físicas altamente tecnológicas frente al poder y gloria de Cristo y sus santos (Hendriksen, 1998).

Los que somos estudiantes de teología sabemos que existen seminarios que han enseñado sostenidamente el dispensacionalismo. Grau lo señaló hace algún tiempo y comparte el testimonio de un excreyente del rapto secreto: "acepté el arrebatamiento pretribulacionista, pero a lo largo de estos años de estudio de las Escrituras he llegado a darme cuenta de que no existe base alguna en la Biblia para semejante teoría" (Grau, 1990).

Dado que Estados Unidos es un país con mayoría de población protestante, no es de extrañar que la creencia del rapto se expandiese como el viento, y haya perdurado hasta nuestros días.

Por todo lo relatado y explicado en torno al rapto, se entiende el hecho de que es casi imposible para muchas iglesias y denominaciones sacar de sus enseñanzas las creencias originadas de visiones, sueños y especulaciones sobre el rapto.

DISPENSACIONES, SIETE

La palabra griega para dispensación, "oikonomía", se refiere a un concepto administrativo que no está necesariamente relacionado con una fase temporal ligada a un plan de etapas definidas y consecutivas entre sí (A.D. Gil).

Los exponentes de esta enseñanza definen las dispensaciones como "resoluciones divinas hacia los hombres en cuanto a diferentes tiempos, paralelas a Sus Pactos"; agregan que las dispensaciones se encuentran en la Biblia asociadas a los diferentes Pactos que Dios ha hecho con el hombre. En el sentido teológico, Scofield las define así: "Un período durante el cual el hombre es puesto a prueba con referencia a cierta revelación específica de la voluntad de Dios". Explica, además, que las dispensaciones son siete: "Claramente podemos contemplar siete diferentes dispensaciones en las Escrituras. Estas las llamamos: 1. la Inocencia; 2. la Conciencia; 3. el Gobierno Humano; 4. la Promesa; 5. la Ley; 6. la Gracia; 7. el Reino" (C.I. Scofield).

Es interesante que las dispensaciones se relacionan con algunas profecías y luego sus cumplimientos. Presentamos un resumen con sus definiciones, textos bíblicos y sus cumplimientos (Gálvez).

La primera dispensación: la Inocencia (Gn. 1:26–3:24) se cumplió con la creación del hombre y terminó con el juicio de la expulsión de Adán y Eva del Edén debido a su pecado y la consiguiente pérdida de la inocencia.

Segunda dispensación: la Conciencia (Gn. 3:22–7:23). El cumplimiento se da cuando al hombre le fueron abiertos los ojos de su conciencia. A partir de ese momento, los hombres tenían conocimiento del bien y del mal y, por tanto, total responsabilidad moral. "Y dijo Jehová Dios: he aquí el hombre es como uno de nosotros, sabiendo el bien y el mal..." (Gn. 2:22a).

Tercera dispensación: el Gobierno Humano (Gn. 8:20–11:9). El cumplimiento ocurre al finalizar el Diluvio, cuando el hombre comienza a legislar: "El que derramare sangre de hombre, por el hombre su sangre será derramada; porque a imagen de Dios es hecho el hombre" (Gn. 9:6).

Cuarta dispensación: la Promesa (Gn. 12:1-3). El cumplimiento inicia con el llamamiento de Abraham hasta la promulgación de la Ley de Moisés en el Sinaí: "Pero Jehová había dicho a Abraham: vete de tu tierra y de tu parentela, y de la casa de tu padre, a la tierra que te mostraré. Y haré de ti una nación grande, y te bendeciré, y engrandeceré tu nombre, y serás bendición". La dispensación de la Promesa tuvo un carácter exclusivamente israelita, comenzando con Abram, luego llamado Abraham, y finalizando con Israel en el Sinaí.

Quinta dispensación: la Ley, versículos clave en Éxodo 19:8-15. El cumplimiento comienza con la respuesta de todo el pueblo de Israel de "hacer todo lo que Jehová ha dicho" (Éx. 19:8) en el Sinaí, desde el Éxodo hasta la Cruz en el monte Calavera. La Ley fue dada por Dios a través de un mediador, en este caso Moisés, no para redimir al hombre, en este caso a los israelitas en primer lugar, sino para hacerle entender su condición de pecador e impío ante Dios, incapaz de alcanzar la justicia y ser justificado por sí mismo. La historia de Israel durante su travesía por el desierto camino a la Tierra Prometida, y una vez allí, contiene una larga lista de violaciones de la Ley. La prueba a la que la nación fue sometida bajo la Ley terminó con el juicio de las deportaciones, pero la dispensación en sí terminó en la cruz.

Sexta dispensación: la Gracia (Jn. 1:17, Ef. 2:8). El cumplimiento comienza con la llegada de la predicación del evangelio del reino de Dios anunciando perdón y salvación por medio de la gracia salvadora (Tit. 3:4, 5). "Sabiendo que el hombre no es justificado por las obras de la ley, sino por la fe de Jesucristo, nosotros también hemos creído en Jesucristo, para ser justificados por la fe de Cristo y no por las obras de la ley, por cuanto por las obras de la ley nadie será justificado" (Gá. 2:16). La vida, muerte y resurrección de Jesucristo, la formación de la Iglesia y la predicación del evangelio sustentan la dispensación de la gracia.

Séptima dispensación: el Reino (Ef. 1:10). "Dándonos a conocer el misterio de su voluntad, según su beneplácito, el cual se había propuesto en sí mismo, de reunir todas las cosas en Cristo, en la dispensación del cumplimiento de los tiempos, así las que están en los cielos, como las que están en la tierra" (Ef. 1:9, 10). Cuando termine la dispensación de la gracia, comenzará la del reino (Ap. 20:24), (Scofield).

Es importante tener en cuenta que este sistema de dispensaciones y sus cumplimientos son específicos de la teología dispensacionalista y no son aceptados por todas las corrientes teológicas. Hay diversas interpretaciones y opiniones sobre cómo dividir y entender la historia bíblica en términos de dispensaciones (Gálvez).

DOMICIANO

Identidad

Tito Flavio Domiciano nació el 24 de octubre del año 51 d.C. y gobernó como emperador de Roma desde el año 81 hasta el 96. Fue el último emperador de la dinastía Flavia que gobernó el Imperio romano desde el año 69 hasta el año 96, incluyendo los reinados de su padre, Vespasiano (69-79), y de su hermano mayor, Tito (79-81). Domiciano fue el segundo hijo de Vespasiano y hermano de Tito. A pesar de tener poca experiencia previa en liderazgo o en asuntos militares, se convirtió en emperador de manera inesperada cuando su hermano mayor, Tito, falleció repentinamente. Demostró ser un administrador competente y llevó a cabo un extenso programa de construcción. Ganó popularidad entre los militares al aumentar significativamente sus salarios, pero tuvo dificultades para mantener una buena relación con el Senado Romano.

Establecimiento del culto al emperador

Durante la mayor parte del primer siglo, los romanos consideraban al emperador como un ser humano ordinario que solo podría ser deificado después de su muerte. Sin embargo, Domiciano rompió con esta tradición al reclamar la deidad en vida y adoptar el título de *Dominus et Deus noster* (nuestro Señor y Dios). En la región de Asia Menor, la lealtad hacia Roma se expresaba mediante la promoción del culto al emperador, y las ciudades competían por el privilegio de construir templos en su honor. Un ejemplo notable es el templo dedicado a Domiciano en Éfeso, que contaba con una estatua del emperador de casi veinticinco pies de altura. En estas ciudades de Asia Menor, el culto imperial se entrelazaba con los templos locales y otras instituciones cívicas, como los gremios comerciales y sus respectivas deidades. Esta combinación de influencias ejercía una presión cultural cada vez mayor sobre los cristianos para que participaran en el culto pagano.

Política religiosa del cristianismo

Durante la dinastía Flavia en el Imperio romano, se toleraban las religiones extranjeras siempre y cuando no perturbaran el orden público y pudieran asimilarse a la religión romana tradicional. En esa época, hubo un crecimiento en el culto a deidades egipcias como Serapis e Isis, que eran identificadas con Júpiter y Minerva, respectivamente.

Existen diferentes perspectivas sobre la persecución de cristianos y judíos al final del reinado de la dinastía Flavia. Algunos historiadores argumentan que no hay pruebas suficientes de una verdadera opresión religiosa durante ese período. Aunque los judíos fueron gravados con altos impuestos, no se mencionan juicios o ejecuciones basados en ofensas religiosas. Sin embargo, muchos biblistas y otros historiadores defienden la idea de que el libro del Apocalipsis fue escrito como respuesta a la intolerancia religiosa del emperador Domiciano.

El destierro de Juan el Apóstol a la isla de Patmos, donde se cree que escribió el libro del Apocalipsis, y la ejecución de Tito Flavio Clemente no pueden considerarse ejemplos de libertad religiosa. Clemente y su esposa Flavia Domitila fueron acusados de ateísmo y condenados. La acusación de "ateísmo" en ese contexto implicaba negar adorar a los dioses romanos y reconocer la divinidad del emperador. Según las actas de los santos Nereo y Aquileo, Domitila fue exiliada y sus dos servidores fueron decapitados.

En el libro de Apocalipsis se encuentra evidencia clara de la persecución sufrida por los cristianos, y se esperaba que esta persecución aumentara en el futuro cercano (por ejemplo, Ap. 2:10, 13; 6:9-11; 12:11; 13:7; 14:13; 16:6; 17:6; 18:24; 20:4). Gran parte de esta persecución estaba relacionada con la creciente importancia del culto imperial y al emperador en el Imperio romano. Durante el reinado de Domiciano, Roma se volvió cada vez más intolerante hacia los cristianos, quienes se negaban a adorar al César. Tanto escritores paganos como cristianos confirman la hostilidad de Domiciano hacia los cristianos (por ejemplo, Plinio, Suetonio, Melito de Sardes, Dion Casio, Eusebio). El libro del Apocalipsis en sí presupone que los cristianos enfrentaban una creciente presión para participar en el culto imperial (por ejemplo: Ap. 13:4-8, 15-16; 14:9-11; 15:2; 16:2; 19:20).

Debido al culto a Domiciano en Éfeso, los registros de su persecución a los cristianos y el fuerte impulso hacia la adoración imperial, muchos intérpretes identifican a Domiciano con la bestia descrita en Apocalipsis 13. Para otros, este contexto sirve como el cumplimiento de la profecía del primer siglo, sin excluir la posibilidad de una figura culminante de la "bestia" al final de la era. En cualquier caso, aquellos que se niegan a adorar la imagen de la bestia enfrentan amenazas de muerte.

Después de gobernar el Imperio romano durante quince años, Domiciano fue asesinado a puñaladas en el año 96 d.C., a sus cuarenta y cinco años. En lugar de ser deificado, el Senado prohibió oficialmente su memoria y ordenó que su nombre fuera eliminado de los edificios públicos. Mientras que el Senado celebraba su muerte, la mayoría de la gente mostraba indiferencia y los militares lloraron su pérdida. Con la muerte de Domiciano, la dinastía Flavia de emperadores llegó a su fin (Bonilla), (ver **Culto imperial**, **Roma/ Imperio romano**).

DON DE PROFECÍA, 1 CORINTIOS 12:10

Es una manifestación del Espíritu que está a la disposición del creyente lleno del Espíritu. Lo capacita para dar un mensaje de revelación no normativa directa de Dios, bajo el impulso del Espíritu sobre alguna situación en particular de la Iglesia local o de algunos miembros de la congregación con el propósito de ser exhortados, fortalecidos, redargüidos. No debe confundirse con la predicación de un sermón elaborado previamente. Tampoco con el don de profeta de Ef. 4:11 que es más amplio y tiene la función de capacitar, alinear, a los creyentes para toda buena obra con el fin de edificación. El don de profecía es una expresión de la voluntad de Dios sobre una situación del momento y de manera particular que pone al descubierto el corazón de una persona o la realidad espiritual de la Iglesia. Pablo explica con detalles el funcionamiento de ese don: "Y que dos o tres profetas hablen y los demás juzguen. Pero si a otro que está sentado le es revelado algo, la primera calle. Porque todos podéis profetizar uno por uno, para que todos aprendan y todos sean exhortados" (1 Co. 14:29-31), (Gálvez).

DON DE PROFECÍA, ROMANOS 12:6

Pablo da importancia a la profecía en sus cartas. Este don aparece en todas las listas de los carismas y en textos individuales (Ro. 12:6-8; 1 Co. 12:8-10, 14:1-5, 26-32, Ef. 4:11; 1 Ts. 5:19-22), y le concede la primacía sobre los demás dones: "Yo quisiera que todos profetizaran", "Ustedes vayan en pos del amor, y procuren alcanzar los dones espirituales, sobre todo el de profecía" (1 Co. 14:1). A juzgar por las descripciones que realiza Pablo, la profecía es una palabra de revelación no canónica, no es la comunicación de un sermón elaborado, tampoco es una palabra dada por mandato o una habilidad aprendida. Es una palabra espontánea, una revelación concedida verbalmente al profeta para ser pronunciada tal como es dada. En esa perspectiva, Pablo sigue la línea dentro del concepto hebreo de la profecía como expresión inspirada no normativa.

Es un mensaje divino dado con entendimiento y palabras que todos comprenden. No es como el mensaje del don de lenguas angelicales que no se entiende y que necesita interpretación. El don de profecía es una manifestación del Espíritu que está a la disposición del creyente lleno del Espíritu. Lo capacita para dar un mensaje de revelación no normativa —directa de Dios— bajo el impulso del Espíritu, sobre alguna situación en particular de la Iglesia local o de algunos miembros de la congregación con el propósito de ser fortalecidos, consolados, edificados: "En cambio, el que profetiza habla a los demás para edificarlos, animarlos y consolarlos" (1 Co. 14:3). El don de profecía es una expresión de la voluntad de Dios sobre una situación del momento. Pone al descubierto el corazón de una persona o la realidad espiritual de la Iglesia. Pablo explica con detalles el funcionamiento de ese don en 1 Co. 14:30-31: "Si alguien que está sentado recibe una revelación, el que esté hablando ceda la palabra. Así todos pueden profetizar por turno, para que todos reciban instrucción y aliento". Por ello, este don edifica animando, consolando, fortaleciendo a la congregación. Es una palabra de revelación, por tanto, la profecía es una señal, no para los incrédulos, sino para los creyentes (1 Co. 14:22). Eso sí, Pablo da la instrucción para que se examinen todas las profecías que se dan en la congregación, por causa de los abusos que ocurrían en la administración de los dones en la Iglesia de Corinto. Esa responsabilidad cae sobre los cristianos maduros, los líderes y aquellos hermanos que tengan el don de discernimiento de espíritus.

¿Cómo sabe el creyente que le ha sido concedido el don de gracia de la profecía? Tiene la convicción plena y el sentir profundo en su espíritu, su corazón y su mente de decir un mensaje que sabe que viene del Espíritu. Siente como una fuerza y una carga santa de expresar tal mensaje. Tiene claro que, si no lo dice, su ser no tiene tranquilidad. Este don se ejercita conforme a la medida de la fe que le ha sido dada en conexión con su conciencia. Tiene la confianza de percibir la inspiración a tal grado que detecta cuando esta cesa, por lo que calla de inmediato (Gálvez).

DON DE PROFETA, EFESIOS 4:11

Los evangelios sinópticos, y algunas cartas, previenen contra los falsos profetas. Ello implica la existencia de verdaderos profetas (Mr. 13:22, Mt. 7:15, 1 Jn. 4:1, 2 P. 2:1). El Nuevo Testamento menciona la palabra "profetas", refiriéndose a los verdaderos, más de 70 veces y la palabra "profeta" más de 60 veces. Los profetas del Nuevo Testamento desarrollan su ministerio dentro de las congregaciones locales (Hch. 13:1) y en otras que visitan (Hch. 11:27). No son elegidos o llamados por la Iglesia, sino reciben soberanamente el don carismático de Dios entregado por Cristo mediante el Espíritu Santo.

Los profetas son el instrumento de Dios, por su Espíritu, para que disciernan la condición espiritual de la Iglesia y los fieles en lo individual. Pueden dar un mensaje predictivo sobre situaciones singulares como la profecía de Agabo sobre el sufrimiento que tendría el apóstol Pablo en Jerusalén (Hch. 21:10-12). En otra ocasión, predijo una hambruna sobre todo el mundo en tiempos del emperador Claudio (Hch. 11:28). Los profetas son llamados a exhortar, animar, edificar y consolar a la Iglesia (1 Co. 12:14). Los profetas también juzgan la condición de las Iglesia locales (Ap. 2), añaden amonestación (Hch. 15:32), juzgan las profecías de las iglesias locales. La Iglesia es enriquecida por el ministerio de profeta (Hch. 11:27-28, Ap. 1:10-11). Y específicamente en la Carta a los efesios se pone énfasis en el servicio de capacitar (Katartizo, que se refiere a enderezar, reorientar, construir) a la Iglesia para la obra de servicio, para edificar el cuerpo de Cristo (Ef. 4:11). En algunas ocasiones profetizan sobre asuntos personales a miembros de la iglesia local (Gálvez).

DOS TESTIGOS

Se les conoce como los dos olivos y los dos candelabros... (Ap. 11:4). El símbolo recuerda la escena de Zac. 4:1-10, en la cual Juan conoce y le da un reenfoque en los dos olivos, y los describe como profetas. Además, habla solo de dos candelabros en lugar de los siete que se refieren en Ap. 1:12, 13-20; 2:1. En esta visión, estos dos candeleros alumbran los pueblos como dos profetas que anuncian las buenas nuevas del reino de Dios (Ap. 10:11 y 11:3). Se presentan al mismo tiempo con dos testigos como lo exige la tradición israelita

(Dt. 15:5) y como dos enviados a la misión como lo muestran los evangelios (Mr. 6:7). A lo largo del tiempo de 1260 días estos testigos realizan el culto de Dios. Son enviados y capacitados por Dios para la contienda espiritual, realizar milagros y llamar el juicio de Dios (Ap. 11:5-6). La bestia los ataca y los mata al terminar su poderoso testimonio. Sus cuerpos yacen insepultos en la gran ciudad durante tres días y medio mientras los habitantes de la tierra celebran su derrota y muerte (Ap. 11:7-10). Después del período de días, el aliento de vida de Dios entra en ellos y son llevados al cielo. Sus enemigos quedan aterrorizados.

En cuanto a la identidad de estos dos testigos hay varias opiniones. Una de las más populares es que los dos testigos son personas reales que aparecerán en el final de la historia durante la Gran Tribulación: si la bestia en Apocalipsis 11:7 y 13:1 es un individuo en lugar de un símbolo, entonces los dos testigos también son individuos probables. Además, su muerte y resurrección apoya identificándolos como individuos literales. Otros prefieren ver a los dos testigos como un símbolo del testimonio de la Iglesia. Los candelabros (Ap. 11:4) son identificados como iglesias (Ap. 1:20). Otra opinión: Josué y Zorobabel como sumo sacerdote y rey simbolizan la iglesia como un reino de sacerdotes (Ap. 1:6; 5:10). Otros opinan que son Elías y Moisés a causa de ciertas características que Juan destaca: fuego y lluvia (2 R. 1:10; 1 R. 17:1); la conversión del agua en sangre: plagas (Éx. 7:17-20). Otra opinión es que podrían ser Pedro y Pablo, incluso Santiago y Juan Zebedeo, mártires los cuatro, pues, representan toda la iglesia de Juan profeta y sus amigos profetas (Ap. 22:6-9). Añaden que Juan presenta en estos dos testigos el destino de todos los creyentes (Ap. 11:7-12). Otros: la ley y el evangelio, Elías y Enoc. Con todo, cuales quiera que sean los testigos, es impresionante cómo han ofrecido su mensaje con poder, autoridad, tales, que nadie puede oponerse a la palabra anunciada, tampoco impedir que ella se expanda a todo el mundo (Mr. 13:10). Cumplida su misión, a la bestia se le permite quitarles la vida (Ap. 9:11). Sus cadáveres quedan en la plaza de la Ciudad Grande... Babilonia (Ap. 17:8), que en sentido espiritual son llamadas Sodoma y Egipto. Añade que es la ciudad donde Cristo, el Señor, fue crucificado, equiparando Jerusalén con Babilonia. Esta declaración recuerda lo dicho por Jesús: "...porque no es posible que un profeta muera fuera de Jerusalén" (Lc. 13:33). En esa perspectiva, Juan parece mostrar el destino de todos los profetas verdaderos: han vivido el mismo final de muerte en la misma ciudad perversa. Así, de forma inesperada, la Jerusalén del mundo se vuelve signo de todas las ciudades perversas de la tierra. Pikaza describe ese panorama de manera vívida: "Y verán sus cadáveres gentes de todos los pueblos... y los habitantes de la tierra se alegrarán (Ap. 11:9-10). Juan evoca así la liturgia de la muerte, la fiesta violenta de quienes expulsan a los mensajeros de Cristo pues no les dejaban descansar en su opresión; es fiesta de falsa paz que nace del delito compartido, pues la celebra con ellos la Bestia asesina de profetas. Ya no entierran su cuerpo, lo dejan ahí, sobre la calle, sin monumento sacral (sin fundar sobre esa muerte una nueva religión, como al principio de la historia). Estos últimos asesinos de profetas (de Jesús) no necesitan (ni pueden) fundar una creencia, lavar la mancha de su sangre, pues son la perversión desnuda, el asesinato simple y puro, convertido en ley del mundo. Al llegar aquí, la sangre y muerte ya no camuflada se extiende en la plaza como fuente envenenada de pura destrucción (de alegría y regalos falsos)".

En resumen, lo destacado es el testimonio de estos dos testigos, lo cual es una tendencia, un patrón a lo largo de Apocalipsis, donde el sistema mundial tiene el poder de matar a los testigos de Dios, pero los testigos triunfan por su fiel sacrificio y futura resurrección (Ap. 6:9; 12:11, 17; 19:10; 20:4), (Beale).

Las dos figuras, como quiera que sean identificadas, enfatizan el papel del testimonio profético en Apocalipsis. Ellos están facultados por Dios para llevar a cabo una misión difícil (Ap. 11:2-3). Dios los usa para hacer obras milagrosas y confrontar un mundo inicuo (Ap. 11:5-6). Son temporalmente conquistados y puestos a muerte por los poderes del mal (Ap. 11:7-10). Al final, sin embargo, ellos vencen por el poder vivificante de Dios y por su propia fidelidad, y son conducidos a la seguridad de la presencia de Dios (Pentecost), (Ap. 11:11-12).

DRAGÓN

El dragón es una criatura mitológica. En la leyenda china, el dragón es una criatura sagrada, poderosa, asociada con el emperador y el poder divino. Es considerado un símbolo de buena fortuna, sabiduría y fuerza. Los dragones chinos suelen representarse como serpientes aladas con escamas y son considerados protectores y guardianes. En la mitología griega, los dragones son criaturas fuertes y aterradoras asociadas con la protección de tesoros o lugares sagrados. El dragón más famoso es el dragón Ladón, que custodiaba las manzanas doradas del Jardín de las Hespérides. En la mitología nórdica, los dragones son criaturas crueles y destructivas. El dragón *Níðhöggr* es mencionado en la mitología como un dragón que roe las raíces del árbol del mundo, *Yggdrasil* (M. Arnold).

En la perspectiva cristiana, el Dragón es un símbolo del mal y del diablo. En Job 41:1-34, se describe a una criatura llamada "leviatán" que tiene características similares a las de un dragón. El leviatán es un ser poderoso y temible, que se interpreta como un símbolo del caos y el mal en la creación. En Salmos 74:13-14, se hace referencia a Dios como aquel que quebrantó las cabezas de los dragones en las aguas y del leviatán, lo cual puede ser visto como una metáfora de la victoria de Dios sobre las fuerzas del mal. En Apocalipsis 12:3-4, 7-9, se describe a un gran dragón rojo que representa a Satanás, persigue a la Mujer y es derrotado por el arcángel Miguel y sus ángeles. El Dragón está asociado con el mal y la persecución de los creyentes. Además, este Dragón es expulsado del cielo y actúa en la tierra a través de las Bestias (Ap. 13), dirigiendo la batalla contra la Mujer, pero finalmente es derrotado por el Cordero y sus seguidores.

El Dragón representa el mal, el caos y la antigua oposición a Dios. Apocalipsis identifica, explícitamente, al Dragón con Satanás, el archienemigo de Dios y su pueblo. Así como Dios derrotó a la bestia del mar en Daniel y el dragón de Egipto a través del Éxodo, así vencerá a Satanás (Ap. 20:3, 7-10), (Kistemaker).

En el cielo nuevo y la tierra nueva ya no habrá mar (Ap. 21:1) ni un antiguo dragón marino para amenazar la nueva creación de Dios (ver **Satanás, Mar, Animales apocalípticos**).

E

ÉFESO

Éfeso (en griego: Ἔφεσος, romanizado: *Ephesos*, en latín: *Ephesus*) fue una región de Asia Menor en la Antigüedad, ubicada en la actual Turquía. Formaba parte de las doce ciudades jónicas que se hallaban a orillas del mar Egeo, situado entre el extremo norte de Panayr Dağ (antiguo monte Pión) y la desembocadura del río Caístro. Contaba con un puerto llamado Panormo. Éfeso ha sido declarada Patrimonio de la Humanidad por la UNESCO desde 2015.

Desde una perspectiva arqueológica, las excavaciones en Éfeso han revelado numerosos hallazgos que arrojan luz sobre la historia y la vida en la antigua ciudad. Entre los descubrimientos más destacados se encuentran el teatro de Éfeso, la biblioteca de Celso y el templo de Artemisa (una de las siete maravillas del mundo antiguo), así como calles, viviendas antiguas, inscripciones y artefactos.

Desde una perspectiva histórico-religiosa, Éfeso fue una ciudad antigua de Asia Menor que existió desde el período arcaico hasta el período romano. Fue un importante centro cultural, político y religioso en la región, y también era conocida por su puerto. Éfeso desempeñó un papel significativo durante la época clásica y helenística, alcanzando su apogeo durante el período romano. La ciudad era la más grande de Asia Menor y un centro de comercio, religión y gobierno. Los creyentes, en Éfeso, estaban rodeados de influencias religiosas y poderes cívicos, con imágenes correspondientes. Éfeso fue el centro de adoración de Artemisa, la diosa madre, con un inmenso templo complejo, miles de sacerdotes y sacerdotisas, y un próspero negocio relacionado con su culto. La adoración al emperador también era prominente en Éfeso, con un nuevo templo que contenía una estatua colosal del emperador de veinticinco pies de altura para Domiciano, quien probablemente era el emperador en el momento en que se escribió el Apocalipsis.

En la perspectiva bíblica, Éfeso es mencionada en el Nuevo Testamento como una de las iglesias a las que se dirigen las cartas de Pablo. La carta a los efesios está dirigida a los creyentes en esta ciudad y contiene enseñanzas y exhortaciones para la vida cristiana. La iglesia de Éfeso también es mencionada en los libros de Hechos, 1 Timoteo y Apocalipsis.

En la perspectiva profética, el libro de Apocalipsis menciona a la iglesia de Éfeso y se le dirige una carta de Jesucristo a través del apóstol Juan. La iglesia de Éfeso es una de las siete iglesias mencionadas en Apocalipsis 2–3. A pesar de enfrentar un entorno difícil,

Jesús elogia a la iglesia de Éfeso por su arduo trabajo, perseverancia y discernimiento doctrinal. Sin embargo, a pesar de haber probado y encontrado falsos a aquellos que se presentaban como apóstoles (Ap. 2:2) y de aborrecer las prácticas de los nicolaítas (Ap. 2:6), Jesús culpa a los cristianos de Éfeso por haber abandonado su primer amor, que probablemente se refiere tanto al amor por Dios como al amor mutuo. Jesús advierte a la iglesia de Éfeso que se arrepienta y vuelva a comprometerse con su amor inicial (Ap. 2:5), o de lo contrario les quitará su candelero. A aquellos que superen esta prueba, se les promete el derecho a "comer del árbol de la vida, que está en el paraíso de Dios" (Ap. 2:7), una imagen que contrasta con el árbol sagrado que aparece en el santuario de Artemisa. El mensaje profético de Jesús a la iglesia de Éfeso (y a la iglesia contemporánea) integra la verdad y el amor. El énfasis en la verdad es fundamental para resistir el sincretismo y el relativismo, mientras que la centralidad del amor está en el corazón de la fe cristiana. Como afirma Craig Keener, "una iglesia en la que el amor se extingue ya no puede funcionar adecuadamente como una expresión local del cuerpo de Cristo, que consta de muchos miembros".

Desde una perspectiva escatológica, Éfeso no tiene un papel prominente específico en las profecías relacionadas con los eventos finales. Sin embargo, el libro de Apocalipsis en su conjunto aborda temas escatológicos y ofrece una visión del juicio final, el establecimiento del reino de Dios y el destino eterno de la humanidad.

Estas perspectivas enriquecen nuestra comprensión de Éfeso desde diferentes ángulos, proporcionando una visión más completa de su historia, su importancia bíblica, sus descubrimientos arqueológicos, su relevancia profética y su lugar en la escatología bíblica (Pfeiffer), (ver **Domiciano**, **Siete iglesias del Apocalipsis**).

EKKLĒSIA

Vine expone que la palabra "ekklēsia" (ἐκκλησία) se usaba entre los griegos para referirse a un cuerpo de ciudadanos reunidos para discutir cuestiones de estado (Hch 19:39). En la LXX se usa para nombrar a la congregación de Israel, convocada para un propósito determinado, o una reunión considerada representativa de toda la nación (Hch. 7:38). El término "ekklēsia" tiene un trasfondo significativo en la Septuaginta, la traducción griega de las Escrituras Hebreas que se produjo alrededor del año 250 a.C. En la Septuaginta, la palabra se utiliza en un sentido religioso en casi cien ocasiones, y casi siempre como una traducción de la palabra hebrea "qāhal". Si bien "qāhal" a veces se refiere a una reunión secular (a diferencia de "ēdâ", la palabra hebrea típica para la reunión religiosa de Israel, que se traduce al griego como "synagōgē"), también puede denotar las reuniones sagradas de Israel. Esto es especialmente evidente en el libro de Deuteronomio, donde "qāhal" está vinculado al pacto.

En Hch. 19:32, 41, se utiliza para describir a una turba amotinada. Tiene dos aplicaciones en relación con compañías de cristianos: (a) se refiere a toda la compañía de los redimidos a lo largo de la era presente, la compañía de la cual Cristo dijo: "edificaré mi iglesia" (Mt. 16:18), y que también se describe como "la iglesia, la cual es su cuerpo" (Ef. 1:22; 5:22); (b) en número singular (por ejemplo, Mt 18:17), se refiere a una compañía formada por creyentes profesos (por ejemplo, Hch. 20:28; 1 Co. 1:2; Gá. 1:13; 1 Ts 1:1; 1 Ti. 3:5), y en plural, se refiere a las iglesias en un distrito (Hch. 9:31). Hay una aparente excepción en Hch. 9:31 donde, aunque la RVR traduce "iglesias", el singular en el original (correctamente traducido por la VM) parece indicar un distrito específico; sin embargo, la referencia es claramente a la iglesia tal como estaba en Jerusalén, de donde acababa de ser dispersada (Hch. 8:1). Además, en Romanos 16:23, que Gayo fuera "hospedador... de toda la iglesia" sugiere que la asamblea en Corinto se reunía generalmente en su casa, donde también Pablo residía.

Es interesante notar que, en el NT, "ekklēsia" se usa para referirse a la comunidad del pueblo de Dios en 109 ocasiones (de 114 apariciones del término). Aunque la palabra solo aparece en dos pasajes de los evangelios (Mt. 16:18; 18:17), es de especial importancia en Hechos (x23) y los escritos de Pablo (x46). También se encuentra veinte veces en Apocalipsis, y en casos aislados en Santiago y Hebreos.

Podemos extraer tres conclusiones generales de este uso. En primer lugar, "ekklēsia" (tanto en singular como en plural) se aplica predominantemente a una asamblea local de aquellos que profesan fe y lealtad a Cristo. En segundo lugar, "ekklēsia" también designa a la iglesia universal (Hch. 8:3; 9:31; 1 Co. 12:28; 15:9); especialmente en las cartas posteriores de Pablo como Efesios 1:22-23 y Colosenses 1:18. Y, en tercer lugar, la "ekklēsia" es la congregación de Dios (por ejemplo, 1 Co. 1:2; 2 Co. 1:1).

La naturaleza de la iglesia es demasiado amplia para ser completamente abarcada por el significado de la palabra "ekklēsia". Para captar su significado, los autores del NT utilizan una rica variedad de descripciones metafóricas, cinco de las cuales requieren un comentario especial: el pueblo de Dios, reino de Dios, templo de Dios, esposa de Cristo y cuerpo de Cristo.

Ekklēsia como el pueblo de Dios

El concepto del pueblo de Dios se puede resumir en la frase del pacto: "Yo seré su Dios y ellos serán mi pueblo" (ver Éx. 6:6-7; 19:5; Lv. 26:9-14; Jer. 7:23; 30:22; 32:37-40; Ez. 11:19-20; 36:22-28; Hch. 15:14; 2 Co. 6:16; He. 8:10-12; Ap. 21:3). Así, el pueblo de Dios se refiere a aquellos que, en las eras del Antiguo y Nuevo Testamento, responden a Dios por fe y cuyo origen espiritual descansa exclusivamente en la gracia de Dios.

Hablar del único pueblo de Dios que trasciende las eras del Antiguo y Nuevo Testamento plantea necesariamente la cuestión de la relación entre la iglesia e Israel. Los intérpretes modernos prefieren no polarizar el asunto como un problema de uno u otro. Más bien, hablan de la Iglesia e Israel en términos de continuidad y discontinuidad entre ellos.

En cuanto a la continuidad entre la Iglesia e Israel, hay dos ideas que establecen el hecho de que son retratados en la Biblia como estando en una relación continua. En primer lugar, la Iglesia estaba presente en algún sentido en Israel en el Antiguo Testamento. Hechos 7:38 establece esta conexión cuando, aludiendo a Deuteronomio 9:10, habla de la Iglesia (ekklēsia) en el desierto. Además, se infiere la misma idea de la asociación íntima entre las palabras *ekklēsia* y *qāhal*, especialmente cuando esta última es calificada por la frase "de Dios". Además, si se considera que la Iglesia es vista en algunos pasajes del Nuevo Testamento como preexistente, entonces se encuentra en ellos el prototipo de la creación de Israel (ver Éx. 25:40; Hch. 7:44; Gá. 4:26; He. 12:22; Ap. 21:11; cf. Ef. 1:3-14). En segundo lugar, Israel, en cierto sentido, está presente en la Iglesia en el Nuevo Testamento. Los muchos nombres del Antiguo Testamento para Israel se aplican a la Iglesia, lo cual establece este hecho. Algunos de estos nombres son: Israel (Gá. 6:15-16; Ef. 2:12; He. 8:8-10; Ap. 2:14), un pueblo elegido (1 P. 2:9), la verdadera circuncisión (Ro. 2:28-29; Fil. 3:3; Col. 2:11), simiente de Abraham (Ro. 4:16; Gá. 3:29), el remanente (Ro. 9:27; 11:5-7), los elegidos (Ro. 11:28; Ef. 1:4), el rebaño (Hch. 20:28; He. 13:20; 1 P. 5:2) y el sacerdocio (1 P. 2:9; Ap. 1:6; 5:10).

Sin embargo, también hay discontinuidad entre la Iglesia e Israel. La Iglesia no es totalmente idéntica a Israel; la discontinuidad también caracteriza su relación. La iglesia es el Israel escatológico (del tiempo del fin) incorporado en Jesús Cristo y, como tal, es una progresión más allá del Israel histórico (1 Co. 10:11; 2 Co. 5:14-21). Sin embargo, se debe hacer una advertencia en este punto. Aunque la iglesia es una progresión más allá de Israel, no parece ser el reemplazo permanente de Israel (ver Ro. 9–11, especialmente 11:25-27).

Ekklēsia como el reino de Dios

De acuerdo con numerosos estudiosos, la vida, muerte y resurrección de Jesús marcaron el inicio del reino de Dios, generando una superposición de las dos eras. El reino ya ha amanecido, pero aún no está completo (ver **Ya, aún no**). El primer aspecto se refiere a la primera venida de Jesús, mientras que el segundo se relaciona con su Segunda venida. En otras palabras, la era futura ha irrumpido en la era presente y ahora ambas coexisten simultáneamente. Este contexto es fundamental para comprender la relación entre la Iglesia y el reino de Dios, ya que la Iglesia también existe en la tensión resultante de esta superposición de las dos eras. En consecuencia, se puede considerar a la Iglesia como un presagio del reino. De esta definición surgen dos ideas: la Iglesia está relacionada con el reino de Dios, pero no es lo mismo que el reino de Dios.

La Iglesia y el reino de Dios están estrechamente vinculados. No es hasta después de la resurrección de Jesús que el Nuevo Testamento habla regularmente de la Iglesia. Sin embargo, ya se pueden encontrar indicios tempranos de la iglesia en la enseñanza y el ministerio de Jesús, tanto en forma general como específica. En general, Jesús anticipó la formación oficial posterior de la Iglesia al reunir a doce discípulos, quienes constituyeron los principios del Israel escatológico, en efecto, el remanente.

De manera más específica, Jesús se refiere explícitamente a la iglesia en dos pasajes: Mt. 16:18-19 y 18:17. En el primero, Jesús prometió edificar su Iglesia a pesar de la oposición satánica, asegurando así el éxito final de su misión. La idea de que la Iglesia vencerá las fuerzas del mal coincide con la noción de que el reino de Dios prevalecerá sobre sus enemigos, lo cual habla de la estrecha asociación entre la Iglesia y el reino. El segundo pasaje se refiere a la futura organización de la Iglesia, en términos que no difieren mucho de las prácticas de la sinagoga judía en los días de Jesús.

Aunque la Iglesia y el reino de Dios están estrechamente relacionados, el Nuevo Testamento no los equipara por completo. Observemos cómo los primeros cristianos predicaron el reino, no la Iglesia (Hch. 8:12; 19:8; 20:25; 28:23, 31). El Nuevo Testamento identifica a la Iglesia como el pueblo del reino (Ap. 5:10), no como el reino mismo. Además, la Iglesia es el instrumento mediante el cual se manifiesta el reino. Esto queda especialmente claro en Mt. 16:18-19, donde la predicación de Pedro y la Iglesia se convierten en las llaves para abrir el reino de Dios a todos los que deseen entrar.

Ekklēsia como el templo escatológico de Dios

Tanto el Antiguo Testamento como el judaísmo anticiparon la reconstrucción del Templo en el futuro reino de Dios (Ez. 40–48; Hag. 2:1-9). Jesús insinuó que construiría tal estructura (Mt. 16:18; Mr. 14:58; Jn. 2:19-22). Pentecostés fue testigo del comienzo del cumplimiento de ese sueño cuando el Espíritu habitó en la iglesia, formando el Templo escatológico (Hch. 2:16-36). Los escritores del Nuevo Testamento también percibieron que la presencia del Espíritu en la comunidad cristiana constituía el nuevo Templo de Dios (ver 1 Co. 3:16-17; 2 Co. 6:14-7:1; Ef. 2:19-22; cf. también Gá. 4:21-31; 1 P. 2:4-10).

Sin embargo, es evidente en los pasajes anteriores que el Templo escatológico aún no está completo, especialmente en su énfasis en la necesidad de que la Iglesia crezca hacia la madurez en Cristo, lo cual solo se cumplirá plenamente en la Parusía (Segunda venida de Cristo). Mientras tanto, los cristianos, como sacerdotes de Dios, deben ofrecer su servicio sacrificial a la gloria de Dios (Ro. 12:1-2; He. 13:15; 1 P. 2:4-10).

Ekklēsia como la Novia
La imagen del matrimonio se aplica a Dios e Israel en el Antiguo Testamento (ver Is. 54:5-6; 62:5; Os. 2:7). Imágenes similares se aplican a Cristo y la Iglesia en el Nuevo Testamento. Cristo, el novio, se ha sacrificado y ha elegido con amor a la Iglesia para que sea su novia (Ef. 5:25-27). Su responsabilidad durante el período de los esponsales es serle fiel (2 Co. 11:2; Ef. 5:24). En la Parusía, se llevará a cabo la ceremonia oficial de la boda y se realizará la unión eterna de Cristo y su esposa (Ap. 19:7-9; 21:1-2).

Ekklēsia como el cuerpo de Cristo
La metáfora del cuerpo de Cristo como referencia a la iglesia es exclusiva de las cartas de Pablo y constituye uno de sus conceptos más significativos (Ro. 12:4-5; 1 Co. 12:12-27; Ef. 4:7-16; Col. 1:18). El propósito principal de esta metáfora es demostrar la interrelación de la diversidad y la unidad dentro de la iglesia, especialmente en relación con los dones espirituales. El cuerpo de Cristo es el último Adán (1 Co. 15:45), la nueva humanidad de los últimos tiempos que ha aparecido en la historia. Sin embargo, el uso que hace Pablo de esta imagen, junto con la metáfora del nuevo Templo, indica que la Iglesia, como cuerpo de Cristo, todavía tiene un largo camino por recorrer espiritualmente. Aún no está completamente realizada (Lacueva), (ver **Novia, Novio**).

EL DÍA DEL SEÑOR/ EL DÍA DE YAHVÉ

"El Día del Señor" (o el Día de YHWH) es un término bíblico y un tema utilizado tanto en la Biblia hebrea o Antiguo Testamento (יוֹם יְהוָה), y el Nuevo Testamento (ἡμέρα κυρίου): "El sol se convertirá en tinieblas y la luna en sangre, antes que venga el día grande y espantoso de Yahweh" (Jl. 2:31, citado en Hch. 2:20). En la Biblia Hebrea, el significado de las frases se refiere a eventos temporales, como la invasión de un ejército extranjero, la captura de una ciudad y el sufrimiento que le ocurrirá a los habitantes. Esto aparece mucho en el primer capítulo de Isaías.

Este es uno de los términos más importantes tanto en la Biblia hebrea como en la cristiana en sus dos testamentos. En muchos lugares aparece la expresión como "… el día… del Señor". Esta expresión forma parte de la escatología de la Biblia. Tiene varios equivalentes como "el día", "en aquel día". En la Biblia, la expresión "Día del Señor" tiene significados variados. Por ejemplo, en Isaías, en el cual se manifiesta "la temible presencia del Señor", se constituye, en primer lugar, en una experiencia de castigo para aquellos que han sido altivos y soberbios (Is. 2:11). En segundo lugar, se le presenta como un tiempo de castigo, pero con carácter más general, diciendo que este será un día de castigo para las naciones (Ez. 30:3). En tercer lugar, muchas veces la expresión es aplicada como una advertencia de castigo específicamente para el pueblo de Israel. En el libro del profeta Joel, es mencionado el Día del Señor tomando la forma de una invasión de langostas sobre los campos de cultivo de los habitantes de ese lugar (Jl. 1:15; 2:1-2).

El profeta Amós también lo presenta como un día de castigo, pero con tinte de carácter apocalíptico; como será en la realidad y no como piensa la gente que podría ser, "… un día de tinieblas, y no de luz" (Am. 5:18). Sofonías agrega a esto un tono de desesperanza y pesar para quienes estén presentes cuando llegue ese día, pues al describirlo utiliza términos como: angustia, estrechez, alboroto, destrucción, oscuridad, tinieblas, nublado, sonido de trompetas y gritos de guerra (Sof. 1:15). Para Zacarías, el Día del Señor es un día en el que Israel sufre el saqueo por parte de sus enemigos (Zac. 14:1-2). Malaquías cierra el Antiguo Testamento haciendo énfasis en el carácter escatológico del Día del Señor, relacionándolo con el profeta Elías y diciendo que debía de venir antes del día grande y terrible (Mal. 4:5, 6).

En la literatura apocalíptica, es el día de la aniquilación de los pueblos paganos, enemigos de Israel; en el caso del Nuevo Testamento es la realización del Día del Señor que se traslada al fin del mundo. Pablo, en la segunda carta a los tesalonicenses menciona el Día del Señor, en el contexto de una advertencia en contra de que él mismo vendría pronto (2 Ts. 2:2). Pedro, en su segunda carta, hace mención del mismo concepto, escribiendo que la llegada del mencionado día tendría el carácter de repentino o sorpresivo, utilizando para ello la imagen de un delincuente que procede a ejecutar un asalto en horas de la noche. También el libro de Apocalipsis menciona el Día del Señor como un día escatológico en el cual es derramada la ira de Dios en contra de aquellos que nunca estuvieron dispuestos a hacer su voluntad (Ap. 16:14).

Es importante mencionar que los escritores bíblicos neotestamentarios desean expresar el domingo o primer día de la semana con el nombre el "Día del Señor". Juan recibe la revelación (Ap. 1:10) de que la iglesia se reunía ese día para participar de la Cena del Señor (Hch. 20:7), Pablo da indicaciones que en ese día se proceda a reunir algunas ofrendas, las cuales él llevaría posteriormente a Jerusalén (1Co. 16:2), (Schökel-Sicre).

Uso en el Nuevo Testamento

Según algunos expertos, la expresión "el día del Señor" puede referirse tanto a los tiempos del escritor como a eventos predichos en una edad posterior de la historia de la tierra, incluyendo el juicio final y el mundo venidero. Esta expresión también puede tener un significado amplio al referirse tanto a la primera como a la Segunda venida de Jesucristo. Por lo tanto, varios estudiosos afirman que los autores del Nuevo Testamento tomaron este término del Antiguo Testamento y lo utilizaron con frecuencia para referirse específicamente a la Segunda venida de Cristo (1 Co. 5:5; 1 Ts. 5:2; 2 Ts. 2:2; 2 P. 3:10, 12). Al igual que en el Antiguo Testamento, el Nuevo Testamento aparentemente también utiliza términos asociados como "aquel día", "aquellos días", "el gran día" o "el día de nuestro Señor Jesús" en un sentido sinónimo de "el día del Señor", refiriéndose al tiempo del regreso de Cristo (Mr. 13:24; 1 Co. 1:8; Ap. 6:17; 16:14).

Ampliando un poco más, Tamayo describe que uno de los pasajes que es interpretado escatológicamente con la más alta consideración es "el Día de Yahvé" de Am. 5:18-20. Es uno de los más antiguos, data del siglo XVIII a.C.: "[18] ¡Ay de los que anhelan que llegue el día del Señor! ¿Para qué quieren que llegue el día del Señor? Será un día de tinieblas, y no de luz. [19] Será como cuando alguien huye de un león, y se topa con un oso. O como cuando alguien entra en su casa y, al apoyarse en la pared, una culebra le muerde la mano. [20] El día del Señor no será de luz, sino de tinieblas. ¡Será un día sombrío, sin resplandor alguno!" (Am. 5:18-20).

Según Tamayo, el pasaje que le sigue en antigüedad es del siglo VII a.C.: "[7] Guardemos silencio en presencia de nuestro Señor y Dios.

Ya está cerca el día del Señor. Ya el Señor ha preparado el sacrificio, y ha purificado a sus convidados. ⁸ En el día del sacrificio, yo, el Señor, castigaré a los magnates y a los hijos del rey, y a todos los que visten como extranjeros" (Sof. 1:7-8).

Luego, Ez. 7:10, 10:12, 30:2-3, que data del siglo VI a.C., y por último el libro de Joel que también se refiere al "Día del Señor" o "el día de Yahvé".

Tamayo y otros exégetas al referirse a los pasajes citados, describen que su significado va más en la línea del trato de Yahvé para juzgar al pueblo de Israel y a los pueblos. Se refiere a una disciplina contra las falsas seguridades de Israel y un castigo para los pueblos enemigos. Afirma que no se refiere al fin de este mundo, sino al triunfo de Yahvé sobre las divinidades naturales, aunque el lenguaje con que se narra es bélico, catastrófico y cósmico (Tamayo, 2017).

La frase griega *hemera ἡμέρα* se refieren tanto a un día de 24 horas como a una era, etapa o época. Por esta razón, son muchos los eventos que se profetizan para el Día del Señor, importante notar que el día judío comienza al anochecer por lo tanto se espera una etapa oscura (Am. 5:18) al inicio de esta era y luego el rayar del alba con la Estrella de la Mañana (Ap. 22:16) seguido de la plena luz (Mal. 4:2), (Gálvez).

EL MIENTRAS TANTO ESCATOLÓGICO

Se refiere al período que comienza con el anuncio de Cristo sobre la llegada del reino de Dios y continúa hasta la Segunda venida de Cristo, que marca el inicio del fin de la historia de este mundo temporal. Esta frase, acuñada por Rigoberto Gálvez, tiene un tono escatológico y describe el peregrinaje de la Iglesia en medio de la tensión del tiempo cronológico entre el "ya pero todavía no". La mirada está puesta en la esperanza cristiana.

A medida que esperamos la consumación de la gloria y la vida eterna, llevamos a cabo la misión y vivimos de acuerdo con las instrucciones de la Palabra de Dios, enfrentando las pruebas y el sufrimiento a lo largo de la historia (Gálvez).

EL ROLLO/ EL LIBRO, EN APOCALIPSIS

En el Apocalipsis, se hace referencia a varios rollos o libros que son mencionados en visiones simbólicas. Estos rollos representan importantes elementos en la narrativa apocalíptica y tienen un significado simbólico en el contexto del libro. La palabra "rollo" o "libro" en el Apocalipsis tiene su origen etimológico en el griego antiguo, donde se utiliza el término βιβλίον (*biblíon*) para referirse a un pergamino o un libro en forma de rollo. El término también puede traducirse como "librito" o "pergaminos". En el Apocalipsis, el rollo sellado con siete sellos es uno de los elementos más destacados. Este rollo aparece en la visión del trono celestial descrita en el capítulo 5. Representa el plan divino de Dios para el juicio y la redención de la humanidad. Solo el Cordero de Dios, que es Jesucristo, es considerado digno de abrir los sellos y desvelar el contenido del rollo. A medida que los sellos se abren, se desencadenan eventos catastróficos y se revelan los juicios de Dios sobre la tierra. Además, en el Apocalipsis se mencionan otros libros o rollos que contienen información específica. Por ejemplo, en el capítulo 10, Juan ve a un ángel que tiene un "librito" abierto en la mano. Este librito representa las palabras proféticas que Juan debe proclamar al mundo.

En Apocalipsis 5, Juan ve al que está sentado en el trono sosteniendo un "pergamino con escrito por ambos lados y sellado con siete sellos" (Ap. 5:1). Solo el Cordero que triunfó a través del sacrificio es digno de tomar el rollo y abrir sus sellos (Ap. 5:2–8:1).

Más adelante en Apocalipsis, otro ángel poderoso viene del cielo a la tierra sosteniendo un "pequeño rollo" que yace abierto en su mano (Ap. 10:1-2). Juan es instruido a tomar el rollo y comerlo (Ap. 10:8-10). La cadena de la revelación relacionada con el rollo (Dios-Jesús-un ángel-Juan) es la misma que en Ap. 1:1. El trasfondo de la imagen del rollo en Apocalipsis parece ser el de Ezequiel, quien tuvo la experiencia de comer un rollo con escritura en ambos lados (Ez. 2:8–3:7). Tanto para Juan como para Ezequiel, la experiencia de comer el rollo profético es dulce al gusto, pero amarga al estómago.

Los eruditos han debatido la naturaleza exacta del rollo y si el "rollo" de Apocalipsis 5 y el "pequeño rollo" de Apocalipsis 10 son iguales. Hay varias posibilidades para la identidad del rollo: (1) el libro de la vida del Cordero que contiene todos los nombres de los redimidos; (2) el verdadero significado del Antiguo Testamento; (3) la última voluntad y testamento especificando la herencia de los santos; (4) una escritura de contrato doblemente escrita que contiene las promesas del Pacto de Dios; (5) un libro que detalla los eventos de la Gran Tribulación o; (6) un libro celestial que contiene el plan de juicio de Dios y redención (Beale).

Si bien se pueden hacer buenos argumentos para la mayoría de las alternativas, la opción final parece ofrecer la mejor explicación. El rollo representa el plan de Dios para juzgar el mal y redimir a su pueblo, un plan prefigurado en el Antiguo Testamento, anclado en la muerte y resurrección del Cordero, y consumado a su regreso. La escritura de dos caras y los siete sellos significan la plenitud del plan divino. El rollo de Apocalipsis 5 no se abre hasta que los siete sellos hayan sido rotos, mostrando que el rollo mismo se centra en lo que se describe en los siguientes juicios de las trompetas y copas, así como los eventos de Apocalipsis 17 en adelante.

En cuanto a la pregunta de si el "rollo" del capítulo 5 es lo mismo que el "pequeño rollo" del capítulo 10, hay diferencias entre los dos libros, como quién sostiene o recibe el pergamino y la ubicación específica de la escena. Sin embargo, las similitudes son aún más prominentes. En consecuencia, la mayoría de los estudiosos ven una fuerte conexión entre los dos rollos, aunque no parecen ser absolutamente idénticos. El "pequeño rollo" del capítulo 10 proporciona una visión más profunda y un enfoque más nítido de lo que se presenta en Ap. 5–9. En el corazón de este enfoque estrecho yace el sufrimiento de la Iglesia en el plan de Dios. El mensaje profético es "dulce" porque Dios está a cargo y su plan soberano para redimir a su pueblo y juzgar el mal se está desarrollando rápidamente. Pero el mensaje también es "amargo" porque el pueblo de Dios puede esperar sufrir persecución e incluso martirio.

En resumen, en el Apocalipsis, los rollos y libros simbolizan el plan divino, los juicios de Dios y las palabras proféticas reveladas a Juan. Representan la revelación divina y la importancia de cumplir con el propósito divino en medio de los eventos apocalípticos.

ELÍAS

Elías, de acuerdo con los relatos bíblicos, fue un profeta hebreo que vivió en el siglo IX a.C. Su nombre deriva del hebreo Ēliyahū (אליהו), y su significado es "Él es Yahw" (siendo "Yahw" la abreviación o apócope de Yahweh). Según la tradición, Elías nació en Tishbé, una localidad ubicada al este del río Jordán, en la región de Galaad. Los relatos hebreos que se encuentran en los capítulos 17 al 21 del libro de 1 Reyes y en los capítulos 1 al 2:3 del libro de 2 Reyes, narran su vida (Wells).

Elías en el Antiguo Testamento

Es uno de los profetas más importantes. Aparece en las narraciones históricas (1 R. 17–19; 21; 2 R. 1–2), aunque no produce un libro escrito, como lo hacen los profetas literarios (por ejemplo, Isaías, Jeremías). Por lo tanto, a menudo se le llama un profeta no literario. No obstante, hay mucho que se puede aprender sobre los antiguos profetas de su vida. Además, Elías es mencionado proféticamente en Mal. 4:5 y varias veces en el NT. Así él parece jugar algún tipo de papel profético/tipológico con respecto al anuncio y venida de Cristo (ver **Tipología**).

El ministerio de Elías tiene lugar en el reino del norte de Israel durante el reinado del rey Acab (871-852 a.C.), uno de los reyes de Israel que fue el descaradamente idólatra y desobediente a Dios. En el AT, comenzando con Salomón, muchos de los reyes de Israel y Judá se apartaron de adorar al verdadero Dios de Israel y seguían a otros dioses, especialmente a Baal. Una de las funciones principales de los verdaderos profetas de Dios era confrontar a los reyes sobre este tema. Proclamaron a los monarcas que debían arrepentirse inmediatamente y regresar a la verdadera adoración de Dios o enfrentar juicio. Gran parte del ministerio de Elías encaja en este molde y gira en torno a sus enfrentamientos con Acab y la falsa religión que seguía el rey.

En 1 R. 18:16-46, la confrontación de Elías con Acab culmina en una contienda entre los profetas y los dioses en el Monte Carmelo. El falso profeta de Baal (el dios cananeo de la tormenta/fertilidad) y los falsos profetas de Asera (una diosa cananea) aceptan un concurso con Elías (el profeta del Señor) sobre a cuál Dios debe servir Israel. Después de que los falsos profetas no pueden hacer descender fuego del cielo, Elías ora y el Señor Dios envía fuego para consumir el altar y el sacrificio de Elías, así demostrando claramente que el Señor es en verdad el Dios verdadero y soberano. De hecho, después, el pueblo clama: "¡El Señor es Dios! ¡El Señor es Dios!" (1 R. 18:39), declaración similar al significado del nombre de Elías (el Señor es mi Dios).

Elías demuestra las características de un verdadero profeta del Señor en varias formas dramáticas. Comienza su ministerio público pronosticando una severa sequía (1 R. 17:1) y luego predice el final de la sequía (1 R. 18:41-46). Dios obra varios milagros a través y para Elías, incluyendo la multiplicación de harina y aceite para la viuda que da lugar al profeta para quedarse. Más tarde, Elías resucita al hijo de esta viuda de entre los muertos (1 R. 17:17-24). Elías también predice el juicio venidero sobre la casa de Acab y la espantosa muerte de la reina Jezabel (1 R. 21:20-24), profecías cumplidas en 2 R. 9–10.

Otra característica de un verdadero profeta que surge en la historia de Elías es su estrecha conexión con "la palabra de Jehová". La "palabra del Señor" viene a Elías (1 R. 17:1) y así habla con autoridad sobre él en nombre del Señor. Elías obedece la "palabra", ordena la obediencia de los demás a la "palabra", y predice juicio basado en la "palabra". Este tema es resumido por la viuda, después de que Elías resucita a su hijo de entre los muertos. Ella proclama: "Ahora sé que eres un hombre de Dios y que la palabra del Señor de tu boca es verdad" (1 R. 17:24).

Un aspecto interesante de la vida de Elías es que parece experimentar tiempos de severo desánimo. Poco después de su gran victoria sobre los profetas de Baal, la persecución de la reina Jezabel lleva a Elías a huir al desierto, donde se queja a Dios de su situación. Dios reprende a Elías suavemente y lo envía de vuelta al trabajo en su papel profético (1 R. 19:1-18), pero también le da un ayudante, Eliseo. Otro aspecto significativo de la vida de Elías como profeta es que no muere. Dios lo lleva al cielo en un torbellino acompañado de un carro de fuego y caballos de fuego (2 R. 2:1-12). Su papel y ministerio profético luego es transferido a Eliseo (Wells).

Al final del período del AT, el profeta Malaquías trae a Elías al cuadro de la historia profética. Mal. 4:5 dice: "Mira, voy a enviaros al profeta Elías antes de aquel día grande y terrible del Señor". Este texto conecta una "reaparición" de Elías con la inauguración del futuro Día del Señor (ver **El día del Señor**; **Malaquías, libro de**).

Elías en el Nuevo Testamento

Elías es mencionado varias veces en el NT. En Mal. 4:5 se hace referencia a su venida antes del Día del Señor. Esta referencia se utiliza en la introducción de Juan el Bautista, quien es el precursor y anunciador de Cristo. Jesús identifica a Juan el Bautista como el cumplimiento de la profecía de Mal. 4:5 sobre Elías (Mt. 11:11-14; Mr. 9:11-13). Juan el Bautista, sin embargo, niega que él sea Elías (Jn. 1:21). La solución a esta diferencia, probablemente, se encuentra en la forma en que Lc. 1:17 explica la conexión. Cuando un ángel del Señor le dice al sacerdote Zacarías sobre el nacimiento de Juan el Bautista, el ángel declara: "él seguirá delante del Señor, en el espíritu y el poder de Elías... para preparar un pueblo preparado para el Señor".

Algunos eruditos también notan los puntos de similitud entre algunos de los discursos de Elías: milagros y los milagros que Cristo realiza en el NT. Por ejemplo, Elías multiplica la comida (1 R. 17:7-16) al igual que Cristo (Lc. 9:10-17). Elías resucita al hijo de una viuda de entre los muertos (1 R. 17:17-24) como lo hace Cristo (Lc. 7:11-17). Después de que Elías cría al hijo de la viuda, ella proclama: "Ahora sé que eres un hombre de Dios y que la palabra del Señor de tu boca es la verdad" (1 R. 17:24). Después de que Jesús levanta un hijo de la viuda, la multitud proclama: "Un gran profeta ha aparecido entre nosotros" (Lc. 7:16).

Algunos sugieren que esta similitud indica que Elías prefiguró a Cristo de manera tipológica (ver **Tipología**). Otros entienden la conexión como apuntando, más bien, al hecho de que Jesús vino en el poder y en la tradición de los profetas del AT. Jesús viene como rey, sacerdote y profeta. Las alusiones a los milagros de Elías en los evangelios subrayan así que Jesús debe ser identificado como un gran profeta (como parte de su misión mesiánica).

Elías también aparece junto con Moisés en la transfiguración de Jesús (Mt. 17:1-13; Mr. 9:2-13; Lc. 9:28-36). Una de las verdades claras enfatizadas en este evento es que Jesús es más grande que Moisés y Elías, dos de las figuras más significativas del AT. El significado específico de Moisés y Elías, sin embargo, no está del todo claro. Algunos sugieren que Moisés representa la Ley y que Elías representa a los Profetas, de modo que el evento demuestra la superioridad de Cristo sobre la Ley y los profetas. Otros notan que Moisés trae fuertes connotaciones del Éxodo y que Jesús es visto como el nuevo y mayor "Moisés", quien trae un nuevo y gran "éxodo" de liberación. Elías, entonces, está conectado a través de Mal. 4:5 como apuntando al "gran día del Señor". Su presencia le da al evento un claro significado escatológico (fin de los tiempos).

ELISEO

En hebreo, *Elisha* (אֱלִישָׁע), es el nombre por el cual se conoce a esta figura. El significado de *Elisha* en español es "Dios es mi salvación", una abreviación de *Elishúa*. Eliseo es ampliamente reconocido como uno de los personajes destacados en la historia del Carmelo. Según los relatos bíblicos, Eliseo fue un profeta hebreo que vivió en Israel entre los años 850 y 800 a. C. Su nombramiento como sucesor del profeta Elías tuvo lugar durante los reinados de los reyes Joram, Jehú, Joacaz y Joás. Nacido y criado en Abel-mehola, Eliseo era un pastor-agricultor. Los milagros atribuidos a él están registrados en el Segundo libro de Reyes de la Biblia (Philip).

Eliseo desempeñó un papel destacado como profeta en el reino de Israel, en el norte. Inicialmente, sirvió como ayudante de Elías, pero tras la ascensión de Elías al cielo en un carro de fuego, Eliseo se convirtió en el principal y poderoso profeta de Dios, al igual que lo había sido su predecesor (ver **Elías**). Durante aproximadamente los años 850-800 a.C., Eliseo profetizó durante los reinados de Joram, Jehú, Joacaz y Joás. Aunque no dejó ningún libro escrito, al igual que Elías, su importancia como figura profética en el Antiguo Testamento es innegable. De hecho, tanto Eliseo como Elías anticiparon el ministerio profético de Jesús.

Eliseo en el Antiguo Testamento

En el pasaje de 1 R. 19:19-21, se relata el momento en el que Elías selecciona a Eliseo como su sucesor. Tras la partida de Elías en 2 R. 2, Eliseo se convierte en el principal profeta de Israel y su historia domina la narrativa de 2 R. 2-9. Los eventos finales de su vida y su muerte se registran en 2 R. 13. Tanto Elías como Eliseo ministraron en un tiempo en el que el reino del norte, Israel, había caído en la apostasía. Los gobernantes se habían alejado del verdadero Dios de Israel y adoraban a Baal y otros dioses falsos. Eliseo y Elías proclamaron juicio sobre la nación y la monarquía debido a este pecado, pero también anunciaron esperanza para aquellos que confiaban en Dios, sin importar cuán pobres u oprimidos fueran.

Ambos profetas realizaron milagros, pero los milagros registrados de Eliseo fueron más numerosos que los de Elías. A través de estos milagros, se transmitió un mensaje clave: la liberación milagrosa, ya sea en forma de curación, provisión de alimentos o incluso resurrección de los muertos, no estaba disponible a través del rey idólatra o el corrupto sistema religioso oficialmente respaldado por el rey. En cambio, se encontraba a través de la fe en el verdadero Dios de Israel y creyendo en la palabra de sus verdaderos profetas.

Además, tanto Elías como Eliseo enfatizaron que la liberación o salvación individual podía encontrarse a través de la fe en su mensaje, incluso cuando la nación en su conjunto se dirigía hacia el juicio nacional.

Por ejemplo, en 2 R. 4 se describen cuatro milagros realizados por Eliseo. El tema común que conecta estos episodios es la esperanza en medio de la desesperación, especialmente para los oprimidos o los pobres que acudían a Eliseo en busca de ayuda. En 2 R. 5, Naamán, un gentil, fue sanado, demostrando que incluso los gentiles podían ser liberados si dejaban de seguir a los dioses paganos y seguían las instrucciones específicas del verdadero profeta de Dios. En 2 R. 6, Eliseo demuestra su poder al derrotar a los ejércitos enemigos que atacaban a Israel, resaltando el hecho de que, si los reyes de Israel volvían a Dios y escuchaban al profeta de Dios, la nación misma podía ser liberada. Sin embargo, a pesar de la clara evidencia milagrosa proporcionada por Eliseo, los reyes y la nación continuaron desafiando a Dios, adorando a dioses paganos y, por lo tanto, atrayendo el juicio divino sobre sí mismos (Wood).

Eliseo en el Nuevo Testamento

A diferencia de Elías, el profeta Eliseo solo se menciona específicamente una vez en el Nuevo Testamento. En Lc. 4:27, Jesús se refiere a la curación del sirio general Naamán, cuya lepra fue sanada después de seguir el ejemplo de Eliseo (2 R. 5). Jesús subraya los paralelos entre la reacción de los judíos a su ministerio y la reacción de Israel al ministerio de Eliseo. Como Israel rechazó a Eliseo, de la misma manera la nación judía rechaza a Jesús. Además, al igual que el gentil Naamán encontró sanidad y liberación en el tiempo de Eliseo, así también los gentiles encuentran salvación en el tiempo de Jesús. Es probable que muchos de los milagros de Jesús aludan al ministerio de Eliseo, realizando milagros de naturaleza similar, pero con una magnitud mayor.

Eliseo cambia el agua mala en agua buena (2 R. 2:19-22), mientras que Jesús cambia el agua en vino (Jn. 2:1-11). Eliseo desafía la gravedad del agua haciendo flotar una cabeza de hacha (2 R. 6:1-7), mientras que Jesús camina sobre el agua (Mt. 14:22-33; Mr. 6:45-51; Jn. 6:16-21). Eliseo multiplica los alimentos para una viuda (2 R. 4:1-7), mientras que Jesús multiplica los alimentos para alimentar a una multitud (Mt. 14:13-21; 15:29-39; Mr. 6:30-44; 8:1-10; Lc. 9:10-17; Jn 6:1-14). Tanto Eliseo como Jesús resucitan a personas de entre los muertos, aunque Eliseo lo hace solo una vez (2 R. 4:8-37), mientras que Jesús realiza este milagro en varias ocasiones (Mr. 5:21-24, 35-43; Lc. 7:11-17; Jn. 11:17-44) y, finalmente, resucita de entre los muertos Él mismo (Mt. 28:1-20; Mr. 16:1-8; Lc. 24:1-53; Jn. 20:1-30), (Wood).

Las similitudes entre las obras de Eliseo, Elías y las obras de Jesús apuntan al hecho de que Jesús, el Mesías, no es solo el futuro Rey, sino también el último y poderoso profeta.

EMANUEL

Emmanuel es un vocablo hebreo compuesto de tres partes: la preposición *im* = con, el sufijo del pronombre *anu* = *nosotros*, y el apelativo divino *El* = *Dios*; típico de Isaías (Strong). Así, Emanuel significa "Dios está con nosotros". Este nombre singular aparece solo cuatro veces en la Biblia: Is. 7:14; 8:8, 10; Mt. 1:23.

El profeta Isaías anuncia que dará una señal: "Por eso, el Señor mismo les dará una señal: la virgen concebirá y dará a luz un hijo y lo llamará Emanuel" (Is. 7:14). En este punto, aparece el signo de Emmanuel para referirse a un niño nacido durante el tiempo de Acaz como una señal para él de la voluntad de Dios, poder y su habilidad para entregar.

Hay que tomar en cuenta que la palabra hebrea para "virgen" ciertamente puede referirse a una "virgen", pero es más común que se refiera a una "joven soltera". El idioma hebreo tiene otra palabra específica que significa "virgen". En Isaías 7:14, no necesariamente predice un nacimiento virginal durante el tiempo de Acaz, lo que sí predice es el nacimiento de un niño que será una señal para Acaz.

Aun así, aquí en el Antiguo Testamento, este texto parece señalar a algo más allá de la señal de Acaz. Aunque el texto podría estar refiriéndose a una mujer joven en la época de Acaz, sin referencia específica a la virginidad, es interesante notar que no se menciona a ningún padre. En Is. 8:8 el Señor dice: "Sus alas extendidas cubrirán la anchura de tu tierra, oh Emanuel". Ello implica que Emanuel es dueño de la tierra de Judá, y que no es un mero niño desconocido u oscuro. De esta forma, Is. 8:10 anuncia que los enemigos de Judá serán derrotados porque "Dios está con nosotros", un aparente juego de palabras sobre este nombre y una sugerencia, quizá, de que la predicción de Emmanuel apunta más allá de un niño justo en el tiempo de Acaz, si bien hubo un niño llamado Emanuel nacido en el tiempo de Acaz que era una señal para él.

Cuando la Biblia hebrea fue traducida al griego, la palabra hebrea para "joven soltera" en Isaías 7:14 fue traducida con una palabra griega que explícitamente significa "virgen". Así, Mateo conecta este versículo con el nacimiento virginal de Jesús y declara que el nacimiento virginal fue el cumplimiento de Isaías 7:14. Esta es otra profecía de doble cumplimiento, como muchas otras: en el reinado de Acaz y luego en el nacimiento virginal de Jesús.

La divulgación de Mateo 1:23 de que Jesús llevó el mensaje profético identificándolo como Emmanuel, Dios está con nosotros, introduce una teología de la presencia de Dios que recorre todo el Nuevo Testamento. El libro de Mateo, en sus inicios, afirma que Dios está con nosotros por medio de Cristo, y luego Cristo declara: "Yo estaré con vosotros siempre" (Mt. 28:20). A la sazón, Mateo abre y termina con la teología de Jesús como la presencia de Dios. Juan enseña esa misma teología "El Verbo se hizo carne e hizo su morada entre nosotros" (Jn. 1:1-14).

Así, el Nuevo Testamento asocia a Jesús con la presencia de Dios, destacando lo apropiado de su nombre Emmanuel. Y la teología de la presencia de Dios se muestra al final de la historia en Apocalipsis 21–22, que destaca la presencia plena y eterna de Dios con su pueblo en la nueva creación de todas las cosas.

EMPERADORES

El término "emperador" y su concepto en Roma surgieron a través de una evolución histórica. En la antigua Roma, la república fue el sistema de gobierno durante varios siglos, y los altos cargos políticos eran ocupados por magistrados elegidos anualmente. Sin embargo, a medida que Roma expandía su territorio y enfrentaba desafíos internos y externos, se hizo evidente la necesidad de un liderazgo más centralizado y fuerte.

El cambio fundamental ocurrió con Julio César, un destacado general y político romano que desempeñó un papel crucial en el colapso de la república. En el año 44 a.C., César fue nombrado "dictador perpetuo" por el senado romano, lo que le otorgaba un poder casi absoluto. Su asesinato en el mismo año creó un vacío de poder y desencadenó una serie de conflictos civiles conocidos como las Guerras Civiles Romanas. Tras el período de inestabilidad, el sobrino de Julio César, Octavio, emergió como el líder principal de Roma. Aprovechando su carisma, habilidades políticas y la lealtad de las legiones romanas, Octavio logró consolidar su poder y convertirse en el gobernante supremo de Roma. Para mantener su autoridad, adoptó el título de Augusto en el año 27 a.C., que significa "venerable" o "majestuoso". Aunque oficialmente mantuvo el cargo de "príncipe" (primer ciudadano), Augusto ejerció un control efectivo sobre el gobierno y las instituciones romanas.

El término "emperador" se deriva del latín *imperator*, que originalmente se refería a un comandante militar victorioso. Durante el gobierno de Augusto, el título de *imperator* se convirtió en una parte integral de su nombre oficial completo, "Imperator Caesar Augustus". A medida que sus sucesores continuaron gobernando con poder autocrático, el título de *imperator* se asoció cada vez más con el gobernante supremo de Roma. Con el tiempo, el término *imperator* se latinizó como "emperador" en varios idiomas, incluido el español.

Bajo el dominio de los emperadores romanos, el sistema de gobierno se transformó en un régimen imperial, conocido como el Principado. Los emperadores tenían un poder centralizado y vitalicio, y su posición era hereditaria o se transmitía por adopción. A lo largo de los siglos, el título de "emperador" se mantuvo como la máxima autoridad en el Imperio romano, hasta su caída en el año 476 d.C.

El nombre "César" se remonta a la familia de Julio César (100-44 a.C.). Tras su asesinato, se desencadenó una guerra civil en la cual salió victorioso el sobrino de César, Gaius Octavianus (Octavio), convirtiéndose en el primer emperador romano oficial en el año 31 a.C. El emperador Octavio es más conocido como César Augusto (63 a.C.-14 d.C.). El término "Augusto" proviene de la palabra griega "sebastos", que significa "venerado" o "augusto". Fue conferido a Octavio por el senado romano en el año 27 a.C. como designación del emperador romano. Reinó como

181

único emperador de Roma desde el 31 a.C. hasta el 14 d.C. y es mencionado en Lucas 2:1 como el emperador que ordenó un censo fiscal en el mundo romano en el momento del nacimiento de Jesús. Augusto aceptó la adoración en asociación con la adoración de la diosa Roma y fue deificado después de su muerte. Se construyó un templo en Atenas en su honor. Le sucedió Tiberio.

Tiberio (42 a.C.-37 d.C.) reinó como César desde el 14 d.C. hasta el 37 d.C. Fue adoptado en la familia augusta y cambió su nombre a Tiberio César Augusto cuando se convirtió en emperador. Era un hombre humilde que no tenía interés en ser adorado como un dios. También fue conocido como un excelente administrador que promovió la paz y la seguridad dentro del imperio. Sin embargo, tuvo dificultades en sus relaciones con el senado romano y gobernó los últimos diez años desde la isla de Capri. En el año 26, nombró a Poncio Pilato como gobernador de Judea. Tiberio fue el emperador durante el ministerio de Jesús y, aunque solo se le menciona una vez por su nombre en el Nuevo Testamento (Lc. 3:1), hay varias referencias generales al emperador durante su reinado (como el pago de impuestos a César en Mt. 22:17, 21; Mr. 12:16, 17; Lc. 20:22, 24, 25; 23:2; y ser amigo de César en Jn. 19:12, 15).

Tras la muerte de Tiberio, Cayo (conocido como Calígula) ascendió al trono imperial a la edad de veinticinco años y gobernó desde el año 37 d.C. hasta el 41 d.C. (ver **Calígula**). Era hijo del renombrado general romano Germánico y, cuando era niño, solía acompañar a su padre en campañas militares. Las tropas romanas le dieron el apodo de Calígula (pequeña bota) debido a que en estas campañas solía vestirse como un soldado romano con un atuendo militar de tamaño infantil completo con botas pequeñas. Ganó popularidad al apelar a la población, por ejemplo, al recordar a los exiliados, publicar escritos censurados y hacer público el presupuesto. Calígula nombró a Herodes Agripa I (Hechos 12) como rey de una parte del noreste de Galilea. Apoyó la idea de la deificación del emperador y revivió el culto imperial. Sin embargo, después de sufrir una grave enfermedad que causó la muerte de varios familiares cercanos y consejeros, el gobierno de Calígula se volvió cruel e impredecible. Eventualmente, dilapidó la riqueza imperial, asesinó o desterró a competidores y comenzó a perseguir a los judíos. Después de solo tres años de reinado, fue asesinado por su propia guardia.

Claudio, sobrino de Tiberio, se convirtió en emperador más por circunstancias que por designio, y gobernó desde el año 41 d.C. hasta el 54 d.C. Después de la muerte de Calígula, la guardia pretoriana lo proclamó emperador y el senado lo confirmó. Tenía poca experiencia política y se enfrentó a la ardua tarea de reparar los daños causados por Calígula. Por ejemplo, durante el reinado de Calígula, la mala gestión de los suministros de grano provocó una hambruna (Hch. 11:28). Claudio continuó centralizando el poder bajo el control imperial, al mismo tiempo que mantenía las apariencias de una república tradicional. Si bien Claudio eximió a los judíos alejandrinos de la adoración imperial, también fue responsable de exiliar a ciertos judíos de Roma que habían causado problemas (Hch. 8:2). El historiador romano Suetonio escribió que "debido a que los judíos de Roma estaban causando disturbios constantes por instigación de Cristo, [Claudio] los expulsó de la ciudad". Cuando su tercera esposa fue ejecutada, Claudio contrajo matrimonio con su sobrina Agripina, madre de Nerón por un matrimonio anterior. Cuando Claudio decidió que su hijo de su tercera esposa lo sucediera como emperador, Agripina lo envenenó para que Nerón ascendiera al trono en el año 54 d.C.

Nerón (37-68 d.C.), hijo de Agripina (hija de Germánico), ascendió al trono imperial sin oposición. A pesar de un comienzo prometedor, donde implementó reformas en el tesoro, otorgó alivios fiscales, mejoró la distribución y nombró gobernadores competentes, acabó asesinando a su madre controladora y a su esposa Octavia. Durante los primeros años de su reinado, Nerón recibió consejo de Burrus (un destacado miembro de la guardia pretoriana) y Séneca (un influyente senador y filósofo). Sin embargo, después de la muerte de Burrus y la jubilación de Séneca, los vicios de Nerón quedaron sin control.

El emperador gastó enormes sumas de dinero en su afición por el entretenimiento, especialmente en el teatro y las carreras de carros. Hacia el final de su reinado (54-68 d.C.), un devastador incendio arrasó gran parte de Roma. Aunque muchos culpaban a Nerón, él culpó a los cristianos, lo que provocó la persecución de numerosos creyentes. Durante este período, es posible que tanto Pedro como Pablo fueran martirizados. En la última parte de los Hechos, el César mencionado es Nerón (Hch. 25:11, 12, 21; 26:32; 27:24; 28:19). Su sed de poder, paranoia, múltiples asesinatos, inestabilidad mental, exhibicionismo en las artes, falta de interés en los asuntos del imperio y crueldad general, condujeron a su suicidio en el año 68 d.C. Al ser el último emperador de la dinastía julio-claudio, su muerte generó disturbios civiles debido a la competencia por su sucesión.

El año siguiente a la muerte de Nerón (69 d.C.) se conoce como el año de los cuatro emperadores. La guardia pretoriana seleccionó a Galba como emperador debido a su exitoso gobierno como gobernador. Sin embargo, debido a la impopularidad de Galba en el ejército y sus fracasos administrativos, Otón conspiró con la misma guardia para asesinar a Galba y proclamarse emperador. Sin embargo, Otón solo gobernó durante noventa y cinco días antes de suicidarse tras ser derrotado por el ejército de Vitelio. Vitelio fue proclamado emperador por los ejércitos romanos en el oeste y entró en Roma como un conquistador triunfante. No obstante, los ejércitos romanos en el este se mantuvieron leales a Vespasiano, quien declaró la guerra a Vitelio. Mientras Vespasiano avanzaba hacia Roma, su vanguardia mató a Vitelio, dejando a Vespasiano como el único emperador.

Vespasiano (69-79 d.C.) ascendió al trono en el otoño del 69 y nuevamente trajo paz y estabilidad al imperio romano. Mostró habilidad en el manejo de las finanzas, gobernó con justicia, reestructuró las fuerzas armadas y restauró el orden que caracterizaba a la antigua república. Además, se dedicó a la reparación de la infraestructura de Roma y otras ciudades del imperio. Vespasiano inauguró la dinastía Flavia de emperadores, siendo sucedido por sus hijos Tito y Domiciano.

Tito (41-81 d.C.) fue general del ejército romano en Palestina cuando sus tropas capturaron el Templo de Jerusalén, resultando en la muerte de muchos judíos (70 d.C.). A su regreso a Roma, trajo consigo prisioneros de guerra y otros tesoros, los cuales fueron representados en el Arco de Tito, erigido en Roma, para conmemorar su victoria. Durante su reinado como emperador, que abarcó desde el año 79 hasta el 81 d.C., Tito se destacó por su ejemplar respuesta a la catastrófica erupción del Monte Vesubio y otro incendio en Roma (80 d.C.). Su muerte inesperada debido a una fiebre fue lamentada en Roma, ya que perdieron a un líder competente.

Por su parte, Domiciano (51-96 d.C.), hermano de Tito, esperó con amargura la renuncia de su hermano al imperio para poder alcanzar el poder (ver **Domiciano**). Domiciano adoptó un estilo menos benevolente y más autocrático, siguiendo el ejemplo de los primeros emperadores. A pesar de su capacidad administrativa, se autoproclamó divino (señor y dios), revivió el culto imperial, intensificó la persecución religiosa, asesinó a muchos de sus opositores, impuso impuestos adicionales y se labró una reputación merecida como un líder cruel y brutal. Es muy probable que fuera el emperador al que se hace referencia en el libro del Apocalipsis, y muchos lo comparan con la bestia descrita en Apocalipsis 13.

Domiciano gobernó de manera opresiva desde el año 81 hasta el 96 d.C., cuando fue asesinado. Con su muerte, llegó a su fin la dinastía de los emperadores Flavios y comenzó la era de los tres "buenos emperadores": Nerva (96-98 d.C.), Trajano (98-117 d.C.) y Adriano (117-138 d.C.).

Por otro lado, Nerón y Domiciano son dos emperadores a los que varios teólogos mencionan, asociándolos con los números cifrados 666 y apodándolos el anticristo y la bestia, respectivamente. Se les considera emperadores perseguidores de los cristianos y símbolos del mal y la opresión. En el caso de Nerón, se sabe que exigió el culto imperial en el primer siglo, y algunos intérpretes asocian la guerra que la bestia libra contra los santos con las intensas persecuciones que el megalómano Nerón desató. Resulta muy interesante que la numismática, una rama de la arqueología que estudia las monedas antiguas, aporte evidencia en el caso de Nerón y nos proporcione ilustraciones de su pretensión de deidad. Nerón mandó a acuñar monedas en las que se le llamaba "dios todopoderoso" y "salvador". Además, su retrato aparece en algunas monedas representado como el dios Apolo tocando una lira. Mientras que los emperadores anteriores eran proclamados deidades después de su muerte, Nerón rompió con todas las reservas y exigió honores divinos en vida, al igual que Calígula antes que él (37-41 d.C.).

Además, se cree que, posiblemente, el apóstol Juan escribió el libro del Apocalipsis durante el cruel reinado de Domiciano, quien se caracterizó por su horrenda y sistemática persecución de los cristianos y su deseo de ser adorado como un dios. Este último tuvo un impacto tan grande que la adoración al emperador romano se generalizó en esa época, al punto de que se construyó un gran templo dedicado a él en Éfeso. Asia Menor abrazó con entusiasmo el culto al emperador debido a que la fuerza religiosa y la fuerza imperial consolidaron elementos políticos, sociales y económicos que se utilizaron en contra de los cristianos (De la Vega).

A continuación, se presenta un listado de las dinastías de los emperadores romanos en los tiempos pre y postmesiánicos (ver **Ya, Aún No**; **Últimos días**; **Roma/Imperio romano**).

Dinastía Julio-Claudio (100 a.C.-68 d.C.)
Julio César   100-44 a.C.
Augusto   27 a.C.-14 d.C.
Tiberio   14-37 d.C.
Gayo (Calígula)   37-41 d.C.
Claudio   41-54 d.C.
Nerón   54-68 d.C.

Sin dinastía (68-69 d.C.)
Galba   junio 68 - enero 69 d.C.
Otón   69 d.C.
Vitelio   69 d.C.

Dinastía Flaviana (69-192 d.C.)
Vespasiano   69-79 d.C.
Tito   79-81 d.C.
Domiciano   81-96 d.C.

Dinastía Antonina (96-192 d.C.)
Nerva   96-98 d.C.
Trajano   98-117 d.C.
Adriano   117-138 d.C
Lucio Vero   161-169 d.C
Marco Aurelio   161 -180 d.C
Lucio Cómodo   180-192 d.C

Las dinastías de los emperadores romanos en los tiempos pre y postmesiánicos muestran una serie de cambios y continuidades en el poder político y la estructura del Imperio romano.

En los tiempos premesiánicos, vemos una sucesión de dinastías como los Julio-Claudios y los Flavios, que establecieron un gobierno centralizado y consolidaron el poder imperial. Estas dinastías gobernaron con autoridad y se enfocaron en expandir el Imperio a través de conquistas militares. Sin embargo, con la llegada del cristianismo y la figura de Jesucristo como Mesías, ocurrieron cambios significativos en la dinámica de poder. En los tiempos postmesiánicos, el papel del emperador romano se transformó, ya que el cristianismo se convirtió en la religión oficial del Imperio bajo el gobierno de Constantino. Los emperadores romanos posteriores como los Teodosianos y los Valentinianos, tuvieron que lidiar con las tensiones entre la autoridad imperial y la creciente influencia de la iglesia cristiana.

En síntesis, las dinastías de los emperadores romanos en los tiempos pre y postmesiánicos reflejan la evolución del poder político y la influencia religiosa en el Imperio romano. Estas dinastías mostraron tanto continuidades, en términos de gobierno centralizado y expansión imperial, como cambios significativos en respuesta a los desarrollos religiosos y sociales de la época (De la Vega).

ENCUENTRO, ESCATOLOGÍA Y ESPÍRITU SANTO

La manera en que se unen la escatología y la pneumatología es asombrosamente armoniosa, pienso. En principio, la escatología es el misterio de las cosas últimas, la certeza de que el hombre creado por Dios, en amor, encuentra en ese mismo Dios su culminación de amor y de vida. Ello produce la convicción de que existe un final de justicia para todo el camino recorrido en la historia desde la creación. La pneumatología es el estudio del Espíritu Santo actuando en la vida y la historia de los hombres. El vínculo de estas dos áreas de la teología sistemática se hace más visible en el final escatológico implicándose a tal punto que se funden. Según Pikaza, Pablo describe en Romanos 8:22-26 la unión inherente de la escatología y pneumatología: "Sabemos que toda la creación gime y sufre hasta el momento, como en dolores de parto. Pero no solo ella, sino también nosotros, que tenemos la primicia del Espíritu, nosotros mismos gemimos muy por dentro, esperando la filiación, la redención de nuestro cuerpo... El Espíritu nos ayuda en nuestra debilidad, pues no sabemos pedir como se debe, pero el mismo Espíritu intercede por nosotros con gemidos inefables".

Desde otra perspectiva, el Espíritu Santo y sus diversas manifestaciones en los creyentes son la evidencia de la presencia del futuro. La visitación de Dios por medio del Espíritu establece a los creyentes como un pueblo completamente escatológico que vive la vida del futuro en el presente mientras espera la consumación: "La existencia de todos los cristianos fue, en todo sentido, determinada por un giro insólito hacia esta expectativa; y el Espíritu derramado es un hecho esencial a esta nueva concepción. Los primeros cristianos creían que el cumplimiento de las promesas del antiguo pacto había comenzado con la obra de Cristo y su experiencia del prometido Espíritu, según su punto de vista, estaban ya viviendo al comienzo del tiempo del fin". Desde el principio se miraba con naturalidad esta conexión, pero con el paso del tiempo se distanciaron la escatología y la pneumatología dentro de la teología sistemática, a causa de que fue absorbida poco a poco por la trinitología. Es lo que observo hasta hoy.

Fee señala que el distanciamiento fue un hecho antinatural y lo que sucedió es que la pneumatología casi desapareció como una rama de la sistemática. Pero en las últimas décadas, la pneumatología ha revivido en su identidad; a la sazón, algunos teólogos han expresado que es inconcebible tratar la consumación de la historia final del hombre y del mundo separadas de la acción del Espíritu Santo. Piensan que la acción pneumatológica se concibe dentro de la Trinidad y fuera de ella, así como la cristología se ha tratado de manera independiente sin que por ello se altere el trabajo de la interacción trinitaria.

La declaración de Fee respecto a que se ha comenzado a ver con naturalidad una superación de la separación rígida de la pneumatología respecto de las otras ramas de la teología en los manuales de la dogmática incluyendo la trinitología y la escatología, demuestra una verdad que ha sido recuperada: la escatología siempre ha estado entrelazada con la pneumatología y están íntimamente relacionadas con las otras áreas de la teología sistemática.

En la línea de la inherente relación entre escatología y pneumatología, se encuentra un respaldo en el pensamiento del teólogo alemán Wolfhart Pannenberg. Roldán ha captado muy bien esta relación y la comenta en su análisis de la metodología y el planteamiento escatológico del pensamiento del renombrado teólogo. Declara que Pannenberg sustenta que el punto de partida para la fe de los cristianos que esperan el cumplimiento escatológico de la Iglesia es el Espíritu de Dios. Por eso, tal cumplimiento consiste en la transformación de nuestra vida mortal en la nueva vida de la resurrección de los muertos (Ro. 8:11). Roldán explica que ese poder creador del Espíritu conquistará la corruptibilidad de la vieja vida —del cuerpo mortal, y dará una vida incorruptible, eterna. De la misma manera ocurrirá con la primera creación, pues también será transformada en una nueva creación de los cielos nuevos y la tierra nueva, así como la primera creación fue creada con la participación del Espíritu.

Roldán agrega que Pannenberg ve la relación entre la pneumatología y la escatología en la resurrección de Cristo. Es un evento que trae un conocimiento espiritual anticipado que hace saborear a los cristianos un poquito del futuro del mundo en el designio de Dios. Por tanto, la consumación escatológica es necesario que se entienda como una manifestación anticipatoria del Espíritu, quien en el futuro escatológico transformará a los creyentes y con ellos a toda la creación, para la participación de la gloria de Dios (Gálvez).

ENEMIGO DEL NORTE

El "enemigo del norte" es una expresión que aparece en el libro de Jeremías en varias ocasiones, y tiene una importancia profética y escatológica en el contexto del libro. Para analizar su significado, podemos considerar diferentes perspectivas: la expresión "enemigo del norte" se refiere a una nación o ejército que viene desde la dirección norte en relación con el antiguo Israel. En el contexto histórico de Jeremías, esta nación enemiga del norte se identifica comúnmente como Babilonia, que conquistó Jerusalén y llevó al exilio a gran parte del pueblo judío.

Es importante considerar el contexto específico en el que se menciona el "enemigo del norte" en el libro de Jeremías. Jeremías profetizó durante un tiempo de crisis y juicio inminente sobre Judá debido a la rebelión y la idolatría del pueblo. En este contexto, Jeremías advirtió repetidamente sobre la venida del enemigo del norte como un instrumento de juicio divino sobre el pueblo infiel.

Desde una perspectiva bíblica más amplia, el enemigo del norte puede tener un simbolismo más profundo. En la tradición profética del Antiguo Testamento, el norte, a menudo, se asocia con el lugar de donde proviene el juicio de Dios. En Jeremías, el enemigo del norte se presenta como un instrumento de la ira divina y una expresión de la disciplina de Dios sobre su pueblo.

En términos proféticos, la figura del enemigo del norte adquiere un significado aún más amplio. Algunos estudiosos ven en esta figura una prefiguración de eventos futuros, especialmente en relación con la profecía escatológica. En el contexto del Nuevo Testamento, el enemigo del norte podría interpretarse como una referencia a los poderes hostiles y adversarios que se oponen al pueblo de Dios en los últimos días.

Desde una perspectiva escatológica, algunos intérpretes ven en la figura del enemigo del norte una conexión con los eventos finales y el establecimiento del reino de Dios. En este sentido, la venida del enemigo del norte podría vincularse con el surgimiento de fuerzas malignas en los últimos tiempos y la intervención divina para derrotarlas y restaurar la justicia y la paz. Ampliando, ese ataque "desde el norte" a Israel o Judá es advertido repetidamente a Judá sobre la inminente invasión de un enemigo proveniente del norte (Jer. 1:13-16; 4:5-8, 13-22, 27-31; 5:15-17; 6:1-8, 22-26; 8:14-17; cf. también 13:20; 25:9). En el contexto de Jeremías, es probable que el "enemigo del norte" se refiera a los babilonios, porque las profecías de Jeremías sobre este enemigo se cumplen con las invasiones babilónicas que ocurrieron durante la vida del profeta (598/586 a.C.).

Otros profetas también mencionan invasiones enemigas provenientes del norte. Sin embargo, es importante tener en cuenta que Israel y Judá estaban geográficamente limitados por el mar Mediterráneo al oeste y un desierto al este, más allá de Amón. Por lo tanto, cualquier enemigo que no fuera Egipto y que quisiera atacar al antiguo Israel o Judá, que se encontraba en el corazón de la Media Luna Fértil, tenía que hacerlo desde el norte, sin importar su ubicación real. De hecho, la Biblia identifica a antiguos enemigos de Israel como provenientes del norte, incluso si estaban situados en el este, como los asirios (Sof. 2:13), los babilonios (Jer. 1:13-15; 6:22; Zac. 2:6-7) y los persas (Is. 41:25; Jer. 50:3), (Beitzel).

ENOC, LIBRO DE

La mayoría de eruditos concuerdan en que el libro de Enoc (una colección de libros) tiene cierta influencia sobre temas escatológicos y el libro de Apocalipsis.

Primer libro de Enoc

Enoc presenta una descripción de la escatología que es comparable a la escatología del Nuevo Testamento, aunque es interesante notar que este ciclo no forma parte de ningún canon bíblico, excepto en la versión etíope. El libro comienza directamente abordando el tema del escatón y el día de la tribulación. Se nos muestra la visión que Dios revela a Enoc sobre el día del juicio, donde se pronuncia una condena para los impíos y una recompensa para los elegidos. El término "elegidos", utilizado para referirse a los santos y justos, es relativamente novedoso y se encuentra en resonancia con ideas familiares presentes en nuestro Apocalipsis canónico.

En el libro de Enoc, encontramos repetidas referencias al concepto de un libro que contiene la vida del hombre y que será sometido a juicio, lo cual se menciona en varias ocasiones en el Apocalipsis canónico. También se reafirman las nociones de la intercesión de los justos por diversas razones y la recompensa por el martirio cristiano. Este último tema era de gran importancia en los primeros tres siglos del cristianismo. Estas ideas se pueden observar en pasajes como Apocalipsis 6:10, 12:11, 16:6, 17:6, 18:24 y 19:2.

Si consideramos la hipótesis de que una sección del libro de las parábolas de Enoc fue redactada después del surgimiento del cristianismo, podemos notar una incipiente consolidación de ideas que posteriormente se reflejarían en los libros de los Macabeos y en el Apocalipsis. Estas ideas incluyen la recompensa *post mortem* para aquellos que han sido fieles a Dios, el martirio como un ideal religioso y la posición privilegiada de aquellos que sufren por ello, así como el castigo de los enemigos de Dios y de los justos (D. Macho).

Segundo libro de Enoc

Es un libro apocalíptico que aborda una variedad de temas particulares. A pesar de su brevedad, abarca una amplia gama de temas como la creación, la astrología (un tema de interés en esa época), la angelología y las profecías apocalípticas y escatológicas. Se menciona la ascensión de Enoc al tercer cielo, como se describe en 2 Co. 12:2, donde el apóstol Pablo habla de un hombre arrebatado al tercer cielo.

El libro también menciona que el paraíso está reservado para los justos que sufren persecución y oprobio. Se hace referencia a esta idea en Ap. 6:9-11, donde se describe una visión de los mártires que sufren por Dios y esperan ser recompensados. Estos mismos mártires vuelven a aparecer en Ap. 20:4 como aquellos que han resistido los oprobios y no se han sometido a la bestia.

Es importante destacar que el libro de Enoc eslavo identifica al hombre justo como aquel que alimenta a los hambrientos, viste a los desnudos, ayuda a los caídos y socorre a los huérfanos. Estas mismas acciones se mencionan en la descripción que Jesucristo hace de los requisitos para entrar en el paraíso escatológico después del juicio final, como se describe en Mt. 25:34-46. El capítulo 25 en su totalidad describe el proceso y los requisitos para estar en el lado derecho a través de tres parábolas: la parábola de las diez vírgenes, la parábola de los talentos y la parábola de las ovejas y las cabras.

La ayuda y el socorro al prójimo, mencionados como la reanimación de los caídos, se encuentra también en la predicación de Jesucristo en la parábola del buen samaritano, como se relata en Lc. 10:25-37.

Es interesante que este libro mencione la referencia al "río de fuego" como un lugar de tormento para los pecadores. Este elemento aparece en la Biblia solo una vez, en Apocalipsis 20:14, como el destino final de la muerte y el Hades. En el mismo versículo se identifica como el "lago de fuego". Así, se ve la relación que existe, en alguna medida, entre el libro de Enoc y el libro de Apocalipsis (D. Macho).

Tercer libro de Enoc

Cuando el Santo, bendito sea, abre el libro, cuya mitad es fuego y la otra mitad llama, parten ellos de su presencia a cada instante para cumplir la sentencia contra los malvados por medio de su espada desenvainada cuyo resplandor luce como un relámpago y atraviesa el mundo de uno a otro confín, según se dice: "ciertamente con el fuego de Yahvé se hace justicia y con su espada sobre todo mortal" (Is. 66:16). Todos los habitantes del mundo, de uno a otro confín, temen y tiemblan por su causa, cuando ven su espada, afilada como un rayo, de la que surgen chispas y destellos del tamaño de las estrellas, según está dicho: "cuando afile el rayo de mi espada y empuñe en mi mano la justicia haré venganza de mis enemigos y a quienes me aborrecen daré pago" (Dt. 32:41), (3 Enoc 32:1-2).

En este fragmento se mencionan varias nociones que nos resultan familiares debido a su presencia en los libros canónicos. Específicamente, se habla del juicio final, la apertura de un libro y el dictado de sentencia mediante una espada. Estas menciones nos llevan de inmediato a compararlas con las que encontramos en el libro del Apocalipsis, especialmente en los primeros capítulos (Ap.

1:16; 2:12; 2:16; 19:15; 21) y la referencia a la apertura del libro nos remite directamente a Apocalipsis 5:5. Podemos afirmar que existe un claro paralelismo presente aquí.

Aunque es poco probable que estas obras se hayan influenciado mutuamente, ya que pertenecen a círculos claramente diferentes (mientras que una forma parte de la mística judía talmúdica y medieval, la otra forma parte de la incipiente mística cristiana), podemos discernir claramente nociones y creencias sobre Dios y el juicio que son comunes. El libro de Enoc hebreo habla de cómo Yahvé abrirá el libro y juzgará con su espada, mientras que el libro del Apocalipsis atribuye esas mismas acciones a Jesucristo. Esto puede ser, al menos, una clara indicación de que el autor del Apocalipsis tenía una convicción firme acerca de la divinidad de Jesucristo y lo identificaba con Yahvé mismo. Todas las demás atribuciones del juicio que Yahvé llevará a cabo sobre sus enemigos, tal como se muestra en este fragmento, pueden atribuirse perfectamente a Jesucristo, tal como están presentes en el Apocalipsis (D. Macho).

En síntesis, el libro de Enoc hebreo y el libro del Apocalipsis comparten algunas similitudes temáticas y conceptuales.

El tema del juicio final: Ambas obras tratan sobre el juicio final y la retribución divina hacia los impíos y los justos. Ambos libros describen eventos catastróficos y el castigo de los enemigos de Dios.

La figura del Mesías: Tanto el libro de Enoc hebreo como el Apocalipsis presentan la figura del Mesías como un personaje central en el juicio y la redención. Ambos libros atribuyen al Mesías un papel de juez y liberador.

Las visiones y revelaciones: Tanto Enoc como el Apóstol Juan (autor del Apocalipsis) experimentan visiones y revelaciones divinas. Estas revelaciones les muestran eventos futuros, el mundo espiritual y el plan divino para la humanidad.

La cosmología y los seres celestiales: Ambos libros presentan una cosmología que incluye diversos niveles o cielos, así como la existencia de seres celestiales como ángeles y arcángeles, que desempeñan roles importantes en los eventos descritos.

La lucha entre el bien y el mal: Tanto el libro de Enoc hebreo como el Apocalipsis abordan la lucha cósmica entre el bien y el mal, representada por los seguidores de Dios y los poderes malignos. Ambas obras enfatizan la victoria final del bien sobre el mal.

Estas son solo algunas de las similitudes entre el libro de Enoc hebreo y el libro del Apocalipsis. Aunque pertenecen a tradiciones y contextos diferentes, comparten ciertos temas y conceptos que reflejan preocupaciones escatológicas y teológicas comunes.

EPIPHANEÍA

Epiphaneía de *epi* = sobre, y *phaino* = brillar o alumbrar. Es un término que se encuentra en el Nuevo Testamento y se traduce comúnmente como "manifestación" o "aparición". Proviene del verbo "epifaino", que significa "hacer visible" o "revelar". En el contexto bíblico, *epiphaneía* se utiliza principalmente para referirse a la manifestación de Jesucristo en su venida al mundo. P. Ej., en Tito 2:11, se habla de la "*epiphaneía* de la gracia de Dios" que trae salvación a todos los hombres. Aquí, *epiphaneía* se refiere a la aparición de Jesús en la encarnación y su obra redentora. Además, *epiphaneía* se utiliza para describir la Segunda venida de Cristo y su manifestación futura en gloria. En 2 Ts. 2:8, se menciona la *epiphaneía* del Señor Jesús en su venida final para juzgar al mundo. También lo dice en 1 Ti. 6:14: "Que guardes el mandamiento sin mancha ni reproche hasta la manifestación de nuestro Señor Jesucristo". Esta manifestación es asociada con su gloriosa revelación y el cumplimiento de la plenitud de su reino. Así, *epiphaneía* se refiere a la manifestación o aparición de Jesucristo, tanto en su venida al mundo como en su retorno futuro (W. Vine).

ESCATOLOGÍA

Importancia de la escatología
La escatología cristiana no es un suplemento de la doctrina cristiana, es la piedra angular y la estructura que sostiene a todo el cuerpo doctrinal a semejanza de la estructura ósea del cuerpo humano. Grandes teólogos reconocen esa verdad, cito algunos de ellos:

"La escatología no es solo tema de un capítulo particular de la dogmática, sino que determina la perspectiva para la totalidad de la doctrina cristiana" (Pannenberg, 2007).

"El cristianismo que no sea totalmente y en su integridad escatología, no tiene nada que ver en absoluto con Cristo" (Barth, 1984). Expresó esta misma verdad en otro de sus escritos: "El cristianismo que no es plenamente y sin reservas escatología, no tiene con Cristo, plenamente y sin reservas, nada que ver" (Barth, 1998).

"Más, en realidad, escatología significa doctrina acerca de la esperanza cristiana, la cual abarca tanto lo esperado como el mismo esperar vivificado. En su integridad y no solo en un apéndice, el cristianismo es escatología... Lo escatológico no es algo situado al lado del cristianismo, sino que, sencillamente, es el centro de la fe cristiana..."; "La escatología debería ser, no el punto final de la teología, sino su comienzo..." (Moltmann, 1981).

"La escatología no es exclusivamente un tratado teológico individual, o un apartado de la revelación y la fe cristianas. Abarca de manera precisa la totalidad que las agrupa. Por ello, todas las doctrinas de la Iglesia presentan una enérgica impregnación escatológica. Gira sobre ellas el vínculo de los misterios y todas ellas se reflejan entre sí" (Alviar, 2017).

"La escatología ha dejado de ser el farolillo rojo de la teología para convertirse en horizonte, en categoría innegable. La escatología comienza a impregnar la esencia de la teología. Difícilmente se encontraría hoy una tendencia teológica que no se autodefina como escatológica" (Tamayo, 2017).

La escatología es importante, porque proporciona una correcta visión de la justicia divina y la justicia humana para los vivos y para los muertos: "¿qué ocurriría si un día los seres humanos no pudieran defenderse de la desgracia existente en el mundo más que con el arma del olvido? si solo pudieran construir su felicidad sobre el despiadado olvido de las víctimas, sobre una cultura de la amnesia según la cual el tiempo, supuestamente, cura todas las heridas ¿De qué se alimentaría entonces la rebelión contra el sinsentido del sufrimiento injusto e inmerecido que hay en el mundo? ¿De dónde vendría la inspiración para preocuparse por el sufrimiento ajeno y por la visión de una nueva y mayor justicia?" (Metz).

"El único interés que corresponde a la Palabra Dios, porque es un interés universal, es el hambre y sed de justicia, de la justicia estrictamente universal, de justicia para los vivos y para los muertos, y en este sentido, ya no hay que separar la cuestión de Dios y la cuestión de la justicia, la afirmación de Dios y la praxis de la justicia" (Metz).

La escatología es significativa porque da esperanza al ser humano que no terminará en la nada. La injusticia, la maldad, el caos, la destrucción y la muerte no permanecerán para siempre; serán aniquiladas. Porque la escatología cumplida y la escatología por cumplirse están ancladas en Jesucristo, sabemos que el bien triunfará definitivamente sobre el mal. La muerte expiatoria de Cristo anunciada con detalles en el Antiguo Testamento cumplió el requisito para otorgar la salvación, fue el desembolso de nuestra redención.

La resurrección de Cristo es un anticipo de la verdad anunciada que se cumplirá a cabalidad en el futuro. El Señor Jesucristo es la esperanza del hombre que cree en sus promesas cumplidas en parte y por cumplirse todavía. La muerte anunciada de Cristo en un tiempo apuntaba hacia un futuro, hoy apunta hacia el pasado. En igual condición la resurrección de Cristo, en tiempos del Antiguo Testamento, apuntaba hacia el futuro, hoy también apunta al momento histórico realizado. Pero la resurrección es el punto de partida de la esperanza hacia la consumación de la Segunda venida. Así, el más alto grado de la fe escatológica se resume en que la centralidad de la salvación se encuentra en Jesús el Cristo. Por esa razón, la escatología cristiana da sentido a la vida. El ser humano no es el resultado de la casualidad, sino de un plan maestro en el que tiene una razón de ser y una misión que cumplir. Sabe de dónde vino, dónde está y hacia dónde va.

El propósito de la escatología

El propósito de la escatología es sostener en esperanza al creyente, a la Iglesia y al ser humano, con la promesa de un nuevo comienzo libre de pecado, dolor, vejez, muerte y lastres de todo tipo. Dar al universo expectativa de liberación de todos los males y esperanza de salvación al hombre desorientado e incapaz de redimirse a sí mismo. Incluso, el libro profético y apocalíptico de Daniel, el libro de Apocalipsis, cuales muestras del género apocalíptico, tienen el propósito central de proveer consuelo, esperanza y fortaleza a los que enfrentan oposición y persecución, no estimular la especulación ociosa sobre el fin de los tiempos que conduce al miedo y la confusión por causa de la exacerbación de lo catastrófico y que mina la esperanza inherente en los seres humanos (Kuzmic, p. 73, 1992).

Y es que en la esencia del hombre subyace la intrínseca necesidad de esperanza. El hombre vive en cuanto tiene esperanza en algo o en alguien. Moltmann convenientemente define al hombre como un "ser escatológico". Toda vez que el hombre tiene el encuentro con Jesucristo, la esperanza de gloria resplandece en él liberándolo del quietismo, es decir, alcanzar la paz interior en el alma por medio de la contemplación, aboliendo la voluntad en absoluta quietud. Rechaza el razonar y el ejercitar las facultades mentales, volitivas, con el propósito de que Dios actúe. Además, liberarle del nihilismo. El nihilismo es una doctrina filosófica que considera que al final todo se reduce a nada y, por lo tanto, nada tiene sentido.

Otro propósito de la escatología es develarnos la manifestación gloriosa del reino de Dios y su Cristo en todo su esplendor sellando para siempre su victoria definitiva sobre el mal. Al tener comprensión de esa esperanza gloriosa que tiene nombre propio, Jesucristo "nuestra esperanza de gloria", resulta en que nuestra fe se afirme y se transforme en acciones concretas en nuestra manera de vivir, de ver el mundo y en proclamar el evangelio.

El propósito de la escatología cristiana no se reduce a descubrir los detalles, el significado de todos los acontecimientos catastróficos apocalípticos, personajes y señales previas a dicha manifestación. Eso es apocalíptica pura, distante de la escatología neotestamentaria que sí trata unos pocos acontecimientos previos al suceso de la Segunda venida de Cristo. Estos se encuentran registrados en unos pocos pasajes de unos cuantos capítulos de los evangelios. Es claro que son signos que los cristianos necesitamos discernir, pero no deben constituirse en un fin, sino en medios nada más, pues, son pequeños apocalipsis. La escatología que se entretiene poniendo toda su energía sobre las señales apocalípticas y que desea averiguar exhaustivamente sobre los personajes apocalípticos se fija en los árboles, pero pierde de vista el bosque. Otro problema que suma es que descuida la escatología misma, perdiéndose en el laberinto de la apocalíptica.

Es necesario reorientar la escatología en tres categorías:

La primera, la revelación plena de Dios que ha tenido lugar con la irrupción de Jesús en la historia, "lo último" o "el último".

La segunda, se relaciona con las "cosas últimas", aquello que espera al hombre al final de la historia, pero en su justa dimensión, evitando colocarlo en el centro, como lo ha hecho la apocalíptica evangélica.

La tercera, mantener la esperanza real en base a la crucifixión y la resurrección de Cristo, con la expectativa de la Segunda venida de Cristo con la cual se inaugura la nueva creación, se consuma el reino de Dios, la unión eterna de Cristo y la Iglesia en la nueva Jerusalén.

¿Por qué conocer la escatología?

Porque en esencia el cristianismo es escatología, esperanza cristiana, mirada y orientación hacia adelante. Por lo tanto, es transformación para el presente. Lo escatológico no es algo adicional a ser cristiano, es el centro para el cristiano.

Moltmann ve en la pasión, la muerte y la resurrección de Cristo, la esperanza, el centro de la escatología. Declara que la escatología debería ser no el punto final de la teología, sino su comienzo (Moltmann). Tiene razón, porque la escatología es el hilo conductor de la historia, la salvación y la consumación del reino de Dios. Es claro que la profecía del Antiguo Testamento, en general, tiene pleno cumplimiento en la venida del Mesías y no tanto en el horizonte del final y la consumación plena del reino de Jesús. Pero este cumplimiento le da sustento a la escatología de Jesús y a la escatología de Pablo. Esta profecía anunciada, cumplida y por consumarse son la plataforma para comprender el plan de salvación y la instauración del reino de Dios y Cristo.

Es sabido por los que han profundizado en el estudio de la profecía del Antiguo Testamento que esta se convierte en escatológica en el cumplimiento de estas profecías: el nacimiento del Mesías, su vida, su carácter, su enseñanza, su misión, su muerte y su resurrección, la operación del reino con poder y el derramamiento del Espíritu Santo. Los escritores del Nuevo Testamento afirman con puntualidad la realización de lo anunciado por los profetas. Pero es claro que Jesús, los apóstoles y escritores del Nuevo Testamento describen eventos escatológicos que aún no se han llevado a cabo y que esperan un cumplimiento futuro. Veo que no hay lugar para una escatología totalmente realizada, ni para una completamente futurista, sino una escatología justo en el medio que toma en cuenta la escatología cumplida y enseña que hay otra parte escatológica que se cumplirá antes y durante la Segunda venida de Cristo.

La escatología permite la comprensión segura y anticipada de los acontecimientos que la humanidad experimentará dentro de los planes de Dios que culminan en la nueva Jerusalén, en la nueva creación en la que ya no habrá muerte, dolor y sufrimientos, sino la fiesta del eterno gozo en Dios y Cristo (Rodríguez-Ferrer, 2010).

La escatología es la expresión del poder divino para la transformación de la creación presente en una plena y eterna nueva creación, para dar esperanza al hombre doliente de obtener la realización en el futuro por medio de Jesucristo. La escatología muestra el conocimiento de Dios anticipado sobre todas las cosas. El Señor conoce el principio y el fin de lo creado, de la historia y planeó que su mayor proyecto, el hombre, no fracasara. Esas verdades solo se conocen a través de la escatología.

Así las cosas, la escatología es fuente de esperanza para un mundo convicto por el pecado. Por medio de ella descubrimos a Dios como creador de los tiempos, el que se hace encontradizo frente a nosotros para revelarse a sí mismo con su proyecto de futuro. La escatología produce en el cristiano fe, paz y fortaleza en medio del sufrimiento.

Origen del término escatología
Concepto etimológico de la escatología

La palabra escatología procede de las palabras griegas: *éschaton*, "lo último"; *éschatos*, "el último"; *éschata*, "cosas últimas" (Vine, 1984).

Abraham Calov (1612-1686) fue el primer teólogo que utilizó el término "escatología" en una colección de escritos llamados "sistema teológico local" en el siglo XVII. Le llamó "Escatología Sacra". Allí trata los temas de la muerte, la resurrección, el juicio y la consumación del mundo (Tamayo, 1993). Aunque Garrido afirma que el término escatología fue creado por K.G. Bretschneider en 1804 (Garrido, 1984).

Como sea, la palabra escatología resulta de la unión de dos palabras griegas: *éschaton* y logos, y se entendería como el tratado de "lo último" o el estudio "de lo último".

Hay dos fuentes que vierten perspectivas diferentes del inicio de la evolución de la escatología: la de trasfondo griego y la judeocristiana. La griega centra la atención en las cuestiones últimas: *ta éschata*. Ello conduce a reflexionar sobre los sucesos finales, ubicados más allá de la historia, descuidando los aspectos importantes de la misión de la Iglesia y de la vida cristiana en el más acá. La judeocristiana pone el énfasis en el *éschaton* que es Cristo. Este es un punto focal para sobreponer una construcción escatológica equilibrada (Tamayo, 2017).

Así las posturas, lo conveniente es buscar el equilibrio dándole el primer lugar a Jesús el Cristo resucitado, el punto focal de la escatología, luego dar la justa dimensión a los sucesos previos y durante el final de todo lo conocido en esta vida terrenal.

La Escritura provee dos ejemplos respectivamente. En el Salmo 90, Moisés habla del final del hombre en esta vida temporal: "La vida del hombre son 70, los más robustos 80... porque pronto pasan y volamos", "Enséñanos de tal modo a contar nuestros días, que traigamos al corazón sabiduría". En 1 Ts. 5:1-11, Pablo se refiere al final de todo lo que es ahora y vemos incluida la creación, el mundo y la humanidad.

La escatología no es ya un simple discurso "sobre el fin" o sobre la clausura de los tiempos, sino que se convierte ahora en un discurso sobre "la apertura de los tiempos", incluso en Mr. 13, el énfasis no se pone en la catástrofe cósmica, sino en la venida del Hijo del hombre llamada "el día del Señor". Esta no habla sobre el futuro en general, parte de la realidad histórica de Jesús de Nazaret que ha traído la irrupción del reino de Dios y manifiesta el futuro de esta realidad que apunta a la nueva creación de todas las cosas, a la glorificación de Dios y su pueblo entrando en la vida eterna y el gozo sin fin. Comienza con Jesucristo y el futuro de este: "... el fundar en la persona y en la historia de Jesucristo todos sus enunciados acerca del futuro representan la piedra de toque de los espíritus escatológicos y utópicos" (Moltmann).

A diferencia del escenario escatológico judío que sitúa la resurrección de los justos o la de todos los hombres solamente al fin de los tiempos, el resucitado inaugura hoy el tiempo del mañana. Pablo olvida casi por completo el escenario-catástrofe del fin de los tiempos: la teología Paulina no aborda para nada los apocalipsis catastróficos que la escatología evangélica coloca en primer lugar, para proclamar hoy la cruz del resucitado y la resurrección futura de los que creen en Cristo.

Es bueno tener claro que la escatología no es un tratado futurista: "Justamente por eso, además, la escatología no es una futurología". Mientras las futurologías versan *exclusivamente* sobre el *todavía no* (el caso arquetípico sería Bloch), la escatología habla del *ya* y del *todavía no*. Y no tiene más remedio que hacerlo porque, en última instancia, el suyo es un mensaje Cristocéntrico: hay *un ya* escatológico (el reino está ya presente) porque Cristo ha venido; habrá un *todavía no* (el reino será consumado) porque Cristo vendrá (Ruiz de la Peña, 1996).

Definiciones de escatología

La mayoría de las definiciones de escatología están elaboradas sobre el fundamento de la apocalíptica. Ponen el énfasis en "el fin de las últimas cosas". Entre otras cosas porque arrancan de la etimología de la palabra. La consideran como la doctrina de las últimas cosas. Y la escatología cristiana claro que tiene sus pocas y cortas doctrinas apocalípticas en los capítulos 24 de Mt., 21 de Lc., 13 de Mr., en unos pasajes del libro de Hechos, en una de las cartas de Pedro y el libro de Apocalipsis, pero son periféricas. Esas definiciones se apartan de lo que es la escatología cristiana como afirma oportunamente Moltmann:

"La escatología cristiana no tiene nada que ver con tales soluciones finales apocalípticas, porque su tema no es en absoluto "el final", sino —muy lejos de eso— la nueva creación de todas las cosas. La escatología cristiana es la esperanza que recuerda la resurrección del Cristo crucificado y, por eso, habla del nuevo comienzo en medio del final de muerte, el final de Cristo siempre fue su verdadero comienzo" (Moltmann, 2004). De ahí la definición distintiva de escatología cristiana de Moltmann:

"La escatología cristiana habla de Jesucristo y el futuro de este. Conoce la realidad de la resurrección de Jesús y predica el futuro del resucitado. Significa la doctrina acerca de la esperanza, lo cual abarca lo esperado como el mismo esperar vivificado por ella... es esperanza, perspectiva y orientación hacia adelante en el Cristo resucitado, no es el logos griego, sino la promesa" (Moltmann). Esta es una de las mejores definiciones de escatología.

Una vez aclarado el sentido de lo que es la escatología cristiana, veamos otras definiciones:

"Por tal hay que entender aquel sector de la teología al que incumbe reflexionar sobre el futuro de la promesa aguardado por la esperanza cristiana. Su lugar teológico se ubica en la intersección de la antropología, la doctrina de la creación y la cristología" (Ruiz de la Peña, 1996). A mi parecer es una definición equilibrada.

"La escatología es la interpretación de la enseñanza bíblica concerniente a lo que sucederá al final de la historia del mundo" (Layman, 1995). Se queda corta y es más apocalíptica que escatológica.

"Escatología es un término griego que significa tratado de las últimas cosas" (Lacueva, 1990). Es una definición etimológica.

"Escatología: logos o discurso sobre las cosas finales, con signos apocalípticos y/o razonamientos de tipo existencial y moralizante". Pikaza, afirma que es un término más teológico, de uso moderno, que alude al despliegue y sentido de las realidades últimas o novísimos (muerte, juicio, infierno y gloria), es decir, de la culminación de la vida humana y/o de la historia (Pikaza, 1999). Según mi punto de vista es una definición etimológica, apocalíptica y filosófica.

"Es el estudio sistemático de lo que la Biblia nos ha revelado respecto a nuestro futuro individual, respecto al futuro del mundo y respecto a la humanidad en general" (Hendriksen, 1987). Es una definición con tinte bíblico, pero limitada a la escatología individual y escatología general tradicional.

"La escatología es la exposición metodológicamente fundamentada de la esperanza cristiana en el futuro definitivo, en el reino de Dios, de nuestra historia (personal, eclesial y universal) y de toda la creación" (Kehl, 1986). Es una definición aceptable con más orientación escatológica que apocalíptica.

"La escatología es el estudio sistemático de los eventos futuros. La palabra se deriva del adjetivo griego *éschatos*, que significa el último. La palabra *éschatos* puede ser usada para referirse a la última cosa en una serie, pero la implicación de la palabra escatología no está limitada a una sola cosa, sino que se refiere a todos los eventos futuros que significan el fin del cosmos" (Buswell, 2005). Es una definición etimológica y apocalíptica.

La escatología viene de dos vocablos griegos: éschatos ("lo último", "lo final") y *logia* (de *logos,* "palabra", "discurso", "tratado"). Luego, "escatología" significa el discurso teológico que trata de las cosas últimas o finales de la historia del hombre y el mundo (Roldán, 2002). Es otra definición etimológica y apocalíptica.

Como se lee, la mayoría de las definiciones parten de lo etimológico y brotan del concepto apocalíptico más que del escatológico.

Propuesta de definición de escatología
"La escatología es el estudio ordenado de las profecías que convergen en la crucifixión y la resurrección de Cristo, se expanden hacia la esperanza del comienzo de una vida nueva individual, un pueblo nuevo y la nueva creación de todas las cosas a partir de la Segunda venida de Cristo que inaugura la consumación final del reino de Dios" (Gálvez, 2023).

División de la escatología
La escatología se ha dividido tradicionalmente en escatología individual y escatología general, estas se definen así:

Escatología individual
"...es el nombre que se le da a todo cuanto la Escritura revela concerniente a la condición del individuo entre la muerte y la resurrección general al final de los tiempos" (Hendriksen, 1987).

Escatología general
"Es la que hace referencia a todos los hombres que, aunque mueren individual y separadamente, igualmente todos resucitarán y juntos serán juzgados... unos irán a condenación eterna y otros entrarán al gozo eterno" (Hendriksen, 1987).

Al leer los temas que tratan estas dos divisiones, los libros de escatología y las teologías sistemáticas, se observa que no abordan los temas de las señales y acontecimientos previos al retorno del Señor. En algunos casos, es por su concepción preterista de dichos eventos. Es raro que libros, tratados y teologías sistemáticas aborden el tema de la nueva creación, la gloria de Dios y la relación intrínseca de la escatología con la misión de la Iglesia.

Propuesta de división de la escatología según sus contenidos
Según sus contenidos
Escatología propia
Escatología en la historia
Escatología apocalíptica
Escatología cristiana
Escatología de la creación
Escatología de la gloria divina
Escatología y la misión de la Iglesia

Según sus fuentes
Escatología bíblica
Escatología sistemática
Escatología bíblica teológica

ESCATOLOGÍA, HISTORIA

Confusión en la escatología desde épocas bíblicas tempranas
Sacerdotes, reyes, profetas, escribas, fariseos, saduceos y otros religiosos conocedores del texto sagrado no discernieron el cumpli-

miento de la profecía de la primera venida del Mesías. Fallaron, pese al conocimiento detallado que poseían de las Escrituras. Conocían muchos pasajes que se referían a la venida del Mesías y los enseñaban. Tenían la certeza de que pertenecería a la tribu de Judá (Gn. 49:10); nacería de una doncella (Is. 7:14), gobernaría a Israel (Mi. 5:2) y muchos otros detalles. Cuando preguntaron a los escribas dónde habría de nacer el Mesías ellos respondieron al instante: "...en Belén de Judea, porque así está escrito por el profeta" (Mt. 2:5b).

Pero cuando los eruditos y religiosos vieron a Jesús de Nazaret, no pudieron reconocerlo como el Mesías esperado. Lo consideraron un embaucador, comilón y bebedor, hijo de fornicación y samaritano. ¡Qué tragedia! En contraste, gente sin erudición comprendió que Jesús de Nazaret era el Mesías. Los evangelios relatan que los de la ciudad de Jerusalén que vieron y escucharon a Jesús de Nazaret dijeron: "Hemos hallado al Mesías". Aun la mujer samaritana tenía nociones de que vendría el Mesías y aclararía todas las cosas. Vivían en expectación de cuándo sería el cumplimiento del tiempo de su liberación. Ellos tenían conocimiento de la venida del Mesías por la enseñanza transmitida por los mismos eruditos que no reconocieron al Mesías en su primera venida.

Confusión en la escatología hoy

Algunos eruditos, ministros y una buena parte de cristianos podríamos estar casi en las mismas condiciones de los doctos y religiosos del tiempo de Jesús. A ellos les cubría un velo que les impedía reconocer al Mesías cuando lo tuvieron enfrente. Me temo que los cristianos no estamos entendiendo las Escrituras y tampoco estamos discerniendo las señales de los tiempos. No sería algo extraño, si recordamos que en algunas de las primeras iglesias hubo confusión escatológica, como en la Iglesia de Tesalónica, por ejemplo, que mal interpretó la Segunda venida del Señor.

La escatología ha estado expuesta a desconcierto, engaño, mala interpretación, durante todas las épocas de la historia de la Iglesia. Desde la época apostólica, pasando por la época medieval, moderna y contemporánea, ha desfilado la confusión al frente de la Iglesia y de la escatología. Una de las razones es que la escatología no se desarrolló durante los primeros dieciocho siglos. Todavía en el siglo XIX y principios del siglo XX, la escatología no poseía rasgos definidos. Hay pocos escritos que abarcan la escatología con propiedad, contenido, estructura y sistema sólidos. En las obras de dogmática no aparece a la altura de las otras secciones, sino como un suplemento. Hasta hoy es la disciplina que menos se ha desarrollado de todas las otras áreas de la teología sistemática. Suma el agravante de la desorientación hacia el individualismo como lo extracta Moltmann: "La teología ha perdido íntegramente su sentido como meta de la historia y es concebida en el fondo como meta del ser individual". También explica la causa de la desorientación temprana de la escatología: "Cuando la Iglesia institucionalizada comenzó a retardar todos los eventos de la doctrina de las últimas cosas" para un tiempo futuro perdió pie y cayó en el desaliento y no vio una esperanza y una sana crítica para sí misma, por tanto, dejó de ser esperanza para el hombre y para ella misma. El resultado fue el tedio y la cobardía para vivir dignamente todos los días de la vida que el hombre pasa aquí en la tierra (Moltmann, 1981).

Muchos cristianos viven aturdidos ante tantas posturas contradictorias sobre la doctrina de los últimos tiempos que se decantan por la evitación defensiva. Prefieren no abordar la cuestión escatológica. Otros están decepcionados por las enseñanzas equivocadas del fin, cayendo en los brazos de la indiferencia. No es de extrañarse que pastores, teólogos, maestros, escritores y creyentes se encuentran divididos en tres grupos: el primero, se desentiende del tema, no lo estudia y no lo enseña; el segundo, se atreve a enseñarlo sin entenderlo bien, metiéndose en tierras movedizas y, el tercero, es el que lo estudia de manera seria y profunda. Cada vez hay más creyentes, estudiantes, pastores, profesores y teólogos sumándose al estudio de la escatología. De cualquier manera, todavía no se logra levantarla al nivel de las otras áreas de la teología sistemática.

Otras causas de ese caos escatológico son: el miedo, la indiferencia, el menosprecio y la falta de amor por la verdad. Se agrega la complejidad de la literatura apocalíptica que da soporte a la escatología y que, en el caso de la escatología evangélica, ha tomado la primacía. Hay muchos detalles escatológicos en la Biblia para trabajar y armonizar. Entonces, hay mucho trabajo por hacer en esta área. Además, cuando vemos a hombres piadosos que no están de acuerdo en cuestiones proféticas, puede ser desalentador. Otra razón podría ser que algunos no quieren vincularse con quienes han atropellado la escatología. Hay quienes se han obsesionado con el fin de los tiempos al ofrecer una fecha para el regreso de Jesús, o tratar muchos eventos actuales como el cumplimiento de la profecía bíblica. A la sazón, algunas personas se han alejado del abuso de la escatología. Han perdido el interés (Vlach, 2018).

En el campo conceptual, la confusión también hizo acto de presencia. Uno de los errores graves fue reducir el concepto de la escatología al futuro: "La confusión más funesta se produjo al identificar escatología con futuro, olvidando que *éschata* indica lo último, siendo necesario precisar vez por vez cuál es el punto de referencia para declarar último a algo o alguien. Ya con una escatología identificada con futuro y con el fin del mundo, se hacen aplicaciones totalmente desmedidas a la soberanía de Dios" (Garrido, 1982). Todo esto provocó la merma del sentido crítico y el abandono de que la escatología es una concepción teológica. Esa es otra razón por la cual los padres de la Iglesia hasta los teólogos del siglo XIX, no percibieran la necesidad de recurrir a este concepto.

Desarrollo de la escatología a lo largo de la historia

La historia de la escatología transcurre con pocos avances durante diecinueve siglos. De los últimos años del siglo XX al presente evoluciona lentamente; ha sobrevivido con atrofias en su estructura, desarrollo y extensión. Temas relevantes han sido relegados y, paradójicamente, temas irrelevantes han tomado la delantera. Se observa también cómo la escatología se ha movido al ritmo del péndulo de las creencias inciertas, yendo y viniendo de un extremo al otro con posturas escatológicas desequilibradas. Expongo a continuación el recorrido histórico de esta desafortunada realidad.

En la época antigua

La apatía hacia la escatología se presenta desde los primeros padres de la Iglesia. En sus reflexiones, la ausencia del tema escatológico es evidente. Lo que sí aparece es el *quilianismo* (es el nombre del *milenialismo*). Es la doctrina que enseña el retorno de Cristo para reinar sobre la tierra durante mil años, antes del último combate contra el mal y la condena del diablo, que dejan de tener toda su influencia para la eternidad y el juicio universal que alcanza cierta temperatura en los dos primeros siglos en el pensamiento cristiano, pero luego se enfría. Según Moltmann son dos las razones: "a) el conocido rechazo de la esperanza histórica milenarista por parte de las grandes iglesias, lo que produce una conformista contemplación de la perspectiva de la eternidad solamente; b) la Iglesia imperial rechaza la doctrina milenarista puesto que ella identifica el dominio del Imperio romano cristiano con el reino milenial" (Moltmann, 2004). Así, la escatología universal quedó reducida a la consumación individual en la muerte. Rodó en la ladera del individualismo simplista.

En la época de la patrística
Ireneo y Clemente apuntan de lejos a unos cuantos temas escatológicos: el reino de Dios como arribo de la salvación, no como la venida de Cristo en majestad para reinar en el futuro, la muerte y el juicio final. El pensamiento de Juan Damasceno y Pedro Lombardo se vinculan con la resurrección de los muertos y el juicio final. San Agustín elabora estudios sobre pocos temas escatológicos. Uno de los destacados es el reino de Dios, pero lo identifica con el Imperio romano (Agustín, Ciudad de Dios, 2006) y es en la jerarquía de la Iglesia que se hace visible el reinado de Cristo. Agustín es responsable de configurar ese enfoque que dominó toda la época medieval y que permanece hasta hoy en la dogmática de la Iglesia católica romana (Grau, 1990).

En la época medieval
En la escatología de la alta escolástica, estas doctrinas se amplían con la suma de la doctrina de la aniquilación futura del mundo. Rara vez se menciona con detalles el tema de la Segunda venida de Cristo. Afloran creencias generales: la vida después de la muerte, resurrección de los muertos, el juicio final y el reino de gloria, pero no se profundiza en ellos. En cambio, prosperan las enseñanzas del purgatorio, el culto a María, la intercesión santoral, pese a que no tienen un fundamento sólido bíblico y teológico (Berkhof, 1981).

En la época de la reforma
La teología de los reformadores ignora los temas de la escatología. Se interesa por la cuestión de la justificación por la fe y los asuntos relacionados directa e indirectamente con esta. Por eso se le llama la época de la Fe. La escatología de la Reforma es enjuta, apenas trata algunos temas secundarios desde una perspectiva antimedieval. Espiritualizan el reino, ponen énfasis en el libre examen en contra de la jerarquía que "representaba" la parte visible del reino. Se enfocan en la enseñanza, predicación y evangelización como parte esencial de la misión de la Iglesia, olvidándose de la importancia de los temas centrales de la escatología (Grau, 1990). La reforma aborda los temas de la escatología desde el ángulo de la salvación. Los luteranos dogmáticos son los que más apoyan esa perspectiva, mientras que los reformados ponen el énfasis en la transformación futura del mundo y terminan influenciando a la dogmática luterana. Hasta el siglo XVII, la escatología camina bajo zonas de luz y penumbra (Pannenberg, 2007).

Algunos estudiosos ven los siglos XVI y XVII como una época saturada de milenarismo y profetismo. Las desgracias que se habían amontonado: la peste bubónica, hambrunas, guerras y terrores, succionan el interés por el estudio profundo de la escatología. Para Lutero y sus discípulos estaban viviendo los últimos tiempos. Los demonios y el anticristo, que no era otro que el papa, estaban gobernando el mundo, llevándolo a la destrucción inminente (Pérez de Antón, 2017). Los papas de la época eran otras tantas encarnaciones del anticristo… y si el anticristo reinaba en Roma era porque, conforme al Apocalipsis, la historia humana se acercaba a su fin (Delumeau, 1989).

Es verdad que muchos papas y emperadores resultaron ser verdugos para la propia

Iglesia de Cristo. Todos los cristianos auténticos que se oponían a los dictámenes de la Iglesia establecida eran perseguidos por los que ostentaban el poder político y religioso. De resultas, por la espada y la tortura contra los cristianos se ganaron merecidamente el adjetivo de anticristos.

Los reformadores vuelven a los temas escatológicos elementales de la Iglesia del principio: el retorno de Cristo, la resurrección, el juicio final, la vida eterna. Pero los líderes de la Reforma radical retoman la figura de los profetas que anuncian los últimos tiempos y el reino de Dios. Recurren a imágenes del milenio y de la nueva Jerusalén. Uno de ellos proclamó a Florencia como la nueva Jerusalén (Rusconi, *La historia del fin,* 2003).

De los reformadores, Juan Calvino, parado en el terreno firme de la Escritura, es el que más trata temas relacionados con la escatología. En el capítulo 25 de su magna obra Institución de la Religión Cristiana trata los temas de la resurrección del cuerpo, objeciones a la doctrina de la resurrección, la vida eterna, aversión a acercamientos especulativos, el debate sobre el estado intermediario, profecía bíblica, el milenio y las señales de los tiempos (Calvino, 1986). Pero hay que decirlo, no es un tratado sobre escatología, es solo una aproximación buena, modesta, de tan solo 25 páginas. No logra darle confines precisos a su escatología. En conclusión, la Reforma Protestante no trabaja los temas centrales de la escatología. Se ocupa de los temas candentes de la época. Se puede asegurar que las iglesias de la Reforma no aportaron algo sustancial a la escatología.

En tales circunstancias, en los siglos XVII y XVIII la escatología con tal de reanimarse y crecer, comienza a beber de la filosofía de la ilustración, pero lo que consigue es intoxicarse. Queda debilitada. Camina desorientada sobre los caminos de la ética de Jesús sin adentrarse en sus enseñanzas escatológicas. La escatología sigue dando traspiés al reemplazar las bienaventuranzas de la época venidera por la esperanza social del reino de Dios. Se ancla a los aspectos puramente mundanos (Berkhof, 1981).

En la época de la razón

"El racionalismo del siglo XVIII y XIX retuvo de la escatología nada más la idea estéril de una inmortalidad sin color. Una enseñanza simplona de la sobrevivencia del alma después de la muerte. Bajo la influencia de la filosofía de la evolución con su idea de un interminable progreso, la doctrina escatológica, si no se hizo anticuada, cuando menos se encontró decadente" (Berkhof, 1981). En general, la cuestión escatológica se redujo a la moral destacando la justicia, la paz y el amor.

A mediados del siglo XVIII, los vientos Kantianos soplaron e impregnaron de moralismos al pensamiento teológico. Solo en ámbitos pietistas se mantuvo cierta expectación de Cristo como el rey que vendría. Como una reacción al pietismo, surge el pensamiento social del reino de Dios consiste en el desarrollo económico y social sin estorbos, no hay una conexión vertical con el Dios del reino. Su perspectiva es terrenal (Grau, 1990).

En la época del racionalismo del siglo XVIII, la escatología es un bonsái, no pasa de sustentar las doctrinas secundarias tales como la inmortalidad, como la mera sobrevivencia del alma después de la muerte y deja de nutrir la raíz principal de la escatología.

La escatología en el siglo XIX
La recuperación de la doctrina de la Segunda venida por John Nelson Darby

Darby tocó la tecla exacta al considerar de suma importancia la doctrina de la Segunda venida. Se percató que la Iglesia la había abandonado: "He comenzado esta sesión leyendo Hechos 1, por cuanto la promesa del regreso del Señor nos es presentada como la única esperanza de los discípulos y el primer tema que debía fijar la atención de los mismos… Si estudiamos la historia de la Iglesia, la veremos decaer en precisamente la misma proporción en la que pierde de vista el regreso del Señor y en que la espera del Salvador desaparece de los corazones".

Se apoyó en los versículos que enseñan claramente esa Segunda venida: Mt. 24:27-30, 42-51, 25:1-13; Mr. 13:26-29, Lc. 17:30, 21:27; Jn. 14:2; Hch. 1:11, 3:19-21; Ro. 8:19-22; Fil. 3:20-21, 1 Ts. 4:15-17; 1 Ti. 6:14-16; Tit. 2:11-13; 2 P. 1:16-21; 1 Jn. 3:2-3.

La ética de los creyentes y su consagración dependen de la importancia que le den a la Segunda venida en su vida personal: "La espera del regreso de Cristo es la medida exacta, el termómetro, por así decirlo, de la vida de la Iglesia. Así como el siervo se volvió infiel en el momento en que dijo, *mi Señor tarda en venir…* aquí tenemos el gran fin de todos los consejos de Dios. Tal como hemos visto antes el secreto de Su voluntad, que Dios reunirá todas las cosas en Cristo, vemos aquí que Él ha hablado de esto mismo, en lo que toca a las cosas terrenales, por boca de sus santos profetas… mejor que esto para mostrarnos cuál debe ser nuestra purificación y para provocarla en nosotros; nada que pueda consolarnos de tal manera y reanimarnos e identificarnos con Aquel que padeció por nosotros, a fin de que los que ahora sufrimos reinemos luego con Él, coherederos en gloria. Es cosa cierta que, si esperáramos al Señor a diario, se daría entre nosotros una renuncia abnegada que no se ve demasiado entre los cristianos actuales. ¡Que nadie diga: mi Señor se tarda en venir!".

A.W. Tozer (1897-1963) fue un teólogo, predicador y escritor que también insistió en la bendita esperanza de la venida del Señor. Enseñó sobre la profecía y el libro de Apocalipsis, poniendo el énfasis en la acción de elevar nuestra vista para fijarla en lo eterno. Escribo una cita en la que se refleja la importancia que dio a la bienaventurada esperanza: "El propósito de la profecía bíblica no es el de alarmarnos, sino el de alertarnos en cuanto a los tiempos venideros para que nos preparemos para el regreso de Jesús. Este es uno de los grandes temas de la Biblia que ofrece al creyente consuelo y ánimos; de aquí la expresión *la bendita esperanza*" (A.W. Tozer, 2016).

El siglo XIX se consideró como el siglo cristiano

En el siglo XIX la fe avanzó de manera irresistible. La evangelización, la colonización y el milenarismo fueron su fuerza. Rusia, Norteamérica y las potencias europeas, establecieron su dominio con una mente mesiánica y con un celo envalentonado de misión. La plataforma histórica de alcance mundial desde la cual se catapultaron fue el milenarismo, que sustentó la creencia alegre del progreso. Se pensaba que el reino de Dios estaba tan cerca que configuraría lo que se convertiría en el bien supremo de la moral y en el propósito del perfeccionamiento histórico. El milenarismo robustecía el dominio europeo, el ruso y el norteamericano. Así las cosas, el milenarismo llenó con la pasión mesiánica lo histórico, pero sobrevino la tragedia de la aniquiladora primera guerra mundial. Luego tras una aparente época de democracia, de reconstrucción y paz, se precipitó la terrorífica Segunda Guerra Mundial con el sueño del reino milenario una vez más, proponiendo la "solución final" del problema judío. El mundo cristiano del siglo XIX llega a su fin con dos guerras mundiales que demolieron los pilares de todos los proyectos milenaristas y mesiánicos de este siglo (Moltmann, 2004).

El pensamiento escatológico del siglo XX se configuró de manera consciente e inconsciente por las visiones mesiánicas del siglo XIX; por los horrores apocalípticos de la historia del siglo XX que espesan de manera justificada si despertamos de los nuevos mesianismos y resistimos a las angustias apocalípticas (Moltmann, 2004). ¿Qué pasa entonces si la escatología milenarista no provee lo que la misma fe cristiana mal orientada quisiera? Se vuelve a la apocalíptica para atizar los miedos anticipando la destrucción del mundo.

La escatología en el siglo XX

En este siglo reaparece el premilenarismo. Lo hace con imponencia a semejanza de una ola que se levanta, bañando a la teología formal de las iglesias bien organizadas. Sus defensores se decantan por una mezcla agria de filosofía cristiana, fundamentada específicamente sobre estudios del libro de Daniel y el libro de Apocalipsis, poniendo el énfasis una vez más sobre el fin de los tiempos. Continúan con el descuido del mensaje escatológico de Jesús que pasó desapercibido por dieciocho siglos en la teología. Es hasta el siglo XX que ocurre el redescubrimiento de la centralidad de la escatología en el mensaje y la existencia de Jesús. En ese contexto, Jesús ya no aparece como el maestro de moral del sermón de la montaña, sino como un visionario apocalíptico con un mensaje escatológico. Pero hubo ineficiencia de ese descubrimiento, no se aprovechó, dice Moltmann (Moltmann, 1981).

La escatología trascendentalista impidió que se desarrollara la escatología de Cristo por la influencia que recibió de la escolástica y neoescolástica como lo expresa Gaviria: "el excesivo lenguaje meta-histórico propio de la neoescolástica desarticula la escatología de la realidad, presentándola como un conjunto de verdades abstractas que el creyente profesa sin más. Estas situaciones han hecho que la escatología no sea comprendida dentro del acontecimiento encarnacionista de Jesús, Hombre en la historia, sino desde la Pascua como punto de llegada y esperanza de un final en otra parte" (Gaviria, 2019.)

Algunos eruditos aseguran que, en el siglo XX, la escatología aún no había llegado a la etapa de la madurez, permanecía en la adolescencia. En el año 1957, Von Balthasar describió en un artículo el estado de la escatología afirmando: "Mientras que el pensador protestante E. Troeltsch había comparado el campo escatológico a finales del siglo XIX y principios del siglo XX con un despacho cerrado, ahora puede designarse como el rincón de donde salen todas las tormentas teológicas". Varios teólogos estuvieron de acuerdo con la observación de Balthasar, lo cual desató una intensa efervescencia teológica en la escatología, originando diversas posturas; algunas de ellas en total contradicción, produciendo una neblina en la que no se distinguía el camino a seguir. Tal estado de crisis, trascendió porque la escatología cristiana en todo el tiempo previo a la mitad y a finales del siglo XX no se desarrolló con salud, su sistema inmune se mantuvo inoperante. Según Alviar esa situación se prolongó; fue entonces que la reflexión escatológica entró en un proceso de crecimiento que se compara a un cuadro de pintura incompleto, donde pueden distinguirse algunos trazos fuertes que producen cierta sensación de unidad, aunque habrá zonas del cuadro inacabadas, tintes y matices por añadir, se pueden identificar algunas líneas básicas (Alviar, 1998).

El menosprecio de la escatología en la teología sistemática

Pese a que toda la teología cristiana es en esencia una teología escatológica que se encamina hacia una meta y avanza en función del anticipo de la resurrección, del *éschaton*, de Cristo, no ha sido desarrollada en proporción a su importancia. Entre los primeros apóstoles se enseñaba con claridad las doctrinas de la esperanza cristiana: la llegada del reino, la Segunda venida de Cristo, la resurrección de los muertos, la muerte física, el juicio general, los juicios particulares, la consumación del reino de Jesucristo. Claro, estas doctrinas de la escatología no estaban desarrolladas, ni sistematizadas. Se hubiera esperado un avance sostenido en los siglos posteriores como ocurrió con la cristología, por ejemplo, pero la dejaron abandonada.

¡Grande ironía! Pues, la escatología es más importante que muchas de las otras áreas de la teología sistemática, como se ha indicado. Toda teología cristiana es escatología. Esta es la conclusión final de todas ellas: "En la doctrina de Dios la escatología es la responsable de mostrar la manera de cómo Dios será glorificado de manera perfecta y definitiva; en la antropología cómo el pecado será vencido de manera completa; en la cristología cómo se consumará la obra de Cristo" y así sucesivamente en las otras áreas de la teología sistemática. La escatología engarza las otras doctrinas esenciales de la fe cristiana (Berkhof, 1981).

En nuestro repaso histórico comprobamos que la doctrina de las últimas cosas no se le ha dado la importancia que la Escritura le da. Todavía en la segunda mitad del siglo XX, a la escatología le cubría el manto de la indiferencia, frecuentando temas secundarios a causa de las tareas heredadas. "Cuando Kliefoth trazó su escatología, clamaba que todavía no había aparecido un tratado complaciente y correcto sobre la escatología considerada como un todo. Llama la atención que, en obras dogmáticas, la escatología aparece como un accesorio fragmentario y no como una de las principales divisiones al lado de las otras" (Berkhof, 1981).

Lo que aconteció en la Reforma y en las épocas anteriores, nos ha sucedido en buena medida a los teólogos del siglo XX, la escatología no ha sido nuestra prioridad. La hemos descuidado. Lo punzante es que personas bien intencionadas, sin conocimiento teológico y sin conocimiento de las ciencias bíblicas son las que han abordado temas escatológicos, ¿cuál es el resultado? enseñanzas enmarañadas.

Hay que reconocer con vergüenza que, durante siglos, la escatología concedió su lugar a la soteriología y a la eclesiología a causa de los intereses de los teólogos y la diplomacia, en la mayoría de los casos, pese a los riesgos que se cernían alrededor por la abundante literatura mediocre: *Mea Culpa*. "Todos hemos sido culpables, de alguna manera, al evadir los temas proféticos. Fuimos muchos los que preferimos enfocarnos en los temas doctrinales, pastorales y evangelísticos mucho más apremiantes" (Grau, 1990).

Para cerrar este recorrido histórico, afirmamos que las teologías sistemáticas antiguas y actuales tratan la escatología como un tema adjunto a la salvación y de manera exigua, cito tres ejemplos:

a) La teología sistemática de Millard Erikson, "Christian Theology", de sus 1312 páginas, dedica solamente 84 páginas a la escatología.

b) La clásica teología sistemática de Hodge, que contiene alrededor de 1400 páginas en dos tomos, dedica al apartado de la escatología únicamente 76 páginas en las que desarrolla tres temas básicos: el estado después de la muerte, las resurrecciones y la Segunda venida con sus temas secundarios cortos.

c) La teología sistemática de Grudem conformada por 1366 páginas aborda, en el apartado de la escatología, solo cuatro temas: el regreso de Cristo, el milenio, el juicio final y el castigo eterno y los cielos nuevos y la tierra nueva en tan solo 69 páginas.

Al poco interés sobre la escatología evidenciado en las teologías sistemáticas yo le llamaría escatofobia o inapetencia de escatología.

Incipiente rescate de la centralidad de la escatología en los siglos XIX y XX

A finales del siglo XIX y principios del siglo XX el concepto esperanza irrumpió con fuerza en la escatología. Se recuperó el interés de la Segunda venida de Cristo, el reino de Dios, la vida eterna y la nueva creación. Se realizaron trabajos escatológicos serios. Unos en el camino de la alta crítica, otros en el campo bíblico y teológico, otros en la exegesis escatológica y la apocalíptica. Los nombres que sobresalen son los de J. Weiss, A. Schweitzer, K. Barth, N. Berdiaev, R. Bultmann, T. de Chardin, J. Ruiz de la Peña, Von Balthasar. La importancia y la centralidad de la escatología recobraron aliento. Los aportes y las nuevas perspectivas de la escatología se dieron en todos los ámbitos teológicos. Para sorpresa de muchos, el interés por la escatología y la confusión se combinaron en los temas escatológicos. Algunos teólogos y exégetas terminaron rechazando la realidad de la Segunda venida de Cristo, cayendo en el puro simbolismo, negando los tiempos y la historia de la salvación. El estudio de la escatología resbaló en subjetivismo puro y docetismo escatológico campante. Otros se sumaron al rechazo de dichas posturas: "Al negar el acontecimiento de la venida, estas visiones conducen a negar la venida y junto con ella la expectativa cercana que conlleva. No solo deja en la penumbra la tensión escatológica inherente al pensamiento de Jesucristo, sino que de paso la privan de su dimensión colectiva reiterando una nueva fuga de la historia" (Parra, 2003).

Respuestas diversas sobre la escatología en la mitad del siglo XX y principios del siglo XXI

A mediados del siglo XX en adelante, nos topamos con un panorama heterogéneo de respuestas escatológicas. Tillich, Barth, Bultmann, Cullmann, Dodd, Pannenberg y Moltmann, son los portadores destacados con enfoques creativos, pero con fallas significativas en algunos casos.

Paul Tillich (1886-1965)

Es el ponente más notorio de la escatología simbólica. Da un trato igual a todos los pasajes escatológicos neotestamentarios, interpretándolos de manera figurada. Para Tillich la resurrección de los muertos, la Segunda venida, el juicio final, el infierno, el cielo, la vida eterna y los demás temas relevantes son espejismo ingenuo, son meramente símbolos y su función es poner al día al hombre e informarle que no puede encontrar su realización en la historia. La razón es que la vida del hombre está cubierta de oscuras incertidumbres y las ambigüedades morales le son inherentes. Afirma que la Segunda venida es alegórica, por tanto, no se debe creer como un acontecimiento real, visible, precedida de señales, en fechas anotadas en la agenda temporal de este mundo. La Segunda venida es meramente un recordatorio de la promesa de que nuestra realización plena es fuera de la historia de este mundo temporal. Todas las enseñanzas escatológicas conservadoras las etiqueta como imaginaciones poéticas, dramáticas y artísticas, que han sobreabundado en la literatura apocalíptica, el arte, la religiosidad y la superstición protestante (Tillich, III, 1984).

Una de sus afirmaciones concluyentes en cuanto a los elementos escatológicos simbólicos dice así: "Ya que en una teología los símbolos religiosos pueden ser fácilmente mal entendidos como producto de la imaginación ilusa del hombre. Por tanto, es adecuado emplear los símbolos escatológicos que nos vuelven del hombre a Dios, considerando de esta manera en su significación para la vida divina y su gloria y bienaventuranza eterna. Esto es especialmente verdad de símbolos escatológicos tales como la vida eterna" (Tillich, III, 1984).

La propuesta escatológica de Tillich es creativa, tiene algunos elementos salteados que podrían considerarse certeros; pero resbala en el reduccionismo simbólico escatológico, contradice las reglas esenciales de la hermenéutica y la exégesis bíblica. No discutimos que una parte de la apocalíptica bíblica gire alrededor de lo simbólico, pero si todas las promesas de los evangelios y de las cartas del Nuevo Testamento fueran simbólicas, permaneceríamos en la incertidumbre y la ambigüedad que vivíamos antes del encuentro con el Cristo resucitado. El reduccionismo simbólico también contradice las bases cristológicas de la resurrección de Cristo y su Segunda venida tan ampliamente atestiguadas en todo el Nuevo Testamento. Si no hay resurrección de la carne, demostrada en la primicia de la resurrección del cuerpo de Jesús el Cristo, vana sería nuestra fe dice Pablo. Si la Segunda venida de Cristo es simbólica impactaría negativamente la ética del creyente; la forma de ver las injusticias sociales, políticas y económicas; la misión de la Iglesia perdería su fuerza; la revelación cristiana sería una promesa simbólica de algo que los escritores del Nuevo Testamento no lograron comunicar claramente. Cuestión que no encuadra en el mensaje escatológico claro y sencillo de Jesús de Nazaret, la teología paulina y los demás escritos neotestamentarios.

Karl Barth (1886-1968)

Karl Barth da en el blanco cuando proclama el elemento escatológico en la revelación divina por medio de Cristo. Este anuncio en esa época fue como un sonido de trompeta que marcó el inicio de una nueva etapa en la escatología. En su prominente comentario de la Carta a los Romanos, lanzó un segundo y contundente informe: "Un anuncio que no sea total y absolutamente escatología no tiene que ver absolutamente nada con Cristo" (Barth, 1998). En la peregrinación teológica del gran teólogo de Basilea hay diferentes matices y variaciones en su pensamiento teológico. En el comentario a la epístola a los romanos el abordaje escatológico que realiza sacude a toda una generación, es una chispa que enciende la llama, pero queda claro que no es una respuesta definitiva. El resultado fue un avivamiento para revisar la escatología. Sus puntos de vista originales y provocativos atizaron el interés por la cuestión teológica. Su pensamiento era uno cuando escribió su comentario a la Carta a los Romanos y otro cuando escribió sus obras de postrimería. En el campo de la escatología son más comprensibles sus afirmaciones escatológicas en sus primeros escritos, mientras que se tornan complejas en sus declaraciones finales. Incorpora conceptos tales como ahistórico, transhistórico, sobre histórico y protohistórico: "En la dogmática eclesial de Barth volvió luego a desaparecer el tono anímico escatológico de la interpretación de la carta a los romanos, porque la conversión del juicio en gracia que, aunque parecía dialécticamente sin medición, quedaba ahora suprimida por la orientación cristológica de la unidad de Dios y el hombre Jesucristo" (Pannenberg, 2007).

Pese a todo, su enfoque es novedoso, creativo y atractivo. Cree que las expresiones como "tiempos finales", "fin del tiempo" y "después del tiempo", son meras ayudas para nuestra manera de pensar, que es presa del tiempo cronos. Para Barth la realidad es que la eternidad, en cuanto lo distinto del tiempo, no es comparable con este: es de modo parecido como "pega cada ola del mar del tiempo contra la arena de la eternidad". Ello se traduce en que *esperar la venida* no significa el cálculo de un acontecimiento temporal que alguna vez tendrá lugar, sino que se trata de algo sumamente actual para cada hombre. Significa mirar la frontera que choca con la existencia. Es como tomar la situación en la vida tan en serio como es. Las concepciones de los últimos días representan lo absolutamente último en el sentido metafísico, es decir, la trascendencia absoluta de Dios. Es como un acto de decisión, como exponerse a la total alteridad de Dios. Para Barth, lo escatológico ha perdido todo su contenido temporal para convertirse en concepto existencial que considera al cristianismo como un acto de encuentro siempre nuevo (Barth, 1998).

Ch. H. Dodd (1884-1973)

Es el representante destacado de la escatología realizada del reino de Dios. El punto central del pensamiento de Dodd es que la vida, muerte y resurrección de Jesucristo significan la realización plena del reino de Dios en la tierra, no un preludio. Explica que el mensaje cristiano primitivo destaca la presencia de salvación en el Espíritu, en la predicación y en la fe, apartándose de la apocalíptica cristiana primitiva como imagen mítica de la historia de esa época. La predicación de Jesús no se orienta al anuncio de que el final está cerca, sino a la afirmación de que el reino de Dios está ya entre nosotros por medio de sus señales. Y se basa en la misma respuesta que Jesús dio a los discípulos de Juan: "Los ciegos ven, los cojos andan, los leprosos quedan limpios, los sordos oyen, los pobres son evangelizados". Agrega: "En el ministerio de Jesús el poder divino actúa en efectivo conflicto contra el mal: "Si yo expulso demonios por el dedo de Dios, es que el reino de Dios ha llegado a vosotros". Explica que el aporte del Evangelio de Juan es determinante: "Cuando el cuarto evangelista presenta las obras de curación como "signos" del advenimiento de la "vida eterna" a los hombres, interpreta correctamente esas palabras de nuestras fuentes más antiguas. La vida eterna, en efecto, es el fin último de la venida del reino de Dios, y esta venida se manifiesta en la serie de acontecimientos históricos que tienen lugar en el ministerio de Jesús. Este es el punto del que debe partir nuestra interpretación de la doctrina referente al reino de Dios. En ella, el ministerio de Jesús aparece como "escatología realizada", como el impacto producido sobre este mundo por los "poderes del mundo futuro" en una serie de hechos inéditos e irrepetibles que actúan en el presente" (Dodd, 1974).

Su pensamiento escatológico se extiende hacia las parábolas del reino. Finalmente, se focaliza en ellas ocupando el lugar central. Así, construye sus formulaciones escatológicas en su libro titulado "Las parábolas del reino", destacando que casi todas las parábolas hablan del reino de Dios (Dodd, 1974).

Varios críticos consideran que su proposición escatológica fue una de las más originales de su tiempo. Pero existe la tesis de que su pensamiento se forjó en oposición a la enunciación de la postura escatológica de A. Schweitzer que afirma que el Evangelio de Marcos no es histórico y Jesucristo era un fanático equivocado. Dodd quiere recuperar lo histórico de los evangelios, sin echar mano de un escatologismo trascendente. Busca el equilibrio, según él, al concebir el reino de Dios como una utopía terrenal que consumará el proceso evolutivo necesario en la historia. Dicho esto, para Dodd, todo ha sido consumado en la muerte y resurrección de Cristo. Lo que a la Iglesia le incumbe es el anuncio de lo acontecido mediante la cena del Señor. Esa comunión abre la puerta a lo eterno. Lo que Ratzinger llama, en el contexto de la propuesta escatológica de Dodd, "El sacramento de la escatología realizada" (Ratzinger, 2007).

La teología escatológica de Dodd y su propuesta pasaron desapercibidas en su propio ámbito teológico alemán. Aunque ahora es una postura retomada por algunos teólogos, no ha tenido un gran impacto; entre otras razones, por sus obvias deficiencias y sus puntos débiles.

Rudolf Bultmann (1884-1976)

Para este teólogo luterano alemán lo escatológico no se relaciona en nada con lo temporal. Se concentra en Cristo y en la transformación del que cree. Ser cristiano significa avanzar hacia la autenticidad en la fuerza de este acontecimiento del encuentro que ocurre en el kerigma. Esta es la esencia de la escatología. Ello significa salirse del fin del tiempo, pues el creyente ya vive escatológicamente aquí en el mundo, lo describe así: "...la fe es desmundanización, paso a la existencia escatológica. El creyente ha sido sacado de su ser mundano, aun estando en el mundo. Se halla ciertamente todavía en el mundo, pero no es ya del mundo, él ya ha atravesado el juicio y ha pasado a la vida, ha dejado atrás a la muerte, tiene ya la vida... la perspectiva temporal del acontecimiento escatológico no juega papel alguno como consecuencia de la radical actualización del acontecimiento escatológico... la existencia escatológica enmarcada por la esperanza y la alegría que tradicionalmente describen la salvación escatológica... Se describe la existencia escatológica al presentar el ser del creyente como un estar en el revelador o, también como un estar del revelador en ellos, entre sí y con él forman una unidad" (Bultmann, 1987).

Para el teólogo luterano no hay una Segunda venida real, ni física. No hay que esperar el tiempo cronos para ser testigos del final. Lo escatológico ya comenzó desde que el creyente pasó de muerte a vida por la fe en Jesucristo. Todo se condensa en la salvación y la vida que ya disfruta el creyente unido a Jesucristo el Señor.

Ramm resume así el pensamiento escatológico de Bultmann: "La escatología es el acto de la entrega que se da en cada ocasión, pero si este acto adquiere continuada permanencia se convertiría el mismo en tiempo y ya no sería el fin del tiempo. La vida misma es escatología cuando se abre hacia el futuro, cuando es vivida en la gracia gratuita de Dios, cuando es amor en obediencia a la Palabra concreta de Dios (Ramm, 1990).

La perspectiva bultmaniana parece que tiene parte de razón. Lo que acontecerá en la plena realización escatológica, ciertamente ya se saborea aquí en la tierra, pero parece que falla al reducirlo completamente al ámbito de la salvación existencial en el mundo, al "aquí y ahora" y rechaza una consumación escatológica después de la Segunda venida de Cristo.

Oscar Cullmann (1902-1999)

Aunque en los ámbitos teológicos mundiales se reconoce el trabajo académico del exegeta y teólogo suizo Oscar Cullmann, también se cuestiona seriamente algunos de sus planteamientos escatológicos. Su enseñanza escatológica es una de las más difundidas hasta hoy. Es el autor de la aguda y famosa frase "el ya, pero todavía no". En su entendimiento, la escatología ya no se presenta como un relato anticipado de los acontecimientos finales de la historia, sino como el movimiento dialéctico entre el "ahora ya" pero "todavía no". Este *eschaton* no remite ya a un más allá ultraterreno descarnado, aislado del más acá, sino que irrumpe en la historia, la dirige y la vehicula, sin agotarse en ella. De ahí el carácter dialéctico. Es un movimiento de tensión entre el "ya" y todavía "no". Cristo no remite todo a un más allá, asilado del más acá. Dios en Cristo ha irrumpido en la historia, la dirige y la empuja (Cullmann, 1968).

Cullmann se ha ganado el respeto de teólogos de las distintas ramas del cristianismo por su originalidad, pero no por sus argumentos. No todos están de acuerdo con su pensamiento escatológico, pero es imposible pasarlo por alto. Sus obras son referentes hasta hoy, principalmente Cristo y el Tiempo y Teología del Nuevo Testamento, porque presentan respuestas bien estructuradas, proporcionadas, claras y completas. Elabora una corriente escatológica en la que el tiempo cronos es eterno, concepción opuesta a las de Bultmann y Tillich con sus enfoques simbólicos, existencialistas, de eternidad sin tiempo. Se para firme sobre el terreno teológico escatológico. Edifica sobre los cimientos del realismo bíblico, de lo histórico salvífico, echados por teólogos del siglo XIX. Sostiene que la historia real, llena de contenido y continuidad progresiva es la que nos guía correctamente en el camino del entendimiento de lo escatológico. Cullmann contrapone el concepto bíblico del tiempo lineal al concepto del tiempo cíclico del pensamiento griego. Cree que los tiempos de los distintos eones son irrepetibles históricamente hablando. El tiempo antes de la creación ya pasó, ahora estamos en el tiempo entre la creación y la Segunda venida.

Él lo expresa así: "Fundamentándome en los textos del Nuevo Testamento, he declarado, sin equívoco posible, pero no en el sentido de Bultmann o de Schweitzer, sino en el de una perspectiva de historia de la salvación según la cual existe una tensión entre lo *ya cumplido* y lo *todavía inacabado*, entre el presente y el futuro" (Cullmann, 1968). De aquí la expresión que se ha hecho famosa y se repite como un estribillo en los ambientes de estudio teológico: "El ya, pero todavía no". Cullmann afirma que ya es el último tiempo, pero todavía no es el final. Ese pensamiento resume la concepción escatológica cullmanniana del tiempo lineal de la historia de la salvación que lo identifica en tres tiempos ascendentes:

a. El tiempo que precede a la creación, en el que la historia de la revelación ya está preparada en el plan divino y en el logos que está ya al lado de Dios.
b. El que se halla situado entre la creación y el fin del mundo, el *aión* o era presente.
c. El *aión* que viene, en el que se sitúan los acontecimientos finales y la Segunda venida, hacia la eternidad considerada como una sucesión de tiempo cronos a perpetuidad.

En la literal a., la creación no existe todavía, sino que solamente se prepara; en la literal c., la primera creación es sustituida por la nueva creación. Esa sucesión no puede efectuarse más que siguiendo el esquema de la línea recta continua del tiempo y no podría concordar con el dualismo del tiempo y de la eternidad intemporal (Cullmann, 1968).

Resumen de los tiempos, eras o *aiones*, como lo describe Cullmann:

Tiempo pasado: de la creación para atrás.
Tiempo presente: de la creación hasta la Segunda venida.
Tiempo futuro: de la Segunda venida en adelante.

Una de las bases exegéticas sobre la que se apoya para aseverar la forma lineal del tiempo es la palabra griega *aión*: "La mejor prueba es el hecho ya comprobado de que el término *aión*, que sirve para expresar la eternidad, es el mismo que el que designa un espacio de tiempo limitado. En otras palabras, la terminología no establece ninguna diferencia entre lo que llamamos la eternidad y lo que llamamos el tiempo; entre el tiempo que dura eternamente y el tiempo finito. La eternidad es la sucesión infinita de los *aiones*" (Cullmann, 1968).

Barth, Bultmann y Tillich, comprimen el contenido del mensaje escatológico a lo individual, existencial y simbólico, perdiéndose en aspectos puramente subjetivos; Cullmann parece ser que tropieza y cae en un reduccionismo cronológico, como lo afirman otros teólogos.

Una de las críticas más incisivas sobre la escatología de la historia de la salvación la expone Moltmann. Él razona que si el tiempo entre la batalla decisiva y el día de la victoria —Victory Day— es demasiado largo, entonces surgen dudas justificadas sobre si esa batalla ha sido la decisiva. Contradice a Cullmann con relación al origen judío del concepto lineal del tiempo. Moltmann expone que la idea del tiempo lineal no es una noción bíblica, sino una idea tomada de las modernas ciencias naturales, aunque ya se menciona en el libro *La Física de Aristóteles*. No obstante, hay autores que rechazan la afirmación de Moltmann en torno a la afirmación de que Aristóteles y las Ciencias Naturales originaron el concepto lineal del tiempo. Los griegos elaboraron su concepción a partir de los astros y sus rotaciones. Su creencia es que el tiempo es cíclico, no lineal. Mientras que, para los hebreos, el tiempo es una sucesión de hechos que apuntan hacia adelante, hacia un final: "la tradición judeo-cristiana introdujo en la cultura occidental una visión del tiempo que perdura hasta hoy en día. Los hebreos, a diferencia de los griegos, no derivaron su idea del tiempo de la observación de los astros. Tampoco consideraron lo temporal como una tragedia o desgracia. En el pensar hebreo tenía más importancia el acontecer y los sucesos que se iban dando frente a ellos. Se encontraban frente a una concepción lineal del tiempo y ante un principio y un final" (D. Barbero).

Moltmann agreta que, puesto que con esa idea científica se cuantifican los tiempos, resulta imposible cualificarlos desde el punto de vista de la historia de la salvación. La teología de la historia de la salvación, que se fundamenta en un plan salvífico de Dios y que ha sido programado previamente, es teología propia de la ilustración. No es sino un deísmo histórico, a Dios se le convierte en el relojero de la historia del mundo… asimismo, la reducción de la escatología al tiempo —en el marco de la historia de la salvación— suprime en el fondo la escatología y la somete al tiempo *cronos*, al poder de lo transitorio (Moltmann, 2004).

Pero Moltmann propone, no solo critica. Su propuesta bíblica se apoya en Pablo para afirmar que el tiempo *cronos* tiene un final y esto acontece en el "instante escatológico" descrito en 1 Co. 15:52: "En un instante, en un abrir y cerrar de ojos, al toque final de la trompeta. Pues sonará la trompeta y los muertos resucitarán con un cuerpo incorruptible y nosotros seremos transformados". Ese último tiempo es a la vez la presencia de la eternidad de todos los tiempos. También se apoya en Ap. 10:6: "Y juró por el que vive para siempre, el que hizo el cielo, la tierra, el mar y todas las cosas que hay en ellos. Dijo: ya no habrá más tiempo".

Teológicamente afirma que el contexto de esos *cronos* es "el tiempo de la historia", significa el tiempo de la creación. Por lo que la temporalidad, el tiempo *cronos*, inicia con la creación y finaliza con el instante teológico de la resurrección de los muertos.

En la propuesta de Cullmann es la eternidad que da un espacio a la temporalidad, el eterno Dios se manifiesta en el tiempo; en la propuesta de Moltmann es la temporalidad la que cede de nuevo ante la era *aiónica* de la eternidad. Así los planteamientos, la creación temporal será transformada en la nueva creación eterna.

Wolfhart Pannenberg (1928-2014)

Su obra teológica madura de escatología la condensa en el tomo III de su teología sistemática. Los aspectos resaltantes, que en ella recoge, son la identificación de los temas primarios de la escatología, que a su consideración son: la muerte y la resurrección; el reino de Dios y el final del tiempo; el juicio y el retorno de Cristo; la justificación de Dios por el Espíritu (Pannenberg, 2007).

En su recorrido histórico, él repasa las distintas perspectivas del pensamiento escatológico. Entra en un diálogo y en una discusión en donde señala los puntos débiles y reconoce las aportaciones de las posturas escatológicas a lo largo de la historia antigua, medieval, moderna y actual. Aborda los temas relevantes desde distintas aristas explicativas: histórica, critica, ética, filosófica, sociológica, pneumatológica y trinitaria (Pannenberg, 2007).

Su labor es loable y de grandes proporciones. Realiza una escatología acomodaticia a los desafíos de la segunda mitad del siglo XX y los inicios del siglo XXI. Sus grandes esfuerzos resultan en una teología filosófica, pues rescata algunos elementos de grandes filósofos que, a su criterio, ayudan a conformar algunos puntos de la teología escatológica cristiana. Por tanto, su escatología es una escatología impregnada de filosofía. Las fibras del iluminismo, racionalismo, existencialismo e idealismo se entretejen con sus propias fibras teológicas. Pero hay que reconocer con alta estima la recuperación del Espíritu en su escatología, abandonada casi por completo por la mayoría de las propuestas escatológicas. Reafirma el papel central del Jesús histórico, la historicidad de la resurrección de Jesús de Nazaret con un cuerpo glorificado, pero real, lo que Pablo llama paradójicamente un cuerpo espiritual: *soma pneumatikon* en griego. Y, contrariamente al pensamiento escatológico de Bultmann, Tillich y Pannenberg, reafirma la Segunda venida de manera real y necesaria para la consumación del reino, con cielos nuevos y tierra nueva.

Discrepo con Pannenberg en algunos puntos mezclados de escatología y filosofía, lo que resulta en una *escatofilosofía* (acuño este término que resulta de la mezcla de filosofía y la escatología). Es verdad que conceptos, palabras, e imágenes de origen griego ayudan a explicar mejor la doctrina teológica. El problema es cuando definimos filosóficamente aspectos teológicos.

La filosofía y la teología, en varios semblantes, son totalmente opuestas. Heidegger uno de los más grandes filósofos afirma, con honestidad intelectual, que el proceder de la ciencia y de la filosofía en contraste con la teología es distinto en cuanto a la forma de obtener conocimiento: "El preguntar es propio de la filosofía y el creer es propio de la teología, estas son dos actitudes irreconciliables que se excluyen mutuamente". La otra afirmación —una piedra fundamental de la razón de ser de la filosofía— de Heidegger: ¿por qué razón hay algo y no más bien nada? No tiene nada que ver con la razón de ser de la teología, la revelación y la fe, pues el creyente tiene ya la respuesta a tal pregunta (Alfaro, 1985).

Jürgen Moltmann (1926-2021, 95 años al presente)

El pensamiento escatológico del Moltmann es rico, variado y complejo, se configura sobre varias aristas. Comienza con un recomponer el lugar de la escatología, la trae del último lugar y la sienta en primera fila. Luego despega con su escatología, con su reconocida teología de la esperanza y de la gloria, que incluye el enfoque escatológico de la misión de la Iglesia. Establece las bases de su escatología con su obra "El Dios crucificado", con su muerte y su resurrección avanza con su enfoque trinitario escatológico; también aborda la escatología política y cósmica; la justicia y la praxis de la liberación unidas al futuro de la creación en el contexto escatológico, incluye un diálogo con la escatología judía.

Afirma que, la solución para que la teología sea bien recibida por el hombre moderno hay que darle a conocer la escatología como una realidad destacada que responde a las necesidades e incertidumbres de los seres humanos. En palabras de Cordovilla: "…Si el mundo moderno tiene una comprensión evolutiva y su experiencia es la de un mundo e historia humana en progreso y en constante cambio, la fe cristiana confiesa a un Dios del futuro que abre a la historia a una perenne novedad. La fe cristiana, en este sentido, no es retrógrada ni tradicional, sino que está comprometida con el trabajo de los hombres en la construcción de una nueva humanidad o una humanidad nueva" (Cordovilla, 2010).

Las obras de Moltmann, de corte escatológico, son cuatro: teología de la esperanza, el futuro de la creación, el Dios crucificado y la venida de Dios. Es en ellas que pone de relieve que toda la teología cristiana tiene una dimensión escatológica.

Al realizar un balance de su escatología encuentro que este teólogo luterano alemán realiza grandes aciertos y pequeños traspiés. Dentro de los aciertos, afirmo que recupera a la escatología del estado de pasividad e inanición en que se encontraba. Desata a la escatología y la saca del laberinto sin vitalidad. La alimenta y la pone al día como una posibilidad atractiva para el mundo moderno. Provee esperanza con su "Teología de la esperanza" al mundo desconsolado, gobernado por la desesperación de la época de la posguerra. Convierte la virtud bíblica y teológica y la centralidad de la revelación cristiana en el punto de concentración y expansión de su teología. Reivindica las doctrinas de la dialéctica de la cruz y la resurrección que nutren su teología de la esperanza.

Conecta su teología escatológica con un compromiso social para la transformación de la situación de opresión de los pobres y los marginados. En ese giro escatológico, nace el proyecto de su teología política que conecta con la teología de la liberación y otras similares.

Con su reconfiguración teológica da consuelo para el presente y esperanza para el futuro al identificar el "Dios crucificado" que padeció el dolor de la creación y el mismo sufrimiento de los seres humanos, cargando con los pecados de todos, con el Cristo resucitado que vendrá a realizar definitivamente la historia en la nueva creación de los nuevos cielos y la nueva tierra que los cristianos anhelamos. El Dios justo y misericordioso que realiza justicia para los que sobrellevan la violencia; es el mismo que ha resucitado al Cristo crucificado y el que da esperanza para los discípulos, los apóstoles, la Iglesia primitiva, la Iglesia que ha vivido en cada época de la historia y a todos los que creemos en Jesucristo y su Segunda venida.

Por otra parte, estoy de acuerdo con Roldán en que Moltmann realiza una escatología ecléctica que procura integrar varios elementos para forjar una teología que responda a un mundo agobiado por los graves problemas de diversa índole, a la espera del retorno del Señor: "Desarrolla una teología integral que responde a los acuciantes problemas de este mundo amenazado, a la espera de la venida gloriosa de Cristo y la plenitud del reino de Dios en cielos nuevos y tierra nueva cuando, según la perspectiva paulina, Dios será todo en todos… Se trata de una escatología comprometida con el mundo y un proyecto serio de la hermenéutica de Jürgen Moltmann: escatología de la esperanza y la gloria" (Roldán, 2020).

Pero la escatología de Moltmann no está exenta de tropezones. Algunos teólogos le achacan el realizar un giro hacia una escatología política que la reduce a un compromiso político intramundano; donde la mezcla de teología y política resulta tóxica, en alguna medida. Creo que hay parte de verdad en ello. Mezclar teología y utopía política en la justa proporción es difícil. El problema es que la esperanza cristiana corre el riesgo de perder su fuerza. Tampoco a la política le conviene impregnarse de teología porque provocaría repulsa por la naturaleza de ambas. Es claro que la teología no puede ignorar algunos aspectos políticos que merecen ser analizados desde la perspectiva escatológica y apocalíptica. El acercamiento sin límites de la escatología a la política y viceversa cae en un concubinato que degenera en cesaropapismo y papocesarismo solapados en algunos casos y abiertos en otros. El cesaropapismo es el fenómeno en el cual el César, el emperador, domina, dirige y dicta los lineamientos religiosos y doctrinas que le corresponden autorizar al papa. Papocesarismo es el fenómeno en el que el papa se inmiscuye, dominando, dictando asuntos que le corresponden al emperador.

La historia de la Iglesia y de la teología da testimonio de ellos. "Demos al César lo que es del César y a Dios lo que es de Dios".

Otro punto. En mi opinión, su escatología, posee un ligero rasgo de universalismo. Ello conllevaría a invalidar el ministerio de la proclamación, el evangelismo, el llamado a la conversión, el nacer de nuevo, la enseñanza y el discipulado. Se alejaría de la doctrina de la retribución de los impíos y las recompensas de los fieles. Según Moltmann, la muerte, la crucifixión y la resurrección de Cristo hacen posible que todas las cosas sean hechas nuevas, incluyendo a todos los seres humanos, los seres vivos, sin distingo de nada, participarán de la vida eterna y la gloria de Dios. Pero esa postura no tiene suficiente fundamento en la Escritura.

Tampoco es de rasgarse las vestiduras. Es normal que toda teología y toda escatología sea objeto de crítica. La razón es que toda teología es falible por ser una producción humana que tiene puntos ciegos. Reitero que Moltmann ha servido un variado, extenso y rico contenido escatológico que ayuda a comprender mejor los rastros de la escatología. Los pequeños desenfoques que otros han señalado, sumados a los que observo, no minan su riqueza escatológica. En mi opinión, es una de las mejores propuestas escatológicas de todos los tiempos.

Posturas escatológicas históricas en torno al milenio

Existen dos grandes respuestas para explicar las doctrinas del milenio: el milenarismo como tal, con sus varias ramificaciones, y el amilenialismo.

Puede ver cada uno de ellos en la letra correspondiente:

Amilenarismo
Milenarismo o quiliasmo
Posmilenarismo
Premilenarismo, medio tribulación, dispensacional.
Premilenarismo, postribulación, postura histórica.
Premilenarismo, pretribulacional, dispensacional.

ESCATOLOGÍA AXIOLÓGICA

Escatología axiológica es el nombre que Paul Althaus designó a la escatología que Karl Barth llamó escatología trascendental de la eternidad. Su escatología axiológica la plasmó en su libro "Las últimas cosas" publicado en 1922, influenciado por el término kantiano de valor axiomático. Althaus lo asocia y explica que esa verdad surge cuando en medio de la vida se encuentra la norma y, por cierto, la norma absoluta. Entonces sale al encuentro lo eterno como incondicionado en lo condicional y lo que es más allá de la historia en medio de la historia. Para Althaus, el *éschaton* es la eternidad, la consumación, la venida de Cristo y están más allá del tiempo, no entra en el tiempo. Cree que la resurrección de los muertos, la Segunda venida de Cristo y el juicio final, no son eventos que ocurren al fin de la historia, sino suceden concurrentemente en la historia. Así, cada generación es confrontada con el cristianismo escatológico, no solo la última generación antes del retorno de Cristo. Otra de sus afirmaciones centrales es que "el fruto de la historia no reside en su estado final temporal, sino que se obtendrá en el más allá de la historia... las últimas cosas no tienen nada que ver con la última época de la historia. La escatología no se halla interesada en la cuestión de un estado final de la historia", "...Eso quiere decir que, así como todo el tiempo igualmente está cerca del estado original y de la caída en el pecado, así también todo tiempo se halla igualmente inmediato con respecto a la consumación, en ese sentido, cada tiempo es el último tiempo" (Moltmann, La Venida, 2004).

Pienso que esta teología está calada por la filosofía y que el resultado de sus planteamientos es una perspectiva desde el antropologismo filosófico individualista. En esa dirección, las conocidas y anunciadas doctrinas de resurrección de los muertos y la Segunda venida de Cristo se reducen a la vida que se vive en cada regeneración, en cada tiempo de manera individual.

Aunque esta postura escatológica tiene algunos elementos de verdad, sus fallos son evidentes (Gálvez).

ESCATOLOGÍA BÍBLICA CRISTIANA

La escatología bíblica cristiana se identifica con aquellas enseñanzas que giran alrededor de Cristo, el *éschaton*, en el Nuevo Testamento y aquellas profecías del Antiguo Testamento que apuntan hacia él; incluye los eventos de las realidades últimas del hombre, del mundo, la Segunda venida y todos los eventos escatológicos que se derivan de esta. Y no se ocupa con gran extensión de la mayor parte de la apocalíptica que se centra en las señales, conmociones cósmicas, bestias, números, imágenes y demás cuestiones apocalípticas.

Por tanto, no abordo este capítulo desde el punto de vista estricto de "la doctrina acerca de las últimas cosas" o "del fin de las últimas cosas". Pues pensar así es enfocarse en el sentido apocalíptico y no escatológico, pero eso no significa alejarse del entendimiento de la escatología en sentido cristiano. Sí trato los pocos temas apocalípticos que registran los evangelios, las cartas, y los temas más importantes del libro de Apocalipsis.

La escatología se relaciona con el último día, con la última palabra de victoria, con la última acción de Dios en Cristo quien tiene siempre la última palabra; pero sin dejar de vivir el *mientras tanto* aquí en la tierra con esperanza, justicia, amor y "no echar a perder el gusto por las penúltimas cosas por causa de las últimas cosas apocalípticas", como dice Moltmann.

Fundamentos de la escatología
Cristo es el fundamento central de la escatología

Toda la escatología se agrupa y se expande en Cristo quien es el basamento principal, por ello, la escatología es cristología. Pero esta se expande específicamente por medio de la muerte redentora y la resurrección justificadora de Cristo que están en el origen del acontecimiento escatológico y dan el lado orientador de la doctrina, la fe y la vida escatológica. En la Escritura, se observa que Jesucristo se enmarca en un contexto de expectativas mesiánicas. Es el reino de Dios que en su tensión presente-futuro está en el centro de la predicación de Jesús y conforma su vida, su actuar. Moltmann ve que Jesús introduce el futuro de esperanza en su primera venida con su vida y su obra: "El decisivo carácter escatológico de Jesús significa que con él ya ha sido introducido en el mundo el futuro de Dios... la escatología cristiana arranca hablando de Jesucristo y el futuro de este. La escatología se funda en una persona y en su historia: la historia de Jesucristo, todos sus enunciados acerca del futuro representan la piedra de toque de los espíritus escatológicos y utópicos" (Moltmann, 1981).

De igual manera, V. Balthasar destaca que la escatología cristiana tiene un fundamento cristológico: "Los *éschata* han de entenderse de un modo totalmente cristológico" y el objeto de la escatología es parte integrante de la obediencia de la fe a Cristo. La muerte y la resurrección en el origen del acontecimiento escatológico, son el dato orientado de la doctrina y vida escatológica (Von Balthasar, 1964).

Es comprensible entonces que la muerte y, especialmente, la resurrección de Cristo son las únicas que le dan sentido y razón de ser a la Escatología Cristiana. Si estas no hubieran ocurrido, vana sería nuestra fe, afirma Pablo. De nada serviría hablar, especular, de lo que acontece al hombre despúes de la muerte, o si hay vida después de la muerte y qué acontecería a todo lo creado en determinado momento si no tuviéramos los cristianos un anticipo escatológico en la resurrección de Cristo; no tendríamos una esperanza real. Pero Cristo es nuestra esperanza de gloria (Col. 1:27).

Las Sagradas Escrituras, otro fundamento esencial

Toda escatología cristiana se fondea sobre las Sagradas Escritura, pues ellas dan testimonio de Jesucristo y del plan de salvación del Dios creador que se cumple en la obra de Cristo: su nacimiento, su vida, su carácter, su enseñanza, su muerte, su sepultura y su resurrección. Jesús dijo: "Ellas son las que dan testimonio de mí". Sin la Escritura no sabríamos nada acerca de la creación del hombre, del pecado, de la misericordia de Dios, de las profecías concernientes al Mesías y su magna obra.

Con razón Grau afirma la necesidad de que la Escatología parta de la Biblia: "Creemos que solo puede haber escatología bíblica, porque solo en la relación bíblica se nos ofrece el concepto adecuado del tiempo como dinamismo histórico que se dirige a una meta, que puede trazar planes para un futuro, que puede en cierta medida colaborar a la realización de dicho futuro, todo lo cual contrasta con la idea pagana de ciclos eternos e incesantemente repetidos... como círculos cerrados de los que es imposible escapar; inflexibles, cruelmente rutinarios y siempre los mismos..." (Grau, 1990).

La Biblia enseña que el tiempo transcurre de manera lineal hacia un desenlace en el que a los creyentes se nos concede la esperanza de una consumación feliz. Cobra fuerza y sentido de verdad el testimonio de la resurrección de Cristo porque en ella queda un anticipo de lo que acontecerá a la Iglesia y a todos los creyentes, esa es la garantía de nuestra esperanza basada en la Palabra de Dios escrita.

Germen de la escatología en el Antiguo Testamento

Distinción entre profecías mesiánicas y escatológicas

Realizar una distinción entre las profecías sobre el Israel pre y postexílico, el advenimiento del Mesías y las que ocurrirán en la Segunda venida, es una ventana que ilumina la correcta interpretación de lo eminentemente escatológico anunciado en el Antiguo Testamento. Pero esa tarea no es fácil. Si no se pone bien los pies sobre la exégesis se resbala en la pendiente de la imprecisión y se confunde a qué eventos, circunstancias o personajes corresponden las profecías. Uno de los desafíos frecuentes en las profecías es el hecho de que en un mismo versículo, versículos o capítulos se encuentran unidas distintas clases de profecías.

ESCATOLOGÍA CONSECUENTE O CONSISTENTE

Albert Schweitzer (1875-1965), es reconocido como el forjador de la escatología consecuente debido a su creativa perspectiva escatológica de Jesús. Uno de sus argumentos céntricos es que Cristo no estaba persuadido del próximo fin del mundo, pero que sus discípulos le imputaron esa convicción. Deduce que sería irrazonable que los discípulos pusieran en labios de Jesús una profecía no cumplida. Schweitzer se preguntaba ¿si la profecía del próximo final del mundo no se había cumplido, entonces por qué los discípulos la relatan en los evangelios? Y él responde: la única razón posible es que es auténtica. Así las presunciones, Jesús estaba convencido de que el mundo iba a terminar pronto. Sobre esa base, Schweitzer comienza la reconstrucción de la vida de Jesús en su obra "Historia de la investigación sobre la vida de Jesús", reeditada en 1913. En ella afirma la dificultad de reconstruir la vida histórica de Jesús, pese a todo, intenta reconstruirla de alguna manera.

Los opositores de Schweitzer afirman que él fue voluble con los resultados de su propia investigación. Esto porque, aunque reconoció la influencia escatológica del mensaje neotestamentario, no descubrió allí mismo la clave psicológica para explicar la vida de Cristo. Schweitzer considera a Jesús como un fanático que vivía obsesionado con el final de los tiempos y enfocaba todos los sucesos históricos sobre el eje del próximo fin. Expresa que Cristo se conocía a sí mismo como el "ungido escogido" y que se transformaría en el momento de la Venida en el "hijo del hombre" establecido sobre las nubes del cielo.

Según Schweitzer, el gran desengaño de Cristo sería el haber anunciado la venida en la cual puso toda su esperanza y que finalmente no ocurrió. Se apoya equivocadamente en el pasaje de la misión de los discípulos (Mt. 10:23), en la que cree que Cristo esperaba que ellos no volvieran porque habría llegado el fin del mundo. Y así, Schweitzer sigue construyendo argumentos sobre tela de araña al afirmar que Cristo al verse desilusionado en su esperanza tomó la decisión de apresurar su muerte para obligar la venida del reino de Dios. Este último pensamiento está íntimamente ligado a la interpretación que Schweitzer otorga a la moral de Jesús como la piedra angular de la preparación al reino de Dios. Pese a que Jesús testificara que este había de llegar por sí mismo, él erradamente creía que solo entrarían en el reino los que realizaban penitencias alcanzando méritos y que, por eso, Cristo asumió la muerte "representativa" con el fin de suplir la penitencia que faltaba en los demás hombres, forzando así la venida del reino.

Pero la muerte trágica de Cristo en la cruz junto al hecho de que el mundo prosiguiera su curso, ha refutado definitivamente, a juicio de Schweitzer, los sueños escatológicos de Cristo. En el fondo, Schweitzer tampoco se mantiene fiel a su escatologismo radical: en obras posteriores, concede menor importancia a la escatología neotestamentaria y valora positivamente el espíritu de Cristo. Schweitzer comparte concretamente la ética del amor, que en Cristo ha tomado la forma de "respeto a la vida", poniendo como supremo principio moral la obligación de conservar y fomentar la vida, conduciéndola hacia sus supremas realizaciones (La mística del apóstol Pablo, 1930).

La escatología consecuente afirma que Jesús fue un predicador del Tiempo-Fin, que él mismo esperaba una incursión temprana y súbita del reino de Dios que terminaría con el orden histórico presente. Además, que la ética que él enseñó es llamada la ética interina porque se aplica a ese breve período cuando esperamos el fin de todas las cosas.

En ese sentido, Gabas declara que Jesús fue una figura apocalíptica que anticipó el fin del mundo presente y el arribo del reino escatológico de Dios en un futuro cercano. Esta expectativa condiciona toda la predicación y la concepción de Jesús acerca de su misión. Gabas afirma que la comunidad primitiva continuó la misma esperanza después de la muerte de Jesús, sin embargo, Schweitzer declaró que tanto Jesús como la Iglesia primitiva erraron como lo demostró la historia consecuente (Gabas).

Creo que Schweitzer elabora una de las escatologías más extrañas que hay, en la que presenta a un Jesús desquiciado, fanático y obsesionado con el fin de los tiempos, a tal punto que tiene que ser orientado por sus propios discípulos. Lo retrata, además, como un falso profeta que anuncia la venida del reino y no ocurre. Schweitzer asegura que Jesús, ante su propia frustración, manipula y acelera su muerte en la cruz, para precipitar la venida del reino de Dios. Y el hecho de que el mundo continuó después de la muerte de Jesús, confirma la refutación de los sueños escatológicos frustrados de Jesús.

Me parece que esta es una de las posturas más creativas y, al mismo tiempo, más desorientadas que existen. Creo que la originalidad de sus ocurrencias y el valor de presentarlas con razonamientos atractivos, pero engañosos, le valió para que pasara a formar parte de las escatologías en la historia.

ESCATOLOGÍA DE LA CREACIÓN

Las bases de la doctrina de la creación primera son un vasto e incomprensible misterio para la mente del hombre. Es una verdad dada a conocer por Dios mismo por medio de la revelación especial en ambos testamentos. Rodman la define así: "la creación del universo es traída a la existencia por Dios por su sola palabra, a partir de la nada. La creación es un llamado a la existencia de lo que no existía antes" (W. Rodman, 1992). La creación es un acto visible extraordinario de la gloria y el poder de Dios que lo aceptamos por la fe: "Por la fe entendemos que Dios creó el universo por medio de su palabra, de modo que lo que ahora vemos fue hecho de lo que no se veía" (He. 11:3). Y es a partir de esta creación "buena", que luego fue afectada por el pecado, que ocurrirá la transición a la nueva creación, en el instante escatológico.

Moltmann define las bases de la escatología de la creación como la transición de la creación temporal a la nueva creación de un cosmos deificado o glorificado. Se fundamenta en el capítulo 21 del libro de Apocalipsis (Moltmann, 2004).

ESCATOLOGÍA DE LA NUEVA CREACIÓN DE TODAS LAS COSAS

Esta es una de las doctrinas centrales de la escatología. Posee la singularidad definitiva de la historia de Cristo, que se expresa en el "de una vez por todas" escrito por Pablo en Ro. 6:10: "Porque en cuanto murió, al pecado murió de una vez por todas; más en cuanto vive, para Dios vive". Esta verdad descarta la idea del eterno retorno de lo mismo.

Moltmann expone que, para mantener esta finalidad en la cosmología, tiene que experimentarse tanto en sentido individual como en sentido cósmico un valor añadido, por el pecado que excluye la siguiente caída en el pecado después de la redención de la creación. Si esto es así, entonces la esperanza fundamentada en la experiencia de la liberación no se orienta hacia la restauración de la creación original creada de la nada, sino hacia su definitiva consumación que ocurre en la nueva creación a partir de la vieja creación, *ex vetere*: es decir, que Dios crea a partir de lo viejo. En otras palabras, Dios redime a las personas humanas y a toda la creación. Esto es lo que significa la profecía en Apocalipsis, cuando Dios crea un cielo nuevo y una tierra nueva. A través del amor redentor de Dios, los pecadores se transforman en nuevas criaturas. Son resucitados a la vida eterna por medio del poder del amor inquebrantable de Dios (Moltmann).

Según Moltmann, la meta de la escatología es precisamente llegar a la consumación en la que se dice "he aquí que hago todas las cosas nuevas", nuevos cielos y nueva tierra, un nuevo cosmos, en los cuales el Señor dice "yo soy su Dios, habito en ustedes, con ustedes, y ustedes son mi pueblo". Ello conduce a la consumación de la creación, más allá de la redención que libra del pecado. La escatología cristiana abarca tanto lo cósmico, que incluye la redención del mundo, como la creación. Él redimirá todo lo creado: el ser humano, la tierra, el universo, y él así se convertirá el todo en todo: "Y cuando todo haya quedado sometido a Cristo, entonces Cristo mismo, que es el Hijo, se someterá a Dios, que es quien sometió a él todas las cosas. Así, Dios será todo en todo" (1 Co. 15:28).

Moltmann pregunta ¿qué es lo que diferencia el primer cielo y la primera tierra, de la nueva creación del cielo nuevo y la tierra nueva? A lo cual responde: la diferencia es la presencia activa e íntima del creador con sus criaturas. En la creación de Gn. 2, la presencia, el reposo del creador la lleva a cabo el Shabat. Dios bendice todas las obras de su creación descansando en ellas al séptimo día, y todas las criaturas están creadas para esa fiesta del Señor. Pero la nueva creación es hecha para que sea acogida la nueva Jerusalén, y se convierta en el hogar de la gloria de Dios (Is. 65; Ez. 37; Ap. 21). El Señor en la primera creación quiso habitar en el monte de Sión, la Jerusalén terrenal, pero en la nueva creación habitará en la nueva Jerusalén celestial: "¡El Señor ha escogido el monte Sión! ¡Lo ha elegido para vivir allí!" (Sal. 132:13), (Moltmann).

Apocalipsis dice que en la nueva creación el Señor habitará con su Iglesia y menciona específicamente que será en la nueva Jerusalén: "² Y vi la ciudad santa, la nueva Jerusalén, que descendía del cielo, de Dios, preparada como una novia ataviada para su esposo, ³ entonces oí una gran voz que decía desde el trono: el tabernáculo de Dios está entre los hombres, y Él habitará entre ellos y ellos serán su pueblo, y Dios mismo estará entre ellos" (Ap. 21:2-3).

Es sorprendente el amor de Dios y su insistencia de habitar entre su pueblo. Él quiso desde el principio habitar siempre junto a su pueblo, lo expresó primeramente al pueblo de Israel diciéndole "yo seré su Dios y ustedes serán mi pueblo y habitaré entre ustedes" (Lv. 26:12), su presencia los acompañó durante la travesía en el desierto hasta llegar a la tierra prometida y permaneció con ellos. Luego anunció por medio del profeta Isaías (Is. 7:14) cómo viviría entre su pueblo, y el Evangelio de Mateo (Mt. 1:23) describe ese cumplimiento de manera radical, esa maravillosa presencia junto a su pueblo en la encarnación de su hijo "Y le llamarás su nombre Emanuel, que traducido es: Dios con nosotros". Es extraordinario que el Dios hecho hombre habitara físicamente con el pueblo de Israel y la incipiente iglesia, pero esa progresión escatológica alcanza el culmen aquí en la tierra cuando el Señor declara a todos los creyentes de todas las épocas y naciones: "Ustedes son templo del Dios viviente", "Ustedes son templo del Espíritu", de esa manera Dios va con nosotros y en nosotros los cristianos todos los días de nuestra vida. Más, así, el cumplimiento definitivo y eterno será en la nueva creación de todas las cosas.

Pero todo ello es posible por Jesucristo, a través de su ministerio, muerte y resurrección, preparando así el camino para el "he aquí hago nuevas las cosas" de la consumación. Cristo no arregló el viejo pacto, ni lo restauró, por ello lo sustituyó por el Nuevo Pacto en su sangre, e introdujo un nuevo corazón, un nuevo nacimiento, una nueva adoración, una nueva humanidad y el nuevo hombre, todo como un anticipo escatológico de lo nuevo y eterno que vendrá.

En la primera creación, en el cumplimiento del tiempo, Dios se hace hombre en Jesús de Nazaret, es la encarnación de Dios, la gloria de Dios viene a su pueblo en el Emanuel, como lo expresé, en el Hijo del Hombre y en el crucificado. Pero el Cristo resucitado habla ya del cumplimiento del tiempo en la nueva creación en la que el Cordero será la lumbrera, en la nueva Jerusalén, en la cual habitará el Dios trino y se hallará presente de manera específica y universal, con su amada Iglesia, con su nuevo pueblo en plena unión por la eternidad (ver **Cielo nuevo y tierra nueva**).

ESCATOLOGÍA DEL DIOS QUE VIENE

El autor de la *escatología del Dios que viene* es J. Moltmann. Las raíces de esa perspectiva escatológica yacen en su magna obra "Teología de la esperanza". Se establece sobre la plataforma del concepto del futuro que impide que la historia empape toda escatología y que la eternidad aniquile toda historia. Para Moltmann el *éschaton* es el futuro y la llegada de Dios, no el futuro del tiempo, tampoco la eternidad sin tiempo.

Desde el punto de vista exegético se apoya en Ap. 1:4a: "Yo, Juan, escribo a las siete iglesias que están en la provincia de Asia: Gracia y paz a ustedes de parte de aquel que *es* y que *era* y que *ha de venir...*".

Él explica este texto así: "Esperaríamos que se dijera y *del que será* porque, según el griego, la presencia de Dios en los tres modos de tiempo es expresión de su eternidad atemporal y simultánea, pero en el texto citado en vez del futuro del verbo ser se emplea el futuro del verbo venir. El concepto del tiempo lineal se interrumpe en el tercer miembro. Esto tiene considerable importancia para la comprensión de Dios y el tiempo, el futuro de Dios no es que él será al igual que él era y que él es, sino que él está en movimiento y llega al mundo, el ser Dios está en el venir... Dios por medio de sus promesas y de su espíritu que preceden a su venida y la anuncian, sitúa ya ahora el presente y el pasado a la luz de su llegada escatológica que consiste en la instauración de su reino eterno y en su inhabilitación en la creación renovada con este fin. Con la venida de Dios viene un ser que ya no muere y un tiempo que ya no pasa, llegan vida eterna y tiempo eterno" (Moltmann).

Moltmann propone en su *escatología del Dios que viene* el concepto latino del adviento en lugar de concepto latino futuro. La razón es que el adviento refleja el sentido del término griego *parusía* comprendida en la mentalidad de los profetas y los apóstoles que lo asocian con esperanza. Afirma que la expectación de la *parusía* es esperanza de adviento y que en ninguna parte del Nuevo Testamento se entiende la parusía como presencia pasada de Cristo en la carne o en la presencia actual de Cristo en la dimensión espiritual. Se entiende la presencia de Cristo como el que viene en gloria. Con estas defensas rechaza la tradición que moldeó la creencia de que había tres parusías: en la carne, en el espíritu y en la gloria, con el propósito de abatir el concepto correcto de adviento. Se apoya también en Lutero que tradujo correctamente al escribir: la futura venida de Cristo en lugar de la futura presencia de Cristo, en cuanto que la presencia de Cristo siempre ha estado desde la encarnación, la resurrección (Moltmann, La Venida, 2004).

Así y todo, él afirma que con la venida futura de Dios en Cristo se consumará la vida eterna, los cielos nuevos y tierra nueva, la glorificación plena de Dios con el festejo eterno de los suyos en la nueva Jerusalén.

ESCATOLOGÍA EN LA DIMENSIÓN ANTROPOLÓGICA

La escatología con todos sus temas es para la gloria de Dios en Jesucristo, pero en función antropológica. Esa es la grandeza de nuestro Dios y Padre que, siendo omnipotente, omnisciente, omnipresente, omniabarcante, omnividente y omniescuchante; se humilló, tomó forma de esclavo y se hizo encontradizo para realizar una alianza de amor incondicional con su criatura limitada, finita, pequeña, pecadora y frágil. Es inexplicable que Dios se hiciera hombre para venir a buscar y a salvar a los perdidos. Es incomprensible que su amor llegue al sacrificio extremo de la encarnación, la humillación, haciéndose semejante a los hombres y morir sustitutivamente en la muerte de cruz. El Dios trino es Dios sin nosotros, pero él quiere ser "Dios con nosotros", creándonos, perdonándonos, salvándonos, acompañándonos y compartiendo su reino con nosotros. "Oh profundidad de las riquezas de Dios", "Cuan insondables son sus juicios e inescrutables sus caminos".

La escatología cristiana aborda los aspectos antropológicos trascendentales: la vida física, la justicia, el cuerpo humano, la muerte, la vida después de la muerte, la resurrección de los muertos, el juicio, las recompensas, la vida eterna, los cielos nuevos y tierra nueva, todo ello en función antropológica y para la gloria de Dios.

ESCATOLOGÍA EN LA DIMENSIÓN BÍBLICA

La Biblia es por excelencia la fuente del conocimiento teológico y, por lo tanto, escatológico. Es la norma suprema de la verdad cristiana y la autoridad de la fe. Es la que contiene de forma suficiente el mensaje divino a los hombres. Suficiencia, evidencia y autoridad de la Sagrada Escritura se implican mutuamente, pues solo por medio de ella se llega al conocimiento de la profecía y su cumplimiento en Cristo el Mesías, el crucificado, resucitado y el que ha de venir. Es el único documento que lleva a los testimonios de la revelación de Dios en el Antiguo y Nuevo Testamentos. En ella, se conjugan la revelación, la fe, la esperanza, el testimonio de Jesucristo, los apóstoles y los profetas (Gómez-Heras, 1972). Así, la escatología debe extraer de la Biblia las verdades sobre los eventos anunciados y cumplidos, como los que han de cumplirse en el "gran día del Señor".

El escatólogo obtiene las verdades y pensamientos de la Escritura como el que extrae oro de la mina. No las busca en las tradiciones, en los documentos paganos, ni en la especulación filosófica, en las futurologías, ni las apocalípticas seculares. Se aferra al texto bíblico como el bastión de la revelación, la teología y la profecía (Hoff, 2005). De manera ineludible, la escatología tiene que erigirse sobre el conocimiento de la Biblia en su carácter normativo.

ESCATOLOGÍA EN LA DIMENSIÓN CRISTOLÓGICA

Sin Jesucristo no habría escatología, él es el *éschaton*. No existe asidero alguno que le dé sentido a la profecía cristiana y a la existencia humana sin Cristo, quien es "el único mediador entre Dios y los hombres", por ser el Dios hecho hombre. Él es el actor principal en el escenario de la salvación presente y eterna, a través de su muerte y resurrección. Cristo es el punto focal de la máxima revelación de Dios, el logos divino y "la humanidad de Dios". Es el multimodelo donde convergen y se difunden los presupuestos cardinales de la teología, la escatología y la fe cristiana. Él es el modelo de obediencia para la misión de la Iglesia y la consumación del conocimiento de Dios, por ello, la escatología es cristología aplicada. El principio constitutivo y diferenciador de la escatología cristiana es la identificación de Dios con Cristo. Jesucristo es la encarnación de Dios entre los hombres, es el revelador del Padre, Él es "el camino, la verdad y la vida" en el plan de salvación, Él es alfa y la omega, Él es el centro de la profecía. En los evangelios hay más de treinta instrucciones específicas que Jesús de Nazaret, el Cristo, vino a cumplir la profecía mesiánica en el plan de salvación de Dios a los hombres y el modelo para la misión de su Iglesia, reafirmando así la importancia de la cristología en la teología, la escatología y la misión. Por su sacrificio perfecto, es quien hace posible la reconciliación, la redención, la santificación, la transformación y la glorificación. Con su Segunda venida acontecerá el nuevo comienzo, la nueva creación de todas las cosas, la glorificación de Dios y su Iglesia en unión eterna en gozo y deleite sin fin (Gálvez, 2015).

ESCATOLOGÍA EN LA DIMENSIÓN ECLESIOLÓGICA

Uno de los teólogos que más ha insistido en que la teología nace, se hace en la Iglesia y desde la Iglesia es Barth. De manera implícita, la escatología cristiana no puede ser fraguada fuera de la Iglesia, sino dentro de ella para testimonio al mundo. "Cuando la teología se confronta con la palabra de Dios y con sus testigos descubre que su lugar más propio es la comunidad, y no un lugar determinado en el espacio abstracto. El término comunidad es adecuado ya que desde un punto de vista teológico resulta conveniente evitar en la medida de lo posible, por no decir totalmente, el término Iglesia. En todo caso, este último término, oscuro y sobrecargado de sentidos, debe ser interpretado de manera inmediata y consecuente por el término comunidad" (Barth, Ensayos, 1978).

Otros teólogos de gran talla como E. Brunner, W. Trillhaas y H. Fritzsche coinciden en que la teología es esencialmente función de la Iglesia y que el teólogo la práctica únicamente así: "Como miembro de la Iglesia, con la conciencia de una tarea de la Iglesia y de un servicio a la Iglesia". Moltmann va en la línea de que la teología debe ser eclesiología, pero hace la salvedad que tampoco debe quedar sujeta a fuerzas singulares o grupos de poder dentro de la misma Iglesia: "La teología es tarea de toda la cristiandad y no solamente una tarea reservada a unos especialistas... pero ello no quiere decir que deba estar sometida a ciertas fuerzas predominantes de la Iglesia. La teología cristiana conlleva una responsabilidad para con los hombres dentro del mundo" (Moltmann, ¿Qué es teología? 1992). La escatología por extensión debe ser eclesiológica en cuanto que allí se forja, se enseña, se vive, se da testimonio y se anuncia.

ESCATOLOGÍA EN LA DIMENSIÓN PNEUMATOLÓGICA

La dimensión pneumatológica es sorprendentemente escasa en los libros y tratados de escatología. Muy poco se ha escrito sobre la misión del Espíritu en la escatología, pese a que su acción está presente en toda la Escritura y participa en los eventos escatológicos. En las teologías sistemáticas y los libros la pneumatología no se encuentra una exposición sobre la misión del Espíritu pese a que es clara, por cuanto Cristo mismo anuncia "Pero el Consolador, el Espíritu Santo que el Padre enviará en mi nombre, él les enseñará todas las cosas y les hará recordar todo lo que yo les he dicho" (Jn. 14:26), esa declaración resalta la misión del Espíritu. Y hay otros varios pasajes relacionados con dicha misión: Lc. 4:18; Jn. 14:16-17, 15:26, 16:7-8, 11, 13, 14; Hch. 1:5, 8. La obra y el poder del Espíritu en la consumación escatológica de cada creyente y de la creación misma es testificada en la enseñanza de Pablo: Ro. 7:6, 8:2; 1 Co. 2:10, 6:19, 12:7, 11; 2 Co. 3:13, 17; Gá. 5:16, 22-23; 2 Ts. 3:13. Y en general, la pneumatología está ausente en la mayoría de los escritos escatológicos, si acaso está, es corta y tímidamente abordada (Gálvez, 2009).

El Espíritu está presente y activo desde la creación de los cielos y la tierra. Participa en la historia narrada en el Antiguo Testamento, en el engendramiento de Cristo, el ungimiento de Jesús para el ministerio, la resurrección de Cristo. Tendrá parte en la vivificación de los creyentes y en la transformación del universo, participará de manera activa en la nueva Jerusalén y los cielos nuevos (Alviar, 1998).

La Escritura da suficiente información acerca de Dios, de la profecía, de Cristo, del hombre, del evangelio y otras doctrinas capitales de la revelación. Pero estas no cobrarían plena vida sin la fuerza y poder del Espíritu. La Escritura y la profecía serán un cúmulo de información escrita, y la escatología una mera historia de la profecía a menos que la convicción y la guía del Espíritu trabajen para que resulte en una palabra viva y un conocimiento iluminador: "No hay hombre alguno, a no ser que el Espíritu Santo le haya instruido interiormente, que descanse de veras en la Escritura y, aunque ella lleva consigo el crédito que se le debe para ser admitida sin objeción alguna y no esté sujeta a pruebas y argumentos, no obstante, alcanza la certidumbre que merece por el testimonio del Espíritu Santo… de momento contentémonos con saber que no hay más fe verdadera que la que el Espíritu Santo imprime en nuestro corazón, todo hombre dócil y modesto se contentará con esto" (Calvino, 1986).

Es necesario que la escatología cristiana se atenga al aspecto cognitivo de los preceptos bíblicos, pero con el resultado de una relación y comunión íntimas con el que ha inspirado la Escritura. Los textos sin la iluminación del Espíritu, que todo lo escudriña, parecerán ambiguos. El conocimiento es una respuesta vivencial que procede de la relación estrecha con el Espíritu Santo, no una simple aceptación intelectualista de la Escritura.

La Escritura testifica de la importante función escatológica del Espíritu Santo. Es esencial. Se derramó sobre los ciento veinte discípulos en el aposento alto, cumpliendo la profecía de Joel 2; resucitó a Jesús de Nazaret; también participará directamente en la resurrección de los cuerpos de los cristianos: su intervención vivificadora es clara en Ro. 8:11: "Pero si el Espíritu de Aquel que resucitó a Jesús de entre los muertos habita en ustedes, el mismo que resucitó a Cristo Jesús de entre los muertos, también dará vida a sus cuerpos mortales por medio de su Espíritu que habita en ustedes".

Grau expresa esa misma verdad: "Lo que cuenta es la posición del Espíritu Santo que Dios da a todos cuantos se abren a la acción del Evangelio. Vivir en Cristo, ser habitado por Él, servir de templo a su Espíritu, es lo que constituye la garantía, más aún, las arras o primicias… de la posesión final de un cuerpo de gloria resucitado. Y ya aquí y ahora, es factible saborear la vida eterna, así como después de la muerte puesto que, en la situación de los que duermen junto a Cristo, nos acercamos igualmente al gran día de la renovación de todas las cosas… en el poder de su Espíritu" (Grau, 1990).

Pannenberg destaca la dimensión pneumatológica en la escatología: "La importancia del Espíritu Santo en el acontecimiento de la consumación final no resalta en los testimonios del cristianismo primitivo tan patentemente como la función del don del Espíritu en la anticipación de la salvación escatológica. Pero sería un error inferir de ahí que el Espíritu mismo no tendría función decisiva alguna en la consumación escatológica" (Pannenberg, 2007).

Afirma que la acción del Espíritu es determinante en el magno evento escatológico proléptico de la resurrección de Cristo, que anticipa el futuro del mundo en el propósito de Dios. También la consumación escatológica debe entenderse como una manifestación del Espíritu quien en el futuro vivificará los acontecimientos escatológicos esperados: la transformación en la resurrección de los muertos; la transformación de esta creación por la nueva creación de todas las cosas; la inseparable relación del Espíritu de Dios con la escatología cumplida y la que está por cumplirse. El Espíritu es quien como un don del tiempo final ya gobierna el presente histórico de los creyentes, lo cual es una manifestación proléptica del Espíritu quien en el futuro escatológico transformará a los creyentes y con ellos a toda la creación, para la participación de la gloria de Dios" (Pannenberg, p. 353ss., 1974).

Resumo. El Espíritu Santo es el Espíritu de santidad, de poder, de verdad, que escudriña, dirige, guía a toda verdad. Una escatología que no resalta el elemento pneumatológico unido a la Escritura es débil, fría y vulnerable. Sin el Espíritu Santo la escatología abre sus puertas a cualquier otro espíritu perturbador. Solo el Espíritu puede salvar de graves desvíos a la escatología.

ESCATOLOGÍA EN LA DIMENSIÓN PROFÉTICA

La materia prima de la escatología es la profecía de las Sagradas Escrituras. "Una escatología de mérito debe abarcar toda predicción cumplida o no en cualquier punto de tiempo. En otras palabras, una verdadera escatología intenta informar sobre todas las profecías presentadas en la Biblia. El descuido de los teólogos acerca de las Escrituras proféticas es casi total" (Chafer, 1986). Le doy la razón, porque desde los primeros capítulos de Génesis hasta los últimos de Apocalipsis, hay profecías cumplidas y otras por cumplirse. Un ejemplo, en Gn. 3:15: "Pondré enemistad entre tú y la mujer y entre tu simiente y la de ella; su simiente te aplastará la cabeza, pero tú le morderás el talón". Es una promesa que anuncia proféticamente el nacimiento de Cristo como simiente de la mujer, los sufrimientos que dan lugar a la victoria sobre el mal. Y se cumplió a cabalidad como escribe el apóstol Pablo: "En primer lugar, les he enseñado lo mismo que yo recibí: que, conforme a las Escrituras, Cristo murió por nuestros pecados; que también, conforme a las Escrituras, fue sepultado y resucitó al tercer día" (1 Co. 15:4-5). Un ejemplo en Apocalipsis de una profecía no cumplida: "Vi entonces un cielo nuevo y una tierra nueva, porque el primer cielo y la primera tierra habían dejado de existir y el mar tampoco existía ya" (Ap. 21:1). Hermosa profecía. Esa es la esperanza cristiana que no avergüenza.

Es comprensible, además, que la escatología destaque los caminos principales de la profecía concernientes al Señor Jesucristo en su primera venida y los relacionados a su Segunda venida, la resurrección del cuerpo, el destino final de los hombres, los juicios de Dios, la manifestación gloriosa de los hijos de Dios, la consumación del reino de Dios, el fin del mundo antiguo, la nueva creación de todas las cosas y la glorificación eterna de Dios.

ESCATOLOGÍA EN LA DIMENSIÓN RACIONAL

Hemos afirmado, hasta la saciedad, en otros escritos (Teología de la Comunicación, Clie 2001; Para Entender la Teología, Clie, 2015; Autocrítica de la Religiosidad Popular, Clie, 2018); que el punto de partida de la teología es la revelación de Dios en la historia del pueblo de Israel, Jesucristo y la Escritura. El hombre da una respuesta de fe que luego explica por medio de la razón. Lo mismo acontece con la escatología. Dicha revelación se aprende por medio de la fe y no por la razón. En ese sentido, la fe tiene la primacía respecto de la racionalidad. Pero la racionalidad no deja de ser necesaria para explicar lo creído. Así la teología y la escatología apelan al espíritu y también al intelecto. Resulta en una piadosa erudición. He afirmado que la racionalidad debe estar subordinada a la Escritura, la fe y a Jesucristo como la máxima revelación de Dios, pero la escatología tiene una fase en la cual se investiga, se piensa, se analiza, se infiere, se armoniza, se comprende, para luego dar cuenta y razón de sus contenidos. Sin saber, ni entender con la razón, los contenidos de la escatología degenerarían en pura credulidad y superstición. Así la escatología es la doctrina que busca entender para luego explicar.

Por lo expuesto en cada una de las características de la escatología, afirmo que la escatología está presente en todas las áreas de la teología bíblica y sistemática engarzadas en la vida y la obra de nuestro precioso Señor y Dios salvador Jesucristo, el Rey de reyes y Señor de señores (Gálvez).

ESCATOLOGÍA EN LA DIMENSIÓN SOTERIOLÓGICA

El mensaje central de la escatología es la buena noticia del triunfo total y definitivo del bien sobre el mal que proviene del diablo, el pecado y el mundo. Ello implica la salvación irrebatible del creyente de la condenación eterna, del dominio satánico, del sistema del mundo y de la muerte física por medio de Jesucristo. Es maravillo saber que no todo terminará con la muerte; que lo mejor, lo bello, permanente, santo, justo y perfecto está por venir no solo en la vida del cristiano, en la iglesia como nuevo pueblo, sino también en la vieja creación que se transformará en nuevos cielos y nueva tierra.

Los pasajes escatológicos que afirman el inicio de la consumación plena de la salvación son 1 Ts. 4:16-18: "El Señor mismo descenderá del cielo con voz de mando, con voz de arcángel y con trompeta de Dios, y los muertos en Cristo resucitarán primero. Luego los que estemos vivos, los que hayamos quedado, seremos arrebatados junto con ellos en las nubes para encontrarnos con el Señor en el aire. Y así estaremos con el Señor para siempre. Por lo tanto, anímense unos a otros con estas palabras". 1 Co. 15:51-52: "Fíjense bien en el misterio que les voy a revelar: No todos moriremos, pero todos seremos transformados, en un instante, en un abrir y cerrar de ojos, al toque final de la trompeta. Pues sonará la trompeta y los muertos resucitarán con un cuerpo incorruptible, y nosotros seremos transformados". En estos pasajes se encuentra lo que teológicamente se le conoce como el instante escatológico en el que los creyentes y la creación misma pasan a la dimensión de la salvación iniciada aquí en la tierra hacia la vida eterna. Y el pasaje que describe de manera sublime la salvación del hombre, la Iglesia y la creación, de una vez por todas es el siguiente: "[1] Después vi un cielo nuevo y una tierra nueva, porque el primer cielo y la primera tierra habían dejado de existir, lo mismo que el mar. [2] Vi además la ciudad santa, la nueva Jerusalén, que bajaba del cielo, procedente de Dios, preparada como una novia hermosamente vestida para su prometido. [3] Oí una potente voz que provenía del trono y decía: «¡Aquí, entre los seres humanos, está la morada de Dios! Él acampará en medio de ellos, y ellos serán su pueblo; Dios mismo estará con ellos y será su Dios. [4] Él les enjugará toda lágrima de los ojos. Ya no habrá muerte, ni llanto, ni lamento ni dolor, porque las primeras cosas han dejado de existir». [5] El que estaba sentado en el trono dijo: «¡Yo hago nuevas todas las cosas!»" (Ap. 21:1-5a).

Los alcances soteriológicos revelados en los pasajes escatológicos son extraordinarios. La revelación plena de Jesucristo y su reinado sin fin junto con su iglesia en la Nueva Jerusalén es bellamente explicada con palabras armoniosas, metáforas excelsas, con detalles exquisitos que traen paz, fe, esperanza, gozo, firmeza. Esa es la descripción inefable de la consumación de la salvación plena y eterna (Gálvez).

ESCATOLOGÍA EN LA DIMENSIÓN TEOLÓGICA

La escatología es conocimiento de Dios, tiene su origen en la teología propia. El Dios eterno hizo simultáneamente el tiempo y la creación; antes de esas dos creaciones solo era la eternidad. Dentro de la creación su proyecto supremo es el hombre, después de pensarlo, diseñarlo, lo creó y lo hizo un ser viviente, un ser humano. Después de darle vida el Señor se le presentó, se le reveló, lo sustentó, lo cuidó amorosamente y decidió vivir en comunión con él, eso es algo inexplicable, pues Dios es Dios sin otros seres creados; sigue siendo un Dios auténtico, autosuficiente, feliz, aún en solitario, pero él quiso ser Dios con nosotros, con el hombre. Dios les dijo a Adán y Eva de que en su obediencia al único mandamiento que les dio en el huerto del Edén vivirían, podrían tomar del árbol de la vida y trascenderían el tiempo. La desobediencia de Adán trajo la muerte, la maldición a todos los seres humanos y a la creación, pero Dios lo buscó, lo perdonó, eso sí, por su transgresión lo sacó del huerto para que siendo pecador no tomara del árbol de la vida y trascendiera en maldad. Pero en su bondad le dio la promesa en Gn. 3:15 que tendría victoria por medio de la simiente de la mujer sobre quien lo tentó y lo derrotó.

Dios continuó revelándose a las siguientes generaciones, le dio promesas a Israel el pueblo que escogió para sí. En esas promesas iba la semilla del mensaje de trascendencia que se cumpliría en la vida y la obra de Jesucristo. Dios anunció la victoria del hombre por medio de sus profetas y los relatos escritos en el pacto con Abraham, Isaac y Jacob. Y Jesús reveló la interpretación de la trascendencia del hombre después de la muerte, precisamente en la frase que se repite en todo el Antiguo Testamento: *el Dios de Abraham, Isaac y Jacob*: Mt. 22:31-32: "Pero en cuanto a la resurrección de los muertos, ¿acaso no han leído ustedes lo que Dios les dijo? Porque él dijo: *Yo soy el Dios de Abraham, el Dios de Isaac y el Dios de Jacob*. Así que Dios no es un Dios de muertos, sino de los que viven". El acto escatológico de la resurrección de los muertos fue anunciado por el Dios creador, por eso la escatología es teología propia también.

Si la escatología es la rama principal de la teología, entonces el centro del mensaje gira en torno al único *Theos*, el Dios trino verdadero, el YO SOY EL QUE SOY, que se revela en la historia sagrada y del cual da testimonio la Escritura. Lo contiguo como la fe, el hombre, la sociedad y la cultura, le acompañan, pero son secundarios. "…Dios se halla en el centro y el hombre en la circunferencia, hacia donde irradia la gracia divina. Hay interacción entre Dios y el hombre en el plano de la gracia, pero Dios no abandona el lugar que le corresponde como Soberano sobre toda la creación" (Núñez, 2018).

Las soluciones que pueda aportar la escatología en las relaciones Dios-hombre y Dios-mundo, deben ser desde la perspectiva teocéntrica. Este celo motiva a la protesta contra todo factor que no sea divino como hombre, mundo, cultura, sociedad, filosofía e historia y que reclame para sí un valor absoluto en la autorrealización de sí mismo. La escatología teocéntrica deja que Dios sea Dios y se opone a cualquier actitud humana que sea un impedimento para el libre actuar de Dios. Está contra todo suplemento mundano que influya la soberanía de Dios en relación con la profecía y el cumplimiento de esta (Gómez-Heras, 1972).

ESCATOLOGÍA EN LA DIMENSIÓN TRINITARIA

Al aseverar que la escatología es teocéntrica, cristocéntrica y pneumatológica estoy señalando categóricamente que la escatología es trinitaria. En esa línea, afirma Moltmann que la doctrina trinitaria tiene su origen en la predicación cristiana. Para entender el testimonio del Nuevo Testamento sobre la historia de Jesucristo, la teología recurrió a la noción trinitaria de Dios. La historia de

Jesús solo puede concebirse como historia del Padre, del Hijo y del Espíritu Santo. Después de revisar las distintas formas de abordar y definir la trinidad, acertadas, menos acertadas y no acertadas, Moltmann realza que la Biblia es para nosotros el testimonio de la historia de las relaciones comunitarias de la trinidad en su revelación al hombre y al mundo (Moltmann, Trinidad, 1986).

Lacueva ve también la trinidad desde una perspectiva bíblica en la que el Padre, Hijo y el Espíritu Santo no trabajan independientemente del plan del Padre, la obra del Hijo y la acción del Espíritu: "Esto nos proporciona la evidencia de la interrelación y la intercomunicación Trinitaria" (Lacueva, Curso, 1998). Explica cómo en la consumación del reino, Dios seguirá interrelacionándose de manera trinitaria. En el cielo ya no será necesaria la mediación funcional de Cristo, pero sí la mediación real de Cristo como el Dios-Hombre con un cuerpo glorificado eternamente. Sin la humanidad de Cristo no es posible la visión de Dios. En el nuevo cielo, el Cordero es la lumbrera y el río del agua viva de la nueva Jerusalén celestial, representa al Espíritu Santo como la fuente, pero este sale del trono de Dios, el Padre. Es innegable la interrelación trinitaria escatológica en la salvación y en la glorificación eterna (Lacueva, Espiritualidad Trinitaria, 1990).

La historia de la salvación en la Biblia desvela la acción de la trinidad. La teología debe ser trinitaria. Le suma peso a esta característica de la teología el hecho que toda la exposición sistemática de la teología y la escatología de uno de los grandes teólogos, Pannenberg, es desarrollada en la idea trinitaria de Dios (Pannenberg, 1993).

Pese a las diversas opiniones y tratamientos de la trinidad tales como una sustancia y tres personas, un sujeto y tres modos de ser, además de las desviaciones que se han dado a lo largo de la historia, como el unitarismo, el monoteísmo rígido, el triteismo y recientemente la secta "solo Jesús", no podemos más que reiterar que en una auténtica escatología teológica está presente el Dios trino como Dios creador, Dios salvador y Dios santificador (Lacueva, 1998).

ESCATOLOGÍA EXISTENCIAL

Hay que reconocer que Bultmann es uno de los teólogos que ha contribuido a tener presente la importancia de la escatología como tema teológico en el siglo XX. Bultmann definió la escatología como "el más allá por oposición al aquí abajo, la eternidad por contraste con el tiempo, el totalmente otro, distinto del mundo y del hombre; en una palabra: Dios mismo y las cosas de Dios". Pero ella, no es verdaderamente tal sino cuando se la piensa en el plano de la historicidad. No designa una trascendencia, que no sería más que una sobrenaturaleza o una sobrehistoria, un Algo de tipo superior. "El Dios escatológico no es el ser invisible y espiritual de que hablan los griegos, ni el Dios de la teología cristiana clásica, ni el de la teología contemporánea, que define su alteridad por la categoría de lo suprahistórico (...) Él debe ser pensado como el Tú. Es el totalmente otro, porque Él es nuestro retorno de la escatología" (Glé, 1996).

La escatología existencial se concreta en el acontecimiento Jesucristo. Se realiza continuamente en el hecho de la palabra. No es un suceso que tiene cumplimiento al final de la historia. Se da en Jesucristo y se vuelve a dar en cada acontecimiento de la Palabra, es un acontecimiento real: "la escatología está ligada visceralmente a la persona y a la predicación de Jesús. Y eso es decisivo para la existencia escatológica. La escatología no se representa en el teatro de la historia del mundo, sino que atañe a la historicidad de la existencia. El mundo no cambia. Por el contrario, la actitud de la humanidad frente al mundo puede cambiar y, de hecho, cambia en la fe. El creyente que pone su fe en Jesucristo se convierte en una nueva creatura". La escatología muestra el camino del sentido de la existencia al hombre que se encuentra desorientado en el sinsentido de su vida y de la historia. La escatología lo guía para que deje de ser un observador pasivo y vuelva su mirada a su propia existencia. La razón es que cada instante, cada minuto, llenan de sentido su historia (Glé, p. 278, 1996).

En ese sentido, el cristiano posee una existencia escatológica por el hecho de ser "nueva criatura" (2 Co. 5:17). El tiempo de salvación plena es posesión ya del creyente. La vida futura ha venido a su vida. El encuentro con Cristo le confiere al presente el carácter escatológico, lo que le conduce a estar fuera del dominio del mundo. Así, el encuentro total con Cristo en el futuro es ilusión. La realidad de ese encuentro se vive desde que el hombre se apropia de la nueva vida por medio de la fe en Cristo. "La escatología no es en el futuro el fin de la historia, sino que la historia es absorbida por la escatología: en tu propio presente reside el sentido de la historia y tú no puedes contemplarlo como espectador, sino únicamente en tus decisiones responsables. En cada instante dormita la posibilidad de ser el instante escatológico. Tú has de despertarlo. El futuro no importa; lo que cuenta es el momento escatológico ahora" (Graham, 2017).

Bultmann asevera que la esperanza que ofrece el Nuevo Testamento de la venida, el fin del mundo y la resurrección son de procedencia judía, no cristiana; y la creencia que el alma vuelve al cielo en el momento de la muerte proviene del paganismo griego. Dice que estos conceptos son mitológicos y que las promesas de gloria dadas para el cumplimiento futuro son producto de la imaginería y de la mala interpretación. Además, la resurrección del cuerpo, el juicio, la venida y la dicha eterna ocurren ahora y aquí a través de la Palabra y el partimiento del pan. No acontece en lo histórico de la existencia ni en la historia como superación del mundo individual, tampoco como cumplimiento universal (Ramm, 1990).

Moltmann opina que la escatología de Barth, la de Althaus y la escatología de Bultmann, en algunos puntos, son presentistas: "El sonido de la última trompeta y todos los acontecimientos paralelos y posteriores no sucederán en un último día indefinido que nunca llega, es un fin artificial, suceden ahora, aquí, en el presente cuando la eternidad irrumpe en el tiempo, cuando la predicación de la palabra de Dios exige una decisión, una respuesta de fe que lleva a la vivencia de la vida plena ahora". Ese *éschaton* del que habla la escatología cristiana no es el final temporal de nuestros días históricos, sino es el presente de la eternidad en cualquier instante (Moltmann, 2004).

Desde mi punto de vista, la escatología de Bultmann tiene elementos de verdad, grandes aciertos y aportes significativos; sobre todo hay que reconocer que en el Evangelio de Juan hace una buena aproximación usando su método de desmitologización y descubre una escatología existencial en el aquí y ahora de los cristianos, con ciertos límites, tal y como lo expresa Ramos: "La presentación escatológica del cuarto evangelio supone un gran esfuerzo "desmitologizador" en el sentido de haber superado las representaciones apocalípticas y haberlas considerado, por tanto, como no pertenecientes a lo esencial de la fe cristiana. Como toda formulación de la fe cristiana, la teología joánica está también condicionada y limitada históricamente. Su formulación sigue siendo válida precisamente por la acentuación del elemento existencial, pero, al igual que el cuarto evangelio ha demostrado que la concepción sinóptica no era la única posible, algo parecido deberá afirmarse de la presentación joánica" (Ramos, 1976). Pero somete algunas partes de la escatología a lo simbólico, a la experiencia individual existencial y deja fuera la bienaventurada esperanza de la Segunda venida de Cristo y la resurrección de los muertos que son acontecimientos reales de acuerdo con las Escrituras. Esa clase de escatología desmotiva la razón de ser y del quehacer de la misión de la Iglesia.

ESCATOLOGÍA FUTURISTA

Esta ubica todos los eventos apocalípticos y escatológicos en el futuro de la historia. Interpreta literalmente toda la profecía, la escatología y la apocalíptica, aun lo que es simbólico a las claras; pasa por alto el contexto histórico, cultural y literario. Esta escatología es responsable de alinear, a base de especulación, decenas de creencias en "la semana setenta" a partir del versículo de Dn. 9:27. Hace una separación del rapto y de la Segunda venida con un intervalo de 7 años.

El origen de esta creencia proviene del ámbito de la teología católica romana. Lo extraño es que la mayoría de iglesias evangélicas, pentecostales, neopentecostales, bautistas, centroamericanas y otras, creen en la escatología futurista. El origen del contagio de esta doctrina al protestantismo ocurrió con la asimilación del milenarismo judío por el cristiano Justino Mártir; por medio de algunos escritos de Agustín de Hipona y más adelante, por la influencia de las enseñanzas y escritos de Bellarmino y Lacunza (Byers, 1999).

El libro que condensó esta enseñanza se titula "Comentario de Apocalipsis" publicado en 1602, del autor Francisco de Ribera, sacerdote jesuita, cuya intención de escribirlo era quitar la idea de que el papa y la Iglesia Católica Romana, encarnaban al anticristo y la gran ramera, respectivamente. Ello provocó que otros fueran creyendo de manera exponencial los escritos apocalípticos de Ribera. Luego, esta doctrina avanzó por las gestiones del protestante John Nelson Darby.

Después, la Iglesia episcopal de Inglaterra aceptó plácidamente dichas creencias. Pero fueron las Asambleas de Hermanos que aceptaron la escatología futurista y la moldearon para formar lo que conocemos hoy como el dispensacionalismo. Ahora bien, fue la publicación de la Biblia anotada de Scofield que se encargó de esparcir a gran escala dichas creencias y terminó anegando las iglesias de EE.UU., sedientas de conocer más de los eventos del fin. La influencia de dicha Biblia fue tal que impregnó con su doctrina a la Iglesia evangélica latinoamericana. Esta es una de las escatologías apocalípticas más dudosas y confusas que ha crecido como yedra.

Todas las iglesias que creen y enseñan la escatología futurista, apoyan un milenio literal de porte judío, con la perspectiva de los dos planes distintos de Dios para Israel y la Iglesia, característica destacada de las últimas iglesias fundamentalistas carismáticas o neopentecostales y algunas mesiánicas o cristianas sionistas (Byers, 1999).

ESCATOLOGÍA INAUGURADA

La escatología inaugurada es un concepto universalmente relacionado con el siglo XX. Geerhardus Vos es el autor del enfoque de la escatología inaugurada. Sus conceptos son expresados en sus obras destacadas: "La enseñanza de Jesús sobre el reino" y "La escatología", escritas en 1910 y 1930 respectivamente. Su doctrina retiene elementos de la escatología realizada y elementos de la escatología futurista. Acepta que la resurrección de Jesucristo inauguró el *éschaton* y con ello la justificación y la regeneración. Para él, la salvación ha comenzado, pero el retorno de Cristo y la resurrección de los muertos son eventos que han de ocurrir todavía. Por consiguiente, para Vos, hay escatología presente inaugurada y también un futuro de eventos reales en los cuales la historia será concluida y comenzará la eternidad.

Vos, afirma que los últimos tiempos fueron inaugurados en la vida, la muerte y la resurrección de Jesús, pero se espera que todavía se cumplan otros eventos importantes.

Es oportuno aclarar que el teólogo suizo Oscar Cullmann se sirve de los elementos de esta postura teológica para conformar parte de su escatología que se condensa en la frase "el ya, pero todavía no", pero con la mirada puesta en el *Victory Day* para enseñar la conexión entre la muerte, la resurrección y la Segunda venida de Cristo.

Cullmann, comenta la noción judía de las dos edades consecutivas: la era del pecado y la era venidera del reino de Dios; esta última se inauguraría con el advenimiento del Mesías, reemplazando la primera.

ESCATOLOGÍA INSEPARABLE DE LA MISIÓN DE LA IGLESIA

La base de este principio se registra en los siguientes pasajes:

Mt. 24:14: "Y este evangelio del reino se predicará en todo el mundo como testimonio a todas las naciones, y entonces vendrá el fin".

Mt. 28:19-20: "Por tanto, vayan y hagan discípulos en todas las naciones, y bautícenlos en el nombre del Padre, y del Hijo, y del Espíritu Santo. Enséñenles a cumplir todas las cosas que les he mandado. Y yo estaré con ustedes todos los días, hasta el fin del mundo. Amén".

Estos dos textos concentran el contenido de la gran comisión que Cristo dio a la Iglesia. En ellos se perfila la fuerza escatológica que sirve de plataforma al mensaje de esperanza que la Iglesia es llamada a proclamar. Se conjugan dos conceptos: el tiempo y el espacio. El primero apunta al final de la historia, hacia el futuro: "…Entonces vendrá el fin", "…hasta el fin del mundo". El segundo se circunscribe al espacio: "…Se predicará en todo el mundo", "…A todas las naciones…", "al mundo habitado". Se correlacionan de tal manera que el uno no debe darse sin el otro. Porque la predicación y la enseñanza que opacan el sentido de la esperanza escatológica se vuelven un discurso moralista, de entretención o de sensacionalismo, dejan de ser un mensaje de la palabra de Dios. Si la misión de la Iglesia se decanta sobre las creencias apocalípticas y mal interpretadas para complicarle la vida al oyente, pierde pie y cae en la especulación aterradora y se diluye la esencia de su mensaje. Otra desviación recurrente es la de enfocarse únicamente en el estudio de las doctrinas escatológicas apocalípticas lejos de la vivencia eclesial y de la misión. En este caso, se pierde interés en la misión de la Iglesia y se queda en el puro ejercicio racional. Stam asevera que "existen muchos libros de escatología que estudian los diversos temas del futuro, pero, generalmente, no lo incorporan al conjunto del sentido de la fe y casi nunca con la misión de la Iglesia. Recíprocamente, los libros de misionología hacen poca referencia a la escatología… puesto que la misión es inseparable de la dimensión escatológica de la fe, toda desviación en cuanto al fin del tiempo distorsiona inevitablemente nuestro enfoque misionológico" (Stam, 1999).

La misión de la Iglesia en el Nuevo Testamento viene del verbo *Apostello*, se relaciona con las instrucciones específicas dadas por Jesús a la Iglesia y constituyen en esencia su misión. Esta misión se convierte en obra en las siguientes acciones: a) *el kerigma* o la proclamación del evangelio del reino de Dios; b) *el Matheteuo* o el discipular; c) la *Terapeia* o sanar toda enfermedad y dolencia; d) *Daimonía exérchomai* que significa echar fuera demonios; e) la Didaskalía o el enseñar; f) *la Martiría* o dar testimonio; g) la Diakonía que se refiere al ministerio, servicio, contribución, ayuda, asistencia y; h) la evangelización viene de la palabra *euvangelizesthai*. Todas estas acciones misionológicas deber estar engarzadas por el amor a Dios y al prójimo para que no degeneren en activismo puro (Gálvez).

ESCATOLOGÍA PAGANA

Las ideas primitivas sobre la vida después de la muerte, las culturas antiguas y sus ideas del más allá, las religiones con sus creencias en lugares de descanso al final de la vida terrenal, son la prueba de que Dios "…ha puesto eternidad en el corazón de ellos, sin que alcance el hombre a entender la obra que ha hecho Dios desde el principio hasta el fin" (Ec. 3:11).

Los teólogos cristianos no caemos en escándalo al leer las particulares creencias en torno a la vida después de la muerte, porque todos tienen la noción de eternidad: muertos sobrevolando a los vivos, adoración de antepasados, transmigración de almas, espíritus que visitan a sus parientes, muertos que son enterrados con sus pertenencias "para usarlas" en el más allá. Son ideas que perviven desde los comienzos de la humanidad.

Hoy tenemos más confusión, entre otras causas, porque la escatología ha bebido de fuentes contaminadas: supersticiones egipcias, griegas, apocalípticas judaicas y seculares, interpretaciones bíblicas erróneas. Por ejemplo, la creencia de la inmortalidad del alma migró a los distintos pensamientos. Del antiguo Egipto, migró al pensamiento griego, pero el que ha mostrado una preocupación más intensa por la muerte, el que más se ha preparado para el arte de morir y el que más ha prestado sostenimiento de los muertos en el más allá es el pensamiento egipcio: sus monumentos lujosos funerarios construidos en honor a los muertos y en el culto a estos. Siempre tuvo una preocupación vital por el destino de los muertos (E. Bloch, 1980). Luego el pensamiento griego en el cual se destaca Platón, enseñaba que el alma había preexistido como una mente pura (nous) y que después se enfrió y se convirtió en el alma (Psiqué) cuando, debido a su mundanalidad, dejó de participar del fuego divino, pero continúa existiendo después de la muerte del cuerpo (Greenet). Después del pensamiento griego pasó al pensamiento judío, después a los cristianos del segundo y tercer siglo, a tal grado que ya para el año 200 la Iglesia aceptaba la creencia de la inmortalidad del alma. Ello condujo a controversias en los siglos posteriores. Uno de los padres de la Iglesia que aceptó la doctrina de Platón fue el notable exegeta y teólogo Orígenes (Vilanova, 1987). Sin embargo, fue el pensamiento griego de Platón, acerca de la inmortalidad del alma, que permeó todo el occidente hasta nuestros días. Otro ejemplo: una leyenda milenaria de Melanesia, enseña que las personas después de la muerte recobran su juventud, en una existencia dichosa en la que no hay enfermedades, ni espíritus malignos, ni muerte. Se vive en matrimonio y en fecundidad. Las ocupaciones habituales de la vida como construir casas, poner a punto barcas y labrar el campo, continúa igual que antes, pero el mal moral, la enemistad, el robo, han desaparecido junto con los defectos físicos (G. Widengren, 1976).

Por otro lado, abundan las futurologías religiosas. El budismo aspira llegar a su nirvana: su paraíso de bienestar en el que ya no hay sufrimiento. El punto de partida y avance del islam es la promesa de "su cielo sensual". El hinduismo promete "los placenteros campos de cacería" como símbolo de la liberación. Cree que la muerte es el paso de lo irreal a lo real, de la oscuridad a la luz. Así, los muertos disfrutan de la felicidad en una nueva esfera (Berkhof, 1981).

El marxismo empeñó su palabra afirmando que llegaría el tiempo en el cual el proletariado reinaría implementando paz, justicia y pan para todos: "El triunfo del proletariado acabará de hacerlos desaparecer. La acción conjunta de los proletarios, a lo menos en las naciones civilizadas, es una de las condiciones primordiales de su emancipación. En la medida que vaya desapareciendo la explotación de unos individuos por otros, desaparecerá también la explotación de unas naciones por otras" (Marx, 1848).

Con una perspectiva antropocéntrica, todas las concepciones escatológicas paganas reducen el más allá a una repetición del presente, pero sin imperfecciones: "Cuando la realidad es aceptada como orden natural-divino, sea en sentido panteísta, como en las religiones de la India, sea en el sentido dualista, como en las religiones griega e islámica, la escatología no es más que la organización de esta misma realidad" (Tamayo, 2017).

Ese pensamiento permeó la antigua escatología con una expectativa de continuación de la vida terrenal después de la muerte, sin dar lugar a la idea de un futuro nuevo. Por el contrario, el texto sagrado habla de "cielos nuevos y tierra nueva" más que la restauración de estos como una mera prolongación con pequeños retoques.

Así, desde las creencias primitivas, las supersticiones paganas, las mitologías de las religiones, hasta las religiones institucionalizadas poseen "su escatología".

La idea pseudoescatológica de que el ser humano después de la muerte no desaparecerá, sino que retornará una y otra vez a este mundo, es lo que algunos llaman el tedio del eterno retorno. La idea del eterno retorno forma parte del punto focal de la obra del escritor checo Milan Kundera: "La insoportable levedad del ser, en la que conecta el concepto de gravedad o pesadez con el eterno retorno (tal como lo hizo Nietzsche), lo cual se encuentra en oposición a la levedad, según el autor, identificada por una condición de frivolidad propia de la posmodernidad".

Es pertinente mencionar que en el ámbito humanista, futurólogos, sociólogos, guionistas y escritores, explotan el interés de las personas por el futuro; produciendo películas, escribiendo libros, provocando cierta fascinación morbosa, atizando miedos mezclando la "escatología" pagana con la escatología cristiana, pero en realidad sus contenidos carecen de una verdadera escatología escritural cayendo en lo que se llama religiones epifánicas más que la auténtica fe cristiana que se basa en la promesa y la esperanza (Pozo, 1992).

ESCATOLOGÍA REALIZADA

El fundador de la escatología realizada es el teólogo liberal C.H. Dodd y la expone en su libro "Las parábolas del reino", publicado en 1935; propuesta que se difundió en sus escritos posteriores. Él expresa que el *éschaton* final se concretó en Cristo y que no hay una lista futura de eventos pendientes de realizarse; que el reino ya vino y que la consumación escatológica aconteció plenamente con la llegada del reino.

Opina que los pasajes proféticos del Nuevo Testamento, señalan al cumplimiento de la vida, la obra y el ministerio de Jesús. Afirma que el legado indestructible de Cristo a la Iglesia, no se refiere a eventos futuros exorbitantes fatalistas. Interpreta las palabras de Jesús sobre la venida del reino como algo consumado. Cuando Jesús dijo: "El tiempo ha llegado", "El reino de Dios se ha acercado", estaba comunicando que el reino era una realidad presente, experimental, contundente y no un suceso futuro lejano.

Dodd, manifiesta que cuando la Escritura dice que el Mesías vendrá, ello se cumplió cuando Jesús nació en Belén; cuando anuncia que juzgará los pecados del mundo, Dios lo hizo en la crucifixión de su hijo; cuando la Biblia describe que los muertos resucitarán, se cumplió cuando Cristo resucitó a Lázaro y a los otros que resucitaron de las tumbas.

En cuanto a los pasajes que proclaman que Jesús vendrá una segunda vez, responde que todo se cumplió en la resurrección y la ascensión de Jesús. Según su punto de vista, la escatología se ha cumplido de modo completo. Considera, además, que el estudio de la escatología no se refiere al fin del mundo, sino al renacimiento del mundo, en cuanto que Jesús estableció la norma y sus seguidores continúan viviendo sus principios eternos.

Los partidarios de la escatología realizada no esperan un rapto, una Segunda venida o un juicio mundial porque, según ellos, no acontecerán. Se enfocan en lo que Jesús dijo y realizó, todo lo demás es irrelevante.

Las creencias que comparten la escatología realizada con el preterismo completo son: las profecías bíblicas de los últimos tiempos se han cumplido; el reino es ahora y la Iglesia lo ha vivido desde los inicios de la ascensión de Cristo; los creyentes de todas las épocas vivieron el reino y que los creyentes hoy estamos experimentando el reino con todas sus promesas.

Ahora bien, muchos de los que se oponen a los argumentos de la escatología realizada, señalan que es de talante liberal y dudosa; que ha sucumbido en el preterismo total, es miope y no ve el futuro que está aún por cumplirse, sobre todo, la Segunda venida de Cristo, la resurrección de los muertos, la nueva creación de todas las cosas; porque, según los oponentes, esas doctrinas se encuentran suficientemente soportadas en la Escritura. Según ellos, muchos eventos profetizados en la Escritura no han ocurrido. Y, que solo ante el hecho de negar la Segunda venida, atestiguada en muchos pasajes del Nuevo Testamento, no debería llamársele "escatología" (Taylor, 1995).

En este apartado traigo a colación la escatología de Bultmann, porque es otra versión de la escatología realizada. Esa postura declara que lo escatológico ocurre en la proclamación del evangelio; que la vida del creyente es en sí escatología, en cuanto que se abre hacia el futuro, cuando se vive en la gratuidad de la gracia de Dios de manera existencial, cada día y a cada momento. Se expande cuando es amor en obediencia a la Palabra concreta de Dios (Ramm, 1990).

En conclusión, a diferencia de la escatología futurista, donde el reino de Dios espera una consumación al final de la historia, la escatología realizada contempla el reino de Dios como ya consumado en la persona y misión de Jesús. Los aspectos futuristas de la enseñanza de Jesús se reducen al mínimo y su lenguaje apocalíptico es visto como un símbolo de las verdades teológicas. La mayoría de los intérpretes han criticado la escatología realizada de Dodd por ignorar las enseñanzas de Jesús que apuntan a una futura consumación del reino (Mt. 24–25; Mr. 13). Es claro en el Nuevo Testamento que el reino llegó con Jesús, pero Jesús mismo enseñó que la historia aún espera una finalización futura, como lo afirma Cullmann: el reino de Dios es a la vez *ya, y no todavía*.

ESCATOLOGÍA SIMBÓLICA

Ramm afirma que P. Tillich y Niebuhr son los proponentes de la escatología simbólica. Esta postura afirma que todos los pasajes escatológicos del Nuevo Testamento no hay que creerlos literalmente, porque son simbólicos. Lo que se describe como acontecimientos a través de figuras, imágenes, catástrofes, visiones de animales, bestias, y otros, se refiere a que la realización del hombre no acontece dentro de la historia, caracterizada por ambigüedades y éticas opacas, sino fuera de ella. Un ejemplo: la Segunda venida de Cristo no es un evento real en el "tablero celestial", sino solo un recordatorio y una propuesta a nosotros que nuestra felicidad es más allá del campo histórico. Es claro que en la apocalíptica simbólica todo resulta en algo figurado. El problema es el reduccionismo total de la escatología a lo simbólico (Ramm, 1990).

Opino que esta postura da traspiés al ignorar el cumplimiento concreto de las profecías escatológicas descritas en el Antiguo Testamento en la vida y la obra de Jesús de Nazaret. Y, si estas se concretaron, entonces las que faltan por cumplirse son reales, como la Segunda venida de Cristo, por ejemplo (Gálvez).

ESCATOLOGÍA Y LA MISIÓN DE LA IGLESIA

La escatología precede a la misión

Una misión de la Iglesia desprovista de la orientación escatológica degenera en un discurso sin futuro, sin esperanza, sin una ética coherente en la vida diaria. La enseñanza del futuro desconectada de la misión de la Iglesia, resbala en la especulación, en el sensacionalismo e incluso, en la ficción. Pero el equilibrio entre la escatología y la misión, conforma un mensaje y una esperanza sanos, que son productivos en todas las áreas de la misión de la Iglesia y de la escatología. No quiero repetir el error de escribir sobre escatología y perder de vista la misión de la Iglesia. Ambas se nutren recíprocamente, pero es la escatología la que precede a la misión; es por eso que, los primeros discípulos, pertenecientes a la Iglesia primitiva, se lanzaron a la arena de la misión por la fuerza del anticipo escatológico de la resurrección de Cristo. Se entiende, además, que el anuncio de su retorno, la inauguración de la nueva era, y la vida eterna en el cielo, fueron el secreto de su fuerza y de su actuar.

El mensaje que predica la Iglesia, con los apóstoles a la cabeza, es un mensaje escatológico: "Pero ustedes negaron al Santo y Justo, y pidieron que se les entregara un homicida. Fue así como mataron al autor de la vida, a quien Dios resucitó de los muertos. De eso nosotros somos testigos" (Hch. 3:14-15). La Iglesia tenía presente que Cristo regresaría por segunda vez: "Mientras miraban al cielo y veían cómo él se alejaba, dos varones vestidos de blanco se pusieron junto a ellos y les dijeron: Varones galileos, ¿por qué están mirando al cielo? Este mismo Jesús, que ustedes han visto irse al cielo, vendrá de la misma manera que lo vieron desaparecer" (Hch. 1:10-11), "Porque nuestra ciudadanía está en los cielos, de donde también ansiosamente esperamos a un Salvador, el Señor Jesucristo" (Fil. 3:20).

Los apóstoles de Jesús y los discípulos sabían de la exaltación del Señor Jesucristo: "Jesús fue llevado al cielo y ahora está a la derecha de Dios. El Padre, según su promesa, le dio el Espíritu Santo. Jesús lo ha derramado sobre nosotros; eso es lo que ustedes ven y oyen ahora" (Hch. 2:33). Pero no se hubieran atrevido a predicar, si Cristo no hubiese resucitado. Tampoco hubieran realizado la misión solo porque escucharon las enseñanzas de Jesús y vieron los milagros que él realizó. La predicación, la evangelización, el testimonio, la enseñanza y el discipulado de la Iglesia del principio fueron el resultado directo del encuentro con el Cristo resucitado. Ese maravilloso anticipo escatológico era la potencia de la misión de la Iglesia. No fueron suficientes por sí mismos la enseñanza, los mandamientos y los milagros realizados por Jesús de Nazaret para que los discípulos fueran y cumplieran la tarea encomendada.

La narración bíblica resalta que los discípulos huyeron ante el arresto de Jesús. El miedo les cubrió como un manto y se escondieron creyendo que todo había terminado con la crucifixión de su maestro y Señor; Pedro el apóstol, regresó a su antiguo oficio de pescador.

La conciencia escatológica de la Iglesia del principio

Las distintas apariciones de Jesús, el Cristo resucitado, produjeron una transformación asombrosa. Los apóstoles ya no tenían miedo a la persecución, tortura, cárcel, ni a la muerte. Siguieron diligentemente la orden de Cristo de esperar el derramamiento del Espíritu Santo en el aposento alto, para que se cumpliera la predicción del profeta Joel y fueran llenos de la fuerza del Espíritu. Cumplida la investidura de poder fueron a la tarea encomendada. Comenzaron en Jerusalén donde apedreaban y mataban a los profetas, la impregnaron del evangelio y el resultado fue sorprendente: multitudinarias conversiones acompañadas de milagros. De resultas, tres mil se convirtieron en la primera predicación de Pedro (Hch. 2:41), cinco mil en la segunda (Hch. 4:4). Los convertidos aumentaron, los apóstoles no se daban abasto predicando y sirviendo las mesas, por ello, llamaron a otros para que se sumaran al servicio, a los cuales les llamaron diáconos, es decir, los que hacen tareas humildes, polvorientas, por amor a Jesucristo su Señor. La Iglesia creció y la misión avanzó, se extendió a Judea, luego a Samaria y, finalmente, hasta lo último de la tierra conocida en ese entonces. Pablo y sus compañeros de misión llevaron el evangelio a todas las naciones. Ellos afirmaron que los "últimos tiempos" habían comenzado, por tanto, el tiempo apremiaba, era imperioso llegar hasta "lo último de la tierra". Pero, otra vez, es el anticipo escatológico que despertó la conciencia de servicio y catapultó la misión.

Pannenberg, también valida la conciencia escatológica en la misión de la Iglesia, en el llamado a la apostolicidad como uno de los fundamentos de la Iglesia, escribe: "La conciencia escatológica del cristianismo primitivo, que vive ya el fin de los tiempos, debería mantenerse en la comprensión del ministerio del apóstol y del concepto de "apostolicidad". Agrega que la Iglesia se llama apostólica no solo porque ha sido fundada de una vez por todas en el mensaje de los apóstoles, sino también porque participa del Espíritu y de la misión de los apóstoles. De aquí que los motivos rectores del apostolado primitivo hayan de encontrar su prolongación en la misma apostolicidad de la Iglesia" (Pannenberg, 1969).

Por lo explicado, creo que es suficiente para afirmar que la misión de la Iglesia del principio está entretejida, sostenida e impulsada por la escatología. Es el futuro glorioso que espera a los que se convierten a Cristo, lo que impulsa a los que ya conocen al Cristo resucitado y esa poderosa esperanza es la que mueve a la Iglesia para que cumpla con la misión a cabalidad.

La escatología equilibrada impulsa una misión equilibrada

Roldán expone que una Iglesia que predica el evangelio del reino de Dios consciente de la realidad escatológica, conecta con la venida del fin y con el que ha de venir, sin perder de vista el aquí y ahora: "Si la escatología es lo que marca la teología cristiana desde sus comienzos apostólicos, no debe sorprender entonces que la misión de la Iglesia deba inspirarse en la Parusía de Cristo, así como nos reunimos en la cena del Señor para proclamar su muerte hasta que él venga (1 Co. 11:26) y así como concebimos la vida cristiana como un estar alertas porque somos hijos de luz, y nuestra salvación final está más cerca de concreción que cuando creímos (Ro. 13:11, 1 Ts. 5:9-11), (Roldán, 2002).

Pienso que una correcta perspectiva escatológica de la Iglesia es la que mira hacia atrás, al punto que condensa la obra de salvación: la muerte de Cristo en la cruz y su resurrección, pero también mira hacia adelante, expandiéndose hacia el futuro, a la consumación de plenitud de la salvación: la Segunda venida de Cristo. Entre la una y la otra, en "el mientras tanto", la Iglesia realiza la misión.

La escatología comprendida correctamente produce una misión equilibrada de la Iglesia.

No se fuga del mundo en un trascendentalismo vertical predicando una futurología que rueda en el sensacionalismo y el fatalismo, de tal modo que se olvida del aquí y ahora, del "mientras tanto". Aprovecha el aquí y el ahora en las acciones coherentes en la Iglesia, la familia, la comunidad, la sociedad, la nación. Ello es el resultado de la convicción que en el día del juicio se pondrá todo en claro. Tampoco la misión se queda anclada con los asuntos de este mundo tratando de cambiar todos los aspectos políticos, sociales y económicos, perdiendo pie en el secularismo religioso, en sociologismos, politiqueismos, moralismos, que no le corresponden.

La misión de la Iglesia en correlación con el mensaje escatológico equilibrado, sabe que vive en el "ya pero todavía no", en el "mientras tanto", va en camino todavía en el contexto de la vieja creación y sigue caminando hacia el destino de la nueva creación. Los cristianos sabemos que ya somos nuevas criaturas aquí en la tierra, pero esa novedad no llega a la plenitud aún. En la misión, somos los carteros que llevamos el mensaje recorriendo el camino de la peregrinación hacia la meta que el Señor nos trazó. Recordamos el pasado donde ocurrió nuestra liberación en la muerte y resurrección de Cristo, pero no quedamos absortos en el pasado. Somos conscientes de nuestra tarea del presente, yendo hacia el futuro de la reconciliación plena de la creación, de la Iglesia, con el Dios eterno, soberano y glorioso, con quien nos encontraremos en la nueva Jerusalén y celebraremos la fiesta eterna.

ESCATOLOGÍA Y LA MISIÓN INTEGRATIVA DE LA IGLESIA

Definición de misión integrativa
"Misión integrativa es aquella que responde desde el evangelio, la Escritura, el Cristo crucificado y resucitado de modo apropiado y eficaz a las necesidades espirituales, afectivas, sociales, epistemológicas, económicas, de los seres humanos; dentro del contexto histórico y cultural que le toca vivir" (Gálvez, 2023).

La necesidad primaria que satisface la misión integrativa es la espiritual
A mi juicio es la más importante. Mt. 16:26 afirma: "De nada vale tener todo el mundo y perder la vida. Nadie puede pagar lo suficiente para recuperar su vida". Jesús pronunció estas palabras en el contexto espiritual: ¿de qué sirve al hombre tener todo el dinero, la salud física, bienestar social, político, fama y todo lo demás que ofrece el mundo temporal, si finalmente pierde su vida? de nada. A la sazón, la salvación en Cristo es lo más valioso que el ser humano puede recibir. Lo demás es añadidura. Aun la misión de la Iglesia inicia hasta que recibe la investidura de poder espiritual en el aposento alto. Lo espiritual es de orden primario, pero no es pretexto para rodar en el espiritualismo futurista, porque arrastra a la apatía de la vida bella terrenal que Dios planeó. Dios se tomó el tiempo para diseñar y crear el planeta tierra para que el hombre lo habitara, lo gobernara y se sirviera de él para que fuera feliz, en comunión con su Dios. Por ello, aquí en la tierra durante el "mientras tanto", la vida de la Iglesia y de los cristianos debe vivirse de manera activa: trabajar, amar, servir, hacer justicia y misericordia, llevar a cabo la misión. Es verdad que el anuncio de que Cristo vendrá otra vez es real, es una instrucción, una esperanza gloriosa y una solemne advertencia; pero no esperemos cautivados en el más allá, vivamos rectamente en el más acá, llevando a todos lados la esperanza cristiana.

La misión integrativa suple las necesidades afectivas
Muchos seres humanos son marginados ya sea por su raza, posición social, origen, po-

breza, errores, pecados o equivocaciones. La misión del evangelio no es solo salvar "almas", es suplir la necesidad de pertenencia a una comunidad solidaria, donde recibe aceptación sin importar su pasado y sus fracasos. Hoy más que nunca el mundo necesita consuelo, solidaridad, aceptación y escuchar una escatología de la auténtica esperanza cristiana en medio de pandemias y guerras. Necesita recibir respuestas de fe ante la destrucción de la economía mundial y los grandes desafíos de los proyectos políticos, sistemas sanitarios y muerte de millones de seres humanos. A todo esto, la respuesta precisa de la escatología bíblica es ¡la esperanza! sí, otra vez ¡la esperanza! que tiene nombre propio: "Cristo en ustedes es la esperanza de gloria"; el Cristo crucificado que resucitó anticipándonos la victoria definitiva sobre la muerte y la esperanza de que Él hará nuevas todas las cosas en su Segunda venida. Y la Iglesia es la portadora de ese mensaje y de ese apoyo afectivo. El que se siente atendido y amado incondicionalmente por la comunidad es confortado y animado a integrarse. Y eso se traduce en bienestar emocional, lo que a su vez influye en su familia, en la sociedad. Su vida tiene sentido "mientras tanto" llega al cielo.

La misión integrativa configura lo social

El que cree en Jesucristo y recibe el poder transformador del evangelio influye directa o indirectamente en lo social. Se convierte en un mejor hijo, esposo, padre, trabajador, empresario y ciudadano. Cuando Jesús sanó al endemoniado gadareno, lo mandó a que fuera a contar a su familia, a los de su pueblo, a la sociedad, la transformación que experimentó. Este testimonio fue tan poderoso que impactó a los de su pueblo. Un caso parecido es el de la conversión de la samaritana y la transformación de miles de samaritanos que creyeron en Jesús por el testimonio y el anuncio de ella. El modo de vivir diferente es un facilitador para que otros cambien.

En esa dirección la Iglesia, con su misión integrativa, se convierte en un actor social potente que toca las estructuras de la sociedad, de la nación y hasta de imperios. Por su identidad propia, su mensaje singular poderoso y por sus valores superiores a los del mundo pagano, llega hasta los cimientos y desmorona lo que ya está viejo. Un ejemplo concreto atestiguado por la historia universal, judía y cristiana es la conquista espiritual del Imperio romano por el cristianismo en solo tres siglos. La Iglesia sin usar una sola arma humana conquistó y transformó todas las naciones de dicho Imperio. De resultas, aconteció una transformación social sin precedentes. Esto se repitió a lo largo de la historia, solo que más visible en algunas épocas y regiones geográficas que otras. Es innegable la transformación espiritual, afectiva, social y económica de la mayor parte de la Europa Occidental después de la Reforma Protestante de la Iglesia. Luego llegó a las Américas causando grandes impactos y trasformaciones en lo social (Gálvez, 2017).

La misión integrativa de la Iglesia lleva conocimiento

Donde llega la misión de la Iglesia llega el conocimiento espiritual e intelectual. Intelectual porque el teólogo, pastor maestro o creyente que estudian formalmente la escatología utilizan las ciencias bíblicas, la historia, la arqueología bíblica y otras, para interpretar correctamente el contenido del mensaje de la Biblia, con el fin de que estos instruyan a otros. La historia registra que donde llegó el evangelio impulsó la educación, la alfabetización, las ciencias, las artes, la industria, el mejoramiento de la agricultura, el desarrollo de las lenguas e idiomas, fundación de escuelas, institutos, academias y universidades a partir de la Reforma

Protestante (Gálvez, Art. Repercusión de la Reforma, 2020). La misión de la Iglesia debe retomar esa perspectiva de ser un actor social y epistemológico alejándose del evangelio especulativo. Muchos son los perjuicios que han sufrido creyentes e incrédulos al recibir mensajes apocalípticos que anuncian terror, fatalismo, tragedia, juicios inmisericordes, el fin catastrófico del mundo, el anticristo y su dominio mundial, en lugar de recibir el mensaje de la esperanza cristiana.

El conocimiento escatológico académico correctamente interpretado y comunicado lleva esperanza a la sociedad que vive atemorizada por la destrucción y el fin del mundo, creyendo en la aniquilación total. El conocimiento escatológico lleva consuelo porque anuncia que hay oportunidad todavía, que hay manera de escapar de las realidades últimas dolorosas. Trae calma porque clarifica el mensaje a los que escuchan explicando que la Escritura utiliza figuras, metáforas, analogías, imágenes que enseñan verdades espirituales maravillosas reales, tales como "el agua de vida, el árbol de la vida, la ciudad jardín, la nueva Jerusalén" en la que ya no habrá "muerte, llanto, dolor, tristeza, angustia, sufrimiento" sino vida, luz, paz, gozo y libertad eternas.

Ese conocimiento en la escatología hace fuerza para que se tenga la certeza de que las creencias populares apocalípticas atemorizantes deben ceder lugar a las doctrinas centrales de la escatología cristiana. Y destacar, además, la esperanza cristiana que apunta a la manifestación gloriosa de los hijos de Dios, a la revelación de Jesucristo en su gloriosa Segunda venida, al mensaje de que la verdadera vida está por venir, que todo lo viejo pasará y vendrá la nueva creación de todas las cosas en la vida eterna con la glorificación plena de nuestro Dios trino. Ese conocimiento capacita para ver que es imprescindible reafirmar que el fin de todas las cosas, es el comienzo de todo, donde Dios en Cristo será todo en todos.

La misión integrativa de la Iglesia conlleva bienestar económico

Una misión integrativa busca una teología equilibrada de bienestar que incluye el área económica, sin desviarse por el camino de "pseudoteología de la prosperidad" o del "ascetismo", que resalta el voto de pobreza. Busca el camino del contentamiento, del trabajo digno, de la buena administración, de la siembra de la cosecha. Sabe que el Dios y Padre de Jesucristo le dará la comida, el vestido y el techo: "[25] Por eso les digo: no se preocupen por su vida, qué comerán o beberán; ni por su cuerpo, cómo se vestirán. ¿No tiene la vida más valor que la comida, y el cuerpo más que la ropa? [26] fíjense en las aves del cielo: No siembran ni cosechan ni almacenan en graneros; sin embargo, el Padre celestial las alimenta. ¿No valen ustedes mucho más que ellas? [27] ¿Quién de ustedes, por mucho que se preocupe, puede añadir una sola hora al curso de su vida? [28] ¿Y por qué se preocupan por la ropa? Observen cómo crecen los lirios del campo. No trabajan ni hilan; [29] sin embargo, les digo que ni siquiera Salomón, con todo su esplendor, se vestía como uno de ellos. [30] Si así viste Dios a la hierba que hoy está en el campo y mañana es arrojada al horno, ¿no hará mucho más por ustedes, gente de poca fe? [31] así que no se preocupen diciendo: '¿qué comeremos?' o '¿qué beberemos?' o '¿con qué nos vestiremos?'. [32] Los paganos andan tras todas estas cosas, pero el Padre celestial sabe que ustedes las necesitan. [33] Más bien, busquen primeramente el reino de Dios y su justicia, y todas estas cosas les serán añadidas" (Mt. 6:25-33).

El cristiano sabe por experiencia propia, que solo por el hecho de su conversión, trae cambios financieros a su vida. Se vuelve un hombre responsable en su trabajo, ya no gasta su dinero en juergas, ni en lo superficial y por eso prospera. Descubre el deber y la alegría de ser generoso con el necesitado.

Sabe que no hay contradicción entre la fe y la abundancia. La Escritura dice que "Abraham era riquísimo en ganado, plata y en oro" (Gn. 13:2), y lo describe también como el padre de la fe. Así que no estoy en contra de la prosperidad equilibrada e integral en todas las áreas: espiritual, económica, familiar, ministerial, comunitaria, social y otras, sino a favor de entender que no hay que poner corazón y amor al dinero que es la raíz de todos los males. Los creyentes saben que todo eso viene por recompensa y por añadidura al seguir el camino de las leyes, principios y verdades de la vida, la obra y las enseñanzas de Jesús el Cristo, que encarna el verdadero triunfo.

La misión de la Iglesia se ocupa de enseñar y apoyar el bienestar financiero del individuo, el matrimonio, la familia, la comunidad y la nación, sin distanciarse de la esperanza cristiana de la resurrección de los muertos y la vida eterna. Porque la Iglesia está sabida que los que creen en Jesús irán al cielo, pero "mientras tanto no puede dejar morir al necesitado".

ESCATOLOGÍA Y MÉTODO INTEGRATIVO

Esta propuesta trata de integrar las condiciones previas para utilizar los recursos metodológicos en toda la teología bíblica y sistemática. Con mayor razón en la escatología ya que bien entendida se ocupa de los eventos futuros previos y posteriores a la Segunda venida de Cristo, del más acá en *el mientras tanto,* en los aspectos éticos y también de hacer misericordia al necesitado. La escatología debe ser integrativa, al igual que toda la teología cristiana. El método integrativo se compone de cuatro pasos: teología como sabiduría (al encuentro con Dios), conocimiento revelado no normativo, conocimiento investigado, conocimiento vivencial proyectado, que es la aplicación del conocimiento para suplir las necesidades espirituales, intelectuales, físicas y materiales, en las realidades concretas de la vida de las personas.

Paso uno: *Teología como sabiduría (el encuentro con Dios).* Se refiere al nuevo nacimiento que ocurre por la iniciativa divina de revelarse en Jesucristo, buscando al hombre perdido para salvarlo. Lo único que tiene que hacer el hombre es dar una respuesta de fe. El hombre salvo está en la condición de iniciar el camino del conocimiento. Iniciativa divina: busca al hombre por medio de Jesucristo: el Espíritu – la Escritura – la misión de la Iglesia – la predicación de la Palabra – la evangelización. Respuesta humana: oír – creer – invocar – confesar.

Paso dos: **Conocimiento revelado no normativo**. Este conocimiento está en la Escritura. Es posible recibirlo por la iluminación del Espíritu en respuesta a nuestra fe, oración y meditación, pues este viene en misterio y por medio de paradojas. Por ejemplo: Dios está oculto a los sabios de este mundo, pero se hace visible a los ignorantes; Dios viene a buscarnos en forma de hombre; Dios es santo, pero viene a buscar a los pecadores; nos da vida por medio de la muerte de cruz; somos libres, pero esclavos por amor; somos santos, pero todavía pecadores, etc., este conocimiento resulta en degustar, en medio del sufrimiento, una sabiduría divina oculta para los modos de conocer humanos. Este método paradójico —revelado en misterio—, acontece más o menos en este orden: Escritura – Cristo crucificado – Espíritu – iluminación – fe – oración – meditación – sufrimiento – conocimiento espiritual – sabiduría – saboreo.

Paso tres: **Conocimiento investigado**. Toda vez que alguien nace de nuevo, que adquiere un conocimiento fundamental que viene por

ESCATOLOGÍA Y MÉTODO INTEGRATIVO

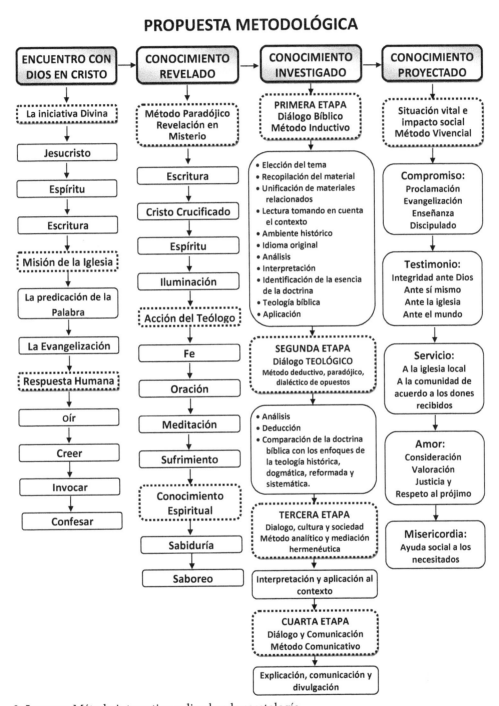

2. **Imagen:** Método integrativo aplicado a la escatología.

la iluminación, puede pasar a la etapa de la investigación en fondos bibliográficos. En esta etapa, se usa el método de investigación con sus pasos respectivos en los escritos bíblicos, en la bibliografía relacionada con la historia de la Iglesia, en la bibliografía escrita por los teólogos: Obras generales, monografías, revistas especializadas, artículos y sitios específicos en la web. Se sacan conclusiones sobre el tema bíblico-teológico investigado, luego se dan recomendaciones. Primera etapa, diálogo bíblico, método inductivo: elección del tema, recopilación del material, unificación de materiales relacionados, lectura tomando en cuenta el contexto, ambiente histórico, idioma original, pasando por los siguientes pasos: análisis, interpretación, identificación esencial de doctrina, teología bíblica y aplicación.

Paso cuatro: *Conocimiento proyectado*. Situación vital e impacto social, método vivencial:

Compromiso: proclamación, evangelización, enseñanza-discipulado. Testimonio: integridad ante Dios, ante sí mismo, ante la iglesia, ante el mundo.

Servicio: a la iglesia local y a la comunidad de acuerdo con los dones recibidos.

Amor: consideración, valoración, justicia y respeto al prójimo. Misericordia: ayuda social a los pobres, a los huérfanos, a las viudas, con apoyo a programas de seguridad alimentaria, de alfabetización y de educación. Asistencia, acompañamiento y orientación a las víctimas de violencia intrafamiliar; a los privados de libertad y en su reinserción a la sociedad; a los que sufren desintegración familiar por diversas causas: alcoholismo, drogadicción, infidelidad y otros; a los niños, a los adolescentes y a los jóvenes atrapados en la problemática de las pandillas y la inmigración (Propuesta metodológica de Rigoberto M. Gálvez, dada a conocer por primera vez en Para entender la teología CLIE, Barcelona, 2015).

ESCATÓN

El término "Escatón" proviene del griego antiguo ἔσχᾰτος (éschatos), que significa "último" o "final". En el contexto bíblico, el escatón (ya transliterado al español), se refiere a la creencia en un evento final o una consumación última de la historia humana y del plan divino de salvación. Es un concepto que se encuentra en varias tradiciones religiosas, pero en el cristianismo se relaciona principalmente con la esperanza de la Segunda venida de Cristo.

El término escatón se refiere al clímax o el final de la historia que incluye un período de Gran Tribulación y sufrimiento, según la enseñanza cristiana. Este clímax incluye: la Segunda venida de Cristo quien juzgará a vivos y los muertos, el juicio final, el establecimiento del milenio (según algunas interpretaciones), del Reino de Dios en la Tierra y el estado eterno en el cielo nuevo y la tierra nueva. Estos eventos representan la culminación última del plan divino de salvación y la realización plena del Reino de Dios en los que reinará la justicia y la paz.

El concepto del escatón se basa en diversas profecías y enseñanzas bíblicas, especialmente en los libros proféticos del Antiguo y Nuevo Testamento como Daniel, Isaías, Mateo, Lucas, 1 y 2 Tesalonicenses y el libro del Apocalipsis. Estas escrituras describen eventos y señales que se consideran indicadores del fin de los tiempos, como guerras, desastres naturales, persecuciones, apostasía y la manifestación del anticristo (Kehl).

Es importante destacar que las interpretaciones y las creencias sobre el escatón pueden variar entre diferentes tradiciones teológicas y denominaciones cristianas. Algunos creen en una visión literal y futura de estos eventos, mientras que otros adoptan una interpretación más simbólica o espiritual.

Algunos estudiosos sostienen que los profetas del Antiguo Testamento hablaron de los "últimos días" en los que Dios destruiría a sus enemigos (Jer. 23:20; 30:24) y traería salvación a su pueblo (Is. 48:20; 49:6; Os. 3:5). Los escritores del Nuevo Testamento claramente interpretaron que los "últimos días" habían llegado con la venida de Jesús (He. 1:1-2; 1 P. 1:20). El derramamiento del Espíritu en Pentecostés fue visto como una confirmación del inicio de los "últimos días" (Hch. 2:17; cf. Jl. 2:28-32). La consumación final de la obra salvadora de Dios espera la Segunda venida de Cristo y todo lo que seguirá después (ver **Escatología, Últimos tiempos**).

ESCUELAS DE INTERPRETACIÓN DEL APOCALIPSIS

Debido a la naturaleza altamente simbólica del libro de Apocalipsis y su contenido profético, han surgido diversas formas de interpretarlo, algo que ha dado lugar a diferentes esquemas e incluso escuelas de interpretación. Trenchard presenta una buena descripción de cada una de ellas: Preterista, Futurista, Historicista e Idealista o espiritualista. Y su conclusión, a nuestro criterio, es equilibrada. Presentamos las cuatro perspectivas:

La escuela preterista. Según esta perspectiva, el libro se considera como una narración de eventos que tuvieron lugar en el tiempo del autor, es decir, se ve como un documento histórico y contemporáneo que describe lo que ya ha ocurrido. Bajo este esquema, los capítulos 4-22 se interpretan como una descripción meramente descriptiva de la época del autor. Esta visión coincide con el método apocalíptico judío, que buscaba alentar a los creyentes en momentos de persecución intensa. Según esta interpretación, las bestias mencionadas en el capítulo 13 se identifican respectivamente con la Roma imperial y el sacerdocio pagano imperial. Esta postura es defendida principalmente por eruditos liberales en la actualidad. Aunque este enfoque enfatiza la relevancia del mensaje para los destinatarios originales, una objeción es que priva a las generaciones posteriores de la orientación y consuelo que el libro proporciona. Además, se cuestiona su origen, ya que fue desarrollado por el jesuita español Alcázar en 1614 como una respuesta a las enseñanzas historicistas de los reformadores protestantes sobre el papado, a quien identificaron como el Anticristo. Por lo tanto, se considera un enfoque interpretativo sesgado. También se debe tener en cuenta que no toma en serio lo que el propio libro afirma claramente: que a partir del capítulo 4:1 revela "las cosas que han de ser después de estas". En tiempos recientes, ha surgido una variante de este esquema en la que algunos comentaristas argumentan que los eventos descritos en el libro eran inminentes, pero aún no habían ocurrido en el momento en que Juan lo escribió, lo que implica cierto grado de predicción futurista en los acontecimientos descritos.

La escuela de interpretación futurista. Sostiene que, a excepción de los capítulos 1-3, todas las visiones del libro de Apocalipsis se refieren a un período inmediatamente anterior o posterior a la Segunda Venida de Cristo, lo que implica que los sellos, las trompetas y las copas se refieren a eventos aún futuros. Según esta perspectiva, la bestia mencionada en los capítulos 13 y 17 se refiere al Anticristo futuro, quien aparecerá al final de la historia mundial y será derrotado por Cristo en su Segunda Venida, cuando se establecerá el Reino Milenial en la tierra. Algunos "Padres" de la Iglesia, como Justino Mártir, Ireneo, Hipólito y Victorino, defendieron variantes de este esquema. Sin embargo, desde el siglo IV, predominó el método alegórico de interpretación de las Escrituras asociado con la escuela alejandrina, hasta que en el siglo XVI el jesuita español Francisco Ribeira retomó la interpretación futurista. Ribeira creía que la bestia representaba al Anticristo de los últimos tiempos y que "Babilonia la grande" no se refería a la Roma papal (como enseñaba Lutero), sino a una futura Roma degenerada. A diferencia de muchos futuristas modernos, Ribeira basó sus ideas en un estudio serio del trasfondo histórico y del lenguaje del Apocalipsis. Identificó los primeros cinco sellos con elementos específicos del cristianismo primitivo, como la época de los apóstoles, las primeras persecuciones, las herejías y las persecuciones violentas bajo Trajano. Sin embargo, interpretó el sexto sello como algo que precedería a la Segunda Venida, creyendo que las trompetas y las copas vendrían después de tres años y medio. Este enfoque ha resurgido en el siglo XIX y es considerado por muchos evangélicos como el más coherente en la actualidad. Sin embargo, el problema principal de esta interpretación es que limita la relevancia del libro para los creyentes actuales solo a los primeros tres capítulos, con una posible extensión a los capítulos 4 y 5 en relación con la adoración. Además, el problema se agrava cuando se insiste de manera dogmática en que la Iglesia desaparecerá de la tierra antes de los eventos narrados a partir del capítulo 6.

La escuela interpretación historicista. Se enfoca en ver todos los eventos narrados o profetizados en el libro de Apocalipsis desde la perspectiva de la historia del cristianismo, abarcando desde la Encarnación de Cristo hasta la Segunda Venida y el estado eterno. Fue el monje Joachim de Florís quien afirmó haber recibido una visión especial en la noche de Pascua, revelándole el plan de Dios para las distintas etapas de la historia. Según Joachim, asignó un valor de un año a cada día en el número 1260, que se repite de diferentes formas en todo el libro. De acuerdo con esta perspectiva, el libro es una profecía de los eventos de la historia occidental desde la época de los apóstoles hasta el siglo XIII, aunque ha habido variantes que incluyen desde la creación. Después de la muerte de Joachim, los franciscanos llegaron a creer y proclamar que ellos eran los verdaderos creyentes mencionados en el libro, interpretando a Babilonia no solo como la Roma pagana, sino también como el papado. Otros desarrollaron esta idea, con el elemento común de relacionar al papado con el Anticristo y Babilonia. Este enfoque fue adoptado por líderes de la Reforma protestante como Lutero y Calvino. A pesar de las inconsistencias del sistema, el enfoque historicista ha tenido defensores a lo largo del tiempo, incluyendo al famoso exegeta H. Alford. Sin embargo, en la actualidad, este enfoque no cuenta con mucho apoyo debido a la falta de consenso sobre la identificación precisa de los personajes requeridos. A veces, se ha llegado a extremos ridículos al intentar identificar a líderes políticos, como Napoleón Bonaparte, Lenin, Stalin, Mussolini, Hitler, Nasser, Gaddafi y Sadam Hussein, con el Anticristo. La principal objeción a este enfoque interpretativo radica en su falta de relevancia para los lectores originales del libro y las generaciones sucesivas a lo largo de los dos mil años de historia del cristianismo hasta ahora.

La escuela idealista o espiritualista. Enseña que el libro se interpreta como una forma de poesía simbólica que transmite verdades espirituales en lugar de literales. No representa eventos históricos específicos ni predice el futuro, sino que refleja verdades eternas sobre la lucha entre el bien y el mal, que continuará hasta la Segunda Venida. Este enfoque es más reciente y puede resultar difícil de distinguir del antiguo método alegórico de la escuela alejandrina, representada por Clemente y Orígenes. Actualmente, tiene cierto atractivo, especialmente entre teólogos jóvenes cansados de las disputas entre diferentes escuelas interpretativas a lo largo de la historia del libro. ¿Cuál es el enfoque correcto? Según A. Johnson, considerando que ha habido y todavía hay defensores evangélicos de todas las posturas, la cuestión no es tanto cuál postura es más "ortodoxa", sino "cuál se ajusta mejor a las reglas hermenéuticas en su conjunto". Por esta razón, en años recientes muchos expositores, —y nosotros mismos simpatizamos con esta postura— han intentado combinar los argumentos más convincentes de los diferentes enfoques, manteniéndose abiertos a nuevas ideas. Los autores de este comentario, después de considerar todos los argumentos, creemos que la solución que mejor se ajusta a las normas hermenéuticas básicas es una sabia integración de las escuelas preterista y futurista, siguiendo la línea marcada por G. Beasley-Murray, F. F. Bruce, G. Eldon Ladd, L. Morris, R. Mounce y otros. Sin embargo, como reconocimos anteriormente, en ciertas ocasiones, frente a problemas textuales específicos, será necesario recurrir a elementos de otras escuelas, especialmente la escuela idealista, para llevar a cabo una buena exégesis.

ESCUELA DE PROFETAS

La expresión "escuela de los profetas" no aparece exactamente en el Antiguo Testamento, pero se puede encontrar expresiones similares como "hijos de los profetas" o "compañía de profetas". De acuerdo con la tradición judía, el profeta Samuel fue considerado el fundador de estas instituciones. Según Wood, es posible que, al principio, el profeta actuara como maestro utilizando su propia residencia en Ramá como lugar de enseñanza. Existe un pasaje que sugiere que la escuela de Samuel tenía un edificio como centro de instrucción en Nayot de Ramá. Estas agrupaciones surgieron cuando un profeta experimentado atraía a jóvenes ansiosos por recibir su enseñanza. Estos discípulos se establecían en colonias cercanas al maestro. Se cree que estas escuelas eran centros de vida religiosa, donde se buscaba la comunión con Dios a través de la oración y la meditación. Se transmitían tanto las tradiciones sagradas de forma oral como escrita, y la música sagrada también desempeñaba un papel importante. Estas escuelas tenían influencias teocráticas y pueden haber tenido un impacto en el pueblo (ver **Profetismo, Profeta, Samuel**).

Wood afirma que Samuel, indudablemente, es el profeta más reconocido de este período y fue aclamado como tal desde una edad temprana por "todo Israel, desde Dan hasta Beerseba" (1 S. 3:20). También afirma que Samuel asumió el papel de supervisor de un grupo de jóvenes profetas que residían en Nayot, una localidad cercana a Ramá, que podría considerarse su cuartel general (1 S. 10:5-10; 19:18-20). Añade que parece ser que estos jóvenes eran miembros de una escuela de aprendizaje, posiblemente fundada por el propio Samuel. Se congregaban y residían juntos, compartían una vocación profética y un fervor religioso común. Estos profetas formaban una comunidad cohesionada, unida por su devoción a Dios y su deseo de buscar una mayor comunión con lo divino. Estos grupos de profetas tenían una fuerte conexión con el santuario, que generalmente se encontraba en un cerro sagrado o un lugar consagrado. Desde allí, descendían en procesión para llevar a cabo sus prácticas proféticas y alabar a Dios a través de la música con salterios, panderos, flautas y arpas y la expresión artística. Estos instrumentos tenían un papel importante en las prácticas de adoración y alabanza a Dios. La música desempeñaba una función espiritual, sirviendo como un medio para elevar el espíritu y crear un ambiente propicio para la conexión con lo divino. Además, se debe destacar que cuando se menciona que los profetas "irán profetizando", se hace referencia a su papel central como heraldos del mensaje divino. Estos profetas transmitían las palabras y las revelaciones que recibían de Dios al pueblo, actuando como intermediarios entre lo divino y lo humano. Utilizando visiones, interpretaciones y exhortaciones, comunicaban las voluntades y los planes de Dios a la comunidad en la que se encontraban. Respecto a 2 Reyes 9:1-12, Wood afirma que se relata cómo un joven profeta de la escuela de Eliseo fue enviado por este último para ungir a Jehú como rey de Israel. En ese momento, Joram era el rey de la tierra y Jehú servía como capitán de su ejército. Después de que Joram sufriera una derrota en una batalla contra los sirios, regresó a Jizreel para recuperarse de las heridas infligidas por los sirios. Mientras tanto, Jehú se encontraba en Ramot de Galaad, el lugar donde tuvo lugar la batalla, junto con el ejército derrotado de Israel. Fue allí donde el joven profeta encontró a Jehú, le entregó el mensaje divino y luego partió rápidamente de ese lugar.

Desde la perspectiva del *Ruaj* (espíritu) y los grupos de profetas, González presenta un matiz argumentando que, si consideramos que el episodio de los Setenta Ancianos proviene de la tradición E, no deberíamos sorprendernos por esta concepción tan desarrollada del concepto de *Ruaj*. Precisamente en esta tradición, se extiende el título de "profeta" a diversos personajes de la historia anterior, y en la misma época se perciben claramente las influencias de las escuelas proféticas. No obstante, es importante tener en cuenta que esta idea del *Ruaj* aún está lejos del sentido elevado al que la revelación los llevará. El "profetizar" de los Ancianos no difiere del de los *Nebi'im* en su manifestación externa. El *Ruaj* no los convierte en profetas en el sentido clásico, de la misma manera que no convierte en profetas a Saúl y a sus enviados, ni a los jueces. En cambio, los hace "portadores del espíritu", en el sentido de ser "testigos" de la presencia y acción de Yahvéh.

En consecuencia, la función de los Ancianos no está orientada al "servicio" del Santuario del Arca, aunque Moisés los haya convocado en su presencia. Eldad y Medad "profetizan" en el campo, lejos de la Tienda. Si todo el pueblo se convierte en "profetas", no es en el sentido de ser "especialistas del culto" (ver **Espíritu, Profecía**).

Loza Vera establece una conexión sutil entre la aparición de la literatura apocalíptica y el profetismo, así como las escuelas de profetas. Señala que la apocalíptica surge cuando el profetismo se convierte en algo del pasado y cuando Israel centra su religiosidad en los sacrificios del templo y en la observancia de la Ley escrita. En este contexto, la interpretación de las Escrituras se vuelve crucial y los apocalípticos se adentran en las enseñanzas de las escuelas de profetas, donde se intenta comprender y explicar el significado de las profecías, (ver **Apocalíptica, Literatura apocalíptica**).

Por otro lado, el erudito Sicre adopta una postura más cautelosa respecto a la existencia de la Escuela de Profetas como una entidad concreta. Aunque no descarta su existencia, señala que algunos autores completan la imagen basándose en otros detalles conocidos sobre Samuel, como sus intervenciones en tiempos de guerra, presentándolos como fervientes patriotas que acompañaban a los soldados en la batalla. Aunque no se puede demostrar con certeza, también se les ha atribuido la práctica de hacer incisiones durante los estados de éxtasis, aunque esta referencia solo se encuentra en la Biblia en relación con los profetas de Baal. Algunos sugieren que estas escuelas proféticas fueron fundadas por Samuel, donde los jóvenes se preparaban para una posible elección divina o se convertían en maestros religiosos en Israel. Sin embargo, hay muy poca información disponible sobre ellos, y es preferible reconocer nuestra falta de conocimiento al respecto. Respecto a su origen, se sugiere que estas escuelas se insertaron en el movimiento extático-divinatorio que surgía en Siria-Palestina durante el siglo XI, (ver **Éxtasis, Adivinación**).

En resumen: las Escuelas de Profetas respaldadas por Wood eran comunidades de discípulos liderados por Samuel, que compartían una vocación profética y buscaban la comunión con Dios a través de la oración, la meditación y la música sagrada. Actuaban como heraldos del mensaje divino y tenían un papel importante en la historia de Israel. González relaciona el concepto de *Ruaj* con los grupos o escuelas de profetas, destacando su función como "portadores del espíritu" y testigos de la presencia de Yahvéh. Loza Vera vincula la aparición de la literatura apocalíptica con las enseñanzas de las escuelas de profetas. Sicre adopta una postura cautelosa sobre la existencia concreta de estas escuelas y sugiere que surgieron dentro del movimiento extático-divinatorio en Siria-Palestina en el siglo XI (Gálvez).

ESMIRNA

Esmirna, hoy, se ubica en İzmir, Turquía. Se fundó cerca del año 3000 a.C. Se convirtió en una ciudad estado, llegó a ser una de las principales ciudades de Asia Menor; después de sufrir ataques, invasiones, destrucciones, fue reconstruida por Alejandro Magno y sus sucesores. Su posición geográfica estratégica, su arquitectura y edificación bien planificadas con varias plazas, templos, edificios públicos, pórticos y una biblioteca pública vino a ser una ciudad comercial destacada y un centro importante del culto imperial. Sus calles bautizadas con nombres de distintas divinidades, además con el culto a diosas y dioses por todos lados, en el año 195 a.C. dedicó un templo a la diosa de Roma bajo el reinado de Tiberio Cesar y un templo en honor al propio emperador (Ropero).

En esa gran ciudad, existió una de las Iglesias cristianas más sólidas, a la cual se refiere Juan en el pasaje de Ap. 2:8-10, como una Iglesia fiel, sufrida, a la que se le promete consuelo y recompensa por sus buenas obras y por las tribulaciones sufridas. Recibe toda alabanza y ninguna culpa, en cuanto que Cristo sabe todo sobre ella, incluyendo la calumnia que están experimentando de los falsos judíos, que conforman la "sinagoga de Satanás" (Ap. 2:8-9). A menudo, la palabra profética para el pueblo de Dios que está en sufrimiento es una palabra de aliento y consuelo. Los judíos verdaderos estaban exentos de adorar al emperador romano como dios, porque eran tolerados como una religión antigua, especial, monoteísta. Durante un tiempo, el cristianismo disfrutó de un grado de protección porque estaba estrechamente asociado con el judaísmo, pero eso era inmoral y una manifiesta deslealtad. Es probable que a los "informantes" o "acusadores" judíos, como se les llamaba, hicieron del conocimiento a los romanos de los cristianos en medio de ellos. Ello condujo a la persecución romana de los creyentes que se negaron a adorar a César como el *Kyrios*, el señor.

Jesucristo mismo exhorta a la Iglesia que está en Esmirna a permanecer fiel hasta la muerte (Ap. 2:10), aunque algunos de sus cristianos serán encarcelados y ejecutados. Jesús, el Primero y el Último, el que murió y resucitó, promete a los mártires de Esmirna la corona de la vida y protección de la segunda muerte (Ap. 2:8, 10-11). A la iglesia de Esmirna no se le promete exención de persecución, sino resurrección de entre los muertos después de haber sido fiel hasta la muerte. Las promesas de Jesús a los vencedores son escatológicas más que inmediatas (ver **Siete iglesias del Apocalipsis**).

ESPADA

La palabra "espada" se menciona en varias ocasiones en la Biblia. En general, se utiliza como un símbolo de juicio, guerra y destrucción. Su significado puede variar según el contexto. Se mencionan dos tipos de espadas: la *Machaira*, en griego, que se refiere a una espada corta similar a una daga o cuchillo corto. Metafóricamente, se asocia con la violencia ordinaria y los desacuerdos que roban la paz. También se utiliza como instrumento de los magistrados y jueces para administrar justicia, y para sondear la conciencia, el espíritu y el alma, como en el caso de la Palabra de Dios como espada de doble filo. El segundo tipo es la *Romphaia*, que se refiere a una espada larga similar a una lanza y es la que se menciona específicamente en el Apocalipsis (Ap. 1:6, 2:12, 16; 6:4, 19:15, 21), (Vine). Representa el poder y la autoridad utilizados para impartir justicia divina y castigar el mal. Es interesante notar que en algunos pasajes se describe a Jesucristo portando una espada afilada de dos filos en su boca, lo cual simboliza su autoridad y poder divino para juzgar y castigar. Esta imagen sugiere que su palabra es una herramienta de juicio y que sus palabras son poderosas y efectivas para cumplir su propósito divino.

Además, en el Apocalipsis se mencionan ángeles que portan espadas y son enviados para ejecutar juicio y causar destrucción en la tierra. Estas espadas pueden interpretarse como instrumentos de la ira divina y como símbolos de la justicia divina que se lleva a cabo durante el Apocalipsis. En resumen, la palabra "espada" en el Apocalipsis tiene un significado simbólico que representa juicio, guerra, destrucción y la autoridad divina para impartir justicia. Es un símbolo poderoso que se utiliza para describir los eventos catastróficos y el juicio final retratados en el libro (García), (ver **Juicio**).

ESPERANZA ESCATOLÓGICA

Esperanza escatológica, la ética y la misión de la Iglesia
Uno de los pasajes que concentran la esperanza escatológica, la ética y la misión de la Iglesia de manera sorprendente es 1 P. 3:8-17. En todos estos versículos se marcan los aspectos éticos: el no devolver mal por mal, no maldecir cuando nos maldicen. Se incluye practicar la justicia, el retirarnos del mal, hacer el bien, porque el Señor está en contra de los que viven el mal. Así, nuestra conciencia limpia fortalecerá el testimonio de nuestra esperanza y tapará la boca de los escarnecedores. En el versículo 15 ordena que los cristianos santifiquen a Cristo como Señor y que se preparen para demostrar, con razones, la esperanza cristiana de buena manera y con respeto: "sino santifiquen a Cristo como Señor en sus corazones, estando siempre preparados para presentar defensa ante todo el que les demande razón de la esperanza que hay en ustedes. Pero háganlo con mansedumbre y reverencia" (1 P. 3:15). Aquí se habla de una estrategia para alcanzar a los no convertidos. Comienza con nuestra condición espiritual, honrando al Señor en lo íntimo de nuestro ser, en nuestro corazón. Luego viviendo con los principios del evangelio y preparándonos para dar razón de lo que creemos, pero concretamente de la esperanza cristiana: "Específicamente, los cristianos deben comprender a fondo la lógica de las expectativas escatológicas que son nuestra esperanza. Esto presupone que los grandes acontecimientos futuros que la Biblia anuncia, no son meros acontecimientos espectaculares ni ocurrencias exóticas y extrañas a la lógica del proceso histórico, al contrario, son la más profunda revelación del sentido de la historia y la coherencia de la salvación" (Stam, 1999).

La escatología bíblica es, en esencia, el evangelio llevado a su última expresión. La exhortación de Pedro admite que los acontecimientos esperados tienen sentido como para estar bien preparados para explicar la fe cristiana a todo el que se interese o pregunte.

Moltmann tiene la certeza de que la escatología no es para que discurramos solamente sobre los eventos del final de la historia y la gloria futura plena, sino para que se catapulte la predicación y la evangelización en un contexto de ética y justicia. Por ello, los cristianos somos llamados a ser hacedores de justicia y del bien porque "Solo la justica crea futuro" afirma Moltmann y, precisamente, uno de los puntos que aborda es la justicia desde la perspectiva del Sermón del Monte. Asevera que hoy resulta oportuna esa enseñanza porque es el arma más potente para la liberación de la fuerza y la superación de la hostilidad, especialmente por la tensión mundial, la crisis política, las guerras, la escalada nuclear. El secreto del poder de esa enseñanza de la montaña es que devela la sabiduría de "cómo la paz triunfa sobre la violencia, aboliendo el mal y la ley del talión que permite devolver mal por mal. La actitud no violenta y el devolver bien por mal son los signos distintivos del evangelio. Solo la justicia, que consiste en amar de modo creativo, trae al mundo una paz duradera" (Moltmann, La Justicia crea futuro, 1989). He aquí el modo de que la misión sea efectiva: dando ejemplo de una vida cristiana auténtica.

El impacto social de la escatología, la misión y la ética

La Escritura muestra que la Iglesia es el grupo de los creyentes que por el Espíritu Santo se unen a Jesucristo y se gozan de una particular pertenencia a Él. Su lugar está en el mundo, para cumplir la misión de ser "sal", "luz", "carta abierta", "mensajera" y "embajadora" de su rey y Señor. Por tanto, la Iglesia nace con el propósito de vivir y anunciar la esperanza cristiana para la transformación de los seres humanos, sus familias y sus naciones. Aunque esta se rige por las leyes y principios del reino de Dios, también deben concretarse en las distintas esferas del mundo: la familia, el gobierno civil, la educación, la economía, los medios de comunicación, las artes, espectáculos y deportes, para configurarlos y transformarlos.

La Iglesia verdadera desde su fundación es un pueblo, grupo o asamblea visible, real, localizable, identificable, tal y como lo señala el apóstol Pablo cuando se refiere a la Iglesia que está en Roma, Corinto, Galacia, Éfeso, Tesalónica. No es una "ciudad platónica" o algún reino imaginario en el que los cristianos están ligados de manera interior o invisible. En toda la Escritura no hay un solo versículo claro que hable de una "Iglesia invisible". Así que podemos hablar con toda propiedad de la Iglesia iberoamericana, la Iglesia latinoamericana, la Iglesia guatemalteca.

La misión primaria de la Iglesia es "id y predicad este evangelio a toda criatura", "... Id haced discípulos a todas las naciones", ello exige que esta sea necesariamente visible, junto con sus obras, su conducta y la responsabilidad social con la ayuda a las viudas, huérfanos, extranjeros y necesitados.

Esta grande y diversa tarea requiere de la Iglesia que tenga presencia en el mundo, pero no con palabras persuasivas de humana sabiduría, sino con una demostración de poder, con un buen testimonio y con una influencia positiva. Así, el desafío de la misión, la Iglesia debe mostrarse poderosa, impactante, desafiante, santa, unida, con un mensaje pertinente para el "aquí y ahora" y un mensaje escatológico de esperanza para el "más allá".

La Iglesia del libro de los Hechos, por ejemplo, es una Iglesia visible, no escondida, ni fugada del mundo. Comenzó con los doce apóstoles y luego se convirtió en una comunidad que provocó agitación visible y pública. Sacudió a todos con el mensaje de la cruz y el Cristo resucitado, acompañado de señales y milagros. Su testimonio de unidad y solidaridad no pasó desapercibido ante el Imperio romano, el gobierno local, los grupos religiosos, las ciudades, las aldeas, las familias y los individuos.

En la Iglesia del principio todos hallaban espacio: los pecadores, los hambrientos, las viudas, los huérfanos, los enfermos, los recaudadores de impuestos, los ricos y los pobres. Además, lo singular de su misión, su fundamento escatológico y su meta —la consumación del reino de Dios, son de talante único y el modelo a seguir.

Esas características son las que distinguen a la Iglesia de todos los demás grupos sociales. La Iglesia verdadera a lo largo de la historia ha permanecido firme a esos postulados. La Iglesia de hoy no puede ignorarlos y tampoco alterar su esencia. Aunque haya muchas iglesias y denominaciones con diferencias periféricas, todas con algunas debilidades y errores, el Señor de la Iglesia con la fuerza del Espíritu las guiarás, las reorientará y las purificará.

Es necesario que la Iglesia persevere con el mensaje de la gloria y la vida eternas futuras consumadas, que repercute acá en la tierra. El evangelio debe continuar haciendo presencia en todas las clases sociales.

La vocación de la Iglesia no es política, social o económica, pero es necesario que cause un impacto en esas esferas. Muchos cristianos en Norteamérica y América Latina ocupan cargos de elección popular: ministros, diputados, alcaldes, gobernadores o jefes de dependencias del Estado. El asunto es que se comporten a la altura, testificando con palabras y hechos de la esperanza que poseen.

La misión de la Iglesia debe seguir incidiendo en la educación secular. Universidades, colegios, e institutos trabajan con nombres cristianos y con una orientación cristiana, pero se espera que no sea de manera supuesta. Ese es el desafío. Sé que un porcentaje significativo de rectores, decanos, profesores y alumnos son cristianos en el contexto de América Latina y Norteamérica. Aunque la mayoría de la educación es legislada como laica, ello no impide que vivan como cristianos y que a nivel personal compartan su fe.

En el ámbito cívico es pertinente que la Iglesia siga con el cambio de actitud que ha ocurrido en los últimos años, donde participa ejerciendo el voto para los cargos de elección popular, sin ser partidista.

Para que la Iglesia sea un instrumento de una verdadera transformación social, sin perder de vista la razón de su esperanza cristiana; necesita mantenerse fiel a la misión definida claramente en las Escrituras. No debe desviarse de la meta, la esperanza de la resurrección de los muertos y de la vida eterna. Tiene que demostrar la santidad disposicional que se deriva de la santidad forense, que tiene en Cristo Jesús; sin dejar de fomentar y practicar la responsabilidad social con la ayuda a los desamparados, a los damnificados y a los marginados.

Es importante, además, que la iglesia permanezca en la ética cristiana que, sin duda, es superior a cualquier ética o código deontológico humano; porque va más allá de lo que exige la ética secular. Por ejemplo, la ética secular dice, no hagas el mal, la ética cristiana dice no hagas el mal y agrega "haz el bien" incluso, al que te hace el mal. La ética cristiana no empieza por una reflexión, sino que empieza por un escuchar. Repiensa lo que Dios ha pensado antes para el hombre respecto de la conducta humana. Y esto se encuentra en la palabra de Dios. Dios hace algo especial por el hombre, pero luego el hombre es llamado para hacer algo de su parte. El llamamiento de la ética cristiana es repetir lo que ha escuchado y visto de parte de Dios en sus preceptos, en las enseñanzas de Jesús y su conducta. Es hacer un llamado a los cristianos para que el comportamiento de ellos corresponda al comportamiento y a la acción de Dios en la historia, en la vida y obra de Jesús de Nazaret. Dios, el hijo, se hizo hombre en Jesús de Nazaret, habitó entre los hombres, para enseñarles a vivir y actuar en las diferentes circunstancias de la vida con superioridad ética (Gálvez, 2001).

Cuando la escatología anuncia la Segunda venida de Cristo, la resurrección de los muertos, el juicio final, la recompensa de los creyentes, la consumación del reino, la vida eterna para su pueblo y la condenación para los que rechazan el evangelio, es un llamado implícito a la integridad. Por esa esperanza, los cristianos nos purificamos interna y externamente. Si no creyéramos esa esperanza gloriosa, viviríamos la vida del mundo igual que los incrédulos. Nos concentraríamos en disfrutar los placeres de este mundo. Nuestro corazón y nuestra mente nos llevarían a pensar y a vivir únicamente en los asuntos de la tierra, porque todo se acabaría con la muerte. Si así fuera, entonces haríamos exactamente lo que dice Pablo: "Comamos y bebamos porque mañana moriremos". Pero sabemos que la verdadera vida está por venir, que nuestro hogar definitivo es el cielo y que todo lo que hagamos aquí en la tierra será evaluado por Jesucristo el Juez justo, entonces nuestra ética cristiana es la que rige nuestra vida. Sabemos que la Palabra de Dios y el Señor mismo, nos demandan vivir una vida diferente, sobria, hacedora del bien.

Con buenas razones bíblicas y teológicas Stam hace un llamado a los cristianos a que impriman su esperanza escatológica en las estructuras sociales del mundo. Lo cual significa configurar el terreno social, dejando de ser creyentes conservadores que piensan solo en los asuntos futuros del cielo. En esa dirección, cita a Metz: "El ser humano espera la justicia y la paz en cuanto procura su realización de manera anticipada. La ortodoxia de su fe debe acreditarse constantemente en la ortopraxis de su acción orientada escatológicamente". Para reforzar su argumento cita a Barth: "La esperanza vive en la realización del próximo paso" y a Kerstiens: "La esperanza cristiana es la fuerza propulsora de todas las esperanzas intramundanas, las penetra con todos sus esfuerzos y les da nueva vida con la confianza en la misericordia y en la omnipotencia de Dios cuando ellas han llegado al límite de su propia fuerza" (Stam, 1999).

El encargo de la misión escatológica

La tarea de la misión escatológica de la Iglesia la describo así:

Id y enseñad al mundo enfermo de muerte la promesa de que habrá cielos nuevos y tierra nueva, para el que cree en Cristo.

Id y anunciad que habrá un juicio universal para los incrédulos y una recompensa para los creyentes que amen a Dios y al prójimo con acciones concretas de ayuda y misericordia.

Id y recordad a toda la Iglesia peregrina que va en camino a la nueva Jerusalén, la ciudad celestial, su verdadero hogar, *mientras tanto* que siembre la semilla de la Palabra.

Id y recordad a todos que el sufrimiento, el dolor, el lloro, el miedo, la angustia, la desesperación, el hambre, la pobreza, la esclavitud, la enfermedad, la vejez y la muerte física, no tienen más la última palabra, pues todas estas cosas pasarán de una vez por todas.

Id y proclamad a todos la buena noticia que se acerca el tiempo en que se oirá la voz que dice: "Y el que está sentado en el trono dijo: He aquí, yo hago nuevas todas las cosas. Y añadió, escribe, porque estas palabras son fieles y verdaderas" (Ap. 21:5).

Id y anunciad a todos que llegará el nuevo tiempo en que la gloria de Dios iluminará el universo y Dios se autoglorificará con la unión de su pueblo en la nueva creación.

Id y promulgad a todos que todo será transformado en gozo, deleite, en la magnífica gloria de Dios, en el tabernáculo espiritual universal de la nueva Jerusalén, en comunión con su pueblo, los cielos nuevos y tierra nueva, dando alabanza y adoración al Dios trino en fiesta perpetua (Gálvez).

He condensado lo esencial de la misión de la escatología, y si usted observa querido lector, es precisamente centrarse en la enseñanza escatológica de la esperanza cristiana y no en la apocalíptica deformada que abunda. Es claro que hay que tratar con justa dimensión los pequeños y breves temas apocalípticos que se describen en Mt. 24, Lc. 21 y Mr. 13, y otros pasajes aislados en el libro de los Hechos, la 2ª carta de Pedro y el libro de Apocalipsis. No es misión de la escatología ahondar en descifrar, descubrir e interpretar los acontecimientos apocalípticos catastróficos, con abundantes creencias basadas principalmente en un pasaje de Daniel, influenciados por las apocalípticas seculares y una errónea interpretación del Apocalipsis. Por el contrario, el mensaje central del libro de Apocalipsis es la manifestación gloriosa de Jesucristo y su victoria final sobre el mal.

Creo que también es parte del encargo de la misión escatológica revelar los propósitos eternos de Dios, conocer la profecía y explicarla; aclarar los eventos previos al fin y la consumación del reino de Cristo. Investigar el orden de los eventos previos y los que suceden durante la Segunda venida del Señor y el desenlace, sustentándolo todo en la Escritura; comunicar la esperanza cristiana de la eternidad a los anhelos seculares humanos que buscan trascender a lo terrenal; para que descubran los seres humanos que hay respuesta a lo que por naturaleza el hombre teme: la muerte y la creencia de la aniquilación total. Y permanecer ajena al pensamiento de las futurologías y la idea del progresismo porque son una vana ilusión.

Según Lindhardt, parte de la misión de la escatología es desarrollar la enseñanza sobre los últimos tiempos conciliándola con el cumplimiento futuro de la profecía bíblica e interpretar la historia y la manera de relacionarse como sujeto en los acontecimientos de la actualidad (Lindhardt, 2018).

Pannenberg pide de la escatología que aclare sin miedos y sin complejos, qué significa para nuestra vida humana la unión con Dios más allá de la muerte.

Para Ruiz de la Peña, la escatología debe tener claro que la salvación corresponde al hombre, al mundo y su historia, que es su contexto, no debe despreciar la creación y la temporalidad en la que vive, en cuanto que son las que definen lo humano. Su misión es evitar que estas verdades sean rápidamente desplazadas por varios y similares desvíos idolátricos del futuro absoluto: el progreso, el reino de Dios en la tierra, el paraíso de la no contradicción. En ese sentido, la escatología también es antropología. La fe cristiana, en fin, se cree hacedora de la aleación de antropología y fe para dar una respuesta a los desafíos de los proyectos humanos de futuro, confiando a su vez que estos tomen en consideración sus respuestas a las eternas cuestiones del a dónde y para qué, del sentido último de la existencia humana y de la realidad en que se mueve y a la que pertenece (Ruiz de la Peña, 1996).

A mi juicio, la misión de la escatología se condensa en dar esperanza al hombre, a las naciones, a la vieja creación y al universo, basada en la muerte, la resurrección de Cristo y su Segunda venida. Esa esperanza conduce a la espera gozosa de la nueva creación de todas las cosas y la consumación del reino de Dios en Cristo con su pueblo. Como Iglesia, como creyentes, conocedores de la escatología cristiana, llevamos sobre nosotros esa responsabilidad de comunicar las buenas noticias del futuro prometedor, confiados en que se realizarán. Caminamos con justicia y libertad aquí en esta vida terrenal con la mirada puesta en la vida eterna, sabiendo que hay un *Bimá* (tribunal de recompensas) para los creyentes donde se recompensarán sus obras con justicia y plenitud. La escatología cristiana sabe que la salvación no termina en la liberación del pecado aquí, sino con la consumación del reino sin fin de Jesucristo.

La importancia de la misión de la escatología radica en que, bien entendida, impacta la manera de pensar y actuar. Con razón se dice convenientemente: "¿dime cuál es tu escatología? y yo te diré cuál es tu conducta". La escatología cristiana debe buscar el equilibrio. No ha de caer en los brazos de la hipnosis levitando en un escatologismo espiritualista que ignore el compromiso ante la Iglesia, ante el mundo, ante la sociedad, ante el hombre doliente, pensando solo en el más allá, sin miramientos sobre la justicia y misericordia en el más acá. La fe tampoco debe andar por el camino resbaloso del antropologismo, ni el escatologismo espiritualista futurista, ni el antropologismo socialista presentista, porque estos extremos la apartan de la legítima esperanza cristiana que se manifiesta de manera paradójica en el "ya pero todavía no", en el *mientras tanto*, que es sinónimo de equilibrio entre inmanencia-trascendencia, presente-futuro, hasta la consumación del reino de Cristo (ver **Esperanza escatológica**, **Promesa**, **Escatología**).

ESPÍRITU

La palabra hebrea para Espíritu es *Ruaj*: viento, hálito, aliento, aire, coraje. Su definición etimológica señala de manera sorprendente la correspondencia del viento, aliento y el aire de la respiración, de la atmosfera con la vida, a semejanza de la lluvia que fertiliza la tierra. En sentido opuesto, la carencia del Espíritu conlleva muerte. Además, el rico significado de *Ruaj* ayuda a comprender mejor la dimensión pneumatológica revelada en el primer testamento. En la perspectiva bíblica teológica el uso de *Ruaj* se refiere al poder espiritual que procede de Dios; de igual manera al poder profético en varias direcciones.

El rico significado de *Ruaj* según Jochen incluye:

a) Una metáfora de una situación vital: jadear y respirar fatigosamente en el parto para dar vida.

b) Un significado esencial como lo son los movimientos del aire como aliento y viento, que trae vida y que crea espacio.

c) Un desarrollo vital en el ser humano que se manifiesta como energía vital, ánimo, voluntad y espíritu como capacidad (Jochen).

d) Un significado teológico que se relaciona con el poder del Espíritu divino profético para investir a los hombres escogidos para que pronuncien *palabras proféticas*, es decir, profecías u oráculos en forma de *mashal* o poesía bíblica que se fundamenta en fuertes contrastes: bien y mal, justicia y maldad, vida o muerte.

Hay diversas evidencias en el Antiguo Testamento sobre el Espíritu en conexión con la vida, la presencia divina vivificadora, creativa y profética sobre el pueblo, sobre los líderes, de manera temporal y condicional. Al reposar el Espíritu Santo en las personas del Antiguo Testamento recibieron sabiduría, inteligencia, consejo, poder, temor de Dios.

Está presente en la creación como el *Ruaj* de Dios que se mueve o aletea como mariposa sobre la superficie de las aguas o como un ave que empolla sobre las aguas. El moverse sobre las aguas con dichas imágenes implica que es el Espíritu de vida, generador de vida (Gn. 1:2). *Ruaj*: viento, hálito, aliento, aire, coraje. En tres pasajes del pentateuco se habla de forma específica del Espíritu Santo o libre. Más adelante se revela como el agente saturador de la presencia de Dios que se manifiesta en desbordar con dones de sabiduría, inteligencia y capacidad creativa a los hombres inteligentes por creación, mas necesitan de una sabiduría espiritual, singular, porque han recibido un mandato divino de realizar todo tipo de oficios y artes manuales que desconocen (Éx. 31:1-3).

La imagen del viento impetuoso se vuelve al significado originario del *Ruaj* Yahvé. Divino es lo que vive frente a lo que está muerto, lo que pone en movimiento a lo que está petrificado.

Por otra parte, en el primer testamento, el Espíritu de Dios está interrelacionado con las siguientes acciones: otorga poder divino, habilita a los llamados, revela los planes del Señor, reviste a los profetas de inspiración, es como el canal por el cual Dios transfiere a su pueblo poder, conocimiento. Los profetas llenos del Espíritu anuncian sobre el Mesías, la venida del Rey, lo relatan como el que será empoderado por el Espíritu. Isaías 11:2: "El Espíritu del Señor reposará sobre él: el Espíritu de sabiduría y de inteligencia, el Espíritu de consejo y poder, el Espíritu de conocimiento y de temor de Jehová". Los profetas Joel y Ezequiel presentan el gran alcance de la obra del Espíritu en la era mesiánica. Dios promete por medio de ambos profetas que en el tiempo venidero de la restauración derramará su Espíritu sobre toda su gente. Obsérvese que en Ezequiel uno de los temas centrales es la pérdida de la presencia de Dios en el Templo a causa del gran pecado de Israel (Ez. 8-10), con todo, en Ezequiel 36, promete una restauración de la presencia de Dios, poniendo al Espíritu del Señor dentro su pueblo para que le conozcan, le obedezcan. En Jeremías 31:33-34 Dios promete que bajo el Nuevo Pacto venidero escribirá su ley en la mente y en el corazón de su pueblo y que todos lo conocerán.

En el segundo testamento, la palabra griega para Espíritu es *pneuma*. Su significado etimológico es *viento, aliento*, afín con *pneo*, respirar, soplar. Y los usos que se dan en los escritos neotestamentarios son dos: uno con relación al espíritu del hombre y el otro con respecto al Espíritu Santo. En el caso de los pasajes que se refieren al Espíritu tienen la clara connotación de impartición de vida, vivificación, empoderamiento, sensibilización, fortaleza, llenura, en conexión al Padre y al Hijo.

En el Nuevo Testamento, el Espíritu juega un papel importante en la vida de Jesús: lo engendra, empodera, lo guía y le revela la voluntad de Dios. La poderosa actividad del Espíritu en la vida de Jesús se cita como evidencia de que él es en verdad el Mesías prometido, facultado por el Espíritu como los profetas han predicho (Is. 11:1-4; 61:1-2; Lc. 4:16-21).

Jesús en su discurso de despedida de Juan 13-17, explica con detalle el papel que el Espíritu jugará en la vida de los creyentes: será el *consejero, consolador o abogado*, permaneciendo literalmente en la vida de cada uno de los cristianos mientras Jesús está con el Padre. El Espíritu será a la vez maestro y revelador, dado a los seguidores de Jesús para recordarles de su enseñanza e interpretarla para ellos.

En Hechos 2, el Espíritu llena a los seguidores de Cristo en cumplimiento de Joel 2 y Ezequiel 36. Pedro cita directamente de Joel 2:28-32 para explicar este evento en Pentecostés. El derramamiento del Espíritu sobre todos los creyentes y el empoderamiento por el Espíritu de los primeros cristianos a lo largo de los Hechos subrayan que la era mesiánica ciertamente ha llegado. A lo largo del libro de los Hechos, el Espíritu da poder a los creyentes, les revela, los guía en la dirección de Dios; al mismo tiempo, está relacionado con la experiencia de la conversión. La presencia del Espíritu también funciona como una autenticación de la verdadera salvación, probando más allá de toda sombra de duda que la salvación ha venido a los gentiles, así como a los judíos que creen.

Pablo enseña en Gálatas 3:14 que el don del Espíritu es parte del cumplimiento del Pacto Abrahámico con su bendición prometida a las naciones. En las cartas de Pablo, el papel del Espíritu trayendo la presencia de Dios, el poder de Dios, la comunicación de Dios y su voluntad es fundamental para todos los aspectos de la teología cristiana y de la vida cristiana.

El Espíritu Santo es uno de los actores principales en el libro del Apocalipsis. Aparece desde el principio hasta el final. En los comienzos del libro, Juan relata que fue extasiado por el poder del Espíritu, quien le facultó para ver las visiones de la manifestación triunfal de Jesucristo sobre los poderes del mal. De acuerdo con las descripciones de Juan, el Espíritu Santo fue el facilitador para que él recibiera la revelación de lo que acontecería. Las frases: "Al instante quedé bajo el poder del Espíritu" (Ap. 4:2), "Después el ángel me llevó en el Espíritu" (Ap. 17:3), "Y en el Espíritu me llevó a un monte de gran altura" (Ap. 21:10), para que él viera un trono, a una mujer sentada sobre una bestia escarlata, la gran ciudad santa de Jerusalén la cual descendía del cielo, de Dios, confirman que el Espíritu Santo en el libro de Apocalipsis es quien hace posible que Juan reciba la gran revelación del desarrollo, desenlace y la consumación de todas las cosas.

Es significativo que el libro reitera, en el capítulo dos, que el Espíritu Santo es el que anuncia la condición espiritual de las siete Iglesias con nombres y lugares reales de la época. La frase "El que tiene oído, oiga lo que el Espíritu dice a las Iglesias", aparece en Ap. 2:7, 11, 17, 29, 3:6, 13, 22. El propósito es que las Iglesias consideren lo que han escuchado del Espíritu y se arrepientan de sus pecados y se vuelvan al Señor. Estas advertencias conllevan promesas del plan de Dios para que las Iglesias sepan de los fines de Satanás y no caigan en el engaño.

Otra ocupación relevante del Espíritu es comunicar mensajes de vida de parte de Dios y de Jesús por medio del don de profecía (Ap. 1:10; 4:2; 17:3; 19:10; 21:10), por cuanto el Espíritu es "el Espíritu de vida" (Ap. 11:5.) Además, Jesús habla a su Iglesia por medio del Espíritu, que es la voz y la presencia de Cristo en la Iglesia. El Espíritu anuncia que los que mueren en Cristo descansarán de todas sus angustias y problemas, pues Dios los premiará por todo el bien que han hecho (Ap. 14:13). Así, el Espíritu participa directamente en la misión de la Iglesia (Ap. 22:17), llenándola con su poder y su presencia.

El libro de Apocalipsis también menciona al Espíritu en su interactuar trinitario. Se describe en la visión del trono: los siete espíritus de Dios (Ap. 4:5), Dios (Ap. 4:9) y Jesús bajo los símbolos de un León y un Cordero (Ap. 5:5, 6). Finaliza con las menciones de Jesús (Ap. 22:16), el Espíritu (Ap. 22:17) y Dios (Ap. 22:18).

El Espíritu Santo está presente cuando se ve al Cordero de pie ante el trono de Dios (Ap. 4:5). Allí se dice que tiene siete espíritus de Dios que simbolizan la plenitud del Espíritu (Ap. 5:6). En el Apocalipsis, la función del Espíritu dentro de la economía divina de la salvación no es sentarse en el trono, sino estar presente en el mundo y acompañar a la Iglesia. Él es "los siete espíritus de Dios enviados por toda la tierra" (Ap. 5:6).

El Espíritu Santo es quien hace el llamado final, junto con la esposa del cordero, a tomar gratuitamente del agua de vida (Ap. 22:17), (ver **Espíritu Santo y la profecía**).

ESPÍRITU AL FINAL DE LA HISTORIA

Pikaza describe el papel crucial del Espíritu, al final de la historia: "El Espíritu Santo es la culminación de Dios. Así se ha desvelado también en nuestra historia, por medio de Jesús: el Espíritu es principio de resurrección, es vida eterna y plenitud escatológica". Sobre la base de esa declaración Pikaza adiciona que el Espíritu Santo es el culmen del proceso intradivino: "Dios no es vida nómada, tampoco peregrino huidizo que llega a su descanso; no, Dios es vida consumada al final de un proceso de amor que se clausura de modo eterno originado en el Espíritu" y continúa: "Por eso, el mismo Espíritu de Dios puede y debe develarse en el camino de la historia como garantía y culmen del proceso de los hombres. Tampoco los hombres son errantes peregrinos, seres perdidos, que jamás hallan su esencia. Sustentados por la vida y fuerza del Espíritu ellos pueden culminar y así culminan su camino para siempre" (Pikaza).

En la perspectiva bíblica, el libro del Apocalipsis revela ante el profeta los caminos de la historia y descubre los misterios del futuro ante los hombres. En la parte final, en un diálogo del Espíritu con la Iglesia piden al Señor Jesús que venga: "El Espíritu y la esposa dicen ¡Ven, Señor Jesús! El que oiga que repita ¡Ven, Señor! El que tenga sed y quiera beba gratis el agua de la vida… El que da testimonio de estas cosas dice: ciertamente vengo en breve. Amén; sí, ven, Señor Jesús" (Ap. 22:17, 20). El Espíritu que ha guiado e investido de poder a la Iglesia, la esposa, ahora en perfecta armonía realiza una súplica para que acontezca la venida final de Jesucristo. El Espíritu Santo estuvo presente en la creación, en el engendramiento de Jesús de Nazaret y estará presente en la consumación final de la nueva creación de todas las cosas, juntamente con el nuevo pueblo de Dios, la Iglesia, en el reino perpetuo.

En esa dirección, cuando se cierra el libro del Apocalipsis y alcanza al presente de cada generación cristiana, el Espíritu en unión con la esposa hacen brotar la plegaria suplicante para la redención plena de los creyentes, que venga Jesús, el autor y consumador de la fe para que ponga punto final a la historia de esta creación y venga la nueva creación de todas las cosas con su reino eterno.

Y como dice Simpson, la respuesta de Cristo no se hace esperar en ese mismo capítulo: "El que da testimonio de estas cosas dice: ciertamente vengo en breve" (Ap. 22:20a). Juan inspirado por el mismo Espíritu, le da consuelo a todo creyente lector que ama la venida del Señor, que clama y suplica de manera silenciosa también "Ven Señor Jesús". El Espíritu que intercede por nosotros los cristianos es quien hace esa petición en nombre de todos de manera precisa.

ESPÍRITU ESCATOLÓGICO

Considero que el Espíritu Santo es el punto de referencia en la tensión escatológica de la experiencia cristiana que viven los creyentes. Ya son justificados, pero la justificación colmada está por venir; son salvos, pero la salvación plena todavía es futura; ya son nuevas criaturas, pero la perfección de la nueva creación en los cristianos es futura; el reino ha llegado, está presente, pero no se ha consumado. El tiempo cronos que transcurre entre el "ya, pero todavía no" es lo que yo llamo el "mientras tanto escatológico".

A mí criterio, el espíritu escatológico en el pensamiento paulino lo ha detectado bien Dunn: "es la venida del Espíritu la que introdujo en la vida del creyente la tensión del ya, pero todavía no. Porque el Espíritu es el bien futuro que se ha hecho presente para el hombre de fe; es el poder del todavía no que se ha comenzado a realizar en su experiencia presente. Es un Espíritu que nos hace hijos, es una anticipación referida a la plena filiación cuando llegue el final (Ro. 8:15-23). El Espíritu es la poderosa manifestación del reino futuro de Dios en y a través de la vida actual de fe. Experimentar al Espíritu es comenzar a entrar en la herencia de los hijos (Ro. 8:15-17; 1 Co. 6:9-11; Ef. 1:14; Ti. 3:5-7)".

La expresión más clara de esta idea es el uso que Pablo hace de las metáforas *aparché*: primicias. El Espíritu es las primicias, o sea, la primera gavilla de la cosecha final, el comienzo de la cosecha escatológica de la redención (Ro. 8:2-3). La metáfora comercial *arrabón* viene a decir lo mismo. El Espíritu es el primer anticipo, arras, prenda, o garantía de la herencia completa que nos espera con la resurrección del cuerpo (2 Co. 1:22, 5:5). Ambas metáforas se refieren a un comienzo, a un primer acto, que se orienta a una culminación futura y la anticipa. Las primicias son el primer anuncio de la cosecha total; la entrega del primer pago es algo que compromete al dador a realizar el resto de pagos para que sea total. En las dos metáforas lo que se da es parte de un todo que vendrá después. En una transacción el *arrabón* es de la misma especie sea dinero, vestidos o cualquier otra cosa que el pago total que vendrá; la cosecha completa se compone de gavillas de la misma clase que la que se emplea como *aparché*. Por tanto, para Pablo el don del Espíritu es la primera parte de la redención de todo el hombre, el comienzo de un proceso que se cerrará cuando el creyente reciba y se haga un cuerpo espiritual, cuando el hombre de fe entre en una existencia determinada únicamente por el Espíritu.

Creo que la experiencia actual del poder del Espíritu es solo un signo de lo que vendrá. La tensión entre el "ya" y el "todavía no" consiste en el hecho de que el Espíritu con su venida comienza a reclamar al hombre para Dios, a oponerse al mando de las pasiones egoístas del hombre, su autosuficiencia y autocomplacencia; es el comienzo de la derrota de todo eso, si el hombre quiere.

Así y todo, el Espíritu es el poder que los antiguos hombres de fe pensaron que estaba reservado para la época futura. Fue tan grande la experiencia que los primeros cristianos tuvieron con un poder íntimo que transformaba, por lo que sacaron la conclusión siguiente: este es el poder de la nueva era, es el Espíritu escatológico. Para ellos el Espíritu era la presencia de la bendición futura. El Espíritu era el poder experimentado de la época de la resurrección, y actuando ya en orden a preparar a los receptores de ese poder para la era que estaba llegando. Aquí comienza a vislumbrarse una respuesta paulina para la cuestión que nos planteamos: los carismas se tienen que colocar y considerar en el contexto de la radical tensión escatológica de la experiencia cristiana. Todo lo que rompa, aminore o ignore esta tensión desemboca o en la inestabilidad y fluctuación de la experiencia, o termina por hacerla rígida y formalista, y ambas cosas son potencialmente peligrosas para el individuo y, por extensión, para su comunidad. Pablo no se atreve a supervalorar el "ya" ni a olvidar el "todavía no"; pero tampoco intenta resaltar el *todavía no*, dejando de lado el *ya*. Solo reconociendo al Espíritu en su condición de realidad escatológica, empezamos a entender al Espíritu carismático (Gálvez).

ESPÍRITU SANTO Y LA PROFECÍA

En el AT, existe una intrínseca relación entre el Espíritu Santo y la profecía. El Espíritu Santo es presentado como la fuente y el poder detrás de la actividad profética. A través del Espíritu Santo, Dios capacitaba y guiaba a los profetas para que hablaran en Su nombre y transmitieran Sus mensajes al pueblo. La profecía en el AT puede entenderse como una comunicación directa entre Dios y los profetas. El Espíritu Santo era el medio a través del cual esta comunicación tenía lugar. Cuando un profeta era "lleno" o "venía sobre él" el Espíritu Santo, era capacitado y habilitado para recibir la revelación divina y proclamarla al pueblo (Wood). Además, afirma que es necesario hacer una distinción cuando se habla de que los profetas eran llenos del Espíritu Santo. En primer lugar, Wood aborda el grupo de profetas que eran llenos del poder del Espíritu de manera similar a como lo recibían los jueces: recibían este poder para enfrentar una circunstancia particular. Por ejemplo, antes de que Azarías hablara con el rey Asá de Judá, quien regresaba de una campaña militar, se dice: "Vino el Espíritu de Dios sobre Azarías hijo de Obed" (2 Cr. 15:1-7). En ese

253

momento, Azarías comunicó un mensaje de parte de Dios. El Espíritu de Dios vino sobre él para capacitarlo a proclamar el mensaje. Otro pasaje se refiere a Jahaziel, durante el reinado de Josafat, sucesor de Asá. En ese momento, llegaron noticias de una invasión de la tierra por parte de tres poderosos enemigos. Josafat oró al Señor pidiendo ayuda, y como respuesta, "vino sobre él (Jahaziel) el Espíritu de Jehová en medio de la asamblea" (2 Cr. 20:14). Como resultado, Jahaziel pronunció un mensaje de aliento e instrucción en nombre de Dios para el pueblo.

Así, hay dos grupos de profetas en el Antiguo Testamento: aquellos que recibían poder de manera continua y aquellos que lo recibían de forma ocasional. En el primer grupo se encuentran los grandes profetas escritores como Miqueas y Ezequiel, aunque rara vez mencionan explícitamente que están siendo llenados del Espíritu Santo o recibiendo un poder especial. Esto podría llevar a pensar que los otros catorce profetas escritores no recibieron ese poder, pero en realidad sí lo recibieron. Además, es importante destacar que este suministro de poder era constante y continuo en ellos.

Wood, declara que se encuentran evidencias reveladoras en dos importantes referencias posteriores al exilio que mencionan a profetas anteriores a dicho evento. En Nehemías 9:30, al referirse a los pecados pasados de Israel, se menciona que Dios los soportó durante muchos años y les testimonió a través de sus profetas por medio de su Espíritu. Esta referencia claramente se refiere a los profetas anteriores al exilio, y dado que no se mencionan por su nombre, podemos inferir que todos ellos estaban capacitados por el Espíritu Santo cuando testificaban ante el pueblo. Otro pasaje relevante es Zacarías 7:12, donde el profeta habla de manera similar sobre el pecado de Israel en tiempos anteriores al exilio y destaca la resistencia del pueblo a escuchar "las palabras que Jehová de los ejércitos enviaba por su Espíritu, por medio de los primeros profetas", dice Wood. Y Agrega que la misma observación que se hizo antes respecto a Nehemías 9:30 aplica a este segundo pasaje, y ambos indican que la provisión de poder del Espíritu Santo era continua.

Wood, comenta que, además de estas referencias, se encuentran evidencias adicionales en los propios testimonios de los profetas que hablan de recibir un suministro continuo del poder del Espíritu Santo. Dos ejemplos destacados son Elías y Eliseo. Ya hemos mencionado previamente el episodio en el que Eliseo pide a Elías una doble porción de su espíritu. El hecho de que Eliseo haga esta petición indica que Elías ya había recibido anteriormente un suministro continuo del poder del Espíritu, y es evidente que Eliseo tenía el deseo de recibir un suministro continuo similar en el futuro. Un tercer ejemplo es el profeta Miqueas, uno de los dos profetas escritores que menciona explícitamente el poder recibido, utilizando palabras que denotan un suministro continuo: "Pero yo estoy lleno del poder del Espíritu de Jehová" (Mi. 3:8). Es importante destacar que Miqueas no dice simplemente "estoy siendo llenado" o "el Espíritu de Jehová vino sobre mí". Utiliza el tiempo perfecto del verbo para indicar que la plenitud había ocurrido en el pasado, y el contexto muestra que él era consciente de que tal plenitud seguía siendo una realidad en él mientras escribía eso. Estas evidencias combinadas nos muestran que el poder del Espíritu Santo estaba disponible de manera continua para los profetas en el Antiguo Testamento. Tanto las referencias bíblicas como los testimonios personales de los profetas indican que recibían un suministro constante y continuo de poder divino para llevar a cabo su labor profética.

El cuarto profeta es Ezequiel, quien ofrece múltiples indicaciones de su dependencia del Espíritu. Por ejemplo, en Ezequiel 2:2, menciona que "el Espíritu entró en mí" para comunicar un mensaje. En Ezequiel 3:12, dice que "el Espíritu me levantó", y en Ezequiel 3:14, afirma que "el Espíritu me levantó y me llevó". En al menos once ocasiones, menciona que el Espíritu entró en él con algún propósito o lo transportó a lugares distantes. Estas referencias demuestran que Ezequiel recibía de manera continua el poder del Espíritu y era consciente de ello de una manera especial.

Otra fuente de evidencia se puede encontrar al observar a otras personas importantes en la historia de Israel que también recibían continuamente el poder del Espíritu Santo. Es razonable inferir que, si estas personas estaban constantemente llenas del Espíritu, lo mismo podría aplicarse a los profetas, quienes desempeñaban un papel crucial en la vida de Israel. La diferencia en la duración del llenado del Espíritu entre los profetas se debe, probablemente, a la importancia y la naturaleza de la tarea encomendada por Dios. Por ejemplo, hombres como Azarías o Jahaziel eran utilizados por Dios para transmitir un mensaje profético en una sola ocasión y luego no se mencionaban más en las Escrituras. En contraste, los grandes profetas escritores, así como Elías y Eliseo, ejercían la función profética de manera más continua. Su ocupación principal era ser profetas, y Dios los utilizaba constantemente para Su servicio. Por lo tanto, era crucial que estuvieran continuamente llenos de poder (Wood).

En síntesis, la diferencia en la duración del llenado del Espíritu entre los distintos profetas está directamente relacionada con la naturaleza y la importancia de su misión profética. Aquellos con un llamado más constante y significativo necesitaban estar continuamente llenos del Espíritu para cumplir con su tarea divina (Gálvez).

ESPÍRITU Y LA GLORIFICACIÓN DEL CREYENTE

Lacueva define bien el cómo y el cuándo del concepto escatológico de la glorificación del creyente: "La etapa de la aplicación de la redención en la que recibiremos el cuerpo de resurrección es lo que llamamos glorificación. El día de nuestra glorificación será un día de espléndida victoria, porque en ese día será destruido el postrer enemigo, la muerte… es el paso final de la aplicación de la redención". El apóstol Pablo habla con detalle del momento de la glorificación: "En un momento, en un abrir y cerrar de ojos, a la final trompeta; porque se tocará la trompeta y los muertos serán resucitados incorruptibles y nosotros seremos transformados" (1 Co. 15:52); "Se siembra cuerpo natural, resucitará cuerpo espiritual" (1 Co. 15:44a). Lacueva resume la acción del Espíritu en la glorificación: "Como en todo lo demás que atañe a la aplicación de la redención, el Espíritu Santo es el agente ejecutivo de la glorificación del creyente. Esto es, en efecto, lo que hallamos en las Escrituras del NT" y cita el pasaje de Romanos 8:11: "Y si el Espíritu de aquel que resucitó a Jesús vive en ustedes, el mismo que resucitó a Cristo dará nueva vida a sus cuerpos mortales por medio del Espíritu de Dios que vive en ustedes".

La importancia del Espíritu Santo se comprueba primero en la anticipación escatológica de la salvación; luego en la acción decisiva de la consumación escatológica que se apoya en las afirmaciones de la esperanza en la resurrección de los muertos. Pannenberg cita Romanos 8:11 en la misma perspectiva que describe Lacueva y comenta: "La inhabitación del Espíritu divino, que despertó a Jesucristo, ofrece en los creyentes la garantía de que Dios despertará sus cuerpos mortales y lo hará por el Espíritu de Cristo, que ya les ha correspondido. El Espíritu es, pues, origen creador de la vida de resurrección, tanto de la resurrección de Jesús, como en la resurrección de los demás hombres".

Con todo, Pannenberg dice que la salvación aún no se ha actualizado en definitiva para la humanidad solo por la misión del Hijo. Esta se actualizará solo cuando la obra del Espíritu la complete, pues, la obra del Espíritu es dar testimonio y glorificar al Hijo y hacer efectiva su obra en los corazones de los creyentes y en la consumación del reino. Pannenberg, señala que Jesucristo no es idéntico al pueblo escatológico de Dios que se forma con la venida del reino de Dios. Ciertamente, este pueblo pertenece tan de cerca a Jesús como Mesías que en la representación de la cena escatológica puede llamarse su cuerpo. Aun así, es el Espíritu quien, por su obra, edifica este cuerpo y da testimonio de Jesucristo en el corazón de los cristianos auténticos. En este sentido, es por el Espíritu de Dios que el mundo cristiano espera la realización escatológica de los hijos de Dios: el cambio de vida mortal a la nueva vida de la resurrección de los muertos. Además, la creación está esperando la manifestación de los hijos de Dios (Ro. 8:19). Así, sugiere que su propia corrupción será derrotada por el poder del Espíritu que crea vida a medida que el mundo es transformado en la nueva creación de un cielo nuevo y una tierra nueva; así como la primera creación fue creada por el poder del Espíritu. Es claro que este trabajo del Espíritu está íntimamente relacionado con Jesucristo. Pannenberg, hace notar que la naturaleza distintiva del don escatológico del Espíritu consiste en el hecho de que, al conferir el Espíritu como posesión duradera de los creyentes, ellos participarán de la vida eterna de Dios y también de la resurrección a una nueva vida en comunión con Dios. Eso está garantizado, afirma. El fundamento de esta realidad es que el Espíritu es mediador en la encarnación del Hijo, y abre la puerta de la fe para que entren, crean y participen de la filiación de hijos. Así, la mediación del don del Espíritu y su contenido escatológico como participación en la vida de Dios que vence a la muerte, van de la mano. El don del Espíritu a la humanidad en la creación y los carismas de la antigua alianza son también signos anticipatorios de este don escatológico. Por este regalo, el Espíritu se une a la vida de los destinatarios de tal manera que, incluso la muerte, ya no puede separar estas vidas de su poder creador (Gálvez).

ESPÍRITU Y LA REVELACIÓN

"Pero a nosotros Dios nos las reveló por el Espíritu; porque el Espíritu todo lo escudriña, aun las cosas profundas de Dios" (1 Co. 2:10).

Existen tres palabras griegas para la palabra revelación: *apocalípsis, crematízo y apocalípto*. En este versículo, la palabra griega es *apocalípto*. Significa desvelar, descubrir. Vine afirma que en este caso específico el Espíritu desvela, descubre la verdad declarada en el evangelio a los hombres. Esa verdad que permanece oculta, en un momento dado, es presentada directamente a la mente de los hombres como los actos de Dios. También esa verdad es revelada a los sentidos con realidades espirituales tales como: "Pensamientos ocultos en el corazón, asuntos referentes al futuro, la salvación y la gloria que esperan al creyente...".

Es clara la obra del Espíritu: desvelar, descubrir verdades, sabiduría, conocimiento, poder de Dios, de Jesucristo, de los creyentes, de la vida espiritual, del futuro..., que se encuentran en su evangelio, en su Iglesia y en el futuro.

En el contexto del versículo base, Pablo escribe sobre la sabiduría en misterio, el conocimiento oculto y el poder que proviene de Dios. Estos, en contraposición a la sabiduría y conocimiento humanos, se obtienen por medio de la revelación del Espíritu sobre la predicación, el mensaje de la cruz, el Cristo crucificado, esa "sabiduría oculta" y que da el poder para comunicar y anunciar esas verdades espirituales.

Es por eso que Pablo testifica que ni su mensaje ni su predicación fueron elaborados con palabras persuasivas de humana sabiduría, sino con demostración del Espíritu y de poder. Esa demostración y ese poder provienen de ese desvelar y descubrir las verdades vivas y poderosas que les revela el Espíritu para que la fe de él y la de los cristianos no esté fundamentada en la sabiduría de los hombres, sino en el poder de Dios. Y ese poder no es más que lo que él ha dicho en 1 Co. 2:24: "Pero para los llamados, tanto judíos como griegos, Cristo es el poder de Dios y la sabiduría de Dios". ¿Quién nos revela eso? El Espíritu Santo.

La sabiduría que habla Pablo, entonces, no es de la presente edad, ni de los príncipes de esta edad, que perecen. Tampoco de los doctores, polemistas, escribas, racionalistas, idealistas, empiristas, escépticos, ni los realistas, es de la sabiduría de Dios oculta, que Él predestinó desde antes de los siglos para nuestra gloria (1 Co. 2:7). Esta sabiduría no se consigue, se nos concede por gracia, por la fe, en el escándalo de la cruz, del Cristo crucificado y resucitado, por medio de la revelación del Espíritu Santo. Es una sabiduría que no surge de especulaciones, lógicas y malabarismos mentales. Son asuntos espirituales reales que el hombre no puede crear. Enseguida, Pablo nos explica cómo nos llega ese conocimiento y sabiduría espiritual a todos los que somos hijos de Dios: "Pero Dios nos las reveló a nosotros por el Espíritu..." (1 Co. 1:10a). ¿Por qué? Porque el Espíritu todo lo escudriña. Es capaz de examinarlo todo. Desde lo más sencillo hasta las profundidades de Dios son trasladadas solamente por revelación a los que hemos recibido gratuitamente, por la fe,

el Espíritu que procede de Dios y Cristo. No acontece así con los que tienen "el espíritu del mundo". De resultas, por la revelación, Pablo y los cristianos no hablamos palabras enseñadas por la sabiduría humana que no acepta las cosas que son del Espíritu, "sino con las enseñadas por el Espíritu, interpretando lo espiritual por medios espirituales". El hombre que tiene esa revelación otorgada por el Espíritu, es un hombre espiritual que está en la capacidad de "juzgar todo" porque piensa como Cristo piensa. Por eso Pablo dice: "Pero nosotros tenemos la mente de Cristo".

Es interesante que Pablo use la misma palabra griega revelación, que hemos venido comentando en 1 Co. 14:26 en el contexto del culto: "Cada vez que se reúnen debe haber salmos, enseñanza, una lengua o una interpretación o una revelación". Esto indica que la revelación que el Espíritu Santo nos trae no tiene relación únicamente con la Escritura, la salvación, eventos futuros, sino con la vida cristiana. De ahí la importancia de pedir al Espíritu Santo que nos dé revelación en situaciones concretas no para sentar doctrina, pues el canon ya está cerrado, pero sí para que nos ilumine y vivamos una vida recta teniendo verdadero conocimiento espiritual.

Con razón Pablo pide al Dios de nuestro Señor Jesucristo, el Padre de misericordias que nos conceda revelación: "No ceso de dar gracias por vosotros, haciendo memoria de vosotros en mis oraciones para que el Dios de nuestro Señor Jesucristo, el Padre de gloria, os dé espíritu de sabiduría y revelación en el conocimiento de él" (Ef. 1:16-17). En la interacción y función trinitaria Dios Padre revela, Dios Hijo condensa esa revelación, pero es obra del Espíritu Santo hacer viva esa revelación acerca de Dios, su palabra escrita, su palabra viva: Jesucristo, la salvación, la santificación, la Iglesia, el reino y la vida espiritual agradable.

Después de más de dos mil años, el Espíritu Santo sigue cumpliendo esta parte de su obra tan excelsa: desvelar, descubrir la sabiduría y el misterio por medio del escándalo de la cruz, la locura de la predicación, el Cristo crucificado y resucitado, como lo hemos indicado. Y paradójicamente esto es concedido a los pequeños de este mundo: "Jesucristo se regocijó en espíritu y glorificando a Dios dijo: Yo te alabo, oh Padre, Señor del cielo y de la tierra, porque escondiste estas cosas de los sabios y entendidos y las has revelado a los niños. Si, Padre, porque así te agradó" (Lc. 10:21).

La revelación acontece por la soberana voluntad de Dios, por amor, por gracia, por misericordia. Y la respuesta que Dios espera de nosotros cuando el Espíritu Santo nos da esa revelación no normativa, es la fe, la acción responsable, la gratitud y el compromiso con su plan eterno. Con todo, lo trágico, es que casi siempre, los que son muy grandes, poderosos, fuertes en sus propias fuerzas, no ven esa revelación, sino los que somos pequeños e insignificantes y nos reconocemos malos, pecadores y nos arrepentimos.

Así y todo, esta revelación es un conocimiento que está por encima de los sentidos humanos, no pasa por un proceso en el que se involucra la vista y el oído, ni siquiera el corazón o la conciencia o el espíritu humano. No tiene que ver en absoluto con la experiencia humana como punto de partida. El Espíritu Santo es el instrumento por medio del cual Dios Padre revela a los cristianos las cosas que les ha preparado y concedido. El Espíritu es el único capaz de revelar este conocimiento porque conoce las profundidades de Dios (Gálvez).

ESPÍRITU Y PROFECÍA

Algunos eruditos de porte liberal opinan que la acción del Espíritu Santo en el Antiguo Testamento, en el contexto de la profecía, se limita solo al poder de Dios o la influencia de Dios. Exégetas conservadores afirman que el Espíritu Santo es una persona divina, y que el pueblo de Israel pasó desapercibida esa verdad, solo lo vieron como una fuerza de Dios. Citan el texto del Salmo 104:30: "Envías tu santo Espíritu, y son creados, y renuevas la faz de la tierra". Analizan que la palabra *envías* se refiere al Espíritu Santo en cuanto que es diferente a quien lo envió: es muy difícil pensar en que Dios envía una influencia o un poder con la capacidad de crear y renovar la faz de la tierra. Por ello, afirman que implica una personalidad más que un poder. Otro texto, entre varios, que citan es el de Ezequiel 11:1a: "Entonces el Espíritu me levantó y me llevó a la puerta oriental de la casa del Señor que mira al oriente…". Según ellos, es claro que el profeta distinguía entre el Espíritu de Dios y Dios mismo. Cuando los profetas anunciaban mensajes del Señor, algunos lo recibían temporalmente como los Jueces, y otros de manera permanente: "Les soportaste por muchos años, y les testificaste con tu Espíritu por medio de tus profetas, pero no escucharon; por lo cual los entregaste en mano de los pueblos de la tierra" (Nehemías 9:30), y Zac. 7:12: "Y endurecieron sus corazones como el diamante para no oír la ley ni las palabras que el Señor de los ejércitos había enviado por su Espíritu, por medio de los antiguos profetas"; se suman los profetas Elías, Eliseo, Ezequiel, son textos que apoyan que el poder del Espíritu del Señor permanecía sobre ellos, según la postura conservadora. Así, el Espíritu Santo era el que los inspiraba para dar las profecías (Wood).

En el Nuevo Testamento es mucho más claro que es el Espíritu Santo quien guía, impulsa, a los profetas para dar el mensaje, predecir, amonestar como el profeta Ágabo y los profetas con el don de profecía de 1 corintios 12 que consuelan, animan, edifican, amonestan, al cuerpo de Cristo en las congregaciones locales. El don de profecía es una manifestación del Espíritu que está a la disposición del creyente lleno del Espíritu. Lo capacita para dar un mensaje de revelación no normativa directa de Dios, bajo el impulso del Espíritu sobre alguna situación en particular de la Iglesia local o de algunos miembros de la congregación con el propósito de ser exhortados, fortalecidos, redargüidos. No debe confundirse con la predicación de un sermón elaborado previamente. Tampoco con el don de profeta de Ef. 4:11 que es más amplio y tiene la función de capacitar, alinear, a los creyentes para toda buena obra con el fin de edificación. El don de profecía es una expresión de la voluntad de Dios sobre una situación del momento y de manera particular que pone al descubierto el corazón de una persona o la realidad espiritual de la Iglesia. Pablo explica con detalles el funcionamiento de ese don: "Y que dos o tres profetas hablen y los demás juzguen. Pero si a otro que está sentado le es revelado algo, la primera calle. Porque todos podéis profetizar uno por uno, para que todos aprendan y todos sean exhortados (1 Co. 14:29-31), (Gálvez), (ver **Profecía**, **Profeta**, **Espíritu**).

ESPÍRITU, APOCALIPSIS

El Espíritu Santo es uno de los actores principales en el libro del Apocalipsis. Aparece desde el principio hasta el final. En los comienzos del libro, Juan relata que fue extasiado por el poder del Espíritu, quien le facultó para ver las visiones de la manifestación triunfal de Jesucristo sobre los poderes del mal. De acuerdo con las descripciones de Juan, el Espíritu Santo fue el facilitador para que él recibiera la revelación de lo que acontecería. Las frases "Al instante quedé bajo el poder del Espíritu" (Ap. 4:2), "Después el ángel me llevó en el Espíritu" (Ap. 17:3), "Y en el Espíritu me llevó a un monte de gran altura" (Ap. 21:10), para que él viera un trono, a una mujer sentada sobre una bestia escarlata, la gran ciudad santa de Jerusalén la cual descendía del cielo, de Dios, confirman que el Espíritu Santo en el libro de Apocalipsis es quien hace posible que Juan reciba la gran revelación del desarrollo, desenlace y la consumación de todas las cosas.

Es significativo que el libro reitera, en el capítulo dos, que el Espíritu Santo es el que anuncia la condición espiritual de las siete Iglesias con nombres y lugares reales de la época. La frase "El que tiene oído, oiga lo que el Espíritu dice a las Iglesias" aparece en Ap. 2:7, 11, 17, 29, 3:6, 13, 22. El propósito es que las Iglesias consideren lo que han escuchado del Espíritu y se arrepientan de sus pecados y se vuelvan al Señor. Estas advertencias conllevan promesas del plan de Dios para que las Iglesias sepan de los fines de Satanás y no caigan en el engaño.

Otra ocupación relevante del Espíritu es comunicar mensajes de vida de parte de Dios y de Jesús por medio del don de profecía (Ap. 1:10; 4:2; 17:3; 19:10; 21:10), por cuanto el Espíritu es "el Espíritu de vida" (Ap. 11:5). Además, Jesús habla a su Iglesia por medio del Espíritu, que es la voz y la presencia de Cristo en la Iglesia. El Espíritu anuncia que los que mueren en Cristo descansarán de todas sus angustias y problemas, pues Dios los premiará por todo el bien que han hecho (Ap. 14:13). Así, el Espíritu participa directamente en la misión de la Iglesia (Ap. 22:17), llenándola con su poder y su presencia.

El libro de Apocalipsis también menciona al Espíritu en su interactuar trinitario. Se describe en la visión del trono: los siete espíritus de Dios (Ap. 4:5), Dios (Ap. 4:9) y Jesús bajo los símbolos de un León y un Cordero (Ap. 5:5, 6). Finaliza con las menciones de Jesús (Ap. 22:16), el Espíritu (Ap. 22:17) y Dios (Ap. 22:18).

El Espíritu Santo está presente cuando se ve al Cordero de pie ante el trono de Dios

(Ap. 4:5). Allí se dice que tiene siete espíritus de Dios que simbolizan la plenitud del Espíritu (Ap. 5:6). En el Apocalipsis, la función del Espíritu dentro de la economía divina de la salvación no es sentarse en el trono, sino estar presente en el mundo y acompañar a la Iglesia. Él es "los siete espíritus de Dios enviados por toda la tierra" (Ap. 5:6).

El Espíritu Santo es quien hace el llamado final, junto con la esposa del cordero, a tomar gratuitamente del agua de vida (Ap. 22:17), (Gálvez).

ESPÍRITU, CARTAS DEL NUEVO TESTAMENTO

En las epístolas del Nuevo Testamento abundan los textos pneumatológicos. Uno de los aspectos relevantes es que, desde la ascensión de Cristo, la Iglesia queda sujeta al nuevo régimen del Espíritu. Esa moderación que preside el Espíritu es vital por cuanto estará vigente durante el peregrinar de la Iglesia e imprescindible para cumplir su misión. El nuevo régimen del Espíritu comenzó a operar juntamente con la instauración del nuevo pacto en la sangre de Jesucristo. El nuevo régimen del Espíritu requería de ese pacto, así como el vino nuevo necesita de odres nuevos, la razón es que no podría operar en el antiguo régimen de la letra. El nuevo pacto abre una serie de nuevos principios espirituales: hay que nacer de nuevo, nacer del Espíritu y ello implica que se nazca dos veces: físicamente, de la carne, pero también del Espíritu. ¿Por qué no se puede disfrutar y vivir en el nuevo orden del Espíritu, si se nace solo de la carne? Pues porque la carne, carne es. La carne no puede ser transformada, cambiada o mejorada con el tiempo. Siempre será carne, no se puede convertir en Espíritu. Entonces el camino hacia el nuevo régimen del espíritu es nacer del Espíritu. Ahora ¿cómo se puede nacer del Espíritu? Únicamente por medio de la fe en Cristo Jesús. Una vez que hemos creído sinceramente en Jesús, se nos abre un camino nuevo: el del Espíritu. Esta es una de las verdades fundamentales de la fe cristiana.

En la Carta a los romanos el apóstol Pablo describe al Espíritu Santo como el que siempre actúa de manera dinámica, santificando, transformando y capacitando. Por ejemplo, el Espíritu Santo es quien realiza la manifestación de la investidura de Cristo, por ello fue declarado Hijo de Dios con poder conforme al Espíritu de Santidad (Ro. 1:4). El Espíritu Santo en esa operación dinámica consuma todas las operaciones espirituales en los creyentes. Pablo explica que es el Espíritu Santo quien efectúa la circuncisión del corazón, quitando el corazón pecaminoso, endurecido como la piedra, y colocando un nuevo corazón sensible a los asuntos espirituales con una circuncisión espiritual. Pablo utiliza la analogía de la circuncisión del prepucio de todo israelita, que representaba la obediencia al pacto con Dios, y un requisito previo para el cumplimiento de la orden de reproducir descendencia. Al mismo tiempo, Pablo hace referencia implícita al cumplimiento de la profecía de Ezequiel 36:26: "pondré en ustedes un corazón nuevo y un espíritu nuevo. Quitaré de ustedes ese corazón duro como la piedra y les pondré un corazón dócil". Luego concluye que los verdaderos israelitas que guardan el pacto con Dios son los circuncidados del corazón, aunque sea gentiles incircuncisos físicamente (Ro. 2:29).

Pablo devela una de las verdades más sublimes y asombrosas: el Espíritu Santo es el habitante real y objetivo en la vida de todos los creyentes. Y el hecho de que el Espíritu Santo habite en los cristianos los fortalece para que no vivan de acuerdo con las inclinaciones naturales de la vieja naturaleza que todavía habita en ellos (Ro. 8:9); los creyentes son templos del Espíritu (1 Co. 3:16-17, 6:19) con el propósito de que vivan de acuerdo con la fuerza del Espíritu que los impele a vivir conforme a la ley del Espíritu de vida en Cristo Jesús que vence la ley del pecado (Ro. 8:2). En efecto, los cristianos sí pueden vivir una vida espiritual porque son propiedad de Cristo, mientras que los incrédulos, aunque deseen vivir una vida espiritual y conocer los asuntos de Dios, no pueden porque han nacido de la carne nada más, ello los hace vivir bajo el dominio de la oscuridad y la muerte. Por el contrario, el Espíritu vivifica los cuerpos mortales de los creyentes (Ro. 8:11), los capacita para que piensen en los asuntos del Espíritu (Ro. 8:4), anden por los caminos del Espíritu para hacer morir las obras del pecado (Ro. 8:13) y puedan ser guiados como verdaderos hijos de Dios.

El apóstol Pablo promete que los que se conducen en el Espíritu tendrán vida, libertad (Ro. 8:6) porque el reino de Dios consiste en paz, justicia y gozo en el Espíritu Santo (Ro. 14:17). Al mismo tiempo, el Espíritu ayuda en la debilidad a los creyentes, intercediendo por ellos con gemidos indecibles y dándoles testimonio en su espíritu que son hijos de Dios (Ro. 8:16). Pablo retoma el tema del poder que tiene el Espíritu Santo para santificar a los que creen en Cristo como Señor y salvador sean judíos o gentiles, con el propósito de presentarlos al Padre como una ofrenda santificada, dedicada solo al Señor (Ro. 15:16); y para que la proclamación del evangelio se predique no con palabras persuasivas de sabiduría humana, sino acompañada de demostraciones de poder (1 Co. 2:4). Ello incluye el redargüir de pecado, justicia y juicio, para la transformación del que cree en Cristo (1 Co. 6:11). Es el poder espiritual que da el Espíritu para que ocurran señales y milagros como los que atestiguan los evangelios, el libro de Hechos y las cartas del Nuevo Testamento.

Pablo siempre describe al Espíritu Santo como el revelador del conocimiento de Dios, el que escudriña aun lo profundo de Dios y el que acomoda lo espiritual a lo espiritual haciendo que las personas conozcan a Dios (1 Co. 2:10, 11, 13). El Espíritu Santo es quien actúa primero y prepara los corazones de las personas para que puedan creer en Jesucristo y confesarlo como Señor. Solo quien tiene al Espíritu Santo puede llamar Señor a Jesús (1 Co. 12:3), ser dirigido a orar en el Espíritu, cantar en el Espíritu (1 Co. 14:15). Es claro también que el Espíritu Santo es quien concede, opera y hace reales los dones sobrenaturales dados a la Iglesia. Son manifestaciones de la obra del Espíritu y su actuar sobrenatural lo registra el apóstol Pablo en 1 Corintios capítulos 12 y 14. Todo ello, ocurre en la bendita comunión del Espíritu y la Iglesia (2 Co. 13:14). El tema de la comunión del Espíritu Santo lo trataré, en otro apartado, por la importancia que tiene.

La Carta a los gálatas expone que el Espíritu Santo se da y se recibe por la fe, con el fin de que la Iglesia comprenda los misterios revelados, los viva y se mueva en esa dimensión para vivir una vida santificada, hacer morir las obras de la carne y que el creyente muestre en su vida diaria el fruto del Espíritu. Pablo insta a los creyentes a que no den ocasión a las obras de la carne que son claramente identificables: adulterio, fornicación, inmundicia, lascivia, idolatría, hechicerías, enemistades, pleitos, celos, iras, contiendas, disensiones, herejías, envidias, homicidios, borracheras, orgias y cosas semejantes a estas. Pablo afirma de manera categórica que los que practican tales cosas no heredarán el reino de Dios (Gá. 5:19-21). Con relación a esta última expresión planteo tres posibles interpretaciones. La primera es que quienes las practican son impíos y, por lo tanto, irán a condenación eterna. La segunda es que algunos cristianos carnales practican algunos de estos pecados, por tanto, perderán su salvación. La tercera enseña que son cristianos quienes cometen algunos de estos pecados, porque en esta ocasión, Pablo se dirige a los hermanos de Galacia, pero no tendrán recompensas y galardones, serán salvos, así como por fuego, como dice el texto. Me decido por esta última interpretación, porque un cristiano se salva por nacer de nuevo, por medio de la fe sola en Cristo solo. Tal salvación acontece por pura gracia y no por méritos. Entonces el cristiano que peca, rompe su comunión con Dios, pero al arrepentirse, el Señor lo perdona y recupera su comunión. Pero, si su vida no está consagrada y en plena obediencia, perderá o no tendrá recompensas, galardones que el Señor ha prometido a los que le aman y le obedecen.

En sentido opuesto a las obras de la carne, Pablo insiste que los cristianos deben caminar según el Espíritu y, por lo tanto, mostrar el fruto del Espíritu: amor, gozo, paz, paciencia, bondad, benignidad, fidelidad, mansedumbre y dominio propio, porque contra tales cosas no hay ley (Gá. 5:22-23). El fruto es la prueba de que un creyente es espiritual, pues no hay otra forma de demostrarlo, ni siquiera en el culto, en la oración, la alabanza, el servicio. Es en nuestra conducta diaria dondequiera que estemos, que se demuestra dicho fruto. Por ello, Pablo insta a que los creyentes se llenen del Espíritu.

Es interesante que Pablo distinga otras perspectivas sobre la obra del Espíritu Santo en otras de sus cartas.

La autodiferenciación del Espíritu en la edificación de la Iglesia de Cristo. El hecho de exhortar a mantener la unidad del Espíritu en el vínculo de la paz y el afirmar que, así como hay un bautismo, una fe, un Señor, hay un solo Espíritu (Ef. 4:3-4), son la prueba de que el Espíritu Santo tiene su particular misión en la Iglesia y el reino de Dios.

La vivificación del Espíritu sobre el Evangelio. Pablo describe al Espíritu Santo como el que vivifica al evangelio, así y todo, la palabra predicada es efectiva solo si el Espíritu Santo la respalda con demostración de poder con el propósito de transformar a los oyentes, y para que reciban la palabra proclamada con gozo que procede del Espíritu (1 Ts. 1:5-6).

La obra santificadora del Espíritu Santo. Esta ocurre desde el escogimiento divino hasta la apropiación de la salvación por los que creen (2 Ts. 2:13). Incluye que el Espíritu Santo es quien ilumina, guía y previene a la Iglesia que en los últimos tiempos algunos apostatarán de la fe para ir en pos de inspiraciones mentirosas y doctrinas diabólicas (Tit. 4:1).

La obra del Espíritu en la enseñanza. Pablo le recuerda a Timoteo que solo con el auxilio del Espíritu Santo y su poder se puede cuidar la valiosa enseñanza que se le ha confiado a él y a todos los creyentes (2 Ti. 1:14). Pablo recalca la acción salvífica, renovadora y santificadora del Espíritu Santo en las cartas pastorales: "y nos salvó. Pero no lo hizo porque nosotros hubiéramos hecho algo bueno, sino porque nos ama y quiso ayudarnos. Por medio del poder del Espíritu Santo nos salvó, nos purificó de todos nuestros pecados y nos dio nueva vida. ¡Fue como si hubiéramos nacido de nuevo!" (Tit. 3:5).

Las perspectivas sobre el mover del Espíritu en la Carta a los hebreos, en el pensamiento de Pedro, Juan y Judas.

En la Carta a los hebreos hay varias referencias del actuar del Espíritu Santo. Una de ellas es la que se refiere a la salvación dada por Dios en Cristo. Explica que la ha confirmado con señales, prodigios, con diversos milagros y dones del Espíritu Santo, según su voluntad (He. 2:2-4). Es muy interesante que se mencione en este pasaje "y dones del Espíritu Santo". Es muy probable que se refiera a los dones de 1 Co. 12 y 14 y el don de profecía mencionado en Ro. 12:6, porque esa palabra dones no aparece más que solo en los textos descritos. También habla de cómo el Espíritu Santo es el que redarguye y llama a que si oyen la voz de Dios no endurezcan su corazón, pues el Espíritu mismo hace la tierna labor de darle testimonio a los creyentes de lo anunciado en la Palabra (He. 2:4, 3:7, 10:15).

El tema del poder santificador del Espíritu Santo lo toca también el apóstol Pedro. Explica a sus destinatarios cristianos que Dios los ha escogido con anterioridad, de acuerdo con sus propósitos divinos, aparte de los esfuerzos personales de ellos, sin importar su raza o los lugares a los que han sido desterrados, donde han formado nuevas familias. Así que han sido escogidos por gracia y santificados por el Espíritu Santo, por la muerte de Cristo, con el fin de que obedezcan al Señor y sean llenos de gracia y paz abundantes (1 P. 1:1-2).

Pedro deja entrever que el éxito de la predicación del evangelio se da en el poder del Espíritu Santo. Si este no vivifica la palabra predicada y no redarguye las vidas de los pecadores que la oyen, la predicación resultaría en un mero hablar. No produciría conversiones (1 P. 1:12). Les recuerda que cuando los insulten por predicar el evangelio, lo tomen como una bendición de Dios. Eso demuestra que el maravilloso Espíritu de Dios está siempre con ellos (1 P. 4:14). Pedro también menciona el papel fundamental que jugó el Espíritu Santo en la profecía, la Palabra hablada de parte de Dios. Esta nunca estuvo bajo el dominio de la voluntad, conciencia o especulación humanas. Todo ello fue posible porque estos hombres hablaron inspirados por el Espíritu Santo (2 P. 1:21).

En la perspectiva de Juan, el Espíritu Santo que se nos dio es el garante de que Dios permanece en nosotros y nosotros en él (1 Jn. 3:24, 4:13). No hay otra forma de saberlo. Y por cuanto tenemos al bendito Espíritu Santo es que podemos discernir y probar a los que dicen hablar por el Espíritu, para saber si de verdad hablan iluminados por él o por otros espíritus (1 Jn. 4:1). Al mismo tiempo, el Espíritu Santo es el que da fiel testimonio de la verdad más grande y extraordinaria del universo: "que Jesucristo vino a este mundo, fue bautizado en agua y al morir vertió su sangre". El Espíritu lo hace por cuanto guía a la verdad, lo que dice es verdad y es la verdad (1 Jn. 5:7).

Para Judas el Espíritu Santo es quien lleva al creyente a la oración verdadera, eficaz y agradable al Señor, por cuanto es el vigilante de la oración espiritual. Explica a sus destinatarios que reconozcan, con humildad, que en su emoción, razón o intelecto harán oraciones deficientes. Les dice que más bien dejen que el Espíritu Santo los dirija, porque él es capaz de decirles que es lo que deben hablar y pedir con exactitud, para que sus oraciones sean contestadas (Jud. 20), (Gálvez).

ESPÍRITU, EVANGELIOS Y HECHOS

Los evangelios

Una de las acciones sublimes del actuar del Espíritu Santo descrita en los evangelios es el acto supremo, divino y singular del engendramiento de Jesús de Nazaret, el Cristo (Mt. 1:18, 20, Lc. 1:35, Mr. 1:18, 20). Le da la vida humana, interviene en el acto sobrenatural de engendrarlo. En el momento de su bautismo en agua el Espíritu Santo descendió del cielo como paloma y permaneció sobre él, como señal de que le acompañaría en su ministerio (Mt. 3:16; Mr. 1:10; Lc. 3:22; Jn. 1:32). Luego, el mismo Espíritu lo llevó al desierto para que enfrentara las tentaciones del diablo (Mt. 4:1; Lc. 4:1; Mr. 1:12-13). El Espíritu lo ungió para emprender su obra de proclamación, salvación y redención durante su ministerio terrenal (Is. 61:1; Lc. 4:18). En ese sentido, la revelación se muestra de manera paradójica, por ejemplo: Jesús es engendrado y ungido por el Espíritu pero, luego Jesús es quien bautizará en el Espíritu Santo y fuego (Mt. 3:11; Mr. 1:8; Jn. 1:33).

Bajo esta última perspectiva, el papel prominente del Espíritu manifiesta que no es inferior al Padre ni al Hijo. Es cierto que en la revelación de la historia de la salvación el Padre es quien tiene protagonismo en el Antiguo Testamento, Jesucristo en los relatos del Nuevo Testamento y el Espíritu Santo de manera discreta en el primer testamento y más visible en el segundo testamento, en el cual se relata que le es encomendada la misión de permanecer junto a la Iglesia en toda la historia, hasta el fin del mundo.

Otro aspecto que resalta la divina ternura y la perfecta santidad del Espíritu es el que menciona Jesús: "A cualquiera que dijere alguna palabra contra el Hijo del Hombre, le será perdonado; pero al que hable contra el Espíritu Santo, no le será perdonado, ni en este siglo ni en el venidero" (Mt. 12:32; Mr. 3:29; Lc. 12:10). Las ofensas contra el Padre y contra el Hijo son perdonables, contra el Espíritu no. Esa verdad categórica se aplica a todo aquel que habla mal contra el Espíritu Santo, no tiene el perdón que lleva a la salvación. Es reo de pecado y condenación eterna.

Los evangelios muestran otra verdad consoladora para la Iglesia: el Espíritu Santo estará con los discípulos en los momentos de persecución, encarcelamiento y juicios injustos. Les auxiliará para que respondan con exactitud ante quienes los interrogan, calumnian e injurian, incluyendo a los familiares que los rechazan (Mt. 10:20; Mr. 13:11; Lc. 12:11). Además, los evangelios son los testigos del cumplimiento profético del Antiguo Testamento. Mateo 12:15-21 interpreta el cumplimiento de la profecía de Isaías 42:1-4 en Jesús de Nazaret. Él es aquel siervo escogido, amado, en quien Dios pone su Espíritu para que anuncie la esperanza de los gentiles a quienes les traerá sanidad y salvación, pero lo hará con discreción, sin buscar protagonismo. No viene para tener fama y aceptación pública. Eso sí, anunciará el juicio a las naciones que rechacen a su ungido.

Mateo pone en un mismo nivel de autoridad al Espíritu junto al Padre y al Hijo en el mandamiento de hacer discípulos y bautizarlos: "Por tanto, id y haced discípulos a todas las naciones, bautizándolos en el nombre del Padre y del Hijo y del Espíritu Santo" (Mt. 28:19).

Otro detalle en los evangelios es que se usa de forma continua las expresiones: "llena del Espíritu", "lleno del Espíritu", "el Espíritu estaba sobre él", "le fue revelado por el Espíritu" (Lc. 1:41, 1:67, 2:25). Ello, pone de manifiesto el ministerio continuo del Espíritu sobre Jesús y sus discípulos. Asimismo, el pasaje lucano destacado que contiene la frase "El Espíritu del Señor está sobre mí..." (Lc. 4:18), destaca el ungimiento de poder del Espíritu Santo sobre Jesús de Nazaret para llevar a cabo la tarea encomendada por el Padre.

Hay dos perspectivas singulares respecto del Espíritu Santo en dos de los evangelios. Una de ellas se encuentra en Lucas; explica que el Padre dará el don del Espíritu Santo a los hijos de Dios que se lo pidan, por el hecho de que tienen una filiación divina como resultado de su amor y su gracia (Lc. 11:13). La otra la registra el Evangelio de Juan de forma singular, la conecta con la condición para la salvación y el disfrute del reino de Dios: "Nacer... del Espíritu", "Nacer de nuevo", "Es necesario nacer de nuevo" (Jn. 3:5, 6, 8). Ese nacer de nuevo es una obra milagrosa. La realiza el Espíritu Santo en los corazones de los que reciben a Jesucristo, en su vida, por medio de la fe. Es el equivalente a la conversión anunciada en los otros evangelios "Arrepiéntanse y conviértanse". Cristo murió en la cruz para perdón de pecados y darnos salvación, es la buena noticia del evangelio que se predica, pero es el Espíritu Santo quien vivifica la Palabra escrita y la palabra predicada para que las personas las reciban; abre el corazón de los que la leen y la oyen. Así el Evangelio de Juan insiste que es "necesario de nuevo" para entrar al reino de los cielos.

Juan revela otro detalle sustancial: el Espíritu Santo es un don que el Señor da sin medida (Jn. 3:34) y que experimenta el ser del creyente como "ríos de agua viva que corren en su interior" (Jn. 7:39) cuando viene sobre él. El creyente lleno del Espíritu es capaz de adorar en Espíritu y verdad como Dios lo requiere (Jn. 4:23, 24), porque ha recibido al Espíritu de verdad que guiará a los creyentes a la verdad (Jn. 14:17a, 15:26, 16:13). El maravilloso, poderoso y verdadero Espíritu Santo no puede recibirle el mundo porque no le conoce (Jn. 14:17b), (Gálvez).

El libro de los Hechos

El libro de los Hechos de los apóstoles es esencial para comprender la forma práctica de cómo opera el Espíritu Santo. Es una radiografía clara de cómo celebrar, vivir y compartir la fe de la Iglesia de Jesucristo de todas las épocas. Enseña, además, principios espirituales prácticos, evangelísticos, misioneros, testimoniales, kerigmáticos, de servicio, enseñanza y señales, dones, milagros. Una lectura atenta, meditada, evidencia el por qué es importante el contenido del libro de los Hechos, que integra, junto al Evangelio de Lucas, la teología lucana, muy poco abordada, por cierto, en proporción a las teologías petrina, juanina, lo que indica ya un desbalance y una falta de integración en la pneumatología.

En los primeros versículos del capítulo uno, el Cristo resucitado afirma a sus discípulos que serán bautizados en el Espíritu Santo (Hch. 1:5), lo que significa un acontecimiento indispensable para que reciban poder espiritual con el propósito de que ellos testifiquen de Jesucristo y su obra en Jerusalén, Judea, Samaria y hasta lo último de la tierra (Hch. 1:8).

Otro acontecimiento importante del Espíritu Santo en el libro de Hechos es su derramamiento sobre todos los que estaban reunidos en el día de pentecostés. Se afirma que es "la venida del Espíritu Santo" en cumplimiento de la profecía de Joel: "Lo que pasa es que hoy Dios ha cumplido lo que nos prometió, cuando por medio del profeta Joel dijo... En los últimos tiempos les daré a todos de mi Espíritu: hombres y mujeres hablarán de parte mía; a los jóvenes les hablaré en visiones y a los ancianos, en sueños. También en esos tiempos les daré de mi Espíritu a los esclavos y a las esclavas, para que hablen en mi nombre" (Hch. 2:16-18). Ese acontecimiento marcó el inicio de la misión de la Iglesia. Mientras el pueblo de Israel celebraba la fiesta judía de pentecostés, cincuenta días después de la celebración de la pascua, los ciento veinte discípulos judíos fueron bautizados en el Espíritu Santo, rodeados por un ambiente de unidad, oración y alabanza. Esta investidura, bautismo o derramamiento ocurre, de acuerdo con el texto, de manera audible: oyen estruendos, fuertes vientos que soplan y llenan todo el lugar; de manera visible: aparecen lenguas repartidas como de fuego que se posan sobre ellos; de manera sensible: todos son llenos del Espíritu Santo, comienzan hablar en otras lenguas; de manera milagrosa: los judíos que vienen de varias naciones y regiones lejanas oyen el mensaje de Dios en sus propios dialectos; de manera profética: ante la conmoción de todos los presentes, el apóstol Pedro interviene con su primer mensaje, diciéndoles que lo que están oyendo y viendo, es el cumplimiento de la profecía de Joel 2:28-29 (RVC). "Después de esto, derramaré mi espíritu sobre la humanidad entera y los hijos y las hijas de ustedes profetizarán; los ancianos tendrán sueños y los jóvenes recibirán visiones. En aquellos días, también sobre los siervos y las siervas derramaré mi espíritu".

A lo largo del libro de Hechos se encuentran las frases: "derramaré de mi Espíritu", "serán bautizados con el Espíritu Santo", "fueron llenos del Espíritu", "llenos del Espíritu", "lleno del Espíritu", "fueron bautizados en el Espíritu Santo", "recibirán el don del Espíritu", "recibían al Espíritu", "recibiesen al Espíritu", "reciban al Espíritu", "reciba el Espíritu", "imponían las manos y recibían del Espíritu", "cayó el Espíritu Santo sobre ellos", "han recibido el Espíritu Santo", "el Espíritu dijo", "fortalecidos por el Espíritu", "ungió con el Espíritu", "dijo el Espíritu Santo", "enviados por el Espíritu Santo", "fue prohibido por el Espíritu Santo", "el Espíritu Santo no se los permitió", "dándoles el Espíritu Santo", "el Espíritu Santo me da testimonio", "dice el Espíritu Santo", "habló el Espíritu Santo por medio del profeta" (Hch. 1:5, 8; 2:4, 17, 18, 38; 4:8, 31; 5:32; 6:3, 5; 7:55; 8:15, 17-19; 9:31; 10:38; 10:44; 11:12, 15, 16, 24; 13:2, 4, 9; 15:8; 16:6-7; 19:2, 6; 20:23; 21:11; 28:25). Todo con el propósito de mostrar las operaciones del Espíritu para bautizar y llenar de poder espiritual a los creyentes, para que oigan la voz del Espíritu y realicen milagros, testifiquen, evangelicen, hablen con autoridad espiritual, profeticen, echen fuera espíritus inmundos, sirvan a los necesitados, tengan discernimiento espiritual y reciban fortaleza espiritual. Y siempre edificar las vidas de los creyentes, equiparlos o alinearlos (*Katartizo* en Ef. 4:12) para el ministerio en una profunda comunión con el Espíritu y llevar a cabo la misión dada a la Iglesia (Gálvez).

ESPÍRITU, INTERPRETACIÓN CATÓLICA ROMANA

En el catecismo de la Iglesia Católica, capítulo tercero, artículo 8, titulado: Creo en el Espíritu Santo, se encuentra, de manera precisa, su interpretación sobre el Espíritu Santo. En algunos temas y enfoques bíblicos, no parece distinguirse con la interpretación protestante, pero como es de esperar, tiene sus propios puntos de vista diferentes de las otras confesiones que la identifican tal cual. Me ocuparé de analizar los puntos propios de la interpretación católica romana distintos del enfoque protestante.

En cuanto al lugar del conocimiento del Espíritu Santo afirma que acontece en la Iglesia, la comunidad de los vivientes, la tradición, el Magisterio, la liturgia sacramental, en la oración, en los carismas y ministerios que edifican a la Iglesia, en los signos de la vida apostólica misionera, y en el testimonio de los santos fieles, en cuales medios Él manifiesta su santidad y continúa la obra de la salvación. La perspectiva del Espíritu dentro de la concepción trinitaria está basada en las ratificaciones de los concilios ecuménicos más importantes, por lo que resulta en una postura tradicional, ortodoxa. Declara que el Espíritu Santo es Dios, consubstancial con el Padre y el Hijo, por lo que adora la santísima Trinidad indivisible, pero reconoce la distinción de las Personas divinas, de manera especial, en la misión de la Iglesia. El Padre envía en misión al Hijo y al Espíritu, pero Cristo es quien se manifiesta como Imagen visible de Dios invisible y el Espíritu Santo quien lo revela, son distintos pero inseparables. En cuanto al origen del nombre del Espíritu Santo lo describe así: "tal es el nombre propio de Aquel que adoramos y glorificamos con el Padre y el Hijo. La Iglesia ha recibido este nombre del Señor y lo profesa en el bautismo de sus nuevos hijos" (cf. Mt. 28:19). Esta concepción la enlaza con la doctrina de la Trinidad: "Por otra parte, Espíritu y Santo son atributos divinos comunes a las Tres Personas divinas. Pero, uniendo ambos términos, la Escritura, la liturgia y el lenguaje teológico designan la persona inefable del Espíritu Santo, sin equívoco posible con los demás empleos de los términos espíritu y santo". Añade, más adelante, que el primer efecto del Espíritu Santo como don es el amor y el perdón de nuestros pecados, ello conduce a una comunión con el Espíritu (2 Co. 13:13) y es la que, en la Iglesia, vuelve a dar a los bautizados la semejanza divina perdida por el pecado.

Enseña, en base a 2 Co. 1:22; Ef. 1:13, 4:30, que los fieles son sellados con el Espíritu, lo cual muestra el carácter imborrable de la unción del Espíritu en los sacramentos del Bautismo, de la Confirmación y del Orden, agrega que esta imagen se ha utilizado en algunas tradiciones teológicas con el fin de expresar el carácter indeleble e impreso por estos tres sacramentos, los cuales no pueden ser reiterados.

Destaca el actuar del Espíritu en María como el que ejecuta el designio del Padre sobre ella, que habría de concebir por obra y gracia del Espíritu Santo, convirtiendo su virginidad en fecundidad única, cumpliendo la profecía de Isaías 7:14. Ella es la zarza ardiente de la teofanía definitiva. Es por medio de María que el Espíritu Santo inicia la comunión con Cristo iluminando a los hombres, comenzando con los cercanos testigos de la concepción milagrosa: los pastores, los magos, Simeón, Ana, los esposos de Caná y los primeros discípulos. Por ello, María se convierte en la nueva Eva "madre de los vivientes" y madre del Cristo total.

Respecto de la misión del Espíritu y la Iglesia, cree que se realiza en la Iglesia, la cual es el cuerpo de Cristo y el templo del Espíritu Santo. La función del Espíritu es preparar a los hombres y por su gracia advertirlos para atraerlos hacia Cristo. Se encarga de recordarles su palabra y abrirles sus mentes para que comprendan la obra de su muerte y su resurrección. Les mantiene presente el misterio de Cristo, en especial en la Eucaristía, para reconciliarlos con Dios y conducirlos a la comunión con Dios, para que den "mucho fruto" (Jn. 15:5, 8, 16).

El Espíritu Santo es la unción de Cristo, es Cristo, cabeza del Cuerpo, quien lo reparte entre sus miembros con el propósito de sustentarlos, sanarlos, vivificarlos, organizarlos en sus funciones recíprocas para que den testimonio y presentarlos como ofrenda al Padre y a su intercesión por todo el mundo (Gálvez).

ESPÍRITU, INTERPRETACIÓN EVANGÉLICA

Por el reconocimiento a nivel mundial de la importancia del Pacto de Lausana, creo que es el documento que más representa al pensamiento evangélico en las doctrinas esenciales de la fe. Otro detalle que suma para reafirmar el punto de vista evangélico, fue la unión singular entre Billy Graham y John Stott para gestionar el movimiento de Lausana, dos hombres de Dios que se reconocen a sí mismos como evangélicos.

Billy Graham, el evangelista más reconocido en la historia moderna perteneciente al ámbito evangélico y John Stott, uno de los más grandes teólogos y escritores, con extensa simpatía dentro de la tradición evangélica, fundó con mucho acierto, la Fraternidad Evangélica en la Comunión Anglicana (EFAC) como un "hogar" para el clero evangélico. Por ello, insisto que el Pacto Lausana es un punto de referencia de los más representativos del pensamiento evangélico. Fue redactado en el congreso realizado en Lausana, Suiza, en el año de 1974. Miembros de la Iglesia de Jesucristo, procedentes de más de 150 naciones, se reunieron para reflexionar sobre la evangelización mundial y reafirmar los presupuestos fundamentales de la doctrina de la Iglesia evangélica, forjados en el Pacto Lausana.

Con relación con la doctrina sobre el Espíritu transcribo literalmente lo plasmado en el punto número catorce:

"14. El poder del Espíritu Santo. Creemos en el poder del Espíritu Santo. El Padre envió a Su Espíritu para dar testimonio de Su Hijo; sin el testimonio de ÉL nuestro testimonio es vano. La convicción de pecado, la fe en Cristo, el nuevo nacimiento y el crecimiento cristiano, son todas obras Suyas. Más aún, el Espíritu Santo es un Espíritu misionero y por ello la evangelización debiera brotar de una Iglesia que está llena del Espíritu. La evangelización mundial será una posibilidad realista, solo cuando el Espíritu renueve a la Iglesia en sabiduría, fe, santidad, amor y poder. Por lo tanto, hacemos un llamado a todos los cristianos, para que oren, a fin de que venga una visitación del Espíritu de Dios, de modo que todo Su fruto se vea en Su pueblo y que todos Sus dones enriquezcan al cuerpo de Cristo. Solo entonces, la Iglesia toda llegará a ser instrumento adecuado en Sus manos, para que el mundo entero oiga la voz de Dios. 1 Co. 2:4; Jn. 15:26, 27, 16:8-11; 1 Co. 12:3; Jn. 3:6-8; 2 Co. 3:18; Jn. 7:37-39; 1 Ts. 5:19; Hch. 1:8; Sal. 85:4-7; 67:1-3; Gá. 5:22, 23; 1 Co. 12:4-31; Ro. 12:3-8.

Se observa que el enfoque se da en una perspectiva de la acción insustituible del Espíritu Santo en la misión de la Iglesia, pero muestra otros aspectos esenciales de la acción del Espíritu sobre los hombres, la congregación, sus dones esenciales. Se reconoce el poder real del Espíritu; habla del envío del Espíritu de parte del Padre para que el testimonio sobre la obra del Hijo sea efectivo. Reconoce que el Espíritu es el autor de la convicción de pecado, la fe en Cristo, el nuevo nacimiento, así como el crecimiento de los convertidos. Además, es el Espíritu el único que puede renovar y dirigir a la Iglesia en sabiduría, fe, santidad, amor y poder por medio de sus dones y su fruto.

Esta postura es consciente que una Iglesia que no está llena del Espíritu se encuentra incapacitada para cumplir la misión encomendada. Por lo tanto, hace un llamado a todos los cristianos para que oren, con el propósito de que venga de nuevo una visitación del Espíritu de Dios, de tal modo que los dones y el fruto del Espíritu se vean en su pueblo. Menciona que es importante que su pueblo, el cuerpo de Cristo, sea enriquecido con "todos los dones del Espíritu". Si se toma esta última declaración sobre los dones, en el sentido estricto, se refiere a los dones de Romanos 12, 1 Corintios 12, Efesios 4, 1 Pedro 4, pero en la práctica, creo que la postura evangélica, exceptuando a los pentecostales y carismáticos, no acepta la vigencia de los dones sobrenaturales del Espíritu de 1 Corintios 12 (Gálvez).

ESPÍRITU, INTERPRETACIÓN PROTESTANTE OCCIDENTAL

Las confesiones de fe y los catecismos posteriores a la Reforma del siglo XVI en las ramas: luterana, reformada, anglicana, anabaptista, son las que recogen, analizan, desarrollan y configuran todas las doctrinas de la fe cristiana protestante. Es en ellas que se puede rastrear la doctrina sobre el Espíritu Santo para presentar la postura del rostro protestante. He aquí las más representativas:

La confesión belga de 1561

Aborda el tema del Espíritu Santo en unas pocas líneas en su artículo 11: "Asimismo creemos y confesamos, que el Espíritu Santo procede eternamente del Padre y del Hijo; no siendo hecho, ni creado, ni tampoco engendrado, sino solo procediendo de ambos; el cual, en orden, es la tercera Persona de la Trinidad; de una sola misma esencia, majestad y gloria con el Padre y el Hijo; siendo verdadero y eterno Dios, como nos enseñan las Sagradas Escrituras. Gn. 1:2; Sal. 33:6; Is. 32:15; Jn. 15:26; Sal. 104:30; Jn. 14:16, 14:26; Mt. 28:19; Ro. 8:9; 1 Co. 3:16, 6:11; Hch. 5:3". Esta confesión afirma la deidad del Espíritu y su procedencia eterna del Padre y del Hijo, en el orden lo nombra como la tercera Persona de la Trinidad. *Filioque*, es el término teológico que describe la procedencia del Espíritu tanto del Padre como del Hijo. Esta doctrina enseña que el Espíritu Santo procede eternamente del Padre y del Hijo, y de ellos tiene su esencia y su ser subsistente.

El catecismo de Heidelberg (1563)

Declara la naturaleza y la obra del Espíritu Santo de manera escueta en ocho líneas: "Que, con el Eterno Padre e Hijo, es verdadero y eterno Dios: (a) y que viene a morar en mí; (b) para que, por la verdadera fe, me haga participante de Cristo y de todos sus beneficios; (c) me consuele; (d) y quede conmigo eternamente; (e) 1 Jn. 5:7; Gn. 1:2; Is. 48:16; 1 Co. 3:16, 6:19; Hch. 5:3, 4; Gá. 4:6; Mt. 28:19, 20; 2 Co. 1:22; Ef. 1:13; Gá. 3:14; 1 P. 1:2; 1 Co. 6:17; Jn. 15:26; Hch. 9:31; Jn. 14:16; 1 P. 4:14". Lo que resalta es la deidad del Espíritu Santo, la inhabitación en los cristianos y su acción para que se hagan realidad en ellos los beneficios de la obra de Cristo. Luego afirma su fiel y eterno acompañamiento para consuelo de los cristianos. En otras partes del catecismo habla en breves descripciones de cómo el Espíritu redarguye de pecado y participa en la regeneración interior.

Segunda Confesión Helvética (1566)

Se declara a sí misma como la Confesión que contiene de manera sencilla la explicación de la verdadera fe y de las doctrinas universales de la pura religión cristiana. Fue publicada, de común acuerdo, por los ministros de la Iglesia de Cristo que agrupaba la Confederación Helvética de las ciudades de Zúrich, Berna, Schaffhausen, San Gall, Chur, los Grisones e igualmente Mühihausen y Biel, a los cuales se han unido también los ministros de la Iglesia de Ginebra. Dicha confesión es más extensa que las anteriores, con todo,
no da tratamiento a la doctrina del Espíritu Santo en un artículo específico. Aborda de modo lacónico la deidad y la procedencia del Espíritu dentro del tema de la Trinidad: "El Espíritu Santo no fue engendrado ni no-engendrado, ni creado ni hecho, sino que saliendo del Padre y del Hijo es eterno con el Padre y el Hijo y con ellos posee la misma sustancia y la misma actuación". En otros artículos menciona de forma superficial la igualdad eterna del Padre, Hijo y del Espíritu, pero que se diferencian. El Espíritu Santo tiene el papel de la iluminación al hombre sobre la obra de Cristo. Reconoce que el ministerio de profeta que vaticinaba el futuro y explica las Escrituras está vigente.

Cánones de Dort (1619)

Al principio se le conoció como la Decisión del Sínodo de Dort sobre los Cinco Principales Puntos de Doctrina en Disputa en los Países Bajos. Las decisiones finales sobre tales puntos esenciales se le conoce, por lo general, como Los Cánones de Dort. Consiste en declaraciones de doctrina apadrinada por el gran Sínodo de Dort, realizado en la ciudad de Dordrecht entre 1618 y 1619.

En cuanto al tema del Espíritu Santo, destaca la naturaleza divina y la obra interior en el corazón del hombre. Reafirma la deidad del Espíritu Santo, declarando que es de la misma esencia que el Padre y el Hijo. En cuanto a su obra interior enseña que el papel del Espíritu Santo en la conversión es fundamental. Opera eficazmente en la voluntad del hombre para que el hombre crea en Cristo voluntariamente, es quien hace realidad la regeneración del hombre pecador, luego derrama el amor de Dios en los corazones de los que han creído. Los capacita, al mismo tiempo, para que lleven a cabo la misión encomendada. El poder que hace posible que el hombre domine progresivamente la carne viene del Espíritu Santo. Los creyentes gozan de la permanencia eterna del Espíritu quien les da testimonio de que son hijos de Dios y es por el Espíritu que los cristianos pueden perseverar.

Confesión de Fe de Westminster (1646)
La Confesión de Westminster es una de la más reconocidas de todos los tiempos. Formó la base de las confesiones presbiterianas, congregacionalistas y bautistas. Su Catecismo Menor es ampliamente reconocido como un portento en cuanto que es un sólido resumen de la fe cristiana. A mi criterio, esta es una de las confesiones que más ha ejercido influencia sobre la fe cristiana protestante, excepto en el tema del Espíritu Santo.

La integración de la Confesión de Westminster en sus 32 capítulos y su catecismo menor, muestran a primera vista la ausencia de un capítulo dedicado al Espíritu Santo. Lo aborda dentro de la Trinidad en un brevísimo comentario: "En la unidad de la Divinidad hay tres personas de una sustancia, poder y eternidad; Dios Padre, Dios Hijo y Dios Espíritu Santo: (1) el Padre no es engendrado ni procede de nadie; (2) el Hijo es eternamente engendrado del Padre; (3) el Espíritu Santo procede eternamente del Padre y del Hijo: 1 Jn. 5:7; Mt. 3:16, 17, 28:19; 2 Co. 13:14; Jn. 1:14, 18, 15:26; Gá. 4:6".

Ratifica la divinidad del Espíritu Santo, la procedencia del Espíritu del Padre y del Hijo y lo sustenta con siete versículos.

Al examinar la doctrina del Espíritu Santo en los credos y catecismos protestantes más distintivos, concluyo que no cambiaron en esencia la postura inicial de Lutero, Calvino, Zuinglio: El Espíritu Santo es Dios juntamente con Dios Padre y Dios Hijo, procede de ambos eternamente, pero se diferencian. La tarea principal del Espíritu Santo se realiza en el interior del hombre para regeneración, salvación, santificación, consuelo, fortaleza y guía para que vivan una vida victoriosa y realicen con eficacia la misión encomendada por Jesucristo nuestro Señor. No creen en los milagros y señales portentosas, tampoco en los dones sobrenaturales del Espíritu de 1 Corintios 12. Solo en la confesión Helvética se menciona una vez que el don de profeta, como conocedor del futuro y capaz de interpretar la palabra de Dios y comunicarla, está vigente (Gálvez).

ESPÍRITU, INTERPRETACIÓN PROTESTANTE ORIENTAL

En el catecismo ortodoxo, capítulo octavo, de la Iglesia oriental se resume la doctrina sobre el Espíritu Santo. De entrada, afirma que al Espíritu se le llama Señor, en el mismo sentido que al Hijo de Dios, es decir, como Dios verdadero y, en consecuencia, el Espíritu es Dios. Refuerza este argumento con el pasaje que relata la mentira de Ananías dicha al apóstol Pedro, sobre el precio falso de la venta de un bien inmueble que deseaba donar a la Iglesia. El apóstol Pedro de inmediato recriminó a Ananías diciéndole: "¿Por qué entró Satanás en tu corazón para hacerte mentir al Espíritu Santo?", y más adelante expresa: "Le has mentido a Dios, no a los hombres" (Hch. 5:3-4). Explica la acción del Espíritu como el vivificador en una interrelación trinitaria, pues, el Espíritu, junto con Dios Padre y el Hijo, concede vida a toda criatura y, en especial, vida espiritual al hombre. Fundamenta esta afirmación en el pasaje de Jn. 3:5: "El que no nace del agua y del Espíritu no puede entrar en el reino de Dios". En cuanto a la procedencia del Espíritu Santo asevera, en primer lugar, que procede del Padre, en base a las palabras de Jesucristo mismo: "Pero cuando venga el Consolador, el Espíritu de verdad, el cual procede del Padre y a quien yo les enviaré de parte del Padre, él dará testimonio acerca de mí" (Jn. 15:26). Para la postura de la Iglesia ortodoxa esa declaración es irrefutable, pues enseña lo que Jesucristo enseña de manera clara, sencilla y directa, por lo que no necesita una interpretación muy especializada. Es un fiel trasladar lo que Cristo ha dicho, lo cual, sin ninguna duda, es exacto y perfecto. En segundo lugar, porque el segundo concilio ecuménico, cuyo objetivo principal fue establecer la verdadera enseñanza respecto del Espíritu Santo, lo puso suficientemente de manifiesto en el símbolo de la fe; y la Iglesia universal lo reconoció tan decididamente que el tercer concilio ecuménico, en su séptimo canon, prohíbe la composición de cualquier nuevo símbolo de la fe. Por esta causa, Juan Damasceno escribe: "Acerca del Espíritu Santo decimos que es del Padre y lo llamamos Espíritu del Padre, mientras que de ninguna manera decimos que procede del Hijo, sino que solo lo llamamos Espíritu del Hijo". La postura oriental enseña que el Espíritu debe ser adorado y glorificado también, porque es igual al Padre y al Hijo, y esa verdad se demuestra en el mandato de Jesucristo de bautizar en el nombre del Padre, del Hijo y del Espíritu Santo (Mt. 28:19). El mover de Espíritu dentro de la Trinidad confirma esa verdad también y es relevante en los ministerios proféticos y apostólicos del Antiguo y Nuevo Testamentos: "Porque nunca profecía alguna ha venido por voluntad humana, sino que hombres movidos por el Espíritu Santo han hablado de parte de Dios" (2 P. 1:21). La interpretación ortodoxa oriental de la Trinidad es que el Espíritu Santo se origina y tiene su causa de existencia o modo de existencia solo del Padre, como "Un Dios, un Padre", y no procede del hijo. El Padre es la fuente de la divinidad, de la que es engendrado el Hijo y de la que procede el Espíritu. En la segunda etapa del Concilio de Constantinopla, un tal Focio continuó de forma más radical las líneas trazadas previamente en su tradición y contrapuso al *Filioque* la expresión del Padre únicamente. Focio falló al no dar explicación acerca de la relación entre el Logos y el Pneuma; la acción del Espíritu difícilmente podrá caracterizarse como la acción del Espíritu de Cristo, de tal manera que tendría que rechazar a la fuerza el *Filioque* como enunciado que afirma que el Espíritu procede también del Hijo. La postura oriental resalta el siguiente texto: "A estos se les reveló que no para sí mismos, sino para nosotros, administraban las cosas que ahora os son anunciadas por los que os han predicado el evangelio por el Espíritu Santo enviado del cielo; cosas en las cuales anhelan mirar los ángeles" (1 P. 1:12). Pero el mover y el actuar del Espíritu no queda allí, se manifiesta a varios discípulos y creyentes tal y como lo muestra el libro de los Hechos cuando descendió sobre todos los presentes, en forma de lenguas de fuego, al quincuagésimo día después de la resurrección de Jesucristo. Y el Espíritu Santo se sigue manifestando y comunicando con libertad a los cristianos genuinos, porque son templos del Espíritu por constitución: "¿No sabéis que sois santuarios de Dios y que el Espíritu Santo habita en vosotros?" (1 Co. 3:16). Ello, implica que todos los cristianos de todas las épocas siguen en plena comunión, bajo la guía y la fuerza del Espíritu. Pero se requiere, según la postura ortodoxa, que los creyentes hagan su pequeña parte orando fervientemente y participando de los sacramentos. Afianza este requerimiento en los pasajes siguientes: Lc. 11:13: "Si pues, vosotros, siendo malos, sabéis dar cosas buenas a vuestros hijos, ¡cuánto más el Padre del cielo dará el Espíritu Santo a los que lo pidan!"; "Mas cuando se manifestó la bondad de Dios nuestro salvador y su amor a los hombres, él nos salvó, no por obras de rectitud que hubiésemos hecho nosotros, sino según su misericordia, por medio del baño de regeneración y de renovación del Espíritu Santo, que Él derramó con abundancia sobre nosotros por medio de Jesucristo Nuestro Salvador" (Tit. 3:4-6). En cuanto a los dones del Espíritu se decantan por los enumerados por el profeta Isaías: 1) el espíritu de temor de Dios; 2) el espíritu de conocimiento; 3) el espíritu de fuerza; 4) el espíritu de consejo; 5) el espíritu de inteligencia; 6) el espíritu de sabiduría; 7) el espíritu del Señor o el don de piedad e inspiración en su máximo grado (Is. 11:2), (Gálvez).

ESPÍRITU, INTERPRETACIONES CONFESIONALES

El cristianismo tuvo sus orígenes en un entorno cultural, filosófico y religioso complejo y diverso. En su nacimiento, estuvo rodeado por el pensamiento judío, griego, romano, politeísta y filosófico. A pesar de este contexto, la fe cristiana se destacó por su singularidad, lo que llevó a enfrentar rechazo y persecución durante los primeros tres siglos. No obstante, esta situación cambió cuando el Imperio romano aceptó y, posteriormente, decretó al cristianismo como la religión oficial.

En el ámbito del Espíritu Santo, el cristianismo se encontró con el monoteísmo riguroso del judaísmo, por un lado, y por otro, con el politeísmo y la diversidad de posturas filosóficas y ascéticas propias del pensamiento greco-romano. A pesar de los desafíos, la fe cristiana fue abriéndose camino gradualmente entre las diferentes perspectivas sobre la obra del Espíritu Santo y su poder para inspirar. Todas estas perspectivas reconocen el poder del Espíritu Santo como una fuerza y un poder para la profecía, capacitando tanto a hombres como a mujeres. Además, reconocen su papel en la realización del plan divino registrado en el Antiguo y Nuevo Testamento.

En medio de tensiones en las posturas antagónicas, surgieron algunas propuestas concisas sobre la naturaleza del Espíritu Santo y su obra que se registraron en los credos formulados por los participantes de los distintos concilios. Esas fórmulas teológicas, dieron cierta estabilidad a doctrinas y conceptos importantes sobre el Espíritu Santo. Una de las doctrinas que se reconoció fue la deidad del Espíritu Santo, su fuerza, poder y, por extensión, la teología trinitaria se fortaleció. Eso sí, no se ha podido tener una postura granítica a lo largo de la historia, más bien se han multiplicado las diferentes interpretaciones (Gálvez).

ESPÍRITU, INTERPRETACIONES PENTECOSTALES CARISMÁTICAS Y NEOPENTECOSTALES

Pentecostalismo

El pentecostalismo lo abordo en otro capítulo con detalles, pero es oportuno analizar algunos aspectos en este apartado dentro de las diferentes confesiones, incluyendo la evangélica y la pentecostal carismática, que casi pudieran encajar en la categoría de otras confesiones cristianas por su enfoque pneumatológico distinto a las demás. Es claro que, al final, evangélicos, pentecostales y carismáticos neopentecostales, vienen indirectamente de la Reforma del siglo XVI.

El pentecostalismo le da suma importancia a la naturaleza y la obra del Espíritu Santo en todas las áreas de la fe cristiana, en el cristiano y en la Iglesia, ese es su distintivo. Por ello, se define como un movimiento que cree, enseña y vive el énfasis de la experiencia adicional posterior a la conversión. Dicha experiencia se le nombra "El bautismo en el Espíritu Santo", que provoca la señal de hablar en lenguas y la manifestación de los dones del Espíritu descritos en 1 Co. 12. Por ello, el mensaje que proclama se fondea sobre la obra del Espíritu Santo que actúa en la autorrevelación de Dios en Cristo.

La perspectiva general pentecostal enseña el actuar del Espíritu Santo en tres experiencias: la conversión, el bautismo con el Espíritu Santo con la señal de hablar en lenguas y la santificación. Insisten en buscar la santidad. Esta centralidad del Espíritu en el pensamiento pentecostal es el hilo conductor de toda su teología. Por ello, los pentecostales, se saben a sí mismos como la Iglesia que se constituye por los creyentes nacidos de nuevo, guiados por el Espíritu Santo. Su cristología, soteriología, antropología y las demás áreas de la teología sistemática se encuentran permeadas y configuradas por el Espíritu Santo.

El neopentecostalismo

Al igual que el pentecostalismo, el tema del neopentecostalismo lo trato con mayor atención en otro apartado, pero considero que es pertinente tratarlo aquí enfocándome de manera concisa en la doctrina del Espíritu Santo.

Una de las razones por las que al neopentecostalismo también se le llama movimiento carismático, es porque hace énfasis en los carismas. Creen en la Trinidad, con la certeza de que es el tiempo del protagonismo, en el buen sentido de la palabra, del Espíritu Santo en todos los dones sobrenaturales de 1 Co. 12 y en el bautismo del Espíritu Santo que resulta ser una doctrina central. La esencia del neopentecostalismo se compone de esas dos doctrinas que engarzan a todas las demás.

En el neopentecostalismo no se encuentra una postura oficial, ni una exposición granítica sobre la doctrina del Espíritu Santo. La razón es que el movimiento neopentecostal tiene tres ramificaciones: conservadora, progresista y la extrema que, en algunas creencias, rayan en la *herejía*. Aun así, se puede detectar lo esencial de la postura. El bautismo del Espíritu Santo marca la vida del creyente y la separa en un antes y en un después. Entra a una dimensión en la que se vive la realidad de un poder para santificarse, testificar, para definirse, para servir al Señor con determinación y usar los dones que le han sido dados por el Espíritu para edificar a la Iglesia.

Al igual que el pentecostalismo, cree que en el momento de la conversión el individuo es regenerado por el Espíritu Santo, sobre la base de la obra de Cristo, pero es necesario el bautismo como una experiencia adicional. A diferencia del pentecostalismo, el neopentecostalismo cree que el bautismo ocurre sin que se manifieste el don de hablar en lenguas, como evidencia. Puede manifestarse otro de los nueve dones o incluso solo con gemidos, adoración y alabanza al Señor. Tal bautismo puede ocurrir simultáneamente con la conversión, al poco tiempo o años después, durante el culto o fuera de él, con imposición de manos o sin ellas. Tal como ocurría en el libro de los Hechos. Asimismo, tiene en alta estima el don de profecía con lenguas o sin ellas, durante el culto. Cree en el ministerio de profeta según Efesios 4:11, que se diferencia del don de profecía, por ello, creen en el movimiento profético de oficio, en el cual el profeta conoce, por el Espíritu de Dios, el estado espiritual de la Iglesia, de los creyentes y en algunas ocasiones predice un acontecimiento importante de un cristiano, de una familia o de la Iglesia. El neopentecostalismo enseña que el Espíritu Santo participa activamente en la santificación y la iluminación en la lectura de la Biblia y en la vida diaria del creyente. Capacita al creyente con los dones descritos en 1 Co. 12, para edificar a la Iglesia. Se entiende que puede otorgar cualquier otro don de los nombrados en Romanos 12, Efesios 4, 1 Pedro 4. Ponen de relieve que el don de lenguas es concedido solo a algunos creyentes y se basan en el texto que dice: "¿Tienen todos dones para sanar enfermos? ¿Hablan todos en lenguas? ¿Acaso interpretan todos?" (1 Co. 12:30). Desde mi perspectiva, un creyente salvo sin el bautismo del Espíritu y sin los dones de poder puede realizar la obra y avanzar en la misión, pues de hecho el Espíritu mora en cada creyente desde el momento de la conversión, hay regeneración, santificación, iluminación y guía, pero no en la misma dimensión que cuando ocurre el bautismo en el Espíritu Santo y se manifiestan los dones de 1 Corintios 12, destacando el don de profecía (Gálvez).

ESPÍRITU, INTERPRETACIÓN JUDAICA

En el pensamiento del judaísmo posbíblico se cree que el Espíritu procede de la realidad de Dios. Es una fuerza sobrenatural que viene de Dios y capacita al hombre para la profecía. Por ello, los rabinos lo llaman el Espíritu de la profecía, pero aclaran que su manifestación es limitada, debido a que su actuar ocurría de manera exclusiva en unión a la presencia de Dios en el santuario, pero una vez destruido el templo junto a la desaparición del último profeta, su presencia se extinguió. Solo aparecerá de nuevo en los tiempos últimos, en la era mesiánica con un gran derramamiento de fuerza y de profecía de manera individual sobre personas que han hecho buenas obras.

Otra vertiente judaica liderada por Maimónides, enseñó en la Edad Media tardía que el Espíritu se manifiesta en la capacidad de pensamiento y en la fuerza de la imaginación, lo que muestra el grado de perfección en las personas del Espíritu. En la época moderna, Hermann Cohen cree que el Espíritu Santo es una expresión de la comunión entre Dios y el hombre, se refleja en el comportamiento ético del ser humano. Es comprensible que, en la concepción judía no haya una clara diferenciación del Espíritu con relación a Dios Padre, mucho menos una relación intratrinitaria. Eso se debe al enérgico desarrollo monoteísta que se condensa en el texto del Shemá y su posterior expansión frente a las naciones politeístas (Gálvez).

ESPÍRITU, LIBROS HISTÓRICOS

En los libros históricos el Espíritu Santo se identifica como el Espíritu que reviste de poder a hombres y mujeres escogidos para actuar en la dirección y defensa del pueblo de Israel. En estos escritos se usan las frases: "El Espíritu del Señor vino sobre" (Jue. 3:10, 11:29, 1 S. 10:6, 10:10, 11:6), "El Espíritu del Señor se adueñó", "Fue poseído por el Espíritu de Dios", "El Espíritu comenzó a manifestarse sobre" (Jue. 13:25), "El Espíritu del Señor ha hablado por mí" (2 S. 23:2), "El Espíritu del Señor se adueñó de" (Jue. 6:34).

La investidura de poder del Espíritu en esta época se manifestó en hombres que fueron llamados a cumplir una misión divina. Otoniel, Gedeón, Jefté, Sansón, Samuel, Saúl, David, son los que destacan por experimentar ese don del Espíritu. Y este cae sobre ellos de modo inesperado, tempestuoso, cual ráfaga de viento, incluso de forma aterradora, que desconcierta, eso sí, con el propósito de empoderarlos, transformarlos en hombres nuevos, para liderar movimientos, para profetizar o ir a la guerra ordenada por Dios, en la cual el Espíritu toma la iniciativa para liberar a su pueblo de los enemigos que le acechan. El Espíritu del Señor también se manifiesta viniendo sobre Azarías que recibe el poder para exhortar al pueblo de parte del Señor, para que se vuelvan a él (2 Cr. 15:1-2). De igual manera viene sobre Jahaziel para anunciar al pueblo que no tuvieran miedo del ejército enemigo porque el Señor pelearía por ellos y les daría la victoria (2 Cr. 20:14); sobre Zacarías para denunciar el pecado de rebelión del pueblo liderado por el rey Joás, que en lugar de arrepentirse se enfureció y apedreó a Zacarías hasta matarlo (2 Cr. 24:20). Cuando el Espíritu vino sobre todos estos hombres, cumplieron su misión en medio de dificultades, oposición, rechazo y muerte, pero así glorificaron el nombre del Señor (Gálvez).

ESPÍRITU, LIBROS SAPIENCIALES

Dentro de los libros de sabiduría o sapienciales son los salmos los que más revelan el mover del Espíritu Santo en la profecía, en el poder renovador, sustentador y vigilante de toda la creación por medio de su omnipresencia y omnisciencia.

El Salmo 51:11 enseña con claridad cómo el Espíritu poseía a sus siervos escogidos, por el tiempo necesario, para que realizaran la tarea divina encomendada. David sabía que la desobediencia provocaría que el Espíritu se fuera de su vida, así como sucedió a Saúl cuando se rebeló contra el Señor y sus mandamientos (1 S. 16:14). David reconoció que durante todo el tiempo que estuvo en obediencia al Señor, el Espíritu estaba sobre él bendiciéndolo, guiándolo, protegiéndolo y por eso tuvo victorias en todas sus campañas. Por ello, David después que pecó, lloró con amargura, arrepentimiento y suplicó al Señor que no quitara de él su santo Espíritu, porque perdería el gozo de la salvación y la libertad interior.

Por otra parte, el Salmo 110:1 es citado e interpretado por el mismo Señor Jesús en la lectura de la Palabra en el templo: "Al enseñar Jesús en el templo, decía: ¿cómo es que los escribas dicen que el Cristo es Hijo de David?" David mismo dijo, por el Espíritu Santo: "El Señor le dijo a mi Señor: siéntate a mi derecha, hasta que ponga a tus enemigos por estrado de tus pies" (Mr. 12:35-36). El texto revela que David fue tomado por el Espíritu y profetizó acerca del Mesías y de quien era hijo el Cristo.

En otro salmo David habla de la omnisciencia y la omnipresencia del Espíritu, expresando con gratitud y asombro cómo el Señor lo ha examinado y conocido desde el vientre de su madre; cómo ha estado presente en su caminar, sabiendo lo que piensa, lo que dice y lo que hace. Eso es posible por el Espíritu de Dios. Así lo dice David: "¿Dónde puedo esconderme de tu Espíritu? ¿Cómo podría huir de tu presencia? Si subiera yo a los cielos, allí estás tú; si me tendiera en el sepulcro, también estás allí. Si levantara el vuelo hacia el sol naciente, o si habitara en los confines del mar, aun allí me guiará tu mano, y me asirá tu diestra" (Sal. 139:7-9).

En relación con el poder creador del Espíritu, el Salmo 104:30 habla sobre la magnífica creación de Dios; de cómo Dios crea, cuida y sustenta toda la creación terrena: los animales, las aves, los seres vivientes del mar, a los humanos. Lo hace a través de su santo Espíritu, quien recrea y renueva porque Él es vida, fuerza, aliento, poder vivificador de todo lo temporal (Gálvez).

ESPÍRITU, NUEVA CREACIÓN

Es interesante que al Espíritu de Dios se le considere en las tradiciones bíblicas como el origen de la vida desde la primera creación. De modo que es fácil comprender que el mismo Espíritu es la fuente de la vida nueva y perfecta, que permanecerá unida a la vida divina por la eternidad.

Por otra parte, el cumplimiento del anticipo de los últimos tiempos, como una señal de la nueva creación, fue anunciado por el profeta Joel en el primer testamento. Tal cumplimiento fue el sorprendente derramamiento del Espíritu Santo que se dio en la Iglesia del principio, descrito en el libro de los Hechos capítulo dos. A partir de Pentecostés, comienza de modo específico el llamado ministerio del Espíritu (2 Co. 3:8). Este evento marca el inicio de la nueva creación de los creyentes en Cristo y anuncia la nueva creación de todas las cosas en la plenitud de la consumación final del reino de Dios.

Pikaza explica, de manera excelsa, parte de esa consumación descrita en Apocalipsis: "Esposa es, por lo tanto, la ciudad, es la asamblea de los hombres que han llegado a realizarse en plenitud y ascienden hacia Dios o desde Dios descienden, como grupo unido en amor y transparencia. Esta es la ciudad en la que actúa y se refleja ya por siempre, en gozo y claridad, el misterio del Espíritu, la vida y gracia creadora de Dios y de su Cristo entre los hombres. Esta es la comunión de los creyentes liberados, de aquellos que han vivido y viven sobre el mundo la tarea de un camino abierto en unidad hacia la gloria".

En efecto, el libro de Apocalipsis muestra en los capítulos 21 y 22 al Espíritu y la esposa en escenas que describen la nueva creación, el gozo de la gloria de Dios en la nueva Jerusalén y el festejo eterno. El ángel del Señor muestra a Juan la belleza de la gloria de Dios en la esposa: "Y vino uno de los siete ángeles… y habló conmigo, diciendo: ven, te mostraré la novia, la esposa del Cordero. Y me llevó en el Espíritu a un monte grande y alto y me mostró la ciudad santa, Jerusalén, que descendía del cielo, de Dios, y tenía la gloria de Dios. Su fulgor era semejante al de una piedra muy preciosa, como una piedra de jaspe cristalino" (Ap. 21:9-11).

¡El Espíritu Santo, dador de vida y poder, presente en la primera creación! ¡Presente en la nueva creación de todas las cosas! (Gálvez).

ESPÍRITU, PENTATEUCO

Hecha la introducción, describo a continuación el resultado de la relectura y el análisis conciso, que he realizado, sobre el mover del Espíritu Santo en el Antiguo y Nuevo testamentos, en el orden dado.

El Espíritu Santo se manifiesta de modo discreto, selectivo, en los primeros cinco libros de la Biblia. No es el actor principal, pero su función es esencial. Aparece con los nombres de Espíritu de Dios y Espíritu. Está presente en la creación como el *Ruaj* de Dios que se mueve o aletea como mariposa sobre la superficie de las aguas o como un ave que empolla sobre las aguas. El moverse sobre las aguas con dichas imágenes implica que es el Espíritu de vida, generador de vida (Gn. 1:2). Más adelante se revela como el agente saturador de la presencia de Dios que se manifiesta en desbordar con dones de sabiduría, inteligencia y capacidad creativa a los hombres inteligentes por creación, más necesitan de una sabiduría espiritual, singular, porque han recibido un mandato divino de realizar todo tipo de oficios y artes manuales que desconocen (Éx. 31:1-3).

En otra ocasión, el Espíritu reveló su gracia al venir con poder sobre Balaam, el profeta desobediente. Se apoderó de él para que profetizara bendiciones sobre el pueblo de Israel, en lugar de continuar en los caminos de la avaricia y la hechicería a causa de sus motivaciones personales egoístas (Nm. 24:1-4). Balaam había entrado en el terreno de la avaricia que ciega, que impide mirar las visiones del Dios Todopoderoso, hasta que el Espíritu vino sobre él y le impulsó para que pronunciara bendiciones en lugar de maldiciones (Gálvez).

ESPÍRITU, PROFETAS

El libro del profeta Isaías revela al Espíritu en un contexto profético mesiánico, relacionándolo con la aplicación de la justicia y el derecho sobre la tierra, por medio de la palabra hablada, que se relaciona directamente con la Palabra viva, el Mesías. Ese actuar del Espíritu se describe con frecuencia como un "derramar" poder espiritual. Isaías 32:15 anuncia la llegada del Rey Mesías justo, que hará justicia plena y el Espíritu que estará sobre él, se derramará sobre el pueblo, realizando una transformación asombrosa que la expresa así: "hasta que se derrame sobre nosotros el Espíritu desde lo alto, el desierto se convierta en campo fértil y el campo fértil sea considerado como bosque", para que el pueblo lo reciba como su Señor.

En esa dirección, Isaías 34:16 muestra que el Espíritu hace realidad los juicios de Dios con rectitud al mismo tiempo que reúne y cuida con ternura a las criaturas más pequeñas y frágiles. Tal juicio, lo expresa en el contexto de la ira santa de Dios contra las naciones de la época, pero también a las naciones de todos los tiempos que lo rechacen.

Isaías 42:1-4, presenta al siervo que el Señor ha escogido, por cuanto se complace en él y sobre quien pondrá su Espíritu con el propósito de que traiga paz y justicia a las naciones por medio de la verdad, hablará con serenidad, autoridad y gracia; tendrá compasión de los perdidos, frágiles, agobiados por sus pecados. Establecerá, finalmente, la justicia en toda la tierra. Está profecía tuvo cumplimiento en la vida y la obra de Jesús de Nazaret.

El profeta Isaías anuncia un futuro derramamiento del Espíritu que hará posible "derramar agua sobre la tierra seca, desierta y ríos sobre la tierra estéril"; y si realiza esa acción sanadora sobre la tierra, de la misma manera y con mayor razón, derramará su Espíritu, quien es la vida misma, sobre la generación del pueblo que pertenece al único Dios verdadero. Los que reciben el derramamiento del Espíritu son como bellos vástagos, plantas verdes, no yerba marchita. Eso es lo que provocará el cumplimiento de la promesa "derramaré de mi Espíritu sobre tu descendencia" (Is. 44:3).

Isaías también describe el actuar del Espíritu para represión por la desobediencia al Dios vivo. Isaías es enviado por el Espíritu a reprender a Jacob, al pueblo de Israel, a causa de su reiterada infidelidad y abierta terquedad. Les recuerda que Dios los ha metido en el horno de aflicción para purificarlos, porque los ama, pero lo hace para que su nombre no sea profanado. Les exhorta a que escuchen y se vuelvan a él, quien es el primero y el último, pues, desde que se reveló a ellos, lo ha hecho abiertamente. Isaías les expresa que habla porque el Señor omnipotente y su santo Espíritu le han dado la autoridad para hacerlo (Is. 48:16).

Isaías anuncia que uno de los pactos sublimes realizados por el Señor con el pueblo del Israel consiste en la promesa que su Espíritu estará sobre ellos, colocando sus palabras en sus vidas, para que no se aparten de sus mandamientos de vida, que sean edificados, guiados y que los transmitan a sus hijos y a sus nietos. Es una respuesta de gracia y de reivindicación al arrepentimiento de sus iniquidades, homicidios, calumnias, mentiras, maldades, ceguera espiritual, rebeliones y ofensas (Is. 59:21).

El pasaje profético mesiánico más representativo y con perfil escatológico es el de Isaías 61:1-2. El Espíritu viene sobre el profeta Isaías para que anuncie el propósito y las acciones que realizará el Mesías en la primera y la Segunda venida. ¿Por qué se puede afirmar esto? Por la lectura e interpretación misma que Jesús hizo en la Sinagoga, cuando tomó el rollo de Isaías y leyó esta porción: "El Espíritu del Señor está sobre mí, porque me ha ungido para anunciar el evangelio a los pobres. Me ha enviado para proclamar libertad a los cautivos y la recuperación de la vista a los ciegos; para poner en libertad a los oprimidos; para proclamar el año favorable del Señor… Entonces él comenzó a decirles: Hoy se ha cumplido esta Escritura delante de ustedes" (Lc. 4:18-19, 21).

Este pasaje corresponde, literalmente, al libro del profeta Isaías 61:1-2: "El Espíritu del Señor Dios está sobre mí, porque me ha ungido el Señor para traer buenas nuevas a los afligidos. Me ha enviado para vendar a los quebrantados de corazón, para proclamar libertad a los cautivos y liberación a los prisioneros; para proclamar el año favorable del Señor y el día de venganza de nuestro Dios; para consolar a todos los que lloran". ¿Por qué Jesús leyó solamente hasta "…para proclamar el año favorable del Señor…" y no continuó con "… y el día de venganza de nuestro Dios; para consolar a todos los que lloran"? La explicación es que la primera parte del pasaje de la profecía de Isaías se refiere a Cristo en su primera venida, en relación con el ministerio de la proclamación del evangelio del reino de Dios, en los que el favor de Dios se mostraría con generosidad y gracia sobre gracia. Y la segunda parte y final se relaciona con el anuncio escatológico de la Segunda venida de Cristo, en la que establecerá justicia por medio de juicio y venganza para los malvados que no se arrepienten y no se vuelven de sus malos caminos. En este mismo pasaje hay profecía mesiánica y profecía escatológica. En Isaías, se observa el actuar soberano de Dios por medio de su Espíritu en una sana tensión y equilibrio en las categorías bíblicas: juicio-promesa, justicia-liberación, retribución-salvación de corte mesiánica-escatológica.

En el caso del libro de Ezequiel, es uno de los que más describe las acciones directas del Espíritu al venir sobre el profeta para poseerlo, moverlo, levantarlo, guiarlo e instruirlo. Dichas operaciones espirituales se expresan en las siguientes frases de varios textos: "El Espíritu entró en mí... me hablaba, me puso en pie" (Ez. 2:2, 3:24); "El Espíritu me levantó... y me tomó" (Ez. 3:12-14); "El Espíritu me alzó entre la tierra y el cielo"(Ez. 8:3); "El Espíritu me levantó y me llevó a la puerta" (Ez. 11:1, 43:5); "El Espíritu cayó sobre mí y me dijo" (Ez. 11:5); "El Espíritu me levantó y me llevó" (Ez. 11:24), todo con el propósito de que el profeta oyera la voz del Espíritu, viera las visiones espirituales, sintiera el respaldo fuerte del Señor y obedeciera instrucciones cotidianas como: "Ve y enciérrate en tu casa", fuera tomado del cabello —en el cuerpo o en el espíritu— para llevarlo a Jerusalén en visiones celestiales, para que abriera su entendimiento de lo que el celo santo provoca cuando el pueblo de Dios honra a los ídolos.

Otra parte de la misión del Espíritu en el profeta es venir sobre él para que profetice diciendo: "Así dice el Señor", y que anuncie la misericordia del Señor al otorgar el carisma del Espíritu sobre su pueblo, con el propósito de recibir la fuerza para obedecer sus leyes: "Infundiré mi Espíritu en ustedes y haré que sigan mis preceptos y obedezcan mis leyes" (Ez. 36:27); para que siendo poseídos por su Espíritu vivan una vida fructífera, establecidos en la tierra que su Dios les da para que jamás olviden que el Señor habló y lo hizo: "Pondré mi Espíritu en ustedes y vivirán y los estableceré en su tierra. Entonces sabrán que Yo, el Señor, he hablado y lo he hecho, declara el Señor" (Ez. 37:14). Además, el Señor derramará su Espíritu como garantía de que siempre estará con ellos: "Ya no volveré a darles la espalda, pues derramaré mi Espíritu sobre Israel. Yo, el Señor, lo afirmo" (Ez. 39:29).

En otra perspectiva, el pasaje de Joel 2:28 es uno de los más conocidos de toda la Biblia por la referencia acerca de la profecía del derramamiento del Espíritu, cumplida en el día de pentecostés descrito en el libro de los Hechos, capítulo dos. En el contexto de la época del profeta Joel, se narra de las catástrofes que vivían a causa de la terrible plaga de langostas que amenazó el suministro alimentario del pueblo. En medio de esa tragedia, el Señor anunció la catástrofe que vendrá en el día del Señor, pero no los deja sin esperanza. Les anuncia que restaurará y sanará la tierra después de la destrucción de la plaga, y después de eso, vendrá un avivamiento espiritual sorprendente, de tal modo, que derramará su Espíritu sobre todos, sin excepción de épocas, sexo, raza o condición socioeconómica. Y los descendientes de ellos profetizarán; los ancianos tendrán sueños y los jóvenes recibirán visiones. Su misericordia es tan grande que derramará su Espíritu aún sobre mujeres y hombres esclavos.

En el caso de los llamados profetas menores, Miqueas y Hageo también comparten experiencias con el santo Espíritu. Miqueas habla de la llenura del Espíritu que le produjo la valentía suficiente para confrontar el pecado, la obstinación y la transgresión del pueblo de Israel, reprendiéndole para que se arrepintiera y se volviera a Dios: "Yo, en cambio, estoy lleno de poder, lleno del Espíritu del Señor y lleno de justicia y de fuerza, para echarle en cara a Jacob su delito; para reprocharle a Israel su pecado" (Mi. 3:8). Hageo afirma que el Señor le dice que comuniqué al pueblo que estará rodeado y cuidado por el Espíritu a causa del pacto que hizo con ellos: "Mi Espíritu permanece en medio de ustedes, conforme al pacto que hice con ustedes cuando salieron de Egipto. No teman" (Hag. 2:5).

El Espíritu Santo en el Antiguo Testamento es la causa de las victorias físicas, emocionales, personales, familiares, nacionales, militares, del pueblo de Dios y sus escogidos. El esfuerzo personal, destrezas físicas, armas, caballos o ejércitos son meras ayudas secundarias. Zorobabel tenía que aprender esa lección. Preocupado por la planeación, ejecución, supervisión y finalización de la reconstrucción del templo, el Señor envía un ángel con un mensaje contundente: "toda obra de cualquier naturaleza es por medio de su santo Espíritu, no es con las fuerzas y armas humanas" (Zac. 4:6). Es verdad que el Señor requiere obediencia y una fe sencilla para que el pueblo vea la gloria de Dios. Por ello, cuando el pueblo endurecía su corazón como el mármol, sabiendo que el Señor enviaba a su Espíritu, entonces el Señor los disciplinaba por amor (Zac. 7:12), (Gálvez).

ESPOSA DEL CORDERO

La "esposa del Cordero" tiene su tipología en el AT. Se basa en la relación de Dios con su pueblo en el Antiguo Testamento. Varios profetas se refieren a Israel como prometida de Dios o como su esposa (Is. 49:18; 54:5-6; 62:5; Jer. 2:2; Ez. 16:15-63; Os. 2:14-23). Israel en lugar de amar al Señor le fue infiel, por ello, se compara con la prostitución de una esposa adúltera (Jer. 3:20; Ez. 16:15-63; Os. 2:1-13; 4:12, 15). Pero Dios sigue siendo el esposo fiel, y estos mismos profetas ofrecen esperanza de un tiempo en el que Él restaurará a su prometida bajo un Nuevo Pacto (Is. 62:1-5; Ez. 16:60-63).

El pasaje de Oseas 2:16-20 resume la promesa de Dios en el Nuevo Pacto de purificar a su prometida: en ese día, Dios declara que su pueblo lo llamará "mi esposo" en lugar de "mi amo". Dios eliminará los nombres de los ídolos de sus labios, y ya no se mencionarán más. En ese día, Dios hará un pacto con su pueblo, incluyendo a las bestias del campo, las aves del cielo y los reptiles de la tierra. Dios pondrá fin a la guerra y la violencia, permitiendo que duerman en paz y seguridad. Dios desposará a su pueblo para siempre, con justicia, derecho, amor y compasión. Será una unión de fidelidad, y su pueblo conocerá al Señor.

De manera específica, en Isaías 54:6 dice: "Porque como a mujer abandonada y triste de espíritu te llamó Jehová, y como a la esposa de la juventud que es repudiada, dijo tu Dios". En este pasaje se compara a Israel con una mujer abandonada y triste de espíritu. Esto se refiere a la situación de Israel en el exilio, cuando parecía que Dios los había abandonado. Sin embargo, el versículo continúa para revelar que Dios los llamará de nuevo como la esposa de la juventud repudiada, lo que implica una reconciliación y restauración. Isaías 62:5 dice: "Porque como el joven se casa con la virgen, se casarán contigo tus hijos; y como el gozo del esposo con la esposa, así se gozará contigo el Dios tuyo". Aquí se utiliza una imagen similar para describir la relación de Dios con su pueblo. Se menciona que los hijos de Israel se casarán contigo, lo que indica la reunión y reconciliación de la nación con Dios. La comparación del gozo del esposo con la esposa enfatiza la alegría y la intimidad de esta relación reconciliada.

En el contexto profético de estos versículos, se utilizan imágenes matrimoniales para describir la relación entre Dios y su pueblo, especialmente en el contexto de la restauración y redención futura para Israel. Aunque en ese momento histórico parecía que Dios había abandonado a su pueblo, estos versículos anuncian que Dios los llamará de nuevo a sí mismo y los restaurará en una relación íntima y gozosa con él.

Desde una perspectiva tipológica, estos versículos también pueden considerarse como prefiguraciones de la relación entre Cristo y la Iglesia en el Nuevo Testamento. En el Nuevo Testamento, la imagen de la novia se aclara, ya que Jesús es identificado como el novio (Mt. 9:14-17; Jn. 3:22-30; 14:1-4) y la "novia de Cristo" (2 Co. 11:2; Ef. 5:25-27, 31). Las imágenes alcanzan un clímax en Apocalipsis, con su dramática imagen de la relación de amor de Dios con su pueblo y su deseo de vivir con ellos en íntima comunión (Ap. 19:7; 21:2, 9; 22:17).

La imagen de la esposa del Cordero es muy vívida y evoca las costumbres de las bodas judías. En Apocalipsis se dice: "Gocémonos y alegrémonos y démosle gloria; porque han llegado las bodas del Cordero, y su esposa se ha preparado. Y a ella se le ha concedido que se vista de lino fino, limpio y resplandeciente; porque el lino fino son las acciones justas de los santos" (Ap. 19:7-8). De esta manera, la novia se adorna con lino limpio y resplandeciente, que representa las "acciones justas de los santos" (cf. Ap. 19:8, 14; Is. 49:18; 52:1-10; 61:10). Desde un punto de vista teológico, la pertenencia a la comunidad nupcial, que se recibe por gracia a través de la fe, necesita ser autenticada por un comportamiento justo como parte del proceso de preparación.

A medida que se desarrolla la imagen de la novia en Apocalipsis, Juan describe haber visto a la "Ciudad santa, la nueva Jerusalén, que desciende del cielo, de Dios, preparada como una novia hermosamente vestida para su marido" (Ap. 21:2). Juan es transportado por el Espíritu a un monte grande y alto para tener un vistazo de la "novia, la esposa del Cordero... que descendía del cielo de Dios" (Ap. 21:9-10).

La imagen más completa de la Esposa del Cordero se encuentra en los capítulos finales. El "esposo" de la novia (Ap. 21:2) es Dios mismo (Ap. 21:3-7). La novia es la "esposa del Cordero" (Ap. 21:9). Cuando el Espíritu y la novia dicen: "¡Ven!" (Ap. 22:17), Jesús es quien responde: "Sí, vengo pronto" (Ap. 22:20; cf. Ap. 22:7, 12). Para los creyentes que sufrían persecución, tortura y muerte por parte del Imperio romano, la imagen de Jesús como novio y esposo transmite un gran sentimiento de seguridad y bienestar. El novio les está preparando un hermoso hogar: la nueva creación, bella, pacífica y segura; un magnífico evento de bodas con celebración alegre; alimento inagotable del río de la vida y del árbol de la vida; y una experiencia íntima y sagrada de la presencia personal de Dios su glorificación con su pueblo en la nueva creación de todas las cosas (ver **Novio, Novia, Cena de las Bodas del Cordero, Nueva creación**).

ESPOSO

La figura del esposo en las bodas de cordero, se encuentran en un lugar central del libro de Apocalipsis. Imágenes que ya emplea el primer testamento para revelar la unión del Dios creador con sus criaturas. Juan se vale de esas imágenes y describe de manera excelsa el gozo del esposo en un canto al unísono con todo, lo que más anhelan es el fin del drama amoroso: la novia del Cordero, bellamente ataviada, presta para las bodas (Ap. 19:7, 21:2). Esa magnífica verdad espiritual representa a todos los reconciliados con Dios, por medio de Cristo; es la iglesia del Señor. Hecho espiritual que se alude en la carta a los Efesios, con la diferencia que en Apocalipsis se devela que no aplica al hombre el simbolismo de esposo-Cristo y a la mujer el de la esposa-humanidad o Iglesia, como explica Pikaza: "Los elementos principales de su trama se presentan simbólicamente y pueden aplicarse tanto a hombres como a mujeres, sin introducir la diferencia entre los sexos que parece estar presente en Efesios 5. Por otro lado, el Esposo no actúa como un hombre en el sentido tradicional (lo cual podría llevar al patriarcalismo en una iglesia dominada por hombres), sino como un Cordero, un animal sacrificado. Aquel que olvide este nivel simbólico (esposo-cordero, esposa-ciudad) y aplique los temas de manera sexualmente diferenciada, siguiendo las funciones culturales más comunes (hombre activo, esposa receptiva), estaría destruyendo el simbolismo del Apocalipsis, que se centra en la perfecta comunicación representada por la ciudad abierta y en la presencia divina simbolizada por la imagen de la tienda o el tabernáculo de Dios con los seres humanos" (ver **Bodas del Cordero**, **Cena de las Bodas del Cordero**).

ESTADO INTERMEDIO

Aunque es una creencia generalizada, no existen parámetros bíblicos para asegurar la doctrina del estado intermedio. Pero aplicando el método deductivo a la lectura de la Biblia, en ciertos pasajes, se llega a la conclusión de que hay una especie de estado intermedio. De allí que la escatología trate el tema como tal.

Cito algunas definiciones del estado intermedio:

"Con la clase de claridad acumulativa que tipifica su desarrollo de la historia, la Escritura establece como premisa fundamental la continuidad de nuestra existencia como criaturas humanas… una vida después, realidad posterior a esa vida es un axioma incuestionable" (Spikman, 1994).

Una definición clara y corta: "Es el estado de los muertos durante el período de tiempo que va desde la muerte del hombre hasta la resurrección" (Pearlman, 1990).

El origen de la creencia de un lugar intermedio surge del argumento que, entre la muerte física y la resurrección de los muertos, las almas desencarnadas están sobreviviendo en algún lugar, pero sin conciencia. Si así fuera, eso es volver otra vez a la concepción griega del alma inmortal, que tras la muerte física, se libera y vuelve al lugar de origen. Claro que la variante evangélica es que cada una de las almas salvas están de alguna manera en la presencia de Dios, pero en un lugar indefinido hasta que se una de nuevo con el cuerpo en la resurrección. La diferencia de la creencia de los Testigos de Jehová y los adventistas es que las almas son conscientes del estado en que se encuentran (Lacueva, 1990).

Así, el lugar intermedio como algo geográfico o cronológico es ficticio, no se puede sostener bíblica y teológicamente. El Nuevo Testamento da a entender que quien muere en Cristo está presente ante el Señor de manera inmediata con la vida eterna, que esta se completará en la resurrección de los muertos. El punto es que ningún cristiano al morir se encuentra en un lugar previo, como en sala de espera, para luego entrar al cielo (ver **Vida eterna**, **Paraíso**).

ESTADOS UNIDOS

En el contexto profético, el tema de Estados Unidos no se menciona específicamente en las escrituras bíblicas. La mayoría de las profecías bíblicas se centran en las naciones y eventos que estaban presentes en el Medio Oriente y en torno a Israel en los tiempos bíblicos.

Es importante tener en cuenta que la interpretación de profecías bíblicas es un tema complejo y hay diferentes enfoques y opiniones entre los estudiosos y teólogos. Algunos creyentes pueden intentar aplicar ciertos pasajes bíblicos a eventos o naciones contemporáneas, incluyendo a Estados Unidos, pero estas interpretaciones son subjetivas y no hay consenso universal sobre ellas.

En general, es importante abordar la interpretación de profecías bíblicas con prudencia y humildad, reconociendo que no todas las profecías tienen una aplicación directa y literal a eventos o naciones específicas en la actualidad. El enfoque principal de las profecías bíblicas es revelar el plan de Dios para la salvación y el juicio, así como promover la fe, la justicia y la esperanza en Dios.

Sin embargo, hay escritores populares en Estados Unidos que sostienen firmemente que los tiempos finales están cerca y se preguntan si la profecía bíblica hace referencia, de alguna manera, a Estados Unidos, dado su destacado papel en la geopolítica actual. Sin embargo, es importante destacar que no existen referencias discernibles a Estados Unidos en la profecía bíblica.

Algunos pocos escritores populares han argumentado que la "Babilonia" mencionada en Apocalipsis 18-19 se refiere a Nueva York y, por lo tanto, a Estados Unidos. Otros sostienen que el término "mercaderes de Tarsis", en Ezequiel 38:13, se refiere en realidad a Estados Unidos (o a Estados Unidos y Gran Bretaña). Además, algunos escritores populares argumentan que Isaías 18:1-2 se refiere a Estados Unidos.

Otros autores citan Ap. 13:12, afirmando que Estados Unidos de América ejercerá autoridad en presencia de la primera bestia, al igual que el papado romano. Y, guiará a las naciones a imponer adoración y lealtad forzadas al anticristo papal. La adoración será el punto central y cada persona tendrá que elegir a quién adorar y obedecer: a Cristo o al anticristo.

Además, creen que en Ap. 13:14b se predice que Estados Unidos hará una imagen de la bestia al imponer prácticas religiosas mediante leyes. Habrá una combinación de poder civil y protestantismo apóstata en una "unión" que apoyará al papado y tratará de influir a nivel mundial.

Finalmente, afirman que Ap. 13:15 en la última parte, se dice que Estados Unidos, como líder de este movimiento internacional, influirá en las naciones para imponer la pena de muerte a quienes se nieguen a adorar a la bestia o su imagen. Esta coalición global se conoce como "Babilonia la Grande".

Con todo, no existe suficiente base escritural para sostener tales afirmaciones. Por ello, es importante tener cuidado al interpretar la profecía bíblica y evitar extrapolar referencias a eventos o naciones contemporáneas sin una base sólida en el texto bíblico (Gálvez), (ver **Babilonia; Gran Ramera, Babilonia**).

ESTANQUE

Es otro de los nombres que se le da al lago de fuego y azufre que se menciona en el Apocalipsis. El lago de fuego se presenta como un lugar de juicio y castigo final. Se describe como un lugar donde aquellos que no han creído en el Cordero de Dios y cuyos nombres no están escritos en el libro de la vida serán arrojados. Es importante tener en cuenta que la interpretación del lago de fuego puede variar entre diferentes teólogos y tradiciones teológicas. Para algunos, el lago de fuego es simbólico y representa la separación eterna de Dios y la experiencia de la perdición definitiva. El fuego se utiliza como un símbolo de purificación y destrucción, y el azufre a menudo se asocia con el juicio divino en la Biblia. Por lo tanto, el lago de fuego se presenta como un lugar de tormento y sufrimiento eternos, donde aquellos que han rechazado la salvación y han vivido en desobediencia a Dios enfrentarán las consecuencias de sus acciones. Algunos destacan más el aspecto literal de un lugar físico de castigo: un lugar en el centro de la tierra, similar a un pozo del abismo, donde hay destrucción completa de los incrédulos (Ap. 19:20, 20:10, 14-15, 21:8). Al mismo tiempo, otros lo ven como un símbolo de la separación de Dios y la pérdida de la comunión con Él; siguiendo el estilo simbólico característico del género apocalíptico. De cualquier manera, el lago de fuego en el Apocalipsis representa el destino final y la justa retribución para aquellos que han rechazado la gracia y la salvación ofrecida por Dios, en contraste a la Nueva Jerusalén, que es un lugar o estado de vida. No debe confundirse con el Hades de la tradición griega, donde los muertos aún tienen alguna esperanza de salvación. Por otra parte, otros autores sostienen que el Apocalipsis no subraya que la reprobación de los condenados sea con castigo de tormento continuo, sino como muerte: por lo que los sentenciados no tienen una conciencia viva de experimentar dolor. Según esa postura, solo existe un final verdadero: la ciudad de los justos (Ap. 21:1-5). En general, el texto proporciona una explicación sobre el lago de fuego y azufre mencionado en el Apocalipsis, presentando diferentes interpretaciones y contrastando con otras tradiciones simbólicas. El designio del lago de fuego es manifestar la justicia y la santidad de Dios al castigar el mal y recompensar el bien. Es una expresión de la soberanía de Dios y su autoridad para juzgar a la humanidad. Además, el lago de fuego también sirve como una amonestación y una llamada a la reflexión para aquellos que leen el Apocalipsis (ver **Lago de fuego**).

EXILIO

Desde un punto de vista teológico y profético, el exilio se puede entender como una experiencia dolorosa y de sufrimiento que surge del conocimiento de que hay un hogar al que uno pertenece, pero que por el momento no se puede regresar a él. Es una experiencia existencial que implica un profundo sentimiento de pérdida, y puede estar acompañada de culpa o remordimiento al saber que el pecado es la causa del destierro (Duguid). En otras palabras: el exilio es el castigo que sufre el pueblo hebreo por no escuchar a Dios a través de diferentes profetas y por entregarse a la idolatría y al pecado que lo distanciaron espiritualmente del Señor. Como tal, el exilio supone también una forma de purificación espiritual.

Además, el exilio se caracteriza por alejarse de la presencia de Dios. Implica, en muchas ocasiones, dispersión y conlleva connotaciones de opresión y servidumbre. Un tema central y unificador en la Biblia es el patrón de pecado-exilio-restauración. Las personas pecan contra Dios y, como consecuencia, son llevadas al exilio como castigo. Sin embargo, Dios, en su amor y misericordia, restaura a aquellos que creen, permitiéndoles volver a su presencia y disfrutar de la comunión con Él. De esta manera, la Biblia presenta una historia coherente que vincula las Escrituras.

Exilio en el Antiguo Testamento

El patrón de pecado-exilio-restauración se encuentra presente desde los primeros capítulos de Génesis. El primer "exilio" ocurre cuando Adán y Eva son expulsados del Jardín del Edén debido a su desobediencia. Esto establece tanto un exilio físico (expulsión del jardín físico) como un exilio espiritual de la presencia de Dios (Adán y Eva ya no caminan con Dios en el jardín).

El exilio también es mencionado como una de las maldiciones que Dios presenta a Israel en Deuteronomio 28. Dios entrega este libro a Israel justo antes de que entren a la Tierra Prometida, estableciendo las reglas y normas que deben seguir si desean habitar en la tierra con la presencia de Dios bendiciéndolos. En Deuteronomio 28:1-14 se presentan las bendiciones que Israel recibirá si obedecen las leyes de Dios. Sin embargo, en los versículos 28:15-68 se describen las terribles maldiciones y castigos que recibirán si no guardan la ley y se apartan de Dios. En este contexto, una de las maldiciones centrales y culminantes es la del exilio (Dt. 28:64-68).

A lo largo de la historia del Antiguo Testamento, Israel no guarda las leyes de Dios y se desvía para adorar a otros dioses. Entonces, Dios les envía profetas para llamarlos al arrepentimiento y a volver a obedecer la ley de Dios. Un elemento destacado en el mensaje de los profetas del Antiguo Testamento es una fuerte advertencia sobre el juicio venidero. Los profetas advierten que, si Israel y Judá no se vuelven a Dios, serán invadidos y destruidos, primero por los asirios, quienes destruyeron a Israel, el reino del norte, en el 722 a.C., y luego por los babilonios, quienes invadieron el reino del sur, Judá, primero en el 598 a.C. y luego nuevamente con una terrible destrucción en el 587/586 a.C. Los profetas declaran solemnemente que parte de estas terribles invasiones será el destierro del pueblo fuera de su tierra (Is. 5:13; Jer. 13:19; 20:6; Ez. 12:3-11; Am. 7:17).

No obstante, los profetas también proclaman que tras el devastador destierro y dispersión, habrá un glorioso reencuentro del pueblo disperso de Dios. En el mensaje profético, se destaca de manera central que, en el futuro programa traído por el Mesías, se pondrá fin al exilio y se revertirán todas las demás maldiciones. Dios reunirá nuevamente a su pueblo en la Tierra Prometida y los bendecirá abundantemente (Is. 43:5-7; 49:8-12; Jer. 30:3; 31:8-9, 23-25; 32:37-41; 33:7-9; Ez. 11:17; 36:24; 37:21).

Sin embargo, los profetas amplían la noción de reencuentro y reversión del exilio al proclamar que las naciones (es decir, los pueblos no judíos) serán incluidas en esta reunión mesiánica. En cierto sentido, las propias naciones fueron dispersadas y "exiliadas" lejos de Dios en Génesis 10, como resultado de la Torre de Babel en Génesis 11. No obstante, los profetas del Antiguo Testamento declaran que como parte de la futura gran y gloriosa restauración, Dios reunirá a las naciones gentiles para que lo adoren junto con el Israel reunido (Is. 2:2-4; 11:10-12; 49:6; 66:18-24).

Según lo describen los libros de Esdras y Nehemías, un pequeño grupo de judíos regresó del exilio en Babilonia a la tierra de Israel. Aunque esto podría considerarse como un cumplimiento parcial de las profecías de restauración, no llegó a cumplir completamente todas estas profecías. Además, la presencia de Dios, un aspecto central y crítico de la restauración, no regresó a Israel durante el tiempo de Esdras y Nehemías. Por lo tanto, aunque algunos judíos estaban físicamente de vuelta en la tierra que Dios les había prometido, en un sentido teológico aún permanecían en el exilio de Dios.

Exilio en el Nuevo Testamento

El Nuevo Testamento aclara que las profecías del Antiguo Testamento acerca del fin del exilio y la restauración gloriosa encuentran su cumplimiento completo y definitivo en Jesucristo. Por medio de Cristo, el verdadero pueblo de Dios, tanto judíos creyentes como gentiles creyentes, experimentan la presencia de Dios a través del Espíritu Santo que habita en ellos y son reunidos en unidad. Existe debate entre los intérpretes sobre si esta reunión espiritual involucra específicamente a la tierra de Israel. Sin embargo, aunque los creyentes gentiles son considerados la verdadera "simiente de Abraham", Pablo todavía parece anticipar un tiempo en el que Israel mismo se volverá a Cristo y será restaurado (Ro. 11).

No obstante, el Nuevo Testamento no considera que la restauración y el fin del exilio sean totalmente completos en el presente. Los creyentes en Cristo viven en un tiempo de "ya, pero todavía no" en el reino de Dios. Algunos escritores del Nuevo Testamento sugieren que, mientras tanto, los creyentes están en un tipo de exilio, como extranjeros en una tierra extranjera, esperando con anhelo la verdadera consumación de la historia cuando regresen a casa para estar con Cristo (He. 11:1, 13; 1 P. 1:1; 2:11).

La restauración final, consumada y gloriosa que cumple plenamente las profecías del Antiguo Testamento sobre el fin del exilio se describe en el libro de Apocalipsis. En Ap. 7:9, Juan describe una escena de "una gran multitud que nadie podía contar, de toda nación, tribu, pueblo y lengua, de pie delante del trono y delante del Cordero". Asimismo, el capítulo 22 retrata el clímax de la historia en términos que se conectan con la expulsión del jardín del Edén en Génesis. En Ap. 22, la humanidad está de vuelta en el jardín, en la misma presencia de Dios. De hecho, el versículo 22:3 declara que "ya no habrá más maldición". El exilio que se inició en Génesis 3 llegará a su fin.

ÉXTASIS, TRANCE, POSESIÓN

En el contexto profético, el éxtasis se refiere a un estado en el que las funciones sensoriales e intelectuales quedan suspendidas, mientras que el alma, liberada del cuerpo, contempla lo sobrenatural. La Biblia registra varios casos en los que los profetas experimentaron éxtasis como resultado de una comunicación divina extraordinaria que los conmovía. Aunque no son abundantes, dejan claro que estas manifestaciones ocurren cuando Dios les entrega un mensaje excepcional. Algunos ejemplos se encuentran en 1 S. 10:5 y 19:20.

Una señal clara de los éxtasis, trances y posesiones relacionados con la profecía en el ministerio de los profetas es que a menudo fueron señalados como locos, ebrios o personas sin juicio. Esto muestra la conexión entre la profecía y el éxtasis (cf. 2 R. 9:22, Is. 28:7, Jer. 23:9, Os 9:7).

Algunos autores afirman que el éxtasis no es esencial para la profecía bíblica, argumentando que esta se define simplemente como la transmisión de un mensaje recibido directamente de Dios. Sin embargo, es evidente que algunos profetas presentan rasgos extraños en su comportamiento, al menos en momentos específicos. Por ejemplo, después del sacrificio en el monte Carmelo, Elías sube a la cima del monte, se inclina con el rostro entre las rodillas y ora fervientemente. Cuando llega la lluvia, "con el poder del Señor, se ciñó los lomos y corrió delante de Acab hasta llegar a Jezreel" (1 R 18:42-46). Se relata que Eliseo, mientras un músico tocaba, sintió la mano del Señor sobre él y recibió una visión de lo que sucedería al día siguiente (2 R 3:14-19). Otro ejemplo significativo es el diálogo con Jazael, donde Eliseo "fijó su mirada en él con una expresión grave, y luego estalló en llanto" (2 R 8:11).

Siglos más tarde, Ezequiel también presenta características similares de postración, abatimiento y entusiasmo. Después de su vocación, marcha "con decisión y ardor, mientras la mano del Señor lo impulsaba" (Ez 3:15). En otras ocasiones, siente la sensación de estar atado con cuerdas, experimenta que su lengua se le pega al paladar y queda mudo (cf. Ez 3:25-26), e incluso experimenta un éxtasis en el que un ser extraño lo toma del cabello y lo transporta desde Babilonia a Jerusalén, para luego devolverlo junto a los desterrados (Ez 8:1-4; 11:24).

Mientras algunos autores afirman que el oficio de profeta, con sus éxtasis, ha llegado a su fin, otros sostienen que aún puede estar vigente.

EZEQUIEL, LIBRO DE

Introducción

El profeta Ezequiel, famoso hace veinticinco siglos, sigue siendo un personaje misterioso en el Antiguo Testamento. Aunque la gente lo admiraba por su voz y habilidad musical, en tiempos más recientes ha sido objeto de estudio por parte de psiquiatras y psicoanalistas. Además, algunos entusiastas de los ovnis lo consideran como alguien que presenció avistamientos en la antigüedad. A pesar de su perdurable relevancia, hay debate sobre la época y el lugar en los que Ezequiel actuó, a pesar de la información detallada que proporciona el libro (Schökel).

La época de Ezequiel

El libro de Ezequiel plantea debates sobre su fecha y autoría. Algunos creen que fue escrito en el siglo VIII a.C. por un profeta israelita, mientras que otros consideran que es un pseudoepígrafo del siglo III a.C. Existen posturas intermedias, pero muchos comentaristas recientes respaldan la idea de que la actividad profética de Ezequiel tuvo lugar entre los años 592 y 571 a.C. Durante este período, Judá perdió su independencia y sufrió la influencia y el control de Egipto y Babilonia. El rey Joaquín desafió el dominio babilónico, lo que llevó a un asedio a Jerusalén en el año 597 a.C. y a la deportación de un grupo de judíos, incluido Ezequiel. Posteriormente, el rey Sedecías reinó bajo el dominio babilónico hasta que Jerusalén fue asediada nuevamente en el año 588 a.C. y finalmente destruida en 586 a.C. Durante el exilio en Babilonia, Ezequiel fue uno de los profetas más activos, transmitiendo un mensaje de inminente catástrofe y esperanza de restauración (Schökel).

Lugar de la actividad

El lugar de actividad de Ezequiel ha sido objeto de debate. Según la opinión tradicional, Ezequiel fue desterrado a Babilonia en el año 597 a.C. y allí recibió su vocación y ejerció su ministerio entre los desterrados. Sin embargo, algunos estudiosos han propuesto otras teorías. Una teoría sugiere que Ezequiel fue profeta en Jerusalén antes de su destierro y que allí se redactaron los primeros capítulos de su libro. Luego, en Babilonia, se agregaron los capítulos restantes. Otros argumentan que Ezequiel tuvo un doble lugar de actividad, predicando tanto en Jerusalén como en el exilio. Algunos, incluso, proponen un triple lugar de actividad, con Ezequiel predicando en Jerusalén, una aldea de Judá y, finalmente, en Babilonia. Sin embargo, la opinión predominante es que Ezequiel desarrolló toda su actividad profética en el exilio, sin regresar a Jerusalén. Esta opinión se basa en los datos proporcionados en el libro y en la coherencia de su mensaje dirigido a los desterrados. Aunque Ezequiel conocía la situación en Judá y Jerusalén, es plausible que haya mantenido contactos con la tierra de origen debido a los vínculos existentes entre los desterrados y su lugar de origen.

En resumen, la mayoría de los estudiosos respaldan la idea de que Ezequiel ejerció su ministerio profético en el exilio babilónico, sin retornar a Jerusalén, y que su mensaje estaba dirigido a los desterrados.

El profeta

Ezequiel, el profeta, tiene pocos datos biográficos conocidos. Era hijo de un sacerdote y probablemente también fue sacerdote él mismo. Sin embargo, al ser desterrado lejos de Jerusalén, no pudo ejercer su ministerio. No se sabe con certeza su edad cuando fue deportado, pero algunas teorías sugieren que nació alrededor del año 622 a.C. Sabemos que estaba casado, pero no se menciona que tuviera hijos, y enviudó poco antes de la caída de Jerusalén.

Aunque hay pocos datos sobre su vida personal, el libro de Ezequiel proporciona muchas indicaciones sobre su personalidad. Experimenta frecuentes visiones en las que participa activamente. Realiza acciones simbólicas y mímicas, como batir palmas y bailotear. A veces muestra abatimiento y en otros momentos parece insensible. También pasa por un período en el que pierde el habla.

Algunos estudiosos como Klostermann y Karl Jaspers diagnosticaron a Ezequiel como una personalidad esquizofrénica y otros signos de enfermedad. Se ha sugerido que sufre de catalepsia o esquizofrenia. Sin embargo, estas interpretaciones cometen errores al interpretar los datos de manera literal y no tener en cuenta los posibles añadidos posteriores al texto original del profeta.

En resumen, aunque hay pocos datos biográficos sobre Ezequiel, el libro muestra que tenía una sensibilidad especial y una personalidad única en comparación con otros profetas.

Su actividad profética

La actividad profética de Ezequiel puede ser dividida en dos o tres períodos, aunque la mayoría de los comentaristas tiende a señalar dos etapas: una de condenación y otra de salvación. Algunos sugieren incluso tres etapas: condenación, salvación condicionada y salvación incondicional. Sin embargo, independientemente de la división, todos concuerdan en que la caída de Jerusalén marca un cambio significativo en la predicación del profeta. Por lo tanto, podemos analizar su actividad en dos partes: antes y después del año 586.

a) Antes de la caída de Jerusalén (597-586)

En cuanto al período que abarca desde el destierro hasta la caída de Jerusalén (597-586), no tenemos mucha información sobre la vida del profeta durante los primeros años de este tiempo. Sin embargo, es importante tener en cuenta lo que sucede en Babilonia. En el año 596, Nabucodonosor se enfrenta a un rey desconocido, posiblemente el rey de Elam, y un año después, entre diciembre del 595 y enero del 594, se enfrenta a una revuelta interna, teniendo que matar a muchos de sus propios soldados. Aparentemente, restableció rápidamente el orden, ya que ese mismo año viajó personalmente a Siria para recibir el tributo de los reyes vasallos. No tenemos información sobre los años siguientes. Sin embargo, esta información limitada es relevante para comprender la mentalidad de los desterrados. Las amenazas externas y las revueltas internas alimentan su esperanza de que el castigo enviado por Dios sea temporal; creen que el rey Jeconías será liberado pronto y que todos volverán a Palestina.

Lo que la gente no puede imaginar es la destrucción de Jerusalén y el incremento en el número de deportados. El profeta Jeremías ya había advertido a los desterrados en una carta, disipando sus ilusiones: "Construyan casas y vivan en ellas, planten huertos y coman sus frutos. Casen y tengan hijos e hijas... Busquen la prosperidad de la tierra a la que los he deportado y oren por ella, porque su prosperidad será la suya" (Jer. 29:5-7). Sin embargo, el pueblo, influenciado por falsos profetas, se niega a aceptarlo. Entonces, Dios elige a uno de los desterrados para transmitir el mismo mensaje. La vocación de Ezequiel tuvo lugar en el año 593; el texto, que ha sido modificado posteriormente, describe el encuentro del profeta con la gloria de Dios. A partir de ese momento, Ezequiel deberá hablarle a un pueblo rebelde y transmitirle un mensaje duro y desagradable. Sin embargo, no se especifica el contenido exacto de esa misión. Solo sabemos que permaneció abatido en medio de sus compatriotas durante siete días. Los capítulos 4-7 revelan el contenido del mensaje. Aunque no podemos determinar su fecha con certeza, probablemente reflejan las primeras predicaciones del profeta. En los capítulos 4-5 se presentan tres acciones simbólicas con su interpretación: el asedio, el hambre y la muerte y deportación. Al final, se revela la clave, "se trata de Jerusalén". Frente al optimismo y la esperanza de los deportados, Ezequiel anuncia la catástrofe. Sin embargo, no solo la capital se verá afectada, sino también los montes de Israel (cap. 6). Retomando el famoso tema del "día del Señor", proclama el fin para toda la tierra prometida (cap. 7). ¿Por qué este mensaje de condenación? Si nos basamos en el posible texto original, los motivos no quedan muy claros. Se habla en términos generales de "rebelión contra las leyes y mandamientos del Señor", "abominaciones", ídolos, insolencia y maldad. Los capítulos 8-11 detallarán más las causas del castigo. Este bloque está fechado un año después de la vocación de Ezequiel, en el año 592. Nuevamente, la mano del Señor viene sobre el profeta y tiene una visión. En éxtasis, es transportado a Jerusalén y un personaje misterioso le revela los diversos pecados que se cometen en la capital: la idolatría adopta diversas formas, mientras que las injusticias y los crímenes inundan la tierra (Ez. 9:9).

Sin embargo, Ezequiel no solo se preocupa por el estado actual del pueblo. Influenciado por Oseas y Jeremías, toda la historia pasada se despliega ante sus ojos, llena de pecado. Esto se evidencia en el episodio del capítulo 20, que se sitúa un año después, en el 591. Los ancianos acuden a consultar a Ezequiel, probablemente sobre la duración del exilio. La reacción inmediata de Dios es negarse a ser consultado (Ez. 20:3), y al final mantendrá esta postura (Ez. 20:31). Pero lo interesante es observar que, en este caso, el profeta no denuncia los pecados presentes, sino "las abominaciones de sus padres" (v. 4). En cuatro etapas, que abarcan desde Egipto hasta la tierra prometida, se contrastan los beneficios otorgados por Dios (liberación, ley, sábado, tierra) y la continua rebeldía de los israelitas. Toda la historia de Israel es una historia de pecado que provoca un castigo inevitable. En este contexto, también debemos considerar otros dos capítulos famosos del libro (caps. 16 y 23); en ellos también se mira hacia atrás, se remonta a los orígenes y se denuncia el continuo olvido de Dios, que ha dado paso a la prostitución con egipcios, asirios y babilonios. Esto alude a las alianzas establecidas por Israel y Judá con las grandes potencias de la época; tales pactos implican una falta de confianza en Dios, una búsqueda de seguridad en terrenos humanos, ofendiendo al esposo y entregándose a los amantes.

De manera gradual, Ezequiel va desarrollando su mensaje, empleando diversas formas de comunicación. En ocasiones recurre a acciones simbólicas y representaciones, en otras utiliza parábolas e imágenes, y en ocasiones expone de manera teórica y detallada. Sin embargo, todos estos métodos convergen en un mismo tema: el castigo que recaerá sobre Judá y Jerusalén, justificado por una amplia gama de acusaciones que incluyen sincretismo, injusticias y alianzas con extranjeros. No obstante, también los contemporáneos del profeta tienen algo que decir, y el libro frecuentemente transmite sus intervenciones. Todos ellos comparten un objetivo común: evadir y anular la palabra de Dios. No desean "absorber el volumen lleno de elegías, lamentos y lamentaciones" (Ez. 2:8-3:3). Lo rechazan, pero lo hacen de diferentes maneras. El primer método para anular la palabra divina es mediante la burla, argumentando que "los días pasan y las visiones no se cumplen" (Ez. 12:22) o que "las visiones de este profeta son para un futuro lejano" (Ez. 12:27). El segundo método es la mentira, un pecado cometido por los falsos profetas (Ez. 13:1-16) y las falsas profetisas (Ez. 13:17-23), quienes anuncian paz cuando no hay paz (Ez. 13:10) y apoyan al malvado para que no se arrepienta (Ez. 13:22). Ellos contraponen sus propias fantasías y falsos oráculos a la palabra profética. Aunque el capítulo 13, que es fundamental para este tema, no profundiza más en detalles, la controversia contemporánea entre Jeremías y Ananías (Jeremías 28) puede arrojar luz sobre la situación. El tercer método es la nostalgia, un apego a tradiciones y realidades sagradas que impide aceptar la palabra presente de Dios. En este sentido, parece apuntar el pasaje de Ezequiel 14:1-8, donde algunos ancianos de Israel recuerdan a sus ídolos e imaginan algo que los lleva a caer en pecado (Ez. 14:3).

Estos ídolos no pueden ser dioses cananeos ni babilónicos; tal interpretación iría en contra del texto, que presenta a los ancianos como afectos al profeta y deseosos de conocer la voluntad de Dios. En este caso, los ídolos solo pueden ser Jerusalén, el templo y la tierra prometida. Y "les hacen caer en pecado" porque les impiden aceptar la voluntad de Dios. Un cuarto medio de anular la palabra divina es la intercesión. Ezequiel anuncia la caída de Jerusalén. ¿No bastarán diez personas honradas para salvarla? ¿Es más grave la situación que en el caso de Sodoma? (Gn. 18). Efectivamente. Aunque se encuentren en Jerusalén Noé, Daniel y Job, "juro que no salvarán a sus hijos ni a sus hijas; ellos solos se salvarán y el país quedará devastado" (cf. Ez. 14:12-21). Así, paso a paso, Ezequiel no solo mantiene su mensaje de castigo, sino que desmantela las objeciones de sus contemporáneos. Nada puede salvar a Jerusalén. No sabemos con exactitud qué otras intervenciones del profeta podemos datar entre los años 591 y 589. Por lo demás, no importa demasiado la datación precisa. Al llegar el 588, cuando se produce la rebelión, Ezequiel interviene. En la alegoría del águila y el cedro (Ez. 17:1-10) denuncia la política errónea de Sedecías, que lo lleva a inclinarse hacia Egipto. La acción simbólica de las dos rutas (Ez. 21:23-32) proclama la decisión de Nabucodonosor de asediar Jerusalén. Y la parábola de la olla, propuesta el mismo día en que comienza el ataque (Ez. 24:1–5:9-10a), anuncia el fin de la ciudad sanguinaria. El tema de las injusticias parece alcanzar su máximo desarrollo en estos momentos finales (Ez. 22:1-16, 17-22).

En el año 587, de enero a junio, Ezequiel pronuncia tres oráculos contra Egipto (Ez. 29:1-6a; 30:20-26; 31:1-18). El primero y el tercero resaltan el orgullo de esta potencia; el segundo resalta su derrota. Ezequiel, al igual que Jeremías, se opone a la rebelión y condena a Egipto por fomentarla y apoyarla. Este motivo parece ser la razón principal por la cual Ezequiel pronuncia estos oráculos durante el asedio de Jerusalén.

El profeta concluye este período de actividad con la acción simbólica más trágica (Ez. 24:15-24): repentinamente muere su esposa, pero él no puede lamentarse ni hacer duelo, debe afligirse en silencio. De manera similar, los israelitas perderán su santuario sin poder expresar su dolor. Finalmente, el día de la caída de Jerusalén (19 de julio del 586), Ezequiel queda mudo e inmóvil (Ez. 3:25-26) hasta que un fugitivo le informa de la noticia (Ez. 24:26-27). Esto ocurre el 5 de enero del 585, cuando recupera la capacidad de hablar (Ez. 33:21-22). Así, la primera etapa de su actividad comienza y termina con un período de silencio. Al principio, muestra su abatimiento por la difícil misión que debe llevar a cabo; al final, el endurecimiento de sus contemporáneos hace inútil cualquier acusación.

Es asombrosa la variedad de medios que Ezequiel utiliza para comunicar su mensaje: acciones simbólicas, pantomimas, alegorías, parábolas y enigmas. ¿Cuál era su propósito con todos estos recursos? Según muchos comentaristas, su intención era anunciar la inevitable caída de Jerusalén y eliminar las falsas esperanzas entre los deportados. Sin embargo, Bernhard Lang ha propuesto recientemente otra interpretación más política: Ezequiel intenta disuadir a Sedecías de rebelarse contra Nabucodonosor. Desde la distancia, en Babilonia, desempeña la misma tarea que Jeremías en Jerusalén. Es difícil decidirse entre una u otra interpretación. Lo cierto es que la predicación de esta primera etapa demuestra que Dios actuó justamente con Jerusalén (Ez. 14:23), (Schökel).

b) Después de la caída de Jerusalén (585-?)

Como mencionamos anteriormente, el 5 de enero del 585, al recibir la noticia de la destrucción de Jerusalén, Ezequiel recobra el habla (Ez. 33:21-22) y comienza una nueva etapa en su ministerio profético. A partir de esta fecha, los textos posteriores presentan matices distintos, algunos hablan de salvación incondicionada, mientras que otros la condicionan. Es posible que haya ocurrido una evolución en el pensamiento del profeta.

Sin embargo, lo que no admite duda es la reacción de Ezequiel frente a los pueblos que colaboraron en la destrucción de Jerusalén. En varios oráculos del capítulo 25, condena la actitud de Amón, Moab, Edom y los filisteos. También se menciona el oráculo contra Tiro en el capítulo 26, aunque su fecha exacta no es segura, y los oráculos contra Egipto en el capítulo 32, fechados también a comienzos del 585. Pero es más importante centrarse en lo que Ezequiel debe comunicar a los desterrados.

Ezequiel se enfrenta al refrán repetido por entonces entre los desterrados: "Los padres comieron agraces y los hijos tuvieron dentera" (Ez. 18:2). Este refrán justifica el pasado, al mismo tiempo que protesta la inocencia de los hijos y hace un reproche velado a Dios. Ezequiel no se deja engañar y deja claro que tanto padres como hijos han cometido errores y han sido responsables de la situación actual (Ez. 22:18-22). No obstante, Ezequiel anuncia un principio válido para el futuro: Dios juzgará a cada individuo según su propia conducta. Este cambio de mentalidad, que enfatiza la responsabilidad individual en lugar del pensamiento colectivo, es un importante avance en la teología de Israel. Esto se puede observar en los capítulos 18 y 33:12-20.

Después de la catástrofe, Ezequiel denuncia con mayor claridad a los responsables de la misma. En el capítulo 22:23-31, se mencionan cinco grupos principales (príncipes, sacerdotes, nobles, profetas y terratenientes) que acumularon crímenes en Jerusalén. El capítulo 34 responsabiliza a los pastores (reyes) y a los poderosos por la injusticia. Sin embargo, en medio de estas acusaciones, Dios anuncia que Él mismo pastoreará a su pueblo y buscará a sus ovejas (Ez. 34:11-16), lo cual abre el camino hacia un nuevo mundo.

En el capítulo 36 se habla de la renovación de la naturaleza y de un cambio interior en el ser humano. Dios promete derramar un agua pura que purificará y dará un corazón nuevo y un espíritu nuevo a su pueblo, quitando el corazón de piedra y dando un corazón de carne (Ez. 36:25-28).

A pesar de estas promesas, el pueblo se encuentra desesperanzado y considera que sus huesos están secos y su esperanza se ha desvanecido (Ez. 37:11). Pero escuchan un conjuro que les devuelve la vida (Ez. 37:1-14). En esta nueva existencia, las antiguas tensiones regionales serán superadas, como se simboliza en la acción de las dos varas (Ez. 37:15-24a). Además, Dios establecerá una nueva alianza y habitará permanentemente con su pueblo (Ez. 37:26-27).

Finalmente, el punto culminante es la construcción de un nuevo templo (Ez. 40–42), al cual regresará la Gloria del Señor (Ez. 43:1-5). El castigo más duro que Dios infligió a Israel, la destrucción del templo y la desaparición de su Gloria, será revertido y reemplazado por la presencia divina en el nuevo templo.

En todos los profetas se puede observar el tránsito de la condenación a la salvación. Sin embargo, en el caso de Ezequiel, este cambio adquiere una claridad especial. A partir de este momento, las profecías adoptan un tono más consolador, como se puede apreciar en los ejemplos de Deuteroisaías y los profetas postexílicos. Aunque continúan denunciando los pecados y advirtiendo sobre los castigos, en líneas generales, se percibe un nuevo enfoque en la profecía tras la caída de Jerusalén (Schökel).

Perspectiva escatológica de Ezequiel

El libro de Ezequiel, específicamente los capítulos 38 y 39, ha sido objeto de atención en la interpretación de los eventos del tiempo del fin según algunos escritores de profecías populares. En estos capítulos se describe una invasión inminente a Israel por parte de la Rusia moderna y sus aliados musulmanes, según argumentan. Sin embargo, es importante destacar que la interpretación de estos capítulos presenta desafíos significativos.

La mayoría de los estudiosos del Antiguo Testamento sostienen que este pasaje no se refiere a la Rusia moderna ni al islam. En cambio, tienden a verlo como una representación simbólica y figurativa de la hostilidad de los enemigos de Israel en todo el mundo. Por ejemplo, los ataques de siete naciones desde las cuatro esquinas de la tierra se interpretan como una representación de la oposición a nivel global. Algunos términos mencionados como Gog y Magog, Malec y Tubal, Rosh y Turquía, también se interpretan simbólicamente en este contexto.

En resumen, aunque el libro de Ezequiel, específicamente los capítulos 38 y 39, ha sido objeto de diversas interpretaciones en relación con eventos futuros, la mayoría de los estudiosos del Antiguo Testamento consideran que este pasaje no tiene una conexión directa con la Rusia moderna o el islam, sino que se trata de una representación simbólica de la hostilidad hacia Israel a nivel mundial.

En Ezequiel 40-48, el libro alcanza su punto culminante al presentar una descripción detallada del futuro Templo. Debido al pecado y la desobediencia al pacto, la relación entre Dios y su pueblo se quebrantó, lo que resultó en la partida de la presencia divina del Templo en Jerusalén (Ez. 8-10) y, finalmente, en su completa destrucción. Sin embargo, en marcado contraste, Ezequiel 40-48 describe un nuevo y asombroso Templo, junto con su personal, suministros, almacenes y otros detalles necesarios para su funcionamiento. Además, un río fluye desde el Templo, llevando vida a lo largo de sus orillas (Ez. 47:1-12). Ezequiel destaca el aspecto más importante al concluir: la presencia de Dios, proclamando que la ciudad será llamada "El Señor está allí".

Al igual que ocurre con otras secciones de la literatura profética que hablan sobre la restauración de Israel, existen diferentes interpretaciones de Ezequiel 40-48, como el amilenialismo, el premilenialismo histórico y la Restauración de Israel. Algunos sostienen que describe un Templo literal que se construirá en Jerusalén y se utilizará durante un período de mil años, conocido como el reinado literal de Cristo (milenio). Otros sugieren que, aunque el pasaje se centra en el futuro Templo milenario, también tiene alusiones y conexiones con la nueva ciudad final de Jerusalén descrita en Apocalipsis 21-22. Estos intérpretes enfatizan la tendencia de los profetas a fusionar imágenes futuras de diferentes períodos de tiempo en una única visión (visión de cerca-lejos). Por otro lado, algunos sostienen que Ezequiel 40-48 es principalmente simbólico y se cumple especialmente en Cristo (como el nuevo Templo), pero también puede apuntar a la ciudad celestial descrita en Apocalipsis 21-22 (ver **Jardín, Cielo nuevo y tierra nueva; Nueva Jerusalén; Nuevo Templo**).

Resumen de las profecías u oráculos de Ezequiel

El libro de Ezequiel sigue una estructura tripartita después del relato de su vocación, que se puede resumir de la siguiente manera: oráculos de condenación dirigidos al propio pueblo (capítulos 4-24), oráculos de condenación a países extranjeros (capítulos 25-32) y oráculos de salvación (capítulos 33-48), (Schökel).

I. Oráculos de condenación contra Judá (Ez. 4-24)
Acciones simbólicas (Ez. 4-5)
Contra los montes de Israel (Ez. 6)
Llega el día (Ez. 7)
Visión del templo profanado (Ez. 8-11)
Al destierro (Ez. 12)
Falsos profetas y brujas (Ez. 13)
Nostalgia de los ídolos (Ez. 14)
La vid inútil (Ez. 15)
Una historia de amor (Ez. 16)
El águila y el cedro (Ez. 17)
Responsabilidad personal (Ez. 18)
La leona y los cachorros (Ez. 19)
La vid decepada (Ez. 19:10-14)
Historia de una rebeldía (Ez. 20)
El bosque en llamas (Ez. 21:1-12)
La espada (Ez. 21:13-37)
La ciudad sanguínea (Ez. 22)
Las dos hermanas (Ez. 23)
La olla al fuego (Ez. 24:1-14)
Muerte de la esposa (Ez. 24:15-27)

II. Oráculos contra los países extranjeros (Ez. 25-32)
Amón (Ez. 25:1-7)
Moab (Ez. 25:8-11)
Edom (Ez. 25:12-14)
Filistea (Ez. 25:15-17)
Tiro I (Ez. 26)
Tiro II (Ez. 27)
Contra el rey de Tiro (Ez. 28:1-10, 11-19)
Sidón (Ez. 28:20-24) y restauración de Israel (Ez. 28:25-26)
Egipto (Ez. 29)
El día de Egipto (Ez. 30)
Contra el faraón I (Ez. 31)
Contra el faraón II (Ez. 32)

III. Oráculos de salvación (Ez. 33-48)
El profeta como atalaya (Ez. 33)
Los pastores de Israel (Ez. 34)
Contra el monte de Seír (Ez. 35)
A los montes de Israel (Ez. 36:1-15)
Castigo y reconciliación (Ez. 36:16-38)
Los huesos y el espíritu (Ez. 37:1-14)
Las dos varas (Ez. 37:15-28)
Oráculo contra Gog (Ez. 38-39)
Nuevo templo y nueva tierra (Ez. 40-48)

Claro, podemos señalar algunas excepciones a esta regla general. Por ejemplo, los pasajes 11:17-20, 17:22-25 y 20:40-44 son oráculos de salvación que se insertan en la sección de oráculos de castigo. El capítulo 35 se ajustaría bien dentro de los oráculos contra las naciones, aunque en su contexto presente también prepara de manera efectiva la salvación de los montes de Israel. En cuanto a los pasajes 33:23-33 y 34:1-10, 17-19, se ajustarían a la temática de los capítulos 4-24, pero también tienen sentido en su ubicación actual (Schökel).

F

FALSO PROFETA

La palabra griega ψευδοπροφήτης (*pseudoprofétēs*) se traduce como "falso profeta". En el contexto bíblico, este término aparece en varias ocasiones, especialmente en el Nuevo Testamento. Se utiliza para describir a aquellos que pretenden ser portavoces de Dios o mensajeros de la verdad espiritual, pero en realidad son engañadores y promueven enseñanzas erróneas o falsas. Los falsos profetas se presentan como si estuvieran hablando en nombre de Dios, pero sus palabras y acciones están en contradicción con la revelación divina y su verdadera voluntad.

Desde una perspectiva profética y escatológica, la figura del falso profeta también aparece en varios pasajes bíblicos que hablan sobre eventos futuros y tiempos finales. Por ejemplo, en el libro de Apocalipsis, se menciona al falso profeta como una figura asociada, en general, al anticristo. Dentro de ciertas posturas escatológicas, el falso profeta es considerado la encarnación del engaño espiritual en los últimos días. Este falso profeta realiza señales y prodigios engañosos para engañar a las personas y llevarlas a la adoración del anticristo.

En concreto, la segunda bestia de Apocalipsis 13 es identificada como el "falso profeta" en otros pasajes de Apocalipsis (Ap. 16:13; 19:20; 20:10). Esta descripción implica que desempeña algún rol religioso. La segunda bestia tiene dos cuernos como de cordero, pero habla como un Dragón (Ap. 13:11). Su discurso similar al de un dragón sugiere una fuerte alianza con el diablo y la bestia del mar. Por tanto, muchos intérpretes entienden que la segunda bestia representa los poderes religiosos que apoyan al estado romano, en particular, el sacerdocio del culto imperial. Esta bestia presionará a los creyentes no solo para adorar al emperador como un dios (por ejemplo, Domiciano), sino también para sacrificar a los dioses paganos (por ejemplo, a Artemisa). Hacia finales del primer siglo, las siete ciudades mencionadas en Apocalipsis 2-3 tenían templos dedicados a César como dios. El simbolismo de la segunda bestia también puede extenderse para representar el poder religioso pagano (quizás personificado en un individuo) aliado con el anticristo al final de la era.

Imitando a Satanás, el maestro del engaño (Ap. 12:9; 20:10), este falso profeta lleva a cabo un ministerio de engaño al promover la adoración de la primera bestia, como se menciona en Ap. 13:14. Juan utiliza el término "engañar" para describir a los falsos maestros que inducen a las personas a adorar a otros dioses (Ap. 2:20; 12:9; 18:23; 19:20; 20:3, 8,

10). Estos milagros religiosos son fabricados con fines políticos y económicos (Ap. 19:20). Su "evangelio" es la supuesta "resurrección" del anticristo o la curación de la herida mortal (Ap. 13:12, 14).

Entre las señales persuasivas del falso profeta se encuentra la capacidad de llamar fuego del cielo, posiblemente en contraste directo con el fuego que sale de la boca de los dos testigos piadosos en Ap. 11 (cf. Ap. 13:13). Además, la bestia terrestre erige una imagen en honor de la primera bestia y le otorga poder a esa imagen para que pueda hablar (Ap. 13:14-15).

Es importante destacar que, aunque estos fenómenos pueden implicar el uso de magia o poderes demoníacos, también puede haber actividad demoníaca involucrada. En Ap. 16:13, se menciona que el falso profeta es una fuente de espíritus malignos que realizan milagros, lo que indica que el demonio es la fuente de las señales milagrosas que este falso profeta lleva a cabo (Ap. 16:14). Otras Escrituras también respaldan la idea de que los profetas inspirados por Satanás tienen la capacidad de realizar señales milagrosas (Ap. 19:20; cf. Mt. 7:22; 24:24; Mr. 13:22; 2 Ts. 2:9).

La bestia de la tierra hace que todos los que se niegan a adorar la imagen de la primera bestia sean muertos (Ap. 13:15). También obliga a todos a recibir la marca de la bestia para que no puedan comprar ni vender sin la marca (Ap. 13:16-17). La adoración de la primera bestia, la "imagen" y la "marca" están interconectadas (Ap. 14:9, 11; 15:2; 16:2; 19:20; 20:4). Además, el estrecho vínculo entre la economía, la religión y la política sugiere el uso de los gremios en la promoción de la adoración falsa. Los gremios comerciales eran organizaciones sociales y económicas donde la membresía implicaba la participación en rituales de adoración, una práctica que ejercía una enorme presión sobre los cristianos para que comprometieran su fe.

El falso profeta de Apocalipsis 13 cumple parcialmente lo que Cristo profetizó sobre la aparición de falsos profetas con la intención de engañar a muchos a través de señales y prodigios (cf. Mt. 7:15; 24:11, 24; Mr. 13:22; cf. también 2 Ts. 2:9; 1 Jn. 4:1). Esta bestia terrestre es la antítesis completa de todos los verdaderos profetas de Cristo. Personifica el poder de la religión idólatra para engañar y perseguir a aquellos que se mantienen leales a Cristo (ver **Anticristo**; **Bestia que sale de la tierra**; **Bestia que sale del mar**; **Domiciano**; **Profecía falsa**; **Culto imperial**; **Marca de la bestia**).

FIDELIDAD PAGANA

Durante el período en el que se escribió el Apocalipsis, que se estima que fue alrededor de finales del siglo I o principios del siglo II d.C., el Imperio romano era distinguido por su sistema de culto imperial. El emperador romano era respetado como la máxima autoridad política y religiosa, y se esperaba que los ciudadanos romanos le rindieran culto y le mostraran fidelidad absoluta. La fidelidad pagana al emperador estaba afincada en el conocimiento romano de *pietas,* que era una señal de fervor y lealtad hacia los dioses y hacia el Estado. El culto imperial se convirtió en una parte integral de la vida romana, y se esperaba que los ciudadanos participaran en él como una muestra de su lealtad al emperador y al Imperio. Esto involucraba participar en rituales y sacrificios religiosos en honor al emperador como una imagen divina. Estos rituales incluían la quema de incienso frente a la imagen del emperador y el juramento de lealtad al emperador como a un dios. Aquellos que se negaban a participar en estos rituales eran vistos como sediciosos y podían enfrentar persecución y castigo.

En el contexto del Apocalipsis de Juan, el autor usa un lenguaje apocalíptico y simbólico para relatar la fidelidad pagana al emperador como una forma de prostitución espiritual. Juan veía esta adhesión al culto imperial como una traición a la verdadera fe en Dios y en Cristo. Para él, la auténtica fidelidad cristiana se oponía a la adoración de cualquier otro ser que no fuera Dios. En el libro del Apocalipsis, Juan censura enérgicamente esta fidelidad pagana al emperador. Y, advierte a los cristianos sobre las consecuencias de participar en el culto imperial participando como clientes de las comidas sacrificadas a los dioses y del comercio relacionado con los ídolos. Juan considera que esta adhesión al sistema de honor al Imperio y a los dioses romanos es una forma de prostitución espiritual y llama a los creyentes a mantenerse firmes en su fe en Dios y en Cristo, aunque esto signifique enfrentar persecución y resistir al poder imperial. En resumen, la fidelidad pagana al emperador durante el Apocalipsis de Juan se basaba en el sistema de culto imperial romano, donde se esperaba que los ciudadanos romanos adoraran al emperador como una figura divina. Sin embargo, el autor del Apocalipsis condena esta fidelidad pagana y llama a los creyentes a mantenerse fieles a Dios y a Cristo, resistiendo el sistema de honor al Imperio (Ap. 2:13, 19; 13:10; 14:2) y enfrentando las posibles consecuencias de su negativa a participar en el culto imperial (Bauckham).

FIGURAS DEL LENGUAJE

Una figura es simplemente una palabra o frase que se moldea de acuerdo con una forma especial, diferente de su sentido o uso habitual. Estas formas son constantemente utilizadas por oradores y escritores. Es imposible mantener una conversación común o escribir unas pocas frases sin utilizar, al menos inconscientemente, figuras retóricas. A veces decimos: "El campo necesita lluvia"; esta es una afirmación directa y fría. Pero también podemos decir: "El campo está sediento"; en este caso, hemos utilizado una figura retórica. No es literalmente cierto que el campo tenga sed, por lo tanto, es una figura, pero ¡qué expresiva es la frase! ¡y cuánta vida y calidez transmite! Por eso empleamos frases como "tiene un corazón duro", "tiene una voluntad férrea", "es un pasaje escabroso", etc. En todos estos casos, utilizamos una palabra que tiene su propio y definido significado, y aplicamos su nombre, cualidad o acción a otra cosa que guarda cierta similitud, ya sea por el tiempo, el lugar, la causa, el efecto, la relación o la semejanza (Bullinger).

Gran parte de la profecía del Antiguo Testamento está escrita en poesía hebrea y requiere ser interpretada en ese contexto. Una característica fundamental de la poesía hebrea es el amplio uso de figuras retóricas, las cuales son herramientas clave en el arsenal literario de los profetas. Es precisamente su uso de lenguaje figurado lo que dota a los libros proféticos de un colorido y fascinante carácter.

Por ejemplo, Amós no se limita a decir simplemente "Dios está loco". En su lugar, proclama que "el león ha rugido" (Am. 3:8). Isaías no aborda analíticamente el contraste entre la terribilidad del pecado y la maravilla del perdón; más bien, utiliza lenguaje figurado al expresar que "aunque vuestros pecados sean como la grana, serán tan blancos como la nieve" (Is. 1:18). Jeremías se encuentra consternado por la actitud infiel de Judá hacia Dios, y el profeta busca transmitir parte del dolor que el SEÑOR experimenta al ver que Judá lo ha abandonado por los ídolos. Así, a lo largo de su libro, Jeremías compara a Judá con una esposa infiel que se ha convertido en prostituta. De este modo, proclama: "Has vivido como una prostituta con muchos amantes" (Jer. 3:1), haciendo referencia de manera figurada a la idolatría de Judá.

Los profetas del Antiguo Testamento no escriben ensayos, sino que pintan cuadros vívidos. Utilizan figuras del lenguaje y juegos de palabras como los colores con los que llenan estas pinturas. Nosotros, como lectores, nos acercamos a la Biblia desde fuera del contexto literario inmediato, y de manera similar, los visitantes internacionales pueden malinterpretarnos si tomamos las figuras del lenguaje de forma literal. Para comprender a los autores del Antiguo Testamento, es esencial reconocer e interpretar correctamente las figuras retóricas como tales, y no como realidades literales.

Es importante tener en cuenta que esto no niega la realidad literal subyacente en estas figuras del habla. Los profetas están transmitiendo pensamientos, eventos y emociones reales, es decir, una verdad literal, pero lo hacen a través de un lenguaje figurado. Nuestra tarea como lectores es lidiar con estas figuras retóricas y esforzarnos por captar la realidad y la emoción que los poetas transmiten a través de su lenguaje figurativo.

Tipos de figuras retóricas

Algunas figuras retóricas pueden ser sutiles y complejas, pero la mayoría son fáciles de reconocer e interpretar. En general, las figuras retóricas del Antiguo Testamento se pueden clasificar en dos categorías principales: figuras que involucran analogía y figuras que involucran sustitución. También hay algunas figuras del discurso que no encajan claramente en ninguna categoría y las discutiremos como una categoría miscelánea separada.

Las figuras retóricas que implican analogía se basan en la comparación entre dos elementos diferentes. Sin embargo, estas analogías pueden presentarse de diversas formas. El Antiguo Testamento utiliza una amplia gama de estas analogías como figuras retóricas. Algunas de las más comunes son el símil, la metáfora, la analogía indirecta, la hipérbole y la personificación/antropomorfismo/zoomorfismo.

Los símiles establecen comparaciones explícitas utilizando la palabra "como" para indicar que una cosa se asemeja a otra. Esta figura retórica es frecuente tanto en la profecía del Antiguo Testamento como en el Nuevo. Por ejemplo, Isaías escribe: "Aunque vuestros pecados sean como la grana, como la nieve serán emblanquecidos" (Is. 1:18).

Metáfora. Esta figura, del griego *metaphorá* = transferencia, consiste en transferir a una cosa, sin previo aviso, el significado de otra, por cierta analogía que existe entre ambas. Se distingue del símil en que este anuncia de antemano la semejanza por medio del adverbio "como" (Bullinger).

Las metáforas también son comunes y establecen analogías directas entre elementos sin utilizar la palabra "como". Por ejemplo, Dios le dice a Jeremías: "Hoy te he constituido una ciudad fortificada, una columna de hierro y un muro de bronce para levantarte contra toda la tierra" (Jer. 1:18).

Una figura retórica más compleja es la analogía indirecta, a veces llamada hipocatástasis. Este dispositivo literario utiliza un término análogo sin establecer directamente la comparación. Se asume que el lector puede hacer la conexión sin que sea necesario indicarlo explícitamente. Por ejemplo, supongamos que los escritores desean establecer una analogía entre la ira del Señor y una tormenta.

El vocablo procede del latín "símile" = semejante, ya que esta figura consiste en expresar algo que guarda cierta semejanza con otra cosa. La figura está expresamente indicada en el texto sagrado, en griego, mediante las conjunciones *hos* o *kathós* = como (Bullinger). He aquí algunos ejemplos: en Mateo 9:36: "Al ver las multitudes, Jesús tuvo compasión de ellas porque estaban desamparadas y dispersas, como ovejas que no tienen pastor"; "La ira del Señor se asemeja a una tormenta". Una metáfora expresaría la analogía de la siguiente manera: "La ira del Señor es una tempestad". La analogía indirecta omite la identificación de la analogía y establece: "La tempestad de Jehová estallará en ira, un viento impetuoso que se arremolinará sobre las cabezas de los impíos" (Jer. 30:23). Otro ejemplo por contraste: mientras el símil dice: "Toda carne es como hierba" (1 P. 1:24), la metáfora dice: "Que toda carne es hierba" (Is. 40:6).

Otra figura retórica del lenguaje es la hipérbole. Leland Ryken define la hipérbole como una "exageración consciente utilizada con el propósito de lograr un efecto". Como expresión de un sentimiento intenso, la hipérbole exagera de manera intencionada. "No pretende ser literalmente verdadera". De hecho, como señala Ryken, no busca ser factual. Por ejemplo, un estudiante con dificultades podría utilizar hipérbole y decir: "El profesor nos dio el examen más difícil del mundo... Yo estudié durante una eternidad... fue lo más ridículo que he visto... todos fracasaron". Ninguna de estas afirmaciones sería literalmente cierta. Con el fin de enfatizar su punto emocionalmente, el estudiante exagera su situación, magnificando poéticamente los detalles.

Esto es aceptable en las figuras retóricas y no refleja la falta de honestidad del hablante. Cuando el estudiante dice que estudió durante una eternidad, simplemente quiere expresar que estudió durante mucho tiempo y que le pareció una eternidad. Los profetas del Antiguo Testamento también utilizaban con frecuencia la hipérbole. Recurrieron a la exageración consciente para expresar emociones profundas. Por ejemplo, Jeremías dijo: "Que mis ojos se desborden de lágrimas día y noche sin cesar" (Jer. 14:17).

La personificación, el antropomorfismo y el zoomorfismo son tres figuras retóricas que atribuyen características de entidades diferentes a otras entidades. La personificación implica atribuir rasgos o características humanas a entidades no humanas, como se ve en Isaías 44:23: "Canten de alegría, montañas, bosques y todos sus árboles". El antropomorfismo consiste en representar a Dios con rasgos o características humanas. En el Antiguo Testamento, se describe a Dios como teniendo manos, brazos, pies, nariz, aliento, voz y oídos. Camina, se sienta, escucha, mira hacia abajo, piensa, habla, recuerda, se enfada, grita, vive en un palacio, prepara mesas, unge cabezas, construye casas y levanta tiendas. Posee una vara, un bastón, un cetro y un escudo. Se le llama padre, esposo, rey y pastor. También se utilizan imágenes no humanas para describir a Dios. Cuando se utilizan imágenes de animales, se denomina zoomorfismo.

Las figuras retóricas que implican sustitución también son comunes. A menudo, los profetas utilizan figuras de discurso en las que se sustituye el "efecto" por la "causa" o viceversa (esta figura retórica también se conoce como metonimia). Por ejemplo, el profeta Jeremías declara: "Que mis ojos se llenen de lágrimas" (Jer. 14:17). Sus lágrimas representan el efecto, pero en realidad está hablando de la venida de la invasión de Babilonia (la causa). En lugar de decir: "Los babilonios vienen y será terrible", Jeremías expresa el impacto emocional que tendrá la invasión en él: "Que mis ojos se llenen de lágrimas". Esta figura retórica también se puede utilizar al revés, donde se establece la causa cuando se pretende expresar el efecto, aunque este uso no es tan común.

Otra figura retórica que implica sustitución es la representación, también conocida como sinécdoque. Con frecuencia, los profetas sustituyen una parte representativa de una entidad en lugar de la entidad misma. Podemos observar esto en el uso de la ciudad de Washington, D.C., para representar a todo Estados Unidos. Por ejemplo, un presentador de noticias podría decir: "Si Washington y Tokio no pueden resolver estas diferencias comerciales, puede haber tiempos difíciles por delante". Tanto Washington como Tokio se utilizan figurativamente para representar a sus respectivas naciones.

De manera similar, los profetas del Antiguo Testamento utilizan ciudades y/o tribus para representar naciones enteras. Así, Efraín (la tribu más grande del norte) y Samaria (la ciudad capital) pueden referirse al reino del norte de Israel, mientras que Judá (la principal tribu del sur) y Jerusalén (la ciudad capital) pueden referirse al reino del sur de Judá. Numerosas otras figuras representativas se encuentran en el lenguaje. Las palabras "arco", "espada" y "carro" se usan para representar armas de guerra en general. Al citar solo una o dos de ellas como ejemplos, se evoca toda la categoría de armas o poder militar. De manera similar, "pies" y "huesos" pueden representar a la persona en su totalidad.

Dentro de las figuras retóricas, existen diversas categorías. Aunque la mayoría de las figuras se pueden clasificar en las amplias categorías de analogía o sustitución, algunas no encajan perfectamente en esas categorías ordenadas. Uno de los ejemplos más significativos de figuras retóricas misceláneas es la ironía o el sarcasmo.

Cuando se utiliza la ironía, el escritor expresa exactamente lo contrario de lo que realmente significa. Por ejemplo, supongamos que un estudiante se detiene a hablar con su amigo Fred en el pasillo y le dice que un camión de basura acaba de chocar contra el nuevo Corvette color manzana de caramelo de Fred. Desesperado, Fred responde: "¡Oh, eso es simplemente genial!". Es evidente que la situación no es buena. Fred expresa lo contrario de lo que realmente siente para enfatizar lo negativas que son las noticias.

A veces, la ironía se utiliza en forma de sarcasmo, como cuando Fred le dice al conductor del camión: "¡Vaya, retroceder en mi auto fue una brillante idea! Eres un conductor excepcional, sin duda". Del mismo modo, en las profecías del Antiguo Testamento, a menudo, se combina la ironía con el sarcasmo. Podemos observar el uso de la ironía sarcástica por parte de Dios en Amós 4:4, donde de manera irónica le dice a Israel que "sigan pecando".

De igual manera, se capta el sarcasmo en Isaías 41:22-23, cuando Dios habla irónicamente sobre los ídolos que Israel adora: "Presenten a sus ídolos para que nos informen sobre lo que sucederá. Digan cuáles fueron las cosas pasadas, para que las consideremos y sepamos su resultado final. O anuncien las cosas futuras, dígannos qué nos depara el futuro, para que sepamos que ustedes son dioses. Hagan algo, ya sea bueno o malo, para que nos sorprendamos y temamos".

FILADELFIA

Filadelfia es el nombre de una antigua ciudad de la región de Lidia en Asia Menor. La ciudad de Filadelfia era próspera y muy bien situada geográficamente. Por eso era llamada "la puerta del Este". La ciudad a cuya iglesia se dirige la carta, había sido reedificada por el emperador Tiberio sobre las ruinas de la anterior, destruida por un terremoto de los que con cierta frecuencia se sentían allí. En la actualidad, lo que fue la ciudad de Filadelfia es parte de Turquía.

También Filadelfia es el nombre de una de las siete iglesias mencionadas en el libro del Apocalipsis en la Biblia. Es digno de notar que, tanto a la iglesia de aquí como a la de Esmirna, son las únicas de las siete a las que el Señor no dirige ninguna represión.

El nombre "Filadelfia" proviene del griego *koiné* (Φιλαδελφία) y significa "amor fraternal" o "amor entre hermanos". Fue fundada, con ese nombre, en el siglo II a.C. por el rey de Pérgamo, Átalo II Filadelfo (159-138 a.C.). De ahí su nombre, lo hizo con la intención de que la forma de vida helenística penetrara a través de ella. La ciudad se construyó en una región sísmica y sufrió varios terremotos a lo largo de su historia (Trenchard).

La arqueología ha revelado muchas estructuras y monumentos antiguos en Filadelfia. Entre ellos se encuentran un teatro, un gimnasio, un ágora (plaza pública), baños romanos y una puerta monumental. También se han descubierto inscripciones y monedas que confirman la existencia de la ciudad en la antigüedad. Dada su estratégica posición geográfica, era un paso ineludible para llegar a Esmirna y Pérgamo (Ropero). El evangelio llegó a esta ciudad probablemente por medio de la predicación de Pablo en Éfeso. Se formó la Iglesia de Filadelfia. El texto de Apocalipsis, describe a la Iglesia de Filadelfia con pocas fuerzas, fiel, pese a que son rechazados, perseguidos y sufridos a manos de grupos judíos llamados la sinagoga de Satanás (Ap. 3:9). Jesús les recuerda que él es quien tiene la llave de David y, por consiguiente, tiene autoridad para abrir una puerta que nadie puede cerrar, ni siquiera los funcionarios de la sinagoga. Algunos intérpretes, piensan que la puerta que abre Jesús significa el acceso a Dios a quienes ha confiado en él. El Señor ha puesto ante la iglesia de Filadelfia una puerta abierta salvífica que nadie puede cerrar (Ap. 3:8). Ni siquiera el Hades —las puertas del infierno de muerte— que mencionó Jesús.

De acuerdo con el texto, es una recompensa a la lealtad de la Iglesia de Filadelfia que ha guardado fielmente la Palabra; Jesús le promete librarla de la hora de la prueba que viene sobre los que vivirán en la tierra en ese tiempo (Ap. 3:10); expresión que se refiere a los inconversos de toda la tierra habitada, según algunos autores, mientras que otros afirman que tal prueba vendrá sobre Israel específicamente y que no alcanzará al resto de habitantes creyentes o incrédulos. Esas opiniones difieren de acuerdo con las posturas que cada uno tenga sobre el milenio, el arrebatamiento y la Segunda venida. De los mensajes y las exhortaciones que se dan a las siete iglesias, solo la de Filadelfia y la de Esmirna reciben consuelo, fortaleza, alabanzas, sin reproche alguno. Jesús les promete un lugar permanente en el nuevo Templo de Dios (Ap. 3:12). Como pilares antiguos, a menudo con inscripciones honoríficas, estas columnas en el nuevo Templo de Dios llevarán el nombre de Dios y la nueva Jerusalén junto con el nuevo nombre de Jesús.

En resumen, en la carta a la iglesia de Filadelfia, se presentan algunos de los atributos más elevados del Señor, que son entendidos por los judíos a quienes se dirige la carta. Se invoca la autoridad de Cristo frente a los judíos que se oponen a los cristianos. El Señor es llamado "el Santo" y "el Verdadero", y con su suprema santidad y verdad tiene el poder de decidir, abrir y cerrar sin que nadie pueda deshacerlo. La puerta abierta que el Señor ha proporcionado puede referirse a la evangelización y a todas las áreas de la vida de la Iglesia. Los judíos que se llaman a sí mismos judíos, pero no lo son en sentido espiritual son llamados la "sinagoga de Satanás". La iglesia de Filadelfia ha guardado la palabra del Señor con paciencia y será guardada de la Gran Tribulación que vendrá sobre el mundo. El Señor promete venir pronto y exhorta a la iglesia a retener lo que tiene. El que vence recibirá una corona honorífica y tendrá acceso y cercanía a Dios en la ciudad celestial, con el nombre de Dios y la ciudad inscritos en él. Además, se espera la revelación del nombre nuevo de Jesucristo en el futuro. La exhortación final es para aquellos que tienen oídos para escuchar (Trenchard).

FIN DEL TIEMPO

Fin del tiempo y la eternidad de Dios

Desde la perspectiva bíblica, Moltmann afirma que el apóstol Pablo describe el final del tiempo cronos en 1 Co. 15:52, con el concepto de instante escatológico, "en un instante, en un abrir y cerrar de ojos", al toque final de la trompeta. Pues sonará la trompeta y los muertos en Cristo resucitarán con un cuerpo incorruptible y nosotros seremos transformados. Se piensa en aquel instante de la eternidad en que todos los muertos serán resucitados a la vez desde el primero hasta el último, es exactamente lo que también se llama "el día del Señor". Lo apoya con Ap. 10:6: "y juró por el que vive por los siglos de los siglos, que creó el cielo y las cosas que están en él, y la tierra y las cosas que están en ella, y el mar y las cosas que están en él, que el tiempo no sería más". Esta tesis es opuesta a la de Cullmann que afirma una sucesión de tiempo cronos indefinido por la eternidad después de la Segunda venida de Cristo. Desde el punto de vista teológico, estos dos cronos están dentro del contexto del tiempo de la historia, ahora el tiempo de la creación brotó de la eternidad del creador.

Hay que recordar que el misterio de Dios es la realización y la extensión del señorío de Dios sobre todo el mundo. Es la consumación de la historia y de la creación para construir el reino de la gloria en el que Dios mismo mora con toda su creación. Y luego Moltmann razona: "Si Dios mismo se manifiesta en su creación, entonces su eternidad se manifiesta en el tiempo y su omnipresencia en el espacio de la creación, así se deduce que la creación temporal será transformada en la creación eterna". De manera deductiva escribe, además: "Si el Dios eternamente vivo destruirá eternamente la muerte: Is. 25:8a: "Él destruirá la muerte para siempre…"; Ap. 21:4: "…y ya no habrá muerte" entonces todo lo temporal, incluyendo el tiempo cronos, pasará por siempre". Es comprensible que ya no habrá tiempo. Ese tiempo será suprimido y transformado por la eternidad de la nueva creación. Se trata de la eternidad relativa de la creación, relativa porque tuvo un comienzo y que pronto participará de la eternidad absoluta de Dios.

A. El tiempo de la creación

Moltmann plantea la pregunta ¿el mundo fue creado en el tiempo o el tiempo fue creado juntamente con el mundo? ¿El comienzo en el que Dios creó el cielo y la tierra tiene lugar en el tiempo o la eternidad? Luego dice que la comprensión correcta, cristiana, es que la eternidad de Dios es cosa diferente de la simple negación de la temporalidad, entonces puede concebirse en la eternidad una apertura para el tiempo y la respuesta puede darse en dos modelos:

a) La idea de la decisión divina de crear siendo diferente de su ser divino y de un tiempo diferente de la eternidad divina, eso determina la creación del mundo juntamente con el tiempo. Esta conclusión a la que llega ya se encontraba en ciernes en el pensamiento de Agustín que se inclina sin titubeos por la creación simultánea, de lo contrario se atribuye a Dios sucesión y temporalidad. Por eso pide a los lectores de su comentario que entiendan, si pueden, que "la repetición de los siete días de la creación tuvo lugar sin intervalos y espacios temporales. Dios hizo todas las cosas a la vez, el tiempo y la creación" (Canet, 2004).

b) La idea primordial de la autorestricción de Dios. Dios en su omnipresencia concede un espacio para su creación, retirando su presencia de ese espacio primordial, para concederle tiempo y libertad a su creación. Concluye que el tiempo primordial reside antes de la creación del mundo y del tiempo, en la autodeterminación de Dios de ser el creador.

Después del momento primordial del tiempo de la creación procede el momento primordial del tiempo de las criaturas. En el acto de la creación, el tiempo emerge de la eternidad y se disgrega en un antes y en un después.

Bíblicamente hay que distinguir aquí entre el comienzo en el que Dios creó el cielo y la tierra (Gn. 1:1) y el comienzo del tiempo terreno: "Pasó una tarde, una mañana, un día" (Gn. 1:5). Así la descripción, para el cielo y los que en el habitan hay un tiempo eónico (eón del griego que significa un "tiempo indefinido e incomputable"). Pero para la tierra y los que en ella habitan hay un tiempo transitorio. Y la diferencia radica en la muerte, la cual es solo terrenal, no divina. Tiempo eónico es un tiempo eterno sin comienzo ni fin, sin antes y sin un después. Pero para la forma terrenal del tiempo es la flecha del tiempo, el futuro llega a ser presente y el presente llega a ser pasado.

A diferencia de la creación celestial, la creación terrenal se halla en el horizonte de esta forma temporal del tiempo. Por eso, el tiempo terreno es el tiempo de la promesa que se cumplirá en el tiempo cronos y una vez cumpliendo la promesa de la resurrección es para el eón de la eternidad. Por tanto, la esperanza no mira solo hacia arriba, hacia Dios que hará nuevas todas las cosas, sino que también mira y contempla la llegada de un "tiempo nuevo", de aquel "eón permanente" de una "vida imperecedera" que la Escritura le llama vida eterna (1 Jn. 1:2), en la que el *cronos* ya no existe, no actúa porque ha dejado de ser, Ap. 10:6: "Y juró por el que vive para siempre, el que hizo el cielo, la tierra, el mar y todas las cosas que hay en ellos. Dijo: *Ya no habrá más tiempo*".

B. Los tiempos de la historia

Presente. Moltmann se refiere al tiempo del presente como aquel en el que se distinguen diferentes modos de ser: un antes, un hoy y un después. Es como un punto de tiempo en una línea de tiempo, como un punto que no solo diferencia, sino que también une el pasado con el futuro. El presente es mudable porque este punto de tiempo pasa con el tiempo. Se halla temporalmente entre el futuro y el pasado, y se halla simultáneamente con el pasado y el futuro porque los diferencia, por eso, afirma que el presente es el final y comienzo de todos los tiempos.

El pasado, futuro. El pasado es lo que no puede pasar, por lo tanto, pertenece al ámbito de lo real. Lo posible corresponde completamente al futuro que pertenece al ámbito de lo posible.

En cada caso: pasado, presente y futuro, surge lo irreversible de la flecha del tiempo: de la posibilidad llega a ser la realidad, al igual que el futuro llega a ser el pasado, todos estos modos del tiempo de la historia son irreversibles, irrepetibles. Cuando se introduce el sujeto en la experiencia del tiempo surgen los fenómenos particulares del tiempo histórico.

La plenitud del tiempo. Es un error de la escatología actual, considerar el *kairós* presente con el instante escatológico ignorando la diferencia.

Dos pasajes contrastan el tiempo *kairós* con el tiempo escatológico:

Ro. 13:12: "La noche ha avanzado, y se acerca el día. Por tanto, desechemos las obras de las tinieblas, y revistámonos de las armas de la luz".

2 Co. 6:2: Porque él dice: "En el momento oportuno te escuché; en el día de salvación te ayudé". Y este es el momento oportuno; este es el día de salvación.

Estos textos han sido analizados desde distintas perspectivas y, en consecuencia, resultan diferentes conclusiones sobre el tiempo. Varios teólogos confunden el instante teológico con el *kairós* de Dios que es el tiempo favorable, la hora de salvación, el día de visitación, del favor de Dios y la oportunidad en el contexto de la salvación aquí en la tierra por medio del evangelio y la respuesta de fe. Mientras que el instante escatológico es un momento en el que se termina la historia.

La eternidad. 1 Co. 15:52: "en un instante, en un abrir y cerrar de ojos, cuando suene la trompeta final. Pues la trompeta sonará, y los muertos serán resucitados incorruptibles, y nosotros seremos transformados".

Se refiere a la presencia de la eternidad en la cual el tiempo se detiene, cuando deja de ser y eso es lo que habla este grandioso texto de 1 Co. 15:52, ¡la repentina transformación de los cronos en la eternidad!

La eternidad de Dios ocurre cuando la creación se convierte en el templo de la eterna gloria de Dios, la creación temporal se convertirá en una creación eterna. Esta sale del tiempo para entrar en el eón de la gloria en el momento de la resurrección de los muertos, terminando con la muerte de una vez y para siempre. Y si no hay muerte, entonces ya no hay tiempo, la muerte se ha transformado en la victoria de la vida eterna. Los distintos tiempos de la historia se enrollarán como el rollo de un libro según lo da a entender Ap. 6:14: "El firmamento desapareció como cuando se enrolla un pergamino, y todas las montañas y las islas fueron removidas de su lugar".

El último día es a la vez el comienzo de la eternidad, un comienzo sin fin, el tiempo *eónico*, el tiempo henchido por la eternidad, es el tiempo en plenitud. El tiempo de la nueva creación se define por una nueva presencia de Dios en ella.

FUEGO

El fuego aparte de ser un elemento esencial en la creación, es un vocablo muy usado en la Biblia. Se utiliza como símbolo, símil, metáfora en la profecía y la escatología. En el primer testamento se relaciona con la presencia y la guía de Dios por medio de la columna de fuego en el peregrinaje del pueblo de Israel en el desierto, iluminándolo por la noche y a la vez protegiéndolo de las bestias salvajes. En los evangelios sinópticos, el infierno se describe como un *infierno de fuego* (Mt. 5:22), *el fuego que nunca se apagará* (Mt. 3:12) *un horno de fuego* (Mt. 13:42), *fuego eterno* (Mt. 18:8), *el fuego que nunca se apagará* (Mr. 9:45; Lc. 3:17). Pablo presenta el fuego, en el tribunal de Cristo, como un elemento purificador de obras espirituales de los cristianos, que resplandecerán después de ser probadas con el fuego, también el fuego destruirá las obras carnales de los creyentes; serán quemadas rápidamente como el heno, hojarasca, madera, en el fuego físico (1 Co. 3:13, 15). En otros textos se relaciona con el juicio y la destrucción de los malvados (2 Ts. 1:7-8; He. 10:27). Hebreos, presenta a Dios como un fuego santo consumidor de los injustos (He. 12:29). Pedro destaca que los cielos y la tierra que ahora conocemos les espera el fuego en el día del juicio al igual que los hombres impíos (1 P. 3:7). Judas exhorta a los hermanos a defender ardientemente la fe que una vez fue dada a los santos, advirtiéndoles que el Señor no hizo excepciones con los ángeles que se revelaron, con Sodoma y Gomorra que se pervirtieron, los condenó con fuego eterno y hará lo mismo con los hombres impíos que entren encubiertamente a la Iglesia para desviarla, los blasfemadores, los homicidas, los codiciosos, los amadores de sí mismos, murmuradores (Jud. 1:3-16).

En Apocalipsis, Dios está representado por las lámparas que brillan ante su trono (Ap. 4:5); y el fuego se encuentra también en el mar de vidrio mezclado con fuego que destruye en la batalla final a los malvados. La imagen del fuego está presente en Cristo descrito como el que tiene sus ojos como llama de fuego (Ap. 1:14, 2:18, 19, 22) y sus pies son como fuego refulgente (Ap. 1:15, 10:1). La metáfora del fuego como juicio atraviesa todo el libro de Apocalipsis (Ap. 9:17, 13:13, 17:16, 8:3-5, 16:8-9, 19:1). En conclusión, escatológicamente el fuego es purificación en algunos casos y destrucción total en la mayoría (Gálvez).

G

GABRIEL

Gabriel es mencionado tanto en el Antiguo como en el Nuevo Testamento. En el libro de Daniel, se le describe como "el hombre Gabriel". Aunque en la Biblia no se le llama específicamente "arcángel", este título se le atribuye en obras del período intertestamentario, como el libro de Enoc. En las Iglesias católica, anglicana y ortodoxa, Gabriel es reconocido como un arcángel y es venerado como santo, junto con Miguel y Rafael. A continuación, damos una explicación adicional del término y su uso en el contexto religioso. El vocablo "arcángel" tiene sus raíces en el griego koiné, ἀρχάγγελος (archángelos), una palabra compuesta por el antiguo prefijo griego ἀρχ- (arc-), que denota autoridad, liderazgo o gobierno, y ἄγγελος (ángelos), que significa "mensajero". Por lo tanto, su significado se interpreta como "ángel principal", "ángel jefe", "capitán de los ángeles" o "uno de los primeros ángeles". El nombre Gabriel tiene su origen en el hebreo y su significado se interpreta como "Hombre de Dios", "poder de Dios" o "fuerza de Dios". La raíz "gabro" puede derivar de "geber", que significa "hombre", o de "gabar", que significa "fuerza", añadiendo el sufijo "El", que significa "Dios" (Pérez-Rioja).

Gabriel es citado cuatro veces en la Biblia, siempre en relación con una palabra profética. En Daniel 8:16-26, Gabriel le revela a Daniel la futura derrota de los medo-persas (representados por el carnero) por parte de Alejandro Magno (representado por la cabra). En Daniel 9:20-27, Gabriel predice el asesinato del ungido (ya sea Onías III en el 171 a.C. o Jesucristo en el 30 d.C.) por parte de un gobernante malvado (ya sea Antíoco IV Epífanes o los romanos, respectivamente). En Lucas 1:11-20, Gabriel anuncia el próximo nacimiento de Juan el Bautista. Y en Lucas 1:26-38, Gabriel anuncia el próximo nacimiento de Jesús a la Virgen María.

Un tema común que se puede observar en estos eventos es que las profecías de Gabriel anuncian la próxima restauración de Israel, la cual es finalmente realizada por Jesucristo. Estas intervenciones proféticas revelan el plan redentor de Dios para la humanidad y la restauración espiritual de Israel. Gabriel desempeña un papel esencial como portador de buenas nuevas y revelaciones divinas, cumpliendo así la voluntad de Dios a lo largo de la historia bíblica.

GAD

Gad, cuyo nombre significa "suerte", en hebreo גד, fue el séptimo hijo de Jacob y el primer hijo de Zilpa, criada de Lea, primera esposa de Jacob. Él fue el líder de una de las doce Tribus de Israel. Aunque se tiene poca información sobre la vida de este profeta, se cree que estuvo cercano al entorno de la corte en Jerusalén.

Además de su rol como líder tribal, Gad también es reconocido como uno de los profetas de la corte del Rey David durante el período del reino unificado de Israel (1010-970 a.C.). Su ministerio abarcó las regiones de Moab, el Reino de Israel y el Reino de Judá. También conocido como "vidente", jozeh, זֹחֶה (1 Cr. 29:29; 2 Cr. 29:25; 2 S. 24:11; 1 Cr. 21:9) coetáneo del rey David, que en dos pasajes toma el nombre de "profeta", nabí, נָבִיא (1 S. 22:55; 2 S. 24:11). Acompañaba a David cuando huía de Saúl, y le sirvió de consejero (1 S. 22:5). Es posible que sea uno de los gaditas que se acoplaron a David en la cueva de Adulam (1 Cr. 22:1). Gad, conocido como "el vidente de David" (2 S. 24:11; 1 Cr. 21:9), tuvo el doloroso deber de anunciar los juicios de Dios sobre David debido al censo del pueblo, y le aconsejó construir un altar para Dios sobre la era de Ornán (2 S. 24:11-19; 1 Cr. 21:9-19; 2 Cr. 29:25). Aunque se menciona como autor de un libro perdido llamado "las crónicas de Gad el vidente", que narra parte del reinado de David (1 Cr. 29:29), no se conserva ningún registro de dicho libro. Además, se dice que Gad ayudó a David en la organización de los servicios musicales en la Casa del Señor (2 Cr. 29:25), (Ropero).

Los consejos y las acciones de Gad se registran en los libros bíblicos del 1 S. 22:1-6 y 2 S. 24:1-25. En una ocasión, Gad aconsejó a David que regresara a Judá después de huir de Saúl. Posteriormente, fue el portavoz de la advertencia divina hacia el rey David por haber ordenado un censo del pueblo. David reconoció su pecado y Gad le presentó tres opciones de castigo: siete años de hambruna, tres meses de derrotas militares o tres días de peste. David optó por la peste, sacrificándose a sí mismo y a su familia en aras de proteger a su pueblo. Después del castigo, el profeta permitió al rey construir un altar a Yahvé como símbolo de reconciliación, y la peste cesó en Israel.

Cuando David se convirtió en rey, el profeta principal a su servicio fue Natán, y durante la mayor parte de su reinado no se menciona a Gad (ver **Natán**). Sin embargo, hacia el final de la vida de David, este decidió realizar un censo de sus hombres de guerra, lo cual provocó la ira de Dios, quien volvió a hablar a través del profeta Gad. En este momento, Gad actuó como mediador entre Dios y David, ayudando a resolver la grave situación (2 S. 24:11-25, el pasaje paralelo se encuentra en 1 Cr. 21:9-30). Al igual que Natán, Gad también participó en la redacción de la historia de la corte de David (1 Cr. 29:29) y prescribió las funciones de los músicos levitas (2 Cr. 29:25).

GEENA

Es la otra palabra que se traduce como infierno. *Geena*, significa literalmente el lugar de perdición, el equivalente en hebreo a *Hinnom*, transcrito por *Geena* en la traducción griega del hebreo llamada la Septuaginta.

El saber los matices de las palabras que se traducen por infierno, alumbra para comprender mejor el significado en otros pasajes del Nuevo Testamento, tales como Mt. 10:28: "No teman a los que matan el cuerpo, pero no pueden matar el alma más bien, teman a aquel que puede destruir alma y cuerpo en el infierno", sucesivamente en Mt. 5:22, 29-30, 18:9, 23:15, Mr. 9:43, Lc. 12:5. Las frases que describen el infierno en el Nuevo Testamento lo relacionan con el fuego que no se apaga (Mt. 9:43); con un daño eterno (Mt. 18:18); con un lugar de castigo (Mt. 25:46); se describe con un lugar en el que la entrada es irreversible. En Ap. 20:10 se le concibe como tormento consciente, sin fin, para el diablo y sus ángeles. En algunas traducciones, la palabra *Hades* en griego la traducen por infierno, por ejemplo, en Ap. 20:14, pero la traducción correcta es más un estado en el que predomina el "imperio de la muerte" o "reino de la muerte" no infierno.

Versículos en los que aparece la palabra *Geena* como el lugar de perdición eterna y lo describen con metáforas: "lugar del lloro y crujir de dientes" (Lc. 13:28), "lugar de tinieblas" (Mt. 25:30), "de cárcel en" (1 P. 3:19), "de muerte" (Ap. 2:11), "de perdición y exclusión de la presencia del Señor" (2 Ts. 1:9), "lugar de deuda que hay que pagar" (Mt. 5:25-26), "del gusano que no muere" (Mr. 9:48), "como muerte segunda" (Ap. 2:11). El único lugar en que aparece la palabra traducida como "arrojar al infierno", o "arrojar a las partes inferiores" usando la palabra *tártaros* es 2 P. 2:4 (Douglas-Hillyer, 1982).

En la perspectiva de la teología bíblica, todas esas imágenes se extraen de la experiencia humana: dolor, desesperanza, lloro, frustración, impotencia, putrefacción. Muchas de ellas ya descritas en el Antiguo Testamento.

El hombre fue creado y llamado a vivir en tranquilidad, paz, libertad, alegría, luz, vida, compañía divina, en solvencia, en incorrupción, pero si el hombre en su soberbia rechaza el amor de Dios en Cristo, peca de autosuficiencia, orgullo y obstinación, entonces su destino es el infierno que es exactamente todo aquello para lo que no fue creado: intranquilidad, confusión, temor, cárcel, frustración, tinieblas, muerte, soledad, separación eterna lejos de Dios. Todas las imágenes y metáforas conllevan un mensaje real del infierno: la frustración total del hombre condenado.

Para Jesucristo es una realidad futura el Hades y el *Geena*. Él mismo enviará a sus ángeles para arrojar al horno de fuego a los agentes de iniquidad y es el que pronuncia la sentencia "apartaos de mí, malditos, al fuego eterno" (Mt. 25:41), Él es quien anuncia "No os conozco", "echadles a las tinieblas de afuera", el alma y el cuerpo pueden ser echados en el *Geena* eternamente. El infierno o *Geena* es la exclusión de la luz y la cercanía de Dios para el perdido.

Pablo amplía la doctrina de la condenación eterna en 2 Ts. 1:7-9: "Pero que Él les dé alivio a ustedes que son afligidos, y también a nosotros, cuando el Señor Jesús sea revelado desde el cielo con sus poderosos ángeles en llama de fuego, dando castigo a los que no conocen a Dios, y a los que no obedecen al evangelio de nuestro Señor Jesús. Estos sufrirán el castigo de eterna destrucción, excluidos de la presencia del Señor y de la gloria de Su poder". Este castigo de condenación eterna no es causado por Dios, es la consecuencia directa de la decisión humana de ignorar a Cristo y al evangelio.

Así la cuestión bíblica, se tiene, además, una perspectiva teológica de la creación del infierno. El Dios que se revela en el Nuevo Testamento es un Dios de amor. El cristianismo primitivo mostró sus credenciales de amor absoluto a Dios, a Cristo, al hermano, al prójimo. Fue un movimiento de amor que conquistó el mundo y el Imperio romano, sin una sola espada. El anuncio del evangelio de parte de Cristo es la buena noticia del amor y del perdón de Dios al hombre que desea creer y arrepentirse. El evangelio abrió el camino hacia la libertad, un futuro nuevo, con un final feliz de la historia, afirmando que el mal será vencido con el bien y el odio con el amor que se da en libertad, no se impone.

Si el hombre rechaza el amor incondicional de Dios se absolutiza así mismo. Se condena para ir al infierno corriendo el mismo fin que el diablo y sus ángeles malignos (Mt. 25:41). El hombre mientras vive tiene infinidad de posibilidades de cambiar, comenzando con el volverse a Dios, pero el infierno encarna la realidad de ya no tener futuro, ninguna salida, ni realizar lo que desea, ya no está en su competencia (Boff, 1985), (ver **Infierno**).

GEMATRÍA

La gematría, en hebreo גימטריה (transliterado como guematria y pronunciado *gəˌmeɪtriə*); es un método de interpretación de nombres, palabras y frases hebreas que se basa en asignar un valor numérico a cada carácter del alefato hebreo. A diferencia de la isopsefía (práctica griega de sumar los valores numéricos de las letras en una palabra para formar un solo número) y la numerología, la gematría también tiene en cuenta la metátesis (del griego μετάθεσις, transliterado estrictamente como *metáthesis*, "transposición", que consiste en el cambio de lugar de los sonidos dentro de la palabra, atraídos o repelidos unos por otros) que afecta la pronunciación de las letras combinadas, un fenómeno común en el hebreo. Este enfoque se utiliza principalmente en el ámbito religioso-esotérico y emplea métodos de interpretación cabalísticos. En la gematría, una sola palabra puede tener varios valores numéricos según el cifrado utilizado. Cuando la suma de los valores numéricos de los caracteres que componen dos palabras diferentes da como resultado el mismo número, se percibe una analogía entre ellas y se considera que tienen una conexión contextual e, incluso, esotérica.

Existen diferentes teorías acerca del origen de la palabra "gematría". Algunos estudiosos afirman que, aunque es considerada una palabra hebrea, podría derivarse del griego γεωμετρία (*geōmetriā*), que significa "geometría". Se ha propuesto usar la traducción de la palabra γεωμετρία como *gēmaṭriyā* en hebreo. Sin embargo, otros estudiosos creen que "gematría" se deriva del griego γραμματεια (*grammateia*), que significa "conocimiento de la escritura" y es la raíz etimológica de la palabra "gramática". Es posible que ambas palabras hayan influido en la formación del término hebreo "gematría". Algunos morfólogos también sostienen que "gematría" se deriva del orden del alfabeto griego, ya que gamma es la tercera letra de ese alfabeto (Lieberman).

La perspectiva del judaísmo místico también incluye el concepto de gematría, que se trata de un código matemático explorado y conocido como Kabbalah desde la Edad Media. Este "código" funciona correlacionando letras hebreas con números. En el idioma hebreo, las letras normales del alfabeto no solo representan los sonidos de las palabras, sino que también pueden representar números. Por ejemplo, la primera letra, aleph, puede usarse como una letra para palabras ortográficas o como el número 1. De manera similar, beth, la segunda letra del alfabeto, puede representar el número 2, y así sucesivamente a través del alfabeto hasta el número 9. Las letras consecutivas representan 10, 20, 30 y así sucesivamente, hasta 90, seguidas de letras que representan números del 100 al 900, y así sucesivamente (Davis).

El proceso de la gematría se lleva a cabo analizando el valor matemático de las letras en ciertas palabras y luego equiparándolas con otras palabras que tienen el mismo valor. Por ejemplo, la palabra hebrea para "padre" está compuesta por las letras aleph y beth. Aleph representa 1 y beth representa 2, por lo que la suma de la palabra es 3. Por otro lado, la palabra "madre" está compuesta por las letras aleph (1) y mem (40), lo que da como resultado una suma de 41. La palabra "niño" tiene tres letras: yod (10), lamed (30) y dalet (4), lo que da un total de 44. Por lo tanto, la suma de "padre" (3) más "madre" (41) es igual a "hijo" (44). Este ejemplo ilustra un tipo simple de análisis con gematría. Sin embargo, la mecánica de la gematría puede volverse extremadamente complicada, utilizando diferentes tipos de sumas, restas, multiplicaciones y divisiones (Davis).

¿Cómo debemos evaluar la gematría en relación con la profecía? En primer lugar, aunque los defensores de la gematría a veces establecen conexiones bonitas pero inverosímiles y fantasiosas, la idea de que los autores del Antiguo Testamento utilizaran los valores numéricos hebreos de las letras para establecer conexiones intencionales entre palabras es al menos plausible. Los números, a menudo, tienen un significado simbólico en el hebreo bíblico. Además, la literatura de otras culturas antiguas del Cercano Oriente, ocasionalmente, utilizaba criptogramas numéricos para referirse a sus dioses o reyes. Además, los autores del Antiguo Testamento, frecuentemente, empleaban otros recursos literarios sofisticados. Por lo tanto, no está fuera de la posibilidad de que los autores bíblicos también hayan utilizado algunos juegos numéricos (Davis). Sin embargo, es poco probable que este sea el caso de la gematría, y es dudoso si estas conexiones numéricas fueron colocadas en el texto intencionalmente por los autores divinos o humanos. John Davis señala que no hay evidencia de que las letras hebreas se usaran para representar números hasta varios cientos de años después de que terminara la era del Antiguo Testamento. En otras palabras, tanto en las Escrituras hebreas como en los rollos del mar Muerto y las primeras inscripciones hebreas, los números siempre se escriben en texto completo y nunca están representados por letras.

Por lo tanto, es muy probable que la gematría sea el resultado de una coincidencia, facilitada por la gran cantidad de posibilidades numéricas en el texto hebreo del Antiguo Testamento. En consecuencia, los cristianos deberían probablemente rechazar este enfoque para interpretar el Antiguo Testamento, pero hacerlo con cautela, manteniéndose abiertos a la posibilidad de que algunos escritores del Antiguo Testamento hayan utilizado algún aspecto de la simbología numérica como otro dispositivo literario sofisticado (ver **Números, Numerología**).

En el Nuevo Testamento, la posibilidad de la gematría es mucho más plausible, ya que en ese momento las letras individuales del alfabeto se estaban utilizando para representar números. Por lo tanto, es posible interpretar, por ejemplo, el número 666, el número de la bestia en Apocalipsis 13:18, como un número obtenido al sumar los valores numéricos del nombre de un individuo. Algunos escritores sugieren que la suma del número total de las letras hebreas equivalentes a Nero Caesar produce el número 666 (ver **Nero, Seiscientos sesenta y seis**). Esta representación simbólica basada en los valores numéricos de las letras es una forma de gematría.

La gematría ha sido utilizada por ramas del judaísmo místico durante cientos de años. Si bien es dudoso que contenga elementos predictivos o proféticos en el Antiguo Testamento, sigue siendo fascinante e incluso puede estar presente en el Nuevo Testamento. Sin embargo, no debemos confundirla con el tipo de ELS moderno llamado "Código de la Biblia", que carece de validez y credibilidad (ver **Códigos de la Biblia, libro**).

GÉNESIS, LIBRO DE

Introducción

El primer libro de Moisés, conocido con el sobrescrito שיתברא en el original, Γένεσις Κόσμου en el códice de Alejandría de la LXX, y llamado ספר יצירה, *liber creationis*, por los rabinos, ha sido titulado Génesis debido a su contenido completo. Comienza con la creación del cielo y la tierra y concluye con la muerte de los patriarcas Jacob y José. Este libro nos brinda información no solo sobre los principios y las primeras etapas del mundo y la raza humana, sino también sobre las instituciones divinas que establecieron los cimientos para el reino de Dios (Keil-Delitzsch).

Dos grandes períodos en el libro de Génesis

El primer período

Según Keil, abarca el desarrollo de la raza humana desde su creación y caída hasta su dispersión sobre la tierra, y la división de una raza en muchas naciones, con diferentes lenguajes (caps. 2:4–11:26), y es dividido por el diluvio en dos edades distintas, las cuales podríamos llamar la edad primitiva y la edad preparativa. Todo lo que se relaciona con la edad primitiva, desde Adán hasta Noé, es la historia de la caída; el modo de vida y longevidad de las dos familias que descendieron de los dos hijos de Adán; y la expansión universal de la corrupción pecaminosa a consecuencia de los casamientos de estas dos familias, que esencialmente diferían en su relación con Dios (caps. 2:4–6:8). La historia primitiva se cierra con el diluvio en el que pereció el mundo antiguo (caps. 6:9–8:19). De la edad preparativa, desde Noé a Taré el padre de Abraham, tenemos un relato del pacto que Dios hizo con Noé, y de la bendición y maldición de Noé; las genealogías de las familias y tribus que descendieron de sus tres hijos; un relato de la confusión de lenguas, y la dispersión del pueblo y la tabla genealógica desde Sem hasta Taré (caps. 8:20–11:26).

El segundo período

Consiste en la era patriarcal. Por este tenemos una descripción elaborada de las vidas de los tres patriarcas de Israel, la familia escogida para ser el pueblo de Dios, desde el llamado de Abraham hasta la muerte de José (cap. 11:27-50). De ese modo se reúne la historia de la humanidad en la historia de una familia, la cual recibió la promesa de que Dios la multiplicaría en gran pueblo o, más bien, en multitud de pueblos, la haría bendición para todas las familias de la tierra y le entregaría la tierra de Canaán por posesión eterna. Esta panorámica general será suficiente para poner de relieve el designio del libro de Génesis, relatar la primera historia del reino de Dios del Antiguo Testamento. Por una descripción sencilla y sin barniz del desarrollo del mundo bajo la dirección y disciplina de Dios, muestra cómo Dios, como el preservador y gobernador del mundo, trató con la raza humana que había creado a su propia imagen, y cómo, a pesar de su caída y la miseria que esto produjo, Él preparó el camino para el cumplimiento de su designio original, y el establecimiento del reino que traería salvación al mundo. En tanto que, por virtud de la bendición concedida en su creación, la raza humana se estaba incrementando de una sola pareja a familias y naciones, y poblando la tierra, Dios refrenó el mal que el pecado había introducido, por palabras y hechos, por el anuncio de su voluntad en mandamientos, promesas y amenazas, e infringiendo castigos y juicios sobre aquellos que despreciaran su misericordia. Hombro con hombro con la ley de expansión de la unidad de la familia a la pluralidad de las naciones, fue llevada desde el principio una ley de separación entre lo impío y aquello que temía a Dios, con el propósito de preparar y preservar una simiente santa para rescate y salvación de toda la raza humana. Esta doble ley es el principio orgánico que yace en la raíz de todas las separaciones, conexiones y disposiciones que constituyen la historia del libro de Génesis. De acuerdo con la ley de reproducción que prevalece en la preservación e incremento de la raza humana, las genealogías muestran los límites a que se confinan las personas y eventos que marcaron las varias épocas, en tanto que la ley de la selección determina el arreglo y subdivisión de los materiales históricos que se emplean.

Estructura del libro de Génesis

En lo que respecta a la estructura del libro, el contenido histórico total está dividido en diez grupos, con el encabezado uniforme, תולדות אלה (estas son las generaciones, con la excepción del cap. 5:1, זה ספר שותתול) este es el libro de las generaciones; el relato de la creación Gn. 1:1–2:3 el fundamento del todo. Estos grupos son los siguientes:

1) la Tholedoth de los cielos y la tierra (Gn. 2:4–4:26).

2) de Adán (Gn. 5:1-6:8).
3) de Noé (Gn. 6:9-9:29).
4) de los hijos de Noé (Gn. 10:1-11:9).
5) de Sem (Gn. 11:10-26).
6) de Taré (Gn. 11:27-25:11).
7) de Ismael (Gn. 25:12-18).
8) de Isaac (Gn. 25:19-35:29).
9) de Esaú (Gn. 36).
10) de Jacob (Gn. 37-50).

Hay cinco grupos en el primer período, y cinco en el segundo. Aunque los dos períodos difieren considerablemente respecto a su alcance y contenido, en su importancia histórica para el libro de Génesis están a la par; y el número diez, estampa sobre todo el libro, o más bien sobre la primera historia de Israel grabada en el libro, el carácter de plenitud. Este arreglo fluye de manera completamente natural de los contenidos y propósitos del libro. Los dos períodos en los que se va formando la prehistoria del reino de Dios, evidentemente constituyen dos grandes divisiones, en lo que se refiere a su carácter interno.

Profecía bíblica en el libro de Génesis

Génesis introduce de manera significativa muchos de los temas principales de la profecía bíblica. Esto es especialmente evidente en el panorama general de la historia bíblica y en su desarrollo profético. Una de las tramas o secuencias temáticas más importantes que se encuentran a lo largo de las Escrituras es el siguiente paradigma: (1) creación/bendición; (2) pecado; (3) exilio/separación y; (4) restauración/bendición/redención. Esta secuencia se repite varias veces en la historia de la nación de Israel, pero también forma parte del panorama general de la Biblia y es un elemento crítico en la profecía (ver **Apocalipsis, libro de**).

En los primeros doce capítulos, Génesis presenta este "panorama general". Génesis 1-2 describe la maravillosa "creación" de Dios y las tremendas "bendiciones" asociadas a ella. Génesis 3 presenta la desobediencia de Adán y Eva (pecado) y su expulsión del jardín de bendición, lo cual resulta en la pérdida de la presencia de Dios (exilio). Asimismo, Génesis 4-11 muestra cómo este patrón de desobediencia y exilio es característico de la humanidad en general. En estos pocos capítulos suceden tres eventos terribles. Caín mata a su hermano Abel, la humanidad se corrompe tanto que Dios decide destruirla a excepción de un remanente en el diluvio (ver **Remanente**), y la gente del mundo se une en rebelión contra Dios en la Torre de Babel, solo para ser dispersados por toda la tierra. La raza humana no ha tenido un buen comienzo.

Génesis 12, no obstante, nos presenta a Abraham y el pacto Abrahámico, marcando el comienzo de la historia de la redención y restauración de Dios. Las promesas hechas a Abraham en Génesis 12-22 son fundamentales en gran parte de la profecía bíblica. El cumplimiento de estas promesas impulsa la historia bíblica a lo largo del Antiguo y Nuevo Testamento (ver **Pacto abrahámico**).

El llamado de Dios a Abraham en Génesis 12 es una respuesta directa a la situación desastrosa de la humanidad descrita en Génesis 3-11. Específicamente, Génesis 10-11 (la Tabla de las Naciones y la Torre de Babel) sirven como prólogo a 12:1-3. Dios llama a Abraham debido a su preocupación por esas naciones mencionadas en Génesis 10.

Génesis 10 describe la división del mundo en base a la familia/tribu/clan (*mishpāchāh*), idioma (*lāshōn*), tierra/país/territorio (*'eretz*) y nación (*gôy*), (Gn. 10:5, 20, 31). El llamado de Abraham utiliza tres de estos términos: "Vete de tu tierra [*'eretz*]" (Gn. 12:1); "Haré de ti una gran nación [*gôy*]" (Gn. 12:2); y "en ti serán benditas todas las familias [*mishpāchāh*] de la tierra" (Gn. 12:3), (NVI). El término "familias" (*mishpāchāh*) en Gn. 12:3 establece una estrecha conexión con Génesis 10, ya que este término aparece no solo en las declaraciones resumidas (Gn. 10:5, 20, 31) sino también en Génesis 10:18 y 32. Por lo tanto, la promesa en Génesis 12:3 está claramente relacionada con Génesis 10. La promesa a Abraham es la respuesta al pecado y dispersión de Génesis 3-11.

El llamado y la promesa a Abraham en Génesis 12:1-3 introducen el espectacular plan redentor que culmina en Jesucristo mismo. Sin embargo, desde el principio, Dios tiene en mente a los diversos pueblos del mundo. Se enfoca en Abraham, no para ser exclusivo, sino para utilizar a este individuo y a sus descendientes para bendecir y liberar a todo el mundo. Este es un aspecto crítico de Génesis 12 y la presentación en desarrollo del plan redentor de Dios.

Otro pasaje profético importante se encuentra en Génesis 3:15. En este pasaje, como parte de la maldición que Dios pronuncia sobre la serpiente, declara: "Pondré enemistad entre ti y la mujer, y entre tu descendencia (simiente) y la de ella; él te aplastará la cabeza, y tú le herirás el calcañar". Los cristianos tradicionalmente han entendido que la serpiente en Génesis 3 representa a Satanás. En un sentido corporativo, este verso apunta a la continua enemistad y guerra que se da a lo largo de la historia entre los seguidores de Satanás y los seguidores de Dios. En un sentido individual, el versículo se refiere a Cristo, quien finalmente aplasta la cabeza de Satanás, la gran serpiente. A menudo, este versículo se llama el proto evangelio, es decir, la primera proclamación profética del evangelio. Muchos ven el cumplimiento de este versículo en Apocalipsis 12 (cf. también Ro. 16:20), (ver **Dragón**, **Semilla/simiente de la mujer**, **Mujer de Apocalipsis 12**).

Relación de Génesis con los Evangelios y las cartas del NT

El tema presentado aquí —que el pecado dispersa a los pueblos del mundo pero que la bendición de Dios los reúne—, corre a lo largo de las Escrituras. Los profetas, frecuentemente, pintan un cuadro futuro de todos los pueblos unidos adorando a Dios, una inversión directa de Génesis 10-11 y un cumplimiento de 12:1-3. Lucas presenta a Cristo como el cumplimiento de la promesa hecha a Abraham (Lc. 1:54-55, 68-73). Asimismo, el poder del Espíritu visto en Pentecostés (Hch. 2) para vencer el lenguaje es una inversión de Génesis 10-11 (ver **Espíritu**). Pablo identifica la inclusión de los gentiles y la salvación por la fe a través de la gracia con la promesa hecha a Abraham.

Relación de Génesis con el libro de Apocalipsis

La relación entre Génesis y el libro de Apocalipsis es sumamente estrecha. Génesis cumple la función de ser una introducción profética a la historia bíblica, mientras que Apocalipsis lleva esa historia a su culminante conclusión. En este sentido, podríamos considerar a Génesis y Apocalipsis como los "sujeta libros proféticos" de la Biblia. La historia comienza en el jardín del Edén (Gn. 1-2) y termina en el jardín celestial (Ap. 21-22). De hecho, como bien señala Scott Duvall, existen numerosos puntos de conexión entre Génesis y Apocalipsis, temas que son introducidos en Génesis y que encuentran su pleno desarrollo en Apocalipsis.

Por ejemplo, la imagen en Apocalipsis de "toda tribu y lengua y pueblo y nación" (Ap. 5:9; 7:9; 14:6) unidos como pueblo de Dios salvado por Cristo es el cumplimiento directo de la promesa hecha a Abraham. Esta promesa se encuentra en Génesis y es llevada a su máximo esplendor en el libro de Apocalipsis.

En resumen, Génesis y Apocalipsis están entrelazados de manera significativa, con Génesis sentando las bases proféticas y Apocalipsis llevando esa profecía a su cumplimiento final. Son como dos pilares que sostienen la historia bíblica, conectando el principio y el fin de la narrativa divina.

Génesis, destrucción por el pecado; restauración en Apocalipsis

- Pueblo pecador disperso (Gn.). El pueblo de Dios se une para cantar sus alabanzas (Ap. 19:6-7).
- "Matrimonio" de Adán y Eva (Gn.). Matrimonio del último Adán y su novia, la Iglesia (Ap. 19:7; 21:2, 9).
- Dios abandonado por pecadores (Gn.). El pueblo de Dios (nueva Jerusalén, novia de Cristo) preparada para Dios; matrimonio del Cordero (Ap. 19:7-8; 21:2, 9-21).
- Exclusión de la generosidad de Edén (Gn.). Invitación a la cena de bodas del Cordero (Ap. 19:9).
- Satanás introduce el pecado en el mundo (Gn.). Satanás y el pecado son juzgados (Ap. 19:11-21; 20:7-10).
- La serpiente engaña a la humanidad (Gn.). La serpiente antigua es atada para evitar que engañe a las naciones (Ap. 20:2-3).
- Dios da dominio a los humanos sobre la tierra (Gn.). El pueblo de Dios reinará con él para siempre (Ap. 20:4, 6; 22:5).
- La gente se rebela contra la verdad de Dios, resultando en muerte física y espiritual (Gn.). El pueblo de Dios arriesga la muerte por adorar al verdadero Dios y experimentar vida (Ap. 20:4-6).
- Gente pecadora expulsada de la vida (Gn.). El pueblo de Dios tiene sus nombres escritos en el libro de la vida (Ap. 20:4-6, 15; 21:6, 27).
- La muerte entra en el mundo (Gn.). La muerte es puesta a muerte (Ap. 20:14; 21:4).
- Dios crea primero el cielo y la tierra, eventualmente maldecida por el pecado (Gn.). Dios crea un cielo nuevo y una tierra donde el pecado no se encuentra en ninguna parte (Ap. 21:1).
- El agua simboliza el desorden y el caos (Gn.). Ya no hay mar (Ap. 21:1).
- El pecado trae dolor y lágrimas (Gn.). Dios consuela a su pueblo y quita el llanto y el dolor (Ap. 21:4).
- La humanidad pecadora maldita con errante (exilio), (Gn.). Al pueblo de Dios se le da una permanente casa (Ap. 21:3).
- Comunidad perdida (Gn.). Comunidad experimentada (Ap. 21:3, 7).
- Gente pecadora desterrada de la presencia de Dios (Gn.). Dios vive entre su pueblo (Ap. 21:3, 7, 22; 22:4).
- La creación comienza a envejecer y morir (Gn.). Todas las cosas son hechas nuevas (Ap. 21:5).
- El agua usada para destruir a los malvados (Gn.). Dios apaga la sed con agua de la primavera de la vida (Ap. 21:6; 22:1).
- "En el principio, Dios..." (Gn.). "Yo soy el Alfa y la Omega, el principio y el final" (Ap. 21:6).
- La humanidad pecadora sufre un exilio errante en la tierra (Gn.). Dios da a sus hijos una herencia (Ap. 21:7).
- El pecado entra en el mundo (Gn.). El pecado es desterrado de la ciudad de Dios (Ap. 21:8, 27; 22:15).
- La humanidad pecadora separada de la presencia de Dios santo (Gn.). El pueblo de Dios experimenta la santidad (Ap. 21:15-21).
- Dios crea la luz y la separa de la oscuridad (Gn.). No más noche ni luz natural; Dios mismo es la fuente de la luz (Ap. 21:23; 22:5).
- Idiomas de la humanidad pecadora confundidos (Gn.). El pueblo de Dios es multicultural (Ap. 21:24, 26; 22:2).

- Gente pecadora expulsada del jardín (Gn.). Cielo nuevo y tierra nueva, incluye un jardín "El pueblo de Dios puede comer libremente del árbol de la vida" (Ap. 22:2).
- Gente pecadora a la que se le prohíbe comer del árbol de la vida (Gn.). El pueblo de Dios puede comer libremente del árbol de la vida (Ap. 22:2, 14).
- El pecado resulta en enfermedad espiritual (Gn.). Dios sana a las naciones (Ap. 22:2), (Byers).
- La gente pecadora es maldita (Gn.). La maldición es quitada de la humanidad redimida y se convierten en una bendición (Ap. 22:3).
- La gente pecadora se niega a servir/obedecer a Dios (Gn.). El pueblo de Dios le sirve (Ap. 22:3).
- Gente pecadora avergonzada en la presencia de Dios (Gn.). El pueblo de Dios "verá su rostro" (Ap. 22:4), (Byers).

GLORIFICACIÓN DE DIOS

Glorificación de Dios, la meta suprema

El Catecismo Menor de Westminster, plantea la pregunta sobre cuál es el propósito fundamental del hombre y luego responde que es vivir para la gloria de Dios. Literalmente lo escribe así: *¿cuál es el fin principal del hombre? El fin principal del hombre es glorificar a Dios y disfrutar de él para siempre* (Catecismo menor de Westminster).

Fue el puritano Thomas Watson (ca. 1620–1686) quien afirmó: "La gloria de Dios es una parte tan esencial de Su ser, que Él no puede ser Dios sin ella", y el gran teólogo Emil Brunner fue quien destacó la frase *soli Deo Gloria*, solo a Dios la Gloria.

Pero lo que han hecho los escritores de las dogmáticas reformadas y los teólogos que enseñan sobre la gloria y la glorificación de Dios es tomarlo de las Sagradas Escrituras. En algunos pasajes del Antiguo Testamento, la búsqueda de la gloria de Dios está presente: "Señor muéstrame tu gloria". También del disfrute y el gozo del Señor: "Deléitate asimismo en el Señor y él te concederá las peticiones de tu corazón", "Gustad y ved que es bueno el Señor", "Me gloriaré en el Señor", "Los cielos cuentan la gloria de Dios", "No a nosotros oh Jehová, sino a tu nombre da gloria"; en el Nuevo Testamento es Pablo quien condensa dicha verdad y la enuncia así: "… háganlo todo para la gloria de Dios". Y ello obedece cabalmente al hecho de que Dios nos creó a los seres humanos para su gloria, aunque su gloria es suficiente en sí misma.

Moltmann ve como Juan el apóstol muestra claramente el proceso de glorificación de Dios por medio de la interacción en la Trinidad, comenzando con la obediencia de Jesús de Nazaret, como modelo para que la Iglesia comprenda que ella también participa en la glorificación de Dios y en la santificación de su nombre por medio de la obediencia plena. Es Jesucristo como el hombre verdadero que, en plena obediencia en el camino de la cruz, regresará a la gloria que tenía antes con el Padre por medio de la resurrección: Jn. 17:1, 4-5, 22, 24, "[1] Estas cosas habló Jesús, y alzando los ojos al cielo, dijo: Padre, la hora ha llegado; glorifica a Tu Hijo, para que el Hijo te glorifique a Ti", [4] "Yo te glorifiqué en la tierra, habiendo terminado la obra que me diste que hiciera. [5] Y ahora, glorifícame Tú, Padre, junto a Ti, con la gloria que tenía contigo antes que el mundo existiera", [22] "La gloria que me diste les he dado, para que sean uno, así como nosotros somos uno", [24] "Padre, quiero que los que me has dado, estén también conmigo donde yo estoy, para que vean Mi gloria, la *gloria* que me has dado; porque me has amado desde antes de la fundación del mundo".

Jesucristo va hacia la meta de la glorificación del Dios y Padre por medio de su obediencia. Pero es una gloria que se da libremente a la trinidad y está abierta a la Iglesia, el pueblo de Dios. Jesús ruega al Padre que él lo glorifique como su hijo amado. Describe que de esa gloria que recibe del Padre, les da a los discípulos y, por extensión, a todos los creyentes. Cristo glorifica al Padre en obediencia y ello implica santificar su santo nombre, porque es así como la voluntad de Dios se consumará en la llegada plena del reino de Dios. Pero hay que recordar que, según Juan, es en la resurrección del que fue crucificado en obediencia, que Cristo regresará a la gloria que poseía junto al Padre antes de hacerse hombre. Así como la muerte de cruz es la expresión de la máxima humillación, la gloria de la resurrección incumbe a aquella gloria original del Hijo junto al Padre.

En consonancia en esta interacción trinitaria de glorificación al Padre, el Espíritu Santo glorifica a Jesucristo: Jn. 16:14, "Él me glorificará, porque tomará de lo Mío y se lo hará saber a ustedes". Así el paráclito glorifica a Cristo difundiendo las palabras y la verdad enseñada por Cristo: "Él los guiará a toda verdad", "él les recordará todas las cosas". Esta interpretación trinitaria y escatológica de la glorificación de Dios en la historia, recuperada por Moltmann, es ampliamente descrita en su obra Trinidad y reino de Dios. Esa doctrina es inclusiva, abierta a la Iglesia y a los creyentes en lo individual. Afirma que el proceso de la glorificación del Padre se da así: al comienzo la creación, al final el reino; al comienzo Dios en sí mismo, al final Dios es todo en todo (Moltmann, 2004).

En la historia de la teología fue Agustín de Hipona quien redescubrió el propósito especial del hombre: glorificar a Dios y disfrutar de él. En su libro "Confesiones" abundan los pasajes en los que expresa esa verdad singular: "Había descubierto que había disfrute en Dios, pero el mundo me arrastraba todavía para disfrutar lo pecaminoso". En ese párrafo se observa que todavía no se había convertido o estaba esclavizado por la ley del pecado. Pero en una de sus oraciones de gratitud por la liberación de sus vicios pecaminosos se percibe su conversión: "Oh Señor, mi Ayudador y Redentor ahora diré y confesaré para la gloria de tu nombre cómo me libraste de los grilletes de la lujuria que me mantenían fuertemente esposado"; luego expresa: "qué dulce fue para mí de repente verme libre de esos gozos estériles que una vez había temido perder, tú lo sacaste de mí, tú que eres el gozo soberano y verdadero, lo sacaste de mí. Ocupaste su lugar tú que eres más dulce que todos los placeres" (Agustín, Confesiones, 1996).

Trapé dice que Agustín testifica que el medio para disfrutar de la gloria y la presencia del Señor es en Cristo: "Buscaba el camino para procurarme la fuerza suficiente para gozarte, pero no la había encontrado hasta que no me aferrase al mediador entre Dios y los hombres, el hombre Cristo Jesús, puesto que el Verbo se ha hecho carne para que tu sabiduría con la que creaste el universo se convirtiera en leche para nuestra infancia" (Trapé, 1987).

Uno de los cinco postulados de la Reforma Protestante enuncia la glorificación de Dios como el propósito de todos los creyentes. A ese postulado se le llama en latín *soli Deo Gloria* o *Solus Deus*, significa "Solo a Dios la gloria". Esta expresa la suficiencia y la gloria de Dios para salvación en relación al hombre incapaz de salvarse a sí mismo. Afirma que como cristianos debemos glorificarle siempre y debemos vivir todas nuestras vidas ante la presencia de Dios, bajo la autoridad de Dios y disfrutar de su gloria solamente (Gómez-Heras, 1972).

Esta verdad quedó resaltada de tal manera que se inscribió en manuales, libros, catecismos: "El fin principal y más alto del hombre es el de glorificar a Dios y gozar de Él para siempre".

Maravilloso es que nosotros los creyentes ya podemos vivir para la gloria de Dios aquí en la tierra, imperfectamente sí, pero hemos saboreado de su gloria. Y se nos dio un anticipo del disfrute del Señor, por medio del Espíritu Santo. Nos gozamos y nos deleitamos en él, porque "Cristo en vosotros es la esperanza de gloria" (Col. 1:27). Ropero expresa que lo grandioso de la revelación de Dios en Cristo es que la imagen de Dios, en la que originalmente fuimos creados y que fue arruinada por la desobediencia, es restaurada y recuperada para el creyente por el mismo Señor Jesucristo, el Dios hecho hombre, a cuya imagen fuimos hechos por creación, y recuperada por redención: "A quienes Dios conoció de antemano, los destinó también desde el principio a reproducir la imagen de su Hijo" (Ro. 8:29). Pues Cristo el Mesías y Redentor es a la vez el segundo Adán, el cabeza de la nueva humanidad. Con eso se cumple el plan o propósito de Dios para la humanidad y comienzan los tiempos escatológicos que un día culminarán con la presencia visible de Cristo, cuando todos seremos transformados a su imagen perfecta, y Dios será todo en todos, sin mediaciones de ningún tipo (1 Co. 15:28), (Ropero, 2016).

Es en la venida de Cristo que los creyentes experimentarán la gloria de Dios a plenitud en el reino de Dios. Y glorificar a Dios así, significa amarle por ser Él quien es y disfrutar de Dios como Él es en sí mismo. En esta nueva dimensión se glorifica a Dios no con finalidades morales, utilitaristas o egoístas, sino para la alabanza de su gloria por ser significativa en sí misma. La glorificación de Dios de parte de su pueblo acontece por la misma existencia de Dios.

Si aquí en la tierra los creyentes hemos contemplado algo de la gloria de Dios, quedaríamos anonadados, si se nos concediera lo que Moisés pidió: "Señor muéstrame tu gloria" ¡Cuánto más quedaremos maravillados en el encuentro sin barreras que tendremos cuando Cristo venga y acontezca la resurrección de los muertos! Allí, nuestra glorificación al Dios trino, el Todopoderoso, será total, sin reservas y ello nos llenará de gozo. La plenitud de la "glorificación de Dios" acontecerá en la nueva Jerusalén, con la nueva creación del cielo y la tierra y su nuevo pueblo. Todo el universo glorificará a Dios en plenitud. Esa es la consumación de su reino.

Es claro que siendo creyentes ya hemos sido reconciliados con Dios por medio de Jesucristo. En el sentido forense espiritual ya hemos sido redimidos por la sangre de Cristo. Pero mientras peregrinemos aquí en la tierra, seguimos en camino a la redención plena de los hijos de Dios que se consumará cuando llegue el instante escatológico eterno, "en un abrir y cerrar de ojos" y Cristo venga, "entonces los muertos en Cristo resucitarán primero y luego los que estén vivos seremos transformados" para glorificar a Dios por la eternidad (ver **Nueva creación**, **Escatología**, **Nueva Jerusalén**).

GLORIFICACIÓN DE DIOS Y LA GLORIFICACIÓN DE LOS CREYENTES

Para Moltmann, la gloria perfecta de Dios y la glorificación de los creyentes en la nueva Jerusalén tiene su trasfondo en la misma creación. Si la gloria de Dios es autosuficiente, si su autoglorificación es parte de su esencia, parte de esa gloria es su voluntad en relacionarse con los hombres de su pueblo de manera íntima. Eso es parte de la respuesta a la pregunta ¿por qué Dios siendo "el totalmente otro" creó la tierra, el cielo, los seres vivos y al hombre? La respuesta ampliada es: porque él quiso hacerlo, es su voluntad, es su soberanía. Eso sí, crear al hombre a su imagen y semejanza es algo único en cuanto que no creó al universo, el cielo, la tierra, los animales, las plantas, las aves, a su imagen; solo el hombre fue creado a su imagen legalmente en sentido espiritual. Por eso, no es de extrañar que haya realizado un pacto con el hombre, pero, aun así, es justo preguntarse ¿el único Dios Todopoderoso autosuficiente en su gloria, realiza un pacto con su criatura finita? ¡Sí! Y ¿un pacto incondicional? ¡Sí! Eso es asombroso, irracional a la mente humana. El pacto de Dios con Abraham es el ejemplo maravilloso de que Dios con toda su gloria suficiente, decide realizarlo con el hombre pecador, frágil, finito, desconocido en la tierra, llamado Abram. Y algo más: lo convierte en socio de su pacto, su amigo. Esa es la gloria del Dios altísimo, que se auto revela y comparte con su pueblo. Dios es perfecto y completo en su gloria, no necesita del hombre para tener más gloria, es por su amor, bondad y libre decisión que lo hace. La creación del hombre, el perdón, la restauración, la redención y la promesa de la glorificación es algo ultra extraordinario de parte del Señor. Es el resultado de su gran amor.

Es interesante y puntual lo que Moltmann afirma respecto del origen de esa decisión de la iniciativa de Dios de convivir con su pueblo: "La creación, la reconciliación y la redención proceden de la libre voluntad no de la esencia eterna de Dios y, sin embargo, no son arbitrariedades divinas, porque Dios quiere y hace lo que le agrada y lo que constituye su beneplácito es aquello que Dios quiere. Él está en consonancia con su propia ciencia. Dios es fiel, él no puede negarse a sí mismo, así que no es por la necesidad interna, sino por su amor. Dios sale de sí mismo y quiere la existencia de un ser distinto no divino que esté en consonancia con su gozo divino mediante el gozo de esos seres en su existencia" (Moltmann, 2004).

Después de que Dios hizo la creación se quedó comprometido en amor de tal manera, que no puede desentenderse de ella porque es su proyecto de amor y ese proyecto no puede fallar, porque si fallara estarían en juego su gloria, honor y majestad. Y Dios quedará realizado solo hasta que se haya consumado la nueva creación, se haya unido eternamente con ella y su Iglesia.

Moltmann insiste en que es la soberanía de Dios, su amor y su autosuficiencia las que hacen posible que se arriesgue en un proyecto de libertad con un ser creado diferente de él: "Si Dios crea algo que no es igual que él, sino distinto de él mismo y no obstante le corresponde plena y enteramente a él, entonces Dios sale de sí mismo y se expresa en eso que no es otra cosa que él mismo. A ese otro le comunica existencia, vida, conciencia y hace que el mundo de ese otro sea parte de su existencia, vida y conciencia, en consecuencia, la historia de su pueblo de la salvación de la creación se convierte en el propio transcurso de su ser" (Moltmann, 2004).

Lo que expresa Moltmann, no debe conducir a un panteísmo, porque el Dios trino infinito divino, siempre será diferenciado de su pueblo humano finito, pero se complementan en la realización plena de parte de su pueblo y por su propia parte del Dios glorioso y creador. Hay que recordar que ya la divinidad tomó forma humana en la encarnación de Dios y que el Cristo resucitado posee un cuerpo glorificado eterno. Así, los creyentes, con un cuerpo glorificado, participamos de la naturaleza divina y el Señor encuentra alegría, realización plena en esa unión y comunión eternas. Mientras tanto, el Dios autosuficiente en gloria espera que llegue ese instante.

Por nuestra parte, los cristianos esperamos ese instante escatológico que da paso a la eternidad, puesto que Dios nos ha reconciliado con él por medio de Cristo y también la creación que gime esperando la manifestación gloriosa de los hijos de Dios; es el Dios en camino a la consumación de su propia gloria, hacia la nueva creación de todas las cosas (ver *Theosis*).

GNOSIS

El vocablo gnosis viene del griego γνῶσις, *gnōsis*, es un sustantivo que significa "conocimiento". Este término se utiliza en diversas tradiciones religiosas y filosóficas helenísticas. En particular, es conocido por su asociación con el gnosticismo, un conjunto de enseñanzas y creencias que surgieron en la antigüedad y que tuvieron una influencia significativa en el pensamiento religioso cristiano y filosófico de la época.

Así, en el contexto del gnosticismo, la gnosis se refiere a un conocimiento especial o una comprensión profunda de la verdadera naturaleza de la humanidad y del universo. Los gnósticos creían que este conocimiento era esencial para liberar la chispa divina o el aspecto divino que se encuentra dentro de cada individuo, y así trascender las limitaciones de la existencia terrenal y alcanzar la unión con lo divino.

Los detalles y las interpretaciones precisas de la gnosis varían según las diferentes escuelas y ramas del gnosticismo, pero en general, se considera un conocimiento espiritual o trascendental que tiene como objetivo revelar la verdad última y ofrecer una vía de salvación o liberación del sufrimiento y las limitaciones de la existencia material.

Es importante tener en cuenta que el gnosticismo y su concepción de la gnosis son temas complejos y controvertidos en la historia de la religión y la filosofía, y han sido objeto de debate e interpretación a lo largo de los siglos.

El movimiento gnóstico que se infiltró, en alguna medida, en la Iglesia de Cristo, en el primer siglo, no correspondía a una verdadera ciencia como tal, sino a un "conocimiento secreto", pagano, con mezclas de creencias religiosas, sobrenaturales, filosóficas, esotéricas. El gnosticismo se considera a sí mismo un movimiento "espiritual" que concibe a la religión en clave de experiencia interior independiente de la realidad ética, social, económica. Según Pikaza, tal movimiento influyó en la fe cristiana a finales del primer siglo (I d.C). Cree que los nicolaítas y los que siguieron a Jezabel al ser seducidos para comer comida sacrificada a los ídolos, y a la prostitución religiosa pagana fueron parte de los gnósticos. Aparecen en los primeros capítulos de Apocalipsis en los que el Señor reconoce a la Iglesia de Éfeso su rechazo a los nicolaítas y amonesta a la Iglesia de Tiatira porque ha tolerado a una mujer llamada Jezabel que tienta y pervierte a los creyentes. En ese contexto, Juan se enfrentó con falsas doctrinas, perversiones que afectaban a la Iglesia defendiendo el nombre del Señor, el evangelio y la Iglesia.

GOG Y MAGOG

En hebreo, "Gog" (גּוֹג) es un nombre propio que se encuentra en la Biblia hebrea, específicamente en el libro de Ezequiel, en el AT. El significado etimológico exacto de "Gog" no está claro, ya que su origen y significado preciso son objeto de debate entre los estudiosos. Algunos proponen, con duda, que significa "montaña", por el nombre tradicional para la región del Cáucaso, que se deriva de *Koh-Kaf*, asentamiento principal de los escitas (Ropero). Otros estudiosos sugieren que "Gog" podría derivar de una raíz hebrea que significa "cubrir" o "esconder". Esto podría relacionarse con la idea de que *Gog* es un líder o gobernante que actúa como una fuerza oculta o misteriosa.

El libro de Ezequiel describe a Gog como un rey del septentrión, y se menciona que las regiones de Mesek y Tubal posiblemente estaban ubicadas en Asia Menor. Algunos autores han propuesto que Gog podría ser identificado con Ga-ga, mencionada en las cartas de el-Amarna, que posiblemente era una ciudad del norte de Siria. Otros lo relacionan con Ga-gi, gobernador de Sahí, un país que, con el tiempo, cambió su nombre a Gog y tuvo varios gobernadores con ese nombre. Sin embargo, la ubicación exacta del país de Sahí aún no ha sido determinada.

En el libro del Apocalipsis, se hace referencia a Gog, tomando como base las descripciones de Ezequiel, y se le relaciona con Satanás. Esta figura también es utilizada por la literatura en general.

La transliteración del nombre hebreo Gog en los idiomas acadio y sumerio es *Gugu* y *Gug*, respectivamente, y tiene varios significados, como tinieblas, techo, jefe y alto. Según la Biblia, Gog es un personaje apocalíptico que surge de las tierras de Magog para librar una guerra contra Dios y su pueblo Israel al final de los tiempos. Este personaje se describe en los libros de Ezequiel y Apocalipsis. Además, existe otro personaje bíblico llamado Gog, descendiente de Rubén (1 Cr. 5:3).

En resumen: la identificación precisa de Gog y su ubicación geográfica siguen siendo objeto de debate entre los estudiosos, y su conexión con Satanás es una figura que se utiliza tanto en la literatura bíblica como en otras obras literarias.

Magog (en hebreo מגוג, en griego Μαγωγ) por su parte, es el nombre del segundo hijo de Jafet según la Tabla de Naciones en el libro del Génesis. También se refiere a una nación, tierra o reino ubicado en los confines del mundo conocido, y se vincula con los eventos del Juicio Final. Con frecuencia, se menciona en relación con Gog, que es el nombre de su gobernante, como Gog y Magog.

En el contexto bíblico y profético, el Libro de Ezequiel menciona originalmente a Magog como el país gobernado por un soberano llamado Gog. Magog se asocia con una tierra o región ubicada al norte de Israel y se considera el lugar de origen de una invasión devastadora. En el Nuevo Testamento, Magog aparece en el libro del Apocalipsis, donde Magog y Gog representan naciones que se encuentran en los cuatro extremos de la tierra. Después del Milenio, estas naciones son engañadas por Satanás para participar en la batalla final contra el pueblo elegido, pero el fuego del Cielo las consume.

Gog es el líder de una futura coalición que atacará a Israel, tal como se describe en Ezequiel 38: "Gog, de la tierra de Magog, príncipe soberano de Mesec y Tubal" (Ez. 38:2). Además, se mencionan aliados como Persia, Cus, Put, Gomer y Beth Togarmah en los versículos Ez. 38:5-6. Durante los días de Ezequiel, los nombres de Gog y Magog probablemente estaban asociados con la tierra de Lydia, en Anatolia (actual Turquía), aunque la evidencia es limitada. Por otro lado, se puede identificar con mayor certeza que Mesec y Tubal, las regiones o pueblos gobernados por Gog, se refieren a grupos ubicados en Anatolia (Turquía moderna). Esta alianza escatológica de siete naciones, liderada por Gog, proviene de todas las direcciones, norte, sur, este y oeste, y parece representar una coalición mundial en contra de Israel.

En el libro del Apocalipsis, Gog y Magog parecen representar naciones de todo el mundo en el siguiente pasaje: "Cuando se cumplan los mil años, Satanás será liberado de su prisión y saldrá a engañar a las naciones en los cuatro ángulos de la tierra, Gog y Magog, para reunirlos en batalla" (Ap. 20:7-8). Esta interpretación sugiere que la alianza de Gog y Magog en Ezequiel 38 también debe entenderse de la misma manera.

A lo largo de la historia de la Iglesia, la identidad de Gog no ha sido clara y los escritores han relacionado a Gog con numerosas personas y lugares diferentes, buscando conectarlo con algún individuo o grupo contemporáneo en ese momento. En ciertos momentos, Gog ha sido identificado con los godos (siglo IV), los árabes (siglo VII) o los mongoles (siglo XIII). También se ha relacionado a Gog con los emperadores romanos, los papas o los turcos. A principios del siglo XX, la Biblia de referencia Scofield relacionó a Gog con Rusia, asumiendo que Mesec y Tubal se referían a las ciudades rusas de Moscú y Tobolsk. Aunque esta interpretación todavía circula hoy en día entre algunos escritores de profecías populares, la mayoría de los eruditos del Antiguo Testamento rechazan esta perspectiva, argumentando que "Rosh" no tiene relación con Rusia y que Mesec y Tubal no están vinculados de ninguna manera con las ciudades modernas de Moscú y Tobolsk (ver **Armagedón, Gran Tribulación**).

GOMER

Gomer, como personaje bíblico, es mencionado en el libro de Génesis como el hijo de Jafet y nieto de Noé. La Biblia no proporciona mucha información detallada sobre él. En Génesis 10:2-3, se menciona a Gomer junto con sus hermanos, quienes representan a diferentes pueblos y naciones que se desarrollaron a partir de los descendientes de Jafet.

En el libro del profeta Oseas, se menciona a una mujer adúltera llamada Gomer, quien se utiliza como metáfora para describir la infidelidad de Israel hacia Dios. En esta interpretación, Gomer simboliza la nación de Israel y su rebeldía contra Dios.

En cuanto a la historia y la arqueología, Gomer se ha asociado con los cimerios, un antiguo pueblo nómada que habitó en la región de lo que hoy es Ucrania y el sur de Rusia durante la Edad del Hierro. Los cimerios son mencionados en fuentes históricas y literarias de la antigüedad, como los escritos del historiador griego Heródoto.

En relación con la ciudad de Gomer, no hay evidencia histórica o arqueológica que respalde la existencia de una ciudad con ese nombre. Sin embargo, en el contexto profético, Gomer se menciona en el libro de Ezequiel como una de las naciones aliadas contra Israel en una futura invasión. La mayoría de los eruditos asocian a Gomer con los cimerios, un pueblo que emigró desde el norte de Asiria hacia Asia Menor (actual Turquía), y que posteriormente desapareció de la historia alrededor del sexto siglo a.C.

En síntesis, Gomer es un personaje bíblico mencionado en Génesis y Oseas, y también se asocia con los cimerios desde una perspectiva histórica y arqueológica. En el contexto profético, se le menciona como parte de una alianza contraria a Israel en el libro de Ezequiel (Douglas-Merryl).

GRAN RAMERA, BABILONIA

En el recorrido histórico de la Iglesia se han dado varias opiniones sobre la identidad de la Babilonia, la gran ciudad, la gran ramera de los capítulos 17 y 18 del libro de Apocalipsis. Comentaré las más relevantes.

El Imperio babilónico. En el tiempo del reino de Israel, la Babilonia histórica invadió a Jerusalén, mató a miles de israelitas, tomó por esclavos a hombres, mujeres y niños; saqueó la ciudad y los tesoros del templo (Jer. 39). Dicha Babilonia, además de su crueldad, se caracterizó por sus prácticas idólatras, injusticias infames, gloria mundana y pecaminosidad extrema. En ese sentido, la antigua Babilonia fue una gran ramera.

El Imperio griego, con su esplendor, cultura hedonista y creencias filosóficas, influenció grandemente a Israel y a la Iglesia del principio, así lo resume esta cita: "Más que ningún otro pueblo, el hebreo se ha adherido a las nuevas ciudades porque desde la antigüedad se producía en su seno un movimiento de dispersión. Si en algunos casos ha consolidado su estructura espiritual y afirma su personalidad como pueblo, en general, ha sido sensible a las nuevas influencias. En Alejandría y en las grandes ciudades del Asia seléucida, los hebreos han descubierto el vigoroso universo de las ideas griegas".

El Nuevo Testamento muestra las influencias de las creencias gnósticas, docetistas, cerintianas en las iglesias del principio. Dichas influencias y creencias fueron declaradas heréticas posteriormente en los concilios cristianos. La ciudad de Atenas, símbolo de gloria del Imperio griego, se constituyó en una opositora espiritual a la ciudad de Jerusalén, por sus creencias, conductas idolátricas e inmorales, en ese sentido se opone Jerusalén sobre Atenas la Babilonia de modo figurado.

El Imperio romano. Para Woodrow, Roma es Babilonia, la gran ciudad, la gran ramera. Todo el contenido de su famoso libro es una condensación de argumentos para probarlo, una pequeña muestra: "Cuando Roma se convirtió en un imperio mundial es un hecho conocido que ella asimiló dentro de su sistema a dioses y religiones de todos los países paganos sobre los cuales reinaba. Como Babilonia era el origen del paganismo de estos países, podemos ver cómo la nueva religión de la Roma pagana no era más que la idolatría babilónica que se desarrolló de varias formas y bajo diferentes nombres en las naciones a las que fue" (Ralph).

La realidad es que son muchos los teólogos, comentaristas, exégetas, que consideran por unanimidad, que Roma es la gran ramera, debido a las crueles y sistemáticas persecuciones contra la Iglesia durante los primeros tres siglos d.C. Luego por la vida inmoral y la religiosidad corrupta de la Iglesia de Roma. Por eso se ha dicho "Roma contra Jerusalén". El Imperio romano siempre se caracterizó por la insaciable ambición de poder y gloria de la mayoría de sus dirigentes. El libro de los hechos relata el encuentro de Agripa con el apóstol Pablo, a quien le dijo que estuvo a punto de hacerse cristiano. Se deduce que, por los beneficios y prebendas que le ofrecían las mieles del poder, por un lado y las inherentes presiones políticas y familiares, por otro, le frenaron a convertirse a la fe cristiana (Hch. 25:13, 26:32).

Los emperadores y los demás hombres con altos cargos, les interesaba más la oportunidad de enriquecerse a costa del Imperio, que la verdad para salvación. Negociaban y buscaban componendas para mantenerse en el poder. A causa de esas acciones se le atribuyó a Roma ser la gran ramera, antes de que todo el Imperio oficializara la fe cristiana como la fe única. Esa interpretación continuó durante la época medieval, en la época de la Reforma Protestante, hasta nuestros días en las iglesias evangélicas fundamentalistas.

La histórica Babilonia, la culta Grecia, la diplomática Roma, todas contra Jerusalén en sus respectivas épocas, pueden ser tomadas como analogías de la gran ramera, pero especialmente Roma.

Teólogos, obispos, apologetas, pastores, exégetas consideran que Babilonia en Apocalipsis es una metáfora para referirse al Imperio romano. Sus recias e inhumanas maldades contra los creyentes, principalmente durante los primeros siglos, la delataban como la malvada gran ramera. Los métodos utilizados contra los cristianos fueron variados, pero siempre crueles: lanzados a los leones, quemados vivos, crucifixión, destierro, tortura, muertos a espada, enterrados vivos. En la época Medieval y de la Reforma, la creencia respecto de la identidad de la gran ramera fue la misma. Los albigenses llamaban la gran prostituta a la Iglesia medieval a raíz del enfrentamiento de estos con el papa Inocencio tercero quien ordenó que fueran masacrados a principios del siglo XIII junto a todos los habitantes de la ciudad de Béziers en la que se escondían (Gálvez).

Los precursores de la Reforma, Jerónimo Savonarola y Federico II opositores férreos del papa, afirmaron sin incertidumbres, que consideraban a la Iglesia medieval con su sede en Roma como la ramera Babilónica, descrita en Apocalipsis. Un tiempo después, Martín Lutero, monje agustino hizo las mismas declaraciones y Dante en ese sentido usa esta imagen en el canto 19 de su infierno por su crítica a la guía oficial de Roma. Dante Alighieri, bautizado como Dante di Alighiero degli Alighieri (Florencia, c. 29 de mayo de 1265-Rávena, 14 de septiembre de 1321), fue un poeta y escritor; autor de La Divina Comedia, una de las obras fundamentales de la transición del pensamiento medieval al renacentista y una de las cumbres de la literatura universal.

En la época presente, ciertos sectores de la Iglesia evangélica siguen enseñando que la Iglesia Católica Romana es la gran ramera. Algunos pocos amplían este concepto a las grandes religiones apoyadas por los estados. En la misma línea controversial de los anteriores, el autor colombiano Fernando Vallejo escribe en su libro *La prostituta de Babilonia* (Editorial Planeta Colombiana, 2007) que la Iglesia católica romana es la gran ramera.

Cito a otro autor: "Quiere decir que el sistema religioso de oposición a Dios ha estado presente de forma continuada, con las variaciones correspondientes a los tiempos, en el entorno del Imperio romano… este modo interpretativo coincide plenamente con la revelación sobre el anticristo y su sistema religioso… de ahí que Babilonia se utilice como nombre del sistema surgido en el principio y extendido luego a lo largo de los siglos en diferentes lugares. Si la ciudad que se cita en la revelación de Juan es literalmente la capital religiosa y económica del reino del anticristo, no puede estar situada en el *Reino del Norte*, en donde se encuentra geográficamente la Babilonia literal. Entiendo que este es el mejor modo de interpretar el significado de Babilonia en el contexto de Apocalipsis y en la Escritura en general" (Pérez Millos, p. 1011, 2010).

Las interpretaciones que más abundan sobre la identidad de la gran ramera, como he descrito, son las que afirman que la Iglesia del Imperio romano es esa ramera de rameras. En el caso de Millos, afirma lo mismo, pero argumenta en base a que "coincide con la revelación del anticristo y su sistema religioso y porque se designa como la capital religiosa y económica del anticristo, por la ubicación geográfica más cercana al contexto del apocalipsis". Considero que esa interpretación es ambigua porque se sostiene en base al anticristo y no por la misma interpretación de los pasajes de la Escritura.

Jerusalén. Otros eruditos afirman que Jerusalén es la gran Ramera. Esta interpretación es apoyada por varios estudiosos bíblicos protestantes y judíos. Afirman que la gran ramera del Apocalipsis es la Jerusalén terrenal en contraste con la nueva Jerusalén celestial, descrita al final de libro de Apocalipsis. La interpretación que hacen diversos eruditos bíblicos apunta a que se refiere a la Jerusalén (Chilton) terrenal y se fundamentan en los siguientes pasajes:

Ap. 11:8: "Sus cadáveres *estarán* en la calle de la gran ciudad, que simbólicamente se llama Sodoma y Egipto, donde también su Señor fue crucificado". Lo que ponen en evidencia dichos autores en este versículo es que en el libro de Apocalipsis se declara la prostitución de Jerusalén.

Is. 1:21: "¡Cómo se ha convertido en ramera la ciudad fiel, la *que* estaba llena de justicia! Moraba en ella la rectitud, mas ahora, asesinos".

Jer. 2:20: "Porque desde hace tiempo rompí tu yugo y arranqué tus coyundas; pero dijiste: "No serviré". Porque sobre toda colina alta y bajo todo árbol frondoso te echabas como ramera".

Estoy de acuerdo en que los pasajes anteriores dicen abiertamente que Jerusalén es una ramera. Lo que ponen en evidencia dichos autores, en este versículo, es que en el libro de Apocalipsis declara la prostitución de Jerusalén. Además, impresiona el hecho que las siete colinas en las que está sentada la gran ciudad de Apocalipsis son las siete colinas de Jerusalén. Las vestimentas de la mujer son similares a las del sumo sacerdote del templo de Jerusalén: Éx. 28:6, "El efod ha de ser de oro, tela morada, tela de púrpura, tela roja y lino torcido, bordado artísticamente". En el capítulo 16 del profeta Ezequiel se menciona a una ramera, con muchas descripciones paralelas a lo que dice de la ramera de Apocalipsis en el capítulo 17; hay más de 20 detalles que concuerdan de manera precisa (Gentry).

Varios profetas del Antiguo Testamento señalan a Israel y a Jerusalén como una ramera: Oseas, en todos sus capítulos, describe a Israel como alguien que se ha prostituido continuadamente, y por extensión se refiere a Jerusalén, como una ramera con sus constantes adulterios y fornicaciones. Todo el libro de Oseas es una historia del profeta que simboliza a Dios amando y perdonando a Gomer la ramera que representa a los reinos de Israel y Judá en sus constantes desviaciones hacia la prostitución espiritual.

Otro detalle que pesa para afirmar que la Jerusalén terrenal es la gran ramera de Apocalipsis, es la irrefutable referencia cruzada entre los textos de Ap. 18:24, 17:6 y Mt. 23:25; Lc. 13:33.

Ap. 18:24: "Y en ella fue hallada la sangre de los profetas, de los santos y de todos los que habían sido muertos sobre la tierra".

Ap. 17:6: "Y vi a la mujer ebria de la sangre de los santos, y de la sangre de los testigos de Jesús. Y al verla, me asombré grandemente".

Mt. 23:35: "Para que recaiga sobre vosotros *la culpa de* toda la sangre justa derramada sobre la tierra, desde la sangre del justo Abel hasta la sangre de Zacarías, hijo de Berequías, a quien asesinasteis entre el templo y el altar".

Lc. 13:33: "Sin embargo, debo seguir mi camino, hoy, mañana y pasado mañana; porque no puede ser que un profeta muera fuera de Jerusalén".

Estos versículos tienen en común que, en la gran ciudad, llamada Babilonia en Ap. 18, ha sido hallada la sangre derramada de todos los profetas y Mateo confirma, juntamente con Lucas, que toda la sangre de los profetas ha sido derramada en Jerusalén.

Otro detalle bíblico es que Pablo afirma en Gá. 4:25, que Agar representa la Jerusalén terrenal. Es interesante que Agar era egipcia y hay una conectividad con lo que dice Ap. 11:8: "Jerusalén terrenal, donde Cristo fue crucificado, es Egipto en sentido espiritual".

Ante la evidencia bíblica, se comprueba el principio de que la Biblia se interpreta a sí misma.

Me inclino bíblica y teológicamente por la opinión de los eruditos que afirman que la gran ramera de Apocalipsis es la Jerusalén terrenal. Claro que las otras grandes ciudades de los poderosos imperios de Babilonia, Atenas y Roma, se han comportado como rameras desde el punto de vista bíblico, por sus pecados, desviaciones, idolatría y promiscuidad. Espiritualmente, son vistas como rameras, que dieron la espalda al Dios verdadero y atacaron al pueblo de Dios, pero eso no las constituye en la Ramera babilónica de Ap. 18 (Gálvez), (ver **Grecia**, **Roma/Imperio romano**, **Culto imperial**).

GRAN TRIBULACIÓN

Jesús habló de la Gran Tribulación con más pormenor en los evangelios de Mateo y Lucas, respectivamente: "Más ¡ay de las que están en cintas, y de las que críen en aquellos días! Orad, pues, que vuestra huida no sea en invierno ni en día de reposo; porque habrá entonces Gran Tribulación, cual no la ha habido desde el principio del mundo hasta ahora, ni la habrá" (Mt. 24:19-21).

La narración de Lucas da más detalles del anuncio de Jesús: "más ¡ay de las que están encinta, y de las que críen en aquellos días! porque habrá gran calamidad en la tierra, e ira sobre este pueblo. Y caerán a filo de espada, y serán llevados cautivos a todas las naciones; y Jerusalén será hollada por los gentiles, hasta que los tiempos de los gentiles se cumplan" (Lc. 21:23-24).

Los preteristas insisten en que, de acuerdo con Mateo, la Gran Tribulación sucede a la mitad de la historia, no al final, porque nada parecido había ocurrido *"desde el principio del mundo hasta ahora, ni la habrá"*. Así que, según ellos, la profecía de la Gran Tribulación se refiere a la destrucción de Jerusalén y del templo en aquella generación del año 70 d.C., porque no encaja en un esquema de "doble cumplimiento"; la Gran Tribulación del 70 d.C., fue un evento único, irrepetible.

Más, así, los días del justo castigo llegaron con intensidad, en retribución a su rebeldía, maldad y soberbia desafiante: "Viendo Pilato que nada adelantaba, sino que se hacía más alboroto, tomó agua y se lavó las manos delante del pueblo, diciendo: inocente soy yo de la sangre de este justo; allá vosotros. Y respondiendo todo el pueblo, dijo: su sangre sea sobre nosotros, y sobre nuestros hijos" (Mt. 27:24-25). Esa es la interpretación de los preteristas totales sobre las señales previas a la Gran Tribulación ocurrida en el año 70.

La opinión de los futuristas es que todo lo que pronunció Jesús en Mt. 24 y Lc. 21, se cumplirá en el futuro.

Mi postura (Gálvez), es que esa destrucción de Jerusalén y el templo en el año 70 d.C. fue el cumplimiento parcial de la profecía anunciada por Jesús que es una profecía de doble cumplimiento. Una parte se cumplió, la otra está aún por cumplirse. Ante todo, porque afirmar que se cumplió también la Segunda venida de Cristo es tirar a la basura varios textos que enseñan una venida visible y universal. Es un débil y temprano cumplimiento que deja en el aire casi dos mil años del avance del cristianismo por el planeta tierra. Hoy se puede hablar con propiedad de acuerdo con la señal "será predicado este evangelio en todo el mundo, entonces vendrá el fin". Eso sí es posible ahora y de manera completa. Es grave afirmar, además, que ya ocurrió la resurrección de los muertos, pues ello descartaría a miles que murieron en Cristo después del año 70 y sus cuerpos yacen en la tumba todavía.

GRAN TRIBULACIÓN Y LA IGLESIA

Los autores que afirman que la Iglesia no pasará la Gran Tribulación se apoyan en los siguientes textos:

1 Ts. 5:9: "Porque no nos ha puesto Dios para ira, sino para alcanzar salvación por medio de nuestro Señor Jesucristo".

Aducen que la palabra ira en este texto se refiere a la Gran Tribulación, pero no. Por los versículos anteriores y posteriores es claro que se refieren a la condenación eterna de los incrédulos y a la salvación de los cristianos por medio de Jesucristo, como lo indiqué anteriormente.

Tit. 2:13: "aguardando la esperanza bienaventurada y la manifestación de la gloria de nuestro gran Dios y Salvador Cristo Jesús".

Afirman que, si la manifestación de Cristo es bienaventurada, entonces la Iglesia no tiene por qué sufrir la Gran Tribulación por lo que tiene que ser arrebatada antes. A mi criterio, esa deducción es espiritualista, carente de exégesis. Además, el Nuevo Testamento demuestra que Jesús, los apóstoles y Pablo, pasaron grandes sufrimientos, al igual que la Iglesia ha sufrido grandes persecuciones y tribulaciones de toda clase.

Este es otro texto favorito de esa postura: Lc. 21:36, "Mas velad en todo tiempo, orando para que tengáis fuerza para escapar de todas estas cosas que están por suceder y podáis estar en pie delante del Hijo del Hombre".

El primer aspecto que hay que tomar en cuenta es que este pasaje de Lucas se encuentra dentro del contexto de los tiempos del fin, pero no quiere decir que el escapar significa aquí ser arrebatados, como ellos piensan. Escapar del juicio significa no ser alcanzado por este, aunque se esté en medio o cerca, por ejemplo, Noé escapó de la destrucción que causó el diluvio, pero la pasó en medio todo el tiempo que duró y fue preservado. Lot escapó por su vida, pero no desapareció físicamente, experimentó de cerca la destrucción de Sodoma y Gomorra. Así los ejemplos, el hecho de que la Iglesia escape, no implican que tenga que ser arrebatada. Aquí no se refiere en absoluto al arrebatamiento, librándose de la Gran Tribulación.

Otro texto que citan con frecuencia los pretribulacionistas es Ap. 3:10: "Porque has guardado la palabra de mi perseverancia, yo también te guardaré de la hora de la prueba, esa hora que está por venir sobre todo el mundo para poner a prueba a los que habitan sobre la tierra".

Aquí se aplica el mismo principio, el hecho que el Señor guarde a la Iglesia de la tribulación que vendrá sobre el mundo entero, no implica que los sacará de la tierra completamente. Muchos pasajes de la Escritura demuestran que el Señor libró a Israel del ejército del Faraón que los perseguía; los guardó de morir ahogados en el mar abriéndolo en dos; del calor extremo en el desierto por medio de la nube que los cubría; del intenso frío de la noche y madrugada por medio de la columna de fuego; los libró de la deshidratación dándoles a beber agua que brotaba de las rocas; de los poderosos ejércitos enemigos y de las ciudades que enfrentaron camino a la tierra prometida. Incluso preservó a Israel y Judá cuando fueron llevados cautivos a Babilonia y a Asiria. Asimismo, la Iglesia fue preservada en medio de la tortura, persecución, muerte, provocadas por los judíos antes del año 100 d.C., y también la libró de las más horrendas y sistemáticas persecuciones del Imperio romano durante casi tres siglos. El ejemplo ha sido librar "en medio de" no sacando del mundo hacia un lugar escondido o sacando su pueblo hacia el cielo. De manera individual, encuentro que el Señor libró a José en medio de todas las pruebas; libró a Daniel en medio de los leones en el foso; libró a Sadrac, Mesac y Abed-nego en medio del horno de fuego. Insto a los creyentes a que recordemos que la Biblia nos enseña por el mandamiento y por el ejemplo.

Otro argumento pretribulacionista es que "El Señor Jesucristo nunca permitiría que su esposa sufriera la Gran Tribulación". Este razonamiento sentimentalista es engañoso. Es más romántico que sensato. En los profetas se describe al pueblo de Israel como la esposa del Señor y el Señor se dice así mismo: "Yo soy tu marido, tu hacedor". Se presenta a la luz de la historia del profeta Oseas como el que ama y perdona a su esposa infiel. El pueblo de Israel antes de llegar a la tierra prometida tuvo que pasar por el grande y terrible desierto y ha sufrido por generaciones hasta hoy grandes persecuciones. La Iglesia del Señor fue advertida que sufriría persecuciones y se ha cumplido a lo largo de dos mil años, en algunas épocas parte de la Iglesia fue exterminada. Por lo expuesto, considero que no es válido ese argumento sentimentalista.

Stam, en esa línea de pensamiento, afirma que ningún pasaje de la Biblia ubica los hechos simultáneos de la Segunda venida, el arrebatamiento y la resurrección de los cuerpos de los santos y la transformación de los creyentes que estén con vida antes de la Gran Tribulación. Al contrario, el mensaje apocalíptico de Jesús en Mt. 24 y el de Juan en el libro de Ap. 20:4-6 los ubican después de la última tribulación y la primera resurrección (Stam, 1999).

En mi opinión, mientras la Iglesia militante permanezca en la tierra tendrá tribulación y Gran Tribulación. Pero su tribulación no se relaciona con la Gran Tribulación anunciada por los profetas al pueblo de Israel. En el caso de Daniel se le dijo acerca de la Gran Tribulación "a tu pueblo" (Dn. 12:1); y Jesús confirma esa Gran Tribulación para Jerusalén en los evangelios, en los capítulos de Mt. 24, Lc. 21, Mr. 13. Así la cuestión, la Gran Tribulación anunciada por Daniel y confirmada por Jesús, tiene un doble complimiento. El primero aconteció en la destrucción de Jerusalén en el año 70 d.C., pero vendrá otra, la más grande y final tribulación para Israel, pero no para la Iglesia en el sentido estricto. La Iglesia seguirá padeciendo sufrimientos y diversos tipos de tribulación: rechazo, muerte, oposición, persecución por diversos métodos, incluido el de promulgación de leyes globales que socaven su misión. Pero no será vencida, porque ni las puertas del infierno de muerte prevalecerán contra ella (Gálvez), (ver **Juicio, Últimos tiempos**).

GRECIA

En los libros de Daniel y Zacarías, la palabra hebrea que se utiliza para referirse a Grecia es "Yavan" o "Yawan" (יָוָן). Esta palabra se encuentra en varias ocasiones en ambos libros, especialmente en las profecías relacionadas con los reinos sucesores al imperio babilónico. La palabra griega que se utiliza para referirse a Grecia en los libros de Hechos es "Hellas" (Ἑλλάς), nombre de los descendientes de Javán y su territorio (Gn. 10:2), se refiere específicamente a la región geográfica de Grecia en el contexto histórico de los eventos narrados en el libro de Hechos. La región geográfica de la Grecia antigua es diferente de la actual. Coincide solo con la parte peninsular de los Balcanes que abarca los territorios de Beocia, el Ática y el Peloponeso (Tellería).

La influencia griega en el mundo bíblico y profético es notable, especialmente en lo que respecta a la cultura, el idioma y las ideas filosóficas. El idioma griego se convirtió en una lengua franca en la región y el Nuevo Testamento se escribió en griego koiné, que era la variante comúnmente hablada en ese tiempo. Además, la filosofía griega, especialmente el estoicismo y el epicureísmo, tuvieron un impacto en el pensamiento de la época y en las reflexiones teológicas de algunos escritores bíblicos.

Grecia se menciona en conexión con la profecía bíblica en los capítulos 2, 7, 8 y 11 del libro de Daniel. Existen diferentes interpretaciones sobre estas referencias. Algunos sostienen que Grecia se equipara con el tercer imperio mencionado en el capítulo 2, versículo 39b (el reino de bronce) y en el capítulo 7, versículo 6 (el leopardo). Por otro lado, hay quienes la relacionan con el cuarto imperio en los versículos 2:40-43 (hierro y arcilla) y en los versículos 7:7-8, 19-25 (la bestia espantosa). Según esta última interpretación, el cumplimiento de la profecía de Daniel de los cuatro reinos se habría completado con la antigua Grecia. Por su parte, la primera interpretación identifica al cuarto reino de Daniel como un futuro imperio romano revivido. Sin embargo, en cuanto a los pasajes de Daniel 8:21-22 y 11:2-4, todos coinciden en que Grecia es el sujeto de la profecía de Daniel, especialmente en lo que respecta a la conquista de Alejandro el Grande sobre el imperio persa, así como la posterior división en cuatro partes del imperio griego después de la muerte de Alejandro en el año 323 a.C. (ver **Alejandro el Grande, Cuatro bestias de Daniel**).

GUERRA FRÍA Y LA ESCATOLOGÍA

La escasa escatología que se ha producido a lo largo de la historia ha tenido la tendencia de interpretar la trinidad del mal, con los protagonistas apocalípticos y los relaciona con personajes, oponentes políticos, religiosos. Es una escatología forjada más sobre temas políticos, sociales y económicos de cada época. Esa tendencia se puede rastrear en la época de los primeros cristianos, en la Época Medieval, en la Reforma Protestante, en la Época Moderna, en la guerra fría del siglo XX y seguirá ocurriendo en el siglo XXI.

En ese sentido, Roldán se refiere a los primeros apologistas que vieron al emperador romano como el anticristo, pero después de Constantino, se aplicó a los enemigos del imperio el mote de anticristo. Los reformadores vieron al papa como el anticristo; en la época de la Perestroika el mundo cristiano occidental tildó de falso profeta y anticristo a M. Gorbachov el primer ministro de Rusia de los años noventa. Recientemente, el norteamericano Lindsay afirmó que el anticristo será un europeo y emergerá del seno o muy cercano al Consejo Mundial de Iglesias y otras organizaciones ecuménicas similares (Roldán, 2002).

Escobar ha detectado, con acierto, la relación del capitalismo con la escatología norteamericana en oposición a otros sistemas de producción socialista. Explica que esa especulación se manifestó con fuerza durante la guerra fría: "En los últimos años, la guerra fría y el temor al comunismo han acentuado esta identificación hasta el punto de hacerla incondicional. Hay vastos sectores para los cuales no es una exageración lo que dice Jerald C. Brauer en el sentido de que ha habido... constantes presiones desde dentro y fuera de las Iglesias para alabar todo lo que constituye la vida americana de los Estados Unidos y silenciar toda crítica de la sociedad existente". También explica que los cristianos de las Iglesias evangélicas establecidas que se oponían a esa clase de escatología evangélica dispensacionalista, los consideraban sospechosos, incluso que el gobierno de los Estados Unidos inició cierta persecución y rechazo a los opositores de su escatología pronorteamericana y cita el ejemplo de un editorial de la revista Christianity Today, en el cual se ataca a los evangélicos que se han atrevido a criticar al gobierno norteamericano, acusándolos de conformarse a "la moda" (Escobar, 2019).

Así las cosas, es claro que el gobierno y el protestantismo norteamericano siempre han influenciado a los países latinoamericanos. Y, en algunos casos, han dirigido políticas específicas condicionadas al apoyo financiero y logístico. Los latinoamericanos sabemos que ellos trajeron el evangelio y que han estado cerca de todo el acontecer político, social, económico, con sus respectivas implicaciones.

En esa perspectiva, es acertado lo que sigue afirmando Escobar: "Todo esto se trae a colación porque muchos evangélicos latinoamericanos se sienten obligados a adoptar exactamente la misma actitud, no solamente en cuanto a sus propios gobiernos, sino también en cuanto al gobierno de los Estados Unidos y su política exterior. Esta actitud, sin embargo, revela una contradicción básica entre la teología y la ética social de los evangélicos".

De todos modos, se mantiene esa tendencia de apoyo, teológico, bíblico, escatológico y político de cierto sector evangélico hacia el gobierno de los Estados Unidos. Dicho apoyo fue muy evidente durante la Guerra fría, pero continúa hasta hoy y de alguna manera continuará por la presión que recibe y se manifiesta en sus predicaciones, conferencias, libros, revistas, películas. Escobar lo describe con claridad: "...la escatología más popular y atractiva es esa especie de ciencia ficción que procura encontrar en versículos bíblicos, aislados de su contexto, predicciones acerca de Rusia, China, el Mercado Común Europeo y el Consejo Mundial de Iglesias. Un ejemplo de ello es la popularidad del libro The Late Great Planet Earth de Hal Lindsay, del cual se ha vendido más de un millón de ejemplares. Este libro interpreta el mundo de hoy con los ojos de la prensa republicana de los Estados Unidos, ataca a los enemigos del conservatismo, y está permeado de un nacionalismo ingenuo pero agresivo" (Escobar, 2019).

GUERRAS

En el contexto profético y escatológico, las guerras son señales que acontecerán antes del fin de la historia: habrá guerras, se multiplicarán los rumores de guerras, advirtió Jesús y agregó que es necesario que ocurrieran. Animó a los cristianos que cuando eso sucediera no tuvieran temor, porque solo sería el principio de dolores que llevaría después del algún tiempo a la consumación del fin (Mt. 24:7; Mr. 13:7; Lc. 21:9), (Gálvez). En el libro de Apocalipsis es donde se muestra a la máxima expresión con imágenes, símbolos, sellos, copas, jinetes, bestias, dragones y otras figuras, las grandes guerras apocalípticas. Es lo que Pikaza llama: *el signo máximo de la violencia divina (teomatoquia)* y humana y la clasifica en: interhumana, satánica y la del Cordero y de Dios. La *guerra interhumana* está representada por "la espada del 2º jinete (Ap. 6:2-4; 6:8) junto con los temibles carros de combate fabricados para dar muerte (Ap. 9:7-11, 15-19); la *guerra satánica* simbolizada por el dragón, es la que impulsa, incita, y acciona a las guerras humanas, puesto que pierde la batalla cósmica contra Miguel y sus ángeles y tampoco devora al Hijo de la Mujer" (Ap. 12:3-6). Es el que dirige su violenta guerra contra los descendientes de la mujer (Ap. 12:7-9), intentando destruir la obra de Dios en la tierra. Satanás cambia de estrategia: actúa por medio de la Bestia del capítulo 13, reuniendo sus poderes para desencadenar lo que se ha llamado la batalla del día de Dios en el lugar de *Har-magedon* (Ap. 16:13-16), (para algunos ciertamente una batalla física, para otros una batalla simbólica que se refiere a las fuerzas del mal reales espirituales). En la *guerra del Cordero y Dios* se describe al Cristo como el que lleva desde el inicio del Apocalipsis la *espada* de la Palabra (Ap. 1:16), con la cual reprende a las iglesias (Ap. 2–3), para que se purifiquen (Ap. 2:16) y derroten al mal de los pueblos (Ap. 2:25-27). El cordero de Dios sacrificado se describe lleno de poder (Ap. 6:16-17), como el jinete de la guerra y la victoria que se obtiene a través de la Palabra (Ap. 19:11-16) con el fin de vencer a las Bestias. Esta es *guerra de Dios* (Ap. 20:7-10) al servicio de la nueva y magnífica comunión de amor y la nueva vida de la Ciudad reconciliada (Ap. 21:2–22:5) que confirman con su entrega los creyentes, a quienes el mismo Cristo llama vencedores y, por tanto, les dará recompensas (Ap. 2:7, 11, 17, 26; 3:5, 12, 21), (Pikaza), (ver **Acontecimientos previos a la Segunda venida**).

H

HABACUC, LIBRO DE

El nombre Habacuc viene del hebreo *Jabaqquq*, קַבָּ ק, quizá de trasfondo acadio, *habbaququ*, que significa "planta trepadora"; en la Septuaginta: *Ambakum*, Ἀμβακο que corresponde al nombre una hortensia. Su significado puntual es imposible comprobarlo, pero se entiende generalmente como "abrazo", de la raíz *hbk* = "abrazar", y se explica ocasionalmente como "ardiente abrazo", por su forma intensa. Nombre de un profeta de Judá que vivió pocos años antes de la cautividad babilónica y es reconocido como el autor del libro que lleva su nombre. En su libro, se encuentra un salmo (cap. 3) y se dan instrucciones a su director de coro para tocar los instrumentos de cuerda (Hab. 3:19). Algunos han creído que Habacuc podría haber sido uno de los cantores del Templo y, por lo tanto, pertenecer a la tribu de Leví, debido a esta referencia. Sin embargo, es importante tener en cuenta que este pasaje no constituye una prueba absoluta de ello (ver los títulos de los Salmos 3 y 5), (Ropero).

En cuanto al libro de Habacuc, este es diferente a muchos de los otros libros del Antiguo Testamento. No registra detalles del autor, solo menciona que era profeta. Además, el desarrollo de su contenido es en forma de diálogo, carece de oráculos y mensajes predicados. El enfoque de Habacuc es sobre la realidad de sufrimiento, del mal, la injusticia, plantea interrogaciones sobre cuándo llegará la justicia del Señor. A lo cual, el Señor le responde que él es quien ha levantado a los caldeos, un pueblo fiero, para que se apodere de las moradas ajenas, con sus fuertes y veloces caballos y sus diestros jinetes para lanzarse a la presa, vencerlos y esclavizarlos, tanto a reyes como a príncipes, incluyendo al pueblo de Judá. El Señor le dice que eso es inevitable, él lo ha decidido así, pero Habacuc debe permanecer fiel y hace una de las declaraciones más bellas y potentes del Antiguo Testamento: el justo por la fe vivirá —verdad que ya anunciaba una nueva era mesiánica en la que la fe en Jesucristo jugaría un papel central—. Es una respuesta impactante que Habacuc no esperaba: la devastación que se avecinaba, con todo, y la fe que les es pedida del Señor; responde de manera asombrosa y con la fe de un justo, elevando un cántico brota de sus labios declarando en Hab. 3:1-19 que pese a todo lo que viene: destrucción, muerte, hambre, él esperará pacientemente, y todavía se regocijará en Dios. En el aspecto profético específico del libro de Habacuc, son cuatro predicciones divinas las que contiene, de manera puntual en los capítulos 1–2; ocupan 23 versículos proféticos de los 56.

En cuanto al tiempo en que sucedería la invasión a Judá por los babilónicos, Keil y Delistzsch afirman que la toma de la Palestina tuvo lugar en el año 605 a.C., por lo que deducen que lo anunciado en el libro de Habacuc ocurrió en el reinado de Joacím (609-598 a.C.) rey que fue denunciado por su perversión extrema.

En el aspecto profético, se destaca que las respuestas de Dios a Habacuc son, en esencia, de naturaleza predictiva. El libro de Habacuc contiene cuatro profecías relevantes en los capítulos 1-2, que abarcan un total de 23 versículos de los 56 versículos que componen el libro (BDMPE).

HABLAR EN LENGUAS

En cuanto al don de diversos géneros de lenguas o don de hablar en lenguas o glosolalia, hay diversas posturas (Grudem):

La postura cesacionista, se origina de la palabra griega que se traduce en la frase "...las lenguas cesarán..." (1 Co. 13:8). Afirma que los dones milagrosos del Espíritu Santo: ... lenguas, profecía y sanidades..., dejaron de practicarse en algún momento después del primer siglo.

La postura abierta, pero cautelosa, manifiesta que la Biblia no es conclusiva sobre el tema de los dones milagrosos del Espíritu. Pero está abierta a creer, con cautela, la posibilidad de que Dios siga dando esos dones en la actualidad. Eso sí, no da por sentado que todas las manifestaciones aparentemente milagrosas en la actualidad provengan de Dios. También, niegan que la Escritura norme una segunda experiencia sobrenatural del bautismo con la evidencia del hablar en lenguas. Creen en lo sobrenatural, mas no necesariamente en lo milagroso de los dones. Sostienen que los relatos de Hechos 2, 8 y 10, no son normativos, solo sirvieron de transición del Antiguo Pacto hacia el Nuevo Pacto.

La postura de la tercera ola, al igual que algunos cesacionistas, los de la tercera ola no niegan la posibilidad de acontecimientos milagrosos después de la era apostólica, pero sí niegan la vigencia postapostólica de los dones sobrenaturales, entre otros: revelación, profecía, lenguas, interpretación de lenguas, dones de sanidades, aunque Dios puede sanar soberanamente sin que medie la Iglesia o algún creyente y de manera específica los dones de milagros que Pablo menciona en 1 Corintios 12:10. Aceptan la vigencia de algunos dones, pero los interpretan de manera muy particular con tendencia hacia lo no milagroso, pero dicen que si hay dones de profecía, de lenguas, de sanidades, tienen que ocurrir por mano de Dios y no de hombre.

La postura pentecostal y neopentecostal, los pentecostales clásicos creen que el patrón bíblico de hablar lenguas, como evidencia del bautismo en el Espíritu Santo, está vigente. Los neopentecostales creen en la vigencia del don de lenguas angelicales, pero no necesariamente como señal del bautismo del Espíritu y enseñan que no todos tienen el don de lenguas tal y como Pablo lo enseña de manera retórica al plantear estas preguntas y dar sus respuestas: "¿Tienen todos dones de sanidad? ¿Hablan todos lenguas? ¿Interpretan todos? Como no es así, ustedes deben procurar los mejores dones" (1 Co. 12:30-31a).

Postura integrativa (Rigoberto Gálvez)
De acuerdo con el precedente descrito en el relato del derramamiento del Espíritu en Hechos 2, el don de diversos géneros de lenguas incluye hablar lenguas vivas sin haberlas estudiado, es un milagro (Hch. 2:4-6). Pero también se enseña el hablar lenguas

angelicales desconocidas en la tierra (1 Co. 13:1). Este también es un don del Espíritu y es el resultado de que el creyente esté lleno del Espíritu. Este don es dado al cristiano para alabanza y profecía verbal, con el designio de edificación y ánimo para la Iglesia. Eso sí, en el culto público se tiene que dar acompañado de interpretación de esas lenguas, que es otro don sobrenatural, para que todos los que las escuchen comprendan el significado del mensaje y sean edificados (1 Co. 14:3, 27). Si no se interpretan en el culto, Pablo dice que quien las hable, mejor hable para sí, en silencio, así se edificará, tendrá comunión con Dios y no dejará en confusión a los congregados que ignoran el mensaje (1 Co. 12:4-10). Así, el hablar en lenguas para sí mismo resulta en la unión del espíritu humano con el Espíritu de Dios, de modo que el creyente se comunica directamente con Dios (1 Co. 12:2, 14), aquí no interviene el intelecto, es el Espíritu (1 Co. 14:15, 28). Debe regularse el hablar en lenguas e interpretarlas para no caer en desorden. El interpretar en lenguas faculta al poseedor del don para comprender e interpretar lo que se expresa en las lenguas desconocidas. En la congregación, la interpretación de lenguas se usa para dar a conocer el mensaje de Dios que siempre será para consolar, edificar, redargüir a la congregación. Impulsa a la adoración, la alabanza y glorificación de Dios. El pueblo glorifica a Dios y, asimismo, se beneficia. El don de interpretar las lenguas desconocidas lo puede recibir el mismo que habla dichas lenguas o alguien más puede tener el don de solo interpretarlas. Pablo dice que es lícito que el que habla en lenguas, pida al Señor el poder interpretarlas (1 Co. 14:13).

Otro detalle que es importante entender es la prohibición que les hace el apóstol Pablo a los corintios: "Por tanto, hermanos míos, anhelen el profetizar, y no prohíban hablar en lenguas" (1 Co. 14:39). Tal prohibición está expresada en presente imperativo que exige el cese de la acción que se está realizando. Por tanto, para hacer justicia a esta declaración de prohibición, debería traducirse así "dejen de impedir el hablar en lenguas". Pablo está alentando a que todos los que hablan en lenguas lo hagan en libertad y que nadie les impida hacerlo. Otro énfasis en esta declaración es que Pablo está ordenando que se continúe con la práctica de hablar en lenguas. Así la exegesis y la explicación, se comprende que el hablar en lenguas e interpretarlas debe ser una práctica continua en la vida de la Iglesia. Moltmann, advierte que hay que distinguir que la perspectiva paulina de los carismas es teológica y se orienta más a la práctica; insistiendo en la unidad en medio de la diversidad de los dones, por cuanto provienen de un solo Espíritu. Y que, según su análisis, "el hablar en lenguas es una conmoción interna del Espíritu tan fuerte, que para expresarlo se deja la lengua inteligible y se utiliza la glosolalia, igual que el dolor intenso se expresa con un llanto incontenible y una gran alegría se exterioriza mediante saltos y bailes". En los capítulos 12 y 14 de 1 Corintios, Pablo describe otros dones, aprovechando a poner en el justo orden el don de lenguas o glosolalia, porque los corintios estaban sobrevalorándolo. En la perspectiva de la naturaleza y propósito de los carismas del Espíritu, Pablo expresa con claridad, que estos son una repartición de gracia soberana según su voluntad (1 Co. 12:11). Demuestra la unidad en la variedad de los dones aclarando que se le ha dado a cada uno de los creyentes una manifestación especial del Espíritu para el bien de los demás (1 Co. 12:7). Explica que los dones son dados para la edificación y la alineación de la Iglesia con el fin de mostrar unidad en la diferenciación de los carismas recibidos. Por ello, Dios puso en la Iglesia: "apóstoles, profetas, maestros, los que hacen milagros, los que sanan, los que ayudan, los que administran, los que tienen don de lenguas, interpretación de lenguas" (1 Co. 12:28ss.), para servirse en amor (1 Co. 13) que es el vínculo perfecto y que da sentido al uso de los dones en el contexto eclesial.

Pablo usa en el capítulo 14 otras expresiones que muestran el propósito de los carismas: "El que habla lengua extraña así mismo se edifica" (v.4); pero debe interpretarse "para que la Iglesia reciba edificación" (v.5); Pablo pide a los hermanos de Corinto que anhelen los carismas del Espíritu y que procuren abundar en ellos "para edificación de la Iglesia" (v. 12). Da otra instrucción específica en el contexto del culto y de los carismas: "¿qué hay que hacer, pues, hermanos? Cuando se reúnan, cada cual aporte salmo, enseñanza, revelación, lenguas o interpretación. Que todo se haga para edificación" (v. 26, NBLA). Si los dones son para edificar, animar, reparar (Katartizo), consolar a la congregación, entonces los necesita la Iglesia de todos los tiempos hasta la Segunda venida del Señor (Gálvez), (ver **Dones**, **Profecía**, **Espíritu**).

HADES

De la palabra griega Ἅδης (*Ádēs*). Hades (del latín) es el dios del inframundo en la mitología griega y también se utiliza para referirse al lugar donde residían las almas de los muertos. En términos de significado, "Hades" puede traducirse como "el invisible" o "el que no se ve" (Harrison). En el contexto bíblico griego, la palabra utilizada para "Hades" es también Ἅιδης (*Hádēs*), que es la transliteración del término griego original. Al igual que en la mitología griega, en la Biblia se utiliza para referirse al lugar de los muertos, al inframundo o al reino de los muertos.

En el Nuevo Testamento, "Hades" se menciona en varias ocasiones, y en algunos pasajes se hace referencia a la victoria de Jesucristo sobre la muerte y el Hades. Por ejemplo, en Mateo 16:18, Jesús dice: "Y yo también te digo que tú eres Pedro, y sobre esta roca edificaré mi iglesia; y las puertas del Hades no prevalecerán contra ella".

Es importante tener en cuenta que, en la tradición bíblica, "Hades" no debe confundirse con el concepto de "infierno", que se describe de manera distinta en las Escrituras.

En el Nuevo Testamento, *Hade* o *Jades* se ha referido tradicionalmente a la región de los espíritus de los muertos perdidos, incluyendo los muertos bienaventurados antes de la ascensión de Cristo. Hay una postura que afirma que el vocablo significaba etimológicamente *lo invisible*, pero es poco probable. Es más factible que al derivarse del término *Jado*, signifique receptor de todo. Hay un acuerdo en que Hades corresponde al término hebreo *Seol* en el AT. Vine se lamenta que, en ambos testamentos, en algunas biblias, se traduzca comúnmente como *infierno* (Sal. 9:17); o *sepultura* (Gn. 37:35; 42:38); incluso, se traduce como el *abismo* (Nm. 16:30, 33). También en el AT, algunas traducciones transliteran uniformemente *Sheol* como *Seol*. Aquí no se refiere en nada a la sepultura, tampoco a la región permanente de los perdidos; para los tales es el estado intermedio entre la muerte y la condenación en la Gehena: el infierno (Vine).

En el NT, varias traducciones han colocado la palabra sepulcro en 1 Co. 15:55, lo cual es un error, según Vine, porque los manuscritos más aceptados escriben *thanatos* = muerte, en lugar de hades, en la segunda parte del versículo. Vine, aclara que para la condición de los perdidos en el Hades hay varias referencias (Lc. 16:23-31). Este término se usa cuatro veces en los evangelios en labios de Cristo (Mt. 11:23; 16:18; Lc. 10:15; 16:23). Además, se usa con referencia al alma de Cristo (Hch. 2:27, 31). Y Cristo afirma que Él tiene las llaves del Hades (Ap. 1:18). En Ap.

6:8, el Hades es encarnado, representando el destino temporal de los condenados y tendrá que entregar a los que están en él (Ap. 20:13), y será finalmente arrojado al lago de fuego (Ap. 20:14).

Por otra parte, para la concepción clásica griega, el Hades es la morada y el estado de los muertos; dentro de la mitología romana es el equivalente a Plutón, el rey de los infiernos, recibiendo a veces sentido positivo de vida en la muerte y tras la muerte, tal como lo relata el mito de Osiris, escrito por Plutarco. Ahora, para la concepción cristiana en Apocalipsis, el Hades atañe al *Sheol* de la usanza bíblica y aparece vinculado a la destrucción que provocan los cuatro jinetes de Ap. 6:1-8: que escolta y sigue a la muerte. Apocalipsis devela que Cristo tiene el poder sobre el Hades (Ap. 1:18) y por eso, según la creencia tradicional que en su muerte sacrificial, pascual, Cristo desciende a los infiernos (Ap. 20:13) para abrir las puertas de las prisiones y liberta a los cautivos. Así, el Hades, como infierno antiguo pierde su poder y los muertos pueden inscribirse en el Libro de la vida del Cordero. En conclusión, los que no aparezcan en el Libro del Cordero, serán lanzados juntamente con el Hades y la Muerte al lago o estanque de fuego que es la muerte segunda final y el infierno verdadero (Pikaza), (ver **Lago de fuego, Infierno, Geena**).

HAGEO, LIBRO DE

En hebreo, "Hageo" (חַגַּי) *Jaggay*, es un nombre propio que significa "festivo" o "festividades".

Nombre de profeta de la época de Zacarías (Hag. 1:1 y Zac. 1:1). Profetizó después del regreso del exilio babilónico. La restauración del Templo había sido detenida durante 15 años. Hageo contribuyó a que se reiniciara (Esd. 5:1, 2; 6:14), (Schökel - Sicre).

La vida y el ministerio de Hageo se registran en el libro que lleva su nombre en la Biblia hebrea. Hageo fue enviado por Dios para instar al pueblo judío a que reanudara la construcción del templo, que había quedado en ruinas durante el exilio. Animó y exhortó al pueblo a poner su enfoque y esfuerzo en la obra de reconstrucción del templo, y les aseguró que Dios estaría con ellos y los bendeciría.

Hageo transmitió mensajes proféticos específicos en los que instaba al pueblo a considerar sus caminos y a priorizar la reconstrucción del templo. También reveló la promesa de que Dios llenaría el templo con su gloria y lo glorificaría aún más que en el pasado.

Gracias a la predicación y el liderazgo de Hageo, el pueblo se motivó y reanudó la construcción del templo, superando los obstáculos y desafíos que encontraron en el proceso. El libro de Hageo registra los mensajes y eventos relacionados con su ministerio, y es un testimonio importante de la fidelidad y providencia de Dios en la restauración de su pueblo después del exilio.

Es el segundo libro más corto de la Biblia con dos capítulos, después del libro de Abdías con uno. No hay información sobre su autor, aunque es el libro más fechado de la Biblia, en su contenido con relación al autor, aparece solo la fecha aproximada en la que desarrolló su ministerio, año 520. a.C. Su ministerio profético ocurre en simultáneo con el de Zacarías en el año segundo del rey Darío (Hag. 1:1; Zac. 1:1). Décimo de los profetas menores en el orden dado, su ministerio es el más destacado con relación a la construcción del templo.

Hageo es el precursor del período postexílico de la profecía de Israel, junto a los profetas Zacarías y Hageo por medio de una ley del rey persa Ciro en la que establece que los judíos pueden regresar del exilio en Babilonia a su patria en el año 538 a.C.

El enfoque profético de Hageo es la amonestación al pueblo porque vivía en casas bien construidas, lujosas, mientras la reconstrucción del templo era descuidada; ello provocó que viniera sobre ellos escasez y sequía. A la amonestación de Hageo el pueblo respondió para reanudar la obra de la construcción del templo (cap. 1). Cuando se echaron de nuevo los cimientos del templo en el 536 a.C., al regresar del exilio babilónico, fueron interrumpidos por la oposición samaritana que detuvo la obra durante el reinado de Ciro, por medio de Cambises III (529-522), y hasta la época de Darío I de Persia. Transcurrido un tiempo, el profeta vuelve a exhortar al pueblo asegurándoles que la presencia del Señor estará con ellos (cap. 2); luego profetiza que la gloria del templo futuro sería mayor que la gloria anterior. La tercera profecía es un recordatorio santo: los sacrificios ofrecidos al Señor sobre el altar serían inmundos, mientras el templo permaneciera en ruinas. El profeta reconoce que antes de que se echaran los cimientos el pueblo padecía escasez, ello no justifica una falta de disposición. Si ellos reanudan la reconstrucción del templo, el Señor traerá provisión sobre ellos. La cuarta profecía (Hag. 2:20-23) se relaciona con ánimo al pueblo, promesa de destrucción a los reinos gentiles, la venida y el establecimiento del reino del Mesías (Walton, Matthews, Chavalas).

En total son siete las predicciones de Hageo, se condensan en la exhortación al pueblo para que se dispongan de corazón con definición, dejando la relación, y construyan el tempo del Señor. Tales predicciones se despliegan en 38 versículos y, de manera específica son 15 los versículos proféticos (BDMPE).

HIJAS DE FELIPE

Según los registros bíblicos, las hijas de Felipe, el Evangelista, son mencionadas en el libro de los Hechos de los Apóstoles en el Nuevo Testamento. Aunque no se proporcionan nombres específicos para las hijas de Felipe, se nos da información valiosa sobre su ministerio.

Las hijas de Felipe son mencionadas en Hechos 21:8-9, donde se nos dice que Felipe era uno de los siete hombres elegidos para servir como diácono en la iglesia primitiva (Hch. 6:5). Después de su servicio en la iglesia de Jerusalén, Felipe se convirtió en un evangelista itinerante, proclamando el evangelio en varias regiones: a los samaritanos (Hch. 8:9-13) y al Eunuco etíope (Hch. 8:26-40). En Hch. 21:8-9, encontramos que el apóstol Pablo llega a Cesarea y se hospeda en la casa de Felipe. Durante su estancia allí, se menciona que Felipe tenía "cuatro hijas vírgenes que profetizaban". Esta declaración breve, pero muy clara revela que algunas hermanas recibían ese importante don como las hijas de Felipe que poseían tales dones espirituales y estaban involucradas en el ministerio profético.

El término "profetizar", en este contexto, no se refiere necesariamente a la predicción de eventos futuros, sino a la capacidad de comunicar mensajes de Dios, exhortaciones y enseñanzas inspiradas por el Espíritu Santo. Las hijas de Felipe tenían el don de profecía y eran reconocidas en la comunidad cristiana por su ministerio.

La mención de las hijas de Felipe profetizando es significativa porque demuestra que, en la Iglesia primitiva, las mujeres también tenían un papel activo y ministerial. Aunque no se proporciona información detallada sobre su vida o sus actividades específicas, su participación en el ministerio profético es un testimonio de la diversidad y el empoderamiento de los dones espirituales en la comunidad cristiana temprana.

Trenchard sostiene que hay menciones a las hijas de Felipe en los escritos de Polícrates y Papías, que han sido recogidas por el historiador Eusebio. Estas referencias indican que las hijas de Felipe se trasladaron posteriormente a Hierápolis, en la provincia de Asia donde, según estas tradiciones, vivieron hasta una edad avanzada y tuvieron un ministerio amplio y fructífero. Además, Trenchard señala que, aunque Pablo prohibía que las mujeres enseñaran, también brindaba oportunidades a las mujeres que hablaran las palabras de Dios cuando no había hombres capacitados disponibles.

En resumen, lo expuesto previamente nos brinda una comprensión de la importancia de la profecía en la Iglesia primitiva. Tanto hombres como mujeres desempeñaron dos roles fundamentales como profetas en el Nuevo Testamento. Con frecuencia, guiados por la inspiración del Espíritu Santo, pudieron identificar el cumplimiento de las profecías del Antiguo Testamento en los eventos del Nuevo Testamento. Además, ocasionalmente presentaban nuevas predicciones proféticas (ver **Profecía en el cristianismo primitivo**; **Mujeres profetas**). La mención de las hijas de Felipe como profetas, posiblemente, indica que el poder transmitido a la siguiente generación de creyentes, como lo evidencia Felipe el evangelista, se mantuvo fiel, incluso mientras el apóstol Pablo enfrentaba el encarcelamiento y, en última instancia, la muerte (Trenchard).

HIJO DE PERDICIÓN

La expresión "Hijo de perdición" es de origen semítico y se refiere a un individuo destinado a la destrucción, aunque aún no haya sido destruido. Este término se aplica a Judas Iscariote en Juan 17:12 y al "hombre de pecado" en 2 Tesalonicenses 2:3, (Nelson 1998). Además, está relacionado con el destino apropiado del individuo mencionado como "Hijo de perdición".

Al considerar ciertas declaraciones de algunos pasajes, no todos, registrados por Vine, se puede arrojar luz sobre el significado de los términos "destrucción" y "perdición". Por ejemplo: en Romanos 9:22 se habla de "vasos de ira preparados para destrucción". Asimismo, en 2 Pedro 2:1,3 se menciona la "perdición" de los falsos maestros (Vine 1999).

Hendriksen (2000) realiza una interesante aproximación al significado y la identidad del "Hijo de perdición". Él sostiene que este individuo impío es el líder de la apostasía final y lo describe como "el hombre de desafuero" (ὁ ἄνθρωπος τῆς ἀνομίας), aunque reconoce que la traducción "Hombre de pecado" (ἄνθρωπος τῆς ἁμαρτίας) es apropiada. Explica que el hombre de desafuero será un transgresor activo y agresivo, y que no se le llama "sin ley" porque no conoce la ley de Dios, sino porque la viola abiertamente. Además, sugiere que es importante eliminar algunos conceptos erróneos en relación con este "hombre de pecado".

Hendriksen enumera varios puntos importantes para aclarar la identidad del "Hijo de perdición":

a) No debe ser confundido con Satanás. Aunque su venida está relacionada con la obra de Satanás (2 Tesalonicenses 2:9), son entidades distintas.

b) No debe ser identificado con "la bestia que sale del mar" mencionada en Apocalipsis 13 y 17. Aunque existe una estrecha relación entre ambos: a) tanto "el hombre de desafuero" como "la bestia que sale del mar" están vinculados a Satanás, b) ambos se oponen a Dios y se exaltan a sí mismos, y c) tanto "el hombre de desafuero" como "la bestia que sale del mar" sufren derrota cuando Cristo regresa.

c) No es un poder abstracto o un concepto colectivo, sino específicamente una persona escatológica.

d) No es Nerón Redivivus (Nerón resucitado) ni se refiere específicamente al emperador romano Nerón.

e) No es el Papa ni está relacionado directamente con el papado.
f) No es el dragón Caos de la mitología babilónica.
g) No debe ser identificado con la interpretación apócrifa y pseudoepígrafa del término "Belial".
h) No debe ser identificado con la línea de emperadores romanos.

Estoy completamente de acuerdo con estas afirmaciones.

Hendriksen destaca algunas características del perfil del "hombre de desafuero" o Hijo de Perdición:

a) Es importante tener en cuenta que es una expresión semítica amplia y no concluyente en sí misma.
b) Se refiere a una persona específica, un individuo: el hombre de pecado.
c) Este individuo se opone a Dios, se exalta a sí mismo, se sienta en el santuario de Dios, se proclama como Dios y finalmente será derrotado.
d) Hendriksen sostiene, de manera errónea en mi opinión (lo explico detalladamente en la entrada sobre el Anticristo), que el hombre de desafuero es el Anticristo mencionado por Juan. No estoy de acuerdo con este punto de vista con el audaz exégeta Hendriksen, ni con aquellos que comparten esta opinión específica. En todo caso, podría ser considerado como un Anticristo singular, pero no como el mal llamado "Gran Anticristo", ya que no hay fundamentos sólidos en las Escrituras para sostener esa afirmación.
e) Hendriksen también menciona que el hombre de desafuero realiza señales y maravillas, y tiene su "parousía" (aparición) y su "revelación".

En resumen: Hendriksen describe las características del hombre de desafuero o Hijo de Perdición, pero hay discrepancias en cuanto a su identificación específica como el Anticristo. Además, se destaca su actividad milagrosa y su eventual aparición y revelación.

Por otra parte, es interesante y acertada la explicación del paralelismo que realiza el apóstol entre las características del Hijo de Perdición y el libro de Daniel:

a) "El hombre de desafuero" se relaciona con Daniel 7:25 y 8:25.
b) "El hijo de perdición" se encuentra en Daniel 8:26.
c) "El que se opone" se refiere a Daniel 7:25.
d) "Y se exalta contra todo lo que es llamado Dios o adorado" se puede ver en Daniel 7:8, 20, 25; 8:4, 10, 11.
e) "De modo que se sienta en el santuario de Dios, proclamándose ser Dios" se encuentra en Daniel 8:9-14.

Sin embargo, Hendriksen llega a una conclusión equivocada al identificar al Hombre de pecado, Hijo de perdición u Hombre de desafuero mencionado por Pablo en 2 Tesalonicenses 2:3b, 4 con el Anticristo. A pesar de este error, en nuestra opinión, sus declaraciones finales son correctas: "El hombre de desafuero" (un término semítico) es aquel en quien se encarna la oposición a la ley de Dios, una personificación de la rebelión contra las ordenanzas divinas. También es llamado "el hijo de perdición" (otro término semítico), reflejando el concepto del último traidor, como Judas.

En resumen: aunque Hendriksen se equivoca al identificar al Hombre de pecado como el Anticristo (pues desde hace más de veinte siglos ya estaban en acción los anticristos, el espíritu del anticristo, según Juan, y han existido hasta hoy en día) pues es casi imposible identificarlo a plenitud con nombre y apellido propio, excepto que es una persona, un individuo, no una entidad, que es un opositor en principio a todo lo de Dios y lo relativo al culto, pero luego cambia a un semblante religioso, pues toma autoridad: "Se sienta sobre el templo de Dios" (que es la Iglesia, como lo dice Pablo en varios versículos: 1 Co 3:16, 3:17, 6:19, 9:13, 2 Co 6:16, Ef 2:21, no un templo físico judío) luego exige adoración como si fuese Dios. Además, tiene la analogía precisa de Judas el traidor: "el hijo de perdición" que su grande y trágica acción fue la de traicionar al Hijo de Dios, así a semejanza, el hombre de pecado puede ser un líder prominente de la Iglesia del Señor, que luego la traiciona. Por lo demás, las observaciones de Hendriksen sobre las características y términos utilizados son acertadas, a nuestro criterio (Gálvez).

HIJO DEL HOMBRE, APORTACIÓN APOCALÍPTICA A LA ESCATOLOGÍA

El origen del concepto *Hijo del Hombre*, es arameo y lo hace suyo el pensamiento hebreo. La expresión se registra más de noventa veces en el pentateuco, los salmos, y los profetas. Es interesante la expresión que se encuentra en el libro de Daniel que lo conecta con la apocalíptica judía y le da bases mesiánicas que se cumplen en la primera venida de Jesús y luego en la etapa de futuro cumplimiento al final de los tiempos señalando el dominio eterno y el reino que no tendrá fin:

Dn. 7:13-14: "[13] Seguí mirando en las visiones nocturnas, y en las nubes del cielo venía uno como un Hijo de Hombre, que se dirigió al Anciano de Días y fue presentado ante Él. [14] Y le fue dado dominio, Gloria y reino, para que todos los pueblos, naciones y lenguas le sirvieran. Su dominio es un dominio eterno que nunca pasará, y su reino uno que no será destruido". He aquí una aportación de la apocalíptica a la escatología.

El hijo del hombre mencionado en el Antiguo Testamento se conecta en el Nuevo Testamento en una perspectiva escatológica. En el contexto del ministerio de Jesús, él mismo se refirió a sí mismo como el "Hijo del hombre" en numerosas ocasiones. Jesús utilizó este título para identificarse como el Mesías y como el cumplimiento de las profecías mesiánicas del Antiguo Testamento. Al usar este título, Jesús también se presentó como el juez divino que vendría en gloria para inaugurar el Reino de Dios y llevar a cabo el juicio final.

La figura del "Hijo del hombre" aporta una dimensión apocalíptica a la escatología, que es la enseñanza sobre los últimos tiempos y el destino final de la humanidad. Esta figura representa la esperanza de un futuro escatológico en el que se llevará a cabo la justicia, la restauración y la redención plenas. El "Hijo del hombre" es considerado un agente divino que desempeñará un papel trascendental en la consumación de la historia y en la realización del plan divino para la humanidad (Gálvez).

HIJOS DE LOS PROFETAS

Los "hijos de los profetas" se clasifican dentro del Nebiismo: un movimiento religioso que surgió dentro del judaísmo conformado por los *Nevi'im* (en hebreo נְבִיאִים), también conocidos como los "hijos o discípulos de los profetas" (*benê hannebî'îm*). Este grupo social, especial dentro del pueblo israelita, se menciona por primera vez en el libro de Samuel. La existencia y características de este movimiento han sido objeto de debate en el estudio bíblico, ya que la Biblia es la única fuente disponible para conocer sus particularidades. Estas comunidades se asemejaban a formas primitivas de vida religiosa o a grupos extáticos que eran comunes en las culturas de la época. Sin embargo, el Nebiismo representaba un fenómeno único dentro de la religiosidad yahvista en Palestina (De Vaux).

El desarrollo de la institución de los Hijos de los profetas se debe a varios factores que incluyen la falta de revelaciones proféticas, el atractivo de los cultos cananeos y la inactividad de los sacerdotes israelitas. Estas circunstancias condujeron a ciertos seguidores devotos de Yahvé, que provenían de estratos sociales bajos y a menudo se sentían marginados, a agruparse alrededor de un individuo considerado como su "padre". Estos seguidores se reunían con este líder en ocasiones específicas, como se menciona en los pasajes bíblicos (1 S. 3:12-17, 22-26; 19:21; 2 R. 2:15; 4:38-41; 6:1-7).

Los estudiosos clasifican este fenómeno como típicamente religioso debido a su celo, itinerancia y pobreza extrema. Además, la aparición del grupo en momentos críticos para la vivencia de la fe yahvista y su enfrentamiento con los profetas de Baal son aspectos destacados. También tienen una clara dimensión social, ya que su intervención jugó un papel importante en la caída de la dinastía ómrida y el ascenso de la casa de Jehú (1 R. 19:16-17).

Los profetas experimentan éxtasis místico en un contexto colectivo, donde la danza y el canto sagrados son elementos esenciales. Estos estados de trance les permiten transmitir mensajes en nombre de Yahvé. Su origen podría ser el culto, como indican sus lugares de residencia y, posiblemente, la influencia de los profetas de Baal (1 S. 10:5-6). La danza y el canto sagrados son imprescindibles en la liturgia judía desde antiguo (2 S. 6:14) y continúan en muchas tradiciones religiosas, desde los derviches hasta los bailes del hassidismo. El éxtasis místico capacita para dar informaciones en nombre de Yahvé, de ahí el nombre "neb'i", que significa "hombre en quien reside la palabra de Dios" (1 S. 9:9), (Vaux).

Los profetas se unen para oponerse fervientemente a las influencias religiosas cananeas, buscando un retorno a la pureza de la tradición. También anuncian y demandan obediencia a la voluntad de Yahvé: los profetas son considerados instrumentos y mensajeros de Dios, atribuyendo los actos milagrosos y consejos a la voluntad divina. Intentan el equilibrio retirándose al desierto, mientras que otros se acercan más al pueblo y a los lugares de culto. Participan en las preocupaciones cotidianas y actúan como portavoces de la palabra de Yahvé. Los hijos de los profetas adoptan una forma de vida austera y se mantienen distantes de los intereses mundanos, rechazando la acumulación de riquezas.

Su objetivo principal era que Israel volviera a su fe exclusiva en Yahvé con radicalidad. Su conducta y fervor religioso afirmaban la unicidad de Dios y el papel especial de Israel como su pueblo elegido. Durante la crisis de la transición a la monarquía y el cisma de los reinos, los profetas desempeñaron un papel central en la vida religiosa de Israel. Con su enfoque apasionado y fanático, proclamaban la presencia divina en medio del pueblo israelita. Eran testigos elocuentes de la fe en Yahvé y desempeñaron un papel crucial en la supervivencia y la radicalización del yahvismo; con sus arrebatos de fanatismo, proclaman que Israel es el pueblo de Yahvé y que Yahvé está presente en medio de su pueblo. Por su propia naturaleza, son un testimonio elocuente y apasionado del yahvismo. El erudito biblista Gerhard von Rad expresa que es posible que estemos en lo correcto al pensar que estas comunidades de profetas son los últimos custodios de una fe en Yahvé, completamente pura y sin influencias externas. Además, no nos equivocamos al reconocer su importancia crucial para la preservación de la fe en Yahvé y, especialmente, para su sello distintivo en el porvenir. En última instancia, esto marca el punto de partida de la notable radicalización de la fe yahvista y del sentido de un derecho divino que encontramos en los profetas que les sucedieron (Von Rad).

En el tema meramente bíblico, se observa que en el Antiguo Testamento hay muchas referencias a estos grupos de profetas que vivían y viajaban juntos en el reino del norte de

Israel. Los llamados los hijos de los profetas (2 R. 2:5, 7, 15; 4:1, 38; 5:22; 6:1; 9:1). Las traducciones NIV y NRSV traducen comunidad y compañía de los profetas, en el orden dado, mientras que la NBLA lo traduce como Hijos de los profetas. Son como una comunidad o agrupación de profetas que buscan primero a Elías y luego a Eliseo como sus líderes, como describimos con anterioridad. Da la impresión de que este grupo, llamado los hijos de los profetas es grande, porque en uno de los pasajes se dice que hay, por lo menos, cincuenta de ellos (2 R. 2:7). Por inferencia se puede afirmar que tienen esposas y familia (2 R. 4:1). En el versículo 6:1 se deduce que crecen en número durante el liderazgo de Eliseo. A lo largo de las narraciones de Eliseo, la connotación es que los hijos de los profetas se han retirado de la sociedad normal, viven frugalmente, no tienen suficientes recursos económicos (2 R. 4:1, 38-41).

Durante la época de Samuel, anterior a la que se ha mencionado, también había grupos de profetas viajando juntos (1 S. 10:5; 19:20), pero no son llamados los hijos de los profetas. Por ello, no se puede afirmar que, los grupos de 2 Reyes y este, estén conectados y sean de la misma naturaleza. Los grupos de los profetas de 1 S. 10:5 tocaron instrumentos musicales y profetizaron mientras viajaban. De igual manera, en 1 S. 19:20 se describen como profetizando juntos en voz alta. Los hijos de los profetas en 2 Reyes 2-9 se comportan de manera distinta.

Cuando el profeta Amós declara que no es hijo de profeta (Am. 7:14), es posible que se refiera al mismo grupo organizado, gremio, comunidad de profetas, que aparece en 2 Reyes 2-9. Amós, profetiza unos cuarenta años después de la muerte de Eliseo, por lo que es posible que usa la expresión "un hijo de un profeta" en una manera similar al uso de los hijos de los profetas en 2 Reyes 2-9. Amos, está declarando así, que él no es parte del gremio profesional organizado de los profetas que existieron en el reino del norte de Israel en ese momento.

HISTORIA DE CAUTIVERIOS, RETORNOS Y FORMACIÓN DEL ESTADO DE ISRAEL

Un tiempo después de la muerte de Salomón, inició una guerra civil en el reino (922 a.C.) que lo dividió en dos; tal como lo había profetizado Ahías, el profeta de Silo, diciendo que el Señor daría a Jeroboán diez de las tribus y las otras dos tribus a Roboam. Resultó en la formación del reino de Israel en el norte y el reino de Judá en el sur. Ambos cayeron en apostasía, desobediencia, soberbia. Por ello, el Señor los llevó en cautiverio: el reino del norte cayó ante los asirios en el año 722 a.C, el reino del sur cayó ante los babilonios en el año 587 a.C. Ambas derrotas los llevaron casi completos al cautiverio humillante: un exilio forzado.

Transcurrido un tiempo, el Señor tuvo compasión de su pueblo en cautiverio. En su providencia divina, durante el tiempo que vivieron Esdras y Nehemías, cambió las circunstancias y comenzó el retorno de un gran número de judíos a Palestina. Aun así, continuaron bajo control extranjero; otra cantidad de judíos se quedó viviendo en otras regiones.

En el tiempo de Cristo, los judíos que regresaron a Palestina vivían en una provincia llamada Judea que fue gobernada por Roma: eran, casi, dos millones y medio; mientras que en las regiones del Mediterráneo y la Mesopotamia vivían entre cuatro a seis millones. Luego, los judíos residentes en Judea se rebelaron contra Roma. La revuelta fue aplastada sin clemencia, más de seiscientos mil judíos fueron asesinados. La mayor parte de Jerusalén fue destruida en el año 70 d.C. Cientos de miles huyeron de Jerusalén y Judea. Casi cien años después los judíos de nuevo se rebelaron contra Roma a causa de los decretos del emperador Adriano que prohibía la circuncisión, el rito llamado Brit Mila, los ritos de purificación y el guardar el día sábado. Tal revuelta ocurrió entre los años 132 y 135 d.C. Una vez más, los romanos respondieron con una fuerza brutal, matando a más de ochocientos cincuenta mil judíos y la destrucción total de Jerusalén, excepto parte del muro occidental. Miles de judíos huyeron; desaparecieron las instituciones político-religiosas de Jerusalén y Judea.

A un salto de mil setecientos años, hacia finales del siglo XVIII, nace el movimiento llamado Sionismo por medio de varios judíos destacados que se organizaron, escribieron propósitos para implementar una migración masiva de judíos de regreso a la tierra de Palestina con el objetivo de crear un estado judío. En 1917, este movimiento trabajó de manera intensa para persuadir a los británicos que redactaran la Declaración *Balfour*; así sucedió. En tal declaración, el gobierno británico anunció su total apoyo para el establecimiento de un "hogar nacional" para los judíos en la tierra llamada Palestina. Este documento, además, establecía que se realizara todo sin vulnerar los derechos civiles de los habitantes actuales, la mayoría árabe. La razón es que, durante la Primera Guerra Mundial, los británicos también dieron su palabra a sus aliados árabes un estado árabe en Palestina.

A lo largo de la primera mitad del siglo XX, los judíos emigraron a Palestina por miles, la mayoría sin documentación legal. Ese desplazamiento aconteció a raíz del aumento del antisemitismo en Rusia y en Europa. Las devastaciones rusas de principios del siglo XX y el ascenso del nazismo al poder en Europa empujaron a cientos de miles de judíos rusos y europeos a Palestina. Ya por el año 1920, los árabes que todavía constituían más del 85 por ciento de la población en Palestina, se alarmaron cada vez más y comenzó a oponerse enérgicamente a la inmigración. En 1936 estalló una grave crisis de violencia.

Al final de la Segunda Guerra Mundial, los británicos tenían el control de Palestina. Ellos pasaron con rapidez la responsabilidad de qué hacer con el área problemática al Naciones Unidas recién creadas. La ONU convirtió a Palestina en un territorio temporal por medio de un Mandato Británico, que terminaría el 14 de mayo de 1948. En parte debido a la simpatía hacia los judíos a causa del Holocausto, el movimiento para crear un estado judío en Palestina comenzó a ganar impulso. En 1947, la ONU decidió dividir Palestina en un estado judío y un estado árabe. En cuando se propuso el plan de partición de la ONU, los árabes en Palestina superaban en número a los judíos dos a uno, y poseían el 90 por ciento de la tierra. Con todo, según el plan de partición, a los judíos se les daría el 55 por ciento de la tierra. Los árabes vieron el plan de partición de la ONU injusto; se negaron a aceptarlo (Kung, 1987).

Aunque hubo muchos árabes y judíos que trataron de elaborar un compromiso que crearía un país donde tanto los judíos como los árabes podrían vivir y trabajar juntos en paz, prevalecieron las ideas más radicales y separatistas. Incapaz de llegar a un compromiso, y bajo frecuentes ataques terroristas, particularmente de judíos sionistas radicales, los británicos retiraron sus fuerzas militares al terminar el Mandato, sin resolver el conflicto. Así, el 15 de mayo de 1948, los judíos proclamaron la formación del nuevo estado de Israel. La reacción inmediata de los grupos árabes fue la guerra. Cientos de miles de árabes huyeron de Palestina. El Plan de Partición de la ONU fue abandonado, y cuando la guerra terminó en un alto el fuego inquieto, los judíos controlaban considerablemente más territorio que el Plan de Partición de la ONU había delineado. Esta zona tiene el estado en constante agitación desde entonces hasta hoy (ver **Sionismo**).

Enfoques sobre el estado moderno de Israel en la profecía bíblica (Gálvez, 2023)

Uno de los puntos de vista más populares entre los cristianos en Norteamérica es que la creación del moderno estado de Israel es un cumplimiento literal de la profecía del Antiguo Testamento. Así, una interpretación literal de las profecías del Antiguo Testamento sobre los últimos tiempos exige un estado físico de Israel en Palestina; la creación de ese estado después de cientos de años es vista como un cumplimiento y una señal de que los últimos tiempos han comenzado.

Muchos escritores, en especial los de corte dispensacionalista clásico, afirman que, con la formación del Israel moderno, el escenario político mundial está listo para el desarrollo de los eventos del tiempo del fin. Incluso algunos escritores afirman que, con la fundación del estado de Israel en 1948, se activó de nuevo el reloj de Dios y los últimos tiempos han comenzado a vivirse y que, el fin de la historia culminará en "esta generación" a partir de la fundación del Estado de Israel. Esa postura se basa en Marcos 13:30, cuando Jesús afirmó que "esta generación no pasará hasta que todas estas cosas hayan sucedido". Por ello, algunos escritores creyeron que el final vendría antes de 1988 (o cuarenta años después de 1948), porque se cumplía una generación de cuatro décadas. Hay que aclarar que no todos los dispensacionalistas adoptaron este punto de vista y, a medida que pasa el tiempo, cada vez más escritores se están alejando de conectar la interpretación literal de la generación de Marcos 13:30 hasta la creación de Israel en 1948. Hay muchos argumentos bíblicos, exegéticos y escatológicos, que sustentan que "esa generación" fue la que vivió en los tiempos de Jesús y sufrió la Gran Tribulación en el año 70 a.C. Aun así, hay varios escritores que siguen creyendo que el actual estado de Israel desempeñará un papel importante en el cumplimiento de la profecía de los últimos tiempos, y que los otros eventos del tiempo del fin pueden comenzar a desarrollarse en cualquier momento (ver **Preterismo**).

Otro enfoque de cómo el Israel moderno encaja en la profecía bíblica llama a la prudencia para no especular sobre el tiempo del fin con respecto a los eventos de 1948. Algunos dispensacionalistas y otros premilenialistas creen que el presente estado de Israel puede o no jugar un papel en los últimos tiempos o ser una señal de que los tiempos finales son inminentes. Ellos piensan que Israel fue desobediente a Dios en el Antiguo Testamento y así perdió la tierra. Además, Israel rechazó a Jesús, el Mesías, en el primer siglo, y por eso una vez más los judíos fueron esparcidos y desterrado, perdiendo la tierra. El estado moderno de Israel, señalan, es uno de los países más hostiles al mensaje del evangelio en el mundo de hoy. Los judíos en Israel hoy continúan rechazando a Jesucristo el Mesías, el ungido de Dios. Por ello, estos escritores cristianos instan a la cautela con respecto al papel del Israel moderno en la profecía (ver **Dispensacionalismo**).

Otra postura contraria a los conceptos dispensacionalistas clásicos, con respecto al moderno estado de Israel, es el amilenarismo: este entiende que la iglesia de hoy es el nuevo Israel y, por lo tanto, mantiene que la iglesia cumple las profecías del Antiguo Testamento acerca de la reunión y restauración de Israel. Quienes sostienen este punto de vista argumentan que la formación del estado moderno de Israel no tiene nada que ver con el cristiano ni con la comprensión de la profecía bíblica (ver **Amilenialismo**).

HOMBRE DE DIOS

El Antiguo Testamento usa tres vocablos para designar a las personas que profetizan la palabra de Dios: *profeta* (hebreo nabi), *vidente y hombre de Dios* o *varón de Dios*. Estos tres términos son casi sinónimos (1 S. 9:8-10). Con todo, la frase *hombre de Dios* no se usa en ninguno de los profetas literarios: Isaías, Jeremías, Ezequiel..., solo en aquellos profetas de los libros históricos.

Hombre o Varón de Dios se usa sin distinción con la palabra profeta en 1-2 Samuel y 1-2 Reyes. Varios profetas son llamados hombres de Dios en estos libros. Un *varón de Dios* desconocido profetiza contra Elí en 1 S. 2:27. El mismo Samuel, identificado como profeta en 3:20, es *llamado varón de Dios* en 9:6-10. *Hombres de Dios* sin nombre profetizan en 1 Reyes 13:1-32 y 20:13-34. Un profeta llamado Semaías es llamado varón de Dios en 12:22. Eliseo también es llamado el *hombre de Dios*, muchas veces, a lo largo de su carrera (2 R. 4–8; 13:19); es el vocablo y el adjetivo usados con regularidad para Eliseo.

Elías es llamado *varón de Dios* en 2 Reyes 1:1-18. Esta frase se usa, en este texto, con un juego de palabras. La palabra hebrea para hombre o varón es '*ish*, y la palabra hebrea para fuego es ''*esh*. Las dos palabras suenan similares. Elías estaba en la cima de una colina y el rey envió soldados para capturarlo. El capitán de la guardia le grita: "*Hombre (''ish) de Dios*, el rey dice: 'Ven ¡Abajo!'", Elías responde: "Si soy un *varón* (''*ish*) de Dios, que venga fuego (''*esh*) que descienda del cielo y los consuma" (1:9-14). Dicho esto, la frase *hombre de Dios* o *varón de Dios* se asocia con alguien que entrega la palabra del Señor. Así se aplica algunas veces a Moisés (1 Cr. 23:14; Esd. 3:2) y David (Neh. 12:24, 36). Es interesante que la frase *varón de Dios* se usa solo con los verdaderos profetas; a ningún falso profeta se le nombra varón de Dios.

La expresión *varón de Dios* también es utilizada en el Antiguo Testamento para referirse a individuos que son especialmente elegidos y comisionados por Dios para llevar a cabo una tarea específica o para transmitir un mensaje divino al pueblo.

Estos individuos son reconocidos como portadores de la autoridad y el poder de Dios, así como mensajeros y líderes del pueblo. Implica una relación especial y cercana con Dios, y se utiliza para destacar la santidad, la sabiduría y la autoridad espiritual de la persona a la que se refiere. Estos individuos son considerados como instrumentos de Dios para llevar a cabo su voluntad y propósito en la tierra.

Es importante tener en cuenta que la expresión *varón de Dios* no se utiliza de manera generalizada en el Antiguo Testamento, sino que se aplica a individuos específicos que han sido elegidos y dotados por Dios para cumplir un papel importante en su plan redentor.

HULDA

Nombre de una profetisa que significa topo, comadreja, en hebreo. Su servicio fue tan importante que, en los edificios del templo de Jerusalén, una puerta llevaba su nombre: puerta de Hulda. En el relato bíblico, se destaca su labor en el tiempo del reinado de Josías. En 2 R. 22, Josías, el rey, ordena que el Templo sea limpiado y restaurado, en el proceso, se descubrió el libro de Deuteronomio. Los consejeros de Josías llevaron el libro al rey y lo leyeron. Josías, al escuchar lo que decía el Señor en ese libro, se percató que el pueblo era culpable de quebrantar muchas de las leyes de Dios. A la sazón, él manda a sus consejeros que vayan y consulten al Señor lo que sucederá con respecto al juicio descrito en Deuteronomio. Los consejeros buscan a una mujer conocida como una verdadera profetiza llamada Hulda, esposa de Salum, el guardián del guardarropa del sacerdocio del templo o de la corte real, no se sabe con exactitud. Al consultar a Hulda, ella responde que los juicios descritos en Deuteronomio serán una realidad en Judá y Jerusalén y que padecerían una cruenta destrucción. Pikaza describe que "Hulda pronunció dos oráculos ante las autoridades político-religiosas; el primero contiene un juicio, contra los habitantes de Jerusalén y Judá, y está formulado en un estilo claramente deuteronomista (2 R. 22:16-17); el segundo anuncia que Josías se reunirá con sus padres e iría al sepulcro en paz…". Así Hulda, declara que por cuanto Josías se arrepintió, se humilló, ante Dios, no verá la terrible destrucción; pues el Señor determinó que aconteciera después de su muerte.

Pikaza es de la opinión que no se cumplió a cabalidad esta profecía sobre que Josías moriría en paz, puesto que murió en la batalla de Carquemis (2 R. 23:28-30; 2 Cr. 21:4, 22-28) lo que significó el fin de sus ideales de reforma. Otra posibilidad es que el anuncio de que Josías moriría en paz y se reuniría con sus padres se refiere a que no vería la gran destrucción que vendría sobre Jerusalén y Judá (ver **Mujeres profetas**).

I

IDDO

Iddo es el nombre de un varón llamado vidente en 2 Crónicas 9:29; 12:15 y profeta en 13:22. Se le identifica como el autor profético en los reinados de Jeroboam (9:29), Roboam (12:15), y Abías (13:22). Vivió en la ciudad de Jerusalén, al final del reinado de Salomón y al inicio del de Roboam, su sucesor. Iddo, tuvo un hijo llamado Ahinadab quien fue uno de los doce gobernadores del rey Salomón. Estos gobernadores tenían la responsabilidad de proveer todo el alimento y provisiones para el rey y su casa (1 R. 4:7, 14). Pertenecía a la tribu de Leví. Y, de acuerdo con los registros de las personas que regresaron de Babilonia, después del cautiverio, su padre era Gersón (1 Cr. 6:20, 21). Se cree que era hijo —o quizás abuelo— del profeta Zacarías (Esd. 5:1; Zac. 1:1, 7; 6:14).

En el libro 2 de Crónicas se menciona tres veces que Iddo escribió sobre varios acontecimientos del reino de Israel: sobre los hechos de Salomón; sobre los asuntos de Roboam, desde el principio hasta el final de su reinado; sobre los hechos, dichos y los caminos de Abías. Tales escritos no están registrados en ninguna parte de la Biblia: se perdieron hace mucho tiempo. Algunos eruditos creen que si los profetas y videntes, incluido Iddo, de 2 Cr. 2:29 son los autores de esos escritos mencionados, entonces es muy probable que también sean los autores de 1-2 Samuel, 1-2 Reyes y 1-2 Crónicas. En esa perspectiva, en el canon hebreo los libros de Josué, Jueces, 1-2 de Samuel y 1-2 de Reyes se denominan *Antiguos Profetas*. Es posible que ese nombre se desarrolló debido a la conexión entre tales profetas y los registros históricos. Otros especialistas consideran a Iddo dentro del grupo de profetas no literarios, los cuales realizaron el ejercicio profético solo de palabra, no escrito. Si los hubo, no se han encontrado.

Por otra parte, para aproximarse al tipo de ministerio profético que ejerció Iddo, es necesario comprender, con precisión, el vocablo *profeta*: este viene del griego *prophetés;* significa *el que habla en lugar de*. Según L. Monloubou, el correspondiente término hebreo "nabí" tiene varios sentidos en el Antiguo Testamento: adivino, hablador, proclamador, portavoz o el que profetiza. En el caso de Iddo, su ministerio es probable que se haya enfocado en diversas áreas: administrar, consignar por escrito la profecía; orientar la crónica o la historia. En la actividad administrativa, el libro de Esdras relata que en un lugar llamado Casifia, Babilonia, el profeta Iddo tiene la responsabilidad de recibir a ciertos hombres principales enviados por Esdras para resolver cierto problema relacionado con el ministerio en el templo del Señor (Esd. 8:16, 17). Sirvió, además, en el ministerio sacerdotal cuando regresó de Babilonia a Jerusalén (Neh. 12:1-4).

Como se observa, hay diversas escuelas de interpretación histórica que presentan algunas variaciones respecto a lo apuntado anteriormente respecto del personaje Iddo. Algunos historiadores e intérpretes bíblicos afirman que bajo este nombre se designa a personajes distintos en la historia bíblica, por ejemplo, mientras Iddo pudo haber sido el responsable de llevar la autoría de los documentos consignados en los libros de Crónicas, otro personaje distinto era aquel que el texto bíblico relaciona con Zorobabel, la ciudad de Casifia y los grupos de sacerdotes (Nelson).

IDOLATRÍA

Hablar de los profetas sin mencionar la idolatría es imposible. En la tradición bíblica, Samuel se relaciona con la lucha contra la idolatría, instando a las personas a abandonar los dioses extranjeros y adorar solo al Señor para obtener liberación. Más adelante, Elías se convierte en un destacado opositor de Baal. La lucha contra los diversos dioses y cultos paganos, como Marduk, Osiris y la Reina del Cielo, sigue siendo un tema importante en los mensajes de Oseas, Jeremías, Ezequiel y Deuteroisaías, entre otros profetas destacados.

Al analizar los datos bíblicos, se observa que el concepto de idolatría se ha estudiado de manera limitada, centrándose principalmente en el uso de imágenes en el culto y en la adoración de dioses paganos. Este enfoque se orienta en problemas antiguos y da la impresión de que la idolatría se ha vuelto obsoleta, sin interés ni relevancia en la actualidad. Algunos textos parecen respaldar esta idea, comparándola con el Talmud que afirma que la idolatría ha sido eliminada. Sin embargo, si consideramos que la idolatría implica tanto la presencia de rivales de Dios (prohibidos por el primer mandamiento) como la manipulación del Señor (condenada por el segundo mandamiento), resulta difícil afirmar que haya sido completamente erradicada. Siempre existe el riesgo de que surjan nuevos rivales o de que intentemos rebajar a Dios a la categoría de un ídolo (Sicre).

De hecho, los profetas, Jesús y Pablo interpretaron los dos mandamientos en contextos nuevos y actuales para su época. Jesús estableció la misma disyuntiva que Elías en el monte Carmelo entre Yahvé y Baal al afirmar que no se puede adorar a Dios y a Mammón al mismo tiempo. Pablo, siguiendo la misma línea, declaró que "la codicia es idolatría" (Ef. 5,5; Col. 3,5). En otras ocasiones, dejó en claro que algunas personas divinizaban las prescripciones sobre la comida (Fil. 3:19). La primera carta de Juan también advierte contra los ídolos (5:21), posiblemente refiriéndose a las falsas doctrinas de la incipiente gnosis.

La idolatría se manifiesta a través de los rivales de Dios y la manipulación de Su divinidad. El primer mandamiento declara: "No tendrás otros dioses frente a mí" (Éx. 20:3; Dt. 5:7). En el monte Carmelo, Elías se presentó ante el pueblo y dijo: ¿Hasta cuándo van a seguir indecisos? Si el Dios verdadero es el Señor, deben seguirlo; pero si es Baal, síganlo a él. El pueblo no dijo una sola palabra. (1 R. 18:21). En esa línea Jesús enseña a sus discípulos: "No podéis servir a Dios y a Mammón" (Mt. 6:24).

En resumen: el primer mandamiento plantea un problema de elección entre alternativas y rivales que han surgido a lo largo de la historia en oposición a Dios. En cualquier caso, las afirmaciones proféticas sobre este asunto son tajantes (Os. 1,7; 8,14; 10,13b; Miq. 5,9-10; Hab. 1,16; Zac. 4,6. La actitud de confiar en la ayuda de los imperios en lugar de en Yahvé es comúnmente adoptada por los políticos y el pueblo, y va en contra de la voluntad de Dios. Esta denuncia adquiere un gran relieve en los libros de Oseas (5:12-14; 7:8-12; 8:8-10; 12:2; 14:4), Isaías (30:1-5; 31:1-3), Jeremías (2:18, 36) y Ezequiel (16:1-27). Estos profetas consideran que, al firmar tratados con las grandes potencias, el pueblo de Israel o Judá atribuye cualidades divinas a esos imperios o los coloca en una posición que solo corresponde a Dios. De esta manera, los imperios se convierten en ídolos (Sicre).

De manera similar, la relación entre la riqueza y la idolatría puede variar. En ocasiones, se trata de una relación externa, como se evidencia en personas que fomentan cultos paganos por pura búsqueda de intereses económicos. Un ejemplo en el Antiguo Testamento es el caso de los sacerdotes de Bel, quienes encuentran en este ídolo su medio de subsistencia (cf. Dn. 14:1-22). Lo mismo sucede con los orfebres de Éfeso que fabrican estatuillas de Artemis (Hch. 19:24-27).

La comprensión del contenido en el Apocalipsis en la teología abordada por Juan en las siete cartas se ve observar el trasfondo político e histórico influenciando, presionando para caer en la idolatría al Cesar y participar de los sacrificado a los ídolos. Estos mensajes son advertencias a las iglesias para resistir la tentación de adorar al César. Los nicolaítas y la enseñanza de Balaam parecen referirse a aquellos en las iglesias que afirmaban que era permitido adorar a César. Las enseñanzas Jezabelianas también pueden incluirse en esta categoría, especialmente en el contexto de la fusión del culto al César, la idolatría y el paganismo que prevalecían en todo el Imperio romano, incluso en los gremios comerciales (ver **Culto imperial**).

Este contexto histórico también ayuda a entender el significado de Apocalipsis 17:1-7. En este pasaje, Juan describe a una mujer prostituta, llena de nombres blasfemos, sentada sobre una bestia. Algunos comentaristas identifican a esta mujer con el Israel infiel, especialmente con Jerusalén, aunque otros la relacionan con Babilonia y Roma. La descripción de la matanza de los mártires por parte de la mujer en el versículo 17:6 recuerda las acusaciones de Jesús contra Jerusalén en Mateo 23:29-39. La idolatría de la ciudad también evoca la infidelidad pasada de Israel hacia Dios, probablemente manifestada en el privilegiado estatus del judaísmo del primer siglo ante Roma.

Sin embargo, los primeros cristianos judíos no compartían este estatus privilegiado. Fueron expulsados de las sinagogas y tuvieron que enfrentarse al culto al César. Cuando Juan habla de la bestia volviéndose contra la mujer y destruyéndola en Ap. 17:16-18, probablemente esté haciendo referencia al juicio divino que cayó sobre Jerusalén por su cooperación con el culto imperial. La destrucción de Jerusalén en el año 70 d.C. también parece mencionarse en el versículo 11:2, donde se dice que el atrio exterior del Templo "ha sido entregado a los gentiles. "Pisotearán la ciudad santa" (Lc. 21:24).

En resumen: hasta hoy el culto al poder militar, a los imperios, a la sexualidad depravada y a la riqueza siempre representará una gran tentación para convertirse en rivales de Dios o en ídolos para los seres humanos, ya sean creyentes o no convertidos.

IDOLOCITOS

Desde tiempos bíblicos antiguos, se le ha llamado idolocitos a la carne que es ofrecida a los ídolos. En el antiguo Imperio romano era muy familiar en toda la sociedad pagana del oriente, proveer a los mercados de una buena parte de la carne de los animales que eran ofrecidos a los ídolos en los días ordinarios o en los días de fiesta para celebrar y tener comunión comiendo los idolocitos o carne ofrecida a los dioses. Se daban banquetes en los distintos grupos y asociaciones civiles, leales al emperador se reunían para tener comunión. La perspectiva paulina es que esa carne se puede comer, porque los ídolos nada son. Solo explica el principio de no ser tropiezo al creyente inmaduro porque puede confundir. Los cristianos pueden comer siempre y cuando se haga en ausencia de los hermanos débiles para que no resulte en un escándalo para la congregación (1 Co. 8:1-10; 10:19, 28). Por otro lado, hay un precedente en el Concilio de Jerusalén descrito en Hch. 15:29, en el cual se prohíbe su consumo en el contexto de disputa entre judeocristianos y paganos, tal prohibición de comer idolocitos se evidencia en los acuerdos finales del concilio de Jerusalén descrito en el capítulo 15 del libro de los Hechos, donde se anuncia que ha parecido bien al Espíritu Santo y a los dirigentes de la Iglesia que los cristianos de origen gentiles, paganos, se abstengan de la contaminación que producen los ídolos, de la fornicación, de la carne ahogada que todavía contiene sangre (Hch. 15:20), (Gálvez). Para los judíos, específicamente, esa carne y comidas son impuras. No pueden comerse. Por ello, era una batalla más que tenían que librar los judíos y gentiles convertidos a Cristo en tiempos del Imperio romano. Según Juan, al comer de los idolocitos, también se daba la contaminación para los cristianos de la época de Apocalipsis, porque estaba conectado a cierto tipo de adoración o sumisión al César, participando de manera directa o indirecta en las fiestas patronales. Por ello, Juan sigue la línea de no contaminación absteniéndose de participar de la mesa de los ídolos (Ap. 2:14, 20) porque los idolocitos condensan la maldad del Imperio romano, centrada en un tipo de comida que envuelve idolatría y que, de manera implícita, somete a los participantes bajo los poderes económicos opresores del ídolo imperial. Parece que Juan también lo relaciona con una especie de prostitución espiritual, pues es como venderse a las presunciones de ese Imperio para obtener un beneficio económico. Vistas, así las cosas, los idolocitos son un peligro real de pecados para las iglesias (Pikaza).

IMPERIO MEDO PERSA

El AT menciona a los medos entre los pueblos descendientes de Madai (Gn. 10:2), hijo de Jafet. Se predice que los conquistadores de Babilonia vendrán de Elam y de Media (Is. 21:2, 9), y así se consigna (Is. 13:17, 18; cf. Jer. 51:11, 28). De acuerdo con Dn. 5:30-31, Darío de Media tomó el reino de Babilonia siendo de sesenta y dos años, después que Belsasar fuese muerto con ocasión del juicio pronunciado por la escritura misteriosa en la pared del palacio. Ningún documento histórico tiene datos acerca de un "Darío de Media" que gobernara en torno al 539 a.C. Es evidente que este Darío no es Darío I (522-486 a.C.), que fue emperador después de la muerte de Ciro II. La historia señala que cuando los medos y persas pusieron fin al dominio de Babilonia en el año 539 a.C., el emperador babilónico Nabónido dejó su lugar al gran conquistador Ciro II. Lo que al parecer hace el libro de Daniel es referirse a los personajes que ejercían el gobierno directamente sobre la ciudad de Babilonia en representación del emperador. En el caso de Belsasar, el hijo mayor de Nabónido, hay documentos históricos que registran que el emperador se había retirado a la ciudad de Tema, en Arabia, y había dejado el gobierno de la ciudad de Babilonia en manos de su hijo Belsasar. Es posible que en el caso de Darío de Media haya ocurrido algo semejante, es decir, que al tomar Ciro el control del imperio, designase a "Darío el medo" (Dn. 11:1) en un primer momento como gobernador de Babilonia en representación suya. El Imperio medo persa es el segundo reino de la visión de Daniel 2:39, el oso de Dn. 7:5 y el carnero de dos cuernos de Dn. 8:3-20. En esta última referencia, uno de los cuernos era más alto que el otro y el más alto creció después (Dn. 8:3); esto significa que en primer lugar se iba a manifestar el poder de los medos, seguido pronto por la potencia persa (P. Lagacha).

El Imperio medo persa, mencionado como el segundo reino en el libro de Daniel (Dn. 2:39), es descrito en las visiones de Daniel como un oso (Dn. 7:5) y un carnero de dos cuernos (Dn. 8:3-20). Estos simbolismos representan a este poderoso imperio. En la visión, uno de los cuernos del carnero era más alto que el otro, y este cuerno alto creció después (Dn. 7:3). Esto indica que inicialmente se manifestaría el poder de los medos, seguido rápidamente por la dominación persa.

La Escritura habla y anuncia el papel profético del Imperio medo persa, mencionando varias veces a los medos y los persas. En cuanto al cumplimiento de la profecía, este imperio adoptó una actitud de tolerancia religiosa que contribuyó a su cumplimiento. El contexto histórico previo es el cautiverio babilónico, del cual los judíos solo podrían liberarse por un "milagro", ya que Babilonia no liberaba a sus esclavos. Sin embargo, Dios anunció que los judíos cautivos serían devueltos a su tierra natal. Así como determinó que fueran llevados a Babilonia, también estableció el tiempo que permanecerían allí, y fijó un momento en el cual les mostraría misericordia y los haría regresar a su país (Jer. 27:22). Esta profecía fue ratificada por el profeta Jeremías en el texto 30:3.

En el libro de Daniel, específicamente en Daniel 7:5, se anuncia la liberación del cautiverio por medio de la representación simbólica de un oso, que hace referencia al Imperio medo persa. Por otro lado, en Daniel 8:3-8, 19-21 se registra la profecía del autor acerca de una futura batalla entre el Imperio medo persa, simbolizado como un carnero de dos cuernos, y Alejandro Magno, simbolizado como una cabra. Esta batalla tuvo lugar alrededor del año 330 a.C., cuando el ejército de Alejandro Magno derrotó al ejército medo-persa, consolidando así su dominio como el imperio más poderoso del mundo conocido hasta ese momento, hasta que Roma hizo su aparición en el siglo II a.C.

Posteriormente, Ciro, el rey persa, emitió un decreto que permitió a los judíos cautivos regresar a su tierra y reconstruir el templo de Jehová, como se menciona en Esdras 1:2-4. Luego, Darío I cumplió con este decreto, como se relata en Esdras 6:1-11. El edicto fue dado en Susa, la capital del reino. En el año 455 a.C., el rey Artajerjes Longimano otorgó permiso a Nehemías para reconstruir las murallas de Jerusalén, tal como se narra en Nehemías 2:3-8. Con esto, comenzó la cuenta regresiva en la profecía sobre la aparición del Mesías, que dice: "Has de saber y entender que, desde la salida de la orden para restaurar y reconstruir a Jerusalén hasta el Mesías Príncipe, habrá siete semanas y sesenta y dos semanas; volverá a ser edificada, con plaza y foso, pero en tiempos de angustia" (Dn. 9:25), (ver **Babilonia**, **Daniel, libro de**).

IMPRECACIÓN

"La imprecación es una fórmula literaria que anuncia o desea un mal a una persona o grupo. Con frecuencia se agrupan en series" (Dt. 28), (Schökel).

En la Biblia, una imprecación se refiere a una expresión de maldición o deseo de daño dirigido hacia alguien o algo. Las imprecaciones aparecen en varios libros del Antiguo Testamento y suelen ser pronunciadas por personas que están experimentando dolor, sufrimiento, persecución o injusticia. Estas expresiones intensas reflejan la ira, la frustración y la indignación de quienes las pronuncian.

Las imprecaciones pueden dirigirse hacia los enemigos personales, como en el Salmo 109, donde el salmista clama a Dios para que maldiga y castigue a su adversario. También pueden estar dirigidas hacia naciones u otros grupos que han causado daño o han actuado en contra de los propósitos de Dios. Un ejemplo de esto se encuentra en el Salmo 137, donde se pide que se bendiga a aquellos que tomen venganza contra los opresores babilonios.

Es importante tener en cuenta que las imprecaciones en la Biblia deben entenderse dentro de su contexto histórico y literario. No deben tomarse como un mandato para que los creyentes actuales maldigan a otros, sino más bien como una expresión de la humanidad y las emociones humanas en medio de situaciones difíciles. Además, es fundamental considerar el mensaje más amplio de la Biblia sobre el amor, la misericordia, el perdón y la reconciliación.

En algunos casos, las imprecaciones en la Biblia se consideran una expresión legítima ante la injusticia y el mal, y se ven como una forma de confiar en Dios para que haga justicia. Sin embargo, en el Nuevo Testamento, encontramos enseñanzas de Jesús que enfatizan el amor y el perdón hacia los enemigos, instando a sus seguidores a no responder al mal con el mal.

La imprecación en algunos anuncios proféticos del AT

Algunos profetas bíblicos utilizaron imprecaciones en sus mensajes. La imprecación fue una forma de expresión utilizada en ocasiones por los profetas para condenar el pecado, denunciar la injusticia y pedir el juicio divino sobre los enemigos del pueblo de Dios.

Por ejemplo, en el libro de Jeremías, el profeta pronuncia imprecaciones contra sus enemigos y aquellos que lo persiguen. En Jer. 18:21-23, Jeremías clama a Dios para que tome venganza contra aquellos que buscan destruirlo. También en el libro de Lamentaciones, atribuido tradicionalmente a Jeremías, encontramos expresiones intensas de dolor y maldición dirigidas hacia los enemigos de Israel.

Otro ejemplo es el profeta Elías, quien en 1 R. 18:40 pronuncia una imprecación sobre los profetas de Baal, pidiendo que sean entregados a la muerte. Esta imprecación es considerada un acto de justicia divina en respuesta a la adoración falsa y la persecución del verdadero culto a Dios.

Sin embargo, es importante tener en cuenta que el uso de imprecaciones por parte de los profetas no significa que todas las imprecaciones sean necesariamente aprobadas o respaldadas por Dios. Las imprecaciones deben entenderse dentro del contexto específico en el que fueron pronunciadas, y no deben interpretarse como una justificación para que los creyentes actuales maldigan a otros.

En el Nuevo Testamento, las enseñanzas de Jesús y los apóstoles enfatizan el amor, el perdón y la reconciliación. Jesús enseñó a amar a los enemigos y orar por aquellos que nos persiguen (Mt. 5:44). Los creyentes son exhortados a responder al mal con el bien y a perdonar (Ro. 12:14-21). Estas enseñanzas enfatizan una actitud de amor y misericordia en lugar de maldiciones o imprecaciones.

En síntesis, algunos profetas bíblicos utilizaron imprecaciones en sus mensajes para condenar el pecado y pedir el juicio divino sobre los enemigos del pueblo de Dios. Sin embargo, estas imprecaciones deben interpretarse dentro de su contexto y no deben ser tomadas como una justificación para que los creyentes actuales utilicen maldiciones o imprecaciones hacia otros. Las enseñanzas de Jesús y los apóstoles en el Nuevo Testamento enfatizan el amor, el perdón y la reconciliación (ver **Maldición, Juicio**).

INFIERNO

Vocablos

Del lat. *Infernus*, infierno, sig. por debajo de, inferior, de abajo. Se refiera a un lugar oscuro y escondido.

Heb. 7585 Sheol, שְׁאוֹל, indica el lugar a donde van los que mueren. *Sheol* se registra 65 veces en el AT y es afín a los vocablos mesopotámicos *kigallu* (la gran tierra) y *arallu* (el reino de los muertos). Infierno en gr., es *Hades*, es el dios griego del inframundo y también se utiliza para referirse al propio inframundo en la mitología griega. Es un reino subterráneo donde residían las almas de los muertos. Era un lugar sombrío y desconocido para los vivos, y se creía que las almas de los fallecidos iban allí después de la muerte, sin importar su carácter o acciones en vida. Otro vocablo en el NT es *Géenna*, 1067, Gevenna, que corresponde al heb. gé-Hinnom, = «valle de Hinom» (Jos. 15:8; Neh. 11:30), traducido por la Sept. como *Gaienna*, Gaievnna (Jos. 18:16); el nombre completo es *gé ben Hinnom*, sig. *valle del hijo de Hinom* (2 R. 23:10; 2 Cro. 28:3; 33:6; Jr. 19:2), (Ropero).

Evolución de conceptos de los vocablos

La palabra "sheol" (שְׁאוֹל) ha experimentado una evolución en su significado. Al inicio, se refería a la región a donde residían todos los muertos: los impíos y los piadosos (Nm. 16:30; Is. 14:9; Ez. 32:20ss.; Job 7:9-10; 16, 22). Los autores identifican a veces la muerte con el Sheol, en otros casos con un a región oscura donde la vida es oculta y degradada. Los que permanecen allí son llamados "rephaím": desfallecidos, sombríos. El Sheol es considerado un lugar aterrador del cual no hay retorno y donde no existe memoria (2 S. 12:23; Sal. 88:5-6; Job 7:9; 10:21) ni alabanza: Sal. 88:10; Is. 38:18. El pensamiento hebreo define el Sheol como un lugar de castigo al plantear la cuestión de la salvación o la perdición después de la muerte. Esta concepción configura el significado total del vocablo "infierno". El libro de Henoc, lo describe como un valle maldito donde los condenados perpetuos y los blasfemos serán reunidos (Enoc 27:2). Otras veces menciona un abismo lleno de fuego donde las ovejas culpables son atadas y arrojadas para arder (Enoc 90:26).

Cristo utiliza el nombre de "gehenna": este vocablo está asociado con castigos divinos, tormento y fuego, figuras que los profetas usaron profiriendo maldición: Is. 31:9; 66:24; Jer. 7:32; 19:6. Siguiendo el contenido de los oráculos proféticos, los escritores del judaísmo tardío ubicaron allí el "infierno de fuego", el castigo definitivo de los impíos. Los autores sagrados indican que el Seol está ubicado dentro de la tierra, puesto que se describe como un abismo al que descienden los malvados. Se describe metafóricamente a la tierra abriendo sus fauces para tragarlos vivos, bajándolos a lo profundo del Seol (Nm. 16:31ss; Is. 5:14; Ez. 26:20; Fil. 2:10,). De ahí la idea que el Sheol se localizaba en el interior de la tierra, en las profundidades (Is. 44:23; Ez. 26:20), y su ingreso se relata como una "bajada", derivado de la raíz hebrea "yarad" (descender), (Nm. 16:30, 33; Job 7:9; Ez. 31:15, 16, 17). También se hace referencia a las profundidades de la tierra.

Cristo retoma temas y términos del AT, utilizando imágenes como el fuego y los gusanos (Mc. 9:43-48; cf. M. 5:22), el llanto y el rechinar de dientes (Mt. 13:42). El juicio es un tema central en sus enseñanzas, y muchas parábolas concluyen con advertencias sobre la condenación de los pecadores (Mt. 13:30). Jesús habla del infierno como una amenaza futura y anuncia que enviará a sus ángeles para arrojar a los agentes de iniquidad en el horno ardiente (Mt. 13:41), pronunciando la maldición: "Apártense de mí, malditos, al fuego eterno" (Mt. 25:41). Él declara: "No los conozco" (Mt. 25:12), "échenlo a las tinieblas de afuera" (Mt. 25:30). Jesús afirma que Dios puede "perder el alma y el cuerpo" en la gehenna por la eternidad (Mc. 3:29, Mt. 19:28). La gehenna es un lugar de tinieblas (Mt. 8:12; 22:13; 25:30), excluido del resplandor divino, donde hay llanto y rechinar de dientes debido a la desesperación por la salvación rechazada.

Pablo enseña que la muerte es el resultado del pecado y que los impíos enfrentarán la perdición, la ira de Dios y la destrucción final. En 2 Tes 1:9, afirma que aquellos que no conocen a Dios ni obedecen el evangelio de Jesús serán castigados con una perdición eterna, excluidos de la presencia del Señor y de su gloria. El castigo y la condenación son la consecuencia de la decisión humana de ignorar a Dios. El libro del Apocalipsis utiliza imágenes del AT, mencionando el sheol-hades, el lugar de perdición-abaddón, y el fuego y azufre. Este castigo se aplica a la Bestia y sus seguidores y se conoce como la "muerte segunda", cuya duración es eterna (Ropero).

Distintas aristas del infierno, (Sheol, Gehenna, Hades, lago de fuego)

¿Es eterno?
La idea que domina en los textos bíblicos es que el castigo es eterno:
La vergüenza y confusión perpetua (Dn. 12:2);
el fuego de la «gehena» (Mt. 18:9);
el fuego que no puede ser apagado (Mr. 9:43);
el horno de fuego (Mt. 13:41-42);
el lugar de lloro y del crujir de dientes (Mt. 22:13);
las tinieblas de afuera (Mt. 8:12);
el castigo del fuego eterno (Jud. 7);
el lago de fuego (Ap. 20:15), etc.

El sufrimiento es horrible e intensamente doloroso

El sufrimiento del infierno es destacado en los textos bíblicos. Se menciona la ignominia, el tormento, el llanto, el crujir de dientes, la tribulación, la angustia y el sufrimiento que experimentan los condenados. (Dn. 12:2; Lc. 16:23-24; Mt. 13:42; Ro. 2:8-9; Jud. 7). Juan añade que el humo de su tormento sube por los siglos de los siglos, y que no tienen descanso ni de día ni de noche. Serán atormentados día y noche por los siglos de los siglos (Ap. 14:10-11; 20:10).

La pregunta surge sobre cómo se pueden imaginar tales sufrimientos y conciliarnos con la concepción de un Dios de amor: es importante señalar que la perdición será el resultado del rechazo del amor de Dios. Además, el Señor no realizará ninguna acción para atormentar a aquellos que rechazaron su salvación, excepto alejarlos de su presencia (Mt. 25:41). En el pasado, el Señor dijo a los israelitas que, debido a su incredulidad, no podrían entrar en la Tierra Prometida y conocerían lo que es estar privados de su presencia (Nm. 14:34, Keil-Delitzsch).

Cuantía, ¿aniquilación o salvación para todos?

Según algunos eruditos, en el mundo venidero, el castigo será proporcional a la responsabilidad individual de cada persona. La justicia de Dios se reflejará en el juicio de cada impío basado en sus obras (Ap. 20:12-13; Ec. 12:1, 16; Mt. 12:36; Ro. 2:16; Jud. 14-15). La evaluación de la responsabilidad de los culpables tendrá en cuenta la luz que hayan recibido, y aquellos que hayan pecado sin estar sujetos a una ley específica perecerán sin esa ley (Ro. 2:12). Además, se espera que las ciudades que hayan rechazado las enseñanzas de Cristo enfrenten un juicio más severo que Sodoma y Gomorra (Mt. 10:14-15; 11:20-24). En términos de recompensas, algunos recibirán pocos azotes, mientras que otros recibirán muchos azotes (Lc. 12:47-48). De manera similar, en el cielo habrá recompensas proporcionales a las obras de cada individuo (1 Co. 3:8).

Respecto a la cuestión de si los impíos serán aniquilados en el mundo venidero, las Escrituras no respaldan esta idea, ya que indican que su tormento será eterno. Sin embargo, los defensores del "condicionalismo" mantienen que solo Dios "posee inmortalidad" (1 Ti. 6:16) y solo la concede a aquellos que creen, de lo contrario, dejarían de existir. Es cierto que solo el Señor puede afirmar: "Yo soy la vida", y que conocerlo a Él es tener vida eterna (Jn. 14:6; 17:3). Esta vida verdadera solo se comunica a los creyentes (Jn. 3:36; 1 Jn. 5:12). No obstante, la Biblia enseña que la muerte espiritual, lejos de ser la ausencia de existencia, implica la separación de Dios y la privación de la felicidad plena. Adán y Eva fueron excluidos del Edén después de su caída (Gn. 2:17); el hijo pródigo estaba "muerto" en su alejamiento de su Padre (Lc. 15:24, 1 Ti. 5:6); los efesios estaban muertos en sus delitos y pecados (Ef. 2:1, 5). En cuanto a la muerte segunda que sigue al Juicio Final, no es la aniquilación, sino el lago de fuego, un lugar de tormento eterno (Ap. 20:10; 21:8; 14:10-11).

¿Serán todos salvados algún día? Los universalistas se enfocan en las palabras "todos" en los siguientes textos: "Así como en Adán todos mueren, también en Cristo todos serán vivificados... para que Dios sea todo en todos" (1 Co. 15:22, 28; cp. Fil. 2:10-11; Ro. 11:32; Col. 1:20). Sostienen que el triunfo de Cristo no sería completo si alguna criatura escapara de su amor, y afirman que un día todos los pecadores, incluso el diablo mismo, serán salvos después de ser purificados por el fuego del infierno. Sin embargo, los textos bíblicos dicen algo muy diferente. Pablo dice: "En Cristo todos serán vivificados... los que son de Cristo en su venida" (1 Co. 15:23). La clave está en estar en Cristo. Aquellos que están en Cristo son los creyentes (Ro. 6:5-11, 23; 8:1; cp. Ef. 2:10; Col. 3:11). Es evidente que se refiere a todos los creyentes. Un día todas las rodillas se doblarán ante el Señor, incluyendo a Sus enemigos, quienes se someterán a Él. Además, si los sufrimientos de un fuego purificador salvaran las almas de aquellos que han rechazado el evangelio aquí y ahora, su redención no se llevaría a cabo mediante la sangre de Cristo. En este sentido, se puede hacer referencia a Salmo 49:8 (Lacueva).

Aclaración de palabras y conceptos

Los errores de comprensión de la palabra hebrea Seol
Hendriksen argumenta de manera muy clara las cuatro equivocaciones con la traducción y enseñanza del *Seol*.

El primer error es que la palabra *Seol* se ha traducido mal en algunos pasajes del Antiguo Testamento. No siempre significa infierno. Ejemplos, no sería exacto traducir por infierno en el Sal. 116:3: "Me encontraron las angustias del infierno (Seol)" o cuando Jonás está en el vientre del pez, "...invoqué en mi angustia a Jehová y él me oyó, desde el seno del infierno (Seol) clamé".

El segundo error es común en escritos, libros, incluso en léxicos, diccionarios y enciclopedias. Es la idea de que en el pensamiento del Antiguo Testamento todos los que mueren van a un mismo lugar. Un lugar sombrío, en el que cesa toda actividad, la región de las sombras. ¿Si así fuera entonces por qué Moisés escribe "la ira de Dios está encendida en el Seol"? (Dt. 32:22).

El tercer error es creer que el Seol es el lugar del mundo inferior con sus dos divisiones geográficas y espaciales, ya clásicas, por cierto: una para los justos y otra para los incrédulos. Pero en el Antiguo Testamento no se muestra nada con respecto a un Seol con dos divisiones. Hendriksen sostiene que la idea del Seol con dos lugares proviene de fuentes paganas y que ni el Seol del Antiguo Testamento, ni del Hades en el Nuevo Testamento posee semejante significado.

El cuarto error es darle el significado de olvido o no existencia. Ese significado no concuerda con lo que dice Dt. 32:22: "Porque fuego se ha encendido en mi ira, que quema hasta las profundidades del Seol, la región de los muertos".

La conclusión de Hendriksen nos parece certera en que el término Seol contiene varios significados y hay que distinguir cuál es el adecuado dependiendo del contexto.

En algunos pasajes es obvio que se refiere a un lugar o estado de castigo para los incrédulos. En estos casos es más acertado traducir infierno. En otros textos significa el lugar donde se deposita el cuerpo de los difuntos, la sepultura. Y en otros lugares de la Escritura es sinónimo de condición de muerte, no del estado corporal. Pero el énfasis de Hendriksen es que la Biblia enseña de manera sostenida que al morir, los incrédulos son condenados y malditos para siempre, entretanto los justos en Cristo son benditos para siempre.

Los errores y facetas de la palabra griega Hades

Hendriksen rechaza el significado tradicional del pasaje del rico y Lázaro, sobre el cual los predicadores enseñan que el Hades es un lugar con dos divisiones donde van los justos y los impíos al morir. Él afirma que este texto no enseña que el Hades es un submundo de dos divisiones: el seno de Abraham en una división y en la otra división un lugar con cualquier nombre. Al contrario, allí el Hades significa el lugar de tormentos y de la llama que no se apaga. Asimismo, el infierno es la traducción correcta de Hades en Mt. 11:23: "Y tú, Cafarnaún, que te elevas hasta el cielo, hasta el Hades caerás abatida. Porque si en Sodoma se hubieran hecho los milagros que se han hecho en ti, hasta el día de hoy habría permanecido". En este versículo, el significado de infierno es más figurativo porque la frase "te elevas hasta el cielo" es simbólica, entonces lo apropiado es que, "Hasta el Hades serás abatida" tiene que ser simbólica. El pasaje de Mt. 16:18 que contiene la expresión "Ni las puertas del Hades prevalecerán contra ella" sugiere el significado de "ni un torrente de demonios que saliera de las puertas del infierno, podría destruir jamás a la Iglesia de Cristo". En Hch. 2:27, 31, la palabra Hades es interpretada por muchos como la indicación de que el alma (el cuerpo, la vida) de Jesús no fue dejada a la condición o estado de muerte física. Así los términos, el cuerpo de Jesús en contraste con el de David, no fueron dejados para ver corrupción en la tumba. Eso sí, en los cuatro versículos de Ap. 1:8, 6:8, 20:13, 14, el término Hades se refiere, probablemente, al estado de muerte eterna. Pero, otra vez, dicho estado apunta a un significado figurativo, como si fuese un lugar que finalmente es lanzado al lago de luego (Hendriksen, 1987), (ver **Geena**, **Lago de fuego**).

INMINENCIA

La inminencia es la doctrina que enseña que después de la ascensión del Cristo resucitado, el rapto puede ocurrir en cualquier momento. Los ponentes de esta enseñanza, argumentan que, desde hace dos mil años, la Iglesia ya tenía esa esperanza. Se apoyan en versículos en los que aparecen las palabras y las frases: "pronto", "en breve", "el hijo del hombre vendrá a la hora que no piensan", "vendrá como ladrón en la noche". Enseñan que las profecías escatológicas son condicionales en términos de tiempo, no así en los acontecimientos. Para ellos no existe un cronograma referente al espacio que habrá entre cada suceso; con todo, los hechos relacionados con el tiempo del fin ocurrirán. De igual manera, la rápida sucesión y los escalofriantes asombros trastornarán todas las interpretaciones que no tengan fundamento. El mensaje se condensa en que hoy es necesario estar listos, pues, del mañana no tenemos certeza. Ignoramos si estaremos aquí. Otra premisa que afirman es que, si conocemos al que vendrá otra vez, entonces estaremos preparados para lo que va a suceder. Cuando los acontecimientos finales se desaten no habrá tiempo para que alguien se prepare. Ahora es cuando están retenidos los vientos para que podamos ser sellados antes que se desencadene la tormenta que se avecina (Ap. 7:1-3).

Desde un punto de vista ajeno a los que sustentan la creencia de la inminencia, sus defensores, hay diferentes opiniones y significados para esa misma palabra. Los pasajes clave son: Mt. 16:27-28; 24:3, 34; Mr. 13:30; Lc. 21:28-31; Jn. 14:1-4; Ro. 13:11-12; 1 Co. 7:29-31; 15:51-58; 1 Ts. 4:13-18; He. 10:25, 37; Stg. 5:7-9; 1 P. 4:7; Ap. 1:1; 22:6, 7, 10, 12, 20. Estos textos tienen que ver con la cercanía del fin de la historia y el retorno de Cristo, aun así, los intérpretes difieren en cómo entender estos textos. Las interpretaciones se agrupan en cuatro ideas:

La liberal, argumenta que estas profecías de Jesús y los escritores del Nuevo Testamento se refieren a su creencia de que la Segunda venida de Jesús ocurriría en la primera generación de cristianos, pero que no ocurrió.

La preterista, conservadora, cree que todas las predicciones, incluida la Segunda venida de Cristo, se cumplieron a cabalidad en la destrucción de Jerusalén en el año 70 d.C.

La pretribulacionista sostiene que en los pasajes: Jn. 14:1-14; Ro. 13:11-12; 1 Co. 7:29-31; 15:51-58; 1 Ts. 4:13-18 se refieren al rapto, la venida secreta de Cristo para arrebatar su iglesia al cielo antes de la llegada de la Gran Tribulación. En otros textos se refieren a la Segunda venida de Cristo en poder y gloria visibles después de la Gran Tribulación. Por lo tanto, debido a que la señal de la Gran Tribulación pertenece a la Segunda venida de Jesús y no al rapto, este último puede pasar en cualquier momento.

La postribulacionista, enseña que aquellos que equiparan el rapto con la Segunda venida, colocándolo después de la Gran Tribulación, creen las señales de que el tiempo comenzó con la primera venida de Cristo y se intensificará antes de su regreso. Por lo tanto, puesto que estas señales ya se han puesto en marcha, la Segunda venida puede ocurrir en cualquier momento y, por lo tanto, es inminente.

La pretérita, futura, postribulación (propuesta por Rigoberto M. Gálvez).

Después de examinar las Escrituras con relación a esta doctrina, no encuentro fundamentos claros para creerla. Al contrario, descarto que esa idea sea bíblica. En cuanto al cumplimiento de la Segunda venida y doctrinas afines doy una propuesta de escatología bíblica, escatológica ecléctica. Tomo las bases escriturales en las que encuentro soporte para enseñar que ya se cumplió parte de la escatología en el ministerio y obra de Cristo que culminó con la resurrección; parte de la profecía que se cumplió en el año 70 d.C. Y, la parte de la escatología que se cumplirá en el futuro, que incluye la Gran Tribulación final de tres años y medio para el pueblo de Israel, tiempo en el que la Iglesia terminará de predicar el evangelio a todo el mundo, mientras que el resto de los habitantes vivirán como en los tiempos de Noé; luego acontecerá la bienaventurada Segunda venida del Señor, en un abrir y cerrar de ojos, por cuya causa los cristianos vivos y los cristianos muertos resucitados entraremos a la eternidad.

Enseño que habrá acontecimientos claros previos a la Segunda venida de Cristo; después del año 70 d.C., vendrá un tiempo indefinido hasta que aparezcan los acontecimientos más claros, previos a la venida del Señor. De acuerdo con la Escritura, son las siguientes: a) el evangelio será predicado en todo el mundo; b) la humanidad estará viviendo como en los tiempos de Noé; c) Israel estará viviendo la Gran Tribulación final; d) la gran apostasía final se revelará; e) el hombre de pecado, el inicuo, se manifestará. Estos dos últimos acontecimientos, los explico en detalle en un apartado posterior.

En cuanto a la Gran Tribulación final, creo con base a una interpretación exegética y hermenéutica objetivas en el libro de Daniel 9, Mateo 24 y Lucas 21, que vendrá la otra y final Gran Tribulación de tres años y medio para el pueblo de Israel, con destrucción total sobre Jerusalén en la que se derribará el muro original existente. Ese muro mide 488 metros de largo, 60 de ellos visibles y se puede ver, con un permiso especial, por medio de un túnel buena parte del resto de los metros de muro no derribado. Ante esa realidad del muro que permanece, no se cumplió plenamente la profecía del Señor Jesús, cuando anunció que "No quedará piedra sobre piedra". Esta referencia en apariencia sencilla, es un soporte para afirmar que la destrucción de la ciudad, sus murallas, el edificio y el templo de Jerusalén en el año 70 d.C., fue una Gran Tribulación para Israel, pero es solo un cumplimiento parcial.

Seguido de la Gran Tribulación final, acontecerá la Segunda venida de Jesucristo y, simultáneamente, los muertos en Cristo y los creyentes vivos subirán arrebatados para encontrarnos con el Señor (1 Ts. 4:13-18). El Señor viene hacia las nubes y los muertos en Cristo juntamente con los que estén vivos serán arrebatados hacia las nubes.

Los juicios se ejecutan en el instante escatológico, momento en el que los salvos entramos a la eternidad feliz, al festejo eterno y los incrédulos a condenación. No encuentro fehacientemente lugar en la Escritura para un mileno literal, después de la Segunda venida, porque allí el tiempo *cronos* llega a su fin e inicia la eternidad. Esta parte también la explico, más adelante, con detenimiento y bases bíblicas (Gálvez), (ver **Preterismo**, **Amilenarismo**, **Premilenarismo**, **Postmilenialismo**, **Postribulacionismo**).

INMINENTE RETORNO DE CRISTO

Los teólogos, exégetas, comentaristas, pastores, maestros y cristianos que sostienen esa doctrina enseñan que el rapto de la Iglesia puede ocurrir en cualquier momento, sin esperar que se cumplan ciertos acontecimientos, de ahí la expresión *el rapto puede ser hoy*. Así lo explica uno de los comentaristas que cree dicha postura: "los que hayan sido resucitados, primera actividad divina en el traslado de la Iglesia, no preceden a los vivos, sino que juntamente con ellos, esto es, todos seremos arrebatados en las nubes. El verbo *Harpazo*, indica una acción rápida, semejante al zarpazo de una fiera cuando atrapa a su presa. Supone esto que el acontecimiento será inmediato además de inminente".[3]

Para sustentar la postura evangélica, sus promotores presentan varios textos de la Escritura.

Cito los más populares:

Stg. 5:7-9: "Por tanto, hermanos, tened paciencia hasta la venida del Señor. Mirad cómo el labrador espera el precioso fruto de la tierra, aguardando con paciencia hasta que reciba la lluvia temprana y la tardía. Tened también vosotros paciencia, y afirmad vuestros corazones; porque la venida del Señor se acerca. Hermanos, no os quejéis unos contra otros, para que no seáis condenados; he aquí, el juez está delante de la puerta".

Este texto afirma lo contrario a un retorno o venida inminente, cuando dice que "tengan paciencia hasta la venida del Señor" enseña que no será inmediatamente, ni en cualquier momento, sino que es necesaria una espera paciente hasta que llegue el tiempo del Señor. La frase "porque la venida del Señor se acerca", sí puede referirse que no pasará demasiado tiempo, pero no dice que será en cualquier momento. El pensamiento central es "esperar con paciencia" y ello indica que pasará un buen tiempo para que el Señor venga, no dice

---

3 Millos, Samuel, *Comentario exegético al texto del Nuevo Testamento*, 1ª y 2ª Tesalonicenses, p. 277, Editorial CLIE, Barcelona, 2014.

que estén alertas porque puede ser hoy mismo, o mañana o pasado mañana. Pero esta creencia popular insiste en que el rapto es inminente y que la Segunda venida ocurre siete años después.

Santiago coloca el ejemplo del labrador que espera el fruto de la tierra, ese principio contradice el retorno inminente y refuerza que no lo hay. Antes acontecen en escalada varios hechos. El labrador sabe que su cosecha no puede ser inminente, en cualquier momento de manera inmediata después de haber sembrado. Él sabe esperar con paciencia porque tendrá que pasar un tiempo para cosechar.

Otro ejemplo de la naturaleza para apoyar el argumento del retorno no inminente es el del árbol de olivo. El labrador de los tiempos bíblicos lo conocía muy bien porque este es parte de la historia de Israel. Después de sembrarlo, en las mejores condiciones, hay que esperar siete años para que comience a dar los primeros frutos y a los catorce años alcanza su madurez (Ropero, p. 1835, 2013). Entonces el labrador tiene que armarse de paciencia porque sabe que tardará un buen tiempo para que venga la cosecha y el pleno rendimiento. Su cosecha no es inminente.

Otro argumento que observo es el hecho que para Pedro no había posibilidad de la experiencia del retorno inminente porque Cristo le anunció que viviría hasta la vejez y pasaría por una muerte de mártir.

Otro texto que citan los defensores del rapto inminente es el de 1 P. 4:7: "Mas el fin de todas las cosas se acerca; sed, pues, sobrios, y velad en oración". Si se analiza correctamente, se entiende que el versículo habla de la necesidad de orar, velar y tener una relación fraternal en servicio y con amor a los demás miembros de la congregación. Esa frase no habla específicamente ni del rapto, ni de la Segunda venida inminentes. Es una afirmación amplia que se asemeja a otros pasajes: "La noche ya está muy avanzada y el día se acerca" (Ro. 13:12), "Ha llegado el fin de los tiempos" (1 Co. 10:11), "El tiempo está cerca" afirma Juan.

Los mejores biblistas enseñan que desde que Cristo vino, el fin de todas las cosas está cerca; Dios ha irrumpido en la historia; las profecías se han cumplido; ha iniciado el fin de todas las cosas. Hay que tomar en cuenta que la palabra "cerca" es relativa, puede abarcar generaciones y siglos. En el Salmo 90 dice que mil años para el Señor es como una de las vigilias de la noche. Y Pedro mismo llega a entender que "cerca" es relativo, pues él también afirma que "para el Señor un día es como mil años y mil años como un día". Este pasaje no se refiere en absoluto al retorno inminente de Cristo.

He. 10:24-25: "Y considerémonos unos a otros para estimularnos al amor y a las buenas obras; no dejando de congregarnos, como algunos tienen por costumbre, sino exhortándonos; y tanto más, cuanto veis que aquel día se acerca".

La explicación del pasaje anterior se aplica a este.

1 Jn. 2:18: "Hijitos, ya es el último tiempo; y según vosotros oísteis que el anticristo viene, así ahora han surgido muchos anticristos; por esto conocemos que es el último tiempo".

Este pasaje no se relaciona con el inminente retorno del Señor. Explica acerca del anticristo y los muchos anticristos que ya existían en el tiempo de Juan. Afirma que los últimos tiempos habían comenzado. Esto confirma la opinión de que el fin de todas las cosas comenzó con la primera venida de Jesucristo.

Ap. 1:1: "La revelación de Jesucristo, que Dios le dio, para mostrar a sus siervos las cosas que deben suceder pronto; y la dio a conocer, enviándola por medio de su ángel a su siervo Juan".

Las tres interpretaciones más conocidas que vimos anteriormente en otro apartado son:

La preterista: toda la profecía de este libro ya se cumplió.

La futurista: aparte de las 7 iglesias reales que se mencionan en los primeros capítulos, todo lo demás se cumplirá en el futuro.

La preterista-futurista: explica que una parte de los acontecimientos se cumplieron en el año 70 d.C., otros se cumplen en el presente delante de nuestros ojos, pero no lo hemos discernido y la otra parte se cumplirá en el futuro. El punto es que, al citar este pasaje para afirmar el retorno inminente, se comete el pecado de la generalización, asumiendo que encaja la doctrina del inminente retorno.

1 Jn. 2:28: "Y ahora, hijitos, permaneced en él, para que cuando se manifieste, tengamos confianza, para que en su venida no nos alejemos de él avergonzados".

El texto habla, sencillamente, que los cristianos debemos ser fieles para que cuando él venga demos buena cuenta de nuestras acciones como cristianos. Se refiere más a la fidelidad y a la recompensa de los creyentes que al retorno de Cristo en cualquier momento.

1 P. 5:4: "Así, cuando venga el gran pastor, recibirán una corona de gloria y honor eternos".

Sí, el Señor en su venida recompensará a los cristianos fieles que trabajaron y sirvieron fielmente pero tampoco está refiriéndose a que su venida puede ser en cualquier momento.

Col. 3:4: "Cuando Cristo, nuestra vida sea manifestado, entonces vosotros también seréis manifestados con Él en gloria".

La manifestación del Señor en su Segunda venida resucitará a los muertos que creyeron en él y transformará a los que estén vivos, de nuevo, no se refiere al inminente retorno del Señor.

2 Ti. 4:8: "En el futuro me está reservada la corona de justicia que el Señor, el Juez justo, me entregará en aquel día; y no solo a mí, sino también a todos los que aman su venida".

Pablo aquí está hablando del día de su venida y la recompensa por haber amado esa venida. No dice que su venida puede ser en cualquier momento. Pablo supo que el retorno del Señor no era inminente por varios años de su ministerio, porque el Señor le anunció un largo itinerario en su carrera en el apostolado.

Pablo no se contradice. En 2 Ts. 2, explica que habrá acontecimientos previos a la venida del Señor. Se tienen que cumplir, antes no puede regresar el Señor. Entonces la venida del Señor no era en cualquier momento. ¡No! habrían de ocurrir eventos visibles: la apostasía, la revelación del hombre de pecado. 2 Ts. 2:2-3: "² Que no seáis sacudidos fácilmente en vuestro modo de pensar, ni os alarméis, ni por espíritu, ni por palabra, ni por carta como *si fuera* de nosotros, en el sentido de que el día del Señor ha llegado. ³ Que nadie os engañe en ninguna manera, porque *no vendrá* sin que primero venga la apostasía y sea revelado el hombre de pecado, el hijo de perdición".

Los partidarios del rapto y la Segunda venida inminentes citan, además, Mt. 24:42: "Velad, pues, porque no sabéis a qué hora ha de venir vuestro Señor". Y agregan "Ni los apóstoles mismos sabían la hora exacta, mucho menos nosotros para afirmar el retorno inminente del Señor"; no citan todos los textos que dicen que habrá de suceder eventos previos, uno tras otro y luego que todo eso haya acontecido, hasta entonces vendrá el Señor por segunda vez.

Llegan a la conclusión de que "la demora del Señor es porque Dios permite que exista este tiempo para que la gente escuche el evangelio".

Bien, la enseñanza bíblica afirma que para que el Señor venga tendrá que ser predicado el evangelio en todo el mundo, Mt. 24:14: "y será predicado este evangelio del reino en todo el mundo, para testimonio a todas las naciones; y entonces vendrá el fin".

Pedro también lo sabía. Dios es paciente con la Iglesia para que evangelice a todo el mundo y entonces vendrá el Señor: "El Señor no retarda su promesa, según algunos la tienen por tardanza, sino que es paciente para con nosotros, no queriendo que ninguno perezca, sino que todos procedan al arrepentimiento" (2 P. 3:9).

Pero los creyentes del retorno inminente, insisten en que no se sabe cuándo Cristo volverá, solo que puede ser en cualquier momento. Pero según 2 Tesalonicenses, capítulo cinco, son los impíos los que no sabrán. Para ellos el Señor vendrá como ladrón en la noche, más para los cristianos que están en plena comunión con su Espíritu, sí pueden discernir las señales y saber con cierta aproximación la venida del Señor, 1 Ts. 5:1-8: "[1] Ahora bien, hermanos, con respecto a los tiempos y a las épocas, no tenéis necesidad de que se os escriba nada. [2] Pues vosotros mismos sabéis perfectamente que el día del Señor vendrá así como un ladrón en la noche; [3] que cuando estén diciendo: paz y seguridad, entonces la destrucción vendrá sobre ellos repentinamente, como dolores de parto a una mujer que está encinta, y no escaparán. [4] Mas vosotros, hermanos, no estáis en tinieblas, para que el día os sorprenda como ladrón; [5] porque todos vosotros sois hijos de la luz e hijos del día. No somos de la noche ni de las tinieblas. [6] Por tanto, no durmamos como los demás, sino estemos alerta y seamos sobrios. [7] Porque los que duermen, de noche duermen, y los que se emborrachan, de noche se emborrachan. [8] Pero puesto que nosotros somos del día, seamos sobrios, habiéndonos puesto la coraza de la fe y del amor, y por yelmo la esperanza de la salvación".

Otro texto que usan para afirmar el rapto inminente, la Segunda venida y el escape de la Iglesia de la Gran Tribulación es 1 Ts. 1:9: "Porque no nos ha puesto Dios para ira, sino para alcanzar salvación por medio de nuestro Señor Jesucristo".

En los versículos anteriores a este, Pablo explica que a los incrédulos les sorprenderá el retorno del Señor, mientras que a los cristianos no porque somos hijos de luz, no estamos en tinieblas y, por consiguiente, tenemos la capacidad de velar y orar, para discernir los tiempos aproximados de la venida; en este versículo 1:9 concluye que por ser hijos de Dios no somos condenados bajo la ira de Dios, sino que hemos sido puestos para ser salvos a través de Cristo. Pablo no dice nada en absoluto sobre el acontecimiento escatológico del retorno inminente. Tampoco está hablando de la Gran Tribulación final sobre Israel de la cual la Iglesia escapará como algunos piensan.

En resumen: en mi opinión, todos estos textos demuestran que la primera Iglesia creía fervientemente en la Segunda venida del Señor, no en el rapto inminente, tampoco en la inminente Segunda venida del Señor, porque tienen que acontecer varios hechos para que venga el Señor. El Señor no puede venir en cualquier momento, si el evangelio no ha llegado a todas las naciones como lo profetizó Jesús.

Grau afirma que la doctrina de la Segunda venida siempre fue central en la Iglesia del principio. No se avizoraba tampoco la afirmación del otro extremo: la negación de la doctrina de la Segunda venida de Cristo como lo enseñó Bultmann, o la alegorización de esta por Schweitzer y sus seguidores (Grau, 1990).

INMORTALIDAD DEL ALMA O RESURRECCIÓN DE LA CARNE

Agustín de Hipona (354-430 d.C.) ha sido uno de los padres de la Iglesia más respetado de todos los tiempos y ha influenciado la teología en varios temas teológicos hasta hoy. Es uno de los impulsores de la doctrina de la inmortalidad del alma, en la etapa temprana de la historia; la cree y la defiende con argumentos filosóficos y teológicos. Sus razones son las siguientes: el alma es inmortal porque es sujeto de la ciencia que es eterna; para Agustín, el conocimiento verdadero de la ciencia es permanente al igual que el alma. Cree que la esencia del alma es inmortal en cuanto que es inmutable, agrega que el alma no es susceptible de cambio, por tanto, es inmortal, sempiterna y asegura que el alma no perece ni aun cuando su esencia tienda al menoscabo. Equipara la vida con el alma misma y asevera que ningún acontecimiento le afecta a esta, luego no puede carecer de vida: "Si alguien objeta que esa muerte por la que sucede que algo que fue no sea nada, no ha de ser temida por el alma, siendo la verdad causa del alma, no por eso perece a causa del error contrario a la verdad" (Agustín).

La inmortalidad del alma no se creyó de manera unánime en la civilización griega. El pensamiento aristotélico anuló la herencia mítica respecto del concepto alma. Definió el alma como la entelequia: el alma en forma de cuerpo natural que tiene vida conforme a su posibilidad. El alma es una conversión orgánica que se une a la materia y con ella, son juntamente pasajeras. Para Aristóteles no tenía sentido hablar de una inmortalidad del alma (Ratzinger). Al sí de la preexistencia del alma, le corresponde un sí a la supervivencia después de la muerte. En esta perspectiva, el alma ya existe antes de que nazca el ser humano, y sigue existiendo después de la muerte. Es inmortal.

La inmortalidad del alma y la resurrección de los muertos son las dos creencias que campean en la cultura occidental frente a la realidad de la muerte. La primera enseña que el alma es preexistente e inmune al hecho necrológico. La segunda se muestra como la esperanza que Dios creará de la muerte del cuerpo en la tumba, nueva vida en base al hecho anticipado de la resurrección de Cristo.

De las dos posturas, la más creída es la de la inmortalidad del alma, preexistente. Lo inaudito es que ocurre dentro de las confesiones cristianas y puede ser por la combinación de unos cuantos factores:

a. El pensamiento de Platón plasmado en sus escritos con sus mitos y leyendas, son una influencia que perdura hasta hoy. Sobre todo, los escritos de Platón en su libro Los Diálogos de Platón. Puntualmente el diálogo de Fedón, su tema focal es la inmortalidad del alma.

b. Algunas biblias traducen "alma" en pasajes en los cuales lo justo es traducir "vida" refiriéndose al hombre completo.

c. Las abundantes predicaciones populares, movimientos de evangelismo anunciando la salvación de "las almas".

d. Sermones con temas sobre la muerte y la supervivencia del alma, carentes de un estudio profundo, exégesis y hermenéutica.

e. En el caso de América Latina, resulta fértil la enseñanza de la inmortalidad del alma por nuestro trasfondo supersticioso y espiritista, heredado de las culturas precolombinas que catapultaron la creencia con la cristianización resultando en sincretismo potente. Se suma la idea enraizada de que se sobrevive en el más allá.

La palabra inmortalidad en el Nuevo Testamento aparece como adjetivo y como nombre. El adjetivo *Aphthartos* en griego, algunas versiones los traducen por inmortal en 1 Ti. 1:17, pero el significado es incorruptible y, por tanto, tener vida para siempre. Lo mismo con el nombre *aphtharsia*, que algunos traducen como inmortalidad en Ro. 2:7, 2 Ti. 2:10 significa incorrupción. Se refiere a una vida incorruptible no a la supervivencia del alma (Vine, 1984).

La otra palabra griega es *athanasia* y, literalmente, significa inmortalidad. En el concepto bíblico posee un matiz diferente del concepto de la filosofía griega; no hace alusión en nada a la preexistencia de las almas y, por tanto, eternas en esencia. El concepto bíblico de la creación del hombre refiere que fue hecho un ser viviente, en el momento de su creación fue espíritu, alma y cuerpo, su alma no preexistía. En 1 Co. 15:53-54 la palabra *athanasia* significa más el cuerpo glorificado del creyente; en 1 Ti. 6:16 se refiere a Dios en quien está y ha estado siempre libre de muerte. En conclusión, en el Nuevo Testamento, *athanasia* significa más que inmortalidad del concepto de la filosofía griega, una calidad de la vida disfrutada, como se constata en 2 Co. 5:4-2: "Porque, asimismo, los que estamos en esta tienda, gemimos agobiados, pues no queremos ser desvestidos, sino vestidos, para que lo mortal sea absorbido por la vida". El hombre mortal, en Cristo será absorbido por la vida (Vine, 1984).

En sentido opuesto a la inmortalidad del alma, la Escritura narra en varios pasajes la resurrección del cuerpo, del creyente en Cristo, "la resurrección de la carne literalmente". Todo el capítulo de 1 Co. 15 describe detalladamente la resurrección de los muertos o resurrección de la carne. Y se refiere sencillamente a la resurrección del hombre completo, el hombre pecador, redimido por la sangre de Cristo. Esa prometida resurrección es la consumación de la vida plena, no es la continuación de esta vida temporal. Es la transformación de esa vida: se deposita en el ataúd al hombre corrompido por la muerte, más resucitará en incorrupción; en deshonra y resucitará en gloria; en debilidad y se resucitará en poder; en cuerpo material y resucitará con un cuerpo espiritual. Se deduce del texto que los creyentes resucitaremos con nuestra identidad.

En esa perspectiva, Barth niega la preexistencia y supervivencia del alma por medio de una metáfora: "los paganos creen que tras el acontecimiento muerte el alma a semejanza de una mariposa sale revoloteando sobre la tumba y todavía se conserva en algún lugar viviendo de manera inmortal" (Barth, Esbozo, 2000).

Así y todo, no hay base bíblica para creer la inmortalidad del alma eterna, pre y pos existente a la muerte. Tampoco hay sustrato para afirmar que el alma creada, se separa del cuerpo en la muerte y es la que se va a la presencia de Dios. La Escritura habla de resurrección de los muertos, inmortalidad, vida eterna, pero no de inmortalidad del alma.

Postura contraria a la de la mortalidad del alma y la unidad de esta con el cuerpo como un todo

Desde la perspectiva bíblica, hay unos pocos textos que dan indicios que el alma es distinta del cuerpo y que se separa de este a la hora de la muerte:

Mt. 10:28: "No teman a los que matan el cuerpo, pero no pueden matar el alma. Más bien, teman a aquel que puede destruir alma y cuerpo en el infierno".

1 R. 17:22: "El Señor escuchó la voz de Elías, y el alma del niño volvió a él y revivió".

2 P. 1:14: "Sabiendo que mi separación del cuerpo terrenal es inminente, tal como me lo ha declarado nuestro Señor Jesucristo".

El texto de Mateo explica que cuando matan al cuerpo, el alma no la pueden matar, en el sentido natural de la expresión se entiende que el alma es distinta del cuerpo. En la segunda parte del texto enseña que el alma puede ser destruida en el infierno. Ello implica que el alma no es inmortal.

En el pasaje del primer libro de Reyes, la traducción citada da la impresión de que el alma en el momento de la muerte del niño salió y después de la oración de Elías, el alma entró y volvió a la vida. El texto lo que quiere decir es que después del fallecimiento ocurrió un milagro y el niño volvió a respirar, volvió a la vida. No habla literalmente de un entrar y salir del alma como tal.

En el texto de 2 P. 1:14, Pedro habla de su muerte inminente como una separación de su cuerpo terrenal, no hace mención del alma y el espíritu, pero se infiere que hay separación de esta y el espíritu del cuerpo.

Desde la óptica teológica filosófica persiste la postura de la inmortalidad del alma y la separación del alma del cuerpo en la muerte física. Tomás de Aquino sostiene que el alma es diferente del cuerpo. Rechaza la enseñanza de que el cuerpo sea alma y el alma cuerpo como un todo; para él resulta cierto que el alma no es el cuerpo. Esa doctrina la señala como una falsedad y la refuta con un solo argumento de los varios que hay, según él: "Es evidente que no cualquier principio de operación vital es alma. Pues, de ser así, el ojo sería alma, ya que es principio de visión. Lo mismo puede decirse de los otros instrumentos del alma. Pero decimos que el primer principio vital es el alma… pero un determinado cuerpo no puede ser el primer principio vital. Ya que es evidente que ser principio vital, o ser viviente, no le corresponde al cuerpo por ser cuerpo. De ser así, todo cuerpo sería viviente o principio vital. Así, pues, a algún cuerpo le corresponde ser viviente o principio vital en cuanto que es tal cuerpo. Pero es tal cuerpo en acto por la presencia de algún principio que constituye su acto. Por lo tanto, el alma, primer principio vital, no es el cuerpo, sino el acto del cuerpo" (Aquino, Tomás, *Suma Teológica* I, cuestión 75, artículo 1, 1988).

Pero hay un matiz en el pensamiento de Aquino en el que afirma que la unión entre el alma y el cuerpo es parecida a la que existe entre la materia y la forma substancial; a pesar de ser de naturaleza diferente, el alma y el cuerpo del hombre no poseen una autonomía propia antes de la unión; en el momento de la unión, el alma se hace forma, es decir, actúa, vivifica a la materia, que a su vez recibe de ella la existencia, la perfección y las determinaciones esenciales (Salvati).

Algunos filósofos teólogos siguen sosteniendo la creencia en la inmortalidad del alma. Afirman que el Nuevo Testamento revela la inmortalidad del alma, y que la Iglesia del principio decidió creer que el alma es inmaterial. Agregan que no se equivocaron respecto a la inmortalidad, porque los evangelios evidentemente lo anuncian; fue con el tiempo que los teólogos, maestros y obispos de la patrística erraron al convenir que el alma era corporal. Ireneo, Tertuliano, Hilario, Ambrosio, Clemente y otros expresaron con distintas palabras el mismo concepto de que no hay nada de lo creado que no sea corporal, incluyendo el alma. Dios escogió un alma para alojarla en nuestros cuerpos y es la que toma nombre de alma humana. Los libros santos nos enseñan que esa alma es inmortal, la razón junto a la experiencia concuerda con esa enseñanza.

Aunque es cierto que hay algunos indicios de la inmortalidad del alma, un dualismo y una tricotomía humana, como se describe en los párrafos anteriores, la mayoría de los eruditos declaran que esos asomos se basan sobre argumentos frágiles importados de la filosofía griega. No soportan el filtro de toda la Escritura. Hay muchos más argumentos bíblicos y teológicos en favor de que el alma es mortal y forma un todo con el espíritu y el cuerpo humano (Galvez), (ver **Vida eterna**, **Resurrección**).

INSENSIBILIDAD/DUREZA DE ISRAEL

La insensibilidad y la dureza de corazón de Israel son tratadas con detalle por Pablo. El apóstol usa el vocablo *pōrōsis*, conocido en la medicina griega para designar la tumefacción endurecida de un hueso fracturado que produce un callo (K. L. Schmidt). Este vocablo y su respectivo verbo se encuentran en tres pasajes de los escritos de Pablo: Ro. 11:7, 25; y 2 Co. 3:14. Ro. 11:7, describe a los antiguos judíos incrédulos como "insensibles", "duros de cerviz" para con Dios. Haciendo alusión a Isaías 6:10: "Dios les dio un espíritu de estupor, ojos para que no pudieran ver y oídos para que no pudieran oír hasta este mismo día". El contexto del argumento de Pablo es que los judíos no cristianos en su día repetían el pecado de sus antepasados al negarse a creer que Jesús era el Mesías, y al negarse a aceptar que el camino de la justicia fue por fe en vez de por las obras de la ley. Similar a este pasaje, en 2 Co. 3:14, Pablo declara que los judíos no cristianos de su época son insensibles de corazón y espiritualmente ciegos para no ver que el Nuevo Pacto de fe y justicia ha amanecido en Jesús el verdadero Mesías.

En Ro. 11:25 se retoma el mismo tema, pero en el contexto del tiempo del fin. Los versículos clave son 25-27:

No quiero, hermanos, que ignoréis este misterio, para que podáis no os envanezcáis: Israel ha experimentado un endurecimiento en parte hasta la plenitud ha entrado el número de los gentiles. Y así todo Israel será salvo, como está escrito: "El libertador vendrá de Sión; apartará de Jacob la impiedad. Y este es mi pacto con ellos cuando yo quite sus pecados".

Existen tres frases clave en estos versículos que requieren comentarios.

a) "Israel ha experimentado un endurecimiento (*pōrōsis*) en parte" (Ro. 11:25a).

En base a lo que se presenta en los versículos 11:1-10, es evidente que Pablo se refiere al hecho de que, aunque algunos judíos, incluyendo al propio Pablo, han aceptado a Jesús como el Mesías, muchos, tal vez la mayoría, no lo han hecho. El apóstol utiliza el verbo relacionado con *pōrōsis* (es decir, *pōroō*) para describir la persistente incredulidad de los judíos en Romanos 11:7 y 2 Corintios 3:14. En un pasaje (Ef. 4:18), Pablo utiliza *pōrōsis* para referirse a los gentiles.

(b) Pablo declara que la dureza espiritual de Israel continuará hasta que "haya entrado la plenitud de los gentiles" (Ro. 11:25b; cf. Lc. 21:24).

Lo más probable es que esta frase signifique que los gentiles se convertirán a la fe en Cristo hasta que alcancen el número determinado por Dios. Esto ocurrirá durante el largo período de incredulidad por parte de Israel.

(c) La frase "y así todo Israel será salvo" es difícil de interpretar con certeza.

Los estudiosos han debatido sobre este último versículo: ¿qué se entiende por "Israel"? Si se refiere a Israel en un sentido espiritual, entonces el término incluiría tanto a los gentiles como a los judíos, y Pablo no estaría necesariamente diciendo que la nación de Israel será restaurada a Dios. Sin embargo, es poco probable que el término "Israel" tenga un significado exclusivamente "espiritual", ya que en las otras diez ocasiones en que se utiliza en Romanos 9–11 (9:6, 27, 31; 10:19, 21; 11:2, 7, 25), se refiere al Israel étnico. Por lo tanto, es poco probable que en 11:26 se le dé un significado diferente.

Ahora bien, ¿cuál es el significado de las palabras "y así todo Israel será salvo"? Algunos interpretan esta frase como temporal, es decir, que después del endurecimiento espiritual de Israel y la plenitud de los gentiles, entonces todo Israel será salvado. Sin embargo, es inusual encontrar una traducción temporal en los escritos de Pablo. Por lo tanto, es más apropiado entender la frase como comparativa, refiriéndose al contexto inmediato de Romanos 11:25. Algunos intérpretes sugieren que el versículo 11:26 se refiere al remanente, que incluye tanto a judíos como a gentiles (es decir, la Iglesia), descartando así cualquier futura conversión de Israel como nación. Sin embargo, es preferible entender que el antecedente de Ro. 11:26 se refiere a los gentiles que se unen a la comunidad de fe, y cuando esto se complete, Israel será convertido a Jesús el Mesías. Los tiempos futuros "serán injertados" (Ro. 11:24) y "serán salvos" (Ro. 11:26) respaldan esta conclusión. En esta interpretación, Ro. 11:26 se refiere a un evento en el cual Israel como nación volverá a Cristo.

En cuanto al significado de "todo Israel", surgen tres posibilidades principales: (1) los teólogos del pacto/reformados interpretan la frase como Israel espiritual, es decir, los elegidos de Dios, incluyendo tanto a los cristianos judíos como a los gentiles (es decir, la Iglesia). Sin embargo, afirmar que la iglesia será salvada parece redundante; (2) los dispensacionalistas entienden la palabra como una referencia a Israel nacional, es decir, Israel en su conjunto, aunque no necesariamente cada individuo judío. La frase "todo Israel" se utiliza en otros lugares para referirse a la nación, pero sin incluir, necesariamente, a todos los judíos; (3) una teoría más reciente es la interpretación propuesta por Bruce Longenecker, que se basa en la segunda posibilidad. Él sostiene que Pablo está pensando exclusivamente en una entidad étnica, es decir, Israel como un grupo completo. A lo largo de los capítulos 9-11, Pablo aborda los diferentes caminos de dos grupos dentro de la etnia de Israel: los creyentes e incrédulos. Al usar el término inclusivo "todos" en Ro. 11:26, Pablo une a ambos grupos. Así, Pablo anhela el momento en que no solo el remanente de Israel que ha creído, sino también aquellos de Israel que se han apartado de la fe, serán salvados. Cuando Pablo habla de "todo Israel" en Ro. 11:26, se refiere a un grupo étnico cuyos miembros están actualmente divididos (Longenecker).

En otras palabras, en Romanos 11:26, "todo Israel" se refiere al evento futuro en el que la nación de Israel se convertirá a Jesús como el Mesías, lo que resultará en la unión de los judíos cristianos (el Israel espiritual) durante todo el período de la Iglesia. En ese momento, todo Israel, es decir, el Israel unificado, será salvado por primera vez, poniendo fin a la "insensibilidad de Israel".

En conclusión. A lo largo de la historia, encontramos repetidas referencias en las escrituras a la insensibilidad y dureza de corazón del pueblo de Israel. Desde tiempos antiguos hasta los relatos bíblicos más recientes, se destaca la tendencia de Israel a cerrar sus corazones a la voz de Dios y resistirse a su voluntad. En este artículo, exploraremos diversos pasajes bíblicos que abordan este tema, examinaremos las consecuencias de la dureza de corazón y consideraremos las lecciones que podemos aprender de ellos.

En el libro de Hebreos 3:7-9, se hace referencia a los padres de Israel en el desierto, quienes pusieron a prueba a Dios y endurecieron sus corazones. A pesar de haber sido testigos de las obras de Dios durante cuarenta años, su corazón se mantuvo insensible y no respondieron adecuadamente a la voz divina. Hubo continuada resistencia durante toda la travesía del desierto a causa de la insensibilidad y la dureza del pueblo de Israel. Además, esa insensibilidad se puso de manifiesto en el rechazo de la ley y los profetas. En Zacarías 7:12, se señala que el pueblo de Israel endureció sus corazones como el diamante, negándose a escuchar la ley y las palabras de los profetas enviados por Dios. Este rechazo llevó a la ira de Dios y tuvo graves consecuencias para la nación.

Israel tuvo que sufrir las consecuencias de esa insensibilidad y dureza de corazón tanto a nivel individual como colectivo. Los Salmos 17:10 y 73:7 describen cómo aquellos con corazones endurecidos hablan con arrogancia y se llenan de deseos egoístas. Además, la dureza de corazón puede llevar a la desobediencia a los mandamientos divinos, como se menciona en Mt. 19:8 y Mr. 10:5.

Sin embargo, Dios siempre mantuvo extendidos sus brazos por su compasión, y de manera constante les llamó a la obediencia. En contraste con la dureza de corazón, encontramos pasajes que nos exhortan a mostrar compasión y bondad. Dt 15:7 nos insta a no endurecer nuestro corazón y cerrar nuestra mano hacia los necesitados. Esto nos recuerda la importancia de mostrar amor y compasión hacia nuestros semejantes. El Señor insistió en un llamado a la reflexión y el arrepentimiento: la persistencia en la terquedad y la dureza de corazón puede llevar a la separación de Dios y a la desobediencia a Su voluntad. Jer. 9:14 y Jer. 11:8 nos muestran cómo el pueblo de Israel siguió la terquedad de sus corazones y se apartó de los caminos de Dios. Estos pasajes nos invitan a reflexionar sobre nuestras propias actitudes y a buscar el arrepentimiento cuando nos desviamos de los caminos de Dios.

En conclusión, la insensibilidad y dureza de corazón del pueblo de Israel, como se describe en diversas citas bíblicas, sirve como una advertencia y un llamado a la reflexión para nosotros hoy en día. Estas narrativas nos recuerdan la importancia de escuchar la voz de Dios, ser compasivos y obedecer Sus mandamientos. Al evitar la insensibilidad y la dureza de corazón, podemos cultivar una relación más profunda con Dios y vivir de acuerdo con Su propósito para nuestras vidas. Que estas lecciones nos inspiren a examinar nuestros propios corazones y buscar una mayor sensibilidad hacia la voz de Dios y hacia aquellos que nos rodean.

INTERMEDIARIOS

El concepto de intermediarios o mediadores del apocalipsis es amplio y puede tener diferentes interpretaciones dependiendo del contexto en el que se utilice. El Apocalipsis aparece lleno de intermediarios o mediadores de Dios: entre ellos citamos a los ángeles, espíritus, profetas y también a Cristo, el Cordero. Por otra parte, se mencionan a entidades o figuras que desempeñan un papel importante en eventos apocalípticos o catastróficos: el Dragón posee sus propios mediadores y asistentes bien precisos: las dos Bestias y la Prostituta con los reyes pervertidos de la tierra. Estos intermediarios, a menudo, están asociados con el cumplimiento de profecías o eventos cósmicos que marcan el fin del mundo. Su papel puede ser el de advertir, guiar o desencadenar los eventos finales (Pikaza).

IRA DE DIOS

Los hebreos tenían una comprensión concreta de la divinidad, lejos de considerar a su Dios como una abstracción filosófica. Lo concebían como un Ser trascendente, pero al mismo tiempo dotado de reacciones humanas que se describían antropomórficamente. En el Antiguo Testamento, se utilizan varios términos hebreos para expresar el estado de ira de la divinidad (*'af*, lit. "nariz" y *rúañ*, "chálito"), los cuales indican el efecto de la cólera en la respiración y en su órgano correspondiente. La cólera se describe como una pasión que debe ser liberada para poder calmarse. Dentro de su concepción religiosa de la vida, los hebreos atribuían las calamidades públicas y privadas a la ira divina.

En el Nuevo Testamento, se establece a menudo una oposición entre el mensaje de salvación y mansedumbre del evangelio y la manifestación airada del Dios del Antiguo Testamento, el Dios colérico y tonante del Sinaí. Sin embargo, también se encuentra la idea de la "ira" divina en el Nuevo Testamento, que se manifiesta hacia los pecadores. Juan el Bautista habla de una "ira que ha de venir" en un contexto escatológico y mesiánico.

Existen dos términos griegos utilizados para referirse a la "ira" divina: *Symos* y *Orgí*. El primer término se encuentra principalmente en el Apocalipsis, mientras que el segundo es más común en las enseñanzas de San Pablo. Pablo habla del "día de la ira", en el cual se revelará el "justo juicio de Dios" contra aquellos que menosprecian las "riquezas de la bondad y paciencia" divinas, abusando de ellas. En el Apocalipsis se menciona el "cáliz de la ira divina", haciendo referencia a una imagen claramente veterotestamentaria, que se derrama sobre los impíos (Ap. 14:8, 10; 15:7, 16, 19; 19:15), (D. Macho).

Así, la Ira de Dios es la respuesta de indignación divina contra el mal, los demonios, la injusticia, la soberbia, la idolatría, la desobediencia a sus mandamientos. Algunos autores también la llaman "cólera divina". La ira de Dios es justa, santa y necesaria. En el Antiguo Testamento, el concepto de la ira de Dios se refiere al rechazo de Dios ante lo malo y lo injusto de las acciones de su pueblo y de las naciones, porque su naturaleza divina, en esencia, es el sumo bien. En el caso del pueblo de Israel y las naciones vecinas, el pecado de la idolatría era la causa principal de la ira divina. El Salmo 78:56-66 relata la idolatría de Israel. La ira de Dios es dirigida hacia los que en forma reiterada rechazan su voluntad. Por ello, los profetas del Antiguo Testamento, anuncian la llegada del "día de la ira" (Sof. 1:14-15). La teología de la ira de Dios que castiga el pecado y la desobediencia, por un lado, y su amor misericordioso que salva, por otro, encajan dentro de la santidad y perfección de Dios que tiene un plan de salvación para la humanidad a quien otorgó un camino para recibir el favor divino: la salvación por medio del arrepentimiento y la fe que alejan la ira de Dios sobre el pecador.

En el Nuevo Testamento, la enseñanza de Jesús resalta el concepto del Dios de la ira santa, justa, que juzga el pecado (Mt. 3:7; Lc. 3:7; 21:23) pero que, al mismo tiempo, ofrece gratuitamente la salvación a todo aquel que se arrepiente y cree en Jesucristo, quien recibió toda la ira de Dios: "El que cree en el hijo tiene vida eterna, pero el que rehúsa creer en el Hijo no verá la vida, sino que la ira de Dios está sobre él" (Jn. 3:36); Pablo se refiere a la ira de Dios como: una realidad presente (Ro. 1:18; 1 Ts. 2:16), una realidad futura: "El que cree en el hijo de Dios no sufrirá la ira de Dios por su pecado, porque el hijo llevó en Él la ira de Dios cuando murió en la cruz en nuestro lugar" (Ro. 5:6-11). Aquellos que no creen en el hijo, quienes no lo reciben como salvador, serán juzgados en el día de la ira (Ro. 2:5-6), (Ro. 8; 1 Ts. 1:10; He. 3:11; 4:3). También para los desobedientes, la ira de Dios es una realidad temible (Ro. 9:22; 12:19; Ef. 2:3; 5:6; Col. 3:6). La enseñanza sobre la ira de Dios abunda en Apocalipsis, con una variedad de imágenes proféticas del Antiguo Testamento. Apocalipsis usa dos palabras para ira: *orgē* (Ap. 6:16, 17; 11:18; 14:10; 16:19; 19:15) y *thymos* (Ap. 12:12; 14:8, 10, 19; 15:1, 7; 16:1, 19; 18:3; 19:15). Cuando ambos términos se usan juntos es porque se duplica la intensidad (Ap. 14:10; 16:19; 19:15). Con la apertura del sexto sello, inicia el fin de la historia y los pecadores obstinados buscaran es esconderse de la ira de Dios, porque ha llegado "el gran día de su ira" (Ap. 6:16-17). Luego, al sonido de la séptima trompeta, los veinticuatro ancianos adoran a Dios con alegría porque la "ira de Dios ha llegado con destrucción a los moradores de la tierra" (Ap. 11:17-18). De igual manera, a los que rinden pleitesía a la bestia y a su imagen beberán del vino del furor de Dios (*thymos*, Ap. 14:10). Se suman los impíos del mundo que son aplastados en el gran lagar del vino de la ira de Dios (Ap. 15:1, 7; 16:1). Cuando se derraman las siete copas llenas de la Ira de Dios, acontece el fin con relámpagos, truenos y un gran terremoto. El terremoto destruye Babilonia, El Señor le da la copa llena del vino del furor *thymos* de su ira *orgē*. Luego, Jesús reaparece en Ap. 19 con el Santo, poderoso y grande Guerrero para vencer las naciones perversas. La imagen es muy gráfica: "pisar el lagar del furor (*thymos*) de la ira (*orgē*) del Dios Todopoderoso" (Ap. 19:15). El objeto de la ira de Dios en son todos aquellos que han rechazado abiertamente a Dios y a su pueblo.

Apocalipsis describe el contrataste entre el fin trágico de los malvados con el fin feliz de los justos: "Las naciones se enojaron; y ha venido tu ira. Ha llegado la hora de juzgar a los muertos, y por recompensar a tus siervos los profetas y tus santos y los que temen tu nombre, tanto pequeños como grandes" (Ap. 11:18). En una perspectiva creciente hacia la victoria final del pueblo de Dios, Apocalipsis exhorta a los fieles a soportar con paciencia, porque también los muertos reciben descanso: "Bienaventurados los muertos que mueren en el Señor de ahora en adelante. 'Sí', dice el Espíritu, 'descansarán de su trabajo, porque sus obras los seguirán'" (Ap. 14:12-13). De manera culminante, siguiendo el relato de la ira de Dios que viene sobre la gran ciudad Babilonia (Ap. 16:17-21) y las naciones malvadas (Ap. 19:11-21), leemos de la nueva Jerusalén, la ciudad santa de Dios (caps. 21–22).

El justo juicio de la santa ira de Dios es la manifestación clara de la perfecta justicia y santidad divinas. La derrota concluyente de las naciones y los paganos impenitentes son el completo y juicio final de todo lo que es corrompido y perverso. La ira de Dios derrota el mal, vindica a su pueblo, y manifiesta la perfección del carácter de Dios y la comunión eterna con su creación redimida en la nueva creación de todas las cosas.

Así, las explicaciones, Dios es amor, pero también es fuego consumidor para los incrédulos y los demonios. Los cristianos genuinos tienen la confianza de que la ira de Dios, que consume, nunca caerá sobre ellos, porque son justificados en Cristo: "Pues mucho más, estando ya justificados en su sangre, por él seremos salvos de la ira" (Ro. 5:9). Dios es amor y es justicia. Su amor busca salvar al hombre, su justicia castigar el pecado. La salvación la ofrece gratuitamente, pero alguien tenía que pagar el costo de esa salvación gratuita y recibir la justa ira de Dios sobre sí: Jesucristo fue quien recibió la cólera santa de Dios en la cruz, para que la salvación fuese por gracia a todo aquel que cree (ver **Juicio**).

ISAÍAS, LIBRO DE

Isaías está clasificado entre "Los profetas posteriores" porque fue inspirado para predicar en torno a la realidad presente del pueblo de Israel y Judá, con una perspectiva hacia el futuro. "Los profetas anteriores" de Josué a Job, predicaron a cerca de las revelaciones del pasado, interpretando la voluntad de Dios en la historia de su pueblo. Isaías también se le coloca dentro de los profetas mayores por su extensión y por su contenido (F. J. Delitzsch).

Algunos eruditos datan la escritura del libro durante la misma fecha de la vida, ministerio y obra de Isaías: 740 a 698 a.C. Su ministerio fue muy activo en el Reino del Sur, el cual vivía rodeado de un contexto complejo. Las realidades políticas eran convulsas e intensas en las naciones vecinas, excepto en el reino Asirio al mando de su experimentado y emprendedor caudillo Tiglat Pileser que mostró su poderío en todos sus alrededores, mientras que el reinado de Uzías y Jeroboam II disfrutaban de un reinado próspero, pacífico. Las condiciones sociales israelitas eran florecientes, pero desiguales y sus condiciones religiosas eran pecaminosas en lugar de ser santas. El llamado a ser luz a las naciones paganas se convirtió en una imitación pecaminosa de la conducta de las naciones vecinas (Yates).

En el orden canónico dado, Isaías es uno de los libros proféticos más reveladores y destacados por la importancia de sus profecías; la extensión de su contenido; su refinado estilo literario; ser uno de los libros más citados en el Nuevo Testamento. Por unanimidad, los eruditos lo desglosan en tres partes fundamentales: *primer Isaías, segundo Isaías, tercer Isaías*. Existe otra manera de clasificarlo siempre en tres partes: *Isaías de Jerusalén* (Is. 1:1-39:8), con mensajes proféticos de juicios sobre la ciudad, luego profecías de esperanza (c. 738-700 a.C.); *Isaías de Babilonia* (Is. 40:1-55:13), con mensajes de esperanza, consuelo, para el pueblo que vive el cautiverio babilónico; c) *Isaías del retorno* (Is. 56:1-66:24), con mensajes alternos de restauración nacional y de juicio divino a los que se establecerían de nuevo en Jerusalén, cerca del año 538-515 a.C. (Pagán).

El libro de Isaías es uno los más citados en el segundo testamento: cincuenta y ocho veces directas, más de cien indirectas. En general, Isaías 1-39 se enfoca en el juicio e Isaías 40-66 se enfoca en la restauración futura, pero en ambas partes se entremezclan bendiciones y advertencias de juicio.

Es interesante que el pasaje más citado de Isaías en el Nuevo Testamento (Mt. 13:14-15; Mr. 4:12; Lc. 8:10; Jn. 12:40; Hch. 28:26-27) es la visión narrada en Is. 6:9-10, en la cual el profeta se encuentra con el Dios viviente sentado en su trono, rodeado por los serafines y el Señor le llama al ministerio a Isaías para que sea un profeta. Le anticipa que su pueblo Israel no escuchará y que rechazará su mensaje profético, al igual que rechazaría a Jesús de Nazaret como el Mesías.

Otros pasajes proféticos mesiánicos destacados son los siguientes: el de Is. 7:14, en el cual el profeta anuncia que el Mesías que nacerá de una virgen y será llamado Emanuel (Dios con nosotros). Mateo 1:23 declara que Jesús cumplió esa profecía. Is. 9:2-7 anuncia que será un niño y un hijo (Is. 9:6), al mismo tiempo será un poderoso rey justo en el trono de David (Is. 9:7). Estas profecías combinan la parte humana y la parte divina de la que viene el ungido. Isaías lo llama: "Maravilloso consejero, Dios Fuerte, Padre Eterno, Príncipe de Paz".

Isaías 11 anuncia que el Mesías será de la descendencia de David, tal como el Señor lo prometió: saldría del "tronco de Jesé", el padre de David (Is. 11:1, 10). Tendrá el Espíritu del Señor que lo llenará de gran sabiduría y poder (Is. 11:2). El Mesías y su reinado se distinguirá por rectitud y justicia en defensa de los pobres, marginados, oprimidos, indigentes; traerá un tiempo de paz (Is. 11:6-9). Estas realidades de paz las presenta con imágenes de animales salvajes y animales domésticos que viven juntos en armonía, encaminados por un niño pequeño. No hay unanimidad en la interpretación de estos pasajes entre los eruditos. Unos interpretan que este pasaje es una referencia figurativa, nada más, a un tiempo de paz y que los animales salvajes son referencias simbólicas a naciones hostiles. Otros relacionan este pasaje con el tema de la transformación de la naturaleza en el reino milenario.

Isaías 11:10-16 describe, según la opinión de algunos eruditos, al Mesías reuniendo a Israel, trayendo el remanente de vuelta a la tierra. Luego, el profeta afirma que Israel junto con el Mesías reunirá a las naciones gentiles de todo el mundo para él mismo (Is. 11:10, 12) incorporando a la adoración a los gentiles representados por Egipto y Asiria: "El Señor Todopoderoso los bendecirá, diciendo: 'Bendito sea Egipto mi pueblo, Asiria, obra de mis manos, e Israel, mi heredad'" (Is. 19:19-25).

Isaías 40-66 es otro pasaje profético significativo citado por los cuatro Evangelios: "la voz del que clama en el desierto" (Is. 40:3-5), identificando a Juan el Bautista como la "voz en el desierto" y Jesús como el que viene profetizado por Isaías (Mt. 3:3; Mr. 1:3; Lc. 3:4-6; Jn. 1:23).

Hay cuatro pasajes proféticos mesiánicos sobre el Mesías como el siervo del Señor: Is.

42:1-7; 49:1-6; 50:4-10; 52:13, 53:12. Se les conoce como los Cantos del Siervo. Isaías 52:13–53:12 describe al siervo del Señor como el Siervo sufriente expiando pecados, maldiciones, de manera tan exacta y clara a la luz del Nuevo Testamento que es impresionante. Nadie puede negar que esa profecía tuvo pleno cumplimiento en la pasión sustitutiva de Jesús de Nazaret que culminó en su muerte en la cruz.

Otro texto profético mesiánico revelador extraordinario es Isaías 61:1-3. Al inicio de su ministerio, Jesús leyó del rollo de Isaías este texto, luego dijo "esta Escritura se ha cumplido hoy delante de ustedes" (Lc. 4:18-19). Este pasaje habla de las características de su ministerio como Mesías: sería lleno del Espíritu, para socorrer a los pobres, vendar a los quebrantados de corazón, libertar a los cautivos y soltar a los oprimidos por el diablo.

La respuesta de Jesús ante la duda de Juan el Bautista si él era el Mesías: "Los ciegos ven, los cojos andan, los leprosos son curados, los sordos oyen, los muertos resucitan, y se anuncia la buena noticia a los pobres" (Lc. 7:22), confirma el cumplimiento de varias profecías de Isaías sobre su ministerio mesiánico (Is. 29:18-19; 35:5-6; 42:18; 43:8; 61:1).

El pasaje de Isaías 40–66. Habla de las maravillosas bendiciones de la venida de la época mesiánica; el papel de Dios como Creador, el Todopoderoso también es capaz de realizar su proyecto para el futuro. Así, Isaías subraya que el Señor es el Señor de la historia. Dios es Aquel que trajo juicio sobre Israel, pero también Aquel quien traerá la gloriosa restauración futura (Is. 65:1725), proclama "nuevos cielos y una nueva tierra". Esta profecía se explica y amplía aún más en Apocalipsis. 21–22.

Isaías es el tercer escrito con mayor cantidad de pasajes proféticos predictivos. Contiene el 59% de versículos proféticos: 754 de los 1292 de la extensión de todo el libro. Tiene el primer lugar, entre todos los libros de la Escritura, en cuanto al número de predicciones separadas que suman ciento once (BDMPE).

ISLAM

Concepto de islam

Etimológicamente, Islam significa "entrega voluntaria y total a Dios". Según el Corán, un musulmán es aquel que se somete voluntaria y totalmente a Dios. El Corán identifica el islam como la única religión verdadera y establece los principios de creencia en Dios, el último día, los ángeles, la escritura revelada, los profetas, la caridad, la oración, el ayuno y la peregrinación a la Meca.

Origen del islam

Mahoma predicó el islam en la Meca y Medina entre los años 610 y 632. Mahoma nació en la Meca y recibió revelaciones divinas que lo llamaban al profetismo. Comenzó a predicar la religión monoteísta inspirada por Dios y convirtió a seguidores. Enfrentó persecución en la Meca y emigró a Medina en el año 622, marcando el inicio del período medinés. Durante este período, Mahoma se dio cuenta de las diferencias entre su religión y el judeocristianismo y afirmó que él restauraba la religión original de Abraham.

El islam y el judeocristianismo

Existe continuidad entre el islam y el judeocristianismo en términos de creencia en un solo Dios, la resurrección, el día del juicio y la revelación divina a los profetas antiguos. El Corán menciona la existencia de la Escritura, la Torah y los Evangelios.

Hay una similitud notable en las enseñanzas entre el islam y el judeocristianismo, lo que indica una posible influencia o diálogo entre Mahoma y judíos y cristianos de su tiempo (Pikaza, Silanes).

Desarrollo del islam

El islam es una de las tres principales religiones monoteístas en el mundo de hoy, junto con el cristianismo y el judaísmo. El islam es la religión principal en muchos países del Medio Oriente: Jordania, Siria, Turquía, Irak, Irán; África del Norte: Libia, Egipto, Argelia, norte de Nigeria; Asia Central: Uzbekistán, Pakistán, Afganistán; y Asia Meridional: Indonesia, Malasia. Los dos países predominantemente islámicos más grandes del mundo son Indonesia y Pakistán. La religión islámica se desarrolló cientos de años después del cristianismo, por ello no sorprende que la Biblia no hace ninguna referencia explícita al islam o a los musulmanes. Pero la historia bíblica tiene lugar en el Medio Oriente. Israel tenía contactos frecuentes con países como Egipto, Asiria (ahora Irak), Babilonia (ahora Irak), Siria, Amón (ahora Jordania), Libia, Cus (ahora Sudán) y Persia (ahora Irán).

Características del islam

Credo sencillo, ritual simple, escueta organización, mezcla de creencias judías y herejías monofisitas árabes de apariencia agradable, moralidad flexible, ideales materialistas y la promesa de un cielo sensual, hacen del islam un gran atractivo para sus seguidores. Motivos suficientes que empoderan a los creyentes islámicos para abrigarse de la sagrada obligación de diseminar su fe con fanatismo, aún por medio de la violencia, si es necesario. Sí, es una guerra santa contra el incrédulo.

Sus convicciones hacen de los islámicos grandes guerreros y fieles. Creen estar ejecutando la voluntad de Dios, por tanto, triunfarán. Mahoma y sus seguidores emprenden una de las conquistas religiosas y políticas más grandes de la historia. A todos los países les presenta opciones: la conversión al islam, el tributo o la muerte. Con decisión férrea conquistan países, ciudades, provincias: una tras otra, una tras otra. Cuando decide conquistar la Europa occidental, es derrotado en el sur de Francia por el gran guerrero Carlos Martel y su ejército formado por tribus divididas que él logra unir en un solo frente (Gálvez).

Algunas creencias del islam que conectan, en alguna medida, con la Biblia y las creencias judeocristianas que resultan en una mezcla agria:

a. Los profetas del AT fueron hombres con poderes sobre naturales, entre los grandes: Adam, Moisés, y Jesús como uno de los grandes.
b. Solo hay un Dios al que hay que adorar y servir.
c. Todos los eventos están escritos y ordenados por Dios, sean buenos o malos.
d. Hay ángeles invisibles buenos y malos que tienen contacto con los hombres.
e. Creen que Alá ha dado la revelación en el Corán, cuyo contenido son una serie de mensajes dados por el ángel Gabriel a Mahoma su profeta, el mayor de todos.
f. Habrá una resurrección final, el juicio y el cielo o el infierno.
g. La abstinencia de bebidas embriagantes.
h. Se consideran una religión monoteísta estricta, por lo que rechazan la adoración a las imágenes, la mediación sacerdotal, la mediación de los santos.

Desaciertos

a. Avance proselitista por medio de la violencia.
b. Secuestros de niños cristianos para convertirlos en islámicos.
c. Concepto teocrático: la iglesia y el estado es uno.
d. El concepto de Dios es de que es un Dios severo, déspota, y cruel.
e. El islam es enemigo de Cristo y su iglesia.
f. La degradación extrema de la mujer.

g. Sus gobiernos han sido un desastre. (Hughes).

Islam y la profecía bíblica

Los países descritos anteriormente aparecen con frecuencia en la profecía bíblica, con relación al juicio por hacer daño a Israel y con respecto a la salvación futura. Por ejemplo, en Isaías 19:1-18, el profeta anuncia juicio sobre la nación de Egipto. Pero en el texto de Is. 19:19-25 pinta un cuadro futuro en el que Egipto se vuelve al Dios de la Biblia y lo adora. Como parte de ese futuro Dios declara: "Bendito sea Egipto, pueblo mío" (Is. 19:25). En la época de Isaías, las dos naciones más poderosas del mundo eran Asiria al norte y Egipto al sur. Israel fue atrapado por estas dos superpotencias geopolíticas. Pero como Isaías mira hacia el tiempo futuro de restauración y la venida del Mesías, declara que se abrirá un camino construido conectando Egipto y Asiria para que puedan adorar al Señor juntos (Is. 19:25).

Asimismo, cuando Isaías se refiere al Mesías como la luz de las naciones, sin duda, muchas de las naciones que tenía en mente eran las del mundo del Antiguo Testamento, como Egipto, Asiria, Libia, y otros. Así que mientras el islam no se menciona en la Biblia, numerosas regiones y países que ahora son islámicos se mencionan. Una de las claras imágenes futuras de estas áreas que los profetas retratan es que habrá un volverse al Señor y que estas tierras serán parte de aquellas naciones que fluirán a Jerusalén para Alabar a Dios.

Algunos eruditos explican que el islam tiene como dios a la deidad llamada "Alá", podría tener conexión con el Elohim bíblico de los patriarcas, los profetas del primer testamento, pero es más probable que se refiera a un dios pagano de Arabia que existió en tiempos preislámicos. Si tiene más conectividad con el Dios de la Biblia, se justifica que los musulmanes, los judíos y cristianos no tendrían por qué tener problemas en convertirse en musulmanes, afirman los islámicos. Pero si es una deidad pagana entonces su argumento es refutable. El autor Statu se basa en hallazgos arqueológicos para demostrar que Alá es una deidad pagana: "En el año de 1950 un templo importante dedicado al Dios-Luna fue excavado en Hazer Palestina. Se hallaron dos ídolos. Cada uno era una estatua de un hombre sentado en un trono con una media luna tallada en el pecho y las inscripciones que los acompañaban dejan claro que se trata de los ídoslos del Dios-Luna. Varias estatuas más pequeñas fueron también encontradas e identificadas por sus instrucciones como hijas del Dios-Luna. ¿Qué hay de Arabia? Como lo señaló el profesor Coon: los musulmanes son históricamente renuentes a preservar las tradiciones del paganismo del pasado y les gusta confundir lo que es la historia preislámica. Se permiten sobrevivir en términos anacrónicos".

Perspectiva escatológica

Además, durante gran parte de la segunda mitad del siglo XX e incluso hasta el día de hoy, muchos escritores populares han sostenido que existe una conexión del islam con Ezequiel 38. Algunos de estos escritores argumentan que Gog, en Ezequiel 38, representa a Rusia y que todos los aliados de Gog son países islámicos. Estos escritores concluyen que Ezequiel 38 describe una inminente invasión de Israel por parte de Rusia con aliados islámicos (Turquía, Sudán, Libia, Irán). Por otro lado, la mayoría de los eruditos del Antiguo Testamento afirman que los términos Gog y Magog no tienen nada que ver con Rusia (ver **Gog y Magog**). Desde la segunda mitad del siglo XX hasta la actualidad, Turquía ha sido parte de la OTAN, no se considera un aliado de Rusia. Por lo tanto, en el contexto actual de la situación mundial, no parece haber una correlación que respalde la interpretación que ve a Ezequiel 38 como una descripción de un inminente ataque contra Israel, liderado por una coalición musulmana encabezada por Rusia, que incluya a Turquía.

El islam no se menciona en la Biblia, con todo, numerosas regiones y países que ahora son islámicos sí se mencionan con regularidad. Varias profecías refiriéndose a esas regiones, ahora islámicas, evocan claras imágenes futuras que se volverán al Señor y formarán parte de las naciones que irán a Jerusalén para alabar a Dios.

ISRAEL

El nombre "Israel" fue dado a Jacob después de su lucha con el ángel en Penuel o Peniel. Su etimología popular sugiere que proviene de una raíz que se traduce como "combatir". No obstante, se han propuesto varias hipótesis para su etimología científica: a) Israel puede venir de una raíz árabe que significa "brillar", lo que daría el significado de "Dios brilla"; b) otros sugieren que viene de otras raíces que darían los significados de "Dios cura" o Dios es fuerte; sin embargo, la opción más probable es "Dios es fuerte". Es importante destacar que el nombre "Israel" se aplica más al pueblo que al patriarca, aunque Jacob sigue siendo llamado así.

El significado bíblico y teológico de la formación de Israel parte de las Escrituras. El surgimiento se contempla en el trasfondo de los primeros capítulos de los relatos del pentateuco. Bajo la dirección de Moisés, el pueblo hebreo fue libertado de la esclavitud egipcia para atravesar el desierto y llegar a la tierra prometida. Una vez establecido en la tierra, se formó el reino del pueblo de Israel. Por ello, se afirma que el éxodo marcó el verdadero nacimiento del pueblo de Dios.

En la discusión actual, la cuestión teológica, se centra en el significado teológico del judaísmo y del cristianismo. Algunos abogan por la postura de que hay salvación por medio del judaísmo y por el cristianismo por el hecho de que ambos son el resultado de relaciones pactadas con la intervención de Dios en los diferentes grupos. Otros afirman, sin titubeos, que la salvación acontece solo por Cristo el fundador del cristianismo y no por el judaísmo. Se fundamentan en muchos textos en los que Pablo habla que el Señor hizo un nuevo pacto en la sangre de Jesús (He. 7:22), que de dos pueblos: judíos y gentiles, hizo un solo pueblo (Ef. 2:11-14) que los verdaderos israelitas son los de la fe de Abraham (Ro. 9:6-7); la iglesia está formada por judíos y gentiles (Ef. 2:14-22). Así, Israel solo podrá encontrar salvación en Cristo y no por el hecho de ser el Israel físico (MacDonald).

ISRAEL ESCATOLÓGICO

¿Se salvará independiente de la Iglesia?

Varios manuales evangélicos de escatología enseñan que Israel se salvará de manera independiente de la Iglesia y esa enseñanza se resume en las siguientes proposiciones:

a. La primera llamada la teología del reemplazo, dice que, si Israel rechazó al Mesías, entonces la Iglesia gentil tomó su lugar.
b. La creencia de la separación de los dos pueblos, afirma que la Iglesia e Israel son dos pueblos con propósitos, tratos y destinos diferentes.

Pero cuando regreso a lo que enseña la Biblia, veo de manera clara que tanto judíos como gentiles serán salvos solo por la fe en Jesucristo. No hay otro camino, no hay otro medio, no hay otra manera de salvarse y formar parte del nuevo pueblo. Los judíos y gentiles salvos forman el nuevo pueblo de Dios (1 P. 2:4). Ambos son la gran familia de Dios (Ef. 2:19).

Capítulos enteros, pasajes largos, cartas completas, como la de Efesios, el Nuevo Testamento en general, enseñan que en eso consiste precisamente el misterio revelado: de dos pueblos de trasfondos diferentes, Dios hizo en Cristo un solo pueblo: la Iglesia. Así las evidencias, el pueblo natural de Israel no se salvará independientemente de la Iglesia. No puede.

Todos seremos salvos en la simiente de Abraham y la simiente de Abraham es Cristo, es lo que confirman los siguientes versículos:

Gá. 3:16: "Ahora bien, las promesas fueron hechas a Abraham y a su simiente. No dice: "y a las simientes", como si hablara de muchos, sino: "y a tu simiente", como de uno, que es Cristo".

Gá. 3:29: "Y si ustedes son de Cristo, entonces son descendencia de Abraham, herederos según la promesa".

Ef. 3:6: "es decir, que los gentiles son, junto con Israel, beneficiarios de la misma herencia, miembros de un mismo cuerpo y participantes igualmente de la promesa en Cristo Jesús mediante el evangelio".

Tanto judíos como gentiles pueden ser salvos únicamente en Cristo y ambos forman la Iglesia del Señor.

ISRAEL Y LA IGLESIA

La enseñanza de que Israel y la Iglesia son dos pueblos diferentes es aceptada ampliamente por un sector de la Iglesia Evangélica. Esta sostiene que Dios tiene propósitos distintos en su razón de ser y en la salvación para ambos. Insiste en que Israel es el reloj de Dios independiente de la Iglesia para que se disciernan los últimos tiempos. Es verdad que Dios tiene un trato con el Israel de raza, lo reconozco, claro que sí, pero el error es afirmar que se salvarán de maneras distintas.

Las cartas del Nuevo Testamento son un testimonio claro de que los descendientes de Israel y los gentiles son un solo pueblo en Cristo Jesús. La carta a los Efesios es la que trata detalladamente esta enseñanza de un nuevo pueblo formado por dos poblaciones. Las siguientes frases: "Templo santo del Señor", "Cuerpo de Cristo", "la Familia de Dios", "Pueblo Santo", son las expresiones destacadas en dicha epístola.

Pablo explica el misterio de cómo el Señor había planeado que de dos pueblos hiciera uno. Los gentiles sin Cristo, están alejados de Dios, excluidos de la ciudadanía de Israel el pueblo de Dios, pero los gentiles creyentes en Cristo, se convierten en conciudadanos de los santos. Transcribo a continuación cuatro pasajes clave para comprender este tema:

Ef. 2:19: "Por eso, ustedes ya no son extranjeros, ya no están fuera de su tierra, sino que ahora comparten con el pueblo santo los mismos derechos, y son miembros de la familia de Dios".

Ese misterio develado consiste en que los gentiles son coherederos y miembros del mismo cuerpo.

Ef. 3:6: "El designio secreto es este: que por el evangelio Dios llama a todas las naciones a participar, en Cristo Jesús, de la misma herencia, del mismo cuerpo y de la misma promesa que el pueblo de Israel".

Pablo ha explicado que "el cuerpo" es la Iglesia en Ef. 1:22-23 y amplía que toda familia espiritual en los cielos y en la tierra toma su nombre de Cristo. Agrega que, por la obra de la cruz, tanto israelitas de raza como gentiles, forman un solo pueblo llamado Iglesia.

Ef. 2:14-16 es contundente para demostrar que Israel y la Iglesia forman el pueblo de Dios: "[14] Cristo es nuestra paz. Él hizo de judíos y de no judíos un solo pueblo, destruyó el muro que los separaba y anuló en su propio cuerpo la enemistad que existía. [15] Puso fin a la ley que consistía en mandatos y reglamentos, y en sí mismo creó de las dos partes un solo hombre nuevo. Así hizo la paz. [16] Él puso fin, en sí mismo, a la enemistad que existía entre los dos pueblos, y con su muerte en la cruz los reconcilió con Dios, haciendo de ellos un solo cuerpo".

ISRAEL, ESTADO DE

En 1947, las circunstancias y los personajes que comenzaron y luego hicieron posible el renacimiento del Israel como realidad independiente, marcó para siempre un cambio en la historia del medio oriente y del mundo. Después de largas luchas políticas, diplomáticas, estrategias y maniobras de persuasión, el 14 de mayo de 1948 se leyó y se aprobó la declaración de independencia de Israel. Granados explica que los miembros de las Naciones Unidas, tanto los grandes como los pequeños desempeñaron su papel, aportando a esa consumación histórica la autoridad del acuerdo internacional, junto a la labor del pueblo judío: su magnífica resolución, su paciencia, su valor, su disciplina. Realizaron una de las partes principales del plan para el futuro de la Tierra Santa, aceptado por la mayoría de las naciones del mundo. Israel nació en medio de la agonía de la guerra (García Granados).

Este acontecimiento avivó el interés por la profecía bíblica y los eventos escatológicos de los últimos tiempos. La razón es que durante casi dos mil años el Estado de Israel no existió de manera oficial con reconocimiento político, derecho internacional, y geográficamente. Se reconoció por primera vez como un país y un estado soberano e independiente. El punto de vista del cristianismo con relación a las profecías del primer testamento sobre un Israel restaurado en su tierra tradicional lo entendió en sentido figurado. Predominó el punto de vista que las profecías sobre la restauración se cumplieron a través de la Iglesia como el nuevo Israel. Con todo, cuando se estableció el estado literal de Israel en 1948, muchos teólogos, comentaristas y creyentes en general reconsideraron las profecías del Antiguo Testamento sobre Israel y señalaron que estas profecías se cumplirían literalmente en una política Estado de Israel. Este evento proporcionó un tremendo ímpetu al levantamiento de popularidad del premilenarismo en general y el dispensacionalismo en particular (ver **Dispensacionalismo, Premilenialismo**).

Israel es una república democrática parlamentaria que se fundamenta en los principios de libertad, justicia y paz, tal como fueron concebidos por los profetas. Aunque no cuenta con una constitución escrita, sus instituciones fundamentales son el presidente, el parlamento, el consejo de ministros y los tribunales civiles y religiosos. El país se organiza en ramas legislativa, judicial y ejecutiva. Además, las comunidades cristianas y musulmanas tienen sus propios tribunales para resolver asuntos relacionados con el estatuto personal. Los partidos políticos representan una variedad de perspectivas en temas sociales, políticos, religiosos, económicos y nacionales. En el ámbito político, la mayoría de los partidos tienen una inclinación socialista, con diferentes grados de influencia religiosa (D. Macho).

JARDÍN

El tema del Jardín en la Biblia es de gran importancia, y es emblemático en la creación, la redención y la escatología.

La imagen profética del jardín va más allá de la del jardín ordinario al "marco del jardín" para toda la historia de la Biblia. Este marco incluye tres jardines centrales: (a) el jardín del Edén (o jardín de Dios) en Gn. 2-3; (b) los jardines de Jerusalén asociados con el sufrimiento y la resurrección de Jesús y; (c) el último jardín de los cielos, paraíso destacado en Ap. 21-22. Estas tres perspectivas son fascinantes y nos revelan aspectos profundos de la relación entre Dios y la humanidad.

El jardín en el contexto de la creación

El relato de la creación del jardín se encuentra en el libro del Génesis, específicamente en el capítulo 2, donde se nos dice que "Dios el Señor plantó un jardín al oriente del Edén y allí puso al hombre que había formado". Este jardín es el lugar que Dios le otorga al primer hombre para que viva y cuide de él. El Jardín está lleno de agua y una vegetación exuberante, en la que se destacan dos árboles: el árbol de la vida, del cual el hombre puede comer libremente, y el árbol de la ciencia del bien y del mal, del cual se le prohíbe comer. En el texto hebreo, encontramos la expresión "gan be-eden mi-qedem", que significa "un jardín en Edén, al oriente".

La palabra "Edén" en hebreo significa "placer" o "delicia". En un principio, algunos estudiosos asiriólogos sugirieron que la palabra provenía del sumerio "edinu", que significa "llanura" o "estepa". Sin embargo, el descubrimiento de una inscripción bilingüe en acadio y arameo en 1979 ha llevado a la hipótesis de que la raíz semita "dn" podría ser la base de la palabra "Edén" en el contexto de la inscripción, lo cual se traduce como "exuberancia". Este significado encaja mejor con la interpretación tradicional de la exégesis bíblica.

En la traducción griega de la Septuaginta, la palabra "Edén" se traduce por "parádeisos", que significa "parque" y proviene del persa "parai-daeza", que significa "cercado". San Jerónimo, en su Vulgata, tradujo "Edén" como "paradisum voluptatis". Sin embargo, las ediciones modernas optan por la transcripción en lugar de la traducción, por lo que "Edén" se mantiene como "Edén", aunque en ocasiones puede traducirse como "huerto" (RV60) o, más comúnmente, "jardín". Debido a la gran delicia y placer que se asocian con este jardín, a veces se ha identificado con el paraíso celestial y la felicidad eterna.

En la literatura mesopotámica, encontramos el poema sumerio "Enki y Ninhursag", el cual describe un país llamado Dilmun, que es descrito como limpio, puro y radiante. En Dilmun, se dice que "el león no mata, el lobo no atrapa al cordero". Es una tierra libre de lamentos, enfermedades y muerte. Enki la dota de abundante agua dulce y está repleta de jardines y huertos. En este lugar, la Diosa Madre da a luz sin dolor y Enki consume diversas plantas que casi le causan la muerte.

En la literatura sumeria, también encontramos la fusión del jardín y el paraíso. Cuando los dioses deciden recompensar a Ziusudra, el sobreviviente del diluvio, por ofrecerles un sacrificio que aplaca su hambre, le otorgan la vida eterna y lo llevan a Dilmun, conocida como la "Tierra de los Vivos", situada en "el lugar donde nace el sol".

El tema del jardín delicioso siempre se asocia con el oriente, tal vez simbolizando el nacimiento y el renacimiento. A lo largo de la historia, el jardín se ha mencionado con diferentes nombres: gan eden, garden, jardín.

Hoy en día, se ha identificado a Dilmun con la isla de Bahrein, una ubicación estratégica entre las ciudades mesopotámicas y las del valle del Indo. Las delicias, los placeres y las exuberancias de Dilmun pueden explicarse de manera prosaica como el resultado de un período de prosperidad experimentado entre el 2200 y 1600 a.C., el cual llegó a su fin con el abrupto colapso de la civilización del valle del Indo. Este colapso fue causado, al menos en parte, por cambios en el curso de los ríos e inundaciones que interrumpieron los lazos comerciales y desestabilizaron la economía de las ciudades de esa civilización.

Mirar estas historias desde una perspectiva de traducción nos lleva a aspectos y efectos singulares. Sin embargo, sin duda, lo más sorprendente es la mezcla cronológica y temática que se produce al imaginar un "jardín de las delicias" destruido por el "diluvio universal" (L. Guix).

Además, la Biblia habla a menudo del jardín como un lugar de abundancia y descanso, donde las plantas se nutren ricamente para el disfrute humano (p. ej., Nm. 24:6; Ec. 2:5; Is. 58:11; Jer. 29:5). En el clima árido de gran parte de la historia bíblica del mundo, la clave para un jardín exuberante era una fuente abundante de agua dulce. Ocasionalmente en las Escrituras, el jardín común se convierte en una metáfora de amor romántico (Cnt. 4:12, 15, 16; 5:1; 6:2). La belleza, riqueza e intimidad del jardín reflejan los placeres que los dos amantes encuentran en cada uno.

El jardín en el contexto de los evangelios. Después de celebrar la Pascua durante su última semana en la tierra, Jesús y sus discípulos se dirigieron al Huerto de Getsemaní en el Monte de los Olivos, al este de Jerusalén. Este fue el lugar donde Jesús oró angustiado en relación con su sufrimiento venidero (Mt. 26:36-46), donde fue traicionado por Judas, arrestado por los guardias del templo (Mt. 26:47-56), y abandonado por el resto de sus discípulos (Mt. 26:56).

Después de su crucifixión, el cuerpo de Jesús fue colocado en una tumba recién excavada en un jardín sin nombre (Jn. 19:38-42), y este mismo jardín fue el escenario de la primera aparición resucitada de Jesús a María Magdalena y a las otras mujeres (Mt. 28:8-10; Jn. 20:10-18). Estos dos jardines son el lugar donde Jesús aceptó la cruz como la voluntad de Dios y donde Dios afirmó a su Hijo al resucitarlo de entre los muertos, el evento central en la historia que revertió la maldición del primer jardín e hizo posible el último jardín.

El jardín en la perspectiva escatológica. El cielo nuevo y la tierra nueva en Apocalipsis 21 se describen principalmente como una ciudad, la nueva Jerusalén. Sin embargo, esta ciudad celestial también incluye características de un jardín. Apocalipsis 22 comienza con una descripción del jardín celestial donde se invierte la maldición. Este jardín final incluye un río como el primer jardín, pero en este río fluye "el agua de la vida" y su fuente es "el trono de Dios y del Cordero" (Ap. 22:1). Mientras que a Adán y Eva se les negó el acceso al árbol de la vida en el jardín original (Gn. 3:22, 24), en el jardín celestial, el árbol de la vida está situado en el centro de la ciudad, donde sus frutos y hojas brindan alimento y sanidad continua a las naciones (Ap. 22:2).

Al igual que en el jardín original, el pueblo de Dios "le servirá" (Ap. 22:3), pero ahora también reinarán por los siglos de los siglos (Ap. 22:5). El término "servir" tiene una fuerte connotación de adoración. En lugar de ser expulsado de una relación íntima con Dios, el pueblo de Dios ahora "verá su rostro" y llevará su nombre "en sus frentes" (Ap. 22:4). En lugar de la maldición del pecado y la oscuridad, "no habrá más noche" ya que "el Señor Dios los iluminará" (Ap. 22:5).

La imagen del jardín evoca un poderoso mensaje profético. El primer jardín testificó de la belleza y abundancia de la creación original de Dios antes de experimentar la maldición del pecado. En el jardín final, se invierte la maldición de la caída, y el plan de Dios de habitar entre su pueblo se cumple plenamente. El jardín celestial promete ser un lugar donde Dios satisfará todas las necesidades humanas: hambre, sed y, sobre todo, relaciones armoniosas. Sin Satanás, el pecado o cualquier otro enemigo de Dios, los anhelos más profundos del ser humano serán satisfechos por la presencia personal de Dios. El último jardín paradisíaco es posible gracias a los jardines de la pasión y resurrección de Jesús (ver **Cielo nuevo y tierra nueva**; **Nueva Jerusalén**; **Presencia de Dios**).

JEREMÍAS, LIBRO DE

Según Schökel, la vida y la obra de Jeremías alcanza dos períodos muy diferentes, separados por el año 609, fecha en la que acontece la muerte del rey Josías. Los años que preceden a este acontecimiento están impregnados de optimismo: la independencia política abre paso a una prosperidad creciente y a la destacada reforma espiritual religiosa. Los años que siguen a la muerte del rey Josías forman una rápida decadencia. Judá es subyugada por Egipto y Babilonia en el orden dado. Las tendencias internas y las luchas de partidos están acompañadas de injusticias sociales y de nueva corrupción ética y religiosa. El pueblo desfila directamente a su fin. En el año 586 cae Jerusalén en manos de Babilonia, y el reino de Judá desaparece definitivamente de la historia. Es en ese contexto que se desarrolla el ministerio del profeta. Jeremías es uno de los Profetas Mayores (ver **Profetas mayores**) y su libro es uno de los más extensos, lo que hace una gran contribución a la profecía bíblica. De hecho, Jeremías se considera, a menudo, como el libro profético clásico y típico, ya que presenta los temas proféticos centrales y básicos del Antiguo Testamento. Estos temas giran en torno a tres puntos principales que Dios declara a Israel/Judá a través de los profetas. El pueblo ha quebrantado el Pacto mosaico, por lo que se les insta a arrepentirse de inmediato. Dado que no se arrepentirán, el juicio vendrá sobre ellos. Sin embargo, más allá del juicio, está el maravilloso tiempo de restauración y bendición que vendrá a través del Mesías venidero. Gran parte del libro de Jeremías se centra en los puntos mencionados anteriormente. El profeta ilustra de manera contundente cómo Judá ha violado seriamente el Pacto mosaico y suplica repetidamente al pueblo que se arrepienta. Sin embargo, a pesar de los llamamientos al arrepentimiento, el pueblo continúa obstinadamente en el pecado, practicando la idolatría y la injusticia social. Como resultado, Jeremías profetiza sobre el terrible juicio venidero: la invasión babilónica. Pero, en medio de estas advertencias y profecías de juicio, Jeremías también incluye una visión profética extendida del futuro mesiánico. Estas profecías sobre el tiempo venidero se pueden encontrar en tres pasajes centrales del libro: Jeremías 3:14-18, 23:1-8 y los capítulos 30-33.

En estos pasajes, Jeremías habla de la restauración y bendición que vendrán a través del Mesías. Describe un tiempo en el que el pueblo de Israel será reunido y restaurado, viviendo en justicia y plena comunión con Dios. Estas profecías ofrecen una esperanza y un mensaje de redención en medio de la oscuridad y el juicio inminente.

En medio de un llamado al arrepentimiento (Jer. 3:14-18), Jeremías introduce una imagen radical de restauración futura. El aspecto más notable de esta profecía se refiere al Arca de la Alianza (ver **Arca de la Alianza**). Jeremías proclama que el arca habrá desaparecido y será olvidada (Jer. 3:16-17), lo cual refleja un cambio significativo. Aquí convergen dos líneas de pensamiento, ya que el arca del pacto tenía dos significados principales: (1) era el recipiente de los Diez Mandamientos y, por lo tanto, representaba el Pacto mosaico; (2) el arca simbolizaba la presencia de Dios y el trono del Señor, es decir, el lugar donde el Señor se sentaba y reinaba.

En cuanto al aspecto del Antiguo Pacto, este pasaje anticipa la sustitución del Antiguo Pacto por el Nuevo Pacto según Jeremías 31. Por ejemplo, se puede comparar la declaración en 3:16 (nunca entrará en sus mentes) con 31:33: "Pondré mi ley en su mente y la escribiré en su corazón". El segundo elemento perdido con el arca se refiere al trono del Señor, y esto se aborda en Jer. 3:17, donde Jeremías declara que Jerusalén misma se convertirá en el trono del Señor. El arca, que era simplemente un símbolo de ese trono, ni siquiera será extrañada cuando el Señor reine verdaderamente en la ciudad.

Este tema se retoma y se lleva a su máximo cumplimiento en Apocalipsis 21-22 (ver **Nuevo Templo, Presencia de Dios, Apocalipsis, libro de**).

De manera similar a Isaías, Jeremías presenta un cuadro de la era mesiánica que coloca a Jerusalén en el centro del escenario. Isaías combina la promesa davídica, una teología de la montaña santa y una teología del remanente que incluye a los gentiles (ver **Isaías, libro de**; **Remanente**). Aunque Jeremías no menciona la promesa davídica hasta los capítulos 23 y 33, sí presenta los otros dos conceptos en Jeremías 3. Sin embargo, a diferencia de la promesa davídica, en el versículo 3:17 el profeta retrata al Señor mismo como el rey, y a toda la ciudad de Jerusalén como su trono. No solo los gentiles viajan a la ciudad para adorar al SEÑOR, sino que también Israel y Judá son reunidos y habitan en la tierra.

Otro elemento que Jeremías incorpora a su cuadro mesiánico es el concepto del nombre del Señor. Jeremías declara que las naciones honrarán el nombre del Señor (Jer. 3:17). El arca estaba estrechamente relacionada con la presencia del Señor y su nombre. Jeremías utiliza con frecuencia el concepto del nombre del Señor en relación con la revelación divina. En repetidas ocasiones, utiliza la frase "el nombre del Señor" en diversas formas, pero la mayoría de sus usos tienen connotaciones reveladoras, es decir, se refieren a cómo el Señor es conocido por las personas.

El significado del uso que Jeremías hace de este tema en Jeremías 3 es que relaciona el nombre del Señor con la adoración de los gentiles. Por lo tanto, Jeremías declara que el aspecto revelador del Señor, su nombre, morará en la tierra, reinando desde Jerusalén, y los gentiles de todo el mundo vendrán a honrarlo. Este mismo nuevo aspecto revelador también se refleja en el Nuevo Pacto, donde Jeremías afirma que "todos ellos conocerán al SEÑOR" (Jer. 31:34).

Jeremías 23:1-8 es el segundo pasaje central que describe la venida de la era mesiánica. El pasaje comienza con un lamento sobre los malos "pastores" (es decir, líderes) que estaban dispersando el rebaño del Señor (ver **Pastores**). En el versículo Jer. 23:3 se introduce el tema del remanente, junto con un cambio sutil en las imágenes. Ahora, es el Señor quien ha dispersado a las ovejas, haciendo referencia al castigo del exilio. Pero luego, Jeremías describe al Señor reuniendo al remanente de su rebaño. Aunque el término "pastor" no se utiliza directamente aquí para referirse al Señor, sus acciones de reunir al rebaño y guiarlo a pastar, ciertamente reflejan una imagen pastoral. Al igual que en el versículo Jer. 3:15, el Señor promete poner buenos pastores sobre su pueblo. La referencia a los pastores es plural y tal vez se refiere a un liderazgo piadoso en lugar de figuras mesiánicas. Sin embargo, estos pastores parecen ministrar en un estilo propio de la era mesiánica, caracterizada por la reunificación del remanente, la paz, la prosperidad y la fecundidad.

La referencia a los "días venideros" en Jeremías 23:5 es una alusión al tiempo escatológico futuro y enfatiza la importancia de la proclamación. La mención de un futuro rey davídico establece claramente el carácter mesiánico de este pasaje. Esta referencia también combina las imágenes de pastor, rey y libertador (ver **Pacto davídico**).

En este punto, Jeremías introduce una nueva imagen en el versículo 23:5, la de un retoño o rama. Esta imagen probablemente se basa en Isaías 11:1-9 (ver **Rama**). La imagen representa un árbol que ha sido cortado pero que, debido a sus raíces vivas, brota un nuevo brote y comienza a crecer de nuevo. La palabra utilizada, probablemente, conlleva las connotaciones tanto del sentido vegetativo de un retoño o rama, como del sentido humano de descendencia.

Al venidero libertador davídico se le da el nombre de "Jehová nuestra justicia", que es un juego de palabras con el nombre del rey Sedequías, el rey infiel que reinaba sobre Judá en ese momento. El sentido de la frase es probablemente que, en contraste con los reyes anteriores, incluido Sedequías, que no gobernaban con justicia, el Mesías será un fiel reflejo de la voluntad del Señor y traerá justicia.

Jeremías 30–33

Jeremías 30–33, a menudo conocido como "el Libro de la Consolación", trata extensivamente las profecías de Jeremías sobre las bendiciones venideras de la era mesiánica (ver **Libro de consolación**). Estos capítulos se caracterizan por varias otras características generales. La autoridad verbal de Dios se invoca cincuenta y nueve veces ("la palabra del Señor", "declara el Señor", "el Señor habló", etc.). Si bien esta característica está presente en todo el libro de Jeremías, especialmente en las secciones poéticas, la frecuencia e intensidad de estas referencias parecen aumentar en el libro de la Consolación, enfatizando la autoridad y el énfasis de esta sección.

Varios temas relacionados con la era mesiánica se desarrollan a lo largo del libro de la Consolación. Un tema destacado en los primeros versos y que se mantiene presente en todo el libro es la promesa de restauración tanto para Judá como para Israel, en una nación reunificada (Jer. 30:3, 10; 31:5-6, 8-9, 20, 27; 32:27; 33:7). El reino del norte se conoce como Israel, Samaria y Efraín. El término "Israel", aunque a veces se utiliza para referirse al reino del norte, también puede hacer referencia a la nación unida (Jer. 30:10; 31:1-2), reflejando así un futuro tiempo de unidad. Este tema de reunión es una continuación del concepto introducido en Jer. 3:18 y 23:8.

Estrechamente relacionado con el motivo de la reunión está el tema de la tierra restaurada. Jeremías insinúa fuertemente que

Israel y Judá perdieron su derecho a la Tierra Prometida debido a su desobediencia. Por lo tanto, el destierro como juicio adquiere un significado teológico especial. La conexión con la tierra estaba profundamente arraigada en las tradiciones patriarcales, y Jeremías hace numerosas alusiones a las promesas de Abraham en relación con la tierra. El futuro regreso glorioso se dará a "la tierra que di a sus antepasados" (Jer. 30:3) y se caracterizará por la prosperidad (Jer. 31:12; 32:42) y el aumento de la descendencia (Jer. 30:19; 33:22).

La tierra, en un sentido general, se centra en una imagen específica de Sión, la ciudad edificada en el monte (ver **Sión**). La ciudad será reconstruida y honrará al Señor (Jer. 30:18; 31:12, 23; 33:9). A diferencia de otras referencias proféticas, Jeremías no retrata a la ciudad como el centro de la peregrinación de los gentiles, ni alude a una reconstrucción del Templo. Este tiempo de restauración se caracterizará, además, por la alegría y las celebraciones festivas, en contraste con los tiempos de juicio previamente presentados, en los que la ausencia de gozo y las festividades, como las bodas, fueron excluidas específicamente. La nueva era estará marcada por cánticos de acción de gracias y el sonido de la alegría (Jer. 30:19), el baile de las doncellas (Jer. 31:13) y el sonido de las fiestas de bodas (Jer. 33:11).

Quizás la contribución más significativa de Jeremías al estudio de la profecía del Antiguo Testamento es su descripción del Nuevo Pacto. En ningún otro lugar del Antiguo Testamento se menciona específicamente un "nuevo pacto". El Nuevo Testamento, tanto en los Evangelios como en las cartas, identifica claramente la nueva era inaugurada por Cristo con la Nueva Alianza de Jeremías 31:31-33 (cf. Mt. 26:28; Mr. 14:24; Lc. 22:20; He. 8-10).

Esta profecía anuncia que la era mesiánica no se limitará a la restauración política y física, sino que también incorporará la restauración espiritual. Sin embargo, al hacerlo, el Señor presenta algo "nuevo", un tema también proclamado por Isaías. El concepto de un Nuevo Pacto añade un paralelo adicional entre la historia bíblica del éxodo y la futura restauración. El antiguo éxodo culminó con la entrega del Antiguo Pacto. El éxodo "nuevo" también culmina en la entrega del Nuevo Pacto (ver **Nuevo éxodo**).

Jeremías 3:16 sugiere que el Antiguo Pacto estaba llegando a su fin, donde se describe el arca como que "no será recordada". Además, Jer. 11:10 y 31:32 se refieren al Antiguo Pacto como "roto" (es decir, anulado). Parte del cuadro mesiánico que presenta Jeremías es un tiempo en el que la ruptura del Antiguo Pacto con Israel/Judá será reemplazada por el Nuevo Pacto. Hebreos 8-10 desarrolla ampliamente este mismo tema, citado directamente de Jeremías 31.

En el corazón de la relación del Antiguo Pacto estaba el concepto encarnado en la fórmula "Yo... seré vuestro Dios, y vosotros seréis mi pueblo" (Lv. 26:12; Dt. 27:9; cf. Éx. 6:7). El Nuevo Pacto de Jeremías refleja continuidad con el Antiguo Pacto al utilizar la misma fórmula (Jer. 31:33). La relación entre el Señor y su pueblo se restablecerá utilizando las mismas definiciones básicas. Jeremías hace declaraciones similares a lo largo del libro (Jer. 7:23; 11:4; 30:22; 31:1).

Sin embargo, el Nuevo Pacto de Jeremías presenta un marcado contraste con el antiguo en varios aspectos. El Antiguo Pacto fue escrito en piedra, pero el Nuevo Pacto será escrito en el corazón de las personas (Jer. 31:33). Por lo tanto, Jeremías presenta un cambio teológico al centrarse en la ley externa y la obediencia externa, a centrarse en la ley interna y la obediencia interna. Del mismo modo, conocer al Señor, un concepto con fuertes asociaciones soteriológicas, será la característica distintiva de todas las personas bajo el Nuevo Pacto.

En resumen: el libro de Jeremías aborda estos temas proféticos clave: la ruptura del Pacto mosaico, el juicio divino que sigue y la promesa de restauración y bendición a través del Mesías. Estos temas son fundamentales en la profecía del Antiguo Testamento y ofrecen una perspectiva tanto de advertencia como de esperanza para el pueblo de Israel/Judá (Schökel- Sicre).

JERUSALÉN

Jerusalén, en griego Ἰερουσαλήμ (Hierousalém), se cree que el nombre de la ciudad se remonta a los tiempos más antiguos de su población. Aparece en los textos egipcios de execración del Imperio Medio. La primera mención de Jerusalén en caracteres cuneiformes se encuentra en las cartas de Tell el-'Amarnah, donde se escribe como *urusalim*. Se cree que el nombre proviene del semítico occidental y consta de los elementos *yrw* y *sálém*. El primero deriva de la raíz *yrh*, que connota la idea de "fundación" o "establecimiento", y el segundo hace referencia al dios Salem. La ciudad de Salem, mencionada en Gn. 14:18, donde se menciona el nombre del rey de Salén que bendijo a Abraham después de que derrotó a cuatro reyes, recuperó a Lot y trajo los diezmos de todo a Melquisedec, sacerdote del Altísimo (ver **Melquisedec**) y Sal. 76:3, es en realidad Jerusalén, como lo demuestra el paralelismo en el verso del salmo citado. La identidad de ambos nombres se conocía en épocas posteriores, como lo demuestra el Génesis apócrifo con la frase "Jerusalén es Salem". Parece ser que este último nombre se originó en la antigua tradición que consideraba a la ciudad como el lugar donde se rendía culto al dios Salem o Salmon (Sulrnánu), (Diez-Macho).

Otro nombre de la ciudad, en el período anterior a la conquista davídica, es *Yébus/Yébüs*, que es esencialmente una designación étnica. A veces se menciona en el Antiguo Testamento que *Yébüs* es Jerusalén, pero el término *Yébüs*, en su forma gentilicia (jebuseos; heb. *yébüsi*), se usa generalmente para referirse a los habitantes de la ciudad y su territorio.

En el Antiguo Testamento, se utiliza el nombre de Sión para referirse al monte meridional de Jerusalén, que incluía la colina del Templo y la colina del mediodía donde se ubicaba la ciudad antigua. El mismo nombre también se aplica a la colina del Templo o a toda la población. La fortaleza que se encontraba en la elevación de terreno al sur del monte del santuario se llamaba *Mésudat Siyyón* (fortaleza de Sión), (ver **Sión**), sin embargo, su etimología no ha podido ser interpretada, al igual que la del monte Moria, que se refiere a la montaña del Templo. Ambos nombres parecen ser muy antiguos. Cuando David tomó Jerusalén, la ciudad y, especialmente, la fortaleza de Sión recibió el nombre de "ciudad de David". Desde el período de la monarquía, se le dio el nombre de "ciudad de Judá", con el que se menciona en la crónica babilónica que relata la conquista de la población en el séptimo año del reinado de Nabucodonosor. También recibió el título de la "Ciudad por excelencia" y fue llamada con diferentes apelativos religiosos u honoríficos, como "ciudad santa" (Jue. 19:10), "ciudad de Dios" (1 Cr. 11:4-5; Jue. 1:21; 2 S. 5:6; 2 S. 5:7-9; 1 Cr. 11:7; 2 Cr. 25:28; Neh. 11:1; Is. 52:1; 60:14), (Diez-Macho).

Jerusalén en la monarquía. En 2 S. 6, David trae el arca del pacto a Jerusalén y establece allí la capital de la nueva monarquía. En 2 Samuel 7, Dios habla a David a través del profeta Natán y establece el reino davídico Pacto con él (ver **Pacto davídico**). Conectado al establecimiento de la dinastía davídica es la promesa de que el nombre de Dios se asociará con el Templo que se construirá en Jerusalén. Luego Salomón expande la ciudad y construye el Templo justo al norte de la "Ciudad de David", Sión, se aplica al Templo del monte y a la ciudad de Jerusalén, así, "Sión" y "Jerusalén" son a menudo usadas sin distinción.

Oráculos sobre la Jerusalén terrenal. En tiempos de Jeremías, los líderes y el pueblo de Jerusalén se apartaron de Dios y rompieron el Pacto mosaico que Dios les había dado para vivir. Los profetas denuncian esa transgresión y anuncian que, debido a la desobediencia del pacto, Dios se convertirá en el enemigo de Jerusalén (Jer. 21:4-7) y la ciudad será destruida por los babilonios (Jer. 26:18). En el libro de Miqueas, encontramos una acusación del profeta contra los líderes de Israel por su infidelidad e injusticia. Posteriormente, el profeta pronuncia un juicio sobre Jerusalén, diciendo: "Por tanto, a causa de vosotros, Sión será arada como un campo, Jerusalén será convertido en un montón de escombros, la colina del templo en un montículo cubierto de matorrales" (Mi. 3:12). Este pasaje revela la severidad del juicio que se avecina.

Poco tiempo después, tal como predijeron los profetas, los babilonios lograron capturar y destruir Jerusalén (2 R. 25 y Jer. 52). No obstante, cuando los profetas miraban más allá de ese juicio y la invasión babilónica, hacia el futuro tiempo de restauración y el establecimiento de un reinado justo y divino en la era mesiánica, a menudo incluían referencias a Jerusalén en sus descripciones de esa gloriosa etapa venidera (Is. 44:26-28; 52:1-10; Jl. 2:28–3:21). En Zac. 8:3, el Señor declara: "Volveré a Sión y habitaré en Jerusalén. Entonces Jerusalén será llamada la Ciudad de la Verdad, y los montes del Señor Todopoderoso serán llamados Monte Sagrado"; los profetas se refieren a un manantial de agua que brotará del futuro Templo en Jerusalén, otorgando vida (Ez. 47:1-12; Jl. 3:18; Zac. 14:8) y con la gloriosa presencia de Dios (ver **Presencia de Dios**).

El NT se conecta de manera integral con el mensaje del AT en lo que respecta a Jerusalén. En los Evangelios, Jerusalén y sus líderes son el símbolo representativo de la oposición hostil y el rechazo de Israel al Mesías. Así como Jeremías se lamentaba por el juicio venidero sobre Jerusalén debido a su rechazo a Dios, Jesús exclama de manera similar: "¡Oh Jerusalén, Jerusalén, que matas a los profetas y apedreas a los que te son enviados! ¡Cuántas veces he deseado reunir a tus hijos, como la gallina reúne a sus pollitos debajo de sus alas, pero no quisiste! Mira, tu casa te quedará desolada" (Lc. 13:34-35).

De hecho, Jesús pronuncia juicio sobre Jerusalén en varias ocasiones (Lc. 19:41-44; 21:20-24). Al igual que los profetas del AT, Jesús describe la futura destrucción violenta de la ciudad: "Te derribarán a tierra a ti y a tus hijos dentro de ti, y no dejarán en ti piedra sobre piedra, porque no reconociste el tiempo en que fuiste visitada" (Lc. 19:44). Este juicio se cumple en la destrucción del Templo en el año 70 d.C. (ver **Destrucción del Templo de Jerusalén**).

Oráculos sobre la Jerusalén celestial. Tanto los profetas del AT como los escritores del NT anunciaron que la Jerusalén venidera será nueva y mejor. Sin embargo, no hay consenso entre los eruditos sobre la naturaleza de esta nueva Jerusalén (ver **Nueva Jerusalén**). ¿Será construido un nuevo Templo físico y literal, con mortero y piedra, en la ubicación actual del Monte del Templo en la ciudad histórica de Jerusalén? ¿O las referencias a la Nueva Jerusalén son figurativas y/o simbólicas? Los estudiosos continúan divididos sobre este tema. No obstante, existen textos que hablan de una Jerusalén diferente: "Porque no tenemos aquí ciudad permanente, sino que buscamos la ciudad que ha de venir" (He. 13:12-14).

En última instancia, las numerosas profecías sobre el futuro de Jerusalén encuentran su cumplimiento en Apocalipsis 21-22. "Vi la Ciudad Santa, la nueva Jerusalén, que descendía del cielo, de Dios, preparada como una novia ataviada para su esposo. Y oí una gran voz del trono que decía: 'He aquí el tabernáculo de Dios con los hombres...'" (Ap. 21:2-3). La descripción de Juan de la nueva Jerusalén es similar a la de Ezequiel 40-48. Al igual que en las antiguas profecías del AT, en Apocalipsis 21-22 hay un río de agua de vida que fluye desde el trono. Sin embargo, en esta nueva ciudad no hay Templo, porque "el Señor Dios Todopoderoso y el Cordero son su templo" (Ap. 21:22), (Walter-Eichrodt).

JERUSALÉN CELESTIAL

El templo espiritual de toda la nueva creación

La magnificencia del templo celestial de toda la creación y de la ciudad jardín se describen bellamente en Ap. 21:2-3: "Y vi la ciudad santa, la nueva Jerusalén, que descendía del cielo, de Dios, preparada como una novia ataviada para su esposo. Entonces oí una gran voz que decía desde el trono: He aquí, el tabernáculo de Dios está entre los hombres, y Él habitará entre ellos y ellos serán su pueblo y Dios mismo estará entre ellos".

Para apreciar la belleza de la descripción magnífica de la ciudad de la Nueva Jerusalén hecha por Juan, es pertinente observar el contraste de la concepción de la Jerusalén terrenal desde la óptica del pueblo, los profetas, Jesús, los primeros cristianos y del apóstol Pablo. Israel vio desde el principio a la Jerusalén terrenal como la ciudad de Dios dada a su pueblo. El templo lo consideraban como el lugar donde el cielo y la tierra se unían. Para los religiosos significaba el lugar de la máxima autoridad religiosa sobre todo Israel, para los profetas y Jesús era la ciudad que apedreaba y mataba a los profetas enviados del Dios verdadero, era la ciudad corrompida, endurecida, que no conocía el *kairós* de Dios, el tiempo favorable del Señor, su visitación. La corrupción alcanzó el templo de Jerusalén convirtiéndolo en cueva de ladrones.

Cuando los cristianos pensaban en Jerusalén a su mente venían imágenes de oposición, persecución y muerte, pero también veían un lugar de esperanza por causa de la resurrección de Cristo. Escribe Moltmann: "Para los primeros cristianos, la Jerusalén terrenal tenía un significado ambivalente. Jerusalén era la ciudad de la crucifixión de Cristo y de sus apariciones de pascua junto al sepulcro, Jerusalén era el lugar del terror y de la conjura de los pobres y de los poderes impíos contra el Mesías de Dios. Ahí Jesús fue abandonado, rechazado por las autoridades judías y su pueblo. Pero Jerusalén era también el lugar de la esperanza, ahí el resucitado se había aparecido a las mujeres que le habían acompañado desde Galilea y que habían permanecido junto a su Cruz cuando los discípulos habían huido. Esas mujeres escucharon el mensaje *él no está aquí ha resucitado*" (Moltmann).

A Pablo le es revelado el significado espiritual de Agar y Sara, relacionándolo con la naturaleza de la Jerusalén terrenal y la escatológica nueva Jerusalén celestial. Lo describe en Gá. 4:21ss. Agar es un símbolo de esclavitud, de la carne, de lo terrenal y del pacto de Sinaí en Arabia, que corresponde a la Jerusalén terrenal la cual da hijos para esclavitud, por lo que tanto ella como sus hijos están en esclavitud. Sara, es símbolo de la libertad, de la promesa y representa a la Jerusalén de arriba, la celestial, la cual es madre de todos los creyentes y da hijos de libertad. Pablo revela que los creyentes aquí en la tierra ya pertenecemos a la Jerusalén celestial, nuestra patria celestial, somos ciudadanos del reino futuro de Dios, esa es la razón por la que andamos en esta tierra como extranjeros y advenedizos. El escritor de la carta a los hebreos revela que vamos de paso hacia nuestro definitivo lugar, He. 13:14: "Porque no tenemos aquí una ciudad permanente, sino que buscamos la que está por venir".

Beale interpreta que el cielo y la tierra nueva y el templo-ciudad-jardín posiblemente se refieren a la misma realidad de todo el cielo y la tierra nuevos. Y retoma la idea de que la base de la naturaleza que abarca el mundo de la nueva ciudad-templo se halla en el concepto del Antiguo Testamento de que el templo era un tipo microcósmico para todo el cielo y la tierra. El templo del Antiguo Testamento era la vivienda delimitada de la presencia de Dios en la tierra. En el sentido de que estaba reservado a ser un símbolo de la creación en su conjunto, señalaba a la meta del tabernáculo de Dios en el tiempo del fin en toda la creación (Beale, 2015).

El esplendor y la magnificencia de la nueva Jerusalén, la ciudad santa y el templo universal, como el nuevo paraíso, llena todas las cualidades para la felicidad eterna; Juan las describe con bellas metáforas: contiene el agua de vida y el árbol de la vida (Ap. 22:1-2) y da gratuitamente la vida eterna. Como ciudad santa satisface el ideal de la antigua ciudad de ser el lugar donde el cielo y la tierra se unen. Son asombrosos los detalles que describe Juan de la nueva Jerusalén: la ciudad desciende sobre un monte alto, pero este se alza a inmensa altitud, esta ciudad se convierte en el lugar donde habita la presencia de Dios y donde se ve el rostro de Dios. Desde allí el Señor irradiará su gloria e iluminará el universo por eso es correcto que se le llame el tabernáculo espiritual universal en el que está el trono de Dios.

Los detalles de los materiales que describe la nueva Jerusalén, simbolizan la pureza, la santidad, la hermosura, lo permanente, lo cristalino, lo luminoso, la gloria de Dios. Algunos de estos materiales se mencionan en Ez. 37 y 38. Es la ciudad dorada, de color oro. Es obvio que las medidas de la nueva Jerusalén son simbólicas, porque una superficie de 2000 a 4000 kilómetros y las murallas apenas 66 metros físicas en el globo terráqueo son nada y en el cielo inconmensurable, menos: "La mensura de la ciudad como una revelación de perfección… Juan está expresando por medio de símbolos la vastedad, la simetría perfecta y el esplendor de la nueva Jerusalén. Estas dimensiones no deben ser interpretadas como si brindaran información arquitectónica en cuanto a la ciudad. Debemos pensar, más bien que ellas son teológicamente simbólicas del cumplimiento de todas las promesas de Dios" (Newport, 1989).

Es la ciudad jardín. En la visión aparece la plenitud de la vida y la belleza del jardín del edén antes del pecado, pero ahora hecho de nuevo. Eso nuevo es un símbolo perfecto de la armonía, belleza, perfección del Creador y del gozo de sus nuevas criaturas.

En la ciudad luminosa ya no se necesita de un sol, porque la gloria de Dios la ilumina juntamente con Cristo con su luz la ilumina, Ap. 21:23: "La ciudad no necesita ni sol ni luna que la alumbren, porque la gloria de Dios la ilumina, y el Cordero es su lumbrera".

Otro detalle sobresaliente es el que en la ciudad permanente no hay un templo. Ya no hay religión, ni culto ritualista. No son necesarios porque toda ella y su pueblo están llenos de la presencia de Dios, es un estar cara a cara en una unión perfecta. Es la consumación del reino de Dios y su Cristo con su pueblo y su nueva creación.

Juan describe la novedad de la nueva Jerusalén, la belleza, y la nueva comunión plena de Dios con su Iglesia. La perfección en contraste con la ausencia de lo malo, frágil, perecedero y pecaminoso. El mal con todas sus consecuencias ha terminado para siempre (Eller, 1991).

El punto focal de la visión de la nueva Jerusalén, es la habitación inmediata, omnipresente y eterna de Dios y de Cristo, el Dios trino, con su nuevo pueblo, en la nueva creación del nuevo cielo y de la nueva tierra.

Con la visión de la nueva Jerusalén, la profecía de Juan está completa. El epílogo consiste en una serie de exhortaciones y afirmaciones ligadas ligeramente que autentican la profecía, afirman la certeza de la venida del Señor y advierten a sus lectores que tomen en cuenta las palabras de esta profecía (Eldon, 1990).

JESUCRISTO

Del gr. Ἰησοῦς Χριστός (*Iēsoûs Christós*). Ἰησοῦς (*Iēsoûs*) este es el equivalente griego del nombre hebreo Yeshua o Yehoshua, que se traduce al español como Jesús. Se deriva del antiguo nombre hebreo יְהוֹשֻׁעַ (*Yehoshua*), que significa "Yahvé es salvación" o "Yahvé salva". Χριστός (*Christós*): Esta palabra se traduce como "Cristo". proviene del verbo griego χρίω (*chriō*), que significa "ungir" o "consagrar". Como título, Χριστός (*Christós*) se refiere al Mesías o al Ungido, el esperado Salvador y Rey prometido en la tradición judía. Juntos, Ἰησοῦς Χριστός (*Iēsoûs Christós*) se traduce como "Jesucristo", que significa "Jesús, el Cristo" o "Jesús, el Mesías" (Vine).

La revelación de Jesucristo especifica la naturaleza del Dios cristiano. En Jn. 17:3, se define la vida eterna como conocer al único y verdadero Dios, así como a Jesucristo, el enviado de Dios. Por lo tanto, es esencial conocer a Jesucristo para comprender a Dios en el contexto del cristianismo. Además, la afirmación de la divinidad de Jesucristo, que es fundamental en el Nuevo Testamento, implica una transformación del monoteísmo unipersonal del Antiguo Testamento en un monoteísmo trinitario. Para apreciar plenamente la grandeza de esta revelación, es importante considerar el esfuerzo intelectual que implicó esta nueva comprensión de la vida divina en el breve lapso entre la vida de Jesús y la redacción de los principales escritos del Nuevo Testamento. Esto requiere reconocer, en primer lugar, el impacto poderoso de las palabras, obras, muerte y resurrección de Jesucristo, y, en segundo lugar, la iluminación del Espíritu Santo sobre la comunidad cristiana, especialmente en los autores inspirados, como los evangelistas y Pablo.

En la Escritura, el nombre Jesucristo se asocia con otros títulos que amplían el conocimiento de este con el principio y fin de todas las cosas, con el punto focal de la revelación de Dios y la consumación del Reino de Dios en la nueva creación de todas las cosas: *Jesucristo, el que revela al padre*. Los estudios exegéticos y teológicos del nuevo testamento han destacado la importancia de la conciencia filial de Jesús, expresada en su singular manera de llamar a dios "Abba". *Jesucristo, el mesías*, la palabra "Jesucristo" incluye el título de mesías (cristo), que es un componente esencial de su persona y misión. el evangelio de juan resume su propósito diciendo: "estas cosas han sido escritas para que creáis que Jesús es el mesías, el hijo de dios, y para que, creyendo, tengáis vida en su nombre" (Jn. 20:31). *Jesucristo, nuestro Señor*, uno de los títulos más frecuentes en el nuevo testamento, especialmente en las escrituras de Pablo, es "Jesucristo nuestro Señor". Esto expresa el señorío de Cristo sobre los creyentes. El nombre divino de Yahvé, traducido como *kyrios* en la Septuaginta (LXX) es una prueba más a favor. *Jesucristo, el Hijo de Dios*, el título de Hijo de Dios está estrechamente relacionado con los títulos de Mesías y Señor. *Jesucristo, Dios*, una de las afirmaciones más claras de la divinidad de Cristo en el NT es Jn. 1:1, el himno sublime del *logos* declara: "en el principio existía el verbo, y el verbo estaba con Dios, y el verbo era Dios". Además, Juan 1:18 expresa de manera original la divinidad de cristo al decir: "a Dios nadie le ha visto jamás; el hijo unigénito, que está en el seno del padre, él lo ha dado a conocer" (Pikaza-Silanes).

El nombre Jesucristo aparece 193 veces en todo el Nuevo Testamento. Es una figura central en la fe cristiana y ha sido objeto de diversas interpretaciones y estudios desde una perspectiva profética y escatológica. El conocimiento y la conciencia de Jesucristo se definen por su íntima relación divina, que es la base de su vida y se desarrolla en su interacción con Dios como Padre, con su entorno y con los demás. El Nuevo Testamento testifica tanto de la historicidad humana como de la consumación divina del conocimiento y la conciencia de Jesucristo. Aunque su plenitud se afirma principalmente por inclusión, es decir, a través de afirmaciones sobre su autoridad absoluta y su relación única con Dios, en ocasiones se desarrolla explícitamente en los discursos de revelación en el Evangelio de Juan. Los Evangelios Sinópticos también conservan rasgos importantes de la vida espiritual humana de Jesús y su crecimiento en el conocimiento.: Lc. 2,52; 1:80; 2:40; preguntas de aprendizaje y recepción: Mc. 5,9 5,30 6,38; 8,19s.; ignorancia del día del juicio: Mc. 13,32 y el miedo ante la pasión: Mc. 14,33-36, pero también atribuyen a Jesús una sabiduría y conocimiento que superan todas las formas conocidas: Mc. 1:21s; 11:1-6; 14:13-15; 14:18, 25, 27-30; Lc. 2:40-47). El NT atribuye ese saber y conciencias especiales a la conciencia que Jesucristo tiene de su envío (sobre todo Jn. 5,43; 8,42; 16,28; 4,34; 5,30; 6,38), que a su vez descansa en la relación singular con el Padre (Abba: Lc. 11:2 y Mc. 14:36) y en la unión con el Espíritu Santo (Lc. 1:35; Mt 1:18; Mc. 1:9-11, Mt. 12:28.

La combinación de los nombres Jesús y Cristo = Jesucristo, engloba tanto su identidad histórica como su función mesiánica y escatológica (y divina en alguna medida). Jesús es considerado el cumplimiento de numerosas profecías mesiánicas presentes en el AT.

Desde la perspectiva profética, se le atribuye el título de Cristo, que significa "Ungido", refiriéndose a su consagración divina como el Mesías prometido. El NT, especialmente los evangelios, presenta a Jesús como el cumplimiento de estas profecías, desde su linaje davídico hasta su nacimiento virginal, ministerio terrenal y sacrificio redentor.

Jesucristo es reconocido como el Salvador y mediador entre Dios y la humanidad. Su muerte en la cruz y su resurrección son eventos fundamentales en la teología cristiana, y desde una perspectiva profética, se consideran cumplimientos de las profecías relacionadas con la redención y la restauración. Su sacrificio expiatorio es interpretado como el cumplimiento de las profecías sobre el Mesías sufriente anunciado en el AT.

En la perspectiva escatológica, Jesucristo desempeña un papel central como el juez y rey mesiánico que establecerá el reino de Dios en su plenitud. Se espera su Segunda venida, en la cual vendrá con poder y gloria para juzgar a vivos y muertos, establecer su reino eterno y llevar a cabo la consumación final.

Además, el libro de Apocalipsis ofrece una visión particularmente fascinante sobre el papel de Jesucristo en el cumplimiento de las profecías y en el panorama escatológico (Ap. 1:1, 2, 5, 9, 12:17. En este contexto, Jesucristo es retratado como el Rey de reyes y Señor de señores. Se le describe con títulos poderosos como el Cordero de Dios, el León de la tribu de Judá y el Alfa y la Omega. Presenta a Jesucristo como el protagonista central de los eventos finales, desde la apertura de los sellos hasta la derrota final de Satanás y la instauración del nuevo cielo y la nueva tierra.

Jesús representa la encarnación de Dios el Hijo, Cristo el ungimiento como el enviado de Dios, el mesías. Y, el nombre Jesucristo representa al Dios-Hombre, ahora el hombre nuevo resucitado con un cuerpo glorificado y con la gloria que tenía antes con el Padre. Su identidad como el Mesías prometido, su obra redentora y su papel en el cumplimiento de las profecías y en los eventos finales son temas fundamentales en la teología cristiana. El libro de Apocalipsis proporciona una visión fascinante y esperanzadora de Jesucristo, su testimonio y su gracia (Ap. 22:21) como el Rey eterno y el cumplimiento definitivo de las promesas divinas. A través de su identidad como Jesús y Cristo, Jesucristo representa la encarnación de la salvación y la esperanza para todos los creyentes (ver **Cristo**, **Mesías**).

JEZABEL

Jezabel, hija de Etbaal, rey de los sidonios, y esposa del rey Acab de Israel que reinó desde aproximadamente 874 a 853 a.C., fue una figura conocida por su ferviente adoración a Baal y su intento de imponer esta religión sobre el pueblo de Israel. Se caracterizó por perseguir y matar a los profetas del Señor, mostrando así su intolerancia hacia la fe en Yahvé. Además, Jezabel instó a Acab a construir un templo y un altar a Baal en Samaria, y tuvo una influencia significativa sobre él en asuntos espirituales. Cuatrocientos cincuenta profetas de Baal y cuatrocientos profetas de Asera comieron en la "mesa de Jezabel" (1 R. 18:19), y se opuso agresivamente a los profetas del Señor, matando a varios de ellos (1 R. 18:4, 13). En el relato bíblico, Jezabel es recordada por su participación en la injusta ejecución de Nabot para obtener su viñedo para Acab. Esta acción provocó la condena y profecía de Elías de que su cuerpo sería devorado por los perros en los muros de Jezreel, lo cual se cumplió más tarde.

Después de la victoria de Elías sobre los profetas de Baal en el Monte Carmelo, Jezabel amenazó su vida y él tuvo que huir (1 R. 19). En otro evento registrado en 1 R. 21, Jezabel conspiró injustamente para ejecutar a un hombre llamado Nabot y así tomar posesión de su viñedo para su esposo, Acab. Más tarde, el rey Jehú de Judá ordenó que Jezabel fuera arrojada desde la ventana del palacio y luego pasó con su carro sobre su cuerpo (2 R. 9:30-37). Este acto cumplió las profecías previas de que los perros se comerían el cuerpo de Jezabel en Jezreel (1 R. 21:23; 2 R. 9:10).

En el libro de Apocalipsis, Jezabel también es mencionada en una carta dirigida a la iglesia de Tiatira. Se refiere a una mujer que se presenta como profetisa y que influye para que algunos miembros de la iglesia caigan en prácticas de fornicación espiritual y coman alimentos sacrificado a los ídolos (Ap. 2:20). Pero, Jesús declara: "yo voy a hacer que esa mujer se enferme gravemente, y que se mueran los que obedecen sus enseñanzas y siguen creyendo en dioses falsos. Pero si ellos se arrepienten y vuelven a obedecerme, no les haré ningún daño" (Ap. 2:22-23).

El uso del nombre Jezabel en este contexto puede ser simbólico, refiriéndose a Babilonia, la gran Ramera, estableciendo una conexión con la esposa idólatra de Acab y resaltando la influencia negativa y corruptora que esta mujer ejercía sobre la comunidad cristiana en Tiatira (Douglas-Tenney), (ver **Babilonia**, **Nicolaítas**, **Pérgamo**, **Tiatira**).

JINETE

Del griego *jippikos* (ἱππικός), adjetivo que significa "de un caballo" o "de jinetes", ecuestre (Vine).

Cuando se abren los primeros cuatro sellos del Apocalipsis, convocados por uno de los cuatro seres vivientes, aparecen cuatro jinetes. El primero monta un caballo blanco, llevando un arco y una corona, "como victorioso y para seguir venciendo": "Ven". Miré y vi un caballo blanco, y el que montaba sobre él tenía un arco, y le fue dada una corona, y salió vencedor, y para vencer" (Ap. 6:24). Hay varias opiniones: "el arquero montado sobre el caballo blanco es la triunfante propagación del Evangelio"; otros que afirman que "el jinete del caballo blanco es Jesús de Nazaret (Hendriksen)"; "...el anticristo". Además, se ha establecido una conexión frecuente entre el primer jinete y la caballería de los partos. Estos guerreros estaban armados con arcos y los reyes partos solían montar en caballos blancos, representando una amenaza constante para el Imperio romano durante más de dos siglos. Otros estudiosos consideran que el primer jinete simboliza el imperialismo y militarismo victorioso asociado al antiguo Imperio romano. Es importante destacar que, en el Apocalipsis, el color blanco está vinculado de manera consistente con los seres celestiales y la salvación. Esta interpretación contrasta con la idea de que el primer jinete también pueda traer desgracia (Ap. 6:1-8; Ap. 1:14; 4:4; 19: l, 14; Ap. 3:4-5, 18; 6:11; 7:9, 13-14). En cuanto a los otros tres jinetes hay mucha más certeza de su significado: el segundo jinete cabalga un caballo rojo, empuñando una gran espada para quitar la paz de la tierra. El tercer jinete, en un caballo negro, lleva una balanza, anunciando una escasez de trigo y cebada, los principales alimentos, aunque no de aceite y vino. El cuarto jinete, conocido como "muerte", es acompañado por el infierno y monta un caballo de color bayo. La interpretación de los tres últimos jinetes es clara: representan la guerra, el hambre y la muerte, especialmente en forma de plagas y epidemias; en Ap. 6:8 se dice expresamente: "Se les dio poder sobre la cuarta parte de la tierra para matar con la espada, el hambre y la muerte, y con los animales salvajes de la tierra". Hay un paralelismo con Ez 14:21, pero con una diferencia: la de los animales. Ezequiel habla de los cuatro azotes de Dios: espada, hambre, animales salvajes y peste (ver **Apocalipticismo judío**).

Los textos analizados no hacen referencia explícita a que los cuatro jinetes representen todas las calamidades. La enumeración de espada, hambre y muerte en el v. 8 parece aplicarse más a los tres jinetes posteriores, y no hay motivo para ver al primer jinete simbolizado en animales salvajes. Además, el orden de sucesión también se opone a esa interpretación. Si el arco representa la guerra, los dos primeros jinetes representarían lo mismo. No hay evidencia textual para considerar al segundo jinete como representación de la guerra civil, para distinguirlo del primero (Diez Macho).

La postura más tradicional, enseña que los cuatro jinetes se complementan entre sí, ya que cada uno representa un evento relacionado con la tierra en su totalidad. Estos cuatro jinetes simbolizan lo mismo que Cristo había anunciado: los acontecimientos previos al fin del mundo, como guerras, hambrunas, pestes y terremotos. Sin embargo, antes de eso, el evangelio será proclamado en todo el mundo. El arco también es un símbolo del anuncio triunfal de la palabra de Dios. En el Sal 45:6, se hace referencia a las agudas flechas del rey, y en el contexto del Nuevo Testamento, este salmo cumplido en Cristo debería tener un significado figurativo. Si el arco del primer jinete fuera considerado como un arma mortífera, se esperaría que se mencionara en el v. 8. Además, la entrega de la corona y la caracterización del primer jinete como un vencedor absoluto demuestran que no es un poder destructivo, sino que está junto a los vencedores mencionados en Ap. 4. Aunque Cristo también aparece montando un caballo blanco en la visión de los sellos, no se le iguala simplemente al primer jinete, como muchos han sugerido. Esta interpretación se opone al hecho de que Cristo se presenta como el Cordero en la visión de los sellos y, sobre todo, se opone a la interpretación de los tres jinetes restantes, que representan eventos, no personas (Diez Macho), (ver **Juicio**, **Sello del Dios vivo**, **Gran Tribulación**).

JOEL, LIBRO DE

En cuanto a su autoría, el título del libro se atribuye a Joel ben Fatuel. Sin embargo, no conocemos mucha información sobre su persona ni sobre la época en la que actuó. Al leer la obra, podemos deducir claramente que era judío, predicó en Jerusalén y tenía un profundo conocimiento de la vida campesina, como se evidencia en su descripción de la plaga de langostas. No obstante, en una época predominantemente agrícola, este dato por sí solo no es suficiente para considerarlo un campesino al estilo de Miqueas. Además, sus destacadas habilidades poéticas y su conocimiento de los profetas anteriores nos llevan a situarlo en un entorno culturalmente elevado.

Dado su interés por el templo y el clero, muchos lo consideran un profeta relacionado con el culto, siguiendo la línea de Habacuc o Nahún. La mayoría de los biblistas están de acuerdo en que el libro consta de dos partes, una con un matiz profético y otra con un matiz escatológico. La teoría de la autoría de Duhm ganó numerosos seguidores como Holscher, Bewer, Sellin, Robinson, Eissfeldt y Pioger, quienes recientemente han defendido la diversidad de autores, aunque con matices distintos. Sin embargo, la mayoría se inclina a considerar el libro como una unidad. Indudablemente, hay una transición de lo histórico a lo apocalíptico, del presente a un futuro definitivo en el libro, pero no es necesario postular dos autores para explicar este fenómeno. Este fenómeno también se presenta en libros como Ageo, Zacarías y Daniel (Schökel).

Además, no debemos exagerar arbitrariamente las diferencias de estilo. Por ejemplo, en Jl. 4:9-14 encontramos un ritmo y una sonoridad tan magníficos que incluso Bewer, quien se oponía a la idea de que la obra fuese unitaria, se vio obligado a atribuirlo a Joel, al igual que Jl. 3:1-4a. Según Scökel, el libro de Joel es fundamentalmente unitario, y el elemento apocalíptico no es resultado de adiciones posteriores. Esto se debe precisamente a que la originalidad de la obra radica en el salto de lo inmediato a lo trascendente. Sin embargo, esta concepción unitaria no elimina las sospechas sobre algunos textos, como Jl. 4:1, que menciona "aquellos días" mientras el resto del libro habla siempre de "el día". Esto podría indicar una redacción posterior, a menos que el autor pretendiese imitar el estilo de Jer. 30:3. También resulta extraño Jl. 4:18-21, con su introducción propia. Y, sobre todo, Jl. 4:4-8, que interrumpe la conexión evidente entre Jl. 4:1-3 y 4:9-17. No obstante, ni siquiera en estos casos podemos negar la autenticidad. Allen, por ejemplo, sostiene que Jl. 4:4-8 simplemente se encuentra fuera de lugar y debería situarse después de Jl. 4:21. Es posible que Joel haya hecho ligeras modificaciones a su obra, añadiendo algunos versos en momentos posteriores (Schökel).

En cuanto a la fecha de composición, Ibn Ezra y Calvino expresaron su escepticismo sobre determinar cuándo se escribió este libro. No obstante, los estudiosos posteriores han intentado ofrecer respuestas basadas en referencias a la situación interna de Judá, la situación internacional, el estilo, el lenguaje, entre otros factores. Desafortunadamente, todos estos datos son susceptibles de interpretaciones muy diversas, lo que explica por qué el libro ha sido fechado en diversos períodos, desde el siglo IX hasta el III a.C.

En 1831, algunos propusieron situar esta profecía en los primeros años del reinado de Joás, alrededor del 830 a.C. Argumentaron que las alusiones a Egipto y Edom en Jl. 4:19 se refieren a la invasión de Sisac durante el reinado de Roboán (1 R. 14:25) y a la revuelta de los edomitas en tiempos de Jorán (2 R. 8:20-22). Según Credner, las incursiones de árabes y filisteos en tiempos de este último (2 Cr. 21:16) son la base de Joel 4:3-5, 7. Al datar la profecía en tiempos tan antiguos, se explica fácilmente la falta de mención de Asiria o Babilonia, ya que estas grandes potencias no preocupaban a Judá en ese momento. Además, al tratarse de los primeros años de Joás, es comprensible que el libro no mencione al rey, ya que la política estaba en manos del sumo sacerdote Yehoyada. Credner encontró seguidores en Ewald, Pusey, Kell, Von Orelli, Ridderbos, e incluso autores más recientes como Young, quienes sitúan la profecía de Joel en el siglo IX a.C.

Sin embargo, casi al mismo tiempo, en 1835, W. Vatke propuso una datación postexílica, alrededor del 400 a.C. Sus argumentos, complementados por otros autores posteriores, son los siguientes: a) la falta de mención del rey; b) la gran importancia del sacerdocio; c) una actitud muy positiva hacia el culto, que difiere de la postura crítica de los profetas preexílicos; d) en Joel 4:2 se habla claramente del destierro como algo que ya ha ocurrido; e) en Joel 4:6 se menciona a los griegos; f) el lenguaje presenta arameismos; g) nunca se menciona al Reino del Norte, e "Israel" es sinónimo de Judá, lo cual es típico de la época postexílica; h) se mencionan diversos países extranjeros (fenicios, filisteos, egipcios, edomitas, griegos, sabeos), pero no se mencionan asirios ni babilonios, que fueron los principales adversarios durante el período preexílico; i) se encuentran al menos veintisiete paralelos con textos del Antiguo Testamento, y en algunos de ellos es, sin duda, Joel quien ha copiado a sus predecesores.

Estos argumentos tienen un valor muy variado y algunos no prueban absolutamente nada. Sin embargo, en conjunto, han impresionado a la mayoría de los comentaristas, quienes tienden a situar a Joel en el período postexílico. No obstante, cuando se intenta ser más precisos en la datación, surgen discrepancias entre los estudiosos.

Además de los argumentos negativos mencionados anteriormente, los autores también presentan argumentos positivos. Por un lado, destacan la elegancia del hebreo de Joel y las cualidades poéticas evidentes en su escritura, características más propias del último período monárquico que de la época postexílica. Por otro lado, la clara relación entre Joel, Sofonías y Jeremías lleva a considerarlo contemporáneo de estos profetas. También se plantea la pregunta de por qué el libro de Joel, si es postexílico, no menciona al sumo sacerdote y a los levitas. Es difícil tomar partido por una u otra teoría. Personalmente, tengo la impresión de que Joel predica después del destierro (Jl. 4:2-3), una vez reconstruido el templo (en el año 515 a.C.). No creo que la mención de murallas en Jl. 2:7-9 obligue a datar el libro después de la reconstrucción de las murallas de Jerusalén en tiempos de Nehemías, ya que podría tratarse de una expresión poética. Por lo tanto, tiendo a fechar esta profecía en los siglos V-IV a.C., sin deseo de ser más específico. Sin embargo, no podemos descartar por completo la posibilidad de que el profeta haya actuado en los últimos decenios del reino de Judá. Precisamente esta ambigüedad es la que nos lleva a ofrecer más adelante dos enfoques diferentes de interpretación.

Según Schökel, a pesar de la falta de consenso en los aspectos que hemos abordado anteriormente, hay mayor acuerdo en cuanto al contenido del libro de Joel. Él afirma que se trata de una poderosa obra literaria que también tiene un significado profético. El profeta toma como punto de partida una catástrofe en la ciudad, una terrible plaga de langostas que es devastadora para la agricultura (Jl. 1:2-13). Él mismo ha experimentado esta situación y conoce bien las distintas variedades de estos destructores insectos; ha observado cómo avanzan en oleadas o nubes invasoras y ha contemplado detalladamente los efectos destructivos que tienen en las plantas. A esta terrible catástrofe se suma otra calamidad, la sequía (Jl. 1:14-20), y ambas juntas hacen pensar en un futuro aún más sombrío, "porque está cerca el día del Señor" (Jl. 1:15). En la imaginación poética de Joel, la plaga de langostas se convierte en un ejército disciplinado y valiente que asalta y conquista una ciudad (Jl. 2:1-11). Este es un primer paso en la elevación poética.

La catástrofe nacional despierta la necesidad de una profunda conversión, tanto interna como externa, que se manifiesta en un día de ayuno y penitencia para implorar la compasión divina (Jl. 2:12-17). Aquí encontramos elementos típicos de la religiosidad israelita, como los actos de culto, las proclamaciones del profeta y la participación de sacerdotes y pueblo en sus respectivos roles. Estos elementos litúrgicos se presentan en el libro de manera natural, sin transformación poética. Todo esto culmina en el oráculo con el que Dios responde al pueblo (Jl. 2:19-27), anunciando la liberación de la plaga, el fin de la sequía y el retorno de las bendiciones tradicionales sobre la tierra. En este contexto litúrgico, y con una iluminación poética, Joel eleva todo el evento a la categoría religiosa de "día del Señor"; momentos en la historia en los que Dios interviene soberanamente, utilizando fenómenos atmosféricos o ejércitos humanos como instrumentos. Durante esos días, el Señor lleva a cabo un juicio público, castigando o salvando. En los capítulos finales (Jl. 3-4), Joel aborda tres temas, prescindiendo de la efusión del espíritu: los signos en el cielo y la tierra (Jl.3:3-4; 4:15-16a); la salvación de Judá (Jl. 3:5; 4:16b), manifestada políticamente en la liberación de extranjeros (Jl. 4:17) y económicamente en la prosperidad y el bienestar del país (Jl. 4:18) y; por último, pero con un desarrollo más extenso, la condena de las naciones extranjeras que dispersaron y oprimieron al pueblo. Estas naciones se reunirán en el valle de Josafat, también conocido como el valle de la Decisión, donde serán juzgadas y condenadas por Dios (Jl. 4:1-3, 9-14). En esta línea se incluyen también los versículos 4:4-8, que hablan del castigo de Tiro, Sidón y Filistea, y el versículo 4:19, dirigido contra Egipto y Edom. Así es el libro de Joel, una obra de un gran poeta que construye con precisión, que sabe desarrollar de manera coherente una transposición imaginativa y que renueva la tradición literaria y los motivos poéticos comunes con breves imágenes. Los comentaristas coinciden en dividir la obra en dos partes, pero no hay acuerdo sobre dónde termina la primera y comienza la segunda. Algunos sitúan la línea divisoria en Jl. 2:17, lo que viene antes constituye el lamento del pueblo, mientras que lo que sigue (Jl. 2:18-4:21) es la respuesta divina. Esta posición tiene la ventaja de agrupar todos los oráculos del Señor en un solo bloque, pero el inconveniente es que no deja clara la diferencia importante entre la solución de un problema transitorio (Jl. 2:19-27) y lo que sucederá después (Jl. 3:1-4:21). Por lo tanto, puede ser preferible adherirse a la postura de aquellos que dividen el libro en dos partes: caps. 1-2 y caps. 3-4. Formando así un díptico, con el primer cuadro centrado en lo histórico (la plaga de langostas y su solución) y el segundo en los acontecimientos apocalípticos.

Según Schökel, existen claves para entender mejor el contenido del libro de Joel y su significado para los contemporáneos del profeta. Esta pregunta es secundaria pero interesante, y la respuesta se puede abordar desde dos perspectivas: ubicando a Joel en los últimos decenios de la monarquía o durante los siglos V-IV a.C.

En la primera hipótesis, al leer el libro de Joel en relación con la predicación de Sofonías sobre el "día del Señor" (Sof. 1:2-2:3) y el mensaje de Jeremías sobre la sequía (Jer. 14:1-15:9), se pueden encontrar conexiones significativas. Especialmente, el segundo texto resulta muy interesante. Jeremías también comienza con una catástrofe agrícola, en la cual el pueblo intenta buscar soluciones a través de rituales y la intercesión del profeta. Sin embargo, Dios se niega a perdonar. Incluso la sequía se convierte en un signo de plagas aún más terribles como la muerte, la espada, el hambre y el exilio. Para Sofonías, el día del Señor también se manifiesta como un momento de ira, juicio y destrucción. Sin embargo, existe una salida: buscar al Señor, buscar la justicia, buscar la humildad (Sof. 2:3).

Joel comparte la idea de que el día del Señor es terrible. En comparación, la plaga de langostas y la sequía son adversidades menores. Sin embargo, Joel está convencido de que "el Señor es compasivo y clemente, paciente y misericordioso, y se arrepiente de las amenazas" (Jl. 2:13). Para él, la catástrofe actual no es una señal de un castigo aún mayor, sino que anticipa una era de bendición y salvación para el pueblo. Rudolph sugiere que el mensaje de Joel sonaría en los oídos de sus contemporáneos en oposición directa al de Sofonías y Jeremías. Incluso, afirma que Jeremías podría haber dirigido duras palabras hacia Joel, acusándolo de profetizar mentiras en el nombre de Dios. Sin embargo, esta postura parece injusta. Joel no anuncia una salvación incondicional, sino que exige una conversión interna y profunda (rasgar los corazones y no los vestidos) y todo lo somete, al igual que Amós, a un "quizá" (Jl. 2:14).

Con esto, no pretendemos establecer un acuerdo completo entre Joel, Jeremías y Sofonías, dice Schökel. Si hubieran sido contemporáneos, es probable que hubiera habido numerosas discrepancias. Joel otorga al culto una capacidad para resolver problemas que Jeremías siempre negó. Por otro lado, tanto Sofonías como Jeremías se centran en lo concreto y no se quedan en fórmulas vagas (convertíos al Señor, vuestro Dios), sino que indican las consecuencias prácticas de esta actitud. Sin embargo, esto no implica que la oposición entre estos profetas sea radical.

De todos modos, consideramos que Joel ejerce su profecía durante el siglo V, y en este momento su mensaje adquiere matices diversos. Las grandes catástrofes, como la caída de Jerusalén y la desaparición de la monarquía, ya son hechos del pasado. La profecía, a partir de Ezequiel y Deuteroisaías, ha adoptado un tono más optimista y consolador, anticipando un cambio trascendental, la llegada de ese mundo maravilloso anunciado por Ezequiel, Ageo y Zacarías. Sin embargo, los años han pasado sin que las esperanzas se cumplan. El pueblo no ha recobrado su libertad, los enemigos no han sido castigados y la efusión del espíritu anunciada por Jeremías y Ezequiel no se ha producido. Un manantial no ha brotado desde el templo para alimentar el torrente de las Acacias. A pesar de todo esto, Joel, partiendo de una calamidad e incluso anticipando una catástrofe mayor, mantiene la esperanza de que la palabra profética de sus predecesores no será en vano. Confía en su cumplimiento y lo proclama.

Desde esta perspectiva histórica, Joel no se presenta como un profeta insignificante, ni mucho menos como un falso profeta. A los ojos de sus contemporáneos, emerge como un hombre de profunda fe y esperanza. Al mismo tiempo, no se limita a consolar, sino que sacude las conciencias y exige un cambio radical, pasando del presente al futuro, de las necesidades básicas a la misión definitiva, de la angustia por la comida y la bebida a la colaboración en el gran proyecto de Dios (Jl. 4:9-10).

Para los cristianos, el libro de Joel tiene aspectos positivos y negativos. Sorprende, e incluso incomoda, el nacionalismo exacerbado que se traduce en xenofobia, una postura comprensible cuando recordamos la gran tragedia que sufrió su pueblo, pero muy alejada del universalismo de Jonás, de otros textos proféticos y del Nuevo Testamento. Resulta extraño que el llamado a la conversión no esté acompañado de un contenido ético y social, limitándose a actos rituales (como se puede ver en el caso tan opuesto de Is. 58:1-12). Sin embargo, también tiene aspectos positivos. La llamada al arrepentimiento (Jl. 2:12-18) es recordada anualmente en la liturgia de Cuaresma. La confianza en la bondad de Dios, que perdona y salva a su pueblo, invita a la esperanza. Y, sobre todo, la efusión del Espíritu, que trasciende las barreras de género, edad y clases sociales (Jl. 3:1-2), anticipa lo que ocurrirá en Pentecostés (Hch. 2:16-21) y la presencia continua del Espíritu en la Iglesia.

Este pequeño libro, que a primera vista puede parecer nacionalista y centrado en el culto, también sirve como una denuncia a la comunidad cristiana actual, que a menudo se muestra reacia al arrepentimiento y trata de encerrar nuevamente al Espíritu dentro de los estrechos límites de la edad, el género y la posición dentro de la Iglesia.

En el Nuevo Testamento, la cita más explícita e importante de Joel se encuentra en el discurso de Pedro durante el evento de Pentecostés. Además, Pablo cita Joel 3:5 en Romanos 10:13, otorgándole un carácter universal para justificar la salvación tanto de judíos como de gentiles. Los textos apocalípticos del Nuevo Testamento, como los discursos escatológicos en los evangelios sinópticos y el libro de Apocalipsis, frecuentemente, utilizan frases de Joel al describir el momento final (Mt. 24:21-29; Mr. 13:24-25; Lc. 21:25; Ap. 6:12-13, 17; 8:12; 9:7-9; 14:5, 8; 19:15; 22:1).

El libro de Joel destaca por su contenido profético y escatológico. Una de las profecías más destacadas es la del derramamiento del Espíritu de Dios sobre todo su pueblo. Solo Joel y Ezequiel hacen esta profecía. En el Antiguo Testamento, el Espíritu de Dios solo era dado a algunas personas especiales en ocasiones especiales. En general, en el Antiguo Testamento, la presencia de Dios se experimentaba a través del Tabernáculo o el Templo.

Normalmente, la gente en el Antiguo Testamento no experimentaba la morada del Espíritu. Sin embargo, en Joel 2:28-32, el profeta hace una nueva y radical profecía, declarando que en el futuro Día del Señor, Dios derramará su Espíritu sobre todo su pueblo, tanto jóvenes como ancianos, hombres y mujeres por igual. Esta profecía se cumplió en el día de Pentecostés cuando el Espíritu Santo descendió sobre los discípulos en Jerusalén. En Hechos 2:14-21, Pedro afirma explícitamente que el derramamiento del Espíritu que los discípulos experimentaron en Pentecostés fue el cumplimiento de la profecía de Joel 2:28-32.

Joel también describe señales cósmicas espectaculares en 2:30-31, que probablemente estén asociadas con el juicio en el Día del Señor. Luego, Joel declara: "Y todo aquel que invoque el nombre del Señor será salvo" (Jl. 2:32). En Romanos 10:13, Pablo cita este versículo para demostrar que tanto judíos como gentiles experimentarán la salvación de Dios.

Es interesante notar que el libro de Joel contiene 25 predicciones, de las cuales 20 se encuentran en la segunda parte del libro. Además, contiene profecías en 50 de sus 73 versículos, lo que representa el 68% de los versículos proféticos (BDMPE).

JONÁS, LIBRO DE

Desde tiempos antiguos, el libro de Jonás se ha interpretado desde distintas perspectivas:

Interpretación mística: el libro de Jonás se considera una representación simbólica de la experiencia espiritual y la relación entre Dios y el ser humano. El personaje de Jonás es ficticio. El libro de Jonás se considera una historia que transmite enseñanzas y verdades universales a través de símbolos y metáforas. Jonás, en este caso, se interpreta como un tipo de figura profética que representa a Israel. La misión de Jonás de advertir a la ciudad de Nínive sobre la destrucción inminente se interpreta como una llamada a la nación de Israel para que se arrepienta de sus caminos malvados y se vuelva a Dios. La respuesta de Nínive al mensaje de Jonás, que se arrepiente y es perdonada por Dios, puede interpretarse como una lección sobre la misericordia y el perdón divinos, y como una invitación a la nación de Israel a seguir ese ejemplo.

Interpretación alegórica: el envío de Jonás a predicar en la ciudad de Nínive de parte de Dios, simboliza al alma humana que recibe una llamada divina para cumplir una misión específica. El viaje de Jonás en el vientre del pez representa un período de reflexión y purificación espiritual, una especie de renacimiento o transformación interior. La eventual liberación de Jonás y su cumplimiento de la voluntad de Dios en Nínive representan la rendición total del alma a la voluntad divina y la búsqueda de la redención.

Interpretación histórica: el libro de Jonás se considera un relato que narra un evento real en la vida del profeta Jonás. Según esta interpretación, Jonás fue un profeta israelita enviado por Dios para advertir a la ciudad de Nínive sobre su inminente destrucción debido a su maldad. La resistencia inicial de Jonás a cumplir su misión, su huida en un barco y su posterior liberación del vientre del pez se interpretan como eventos históricos literales. La reacción de la ciudad de Nínive al mensaje de Jonás y su arrepentimiento, así como la misericordia de Dios al perdonarles, se consideran eventos históricos también (Yates).

En cuanto a la fecha de redacción del libro de Jonás, este no proporciona ninguna conexión con los reyes gobernantes que ayuda para fecharlo. No obstante, 2 Reyes 14:25 se refiere a un profeta llamado Jonás. quien profetizó en la época aproximada de Jeroboam II (793-753 a.C.). Es probable que este Jonás sea el mismo profeta que aparece como principal personaje del libro de Jonás.

La trama del relato es bien conocida. Dios le dice a Jonás que vaya a Nínive, la capital de Asiria, y predicar juicio contra el pueblo que allí habita. Jonás se niega al principio, pero después de intentar huir y ser tragado por un gran pez, finalmente va a Nínive y proclama brevemente el juicio sobre ellos. Sorprendentemente, los ninivitas, desde el rey hasta la persona más humilde, deciden humillarse y arrepentirse. Por tanto, Dios se arrepiente del juicio que Jonás ha predicado (ver **Profecía condicional**). Jonás se enfada por el perdón de Dios a Nínive y el libro termina con Dios reprendiendo a Jonás por la falta de compasión del profeta.

Los destinatarios de la profecía de Jonás, difiere de muchos de los otros libros proféticos del Antiguo Testamento en que Jonás predica a los extranjeros (los asirios), no a los israelitas. Por lo tanto, hay alusiones en este libro a la inclusión gentil profetizado por otros profetas como Isaías (ver **Isaías, libro de**). La función principal de este libro es resaltar la obstinación y testarudez de Israel en su negativa a arrepentirse. Es decir, otros profetas predican repetidamente a Israel y no obtienen respuesta, nadie escucha y nadie se arrepiente; Jeremías, por ejemplo, predica durante años y años en Jerusalén, pero tanto el rey como el pueblo rechazan su mensaje. Los asirios en Nínive, por el contrario, escuchan el mensaje breve y poco entusiasta de Jonás, y todos se arrepienten. El punto es que si la gente de Nínive (los asirios) pueden oír la palabra de Dios y responder con arrepentimiento, ¿por qué entonces Israel no puede? Así, Jonás subraya aún más la culpa y la culpabilidad de Israel, quienes a causa de la repetida idolatría y la negativa a arrepentirse, son conquistados y exiliados por estos mismos asirios.

Resumen de contenido del libro de Jonás en sus cuatro capítulos

Cap.1. Desobediencia de Jonás y la tormenta
En el capítulo 1 del libro de Jonás, Dios le ordena a Jonás que vaya a la ciudad de Nínive y predique contra su maldad. Sin embargo, Jonás desobedece y decide huir en un barco en dirección opuesta. Durante el viaje, una fuerte tormenta azota el barco, y los marineros, asustados, descubren que la tormenta es el resultado de la desobediencia de Jonás. Jonás admite su culpa y les dice que lo tiren al mar para calmar la tormenta. Los marineros, a regañadientes, lo arrojan al agua y la tormenta cesa. Luego, Jonás es tragado por un gran pez que Dios envía para salvarlo.

Cap. 2. Arrepentimiento de Jonás y su rescate divino
En el capítulo 2 del libro de Jonás, después de ser tragado por el gran pez, Jonás clama a Dios desde las entrañas del pez. En su oración, reconoce su desobediencia y su arrepentimiento. Jonás describe cómo se hundió en las profundidades del mar, pero Dios lo rescató. Agradece a Dios por su misericordia y promete cumplir sus promesas. Después de tres días y tres noches en el vientre del pez, Dios ordena al pez que vomite a Jonás en tierra firme.

Cap. 3. Anuncio profético de Jonás sobre Nínive y arrepentimiento de Nínive
En el capítulo 3 del libro de Jonás, después de ser vomitado en tierra firme, Jonás recibe nuevamente la palabra de Dios y se dirige a la ciudad de Nínive. Allí, predica un mensaje de advertencia, anunciando la destrucción inminente de la ciudad debido a su maldad.

Sorprendentemente, los habitantes de Nínive, desde los más pequeños hasta los más grandes, se arrepienten de sus malos caminos y ayunan en señal de humildad. Esto llega a oídos de Dios, quien se apiada de ellos y decide no destruir la ciudad.

Cap. 4. El enojo de Jonás, y la lección de compasión divina
En el capítulo 4 del libro de Jonás, después de que Nínive se arrepiente y es perdonada, Jonás se molesta y se enoja con Dios. Se sienta fuera de la ciudad y espera para ver qué sucederá. Dios hace crecer una planta para darle sombra y Jonás se regocija por ello. Sin embargo, al día siguiente, Dios envía un gusano para que destruya la planta. Jonás se enoja aún más y desea la muerte. Dios le pregunta si tiene razón para estar tan enojado, y Jonás reconoce su actitud egoísta. Dios le enseña una lección sobre su compasión hacia Nínive y sus habitantes, incluso cuando ellos merecían el castigo.

El libro de Jonás tiene relevancia en el NT

Cuando los fariseos y los maestros de la ley le piden una señal a Jesús, él los reprende y les dice que la única señal que se les dará es "la señal del profeta Jonás" (Mt. 12:38-41; 16:4; Lc. 11:29-32). Jesús establece dos conexiones con la historia de Jonás. En primer lugar, Jesús declara que, al igual que Jonás estuvo en el vientre del pez durante tres días y tres noches, así también el Hijo del Hombre estará en la tierra durante tres días y tres noches (Mt. 12:40). En otras palabras, Jesús interpreta el libro de Jonás como una profecía de su propia Resurrección.

En segundo lugar, Jesús menciona el testimonio del pueblo de Nínive, que se arrepintió al escuchar el mensaje de Jonás (Mt. 12:41; Lc. 11:32). Jesús se presenta como un profeta superior a Jonás, por lo tanto, los israelitas de su tiempo deberían escucharlo y arrepentirse. Sin embargo, al igual que en los días de Jonás, Israel se niega a escuchar al profeta de Dios y arrepentirse. Así como el arrepentimiento de los ninivitas destacó la obstinación de los israelitas en los días de Jonás, lo mismo ocurre con el arrepentimiento en el tiempo de Jesús, lo cual revela la terquedad de Israel y conduce al juicio.

El libro de Jonás presenta cuatro predicciones que se encuentran en los dos primeros capítulos y abarcan únicamente cinco de los cuarenta y ocho versículos totales del libro, lo cual representa aproximadamente el diez por ciento de versículos proféticos de su contenido total (BDMPE).

JUAN EL BAUTISTA

Juan el Bautista fue una figura importante en la historia bíblica, especialmente en relación con el ministerio de Jesús.

Vida de Juan el Bautista: Juan el Bautista nació de los padres Zacarías y Elisabeth, quienes eran considerados justos delante de Dios. Su nacimiento fue anunciado por el ángel Gabriel a Zacarías (Lc. 1:5-25) y su madre Elisabeth quedó embarazada a pesar de su vejez. Pero antes, en el mismo capítulo, una declaración paralela relacionada con la imposición de nombre a Juan el bautista sí parece ser profética: "Elisabeth te engendrará un hijo, y le llamarás Juan" (cf. Lc. 1:13). Juan el Bautista comía langostas y miel silvestre (Mr. 1:6), dieta que no era rara entre sus contemporáneos. La oruga, el estado larval de la langosta (Nah. 3:15, 16) es a veces también llamada saltón (Merril-Teneey).

Ministerio de Juan el Bautista: Juan comenzó su ministerio en el desierto de Judea, predicando un mensaje de arrepentimiento y bautizando a las personas en el río Jordán como símbolo de su compromiso de cambiar sus vidas (Mt. 3:1-6). Su inicio fue alrededor de 26 o 27 d.C., predicando cerca del río Jordán y llamando a los judíos al arrepentimiento para prepararse por la venida del reino de Dios y el derramamiento del Espíritu Santo (Mr. 1:2-8), (ver **Reino de Dios**). Con ese fin, Juan bautizó a Jesús en el Jordán y fue testigo del descenso del Espíritu sobre él (Mr. 1:9-11). Esto impulsó a Juan a identificar a su primo Jesús con el Cordero de Dios (Jn. 1:29). Juan poco después fue encarcelado y decapitado por confrontar a Herodes Antipas por casarse con Herodías, la esposa de su hermano (Mr. 6:14-28). Incluso durante la época de los viajes misioneros, Pablo tenía la necesidad de aclarar a varios discípulos de Juan el Bautista, la diferencia entre su bautismo y el bautismo en el nombre del Señor Jesús (Hch. 19:1-7), (Nelson).

Enseñanzas de Juan el Bautista: Juan proclamó la venida del Mesías y exhortó a las personas a prepararse para su llegada. También señaló el pecado y llamó a la gente a la humildad y al arrepentimiento (Lc. 3:7-14). Llamó al arrepentimiento y al bautismo como una señal de ese arrepentimiento. Juan el Bautista transformó el bautismo de un rito a un acto moral positivo, un compromiso decisivo con la piedad personal. No obstante, su bautismo era solo transitorio, pues el significado y la eficacia del bautismo solo puede entenderse a la luz de la muerte redentora y la resurrección de Cristo. Cristo se refirió a su muerte como a un bautismo (Nelson).

Arresto y muerte: Juan el Bautista fue arrestado por el rey Herodes Antipas debido a sus enseñanzas y su crítica al matrimonio ilegal de Herodes. Fue encarcelado y finalmente ejecutado por orden de Herodes (Mt. 14:1-12).

La vida de Juan el Bautista también está envuelta en aspectos proféticos y escatológicos. Según la Biblia, Juan el Bautista fue profetizado como el precursor del Mesías en el Antiguo Testamento. El profeta Isaías dijo: "Voz del que clama en el desierto: preparad el camino del Señor" (Is. 40:3). Esta profecía se cumplió en la vida y el ministerio de Juan (Mt. 3:3). Juan reconoció a Jesús como el Mesías prometido y declaró: "He aquí el Cordero de Dios, que quita el pecado del mundo" (Jn. 1:29). Bautizó a Jesús en el río Jordán y fue testigo del descenso del Espíritu Santo sobre Él (Jn. 1:32-34). En el libro de Malaquías, se profetizó que Elías vendría antes del día del Señor para restaurar y reconciliar a la gente con Dios (Mal. 4:5-6). Jesús afirmó que Juan el Bautista cumplió esta profecía al decir: "Y si queréis recibirlo, él es aquel Elías que había de venir" (Mt. 11:14). Juan el Bautista fue el precursor de Jesús el Mesías, en la analogía de Elías el profeta (Mal. 3:4), (ver **Elías**). Juan era de ascendencia sacerdotal (Lc. 1:6), y algunos eruditos sugieren que pudo haber sido criado por los esenios, el pueblo que produjo la mayor parte de los rollos del mar Muerto (ver **Manuscritos del mar Muerto**). Juan fue lleno del Espíritu mientras aún estaba en la matriz de su madre (Jn. 1:15), señalando así su vocación profética (Nelson).

Mensaje escatológico de juicio: Juan el Bautista predicó un mensaje de juicio inminente y llamó a la gente al arrepentimiento como preparación para el reino de Dios. Él advirtió sobre el hacha puesta a la raíz del árbol y la separación del trigo y la paja, lo que implicaba un juicio divino venidero (Mt. 3:10-12). Juan bautista exige al hombre frutos dignos de penitencia (Mt. 3:8) para huir de la ira venidera. Con el empleo del concepto de *karpós* se da a entender aquí que no se trata de una acción voluntaria y autodirigida, sino justamente de aquel "dar fruto" que es una consecuencia de la entrega a Dios y de la fuerza del espíritu que opera en el hombre.

La problemática en Juan bautista es escatológica: la seriedad de los acontecimientos inminentes lanza por adelantado su sombra sobre este tiempo (Mr. 1:5s.); es por lo que Juan no come ni bebe (Mt. 11:18s.), (Nelson).

Identificación del Cordero de Dios: Juan el Bautista identificó a Jesús como el Cordero de Dios que quita el pecado del mundo (Jn. 1:29). Esta declaración profética apunta al sacrificio de Jesús en la cruz y su papel redentor en el plan de salvación.

Papel en la preparación para la Segunda venida de Cristo: en el libro del Apocalipsis, se menciona a Juan el Bautista como una figura que aparecerá antes de la Segunda venida de Cristo. Se le describe como uno de los dos testigos que profetizarán y serán asesinados antes de ser resucitados y llevados al cielo (Ap. 11:3-12), (ver **Parusía**).

JUAN, LIBRO DE

La fecha del Evangelio de Juan es bastante fácil de conocerla. Hay cierta certeza porque los papiros Egerton 2, Rylands 457 a Bodmer 2, que datan todos ellos del siglo II y III, suponen que el evangelio estaba ya escrito hacia el año 100 (Diez Macho).

La singularidad del Evangelio de Juan

Comienza con una afirmación impactante que se encuentra en los evangelios. Algunos estudiosos sugieren que esta afirmación podría derivar de un antiguo himno cristiano que expresa la fe en Jesús utilizando un lenguaje gnóstico. El evangelista habría incorporado este himno en su relato para exponer su visión de Jesús como alguien que preexistía y era el creador (versículos 1-5), y que ya estaba presente en el mundo (versículos 6-13), trayendo salvación a todos los creyentes a través de su encarnación y exaltación al cielo (versículos 14-18). El prólogo joánico es realmente una introducción, ya que el resto del evangelio se dedica a ilustrar la presencia de la Palabra de Dios, que es Cristo, en el mundo. El libro de los "signos" gradualmente anuncia, con gran intensidad dramática, la realidad de la muerte y resurrección de Cristo, que son tanto un signo como una causa de vida eterna, y donde se introducen importantes temas teológicos. Diez Macho sostiene que existe una estrecha relación entre el libro de los "signos" y el relato de la Pasión, e incluso se podría trazar un paralelismo entre Pablo y Juan: mientras que Pablo, con su formación rabínica, nos lleva a la Cruz a través de la Ley (Ro. 2:1-5), Juan nos lleva a la Cruz, que es la sublime manifestación del amor de Dios, a través de los diversos símbolos presentes en el libro de los "signos". Aquí encontramos influencias tanto del profetismo judío como del platonismo ejemplar: Juan 1:1-3, 4-9; Romanos 8:1-5.

En lo que respecta al contenido de los evangelios sinópticos y al contenido único del Evangelio de Juan, algunos autores han intentado establecer conexiones con uno u otro de los sinópticos, pero parece que nuestro evangelista sigue más bien una tradición oral en lugar de fuentes escritas. Sin embargo, podríamos reconocer ciertas relaciones con Marcos y Lucas, especialmente en lo que concierne a los eventos de la Pasión.

Una de las características estructurales del Evangelio de Juan es su organización y explicación basada en el número 7. Aunque para el conjunto de la obra, exceptuando el libro de los "signos", parece preferible adoptar un enfoque menos sistemático. Además, es probable que haya varios aramaísmos en el cuarto evangelio, especialmente en las palabras aisladas de Jesús. Estas palabras forman un núcleo alrededor del cual el autor debió haber agrupado, al traducirlas al griego, los grandes discursos del Maestro (ver **Numerología**).

La tendencia actual de considerar el cuarto evangelio como independiente de los sinópticos y de detectar en él la presencia de aramaísmos, nos sitúa en un contexto palestino. Las referencias geográficas y los personajes mencionados en Juan no son meras alegorías, sino que evidencian un conocimiento preciso de la vida y geografía de Palestina, especialmente en el sur (como Sicar, la ciudad de Efraím, Betania al otro lado del Jordán, Enón, Cedrón, Betzeta, Gabbata), así como de detalles cotidianos en la vida de Jesús (como Caná, Nicodemo, la mujer samaritana, etc.).

El Evangelio de San Juan también puede ser considerado como un evangelio sacramental. Se hace referencia repetidamente al agua (como en los encuentros con Nicodemo, la Samaritana, el ciego de nacimiento y el lavatorio de los pies), lo cual puede aludir al bautismo cristiano y al don del Espíritu Santo. La cena del Señor podría estar simbolizada por la multiplicación de los panes en el capítulo 6, que contiene enseñanzas relacionadas con alimentarse del pan de vida, comer de "la carne de Cristo" y "beber de su sangre", y se refiere al "pan que descendió del cielo" y al "pan vivo que descendió del cielo", siendo este pan la carne de Jesús.

Además, el evangelio tiene una naturaleza fundamentalmente eclesial. A través de la Iglesia, los cristianos pueden amarse mutuamente de forma individual. Todos estos detalles sobre la vida terrenal de Jesús y la vida de la Iglesia primitiva le confieren al Evangelio de San Juan un gran valor histórico. El Cristo presentado en el Evangelio de San Juan es el Cristo histórico, y esto es lo que lo diferencia claramente de cualquier mística griega que pueda tener similitudes con él (1 Jn. 15–16).

El enfoque teológico presentado en el Evangelio de Juan es original y debe ser comprendido dentro del contexto religioso de la época, tomando en cuenta los textos de Qumrán. Según Bultmann, el autor del cuarto evangelio pertenecía a un círculo con tendencias gnósticas, como se ve en las Odas de Salomón y en la literatura mandea o maniquea. La gnosis se refiere a la búsqueda del hombre por encontrar la unidad original que percibe como perdida en la multiplicidad y dispersión del mundo material terrenal. Es a esta gnosis a la que Juan podría haberse inspirado para su visión universalista del mundo y sus nociones antitéticas como luz-tinieblas y vida-muerte. El evangelista presenta a Jesús como el Revelador enviado por el Padre para que el mundo celestial irrumpa en el mundo terrenal, y su ascensión a las esferas celestiales representa la destrucción del mundo y de su gobernante (ver **Qumrán**).

La influencia helenista platónica es evidente en el Evangelio de Juan en la expresión "la luz verdadera" en Jn. 1:9, también el hermetismo (el hermetismo o hermeticismo es una tradición filosófica y religiosa basada principalmente en textos Pseudoepigráficos, los Hermética, atribuidos a Hermes Trismegisto), (Hera-Gómez); el judaísmo palestinense influenció al propio cristianismo al cual Juan está vinculado. Si bien puede haber tomado prestados algunos elementos del hermetismo u otras corrientes, esto se hizo con el propósito de ser entendido y comprensible para una intelectualidad superior, tanto pagana como judía, sin apartarse de la enseñanza tradicional. Juan se nutre principalmente del Antiguo Testamento; su Logos es la palabra creadora y reveladora, en línea con la visión de Filón, y utiliza la tipología basada en los grandes temas de la historia de la salvación de Israel como Abraham, Moisés, el maná y la Torá.

Si consideramos que el movimiento de su pensamiento es cíclico, al igual que en el pensamiento místico griego, y que el propósito de la vida humana es regresar a sus orígenes (renacimiento), entendiendo esto como un retorno al estado de obediencia y sumisión al orden sobrenatural en el cual Dios creó a Adán, encontramos conclusiones similares a las alcanzadas antes del descubrimiento de los manuscritos de Qumrán. Sin embargo, estos nuevos escritos han aportado algo novedoso. Su género literario y su forma de pensar se asemejan sorprendentemente a los del cuarto evangelista. Se le da una importancia especial al conocimiento, lo cual se relaciona con la gnosis; se enfatiza el dualismo entre la luz y las tinieblas, entre la verdad y la mentira, entre el ángel de las tinieblas y el ángel de la luz; y en una perspectiva escatológica, se habla de la mística de la unidad y de la necesidad del amor.

Aunque las relaciones entre el cristianismo y Qumrán aún no están completamente definidas, lo que parece claro es que existió un judaísmo helenizado en tierras de Palestina, en línea con la literatura sapiencial, que sirvió de enlace entre el judaísmo rabínico de Palestina y el judaísmo de Alejandría, y que encontró sus medios de expresión tanto en el Antiguo Testamento como en un trasfondo oriental común, del cual todos los pensamientos religiosos de la época pudieron haber tomado elementos. Sin embargo, todas estas comparaciones no deben hacer que minimicemos la grandeza y originalidad del pensamiento joánico. Este pensamiento es mucho más sobrio que el hermetismo, más universalista que los escritos de Qumrán y, sin duda, mucho más espiritual y auténtico que todas las especulaciones de los sistemas gnósticos conocidos. La resistencia del cuarto evangelio a todas estas comparaciones radica en el hecho de que no es un mosaico de elementos dispares reunidos al azar de las fuentes que el evangelista pudiera haber conocido o de las influencias que pudieron haber ejercido sobre él. Más bien, la obra se presenta como la creación radicalmente original de un verdadero genio, uno de esos seres que dejan su huella en lugar de recibirla.

Aquí, todo está centrado en el pensamiento de Dios, el *Logos*. Más que en ningún otro lugar, el evangelio es aquí una Persona, la de Jesús de Nazaret. Y es el Logos-Jesús quien enlaza unos con otros los grandes temas teológicos de la obra: la vida eterna, el conocimiento de Dios y la fe, la verdad, la unión con

Dios, la luz, el Espíritu. Y el Cristo joánico no es solo el Mesías, sino que es Hijo del hombre al mismo tiempo que Hijo de Dios. Estos distintos temas joánicos han sido estudiados de modo muy juicioso por C. H. Dodd en la obra maestra de la exégesis joánica de estos últimos años.

Otro tema destacado en el Evangelio de Juan es el de la *vida eterna*. Juan indica la finalidad de su evangelio en 20:31: "...y estas cosas se han escrito para que crean que Jesús es el cristo, el Hijo de Dios, y para que, creyendo, tengan vida eterna" ("...Yo vine para que tengan vida"). A veces este vocablo *Zoé* = vida, se acompaña del calificativo "eterna". Uno de los textos más sugestivos del cuarto evangelio es el de 6:40: "Y esta es la voluntad de mi Padre: Que todo aquel que ve al Hijo, y cree en él, tenga vida eterna; y yo lo resucitaré en el día final". Este vocabulario del cristianismo primitivo, pero fuera de Juan y de 1 Juan, es *Zoé* el vocablo preferido. La vida de la era que viene, es decir, la vida eterna, no se halla en el AT más que en Dn. 12:2, el único libro veterotestamentario que habla de la vida futura casi sin equívocos. La palabra hebrea *Olam* (eterno) designa un período indefinido de tiempo más que un período infinito, y significa el tiempo que sigue inmediatamente a la muerte. Tres formas de expresión pueden haber dado lugar a la fórmula cristiana: a) la vida de la era que viene opuesta a la vida de esta era; b) la vida opuesta a la muerte; c) la vida del período eterno opuesta a la vida del tiempo (ver **Vida eterna**).

La palabra griega en el Evangelio de Juan que se traduce comúnmente como "verdad" es "ἀλήθεια" (*alétheia*). En el Nuevo Testamento, esta palabra se utiliza para describir la verdad divina o la realidad espiritual revelada por Jesucristo. En el Evangelio de Juan, Jesús se refiere a sí mismo como "el camino, la verdad y la vida" (Jn. 14:6), utilizando la palabra ἀλήθεια para transmitir la idea de que él es la personificación de la verdad absoluta y la revelación de Dios al mundo.

En el Evangelio de Juan, el tema de la verdad es recurrente y desempeña un papel fundamental en la enseñanza de Jesús y en la revelación de la naturaleza de Dios. Aquí hay algunos puntos clave sobre este tema:

Jesús como la encarnación de la verdad: en el Evangelio de Juan, Jesús se presenta a sí mismo como la encarnación de la verdad. En Juan 14:6, Jesús declara: "Yo soy el camino, y la verdad, y la vida; nadie viene al Padre sino por mí". Esta declaración enfatiza que la verdad no es solo un conjunto de conceptos o principios, sino una persona: Jesucristo mismo.

La verdad revelada por Jesús: a lo largo del Evangelio de Juan, Jesús revela verdades espirituales profundas acerca de Dios, la vida eterna y la relación entre Dios y la humanidad. Jesús enseña acerca del amor de Dios, la necesidad de creer en él, el perdón de los pecados y la promesa de vida eterna. Estas verdades se presentan como revelaciones divinas y fundamentales para la salvación y la vida abundante.

La verdad frente a la falsedad: el Evangelio de Juan también destaca el contraste entre la verdad y la falsedad. Jesús denuncia la hipocresía de los líderes religiosos de su tiempo y revela la verdad detrás de las prácticas religiosas vacías. Jesús enseña que aquellos que siguen la verdad serán liberados y encontrarán la vida en él, mientras que aquellos que rechazan la verdad permanecerán en la oscuridad espiritual.

El testimonio de la verdad: Juan también enfatiza la importancia del testimonio de la verdad. Jesús dice: "Si permanecéis en mi palabra, sois verdaderamente mis discípulos; y conoceréis la verdad, y la verdad os hará libres" (Jn. 8:31-32). Aquellos que siguen a Jesús y creen en él son llamados a vivir en la verdad y ser testigos de la verdad en el mundo.

La obra del Espíritu de verdad: en el Evangelio de Juan, Jesús promete enviar al Espíritu Santo, a quien llama "el Espíritu de verdad". Este Espíritu guiará a los creyentes en toda la verdad y les recordará las enseñanzas de Jesús (Jn. 14:16-17, 16:13). El Espíritu Santo capacita a los seguidores de Jesús para vivir en la verdad y comprender las verdades espirituales reveladas por él.

Jesús como el mediador de la unión: en el Evangelio de Juan, Jesús se presenta como el mediador entre Dios y la humanidad. Él declara en Juan 14:6: "Yo soy el camino, y la verdad, y la vida; nadie viene al Padre sino por mí". Jesús es el puente que permite a las personas tener acceso a Dios y experimentar una unión íntima con él. El concepto de "permanecer en" Jesús, Juan usa la metáfora del "permanecer en" Jesús para describir la unión con Dios. Jesús dice en Juan 15:4: "Permaneced en mí, y yo en vosotros. Como el pámpano no puede llevar fruto por sí mismo, si no permanece en la vid, así tampoco vosotros, si no permanecéis en mí". Permanecer en Jesús implica una relación continua y cercana con él, confiando en su palabra y dejando que su vida fluya a través de nosotros.

La relación de amor entre el Padre y el Hijo: en el Evangelio de Juan, se resalta la relación de amor mutuo entre Dios Padre y Jesús como Hijo. Jesús habla de su unión con el Padre y cómo su misión es revelar el amor y la voluntad del Padre a la humanidad. Esta relación de amor se extiende a aquellos que creen en Jesús, y se les invita a participar en la comunión de amor entre el Padre y el Hijo. La perfecta unión entre el Padre y el Hijo, así como la unión entre el Hijo y los creyentes, es un tema central en el Evangelio de Juan. La verdad que se alcanza a través de la fe consiste en una relación personal entre Dios y nosotros, una comunión mutua y recíproca. El Hijo está en el Padre, el Padre está en el Hijo, y los creyentes están en el Hijo. En resumen, los creyentes están en el Padre y el Hijo. El evangelista utiliza la expresión judía "Doxa" para describir el aspecto luminoso del Logos encarnado. Esta palabra tiene un sentido bíblico, como se puede ver en los pasajes 1:14, 12:40-41 y 17:24. En el versículo 12:41, se hace referencia al capítulo 6 de Isaías, donde se habla de la manifestación de la presencia y el poder de Dios. Del mismo modo, cuando Jesús intercede por sus discípulos, utiliza el lenguaje de la antigua tradición judía para referirse a la visión de Dios. Esta visión de Dios se promete a la fe como algo que se puede experimentar en esta vida, y se explica en términos similares a los mencionados en el versículo 1:14. Cristo ha manifestado su gloria a través de sus señales y milagros. Él es la luz, "la luz del mundo".

En el Evangelio de Juan, se aborda de manera recurrente el tema del Espíritu. Según este evangelista, es a través del Espíritu de Verdad que se puede experimentar un nuevo nacimiento y entrar en la luz, en una nueva vida. En el pensamiento hebreo, el contraste entre la carne y el espíritu no se basa en la naturaleza o sustancia, sino en el poder. Dios es *Ruaj*, es decir, Espíritu, porque se manifiesta a través de su poder misterioso e irresistible, como el "Dios vivo", mientras que la carne, por su naturaleza humana, es débil y carece de poder en el contexto sobrenatural de la salvación. El Evangelio de Juan también aborda el tema del Espíritu como una fuerza divina y transformadora que capacita a las personas para comprender y experimentar la verdad de Dios. Es el Espíritu quien guía, enseña y revela la voluntad de Dios a los creyentes. Mediante el Espíritu, se produce un nuevo nacimiento espiritual, que implica una transformación interna y una vida renovada en comunión con Dios. La noción de Espíritu en Juan también está relacionada con la obra redentora de Jesús. Jesús promete enviar al Espíritu Santo como Consolador y Abogado para estar con los creyentes después de su partida y fortalecer la iglesia hasta la Segunda venida de Cristo. El Espíritu actúa como la presencia activa de Dios en la vida de los creyentes, capacitándolos para vivir de acuerdo con la voluntad divina y experimentar la plenitud de la vida en Cristo. En el Evangelio de Juan, el Espíritu juega un papel fundamental en la vida y la experiencia espiritual de los creyentes. Es a través del Espíritu de Verdad que se puede experimentar un nuevo nacimiento y entrar en la luz de la vida. El Espíritu capacita, guía y revela la voluntad de Dios, y está íntimamente relacionado con la obra redentora de Jesús y la vida en comunión con Dios (Jn. 1:32; 3:5-6; 3:34; 4:24; 6:63; 7:39; 14:16-17; 14:26; 15:26), (Galvez), (ver **Espíritu**).

En el Evangelio de Juan, Jesús es presentado como el Mesías; el Hijo del Hombre y el Hijo de Dios. Estos títulos se utilizan para describir su naturaleza divina y su papel como el Salvador y Redentor de la humanidad. El término "Mesías" se refiere al ungido de Dios, el esperado enviado de Dios para cumplir las profecías del Antiguo Testamento. En el Evangelio de Juan, Jesús se presenta como el Mesías prometido que trae la salvación y el reino de Dios. El título "Hijo del Hombre" es una expresión que Jesús usó con frecuencia para referirse a sí mismo. Este título tiene sus raíces en el libro de Daniel en el Antiguo Testamento, donde se profetiza acerca de un ser humano celestial que vendrá con autoridad divina. Jesús se identifica como el cumplimiento de esta profecía, siendo tanto humano como divino. Además, Jesús también es presentado como el "Hijo de Dios" en el Evangelio de Juan. Este título enfatiza la naturaleza divina de Jesús y su relación única con Dios Padre. A lo largo del evangelio, Jesús afirma su relación especial con Dios y su unidad con el Padre (Jn. 4:25-26; 3:13-14; 6:62; 12:34), (ver **Mesías**).

En la perspectiva escatológica, también se hace mención de la primera venida de Cristo, en la cual se anunciaron muchos aspectos del "reino de Dios" que había llegado acompañado de señales y maravillas. Sin embargo, el cumplimiento total y completo de estas promesas aún estaba en el futuro, y se llevaría a cabo a través de la Segunda venida de Cristo (ver **Ya, aún no**). Aunque el Evangelio de Juan abarca tanto el aspecto presente (ya) como el aspecto futuro (todavía no), el enfoque claro de Juan está en el presente (ya). Este énfasis en el "ya" se puede observar en varias áreas: la vida eterna ya ha comenzado aquí en la tierra como un regalo y una posesión (Jn. 3:5-6, 36; 6:47, 51, 58; 8:51; 10:28; 11:24-26). Además, la promesa escatológica de la filiación se concede al creyente en Jesús en este momento (Jn. 1:12-13; 3:3-8; 4:14). La resurrección general ya ha comenzado (Jn. 5:25), con aquellos que han creído y confesado a Jesús como su Señor y Salvador siendo resucitados a una nueva vida.

El Espíritu Santo, que habita en los corazones de los cristianos, es un anticipo escatológico (Jn. 7:37-39; 14:15-31; 15:26-27; 16:5-16; 20:22-23). El Día del Juicio está determinado por el rechazo a Jesús, y la condenación ya ha comenzado aquí con los incrédulos, aquellos que rechazan el evangelio (Jn. 3:19; 5:22-24, 27, 30-38; 9:38; 12:31-33). El espíritu del Príncipe de este mundo ya ha entrado en el escenario mundial para oponerse a Cristo (Jn. 6:70; 13:2, 27; 14:13). La muerte de Jesús en la cruz parece reunir algunos elementos de las aflicciones mesiánicas o aspectos de la tribulación. En otras palabras, la pasión de Jesús es el momento en el que se desata la guerra santa del tiempo del fin, y su muerte y resurrección marcan el comienzo del fin de las fuerzas del mal (Jn. 15:18–16:11), (ver **La cruz y los males mesiánicos**, **Ayes mesiánicos**).

El Evangelio de Juan también incluye aspectos futuros que pertenecen al "todavía no", los cuales se cumplirán en la escatología futura y definitiva. Aún se espera la resurrección (Jn. 5:26-30) y la Segunda venida, que representa la consumación de la vida eterna (Jn. 14:1-4; 21:22).

Otro aspecto interesante de la escatología en el Evangelio de Juan es su enfoque en el movimiento vertical entre el cielo y la tierra, expresado mediante frases como "El Hijo del Hombre ha descendido del cielo" (Jn. 3:13) y "La Palabra se hizo carne" (Jn. 1:14). La elevación al cielo en su muerte y resurrección tiene como propósito atraer a todos los hombres hacia sí mismo (Jn. 12:32). Juan constantemente contrasta dos mundos: uno celestial y otro terrenal (Jn. 3:3, 31; 8:23), una esfera que pertenece al Espíritu y otra que pertenece a la carne (Jn. 3:6; 6:63). Jesús trae la vida del mundo celestial, la "vida eterna", a los seres humanos en este mundo, y la muerte no tiene poder sobre esta vida (Jn. 11:25). Sus dones son dones "reales", es decir, dones celestiales: el agua viva verdadera en contraste con el agua común (Jn. 4:10-14), el verdadero pan de vida en contraste con el pan perecedero (Jn. 6:27), él es la verdadera luz que ha entrado en el mundo (Jn. 3:19).

A pesar de esto, Juan también presenta un movimiento histórico-lineal en la escatología a través del tiempo. El Prólogo (Jn. 1:1-18) proclama que la encarnación de Jesús es la intervención culminante de Dios en la historia. En el otro extremo del espectro, la "hora" designada para la muerte (por ejemplo, Jn. 2:4; 8:20) representa el clímax del plan de salvación divina a lo largo de la historia. Este final de la historia está acompañado por el tiempo de la Iglesia, cuya persecución (Jn. 15:18–16:4) y misión evangelizadora (Jn. 4:35-38; 20:20) aceleran el regreso de Cristo (ver **Escatología**).

El contenido profético del Evangelio de Juan es alto. Tiene el 20% de versículos proféticos. Las predicciones en total son 45, y versículos proféticos 180 (BDMPE).

JUICIO

El vocablo "krima" o "krisis", derivado del griego, tiene como raíz "krinô", que significa principalmente "separar", luego "decidir" y "juzgar" en el sentido de emitir una decisión legal. Sin embargo, a veces puede confundirse fácilmente con el término "condenar". En la Escritura y en los Setenta (la traducción griega del Antiguo Testamento), esta palabra se utiliza principalmente en un contexto legal o judicial. En ocasiones, también adquiere un sentido más amplio, como el de estimar o juzgar por uno mismo en su fuero interno, como se ve en Pablo en 1 Co. 10:15, 11:13 y Ro. 14:5 (Douglas-Hillyer).

Sin embargo, el enfoque bíblico escatológico del apóstol Pablo se centra especialmente en el juicio escatológico de Dios, que se refiere al día de la cólera y la revelación del justo juicio de Dios (Ro. 2:5). También se menciona el día en que Dios juzgará los secretos de los hombres (Ro. 2:16, comparar con Ro. 2:2; 3:6; 3:8; 11:33; 13:2 y 1 Co. 5:13).

En la Biblia, se presentan diferentes perspectivas sobre el juicio:

Juicio penal. Puede ser administrado en la tierra en el gobierno que Dios ejerce sobre los hombres o sobre su pueblo, de acuerdo con los principios de la economía que esté entonces en vigor (ver **Dispensaciones, siete**); o en el más allá para la eternidad, en conformidad con los decretos de Dios. Los cuatro gravosos juicios de Dios sobre los vivientes cayeron sobre Jerusalén y han caído, en general, sobre la humanidad. Caerán todavía sobre la tierra en el futuro, como se muestra en Apocalipsis (ver **Apocalipsis, libro del**): guerra, muerte por espada, sea de parte de un enemigo exterior, o en guerra civil. Hambre, que puede provenir de escasez en la tierra o de un asedio. Plagas de animales, que pueden incluir las devastaciones de langostas, debido a que asolan la tierra, destruyendo sus frutos. Pestilencia, que a menudo ha provocado la muerte en grandes proporciones de las poblaciones (Ez. 14:13-21). Aparte de estos, se dan conflagraciones en diversas partes de la tierra: terremotos, erupciones, ciclones, avalanchas, inundaciones, heladas, naufragios, maremotos, etc., que se suceden con frecuencia. Todo ello tiene lugar en los juicios providenciales de Dios y, mediante ellos, Él se hace oír de continuo, manifestando su poder (Job. 37:13). Pero, además de este gobierno providencial, hay a menudo juicios directos, y por ello el profeta dijo: "luego que hay juicios tuyos en la tierra, los moradores del mundo aprenden justicia" (Is. 26:9). Sin embargo, tales juicios son muy frecuentemente considerados como fenómenos naturales, meros accidentes o calamidades, sin reconocimiento alguno de Dios, y son pronto olvidados. Deberían servir para advertir a los hombres; así como a menudo caen lluvias ligeras antes de una tormenta, estos frecuentes juicios son solo los heraldos de la gran tormenta de la ira de Dios que ciertamente caerá sobre este mundo culpable cuando se derramen las copas de su indignación (Ap. 6:20). Todo juicio, esto es, el acto de juzgar (gr. krisis), sea de muertos o de vivos, ha sido dado al Señor Jesús. Él es presentado como viniendo de Edom, con vestidos teñidos en Bosra, cuando Él pisoteará en su ira a las gentes, y la sangre de ellos manchará todas sus ropas (Is. 63:1-3). Sus juicios caerán sobre las naciones vivientes; asimismo, antes de que Israel sea restaurado a la bendición, el juicio de Dios caerá también sobre ellos (ver **Gran Tribulación**). Dios también ejecutará juicios sobre la Cristiandad profesante (ver **Babilonia**). El castigo eterno de los malvados recibe el nombre de "juicio eterno" (He. 6:2). Los ángeles caídos están reservados para juicio (2 P. 2:4), y el fuego eterno está preparado para el diablo y sus ángeles (Mt. 25:41).

Juicio en sesión formal. La expresión comúnmente conocida como "Juicio final" no se encuentra en las Escrituras. Por lo general, se entiende que en el "día del Juicio", toda la humanidad comparecerá ante Dios, el Señor Jesús, para ser juzgada por sus obras y escuchar la decisión sobre su destino eterno. Sin embargo, esto no se encuentra respaldado por las Escrituras. En todos los pasajes, excepto en 1 Juan 4:17 donde se menciona que el cristiano tiene confianza "en el día del juicio", se utiliza el término "día de juicio" en lugar de "el día del juicio" para referirse a un día específico.

Además del juicio descrito en Daniel 7:9-14, hay otros dos juicios mencionados en las Escrituras, revelados con mayor o menor detalle, que no deben confundirse, ya que no ocurren al mismo tiempo ni involucran a la misma categoría de personas. El Señor Jesús ha sido designado como juez tanto de los vivos como de los muertos (Hch. 10:42). En Mateo 25 se habla del juicio de los vivos, mientras que en Apocalipsis 20 se menciona el juicio de los muertos. El contraste entre ellos se puede expresar de la siguiente manera: en Mateo 25 se trata de las naciones vivas, sin hacer mención de los muertos. La escena se desarrolla en esta tierra, cuando el Hijo del Hombre regrese. En cambio, en Apocalipsis 20 se trata de los muertos, sin mencionar a los vivos, ya que la tierra ha desaparecido ante Aquel que se sienta en el gran Trono Blanco. En Mateo 25, algunos son salvados y otros son condenados, mientras que en Apocalipsis 20 no se menciona a ningún salvado, ya que todos son condenados. En Mateo 25, el juicio se basa en el trato dado a los hermanos del Señor, sin mencionar los pecados generales. En Apocalipsis 20, el juicio se basa en los pecados generales, sin hacer mención de cómo se trataron a los santos. Es evidente que estos son juicios distintos y separados en tiempo y espacio.

El juicio de los "vivos" tendrá lugar al comienzo del reinado del Señor. Después de que la Iglesia sea llevada a la gloria, Cristo seguirá teniendo siervos que harán Su voluntad en la tierra, como se menciona en Apocalipsis 11:3 (cf. Mt. 10:23). Cuando Él regrese para reinar, las naciones serán juzgadas según como hayan tratado a aquellos a quienes Él llama "hermanos". Por otro lado, el juicio de los "muertos" malvados tendrá lugar después del milenio e incluirá a todos aquellos que murieron en sus pecados. En ese momento, todos los secretos de los hombres serán juzgados. Esto plantea la pregunta sobre el destino de los creyentes que aún pudieran estar vivos en la venida del Señor y la multitud de aquellos que ya han muerto. Ninguno de ellos será incluido en el juicio descrito en Mateo 25 ni en el juicio mencionado en Apocalipsis 20. En cuanto a su destino personal y su salvación, tenemos la clara afirmación de Juan 5:24, que establece que aquellos que han oído la palabra de Jesús y creen en el que lo envió tienen vida eterna y no serán condenados en el juicio. También se utiliza la palabra griega "krisis" en este pasaje y en los versículos 22, 27 y 30, mientras que en el versículo 29 se menciona la "resurrección de juicio". La misma palabra también aparece en Hebreos 9:27, donde se establece que está destinado que los hombres mueran una sola vez y después venga el juicio. Cristo aparecerá por segunda vez sin relación con el pecado, para salvar aquellos que lo esperan.

El tribunal de Cristo (Bimá) es un tema importante en la doctrina cristiana. Según 2 Co. 5:10, todo será manifestado ante el tribunal de Cristo, y cada persona recibirá según lo que haya hecho, ya sea bueno o malo, durante su tiempo en el cuerpo. Es importante destacar que esto no contradice la afirmación anterior de que los creyentes no vendrán a juicio. El Señor Jesús se sentará en el tribunal como aquel que murió por los pecados de los creyentes y resucitó para su justificación. Él es la justicia del creyente y no juzgará su propia obra. Los creyentes, habiendo sido justificados por Dios, no pueden ser condenados.

En Juan 5:24, se afirma claramente que aquellos que creen en Jesús no vienen a juicio. Sin embargo, en el tribunal de Cristo, todo lo que se haya realizado en el cuerpo será manifestado y examinado por Él en su verdadera luz, tanto lo bueno como lo malo. Esto resaltará la gracia de Aquel que ha otorgado la salvación. En ese momento, se pedirá cuentas al creyente sobre cómo ha servido al Señor y si ha utilizado los talentos que le fueron confiados.

Habrá creyentes cuyo trabajo será probado y quemado, ya que han construido con materiales inapropiados. Aunque ellos mismos serán salvos, perderán su recompensa. Otros creyentes tendrán obras que permanecerán y recibirán recompensa por su labor (1 Co. 3:14). Cada uno recibirá recompensa de acuerdo con su obra (v. 8). El apóstol Juan exhortó a los creyentes a permanecer en Cristo para que no se avergüencen en su venida (1 Jn. 2:28). Estos pasajes se refieren al servicio de los cristianos, quienes reciben uno o varios talentos para poner al servicio del Señor (ver **Dispensaciones, siete**; **Apocalipsis, libro de**; **Gran Tribulación**; **Babilonia**; **Escatología**; **Milenio**; **El Día del Señor**).

En general, el juicio es la forma en que Dios redime la creación y arregla las cosas de una vez, de nuevo. Por ejemplo, uno de los símbolos centrales en Apocalipsis es el trono de Dios (Ap. 4:9; 5:1, 7, 13; 6:16; 7:15; 21:5; cf. 4:2-3; 7:10; 19:4; 20:11), que significa la soberanía de Dios. El gran Trono Blanco de Dios aparece como la imagen central en el juicio final de Ap. 20:11-15. Como máxima autoridad, Dios es el estandarte de toda verdadera justicia (ver **Juicio del gran trono blanco**).

Los juicios de Dios aparecen tanto dentro de la historia como al final de estos años. A lo largo de esta era, Dios ha juzgado ciudades y naciones (p. ej., Sodoma y Gomorra, Egipto, Judá, Jerusalén), así como individuos (p. ej., faraón de Egipto, el rey Saúl, la reina Jezabel, Ananías y Safira). Sus juicios parciales a lo largo de la historia se ven a menudo como advertencias misericordiosas para personas a renunciar a la idolatría y adorar a Dios (p. ej., Am. 4:6-13; Ro. 1:18–2:4). El presente juicio de Dios también anticipa un juicio final, cuando destruirá a sus enemigos y vindicará a su pueblo (Ap. 19:1-2).

La base del juicio es la relación de una persona con Dios reflejada en su o sus hechos, acciones u obras (cf. Mt. 16:27; 25:34-36; Jn. 5:28-29; Ro. 2:6; 2 Co. 5:10; Ap. 20:12-13). Lo que una persona piensa, habla y lo hace, con el tiempo refleja la dirección básica de uno en la vida. Lo principal entre estas acciones es la decisión de una persona con respecto a Jesucristo. Una lealtad a Jesús determina el destino final de una persona con Dios y transforma el estilo de vida. Esto no significa, como dice Leon Morris, "que haya algunas personas cuyas buenas obras merezcan la salvación, sino que hay algunas cuyas buenas obras son evidencia de su salvación" (Morris).

En general, el tema del juicio que se encuentra a lo largo de las Escrituras requiere preparación espiritual. En el Discurso del Monte de los Olivos de Jesús (Mt. 24–25; Mr. 13; Lc. 12: 17, 21), con frecuencia, advierte a sus oyentes que "estén listos", "vigilen fuera" o "estén alerta" (p. ej., Mt. 24:4, 44; Mr. 13:23, 33; Lc. 12:40; 21:8). Estar preparados para el juicio final significa vivir en sumisión al Señorío de Cristo ahora. Como dice Jesús a las siete iglesias del Apocalipsis, "El que tiene oído, oiga lo que el Espíritu dice a las iglesias". Seguir a Cristo y andar en el Espíritu ahora son la mejor preparación para ir de pie ante el Padre en el último día (ver **Libro de la vida, Tribunal de Cristo; Juicio final**).

JUICIO DEL GRAN TRONO BLANCO

El trasfondo del juicio "Y vi un gran Trono Blanco y al que estaba sentado en él, de delante del cual huyeron la tierra y el cielo, y ningún lugar se encontró para ellos" (Ap. 20:11).

El juicio final se representa con la visión de un gran Trono Blanco, donde el Juez está sentado. Esta imagen se relaciona con descripciones similares encontradas en Daniel 7:9-10 y Apocalipsis 1:14, que enfatizan la pureza y la autoridad divina. A lo largo del libro de Apocalipsis, el color blanco se asocia con la deidad y con aquellos que tienen una relación cercana con Dios, excepto en el caso del caballo blanco en Apocalipsis 6:2, que representa engaño. El trono blanco representa la santidad y pureza del Juez que se sienta en él para llevar a cabo el juicio (Master).

La visión del gran Trono Blanco sigue inmediatamente después de la declaración de que el diablo y sus seguidores serán lanzados al lago de fuego y azufre, donde serán atormentados eternamente. Este juicio final es aplicado a los líderes rebeldes y establece el patrón para el juicio de todos aquellos que hayan pecado contra Dios y seguido las mentiras del diablo. En el juicio final, se establece un sistema en el que se juzgará primero a los más responsables, como se ve en Génesis 3 donde Satanás es el primero en ser maldecido por Dios. En cuanto a la identidad del que se sentará en el gran Trono Blanco, no se especifica claramente si será Dios Padre o Dios Hijo. Algunos argumentan que el juez será el Hijo, basándose en pasajes como Juan 5:22-23. Sin embargo, el texto no lo aclara de manera definitiva. Lo que se sabe es que será un juicio divino (Master).

La presencia de Dios en el gran Trono Blanco será tan impresionante que la tierra y los cielos huirán de Él, mostrando temor y reconocimiento de Su santidad. Otros pasajes bíblicos como Isaías 51:6 y 2 Pedro 3:10-12 enseñan que los cielos y la tierra serán destruidos por el fuego debido al efecto del pecado sobre la creación. El juez que se sienta en el trono será alguien cuya santidad y justicia no permitirán la presencia de nada contaminado por el pecado. La creación será restaurada a un estado puro.

En el juicio final, todas las personas serán sometidas a juicio y serán juzgadas según sus acciones.

Juan ve algunos libros abiertos. Estos libros se asocian con el juicio divino (cf. Dn. 7:10). Los muertos resucitados, presentes delante del trono, fueron juzgados "por las cosas que estaban escritas en los libros, según sus obras" (Ap. 20:12) —es decir, sobre la base de lo que hubiesen hecho con sus vidas. Semejante juicio garantizará, antes que nada, su condenación, "por cuanto todos pecaron, y están destituidos de la gloria de Dios" (Ro. 3:23). La expresión "según sus obras" también sugiere que el juicio de los impíos ante el gran Trono Blanco determinará ciertos grados de juicio basados en las obras individuales. Parece que esta misma verdad es la que enseñó Jesús en Mt. 11:20-24, donde afirma que "en el día del juicio, será más tolerable el castigo para la tierra de Sodoma, que para ti" (v. 24). En otras palabras, al gran Trono Blanco se le aplicará el principio de que, cuanto mayor sea el grado de la luz rechazada, más severo será el castigo. Dado que el destino eterno de todos aquellos que han rechazado el don de la gracia divina en Cristo es la separación eterna de Él, el juicio ante el gran Trono Blanco, que depende de sus obras, será simplemente el momento en que se anuncien los distintos grados del juicio. La expresión "el castigo se adecúa al delito" es una buena descripción de lo que tendrá lugar cuando los muertos se presenten ante el trono, para recibir el veredicto que dependerá de sus obras. El alcance del juicio, del mismo modo que la expresión "los grandes y los pequeños", incluye a todos los muertos impíos, Ap. 20:13 refuerza la realidad de que cada individuo será juzgado de acuerdo con lo que haya hecho. "Y el mar entregó los muertos que había en él; y la muerte y el Hades entregaron los muertos que había en ellos; y fueron juzgados cada uno según sus obras". El hecho de que "la muerte y el Hades" entregasen sus muertos vuelve a sugerir la naturaleza inclusiva del juicio. Según el Antiguo Testamento, aquellos que murieron habrán estado en el Seol, llamado "Hades" en la traducción griega. Lc. 16:23 nos indica que el Hades es el lugar donde los muertos que no fueron salvos esperan su resurrección y juicio final. Ese pasaje nos habla del rico que padecía el tormento en el Hades, en contraste a Lázaro, que gozaba de la comodidad en el seno de Abraham. Apocalipsis 1:18 menciona a Jesús como aquel que tiene "las llaves de la muerte y del Hades", indicando su autoridad sobre todos los muertos. En Ap. 6:8, se muestra al "Hades" siguiendo al jinete llamado "muerte". Este cuarto jinete aniquila a una gran parte de la población mundial; en estos textos del Nuevo Testamento, el Hades parece ser el destino de los muertos que no hayan sido salvos. La mención del hecho de que "el mar entregó sus muertos" sugiere la amplitud de este último juicio. El uso de esta imagen es posible que se fundamente en Is. 27:1, donde el leviatán, la serpiente veloz, se asocia con el mar. La denuncia que hizo el profeta contra el leviatán posiblemente fue un ataque contra las religiones falsas de su tiempo, y proclamaba la autoridad y el juicio de Jehová sobre todo mal, incluso sobre el leviatán de la mitología pagana. Job 3:8 también menciona al leviatán desde un punto de vista negativo (Job 41:1). Por consiguiente, la mención de que el mar entregará sus muertos indica que Dios al final conquistará, incluso, un lugar asociado a menudo con el mal y la potestad del mal, sometiéndolo a su dominio.

Esta asociación queda respaldada por el hecho de que la bestia que sale del mar (Ap. 13:1) es el anticristo. Sin embargo, Ap. 5:13 afirma que "todo lo creado que está en el cielo, y sobre la tierra, y debajo de la tierra, y en el mar, y a todas las cosas que en ellos hay" alabarán al Señor. Ap. 7:1-3 usa los términos "tierra" y "mar" para referirse a la totalidad de la superficie terráquea, que estará protegida hasta el momento adecuado. No hay excepciones; Dios tiene el control de todas las cosas. Ni siquiera sus poderosas fortalezas podrán proteger a los muertos malvados del juicio del gran Trono Blanco. Tras este juicio final de los malos, la muerte y el Hades serán arrojadas al lago de fuego, donde ya habrán sido expulsados el diablo, la bestia y el falso profeta, para ser atormentados durante toda la eternidad. Todos los muertos impíos irán a reunirse con aquellos que se habían unido a la rebelión contra Dios. Allí cumplirían la pena por rechazar al Dios que los creó, quien los amó y quien, a pesar del pecado y rebelión del ser humano, quería salvarlos de su pecado. Su juicio será eterno (Dn. 12:2; Is. 66:24; Mt. 3:12; 25:46; 2 Ts. 1:9). De hecho, Dn. 12:2 usa el mismo término para describir la vida eterna de los justos y la desgracia y tormento eternos de los malos. La enormidad del pecado que supone rechazar a Dios es lo que conduce a la enormidad del juicio final y eterno. Contentarse con algo menos que el juicio eterno descrito en las Escrituras minimizaría la importancia que tiene pecar contra el Dios de la Biblia. Pecar contra el Dios infinito y amante exige un castigo eterno. Este castigo consiste en la exclusión de la presencia de Dios y la inmersión en el lago de fuego, junto a todos aquellos que hayan rechazado, de igual manera, el amor infinito del Dios infinito (Master).

Por tanto, este juicio final de Ap. 20:11-15 pondrá punto final a la existencia pecaminosa humana que conocemos. Establecerá la santidad de Dios y destacará la realidad de los horrores del pecado y la enormidad de la tragedia de rechazar a Cristo. Semejante realidad debería sensibilizarnos mucho más ante la importancia de transmitir las buenas noticias del evangelio y de la gracia de Dios. La relación entre la persona y Cristo es un asunto de gran importancia. Solo aquellos que han experimentado la gracia de Dios entrarán en una eternidad de perfecta comunión con el que los creó y los amó hasta el punto de entregar a su propio Hijo para pagar el precio de su pecado. Aquellos que rechacen las buenas noticias de la gracia de Dios experimentarán la separación eterna del Dios que los ama, y pasarán la eternidad con aquel que ha intentado destruirles, y con aquellos que han rechazado el amor divino. La humanidad tiene dos opciones: o pasar la eternidad con nuestro amante Creador, Dios, o pasarla con alguien que odia a Dios y a la mayor de las creaciones divinas: la humanidad (Master).

Daniel describe una escena (Dn. 7:9-10) donde el Anciano de Días, vestido de blanco y sentado en un trono, abre los libros para juzgar a aquellos que están delante de Él. En el libro de Apocalipsis "blanco", a menudo, simboliza santidad y pureza (Ap. 1:14; 3:4-5; 4:4; 6:11; 7:9, 13-14; 14:14; 19:11, 14). Aquel que está sentado en el trono en Apocalipsis 20 podría ser Cristo (Ap. 5:6; 22:1), pero parece más probable que sea el Padre, ya que normalmente es Él quien se sienta en el trono en este libro (Ap. 4:2, 9; 5:1, 7, 13; 6:16; 7:10, 15; 19:4; 21:5). Así como en Apocalipsis 6:14 y 16:20, cuando llegue el fin, los cielos y la tierra huirán de la presencia de Dios por temor. No habrá lugar dónde esconderse para aquellos que estén delante del gran Trono Blanco del Dios Todopoderoso.

Algunos interpretan Apocalipsis 20:12 como una descripción del juicio de los creyentes, y Ap. 20:13-15 como el juicio de los incrédulos. La mayoría de los estudiosos ven el Juicio del gran Trono Blanco como un juicio general de toda la raza humana, tanto justos como injustos. La declaración en Apocalipsis 20:13 de que el mar, la muerte y el Hades entregan a sus muertos para el juicio parece afirmar la idea de un juicio universal. Nadie escapará de la resurrección y el juicio.

El juicio se basa en la evidencia que se encuentra en "los libros", probablemente haciendo referencia a las palabras y acciones de las personas durante su vida (Ap. 20:12; Dn. 7:10). Las personas son "juzgadas de acuerdo con lo que han hecho según consta en los libros" (Ap. 20:12-13). El tema del juicio basado en las obras aparece a lo largo de Apocalipsis (Ap. 2:23; 11:18; 14:13; 18:16; 22:12), así como en el resto del Nuevo Testamento (por ejemplo, Mt. 16:27; Ro. 14:12; 1 Co. 3:12-15; 2 Co. 5:10; 1 P. 1:17). Aunque no se especifica la naturaleza exacta de este juicio aquí, en otros contextos la recompensa puede incluir aspectos positivos de recompensa, así como aspectos negativos de castigo.

Junto con "los libros", también se abre otro libro: el "libro de la vida" (Ap. 20:12, 15). La imagen del libro de la vida aparece en 3:5; 13:8; 17:8; 20:12, 15; 21:27, siempre como un registro de salvación o redención. Aquellos cuyos nombres estén escritos en el libro de la vida recibirán vida eterna, mientras que aquellos cuyos nombres no estén incluidos sufrirán condenación (ver **Libro de la vida**). Si los cristianos comparecen ante el gran Trono Blanco (un tema de debate), pueden consolarse al saber que sus nombres están escritos en el libro de la vida. El juicio final concluye con la muerte y el Hades, y cualquiera cuyo nombre no se encuentre en el libro de la vida es "arrojado al lago de fuego" (Ap. 20:14), donde la bestia, el falso profeta y Satanás ya están sufriendo tormento (Ap. 19:20; 20:10). El lago de fuego es "la muerte segunda" (Ap. 20:15), (Master).

Esta era concluye con el justo y santo juicio de Dios sobre el pecado y los pecadores. El último enemigo (la muerte) es eliminado de manera definitiva. Ahora la nueva era puede comenzar en su totalidad (Ap. 21), (ver **Juicio, Tribunal de Cristo, Juicio final**).

JUICIO FINAL

El juicio final o universal para los incrédulos se enseña en varios pasajes de la Escritura. He aquí algunos:

Hch. 17:30-31: "[30] Dios pasó por alto en otros tiempos la ignorancia de la gente, pero ahora ordena a todos, en todas partes, que se vuelvan a él. [31] Porque Dios ha fijado un día en el cual juzgará al mundo con justicia, por medio de un hombre que él ha escogido; y de ello dio pruebas a todos cuando lo resucitó".

Ro. 3:5-6: "[5] Pero si nuestra injusticia hace resaltar la justicia de Dios, ¿qué diremos? ¿Acaso es injusto el Dios que expresa su ira? Hablo en términos humanos. [6] ¡De ningún modo! Pues de otra manera, ¿cómo juzgaría Dios al mundo?".

Ro. 2:16: "El día en que Dios juzgará los secretos de todos por medio de Cristo Jesús, conforme al evangelio que yo anuncio".

2 Ti. 4:1-2: "[1] Delante de Dios y de Cristo Jesús, que vendrá glorioso como Rey a juzgar a los vivos y a los muertos, te encargo mucho [2] que prediques el mensaje, y que insistas cuando sea oportuno y aun cuando no lo sea. Convence, reprende y anima, enseñando con toda paciencia".

Mt. 25:31-34: "[31] Pero cuando el Hijo del Hombre venga en Su gloria, y todos los ángeles con Él, entonces Él se sentará en el trono de Su gloria; [32] y serán reunidas delante de Él todas las naciones; y separará a unos de otros, como el pastor separa las ovejas de los cabritos. [33] Y, pondrá las ovejas a Su derecha y los cabritos a la izquierda. [34] entonces el Rey dirá a los de Su derecha: vengan, benditos de Mi

Padre, hereden el reino preparado para ustedes desde la fundación del mundo".

Los pasajes descritos son claros en enseñar ese juicio universal. Varios y buenos comentaristas clásicos titulan este pasaje "El juicio Final" (Hendriksen, Barclay, Henry, Robertson, Sanner) y las mejores traducciones al español han seguido su ejemplo.

Hay otra referencia cruzada, Mt. 16:27: "Porque el Hijo del Hombre ha de venir en la gloria de Su Padre con Sus ángeles, y entonces recompensará a cada uno según su conducta".

En relación con el pasaje escatológico de Mt. 25, sobre el juicio final, no hay unanimidad en qué clase de recurso literario es: una narración o una parábola, pero sí coinciden en que Jesús, el Cristo, el Hijo del Hombre ejecuta en su venida el juicio para todos los seres humanos, creyentes e incrédulos a similitud de ovejas y cabritos y les dará su retribución según sus obras. Hay que recordar la teología del Nuevo Testamento sobre las obras de los creyentes, las cuales fueron dispuestas por el Señor para que fueran ejecutadas desde antes de la fundación del mundo. Así, los creyentes no tienen el mérito. Les son tomadas en cuenta porque son justificados por medio de Jesucristo. Ef. 2:10: "Porque somos hechura Suya, creados en Cristo Jesús para hacer buenas obras, las cuales Dios preparó de antemano para que anduviéramos en ellas", el punto aquí es la obediencia sencilla.

Es sugestivo el hecho que el texto diga con claridad que los creyentes, que son ovejas, son bien recibidas, bendecidas e invitadas a gozar del reino de Dios preparado de antemano para ellos desde la fundación del mundo. Se les toma en cuenta las obras que realizaron después de su conversión. Por el contrario, a los incrédulos, llamados cabritos, serán puestos a la izquierda, recibirán la sentencia: "Entonces dirá también a los de su izquierda: Apártense de mí, malditos, al fuego eterno que ha sido preparado para el diablo y sus ángeles" (Mt. 25:41).

Otros pasajes que contienen el anuncio del juicio universal:

Mt. 11:24: "Pero te digo que en el día del juicio será más tolerable el castigo para Sodoma que para ti".

He. 9:27: "Y así como está decretado que los hombres mueran una *sola* vez, y después de esto, el juicio".

El juicio final es parte del mensaje escatológico central de Jesús. Esta doctrina es ampliada por los escritores del Nuevo Testamento en los libros y cartas. Así, los abundantes textos, Hodge afirma que está demostrado que el juicio es un acontecimiento futuro concreto, en el que se confirma la sentencia del destino eterno de los hombres y de los ángeles. Adiciona que el juicio acontecerá en un período definido y limitado, no hay razones bíblicas ni teológicas para pensar en que se realiza durante un tiempo prolongado. La manifestación de Cristo, la resurrección de los muertos, la reunión de las naciones y el juicio no son acontecimientos que se extienden.

Otro detalle que menciona es que el actor principal de juicio es Jesucristo el Juez. Las razones bíblicas son buenas y suficientes: "A él le entregó el Padre el juicio; el Padre le dio autoridad para ejecutar el juicio" (Jn. 5:22-23, 27). Pablo reitera que es el varón quien fue levantado de entre los muertos el que realizará el gran juicio: "Porque él ha establecido un día en que, por medio de aquel varón que escogió y que resucitó de los muertos, juzgará al mundo con justicia" (Hch. 17:31).

Es apropiado que el hombre Cristo Jesús, Dios manifestado en carne, sea el juez de todos los hombres porque sufrió la etapa de la humillación plena en obediencia y santidad, por tanto, Dios lo exaltó hasta lo sumo como expresa Fil. 2:8-9: "y estando en la condición de hombre, se humilló a sí mismo y se hizo obediente hasta la muerte, y muerte de cruz.

Por lo cual Dios también lo exaltó hasta lo sumo, y le dio un nombre que es sobre todo nombre". Es justo que el que fue condenado por Pilato se siente entronizado en el trono del juicio universal y es un gozo en confianza esperanzada para todos los creyentes que Cristo su Señor y Salvador será el juez en el día postrero (Hodge, 1991).

Cristo y los creyentes juzgarán al mundo y a los ángeles caídos

Esta verdad sorpresiva y agradable para nosotros los creyentes se describe en 1 Co. 6:2-3: "² ¿Acaso no saben que los creyentes juzgarán al mundo? Y, si ustedes han de juzgar al mundo, ¿cómo no van a ser capaces de juzgar casos insignificantes? ³ ¿No saben que aun a los ángeles los juzgaremos? ¡Cuánto más los asuntos de esta vida!".

El pasaje se encuentra dentro del contexto de la corrección de los errores doctrinales y el desorden moral en que vivían los hermanos de la Iglesia de Corinto. Ellos como hermanos se entramparon en pleitos y optaron por demandarse unos a otros en los tribunales humanos ante jueces inconversos. Pablo los llama al orden y les revela el grande privilegio cósmico que tendrán: el ser constituidos jueces a la par de Cristo para juzgar al mundo y a los ángeles caídos, por lo que ellos no deben llevar a tribunales a otros hermanos.

El juicio individual y recompensas de los creyentes

Cito algunos pasajes de la Escritura que identifican el juicio y las recompensas de los cristianos:

2 Co. 5:10: "Porque todos nosotros debemos comparecer ante el tribunal de Cristo, para que cada uno sea recompensado por sus hechos estando en el cuerpo, de acuerdo con lo que hizo, sea bueno o sea malo".

Ro. 14:10, 12: "Pero tú, ¿por qué juzgas a tu hermano? O también, tú, ¿por qué desprecias a tu hermano? Porque todos compareceremos ante el tribunal de Dios… ¹² De modo que cada uno de nosotros dará a Dios cuenta de sí mismo".

1 Co. 4:3-5: "³ En cuanto a mí, es de poca importancia que yo sea juzgado por ustedes o por cualquier tribunal humano. De hecho, ni aun yo me juzgo a mí mismo. ⁴ porque no estoy consciente de nada en contra mía. Pero no por eso estoy sin culpa, pues el que me juzga es el Señor. ⁵ Por tanto, no juzguen antes de tiempo, sino esperen hasta que el Señor venga, el cual sacará a la luz las cosas ocultas en las tinieblas y también pondrá de manifiesto los designios de los corazones. Entonces cada uno recibirá de parte de Dios la alabanza que le corresponda".

2 Ti. 4:8: "En el futuro me está reservada la corona de justicia que el Señor, el Juez justo, me entregará en aquel día; y no solo a mí, sino también a todos los que aman Su venida".

He. 4:13: "Nada de lo que Dios ha creado puede esconderse de él; todo está claramente expuesto ante aquel a quien tenemos que rendir cuentas".

El juicio de los creyentes no es para dilucidar si son salvos o no. La situación de la salvación eterna se finiquitó de una vez por todas en el momento de la conversión, en el encuentro personal con Cristo aquí en la tierra. La salvación se recibe por medio de la fe sola, no se pide a las personas realizar obras. En ninguna parte del Nuevo Testamento dice, por ejemplo, el que deje todo para seguir a Jesús será salvo o el que es limpio de corazón será salvo. En el caso de los galardones sí se pide a los creyentes realizar buenas obras que serán galardonadas.

Este juicio conlleva el recibir o no premios, galardones o recompensas, en simetría a las obras realizadas como cristianos. Pero muchos confunden la doctrina de las recompensas y premios, con la doctrina de la salvación. Pasajes que se relacionan con la gracia de la salvación eterna, se los atribuyen a las obras que los cristianos tienen que hacer para ganar o contribuir con la obtención de la salvación. Y otros pasajes, que se enfocan con las obras resultantes de una genuina fe, las relacionan con la obtención de la salvación. Esto ha ocasionado a lo largo de siglos fuertes e interminables discusiones, acerca de si la salvación se pierde o no. Si logramos entender, que todo lo revelado sobre las recompensas, premios o galardones, se relaciona con las obras del creyente se quitará toda duda, como la luz desplaza la oscuridad.

Puntualizo algunos de los aspectos de los galardones y la salvación, que he mencionado. Al hablar de recompensas y galardones, la Escritura se refiere a la premiación en el reino consumado de Dios y Cristo. Allí será recompensado el trabajo y servicio de los creyentes. Se menciona decenas de veces en los evangelios y las cartas del Nuevo Testamento, pero en ninguno se dice o se insinúa, ni una sola vez, que las recompensas o galardones se obtienen por fe, por creer o por gracia, en ninguno. Al contrario, se mencionan acciones concretas tales como: ser pobres en espíritu, ser sufridos, ser valientes, estar dispuestos a abandonar todo, incluso a los seres queridos, vender posesiones y seguir a Jesús, hacer la voluntad de Dios y enseñarla a otros, dar frutos, ser mansos, misericordiosos, de corazón limpio, pacificadores, como niños, padecer persecución, golpear nuestros cuerpos y ponerlos en servidumbre, superar la justicia de los maestros fariseos, padecer diversidad de tribulaciones.

A continuación, cito algunos pasajes:

Mt. 7:21: "No todo el que me dice: Señor, Señor, entrará en el reino de los cielos, sino el que hace la voluntad de mi Padre que está en los cielos".

Mt. 5:3: "Bienaventurados los pobres en espíritu, porque de ellos es el reino de los cielos".

Mt. 5:10: "Bienaventurados los que padecen persecución por causa de la justicia, porque de ellos es el reino de los cielos".

2 Ts. 1:4b-5: "[4] ...Al ver la paciencia y la fe de ustedes para soportar las persecuciones y sufrimientos. [5] Esto es evidencia del justo juicio de Dios, de que ustedes son considerados dignos de su reino, por el cual sufren".

Hch. 14:22: "Para entrar en el reino de Dios nos es necesario pasar por muchas tribulaciones".

Al reflexionar sobre estos pocos versículos, de los muchos que hablan sobre los premios o recompensas, se nota inmediatamente que para entrar o poseer, gobernar o recibir recompensas con Cristo en el reino, se tiene que padecer o hacer buenas obras como las indicadas.

Está claro que en ninguna parte de la Escritura se pide eso, o cosas semejantes para ser salvos. Pero sí se nos exige para participar de las recompensas.

Si los creyentes discernimos esas diferencias, entonces vemos el enfoque correcto de las recompensas y el de la salvación como dos cosas distintas. Las recompensas son sinónimos de satisfacción, triunfo, premio, y resultado de poner en práctica los principios de la revelación y de la fe cristianas, la salvación acontece por gracia sola, como regalo inmerecido de Dios, por medio de la fe solo en Jesucristo.

Jesús anima a los discípulos comunicándoles que los creyentes fieles tendrán recompensa, comenzando con aquellos que padecen persecución por causa de su nombre: "Gócense y alégrense, porque su galardón es grande en los cielos, porque así persiguieron a los profetas que fueron antes de vosotros" (Mt. 5:12).

JUICIOS DE LAS COPAS

La quinta sección se encuentra en los capítulos 15 y 16 del Apocalipsis y presenta las siete copas de ira. Estas copas representan de manera gráfica la manifestación final de la ira de Dios sobre aquellos que se mantienen impenitentes. Al final de esta sección, se hace mención del juicio final: "La gran ciudad fue dividida en tres partes, y las ciudades de las naciones cayeron; y la gran Babilonia vino en memoria delante de Dios, para darle el cáliz del vino del ardor de su ira. Toda isla huyó y los montes no fueron hallados" (Ap. 16:19-20), (Hoekema).

El juicio profético y escatológico de las siete copas del Apocalipsis es una serie de eventos descritos en el libro bíblico de Apocalipsis, específicamente en los capítulos 15 y 16. Estas copas representan la manifestación final de la ira de Dios sobre la tierra en el contexto del juicio y el fin de los tiempos. En Apocalipsis, se describe una serie de juicios o plagas divinas que son derramadas sobre la tierra como una expresión del juicio y la justicia de Dios. Estos juicios están destinados a traer castigo y destrucción sobre los impíos y a establecer la victoria final de Dios sobre las fuerzas del mal. Las siete copas de la ira de Dios son la culminación de estos juicios. Cada copa representa una plaga específica que es derramada sobre la tierra. Estas plagas incluyen aflicciones dolorosas y catastróficas, como llagas malignas, la transformación de los ríos y mares en sangre, el calor abrasador del sol, la oscuridad total, el dolor y tormento extremo, terremotos devastadores y una gran tormenta de granizo.

El propósito de estas copas de juicio es doble. Por un lado, representan el castigo divino sobre aquellos que han rechazado a Dios y han seguido al mal. Estas plagas son una manifestación de la ira justa de Dios hacia la maldad y la injusticia en el mundo. Por otro lado, estas copas también sirven como una oportunidad para que las personas se arrepientan y se vuelvan a Dios antes de que llegue el juicio final.

El juicio de las siete copas es una parte integral de la narrativa escatológica del libro de Apocalipsis, que habla sobre los eventos finales y el establecimiento del reino de Dios en la tierra. Estas copas representan el clímax del juicio divino y anticipan la victoria final de Dios sobre las fuerzas del mal y la renovación de todas las cosas.

Las primeras cuatro copas, descritas en el libro de Apocalipsis, son derramadas sobre la tierra y afectan a aquellos que tienen la "marca de la bestia" y adoran su imagen (Ap. 16:2). El primer cuenco provoca "llagas feas y dolorosas", similar a la sexta plaga egipcia de furúnculos (Éx. 9:9-11). El segundo y tercer cuenco, que recuerdan la primera plaga egipcia, convierten el mar y los cuerpos de agua dulce en sangre, causando muerte (Ap. 16:3-4). El cuarto cuenco se derrama sobre el sol, no para oscurecerlo como en las plagas anteriores, sino para intensificar su calor y quemar a las personas (Ap. 16:8-9).

En medio de la tercera y cuarta copa, se produce un diálogo de alabanza entre el ángel a cargo de las aguas y el altar (Ap. 16:5-7). El ángel declara que los juicios de Dios son justos, refiriéndose a la venganza divina por aquellos que han derramado la sangre de los santos y profetas. El altar responde afirmativamente, reconociendo la verdad y justicia de los juicios de Dios (Ap. 16:5-7).

El propósito de este canto de alabanza es afirmar la justicia de Dios al juzgar a los malhechores y vindicar a su pueblo. La respuesta al grito de venganza de los mártires en Apocalipsis 6:10 se encuentra en estos versículos, resultando en alabanza a Dios (Ap. 15:2-4; Dt. 32:4). Así, como los impíos han derramado la sangre del pueblo de Dios, ahora se les da "sangre para beber como merecen". El Señor Dios Todopoderoso, el Santo que es y que era, es digno de alabanza porque sus juicios son perfectamente verdaderos y justos.

JUICIOS DE LAS COPAS

Al final de los juicios de las primeras cuatro copas, los incrédulos "maldicen el nombre de Dios" y se niegan a arrepentirse y glorificarlo (Ap. 16:9). En lugar de responder al carácter de verdad y justicia de Dios y volverse a Él en busca de misericordia, los rebeldes endurecen aún más sus corazones y continúan blasfemando (Ap. 13:6; 16:9, 11, 21; cf. 2:22; 9:20-21).

La quinta copa se derrama directamente sobre el trono de la bestia, causando tinieblas que cubren todo su reino (Ap. 16:10-11). El trono del anticristo se menciona solo aquí en el libro de Apocalipsis, y este pasaje se refiere a su dominio o autoridad temporal. Como posible trasfondo, el "trono de Satanás" en Pérgamo (Ap. 2:13) conecta la adoración de los dioses paganos con el culto al emperador. Basado en la novena plaga de Egipto, el reino de la bestia es "sumido en tinieblas" para que la gente maldiga al Dios del cielo (la ubicación del trono eterno). En lugar de arrepentirse, responden a su sufrimiento alejándose aún más de Dios.

Cuando se derrama la sexta copa, el gran río Éufrates se seca para preparar el camino a "los reyes del oriente" (Ap. 16:12). Algunos ven a estos reyes como gobernantes orientales específicos que invadirán Palestina desde el este, mientras que otros interpretan la expresión como poderes políticos paganos aliados con la bestia con el propósito de atacar al pueblo de Dios. El trasfondo más probable es la guerra de Gog y Magog contra el pueblo de Dios descrita en Ez. 38–39, o una figura similar a Nerón que regresa como líder de un ejército parto para retomar Roma y continuar su persecución de los cristianos (ver **Gog y Magog**).

En este punto, el dragón, la bestia y el falso profeta (la trinidad malvada) comienzan a hablar a través de espíritus demoníacos. Estos espíritus malignos se asemejan a ranas y evocan la imagen de la segunda plaga egipcia (Éx. 8:1-15). Su habilidad para realizar señales milagrosas en nombre de la trinidad satánica probablemente se refiere a la naturaleza profundamente engañosa de su retórica (Ap. 13:3, 12-14). Su misión es reunir a los reyes de todo el mundo en un lugar llamado "Armagedón" (Ap. 16:16) para la "batalla en el gran día del Dios Todopoderoso" (Ap. 16:14). Sin embargo, esta "batalla" se describe más detalladamente en Ap. 19:11-21, donde Cristo vence al mal simplemente apareciendo. La "batalla de Armagedón" se refiere a la derrota final de las fuerzas del mal por parte de Dios Todopoderoso (ver **Armagedón**).

Una tercera característica inusual de los juicios de las copas se presenta en este punto. Juan registra a Jesús mismo advirtiendo a sus seguidores que se mantengan despiertos y alertas, ya que Su venida será inesperada, como un ladrón en la noche (cf. Mt. 24:43; Lc. 12:39; 1 Ts. 5:2, 4; 2 P. 3:10; Ap. 3:3). Aquellos que estén vigilantes y vestidos serán bendecidos (una de las siete bienaventuranzas), en contraste con aquellos que serán avergonzados y expuestos (Ap. 3:4-5, 17-18). Este "paréntesis" en el versículo 16:15 proporciona el mensaje espiritual central para los lectores de Juan: en vista de la inminente batalla, los creyentes deben permanecer fieles y sin compromisos.

El juicio de la séptima copa marca el fin de la historia. La voz que proviene del templo y del trono proclama: "¡Hecho está!", lo cual significa que todo ha concluido, está consumado (Ap. 10:7; 21:6; también Jn. 19:30). La tormenta y el terremoto mencionados anteriormente en la serie de juicios (Ap. 8:3-5; 11:19) se describen con mayor detalle aquí. Dios divide y conquista la "gran ciudad" o Babilonia la Grande (la representación simbólica de la humanidad rebelde y la opresión satánica sobre el pueblo de Dios), haciéndola beber "la copa llena del vino de la furia de Su ira" (Ap. 16:19), (ver **Babilonia**). La desaparición de los elementos terrenales se menciona nuevamente en Ap. 20:11, en el Juicio de Dios ante el gran Trono Blanco.

Las grandes piedras de granizo que siguen recuerdan la séptima plaga egipcia (Éx. 9:13-35) y plasma de forma vívida la espantosa ira de Dios (Ez. 38:19-22). De nuevo, los incrédulos denigran, maldicen a Dios por la plaga del granizo (Ap. 16:21). El juicio definitivo de Dios sobre el mal descrito en la séptima copa se desarrolla completamente en Ap. 17–19 (ver **Juicio final; Sello del Dios vivo; Juicio; Ira de Dios**).

En resumen, las siete copas: 1. tierra (Ap. 16:2); 2. mar (Ap. 16:3); 3. ríos, manantiales (Ap. 16:4-5); 4. sol (Ap. 16:8); 5. trono de la bestia (Ap. 16:10); 6. río Éufrates (Ap. 16:12); 7. relámpagos, granizo (Ap. 16:17, 21); se dan de manera casi igual en el orden de las siete trompetas, solo con una excepción: la trompeta número 5, habla del abismo, mientras que la copa 5 refiere al Trono de la bestia, pero también se parecen a las diez plagas que tos egipcios sufrieron cuando Dios liberó a Israel (Éx. 7:8–13:16). La secuencia y los detalles de los cuatro primeros juicios difieren de manera notable de las plagas de Egipto, de modo que solo podemos hablar de semejanzas (Kistemaker).

JUICIOS DE LOS SELLOS

En el capítulo 6 del Apocalipsis, se describen una serie de juicios conocidos como los "siete sellos". Estos sellos representan eventos y situaciones que se desatan como parte del plan de Dios para juzgar y redimir al mundo. A continuación, te proporcionaré un resumen de los siete juicios de los sellos.

Primer sello: el jinete del caballo blanco. Un jinete aparece montado en un caballo blanco, simbolizando la victoria y la conquista. Este jinete representa la conquista y la expansión del evangelio en el mundo (Ap. 6:1-2).

Segundo sello: el jinete del caballo rojo. Un jinete aparece montado en un caballo rojo, simbolizando la guerra y la violencia. Este jinete representa la guerra y el derramamiento de sangre en la tierra (Ap. 6:3-4).

Tercer sello: el jinete del caballo negro. Un jinete aparece montado en un caballo negro, simbolizando la hambruna y la escasez. Este jinete representa la hambruna y la carestía que azotarán a la humanidad (Ap. 6:5-6).

Cuarto sello: el jinete del caballo pálido. Un jinete aparece montado en un caballo pálido, simbolizando la muerte y la destrucción. Este jinete representa la muerte y las plagas que afectarán a la humanidad (Ap. 6:7-8).

Quinto sello: las almas bajo el altar. Se muestra a las almas de los mártires que han sido asesinados por su fe en Dios. Estas almas claman por justicia y se les promete que serán vengadas (Ap. 6:9-11).

Sexto sello: el gran terremoto. Se describe un gran terremoto que afecta a la tierra, seguido de fenómenos cósmicos y catastróficos. La gente se aterroriza y reconoce que el día del juicio de Dios ha llegado (Ap. 6:12-17).

Séptimo sello: el silencio en el cielo. Cuando se abre el séptimo sello, hay un silencio en el cielo durante aproximadamente media hora. Este silencio representa la solemnidad y la anticipación del juicio final de Dios (Ap. 8:1).

Los siete sellos representan una serie de juicios y eventos que ocurrirán en el período previo al fin del mundo, según la teología del libro de Apocalipsis. Cabe destacar que estas interpretaciones pueden variar dependiendo de las creencias religiosas y las diferentes interpretaciones teológicas.

De manera específica, al profundizar en los detalles, se hace evidente que estos juicios se desplegarán sobre aquellos que no creen, mientras que los creyentes gozarán de protección (Ap. 3:10; 7:1-8; 9:4; 16:2). Estos juicios son la respuesta divina a las oraciones de los santos en busca de justicia y venganza

(Ap. 5:8; 6:9-11; 8:3-5). En todo momento, se destaca la soberanía de Dios. Él no instiga el mal para cumplir su voluntad; simplemente permite que se manifieste. Los incrédulos, a menudo llamados "habitantes de la tierra", responden negándose a arrepentirse y blasfemando contra Dios, lo cual revela su estado depravado (cf. Ap. 9:20-21; 16:9, 11). Lo más notable es que estos juicios representan actos de misericordia al brindar una última oportunidad para el arrepentimiento (cf. Ap. 9:20; 14:6-7; 16:9, 11). De manera progresiva, se produce un desmantelamiento de la creación en preparación para la consumación final.

Los primeros cuatro juicios de los sellos, conocidos comúnmente como los "Cuatro Jinetes del Apocalipsis" (ver **Cuatro jinetes del Apocalipsis**), se agrupan como juicios que se despliegan a lo largo de la historia como resultado de la inclinación pecaminosa de la humanidad. Juan adapta imágenes de Zacarías 1:7-11 y 6:1-8, donde cuatro jinetes montados en caballos de diferentes colores (o cuatro carros tirados por caballos de diferentes colores) actúan como portadores del mensaje divino. No obstante, en el libro del Apocalipsis, los jinetes desatan juicios cuyos colores se corresponden aproximadamente con la naturaleza del juicio (por ejemplo, el rojo simboliza el derramamiento de sangre). Los primeros cuatro juicios de los sellos incluyen conquista militar, violencia y derramamiento de sangre, hambruna y muerte. Estos cuatro juicios también se asemejan a los "principios de dolores" mencionados por Jesús en su Discurso del Monte de los Olivos: guerras, naciones que se levantan contra naciones, terremotos, hambrunas y pestilencias (Mt. 24:6-8; Mr. 13:5-8; Lc. 21:8-11).

Los últimos tres juicios de los sellos abarcan eventos cósmicos de mayor magnitud que los cuatro primeros. Al abrirse el quinto sello, en lugar de presenciar otro juicio divino, Juan contempla una respuesta humana al sufrimiento: "Vi bajo el altar las almas de aquellos que habían sido muertos a causa de la palabra de Dios y del testimonio que mantuvieron" (Ap. 6:9). Aunque en el Apocalipsis solo se menciona un altar, esta imagen evoca el altar de los sacrificios quemados en el Templo, donde se derramaba la sangre o "vida" de los sacrificios (Éx. 29:10-14; Lv. 4:3-12). Al igual que Cristo mismo (Ap. 5:6, 9), estos mártires han sido "asignados a la muerte" o masacrados, habiendo sido perseguidos hasta la muerte debido a su fidelidad a la Palabra de Dios (es decir, su testimonio acerca de Jesús; cf. Ap. 1:2, 9; 12:17; 14:2; 20:4). Sin embargo, su principal actividad era testificar, no morir; el martirio fue simplemente el resultado (ver **Martirio**).

Los mártires claman a Dios con gran fervor en busca de vindicación: "Y clamaban en alta voz, diciendo: ¿Hasta cuándo, oh Señor, santo y verdadero, tardarás en juzgar y vengarás nuestra sangre de los que moran en la tierra?" (Ap. 6:10). Esta súplica de "¿Cuánto tiempo?" se encuentra a lo largo de las Escrituras como una oración común de los justos que esperan ser vindicados (por ejemplo, Sal. 13:1-2; 74:9-11; 89:46; Hab. 1:2; Zac. 1:12). Piden a Dios que "juzgue a los habitantes de la tierra y vengue nuestra sangre". La frase "habitantes de la tierra" es sinónimo de "incrédulos" en el Apocalipsis (Ap. 3:10; 8:13; 11:10; 13:8, 12, 14; 17:2, 8) y aquí se refiere a aquellos seres humanos que se oponen a Dios y a su pueblo. Dado que los mártires han sido injustamente perseguidos por los enemigos de Dios, claman por justicia. Se dirigen al "Señor soberano, santo y verdadero", pero si Dios no castiga a los malvados, su carácter será cuestionado. El enfoque no está en buscar venganza personal, sino en si Dios prevalecerá sobre el mal.

Dios responde a su petición de dos maneras. En primer lugar, les otorga "túnicas blancas", un símbolo de pureza e inocencia que reconoce que ha escuchado su oración.

En segundo lugar, les dice que tendrán que "esperar un poco más" antes de recibir su respuesta, "hasta que se complete el número de sus compañeros de servicio y hermanos que serán asesinados como ellos" (Ap. 6:11). La expresión "un poco más" indica un período de tiempo desconocido, pero no indefinido (Ap. 10:6; 12:12; 17:10; 20:3). Dios les asegura a estos mártires que ha escuchado su oración y que responderá de acuerdo con su soberano plan. Este plan divino incluye más persecución y martirio para algunos del pueblo de Dios. Esta promesa recuerda las palabras de Pedro a otros creyentes del primer siglo (2 P. 3:8-15a; Mt. 24:14; Mr. 13:9-10).

Con la apertura del sexto sello, se nos muestra la respuesta a la oración del mártir que será cumplida en el futuro, en el Día del Señor. Esta sentencia conlleva un temblor que afecta a todo el cosmos. Un gran terremoto escatológico, junto con el movimiento de montañas e islas, no deja lugar donde esconderse para los malvados. El sol se vuelve oscuro y la luna adquiere un tono rojo como la sangre, las estrellas caen y el cielo se desenrolla como un pergamino: todos estos elementos son comunes en los relatos del fin del Antiguo Testamento (Is. 13:9-11; 24:1-6; 19-23; 34:4; Ez. 32:6-8; 38:19-23; Jl. 2:10, 30-31; 3:15-16; Zac. 14:5). Según las enseñanzas de Jesús, la disolución del cosmos ocurre cuando regresa Cristo (Mr. 13:24-27).

La conmoción del cosmos por parte de Dios aterroriza a los incrédulos, quienes intentan esconderse de Su presencia (Is. 2:19; Os. 10:8). Siete grupos de personas se mencionan específicamente en Ap. 6:15, lo cual muestra la inclusión de todos en el juicio: reyes de la tierra, príncipes, generales, ricos, poderosos, esclavos y personas libres (Ap. 13:16; 19:18). Todos, incluyendo al César, deben comparecer ante Dios. Están llenos de miedo y desesperación, llegando incluso a preferir una muerte violenta antes que enfrentarse a su Creador. Ni siquiera la muerte puede librarlos del juicio de Dios (Ap. 20:11-14). Ha llegado el gran día de la ira de Dios y del Cordero. El Cordero, quien fue manso y sacrificado, regresa ahora como el Cordero Conquistador-Juez, una imagen aterradora.

Este sello se cierra con una pregunta de gran importancia: "¿Quién puede mantenerse en pie?" que se traduce en "¿quién puede sobrevivir o resistir la ira de Dios?". La escena cósmica del juicio en Jl. 2:10-11 concluye con una pregunta similar relacionada con el Día del Señor: "¿Quién puede soportarlo?". El interludio en Ap. 7:1-17 proporciona la respuesta: solo los "siervos de Dios" pueden sobrevivir, ya que experimentarán la salvación de Dios en lugar de Su ira (Ap. 7:3, 14-17).

Con la apertura del séptimo y último sello, el rollo está listo para ser desplegado. Después del impactante sexto sello y el interludio en Ap. 7, la expectación es alta. Sin embargo, al abrir el séptimo sello, se produce un sorprendente "silencio en el cielo". ¿Cuál es el significado de este silencio? Podría ser una pausa dramática que anticipa lo que Dios hará a continuación en los juicios de las trompetas, o podría representar la reacción del mundo ante Dios en el último juicio (Sof. 1:17; Zac. 2:13; Ap. 18:22-23). Dado que los sacrificios e inciensos se ofrecían en silencio, el silencio en Ap. 8:1 podría estar preparando el escenario para el sacrificio que se describe en los versículos 8:1-6.

Independientemente del significado del silencio (las opciones anteriores no se excluyen mutuamente), marca una transición en varios niveles desde los juicios de los sellos hacia los juicios de las trompetas que seguirán (ver **Juicios de trompeta; Ira de Dios**).

JUICIOS DE TROMPETA

En el libro del Apocalipsis, se describen siete juicios conocidos como los juicios de las siete trompetas. Estos juicios son parte de las visiones apocalípticas que se le revelaron al apóstol Juan. Cada trompeta representa un evento catastrófico que tiene lugar como parte del juicio divino sobre la tierra.

1ª (Ap. 8:7): se describe la caída de granizo y fuego mezclados con sangre, que queman una tercera parte de la tierra. Esto simboliza un juicio devastador que afecta la vegetación y la vida en general.

2ª (Ap. 8:8-9): un gran objeto ardiente, como una gran montaña en llamas, cae en el mar y causa la muerte de una tercera parte de las criaturas marinas y la destrucción de una tercera parte de los barcos.

3ª (Ap. 8:10-11): una gran estrella llamada "Ajenjo" cae del cielo y envenena una tercera parte de los ríos y las fuentes de agua dulce. Esto resulta en la muerte de muchas personas que beben de esas aguas contaminadas.

4ª (Ap. 8:12): se describe una gran oscuridad que afecta a una tercera parte del sol, la luna y las estrellas. Esto puede ser interpretado como un evento cósmico que altera la luz y la visibilidad en la tierra.

5ª (Ap. 9:1-12): se ve una estrella que cae del cielo y se le da la llave del pozo del abismo. Al abrir el pozo, se desatan langostas que atormentan a los incrédulos durante cinco meses. Estas langostas simbólicas tienen poder para causar dolor y sufrimiento, pero no pueden matar a las personas.

6ª (Ap. 9:13-21): cuatro ángeles son liberados para desatar la destrucción sobre la tierra. Se describe una gran guerra con un ejército de 200 millones de jinetes montados en caballos. Esta guerra resulta en una gran cantidad de muertes y sufrimiento.

7ª (Ap. 11:15-19): al sonar la séptima trompeta, se proclama que el reino de este mundo ha pasado a ser de nuestro Señor y de Su Cristo. También se revela la apertura del templo de Dios en el cielo, y se describen relámpagos, voces, truenos, un terremoto y una granizada. Estos eventos simbolizan la consumación del juicio divino y el establecimiento del reino eterno de Dios (Hoekema).

Así, junto con los sellos y las copas, las trompetas (Ap. 8:6–9:21; 11:15–19) constituyen los tres conjuntos de juicios que ocupan la sección central del libro de Apocalipsis. Cada una de estas series consta de siete partes que se dividen en dos grupos: sentencias 1 a 4 y sentencias 5 a 7 (ver **Juicio**, **Sello del Dios vivo**). Más específicamente, los sellos y las trompetas siguen un patrón de 4 + 2 + 1, mientras que las copas siguen un patrón de 4 + 3. Al igual que los juicios de los sellos, hay un interludio entre la sexta y la séptima trompeta, y al igual que los subsiguientes juicios de las copas, las trompetas evocan las plagas del Éxodo. Mientras que las primeras seis trompetas tratan con varios desastres y juicios, la séptima trompeta describe la llegada final del reino de Dios.

De manera más amplia y detallada, se puede decir que las primeras cuatro trompetas (e incluso la quinta) se basan en las plagas del Éxodo como trasfondo para describir cómo Dios derramará su juicio sobre la tierra. El propósito es transmitir el poder soberano de Dios a través de su control sobre la naturaleza, su juicio sobre la maldad humana y la idolatría, y su oferta de una oportunidad final para arrepentirse. Estos juicios son más intensos y severos que los sellos (por ejemplo, un tercio de la tierra se ve afectado en comparación con una cuarta parte en los juicios de los sellos). La figura de "un tercio" utilizada en cada una de las primeras cuatro trompetas revela que los juicios de Dios son parciales y destructivos, pero aún no son definitivos. La cuarta trompeta termina con una plaga de tinieblas, que es un símbolo común de juicio y destrucción (por ejemplo, Is. 13:10-11; Jl. 2:1-2; Am. 5:18; Mr. 13:24).

Después de la cuarta trompeta, Apocalipsis 8:13 introduce las tres trompetas restantes, describiéndolas como "ayes": "Y vi volar por en medio del cielo a otro ángel, que tenía el evangelio eterno para predicarlo a los moradores de la tierra, a toda nación, tribu, lengua y pueblo, diciendo a gran voz: 'Temed a Dios y dadle gloria, porque la hora de su juicio ha llegado; y adorad a aquel que hizo el cielo y la tierra, el mar y las fuentes de las aguas'". Mientras que las primeras cuatro trompetas están dirigidas a la naturaleza, las trompetas quinta y sexta están dirigidas a los "habitantes de la tierra" (es decir, los incrédulos).

La descripción extensa de las trompetas quinta y sexta enfatiza la seriedad del juicio de Dios contra la idolatría. Dios permite que las fuerzas demoníacas asociadas con estos dioses falsos atormenten a sus seguidores. Estas imágenes horribles están destinadas a infundir terror en los incrédulos y atraerlos de vuelta al Señor. Sin embargo, a pesar del tormento que han sufrido, se niegan a arrepentirse. Aquellos que han sido sellados (Ap. 7:1-8; 9:4, 20-21) están protegidos de estos ataques demoníacos, al igual que Israel estuvo protegido de las plagas en Egipto (Éx. 8:22-23; 9:26).

Cuando suena la quinta trompeta, una estrella caída abre el Abismo para liberar una plaga de langostas-escorpiones que atormentarán a los incrédulos durante cinco meses (un tiempo limitado). Aunque estos invasores podrían ser humanos, su apariencia aterradora (rostros como humanos, dientes como leones y colas como escorpiones, cf. Ap. 9:7-10) sugiere una identidad demoníaca. Estos atacantes son liderados por un ángel demoníaco llamado Abadón (hebreo para "lugar de muerte y destrucción") o Apolión (griego para "destructor"). A causa de su dolor y sufrimiento, los habitantes de la tierra buscarán desesperadamente la muerte, pero esta les será esquiva. Juan recurre tanto a la octava plaga contra Egipto, la plaga de langostas (Éx. 10:1-20), como al ejército invasor de langostas en Joel 1-2 para describir este juicio. Sin embargo, estas langostas no pueden dañar a aquellos que llevan el sello de Dios.

La quinta trompeta también proporciona evidencia de la habilidad soberana de Dios para utilizar el mal para sus propósitos últimos. El uso del pasivo divino "fue dado", señala el control y la voluntad de Dios (Ap. 9:1, 3, 5). El ejército demoníaco tortura a los incrédulos, lo que ejemplifica el uso del mal para castigar el mal. Dios establece límites para los atacantes (Ap. 9:4, 5, 6, 10) y les prohíbe dañar a aquellos que le pertenecen (Ap. 9:4). En general, la descripción aterradora del juicio de la quinta trompeta tranquiliza a los creyentes e intenta persuadir a los incrédulos a que se arrepientan.

Cuando el sexto ángel toca su trompeta (Ap. 9:13), Juan escucha una voz celestial que proviene del altar de oro, recordando a los lectores que Dios sigue respondiendo a las oraciones de su pueblo (Ap. 8:3-5). Esta voz clama por la liberación de cuatro ángeles que están atados cerca del gran río Éufrates. La "atadura" de estos ángeles probablemente indica su naturaleza demoníaca (Ap. 20:2, 7, donde Satanás está atado). Después de su liberación, se convierten en líderes de una caballería demoníaca compuesta por una cantidad innumerable de seres (literalmente, "dos miríadas de miríadas", es decir, "doscientos millones"). Este número inconmensurable representa un ejército de una inmensidad casi inimaginable. Además del número, la descripción detallada de estos feroces guerreros demoníacos en Ap. 9:17-19 (similar a la descripción de las langostas-escorpiones en Ap. 9:7-10) intensifica el impacto de la visión.

Mientras que los primeros cuatro juicios de las trompetas causaron la destrucción de partes de la naturaleza y la quinta trajo tormento a la humanidad incrédula, la sexta trompeta culmina en la muerte de una tercera parte de la población de la tierra. A lo largo de los juicios de las trompetas, Dios ha advertido de manera dramática al resto de la humanidad: ¡Arrepiéntete, o de lo contrario enfrentarás mi ira!: "la muerte de una tercera parte del mundo es un juicio, pero también es una muestra de misericordia" (Keener).

Similar al faraón del Éxodo, quien endurece su corazón en respuesta a las plagas del juicio divino (Éx. 7:13, 22), las personas que experimentan estos juicios se niegan a arrepentirse. El resto de la humanidad que no fue muerta por estas plagas aún no se arrepiente de la obra de sus manos. Siguen adorando a demonios e ídolos hechos de oro, plata, bronce, piedra y madera, ídolos que no pueden ver, oír ni caminar. Tampoco se arrepienten de sus asesinatos, sus prácticas mágicas, su inmoralidad sexual ni sus robos (Ap. 9:20-21).

Esta descripción de los pecados de la humanidad impenitente, como la adoración de demonios, la idolatría, los homicidios, las artes mágicas, la inmoralidad sexual y los hurtos, establece una conexión entre la adoración de ídolos y la actividad demoníaca (también la lista en Ap. 21:8 que describe a aquellos que experimentarán la segunda muerte, y en 22:15 que explica quiénes serán excluidos de la nueva Jerusalén). Aquellos en las iglesias de Asia Menor que se comprometen con la cultura pagana que los rodea necesitan escuchar que las fuerzas demoníacas están detrás de tales prácticas y que resultarán en el juicio de Dios.

La séptima trompeta sigue después del largo interludio de Ap. 10:1–11:13 y ofrece una visión inesperada. En lugar de más criaturas demoníacas torturando o matando a los incrédulos, el séptimo sello se abre con el sonido de un coro celestial que alaba a Dios y celebra la llegada de su reino. Los veinticuatro ancianos, una vez más, se postran en adoración:

"Te damos gracias, Señor Dios Todopoderoso, el que es y el que era, porque has tomado tu gran poder y has comenzado a reinar. Las naciones se han enfurecido, pero ha llegado tu ira; ha llegado el tiempo de juzgar a los muertos, de recompensar a tus siervos los profetas, a los santos y a los que temen tu nombre, a los pequeños y a los grandes, y de destruir a los que destruyen la tierra" (Ap. 11:17-18).

Los ancianos reafirman la soberanía de Dios y le agradecen por establecer su último reino. Dios finalmente ha respondido a la pregunta de los mártires en Apocalipsis 6:10 y a las oraciones de los santos en Ap. 8:3-5. La ira de Dios se ha desatado, juzgando a los muertos, recompensando a sus siervos y destruyendo a aquellos que destruyen la tierra. Después de condenar el mal y recompensar a los fieles, el Templo celestial de Dios se abre para que todos puedan contemplar su presencia, simbolizada por el Arca de la Alianza (Ap. 21:3; 22:3-4). La serie de las siete trompetas culmina con un terremoto tempestuoso (Ap. 11:19), comunicando la majestuosidad y la soberanía de Dios (ver **Juicios de las copas**; **Apocalipsis, libro de**; **Juicios de los sellos**).

JUSTICIA/JUSTIFICACIÓN, DIVINAS

Bultmann define lo que a su criterio es la justicia y la justificación del hombre pecador frente a Dios: "Hablando con precisión, la justicia es la condición para recibir la salvación, la vida. Así como para Abraham su justicia (de la fe) fue condición para que él recibiera la promesa (Ro. 4:13), lo mismo vale ahora: el justificado (por la fe) recibirá la vida (Ro. 1:17; Gá. 3:11". Agrega que "Aquellos que han sido justificados serán hechos partícipes de la salvación (Ro. 5:1s.). Así como el pecado conduce a la muerte, así la justicia conduce a la vida (Ro. 5:17; 8:10). La meta que se halla delante de quien tiene la justicia es la conquista de la vida (Fil. 3:9s.); a la actuación justificadora de Dios sigue la glorificadora (Ro. 8:30). Ya que la conexión entre justicia y salvación es tan necesaria, puede la justicia misma adquirir el carácter de don salvífica. "Esforzarse por la justicia", el empeño de los judíos (Ro. 9:30s.; Gá. 2:16), significa lo mismo que "esforzarse por la salvación"; porque teniendo aquella, se tiene esta" (Bultmann).

El término hebreo para "justo" es *tsaddiq*, y sus equivalentes griegos son *dikaios*, que significa "justo" o "recto", y *diakaioo*, que significa "justificar". Sin embargo, la conexión entre la justicia y la justificación se ha oscurecido debido a las diferentes traducciones en los idiomas modernos. El significado de la frase "la justicia de Dios" es un tema controvertido y cargado de significado.

Según Martin Lutero, la frase "La justicia de Dios" se refiere a la posición imputada a los pecadores por medio de Cristo. Lutero escribió sobre Romanos 1:17, diciendo: "Aunque viví como monje de manera irreprochable, me sentía ante Dios como un pecador con la conciencia más inquieta, y no podía estar seguro de haber complacido a Dios con mis esfuerzos. No amaba, más bien odiaba a este Dios justo que castigaba a los pecadores... Pero finalmente, siendo Dios misericordioso... comencé a entender la justicia de Dios como aquella por la cual el justo vive por el don de Dios, es decir, por la fe... Esto me hizo sentir como si renaciera y como si hubiera entrado por las puertas abiertas del Paraíso mismo... Y ahora, tanto como antes odiaba la frase 'justicia de Dios', tanto más dulcemente la ensalzaba para mí" (Spitz).

Según Ernest Käsemann, la frase "La justicia de Dios" es un genitivo subjetivo que abarca tanto el regalo de Dios de la justicia como su poder. Según él, la "justicia de Dios" era un término técnico del apocalipticismo judío tardío que se refería a la justicia salvadora de Dios. Revelaba la fidelidad soberana de Dios a su pacto con Israel y a su creación, mediante la cual Dios atraía a los judíos nuevamente hacia sí mismo por medio de la obediencia. Käsemann argumenta que Pablo heredó este trasfondo conceptual de la frase y la redefine en términos del reinado actual de Dios sobre el mundo a través de Jesús (Käsemann).

Por otro lado, Wright critica este punto de vista por no tener en cuenta el matiz del pacto de justicia en el judaísmo del Segundo Templo. Según Wright, "la justicia de Dios" es un genitivo posesivo, que se refiere a la fidelidad de Dios a su pacto con Israel. Específicamente, la comprensión de Pablo de la justicia de Dios es que Dios puso fin al pecado y al exilio de Israel en la cruz de Cristo para que, a través de su resurrección, las bendiciones del pacto puedan ser apropiadas tanto por judíos como por gentiles por igual (Wright).

En resumen, está claro que, en el Nuevo Testamento, especialmente en las enseñanzas de Pablo y Juan, la respuesta a Jesús en esta era determina el destino de cada individuo en la era venidera. Además, la justificación o condenación ya han irrumpido en esta era actual para los cristianos y no cristianos, respectivamente (Jn. 3:19; 5:22-24, 27, 30-38; 9:38; 12:31-33; Ro. 1:17-18; 2:5; 5:1; 8:1; 1 Jn. 2:1-2; 3:21-24; 4:10, 13-18; 5:16).

Los comentarios anteriores se combinan para mostrar que la justicia y la justificación son conceptos profundamente relacionados con la escatología, es decir, con lo que se esperaba que sucediera al final de la historia. Sin embargo, ahora se entiende que estos conceptos se están manifestando en la historia a través de la respuesta de fe de cada individuo hacia Cristo.

K

KÁBBALAH

Doctrina esotérica y mística judía. Se indica el siglo XIII como punto de partida. Estas creencias influyeron en los judíos expulsados de España a fines del siglo XV. Algunos especialistas han tratado de encontrar su fundamento en escritos bíblicos como los de los profetas Ezequiel y Daniel. Pudiera tener sus raíces en el *Sefer Yetzirá* o libro de la creación, atribuido al rabino Akiba, y en otros escritos, como el *Sefer ha-Zohar* o libro del resplandor atribuido a Sefer ha-Bahir (siglo XII), a Simón ben Jochai (siglo XIII) y a Moisés de León, judío de Granada del siglo XIV. La kábbalah incluye componentes que se consideran teosóficos, mientras que otros parecen tener una naturaleza gnóstica. Algunos indican que tiene un origen ocultista, ya que contiene elementos posiblemente extraídos de prácticas mágicas y de brujería. Según su interpretación, se postula que Dios reside en un mundo superior e infinito, mientras que los seres humanos habitan en un mundo inferior y finito. El pensamiento cabalístico se divide en una corriente ocultista que incluye astrología, numerología y encantamiento (Ramos), (ver **Astrología**, **Numerología**, **Nigromancia**).

KERIGMA Y ESCATOLOGÍA

La palabra "kerigma" proviene del griego κήρυγμα (*kērygma*), que a su vez deriva del verbo κηρύσσω (*kēryssō*), que significa "proclamar" o "predicar". Así, el kerigma se refiere al anuncio o predicación del Evangelio, la proclamación del mensaje central de la salvación a través de Jesucristo. La palabra "escatología" proviene del griego ἔσχατος (*eschatos*), que significa "último" o "final", y de λογία (-logia), que significa "estudio", "tratado", "saber". La escatología se refiere al estudio de los últimos tiempos, incluyendo la Segunda venida de Cristo, el juicio final, la resurrección de los muertos y la consumación del Reino de Dios (Vine).

El kerigma y la escatología tienen una relación intrínseca y están estrechamente interrelacionados en la teología cristiana. El kerigma se refiere al anuncio o predicación del Evangelio, es decir, el mensaje central de la salvación a través de Jesucristo. Por otro lado, la escatología se ocupa del estudio de los últimos tiempos, incluyendo la Segunda venida de Cristo, el juicio final y la consumación del Reino de Dios.

Existen varios puntos de apoyo y convergencia entre el kerigma y la escatología:

Esperanza escatológica: tanto el kerigma como la escatología están fundamentados en la esperanza de la consumación final del plan de Dios. El kerigma proclama la buena noticia de la salvación y la promesa de vida eterna, mientras que la escatología nos habla de la culminación de esa esperanza en la venida gloriosa de Cristo y el establecimiento de su reino eterno.

Juicio y salvación: el kerigma anuncia la necesidad de arrepentimiento y fe en Jesucristo para recibir la salvación. La escatología amplía ese mensaje al hablar del juicio final, donde se revelará la justicia de Dios y se separará a los justos de los injustos. Ambos enfatizan la importancia de la respuesta humana y la necesidad de reconciliación con Dios.

Urgencia y llamado a la acción: tanto el kerigma como la escatología enfatizan la urgencia de responder al mensaje del Evangelio. El kerigma insta a las personas a arrepentirse y creer en Jesucristo para recibir la salvación, mientras que la escatología nos recuerda que el tiempo es limitado y que debemos estar preparados para la Segunda venida de Cristo y el juicio final. Ambos aspectos nos llaman a una respuesta activa y comprometida con la fe.

Transformación personal y social: el kerigma y la escatología tienen como objetivo la transformación tanto a nivel personal como en la sociedad. El kerigma proclama que en Cristo somos una nueva creación y que debemos vivir de acuerdo con los valores del Reino de Dios, promoviendo la justicia, el amor y la reconciliación. La escatología nos recuerda que, en el futuro glorioso de Dios, todas las injusticias serán corregidas y todas las lágrimas serán enjugadas. Ambos aspectos nos impulsan a trabajar por la transformación de nosotros mismos y del mundo que nos rodea.

Motivación y esperanza en medio de la adversidad: tanto el kerigma como la escatología ofrecen motivación y esperanza en medio de la adversidad. El kerigma nos recuerda que, a pesar de las dificultades y sufrimientos actuales, tenemos la promesa de vida eterna en Cristo. La escatología amplía esa esperanza al hablar de la restauración completa de todas las cosas, donde el mal, el sufrimiento y la muerte serán vencidos de una vez por todas. Ambos aspectos nos animan a perseverar en la fe y a mantener nuestra esperanza en el Dios que cumple sus promesas.

Reino de Dios: tanto el kerigma como la escatología proclaman y anticipan la llegada del Reino de Dios. El kerigma anuncia que el Reino de Dios está presente en Jesucristo y que se expandirá hasta su consumación final. La escatología nos habla de cómo ese Reino se manifestará plenamente en la Segunda venida de Cristo y la renovación de toda la creación.

Futuro glorioso: el kerigma y la escatología comparten la visión de un futuro glorioso y transformado. El kerigma anuncia la resurrección de los muertos y la vida eterna en comunión con Dios. La escatología amplía esa visión al hablar de la restauración de todas las cosas, la eliminación del sufrimiento y la plenitud de la presencia divina (Gálvez).

KETUBIM

Palabra hebrea que significa "Escritos" en el canon judío designa el conjunto de los libros siguientes: Salmos, Proverbios, Job, los cinco Megillot o rollos: Cantares, Rut, Lamentaciones, Esdras, Ester, Daniel, Nehemías y Crónicas (Schökel).

"Ketubim" es una palabra hebrea que se refiere a una sección del Tanaj o Antiguo Testamento hebreo. El Tanaj se divide en tres secciones principales: la Torá (los cinco libros de Moisés), los *Nevi'im* (los profetas) y los *Ketubim* (los Escritos).

Los *Ketubim* abarcan una variedad de géneros literarios como poesía, sabiduría, narrativa histórica y profecía. Estos libros fueron escritos y compilados en diferentes períodos de la historia judía y tienen un valor espiritual y religioso significativo para el judaísmo. La inclusión de estos libros en el Tanaj refleja su importancia en la tradición y la fe judía. Además, muchos de los libros de los *Ketubim* han sido apreciados y estudiados también por cristianos y tienen un lugar destacado en la tradición cristiana.

Es interesante que se incluya el libro de Daniel, dentro de los *Ketubim*, que es considerado también como un libro profético y escatológico: el motivo o los motivos por los cuales el libro de Daniel se incluye en la sección de *Ketubim* (Escritos) del Tanaj o Antiguo Testamento hebreo puede ser por una cuestión de tradición y clasificación histórica. Aunque el libro de Daniel tiene elementos proféticos y escatológicos, su inclusión en los *Ketubim* no se debe necesariamente a su género o contenido específico.

El libro de Daniel contiene una combinación de narrativa histórica, visiones proféticas y enseñanzas sabias. Además de las visiones y profecías relacionadas con eventos futuros, también presenta relatos históricos de la vida de Daniel y sus compañeros en la corte del rey Nabucodonosor y otros gobernantes.

Es posible que, debido a esta mezcla de géneros literarios y a su enfoque en la sabiduría y la experiencia de Daniel, se haya decidido ubicar el libro en la sección de *Ketubim*. Sin embargo, es importante tener en cuenta que la ubicación de un libro en una sección específica del Tanaj no afecta su importancia o autoridad en la tradición judía. En última instancia, la inclusión del libro de Daniel en los *Ketubim* es una cuestión de clasificación y tradición específica, y puede variar en diferentes contextos y tradiciones religiosas.

La clasificación de los libros en el Tanaj no sigue un sistema único y rígido, y ha habido variaciones a lo largo de la historia. La ubicación de Daniel en los *Ketubim* podría deberse a su estilo literario y temática general (Schökel).

L

LA CRUZ Y LOS MALES MESIÁNICOS

Los "males mesiánicos" se refieren a los sufrimientos y desafíos que Jesús de Nazaret experimentó durante su vida, especialmente en relación con su papel como Mesías o salvador. Estos males mesiánicos están estrechamente vinculados a la historia de la crucifixión de Jesús, que es un evento central en la tradición cristiana (Moltmann). Según los evangelios del Nuevo Testamento de la Biblia, Jesús fue arrestado y sometido a un juicio injusto por las autoridades religiosas y políticas de su tiempo. Fue acusado de blasfemia y sedición, y fue condenado a ser crucificado, una forma de ejecución romana reservada para los criminales más despreciados. La crucifixión de Jesús fue una experiencia extremadamente dolorosa y humillante. Después de ser azotado y maltratado, fue obligado a llevar su propia cruz hacia el lugar de la ejecución, conocido como el Gólgota o el Calvario. Allí, fue clavado en la cruz y dejado para morir. Durante su crucifixión, Jesús sufrió físicamente, experimentando agonía y tormento. También soportó una gran humillación y burla por parte de aquellos que lo presenciaron, incluidos los soldados romanos y los líderes judíos. Su crucifixión se llevó a cabo a plena vista del público, como una forma de advertencia y castigo ejemplar. Sin embargo, este sufrimiento mesiánico llegó a ser uno de los hechos centralísimos de la fe cristiana como bien lo afirma Moltmann: "La muerte de Jesús en la cruz es el centro de toda la teología cristiana. No es el único tema de la teología, pero sí que constituye algo así como la puerta de entrada a sus problemas y respuestas en la tierra. Todas las manifestaciones cristianas sobre Dios, la creación, pecado y muerte están señalando al Crucificado. Todas las afirmaciones cristianas sobre la historia, Iglesia, fe y santificación, el futuro y la esperanza, vienen del Crucificado. El nuevo testamento se dirige en su variabilidad al acontecimiento de la crucifixión y resurgimiento de Jesús y de él se deriva. Constituye un acontecimiento y una persona. La suma de "cruz y resurgimiento" significa nada más que la sucesión temporalmente insoslayable de la locución, y no la yuxtaposición de hechos, pues cruz y resurgimiento no representan realidades al mismo nivel; con la primera expresión se designa un acontecimiento histórico, con la segunda, uno escatológico, acontecidos ambos en Jesús".

Por lo tanto, algunos eruditos afirman que existe una conexión entre la muerte de Jesús y los males mesiánicos. Además, aseguran que la muerte de Jesús en la cruz es retratada en los Evangelios como un acontecimiento escatológico: la cruz fue el lugar donde padeció Gran Tribulación. Generalmente, se acepta que Marcos 13, el Discurso del Monte de los Olivos de Jesús, predice que la tierra y sus habitantes sufrirán los males mesiánicos de la Gran Tribulación (ver **Discurso de los olivos**). Pero una cuidadosa comparación de Mr. 13 y el sufrimiento y la muerte de Jesús, como se describe en Marcos 14–15, revela una estrecha conexión entre ambos (la Gran Tribulación y la cruz de Cristo). Se han identificado varios paralelismos entre los dos: tanto Jesús como sus discípulos son descritos como "entregados" a las autoridades (Mr. 14:11ss. con 13:9, 11-12). Ambos están asociados con la hora del tiempo de Dios (Mr. 14:32-42 con 13:32-33). Por lo tanto, ambos deben estar atentos (Mr. 14:34, 37-38 con 13:32-33). Ambos escenarios predicen la gloria de la venida del Hijo del Hombre (Mr. 14:62 y 13:26). Además, ambos utilizan las mismas referencias cronológicas (Mr. 14:17, 72; 15:1 con 13:35), según Ligthfoot.

Otros autores agregan lo siguiente a la lista de paralelismos entre Marcos 14–15 (el juicio y crucifixión de Cristo) y Marcos 13 (la Gran Tribulación):

Oscuridad: Marcos 15:33 declara que mientras Jesús cuelga en la cruz, justo antes de su muerte, las tinieblas cubren toda la tierra. En Mr. 13:24, una de las señales de la Gran Tribulación será el oscurecimiento del sol.

Destrucción en el Templo: en Marcos 15:38, cuando Jesús muere, el velo del Templo se rasga de arriba abajo, lo que posiblemente signifique el final del Templo. En Mr. 13:2, se predice que el Templo será destruido antes del fin.

Traición de los más allegados: en Marcos 14:18-20, Jesús indica que "uno de los doce" lo traicionará. Mr. 13:12-13 advierte que en los últimos tiempos los creyentes serán traicionados por los cercanos, "El hermano entregará a la muerte al hermano, y un engendre a su hijo".

Un tiempo de huida: en Marcos 14:50-52, los discípulos de Jesús y un joven desnudo sin nombre huyen cuando arrestan a Jesús. Asimismo, en los últimos tiempos habrá un tiempo de huida (Mr. 13:14-16): "entonces los que están en Judea, huid a los montes".

Venir, encontrar, dormir: en Marcos 14:40, Jesús viene a sus discípulos y los encuentra durmiendo. La misma construcción ocurre en Mr. 14:37. Según Mr. 13:36, los verdaderos siervos deben velar, no sea que al final, su amo venga y los encuentre durmiendo.

Así, este mismo autor concluye que estas similitudes no son una coincidencia y tienen un significado, especialmente para Marcos. Él escribe: "Para Marcos, el tiempo del fin ha comenzado. La Iglesia ya está sufriendo la tribulación acompañante del cambio de las edades. Los acontecimientos del presente tiempo son el comienzo de los dolores de parto (Mr. 13:8). Si la iglesia de Marcos sufre los "Ayes Mesiánicos", entonces se puede proponer que el tiempo de la tribulación escatológica se extiende desde el tiempo de Jesús hasta la consumación, ya que el paralelo entre Mr. 13 y la narración de la pasión sugieren que los sufrimientos de Jesús mismo pertenecen a la Gran Tribulación" (Allison).

LAGO DE FUEGO

"Lago de fuego", del griego λίμνη του πυρός (*limnē pyros*). Esta expresión se encuentra en el libro del Apocalipsis, 19:20 y 20:10, donde se describe como el destino final de los condenados y de Satanás. El "lago de fuego" se representa como un lugar de tormento eterno y de castigo para los que rechazaron a Dios y se apartaron de sus caminos.

El "lago de fuego" es un concepto que se encuentra en la teología cristiana y está asociado con el juicio final y el destino de los condenados. Aunque no se menciona explícitamente en todos los libros de la Biblia, se encuentra principalmente en el libro del Apocalipsis.

El significado del "lago de fuego" puede ser simbólico y representa un lugar de castigo eterno para aquellos que han rechazado a Dios y han vivido en rebelión contra Él. Se describe como un lugar de tormento y sufrimiento extremo. El propósito del "lago de fuego" es el juicio y la justicia divina. Se considera como la consecuencia final y definitiva para aquellos que han rechazado la salvación y han cometido maldad en su vida. Es una manifestación del justo juicio de Dios sobre el pecado y la rebelión. Existen diversas interpretaciones sobre el "lago de fuego" en el contexto teológico. A continuación, se mencionará algunas de las principales interpretaciones:

Interpretación literal: algunos creyentes consideran que el "lago de fuego" es un lugar físico y literal de tormento eterno. Lo ven como un lugar de castigo real y tangible donde los condenados sufren en fuego y azufre. En los dogmas del protestantismo y el fundamentalismo, el lago de fuego es un lugar preparado por Dios donde sufrirán tormento eterno el diablo y sus ángeles, así como todas aquellas personas cuyos nombres no aparecen en el Libro de la vida, es decir, que no recibieron la salvación de sus almas mediante Jesucristo.

Interpretación simbólica: otros interpretan el "lago de fuego" como una metáfora o símbolo del alejamiento de Dios y la separación eterna de Su presencia. No lo ven como un lugar físico, sino como una descripción simbólica del destino espiritual de los condenados.

Interpretación aniquilacionista: algunos creen (Testigos de Jehová, adventistas) que el "lago de fuego" representa la aniquilación o destrucción total de los condenados. En esta interpretación, los no salvos dejarían de existir en lugar de sufrir un tormento eterno. No obstante, la expresión "fueron arrojados al lago de fuego mientras estaban vivos", propone no una aniquilación completa, sino un castigo eterno y sensible. Se deduce que seguirán viviendo en el lago de fuego. Este comentario es confirmado por la declaración añadida concerniente a ellos en Ap. 20:10: "Serán atormentados día y noche por los siglos de los siglos" (Ap. 14:10-11), (Beale).

Interpretación purificadora o restauradora: algunos teólogos ven el "lago de fuego" como un proceso purificador simbólico o restaurador para aquellos que han rechazado a Dios en esta vida (los primeros Universalistas cristianos, sobre todo Orígenes de Alejandría y Gregorio de Nisa), entendieron el lago de fuego como un fuego purificador simbólico utilizado para eliminar la escoria del oro. En esta perspectiva, el fuego representa un proceso de purificación y sanación que, eventualmente, lleva a la reconciliación con Dios.

La perspectiva evangélica enseña que Apocalipsis utiliza la expresión "lago de fuego" (Ap. 20:14-15) o "lago de azufre ardiente" (Ap. 19:20; 20:10; 21:8) para describir el destino final del enemigo de Dios: la bestia y el falso profeta (Ap. 19:20), el diablo (Ap. 20:10), la muerte y Hades (Ap. 20:14), y cualquiera cuyo nombre no esté escrito en el libro de la vida (Ap. 20:15). También se menciona a los cobardes, los incrédulos, los viles, los homicidas, los fornicarios, los que practican artes mágicas, los idólatras y todos los mentirosos (Ap. 21:8).

Algunos comentaristas creen que el trasfondo de esta imagen puede ser la destrucción de Sodoma por parte de Dios (Gn. 19:24) o la profecía de Ezequiel contra Gog y Magog (Ez. 38:22; 39:6). La imagen es paralela a las enseñanzas de Jesús relacionadas con el infierno (Mt. 10:28; Mr. 9:43; Lc. 12:5), las "tinieblas" (Mt. 8:12; 22:13; 25:30), el "horno de fuego" (Mt. 13:42) y el "fuego eterno preparado para el diablo y sus ángeles" (Mt. 25:41).

El "lago de fuego" representa el castigo y el sufrimiento eternos (Ap. 14:10, 11; 20:10) y se describe más vívidamente como la "muerte segunda" (Ap. 20:14, 15; 21:8). Siendo la primera muerte la muerte física, la segunda muerte representa la separación definitiva de la presencia de Dios, la nueva creación y el pueblo de Dios. Mientras que el tema del "lago de fuego" asegura a los creyentes perseguidos que Dios juzgará el mal con decisión, las advertencias proféticas en Ap. 21:8, 27 y 22:15 confrontan a los complacientes y rebeldes con las consecuencias condenatorias de la injusticia.

Es importante destacar que estas interpretaciones varían entre diferentes corrientes teológicas y denominaciones cristianas. La comprensión exacta del "lago de fuego" puede diferir según las creencias y perspectivas individuales (Gálvez).

LÁMPARAS, CANDELABROS

En el libro del Apocalipsis, los siete candelabros επτά λυχνίες (*eptá lychníes*), (Lacueva), tienen un significado simbólico importante. En el capítulo 1, versículos 12 y 13, se menciona que el apóstol Juan vio siete candelabros de oro en medio de los cuales estaba Jesucristo. Luego, en el v. 20, se explica que los siete candelabros representan a las siete iglesias.

El candelabro en sí mismo es un símbolo de luz y de la presencia de Dios. En el contexto del Apocalipsis, los siete candelabros representan a las siete iglesias mencionadas en los cap. 2 y 3. Estas iglesias eran comunidades cristianas reales en Asia Menor en ese momento, pero también tienen un significado simbólico más amplio y representan diferentes etapas de la Iglesia cristiana a lo largo de la historia.

Los siete candelabros también simbolizan la responsabilidad y el llamado de las iglesias a ser portadoras de la luz y el testimonio de Cristo en el mundo. Representan la presencia y el poder del Espíritu Santo en las comunidades de creyentes.

Además, los siete candelabros también pueden ser vistos como una representación de la perfección y la plenitud divina, ya que el número siete es simbólico en la Biblia y representa la totalidad y la perfección. En este sentido, los siete candelabros indican la plenitud de la obra y la presencia de Dios en la Iglesia.

En resumen, los siete candelabros del Apocalipsis simbolizan la presencia de Dios en las iglesias, la responsabilidad de ser portadores de la luz y el testimonio de Cristo, y la perfección divina en la obra de la Iglesia a lo largo de la historia.

Los siete candelabros del Apocalipsis también pueden ser entendidos como una representación de la relación entre Cristo y las iglesias. En el capítulo 1, versículo 20, se dice que los siete candelabros son las siete iglesias y que las estrellas que están en la mano derecha de Cristo representan a los ángeles de esas iglesias. Esto sugiere que Cristo está en control y tiene autoridad sobre las iglesias.

La imagen de los candelabros también evoca el simbolismo del Templo de Jerusalén en el Antiguo Testamento, donde había un candelabro de siete brazos llamado el candelabro de oro (Éx. 25:31-40). Este candelabro en el Templo era un símbolo de la presencia de Dios y de su luz que iluminaba el lugar santo. En el Apocalipsis, los siete candelabros representan a las comunidades de creyentes que son templos vivientes del Espíritu Santo y que tienen la responsabilidad de llevar la luz de Cristo al mundo.

Además, los siete candelabros también pueden ser vistos como una representación de la diversidad de la Iglesia. Cada una de las siete iglesias tenía sus propias características, desafíos y virtudes, lo que refleja la realidad de la Iglesia universal a lo largo de la historia. Esto nos enseña que la Iglesia es un cuerpo diverso pero unido en Cristo, y que cada comunidad de creyentes tiene un papel importante que desempeñar en el propósito de Dios. Además, es interesante lo que señala Pikaza, en cuanto que los siete candelabros son más de tipo litúrgico y en Apocalipsis son símbolo de las iglesias. Pero también apuntan escatológicamente a la nueva luz de Dios y Cristo que es una auténtica fuente de claridad de una "lámpara eterna", que permanece sin cambio y atrae iluminado a todas las naciones (Ap. 21:24). De esa manera, el Cristo que sustenta y vigila la luz de las iglesias (Ap. 1:12-20; 2:1, 5) también es lámpara de luz para las naciones (Pikaza).

LAODICEA

Laodicea era una antigua ciudad ubicada en la región de Frigia en Asia Menor, en el valle de Lycus, en lo que hoy es Turquía. Fue fundada alrededor del siglo III a.C. por el rey seleúcida Antíoco II y recibió su nombre en honor a su esposa, Laodicea. La ciudad estaba estratégicamente ubicada en una ruta comercial importante y se convirtió en un centro próspero en la región. Era conocida por su riqueza y opulencia. Tenía una economía basada principalmente en la industria textil y en la producción de una lujosa lana negra. También era famosa por su medicina y, en particular, por su producción de un ungüento llamado "colirio de Laodicea". La ciudad tenía un acueducto que llevaba agua caliente de las fuentes cercanas a la ciudad, pero cuando llegaba a Laodicea, se había enfriado y perdido su frescura, lo que llevó a la mención de esto en el mensaje a la Iglesia (Newport).

En el libro del Apocalipsis, se menciona a la iglesia de Laodicea en la carta a las siete iglesias en los capítulos 2 y 3. El mensaje a la iglesia de Laodicea es uno de los más conocidos y se encuentra en Ap. 3:14-22. En este mensaje, se le dice a los que conforman la congregación que son tibios, ni fríos ni calientes, y esto es inaceptable para Dios. Se les advierte que su actitud de autocomplacencia y su confianza en su riqueza material los han llevado a ser espiritualmente ciegos y desnudos. Se les insta a buscar la verdadera riqueza espiritual y a ser fervientes en su devoción a Dios. El mensaje también incluye una advertencia severa de las consecuencias de su indiferencia espiritual. Se les dice que, si no se arrepienten, serán vomitados de la boca de Dios. Sin embargo, el mensaje también contiene una promesa de restauración y reconciliación para aquellos que se arrepienten y abren la puerta a Cristo (Ladd).

La iglesia de Laodicea, en contraste con las otras siete iglesias mencionadas en el Apocalipsis, no recibe ninguna alabanza por parte de Cristo resucitado (Ap. 3:14-22). Además, se destaca por su negativa de aceptar ayuda después de un devastador terremoto, prefiriendo reconstruir por su cuenta debido a su orgullo. Además de ser un importante centro comercial, Laodicea también era conocida por su actividad bancaria, una destacada escuela de medicina especializada en enfermedades oculares y una industria textil que producía lujosa lana negra. El mensaje de Jesús a la iglesia se conecta directamente con su situación local. A pesar de que la iglesia se consideraba rica y autosuficiente, Jesús, el "testigo fiel y verdadero", revela su verdadera condición: son "miserables, pobres, ciegos y desnudos" (Ap. 3:17). Utiliza el agua tibia de la ciudad como una representación de la repugnante enfermedad espiritual de la iglesia. De manera irónica, Jesús exhorta a la iglesia de Laodicea a comprar oro refinado por fuego en el centro bancario, vestiduras blancas para cubrir su vergonzosa desnudez en referencia a la industria de la lana negra, y colirio para curar su ceguera haciendo alusión a la fama de la sanidad de sus centros curativos (Newport).

Sin embargo, la reprensión de Jesús está motivada por su amor hacia la iglesia. A menudo, las advertencias proféticas son acompañadas por palabras de compasión. Jesús, el "príncipe de la creación de Dios", está llamando a la puerta, invitando a la iglesia a renunciar a su autosuficiencia y confiar en Aquel que puede suplir todas sus verdaderas necesidades. Un mensaje profético constante es que el pueblo de Dios debe ser contracultural y buscar en primer lugar el reino de Dios. De hecho, Jesús promete a los vencedores de Laodicea que les permitirá reinar con Él en el futuro (Ap. 3:21).

LIBIA

Libia, también conocida como Libia Antigua, es una región ubicada en el norte de África, al oeste del río Nilo. A lo largo de la historia, Libia ha tenido una rica y variada historia que abarca desde la antigüedad hasta la era moderna. En el contexto histórico, bíblico, profético y escatológico, Libia también ha desempeñado un papel importante en varios eventos y referencias. El nombre Put también es asociado con esta área y aparentemente referido a una subregión o subgrupo en Libia. Por lo tanto, algunos traductores traducen "Put" como "Libia".

En el contexto histórico, Libia ha sido habitada por diferentes pueblos y ha sido gobernada por diversas potencias a lo largo de los siglos. En la antigüedad, fue parte del Imperio egipcio. A lo largo de la era del Antiguo Testamento, la historia de Libia está íntimamente entrelazada con el de Egipto. A veces, Egipto gobernó sobre Libia y, por un período, una dinastía libia gobernó Egipto. Así, en el Antiguo Testamento Libia también se menciona junto con textos que se refieren a Egipto, especialmente textos que se refieren al juicio sobre Egipto (Ez. 30:5; Nah. 3:9). Además, estuvo bajo el dominio de los persas, los griegos y los romanos. Más tarde, en la Edad Media, fue conquistada por los árabes y se convirtió en parte del mundo islámico.

En el contexto bíblico, Libia se menciona en el Antiguo Testamento de la Biblia. En el libro de Ezequiel, se hace referencia a Libia junto con Egipto como parte de una coalición de naciones en contra de Israel. Además, en el libro de Hechos de los Apóstoles, se menciona que había judíos y prosélitos de Libia presentes en Jerusalén durante el día de Pentecostés.

En cuanto al contexto profético, algunas interpretaciones bíblicas y religiosas han asociado a Libia con ciertos eventos y profecías. Por ejemplo, en el libro de Daniel, se menciona una visión de un carnero con dos cuernos, que algunos han interpretado como una referencia a los imperios medo persa y griego, que incluirían a Libia en su territorio. Sin embargo, es importante tener en cuenta que las interpretaciones de las profecías varían y pueden ser objeto de debate.

En el contexto escatológico, que se refiere a las creencias sobre el fin de los tiempos, algunas interpretaciones bíblicas han relacionado a Libia con eventos futuros. Por ejemplo, en el libro de Ezequiel, se menciona una coalición de naciones liderada por Gog y Magog que se enfrenta a Israel en los últimos tiempos. Algunos intérpretes han sugerido que Libia podría formar parte de esta coalición (Ez. 38:5), (Pfeiffer), (ver **Gog y Magog**).

LIBRO DE CONSOLACIÓN

El "libro de consolación" en el contexto de Jeremías hace referencia a una sección específica del libro de Jeremías que se encuentra en los capítulos 30 al 33. Estos capítulos contienen una serie de profecías, mensajes de consuelo y esperanza para el pueblo de Israel en medio de su sufrimiento y exilio.

El libro de Jeremías en su conjunto abarca un período turbulento en la historia de Israel, en el cual el pueblo se encuentra bajo la amenaza de la destrucción y el exilio debido a su desobediencia y apostasía. Jeremías es conocido como el "profeta llorón" debido a su papel de anunciar juicio y desastre inminente sobre Judá y Jerusalén. Sin embargo, en medio de estas profecías de juicio, Jeremías también trae mensajes de consuelo y esperanza para el futuro. Los capítulos 30 al 33, a menudo considerados como el "libro de consolación", contienen algunas de estas profecías de restauración y promesas de un nuevo pacto con Dios. En estos capítulos, Jeremías habla de un tiempo de restauración en el que Dios traerá a los exiliados de Israel y Judá de regreso a su tierra y los reunirá nuevamente como un solo pueblo. Habla de una renovación de la relación entre Dios y su pueblo, en la cual se establecerá un nuevo pacto basado en el perdón, la fidelidad y la comunión con Dios.

Jeremías también profetiza sobre la venida del Mesías, el "Renuevo Justo" que provendrá de la línea de David y gobernará con justicia y rectitud. Este Mesías traerá paz y prosperidad a la tierra y establecerá un reino eterno.

En general, el "libro de consolación", en el contexto de Jeremías, brinda esperanza y aliento a un pueblo que se enfrenta a la adversidad y la desolación. Ofrece la promesa de restauración, redención y una relación renovada con Dios en medio de su sufrimiento. Es un recordatorio de la fidelidad y el amor de Dios hacia su pueblo, incluso en tiempos difíciles.

LIBRO DE LA VIDA

En el libro del Apocalipsis, el "Libro de la vida" se refiere a un registro divino en el cual se encuentran los nombres de los verdaderos creyentes, aquellos que vivirán eternamente con Dios en el cielo nuevo y la tierra nueva. Esta frase se menciona en varios pasajes: Ap. 3:5; 13:8; 17:8; 20:12; 20:15 y 21:27. Además, se pueden encontrar alusiones a este concepto en otros pasajes del NT: Lc. 10:20: Fil. 4:3 y He. 12:23.

Los eruditos están de acuerdo en que el "libro de la vida" también evoca pasajes del AT en los cuales se menciona que los justos, los temerosos de Dios o los llamados a la salvación están escritos en el libro de Dios. Esto nos enseña una verdad importante: el hombre no puede obtener la salvación por sus propias fuerzas, sino que debe ser elegido por Dios para recibirla (Wikenhauser, 1969).

Además, es relevante resaltar la existencia de tres tipos de libros que se mencionan tanto en el AT como en la literatura judía y cristiana no canónica temprana. Estos libros son: el libro de la vida, que registra los nombres de los justos; el libro de los Hechos, que lleva un registro de las acciones buenas o malas de una persona; y el libro del destino, que documenta la historia del mundo y los destinos de las personas antes de su nacimiento. Aunque no hay una referencia explícita al libro del destino en el NT, sí se mencionan las otras dos categorías de libros, como se puede observar en Apocalipsis 20:12 (Aune).

En el juicio, Dios registra las obras de las personas (representadas como "libros") y anota aquellos que tienen su ciudadanía en el cielo (el "libro de la vida"). Es importante destacar que algunos autores señalan la diferencia entre el libro de la vida del Cordero y el libro de la vida. Según esta perspectiva, los creyentes pueden ser eliminados del libro de la vida por sus malas obras, tal como se menciona en Apocalipsis 22:19, haciendo referencia al Salmo 69:28. Sin embargo, los cristianos que están inscritos en el libro de la vida del Cordero no pueden ser borrados, como se menciona en Apocalipsis 13:8, 17:8 y 21:27. Algunos biblistas no están de acuerdo con esa distinción.

Por otro lado, los "habitantes de la tierra" (una expresión utilizada para referirse a los incrédulos en el libro del Apocalipsis) son descritos como aquellos "cuyos nombres no han sido escritos en el libro de la vida que pertenece al Cordero" (Ap. 13:8; 17:8). Aquí se establece un contraste entre la adoración de la bestia y la pertenencia y seguimiento del Cordero. En el juicio final, los muertos son juzgados "según lo que habían hecho, según está escrito en los libros" (Ap. 20:12), y aquel cuyo nombre no se encuentra en el libro de la vida del Cordero no es incluido.

Según lo expresado por Juan, en la nueva tierra ya no existen pueblos paganos, y solo aquellos cuyos nombres están escritos en el libro de la vida habitan en ella. Esta afirmación implica que, al establecerse el reino de Dios en la nueva tierra, no hay enemigos de Dios que se levanten para luchar contra Cristo y su Iglesia. Por el contrario, todos los seres humanos que viven en la tierra sirven al único Dios verdadero y se apresuran a ofrecerle sus tesoros. Además, Jerusalén es purificada de toda iniquidad y maldad, como corresponde a la ciudad de Dios (Wikenhauser).

LIBRO DE LOS DOCE

Una antigua práctica de los escribas judíos consistía en agrupar a los doce Profetas Menores (Oseas, Joel, Amós, Abdías, Jonás, Miqueas, Nahúm, Habacuc, Sofonías, Hageo, Zacarías y Malaquías) en un solo rollo conocido como "el Libro de los Doce". De esta manera, estos doce libros se preservaron, transmitieron, referenciaron y recibieron como un solo libro en el canon.

La Biblia hebrea se divide en tres secciones principales: la Ley, los Profetas y los Escritos. Los profetas se subdividen en dos secciones principales: los profetas anteriores (Josué, Jueces, 1-2 Samuel, 1-2 Reyes) y los últimos profetas. Los últimos profetas incluyen a Isaías, Jeremías, Ezequiel y "los Doce" (los doce Profetas Menores), (Pérez Rioja).

El libro de Oseas encabeza la colección de los doce profetas y lleva su nombre. La razón principal de esta ubicación es cronológica, pero también es significativo que esta colección de escritos proféticos comience con el nombre de "salvación" y con el magnífico libro de Oseas, abriendo la puerta de estos escritos proféticos (Schökel).

La traducción griega de los Setenta (LXX), llamada Septuaginta, realiza algunos cambios de orden dentro de los Doce (Oseas, Amós, Miqueas, Joel, Abdías, Jonás, etc.), y los sitúa antes de Isaías. Además, después del libro de Jeremías, se incluyen los libros de Baruc, Lamentaciones y la Carta de Jeremías (= capítulo 6 de Baruc en muchas ediciones actuales). Estas adiciones son comprensibles debido a que Baruc fue el secretario de Jeremías, y los escritores de la Septuaginta o traducción griega de los setenta (LXX) atribuyen las Lamentaciones a este importante profeta. Por lo tanto, no es sorprendente que ambas obras se coloquen después del libro de Jeremías. Sin embargo, en realidad, el libro de Baruc no fue escrito por el discípulo de Jeremías, y las Lamentaciones no son de su autoría. Estos detalles no eran conocidos en siglos pasados (Sicre), (ver **Profetas menores**).

LIBROS, EN APOCALIPSIS

En el libro del Apocalipsis, se mencionan varios libros importantes que tienen un significado simbólico y espiritual. Algunos de estos libros son:

El libro sellado (Ap. 5:1-5). Se describe un libro sellado con siete sellos que contiene los planes y propósitos de Dios para el juicio y la redención del mundo. Este libro representa el destino de la humanidad y su liberación final de la opresión y el mal. Solo el Cordero de Dios, que es Jesucristo, es digno de abrir los sellos y revelar el contenido del libro.

El libro de la vida (Ap. 3:5). Es mencionado en varias ocasiones en el Apocalipsis. Contiene los nombres de aquellos que son considerados justos y salvados por Dios. Estos son los creyentes que han aceptado a Jesucristo como su Salvador y han sido redimidos por su sacrificio en la cruz. Tener el nombre escrito en el libro de la vida es un símbolo de pertenencia al pueblo de Dios y de tener vida eterna en su presencia. De hecho, a lo largo del Nuevo Testamento y, especialmente, en Apocalipsis, el "libro de la vida" tiene significado como un libro de salvación o redención. Jesús promete a los creyentes fieles en Sardis no solo que nunca borrará sus nombres del libro de la vida, sino también que los reconocerá delante de su Padre y de los ángeles (Ap. 3:5).

El libro de la vida del Cordero (Ap. 13:8). Este libro es una extensión del libro de la vida y contiene los nombres de aquellos que han sido redimidos por la sangre de Jesucristo, el Cordero de Dios. Es un registro de aquellos que han aceptado a Jesús como su Salvador y han sido reconciliados con Dios. Estos nombres están escritos en el libro desde antes de la fundación del mundo, lo que muestra el plan eterno de Dios para la salvación de su pueblo.

Los libros del juicio (Ap. 20:12). En el Apocalipsis, se menciona que se abrirán libros en el juicio final. Estos libros registrarán las acciones y obras de cada individuo. Estos registros se utilizarán para determinar la recompensa o el castigo de cada persona según sus obras. Se dice que los libros son abiertos y que cada persona es juzgada según lo que está escrito en ellos.

Finalmente, al representar la ciudad celestial, Juan dice que "nada impuro jamás entrará en ella, ni nadie que haga lo vergonzoso o engañoso, sino solo aquellos cuyos nombres están escritos en el libro de la vida del Cordero" (Ap. 21:27). Una vez más, la distinción es entre entrar en la ciudad celestial y siendo negada la entrada. Más que un libro de hechos, el libro de la vida es un libro del destino (ver **Juicio del gran Trono Blanco, Juicio, Juicio final**).

Estos libros mencionados en el Apocalipsis tienen un significado simbólico y teológico. Representan los planes de Dios, la salvación, el juicio y la recompensa. A través de su mención, el Apocalipsis transmite la importancia de vivir una vida de fe, de estar reconciliado con Dios y de confiar en la obra redentora de Jesucristo (Gálvez).

LIBROS PROFÉTICOS

Los 17 libros de los profetas mayores y menores constituyen una división importante del Antiguo Testamento, como se confirma en la literatura judía temprana (Si. 49:10; 2 Mac. 15:9; 4 Mac. 18:10) y el Nuevo Testamento (cf. Mt. 5:17; 7:12; Lc. 16:29; 24:27, 44; Hch. 13:15; 24:14; 28:23). El ministerio de estos "profetas posteriores", como se les conocía entre los judíos, abarca desde el siglo VIII a.C. hasta el V a.C., momento en el cual los profetas cesaron de hablar. Mientras que los profetas anteriores escribieron de manera histórica y cronológica, los profetas posteriores transmitieron lo que parecen sermones. Sin embargo, aunque los profetas posteriores redactaron partes de sus libros en prosa, a menudo entregaron sus mensajes en forma de poesía. Lo interesante es que todos estos profetas mayores y menores comparten frases y palabras singulares.

Así ha dicho el Señor: es la expresión más común que indica una afirmación profética, utilizada en más de 400 ocasiones en el Antiguo Testamento, especialmente en los libros proféticos. Indica una comunicación personal y sobrenatural de Dios al profeta (Zac. 4:9). Los profetas generalmente no identifican sus declaraciones como mensajes propios ni como algo resultado de un esfuerzo colaborativo con el Señor. Estas expresiones confirman que los profetas verdaderamente hablan la palabra de Dios, la cual debe cumplirse.

Ay: Heb. '*oy*, también traducido como "¡Oh!". Es una interjección que expresa tristeza o advertencia. Con frecuencia, los profetas inician sus pronunciamientos de juicio con esta palabra, la cual puede introducir una serie de condenaciones.

"Cambiar la suerte", "hacer volver", "restaurar la fortuna": otro uso del heb. *shub*, que significa "devolver las cosas entregadas a alguien" (por ejemplo, Jer. 30:18; 33:11). En este contexto, no se trata simplemente de una solicitud de buena suerte. La idea está estrechamente relacionada con las bendiciones de la nueva creación que la nueva tierra de Israel experimentará (Ez. 47:3-12).

Ceder/arrepentirse/le pesó: heb. *najam*, que se traduce como consolar. "El Señor cambió de parecer/al Señor le pesó" es una metáfora que indica que el Señor modifica un pronunciamiento de juicio previo. Esta metáfora aparece en momentos clave en la Escritura como el diluvio (Gn. 6:6), la revelación en el monte Sinaí (Éx. 32:12-14) y la institución de la monarquía (1 S. 15:11, 35). También se encuentra en los salmos y declaraciones de credos (Sal. 106:45; Jer. 18:7-10; Jl. 2:13; Jon. 4:2). En muchos casos, el Señor es el sujeto de este verbo. A primera vista, estos pasajes pueden parecer contradictorios con otras afirmaciones de que el Señor no cambia sus decisiones previas (Nm. 23:19; 1 S. 15:29; Sal. 110:4; Jer. 4:28; 20:16; Ez. 24:14; Os. 13:14; Zac. 8:14). Sin embargo, los pasajes se dividen en dos tipos: (1) Hay ciertas promesas que el Señor ha hecho y que nunca cambiarán. Cinco de ellas describen el rechazo del Señor a cambiar su decisión con respecto al juicio del año 587 a.C., y una (Sal. 110:4) habla de su renuencia a cambiar el sacerdocio eterno y el orden de Melquisedec. (2) Dos pasajes hablan de la negativa del Señor a cambiar su voluntad (Nm. 23:19; 1 S. 15:29). Estas son declaraciones de principios que enfatizan que Dios no es un ser humano que cambia de opinión. Él es constante en cuanto a las promesas de su evangelio hechas a Abraham y David (cf. Ez. 18:23, 32). Él es inalterable en su naturaleza (Sal. 102:27; Mal. 3:6; Stg. 1:17).

Consolar: heb. *najam*, que significa "sentir pena", "lamentar" o "compadecer", llevando a actos de compasión hacia aquellos que están afligidos. Isaías enfatiza especialmente que el Señor consuela a su pueblo (Is. 40:1; 49:13; 51:3, 12, 19).

Día del Señor: se refiere a un período (no necesariamente 24 horas) en el cual Dios revela y/o ejecuta dramáticamente su juicio condenando a los malvados y liberando a los justos. A menudo, los profetas utilizan esta frase en relación con el fin de la historia (2 P. 3:10), pero no siempre tiene este sentido (Jl. 1:15; Am. 5:18-20).

Dice el Señor: es el segundo indicador más común de una declaración profética y aparece más de 340 veces en el idioma original.

Dolores de parto: metáfora común en los libros proféticos que describe la aflicción más grande que puede experimentar una persona.

En aquel día: puede significar simplemente "entonces", pero aparece a menudo en los profetas con referencia al "día del Señor" (véase más arriba). Cf. Is. 24:18-20; 29:5-8; 66:15; Os. 3:5; Jl. 2:30–3:16; Am. 5:18-20; Sof. 1:14-18; Zac. 14:1-5.

Hija(s) de Jerusalén/Judá/Sión: aparece cronológicamente primero en un salmo de David (Sal. 9:14, aunque RVC traduce "puertas" de

Sión). El plural "hijas" aparece en Cantar de los Cantares. Por lo demás, estas expresiones están asociadas a los profetas y son muy comunes en Lamentaciones. Pueden referirse a las ciudades o poblaciones que estaban alrededor de Jerusalén (véase nota en Sal. 97:8), pero a menudo se refieren a las jóvenes de Jerusalén y sus alrededores que celebraban las victorias de la ciudad o que se lamentaban por su asedio y destrucción. Detrás de estas expresiones puede estar el importante papel de las mujeres como cantoras (Éx. 15:20-21; Jue. 11:34; 1 S. 18:6; Sal. 68:25; Jer. 31:4; Sof. 3:14; Zac. 2:10; 9:9).

Hijo de hombre: en principio, aparece en afirmaciones de no israelitas (cf. Nm. 23:19; Job 16:21; 25:6; 35:8), lo cual puede caracterizar su(s) idioma(s) no hebreo(s). Sin embargo, alrededor del 85 por ciento de los ejemplos del AT aparecen más tarde en Ezequiel, quien estuvo exiliado entre hablantes de arameo en Babilonia (cf. Dn. 7:13; 8:17). Probablemente, la expresión se tomó prestada del arameo, donde simplemente designa a un ser humano, a una persona.

Ídolos: heb. *gilulim*, que significa "pelotitas de estiércol" (siempre en plural, términos relacionados se usan en Job 20:7; 1 R. 14:10; Ez. 4:12, 15; Sof. 1:17). Expresa el completo desprecio que los profetas sentían hacia los ídolos paganos. Es uno de los 10 términos del AT para los ídolos; Ezequiel lo usa repetidamente (38 de 47 apariciones en el AT).

Israel: el nombre que Dios le dio al patriarca Jacob (Gn. 32:28). Luego se convirtió en el nombre de las 12 tribus de la nación descendiente de Jacob y también del Reino del Norte de Israel. En el NT, Israel se convierte en un nombre para la Iglesia, que incluye a creyentes de todas las naciones (Ro. 9:6; Gá. 6:16). Dios había elegido al antiguo Israel para propósitos especiales (cf. Dt. 7) y le dio las promesas del pacto. Sin embargo, estas mismas promesas no se aplican al moderno estado político de Israel.

Palabra del Señor (que) vino: esta expresión se utiliza más de 100 veces en el AT, especialmente en los libros proféticos. Se refiere a las revelaciones proféticas descritas como una "palabra" que Dios entregó a los profetas y a través de ellos (Jer. 1:1-2; Ez. 1:3; Jl. 1:1; Jon. 1:1; Mi. 1:1; Sof. 1:1; Hag. 1:1; Zac. 1:1; Mal. 1:1). A veces, la "palabra" va acompañada de una visión (Is. 1:1; Ez. 1:1) o es "vista" de alguna manera (Am. 1:1; Mi. 1:1; Hab. 1:1).

Palabra del Señor vino a mí o *Palabra del Señor*: esta es una afirmación introductoria utilizada por Jeremías.

Remanente: heb, *she'ar*, que significa "resto, residuo". Es un término común que se utiliza especialmente en los libros proféticos. Puede expresar tanto la condenación de Dios (Is. 10:22) como su misericordia (Is. 37:31). Aunque habría destrucción sobre el pueblo escogido de Dios, Él no los exterminaría por completo. Dios cumpliría sus promesas y preservaría un remanente del pueblo que reconstruiría la comunidad santa, que se convertiría en la iglesia del NT.

"Sabrán que yo soy el Señor": Es una frase que se menciona por primera vez a Moisés para describir un resultado del éxodo (Éx. 6:7). Sin embargo, se utiliza en más del 80 por ciento de los casos como una "fórmula de reconocimiento" en el libro de Ezequiel. Cuando se emplea para proferir juicio, indica cómo el pueblo debe aprender la verdad a través del castigo, similar a la expresión en español "aprender de la forma difícil". Sin embargo, esta frase a menudo sigue a anuncios de la misericordia de Dios, afirmando la sinceridad del arrepentimiento y la fe de los creyentes.

Volver: heb. *shub*, que significa "dar vuelta, girar". Es un verbo muy común que se utiliza más de 1000 veces en el Antiguo Testamento. En la versión Reina Valera Contemporánea (RVC) se emplean términos equivalentes. En muchos casos, se traduce adecuadamente como "arrepentirse", especialmente en Jeremías (Isaías rara vez utiliza el término de esta manera). El arrepentimiento es una obra de Dios (Jer. 31:18) que lleva a una persona a renunciar al pecado, pedir la misericordia de Dios y volver a sus caminos. Un ejemplo típico de esto se encuentra en la confesión y oración de David en el Salmo 51 (Art, LBR), (ver **Profetas mayores**, **Profetas menores**, **Profetas anteriores**).

LIMBO

El término "Limbo" viene del latín "borde", se refiere al lugar y estado en el que se encuentran las almas justas antes de la Redención, así como el destino de las almas de aquellos que mueren sin recibir el bautismo antes de alcanzar el uso de la razón. Figurativamente, la expresión "estar en el limbo" se utiliza de manera proverbial para describir a alguien que está distraído o ensimismado (P-Rioja).

El limbo es una creencia dentro del cristianismo que hace referencia a un estado o lugar temporal para las almas de las personas que murieron antes de la resurrección de Jesús, como en el caso del "limbo de los patriarcas". También se refiere a un estado o lugar permanente para aquellos que mueren sin haber sido bautizados y sin haber cometido pecados personales, pero que aún llevan el pecado original, el cual solo puede ser eliminado a través del bautismo. Este último caso se conoce como el "limbo de los niños".

Algunas interpretaciones teóricas sugieren que incluso los adultos que no han cometido pecados personales y no han tenido la oportunidad de conocer la doctrina cristiana ni ser bautizados podrían ir a este estado. Sin embargo, debido a la concupiscencia generada por el pecado original, sería muy poco probable que se diera una situación así.

Es importante destacar que la posición doctrinal dentro del cristianismo con respecto al limbo no ha sido completamente definida. El término "limbo" se refiere a un borde o una orla, y se utilizó para describir que los niños fallecidos sin pecados personales residirían en una región fronteriza del infierno, en un nivel superior donde no serían alcanzados por el fuego. Aunque popularmente se entiende como un lugar al que van las almas, desde el punto de vista teológico, el concepto del limbo ha sido objeto de debate y no ha sido plenamente establecido dentro de la teología cristiana, era lo que teológicamente se le conoce como teologúmeno.

Durante los siglos III al VI d.C., los padres de la Iglesia jugaron un papel importante en la configuración del pensamiento sobre el limbo. Históricamente, el concepto del limbo parece haber surgido en respuesta a la teoría pelagiana que minimizaba el pecado original y afirmaba un optimismo excesivo en cuanto a la salvación. Esta perspectiva llevó a la idea de que Dios no excluiría de la bienaventuranza a los niños que murieron sin recibir el bautismo.

Dado que no hay datos explícitos en las Escrituras sobre este tema, se ha recurrido al pensamiento de los padres de la Iglesia para comprender la posición de la Iglesia cristiana primitiva en ese momento. Algunos de estos padres, como San Gregorio Nacianceno y San Agustín de Hipona, consideraron el limbo como una respuesta "piadosa" para evitar que estos inocentes sufrieran las penas del infierno. Lo describieron como un lugar o estado donde aquellos que murieron antes de alcanzar el uso de la razón y sin recibir el bautismo y, por lo tanto, solo llevaban el pecado original, eran privados de la visión directa de Dios, que es un don gratuito y personal. Sin embargo, no eran castigados con penas dolorosas, sino que podían disfrutar de una felicidad natural.

En el Concilio de Cartago en el año 418, se estableció que los niños sin bautismo y solo con el pecado original estaban en una situación de condenación. A partir de entonces, la tradición teológica comenzó a hacer una distinción entre aquellos que estaban privados de la gracia de la salvación debido al pecado original y aquellos que se habían alejado de ella culpablemente.

Así, el pensamiento de los padres de la Iglesia y los debates teológicos posteriores influyeron en la comprensión y desarrollo del concepto del limbo dentro del cristianismo. No obstante, en 2007, la Congregación para la Doctrina de la Fe emitió un documento titulado "La esperanza de salvación para los niños que mueren sin bautismo", en el cual se señalaba que se debe confiar en la misericordia de Dios respecto a estas situaciones y se indicaba que "la idea del limbo, entendido como un lugar de felicidad natural, debe ser abandonada".

LITERATURA APOCALÍPTICA

Definición y origen de la literatura apocalíptica

La literatura apocalíptica se refiere a un conjunto de expresiones literarias que surgieron en la cultura hebrea y cristiana durante el período helénico y romano, desde los siglos II y I a.C. hasta mediados del siglo II d.C. Estas obras utilizan símbolos y metáforas complejas para abordar la situación de sufrimiento del pueblo judío y también tratan sobre el fin de un suceso. Es importante destacar que los escritores de estos textos no se autodenominaron como apocalípticos ni llamaron a sus obras apocalípticas. El término "apocalíptico" se asoció posteriormente en el contexto del cristianismo debido a la conexión entre esta literatura y los escritos del libro del Apocalipsis (Cuvilier). Se cree que esta literatura surge de un movimiento de renovación ascética espiritual en el que estaban involucrados los esenios y los fariseos de la época tardía el fariseísmo tardío.

Libros y textos de la literatura apocalíptica

Los libros y pasajes de la Biblia que forman parte de la literatura apocalíptica son los siguientes: Daniel 1-12; Isaías 24-27; 33; 34-35; Ezequiel 2:8-3; 3:38-39; Zacarías 12-14; Joel 2; y los discursos escatológicos en el Nuevo Testamento: Marcos 13, Mateo 24, Lucas 2; 1 Tesalonicenses 4:13-5:11; y 2 Tesalonicenses 2. También se incluye el libro del Apocalipsis. Resulta interesante señalar que el libro de Enoc es aceptado como canónico por la Iglesia etíope, y el Apocalipsis de Esdras figura como apéndice en la Vulgata latina y en las biblias de la Iglesia armenia.

Además, el género apocalíptico se encuentra presente en libros que no son aceptados como parte del canon bíblico, como el Apocalipsis de Pedro, el Segundo Libro de Enoc, los Libros de Enoc, el Testamento de los Doce Patriarcas (atribuidos a los doce hijos de Jacob, que contienen consejos y profecías), los Salmos de Salomón (himnos similares a los salmos canónicos), los Oráculos sibilinos (colecciones de profecías), el Testamento de Moisés (una profecía atribuida a Moisés), el Apocalipsis siríaco de Baruc (centrado en Baruc) y el Libro IV de Esdras (con visiones sobre la destrucción del templo). Estos libros son útiles para comprender mejor la literatura apocalíptica en su conjunto (Diez Macho), (ver **Apocalíptica escatológica**).

LLAVE/S

El término "llave" tiene una larga historia en diferentes culturas y civilizaciones. Desde la antigüedad, las llaves han sido utilizadas como símbolos de poder, acceso y seguridad. Además de su función práctica de abrir y cerrar cerraduras, las llaves también han adquirido significados simbólicos en diversas tradiciones. El término "llaves" tiene diversos significados según el contexto en el que se utilice.

Significado etimológico: el término "llave" proviene del latín *clavis*, que a su vez deriva del griego *kleis*. Etimológicamente, la palabra "llave" se refiere a un instrumento o dispositivo utilizado para abrir o cerrar una cerradura y permitir el acceso a algo.

Significado bíblico: en la Biblia, las llaves adquieren un significado simbólico y espiritual. En el Evangelio de Mateo, Jesús le entrega las llaves del Reino de los Cielos a Pedro, simbolizando su autoridad y poder para interpretar y enseñar las sabidurías de Jesús. Esta acción se interpreta como Jesús otorgando a Pedro la autoridad para guiar y liderar la Iglesia. Además, en Lucas, se menciona la llave del conocimiento de Dios de la cual se apoderaron los fariseos y no abrieron la puerta para entrar ellos y tampoco dejaron entrar a ninguno. Por ello Jesús les reclama: "Pobres de ustedes expertos de la ley, porque se apropiaron de la llave del conocimiento acerca de Dios. Ustedes mismos no entraron ni tampoco dejaron entrar a los que estaban tratando de hacerlo" (Lc. 15:52).

Significado profético: las llaves, a menudo, se asocian con el concepto de autoridad y apertura de puertas espirituales. Se cree que las llaves espirituales otorgan acceso a bendiciones, revelaciones y oportunidades divinas. En este sentido, las llaves representan el poder y la autoridad espiritual otorgados por Dios para abrir y cerrar puertas en el mundo espiritual. Jesús le dijo a Pedro que le daría las llaves del reino dándole a entender lo que vendría después (Gálvez).

En cuanto al significado escatológico de las llaves en el libro de Apocalipsis, abarca varios temas relacionados con la consumación de la historia y el reino de Dios. En Apocalipsis 1:18, Jesús se presenta como aquel que posee las llaves de la muerte y del Hades, lo que implica su dominio sobre la vida eterna y el destino final de las almas. Ap. 3:7 hace alusión a Isaías 22:22, un pasaje en el que se habla del relevo de Sebna y de la investidura de Eliaquim. Esto tiene un enfoque mesiánico, utilizando la metáfora del derecho a la entrada basado en la autoridad administrativa. La mención de David es simbólica en relación con la idea de la soberanía total. En Apocalipsis 9:1 se menciona "la llave del pozo del abismo", que simboliza la autoridad competente. El abismo representa un pozo o entrada profunda a la región (ver **Abismo**), de donde sale humo, símbolo de engaño cegador. Además, "la llave del abismo" (Ap. 20:1) simboliza la total supremacía de Dios sobre la región de los perdidos, donde Satanás está destinado a quedar encerrado durante mil años, sean literales o no, dependiendo del punto de vista y las diversas posturas escatológicas.

Pikaza sostiene que, en el libro de Apocalipsis, el dominio final de las llaves por parte del Señor es un símbolo de autoridad, representando el poder de abrir y cerrar sobre la casa. En un momento dado, parece que estas llaves están en manos del ángel (satán), quien desciende para abrir con su llave las puertas del abismo y permitir que todos los males se desaten sobre el mundo. Sin embargo, la llave mesiánica de David, que abre sin que nadie cierre y cierra sin que nadie abra, está en posesión de Jesucristo (Ap. 3:7). Por lo tanto, él tiene autoridad sobre el Hades y la muerte (Ap. 1:18). Incluso posee la llave del abismo, lo que permite que un ángel encierre a satán allí (Ap. 20:1), primero por mil años y luego de forma permanente.

Cristo abre las puertas de la muerte y del Hades (Ap. 20:14), permitiendo que todos los cautivos sean liberados y se inscriban en el libro de la vida como herederos de la Ciudad abierta. En esta ciudad, las doce puertas nunca se cierran, ni de día ni de noche (Ap. 21:25). Al final, no habrá necesidad de llaves, ya que la Ciudad de Cristo estará siempre abierta, llena de gozo y confianza para todos los seres humanos (Pikaza).

LO QUE SOBREVIVE A LA MUERTE DEL CREYENTE

En el Nuevo Testamento se encuentran fácilmente indicios de que los creyentes sobreviven inmediatamente tras la muerte física, yendo a la presencia del Señor antes de la resurrección final. Pablo expresa en 2 Co. 5:6-8 que lo que limita al creyente de estar en la presencia de Dios es el cuerpo físico, si el cristiano está en el cuerpo, está ausente del Señor, pero si está ausente del cuerpo, entonces está presente con el Señor.

Sayés explica la pervivencia del creyente después de la muerte física basándose en los pasajes del rico y Lázaro y del ladrón crucificado que se arrepintió. El ejemplo de la parábola del rico y del pobre Lázaro (Lc. 16:19-31), donde se habla de la retribución del rico, mientras sus hermanos todavía vivían en el mundo y el rico ansiaba desesperadamente que ellos supieran la realidad de la condenación de los incrédulos, para no pecar e ir a ese lugar de tormento, pero ya era imposible. Esa idea aparece también en las palabras de Cristo al ladrón arrepentido cuando este le pide a Jesús que se acuerde de él cuando venga *en su reino*, y un judío entiende por ello el *reino mesiánico* que aparece junto a la resurrección. En contraste a esa creencia, Jesús le dice al penitente suplicante: te aseguro que "hoy mismo" estarás conmigo en el paraíso. Y por supuesto Jesucristo sabía que la resurrección ocurriría en un tiempo futuro en "el último día" (Sayés, 2006).

Después de esta introducción bíblica sobre el tema indicado, es importante que se conozcan las cuatro siguientes respuestas teológicas a la pregunta ¿qué es lo que sobrevive a la muerte del creyente? Porque son relevantes y están bien estructuradas.

La propuesta de la inmortalidad de la vida vivida

Moltmann sale al paso con esta respuesta teológica a la pregunta si sobrevive algo del hombre al morir físicamente. Sin tanteos, rechaza la inmortalidad del alma preexistente y la pretensión de que el hombre con toda su existencia muere totalmente. Expone que el Espíritu vivificador ya reside en el cristiano; que la vida eterna comenzó en su vida temporal; porque en nosotros mora el poder de la resurrección. Ese poder del Espíritu de vida es inmortal y ya da forma viva a la vida eterna; en ese Espíritu el hombre ya es inmortal desde aquí, ya no morirá eternamente. Ello resulta en una vida paradójica, pues, es una vida perecedera e imperecedera, mortal e inmortal a la vez.

Otro argumento de Moltmann es que la relación de Dios con el hombre en Cristo es de filiación de Padre e hijo, por lo que no puede ser destruida por el pecado en cuanto que Cristo ya pagó todos nuestros pecados. Tampoco en la muerte se desmorona esa filiación porque Cristo ya venció la muerte. Expresa que Dios resucita a los muertos por medio de su Espíritu en base a la obra de Cristo; y ese mismo espíritu vivificador se experimenta ya en la vida como el poder de la resurrección (Moltmann, 2004).

Moltmann propone una relación mutua entre el Espíritu de Dios y el espíritu del hombre: la unión del Espíritu de Dios y el espíritu del hombre se trata de una relación recíproca entre Dios y el hombre, no es como la propuesta de Barth de una sola vía de arriba hacia abajo, una relación de Dios hacia el hombre. Tampoco como lo sugiere Rahner, una relación de abajo hacia arriba, una relación del hombre hacia Dios. Por esa razón, tenemos una presencia eterna ante Dios en virtud de esa relación recíproca en el Espíritu de vida. Nuestra vida se halla presente eternamente frente a Dios antes de la muerte, durante la muerte, después de la muerte. Claro que no es una presencia como una placa fotográfica que recuerde los pecados, las desgracias, las tristezas, es una memoria llena de amor en la que hemos sido limpios y cubiertos por ese amor, dice Moltmann.

El cristiano sobrevive a la muerte porque Dios es Dios de vivos no de muertos.

En el poder del Espíritu de vida nos sentimos seguros de que somos hijos de Dios, participamos ya de la naturaleza divina. No se trata del alma, del núcleo personal, ni de un punto interno de identidad, sino de la configuración entera de la vida y toda su historia. Si nuestro espíritu significa la configuración de nuestra vida, significa también nuestra vida como una totalidad que cualitativamente es más que la suma de nuestros miembros. El hombre vive enteramente, aunque en la muerte se disgrega con el cuerpo que yace, subsistirá, no obstante, la nueva cualidad de la totalidad de la persona, como principio y resultado de su vida vivida en la relación de Dios con él, no desde luego como la organización de sus partes la cual se disgrega, pero sí como la forma vivida por él ante Dios. En la muerte de esa forma no se disgrega en sus partes, sino que subsiste ante Dios, porque el todo es más que la suma de sus partes, la forma vivida de una persona será transformada en aquella otra forma de vida que denominamos vida eterna. Al final, la muerte no es una separación del alma del cuerpo o la separación del ser humano de Dios. La muerte es una trasformación del espíritu que incluye la vida del hombre entero (Moltmann, 2004).

La propuesta del nuevo concepto del alma como cuerpo que trasciende la muerte física

Se ha explicado en páginas anteriores que la tradicional creencia de inmortalidad del alma preexistente es elaborada por Platón y absorbida, en buena medida, por el cristianismo. Pero es poco conocido el punto de vista de Aristóteles, el cual es diferente, enseña que el alma es indisoluble con el cuerpo.

Ratzinger argumenta de modo elaborado, con sustento bíblico, que el dualismo de cuerpo y alma atacó por otro frente: "Las ideas que se desarrollaron en la antigua Iglesia sobre la supervivencia del hombre entre la muerte y la resurrección, se apoyan en las tradiciones en las que, sobre la existencia del hombre en el Sheol, se daban en el judaísmo y que se transmitieron en el Nuevo Testamento corregidas cristológicamente" (Ratzinger, 2007).

El nuevo concepto de alma es producto de la revelación cristiana. Por eso la doctrina cristiana de la inmortalidad de la vida, no del alma en el sentido platónico, está configurada por el centro cristológico, en el cual se certifica la indestructibilidad de la vida adherida a la fe salvadora en Cristo. La doctrina cristiana es la que revela que "el alma es la vida de la persona", "el alma es cuerpo de la persona", "el alma es forma de cuerpo", "igualmente es espíritu" convirtiendo al hombre en persona concreta impulsándolo a la eternidad tras la muerte física (Ratzinger, 2007).

La propuesta del estar en Cristo en comunión eterna

Aunque Grau no dice abiertamente el nombre de esta propuesta, se deduce en base a los argumentos que presenta. Según él, la comunión espiritual del creyente y Cristo no se rompe jamás; ese estar en Cristo y esa comunión que obtienen para siempre aquí en la tierra, no se altera tras la muerte; el hombre sobrevive a la muerte física. Si bien el hombre es un todo indivisible: espíritu, alma y cuerpo, en la parte física es el *soma* físico el que es visible a la muerte física. Y aunque la carne humana, piel, huesos, sangre, tejidos, músculos, órganos, sistemas están sujetos a la fragilidad extrema, al deterioro, la enfermedad, la vejez y la muerte, el creyente sobrevive a la muerte. Grau lo grafica desde la perspectiva de la teología bíblica *ese estar en Cristo*: "[22] Ahora bien, si seguir viviendo en este mundo representa para mí un trabajo fructífero, ¿qué escogeré? ¡No lo sé! [23] Me siento presionado por dos posibilidades: deseo partir y estar con Cristo, que es muchísimo mejor, [24] pero por el bien de ustedes es preferible que yo permanezca en este mundo" (Fil. 1:22-24).

Es como un sueño, según 1 Ts. 4:14: "Porque si creemos que Jesús murió y resucitó, así también Dios traerá con Él a los que durmieron en Jesús". Grau afirma que este pasaje y otros que hablan acerca de la muerte como "el dormir", da sustento para interpretar que es un estado en el que ocurre una comunión plena con Cristo, incluso, más completa que la que se tiene en la vida terrenal. Así los argumentos, al morir el creyente en Cristo pasa a la presencia del Señor por medio de su identidad personal en la que su conciencia permanece: el alma o componente espiritual de su personalidad. Tal cuestión, se define como "dormición" para designar su temporalidad, transitoriedad, pero con una clara conciencia. Los primeros cristianos designaron a los lugares de entierro de sus muertos con la palabra griega *koimētērio*, una de las más frecuentes, quizá la más antigua, no aparece en el Nuevo Testamento. Pero sí aparece el verbo *koimasthai*, de donde se origina. Este se traduce por "yacer para descansar", "dormir", ocurre tanto en sentido literal como metafórico, usualmente el segundo en el Nuevo Testamento. En sentido metafórico: Mt. 27:52; Hch. 7:60; 13:36; 1 Co. 7:39; 15:6, 18, 20, 51; 1 Ts. 4:13; 2 P. 3:4; en sentido literal: Mt. 28:13; Lc. 22:25; Hch. 12:6 (Grau, 1990).

La propuesta de la inmortalidad del Espíritu a partir de la conversión

Lacueva también expone que, tras la muerte, los espíritus de los creyentes son los que van a la presencia de Cristo, con un gozo maravilloso, incompleto todavía, sí, pero muy real, no las almas como tales. El cuerpo es el que yace en un estado de dormición hasta la resurrección de los muertos: "1 Ts. 5:10, da a entender que la vida del espíritu humano no se interrumpe con la muerte, por otra parte, el hecho de ser espíritu no implica inactividad. La similitud de Hch. 7:59 con Jn. 19:30 nos da también a entender que el espíritu de los justos, cuyo cuerpo duerme está consciente y activo".

Por el contrario, el fin de los injustos tras la muerte, es entrar de inmediato a un estado de condenación consciente e irreversible. Sufrimientos, tormentos, lamentos, miseria son el equitativo pago a los espíritus de los injustos mientras acontece la segunda resurrección que completará el castigo eterno. La parábola del rico y Lázaro, en labios de Jesús, confirma el castigo eterno. Pedro dice esta verdad desde el punto de vista del gran juicio reservado a los injustos. Entre la muerte física de los creyentes y los incrédulos y sus respectivas resurrecciones, los espíritus de ambos cambian a un estado diferente, unos al cielo y los otros a condenación (Lacueva, Escatología, 1990).

Al reflexionar sobre las posturas de lo que sobrevive del hombre tras la muerte física, considero que quien da una respuesta mejor estructurada bíblica y teológicamente es Moltmann. Pero reconozco que las otras propuestas contienen elementos de verdad y dejan en claro la refutación de la concepción platónica y judaica de la inmortalidad del alma que se ha introducido en algunos sectores de la Iglesia Evangélica Protestante.

LOS ÚLTIMOS TIEMPOS COMENZARON EN EL SIGLO XX

Para la doctrina evangélica apocalíptica, los últimos tiempos comenzaron en el siglo XX. Es la escuela futurista escatológica la que ha esparcido este pensamiento. Según esa postura todo queda para el final, y ahora la Iglesia de esta generación está viviendo los últimos tiempos. Es verdad que cronológicamente la venida del Señor está más cerca que antes, claro, es innegable. Pero el evento escatológico más importante que dio inicio a los últimos tiempos es la irrupción del reino de Dios por medio del nacimiento de Cristo, su vida, sus enseñanzas, la crucifixión, la resurrección, la ascensión de nuestro Señor y el derramamiento del Espíritu en Pentecostés sobre los ciento veinte discípulos, profetizado por Joel.

Cito otros pasajes del Nuevo Testamento que enseñan sobre el inicio de los últimos tiempos desde la época de la Iglesia Primitiva:

1 Co. 10:11: "Todo eso les sucedió para servir de ejemplo, y quedó escrito para advertencia nuestra, pues a nosotros nos ha llegado el fin de los tiempos".

He. 1:2: "Ahora, en estos tiempos últimos, nos ha hablado por su Hijo, mediante el cual creó los mundos y al cual ha hecho heredero de todas las cosas".

He. 9:26: "Si así fuera, Cristo habría tenido que morir muchas veces desde la creación del mundo; pero ahora, al final de los tiempos, se presentó una sola vez y para siempre, y se ofreció a sí mismo como sacrificio para quitar el pecado".

1 Jn. 2:18: "Hijitos, han llegado los últimos tiempos; y así como ustedes oyeron que el anticristo viene, ahora han surgido muchos anticristos; por esto sabemos que han llegado los últimos tiempos".

Así las evidencias bíblicas, los últimos tiempos comenzaron hace dos mil años; es cierto que los tiempos corren hacia adelante, hacia un clímax en el que la Iglesia se aproxima cada día más al gran final; por tanto, la redención de los cristianos está más cerca que cuando creyeron y ahora son más los últimos tiempos que los primeros últimos tiempos (Gálvez).

LUCAS, LIBRO DE

El autor del tercer evangelio y de los Hechos de los Apóstoles es conocido como Lucas. Se establece su asociación con Pablo a través de citas en el libro de los Hechos (Hch. 16:10-17; 20:5-15; 21:1-18; 27:1-28:16). Además de estas citas, Lucas es mencionado tres veces en el Nuevo Testamento (Col. 4:14; Flm. 24; 2 Ti. 4:11). Se dice que Lucas era médico (Col. 4:14) y estuvo con Pablo después de que Lucas desaparece al final de los Hechos (2 Ti. 4:11). El contexto de la cita en Colosenses también sugiere que Lucas era gentil y prosélito. Según los escritos de Lucas mismo, parece ser un hombre bien educado y culto. Es un historiador preciso y capaz, y ha dejado algunos de los relatos más conmovedores y descriptivos del Nuevo Testamento. Su conocimiento de medicina y su interés en la náutica son evidentes en sus escritos. Eusebio y Jerónimo afirman que Lucas era un sirio de Antioquía. Existe una tradición, sin mucho respaldo, que indica que sufrió martirio en Grecia (Douglas-Merryl).

La introducción del Evangelio de Lucas revela el enfoque histórico utilizado por Lucas en la redacción de su contenido. Reconoce la existencia de otras fuentes. Se acepta de manera tradicional que Lucas haya utilizado el Evangelio de Marcos y lo que se conoce como la fuente Q. También se cree que Lucas tuvo acceso a fuentes personales (versículo 2). Después de llevar a cabo una meticulosa investigación, escribió su evangelio dirigido a un destacado personaje, llamado ¡Excelentísimo Teófilo!

Desde la perspectiva profética y escatológica, el Evangelio de Lucas se interpreta mejor a través del prisma de la "escatología inaugurada": el "ya todavía no", según algunos autores. Ello significa que el reino de Dios ya ha llegado en el ministerio de Jesús, pero no alcanzará su pleno cumplimiento hasta la Parusía, que es la Segunda venida de Jesucristo (ver **Ya, aún no**). También se le conoce, sin dudas, como el evangelio del Espíritu. Estas realidades se reflejan especialmente en los capítulos 1 y 2 de Lucas, que constituyen una cuidadosa introducción al Evangelio de Lucas en particular. En el Evangelio de Lucas, la idea predominante es que la era mesiánica ha llegado en el ministerio personal de Jesús de Nazaret. Este es el hilo conductor a lo largo del evangelio y los Hechos.

Otro énfasis central de Lucas es la renovación de la profecía en el ministerio de Jesús y la Iglesia, lo cual indica la irrupción del reino mesiánico (p. ej. Lc. 1:67-79; 2:29-38; 3:3-6; 4:17-24; Hch. 2:14-36; 3:11-26).

Además, en el Evangelio de Lucas se describe el cumplimiento de la profecía del precursor predicho en Malaquías 3:1; 4:5-6, cuya tarea era preparar el camino para el Mesías mediante el arrepentimiento en Israel. Esta profecía se cumple en Juan el Bautista, como se relata en Lc. 1:16-17, 76-77; 3:1-20; 7:18-35.

La actividad del Espíritu Santo está presente en abundancia en Lucas, tanto en los relatos de la infancia (Lc. 1:35, 41, 67; 2:25-27) como a lo largo del evangelio (Lc. 3:16, 22; 4:1, 14, 18; 10:21; 11:13; 12:10, 12; Hch. 2:1-21; 8:4-24; 10:34-48; 19:1-10). Esta presencia del Espíritu es una prueba positiva del inicio de la era mesiánica, como se menciona en Joel 2:28-32.

Otro elemento profetizado que se cumple en el Evangelio de Lucas es la bendición de la alegría y las buenas nuevas que acompañarían la venida del Mesías (Is. 40:9; 41:27; 52:7; 60:6; 61:1). Estas palabras resuenan en los relatos de Lucas, evidenciadas en pasajes como Lucas 1:14, 44, 47, 58; 2:10; 4:18: 6:23; 10:20; 15:7, 32; 24:52-53.

Asimismo, el sufrimiento de los fieles de Dios y su posterior reemplazo por la gloria escatológica en el reinado del Mesías es otro aspecto relacionado con su venida (Is. 52-53; Dn. 12:1-2). Estas aflicciones mesiánicas, o la Gran Tribulación, se presentan en consonancia con la comprensión de que la gloria del futuro reino es una posesión presente para los cristianos, a pesar de las pruebas continuas (Lc. 1:46-55; 2:35; 21:24-44, 46; Hch. 14:23; 20:23). Estas ideas, entre otras, son pruebas convincentes de que Jesús es el Cristo que inauguró el reino de Dios.

En el templo comienza el Evangelio de Lucas, y en el templo termina. La liturgia de la ofrenda del incienso es la introducción del gran hecho salvador, el culto sinagoga en Nazaret inaugura la actividad pública de Jesús, las asambleas de la Iglesia naciente se efectúan en el templo de Jerusalén. "Y estaban continuamente en el templo, bendiciendo a Dios" (Lc. 24:53), (Stöger).

El Evangelio de Lucas contiene 1146 versículos en total, 250 de ellos se les considera proféticos, con un total de 75 predicciones, lo que resulta en un 22% de versículos proféticos (BDMPE).

LUCIFER

La figura de lucifer se infiere de un pasaje específico en el libro de Isaías. Pero, es importante tener en cuenta que la interpretación y comprensión de este pasaje ha sido objeto de debate y diferentes perspectivas a lo largo de la historia. El pasaje en cuestión se encuentra en Isaías 14:12-15 y dice lo siguiente (según la versión Reina-Valera 1960): "¡Cómo caíste del cielo, oh Lucero, hijo de la mañana! Cortado fuiste por tierra, tú que debilitabas a las naciones. Tú que decías en tu corazón: Subiré al cielo; en lo alto, junto a las estrellas de Dios, levantaré mi trono, y en el monte del testimonio me sentaré, a los lados del norte; sobre las alturas de las nubes subiré, y seré semejante al Altísimo. Mas tú derribado eres hasta el Seol, a los lados del abismo". En este pasaje, el término "Lucero" o "Estrella de la mañana" se ha asociado con la figura de lucifer. Sin embargo, es importante mencionar que el término "Lucifer" no aparece en el texto original hebreo, sino que fue una traducción posterior en la Vulgata Latina, una versión de la Biblia en latín. En el texto hebreo original, se utiliza la frase "helel ben shajar", que significa "estrella de la mañana, hijo de la aurora".

La interpretación tradicional de este pasaje ha sido asociar a lucifer con Satanás, el adversario de Dios. Se ha entendido como una descripción simbólica de la caída de Satanás del cielo debido a su orgullo y deseo de igualarse a Dios. Sin embargo, es importante tener en cuenta que este pasaje en Isaías se dirige originalmente al rey de Babilonia y su caída del poder. Muchos eruditos bíblicos sostienen que el uso de imágenes y lenguaje poético en este pasaje no se refiere específicamente a Satanás, sino que es una metáfora para ilustrar la caída de un poderoso gobernante humano. En resumen, la figura de lucifer en la Biblia se menciona en el contexto del pasaje en Isaías 14:12-15. La interpretación de este pasaje y su relación con Satanás ha sido objeto de diferentes perspectivas y debates en la tradición teológica e interpretativa.

LUNA DE SANGRE

Según Mircea Eliade, el simbolismo de la luna se caracteriza por su naturaleza cíclica, en contraposición al sol. La luna experimenta fases de crecimiento y decrecimiento, desaparece y su existencia está sujeta a la ley universal del cambio, el nacimiento y la muerte. La luna lleva consigo una historia conmovedora, ya que su declive, al igual que el del ser humano, conduce a la muerte. Esto explica la complejidad de su simbolismo extenso y variado. En contraste con el sol, la luna representa el mundo de la oscuridad. Algunos la describen como el "ojo de la noche", otros la llaman la "reina del silencio". Al ser asociada con la noche, adquiere un significado maternal y protector, aunque también puede ser peligrosa y misteriosa. Esta asociación con la noche evoca ideas de imaginación y fantasía. El término "lunático" se utiliza para describir algo extravagante, fantástico o excéntrico. Este simbolismo proviene en gran medida de su naturaleza pasiva, ya que la luna refleja la luz del sol. Esto le confiere un carácter femenino y, como tal, voluble, cambiante e inconstante. Del mismo modo en que los antiguos poetas identificaban a Apolo (o Febo) con el sol, también relacionaban a Artemisa (Diana o Semele) con la luna (P. Rioja).

En el contexto profético, la "luna" es mencionada en Joel 2:31, un significativo libro que anuncia los eventos del fin de los tiempos: "El sol se convertirá en tinieblas y la luna en sangre". Este acontecimiento se reitera en el NT con relación a las profecías acerca de las conmociones cósmicas previas al retorno del Señor: Mr. 13:24-25 (Mt. 24:29; Lc. 21:25) y en el libro de los Hechos de los Apóstoles (Hch. 2:20) y en el libro del Apocalipsis (Ap. 6:12).

Estos pasajes del Nuevo Testamento generan tres interpretaciones en competencia en cuanto al momento de su cumplimiento: a) los futuristas creen que estos acontecimientos cósmicos sucederán literalmente antes de la Segunda venida de Cristo; b) los preteristas piensan que estas perturbaciones cósmicas ya ocurrieron en la caída de Jerusalén a manos de Roma en el 70 d.C. (ver **Preterismo completo** o total, **Preterismo parcial, Preterista futura postribulación**); c) otros sospechan que las anomalías cósmicas que pueden haber existido relacionado con la caída de Jerusalén en el 70 d.C. (eclipse, terremoto) representan solo un cumplimiento parcial de las profe-cías bíblicas pertinentes, mientras que su realización completa ocurrirá en la Parusía o Segunda venida de Cristo (ver **Destrucción del Templo de Jerusalén**; **Acontecimientos previos a la Segunda venida**).

En resumen, la frase "la luna se convertirá en sangre" tiene un significado simbólico relacionado con eventos catastróficos y señales apocalípticas en algunos contextos religiosos.

LUZ A LAS NACIONES/ GENTILES

La temática de la "luz" es de gran importancia teológica en la Biblia. Puede ser empleada en un sentido ideológico para hacer referencia al conocimiento de la verdad o a la iluminación divina que permite percibir dicha verdad. De manera similar, en el AT, la luz ocasionalmente se relaciona con el concepto de una justicia auténtica. No obstante, es relevante destacar que en la historia de la creación (Gn. 1), la luz es la primera entidad que Dios crea. De hecho, la Biblia establece un vínculo frecuente entre la luz y la voluntad de Dios, su poderosa presencia, especialmente en relación con su actividad creativa y su capacidad de otorgar vida.

Por otra parte, el profeta Isaías destaca el concepto de la luz. La frase "luz a las naciones" se encuentra en el libro de Isaías 42:6: "Yo, el Señor, te he llamado en justicia; te sostendré de la mano. Te formaré y te haré ser el pacto para el pueblo y luz para las naciones". En este contexto, se está hablando del siervo del Señor, quien es enviado para ser una luz y un pacto para las naciones. Isaías también presenta, en términos de luz reemplazando a las tinieblas, al futuro Mesías y la llegada de la era mesiánica. En un pasaje, Isaías declara: "El pueblo que andaba en tinieblas ha visto una gran luz" (Is. 9:2). Posteriormente, en capítulos posteriores, Isaías proclama que el futuro Mesías, al que él llama el "Siervo del Señor", brindará salvación no solo a Israel, sino también a todas las naciones del mundo (ver **Siervo del Señor**). Isaías amplía este anuncio del Siervo, el Mesías, al decir que será una luz para las naciones: "Te haré luz de las naciones, para que seas mi salvación hasta los confines de la tierra" (Is. 49:6).

En el cristianismo, muchos ven esta profecía como una referencia a Jesucristo, quien es considerado la luz del mundo y el cumplimiento de las profecías mesiánicas del Antiguo Testamento. La frase "luz a las naciones" o "luz a los gentiles" se menciona en los evangelios. La conexión se hace para destacar el papel de Jesús como el Mesías enviado por Dios para traer salvación y revelación a todas las personas, no solo a los judíos.

Uno de los pasajes más conocidos que menciona esta frase se encuentra en el Evangelio de Lucas, capítulo 2, versículos 29-32. Allí, el anciano Simeón, al ver al niño Jesús en el templo, pronuncia una bendición y profecía diciendo: "Ahora, Señor, despides a tu siervo en paz, conforme a tu palabra, porque han visto mis ojos tu salvación, la cual has preparado en presencia de todos los pueblos; luz para revelación a los gentiles y gloria de tu pueblo Israel". En este pasaje, Simeón reconoce a Jesús como la salvación de Dios y declara que él es una luz para revelación tanto a los gentiles como al pueblo de Israel.

Además de este pasaje en Lucas, se pueden encontrar referencias similares en otros pasajes de los evangelios, como Mt. 4:15-16, donde se cita una profecía de Isaías y se aplica a Jesús como la luz que brilla en Galilea de los gentiles. También en el Evangelio de Juan, Jesús se presenta a sí mismo como la luz del mundo en varias ocasiones (Jn. 8:12; 12:46).

Estos pasajes resaltan el papel universal de Jesús como el Salvador y la luz que ilumina a todas las naciones y a todas las personas, sin importar su origen étnico o cultural. En Jn. 8:12, Jesús declara personalmente: "Yo soy la luz del mundo". Además, en Juan Jesús es identificado como la luz para todas las personas (Jn. 1:4, 5, 8, 9). Es importante tener en cuenta que Juan reúne en Cristo muchos de los temas del Antiguo Testamento relacionados con Dios y la luz, como el poder creativo, la iluminación y la presencia divina. Tanto en el Antiguo como en el Nuevo Testamento, la luz se asocia frecuentemente con la gloria de Dios. Por otro lado, la oscuridad a menudo se refiere no solo a la ignorancia y la necedad, sino también al juicio, especialmente aquel que implica la pérdida de la presencia de Dios y, en consecuencia, la muerte misma. En Hch. 13:47, Pablo cita directamente a Is. 49:6 mientras cambia el enfoque de su ministerio de los judíos a los gentiles.

En el libro de Apocalipsis, se encuentran simbolismos y referencias relacionadas con la luz y las naciones, aunque no se utiliza explícitamente la frase "luz a las naciones" o "luz a los gentiles" de la misma manera que se encuentra en los pasajes mencionados anteriormente. Sin embargo, hay elementos relacionados que sugieren un cumplimiento simbólico de la luz a las naciones en el contexto apocalíptico. Además, presenta una visión profética del fin de los tiempos y el triunfo final de Dios sobre el mal y la restauración de todas las cosas. En este contexto, hay referencias a la salvación y la redención que se extienden a todas las naciones. P. ej., en Apocalipsis 7:9-10 se describe una visión de una multitud inmensa de personas provenientes de todas las naciones, tribus, pueblos y lenguas, que están de pie delante del trono de Dios. Estas personas están vestidas de ropas blancas y tienen palmas en sus manos, y proclaman con voz fuerte la salvación y la gloria a Dios y al Cordero.

Esta visión simboliza la inclusión de personas de todas las naciones en el reino de Dios y la obra redentora de Jesucristo. Se interpreta como la realización de la promesa de luz y salvación para todas las personas, sin importar su origen étnico o cultural.

En Apocalipsis 21:23-24 se describe la nueva Jerusalén, la ciudad celestial, donde no hay necesidad de sol ni de luna, porque la gloria de Dios y del Cordero la iluminan. Las naciones caminarán a la luz de esta ciudad, y los reyes de la tierra traerán su gloria y honor a ella. Este pasaje también sugiere una imagen simbólica de la luz divina que ilumina a las naciones y la presencia universal de Dios (Gálvez).

MAGIA

La actividad ritual conocida como magia tiene su origen en el término "mago", utilizado para designar a ciertos sacerdotes en la antigua Persia, cuyo significado original posiblemente se refería a la "sabiduría". En realidad, en muchos casos se trata de métodos utilizados para controlar o manipular la naturaleza y el entorno. Estas prácticas tienen una antigüedad muy remota y parecen haber estado presentes en casi todas las culturas de alguna forma. Para muchos, la magia se considera una rama del ocultismo.

Por otro lado, algunos estudiosos afirman que en esta forma de magia prevalece más la manipulación "mecánica" que la invocación de espíritus o poderes sobrenaturales, aunque es un tema en el que aún queda mucho por definir. En estas prácticas, se hace uso de ciertos símbolos, como colores, animales y aves, que poseen un simbolismo particular. La magia no puede separarse completamente de ciertos ritos religiosos, donde el simbolismo ayuda a evocar actitudes y sentimientos (Ramos). La conexión entre la magia y estas historias radica en la creencia en el poder sobrenatural y la capacidad de influir en el mundo mediante rituales, invocaciones y manipulación de fuerzas ocultas. La magia, a menudo, se asocia con el uso de palabras, símbolos, objetos o acciones específicas que se cree que poseen poderes místicos.

La influencia de la magia egipcia en los pueblos del mar Mediterráneo es evidente. P. ej., la deidad Isis es invocada en numerosos encantamientos por aquellos que buscan su protección. Isis está estrechamente relacionada con el río Nilo y sus crecidas; cuando el Nilo alcanzaba su nivel más bajo, se decía que Isis y su hermana Neftis lloraban a Osiris. Los griegos la identificaron con Perséfone, Tetis, Atenea y otras divinidades femeninas de su panteón. Su culto se extendió por todo el Mediterráneo y resistió el avance del cristianismo hasta el siglo VI d.C. Fue la única deidad que perduró durante el Imperio romano, hasta que su culto fue prohibido en el año 535 durante el reinado de Justiniano. Al parecer, los primeros cristianos asimilaron a la diosa Isis con la Virgen María, y las imágenes de esta última sosteniendo al niño Jesús en su regazo o amamantándolo se inspiran en el papel maternal y protector de Isis hacia Horus cuando era niño.

El AT contiene relatos que involucran magia y hechicería en diferentes contextos. Uno de los episodios más conocidos es el enfrentamiento entre Moisés y los magos de Egipto en el libro del Éxodo (7:8-24). Cuando Moisés realizó milagros y prodigios ante el faraón

449

para demostrar el poder de Dios, los magos egipcios intentaron imitarlos mediante sus artes mágicas. Lanzaron sus varas al suelo y estas se convirtieron en serpientes, al igual que lo hizo Moisés. Sin embargo, Moisés demostró un mayor poder divino al hacer que su serpiente devorara a las serpientes de los magos.

Otro pasaje relevante se encuentra en el libro de Daniel, donde se menciona el caso del rey Nabucodonosor de Babilonia. Él convocó a los sabios, magos, astrólogos y encantadores para que le interpretaran un sueño, pero les exigió que también le revelaran el contenido del sueño. Ante la incapacidad de los sabios, Daniel, un siervo de Dios, fue capaz de interpretar el sueño y revelar su significado al rey, lo que le valió un gran reconocimiento.

En el NT, se mencionan los hechizos de Simón el mago en el libro de los Hechos de los Apóstoles. Simón era un mago que impresionaba a la gente con sus artes mágicas, pero después se convirtió al cristianismo bajo la influencia de los apóstoles.

Es importante tener en cuenta que la magia ha sido objeto de interpretaciones y perspectivas diversas en diferentes culturas y períodos históricos. Algunos la consideran como una práctica espiritual o una forma de conexión con lo divino, mientras que otros la ven como una forma de manipulación y engaño. La comprensión y apreciación de la magia varían ampliamente según el contexto cultural y las creencias individuales.

En conclusión, aunque la narrativa bíblica menciona prácticas mágicas o encantamientos, hechicerías, la postura general es la de desalentar la participación en ellas y enfocarse en la relación directa con Dios. La Biblia promueve una fe basada en la confianza en el poder divino y en la obediencia a los mandamientos de Dios, en lugar de recurrir a prácticas mágicas o hechicería para buscar soluciones o controlar el futuro.

MALAQUÍAS, LIBRO DE

El último conjunto de profecías oraculares que se encuentra en el libro de los Doce es atribuido a un autor anónimo. Aunque comúnmente nos referimos a estas profecías como "Malaquías", en hebreo, la palabra "mal'aky", simplemente significa "mi mensajero", título que aparece en 3:1 y que más tarde se convirtió en el título del libro en 1:1. La traducción griega de los Setenta (LXX) interpretó este término como un simple título. Solo más tarde, algunos comentaristas, lo consideraron un nombre propio, lo cual es inaceptable, ya que no encontramos este nombre en ninguna otra parte del Antiguo Testamento (Schökel).

Una característica notable y distintiva de esta obra es el uso del diálogo, que posiblemente refleja las controversias entre el profeta y su audiencia. La estructura de estas discusiones es siempre la misma: a) el profeta o Dios a través de él hace una afirmación inicial; b) los oyentes objetan y; c) el profeta justifica la afirmación inicial y extrae las consecuencias. Algunos estudiosos sostienen que el punto de partida siempre es un texto o una idea del Deuteronomio 3. Si bien es importante evitar exagerar los paralelismos, que a veces pueden parecer forzados, resulta interesante tener esto en cuenta para comprender la gran influencia del Deuteronomio en el profeta.

La importancia de Malaquías se hace evidente a través de sus palabras, ya que aborda tanto problemas teóricos como prácticos de su época. Estos problemas incluyen temas como el amor de Dios, la justicia divina, los días de retribución, las ofrendas, los matrimonios mixtos, el divorcio y los diezmos. En este sentido, Malaquías se encuentra perfectamente en línea con los antiguos profetas. Si bien su mensaje a veces no alcanza un horizonte tan amplio como el de aquellos profetas antiguos, esto se debe, en gran medida, a las limitadas circunstancias de la época. Al leer esta obra, tenemos la impresión de que la palabra de Dios se adapta y se amolda a las difíciles circunstancias del pueblo, como si no tuviera nada nuevo e importante que decir, limitándose a recordar la predicación del Deuteronomio y de los antiguos profetas. Sin embargo, es interesante destacar que este libro es uno de los más citados en el NT. Los dos textos que causaron mayor impacto fueron Mal. 3:1 y 3:23s., que hablan del mensajero; Mal. 3:1 aparece citado en Mr. 1:2; Lc. 1:17, 76; 7:19, 27, Jn. 3:28. El otro texto, Mal. 3:23s., en Mt. 17:10-11, Mr. 9:11-12; Lc. 1:17. En todas estas situaciones, el mensajero se identifica con Juan Bautista. De esta manera, el Nuevo Testamento lleva a cabo un proceso de desmitificación. Elías no regresará, sin importar lo que piensen los profetas anónimos, los escribas o el pueblo. El único precursor es Juan Bautista (Schökel).

En Romanos 9:13, se cita Malaquías 1:2-3 para demostrar la libertad de Dios al amar a Jacob más que a Esaú. Otros paralelismos no son citas directas, solo se coincide en alguna afirmación de fondo.

El ministerio profético de Malaquías tiene lugar en el período postexílico, es decir, después del exilio y del regreso a la tierra bajo el liderazgo de Zorobabel, Esdras y Nehemías. Aunque el libro de Malaquías no hace referencia explícita a reyes u otros eventos que permitan una datación precisa, la mayoría de los estudiosos sostienen que Malaquías, probablemente, fue contemporáneo de Nehemías.

Después del exilio, la comunidad fue conducida de regreso a Israel por Zorobabel y Esdras. Los profetas Hageo y Zacarías desempeñaron un papel importante en el restablecimiento del templo y el sacerdocio. ¿Fue esta la gloriosa reunión y restauración de Israel que los profetas preexílicos habían predicho? Malaquías, junto con Hageo y Zacarías, responde negativamente a esa pregunta. Aparentemente, la nación se recuperó de la idolatría, pero rápidamente cayó en el legalismo extremo, abrazando el ritualismo religioso mientras se toleraba la injusticia social.

Las preocupaciones sociales y teológicas contra las que lucha Malaquías revelan los primeros indicios del judaísmo que Jesús encuentra en Israel cuando aparece.

Malaquías profetiza en contra de la grave corrupción que ha permeado la adoración. En este sentido, denuncia los sacrificios inaceptables, la corrupción entre los sacerdotes, la falta de cumplimiento del diezmo y la injusticia social. Sin embargo, al igual que los profetas preexílicos, Malaquías mira hacia la venida del Día del Señor. Él anticipa un tiempo en el cual todos los pueblos formarán parte del reino de Dios.

Malaquías 3:1 anuncia la preparación para ese reino venidero: "Mira, yo enviaré mi mensajero, el cual preparará el camino delante de mí". Este verso es citado en Mateo 11:10, Marcos 1:2 y Lucas 7:27, todos los cuales identifican a este "mensajero" con Juan el Bautista. No obstante, Malaquías 4:5 declara que el profeta Elías también vendrá antes del Día del Señor. Surge entonces la pregunta de si Elías será identificado con el mensajero mencionado en el capítulo 3:1 y si Juan el Bautista debe ser identificado como Elías.

Cuando se le pregunta si él es Elías, Juan el Bautista lo niega (Jn. 1:21). Sin embargo, la conexión entre los dos probablemente debe entenderse de manera tipológica. Juan es un tipo de Elías, no la misma persona de Elías (ver **Tipología**). De esta manera, en Lucas 1:17, el ángel que habla con el padre de Juan, Zacarías, explica que Juan "irá delante del Señor con el espíritu y el poder de Elías". Además, en Mateo 11, después de identificar a Juan el Bautista como el mensajero mencionado en Malaquías 3:1, Jesús da a entender que Juan el Bautista ha cumplido la profecía de Malaquías acerca de Elías. En Mateo 11:14, Jesús afirma: "Y si queréis reconocerlo, él es Elías, el que había de venir" (ver **Elías, Juan el Bautista**).

Los versículos totales de Malaquías son 55, de los cuales 31 son los que contienen profecías. Las predicciones específicas son 19 en total, lo que resulta en un 56% de versículos de naturaleza profética (Keil, Delitzsch).

MALDICIÓN

Anathema (ἀνάθεμα, 331), transliteración del griego. Se utiliza frecuentemente en la LXX, donde traduce el término hebreo *querem* o *jerem*, algo dedicado a Dios, ya sea: (a) para su servicio, como los sacrificios (Lv. 27:28), (*anathema*, ofrenda votiva); o (b) para su ruina, como en el asunto de un ídolo (Dt 7:26), o una ciudad (Jos. 17). Más tarde, alcanzó el sentido más general del desfavor de Jehová (p. ej., Zac. 14:11). Este es el significado con que se usa en el NT. Se usa del dictamen pronunciado (Hch. 23:14; lit.: "se maldijeron a sí mismos con una maldición"), (Vine).

En la Biblia, se establece una estrecha conexión entre el pecado y la maldición. El pecado se considera una transgresión de la voluntad de Dios y conlleva consecuencias negativas. En el relato del Génesis 3, vemos las consecuencias de la desobediencia de Adán y Eva manifestadas en forma de maldiciones divinas. La serpiente es maldita y se le ordena arrastrarse sobre su vientre como una manifestación física de su culpabilidad por permitir que Satanás ingresara al mundo humano (Gn. 3:14). Además, Eva también recibe una maldición por su papel en la caída; Dios declara que ella experimentará dolores de parto (Gn. 3:16). Incluso la tierra misma es afectada por la desobediencia de Adán, recibiendo una maldición (Gn. 3:17). Sin embargo, en medio de estas maldiciones, Dios pronuncia una profecía esperanzadora. Declara que, aunque la simiente de la serpiente herirá en el calcañar a la simiente de la mujer, la simiente de la mujer finalmente herirá la cabeza de la serpiente (Gn. 3:15). Esta profecía apunta hacia una futura victoria sobre el mal y anticipa la venida de Jesucristo, quien aplastará la obra de Satanás. Es interesante notar que esta historia de pecado y maldición en los primeros capítulos del Pentateuco establece un patrón recurrente en la narrativa bíblica: la desobediencia conduce al exilio, como la expulsión del Jardín del Edén junto con las maldiciones pronunciadas. Además, en Deuteronomio 28, se enumeran las maldiciones que caerían sobre aquellos que desobedecieran la ley de Dios. Estas maldiciones incluyen enfermedades, pobreza, derrota en la guerra y otras dificultades. Estas advertencias sirven como una llamada al arrepentimiento y un recordatorio de las consecuencias negativas que resultan de alejarse de la voluntad divina.

Maldición y profecía: en el Antiguo Testamento, los profetas a menudo pronunciaban juicios como una advertencia y un llamado al arrepentimiento. Estos juicios eran consecuencias naturales del pecado y, en cierto sentido, se manifestaban como maldiciones. Estas maldiciones podían ser dirigidas a individuos, naciones o incluso a todo Israel. El propósito de los profetas era despertar la conciencia de las personas y llamarlas al arrepentimiento para evitar la maldición y encontrar restauración en su relación con Dios.

El fin de la maldición: la Biblia también enseña que la maldición será finalizada en el plan redentor de Dios. En el Nuevo Testamento, Jesucristo se presenta como aquel que carga con la maldición del pecado. En Gálatas 3:13, se afirma: "Cristo nos redimió de la maldición de la ley, hecho por nosotros maldición". Al morir en la cruz, Jesús asumió la maldición del pecado y ofreció la posibilidad de perdón y restauración a todos los que creen en Él. La victoria de Cristo sobre Satanás en la cruz es un triunfo que se completará totalmente en la Segunda venida de Cristo (Ro. 16:20). A través de su resurrección, Jesús inauguró una nueva era de bendición y liberación de la maldición del pecado. Pablo lleva este concepto un paso más allá al afirmar que aquellos que intentan ser justificados por las obras de la ley, terminan trayendo sobre sí mismos las maldiciones del pacto. En cambio, aquellos que ponen su fe en Cristo, apartados de la Ley Mosaica, experimentarán las bendiciones del pacto destinadas a Israel. Esto se aplica tanto a judíos como a gentiles, como se destaca especialmente en Gálatas 3:13-14.

La nueva creación sin maldición: la escatología bíblica, que se refiere al estudio de los últimos tiempos, revela que en el futuro habrá una nueva creación en la cual no existirá más maldición. Un pasaje clave que describe esta esperanza se encuentra en Apocalipsis 21:3-4: "Y oí una gran voz del cielo que decía: he aquí el tabernáculo de Dios con los hombres, y él morará con ellos; y ellos serán su pueblo, y Dios mismo estará con ellos como su Dios. Enjugará Dios toda lágrima de los ojos de ellos; y ya no habrá muerte, ni habrá más llanto, ni clamor, ni dolor; porque las primeras cosas pasaron". Al final de la narrativa bíblica, en los capítulos 21 y 22 del Apocalipsis, se describe la presencia de Dios habitando con los creyentes en la nueva Jerusalén, que se representa como el verdadero templo. En este contexto, los creyentes experimentarán la restauración del paraíso y del verdadero Israel (Ap. 21:1-4; 22:1-5). Así, la historia de la creación, que se convierte en la historia de Israel, encuentra su resolución final en la historia de Cristo. A la luz de todo esto, no es sorprendente que Apocalipsis 22:3 proclame en relación con ese día futuro: "Ya no habrá más ninguna maldición" (Gálvez).

MANÁ

Manna (μάννα, 3131), el alimento provisto sobrenaturalmente a Israel durante su peregrinación por el desierto (para detalles, consultar Éx. 16 y Nm. 11). El equivalente hebreo se da en Éx. 16:15 (RVR77, margen: "manha"). La traducción es: "¿Qué es esto?". Se lo describe en Sal. 78:24, 25 como "trigo de los cielos" y "pan de nobles" (RVR77: "pan de los fuertes"); en 1 Co. 10:3 recibe la apelación de "alimento espiritual" (Vine).

En Apocalipsis 2:17, Jesús se dirige a la Iglesia de Pérgamo y dice: "Al que venciere, daré a comer del maná escondido, y le daré una piedrecita blanca, y en la piedrecita escrito un nombre nuevo, el cual ninguno conoce sino aquel que lo recibe". El uso de la palabra "maná" en este contexto simbólico y escatológico, representa una promesa de recompensa para aquellos que perseveran y superan las pruebas y desafíos de la vida cristiana. El "maná escondido" se refiere al sustento espiritual y la provisión divina que Dios otorga a aquellos que permanecen fieles a Él hasta el final. Además, enfatiza la comunión íntima con Dios y su provisión continua para su pueblo, simbolizando la satisfacción y el sustento espiritual que se les dará en la vida eterna. También puede interpretarse como una alusión a la comunión con Cristo mismo, quien es el pan de vida (Jn. 6:35) y proporciona nutrición espiritual a aquellos que confían en Él (Gálvez).

MANUSCRITOS DEL MAR MUERTO

Los manuscritos del mar Muerto son una colección de textos antiguos descubiertos en la zona occidental del mar Muerto a partir de finales de 1946 y principios de 1947. Este término puede referirse tanto a los rollos encontrados cerca de Khirbet Qumrán en sentido estricto, como a los documentos descubiertos en varios lugares del desierto de Judea como

Masada, Wadi Murabba'at, Wadi ed-Daliyeh, Nahal Hever y Nahal Se'elim, entre otros. Aunque nos centraremos principalmente en los rollos de Qumrán, también mencionaremos otros documentos relevantes cuando sea necesario (Roitman).

En las cuevas de Qumrán se descubrieron manuscritos bíblicos que proporcionan testimonios de todos los libros que conforman la Biblia hebrea, con excepción de Nehemías y Ester. Algunos libros tenían varias copias, como el caso de Génesis con 20 ejemplares, mientras que otros tenían solo una copia, como las pocas líneas encontradas del libro de Crónicas. La mayoría de los manuscritos estaban escritos en cuero de animal, aunque también se encontraron nueve copias en papiro. En total, se descubrieron más de 200 copias de manuscritos bíblicos, la mayoría de ellos muy fragmentados. El único manuscrito completo encontrado fue el libro de Isaías de la cueva 1 (1QIsa), que tenía una extensión de 7,34 metros, probablemente similar a la longitud promedio de los demás manuscritos bíblicos. Cada libro bíblico parecía haber sido copiado en un solo rollo, aunque se encontraron ejemplos de algunos libros del Pentateuco que fueron copiados en más de un rollo, como Génesis-Éxodo y Éxodo-Levítico. Los libros mejor representados en los hallazgos son Deuteronomio con 30 copias, Isaías con 21 copias y Salmos con 36 copias, que curiosamente son los más citados en el Nuevo Testamento. Los manuscritos del Pentateuco, que incluyen los libros de la Ley, son el conjunto más destacado entre los hallazgos de Qumrán, representando casi el 43% del total. Los análisis paleográficos indican que estos manuscritos fueron copiados a lo largo de casi 300 años, siendo las recensiones más antiguas datadas a mediados del siglo III a.C.

Una gran cantidad de los manuscritos bíblicos encontrados en Qumrán (alrededor del 60%) presentan un texto muy similar a la versión transmitida por los masoretas judíos en los códices medievales, conocida como versión "proto-masorética" o "proto-rabínica". Sin embargo, también se encontraron manuscritos con similitudes a otras versiones antiguas, como la versión samaritana del Pentateuco o la versión griega de los Setenta (Septuaginta). Además, se descubrieron textos (entre el 15% y el 25% del conjunto de los manuscritos bíblicos) que presentan variantes en concordancia con las versiones conocidas de la Masora, los Setenta o la samaritana, así como lecturas independientes. Algunas de estas variantes podrían representar versiones más antiguas y originales que las transmitidas por la tradición masorética, mientras que otras podrían deberse a errores de los copistas o razones ideológicas (Roitman).

Algunos eruditos afirman que el tema de trasfondo en todos estos manuscritos es la historia de Israel, que se resume en pecado-exilio-restauración, agregan que la comunidad productora de los 'rollos' obedecía escrupulosamente a la Ley, se consideraban a sí mismos como el Israel restaurado. Tradicionalmente, se ha equiparado a los escritores de los rollos del mar Muerto con un grupo llamado los esenios, que tenían una comunidad residente en Qumrán, cerca de las cuevas donde se encontraron los pergaminos. Y, según esa perspectiva, hay cuatro teorías que apoyan esa interpretación: a) la perspectiva sociológica dice que los rollos coinciden con las descripciones del historiador antiguo Josefo de los esenios, especialmente en su énfasis en la soberanía de Dios contrastada con el intento de fariseos y saduceos de equilibrar la soberanía divina con responsabilidad humana; la impureza del aceite contrastaba con su aceptación por la mayoría de judíos; los estrictos requisitos que deben cumplirse antes de participar en las comidas comunales; con respecto a los hábitos de aseo; y la prohibición de escupir en el campamento; b) la perspectiva de Plinio el Viejo, siglo I d.C., historiador romano, da una descripción geográfica de los esenios que se corresponde con Qumrán; c) la perspectiva histórica corrobora que el período de existencia de Qumrán, va desde el mediados del siglo II a.C., está de acuerdo con el marco de tiempo mencionado por Josefo en relación con los esenios; d) la perspectiva arqueológica confirma la asociación de los rollos del mar Muerto con los esenios en Qumrán con el reciente descubrimiento de ostracas (fragmentos de cerámica) en Qumrán. En un fragmento se encuentra grabada la inscripción "cuando cumplió su juramento a la comunidad".

El hallazgo de los rollos del mar Muerto ha ayudado de manera extraordinaria a: a) confirmar el texto hebreo del Antiguo Testamento; b) comprender mejor cómo evolucionó el judaísmo en su pensamiento, especialmente el crecimiento de las expectativas mesiánicas, en el período entre el Antiguo y el Nuevo Testamento; c) confirmar la similitud apocalíptica de los esenios con la del NT. Pervive la teoría de que Juan el Bautista pertenecía a la comunidad esenia, aunque no hay evidencia de tal afirmación.

MAR

Del hebreo (3220) *yam*, יָם; arameo *yammá*, del griego *thálassa*.

Diferencia con la tierra firme, *érets*, אֶרֶץ (Gn. 1:10), y abarca todo el elemento acuático causado por la separación entre las aguas de arriba y de debajo del cielo en un solo lugar (v. 9).

El mar es presentado como profundo (Sal. 68:23; Mi. 7:19; Am. 9:3; Job 38:16), amplio (Job 11:9) y vigoroso (Sal. 104:25; Job 7:12; Lm. 2:13); cerca la tierra hasta sus extremos (Dt. 30:13; Sal. 139:9; equivalente al griego de "océano", *okéanos*. Los hebreos eran un pueblo acostumbrado a vivir en el interior de la tierra, lo que se reflejaba en su percepción del mar como una fuente de temor debido a los peligros que les representaba (Conferld).

En la perspectiva simbólica y escatológica, en la visión apocalíptica de "un mar de vidrio, semejante al cristal" (Ap. 4:6), emblemático de la pureza y santidad inmutables de todo lo que pertenece a la autoridad y a los tratos judiciales de Dios; en Ap. 15:2, lo mismo, "mezclado con fuego" y, en pie "sobre el mar de vidrio", aquellos que habían alcanzado la victoria sobre la bestia (cf. cap. 13); de la condición agitada y desatada de las naciones (Ap. 13:1; cf. 17:1, 15); en 13:1, no es "me paré", referido a Juan (RV, RVR, Besson), sino "y se paró" (RVR77, LBA; VM: "y estaba de pie"), referido al dragón; de hecho, la NVI traduce más libremente: "Y el Dragón se puso de pie sobre la orilla del mar"; de en medio de este estado surge la bestia, simbólica del último poder gentil, dominando las naciones federadas del mundo romano (cf. Dn. 2; 7, etc.), (Vine).

La figura del mar desempeña un papel significativo en la literatura profética, especialmente en el libro de Apocalipsis, donde la palabra se menciona veintiséis veces. En muchas ocasiones, en Apocalipsis, el término "mar" se refiere simplemente a una masa de agua literal que es parte de la creación de Dios (por ejemplo, Ap. 5:13; 7:1-3; 8:8-9; 14:7). Sin embargo, en algunas ocasiones, se utiliza de manera figurada para simbolizar algo más que agua literal (Ap. 4:6; 13:1; 15:2; 21:1).

En la descripción de Juan del trono de Dios en Apocalipsis 4, se menciona "algo como" o "lo que parece ser" un mar de vidrio: "Delante del trono había lo que parecía un mar de vidrio, transparente como el cristal" (Ap. 4:6). La referencia de Juan al mar celestial probablemente se basa en Ez. 1:22: "Extendidos sobre las cabezas de las criaturas vivientes había algo que parecía una bóveda, resplandeciente como el hielo, asombroso". El pasaje de Ezequiel 1 parece reflejar Gn. 1:6-7, donde el mar celestial se separa del mar terrenal. Algunos eruditos también relacionan la descripción del mar de vidrio con la cuenca de bronce de agua (es decir, el "mar") del templo de Salomón descrita en 1 R. 7:23-26. Independientemente de su origen, el carácter "cristalino" de este mar simboliza el resplandor y la pureza de la gloria de Dios (Ap. 21:11, 18, 21).

En Apocalipsis 13:1, la bestia surge "del mar", una imagen que recuerda a Daniel 7:3, donde cuatro bestias emergen del mar. En el mundo antiguo, el mar comúnmente se asociaba con el caos y el mal, y era considerado el hogar del monstruo marino mítico Leviatán o Rahab (o el dragón). Así como Dios derrotó al antiguo monstruo (por ejemplo, Job 26:12; Sal. 74:13-14; 89:9-10; Is. 27:1; 51:9-10), también vencerá a la "bestia del mar" y la arrojará al lago de fuego (Ap. 19:20), (ver **Bestia que sale del mar**; **Bestia que sale de la tierra**).

Antes de que las siete copas de la ira de Dios se derramen en Apocalipsis 15:16, se menciona a aquellos que han vencido a la bestia y que se encuentran junto a "lo que parecía un mar de vidrio mezclado con fuego", entonando la canción de Moisés y del Cordero (Ap. 15:2-3). Esta referencia al mar establece una comparación entre la victoria de Cristo sobre la bestia en los últimos tiempos y la victoria de Dios sobre el faraón en el tiempo del éxodo (ver las plagas de Ap. 15:1, el cántico de Moisés de 15:3 y "el tabernáculo del Testimonio" en 15:5). En el AT, el monstruo malvado del mar se asociaba con el mar Rojo (Sal. 74:12-14) y el término "fuego" suele indicar el juicio divino en Apocalipsis (por ejemplo, Ap. 8:5-8, 11:5, 14:10, 18). Por lo tanto, el mar es el lugar donde el Cordero juzga a los poderes del mal (ver la derrota de Jesús sobre el mar demoníaco en Mr. 4:35-41; 6:45-56).

En el cielo nuevo y la tierra nueva, se nos dice que "ya no habrá mar" (Ap. 21:1). En la nueva creación, no existirán poderes malignos acechando ni ninguna amenaza malévola que pueda traer muerte, llanto o dolor (Ap. 21:4).

La desaparición del mar simboliza la victoria de Dios sobre todo mal que representa. En lugar del mar, en el cielo nuevo y la tierra nueva, fluye el agua fresca y vivificante del río de la vida, que brota del trono de Dios (Ap. 22:1), (ver **Jardín**; **Cielo nuevo y tierra nueva**; **Río de agua de vida**).

MARCA DE LA BESTIA

El número de la Bestia, en griego koiné, transliterado al español es "Arithmós toû thēríou"; se asocia con la Bestia de Ap. 13:18. En la mayor parte de los manuscritos del NT y en las traducciones al español de la Biblia, el número de la Bestia es el 6 o el 666, χξς (en números griegos χ representa 600, ξ representa 60 y ς representa 6). El Papiro 115 (que es el manuscrito más antiguo conservado del Apocalipsis), así como otras fuentes antiguas como el *Códice Ephraemi Syri Rescriptus*, dan al número de la Bestia el χις o χιc (traducido a números arábigos como 616), (χιc), no 666; 2 3 ediciones críticas del texto en griego, como el "Novum Testamentum Graece", indican que χις es una variante (Beale).

El número de la Bestia es descrito en Apocalipsis 13:18. Varias traducciones dicen: "Aquí está la Sabiduría. El que tenga entendimiento calcule *psephisato*, el número de la Bestia...". La peculiar palabra griega (*psephisato*) es traducida como si se tratase del verbo "contar", "calcular" y también "votar" o "decidir". En el *Textus Receptus*, derivado de manuscritos del tipo textual bizantino, el número seiscientos sesenta y seis es representado por los números griegos χξς 67 con la letra griega stigma (ς) representando el número 6. De este modo, Apocalipsis 13:17-18 dice:

"y que ninguno pudiese comprar ni vender, sino el que tuviese la marca, o el nombre de la Bestia, o el número de su nombre. Aquí está la sabiduría. El que tenga entendimiento, calcule el número de la Bestia, porque es número de hombre; y su número es 666".

El libro de Apocalipsis contiene siete referencias a la "marca de la bestia" (Ap. 13:16, 17; 14:9, 11; 16:2; 19:20; 20:4). En el capítulo 13, se describe cómo la segunda bestia realiza señales milagrosas, engaña a los "habitantes de la tierra" (una designación en Apocalipsis para los incrédulos), mata a aquellos que se niegan a adorar la imagen de la primera bestia, y obliga a todas las personas, sin importar su estatus social, a recibir una marca en la mano derecha o en la frente. Esta marca es necesaria para realizar transacciones comerciales, ya que nadie puede comprar ni vender sin ella. La marca representa el nombre de la bestia o el número de su nombre (Ap. 13:16-17).

Desde la perspectiva del Apocalipsis, la marca de la bestia está directamente relacionada con la adoración de la bestia. Aquellos que se nieguen a adorar a la bestia y rechacen su marca enfrentarán persecución, incluso la muerte (Ap. 13:7, 13:15; 14:12-13; 15, 17; 2:9; 6:5-6). Por otro lado, aquellos que se mantengan fieles al Señor y rechacen adorar y recibir la marca de la bestia serán aceptados por Él. Sin embargo, aquellos que acepten la marca se exponen a la ira eterna de Dios (Ap. 14:9-11; 16:2; 19:20).

Además, las Escrituras enseñan claramente que los creyentes en Cristo resucitado son sellados con el Espíritu Santo. En el contexto de los cristianos que enfrentaban la presión de adorar al emperador y ser coaccionados para recibir "la marca" o "el sello", se puede observar que hay "dos sellos" o "dos marcas". El sello divino es espiritual y real, aunque no es visible para el ojo humano. Por otro lado, la otra marca o sello de la bestia no se sabe con certeza si se refiere a algo visible físicamente o a algo simbólico.

En el libro de Apocalipsis, se establece un contraste directo entre el "sello del Dios viviente" (Ap. 7:2) y la marca de la bestia. Asimismo, el nombre de la bestia se contrasta con el nombre de Dios y el Cordero. Según el texto, la marca, el sello y el nombre se colocan en la mano (Ap. 13:16; 14:9; 20:4) o en la frente (Ap. 7:3; 9:4; 13:16; 14:1, 9; 20:4; 22:4). Tanto la marca de la bestia como el sello de Dios son paralelos pero contrastantes, y siempre indican propiedad. Por lo tanto, ambas pueden entenderse de manera literal o figurativa. En general, la mayoría de los estudiosos bíblicos tienden hacia una interpretación figurativa.

Considerando las "marcas" y "sellos" comunes en la época en que se escribió el Apocalipsis, recibir la "marca de la bestia" implicaba una voluntad de aliarse con los poderes que se oponen a Cristo. El libro de Apocalipsis presenta dos poderes en conflicto sin terreno neutral entre ellos. Las personas le dan lealtad a la bestia o a Dios, y su lealtad se refleja principalmente en sus decisiones éticas y su adoración. La marca siempre se recibe o se obtiene deliberadamente en Apocalipsis, no es algo que alguien reciba por accidente. Las personas deben optar por aceptar la marca de la bestia o elegir rechazarla por lealtad a Cristo. Cuando se les presiona a adorar a un poder maligno que combina la religión, la política y la economía, los seguidores de Cristo se negarán a adorar ese poder y rechazarán sus marcas definitorias de propiedad. Sobre la marca o número de la Bestia ya se ha abordado de manera parcial, desde distintas perspectivas, en otras entradas (ver **Apocalipticismo judío; Domiciano; Culto imperial; Bestia de diez cuernos; Emperadores; Gematría; Nerón; Numérica, estructura; Números; Numerología; Seis, número; Seiscientos sesenta y seis; W, letra**).

MARCOS, LIBRO DE

Marcos, también conocido como Juan Marcos, es mencionado en varios pasajes del Nuevo Testamento. Se cree que es el mismo personaje, que adoptó un nombre latino (Marcus), Markos, griego, Marcos o Marco en español. Su madre, María, tenía alguna relación con el apóstol Pedro, y se piensa que fue Pedro quien lo convirtió y bautizó. Marcos fue primo de Bernabé, un levita de origen chipriota, y los acompañó en su ministerio apostólico. Sin embargo, en algún momento se separó de Bernabé y de Pablo, lo cual causó un conflicto entre ellos. Posteriormente, Marcos se reunió con Pablo en Roma mientras estaba prisionero y también estuvo en Oriente cuando Pablo escribió a Timoteo. Pedro lo llama "mi hijo" en una carta que aparentemente fue escrita desde Roma. Existe una tradición que sostiene que Marcos fue el fundador de la Iglesia de Alejandría, aunque no hay evidencia sólida que respalde esta afirmación. No se sabe con certeza cómo murió Marcos, y las referencias antiguas son escasas y no concluyentes (D. Macho).

En cuanto a la paternidad, la mayoría de los autores están de acuerdo en que el Segundo Evangelio fue escrito por Juan Marcos, hijo de María de Jerusalén. La evidencia externa, proveniente de varios lugares del imperio, respalda esta opinión. Papías, en el año 110 d.C., cita a un anciano Juan, posiblemente el Apóstol Juan, quien afirma que Marcos le escribió siendo compañero de Pedro. Otros escritores como Justino Mártir, Ireneo, Tertuliano, Clemente de Alejandría, Orígenes y el Prólogo Antimarcionita de Marcos también coinciden en esta afirmación.

La evidencia interna también respalda la autoría de Marcos. El autor muestra un conocimiento profundo de Palestina, en particular de Jerusalén. El evangelio contiene detalles más precisos sobre el Aposento Alto que los otros evangelios, lo que podría sugerir su familiaridad con ese lugar desde su infancia. Además, se observa un trasfondo arameo (el idioma de Palestina), se comprenden las costumbres judías y la narración es vívida, lo que sugiere una estrecha relación con un testigo ocular. El contenido del libro se asemeja al sermón de Pedro en Hechos 10. Además, existe la tradición de que Marcos escribió el evangelio en Roma, lo cual se evidencia por el mayor uso de términos latinos en comparación con los otros evangelios como centurión, censo, denario, legión y pretorio.

Se cree que el contexto histórico en el que se escribió el Evangelio de Marcos es de persecución. Se asocia el hecho de que la Iglesia era perseguida por el emperador Nerón (ca. 64 d.C.), por ello Marcos escribió su evangelio para fortalecer la fe de la iglesia apostólica que vivía bajo asedio en todo el Imperio romano. Marcos describe con realce el tema del sufrimiento y la gloria de Jesús el Cristo: Marcos 1:1–8:30 se refiere a Jesús el Mesías (Mr. 8:31–16:8). La fecha en que se escribió el Evangelio de Marcos es un tema debatido incluso entre académicos conservadores. Aunque no se puede establecer una fecha con seguridad, se sugiere que fue escrito antes de la destrucción de Jerusalén. Algunos eruditos sitúan la redacción de Marcos a principios de los años 50, pero una fecha entre el 57 y 60 parece bastante probable (MacDonald).

El Evangelio de Marcos presenta un enfoque profético en varios aspectos. El Evangelio de Marcos presenta varias profecías mesiánicas que se cumplen en la vida y el ministerio de Jesús. A continuación, mencionaré algunas de ellas:

El precursor: Marcos cita la profecía de Is. 40:3, que habla de un mensajero que preparará el camino para el Señor. En Mr. 1:2-3, se identifica a Juan el Bautista como el cumplimiento de esta profecía, quien prepara el camino para la llegada de Jesús.

El ungido: en Mr. 14:61-62, Jesús es interrogado por el sumo sacerdote y se le pregunta si es el Cristo, el Hijo de Dios. Jesús responde afirmativamente, afirmando su identidad como el Mesías esperado.

La entrada triunfal: en Mr. 11:1-10, se narra cómo Jesús entra en Jerusalén montado en un burro, cumpliendo la profecía de Zacarías 9:9, que describe al Mesías llegando humildemente en un burro.

La traición: en Mr. 14:17-21, Jesús anuncia que uno de sus discípulos lo traicionará. Esto cumple la profecía del Salmo 41:9, que predice que el Mesías será traicionado por alguien cercano a él.

La crucifixión: el relato detallado de la crucifixión de Jesús en Mr. 15 cumple varias profecías, como la descripción de los soldados que reparten sus ropas en Mr. 15:24, que cumple el Sal. 22:18.

El enfoque escatológico se presenta a lo largo del evangelio, se enfatiza la llegada del Reino de Dios y la inminencia del juicio final. Marcos retrata a Jesús como el Mesías y el Hijo de Dios que cumple las profecías del Antiguo Testamento. El evangelista destaca los eventos y las enseñanzas de Jesús que señalan la venida del Reino de Dios y el cumplimiento de las profecías mesiánicas. Además, el Evangelio de Marcos presenta una perspectiva escatológica al enfocarse en el fin de los tiempos y la Segunda venida de Jesús. Jesús habla sobre la destrucción del templo de Jerusalén y advierte sobre los acontecimientos que precederán a su regreso. El evangelista también incluye parábolas y enseñanzas de Jesús que resaltan la importancia de estar preparados para el juicio final y vivir en santidad.

De los temas escatológicos mencionados en el Evangelio de Marcos, el reino de Dios es un tema central en la vida y enseñanzas de Jesús. Marcos muestra que el reino de Dios está presente en la obra de Jesús, pero también está oculto hasta su futura manifestación en el fin de los tiempos. Esto se enfatiza en siete pasajes clave del evangelio.

En Marcos 1:15, Jesús proclama que el reino de Dios está cerca. Aunque el significado exacto del verbo utilizado es debatido, queda claro que el reino de Dios ha llegado o ha amanecido. La primera mitad del Evangelio de Marcos muestra cómo el reino de Dios está presente en las palabras y obras de Jesús. Sin embargo, en la segunda mitad del evangelio, hay un cambio en la forma en que Jesús presenta el reino. Jesús es retratado como un Mesías sufriente, no político, y el reino de Dios no es de este mundo.

El crecimiento del reino se destaca en Marcos 4, donde se presentan varias parábolas de Jesús. En la parábola del sembrador, se muestra que solo una pequeña parte de las semillas produce fruto, pero culmina en una cosecha abundante. En la parábola de la semilla de mostaza, se ilustra cómo algo pequeño e insignificante puede crecer y convertirse en algo grande. Estas parábolas muestran que el reino de Dios comienza de manera modesta, pero crecerá hasta abarcar toda la tierra, sin depender de los recursos humanos.

El Evangelio de Marcos presenta la paradoja del reino de Dios, que se ilustra en las tres predicciones de la pasión de Jesús (Mr. 8:31; 9:31; 10:33-34). Estas predicciones muestran que el reino de Dios comienza con el sufrimiento de Jesús y culmina en su resurrección gloriosa. Cada predicción de la pasión tiene dos componentes: el sufrimiento (el Hijo del Hombre será perseguido y asesinado) y la gloria (resucitará al tercer día).

Este patrón de sufrimiento que lleva a la gloria es de naturaleza escatológica. En el apocalipticismo judío, era común la idea de que los justos sufrirían en este mundo, pero experimentarían la gloria en el mundo venidero. Además, el concepto del Hijo del Hombre que muere y resucita se basa en el libro de Daniel 7, que es un texto apocalíptico. Al comparar Daniel 7 con las palabras de Jesús sobre el "Hijo del Hombre" en sus predicciones de la pasión, se pueden hacer varias observaciones:

El Hijo del Hombre en Daniel 7 es una figura corporativa que se identifica con los santos del Altísimo. Es probable que Jesús aplique este concepto a sí mismo y a sus seguidores.

Tanto Jesús como el Hijo del Hombre en Daniel son figuras sufrientes, ya que se identifican con las aflicciones de los santos. Porque el Hijo del Hombre/los santos sufren los males escatológicos, se les promete la victoria sobre sus enemigos, lo cual es consistente con el patrón observado en las predicciones de la pasión. La transfiguración de Jesús, registrada en Marcos 9:2-8, es un anticipo temporal del reino de Dios y cumple la profecía de Jesús en Marcos 9:1. En este evento, Jesús se revela en su gloria ante Pedro, Santiago y Juan, mostrando un destello de su futura venida en poder y gloria.

Sin embargo, a pesar de la oferta de Jesús, la nación judía rechaza el reino de Dios. Marcos 12 presenta una parábola que ilustra la historia de Israel a lo largo del Antiguo Testamento y señala que Israel ha pecado contra Dios, rechazando a sus profetas y ahora a su Mesías, el Hijo de Dios. Como consecuencia, Dios juzgará a su pueblo a través de la destrucción de Jerusalén y el Templo, tal como ocurrió con los babilonios en el pasado.

El capítulo 13 de Marcos presenta el Discurso del Monte de los Olivos, donde Jesús habla sobre los eventos futuros y las señales de los tiempos, particularmente la Gran Tribulación y la consumación del reino. Estas señales incluyen la aparición de falsos mesías, guerras, calamidades globales, persecución del pueblo de Dios, la predicación mundial del evangelio, la caída de Jerusalén, agitación cósmica y la Segunda venida de Jesús, junto con la plena llegada del reino de Dios.

Entre los conservadores, existen tres puntos de vista competidores sobre la interpretación de Marcos 13: a) los preteristas creen que las palabras de Jesús sobre las señales de los tiempos se cumplieron en la primera generación de cristianos, específicamente en la caída de Jerusalén a manos de los romanos en el año 70 d.C. Según esta perspectiva, Cristo regresó para juzgar a los judíos que lo rechazaron; b) muchos futuristas (dispensacionalistas) creen que las señales de los tiempos no comenzaron a cumplirse hasta 1948, cuando Israel fue reconstituido como nación. En consecuencia, el regreso de Cristo (ya sea en el rapto o en su Segunda venida visible) podría ocurrir en cualquier momento; c) la mayoría de los eruditos del Nuevo Testamento sospechan que los males mesiánicos comenzaron con Jesús y su generación, especialmente con la caída de Jerusalén a manos de los romanos. Estos males mesiánicos se mantendrán hasta la Segunda venida de Jesús, sin importar cuándo ocurra. En otras palabras, Marcos 13 testifica la convicción de que el reino de Dios ya ha amanecido con la primera venida de Jesús, pero no se completará hasta su Segunda venida.

En la narración de la pasión en Marcos 14–15, se sugiere que los ayes mesiánicos mencionados en Marcos 13 fueron derramados sobre Jesús en la cruz. Sin embargo, su resurrección en Marcos 16:1-8 marca su glorioso triunfo. Este mismo destino, de sufrimiento seguido de gloria, espera a todos los seguidores de Jesús.

Marcos contiene 662 versículos en total, de los cuales 125 son de carácter profético, con un total de 50 predicciones (BDMPE).

MÁRTIR/TESTIMONIO

Del griego *martus* o *martur* (μάρτυς, 3144), de donde proviene la voz castellana mártir, uno que da testimonio mediante su muerte. Denota a uno que puede certificar o certifica aquello que ha visto u oído, o conoce (Vine).

Cristo mismo es llamado el testigo fiel verdadero (Ap. 1:5; 3:14), porque ha revelado con su palabra y su vida el misterio de Dios. Y también de aquellos que dan testimonio de Cristo hasta la muerte Ap. 2:13; Ap. 17:6.

Cristo como el Testigo, Fiel y Verdadero (Ap. 3:14), tiene un significado espiritual y escatológico. Como Testigo, Jesús es aquel que da testimonio de la verdad divina y revela los misterios de Dios a su pueblo. Él es el fiel y confiable testigo de las promesas y propósitos de Dios.

En resumen, la cita que presenta a Cristo como el Testigo, Fiel y Verdadero en Apocalipsis 3:14, dice: "Escribe al ángel de la iglesia en Laodicea: 'Esto dice el Amén, el testigo fiel y verdadero, el principio de la creación de Dios'". Este texto resalta su papel como revelador de la verdad divina, su fidelidad inquebrantable y su naturaleza genuina y veraz. Además, en un contexto escatológico, esta descripción implica su autoridad y guía en los eventos finales y en el cumplimiento de los propósitos divinos.

A través de su vida, muerte y resurrección, Jesús demostró su fidelidad absoluta a la voluntad de Dios y su veracidad en cumplir las promesas divinas. Como testigo verdadero, Él es el testigo final y confiable de la verdad divina en el juicio final y en el establecimiento del reino de Dios.

En sinopsis, la cita que presenta a Cristo como el Testigo, Fiel y Verdadero en Apocalipsis 3:14, resalta su papel como revelador de la verdad divina, su fidelidad inquebrantable y su naturaleza genuina y veraz. Además, en un contexto escatológico, esta descripción implica su autoridad y guía en los eventos finales y en el cumplimiento de los propósitos divinos (Gálvez).

MARTIRIO

Del griego *marturion* (μαρτύριον, 3142), testimonio (Vine). La palabra "martirio" se deriva del verbo griego μαρτυρέω (*martyréo*), que significa "dar testimonio" o "testificar". En el contexto cristiano, el término "martirio" se refiere específicamente al acto de sufrir o morir por causa de la fe en Cristo. Los mártires son aquellos que dan testimonio de su fe incluso hasta la muerte, y son considerados como ejemplos de valentía y fidelidad en la tradición cristiana.

Jesús hizo varias declaraciones en las cuales anunció a sus discípulos que algunos de ellos serían martirizados. En Mt. 16:24-25 le pide a sus discípulos que, si alguno quiere ir en pos de él seguirlo, que se niegue a sí mismo, tome su cruz y lo siga. Y agrega que aquel discípulo que quiera salvar su vida, la perderá; y todo el que pierda su vida por causa de él la hallará. En este pasaje, Jesús les enseña a sus discípulos acerca del costo de seguirle. Les dice que deben estar dispuestos a negarse a sí mismos, tomar su cruz y seguirle. Esta referencia a tomar la cruz implica una disposición a enfrentar la muerte por causa de Jesús. En Juan 21:18-19, Jesús le profetiza a Pedro que sufrirá martirio por causa del evangelio y le da a entender que morirá crucificado, cuando le anuncia que cuando sea viejo "otros lo ceñirán y lo llevarán a donde él no quiere", pero que ese martirio glorificara a Dios. Esta declaración implica que Pedro sería martirizado por su fe en Jesús.

En el NT, se presentan varios ejemplos de personas que sufrieron el martirio. Juan el Bautista (Mr. 6:14-29), Esteban (Hch. 7), los cristianos martirizados durante la persecución de Pablo antes de su conversión (Hch. 8:3; 9:1), Santiago (Hch. 12:1-2) y Antipas (Ap. 3:13), son algunos ejemplos específicos. Pablo también hace referencia ocasionalmente a su muerte inminente en el contexto del martirio (Fil. 1:19-26; 2 Ti. 4:16-18). Jesús advierte a sus seguidores que deben estar preparados para la posibilidad de ser mártires (Mt. 24:9; Lc. 21:12-19).

Jesús mismo es el ejemplo supremo de un mártir. Él afirma claramente: "Nadie me quita la vida, sino que yo la entrego por mi propia voluntad. Tengo autoridad para entregarla y tengo autoridad para volver a recibirla. Este es el mandamiento que recibí de mi Padre" (Jn. 10:18; 12:27). Jesús se refiere repetidamente a su muerte próxima como algo esencial para su misión (por ejemplo, Mr. 8:31-32; 9:31; 10:33-34, 45; 14:36).

La figura de Jesús como mártir supremo desempeña un papel destacado en la teología del libro de Apocalipsis. En los primeros versículos del libro, Juan describe a Jesucristo como "el testigo fiel, el primogénito de los muertos y el soberano de los reyes de la tierra", aquel que nos ama y nos ha liberado de nuestros pecados mediante su sangre (Ap. 1:5). Jesús también se presenta como "el testigo fiel" al dirigirse a la iglesia en Laodicea (Ap. 3:14). A lo largo del Apocalipsis, la imagen principal utilizada para describir a Jesús es la de un Cordero sacrificado (capítulos 5, 6, 7, 12, 13, 14, 15, 17, 19, 21, 22). El Cordero de Dios es digno de revelar el plan de Dios porque fue sacrificado, pero vive (Ap. 5:6, 12; 12:11; 13:8).

Aunque las palabras "testigo", *martys, martyria*, probablemente, no sean términos técnicos en el libro de Apocalipsis para referirse específicamente a los "mártires", se establece con frecuencia una conexión entre estas palabras y la muerte de los cristianos (Ap. 1:9; 2:13; 11:3, 7; 17:6). Muchos de los seguidores del Cordero sacrificado derramaron su sangre en el martirio. Cuando se abre el quinto sello, los mártires claman preguntando cuánto tiempo más tendrán que esperar para obtener justicia (Ap. 6:9-11). Se describe que bajo el altar se encuentran las almas de aquellos que fueron asesinados debido a la palabra de Dios y el testimonio (*martyria*) que habían mantenido. Claman en voz alta: "¿Hasta cuándo, Soberano Señor, santo y verdadero, ¿esperarás para juzgar a los habitantes de la tierra y vengar nuestra sangre?". A cada uno de ellos se les da una túnica blanca y se les dice que esperen un poco más, hasta que se complete el número de sus compañeros y hermanos que también serán asesinados de la misma manera.

La "gran multitud" mencionada en Apocalipsis 7:9-17, probablemente, se refiere a los creyentes que han salido de la Gran Tribulación y han lavado sus ropas en la sangre del Cordero (Ap. 7:14). Como un ejército de seguidores de Cristo, han vencido al enemigo a través de su propia muerte.

Los enemigos de Dios, a menudo, se identifican como aquellos que han derramado la sangre del pueblo de Dios (Ap. 16:6; 17:6; 18:24; 19:2). Paradójicamente, lo que parece ser la derrota de los mártires, en realidad se convierte en su victoria, como se muestra en Apocalipsis 12:11: "Ellos le vencieron por medio de la sangre del Cordero y por el testimonio (martyria) que dieron; no amaron tanto su vida como para evitar la muerte". Cuando los santos son "conquistados" por sus enemigos (Ap. 11:7; 13:7), su martirio resulta ser el medio de obtener la victoria sobre sus adversarios (cf. 2:10-11; 3:9, 12; 15:2). El libro de Apocalipsis presenta un futuro en el que todos los cristianos fieles podrían enfrentar el martirio, no como una predicción literal de que todos los creyentes serán condenados a muerte, sino como una exhortación a estar preparados para morir por su fe.

MATEO, LIBRO DE

En cuanto a la autoría del Evangelio de Mateo, tradicionalmente ha sido definida, afirmando que el autor del primer evangelio es Mateo Leví. Desde el texto de Papías, obispo de Hierápolis en Frigia, hasta los escritos de Ireneo, obispo de Lyon, Orígenes y Eusebio de Cesarea, se ha mantenido un consenso unánime de que el apóstol Mateo fue quien escribió el primer evangelio en lengua hebrea y parte en aramea, y posteriormente fue traducido al griego. El nombre Mateo significa "don de Yahweh". Los evangelios nos informan que Mateo era un publicano y recaudador de impuestos. Su vocación como apóstol es narrada en los tres evangelios sinópticos. Sin embargo, el primer evangelio se refiere a él como "Mateo, el publicano", mientras que los otros dos sinópticos lo llaman "Leví". A pesar de esta diferencia en los nombres, dado que las circunstancias son idénticas, es razonable afirmar que se trata de la misma persona. Los únicos antiguos que vieron a Mateo y Leví como dos personas diferentes fueron Clemente de Alejandría y Orígenes. Al agregar "el publicano" al nombre de Mateo en el catálogo de los apóstoles, el evangelista claramente pretende hacer referencia al relato de su llamado.

Además, se parece mucho al testimonio de Mateo en el pasaje de Mt. 9:9-13 que habla acerca del llamamiento de Leví, el recaudador de impuestos, para seguir a Jesús, y el texto de 13:47-52 que relata la parábola de la red, que enfatiza al trasfondo de Mateo. El enfoque judío del Evangelio de Mateo sugiere que fue escrito en Palestina o quizás en Antioquía de Siria. Muchos eruditos creen que Mateo fue escrito para contrarrestar el surgimiento del judaísmo rabínico en el año 80 d.C.

Con relación al contenido del cumplimiento profético mesiánico en Jesús de Nazaret, precisamente lo que quiere demostrar es que Jesús es el Mesías. Mateo sigue los puntos principales de Marcos con respecto a la profecía bíblica. Por lo tanto, Jesús el Cristo inaugura el reino de Dios (Mt. 4:12-17); las parábolas registran el pequeño comienzo pero el gran final proyectado del reino (cap. 13); la paradoja del reino significa que Jesús primero sufre y luego entra en la gloria celestial (16:21-28; 17:22; 20:17-19); en la transfiguración, los tres discípulos internos presencian el anticipo de la venida del reino de Dios (16:28–17:7); la nación en su conjunto rechaza a Jesús (12:1-12, por lo cual Mateo culpa especialmente a los fariseos, los fundadores de judaísmo rabínico); y la muerte y resurrección de Jesús subrayan su triunfo sobre los males mesiánicos (cap. 28).

En el Evangelio de Mateo, se encuentran otros aspectos proféticos importantes relacionados con la identidad de Jesús como el Mesías y el nuevo Moisés que llevará a cabo un nuevo éxodo, pero esta vez de naturaleza espiritual (Mt. 1:21; 2:13-15). Además, se destaca que Jesús es el esperado Mesías davídico (Mt. 1:23; cf. 7:14), cuyo nombre, Emanuel, significa "Dios está con nosotros" (Mt. 2:1-8). La conexión con la profecía del nacimiento del Mesías en Belén es evidente (Mt. 2:9). En Mateo 24:17, se narra la aparición de una estrella asociada a la dinastía davídica emergente.

Asimismo, Mateo enfatiza en catorce ocasiones que Jesús cumple la profecía de la esperada restauración de Israel. En Mateo 1:22-23, se menciona que Jesús es llamado "Emanuel" en cumplimiento de la profecía de Isaías 7:14, porque Él salvará a su pueblo de sus pecados. Mateo asocia a Jesús con el Mesías que liberará a su pueblo, citando las profecías de Miqueas 5:1 y 2 Samuel 5:2 (Mt. 2:5-6). Además, el regreso de Jesús a Israel desde Egipto, después de la muerte de Herodes el Grande, se presenta como una especie de éxodo, interpretado a la luz de Mateo 3:3 como su vocación de liberar a Israel de la esclavitud del pecado (Os. 11:1). Mateo también percibe en el ministerio de Jesús el cumplimiento de la profecía de Jeremías sobre la restauración de Israel (Mt. 2:17-18; cf. Jer. 31:5).

Un pasaje relevante es Isaías 11:1 y 4:2, que habla de la venida del libertador, llamado el Renuevo. Si "nazareno" en Mateo 2:23 se refiere a *nezer* (rama), entonces este versículo puede entenderse como una asociación de Jesús con el Mesías davídico. Isaías 9:1-2 predice la futura restauración de Israel y la conversión de los gentiles, y Mateo ve en los milagros de Jesús el cumplimiento de esta profecía (Mt. 4:14-16). Tanto en Mateo 8:17 como en Isaías 53:4, la curación se utiliza como metáfora de la restauración de Israel, y se aplica a la forma en que Jesús trata a las multitudes.

Evidentemente, el primer evangelio percibe en Jesús al Siervo sufriente que será el catalizador para la restauración de Israel a Dios (Mt. 12:17-21; cf. Is. 42:1-4). En Mateo 13:14-15, el rechazo de Jesús por parte de Israel se interpreta como indicio de que el pecado y el exilio de la nación aún persisten (cf. Is. 6:9-10). Además, se menciona el Salmo 78, cuyo tema principal es la historia de Israel (pecado-exilio-restauración), en Mateo 13:35. Por último, Isaías 62:11 y Zacarías 9:9 profetizan que Dios enviará un libertador mesiánico a Israel, y Mateo aplica esto a Jesús en su entrada triunfal (Mt. 21:4-5).

La herida del pastor y la dispersión de la nación se aplican en Mateo 26:56 (cf. v. 31) hasta la muerte de Jesús y la posterior partida de los discípulos, posiblemente como una alusión al continuo exilio de Israel (cf. Zac. 13:7). La compra de un campo por parte de Jeremías (Jer. 32:6-15) fue una promesa de la futura restauración de Israel, a pesar de que en ese momento la nación estaba a punto de entrar en exilio. Tal vez Mateo (Mt. 27:9-10; cf. Zac. 11:12-13) interpreta la compra del campo con la sangre de Judas, y a expensas de la muerte de Jesús, como una ironía divina; lo que le costó la vida a Jesús (la cruz) fue la base para la verdadera restauración de Israel.

Por lo tanto, el tema dominante en todos estos textos que cumplen las profecías del Antiguo Testamento, descritos en Mateo, es la restauración de Israel inaugurada por Jesús. No debemos pasar por alto la situación histórica que hizo necesaria la redacción del Evangelio de Mateo, que comúnmente se cree que tuvo lugar después del año 70 d.C. Mateo retrata el movimiento de Jesús como la restauración de Israel frente a los fariseos; de ahí su uso del Antiguo Testamento como testimonio de la verdad de ese mensaje.

Mateo 5–7 registra el Sermón del Monte de Jesús, que presenta la ética que debe caracterizar a los ciudadanos del reino de Dios. En cuanto a la interpretación de este sermón, compiten tres puntos de vista. Una escuela de pensamiento (sostenida por algunos dispensacionalistas) argumenta que los requisitos establecidos en Mateo 5–7 son demasiado poco realistas para seguir en este presente siglo malvado, y que solo se cumplirán en el milenio (el reinado de mil años de Cristo en la tierra después de su Segunda venida), cuando los cristianos vivirán de acuerdo con estas nobles normas (ver **Dispensacionalismo**). Sin embargo, la mayoría de los eruditos creen que la tensión escatológica del "ya pero todavía no" gobierna este sermón. Debido a que el reino de Dios ya ha comenzado a amanecer, los creyentes deben vivir de acuerdo con la ética del reino como se detalla en Mateo 5–7. Sin embargo, debido a que el reino aún no está completamente realizado, la plena realización de las normas de este sermón espera a la Parusía.

El contenido de Mateo 10, que no se encuentra en Marcos, describe la misión de los doce apóstoles en Israel antes de la pasión de Cristo. Es evidente que el lenguaje utilizado en Marcos 13:9-13 (el Discurso de los Olivos) se aplica a la misión de los discípulos (especialmente en Mt. 10:17-22), lo que le confiere importancia profética. Las luchas y los triunfos de los apóstoles al predicar el evangelio hablan de la presencia tanto de los males mesiánicos como del reino de Dios, respectivamente. Esta circunstancia paradójica continuará hasta la Parusía (Mt. 10:23).

El relato de Mateo sobre la entrada triunfal de Jesús (Mt. 21:1-11) se distingue de su contraparte en Marcos en que ve la entrada de Jesús a Jerusalén como el cumplimiento de Zacarías 9:9-10, una profecía sobre la llegada del Mesías a la ciudad santa. Sin embargo, tanto Mateo como Marcos están de acuerdo en que Jesús es el rey davídico profetizado (Mt. 21:9; Mr. 11:9-10).

En términos escatológicos, Mateo es uno de los evangelios que ofrece más detalles sobre las señales y los eventos previos a la Segunda venida.

El relato de Mateo del Discurso del Monte de los Olivos de Jesús (Mt. 24) se asemeja al de Marcos 13, excepto en un punto crítico. En Marcos 13:3, la pregunta de los discípulos sobre la caída inminente de Jerusalén ante los romanos se asocia con el fin de la era. Sin embargo, en Mateo 24:3, la pregunta de los discípulos separa la caída de Jerusalén (cf. Mt. 24:4-20) de la Segunda venida de Cristo (Mt. 24:21-31). El primero es el trasfondo del segundo. Aquí nuevamente encontramos la tensión del "ya pero todavía no", Jerusalén ya ha caído, pero el fin de la era aún no ha llegado.

Otro tema que se plantea en Mateo 24 es la identidad de los elegidos que serán reunidos en la Segunda venida de Cristo (cf. Mt. 24:31 con Mr. 13:27). Aquellos que sostienen la posición pretribulacionista creen que el elegido es Israel, que se convertirá a Jesús el Mesías durante la Gran Tribulación. Por otro lado, los postribulacionistas ven esta referencia como aplicable a los cristianos (es decir, la Iglesia), que experimentará la Gran Tribulación. La interpretación de los elegidos en Mateo 24:31 también influye en la perspectiva del juicio de las ovejas y las cabras, que es exclusivo de Mateo 25. Los pretribulacionistas creen que las ovejas representan a los judíos, mientras que las cabras simbolizan a las naciones del mundo que maltratan a Israel durante la Gran Tribulación. Por otro lado, los postribulacionistas creen que las ovejas representan a los cristianos de todas las edades, que son perseguidos por los enemigos de Dios (las cabras), y que ambos grupos experimentarán destinos opuestos en el juicio divino que concluirá con la Gran Tribulación.

El total de versículos que contiene Mateo son 1067, de los cuales 278 son versículos proféticos, con 26 predicciones en total (BDMPE).

MEDIADORES PROFÉTICOS

Los mediadores proféticos se clasifican en cuatro categorías: Vidente (*ro'eh*), Visionario (*bozeh*), Hombre de Dios (*ish ha-Elohim*), Profeta (*nabi*).

1. Vidente (heb. *ro'eh*):

Este término se utiliza en la Biblia en diferentes ocasiones para referirse a personas con habilidades proféticas o capacidades para recibir revelaciones divinas, especialmente a través de visiones y sueños. En las tradiciones anteriores al exilio, el término se menciona en seis ocasiones, principalmente en relación con Samuel y una vez con el sacerdote Sadoc.

En cuatro ocasiones, se hace referencia a que Saúl busca a un "vidente" (*ro'eh*) para recibir orientación y revelación divina. Estas menciones se encuentran en los libros de Samuel (1 Samuel 9:9, 11, 18-19). También se menciona que el sacerdote Sadoc era un "vidente" en 2 Samuel 15:27. Estos pasajes destacan la importancia de los videntes como intermediarios entre Dios y los líderes políticos en busca de guía y consejo en tiempos de crisis o decisiones importantes.

En el libro de Crónicas, el término se aplica tres veces a Samuel (1 Cr. 9:22, 26:28, 29:29) y dos veces a Jananí, un profeta que confronta al rey Asa de Judá y es encarcelado por ello (2 Cr. 16:7, 10). Estas menciones resaltan la figura de Samuel como un destacado vidente y profeta en la historia de Israel, y muestran que la práctica de buscar la guía de los videntes continuó en épocas posteriores.

2. Visionario (heb. *bozeh*):

El término "bozeh", que traduzco como "visionario" para expresar su relación y diferencia con el término "vidente", se utiliza en 16 ocasiones, pero diez de ellas se encuentran en los libros de Crónicas, lo que reduce a seis casos su uso en tiempos antiguos. En 2 Samuel 24:11 se habla de "el profeta (*nabi*) Gad, visionario del rey". Es una expresión curiosa, ya que parece sugerir que la misión de este profeta era servir al rey con sus visiones. El cronista mantiene este título, "visionario del rey", y lo aplica a Hernán (1 Cr. 25:5) y Yedutún (2 Cr.35:15) en los libros de Crónicas.

3. Hombre de Dios (heb. *ish ha-Elohim*):

Es un término utilizado frecuentemente en la Biblia, apareciendo un total de 76 veces, con 55 de esas menciones encontrándose en los libros de los Reyes. Este título se aplica a varios personajes conocidos en la narrativa bíblica en orden decreciente: Eliseo (29), Elías (7), Moisés (6), Samuel (4), David (3), Semaías (2) y Janán (1). Pero también se aplica a personajes anónimos, como el profeta que condena a Elí (1 Samuel 2:27), el "Lo que vio sobre Judá y Jerusalén" (Isaías 1:1; 2:1), "Oráculo sobre Babilonia que contempló Isaías" (Isaías 13:1), "Palabras de Amos, que contempló acerca de Israel" (Amós 1:1), "Lo que contempló —Miqueas— acerca de Samaría y Jerusalén" (Miqueas 1:1), "Oráculo contra Nínive: texto de la visión de Nahún" (Nahúm 1:1), "Visión de Abdías" (Abdías 1), "Oráculo que contempló el profeta Habacuc" (Habacuc 1:1). Aunque todos estos textos se encuentran en encabezamientos de libros o de alguna sección, y reflejan la mentalidad de los redactores más que la de los propios profetas, implican la estrecha relación de estos hombres con la actividad contemplativa o visionaria.

4. Profeta (heb. *nabi*):

Con sus 315 usos en el Antiguo Testamento, "nabi" es el término más frecuente y clásico para referirse a los profetas. Sobre todo, a partir de finales del siglo VII y durante el VI, coincidiendo con la redacción de la Historia deuteronomista y con profetas como Jeremías, Ezequiel y Zacarías. Sin embargo, la abundancia de citas provoca precisamente los mayores problemas, ya que el título termina aplicado a personas muy distintas e incluso opuestas. Antes de sacar cualquier conclusión, es necesario revisar el uso del término "nabi" en el Antiguo Testamento, comenzando por los libros narrativos y luego por los proféticos. No se trata de esbozar una historia del profetismo en este momento, eso lo haremos en otro momento, sino de conocer los diferentes sentidos con los que se utiliza el término (Sicre).

MEDOS

El imperio de los medos en la Biblia tiene una importante implicación tanto histórica como profética y escatológica. Los medos fueron un antiguo pueblo que habitó en la región de Media, ubicada en lo que hoy en día es Irán. Aparecen mencionados en varios libros del Antiguo Testamento, particularmente en el contexto de las profecías sobre la caída de Babilonia y las naciones vecinas.

En el contexto histórico, los medos jugaron un papel crucial en la caída del imperio babilónico. En el libro de Daniel, se menciona que Belsasar, el último rey de Babilonia, fue asesinado durante una fiesta cuando el ejército medo-persa bajo el liderazgo de Ciro el Grande conquistó la ciudad (Dn. 5:30-31). Esta conquista marcó el fin del imperio babilónico y el comienzo del imperio medo persa.

Desde el punto de vista bíblico, hay dos teorías sobre la interpretación bíblica. La primera interpreta los cuatro reinos predichos por Daniel como Babilonia (550 a.C.), Medo-Persia (539 a.C.), Grecia (330 a.C.) y una ciudad romana revivida al final de la historia. Hay buena evidencia para apoyar este punto de vista porque en el 550 a.C., Ciro el persa, conquistó a los medos y los incorporó a su imperio. Se apela a Daniel 8 en apoyo de este punto de vista, ya que el carnero en la visión de Daniel tiene dos cuernos (medos y persas), (Payne).

La otra perspectiva trata a los medos como una entidad separada en Daniel 2 y 7. Así, los cuatro reinos son: Babilonia (550 a.C.), Media (550-539 a.C.), Persia (539 a.C.) y la antigua Grecia (330 a.C.). Dos pasajes apoyan este punto de vista: según Daniel 7:5, el segundo reino derrotó a tres naciones, lo que parece aludir al triunfo de Media sobre Ararat, Minni y Ashkenaz y su posterior victoria sobre Babilonia (cf. Jer. 51:27-29). El otro pasaje es Daniel 2:39, que indica que el segundo imperio era, en última instancia, inferior a Babilonia, que se adapta a Media más fácilmente que Medo-Persia (ver **Cuatro bestias de Daniel**). Desde una perspectiva profética, los medos son mencionados en varias profecías del Antiguo Testamento como instrumento de juicio y castigo contra las naciones rebeldes. Por ejemplo, en el libro de Isaías, se profetiza que Dios levantará a los medos para destruir a Babilonia y vengarse de sus maldades (Is. 13:17-18; 21:2). Esta profecía se cumplió cuando los medos y los persas conquistaron Babilonia.

Además, en el libro de Jeremías, se menciona que los medos serían enviados por Dios para destruir a otros pueblos, como parte de su plan de juicio (Jer. 51:11, 28). Estas profecías apuntan al papel que los medos desempeñaron en la ejecución del juicio divino.

En cuanto a la interpretación escatológica, algunos estudiosos ven en las referencias a los medos, en las profecías del Antiguo Testamento, una conexión con eventos futuros y finales. Por ejemplo, en el libro de Apocalipsis, se menciona a los "reyes del oriente", que se unen para luchar en la batalla final contra las fuerzas del mal (Ap. 16:12). Algunos han interpretado esta referencia como una alusión a los medos, debido a su ubicación geográfica en el este de Israel. Sin embargo, es importante tener en cuenta que las interpretaciones escatológicas pueden variar y no existe un consenso absoluto sobre el significado preciso de estas profecías.

MELQUISEDEC

Melquisedec significa "rey de justicia" o "Mi rey es justo". En Génesis 14:18, se describe a Melquisedec como *mlk šālēm*, que se traduce como "rey de Salem". En el Salmo 76:2 (TM 76:3), Salem se menciona en paralelo con Sión, lo que sugiere que Salem debe ser identificado con Jerusalén. Esta identificación también se encuentra respaldada en los targumes, los rollos del mar Muerto, los escritos de Josefo y la literatura rabínica y cristiana primitiva (McNamara, 9). En las tablillas de Amarna, Jerusalén se deletrea *urusalim*, lo cual posiblemente refleje una combinación de la palabra sumeria para ciudad (uru) y el nombre Salem.

Melquisedec también es identificado como "sacerdote del Dios Altísimo" (*cōhēn lĕēl 'elyôn*). El doble epíteto divino "El Elyón" (Dios Altísimo) solo se encuentra atestiguado en el Antiguo Testamento en Génesis 14:18-22 y Salmos 78:35. Posteriormente, también aparece en la literatura de Qumrán. El nombre "Elyón" (el Altísimo) aparece por sí solo varias veces en el Antiguo Testamento, especialmente en el libro de los Salmos, donde es sinónimo de Yahvé. Este adjetivo se menciona en Génesis 14:18.

Melquisedec se encontró con Abraham después de que este último saliera victorioso en la batalla contra los reyes que habían llevado a Lot como prisionero. Melquisedec le ofreció a Abraham pan y vino, y lo bendijo. A su vez, Abraham le dio el diezmo del botín obtenido.

La bendición de Melquisedec tuvo lugar cuando Abraham regresaba y el rey de Sodoma salió a recibirle en el valle de Save (Gn. 14:17). En ese momento, Melquisedec, rey de Salem, apareció y se encontró con Abraham llevando un presente de pan y vino. Entonces, Melquisedec pronunció una bendición. Primero bendijo a Abraham y luego bendijo a *El Elyón*, atribuyéndole a *El Elyón* la entrega de los enemigos de Abraham en sus manos.

La enigmática figura de Melquisedec en Génesis 14 y su referencia en el Salmo 110 dieron lugar a una interpretación mesiánica en el Nuevo Testamento. En el Salmo 110, Jehová establece al Mesías en un trono a su diestra. Sin embargo, en el versículo 110:4, el Señor declara que esta venida especial del Mesías implica también su función como sacerdote, específicamente, un sacerdote eterno del orden de Melquisedec. Así como Melquisedec, el Mesías sería tanto rey como sacerdote.

La grandeza de Melquisedec se deriva de dos hechos: bendijo a Abraham y recibió un diezmo de él. La epístola a los Hebreos en el Nuevo Testamento señala que esto demuestra la superioridad del sacerdocio de Melquisedec sobre el sacerdocio levítico (He. 7:10). En los textos de Qumrán, Melquisedec se presenta como una figura arcangélica similar a Miguel. Melquisedec ejecuta la venganza de Dios contra Belial y luego proclama liberación para los hijos de la luz. En la literatura targúmica posterior, se identifica a Melquisedec con Sem, el hijo de Noé (Alexander-Baker).

La epístola a los Hebreos realiza una notable aplicación tipológica de la misteriosa aparición de Melquisedec. Aarón y sus sucesores fueron figuras anticipadas de Cristo, nuestro Sumo Sacerdote, especialmente en su obra de expiación, como se describe en Levítico 16 y Hebreos 9:11–12:24. Sin embargo, debido a que Aarón era pecador y mortal, su sacerdocio debía ser transmitido con interrupciones constantes. Además, era insuficiente, ya que solo podía ofrecer símbolos, como los sacrificios de animales, que representaban el gran sacrificio de la cruz. En contraste, el Redentor del mundo, considerado en Su resurrección y oficio perpetuo, ejercería un sacerdocio de un orden completamente diferente: el de Melquisedec.

El capítulo 7 de Hebreos se centra principalmente en Melquisedec y su orden sacerdotal. El autor de Hebreos señala que en el Salmo 110, Dios proclamó a Jesucristo como sacerdote según el orden sacerdotal de Melquisedec. A diferencia del orden sacerdotal levítico existente, el orden de Melquisedec no se basa en el linaje ni en la ley. Además, a diferencia del orden levítico, el orden de Melquisedec es eterno. Por lo tanto, el autor de Hebreos declara que el sacerdocio levítico y la ley han pasado, y han sido reemplazados por Jesucristo, el Sumo Sacerdote supremo de un sacerdocio superior y eterno. Jesucristo, el Sumo Sacerdote supremo, santo, puro y sin pecado, ahora intercede por su pueblo en lugar de los débiles y pecadores sacerdotes humanos (He. 7:26-28).

MENSAJERO, FÓRMULA DEL

Fórmula o expresión pronunciada por el mensajero para introducir al emisor y autor del mensaje, p. ej. "Así dice el Señor" (Schökel).

La expresión "Así dice el Señor", es una fórmula utilizada en la Biblia por los profetas para introducir un mensaje que afirman recibir directamente de Dios. Esta frase se encuentra en numerosos pasajes del Antiguo Testamento, especialmente en los libros de los profetas mayores y menores.

Cuando un profeta declaraba "Así dice el Señor", estaba afirmando que sus palabras no eran meramente su opinión o sus propias ideas, sino que eran una revelación divina. Estos profetas creían que estaban transmitiendo la voluntad de Dios y que su mensaje tenía autoridad divina.

La fórmula "Así dice el Señor" es una forma de enfatizar la autoridad y la veracidad de la palabra profética. Al usar esta expresión, los profetas pretendían mostrar que su mensaje no provenía de ellos mismos, sino directamente de Dios. Ejemplos de pasajes:

Jer. 31:10: "Así dice el Señor: 'Oíd la palabra del Señor, naciones, y hacedla saber en las costas lejanas; decid: El que esparció a Israel lo reunirá y lo guardará como el pastor a su rebaño'".
Ez. 13:3: "Así dice el Señor: '¡Ay de los profetas insensatos que siguen su propio espíritu y no han visto nada!'".
Is 43:1: "Ahora, así dice el Señor, creador tuyo, Jacob, y el que te formó, Israel: 'No temas, porque yo te redimí; te puse nombre, mío eres tú'".
Zac 1:16: "Por tanto, así dice el Señor: 'Yo me he vuelto a Jerusalén con misericordia; en ella será edificada mi casa, dice el Señor de los ejércitos, y la plomada será tendida sobre Jerusalén'".

Es importante tener en cuenta que la frase "Así dice el Señor" es específica de la tradición profética del Antiguo Testamento y no se utiliza de la misma manera en otras tradiciones religiosas o en la actualidad.

Schökel agrega que la mayor parte de los manuscritos originales de los profetas se identifican precisamente con la fórmula del mensajero: "Las palabras originales del profeta conservan fundamentalmente la forma en que este las pronunció. La mayor parte de estos oráculos están en verso. Algunos comienzan con la fórmula del mensajero: "Así dice el Señor" (Schökel-Sicre).

MESEC Y TUBAL

Estos nombres corresponden, en primer lugar, a dos de los nietos de Noé; hijos de uno de los hijos de este, es decir, Jafet (Gn. 10:2). Posteriormente, estos nombres fueron tomados para designar pueblos. Los historiadores los toman como apellidos que fueron tomados para nombrar pueblos o ciudades (gr. εjpωvvuμoς = apellido), según la costumbre de épocas en la lejana historia.

Los historiadores ubican a estos pueblos al norte del mar Negro, entre el sur de Rusia y la actual Ucrania (Mesec) y la actual Turquía (Tubal). El historiador Heródoto llama a Mesec Móscoi, es decir, musgos (gr. *movscoi* = musgos), o tal vez, moscos, y menciona que se ubicaron "... en la región montañosa donde nacen el Tigris y el Éufrates"; los textos asirio-babilónicos se refieren a Mesec con los nombres de Muski o Moski.

De acuerdo con el Comentario Bíblico Mundo Hispano "... Tubal era usado para referirse a un lugar que se encontraba al norte, en Asia Menor, y en cercanía de Grecia. Mesec es relacionado generalmente con el anterior, por lo que se trata seguramente de una nación vecina de esta, en la ocasión en que es citada sola es para señalar su fiereza" (Sal. 120:5).

Desde el punto de vista profético, y atendiendo al comportamiento de estos pueblos en relación con el pueblo de Israel, en el marco de los últimos tiempos, son mencionados en el libro del profeta Ezequiel como dos naciones que se oponen totalmente a los planes de Dios y que estarán en completa oposición a este pueblo. El resultado final será la reacción de Dios en contra de ellos: "... así ha dicho Dios el Señor: Escucha, Gog, príncipe soberano de Mesec y Tubal: Yo estoy contra ti" (Ez. 38:3).

Algunos intérpretes bíblicos nos dicen que posiblemente estos pasajes se refieran a un futuro (interpretado en el marco del "escato") en el que Rusia y sus aliados atacarán a Israel en un momento en que este viva en paz y despreocupado de cualquier confrontación militar (Ez. 38:14-15). El final de la historia, como mencionábamos arriba, será la victoria de Dios sobre estas naciones simbolizadas por Gog, el príncipe de Mesec y Tubal (Ez. 38:22).

De acuerdo con la información que nos proporcionan Alfonso y Lockward, era un "...pueblo que se considera descendiente (de Jafet) y que habitó una región al sureste del mar Negro. Aparece varias veces mencionado en unión con Mesec y, aparentemente, subordinado a Gog (Ez. 27:13). 'Javán, Tubal y Mesec comerciaban también contigo; con hombres y con utensilios de bronce comerciaban en tus ferias'".

No deja de ser interesante que de la lista de personajes que son mencionados en el libro de Génesis, en cuanto a los hijos de Jafet, la Biblia de la Reforma en la nota correspondiente a Gn. 10:2-5 dice, "La lista está organizada de menor a mayor (en términos de importancia hasta los descendientes de Sem...". Esto es posible comprobarlo haciendo una comparación entre versículos del texto bíblico del libro de Génesis, así 9:24 y 10:21.

En la actualidad, pareciera ser que a estos pueblos se les podría encontrar en el área central de una península ubicada al este del mar Mediterráneo y al norte del actual estado de Israel, península que se encuentra gobernada por la República de Turquía. En todo caso, la ubicación que han dado los antiguos historiadores no deja de estar, en términos generales, en la zona oriental de nuestro planeta, en el continente asiático.

En la perspectiva profética y escatológica, Isaías 66:19 describe los lugares extensos del mundo a los cuales Dios enviará mensajeros para proclamar su gloria. En Ezequiel 38:2-3 se menciona a "Gog... de Magog" como el principal príncipe de Mesec y Tubal. Documentos asirios del siglo IX y VIII a.C. ubican a Mesec y Tubal en Asia Menor, al igual que los escritores antiguos posteriores Heródoto y Josefo.

En Ezequiel 38–39, Mesec y Tubal se unen en una alianza con otras cinco naciones de áreas extensas contra Israel en una batalla escatológica (tiempo del fin). Ezequiel parece utilizar la referencia a Mesec, Tubal y las otras naciones para simbolizar a las muchas naciones extendidas del mundo que se alían contra el Israel escatológico. Esto es similar a cómo Apocalipsis 20:7-8 utiliza los términos asociados a Gog y Magog. No hay evidencia creíble para relacionar a Mesec con la moderna ciudad rusa de Moscú, que es una visión especulativa presentada a principios del siglo XX y aún promovida por algunos escritores populares.

MESIANISMO

"Conjunto de ideas, oráculos y esperanzas del AT que se refieren no solo al Mesías sino, en general, al fin de los tiempos o, más exactamente, al definitivo Reino de Dios" (Schökel).

De manera específica, el mesianismo es la esperanza de permanencia, victoria y salvación futura que mantiene el pueblo judío; se amplía al conjunto de la humanidad. Tal convicción, se enfoca en la figura del mesías que ha de venir con el propósito de restablecer la justicia sobre el pueblo, con un nuevo concepto de justicia que abarca el orden político, económico y social. Junto al mesías rey, descendiente de David, se habla de otras figuras mesiánicas de distintas clases y rangos: sacerdotales: Aarón; legales: Moisés; proféticas: el profeta del fin de los tiempos. La esperanza mesiánica se enlaza con la reintegración de los judíos dispersos a causa de guerras, persecución, destierro, cautiverio. El propósito es transformar al pueblo de Israel y construir la nueva Jerusalén como el centro donde emana la culminación de la humanidad, con la pacificación de la naturaleza, en armonía universal, incluyendo a todos los seres vivos. El mesianismo, hasta hoy, se concibe a sí mismo como una realización armónica, plena, cósmica (Pikaza).

También se puede hablar del mesianismo real en el contexto del cumplimiento de la venida del Mesías. El mesianismo real bíblico está relacionado con la escatología bíblica y es un tema fundamental en la revelación del reino de Dios. Este reino se manifestó en diferentes períodos de la historia sagrada registrados en el Antiguo Testamento, como el período de los patriarcas, del éxodo, de los jueces, de la monarquía, de la monarquía dividida, del cautiverio y el período de la restauración.

En las Escrituras de la ley, los salmos y los profetas, que narran y describen estos períodos, encontramos alusiones al Mesías en un sentido amplio. Algunas de las características del Mesías real y su obra, anunciadas en las Escrituras, incluyen su descendencia davídica, su justicia, su poder, su amor, su sabiduría, su moral, su carácter, su servicio y su gobierno, todo con el propósito de salvar en primer lugar al pueblo de Israel y luego a todas las naciones, reinando con justicia, paz y amor.

La esperanza mesiánica anunciada al pueblo de Israel encuentra su pleno cumplimiento en Jesús de Nazaret. Esto queda claro en el pasaje en el que Juan el Bautista pregunta abiertamente acerca de la identidad mesiánica de Jesús a través de sus discípulos, y Jesús responde enviando el mensaje: "Vayan y cuéntenle a Juan lo que están viendo y oyendo: los ciegos ven, los cojos andan, los leprosos son sanados, los sordos oyen, los muertos resucitan y a los pobres se les anuncian las buenas nuevas. Dichoso aquel que no tropieza por causa mía" (Mt. 11:3-5, NVI).

Aunque la respuesta de Jesús no es explícita, deja claro que él es el Mesías (Ungido en hebreo) y el Cristo (Ungido en griego). Los evangelios nos muestran la identidad del Mesías y sus obras. La confirmación dada por Jesús al Bautista acerca de su mesianismo confronta la concepción guerrera, política y libertadora que se tenía del Mesías.

En el Evangelio de Lucas 4:18 en adelante, Jesús, después de leer la porción de las Escrituras de Isaías 61:1-2 en la sinagoga, afirmó que él era el Ungido (Mesías) que llevaría a cabo todo lo anunciado por el profeta Isaías (Gálvez).

MESÍAS

Mesías, título dado a Jesús de Nazaret, vocablo del arameo "m'shîhã", del hebreo "m'shîhã", "el ungido", en griego "Christos", Cristo. En hebreo, este término "mesías" designaba a aquel que estaba ungido de aceite sagrado, p. ej., el sumo sacerdote (Lv. 4:3; 10:7; 21:12), y el rey (2 S. 1:14, 16). Este título es aplicado a los patriarcas Abraham e Isaac, y a Ciro, el rey de Persia, a quienes les fueron confiados los intereses del reino de Dios (Sal. 105:15; Is. 45:1). Cuando Dios prometió a David que el trono y el cetro se quedarían siempre dentro de su familia (2 S. 7:13), el término "ungido" adquirió el sentido particular de "representante de la línea real de David" (Sal. 2:2; 18:51; 84:10; 89:39, 52; 132:10, 17; Lm. 4:20; Hab. 3:13). Los profetas hablan de un rey de esta línea que será el gran liberador del pueblo (Jer. 23:5, 6); su origen se remonta a los días de la eternidad (Mi. 5:1-5); establecerá para siempre el trono y el reino de David (Is. 9:5-7). El título de Mesías, por excelencia, se une a la persona de este príncipe anunciado por las profecías (Dn. 9:25, 26; Nm. 24:17-19; Targum Onkelos). Se le llama "Mesías" de la misma manera que "Hijo de David" (Jn. 1:41; 4:25; el texto de Mt. 1:1 no tiene el término Mesías, sino su traducción en griego "Christos"; cf. las numerosas referencias a Cristo en este evangelio). Para los creyentes judíos y cristianos, el Mesías es el Ungido, es decir, aquel que recibe, por el Espíritu de Dios reposando sobre Él, el poder de liberar a su pueblo y para establecer su reino. La expresión "profecía mesiánica" designa toda profecía que trate de la persona, obra y reino de Cristo. Por extensión, reciben también el nombre de "profecía mesiánica" los pasajes que anuncian la salvación venidera, la gloria y la venida del Reino de Dios, incluso si no hay mención directa del Mesías. Así, la expresión "tiempos mesiánicos" no se refiere exclusivamente al período en que Cristo estuvo sobre la tierra; engloba toda la era en la que ejerce su autoridad soberana y mediadora, e incluye el tiempo del Reino milenial (Wallis), (ver **Cristo**, **Jesucristo**).

A lo largo de los textos proféticos del Antiguo Testamento, se enfatiza la promesa de futuras bendiciones y restauración que se centran en una persona especial, alguien que vendrá a solucionar todas las cosas. Esta figura es descrita en términos reales, como el Rey justo y recto que viene, el Rama de David y el Pastor que reúne al rebaño. A menudo se le equipara con Yahvé, el Dios de Abraham, Isaac y Jacob, y se le llama Emmanuel, que significa "Dios con nosotros". También se le identifica como el Siervo Sufriente, y hay alusiones a su rol como profeta y sacerdote.

En el Antiguo Testamento, la imagen del que viene es compleja y no hay un término central utilizado para definirlo. Aunque el término específico "Mesías" (que significa "Ungido") se utiliza solo en algunas ocasiones en referencia al futuro liberador que vendrá, el concepto es más común. Durante el período intertestamentario, que es el tiempo entre el cierre del Antiguo Testamento y la venida de Jesús, el término "Mesías" se hizo popular entre los judíos como el término principal para referirse a aquel que fue predicho por los profetas del Antiguo Testamento. Sin embargo, lamentablemente, durante este tiempo, muchos judíos distorsionaron este término, asociándolo estrechamente con las aspiraciones políticas de independencia de Roma. Esto también se desvinculó del concepto del Siervo Sufriente y de los conceptos centrales de justicia y rectitud enfatizados en el Antiguo Testamento. Los judíos deseaban un rey poderoso que los liderara hacia la victoria en la guerra contra Roma.

Cuando Jesús aparece en Palestina, el término griego "Christos" (Cristo) se utilizaba como equivalente al término hebreo "Mesías". Sin embargo, este término estaba asociado con conceptos erróneos que lo veían como un líder político y militar que derrotaría a los romanos. Por lo tanto, en los evangelios del Nuevo Testamento, Jesús es cauteloso al usar el término "Cristo". Aunque Jesús se identifica claramente con aquel que fue predicho en el Antiguo Testamento, y los evangelios muestran cómo Jesús cumple las profecías del Antiguo Testamento sobre el liberador, él evita usar con frecuencia el término "Cristo" para evitar confusiones.

Después de la muerte y resurrección de Jesús, cuando su ministerio ya no podía ser malinterpretado como una rebelión política o militar contra Roma, los apóstoles comienzan a usar libremente el término "Cristo". Proclaman claramente que Jesús de Nazaret es "el Cristo" del Antiguo Testamento. Por ejemplo, Pedro declara en Jerusalén: "Sepa, por tanto, con certeza toda la casa de Israel, que a este Jesús a quien ustedes crucificaron, Dios lo ha hecho Señor y Cristo" (Hch. 2:36). En los Hechos de los Apóstoles, se proclama que Jesús no solo fue el Mesías (Cristo) durante su vida en la tierra, sino que también fue exaltado a la diestra de Dios como el Rey mesiánico reinante, tal como se profetizó en el Sal. 110:1, uno de los textos más citados del Antiguo Testamento en el Nuevo Testamento.

La identificación de Jesús como "el Cristo" se convierte en algo fundamental para la iglesia primitiva, y pronto el término "Cristo" se une al nombre "Jesús", por lo que se le llama frecuentemente "Jesucristo". Además, los primeros seguidores de Jesús pronto adoptan el nombre de "cristianos" (Hch. 11:26). Pablo utiliza el término "Cristo" más de cuatrocientas veces en sus cartas, pero en su mayoría se refiere al nombre de Jesús sin establecer conexiones inmediatas con las profecías mesiánicas del Antiguo Testamento, excepto tal vez una alusión sutil a Jesús como el gobernante. Al igual que Jesús y los escritores de los evangelios, Pablo afirma que Jesucristo es aquel que fue predicho en el Antiguo Testamento y que cumplió todas las profecías, pero no usa con frecuencia el término "Cristo" (el Ungido), (Hch. 17:3).

MÉTODO ESCATOLÓGICO
Como en todas las áreas de la teología protestante evangélica, la escatología utiliza varios métodos en la investigación, tales como:

MÉTODO ANTROPOLÓGICO
Su punto de partida son las situaciones problemáticas y cuestionamientos sobre las realidades últimas, las realidades sociales, políticas y económicas, dando respuestas bíblicas y teológicas al presente y al futuro del hombre (Tamayo, 2017).

MÉTODO DE EXTRAPOLACIÓN
Es un método científico lógico que consiste en suponer que el curso de los acontecimientos continuará en el futuro, convirtiéndose en las reglas que se utilizarán para llegar a una nueva conclusión… La base para una extrapolación será el conocimiento sobre el reciente desarrollo del fenómeno.

MÉTODO DE LA ANTICIPACIÓN O PROLÉPTICO
Los griegos ya lo conocían como los preconceptos y las imágenes anticipadoras con las que buscaban las ideas verdaderas. En la doctrina de los estoicos lo concebían como la capacidad de una mente anticipada. En el campo filosófico, Kant, Husserl y Heidegger, lo relacionaron con el conocimiento anticipado de algo (Moltmann, 1979).

MÉTODO DE LA TRASPOSICIÓN
Es el método en el que se habla de una trasposición salvífica del modo inicial a modo consumado. Se trata del paso de un inicio en cuanto a la salvación, a un paso de una nueva cualidad. Inicio y consumación no se saturan al mismo nivel, sino que se trata de dos modalidades diferentes (Izquierdo, Art., 1982).

MÉTODO EN LA ESCATOLOGÍA DE J. MOLTMANN
Moltmann asevera que no usa un método en particular en la escatología. Es más, no le interesa mucho la cuestión metodológica. Le importa los contenidos teológicos, renovarlos, repensarlos. Si ha de mencionar abiertamente alguno, podría ser lo que no se considera como método todavía: la curiosidad, que lo motiva hacia el viaje del descubrimiento. Podría decirse que la forma de elaborar su pensamiento escatológico es experimental, ni más, ni menos, como una aventura fascinante de las ideas que traslada como propuestas (Moltmann, 2004).

Así la cuestión, considero importante el planteamiento que realiza Moltmann sobre el método escatológico, por eso, lo incluyo con más extensión que los anteriores (Moltmann, 1979).

De entrada, Moltmann rechaza el método de la extrapolación. Una de las razones de peso es que ese método entiende el futuro como el presente extrapolado y prolongado, por lo cual destroza el futuro en su condición de tal. Ese dominio del presente sobre el futuro solo interesa a los que poseen y dominan el presente. En cambio, los desposeídos, los que sufren y los endeudados preguntan por un futuro distinto, por el cambio y la liberación. Hendrik Berkhof sugiere el uso del método de extrapolación en la escatología, pero Moltmann lo rechaza, da la siguiente razón: "En el fondo, la extrapolación no es en absoluto un conocimiento del futuro, sino la continuación y confirmación del presente dentro del futuro; entiende el futuro como el presente extrapolado y prolongado, con lo cual destroza al futuro en su condición de tal". Moltmann también cuestiona el método de la trasposición porque encuentra una contradicción por el hecho de que el inicio de la salvación es totalmente diferente al de la consumación. Así, el acontecimiento salvífico presente no tiene sustento en cuanto no se promete un inicio y un anticipo del futuro (Moltmann, 1979).

Moltmann deja entrever que, parte del presente salvífico en el que se promete, se inicia y se anticipa este futuro, en cuanto que el futuro escatológico ha penetrado en nuestro presente histórico en Jesús de Nazaret, el Cristo. Así, el presente se convierte en fundamento gnoseológico de este futuro que se concretará en Cristo resucitado. La afirmación *Ein sage*: desde su futuro al interior de nuestro presente, es el fundamento de posibilidad de nuestras afirmaciones *Aus- sage* (Moltmann, El Futuro, 1979). Este pensamiento metodológico está conectado con el método proléptico.

Moltmann avala el método proléptico en la escatología. Afirma que se identifica claramente desde el Antiguo Testamento. Cita la historia como la historia de la promesa y cumplimiento, y la promesa anticipa el cumplimiento. Este cumplimiento confirma la fidelidad del Dios promitente y, a la vez, se autotrasciende apuntando hacia el futuro superior, el del cumplimiento prometido, "ello es una prolepsis real". Moltmann ve en el Nuevo Testamento esa relación proléptica divina y humana: "Hay que arrepentirse y convertirse al futuro de Dios; la razón de ello está en la historia de Cristo: así como su predicación tiene un carácter proléptico real. Él ha resucitado de entre los muertos y esa resurrección es una prolepsis de la resurrección universal de los muertos por Dios" (Moltmann, 1979).

En uno de sus libros recientes, Moltmann afirma que le interesan tres aspectos en la cuestión metodológica. Primero, que el método se fragua en la dimensión pública, abarca la Iglesia y la totalidad de la realidad. Segundo, que el método tiene una dimensión práctica que incluye el gozo, la fiesta, el juego y la contemplación. El tercero, es la apertura y el diálogo, la teología no puede encerrarse en un sistema porque se abre y dialoga con las distintas teologías y posturas escatológicas. Por ese motivo, le llama experimental, empujado por la curiosidad. Moltmann subraya la provisionalidad de todo trabajo teológico en cuanto que la teología siempre está marcada por la dialéctica de la esperanza escatológica (Moltmann, 2004).

Reflexiono que el teólogo que realiza una investigación con análisis crítico, está obligado moral y académicamente a dar propuestas. La razón es que es fácil criticar, pero es difícil proponer.

MÉTODO HISTÓRICO CRÍTICO

Este método para obtener conocimiento va en busca del documento. Luego pasa el filtro de la crítica de erudición, con atención a la escritura, la lengua, las formas y las fuentes. Con ello se adentra en el documento para encontrar el contenido original y la procedencia del mismo. Después utiliza la crítica histórica con herramientas de la psicología y trata de comprender el comportamiento del autor. Este método procura hallar lo que realmente se ha querido decir de parte del autor y si tiene fundamento para creer lo que ha creído. Finalmente, elabora una síntesis explicativa como lo hacen las ciencias de la naturaleza.

El método histórico crítico tiene muchos opositores. Uno de ellos manifiesta que ese método es perjudicial en la escatología teológica; pues aplicar el método que se usa en las ciencias de la naturaleza, es como tratar de pasar electricidad por un cable uniéndose con madera. Es imposible. De allí el fracaso de la escuela liberal (Cullmann, 1966).

MÉTODO HISTÓRICO CULTURAL CONTEXTUAL

Este nos aproxima a la interpretación correcta entendiendo los relatos proféticos, apocalípticos, escatológicos, en el contexto de su historia, su lenguaje, sus costumbres y su cultura (Fanning, 2018).

MÉTODO INTEGRATIVO

Por mi parte, propongo el *método integrativo* (ver *Para entender la teología*, Clie, 2014). Se estructura en los cinco pasos siguientes:

a. El encuentro con Dios. Es necesario que el escatólogo tenga un encuentro real, espiritual, con Cristo el Señor para que reciba un conocimiento revelado en misterio y produzca en él una sabiduría desde Dios y un degustar espiritual de las señales de la llegada del reino de Dios, del "ya pero todavía". Me refiero al nuevo nacimiento que ocurre cuando Dios se revela en Jesucristo al hombre perdido y este da una respuesta de fe recibiendo la justificación y la salvación que lo transforman en una nueva criatura. Ello lo capacita para iniciar el camino del conocimiento espiritual. Así, la escatología cobra gran importancia para aquel que ha tenido un encuentro con Jesucristo, experimentando paz, gozo en el Espíritu Santo, como un saboreo anticipado del deguste definitivo que disfrutará en el reino de Dios.

Dicho encuentro con Dios acontece por iniciativa divina, Dios busca al hombre por medio de Jesucristo, el Espíritu ilumina la Escritura y la respuesta humana: oír - creer - invocar - confesar.

b. Conocimiento revelado no normativo. Este conocimiento está en la Escritura. Es posible recibirlo por la iluminación del Espíritu en respuesta a nuestra fe, oración, meditación y estudio devocional. Este viene de manera dialéctica por medio de paradojas. Dios está oculto a los sabios de este mundo, pero se hace visible a los ignorantes; Dios viene a buscarnos en forma de hombre; Dios es santo, pero viene a buscar a los pecadores; nos da vida por medio de la muerte de cruz; somos libres, pero esclavos por amor; somos santos, pero todavía pecadores. Este conocimiento resulta en degustar en medio del sufrimiento, una sabiduría divina oculta para los modos de conocer humanos. Ello nos da la certeza del cumplimiento pleno de la promesa en el futuro prometido.

Este conocimiento paradójico revelado en misterio acontece más o menos en este orden: preámbulo de la fe - Escritura - Cristo crucificado - Espíritu - iluminación - fe - oración - meditación - sufrimiento - conocimiento espiritual - sabiduría - saboreo. Con ello es posible tener una mejor perspectiva de la escatología por cumplirse en cuanto que ya hemos saboreado aquí y ahora, en el presente, lo que ocurrirá en el futuro a plenitud.

c. *Conocimiento investigado.*[4] Toda vez que alguien nace de nuevo, adquiere un conocimiento fundamental que viene por iluminación a través de la vida devocional y el estudio personal, puede pasar a la etapa de la investigación en fondos bibliográficos. En esta etapa se usa el método científico de investigación. Este capacita al creyente, al estudiante y al teólogo para que profundicen de manera sistemática sobre el conocimiento de la escatología.

d. *Conocimiento anticipado.* La Iglesia posee ya la vida eterna, ha probado las bendiciones espirituales. Ello se convierte en un conocimiento anticipado certero que impulsa con fuerza a la Iglesia para que realice la misión aquí, en el individuo, la familia, la comunidad, la sociedad, la nación y el mundo habitado, con la esperanza de la recompensa y vida eterna que obtendrá en la consumación del reino de Dios.

e. *Conocimiento proyectado.* Se transforma en una situación vital e impacto social, es el método vivencial que acontece por medio de:

Compromiso: de la proclamación, evangelización y enseñanza-discipulado.

Testimonio: que se relaciona con la integridad ante Dios, ante sí mismo, ante la Iglesia, ante el mundo. Incluye el servicio en la Iglesia local y a la comunidad de acuerdo con los dones recibidos.

Amor: consideración, valoración, justicia y respeto al prójimo.

Misericordia: ayuda social a los pobres, a los huérfanos, a las viudas, con apoyo a programas de seguridad alimentaria, de alfabetización y de educación. Asistencia, acompañamiento y orientación a las víctimas de violencia intrafamiliar; a los privados de libertad y en su reinserción a la sociedad; a los que sufren desintegración familiar por diversas causas: alcoholismo, drogadicción, infidelidad y otros; a los niños, los adolescentes y a los jóvenes atrapados en la problemática de las pandillas y la inmigración (Gálvez, 2001).

Este método lleva al convencimiento de que la escatología tiene revelación en la historia, se apropia por la fe y el conocimiento

---

4 Con sus pasos respectivos en los escritos bíblicos, en la bibliografía relacionada con la historia de la Iglesia, en la bibliografía escrita por los teólogos: obras generales, monografías, revistas especializadas, artículos y sitios específicos en la Web. Se sacan conclusiones sobre el tema bíblico-teológico investigado, luego se dan recomendaciones. PRIMERA ETAPA: *diálogo bíblico*, método inductivo: elección del tema, recopilación del material, unificación de materiales relacionados, lectura tomando en cuenta el contexto, ambiente histórico, idioma original, pasando por los siguientes pasos: análisis, interpretación, identificación esencial de doctrina, teología bíblica y aplicación. SEGUNDA ETAPA: *Diálogo teológico*, método deductivo, paradójico, dialéctico de opuestos: este implica los pasos siguientes: la observación, la deducción y la comparación de la doctrina bíblica con los teólogos y las teologías, tales como la teología histórica, teología dogmática, teología reformada, teología sistemática, teologías actuales. TERCERA ETAPA: *diálogo cultura y sociedad*, método analítico y mediación hermenéutica: aquí se toman en cuenta los aspectos culturales y sociales en la interpretación y la aplicación al contexto. CUARTA ETAPA: *diálogo y comunicación*, método comunicativo: explicación, comunicación y divulgación. En esta etapa se explica y se divulga el resultado del conocimiento obtenido, usando el proceso de comunicación: emisor: quien envía el mensaje. Contexto: lugar donde se lleva a cabo el proceso comunicativo. Canal: por donde se envía el mensaje oral o escrito. Código: conjunto de signos que forman el mensaje. Mensaje: lo que se quiere comunicar. Receptor: quien recibe el mensaje.

espiritual. También posee implicaciones éticas, morales y de misericordia; porque se espera en el futuro una evolución de la conducta del cristiano con una consciente expectativa de que todo lo que haga tendrá recompensa o pérdida. El pasaje de Mt. 25:42-46 es contundente: "[42] ...porque tuve hambre y no me disteis de comer; tuve sed y no me disteis de beber, [43] fui forastero y no me recogisteis; estuve desnudo y no me cubristeis; enfermo y en la cárcel y no me visitasteis. [44] entonces también ellos le responderán diciendo: Señor, ¿cuándo te vimos hambriento, sediento, forastero, desnudo, enfermo, o en la cárcel y no te servimos? [45] entonces les responderá diciendo: De cierto os digo que en cuanto no lo hicisteis a uno de estos más pequeños, tampoco a mí lo hicisteis. [46] E irán estos al castigo eterno y los justos a la vida eterna" (Gálvez, 2015).

MÉTODO TEOLÓGICO

Destacado por Karl Barth en su epístola a los Romanos y en su dogmática de la Iglesia. Conduce a la realidad espiritual que encontramos en las Escrituras. Propone restaurar la fe en la actualidad permanente de la palabra de Dios y actúa en oposición a la acción corrosiva de la escuela liberal.

En su proceso de investigación pone la atención sobre los textos para captar la intención espiritual, la fe y la intención del autor, con el propósito de corroborar si la idea del escritor es verdad en el sentido pleno. El método teológico valora al sujeto y sus virtudes propias, contrario al método histórico crítico que descarta por completo al sujeto de la investigación, yéndose a los aspectos fríos del documento (Cullmann, 1966).

MÉTODO TRASCENDENTAL

Se conforma de los siguientes pasos: la investigación, la interpretación, la historia e historiadores, la dialéctica, la explicitación de los fundamentos, el establecimiento de las doctrinas, la sistematización y la comunicación (Lonergan, 1988). Este método es válido en todas las partes de la teología sistemática.

MIGUEL

Heb. 4317 *Mikhael*, אֲלָבָמִי = "¿quién cómo Dios?"; Sept. y NT 3413 *Mikhael*. Miguel, significa "¿quién como Dios?". Arcángel, uno de los principales caudillos celestiales, ayudó al ángel resplandeciente vestido de lino a combatir contra el ser espiritual que era el príncipe detrás del reino de Persia (Dn. 10:13). Miguel lucha veintiún días en favor de Israel (Dn. 10:21; 12:1). Con sus ángeles, libra una guerra victoriosa contra los enemigos del pueblo de Dios (Ap. 12:7). Después del exilio, los judíos elaboraron un extenso cuerpo de doctrina de angelología e hicieron de Miguel uno de los siete arcángeles (Tob. 12:15). Gabriel es el segundo (Dn. 8:16; 9:21), los apócrifos nombran otros cinco arcángeles: Rafael (Tob. 3:17), Uriel, Chamuel, Jofiel y Zadquiel. Judas habla de Miguel disputando con Satanás sobre el cuerpo de Moisés (Jud. 9; cf. 2 P. 2:11). El Targum de Jonatán menciona este hecho a propósito de Dt. 34:6, y atribuye el enterramiento de Moisés a Miguel y a otros ángeles.

El contenido del mensaje del ángel se refiere al impacto que los sucesores de Alejandro Magno tendrán en el futuro de Israel, como se describe en Daniel 11 (ver **Alejandro el Grande**). En Daniel 12:1, Miguel es llamado el gran príncipe de Israel, el arcángel que peleará por ella en el futuro contra Antíoco Epífanes (167 a.C.; ver **Antíoco Epífanes**).

Otra interpretación de Daniel 12:1 es que Miguel defenderá a Israel en el último día mientras la nación sufre la Gran Tribulación. Es posible que Apocalipsis 12:7 se refiera a ese evento futuro, cuando Miguel expulsa a Satanás del cielo a la tierra. Otra postura afirma que después de esto, Satanás perseguirá a Israel o a la Iglesia durante la Gran Tribulación. También es posible que el versículo 12:7 haga referencia al inicio de la derrota de Satanás en la primera venida de Cristo.

Por último, Judas 9 registra un evento no mencionado en el Antiguo Testamento: la disputa entre Miguel y Satanás sobre el cuerpo de Moisés después de su muerte. En el contexto de los días de Judas, el autor creía que los falsos profetas del tiempo del fin se habían infiltrado en la Iglesia. Estos falsos maestros estaban orgullosos de su supuesta habilidad espiritual para luchar contra Satanás. Judas utiliza la disputa entre Miguel y Satanás para mostrar la necesidad de que su audiencia se aleje de estos engañadores.

MILENARISMO O QUILIASMO

Es la doctrina que se fundamenta sobre el pasaje de Ap. 20:2-6 que describe un período de mil años antes de la consumación final de los tiempos y del reino de Dios. Los milenaristas, interpretan literalmente el número de mil años.

El milenarismo se divide, a su vez, entre premilenialistas y posmilenialistas. Ambas derivaciones comparten la creencia del milenio literal, pero difieren en cuanto al tiempo en que ocurrirán. Los premilenialistas creen que ocurrirá primero el rapto de la Iglesia, siete años después la Segunda venida y luego el milenio. Los posmilenialistas enseñan, que ocurrirá primero el milenio luego sucede la Segunda venida y el juicio final.

Es inexplicable que se hayan forjado creencias escatológicas sobre un solo pasaje que describe fugazmente un tema que no tiene relevancia en toda la Escritura: el milenio. Roldán comenta esa inconsistencia y cita a N. Miguez: "asignar una importancia sustancial a este número y lapso de tiempo y además darle un valor descriptivo como si los tiempos de Dios dependieran del calendario solar, ha provocado absurdas discusiones e inútiles temores" (Roldán, 2020). La creencia de un milenio literal tiene varias dificultades: la ubicación del reino en la historia, la ubicación después de la Segunda venida de Cristo con su Iglesia y los santos con cuerpos glorificados en unión con el pueblo natural de Israel. En el libro de Apocalipsis los números tienen un simbolismo. Hay que recordar que para el Señor "mil años son como un día y un día como mil años". Más adelante, explico que la postura amilenarista, que niega un milenio literal, en algunos puntos, construye argumentos bíblicos, exegéticos, teológicos, más sólidos que la creencia milenarista.

MILENIO

El milenio es enseñado ampliamente en la escatología evangélica desde distintas aristas. Unos lo describen como el tiempo futuro en que Cristo literalmente impondrá su justo gobierno sobre la tierra durante mil años literales. Blackstone expone esa perspectiva: "Estará caracterizado primordialmente por el hecho de que los judíos se verán libres de todos sus enemigos, por la reconquista de palestina y por el reinado del Mesías con esplendor y justicia. Su sede es la ciudad de Jerusalén después de su Segunda venida. El propósito es destronar el dominio de Satanás, la injusticia de las naciones e instaurar un reino que regirá con equidad. Su Iglesia le acompañará en esta magna empresa" (Blackstone, 1983).

Los ponentes de esta enseñanza ordinariamente exponen que es tan antigua que se registra en el Antiguo Testamento. Presentan como pruebas los argumentos del gran día de descanso de Dios en Gn. 2, los decretos de Dios sobre la observancia del *shabat* mosaico, la fiesta de los tabernáculos y el jubileo. Se apoyan, al mismo tiempo, sobre lo que es el talmud judío (el Talmud es el conjunto de la ley oral escrita, con el significado de enseñanza, es una obra sagrada de varios cuerpos: la Misná más su comentario la Gemará, más otras adiciones tituladas Baraytot que representan la tradición oral del pueblo judío, caracterizada por su respeto a ellas. Exponen las opiniones y discusiones de ideas entre los rabinos de muchas generaciones, sobre sus leyes y costumbres, además de relatar historias y leyendas. Existieron dos talmudes: el de Jerusalén del siglo IV llamado también palestinense y occidental; el otro es el talmud de Babilonia del siglo V, superó al anterior por la autoridad y su amplitud). Asevera: "La doctrina más frecuente expresada en el talmud es que el reino del Mesías será al fin, durante mil años" (Blackstone, 1983).

Tres eruditos creen que el talmud ciertamente tiene valor cultural, histórico, literario y religioso para los judíos, pero no aporta valor normativo para el cristianismo: "Las misiones milenarias del Antiguo Testamento pintan más un cuadro de utopía que se relaciona más con la ética, la moral, la pastoral y una perfección espiritual, más que con la escatológica" (Ryken, Willhoit, Logman, 1998).

Otros legitiman que es el cumplimiento de la oración de Jesús "venga tu reino", lo cual, a mi criterio, es un reduccionismo semántico de una sola frase.

Otros ponentes eruditos, más sensatos, reconocen que Juan, al escribir este pasaje del reinado de mil años, no relaciona pasajes del Antiguo Testamento como los de Is. 11:1-6 y Mi. 1:1-4, porque se refieren al reinado universal y no al milenio, y afirman que sus fuentes son de la literatura apocalíptica profana.

Por otro lado, Cohn, expresa que le llama la atención que la Iglesia haya creído, en algunos casos, que el milenio se cumplía por la gracia y soberanía de Dios en determinados períodos de la historia y en otros por la fuerza; y cita el ejemplo de los dirigentes de la Reforma radical, que llegaron al extremo de profesar que era necesario establecer el milenio por medio de la espada; es lo que se ha llamado un milenio revolucionario entre los siglos XI y XVI. Transcribo una cita de Cohn: "El Elegido debe preparar el camino para el Milenio por la fuerza de las armas; pero ¿quién era el Elegido? Según Müntzer lo eran todos aquellos que habían recibido el Espíritu Santo o, como solía llamarlo, el Cristo vivo. En sus escritos, como en el de los libertinos espirituales... Münster se salvará y se convertirá en la Nueva Jerusalén. Los inmigrantes hallarían a su llegada alimentos, vestido, dinero y alojamiento, pero, a cambio, debían traer armas" (Cohn, p. 260, 1981). Así, en el nombre de Dios y de la espada, Müntzer defendió la liberación violenta de los campesinos e intentó implementar sus ideas de un orden social justo, creyendo que establecía el milenio.

Por otra parte, Mouce escribe sobre el milenio desde una perspectiva premilenarista, y es honesto al expresar que tiene incertidumbre sobre lo que escribe, debido al grado alto de dificultad de identificar la ocasión y el tiempo del reinado milenial: "La interpretación que sigue es esencialmente premilenial, aunque con bastantes dudas acerca de los difíciles aspectos de la cronología. Cuando el tiempo se introduce en la eternidad, las maneras normales de medir y valorar la vida demuestran ser inadecuadas para comunicar la plenitud de la verdad escatológica" (Mouce, p. 488, 2007).

Otro dato importante que recoge Vena es que "realmente la idea de un reino de limitada duración aparece en la literatura apocalíptica no canónica, cuando se dejó de pensar que la tierra podría ser lugar apropiado para un reino eterno. Así, el reino del Mesías se comenzó a describir como un preludio terrenal a un reino eterno celestial" (Vena, 2006).

Prévost analiza con sensatez el pasaje de Ap. 20:1-6 y exterioriza que el énfasis de los seis versículos lo ponen en la victoria sobre

Satanás y poco acerca del reino de los justos. Otro detalle que resalta es que el capítulo 19 que le precede y los versículos posteriores al pasaje de Ap. 20:1-6 anuncian jubilosamente la victoria de Jesucristo sobre Satanás. Así los indicios, el reino de los fieles es secundario en el pasaje. Suma y vale el hecho de que Juan es muy escueto sobre la naturaleza del reino en que participarán los fieles y su localización. Lo que sí es claro en el texto es que el reino de los justos es junto al gobierno de Cristo. En el contexto de lo simbólico, que es el género del libro de Apocalipsis, Prévost concluye así: "teniendo en cuenta la interpretación general del simbolismo de los números apuntados con anterioridad, se puede sostener sin dificultades la interpretación simbólica de los mil años, según la cual el número encierra la indicación global de un período prolongado (mil como equivalente a una gran cantidad) en el que aparecerá de manera más tangible la victoria de Cristo sobre Satanás" (Prévost, p. 71, 1987).

Después de lo anotado anteriormente, manifiesto mi punto de vista: para comenzar, la creencia del milenio se describe estrictamente solo en un pasaje de Apocalipsis, y yo creo que una doctrina que se basa en un solo pasaje de la Biblia es dudosa y frágil. Si se enseña como una doctrina esencial, ello va en contra de las reglas elementales de la hermenéutica. Es cierto que la frase "mil años" aparece seis veces, pero no aparece en ningún otro libro o carta de las Sagradas Escrituras. Razón por la que tiene que abordarse con precaución, con una limpia exégesis y una correcta hermenéutica.

Aunque es una doctrina muy difundida en el ámbito evangélico, encuentro muy interesante que la enseñanza del milenio esté ausente en la enseñanza de Cristo, la teología paulina, lucana, petrina y las epístolas universales. Aparece solo en el Apocalipsis de Juan. Ese silencio dice mucho sobre la irrelevancia de tal doctrina. Asombra que su desarrollo posterior, al período apostólico, sea mayúsculo en las distintas épocas de la historia de la Iglesia, en proporción a la mención del único pasaje que lo describe en Ap. 20:1-6.

En otra perspectiva, los amilenialistas poseen buenos argumentos exegéticos, hermenéuticos y teológicos para rechazar un milenio literal. Por el contrario, la postura de los que sí creen en el reinado literal de mil años aquí en la tierra, tiene solo argumentos de carácter teológico (Carballosa). De todas maneras, esta doctrina es secundaria, por tanto, no debería gastarse tanta tinta, tiempo y pensamiento en ella.

Así la cuestión, los teólogos, maestros y pastores deberíamos estar perplejos de que esta doctrina resulte ser artificialmente un eje sobre el que giran varias doctrinas casi normativas con sus respectivos seguidores: amilenarismo, premilenarismo, posmilenarismo (ver Hendriksen). Pese a los malos cimientos exegéticos y teológicos del milenarismo, se ha extendido a campo amplio.

Está comprobado científicamente que el tiempo es relativo. La Biblia hace dos mil años describe la relatividad del tiempo cronos desde la óptica divina: "Mas, oh amados, no ignoréis esto: que para el Señor un día es como mil años, y mil años como un día" (2 P. 3:8). Si se agrega el hecho de que los mil años se describen en el libro de Apocalipsis, el cual es simbólico por excelencia, la conclusión lógica es que es imposible encajar, so pena de violentar las reglas de interpretación, el texto de los mil años literales en alguna época de la historia de la Iglesia o de la humanidad; tampoco después de la Segunda venida, porque cuando el texto de 1 Ts. 4:17 habla del instante escatológico, de ese encuentro, Cristo viniendo y nosotros subiendo en las nubes al encuentro del Señor en el aire, *donde estaremos con el Señor siempre,* no da para sugerir un período de un milenio literal después de la venida, más apunta a que los mil años son un símbolo del reino del Señor de este lado de la eternidad (Gálvez).

MIQUEAS, LIBRO DE

Miqueas significa "¿quién como Jehová?". Profeta y autor del libro de Miqueas. Aparentemente, originario de Moreset-gat (Mi. 1:14), indudablemente en Judá, no lejos de Gat, la ciudad filistea de la que dependió el pueblo natal de Miqueas durante un cierto tiempo. Profetizó durante los reinados de Jotam, Acaz y Ezequías (Mi. 1:1; Jer. 26:18); inició su carrera poco después de Oseas e Isaías, contemporáneos suyos (Mi. 1:1; cf. Is. 1:1; Os. 1:1). Miqueas, más próximo a Isaías, trata los mismos grandes temas que él. Es el sexto de los profetas menores.

El estilo de Miqueas es sencillo, elegante y directo. El profeta denuncia abiertamente el pecado (Mi. 1:5; 2:1, 2; 6:10-12) y utiliza diversas técnicas retóricas para transmitir su mensaje. Emplea interrogantes (Mi. 1:5; 2:7; 4:9; 6:3, 6, 7, 10, 11), ironía (Mi. 2:11), metáforas (Mi. 1:6; 3:2, 3, 6; 4:6-8, 13; 6:10, 11, 14, 15) y juegos de palabras. Su discurso se basa en la alabanza a Jehová y se fundamenta en su conocimiento de Dios a través de su ley y su forma de relacionarse con el pueblo. Miqueas destaca la importancia de la justicia, la misericordia y la caridad, y muestra confianza en las promesas divinas y en el pacto de Dios con su pueblo. Él sabe que la seguridad de Israel se basa en la salvación prometida a Abraham (Mi. 7:20) y en el Hijo de David (Mi. 5:2-6; cf. Lc. 1:72-75), y declara que los enemigos del Reino no prevalecerán. El capítulo 5 se basa en la misma verdad mesiánica que el Salmo 2 y enfatiza las declaraciones de Dios, al igual que el mensaje de perdón y restauración en el pasaje sublime de Mi 7:8-20.

La profecía de Miqueas tuvo lugar durante el reinado de Jotam (Mi. 6:16, comenzando alrededor del año 745 a.C. y extendiéndose hasta el 715 a.C.). El contexto histórico muestra que la profecía se dio en un momento en que Israel temía el poder amenazador de Asiria (Mi. 5:5, 6). El libro de Miqueas fue escrito, al menos en parte, mientras Samaria y el reino del norte aún existían. Algunas partes del libro, como Miqueas 1:5-7, no especifican cuánto tiempo antes de la caída de Samaria se pronunciaron estas palabras. Sin embargo, desde la época de Uzías y Jotam, otros profetas habían anunciado el inminente juicio sobre Samaria y la devastación que vendría sobre Judá. Estos anuncios proféticos se pueden encontrar en varios libros bíblicos como Oseas, Amós, Joel e Isaías (Os. 1:6; 3:4; 5:9; Am. 2:6; 3:12; 5:1-3, 27; 6:1, 7-11, 14; Is. 7:8, 9; 8:4), y que Judá sería devastado (Os. 5:10; Am. 2:4; Jl. 6:1, 11-13; 7:17-25).

El libro de Miqueas es similar a Isaías, pero mucho más corto. Se pueden encontrar similitudes entre varios pasajes de Miqueas e Isaías; y Miqueas 4:1-3 es prácticamente idéntico a Isaías 2:1-4. Además, Miqueas es citado por Jeremías, quien vivió cien años después, lo que demuestra que los profetas eran conocidos y citados incluso después de su muerte.

El mensaje central de Miqueas es similar al de otros profetas. Acusa a la nación de violar el pacto, practicar la idolatría, cometer injusticia social y confiar en el ritual religioso en lugar de tener una verdadera relación con Dios. Llama a la nación al arrepentimiento, aunque señala que esto es improbable, y anuncia el juicio. Sin embargo, también proclama la esperanza de una futura restauración y bendición centrada en un Rey/Pastor descendiente de David.

En contraste con los tiempos de guerra y devastación en los que vivía Miqueas, profetiza que el futuro gobernante establecerá la paz entre las naciones. Habla de convertir las armas de guerra en herramientas agrícolas y declara que ya no habrá guerra ni preparación para ella.

En Mi 5:2-5, el profeta proclama que el futuro gobernante será un pastor y que vendrá de Belén. La mención adicional de "Efrata" distingue a este Belén de otros pueblos con el mismo nombre y lo conecta al Pacto Davídico. En el Evangelio de Mateo, cuando los magos vienen de Oriente en busca del rey de los judíos recién nacido, se refieren a Miqueas 5:2 para determinar la ubicación del niño. Herodes también utiliza este verso para intentar matar al recién nacido rey.

En el corazón del mensaje de Miqueas se encuentra la proclamación de Mi. 6:8. Antes de este versículo, Miqueas enfatiza que Dios no desea sacrificios externos y que el pueblo no puede apaciguarlo o cubrir sus pecados con sus propias ofrendas. Luego, Miqueas explica lo que Dios realmente quiere, que el pueblo actúe con justicia, ame la misericordia y camine humildemente con Él.

Miqueas contiene 105 versículos en total, de los cuales 73 son versículos proféticos con un total de 40 producciones (BDMPE).

MIRIAM

Del heb. *Mireyam*, יָםרְמִ 4813; Septuaginta, Mariam, Μαρι., Miriam, la hermana de Moisés y Aarón (Nm. 26:59), es llamada una "profetisa" en Éxodo 15:20. Después de que Dios libera a los israelitas al separarlos del mar Rojo y luego la destrucción del ejército egipcio, Moisés y los israelitas cantan un cántico de celebración y alabanza (Éx. 15:1-18). Entonces "Miriam la profetisa", con un pandero en la mano, conduce a las mujeres israelitas cantando una canción similar de celebración y alabanza. Las mujeres también celebran bailando (Éx. 15:20-21). Como profetisa, Miriam aparentemente funciona en algún tipo de papel de liderazgo. De hecho, en Miqueas 6:4 Dios mismo declara: "Yo te saqué de Egipto y te redimí de la tierra de la servidumbre, yo envié a Moisés para que los guiara, también a Aarón y a Miriam".

En resumen, desempeñó varios roles significativos en la historia del pueblo de Israel.

Además de ser una profetisa fue una líder de las mujeres que entonaron cánticos de alabanza después de la liberación de los israelitas de la esclavitud en Egipto. Su papel profético consistía en comunicar mensajes de Dios y dirigir a las mujeres en la adoración y la alabanza. Miriam fue una figura clave en la liberación de los israelitas. Junto con su hermano Moisés y su hermano Aarón, desempeñó un papel crucial en la confrontación con el faraón de Egipto y en la liberación de los israelitas de la esclavitud. Se menciona en Números 12:1-15 cuando ella y Aarón se rebelaron contra Moisés debido a su matrimonio con una mujer cusita. Dios intervino y defendió a Moisés, y Miriam fue castigada con lepra. Después de su arrepentimiento y la intercesión de Moisés, fue sanada y readmitida en la comunidad.

El papel de Miriam como profetisa y líder es un recordatorio del papel importante que las mujeres desempeñaron en la historia de Israel, su liderazgo y ministerio en la adoración y la liberación del pueblo (ver **Hijas de Felipe**).

MISTERIO DEL REINO DE DIOS

En Mt. 8:10; Mr. 4:1-12; Lc. 13:11, aparece la frase dirigida a los discípulos: "A ustedes les es dado a conocer los misterios del reino de Dios". La palabra "misterio", en griego bíblico, se traduce como "mysterion" (μυστήριον), (Vine). La raíz de esta palabra griega proviene del verbo "mueō" (μύω), que significa "cerrar" u "ocultar". En la antigua Grecia, los "mysteria" eran rituales religiosos secretos que solo se revelaban a los iniciados. Estos rituales implicaban una experiencia directa y personal con lo divino y se consideraban sagrados.

En el contexto del Nuevo Testamento, la palabra "mysterion" se utiliza para referirse a las verdades espirituales y revelaciones divinas que se consideran ocultas o incomprensibles para la mente humana, pero que son reveladas por Dios a través de su gracia. El misterio o secreto en los antiguos escritos apocalípticos judíos se refiere a los planes de Dios para el mundo que ahora se están revelando a su pueblo.

En el caso específico del misterio del Reino de Dios (βασιλεία τοῦ θεοῦ, *basileia tou theou*), los sinópticos abordan este tema. En el caso de Mateo, habla del Reino de los Cielos, y algunos estudiosos han realizado un bosquejo que ordena las enseñanzas del reino: el Sermón del Monte, los misterios del reino revelados en las parábolas del reino; los mandamientos del Reino: el amor a Dios y al prójimo y; las señales del Reino: los milagros. Otros estudiosos ven que este tema está más asociado con el Evangelio de Marcos (Mr.), en el cual el Reino de Dios fue inaugurado en las obras y palabras de Jesucristo, aunque solo se percibía a través de los ojos de la fe.

Pero, los sinópticos abordan el misterio del Reino de Dios desde distintas perspectivas (ver **Mateo, libro de**; **Marcos, libro de**; **Lucas, libro de**). Y la palabra "misterio" también se refiere al evangelio, según Ef. 6:19. Y es interesante que en el caso de Lucas es el único evangelio que contiene la frase "el evangelio del reino de Dios". Así, se refiere no a cualquiera de las buenas nuevas, tampoco a cualquier reino humano, sino a las buenas noticias del reino del Dios Todopoderoso, al Rey de reyes y Señor de señores. Jesús explica detalladamente las características del reino por medio de varias parábolas en los tres sinópticos. Algunas de esas parábolas se refieren al reino que ha irrumpido (el *ya*) y otras parábolas hablan de la preparación y el retorno del Señor (del "áun no"), (ver **Ya, áun no**; **Reino de Dios**; **El mientras tanto escatológico**). También los sinópticos hablan acerca de las señales apocalípticas y los acontecimientos escatológicos previos a la consumación del reino de Dios (Mt. 24–25; Mr. 13; Lc. 21), (ver **Acontecimientos previos a la Segunda venida**; **Segunda venida**).

El misterio o misterios del reino de Dios incluye develar que Cristo es el Mesías profetizado, que en realidad es el misterio encarnado revelado, pues de él hablan el evangelio del Reino de Dios, el cual proclama el arrepentimiento y perdón, sanidad a los enfermos, liberación a los oprimidos por el diablo "… y si por el dedo de Dios echo fuera a los demonios es que el reino de Dios ha llegado". Esta actividad del reino es visible para aquellos que son como niños, los pequeños, los pecadores, pero le es oculta a los orgullosos, poderosos, nobles y religiosos de este mundo. Ello justifica el hecho de que Jesús, después de realizar los milagros de sanidad y expulsión de demonios, ordena a aquellos que han recibido el beneficio que callen y no le digan a nadie (Mt. 8:2-4, Mr. 1:40-44; 5:21-23, 35-43; 7:31-36; 5:19; Lc. 5:12-16). A este fenómeno los exégetas lo han llamado "el secreto mesiánico". Argumentan que el Jesús histórico en realidad no se identificaba a sí mismo como el Mesías; más bien, la iglesia primitiva inventó tal afirmación. Pero una respuesta mucho más satisfactoria al "secreto mesiánico" es el hecho de que Jesús no quería que la gente transmitiera su mesianismo de inmediato para evitar que lo consideraran un rey político, un tipo de Mesías equivocado. Jesús vino para ser un siervo sufriente en su primera venida, no un libertador político y guerrero (ver **Mesías**), (Gálvez).

MOISÉS

Del heb. *Mosheh*, 4872, sacado del agua; gr. *Moysés*, Μωυσ (Vine). El nombre de Moisés ha sido objeto de discusión en cuanto a su etimología. La tradición popular hebrea lo asocia al acto de la princesa egipcia de sacar al niño de las aguas, conectándolo al vocablo *mashah*, מ ה = sacar (Éx. 2:10), pero es muy poco probable que una princesa egipcia le pusiera un nombre hebreo. Por ello, los judíos alejandrinos le atribuyeron un origen egipcio, derivado de *mo*, "agua" en copto, y *useh*, "salvar", es decir, "salvado del agua" (Filón, Vida de Moisés 1, 4). Esta es la misma explicación ofrecida por Josefo (Ant. 2:9, 6; Con Apion 1:31), y los traductores de la LXX y otros autores griegos.

Las referencias históricas sobre Moisés, aparte de la Biblia, son tardías y parecen depender del texto bíblico. Algunas se encuentran en historiadores griegos alejandrinos y se limitan al Pentateuco, que resulta ser la única fuente de información sobre la vida y actividad de Moisés. Los demás libros de la Biblia hacen alusiones simples a la "Ley de Moisés" en los libros históricos y exaltan su memoria en los Salmos y libros sapienciales.

A lo largo de los libros de Éxodo, Levítico, Números y Deuteronomio, Moisés actúa como mediador por medio del cual Dios entrega su ley a Israel. No solo realiza milagros espectaculares como la división del mar Rojo, sino que también habla directamente con Dios en numerosas ocasiones y transmite la palabra de Dios al pueblo. Debido a sus poderosos milagros y su papel como mediador de las palabras de Dios, varios pasajes del Antiguo Testamento se refieren a él como profeta (Nm. 12:6-8; Dt. 18:15-18; 34:10-12).

En Deuteronomio 18:14-22, Dios promete a los israelitas que enviará futuros profetas "como Moisés" para guiar al pueblo. Este pasaje también advierte enérgicamente contra los falsos profetas (ver **Falso profeta**) y enfatiza que el verdadero profeta hablará la palabra que Dios le ha dado, mientras que el falso profeta solo presumirá hablar en nombre de Dios. Dios declara a Moisés: "Yo les levantaré un profeta como tú de entre sus hermanos; pondré mis palabras en su boca, y él les hablará todo lo que yo le mande" (Dt. 18:18). Es el papel de Moisés al hablar la palabra de Dios lo que lo identifica como profeta.

Por los poderosos milagros realizados por Moisés y por su relación especial con Dios, queda claro que Moisés no es un profeta común. En Números 12:6-8a, Dios declara: "Cuando haya entre vosotros un profeta del Señor, me revelo a él en visiones, le hablo en sueños. Pero esto no es así con mi siervo Moisés; él es fiel en toda mi casa. Con él hablo cara a cara, claramente y no en acertijos; él ve la forma del Señor". Además, en Deuteronomio 34:10-11, el epitafio dado a Moisés declara: "No se ha levantado profeta en Israel como Moisés, a quien el Señor conoció cara a cara, los que hacían todas aquellas señales y prodigios que Jehová enviaba que hiciera en Egipto".

Los profetas mencionan a Moisés en menor medida (Jer. 15:1; Mi. 6:4). En cuanto a su origen, la Biblia afirma que Moisés era de la tribu de Leví, de la familia de Coat y de la casa de Amram (Éx. 6:18, 20). Su madre se llamaba Jocabed (Éx. 6:20). El edicto que ordenaba arrojar a los niños varones hebreos recién nacidos al Nilo puso en peligro su vida. Su madre lo ocultó durante tres meses en casa y la Escritura dice que era de "hermosa" apariencia.

En el Nuevo Testamento, la vida y el ministerio de Moisés se resumen en el discurso de Esteban (Hch. 7:20-45). Otros aspectos, como la teofanía de la zarza ardiente (Mr. 12:26), la serpiente de bronce (Jn. 3:14), el paso del mar Rojo (1 Co. 10:2; He. 11:23-29), el resplandor de su rostro (2 Co. 3:7) y el cántico de los mártires en Apocalipsis 15:3, se mencionan de manera concisa. Sin embargo, el tema relacionado con la autoridad de Moisés en los asuntos de la Ley se menciona en relación con la gracia que la supera: "La ley fue dada por medio de Moisés, pero la gracia y la verdad nos han llegado por medio de Jesucristo" (Jn. 1:17; Hch. 13:39). Jesús se considera superior a Moisés, quien dio testimonio anticipado de Él (Jn. 1:45; Hch. 3:22; Lc. 24:27). Moisés aparece junto a Elías en el episodio de la Transfiguración de Jesús, donde habla con Él acerca de su muerte en Jerusalén, que sería el cumplimiento de los tipos presentes en la Ley (Mt. 17:3), (Edersheim).

En la perspectiva profética, es interesante notar que se mantuvo la esperanza desde los antiguos profetas acerca de la venida de un gran profeta en el futuro (1 Mac. 4:46; 14:41). Según una corriente de pensamiento, se trataría de un profeta como Moisés (Dt. 18:18); de acuerdo con otra corriente, inspirada en Mal. 3:23, sería Elías quien regresaría. Esta promesa se cumplió, para los cristianos, en las personas de Juan el Bautista y Jesús. Además, en Jn. 10 y 11 encontramos varias alusiones al sucesor de Moisés, Josué, quien fue aquel que condujo al pueblo de Dios a la tierra prometida. Es evidente, por tanto, el paralelismo pretendido en el cuarto evangelio, de la misma manera que antiguamente Moisés fue el gran profeta de Dios para la liberación de su pueblo, igualmente ahora Jesús es el profeta definitivo en quien los hombres encuentran la liberación definitiva (Sicre).

En resumen, aunque Moisés es reconocido como uno de los más grandes líderes y profetas en el Antiguo Testamento, y es ampliamente recordado en el Nuevo Testamento, Cristo es superior a Moisés por varias razones. Cristo es el Hijo de Dios, mientras que Moisés fue un siervo de Dios. Además, Cristo medió el Nuevo Pacto, que es superior al pacto que Moisés medió (2 Co. 3:7-18; He. 3:1-6; 8:1–10:39).

MONEDA DE LA DIOSA ROMA

Durante el reinado del emperador romano Tito Flavio Vespasiano en el año 71 d.C., se acuñó una moneda romana que presenta en su anverso un busto laureado del emperador, acompañado de la inscripción en latín "IMP CAESAR VESPASIANVS AVG PM TP PP COS III". Estas abreviaturas significan "Emperador César Vespasiano Augusto, Pontifex Máximo, Tribunicia Potestas (poder del tribunal), Pater Patriae (padre de la patria), cónsul por tercera vez". En el reverso de la moneda se representa un símbolo icónico de la ciudad de Roma. En este reverso, se puede observar a la diosa Roma sentada sobre siete colinas, siendo cinco de ellas visibles a simple vista, mientras que las otras dos se representan en el lugar donde descansa el brazo derecho de la mujer y donde se encuentra su asiento. La diosa Roma sostiene una espada envainada con su brazo izquierdo. A su derecha se encuentra Tiberino, el dios del río Tíber, contemplando a la mujer, mientras que a su izquierda se representan los gemelos Rómulo y Remo, los legendarios fundadores de Roma según la mitología romana, quienes fueron amamantados por la loba Luperca. Las letras "S C" en la moneda son las iniciales de "Senatus Consulto", que significa "por decreto del Senado". Una de estas monedas se encuentra actualmente en exhibición en el Museo Británico de Londres.

Las antiguas Murallas Servianas protegían la ciudad de Roma y recibieron su nombre en honor a Servio Tulio, un rey romano muy admirado. Estas murallas fueron construidas en el siglo IV a.C. Las siete colinas de Roma a las que se hace referencia en esta moneda son el Aventino, el Capitolino, el Celio, el Esquilino, el monte Palatino, el Quirinal y el Viminal. Todas estas colinas estaban rodeadas por las Murallas Servianas. Esta moneda es una evidencia de que, antes de que se escribiera el Apocalipsis, para los romanos, una mujer sentada sobre siete colinas era un símbolo distintivo de la ciudad de Roma (Vila Franco).

Algunos intérpretes sugieren que el pasaje de Apocalipsis 17 contiene una detallada descripción que guarda similitudes con una moneda romana en particular. Argumentan que la visión de Juan sobre Babilonia, en el Apocalipsis, se basa en la representación de la "diosa Roma", lo que podría ser una crítica satírica y abierta hacia Roma y todo lo que esta representaba. Las similitudes y paralelismos entre Roma y el contenido de la moneda resultan sorprendentes: a) la diosa Roma, la deidad que representaba y protegía a la ciudad, se sienta sobre las siete colinas de Roma; b) la ramera descrita en el Apocalipsis también se sienta sobre siete colinas; c) en algunas leyendas romanas, la loba que amamantó a Rómulo y Remo tenía connotaciones de prostitución. La mujer en el Apocalipsis 17-18 también es llamada una ramera; d) en la moneda, la mujer está sentada junto a las aguas del río Tíber. La ramera en el Apocalipsis se sienta "sobre muchas aguas"; e) existe una posible conexión entre la frase "Misterio, Babilonia la Grande, la Madre de las Prostitutas" y la etiqueta "Roma" en la moneda. La ciudad de Roma en sí misma era considerada como una deidad con un nombre oculto, y ese nombre "secreto" era ampliamente pensado por muchos romanos que podía ser "Amor" (la diosa del amor y la sexualidad), que es "Roma" deletreado al revés; f) cuando Juan describe a la diosa sentada en las siete colinas, pero la llama la madre de las prostitutas, parece estar deliberadamente degradando a la deidad matrona de Roma e incluso a Roma misma. Su interpretación es una parodia dura y crítica; g) la visión de Apocalipsis 17 presenta a la mujer ebria de la sangre de los santos, es decir, los testigos de Jesús. Esto podría ser representado por Roma sosteniendo la espada romana, que simbolizaba el poder de Roma. En el momento en que Juan escribió este libro, el Imperio romano perseguía y ejecutaba a los cristianos en su sistema de adoración.

Según esta perspectiva, se argumenta que la moneda de la diosa Roma se equipara a César Vespasiano en el anverso y a Roma en el reverso. Esto proporcionaría a Juan la base para identificar a la ramera de Roma con el culto imperial. La razón de esto se remonta al emperador Augusto, quien estableció la práctica de construir templos en honor a César y a Roma en diferentes lugares. Estos templos se erigieron en Asia (Pérgamo y Éfeso) y en Bitinia (Nicea y Nicomedia). Las monedas que representaban al emperador en un lado y a Roma en el otro indicaban la estrecha relación entre ambos en la adoración del César. Si la moneda de la diosa Roma es la base de la visión de Juan en el Apocalipsis 17-18, entonces la bestia (César) y la ramera (Roma) son uno solo: la antigua Roma (VA).

Es importante considerar otras interpretaciones que plantean que la gran ciudad de Babilonia y la Prostituta pueden ser la antigua Babilonia restaurada (en Irak), Atenas, Roma e, incluso, Jerusalén e Israel, que se prostituyeron con muchos dioses paganos, según se menciona en Isaías, Ezequiel y el libro de Oseas (Gálvez), (ver **Gran Ramera, Babilonia**).

MONTAÑAS/MONTE

Las montañas o montes son mencionados en el sentido de juicio en relación con la huida de los reyes, los grandes, los ricos, los capitanes y los poderosos hacia las cuevas y las peñas, tratando de ocultarse del juicio y la ira del Cordero. En Ap. 6:15-16, claman y piden que los montes les caigan encima en un acto desesperado. En Apocalipsis 16:20, se mencionan nuevamente los montes y se agregan las islas en un contexto igualmente dramático, de conmoción y caos. Se describen imágenes de truenos, relámpagos, estruendos y un violento terremoto. Esta situación catastrófica, nunca antes vista en todo el universo, hace que las ciudades se derrumben y derriben a la gran ciudad, Babilonia, conocida como la Ramera. Esta recibe la justa retribución y bebe de la copa llena del vino de la ira y el castigo. El juicio es tan devastador que nada queda en pie, lo que se refleja en la imagen de las islas huyendo y los montes desapareciendo, por lo tanto, no se les encuentra más. Es un escenario de destrucción total (Ap. 16:20).

Por otro lado, en el Apocalipsis, los montes también simbolizan victoria. El Cordero aparece de pie sobre el monte de Sión en compañía de los 144 000 sellados con el nombre de Cristo y el de Dios Padre (Ap. 14:1), (ver **Ciento cuarenta y cuatro mil**).

La consumación del reino y la nueva creación de todas las cosas, así como la glorificación del Dios trino y su pueblo, se representan en la magnífica escena de la visión dada a Juan. En ella, se menciona al Espíritu llevándolo a un monte grande y alto, y le mostró la gran ciudad santa de Jerusalén descendiendo del cielo de Dios, donde Dios trino y su pueblo permanecerán por la eternidad (Gálvez), (ver **Nueva Jerusalén**; **Glorificación de Dios**).

MONTE DE LOS OLIVOS

En el contexto escatológico, el Monte de los Olivos, fue el escenario en el cual los discípulos se acercaron a Jesús para plantearle preguntas sobre los eventos futuros y las señales de su Segunda venida. Aunque Jesús no respondió directamente, algunos eruditos han dado explicaciones convincentes. En ese momento, Jesús había enseñado sobre sus sufrimientos y los eventos trágicos que ocurrirían, incluyendo la destrucción del templo. Era comprensible que los discípulos quisieran saber cuándo sucederían todas esas cosas. Se acercaron a Jesús aparte y le preguntaron: "Dinos, ¿cuándo serán estas cosas, y qué señal habrá de tu venida y del fin del mundo?". Los discípulos probablemente pensaban que estaban haciendo una sola pregunta. En sus mentes, la destrucción del templo y el fin del mundo estaban conectados. Sin embargo, en realidad, estaban planteando dos preguntas o tres como algunos argumentan. Era comprensible que quisieran saber cuándo se darían estos acontecimientos. No obstante, ese no era el momento adecuado para tener esa discusión. Jesús sabía que los líderes religiosos lo rechazarían y que pronto sería entregado a los romanos para ser crucificado. Él conocía el trágico final que aguardaba a Jerusalén, y deseaba infundir esperanza y confianza en sus discípulos, quienes pronto enfrentarían grandes pruebas.

Por lo tanto, la respuesta de Jesús se dirigió principalmente a corregir este malentendido. Es posible que la segunda pregunta se haya planteado mientras los discípulos recordaban los eventos que rodearon la destrucción del primer templo. El templo de Salomón fue destruido en un contexto de juicio nacional y exilio. Mientras Jesús responde a esta importante segunda pregunta acerca de la señal de su venida y el fin del siglo, lo hace mediante anuncios y predicciones sobre el final de los tiempos. Sin embargo, su respuesta no fue explícita, lo que ha generado desacuerdos significativos entre los cristianos que han intentado comprenderla. Algunos estudiosos creen que Jesús tenía la intención de responder de esa manera para mantener siempre la expectativa en la Iglesia en cada generación que viviera. Además, buscaba evitar que el retorno del Señor fuera considerado como un evento lejano en una línea de tiempo, sino como algo que hemos estado experimentando en paralelo desde el día de Pentecostés. Otros sugieren que la intención de Dios era mantener el futuro de alguna manera vago y confuso para confundir al diablo, de la misma manera en que la resurrección del Mesías fue vaga en el Antiguo Testamento. Este interesante diálogo tuvo lugar en el famoso Monte de los Olivos.

En la perspectiva profética, el Monte de los Olivos es un tema importante. Dos eventos bíblicos proféticos clave están relacionados con este monte. En primer lugar, Zacarías 14:1-5 predice un día futuro en el cual el

Señor descenderá al Monte de los Olivos con el propósito de liberar y restaurar a su pueblo, los judíos. Durante este evento dramático, el Monte de los Olivos "se partirá en dos de oriente a occidente, formando un gran valle" (Zac. 14:4). Es común entre los cristianos interpretar este evento como cumplido en la Segunda venida de Cristo (Hch. 1:9-11). En segundo lugar, el sermón profético de Jesús sobre el futuro de Jerusalén, Israel y las naciones fue pronunciado en el Monte de los Olivos, por lo que a menudo se le llama el Discurso de los Olivos (Mt. 24:3; Mr. 13:3; Lc. 21:37), (Gálvez), (ver **Parusía; Segunda venida; Acontecimientos previos a la Segunda venida**).

MONTE DEL TEMPLO

Según la tradición judía, el Monte del Templo es considerado el lugar donde se cree que se creó el mundo, donde terminará y donde aparecerá el Mesías. Después de la destrucción del Segundo Templo, el Monte del Templo quedó en ruinas hasta que los musulmanes conquistaron Jerusalén en el año 638 d.C. y el sitio fue limpiado. En el centro del Monte del Templo se encuentra la Piedra Fundacional que, según la tradición judía, se cree que fue el lugar de la creación y que fue la primera parte de la tierra en ser creada. También se cree que Dios tomó tierra de esta piedra para crear a Adán.

La Roca Fundacional, ubicada en el Monte del Templo, es venerada por numerosos seguidores de las religiones monoteístas como el lugar donde Abraham iba a sacrificar a su hijo. Sobre esta formación rocosa se encontraba el recinto más sagrado del Templo de Salomón. El Monte del Templo es el nombre dado a la plataforma elevada sobre la cual se erigía el Templo de Herodes (19 a.C. a 70 d.C.), que era el doble de grande que el Templo de Zorobabel. Se enseña que el Templo de Herodes fue construido sobre arcos subterráneos, que anteriormente albergaban los "Establos de Salomón". Fue sostenido en su lugar por muros de contención de piedra, y se cree que el Muro de los Lamentos, como se le conoce en la actualidad, forma parte del Muro de Contención Occidental de Herodes.

En la actualidad, la Cúpula de la Roca, que se encuentra en el lugar donde se cree que estuvo el templo según la mayoría de los eruditos bíblicos, se ha convertido en un santuario musulmán sagrado. Muchos dispensacionalistas creen que el Templo judío será reconstruido durante la Gran Tribulación (2 Ts. 2:4; Ap. 11). Sin embargo, cada vez que Pablo menciona la palabra "templo" en el Nuevo Testamento, se refiere a la Iglesia y no a una construcción física. Por lo tanto, los no dispensacionalistas creen que Cristo y su Iglesia han reemplazado al Templo como morada de Dios, y no ven razón para una futura reconstrucción del Templo en la ciudad santa (He. 8–10; Ap. 21-22), (Douglas-Merryl).

MUERTE, PERSPECTIVA BÍBLICA

Descripción de la muerte

La muerte ha sido explicada de distintas maneras: de forma descriptiva, con metáforas, analogías y sentencias. Grau señala algunas de ellas:

La muerte como:

Dormir, sueño: "Lázaro duerme" afirmó Jesús, luego tuvo que explicar a los discípulos que Lázaro había muerto.

Separación del alma del cuerpo: "El Señor escuchó la voz de Elías, y el alma del niño volvió a él y revivió" (1 R. 17:22).

Destrucción de la casa terrenal, de una tienda de campaña: "De hecho, sabemos que, si esta tienda de campaña en que vivimos se deshace, tenemos de Dios un edificio, una casa eterna en el cielo, no construida por manos humanas" (2 Co. 5:1).

Separación del cuerpo terrenal: "Sabiendo que mi separación del cuerpo terrenal es inminente, tal como me lo ha declarado nuestro Señor Jesucristo" (2 P. 1:14).

Pedir el alma de parte de Dios: "Pero Dios le dijo: ¡Necio! Esta misma noche te reclaman el alma; y ahora, ¿para quién será lo que has provisto?" (Lc. 12:20).

Expirar: "al instante ella cayó a los pies de él, y expiró" (Hch. 5:10).

Volver al polvo: "Comerás el pan con el sudor de tu frente, hasta que vuelvas a la tierra, pues de ella fuiste tomado; porque polvo eres, y al polvo volverás" (Gn. 3:19).

Partir de este mundo: "me siento presionado por dos posibilidades: deseo partir y estar con Cristo, que es muchísimo mejor (Fil. 1:23).

La universalidad de la muerte

La muerte es una realidad universal, por el precepto y por la experiencia se comprueba, vino como resultado directo del pecado, varios textos lo atestiguan:

Ro. 6:23: "El salario de pecado es la muerte".

Ro. 5:12: "Por tanto, tal como el pecado entró en el mundo por medio de un hombre, y por medio del pecado la muerte, así también la muerte se extendió a todos los hombres, porque todos pecaron".

1 Co. 15:22a: "Y así como en Adán todos mueren...".

La causa de la muerte

La Biblia dice que la causa de la muerte es el pecado y ese pecado vino por la transgresión de Adán. Esa transgresión la heredó a toda la descendencia humana con la concerniente consecuencia de la muerte física y espiritual. Los creyentes llegamos a la conclusión experimental de que pecamos porque somos pecadores de nacimiento y por eso lo practicamos, aunque no queramos. Comprobamos personalmente lo que dice la Biblia, respecto de que el pecado vive en nosotros y que estamos condenados a muerte, porque la muerte es el salario del pecado. Pablo lo expresa así: "Por tanto, como el pecado entró en el mundo por un solo hombre, y por medio del pecado entró la muerte, así la muerte pasó a todos los hombres, por cuanto todos pecaron" (Ro. 5:12). "El pago que da el pecado es la muerte" (Ro. 6:23).

¿Qué es lo que muere en la muerte de la persona?

Para responder con certeza es necesario aproximarse a los conceptos de lo que el hombre es: espíritu, alma y cuerpo. ¿Qué significa cada uno de estos en la Escritura? y ¿qué acontece en la muerte del hombre? ¿Qué sobrevive al hecho necrológico?

El hombre es una unidad pneumapsicosomática, no tiene tres partes divisibles, es un ser completo. Eso es lo que expresa el texto de 1 Ts. 5:13: "Y que el mismo Dios de paz los santifique por completo; y que todo su ser, espíritu, alma y cuerpo".

Ayuda a que se entienda mejor esa verdad cuando se capta la aproximación que realiza acertadamente Bultmann en el griego bíblico:

Espíritu, en griego, *pneuma*

Bultmann explica que Pablo utiliza, en algunas ocasiones, el vocablo *pneuma* humano como sinónimo de *psiqué*. Y aún en el texto de 1 Ts. 5:23 el énfasis de Pablo es que "permanezcan enteros y libre de reproche, o que permanezcan totalmente preservados". Da la impresión de que es una descripción que se refiere a la tricotomía del hombre, pero no. El significado es que el creyente completo esté santificado y Pablo está hablando de un *pneuma* humano. Es normal que en algunos pasajes signifique a la persona y hace las veces de un pronombre personal como sucede con el concepto de *soma* y *psiqué*. Ejemplos que cita Bultmann:

1 Co. 16:18: "Ya que han tranquilizado mi espíritu y también el de ustedes. Tales personas merecen que se les exprese reconocimiento".

1 Co. 16:18: "Ellos me han dado tranquilidad, lo mismo que a ustedes. Tengan en cuenta a personas como ellos".

Con justa razón la traducción Dios Habla Hoy ha traducido *pneuma* por persona.

2 Co. 7:13: "Por esta razón hemos sido consolados. Y aparte de nuestro consuelo, mucho más nos regocijamos por el gozo de Tito, pues su espíritu ha sido confortado por todos ustedes".

Lo que Pablo expresa es sencillamente que "Tito ha sido reconfortado", el hombre entero llamado Tito (Bultmann, 1987).

Es claro que el énfasis de *pneuma*, el espíritu humano, es lo que nos une con Dios, es por medio de este que entramos en comunión con Dios, pero ello no sucede independiente del alma y del cuerpo: *psiqué* y *soma*.

Alma, en griego, *psiqué*

Aparece muchas veces relacionado como *soma*, para designar al hombre en su totalidad. En los escritos de Pablo se encuentra relativamente pocas veces. La investigación del empleo que Pablo hace de *soma*, muestra que no contrapone entre sí en sentido dualista cuerpo alma. Más bien significa la fuerza de la vida natural (Bultmann, 1987).

Psiqué, según Grau, es el principio de vida natural que anima al cuerpo y es sinónimo de "vida". Se usa varias veces como sustituto de "persona": "Se añadieron aquel día como 3000 personas (Psiqué)" (Hch. 2:41). Se refiere a la vitalidad específicamente humana como fuerza de la vida natural. En el pensamiento de Jesús y de Pablo el alma es el principio de toda vida física en el hombre, es la misma vida del hombre. En muchos pasajes es sinónimo del hombre completo y de la vida misma (Grau, 1990).

Cuerpo, en griego, *soma*

Bultmann ve que la palabra *soma* tiene un concepto amplio y que Pablo deja entrever que la única vida humana que existe es la somática, la corporal, como presencia personal. En varios versículos, el significado de *soma* designa a la persona entera. Y varias traducciones traducen correctamente la palabra griega "cuerpos" por "ustedes mismos":

Ro. 12:1: "Por tanto, hermanos míos, les ruego por la misericordia de Dios que se presenten ustedes mismos como ofrenda viva, santa y agradable a Dios, este es el verdadero culto que deben ofrecer".

1 Ts. 5:23: "Y el mismo Dios de paz os santifique por completo; y todo vuestro ser, espíritu, alma y cuerpo, sea guardado irreprensible para la venida de nuestro Señor Jesucristo".

Aunque el texto se refiere a una petición para santidad de los creyentes preparados para la venida del Señor Jesucristo, deja entrever claramente que es un "todo", "todo un ser", "una unidad indivisible: espíritu, alma y cuerpo".

Es acertado que en otros versículos el *soma* no es algo separado externamente del yo auténtico del hombre o de su alma, sino que pertenece esencialmente a él, de manera que puede decirse que "el hombre no tiene un cuerpo, es un cuerpo":

1 Co. 9:27 "Al contrario, vivo con mucha disciplina y trato de dominarme a mí mismo. Pues si anuncio a otros la buena noticia, no quiero que al final Dios me descalifique a mí".

De resultas, el *soma* designa al cuerpo como al hombre entero, a la persona en su totalidad, al cuerpo físico que palpa, ve, huele, siente, piensa; que lleva "las marcas de Cristo, o cicatrices". El *soma* es el que siente hambre, tiene sueño, padece dolor, pero es uno solo.

Ahora se entiende por qué Pablo combatió con tanta energía por la resurrección del *soma*, del cuerpo, ante los corintios que no la creían por su trasfondo griego.

Bultmann tiene claro que el concepto paulino de la vida de la resurrección es somático y lo describe como algo glorioso. Desmorona el concepto dualista que enseña equivocadamente que el alma se esclaviza cuando entra al cuerpo, porque el cuerpo es un presidio. Y cuando el hombre muere, el alma preexistente e inmortal se libera, vuelve feliz al depósito de almas. Pablo no distingue entre el yo del hombre, el alma, del *soma* corporal, como si este fuera una envoltura inadecuada de aquel, y su esperanza no apunta a una liberación del yo del alma del cuerpo, como cree el dualismo, sino que apunta a la resurrección corporal. Deja en claro que el cuerpo es el templo del Dios viviente, por ello es santo, aunque todavía tenga una naturaleza pecaminosa que le incita a los malos deseos. Cuando el hombre muere en Cristo no se libera del cuerpo, sino de la carne, de la *sarx*, en griego (Bultmann, 1987).

Por lo expuesto, se demuestra con suficiente fundamento bíblico que el hombre es una unidad *pneuma-psico-somática*. Para referirse al hombre completo, la Escritura usa a veces la palabra *pneuma*, *psiqué* o *soma*, de manera intercambiable. No es un ser en el que el alma cayó presa en la cárcel del cuerpo y que se librará cuando el cuerpo muera.

Hendriksen concluye que los que mueren en Cristo no entran en un estado de inconciencia plena, sino que están presentes con el Señor gozándose en la presencia del Señor (Hendriksen, 1987).

MUERTE, PERSPECTIVAS HUMANISTAS Y PSEUDOCRISTIANAS

Materialismo histórico y dialéctico. Descarta la existencia de Dios. Para este, la creencia del hombre como criatura a la imagen y semejanza de Dios es ficción, pues el hombre es solo materia y se destruye con la muerte (Lacueva, 1990).

La teoría de la reencarnación. Enseña que una misma alma después de abandonar un cuerpo muerto, puede animar sucesivamente diferentes cuerpos en diferentes vidas y épocas (Lacueva, 1990).

Existencialismo. Plantea que la muerte es uno de los acontecimientos más importantes sobre la vida, por el hecho de que la vida está amenazada todos los días por la muerte. Concluye que la vida humana carece de sentido, es un absurdo porque no hay esencia, ni dirección en la que pueda ser fructífera. Los filósofos existencialistas han definido la existencia y la muerte con frases fatalistas: "naufragio total", "existencia trágica", "el ser para la muerte" (Heidegger); "la conciencia de la muerte conduce a la angustia y al sentido trágico de la vida" (Unamuno); "la náusea, el sentimiento de la contingencia del mundo", "el hombre es una pasión inútil" (Sartre). El único mérito que tiene el existencialismo es estar muy consciente de la realidad inevitable de la muerte. Ahora, su respuesta ante dicha realidad solo puede llevar al desmejoramiento de los individuos, a la desesperación, a la apatía de la vida. Ante ese escenario desdichado frente a la muerte, el tema principal de la filosofía sería el suicido, según Camus (Grau, 1990).

Positivismo. Expone que la muerte no se vive, porque cuando se está vivo no se experimenta la muerte y cuando la muerte llega, la vida ya no está (Grau, 1990).

Platonismo. Fischl, señala que Platón cree que el alma la crearon los dioses, por consiguiente, es divina; pero fue lanzada al cuerpo como castigo por la injusticia cometida en una vida anterior, por lo que fue sentenciada a permanecer dentro del cuerpo. Esa condena es en proporción a la injusticia y la culpa cometidas. Platón enseña que el cuerpo es el mayor impedimento para el alma porque este la domina y la obliga a sumergirse en la concupiscencia, oscureciendo el recuerdo de que es divina. Así, el alma con el cuerpo es lo que el piloto es para la nave, el encarcelado respecto del calabozo, el cadáver respecto del sepulcro. El resultado es un hombre convertido en un doble ser de unidad, puramente externo. De ahí el dualismo platónico (Fischl, 1994).

Con razón hay una diferencia de cómo Sócrates enfrenta la muerte y cómo la enfrenta Jesús de Nazaret, el Cristo, el Hijo de Dios. Sócrates la enfrenta con serenidad, sin angustia, porque según su creencia, él va a ser liberado de la maldición de su cuerpo. En contraposición, Jesucristo enfrenta la muerte con aflicción y lo expresa: "Mi alma está angustiada hasta la muerte"; porque él sabía de la realidad de la muerte como pago del pecado de todos los seres humanos.

La ciencia cristiana. Promueve la negación del hecho necrológico, razonando que la materia, el pecado, la enfermedad y la muerte no son cosas reales (Hendriksen, 1987). Es un reduccionismo psicológico, que socaba la antropología bíblica y acarrea una perturbación mental.

La creencia estoica. Los estoicos niegan el dolor de la muerte porque eliminan el miedo, el temblor, la angustia a través del dominio de sus pensamientos; por ello si les viene una enfermedad incurable que los amenace de muerte, optan por el suicidio, al que tampoco le temen. En esa perspectiva, la muerte como tragedia no existe para ellos, es un fenómeno natural. El propósito de la filosofía estoica es la supresión de las pasiones para llegar a la tranquilidad estoica. Los medios para lograrlo son lógica, la razón cósmica, y sobre todo la ética. La apatía o carencia de virtudes, la autarquía o carencia de necesidades, la obediencia, la conciencia del deber son el fruto de la ética estoica. Estas producen una razón clara, una tranquilidad inamovible, una satisfacción plena (Fischl, 1967).

Así el panorama, estas creencias sobre la muerte no dan respuestas satisfactorias. A su manera, quieren negar el hecho de la muerte y deshumanizarla. En la vida diaria todos los seres humanos creyentes o no, tendemos a evitar hablar sobre la realidad de la muerte, pese a que es parte de la realidad humana.

Estas creencias describen la muerte de manera técnica, elegante. En el caso del existencialismo desvirtúa el vivir de manera digna y morir de manera digna sugiriendo el suicidio o la eutanasia; el materialismo falla porque el hombre tiene la noción innata de eternidad. Al pensar que todo se acaba con la muerte del cuerpo que es materia, le resulta al ser humano una gran frustración. El existencialismo truncó de tajo el deseo por vivir esta vida por la concepción trágica de la misma. Si así fuese en verdad, la solución es el suicidio, porque no da esperanza al anhelo de la trascendencia de todo ser humano.

La reencarnación, aunque suene razonable, incluso atractiva para algunos, por la idea de volver a vivir en un cuerpo diferente, no resuelve el problema, destruye el empeño del hombre de permanecer en su identidad. La reencarnación anula la singularidad de cada ser humano.

El positivismo niega con malabarismo mental la experiencia de la muerte, afirma que no vivimos la muerte. Pero la experiencia de la muerte de un ser querido del núcleo familiar nos sacude, impacta más la muerte del que muere lentamente, agoniza y fallece ante nosotros. El mensaje es claro, cada día nos aproximamos a la muerte.

La filosofía griega dualista da falsas expectativas de liberación y de la inmortalidad del alma. La muerte la define como una auténtica liberación del alma inmortal del cuerpo malo que es como un presidio. Es una grave equivocación desde el punto de vista de la antropología bíblica.

La ciencia cristiana resbala en un reduccionismo mental y fideista. Sus razonamientos no anulan el hecho de la muerte.

Los estoicos no toman en serio la gravedad antropológica de la muerte. Están conscientes que son mortales, pero el hecho de tomarlo como algo meramente natural, no conmueve en ellos ningún tipo de pasión.

MUJER DE APOCALIPSIS 12

La mujer mencionada en Apocalipsis 12 es objeto de gran importancia, pero surge la pregunta de quién es en realidad esta mujer. Aunque algunos la han identificado como María, la madre de Jesús, en ninguna parte se menciona que la mujer sea María, y la descripción que se presenta en los versículos 2 al 6, y del 13 al 17, va mucho más allá de lo que se puede atribuir a María.

Otros la asocian con Israel y se basan en Génesis 37:9, donde leemos acerca del sol, la luna y once estrellas que representan a Jacob (Israel), su esposa y las once tribus de Israel, quienes se inclinan ante José, el duodécimo. Por lo tanto, el papel principal de la mujer es dar a luz a un "hijo varón, que gobernará a todas las naciones". Posteriormente, el niño es "arrebatado para Dios y para su trono" (Ap. 12:5) —lo cual podría ser una referencia a la ascensión/exaltación de Jesucristo. Los profetas también hablan de Israel restaurado como una mujer (Is. 54:1-6; 62:1-5; 66:7-13). Después del nacimiento de su hijo, la mujer es atacada por el Dragón, pero es protegida por Dios durante 1260 días (Ap. 12:6, 14). La cifra de 1260 días (o "un tiempo, tiempos y la mitad de un tiempo") en el versículo 12:14 representa un período de tiempo indefinido, pero no ilimitado. En la historia judía, el desierto está asociado con el evento del Éxodo, como el lugar donde Dios guio y cuidó a su pueblo después de su liberación del cautiverio. La imaginería del Éxodo continúa en Apocalipsis 12:15-16, donde las aguas torrenciales provenientes de la boca del Dragón amenazan con destruir a la mujer antes de ser tragadas por la tierra (cf. Éx. 15:10, 12).

Otros la identifican con la novia de Cristo mencionada en Apocalipsis 21-22. En este sentido, la mujer debe ser vista como la comunidad madre de Jesús, el Mesías. El capítulo concluye con una nota acerca de los otros hijos de la mujer: "Entonces el Dragón se enfureció contra la mujer, y se fue a hacer guerra contra el resto de sus hijos, los que guardan los mandamientos de Dios y tienen el testimonio de Jesús" (Ap. 12:17; cf. Gn. 3:15). El contexto claramente define a estos otros "descendientes" como verdaderos discípulos de Jesucristo (cf. Ap. 1:2, 9; 12:11; 14:12; 19:10; 20:4).

La interpretación más precisa sugiere que la Mujer de Apocalipsis 12 establece una conexión metafórica entre el Israel del Antiguo Testamento y la Iglesia como el nuevo Israel. Esta conexión se puede explicar de la siguiente manera: la descripción de la mujer vestida de sol, con la luna debajo de sus pies y una corona de doce estrellas sobre su cabeza (versículos 2-6), revela que esta mujer es una representación de la comunidad fiel que existió antes y después de la venida de Cristo. Esta identificación se basa en el precedente del Antiguo Testamento, donde el sol, la luna y once estrellas representan metafóricamente a Jacob, su esposa y once de las tribus de Israel (Gn. 37:9), quienes se inclinan ante José, quien representa la duodécima tribu. En la literatura judía posterior, Cantar de los Cantares 6:10 se usó para describir a Israel en términos del sol, la luna y las estrellas, mientras que Isaías 60:19-20 describe de manera similar a Israel restaurado (que en Apocalipsis se identifica como la Iglesia). De hecho, en Isaías, una mujer a menudo representa la imagen de Israel restaurado (por ejemplo, 52:2; 54:1-6; 61:10; 62:1-5), y en Isaías 62:3, 5 se profetiza que el Israel restaurado será como una novia que lleva una corona. El resplandor de la apariencia de la mujer (vestida con el sol) refleja el mismo resplandor en el rostro de Cristo (Ap. 1:16). Su gloria es el reflejo de la gloria de Cristo. Así como el sol, la luna y las estrellas aparecen lejos de la tierra e inmunes a la destrucción por cualquier fuerza terrenal, de la misma manera el verdadero Israel, tanto del Antiguo como del Nuevo Testamento, es finalmente indestructible en la tierra porque su identidad última se encuentra en el cielo (la mención de Miguel, el representante y protector celestial de Israel [Daniel 12:1] en los versículos 7-8, apoya esta idea). La mujer representa a las comunidades del antiguo y nuevo pacto, lo cual se hace aún más evidente en los versículos 11-17, donde su descendencia no solo es Cristo, sino también toda la comunidad de sus seguidores. La corona en su cabeza se define mejor dentro del contexto del Apocalipsis. Representa la participación de los santos en la realeza de Cristo y la recompensa que el verdadero pueblo de Dios, a lo largo de los siglos, recibe por su victoria sobre la oposición a su fe (es decir, la persecución, las tentaciones de transigir y el engaño; así se ve en Ap. 2:10, 3:11, 4:4, 10; ver también 14:14). El brillo estelar de su apariencia refleja la poderosa y pura luz solar que emana de la gloriosa imagen de Dios y de Cristo (como se menciona en Ap. 1:16, 10:1, 21:23, 22:5). La mujer está en proceso de dar a luz y sufre dolores de parto.

Los comentaristas católicos han escrito una inmensa cantidad de literatura argumentando que la mujer celestial simboliza a María, la madre de Jesús, como mencionamos. Aunque la madre de Jesús puede estar en segundo plano en la mente, el enfoque principal no está en un individuo, sino en la comunidad de fe, dentro de la cual la línea mesiánica finalmente produjo una descendencia real. Esto es evidente, no solo por la discusión del v. 1, sino también por observar en el resto del capítulo que la mujer es perseguida, huye al desierto y tiene otra descendencia además del Mesías, descendencia que se describe como fiel cristianos. Los dolores de parto de la mujer se refieren a la persecución de la comunidad del pacto y la línea mesiánica durante los tiempos del Antiguo Testamento y, especialmente, el período intertestamentario que conduce al nacimiento de Cristo. La idea de persecución se expresa en la frase en el dolor (literalmente "ser atormentado"), ya que el verbo (griego, basanizō) se usa en el NT para el sufrimiento de castigo, prueba y persecución (Mt. 8:29; Mr. 5:7; 6:48; Lc. 8:28; 2 P. 2:8). La sugerencia es que la mujer está siendo atormentada y sufriendo mientras intenta dar a luz, lo que encaja con una imagen de la comunidad judía fiel perseguida en el período previo al nacimiento de Cristo. Fue una prueba seguir esperando la gran liberación que el Mesías traería finalmente en su venida (cf. Lc. 2:25-38). En Juan 16:19-22, Cristo compara el dolor de sus discípulos por su muerte inminente con el de una mujer a punto de dar a luz que "tiene dolor" y está a punto de dar a luz. Allí, de acuerdo con nuestra visión de Apocalipsis 12:2, los discípulos representan a la madre, la comunidad mesiánica, en medio de la cual el Cristo nació en resurrección, y que luego presentaría al Cristo resucitado al mundo. En Apocalipsis 12:2 es, sin embargo, el primer nacimiento de Cristo lo que está en mente y no este posterior nacimiento de resurrección. Dado que la ramera del cap. 17 es un símbolo de la comunidad de incrédulos, por lo que aquí la figura contrastante de la mujer justa debe representar la comunidad creyente.

La fuente última de la visión de Juan aquí es la palabra profética dada en Génesis 3:14-16, donde se predice que después del dolor de Eva al dar a luz, su descendencia herirá la cabeza de la serpiente (ver comentario en Apocalipsis 12:17 para una referencia explícita). La mujer, que representa al pueblo del pacto de Dios, da a luz a Aquel que restaurará lo que se perdió en el Jardín del Edén. El hecho de que la mujer represente a la comunidad fiel del pacto también se muestra a través de los numerosos paralelismos con las profecías de Isaías sobre Israel. Según Isaías 7:10-14, se verá una señal celestial, una virgen quedará embarazada y dará a luz un hijo. En Apocalipsis 12:1-2, aparece una señal en el cielo, una mujer está embarazada y da a luz un hijo. En Isaías 26:17-27, Israel también está en trabajo de parto, pero no da a luz; sin embargo, llegará el día en que esto cambie (asumiendo que en ese día Israel dará a luz con seguridad), y Dios castigará al Dragón que vive en el mar (Ap. 12:1-2, 7-10). En Isaías 51:2-11, se dice que Sara dio a luz a Israel con dolor, y se dice que Dios restaurará a Israel y traspasará al Dragón en ese día. También se puede hacer referencia a Isaías 66:7-10, donde se describe a Israel dando a luz a un hijo. Estos últimos tres pasajes de Isaías relacionan el nacimiento con la restauración de Israel en el tiempo del fin. Sería limitante ver a la mujer (como algunos escritores sugieren) como representando únicamente a un remanente de israelitas que viven en juicio en la etapa final de la historia, ya que los versículos siguientes muestran que la mujer simboliza una comunidad de creyentes que se extiende desde antes del tiempo del nacimiento de Cristo al menos hasta la última parte del siglo I d.C. (ver comentario en versículos 6, 13-17). Además, en los versículos siguientes, la persecución no está dirigida contra una nación de creyentes e incrédulos, sino contra una comunidad pura de fe (Beale).

En resumen: Apocalipsis 12 identifica a la mujer como la comunidad del pueblo de Dios a quien se le dio el Mesías. Hay una fuerte conexión con el remanente fiel de Israel o el verdadero Israel, y la Iglesia como el nuevo pueblo de Dios, ya que los hijos de la mujer son identificados como seguidores genuinos de Jesús (ver la **Novia**, **Semilla/simiente de la mujer**).

MUJERES PROFETAS

Antes de Samuel, la "profecía" se encuentra asociada a los nombres de Miriam (Éx. 15:20; Nm. 12:2, 6), Débora (Jue. 4:4) y otros enviados sin nombre, catalogados como "profetas" o "hombres de Dios" (Jue. 6:8; 1 S. 2:27). El uso bíblico del término "nabi" obedece a un criterio amplio y poco definido. En textos de antigüedad indudable, como Éxodo 15:20 y Jueces 4:4, se emplea el término "nebi'ah" para referirse a Miriam y Débora, respectivamente. Miriam es mencionada en un contexto de celebración de la victoria con cantos de guerra, mientras que Débora es reconocida como "Juez" de Israel y se le atribuye también un canto de guerra (Jue. 5).

Miriam y Débora son consideradas "profetisas" (Éx. 15:20; Jue. 4:4). Miriam, la profetisa (Éx. 15:20ss.), es también la directora de coros femeninos que celebran con cantos las victorias de Yahvé. Tenemos conocimiento de cánticos de victoria entonados por las jóvenes israelitas al son de instrumentos al regreso de los ejércitos victoriosos. Miriam y un coro de mujeres salen danzando y cantando al son de tambores: "Celebrad a Yahvé: —se ha cubierto de gloria—, caballo y caballero, ha lanzado en el mar" (Éx. 15:21). Miqueas 6:4 se refiere a Miriam como uno de los líderes a quienes Dios ha levantado para Israel.

Débora, también profetisa (Jue. 4:4), es autora de un canto de victoria (Jue. 5). A través del Canto de Débora, podemos ver que Judá y Simeón no participaron en su empresa (Jue. 5:14-18). Además, por otros pasajes diversos, sabemos que la danza sagrada y el canto religioso son elementos del culto (2 S. 6:5; Is. 30:29; Sal. 26:6-7; 118:27-28). Con este segundo paso de la prueba, el "nabi'" ya está en relación directa y con una función determinada en el culto. El término "sófet" se utiliza únicamente para referirse a Débora en el cuerpo de la narración. "En aquel tiempo Débora, una profetisa, mujer de Lappidot, juzgaba a Israel. Se sentaba bajo la palmera de Débora entre Rama y Betel, en la montaña de Efraín, y los israelitas acudían a ella en busca de juicio" (Jue. 4:4-5). Este caso se refiere claramente a la resolución de disputas y conflictos personales. Aparte de esto, "sófet", en relación con los Jueces, es una fórmula fija que se repite al final de su actividad "liberadora" como un resumen sintético de su vida. Sabemos que Débora administraba el derecho "casuístico". En cuanto al resto de los "Jueces", solo tenemos información narrativa acerca de Samuel que podría interpretarse como administración del derecho sagrado y del derecho "casuístico" (Gonzáles, 1962).

Otra profetisa destacada es Hulda, cuyo nombre significa "topo" o "comadreja" en hebreo. Su servicio fue tan importante que en los edificios del templo de Jerusalén había una puerta que llevaba su nombre: la puerta de Hulda. En el relato bíblico, se destaca su labor durante el reinado de Josías. En 2 Reyes 22, el rey Josías ordena la limpieza y restauración del Templo, y durante este proceso se descubre el libro de Deuteronomio (Pikaza).

En Nehemías 6:14, se menciona a una profetisa llamada Noadías: "Acuérdate, Dios mío, de Tobías y de Sanbalat, de acuerdo con estos actos de ellos; y también de Noadías la profetisa y de los demás profetas que trataban de infundirme miedo".

Se infiere que Noadías era una mujer que realizaba falsas predicciones y se encontraba entre los enemigos de uno de los siervos del Señor. Este personaje tuvo que enfrentarse a aquellos que intentaban atemorizarlo para evitar que completara la construcción de los muros. Noadías conspiró junto con otros individuos como Sanbalat, Tobías y Gesem, quien era de origen árabe. Todos ellos enviaron mensajes al siervo de Dios para que se encontrara con ellos en las aldeas de Ono, con la intención de hacerle daño. Otra mujer mencionada como profetisa es la esposa de Isaías (Is. 8:3). Algunos eruditos sugieren que esta mujer es llamada profetisa simplemente porque está casada con el profeta Isaías. Sin embargo, otros no están de acuerdo y señalan que no hay nada en el contexto o la cultura que indique que ella no sea una profeta por derecho propio.

El NT también menciona a varias mujeres que profetizan. En primer lugar, está Ana, una profetisa que reconoce al niño Jesús en el templo como el Mesías (Lc. 2:36-38). En segundo lugar, Hechos 21:7 declara que Felipe, el evangelista, tenía cuatro hijas solteras con el don de la profecía. Y, en tercer lugar, en un contexto negativo, Ap. 2:20 elogia a la iglesia de Tiatira porque no pueden tolerar a una mujer llamada Jezabel, que se autodenomina profetisa (VA), (ver **Ana**, **Hulda**, **Jezabel**, **Tiatira**, **Hijas de Felipe**).

MÚSICA E INSTRUMENTOS, APOCALIPSIS

En el libro de Apocalipsis se mencionan instrumentos de música como las cítaras o arpas (Ap. 5:8, 14:2, 15:2). La idea de que estos instrumentos físicos sean utilizados en la adoración en el cielo es dudosa debido al contexto altamente simbólico del libro. De hecho, en Apocalipsis 5:8, Juan explica que las copas de oro llenas de incienso simbolizan las oraciones de los santos. ¿Por qué los instrumentos de música no podrían ser simbólicos de las canciones de los santos en lugar de ser instrumentos literales en sí mismos? Dado el contexto, esa debería ser la conclusión.

Además, es importante cuestionar si estas arpas, supuestamente literales, están realmente presentes en el cielo como objetos físicos. El cielo es un lugar espiritual (1 Co 15:42-50). La idea de que, en el cielo, un lugar espiritual, seamos reducidos a adorar a Dios con arpas físicas hechas de madera y cuerda es contradictoria con todo lo que la Biblia enseña sobre la naturaleza espiritual del cielo (ver 2 Co. 4:18 y 2 Co. 5:1).

También se mencionan instrumentos de viento, como las trompetas, pero esto ocurre dentro del contexto de guerra y juicio (Ap. 8:1, 11, 15).

En conclusión, aunque algunos creen que las referencias a las arpas en el Apocalipsis puedan ser literales, es muy poco probable. La mayoría de los eruditos tiende a creer que estas menciones se presentan de manera simbólica. En varios pasajes, se menciona que los seres celestiales y los redimidos en el cielo alaban a Dios y al Cordero con arpas. Estas arpas representan la adoración y la alabanza celestial. Su uso en este contexto simbólico resalta la belleza, la armonía y la adoración celestial que se atribuyen a la presencia de Dios. Las arpas se utilizan para transmitir la idea de una música celestial y una adoración plena y gloriosa (Gálvez).

N

NABI

La palabra hebrea más común para "profeta" es "Nabi'", que designa a una persona involucrada en la profecía. Sin embargo, el concepto de profeta implica una vocación y una elección previas al nacimiento, lo cual lleva al profeta a lamentar su propio nacimiento. El oficio del "profeta de pueblos" se traduce como el "hombre de pleitos": *nabi' laggoyim/'is ribo*. La antigua palabra "nabí" o profeta también invoca y habla en nombre del Señor. Al igual que los sacerdotes, los israelitas consultaban a los profetas para buscar paz y conocer la voluntad específica del Señor. Con el tiempo, los profetas también se convirtieron en especialistas en ritos de sacrificio (Schökel).

El término "nabí" es tan amplio que dificulta determinar en qué medida los profetas canónicos estaban caracterizados por la conducta típica de los "nebiim" primitivos. Por lo tanto, algunos eruditos no dudan en afirmar que los profetas escritores son "nebum" en todos los aspectos; es decir, son profetas cúlticos y forman parte del personal ordinario del templo. Al igual que ellos, han tenido experiencias extáticas y, en este sentido, no representan un nuevo tipo de profecía. Son el resultado del vasto fenómeno cúltico del antiguo Oriente sin privilegios ni excepciones.

Otros eruditos han defendido una diferencia gradual: el éxtasis típico de los antiguos "nebum" ha disminuido en los profetas escritores, dejando espacio para una elaboración profética más racional y tranquila (Schökel).

Además, el término "nabi" a veces se utiliza indistintamente con los términos "hombre de Dios" y "vidente" (ver **Hombre de Dios**, **Vidente**).

NABUCODONOSOR

Identidad

"Nabu-kudurri-usur", también conocido como Nabucodonosor o Nabucodonosor II, fue el hijo de Nabopolasar y el rey de Babilonia.

Perspectiva histórica y arqueológica

El padre de Nabucodonosor lideró una exitosa rebelión de los caldeos contra Asiria y fundó el Nuevo Imperio babilónico en el año 625 a.C. Los aliados de Nabopolasar, los Uman-mandá, capturaron Nínive, la capital de Asiria, en el año 612 a.C. A partir de entonces, los nuevos gobernantes de los territorios asirios desafiaron el poder de Egipto. El faraón Necao II, quien ascendió al trono en el año 609 a.C., invadió Palestina, derrotando y matando a Josías, el rey de Judá, en la batalla de Meguido en el año 608 a.C. Poco después, Necao regresó de Egipto con un gran ejército con el objetivo de expandir sus dominios más allá del Éufrates. Nabopolasar envió a su hijo, Nabucodonosor, para enfrentarse a los egipcios, quienes fueron derrotados en la batalla de Carquemis en el año 605 a.C. Nabucodonosor los persiguió hasta Egipto y sometió a los países que atravesó, desde el Éufrates hasta el río de Egipto. Al enterarse de la muerte de su padre, regresó apresuradamente a Babilonia, donde fue coronado rey en el año 605 a.C.

La política de Nabucodonosor consistía en deportar a los vencidos, dispersándolos por las distintas regiones de su imperio. Esto le proporcionaba una mano de obra numerosa para llevar a cabo importantes obras. Según las inscripciones de Nabucodonosor, él otorgaba más importancia a sus construcciones que a sus victorias militares, que quedaban en un segundo plano. En la inscripción de la Casa de la India, se encuentran las palabras siguientes: "Desde el tiempo en que Merodac me creó para la soberanía, en que Nebo, su verdadero hijo, me confió a sus súbditos, amo como a la vida misma la erección de su morada; y ninguna ciudad más gloriosa he hecho que Babilonia y Borsipa" (col. VII, líneas 26-32). Entre las numerosas obras que llevó a cabo se encuentran la construcción de la gran muralla de Babilonia y el magnífico palacio real. También restauró el gran templo de Marduk en Babilonia, el templo de Nebo en Borsipa y muchos otros santuarios. Se dice que construyó los jardines colgantes de Babilonia para su esposa Amitis, que era de Media y añoraba las montañas de su tierra natal en la llanura de Babilonia (Contra Apión 1:9; Ant. 10:11, 1). Además, se dice que construyó un inmenso lago artificial cerca de Sipara, con el propósito de irrigación, que tenía más de 225 km. de perímetro y una profundidad de 55 metros. También creó una red de canales que cubrían todo el país, construyendo muelles y espigones en el golfo Pérsico.

La sala del trono de Nabucodonosor estaba ricamente decorada con hermosas cenefas geométricas sobre ladrillos esmaltados. Además, en el recinto del templo se encontraba su majestuoso zigurat. Según Heródoto, este zigurat tenía originalmente ocho pisos, aunque en la actualidad solo queda el primero. La arqueología nos ofrece una visión detallada de la antigua Babilonia descrita en las escrituras y, junto con las inscripciones, nos brinda información sobre la personalidad de Nabucodonosor. Fue él quien, en un estallido de soberbia, exclamó: "¿No es esta la gran Babilonia que yo edifiqué como la casa real con la fuerza de mi poder y para la gloria de mi majestad?" (Batres).

Perspectiva bíblica

El nombre de Nabucodonosor aparece en diez libros del Antiguo Testamento: 2 Reyes, 1 y 2 Crónicas, Esdras, Nehemías, Ester, Jeremías, Ezequiel y Daniel. Jeremías hace referencia a Nabucodonosor en 37 ocasiones, seguido por Daniel con 29 menciones. Sin embargo, el libro de Ezequiel también brinda importantes enseñanzas sobre su reinado. Otros libros describen cómo, después de pagar tributo a Nabucodonosor durante tres años, Judá se rebeló contra él (2 R. 24:1). El rey de Babilonia volvió a la tierra de Judá, sofocó la rebelión, hizo prisionero al rey Joacím, llevó al exilio a su hijo Joaquín, el príncipe heredero, y nombró a Sedequías, hermano de Joacím, como regente (2 Cr. 36:6, 10). Durante ocho años, Sedequías se mantuvo sumiso, pero en el noveno año, confiando en el apoyo de un ejército egipcio, se rebeló (Jer. 37:5). En el año 586 a.C., Nabucodonosor tomó Jerusalén, destruyó el templo y deportó a los líderes del país (2 R. 24:25; 2 Cr. 36:5-21; Jer. 39:52). Durante ese tiempo (586-573 a.C.), el rey de Babilonia también asedió Tiro (Ez. 29:18). En el año 582 a.C., luchó contra Coelesiria, Moab y Amón, deportando a cientos de judíos (Jer. 52:30). Alrededor del año 567 a.C., en el trigésimo séptimo año de su reinado, Nabucodonosor invadió Egipto (Ez. 29:19), (William).

Perspectiva profética y escatológica
Nabucodonosor desempeña un papel de gran importancia desde una perspectiva profética. Fue el instrumento utilizado por Dios para juzgar al reino de Judá y cumplir la profecía del cautiverio de los judíos. Según el libro de Jeremías, Dios permitió que Nabucodonosor conquistara Jerusalén y destruyera el templo, llevando a una gran parte de la población judía al exilio en Babilonia. Este período de cautiverio duró aproximadamente setenta años, tal como había sido profetizado por Jeremías y otros profetas (Jer. 25:11-12).

En lo que respecta a los aspectos escatológicos, el libro de Daniel en la Biblia presenta una visión profética que involucra a Nabucodonosor y al Imperio de Babilonia. En el capítulo 2 de Daniel, Nabucodonosor tiene un sueño en el que ve una estatua gigante compuesta de diferentes metales. Daniel, quien era un profeta en la corte de Nabucodonosor, interpreta el sueño y revela que los diferentes metales representan a los imperios sucesivos que surgirían después de Babilonia y que también serían juzgados por Dios. Este sueño y su interpretación son considerados escatológicos, ya que señalan eventos futuros y el plan divino para los reinos terrenales.

Además, en el libro de Jeremías y en otras profecías, se menciona que Babilonia sería juzgada por sus acciones y, eventualmente, caería como imperio. Esto se cumplió en el año 539 a.C., cuando el rey persa Ciro el Grande conquistó Babilonia.

En resumen, desde una perspectiva profética, Nabucodonosor y el Imperio de Babilonia fueron utilizados por Dios para llevar a cabo el juicio sobre Judá y el cautiverio de los judíos. En cuanto a los aspectos escatológicos, la visión del sueño de Nabucodonosor y la profecía de la caída de Babilonia señalan eventos futuros y el plan divino en relación con los reinos terrenales (ver **Babilonia**).

NACIMIENTO VIRGINAL

Es notable destacar que los dos principales pasajes bíblicos que mencionan el nacimiento virginal de Cristo atribuyen un propósito específico a dicho acontecimiento: permitirle sentarse en el trono de David. Estos pasajes son los siguientes: "Porque un niño nos es nacido, hijo nos es dado, y el principado sobre su hombro; y se llamará su nombre Admirable, Consejero, Dios fuerte, Padre eterno, Príncipe de paz. Lo dilatado de su imperio y la paz no tendrán límite, sobre el trono de David y sobre su reino, disponiéndolo y confirmándolo en juicio y en justicia desde ahora y para siempre. El celo de Jehová de los ejércitos hará esto" (Is. 9:6, 7). "Entonces el ángel le dijo: María, no temas, porque has hallado gracia delante de Dios. Y ahora, concebirás en tu vientre, y darás a luz un hijo, y llamarás su nombre JESUS. Este será grande, y será llamado Hijo del Altísimo; y el Señor Dios le dará el trono de David, su padre; y reinará sobre la casa de Jacob para siempre, y su reino no tendrá fin" (Lc. 1:30-33). Es importante señalar que la doctrina del nacimiento virginal no es tan amplia como la doctrina de la encarnación. El nacimiento virginal se reconoce como un paso dentro del amplio contexto de la encarnación, que abarca la vida entera del Hijo de Dios, desde su nacimiento virginal hasta la eternidad (Chafer).

De modo más específico, el nacimiento virginal en la profecía bíblica se relaciona con la aplicación de Mateo al citar Isaías 7:14: "la virgen concebirá y dará a luz un hijo, y lo llamarán Emanuel que traduce es Dios está

501

con nosotros". Pero hay que reconocer el problema que se plantea en torno a Isaías 7:14; se refiere a la interpretación del término hebreo utilizado en el texto original. Mateo, en su evangelio, cita este pasaje y lo interpreta como una profecía cumplida en el nacimiento virginal de Jesús. Aun así, algunos críticos, argumentan que la palabra hebrea originalmente no significa "virgen", sino "joven".

La discrepancia surge debido a la traducción del hebreo al griego en la Septuaginta, una versión griega del Antiguo Testamento. En la Septuaginta, se utiliza el término griego "parthenos", que se traduce como "virgen". Sin embargo, en el texto hebreo original, se utiliza la palabra "almâ", que simplemente significa "joven". Por ello, algunos argumentan que "joven" podría implicar una mujer no casada y, por lo tanto, una virgen. Sin embargo, el término "almâ" se utiliza en otros pasajes del AT para referirse a mujeres que no son vírgenes, lo que añade ambigüedad a la interpretación.

Y, afirma que, si el pasaje hubiera tenido la intención de enfatizar el nacimiento de una virgen, se habría utilizado la palabra hebrea "betûlâ", que específicamente significa "virgen". Es por esta razón que algunos críticos argumentan que la elección de "almâ" en el texto original podría indicar una intención diferente por parte del profeta Isaías.

En resumen, el problema radica en la interpretación del término hebreo utilizado en Isaías 7:14. Mientras que Mateo y otros consideran que se refiere a una virgen, algunos críticos plantean que originalmente se refería a una joven sin especificar su estado de virginidad. La elección de palabras en el texto original y su traducción al griego han generado debates sobre el significado preciso de este pasaje.

Con todo, la tradición protestante y otras confesiones sostienen el nacimiento virginal de Cristo.

NAHUM, LIBRO DE

La información sobre la persona de Nahum es escasa. A partir del versículo 2:1 de su libro, se puede inferir que su predicación tuvo lugar en Judá, en Jerusalén. El título del libro también indica su lugar de origen, Elcós, un lugar que no aparece mencionado en ningún otro texto del Antiguo Testamento (Schökel).

Además de significar "consuelo" o "compasivo", algunos autores sugieren que el nombre Nahum también puede significar "el consuelo de Dios" o "consolado por Dios". La raíz hebrea נַחוּם (Najum) está relacionada con el término hebreo "Menahem", que comparte el mismo significado.

El libro de Nahum se centra en un hecho histórico, la caída de Nínive, la capital del Imperio asirio, que ocurrió en el año 612 a.C. Su mensaje es contundente, declara con vigor que Jehová es un Dios celoso y vengador, pero también un refugio para aquellos que confían en Él. Exhorta al pueblo a apartarse de los detractores de Jehová, que promueven el abandono de su culto. El profeta proclama el objetivo inmutable de Dios, la liberación de su pueblo. Alienta a Israel a mantenerse fiel a Jehová y a practicar su culto, y describe la ruina del imperio opresor.

Nahum representa de manera gráfica el asedio de Nínive y compara la ciudad con una morada de leones. Afirma que el juicio cae sobre ella debido a su desenfreno. La ciudad recibirá castigo como lo recibiría una prostituta y se compara con No-amón (Tebas), que fue deportada, y sufrirá la misma suerte.

En cuanto al aspecto literario, la profecía de Nahum comienza con un poema en orden alfabético. Aunque no sigue el formato acróstico habitual de los salmos, donde cada estrofa comienza con una letra diferente en orden alfabético, Nahum utiliza una secuencia fonética para introducir los temas en lugar de estrofas. Los sonidos se suceden individualmente o en grupos, y añaden majestuosidad al discurso. En hebreo, el oído percibe placenteramente esta sonoridad: el lenguaje es penetrante y radiante; el ritmo es vigoroso y pendular, brillante, centelleante como los carros y los jinetes que describe.

En cuanto a la estructura del libro, se divide en dos secciones: el capítulo 1 describe la majestad de Dios, mientras que los capítulos 2 y 3 contienen el juicio sobre Nínive.

El profeta expone algunas doctrinas sobre Jehová. La primera verdad fundamental es que, aunque Dios es lento para la ira, finalmente desata su venganza sobre sus adversarios (Nah. 1:2-3). A continuación, el profeta explica el poder majestuoso de Dios en la naturaleza: está presente en medio del torbellino y la tempestad; las nubes son el polvo de sus pies (Nah. 1:3). Ante su amenaza, el mar se seca y la vegetación se marchita (Nah. 1:4); los montes y colinas se derriten ante su presencia (Nah. 1:5); nadie puede resistir su cólera (Nah. 1:6). La bondad de Jehová es grande hacia su pueblo, a quien conoce bien (Nah. 1:7), pero también sabe cómo destruir a sus enemigos (Nah. 1:8).

El profeta basa sus predicciones en las verdades que ha expuesto. Repite que es inútil resistir a Jehová, como ya había planteado al principio en forma de pregunta (Nah. 1:9) y luego repite la conclusión del versículo 8. Nahum predice la liberación del pueblo de Dios (Nah. 1:14). Por último, dentro del mismo contexto, el profeta exhorta a Judá a continuar celebrando el culto a Jehová (Nah. 1:15). Este versículo 15 sirve de transición entre las dos secciones.

El ferviente mensaje de Nahum se dirige no a Jerusalén, sino a Nínive. El profeta reconoce en la inminente destrucción de Asiria la mano de Dios que guía el curso de la historia. Durante muchos siglos, Asiria había oprimido a todos los pueblos de Asia occidental. Los sufrimientos y la desesperanza que experimentaron los hebreos, al igual que sus vecinos, les ayudaron a comprender algo sobre la solidaridad humana. Amós y Oseas habían advertido a sus oyentes que serían asediados y deportados. En sus propias inscripciones, los asirios se enorgullecían de sus conquistas militares y sus crueldades. Nahum profetizó cómo llegaría el castigo y el fin de Nínive.

Otro aspecto que lo distingue es el hecho de que Nahum ha sido duramente criticado por los comentaristas. Se le acusa de ignorar los pecados de su propio pueblo, de mostrar una saña sanguinaria contra Nínive, de una alegría cruel y de despreciar a los paganos. En resumen, se le considera un falso profeta. Sin embargo, nos sentimos más cómodos leyendo lo que Jonás dice sobre Nínive. Nahum nos cautiva como poeta, pero nos duele como profeta. A pesar de ello, debe haber algo muy serio en su mensaje para que haya sido preservado. No creemos que se deba únicamente a su nacionalismo extremo o a su espíritu vengativo. Lo que está en juego para él es la justicia de Dios en la historia, un problema que ha angustiado a los judíos de todas las épocas y sigue preocupando a nuestros contemporáneos (Schökel).

El libro de Nahum difiere de la mayoría de los otros libros proféticos en el sentido de que el profeta no profetiza contra Israel o Judá, sino exclusivamente contra la nación extranjera de Asiria. Los asirios conquistaron el reino del norte, Israel, en el año 722 a.C., llevando al exilio a muchos israelitas (2 Reyes 17). También atacaron Jerusalén en el año 701 a.C., pero no tuvieron éxito debido a la intervención directa de Dios (capítulos 18-19). En respuesta a estos ataques, Nahum profetiza en su libro la completa destrucción de Asiria. La capital asiria de Nínive cayó en manos de los babilonios en el año 612 a.C., cumpliendo así la profecía de Nahum.

El libro de Nahum contiene un total de 47 versículos de los cuales 35 son de carácter profético y contiene dos predicciones (BDMPE).

NUEVO ORDEN MUNDIAL

El concepto principal es que, a pesar de las opiniones divergentes, se sostiene que uno de los fenómenos que marcará el final de este siglo es el fin de la ideología. Jean Claude Baudrillard, filósofo francés, define el Nuevo Orden Mundial (NOM) como una síntesis de las ideologías que reemplaza a todas las demás. Sin embargo, para Baudrillard, el NOM es paradójico, ya que se proclama en medio de un desorden generalizado.

Los ideales del NOM se reflejan en ciertas características que parecen razonables: a) la democracia capitalista como modelo político y económico predominante; b) la decadencia del sistema mundial de libre comercio impuesto después de la Segunda Guerra Mundial, liderado por Estados Unidos; c) el cambio de la bipolaridad entre Estados Unidos y la Unión Soviética a una tripolaridad formada por Europa, liderada por Alemania, Japón y Estados Unidos, o hacia una multilateralidad según otros expertos; d) la transición de una sociedad local a una global gracias a las comunicaciones instantáneas; e) un equilibrio de poder económico internacional con sanciones para aquellos que intenten alterarlo; f) respeto por las fronteras existentes; g) prohibición de armas de destrucción masiva nucleares, bacteriológicas o químicas; h) falta de proyección hacia el futuro; i) ausencia de un liderazgo absoluto. Sin embargo, al analizar seriamente la propuesta del NOM, la realidad es otra. Pocos años después de su surgimiento, este nuevo orden mundial muestra una fragilidad que pone en peligro su supervivencia debido a las contradicciones que se presentan. Algunos eruditos se refieren a esto como el Nuevo Desorden Mundial (NDM). La conclusión académica es que, en realidad, el NOM ha llevado a: a) un enriquecimiento de los ricos y un aumento de la pobreza, donde el 20% de la humanidad concentra el 80% de la riqueza mundial; b) capitalistas intervencionistas que promueven la economía de mercado; c) la coexistencia de países del primer mundo con un tercer mundo dentro de ellos, con desposeídos sin hogar, enfermos, ancianos y desempleados, mientras que cada país del tercer mundo tiene su propio primer mundo privilegiado con acceso a la cultura y a la modernidad; d) la libertad de la fuerza; e) una precaria estabilidad de las democracias capitalistas (Priora).

En medio de este nuevo orden mundial (NOM), que en realidad es un Nuevo Desorden Mundial (NDM), muchos escritores populares llegan a la conclusión de que en los últimos tiempos el mundo entero estará bajo el control de un gobierno mundial central. Asocian este gobierno mundial con organizaciones como la Unión Europea (UE), la Organización de las Naciones Unidas (ONU), el Club de Roma y otras similares. También creen que el fin está cerca, ya que todos los acontecimientos apuntan hacia un gobierno mundial. Algunos de estos escritores predicen que la ONU y la UE serán las que promoverán el gobierno mundial en los últimos tiempos a través del liderazgo de una figura extraordinaria conocida como el anticristo, quien representará los intereses de las élites más ricas y poderosas del mundo, incluyendo sus organizaciones. El anticristo logrará que unos pocos se apoderen del mundo eliminando las fronteras y estableciendo una única moneda. Sin embargo, existen otras perspectivas escatológicas que difieren completamente de esta creencia dispensacionalista. Estas perspectivas consideran a la Unión Europea, el Club de Roma y otros elementos desde una visión pasada, futurista o simbólica.

Es interesante destacar que algunos eruditos académicos no cristianos, filósofos y científicos han señalado que, frente a este "Nuevo Orden Mundial", es necesario recurrir a la escatología cristiana para encontrar esperanza y comprensión sobre lo que realmente sucede con el ideal de un Nuevo Orden Mundial y el engaño que puede estar presente en este nuevo desorden mundial. El filósofo argentino Víctor Massuh, en su profundo estudio sobre el sentido y el fin de la historia, afirma que "la comprensión de la historia ha vuelto la mirada hacia la escatología... Después de más de dos siglos de afirmación de un sentido inmanente en la historia humana, se está intentando comprenderla desde una perspectiva suprahistórica". La escatología es una disciplina que se pregunta acerca de las últimas cosas e intenta ofrecer respuestas relacionadas con el fin de la historia y la eternidad, y las visiones que los seres humanos tienen sobre lo que acontecerá al final de la existencia histórica (Priora), (ver **Escatología**).

NATÁN

Hay cinco personajes con el nombre de Natán, y el más destacado es Natán el profeta. Su nombre viene del heb. נָתַן, Natán; 5414; dado o "él (Dios) ha dado" (Strong).

Fue profeta en la corte real de Jerusalén durante el reinado de David y en los primeros años de Salomón. David consultó a Natán con respecto a la construcción del templo (2 S. 7; 1 Cr. 17). Más adelante, Natán reprendió a David por su adulterio con Betsabé (2 S. 12:1-25). Cuando Adonías intentó suplantar a su anciano padre David en el reinado, Natán intervino a través de Betsabé para asegurar el trono para Salomón, hijo de Betsabé (1 R. 1:8-53). Natán escribió crónicas del reinado de David (1 Cr. 29:29) y participó en el registro de la historia del reinado de Salomón (2 Cr. 9:29). Estaba asociado con David y el vidente Gad en la organización de los servicios musicales para la casa de Dios (2 Cr. 29:25).

David presentó a Natán el proyecto de construcción del Templo. El profeta dio su conformidad, pero Dios le ordenó que informara al rey que no sería él quien tendría el honor de erigir el edificio sagrado (2 S. 7:1-17; 1 Cr. 17:1-15). Natán dio a Salomón el nombre de Jedidías, "bienamado de Jehová" (2 S. 12:25). Con la ayuda de Natán y Gad, David organizó el servicio musical en el santuario (2 Cr. 29:25). Adonías, deseando usurpar el trono destinado a Salomón no informó al profeta, ya que sabía que Natán era sumamente fiel a la voluntad de David (1 R. 1:8-10). El hombre de Dios aconsejó a Betsabé que informara inmediatamente al rey, prometiéndole su ayuda. David dio entonces la orden al sacerdote Sadoc, al profeta Natán y a Benaías, jefe de la guardia personal, de proclamar a Salomón como rey (1 R. 1:11-45). Natán escribió la historia del reino de David y registró parte de los actos de Salomón (1 Cr. 29:29; 2 Cr. 9:29). Sin embargo, su libro no ha sido encontrado (Douglas-Merryl).

Natán es considerado un verdadero profeta del Señor distinguido, aunque su nombre es común, y no hay indicación de que el profeta Natán sea el hijo de David. Como se ha descrito, tuvo varias funciones. En 2 Samuel 7, Dios le dice a David a través de Natán que Él no necesita ni quiere un Templo, sino que Dios mismo establecerá el trono de David para siempre (ver **Pacto davídico**). Los profetas del Antiguo Testamento se asocian frecuentemente con la música, y Natán también participó en la parte musical litúrgica. El Señor Dios instruyó a David a colocar dentro del templo címbalos, salterios y arpas, y que Natán, el vidente, coordinara esto porque era una orden divina (2 Cr. 29:25).

Por último, Natán, junto con otros profetas de su tiempo, parece haber estado involucrado en el mantenimiento de registros históricos de la corte real. Así, "los registros del profeta Natán" narran el reinado del rey David y también el reinado del rey Salomón.

NACIONES, GENTILES

La palabra hebrea para "gentiles", que se refiere a las naciones, es "goyyim". Engloba a todos los pueblos que no son judíos. En el Nuevo Testamento, la palabra griega que corresponde al concepto hebreo es "ethnē", que tiene la misma connotación, refiriéndose a "gentiles" o "naciones". La Biblia contiene varias profecías y enseñanzas sobre las naciones gentiles en la profecía y la escatología. Desde el Antiguo Testamento, Dios reveló su plan de bendecir a todas las naciones a través de Israel. En Gn. 12:3, Dios le prometió a Abraham: "En tu simiente serán benditas todas las naciones de la tierra". Esta promesa se cumple en Jesucristo, quien trae salvación a personas de todas las naciones (Gá. 3:8-9).

Es relevante recordar que en Génesis 11 se describe que todas las personas estaban unidas por un idioma común y formaban un solo pueblo y nación. Sin embargo, debido al pecado que cometieron al construir la Torre de Babel, Dios dispersó a la gente por todo el mundo, formando diferentes pueblos y naciones, cada uno con su propio idioma. Esta dispersión se relata en Gn. 10. A partir de Gn. 12, Dios comienza a revelar su promesa o pacto a Abraham como una solución para el pecado y la rebelión humana que se había manifestado desde Gn. 3 hasta el 11. La esencia de esta promesa es que todos los pueblos (Gn. 12:3) y todas las naciones (Gn. 18:18) serían bendecidos a través de Abraham. Como se mencionó antes, esta referencia a los pueblos y las naciones alude nuevamente a la dispersión mencionada en Génesis 10 y apunta proféticamente a un tiempo en el que las naciones dispersas de la tierra se reunirán en bendición para adorar a Dios (ver **Luz a las naciones/gentiles; Tiempos de los gentiles; Isaías, libro de**). Por ello, las profecías bíblicas hablan tanto de juicio sobre las naciones como de su restauración en los últimos tiempos. En varios pasajes, como Joel 3:1-2 y Zacarías 14:1-3, se describe el juicio de las naciones por su oposición a Dios y a su pueblo. Sin embargo, también hay promesas de restauración y reconciliación para las naciones que se arrepientan y busquen al Señor (Is. 19:23-25; Zac. 8:20-23).

En la escatología, se habla del establecimiento del reino mesiánico de Cristo en la tierra, donde se describe un tiempo en el que las naciones vendrán y adorarán al Señor (Is. 2:2-4; Ap. 15:4). Además, se menciona que las naciones traerán sus tesoros y honrarán al Rey Jesús (Sal. 72:10-11; Ap. 21:24-26).

Jesús encomendó a sus seguidores la tarea de hacer discípulos de todas las naciones (Mt. 28:19-20). Esta comisión misionera implica llevar el mensaje del evangelio a todas las personas, sin importar su origen étnico o nacionalidad. En el Nuevo Testamento, Cristo se presenta como el cumplimiento del pacto abrahámico y la promesa de la ley. Además, el poderoso evento del Espíritu en Pentecostés, descrito en Hechos 2, se presenta como un cumplimiento profético de Génesis 10-11, superando las barreras del idioma y apuntando a la reunión de todas las personas y naciones en Cristo. En el libro de Apocalipsis, la imagen final del pueblo de Dios es la de "toda tribu, lengua, pueblo y nación" unidos en Cristo y adorando a Dios juntos (Ap. 5:9; 7:9). Por lo tanto, la reunión de las naciones dispersas en el pueblo de Dios es un tema profético importante que se extiende desde Génesis hasta Apocalipsis (VA).

En conclusión, las Escrituras enseñan que las naciones gentiles son objeto del amor y la redención de Dios. Aunque se habla de juicio sobre las naciones rebeldes, también existen promesas de bendición, restauración y reconciliación para aquellos que se vuelven hacia Dios. En la escatología, se espera un tiempo en el que las naciones reconocerán y adorarán al Señor Jesucristo como el Rey supremo.

NEBIIM

Palabra hebrea, lit. significa "Profetas", se refiere al conjunto de los libros siguientes: Profetas anteriores: Josué, Jueces, 1-2 Samuel, 1-2 Reyes; Profetas posteriores: Isaías, Jeremías, Ezequiel, y los doce Profetas menores (Schökel). Los *Nebiim* son una figura importante en la tradición judía y cristiana. En la Biblia hebrea, que es el Antiguo Testamento para los cristianos, los *Nebiim* son considerados uno de los tres tipos principales de escritos, junto con la Torá y los libros históricos llamados Profetas Anteriores, y los *Ketuvim*: los escritos posteriores.

Los *Nebiim* comprenden una colección de libros que contienen los escritos proféticos de varios individuos a lo largo de la historia de Israel. Estos profetas fueron mensajeros elegidos por Dios para transmitir su palabra, advertir al pueblo de Israel sobre el pecado y la desobediencia, y anunciar el juicio y las promesas divinas. La colección de escritos de los *Nebiim* incluye tanto profetas anteriores como mayores y menores. Los escritos de los *Nebiim* contienen una variedad de géneros literarios que incluyen profecías, poesía, narrativa y oráculos. Estos libros no solo contienen mensajes de advertencia y juicio, sino también promesas de restauración, consuelo y esperanza para el pueblo de Israel.

En la tradición cristiana, los escritos proféticos de los *Nebiim* también se consideran una parte integral de la Biblia. Jesús y los apóstoles citan frecuentemente a los profetas en sus enseñanzas, y se cree que muchas de las profecías se cumplen en la vida, muerte y resurrección de Jesús.

En síntesis, los *Nebiim* son los profetas de la Biblia hebrea y el Antiguo Testamento cristiano. Estos profetas fueron elegidos por Dios para transmitir su palabra al pueblo de Israel, anunciando juicio, advertencia y promesas divinas. Sus escritos forman una parte importante de la tradición judía y cristiana, y contienen mensajes de restauración, consuelo y esperanza.

NECROMANCIA

La "necromancia" es un término griego que se utiliza para describir la práctica de la adivinación o comunicación con los muertos. Proviene del griego "nekros" (muerto) y "manteia" (adivinación). La necromancia implica intentar obtener información o conocimiento de los espíritus de los difuntos a través de diversos métodos y rituales (Sicre).

En la necromancia, se cree que los muertos tienen la capacidad de comunicarse con los vivos y proporcionar información sobre el futuro, eventos pasados o secretos ocultos. Los practicantes de la necromancia pueden utilizar diferentes técnicas para establecer contacto con los espíritus, como la invocación, la evocación, el uso de objetos o reliquias relacionadas con los difuntos, o la realización de rituales específicos en lugares considerados sagrados o propicios para la comunicación con el más allá.

La consulta a los muertos para obtener información deseada es un fenómeno ampliamente extendido en el mundo antiguo, como se menciona en la Biblia. Se encuentra entre los cananeos (Dt. 18:9-11), los egipcios (Is. 19:3), e incluso entre los israelitas (1 S. 28:3-25; 2 R. 21:8; Is. 8:19; 65:4). También era practicada por babilonios, persas, griegos, romanos y otros pueblos. Esta práctica podría estar relacionada con la creencia popular de que los difuntos no solo sobreviven después de la muerte, sino que poseen poderes sobrenaturales de conocimiento. Se creía que estaban muy interesados en los asuntos de las personas con las que convivieron.

Un ejemplo famoso de esto es la consulta de Saúl a la pitonisa de Endor, para que evocara al espíritu de Samuel. La batalla contra los filisteos era inminente y Saúl había buscado respuestas de Dios a través de sueños, el uso del *urim* y profetas, pero ninguno de estos métodos le había dado una respuesta (1 S. 28:3). Como último recurso, recurrió a la necromancia, a pesar de haber prohibido previamente esta práctica. Para llevar a cabo su plan, buscó a una nigromante, una mujer que poseía el don de evocar a los difuntos. La mujer aparentemente tenía la capacidad de evocar a cualquier difunto que se le pidiera, como se evidencia en su pregunta: "¿A quién quieres que te evocara?" (v. 11).

El relato de la consulta de Saúl a la pitonisa de Endor omite por completo la técnica utilizada por la mujer para evocar al muerto. Sin más trámites, el espíritu ('elohîm) se alza ante ella. Solo ella lo ve, Saúl debe confiar en su palabra, y una descripción tan vaga como la de "un anciano envuelto en un manto" es suficiente para convencerlo de que se trata de Samuel. Llegamos así al punto culminante: cuando el hombre se siente olvidado de Dios, recurre a un difunto "para que me diga lo que debo hacer" (v. 15).

Entre los ejemplos que se suelen citar de consultas clásicas a los difuntos, el caso relatado por Heródoto sobre Periandro, aunque menos trágico que el de Saúl, encaja bien en esta categoría. Los otros casos que se mencionan sirven para confirmar lo extendido de esta práctica, pero generalmente son invenciones literarias de los autores. Además, dado el carácter sobrehumano y sobrecogedor de la consulta a los muertos, no es raro que la necromancia haya desempeñado un papel importante entre poetas y dramaturgos. Quizá en este contexto se pueda ubicar un objeto enigmático utilizado en el arte adivinatorio por los israelitas: el terafim. En Ezequiel 21:26, se menciona que Nabucodonosor lo consultó antes de atacar a Jerusalén. Y según Zacarías 10:1-2, se impetraba la lluvia a través de él, en el contexto de prácticas adivinatorias y mágicas, lo cual es tan pecaminoso como pedirla a Baal. De hecho, en 1 S. 15:23, el terafim aparece en paralelo con el pecado de la adivinación. Es imposible determinar con precisión qué era el terafim y cómo se lo consultaba. Pero hay algunos detalles curiosos: cuando Raquel se va con Jacob a Canaán, roba los terafim de su padre Labán (Gn. 31:19, 34, 35). Siglos más tarde, un hombre llamado Micaías, de la región montañosa de Efraín, se hizo un efod y un terafim, consagró a uno de sus hijos como sacerdote y estableció una especie de capilla privada.

Finalmente, Mical, la esposa de David, colocó un terafim en la cama para evitar que los soldados de Saúl descubrieran que había huido. Una forma plausible de interpretar los datos anteriores es considerar al terafim como una especie de dios familiar (similar a los penates romanos) o como equivalente israelita de los tarpis hititas y los sedu y lamassu mesopotámicos. Es decir, espíritus o genios que a veces se manifiestan como benévolos y otras veces como perjudiciales. Al igual que los sedu y lamassu, que originalmente denotaban espíritus y más tarde imágenes, lo mismo pudo haber ocurrido con el tarpis entre los hititas y con el terafim en Israel (Sicre).

Es importante tener en cuenta que invocar a dioses familiares o espíritus protectores en el contexto de la adivinación no es algo extraordinario, especialmente si consideramos la estrecha relación que a menudo existe entre la adivinación y la magia.

Es importante destacar que la necromancia ha sido objeto de controversia y condena en muchas culturas y tradiciones religiosas. En algunas sociedades, se la considera una práctica prohibida, peligrosa o inmoral. Además, la necromancia, a menudo, se ha asociado con la brujería, la magia negra y otras prácticas consideradas tabú o ilegales (ver **Nigromancia**).

NERÓN

En el libro "Nerón, la falsificación de un mito", el autor pone en evidencia que un personaje de la envergadura histórica de Nerón, basada en las informaciones proporcionadas por los escritores grecolatinos y los autores cristianos, es ambigua y contradictoria. Durante siglos, esa ha sido la imagen que ha perdurado. Es ahora, en el siglo XXI, cuando la más reciente historiografía ha revisado y cuestionado —no sin polémica— este enfoque de la figura de tan controvertido emperador (San Vicente, 2020). Así, es posible realizar un acercamiento que resalte los hechos que sí coinciden con los diversos escritos sobre el tema.

El emperador romano conocido como Nerón Claudio César Augusto Germánico (Nero Claudius Caesar Augustus Germanicus, en latín), nació el 15 de diciembre del 37 y falleció el 9 de junio del 68. Durante su reinado, que abarcó desde el 13 de octubre del 54 hasta su muerte, se produjo el fin de la dinastía Julio-Claudia. Nerón era hijo de Cneo Domicio Enobarbo y Agripina la Menor. Después del fallecimiento de su tío Claudio, quien lo había adoptado previamente y designado como su sucesor en lugar de su propio hijo, Británico, Nerón ascendió al trono imperial (Josefo).

Durante su gobierno, Nerón se enfocó principalmente en asuntos diplomáticos y comerciales, buscando aumentar el desarrollo cultural del Imperio. Para lograr esto, construyó diversos teatros y fomentó competiciones y eventos deportivos. En el ámbito de las relaciones exteriores y militares, su reinado se destacó por su éxito en la guerra contra el Imperio parto en Armenia, la represión de la revuelta de los britanos en el 60-61, y una apertura gradual hacia el helenismo desde el mundo romano. Sin embargo, en el año 68 se produjo un golpe de estado en el que varios gobernadores estuvieron involucrados, lo que aparentemente provocó a que Nerón fuese obligado a suicidarse (Martínez, 2002).

El reinado de Nerón, regularmente, se asocia con la tiranía y la extravagancia. Su legado está marcado por una serie de ejecuciones sistemáticas, incluyendo la de su propia madre y la de su hermanastro Británico. Además, existe la creencia generalizada de que mientras Roma estaba siendo devastada por un incendio, él estaba tocando su lira. También se le ha considerado un implacable perseguidor de los cristianos. Estas opiniones se basan principalmente en los relatos de los historiadores Tácito, Suetonio y Dion Casio. Pocas fuentes antiguas que han sobrevivido describen a Nerón de manera favorable, algunas mencionan su gran popularidad entre el pueblo romano, especialmente en oriente. La veracidad de los documentos que relatan los actos tiránicos de Nerón es motivo de controversia en la actualidad. Distinguir la realidad de la ficción, en relación con los escritos clásicos, puede resultar imposible (Henderson).

Es posible tener una imagen más o menos precisa de la vida, reinado, carácter, final y la percepción que los cristianos tenían de Nerón. Incluso, según lo expresado por Pablo en el libro de los Hechos y en la Carta a los romanos, se puede inferir que Nerón inspiraba confianza en el Estado romano y no temía a las autoridades, ya que confiaba en la justicia y el derecho romanos. Por lo tanto, exhortaba a los creyentes romanos a obedecer al poder imperial. Sin embargo, a partir de la época de Nerón, esta perspectiva cambió drásticamente. El Imperio romano se convirtió en perseguidor de la Iglesia, como se refleja en el libro del Apocalipsis, que fue escrito después de la persecución bajo el gobierno de Nerón y la destrucción de Jerusalén. El Estado romano comenzó a ser visto como un enemigo feroz de la Iglesia. Juan, en lugar de predicar sometimiento y obediencia a las autoridades, presenta al Imperio como una fuerza satánica aliada con la bestia que emerge del mar, y Nerón es señalado por la Iglesia como el anticristo. Según algunos estudiosos, Roma, la capital del Imperio, es considerada el trono de Satanás y es llamada Babilonia, porque representa el centro del paganismo perseguidor (Ap. 14:8).

La persecución de los cristianos durante ese tiempo incluyó crucifixiones y muertes por fuego. Según la tradición, las víctimas eran utilizadas como antorchas humanas para iluminar las carreras del emperador. Es muy probable que Pedro y Pablo hayan sido martirizados durante esta persecución. Muchos ciudadanos respetados perdieron la vida en varias olas de ejecuciones que Nerón diseñó para eliminar a la oposición. La Iglesia perseguida de ese período asociaba a Nerón con la Bestia del Apocalipsis debido a que su nombre equivalía al número 666, según se menciona en relación con la marca de la Bestia.

Según lo afirmado por Josefo, cuando estalló la revuelta judía en Palestina, Nerón ordenó a Vespasiano que se hiciera cargo de la situación. Esta revuelta finalmente llevó a la destrucción de Jerusalén y del Templo en el año 70 d.C. Hacia el final de su reinado, se dice que Nerón se volvió extremadamente cruel. La muerte de Nerón y su entierro fueron secretos, lo que dio origen a la leyenda conocida como "Nero redivivus" (Nerón revivido), que circuló ampliamente en las provincias orientales y afirmaba que Nerón regresaría con un ejército parto para reconquistar Roma y reclamar su trono imperial (ver **Emperadores, Nerón Redivivus**).

NERÓN REDIVIVUS

Después de la muerte del emperador Nerón Claudio César Augusto Germánico, surgieron muchas dudas sobre si realmente había fallecido. Durante muchos años, circuló el rumor de que aún seguía con vida. Posteriormente, surgió otro rumor que afirmaba: "Nerón ha muerto, pero ha resucitado", y que estaba preparando un ejército para regresar a Roma e invadirla con el objetivo de reclamar su trono imperial. Este relato se conoce como el mito de Nero redivivus, es decir, Nerón revivido. Otras fuentes relatan que, como resultado de este mito, apareció un primer impostor que se hacía pasar por Nerón y logró obtener el apoyo de un grupo de desertores. Se embarcó con la intención, posiblemente, de dirigirse a Siria o Egipto (según Tácito, Historias 2.9.2). Sin embargo, una tormenta los llevó a la isla de Citno, en las Cícladas, posiblemente debido a que su barco estaba en malas condiciones de navegación. Esto impidió que pudiera alcanzar su destino original, aunque el relato presenta algunas contradicciones señaladas por Tuplin (1989, 371). Tácito (Historias 2.8-9) dedica un amplio espacio a narrar este suceso y menciona que el impostor era hábil en el canto y en tocar la cítara. Parece ser que era un esclavo originario del Ponto o un liberto italiano que se parecía a Nerón, lo que hacía creíble su pretensión. Al lograr cierto éxito inicial al mantener su engaño, obtuvo el apoyo de algunos soldados orientales que estaban de permiso en la isla. Bajo amenaza de muerte, algunos se unieron a él y aquellos que se negaron fueron ejecutados. También reclutó a esclavos para unirse a su grupo. La situación continuó hasta que Calpurnio Asprenate, quien había sido designado gobernador de las provincias de Galacia y Panfilia por Galba, llegó con dos trirremes de escolta. Apresó al falso Nerón y a sus seguidores, y ejecutó al impostor, enviando su cabeza primero a Asia y luego a Roma. Tácito (Historias 9.2) agrega que la cabeza del impostor impresionaba por sus ojos, cabello y la ferocidad de su semblante. La muerte de Galba tuvo lugar el 15 de enero en Roma, por lo que, aunque fue Galba quien encomendó la tarea a Asprenate, el desenlace debió ocurrir durante el reinado de Otón, a quien las legiones de Vespasiano habían jurado lealtad (San Vicente, 2020).

Existen diversas interpretaciones acerca del controvertido emperador Nerón y del mito de Nero redivivus. Dos textos destacados que se utilizan para establecer conexiones entre Nerón y fuentes adicionales son el Apocalipsis de Juan y la Ascensión de Isaías. Ambas obras fueron escritas después de la destrucción del templo de Jerusalén durante la Primera Guerra Judía, llevada a cabo por las tropas romanas bajo el mando de Tito. La temática común en ambos textos son las profecías que predicen el castigo para los romanos, quienes profanaron el templo, así como para Nerón, el emperador que inició la guerra. Por otro lado, Tito, quien desempeñó un papel importante en la destrucción del templo, no es una figura significativa en estos relatos.

El Apocalipsis de Juan, que trata sobre el fin del mundo y es el último libro del Nuevo Testamento, fue escrito poco después del año 70 por un judío cristiano, una vez finalizada la guerra judía. Combina la tradición judía del Belial con las creencias cristianas con el propósito de condenar el culto imperial romano y el sistema político. En este texto se menciona a un gran dragón rojo (que representa a Satanás) y a una bestia terrestre y otra marina que oprimen la tierra. La bestia marina tiene diez cuernos y siete cabezas, y una de sus cabezas parece haber recibido un golpe mortal, pero se ha recuperado de esa herida de muerte. Esta bestia simboliza a Roma y ejerce dominio sobre la tierra. La segunda bestia controla la tierra, realiza milagros y persuade a la gente para que adore a la primera bestia, y marca a todos con un símbolo. El número de la bestia es 666. Se ha interpretado que estas cifras corresponden a la equivalencia numérica de las letras hebreas en la palabra "Nero Caesar", lo que implicaría que Nerón sería la segunda bestia según esta interpretación. En este texto, se presenta al emperador como un gobernante bajo el dominio del Dragón (Satanás) y se menciona el culto imperial como un símbolo de idolatría. Además, se establece una conexión entre los informes sobre la muerte de Nerón y su supuesta huida a Partia, transformando al emperador en el protagonista de un mito apocalíptico: Nerón César, quien regresará para destruir Babilonia (San Vicente, 2020).

El Apocalipsis no predice explícitamente un regreso literal de Nerón de entre los muertos, pero es posible que Juan se haya inspirado en esta leyenda popular para dar forma a su visión de la bestia. Aquello que la gente había escuchado como una leyenda algún día podría convertirse en realidad, representada por un gobernante similar a Nerón, pero aún más malvado que él. Este gobernante se levantaría para blasfemar contra Dios y librar una guerra contra su pueblo. Es importante mencionar que en el Apocalipsis se hace referencia al anticristo, a Nerón y al número 666 como elementos relacionados con esta figura siniestra (San Vicente, 2020), (ver **Anticristo, Nerón, Seiscientos sesenta y seis**).

NICOLAÍTAS

Eran los seguidores de un individuo llamado Nicolás, cuyas obras y enseñanzas en las iglesias de Éfeso (Ap. 2:6) y de Pérgamo (Ap. 2:15ss.) fueron condenadas. Se cree que esta secta herética también existía en la iglesia de Tiatira (Ap. 2:20-25), ya que se observa la misma inmoralidad e idolatría. Sus enseñanzas eran similares a las de Balaam, y algunos sugieren una conexión con Nicolás (la victoria del pueblo, o "conquistador del pueblo", en griego). Estas enseñanzas implicaban compromisos con prácticas paganas, lo que permitía a los cristianos participar en actividades inmorales. Referencias en los escritos de Ireneo, Tertuliano y Clemente sugieren que los nicolaítas continuaron como una secta gnóstica hasta el año 200 d.C. Los primeros dos identifican al fundador como Nicolás de Antioquía (Hch. 6:5), aunque estas afirmaciones carecen de una base sólida. Así, los nicolaítas instigaban a los cristianos a no observar las prescripciones del concilio de Jerusalén, que se había reunido el año 50 d.C. (Hch. 15:29). Se supone que Nicolás fuera el diácono de este nombre (Hch. 6:5). La primera alusión a esta hipótesis se halla en los escritos de Ireneo, hacia el año 175 d.C. (Contra herejías, 1:26, 3). Entre los gnósticos del siglo III había una secta de nicolaítas que enseñaban asimismo "la libertad de la carne"; es posible que ellos fueran los herederos de la corrompida doctrina de los primeros nicolaítas (Nelson).

Según algunos autores, el origen y significado preciso del término "Nicolaítas" no puede ser explicado con certeza. Se plantea la posibilidad de que sea un juego de palabras inventado por Juan de Patmos para reflejar en griego el significado en hebreo del nombre "Balaam" (heb. *Beal am*, עֲםָ עַלָּ֣ב; gr. *niké laón*). En este caso, ese grupo no se autodenominaría así, y la profetisa mencionada en 2:20 tampoco se llamaría "Jezabel". Esto explicaría por qué el autor nunca repite el término, aunque hace referencia frecuente a la amenaza que representaban. En cuanto a la doctrina de los nicolaítas, se sugiere que la clave para entender su enseñanza se encuentra en la alusión histórica a Balaam en Apocalipsis 2:14 (Nm. 22-27). A petición del rey Balac de Moab, Balaam intentó maldecir a los israelitas, pero solo pudo pronunciar bendiciones. Desde entonces, Balaam se convirtió en una de las figuras más deshonrosas en las escrituras hebreas. Es evidente que Juan estaba familiarizado con esta historia del Antiguo Testamento. Algunos estudiosos argumentan que esta es la razón por la cual Juan lo asocia en el Apocalipsis con el acto de "comer lo sacrificado a los ídolos", refiriéndose a la participación en el culto pagano público. Sin embargo, no está claro si el término "fornicar" en Apocalipsis 2:14, 20 tiene un sentido literal de pecados sexuales o un sentido simbólico de idolatría. Es posible que el juicio contra Jezabel mencionado en 2:21-23 esté relacionado con pecados sexuales o que sea un simbolismo que se refiera a la idolatría. Algunos autores sugieren que se refiere definitivamente a la idolatría y posiblemente también al libertinaje sexual. Parece que los "Nicolaítas" de Tiatira justificaban su idolatría y posiblemente su inmoralidad sexual como participación en "los profundos secretos de Satanás", aunque esta frase en 2:24 puede ser una variante irónica del reclamo de conocer "los profundos secretos de Dios" como una racionalización de su idolatría. No parece implicar una negación del cuerpo o una salvación a través de conocimientos esotéricos gnósticos (Stam).

En la época de Juan, la idolatría era omnipresente en la sociedad y la vida en Asia Menor. Las fiestas privadas con comida sacrificada, a menudo, se llevaban a cabo en los templos. Se creía que la deidad estaba presente en la comida compartida entre los participantes, lo que le daba a la comida sacrificada una importancia especial. Los gremios laborales y las asociaciones, como los encargados de los enterramientos, también se dedicaban a los dioses. Estas reuniones solían comenzar con sacrificios y, a veces, terminaban en orgías sexuales. Además, se realizaban procesiones por las calles con imágenes de los dioses, y los seguidores devotos colocaban pequeños altares frente a sus casas para adorar a las deidades.

Los nicolaítas están relacionados con el culto al emperador, y esto parece conectarse con ciertos pasajes del Apocalipsis. Asia Menor era conocida por ser el lugar donde se practicaba más intensamente el culto al emperador romano. En el año 29 a.C., la ciudad de Pérgamo obtuvo autorización para construir un templo dedicado al emperador Augusto y a la diosa Roma, en un intento de establecer el culto imperial por encima de todas las demás religiones. Esta conexión con el culto imperial se refleja en la mención al "trono de Satanás" en el libro de Apocalipsis (2:13). Es muy probable que el exilio de Juan a la isla de Patmos y el martirio de Antipas hayan ocurrido debido a su negativa a adorar al emperador. La única forma de idolatría que traería consecuencias tan graves al rechazarla, o beneficios igualmente grandes al aceptarla, era el culto al emperador. Juan de Patmos escribió el libro del Apocalipsis para denunciar a los nicolaítas y advertir a los creyentes sobre la adoración al emperador. Por eso, exhorta a los cristianos de Esmirna, que eran perseguidos por la "sinagoga de Satanás", a ser fieles hasta la muerte (Ap. 2:10). Los cristianos tenían en mente los miles de creyentes crucificados en Roma bajo el gobierno de Nerón, y aunque en ese momento la persecución no era oficial ni generalizada, enfrentaban hostigamiento y presión social. Frente a la conformidad de los nicolaítas, Juan afirma que fue el diablo quien estableció el Imperio romano y que adorar al emperador es adorar a Satanás (Ap. 13:2, 4). También denuncia la violencia perpetrada por los romanos (Ap. 16:3-6; 17:6), así como las injusticias económicas (6:5-6; capítulos 17–18). Ante estas realidades, aquellos que se acomodaban a la idolatría del imperio eran considerados cobardes y farsantes (21:8, algo que no se encuentra en otras listas similares). La fuerte crítica al Imperio romano en todo el libro del Apocalipsis confirma que el pecado repudiable de los nicolaítas era su participación en el culto al emperador (Stam), (ver **Balaam, Éfeso, Jezabel, Pérgamo, Siete iglesias del Apocalipsis, Tiatira, Culto imperial**).

NIGROMANCIA

La palabra "nigromancia es un término que proviene del latín "nigromantia", que a su vez deriva del griego "necromanteía". En la etimología de la palabra griega, encontramos dos componentes principales: "necro" que significa "muerte" y "manteía" que significa "adivinación". Por lo tanto, la nigromancia se refiere a la práctica de la adivinación o comunicación con los muertos (Manzanares).

En términos generales, la nigromancia es definida como un procedimiento a través del cual, por medio de la invocación a los espíritus de los muertos, puede ser predicho el futuro. También puede ser concebida como una práctica en la que, también invocando a los espíritus de los muertos, se pretende causar daño a otras personas.

El escritor Manzanares, en su diccionario sobre el estudio de sectas, refiriéndose a la nigromancia, como parte de la "mancia", palabra latina equivalente a la palabra griega "manteía" que significa adivinación, la describe como una práctica que bien puede ser enmarcada en una especie de magia a través de la cual se establece comunicación con los espíritus de personas ya fallecidas, con el propósito de llegar a conocer algún dato que hasta el momento permanece oculto, influir en el destino de otras personas con la intención de infligirles algún daño, o llegar a conocer el curso de ciertos acontecimientos que pertenecen al futuro. La acción de adivinación es hecha a veces mediante la sola invocación al espíritu del fallecido, o tocando su cadáver, alguna de sus posesiones o, inclusive, alguna de sus vísceras. Esta práctica, históricamente, ha sido identificada en Egipto, Mesopotamia, Persia, Grecia y Roma. La nigromancia ha sido la práctica acostumbrada del vudú, el cual procede de África; también el espiritismo y la santería.

Un ejemplo de necromancia aparente se encuentra en 1 Samuel 28. El profeta Samuel ha fallecido, y el desobediente rey Saúl se encuentra desconcertado porque Dios lo ha rechazado y ya no le brinda ninguna guía. Por tanto, Saúl busca a una médium, una mujer que supuestamente puede comunicarse con los muertos. Él le exige que resucite al difunto Samuel de entre los muertos, y el texto sugiere que ella lo logra. Samuel aparentemente regresa de entre los muertos para pronunciar una última profecía al rey Saúl: "Mañana tú y tus hijos estarán conmigo" (1 S. 28:11-19). Esta historia, ciertamente, resulta extraña y desconcertante, pero no es fácil de descartar. Esta práctica ya había sido prohibida anteriormente por Dios en el libro de Deuteronomio al decir que no fuera "… hallado en ti… quien practique adivinación, ni agorero, ni sortílego, ni hechicero, ni encantador, ni adivino, ni mago, ni quien consulte a los muertos" (Dt. 18:10, 11). Esta, de acuerdo con la voluntad expresada por Dios, era "… abominación para con Jehová cualquiera que hace estas cosas…" (Dt. 18:12). También en libros anteriores ya Dios había expresado su desacuerdo ante tales prácticas al decir "No seréis agoreros, ni adivinos" (Lv. 19:26), (ver **Necromancia**).

NO PASARÁ ESTA GENERACIÓN

"De cierto os digo, que no pasará esta generación hasta que todo esto acontezca" (Mt. 24:34). ¿A qué generación se refirió nuestro Señor Jesucristo?

Hay tres escuelas de interpretación que responden a esta pregunta de manera diversa:

1) La escuela Preterista completa o total (la escuela escatológica preterista), enseña que todo lo dicho por el Señor en los capítulos 24 de Mateo, 13 de Marcos y 21 de Lucas se cumplió totalmente en el pasado, en la misma generación que estaba viva en los tiempos de Jesús, desde los niños hasta los ancianos. Esa generación murió viendo el cumplimiento pleno de la profecía de Jesús.

Uno de sus representantes destacados L. Gentry, resume su doctrina así: "La Gran Tribulación se produjo durante el siglo I. Esos acontecimientos marcaron el fin del enfoque de Dios sobre Israel. Las profecías de Jesús marcaron el comienzo de la era cristiana en el plan de Dios. La tribulación fue el juicio de Dios sobre Israel por rechazar al Mesías. Los juicios de la tribulación se centraron en los lugares que rodean la antigua Jerusalén y que afectaron poco a otras partes del antiguo mundo y del Imperio romano. Los juicios de la tribulación se rigieron por Jesús como el Cristo para reflejar su juicio contra Israel, mostrando así que él está en el cielo controlando esos eventos".

2) La escuela del Preterismo parcial o Preterismo ortodoxo, también se le conoce como Preterismo histórico o Preterismo moderado. Esta postura afirma que buena parte de lo anunciado por el Señor se cumplió en esa generación que estaba viva durante el ministerio de Jesús. La frase "los últimos días" no corresponde al futuro, sino que se refiere a los últimos días del cumplimiento de la Gran Tribulación en el año 70 d.C. Se relaciona con la destrucción del templo en la que no quedaría piedra sobre piedra; la manifestación plena del anticristo; las señales de principios de dolores; la Gran Tribulación para Israel y la ciudad de Jerusalén se cumplieron al pie de la letra en el año 70 d.C. Esta escuela, sin embargo, cree que la resurrección de los muertos, la resurrección física de Jesucristo, la Segunda venida de Cristo, el gran juicio universal y la nueva creación de todas las cosas ocurrirán en el último y gran día del Señor.

3) La escuela futurista. Enseña que todo lo expresado por Jesús de Nazaret en los capítulos mencionados de los evangelios, se cumplirá en el futuro previo y durante su Segunda venida. Afirma que la profecía dice que la era cristiana concluirá inmediatamente después de que la Iglesia sea arrebatada del mundo y en lugar de ser el juicio de Dios sobre Israel, es la preparación de Israel para recibir a su Mesías. Para Ice, uno de los representantes prominentes de esta escuela, los juicios implican catástrofes que, literalmente, afectarán el universo estelar e impactarán al planeta entero. Por ello, la venida de Cristo en la tribulación requiere su presencia pública, visible y física a la conclusión de esos juicios.

Así los distintos planteamientos, es necesario analizar lo que habló Jesús en esos capítulos en la perspectiva preterista y futurista.

La escuela preterista parte de la premisa de que todo lo que habló Jesús en los capítulos apocalípticos y escatológicos de los evangelios descritos, ocurrió en esa generación. Ese es el punto focal del que parte para explicar que todas las señales, incluyendo la Gran Tribulación, se cumplieron en el pasado.

Dadas esas explicaciones, lo que procede es analizar la frase "… no pasará esta generación hasta que todo esto acontezca".

Los evangelios sinópticos muestran que, en los tres capítulos paralelos respectivos, Jesús afirmó "esta generación". El sentido natural de esta expresión es muy específico; por ello es que los preteristas declaran que es imposible deducir que se refería a una generación después de cientos de generaciones y aplicarla a una generación a partir del año de fundación de la nación de Israel en el año 1948. La fuerza de la declaración "…*de cierto os digo, que no pasará esta generación hasta que todo esto acontezca*", hace muy difícil esa posibilidad. Además, citan varios pasajes en los evangelios en los cuales se usa la frase "esta generación" en el sentido natural, refiriéndose a todas las personas vivas de este tiempo. Estos son los versículos:

Mt. 11:16: "¿A qué compararé esta generación? Es semejante a los muchachos que se sientan en las plazas y dan voces a sus compañeros".

Mt. 12:39: "la generación mala y adúltera demanda señal".

Mt. 12:45: "… y el estado final de aquel hombre resulta peor que el primero. Así será también con esta generación perversa".

Mt. 16:4: "Esta generación malvada y adúltera busca una señal milagrosa, pero no se le dará más señal que la de Jonás".

Mt. 23:35-36: "[35] Para que venga sobre vosotros toda la sangre justa que se ha derramado sobre la tierra, desde la sangre de Abel el justo hasta la sangre de Zacarías hijo de Berequías, a quien matasteis entre el templo y el altar. [36] De cierto os digo que todo esto vendrá sobre esta generación".

Los preteristas enseñan que esa generación que Jesús llamó mala y adúltera (Mt. 12:39, 45; 16:4; 17:17); fue esta "última generación" que crucificó al Señor y fue esta generación, a la que dijo Jesús que sufriría el castigo por toda la sangre justa que se ha derramado sobre la tierra (Mt. 23:35). Y declaran que la afirmación de Mt. 23:36-38: *"De cierto os digo que todo esto vendrá sobre esta generación. ¡Jerusalén, Jerusalén, que matas a los profetas, y apedreas a los que te son enviados! ¡Cuántas veces quise juntar a tus hijos, como la gallina junta sus polluelos debajo de las alas, y no quisiste! He aquí vuestra casa os es dejada desierta"*; es la preparación natural para las enseñanzas de Mt. 24. Jesús claramente hablaba de un juicio muy cercano sobre Israel, no sobre un juicio siglos después. Jesús dice la razón "por haber rechazado la Palabra de Dios".

Coincido con la postura preterista en que la frase "esta generación" a la que se refirió Jesús, se refería a las personas vivas de su tiempo y que experimentaron la destrucción de la ciudad de Jerusalén en el año 70 d.C. (Gálvez).

515

NOADÍAS

Del heb. Noadeyah, נֹעַדְיָה, 5129 significa: "convocado por Yahvé". En el griego de la Septuaginta se escribe Νωαδ = Noadía.

Dos personas en el AT son nombradas Noadías: un sacerdote levítico del cual no se habla mucho, solo que formaba parte del equipo que trabajaba con Esdras (Esd. 8:33). La otra persona es una profetisa de la época postexílica. En Neh. 6:1-14, Nehemías narra que algunos de sus adversarios intentaron sembrar el miedo y la desconfianza entre el pueblo y él mismo. Para lograrlo, enviaron cuatro mensajes verbales, pero la quinta vez enviaron una carta falsificada a Nehemías, en la que se afirmaba que había un rumor extendido de que él planeaba rebelarse contra el rey y proclamarse rey en Jerusalén. El objetivo era que Nehemías se desacreditara y perdiera el apoyo del pueblo. Además, varios profetas fueron pagados para que profetizaran que el contenido de la carta era verdadero. Noadías era parte de los profetas que confirmaban y respaldaban los rumores de rebelión. Sin embargo, no se proporciona más información sobre quién era Noadías ni sobre su papel en la trama. No se menciona en ningún otro lugar de la Biblia ni hay detalles adicionales sobre ella.

Dado que se la describe como una profetisa falsa, es posible que Noadías fuera una persona que pretendía tener dones proféticos, pero que en realidad estaba involucrada en engaños y manipulaciones para perjudicar a Nehemías y su causa. Su inclusión en el relato sirve para resaltar los intentos de los enemigos de Nehemías de desacreditarlo mediante el uso de tácticas engañosas (Gálvez).

NOVIA

En el contexto del AT, especialmente en los escritos proféticos, a menudo se utiliza la metáfora de la relación matrimonial para describir la relación entre Dios y su pueblo Israel. Esta metáfora expresa la intimidad, el compromiso y el amor profundo que Dios tiene hacia su pueblo, así como la fidelidad y devoción que se espera de Israel hacia Dios. En el libro de Isaías, se encuentra una rica imaginería matrimonial que representa la relación entre Dios e Israel.

En Isaías 49:18, el profeta anuncia la restauración de Israel después del exilio. La imagen de vestirse con ellos como adorno y ceñirse de ellos como una novia simboliza la restauración de la belleza y la dignidad de Israel. Es una expresión de cómo Dios cuida y embellece a su pueblo después de un tiempo de aflicción y desolación. La metáfora de la novia también implica una relación íntima y cercana entre Dios y su pueblo, donde Él se deleita en ellos y se compromete a protegerlos y bendecirlos. Por ello, el profeta incita con alegría a Sión a que mire el atractivo escenario de los que vienen en multitud: levanta en torno tus ojos... (v. 18). Es una descripción similar a la de Is. 60:4. Dios jura por sí mismo que se cumplirán las promesas de repatriación de sus exiliados, que formarán el atavío de Sión. Antes esta se consideraba como una madre sin hijos; ahora debe regocijarse, pues se ve como nueva desposada, rodeada de numerosos hijos (y te ceñirás de ellos como novia), que constituirán su orgullo y alegría, como lo son para la novia sus adornos nupciales.

En Isaías 61:10, el versículo se encuentra en un contexto de gozo y alabanza. El siervo del Señor, que representa al Mesías, se regocija en Dios por la salvación y la justicia que Él le ha otorgado. La comparación con un novio ataviado y una novia adornada con joyas enfatiza la alegría y la celebración que se producen debido a la relación restaurada entre Dios y su pueblo. Es una imagen de belleza, esplendor y amor mutuo que se manifiesta cuando Dios cumple sus promesas y redime a su pueblo. Este versículo es parte del himno de júbilo y gozo del siervo del Señor que representa al Mesías. Aquí, la imagen de ser vestido con vestiduras de salvación y rodeado de manto de justicia es una expresión de la gracia y la redención proporcionada por Dios. Algunos eruditos ven el anuncio de la profecía del Mesías y la salvación de su pueblo. Incluso, algunos lo relacionan con la esposa del Cordero, lo cual es muy dudoso. Es más correcto desde el punto de vista exegético y hermenéutico comparar la metáfora de un novio ataviado y una novia adornada con joyas con la belleza y el esplendor de la relación entre el Mesías y su pueblo. También puede ser interpretado como una indicación de la alegría y la celebración que se produce cuando Dios restaura y redime a su pueblo.

En síntesis, en ambos versículos, la referencia a la "novia", se utiliza como una metáfora para describir la relación cercana, amorosa y restauradora entre Dios y su pueblo. Representa la restauración, el amor, la belleza y la alegría que Dios trae a la vida de su pueblo. Es una expresión de la fidelidad, el cuidado y la devoción de Dios hacia aquellos que están en relación con Él (Gálvez).

NOVILLA ROJA

El propósito específico del ritual de purificación con la Novilla roja, descrito en Números 19:2-7, era proporcionar una forma de purificación para aquellos que habían estado en contacto con la muerte o con ciertas formas de impureza ritual en el AT. Según la ley de Moisés, aquellos que habían estado en contacto con un cadáver o habían participado en ciertos ritos funerarios se consideraban impuros y debían someterse a un proceso de purificación antes de poder participar en los rituales religiosos o tener comunión con Dios y la comunidad. Esta impureza ritual también se extendía a aquellos que habían tocado huesos humanos, tumbas o habían estado en presencia de un cadáver. El ritual de la Novilla roja proporcionaba una solución para esta impureza ritual. La Novilla roja debía ser sacrificada fuera del campamento, y su sangre se rociaba en el Tabernáculo. Luego, el cuerpo de la Novilla se quemaba junto con otros elementos como cedro, hisopo y lana escarlata. Las cenizas resultantes se mezclaban con agua y se utilizaban para rociar a las personas y los objetos que necesitaban purificación.

Las características y requisitos de la Novilla roja que eran necesarios para que fuera aceptable para el sacrificio eran los siguientes: debía ser una hembra joven bovina que no hubiera tenido parto, sin ningún tipo de defecto y que no hubiera llevado yugo. El sacrifico de la Novilla roja posee un profundo simbolismo, así como elementos proféticos y tipológicos que apuntan hacia realidades espirituales más amplias. En primer lugar, la Novilla roja simboliza la purificación del pecado y la remoción de la impureza ceremonial. El color rojo se asocia con la sangre y la expiación, que eran elementos centrales en los rituales de purificación del AT. Servía como un medio simbólico para la eliminación de la contaminación ritual y la restauración del estado de pureza necesaria para el acercamiento a Dios. Además, tiene un elemento profético en su significado. En el cristianismo, su sacrificio y la purificación que proporcionaba se ven como una prefiguración del sacrificio de Jesucristo en la cruz por la expiación de los pecados de la humanidad. La Novilla roja apunta hacia la obra redentora de Cristo y su capacidad para limpiar completamente a las personas de sus pecados. En términos de tipología, la Novilla roja encuentra un paralelo con el sacrificio de Jesucristo. Al igual que la Novilla roja era un animal sin defecto, Jesús se presentó como el Cordero de Dios sin mancha ni defecto, cuyo sacrificio perfecto y completo ofrece la purificación y la redención a todos los que creen en él. Por lo tanto, representa un tipo o una figura que encuentra su cumplimiento en la persona y obra de Jesucristo.

Hebreos 9:13-14 hace referencia a este procedimiento al hablar de la muerte de Cristo de la siguiente manera: "La sangre de toros y machos cabríos y las cenizas de una becerra rociada sobre aquellos que son inmundos ceremonialmente los santifican para la purificación de la carne. ¿Cuánto más la sangre de Cristo... limpiará vuestras conciencias de obras muertas?".

En la perspectiva escatológica, según algunos escritores populares, la tradición judía sostiene que desde la destrucción del templo de Jerusalén por los romanos en el año 70 d.C., no ha nacido ninguna vaquilla roja perfecta en Israel. Para aquellos que creen que en los últimos días Israel reconstruirá un Templo literal en el Monte del Templo y volverá a realizar sacrificios, esto representa un obstáculo, ya que ningún judío podrá ser purificado lo suficiente para entrar en contacto con la nueva morada de Dios. Como resultado, se informa que algunos grupos marginales en la actualidad están intentando criar una vaquilla roja perfecta (Gálvez), (ver **Destrucción del Templo de Jerusalén, Dispensacionalismo**).

NOVIO

En Mt. 9:15, 25:1, 5-6, 10; Mr. 2:9, 19-20; Jn. 3:29, 2 Co. 11:2 aparece la palabra νυμφίος, que significa novio, aunque varias traducciones protestantes la traducen por esposo. Su significado escatológico se relaciona con la primera y Segunda venida de Cristo y con el establecimiento del Reino de Dios. En Mt. 9:15 y Mr. 2:19-20, Jesús utiliza la metáfora del novio en respuesta a una pregunta acerca del ayuno. Aquí, Jesús se compara a sí mismo como el novio que está presente, y sus discípulos son los invitados a la boda. Esta referencia implica que, mientras Jesús está presente, no es apropiado para sus discípulos ayunar, pero habrá un tiempo de duelo y ayuno cuando él sea separado de ellos. En Mt. 25:1, 5-6, 10, estos versículos forman parte de la parábola de las diez vírgenes. En esta parábola, las vírgenes representan a aquellos que están esperando la venida del novio, que representa a Jesús. Las vírgenes sabias están preparadas y listas para recibir al novio, mientras que las vírgenes insensatas no están preparadas y se quedan fuera de la boda. Este pasaje resalta la importancia de estar preparados y vigilantes para la venida de Cristo y la necesidad de tener una fe activa y viva. Juan 3:29, este versículo fue mencionado anteriormente y habla de Juan el Bautista refiriéndose a Jesús como el novio y a sí mismo como el amigo del novio. Aquí, Juan se regocija al escuchar la voz del novio y reconoce la superioridad y el papel central de Jesús.

En 2 Co. 11:2, Pablo utiliza la metáfora del novio para describir su celo por la iglesia de Corinto. Él se preocupa de que los corintios se desvíen de su compromiso y pureza hacia Cristo, como una novia que se desvía de su fidelidad hacia su esposo. Pablo quiere presentarlos como una novia pura y sin mancha ante Cristo.

En general, en estos versículos, la palabra "novio" se utiliza para representar a Jesucristo en relación con su pueblo, la Iglesia. La imagen del novio enfatiza la relación íntima, amorosa y esperada entre Cristo y su pueblo, así como la necesidad de estar preparados, vigilantes y comprometidos en espera de su venida y la consumación del Reino de Dios.

NUEVA CREACIÓN

¿Nueva creación o restauración de la vieja? La escatología de la restauración de todas las cosas es una doctrina occidental que enseña más bien una escatología de la restauración de la creación primera que fue creada de la nada y afectada por el pecado. Moltmann cuestiona este enfoque porque, según él, sitúa el énfasis en la redención del pecado y sus devastadoras consecuencias, la salvación del alma, el cielo y el reino de Cristo, pero desatiende la redención plena de toda la creación. Es una comprensión restauradora de la escatología, es un hablar de un retorno al paraíso perdido y luego recuperado. Es como decir que el pecado trastorna la creación buena, la gracia redime al hombre y la creación, al final la creación vuelve a estar allá donde estuvo originalmente "He aquí que todo es muy bueno" sería la expresión justa. Pero esta forma de pensar es caer en el mito del "eterno retorno". Es la regeneración de lo viejo y arruinado en el que "el final corresponde al principio", pero eso no lo enseña en ninguna parte la Escritura. Es como regresar al punto de partida. Si así fuera, entonces, lo que suceda al final no puede ser sino la restauración del principio. Esta manera de pensar es igual a la cosmología estoica e hindú (Moltmann, La Venida, 2004).

NUEVA JERUSALÉN

La exigencia primordial del AT es "reconocer a Dios y estar cerca de Él", y esta meta sigue siendo el ideal de la creencia en Dios, incluso en el tiempo escatológico de salvación. El reconocimiento de Dios y la obediencia a sus mandamientos obran la salvación y conducen a la paz permanente en el tiempo final. Este reconocimiento de Dios se produce específicamente en Sión, y es desde allí que tomarán su punto de partida los estados de salvación y paz en los tiempos finales. Cuando los profetas hablan de la esperanza de salvación en una proyección escatológica, incluyen a Sión en sus visiones y la describen con palabras altamente embellecidas.

Sión, en la gran reunión de pueblos en la Jerusalén del fin de los tiempos, se transformará en un elemento esencial de la escatología del Antiguo Testamento. Sión aparece transformada en una "realidad ideal", como el punto central del reino final de Dios en una humanidad idealmente transformada. Sin embargo, antes de todo eso, Jerusalén deberá soportar sobre sí los juicios que ha merecido y que Dios le ha señalado como castigo. Solo a partir de entonces, Sión aparecerá majestuosamente con la presencia de Dios en su centro (teniendo en cuenta la identificación natural de Sión y Jerusalén).

La importancia de esta Sión transformada en el tiempo final se puede distinguir por las siguientes misiones que la Nueva Jerusalén ha de cumplir:

a) Sión se convertirá en la residencia del futuro rey mesiánico y, con ello, se convertirá en el centro del reino mesiánico.

b) Todos los pueblos se dirigirán libre y espontáneamente hacia la Sión del tiempo final, se someterán voluntariamente a sus juicios y sentencias, aceptarán la manifestación de salvación y se regirán por ella.

c) Estos pueblos llevarán tesoros a la Ciudad de Dios, expresando así su intención de obedecer y someterse a Dios.

d) En Sión habrá abundancia de plata y oro.

e) Sus puertas serán de zafiro, y sus muros y plazas estarán hechos de piedras preciosas.

f) Los habitantes de la Nueva Jerusalén alcanzarán una edad muy avanzada.

La promesa del Antiguo Testamento respecto a la Jerusalén del último tiempo, como el centro del futuro mundo santo y perteneciente a Dios, se encuentra también en la proclamación del Nuevo Testamento. Pablo, en Gálatas 4:25-26, compara la Jerusalén del judaísmo, que está sometida a servidumbre, con la Jerusalén "de arriba", que es libre y a la cual pertenecen aquellos que han sido justificados por Jesucristo. En ellos se están cumpliendo las promesas de los profetas en la fundación del reino de Dios realizada por Jesucristo. De esta manera, Pablo ve inicialmente la realización de las profecías del Antiguo Testamento acerca de la Nueva Jerusalén.

De manera similar, los textos siguientes hablan del comienzo de la nueva Jerusalén celestial. Según el Apocalipsis, el Cordero se encuentra sobre el monte Sión junto a 144 000 elegidos que llevan su nombre y el nombre de su Padre escrito en sus frentes. Estos son los recién convertidos cristianos que, si permanecen fieles y vencen, serán colocados como columnas en el Templo de Dios en la nueva Jerusalén que desciende del cielo como una novia ataviada para el Esposo. La descripción de la Nueva Jerusalén, que se designa con el epíteto "Esposa del Cordero", así como la representación del río de vida de la ciudad celestial y los árboles de vida, y Dios mismo como su "fuente luminosa", están llenas de elementos de las profecías del AT. Estas descripciones proporcionan, en una de las últimas etapas de la revelación del NT una adecuada trasposición que pone en la debida luz la futura realidad escatológica de la Nueva Jerusalén, tal como fue concebida en el AT y NT y la convierte en la meta de los planes divinos de salud y salvación (D. Macho).

La frase "nueva Jerusalén" aparece solo dos veces en la Biblia (Ap. 3:12; 21:2). Se refiere al destino final del pueblo de Dios, la ciudad celestial, donde experimentarán la presencia de Dios por toda la eternidad. En el Nuevo Testamento, la Jerusalén terrenal, que representaba el alma de la nación de Israel, es vista como una sombra de la Jerusalén celestial, que es la máxima realización de las promesas del reino de Dios. El escritor de Hebreos aclara que la Jerusalén terrenal no es "una ciudad permanente", ya que los cristianos están esperando la ciudad que está por venir (He. 13:14; 12:26-28). Incluso Abraham esperaba "la ciudad con cimientos, cuyo arquitecto y constructor es Dios" (He. 11:10). Los héroes de la fe en Hebreos 11 anhelaban una ciudad "celestial" que Dios había preparado (He. 11:16).

La descripción más extensa de la nueva Jerusalén se encuentra en los dos últimos capítulos del libro de Apocalipsis. Juan la describe como un lugar donde Dios vivirá para siempre entre su pueblo. La ciudad santa se contrasta con Babilonia, el símbolo del poder maligno que desafía a Dios y oprime a su pueblo. Algunas de las características destacadas de la Nueva Jerusalén incluyen:

a) Es la esposa casta, la esposa del Cordero (Ap. 21:2, 9).
b) Brilla con la gloria de Dios (Ap. 21:11-21).
c) Las naciones caminan en su luz, que es la gloria de Dios (Ap. 21:24).
d) Los reyes de la tierra traen su gloria a la nueva Jerusalén como adoración y sumisión a Dios (Ap. 21:24).
e) Las naciones traen su gloria y honor a la nueva Jerusalén (Ap. 21:26).
f) La inmundicia, abominación y falsedad están excluidas de ella (Ap. 21:27).
g) El agua de vida y el árbol de la vida traen sanidad a las naciones (Ap. 21:6; 22:1-2).
h) El pueblo de Dios está llamado a entrar en la Jerusalén (Ap. 22:14).

De manera clara, la ciudad santa que desciende del cielo cumple las tres partes de la promesa del pacto de Dios a Israel: (1) Él será su Dios; (2) ellos serán su pueblo y; (3) Él vivirá entre ellos (Ap. 21:3; cf. Éx. 29:45-46; Lv. 26:12; Ez. 37:27). La promesa original de Dios incluía la restauración de un templo (Ez. 37), pero en el libro del Apocalipsis, toda la ciudad de la nueva Jerusalén es un templo (Ap. 21:22) en la forma del Lugar Santo (21:16). En este templo-ciudad, no habrá presencia de Satanás, pecado, dolor o muerte (Ap. 21:4, 8, 27; 22:3), (Bauckham).

La descripción más íntima de la nueva Jerusalén se encuentra en Isaías 61-62, donde la ciudad se presenta como una "novia bellamente vestida para su marido" (cf. Ap. 21:2, 9-10). Esta relación matrimonial está disponible para todos, sin importar su nacionalidad (Ap. 21:7, 10-14, 24, 26; 22:2), como se menciona en la figura de la "Novia del Cordero". La nueva Jerusalén representa la libertad de comunión entre el Dios trino y glorioso y su pueblo en la nueva creación. En este lugar, el pueblo de Dios reside en su presencia perfecta, libre de amenazas y tentaciones, y responde en adoración y servicio sin fin (Ap. 22:3-5), (ver **Cielo**; **Cielo nuevo y la tierra nueva**; **Templo**; **Sión**).

NUEVO ÉXODO

Los profetas del Antiguo Testamento hablan sobre la próxima era mesiánica y las características nuevas y mejores de esa relación venidera con Dios. Con frecuencia, describen poéticamente y de manera figurativa la próxima liberación en términos de un nuevo éxodo. Varios profetas hablan vívidamente sobre un tiempo en el que Dios sacará a su pueblo de situaciones opresivas y los llevará una vez más a la Tierra Prometida. Sin embargo, en todos los aspectos, este nuevo éxodo es siempre más grande y mejor que el anterior. En este nuevo éxodo, el pueblo que Dios reúne no son solo los esclavos de Egipto, sino que también incluye a los cojos, los ciegos y otras personas débiles (Is. 40:11; 42:16; Jer. 31:8; 4:6-7). Vendrán no solo de Egipto, sino también del norte, sur, este y oeste (Is. 43:5-6). Además de Israel, las naciones también serán incluidas, incluso Egipto mismo (Is. 11:10-16; 19:19-25). Así como Dios secó el mar Rojo y detuvo el río Jordán en el éxodo original, en este nuevo éxodo secará las aguas y los ríos para que su pueblo pueda cruzar (Is. 11:15; 19:5; 43:2). Isaías utiliza, especialmente, imágenes y figuras retóricas relacionadas con el éxodo para describir la liberación nueva y mejor que vendría con el Mesías.

Muchos escritores del Nuevo Testamento relacionan a Jesús y su obra con las profecías del nuevo éxodo en el Antiguo Testamento. Ven el libro de Marcos, en particular, como un retrato de los eventos en la vida de Jesús que son paralelos, pero mejores y más grandes que los acontecimientos relacionados con Moisés y el éxodo original. También afirman que en los evangelios se compara a Jesús con Moisés y, a veces, con la nación de Israel. En cada caso, Jesús es claramente identificado como similar, pero superior en obediencia y poder. Por ejemplo, al igual que Israel fue tentado en el desierto durante 40 años, Jesús es tentado en el desierto durante cuarenta días. Sin embargo, a diferencia de Israel, Jesús no cayó en la tentación. Del mismo modo, como Dios proveyó maná para los israelitas durante el éxodo, Jesús alimentó a cinco mil personas con la multiplicación de los panes y los peces.

El Nuevo Éxodo simboliza la redención y liberación del pueblo de Dios de la esclavitud del pecado y la opresión espiritual. Al igual que en el antiguo éxodo, donde el pueblo de Israel fue liberado de la esclavitud en Egipto, el Nuevo Éxodo representa la libertad espiritual y la salvación que Jesucristo trae a la humanidad a través de su muerte y resurrección. Además, simboliza la renovación y restauración de la relación entre Dios y la humanidad. En el antiguo éxodo, el pueblo de Israel experimentó una nueva vida en la tierra prometida después de haber sido liberado de la esclavitud. De manera similar, en el Nuevo Éxodo, a través de la fe en Cristo, las personas son restauradas y reconciliadas con Dios, experimentando una nueva vida espiritual y una relación renovada con Él. También simboliza guía divina y protección: así como Dios guio y protegió a su pueblo durante su viaje por el desierto, el Nuevo

Éxodo simboliza la guía divina y la protección de Dios en la vida de los creyentes. Dios está presente para ayudar, dirigir y consolar a aquellos que siguen su camino, incluso en medio de desafíos y situaciones difíciles.

El simbolismo del Nuevo Éxodo también abarca la idea de la universalidad y la reconciliación. En el NT se enfatiza que el mensaje de salvación no está limitado a un solo grupo étnico o nación, sino que se extiende a todas las personas y naciones. El Nuevo Éxodo representa la reconciliación de la humanidad con Dios y la unidad de todos los creyentes en Cristo, sin importar su origen o trasfondo.

En resumen, el Nuevo Éxodo tiene un significado simbólico profundo que abarca la redención, la liberación, la renovación, la guía divina, la protección, la universalidad y la reconciliación. A través de este simbolismo, se comprende y se celebra la obra de Dios en traer salvación y restauración a la humanidad a través de Jesucristo (VA).

NUEVO ISRAEL

En el NT se presenta la idea de que la Iglesia es el nuevo Israel basada en varias enseñanzas y conceptos:

Continuidad del pueblo de Dios: el NT enseña que la Iglesia es la continuación y cumplimiento de las promesas y propósito de Dios para el pueblo de Israel en el AT. Jesús afirmó que él vino a cumplir la ley y los profetas (Mt. 5:17) y que él es el cumplimiento de las promesas mesiánicas del AT.

El nuevo pacto: el NT habla del establecimiento de un nuevo pacto en Jesús, que reemplaza al antiguo pacto dado a Israel. Jesús instituyó la Santa Cena como el símbolo del nuevo pacto en su sangre (Lc. 22:20), y los creyentes en Jesús son participantes de este nuevo pacto.

La elección y la descendencia de Abraham: en el NT, se afirma que los creyentes en Jesús son considerados hijos de Abraham por la fe (Gá. 3:7-9, 26-29). Esto implica que la pertenencia al pueblo de Dios ya no está basada en la descendencia física de Abraham, sino en la fe en Jesús.

La Iglesia como templo y pueblo santo: en el NT, se describe a la Iglesia como el templo de Dios (1 Co. 3:16-17; Ef. 2:19-22) y como un pueblo santo (1 P. 2:9-10). Estos términos son utilizados anteriormente para describir a Israel en el AT.

La misión universal de la Iglesia: en el NT, se enfatiza que la Iglesia tiene una misión universal para llevar el mensaje del evangelio a todas las naciones (Mt. 28:19-20; Hch. 1:8). Esto refleja la promesa dada a Abraham de que en su descendencia bendeciría a todas las naciones.

El cumplimiento de las promesas mesiánicas: en el AT, se profetizaba la venida de un Mesías que traería la redención y la restauración a Israel. En el NT, se presenta a Jesús como el Mesías prometido y se muestra cómo a través de su muerte y resurrección, ha cumplido estas promesas mesiánicas. La Iglesia, como cuerpo de creyentes en Jesús, es parte de esta obra redentora.

La adopción de los gentiles: en el Antiguo Testamento, la pertenencia al pueblo de Israel estaba principalmente limitada a los descendientes étnicos de Abraham. Sin embargo, en el Nuevo Testamento, se enfatiza que la salvación y la pertenencia al pueblo de Dios están abiertas a todas las personas, tanto judíos como gentiles. Los gentiles que creen en Jesús son adoptados en la familia de Dios y se convierten en parte del nuevo Israel espiritual (Ef. 2:11-22).

La identidad de la Iglesia en Cristo: el NT presenta a la Iglesia como el cuerpo de Cristo, con Cristo como la cabeza (Ef. 1:22-23). Esto significa que los creyentes en Jesús están unidos a él de una manera íntima y espiritual. Esta unión con Cristo nos identifica como parte de su pueblo y nos da una nueva identidad en él.

La relación entre Israel y la Iglesia: aunque la Iglesia es vista como el nuevo Israel espiritual, esto no significa que el Israel étnico haya sido completamente rechazado o desechado por Dios. El apóstol Pablo enfatiza en Romanos 9–11 que Dios todavía tiene un plan y una promesa para Israel. La Iglesia y el Israel étnico no están en competencia, sino que forman parte de los diferentes aspectos del plan redentor de Dios.

El cumplimiento escatológico: el NT también enseña que al final de los tiempos, habrá una reunión y restauración completa de todo el pueblo de Dios, tanto judíos como gentiles. Se habla de una "plenitud de los gentiles" y de un "endurecimiento parcial de Israel" que será superado en el futuro (Ro. 11:25-26). Esto apunta hacia una consumación final en la que la Iglesia y el Israel étnico se unirán en la adoración y la gloria de Dios.

Es importante destacar que la interpretación y comprensión de la relación entre la Iglesia y el Israel étnico varía entre diferentes teólogos y tradiciones teológicas. Hay diferentes perspectivas y enfoques sobre cómo se entiende y se aplica esta relación en la teología y la práctica cristiana (Gálvez).

La relación entre el Israel del Antiguo Testamento y la iglesia del Nuevo Testamento es objeto de debate entre teólogos. Algunos teólogos reformados sostienen la "teología del reemplazo", argumentando que las promesas hechas a Israel se han transferido permanentemente a la Iglesia, lo que significa que el lugar de Israel en la profecía bíblica ha terminado. Por otro lado, los dispensacionalistas sostienen que las promesas de Dios a Israel sobre poseer su tierra no se han espiritualizado para aplicarse a la Iglesia.

Dos pasajes clave del Antiguo Testamento presentan a Israel como habitante de Canaán en relación con el Pacto Abrahámico. Génesis 15:18 y 2 Crónicas 9:26 mencionan la promesa de Dios a Abraham de darle la tierra. La interpretación de estos textos plantea preguntas sobre si el Pacto Abrahámico era condicional o incondicional y si ya se ha cumplido. Según los dispensacionalistas, la promesa de Dios de darle permanentemente la tierra a Israel no dependía de la fidelidad de Israel, sino de la fidelidad de Dios a su pacto.

En cuanto a Isaías 40–55, estos capítulos contienen garantías proféticas de que Israel regresará a su tierra después del exilio en Babilonia. Los defensores de la teología del reemplazo argumentan que el regreso de Israel a Palestina bajo Ciro el Persa cumplió la promesa de Dios a Abraham. Sin embargo, los dispensacionalistas creen que Isaías 40–55 aún no se ha cumplido y que espera un evento futuro, posiblemente el regreso de los judíos modernos a Israel y la formación del estado de Israel en 1948.

La discusión en el Nuevo Testamento sobre la relación entre Israel y la Iglesia se centra en varios pasajes como Ro. 11:25-27; Gá. 6:16; Ef. 2:11-22; 1 P. 2:4-10 y Ap. 7. Los defensores de la teología del reemplazo argumentan que estos pasajes aplican el lenguaje del Antiguo Testamento de Israel a la Iglesia, indicando que las promesas hechas a Israel han sido espiritualizadas y transferidas a la Iglesia. Por ejemplo, Gá. 6:16 llama a la iglesia "el Israel de Dios", y Ro. 11:25-27 sugiere que la Iglesia, como el verdadero Israel, triunfará en el futuro.

Por otro lado, los dispensacionalistas ofrecen su propia interpretación de estos pasajes. Según su punto de vista, Gálatas 6:16 probablemente se refiere a los cristianos judíos como el verdadero Israel en contraste con los judaizantes. En Ro. 11:25-27, el término "Israel" se utiliza en un sentido étnico, y las predicciones de Pablo sobre "todo Israel" siendo salvo se refieren a la futura conversión del pueblo judío al final de los tiempos. En Ef. 2:11-22, la descripción del único pueblo de Dios no excluye necesariamente un futuro para Israel, y lo mismo puede decirse de 1 Pedro 2:4-12. Además, Apocalipsis 7 habla de 144 000 de cada una de las doce tribus de Israel, lo que se refiere al futuro de los judíos cristianos durante la Tribulación, es decir, el remanente o los creyentes de Israel, no la Iglesia en sí (Byers).

En resumen, hay diferentes interpretaciones sobre cómo se relaciona Israel con la Iglesia en el Nuevo Testamento. Algunos sostienen la teología del reemplazo, mientras que otros creen en un futuro cumplimiento de las promesas de Dios a Israel.

NUEVO PACTO

En los profetas se encuentra una maravillosa promesa de un Nuevo Pacto (Jer. 31:31-40), acompañada de la restauración de la nación de Israel en la tierra y su unión en un solo reino (Ez. 36–37) y el derramamiento del Espíritu Santo (Ez. 36:25-27), cuyo cumplimiento se inicia en la persona y el ministerio de Jesucristo (Hch. 13:23, 29-39). Mediante su muerte, Jesús logró la reconciliación (Ro. 5:10), y sus seguidores recibieron en Pentecostés "la promesa del Padre" (Lc. 24:49; Hch. 1:4). La promesa dada a Abraham es una bendición para todas las familias de la tierra; aquellos que vienen a ser hijos de Abraham por fe se apropian de ella (Ro. 4:9-16; Gá. 3:14, 29). La promesa de la vida eterna (1 Jn. 2:25) en Cristo (2 Ti. 1:1) será completamente manifestada cuando seamos reunidos por él al regresar para llevarse a los creyentes consigo (Jn. 14:1-4). "Porque todas las promesas de Dios son en él Sí, y en él Amén" (2 Co. 1:20). En la visión del futuro "nuevo pacto", el profeta Ezequiel presenta el rociado de agua pura como parte de la purificación de todas las impurezas del pueblo elegido y reunido de todos los rincones de la tierra (Ez. 36:25), imagen que se refleja en el Nuevo Testamento en relación con Cristo y su Iglesia, a quien purificó "mediante el lavamiento del agua con la palabra, para presentársela a sí mismo, una Iglesia gloriosa sin mancha ni arruga" (Ef. 4:25-27).

Los profetas anuncian un nuevo pacto de regeneración que contrasta con el pacto dado en el Sinaí. Este nuevo acuerdo tiene un alcance nacional para Israel (Jer. 31:31-34; He. 8:8-11), pero también está destinado a todas las naciones (Mt. 28:19, 20; Hch. 10:44-47). El Espíritu Santo es el dispensador de este pacto (Jn. 7:39; Hch. 2:32, 33; 2 Co. 3:6-9), y se entra en él a través de la fe (Gá. 4:21-31). Cristo es el Mediador de este pacto (He. 8:6-13; 9:1; 10:15-17; 12:24). En cuanto al pacto hecho con Abraham, el apóstol Pablo argumenta en la Epístola a los Gálatas que la promesa hecha por Dios, "el pacto previamente ratificado por Dios para con Cristo, la ley que vino cuatrocientos treinta años después, no lo abroga, para invalidar la promesa" (Gá. 3:16, 17). Así, Israel no será restaurado en base al Pacto mosaico que ellos transgredieron, sino en base a la promesa de Dios a Abraham (Ro. 11:29 y su contexto).

En cuanto a los creyentes procedentes de la gentilidad, siendo que la promesa había sido dada a través de Cristo, el Apóstol puede añadir: "Y si vosotros sois de Cristo, ciertamente linaje de Abraham sois, y herederos según la promesa" (Gá. 3:29). El Nuevo Pacto es incondicional, al igual que los pactos hechos con Noé y Abraham, que Dios prometió hacer con las casas de Judá e Israel: Él pondrá sus leyes en sus mentes y las escribirá en sus corazones; él será su Dios, y perdonará sus maldades, y no se acordará más de sus pecados (Jer. 31:31-34ss.). El fundamento para esto fue establecido en la cruz. En la institución de la Cena del Señor, Cristo habló de su sangre como "la sangre del nuevo pacto" (Mt. 26:28; 1 Co. 11:25). Él es "el Mediador del nuevo pacto" (He. 9:15; 12:24). Así, es evidente que la realización del Nuevo Pacto con Judá e Israel es aún futura.

El principio de la gracia soberana ya está en vigor, y Dios actúa en conformidad con él al establecer las condiciones en base a las cuales mora en medio de su pueblo, siendo el Señor Jesús el Mediador, a través de quien se obtiene toda bendición (Ro. 1:1-10; 2 Co. 3:6).

Uno de los elementos centrales en el tiempo venidero de bendición que describen los profetas es el Nuevo Pacto. Debido a la desobediencia de Israel, el Antiguo Pacto (Mosaico) había fracasado. Por lo tanto, los profetas del Antiguo Testamento, especialmente Isaías, Jeremías y Ezequiel, apuntan hacia un nuevo tiempo caracterizado por una nueva relación con Dios, esencialmente un Nuevo Pacto. Isaías 40–66 lo llama un "nuevo éxodo" y lo conecta con la venida del Siervo del Señor, el Mesías, y la inclusión de los gentiles. Ezequiel 34, 36-37 lo llama un "pacto de paz" (Ez. 34:25) y lo describe como un tiempo en el que Dios los limpiará de todo pecado, creará un nuevo corazón dentro de ellos y pondrá verdaderamente su Espíritu dentro de ellos (Ez. 37:25-27). Sin embargo, es Jeremías quien realmente etiqueta este nuevo arreglo venidero como el "nuevo pacto". En Jeremías 31:31-33, Dios declara que hará un "nuevo pacto" con Israel. Este pacto no será como el antiguo pacto que Israel rompió. En cambio, Dios pondrá su ley en sus mentes y en sus corazones. Todos aquellos dentro del pacto conocerán a Dios y una vez más su pueblo estará en estrecha relación con él. Este Nuevo Pacto, declara Dios, estará caracterizado por el perdón de los pecados.

El Nuevo Testamento concentra en la persona de Jesucristo todo lo que se afirmaba en las promesas de las "alianzas" y lo une a las demandas de fidelidad, justicia y amor. La epístola a los hebreos es donde se comparan más las perspectivas de los pactos en el marco de un nuevo tiempo divino. Lo que parecía plural en el Antiguo Testamento ahora se une en una sola alianza, en singular. En Jesucristo, todas las "alianzas" alcanzan su pleno cumplimiento, y es a través de él que el nuevo pueblo de Dios se beneficia de ellas y se compromete con ellas. Los evangelios sostienen la misma idea. Los relatos del nacimiento de Jesús acompañan la narración histórica con citas mesiánicas del Antiguo Testamento (Mt. 1:23; 2:6; Lc. 1:46-55, 68-79; 2:29-32). El inicio de su ministerio es anunciado dentro del concepto mesiánico del Antiguo Testamento (Mt. 3:3, 17; Lc. 3:4-6; 4:17-19). En su enseñanza, Jesús afirmó una y otra vez que, a través de la nueva obra de Dios en él, las personas encontrarían salvación y un nuevo modelo de vida. Jesús redefinió lo que significaba ser descendiente de Abraham (Mt. 8:10-13; Lc. 16:22-26; Jn. 8:31-58). En los evangelios, Jesús se presenta como el "Nuevo Moisés": sube al monte para dar nuevos principios de vida (Mt. 5:1-16); reinterpretó la ley (como se ve en su famosa expresión "Oísteis que se dijo... pero yo os digo" en Mt. 5:21-48); resume el contenido central de la alianza en los dos grandes mandamientos: amar a Dios y amar al prójimo (Mr. 12:28-34); y proclama un nuevo mandamiento (Jn. 13:31-35; 15:12, 17). En el contexto de su muerte, Jesús presenta su propio sacrificio como la plenitud de la alianza. De hecho, la expresión "nueva alianza" o "nuevo pacto" en el Nuevo Testamento se relaciona con la muerte expiatoria de Jesús (1 Co. 11:25; Mr. 14:24-25; Mt. 26:27-29; Lc. 22:17-20).

La "sangre de Cristo" sella el nuevo pacto o alianza de manera similar a como la alianza en el monte Sinaí fue ratificada con la sangre de los animales sacrificados (Éx. 24:8), pero ahora reemplazada por un sacrificio superior (He. 8:2-12): el Hijo de Dios, cuya sangre establece una unión definitiva entre Dios y los seres humanos. Cristo es la última víctima que representa a ambas partes, a Dios y al ser humano, recapitulando en sí mismo todos los sacrificios del Antiguo Testamento y la relación de Dios con nosotros. La sangre de Cristo une a hombres y mujeres con Dios, convirtiéndolos en un nuevo pueblo llamado a vivir de acuerdo con la nueva vida del reino de Dios en sus corazones. Fue en la Santa Cena donde la comunidad cristiana de los primeros años encontró el centro de su vida y experimentó la realidad de la alianza de manera más profunda (Hch. 2:42-47). En el resto del Nuevo Testamento, especialmente en las cartas de Pablo, todos los conceptos relacionados con la alianza se presentan desde la nueva perspectiva del reino inaugurada por Jesucristo. Ahora, los gentiles tienen acceso a la ciudadanía en el pueblo de Dios (Ef. 2:2-22). La alianza se redefine como debió haber sido entendida desde el principio: como un pacto para la libertad (Gá. 4:21-28). En Jesús se cumple el pacto con Abraham (Gá. 3:16). El contenido central del pacto se resume en el mandamiento de amar al prójimo (Ro. 13:8-10). La antigua alianza en el monte Sinaí limitaba las promesas al pueblo de Israel, pero en Cristo también se otorga a los gentiles el derecho de ciudadanía en el pueblo de Dios, lo que hace que la alianza se vuelva universal y abarque a todo el mundo. En consecuencia, es la ley de Cristo (1 Co. 9:21), la ley de vida y no de muerte (2 Co. 3:7), la que ofrece tanto a gentiles como a judíos la paz y el libre acceso al Padre a través de la fe (Ef. 2:12-18; Ro. 11:25ss.), (GDEDB, Ropero).

En el Nuevo Testamento, la alianza se redefine desde la perspectiva del reino inaugurada por Jesucristo de varias maneras:

Inclusión de los gentiles: en el Antiguo Testamento, la alianza estaba principalmente dirigida al pueblo de Israel. Sin embargo, en Cristo, se otorga a los gentiles el acceso a la ciudadanía en el pueblo de Dios. Esto significa que la alianza se vuelve universal y abarca a todas las personas, sin importar su origen étnico (Ef. 2:2-22).

Cumplimiento de las promesas a Abraham: en Jesús, se cumple el pacto que Dios hizo con Abraham en el Antiguo Testamento. Jesús es el descendiente prometido de Abraham a través del cual todas las naciones serían bendecidas (Gá. 3:16).

Ley de amor al prójimo: el contenido central de la alianza se resume en el mandamiento de amar al prójimo. Jesús enseñó que este mandamiento es fundamental y resume toda la ley y los profetas (Ro. 13:8-10). La perspectiva del reino de Jesucristo enfatiza el amor y la justicia hacia los demás como una expresión concreta de la alianza.

Libertad en Cristo: la alianza en el Nuevo Testamento se redefine como un pacto para la libertad. En lugar de ser una carga legalista y opresiva, la alianza en Cristo ofrece libertad y vida en abundancia. Los creyentes son liberados del pecado y de la ley como medio de salvación, y en su lugar, se les invita a vivir en la libertad del Espíritu (Gá. 4:21-28).

Perdón de pecados: la alianza en el Nuevo Testamento ofrece el perdón de pecados a través de la obra redentora de Jesucristo. Su muerte en la cruz y su derramamiento de sangre son el fundamento para el perdón y la reconciliación con Dios (Mt. 26:28; Ef. 1:7).

Nueva creación: la alianza en el Nuevo Testamento implica una transformación radical y una renovación interna. Jesús habla de un nuevo nacimiento, donde los creyentes son hechos nuevas criaturas en Él (2 Co. 5:17). El Espíritu Santo es quien capacita a los creyentes para vivir de acuerdo con los valores y principios del reino de Dios.

Relación personal con Dios: el Nuevo Pacto enfatiza una relación personal e íntima con Dios. A través de Jesús, los creyentes tienen acceso directo al Padre y pueden experimentar una comunión cercana con Él (Jn. 14:6; He. 4:14-16).

Participación en la vida de Cristo: el Nuevo Pacto implica una participación activa en la vida de Cristo. Los creyentes son llamados a seguir a Jesús, a imitar su carácter y a vivir como Él vivió. Se nos anima a llevar nuestra cruz, a negarnos a nosotros mismos y a seguir a Jesús en obediencia y amor (Mt. 16:24; Ef. 5:1-2).

Esperanza de la vida eterna: el Nuevo Pacto ofrece la esperanza de la vida eterna. A través de la fe en Jesucristo, los creyentes tienen la promesa de la vida eterna y la seguridad de una herencia incorruptible en el reino de Dios (Jn. 3:16; 1 P. 1:3-4).

En conclusión, el Nuevo Pacto anunciado en los profetas y cumplido en Jesucristo es la revelación divina de la alianza redentora y transformadora entre Dios y la humanidad. A través de Jesús, se revela la plenitud del amor y la gracia de Dios, abriendo un camino para la reconciliación y la salvación de todos aquellos que creen en Él.

En el NT se profundiza en los aspectos clave de este nuevo pacto. Se destaca la inclusión de los gentiles, rompiendo las barreras étnicas y abriendo las puertas del pueblo de Dios a todas las personas. Se muestra el cumplimiento de las promesas hechas a Abraham, incluyendo la promesa que en él serían benditas todas las familias de la tierra, encontrando su realización en Jesús como el descendiente prometido que trae bendición a todas las naciones (Gálvez), (ver **Pacto**; **Nuevo Israel**; **Israel y la Iglesia**).

NUEVO TEMPLO

El contexto del nuevo Templo se basa en los relatos del Tabernáculo y el Templo del Antiguo Testamento. Como parte del pacto de Dios con su pueblo, Él eligió habitar en medio de ellos (Lv. 26:11-12). El Tabernáculo del desierto fue la primera morada de Dios, una "tienda de reunión" donde se encontraba con su pueblo, se ofrecían sacrificios y se realizaban expiaciones (Éx. 25-31). Estaba compuesto por un Lugar Santo y un Lugar Santísimo, donde se ubicaba el Arca del Pacto.

El Templo de Jerusalén siguió el modelo del Tabernáculo como el lugar donde la presencia de Dios residía (1 R. 8:1-11). Jerusalén era más que una ciudad con un Templo, era prácticamente un Templo con una ciudad a su alrededor. El Templo era el lugar donde Dios habitaba (2 S. 7:12-17; Sal. 84, 122, 132). Los profetas veían la ciudad de Jerusalén y el Templo como el lugar de salvación final no solo para Israel, sino para todas las naciones (Is. 2:2-4; Mi. 4:1-5; Zac. 14:16-19). Por lo tanto, la destrucción del Templo en 587/586 a.C. significó la pérdida de la presencia de Dios y su esperanza futura (Ez. 10-11).

La promesa de Dios de restaurar a Israel incluía la construcción de un nuevo Templo. En una visión detallada, a Ezequiel le fue mostrado el nuevo Templo donde la gloria de Dios residiría (Ez. 40–48). La visión concluye con el profeta nombrando a la nueva Jerusalén como "El Señor está allí" (Ez. 48:35). Otros profetas también hacen referencia a un nuevo Templo (Is. 56:7; 66:18-21; Hag. 2:9; Zac. 14:16-21).

Jesús, quien es el Verbo, se encarnó y estableció su morada entre la humanidad (Jn. 1:14). Las acciones de Jesús en relación al Templo de Jerusalén desempeñan un papel fundamental en la comprensión del nuevo Templo. Jesús purifica el Templo y habla claramente sobre su destrucción (Mr. 11:12-25; 13:1-2). Él habla de reemplazar el Templo destruido por uno "no hecho por manos humanas" (Mr. 14:57-58; Jn. 2:19-22). Además, cuando Jesús muere, la cortina del Templo se rasga de arriba a abajo (Mr. 15:38). En resumen, Jesús se ve a sí mismo como el reemplazo del Templo, siendo el lugar de la presencia de Dios.

En el Nuevo Testamento, la Iglesia se convierte en el nuevo Templo de Dios. El Espíritu Santo habita en la comunidad de creyentes (Jl. 2:28-29; Hch. 2:1-4). Pablo, en 1 Corintios 3:16, les dice a los creyentes que ellos mismos son el templo de Dios, ya que el Espíritu de Dios habita en ellos. Nuevamente, en 2 Corintios 6:16, les dice a los cristianos que ellos son "el templo del Dios viviente", cumpliendo la antigua promesa testamentaria de la presencia de Dios: "Andaré entre ellos y seré su Dios, y ellos serán mi pueblo" (Lv. 26:12; Jer. 32:38; Ez. 37:27).

Pablo utiliza la imagen del Templo para referirse a la Iglesia nuevamente en Efesios 2:11-22, argumentando a favor de una comunidad compuesta por judíos y gentiles donde la presencia de Dios se manifiesta (1 P. 2:4-8).

En Hebreos se explica que Cristo, como sumo sacerdote, ha entrado en el verdadero Tabernáculo celestial, el cual es el original y del cual el Tabernáculo terrenal era solo una copia. Jesús ingresó al trono de Dios con su propia sangre, realizando un acto sacerdotal en nuestro nombre, lo cual nos brinda a nosotros, como creyentes, acceso a la misma presencia de Dios. Esta experiencia espiritual nos anticipa el descanso final en el Tabernáculo celestial.

En el libro de Apocalipsis, el concepto del nuevo Templo del Nuevo Testamento también tiene un papel importante. Jesús promete a los vencedores en la iglesia de Filadelfia que los hará "columnas en el templo" de Dios. La multitud innumerable de personas de todas las naciones, tribus, pueblos y lenguas, que han salido de la Gran Tribulación, sirven a Dios continuamente en su templo. Es interesante notar que el lenguaje utilizado en Apocalipsis 7:16-17 es similar a la descripción de la Ciudad Santa en Ap. 21:1-4.

En estos pasajes, se habla de la satisfacción plena y eterna que se experimenta en la presencia de Dios. Ya no habrá hambre, sed, calor abrasador ni sufrimiento, ya que el Cordero será su pastor y los guiará a fuentes de agua viva. Dios enjugará todas las lágrimas de sus ojos. En Ap. 21:1-4, se menciona un nuevo cielo y una nueva tierra, la nueva Jerusalén descendiendo del cielo, y se proclama que la morada de Dios estará con los hombres. No habrá más muerte, tristeza, llanto o dolor, ya que las cosas antiguas habrán pasado.

En Ap. 21:3 se menciona la promesa del Antiguo Testamento de la presencia divina, que se encuentra en varios pasajes como Éx. 25:8; 29:45-46; Lv. 26:12; 1 R. 6:13; Ez. 37:27; 43:7, 9; Zac. 2:10-11.

En cuanto a Ap. 11:1-2, la mayoría de los dispensacionalistas creen en la reconstrucción literal de un Templo en Jerusalén justo antes del regreso de Cristo. Este Templo literal marcaría la restauración de la nación de Israel y sería escenario de la profanación por el anticristo (Dn. 9:27; 12:11; 2 Ts. 2:4). Por otro lado, la mayoría de los no dispensacionalistas interpretan de manera simbólica Ap. 11:1-14, donde la imagen del Templo representa a los creyentes, tanto judíos como gentiles.

Al final del libro, Juan sorprendentemente informa que "no ve un templo en la ciudad" (Ap. 21:22). Sin embargo, esto no significa que no exista un Templo restaurado. Juan explica que el nuevo Templo supera las expectativas, ya que "el Señor Dios Todopoderoso y el Cordero son su templo" (Ap. 21:22). Dios enjugará las lágrimas (Ap. 21:4) y los habitantes de la ciudad "verán su rostro" (Ap. 22:4). Además, la ciudad entera tiene la forma de un cubo, como el antiguo Lugar Santísimo (Ap. 21:16; cf. 1 R. 6:20). El Templo solía representar la presencia de Dios, pero ahora Dios mismo se ha convertido en el Templo a medida que la copia terrenal se desvanece (Beale).

NUMÉRICA, ESTRUCTURA

Es aquella que toma como base algunos números simbólicos, p. ej., la narración de las plagas de Egipto, que utiliza los números 3, 7, 100 (cf. Éx. 7–11), (Schökel).

La Biblia contiene varios patrones y estructuras numéricas que se consideran significativas en relación con la profecía y la escatología. Estas estructuras numéricas son interpretadas por algunos estudiosos y creyentes como revelaciones divinas y mensajes cifrados.

Uno de los patrones numéricos más prominentes en la Biblia es el número 7. Como mencioné anteriormente, el número 7 se asocia con la plenitud y la perfección divina. En la profecía y la escatología, el número 7, a menudo, se utiliza para representar un ciclo completo o un período de tiempo completo. P. ej., en el libro de Apocalipsis, se mencionan las siete iglesias, los siete sellos, las siete trompetas y las siete copas, que representan eventos y juicios divinos que conducen al fin de los tiempos. Otro número significativo es el número 12, que se asocia con el pueblo de Israel y la nación elegida. Se mencionan las doce tribus de Israel y los doce apóstoles, entre otras referencias al número 12. En la escatología, el número 12 se utiliza para representar la plenitud y la perfección del pueblo de Dios.

El número 40 también es relevante en la Biblia y se utiliza para representar un período de prueba o preparación. Por ejemplo, Moisés pasó 40 días y noches en el monte Sinaí recibiendo los mandamientos de Dios, y Jesús ayunó durante 40 días en el desierto antes de comenzar su ministerio.

Además de estos números, hay otros patrones numéricos y estructuras que se consideran significativas en la Biblia. Por ejemplo, el número 3, a menudo, se asocia con la divinidad, y se utiliza para representar la Trinidad en el cristianismo. El número 666 se menciona en el libro de Apocalipsis como el "número de la Bestia", que se interpreta como un símbolo del mal.

Es importante tener en cuenta que la interpretación de estas estructuras numéricas es objeto de debate y diferentes tradiciones religiosas pueden tener enfoques diferentes. Algunos creyentes consideran que estos números tienen un significado literal y profético, mientras que otros los interpretan de manera más simbólica o espiritual.

NÚMERO SIMBÓLICO

El número simbólico es aquel que está dotado de un valor cualitativo, además del valor cuantitativo: tres = lo divino, cuatro = la totalidad cósmico-humana; siete-ocho = totalidad y plenitud (Schökel).

En el judaísmo los números, a menudo, tienen significados simbólicos y se les atribuye un valor más allá de su mero aspecto numérico. El número 7 es particularmente importante en el judaísmo y se considera un número sagrado.

En la tradición judía, el número 7 está asociado con la creación y la perfección divina. Según el relato bíblico, Dios creó el mundo en seis días y descansó en el séptimo día, estableciendo el sábado como día de descanso. El número 7, por lo tanto, representa la plenitud y la totalidad.

En la apocalíptica judía, que es un género literario que se desarrolló en el período del Segundo Templo (516 a.C. - 70 d.C.), el número 7 se utiliza para representar las etapas del tiempo escatológico y los eventos finales. Los escritos apocalípticos judíos, como el libro de Daniel y el libro de las Revelaciones (Apocalipsis) en el Nuevo Testamento, a menudo presentan una serie de siete sellos, siete trompetas y siete copas, que representan eventos y juicios divinos en el tiempo del fin.

Además del número 7, otros números también tienen significados simbólicos en el judaísmo y la apocalíptica judía. Por ejemplo, el número 12 se asocia con las doce tribus de Israel y se utiliza para representar la completitud y la plenitud. El número 40 se utiliza para representar un período de prueba o preparación, como los 40 días y noches de lluvia en el relato del Diluvio en el Génesis, o los 40 años de peregrinación de los israelitas por el desierto.

Es importante tener en cuenta que estos números tienen un significado simbólico y no deben interpretarse de manera literal. Son herramientas utilizadas en la tradición judía y la apocalíptica para transmitir mensajes teológicos y conceptos abstractos.

NUMEROLOGÍA

El vocablo numerología viene de las raíces latinas y griega, del lat. *numerous* y del gr. *logos*, conocimiento. Es el estudio de los números que aparecen en las Sagradas Escrituras (Correa).

La numerología es una creencia o práctica que sostiene que los números tienen significados y propiedades especiales que pueden influir en la vida y personalidad de las personas. Se basa en la idea de que los números están intrínsecamente conectados con el universo y poseen un poder simbólico y espiritual.

En la numerología, se asigna un valor numérico a las letras del alfabeto y se utilizan cálculos matemáticos para analizar e interpretar nombres, fechas de nacimiento u otras combinaciones numéricas relevantes. Estos cálculos pueden incluir la suma de dígitos, la reducción de números a un solo dígito o la interpretación de patrones numéricos específicos.

Los practicantes de la numerología creen que los números revelan información sobre la personalidad, el destino y las oportunidades de una persona. Se pueden realizar análisis de números clave en la vida de alguien, como el número de vida, el número del destino o el número del alma, para obtener información sobre sus características, habilidades y desafíos.

La numerología ha sido tema de apasionamiento y de interés para muchas personas a lo largo de los años. En ella, muchas personas han puesto su esperanza con el fin de llegar a conocer su destino o el destino de sus semejantes. Este concepto no es sino una serie de acciones basadas en los números "… para conocer la esencia y el destino de los seres". Esto presupone la existencia de cierta relación entre números, personas, animales y seres inanimados. También se le puede considerar como "… una práctica adivinatoria a través de los números". En cuanto a su valor científico, ha sido considerada como mera superstición, carente de todo valor.

Algunos autores piensan que su origen se remonta a las antiguas lenguas griega y hebrea, las cuales tenían ciertos valores numéricos. Es conocido que el filósofo Pitágoras estableció una relación entre los planetas y los números al considerar que ambos poseían ciertas vibraciones comunes. "Para Pitágoras, la esencia última de todo ser… es el número. Las cosas son números, esconden dentro de sí números".

En el caso de la Biblia, es posible encontrar algunas relaciones entre conceptos que quizás hayan sido establecidas a través de conexiones numéricas. Desde este punto de vista, varios números adquirieron significados especiales, como el 3 cuando dice "A ruina, a ruina, a ruina lo reduciré…" (Ez. 21:27), tratando de dar mucho énfasis a la intención de Dios respecto de Israel. Tal vez sea más conocido el caso del número 7, al cual se le ha dado un significado sagrado, así, en el contexto de la creación, la Biblia enfatiza "… el día séptimo… el día séptimo… al día séptimo…" (Gn. 2:2, 3), pero así podemos encontrar también menciones como que quien matara a Caín sería castigado siete veces, siete espigas, siete vacas, siete años de abundancia y siete de hambre, siete vueltas al muro de Jericó, etc. Con el correr de los años, los rabinos "… desarrollaron la teoría de que todos los números tienen significados secretos…" y a esto se le conoce con el nombre de gematría. Es curioso el caso que se ha dado con el enigmático número que aparece en el libro de

Apocalipsis, el 666, el cual ha sido objeto de un sinnúmero de significados. El historiador J. Gonzáles, respecto a la numerología escribe que la misma forma parte de la literatura apocalíptica y afirma "...basarse en visiones, tiende a utilizar términos simbólicos, con bestias extrañas, abundante numerología, y lenguaje críptico que frecuentemente solo los que son parte del grupo pueden entender".

En líneas anteriores, hacíamos referencia a que, desde el punto de vista científico, la numerología ha caído en descrédito y se le considera una mera superstición. En ello está en consonancia algunos autores de prestigio al escribir sobre las tentativas siempre frustradas de los que, mediante los más absurdos artificios, procuran marcar la venida de Cristo.

Es importante destacar que la numerología se considera una pseudociencia y no cuenta con evidencia científica que respalde sus afirmaciones. Aunque puede ser utilizada como una herramienta de autorreflexión y exploración personal, no debe ser considerada como una guía definitiva para la toma de decisiones importantes o la predicción del futuro (Correa).

NÚMEROS

En el sistema simbolista, los números no son simplemente representaciones cuantitativas, sino ideas poderosas con características específicas para cada uno de ellos. Se considera que los números provienen del número Uno, que se identifica con el punto no manifestado. A medida que un número se aleja de la unidad, se sumerge más en la materia, en la involución, en el mundo físico. Los diez primeros números, según la tradición griega, o doce en la oriental, se consideran entidades espirituales: son formas, arquetipos y símbolos. Los demás números se generan a partir de combinaciones de estos números primordiales (Cirlot).

En la época romana, se consideraba que algunos números tenían connotaciones benéficas o nefastas. Los números que poseen un significado simbólico especial incluyen el uno, el tres, el cuatro, el siete, el ocho, el diez, el doce, el cuarenta y el cien, entre otros. Según Aeppli, el número es una de las invenciones más grandiosas del espíritu humano y, como era de esperar, se utiliza ampliamente en nuestra sociedad (Pérez-Roja).

En la perspectiva de la tradición judía, los números han sido considerados como portadores de significado simbólico y se han utilizado en diversos contextos. La Cábala, una tradición mística judía, ha explorado profundamente el simbolismo numérico y ha atribuido significados espirituales y metafísicos a los números. Los estudiosos judíos han analizado los números en la Biblia hebrea y han buscado conexiones y patrones simbólicos en los relatos y textos sagrados.

En el cristianismo, el simbolismo numérico también ha sido relevante. Los primeros cristianos, a menudo, utilizaron números para expresar conceptos teológicos y espirituales. Por ejemplo, el número tres se asoció con la Trinidad. Los estudiosos cristianos han explorado el uso de números en la Biblia, buscando patrones y significados simbólicos en los relatos bíblicos y en la enseñanza de Jesús.

La perspectiva evangélica sobre el significado de los números la retrata muy bien Johnston, aunque otros estudiosos no comparten totalmente tal perspectiva, no obstante, presentamos un resumen de esta:

El número uno, al no estar compuesto de otros números y ser independiente de ellos, elimina la posibilidad de la diferencia. Por lo tanto, se considera el origen de los demás números y representa el comienzo de las cosas. Al excluir la diferencia, simboliza la unidad divina, su supremacía e independencia. Es suficiente por sí mismo y no necesita de nadie más, y es independiente y no tiene igual.

Siendo el origen de los demás números, el uno representa el inicio.

El número dos enfatiza la diferencia y la existencia del "otro". En general, el número dos representa el testimonio completo, ya sea para bien o para mal.

El número tres se refiere a las tres dimensiones de medición: longitud, anchura y espesor. Estas dimensiones forman la solidez y se relacionan con la completitud. La solidez es el símbolo de la consumación. Tanto la solidez como la consumación señalan al Dios Trino; por lo tanto, el número tres indica el testimonio o la manifestación divina. Esta manifestación a veces se manifiesta en la resurrección de cosas morales, físicas o espirituales. Por lo tanto, el tres, además de representar la manifestación divina o la perfección divina, también es el símbolo de la resurrección.

El número cuatro, compuesto por tres más uno, indica lo que sigue a la manifestación de Dios en la Trinidad, es decir, su obra creadora. Es el número de los ángulos de la tierra, lo que alude a la consumación y universalidad de la creación. Es el primer número que se puede dividir fácilmente, lo que también indica debilidad. Por lo tanto, el cuatro es el símbolo de la universalidad, la creación y la relación del ser humano con el universo, y debido al fracaso humano frente a Dios, también simboliza la debilidad.

El número cinco se obtiene al agregar cuatro más uno. Al analizar el significado del cuatro, que representa la relación entre el hombre y lo creado, y del uno, que representa la perfección divina, podemos concluir que el número cinco simboliza la responsabilidad del hombre bajo el gobierno de Dios.

El seis es el resultado de multiplicar dos por tres. El dos representa la división o la maldad, mientras que el tres se refiere a la manifestación. Por lo tanto, el número seis indica la manifestación del mal. A diferencia del número siete, que representa la perfección, el seis denota un estado incompleto y simboliza al hombre sin Cristo.

El número siete se compone de la suma del cuatro más el tres. El cuatro representa lo que ha sido creado, mientras que el tres simboliza la manifestación divina. De esta manera, el número siete representa la creación que proclama a su Creador. Es un símbolo de la perfección espiritual, tanto en el bien como en el mal. Es el número más recurrente en las Escrituras, especialmente en el libro del Apocalipsis, donde se menciona más de cincuenta veces, ya que es allí donde el enfrentamiento entre el bien y el mal alcanza su punto máximo.

El número ocho se forma al sumar siete más uno. Como hemos visto, el siete indica perfección y el uno marca el inicio. Por lo tanto, el número ocho representa un nuevo comienzo. Está asociado con la resurrección y la regeneración, simbolizando el principio de un nuevo orden establecido.

El número nueve es el último de los dígitos simples conocidos. Los números formados a partir del nueve son solo combinaciones de estos dígitos. Por lo tanto, el nueve marca el final. Es el número que simboliza el cierre y el juicio. Además, el nueve es el resultado de sumar tres veces tres, siendo el tres asociado con la consumación divina. Por lo tanto, el nueve indica el final en el ámbito divino.

El número diez, marca el inicio de una nueva serie de números. Después de que los números del 0 al 9 completen un ciclo, se forma otro ciclo al agregar un 1 delante de cada uno de estos dígitos. Por lo tanto, el diez representa la perfección del orden divino.

El número once es poco común en las Escrituras y aparece aproximadamente treinta y ocho veces. Es mayor que el número diez, que se refiere al orden perfecto, pero menor que el número doce, que denota el gobierno o mandato divino.

El número doce representa la soberanía y se refiere a la administración del mandato divino en la tierra. El mandato divino es necesariamente perfecto, por lo que el doce es el número que representa el gobierno perfecto. De manera similar, el tres representa la perfección divina y el diez representa el orden perfecto.

El número cuarenta implica una prueba. Representa un período de dificultades en el que alguien es sometido a pruebas para probar su fortaleza y resistencia (Johnston), (ver **Seis, número**; **Números**; **Numérica estructura**).

Así, las diferentes perspectivas sobre los números en la Biblia sugieren que los números pueden entenderse de manera natural, convencional, literal, retórica, simbólica, mística, esotérica, oculta (ver **Gematría**). Algunas posturas relacionan los números como equivalentes a las letras del alefato hebreo y el alfabeto griego.

En los ámbitos proféticos escatológicos, especialmente en el libro de Apocalipsis, su significado es mucho más simbólico. P. ej. en Ap. 5:6 el Cristo es descrito como teniendo "siete cuernos y siete ojos", un uso simbólico del número siete que imposible que tenga un significado literal. Los cuernos son un símbolo de poder, por lo que "siete cuernos" significa "completo" o "total poder". Del mismo modo, los ojos, a menudo, representan conocimiento y perspicacia, por lo que "siete ojos" significa conocimiento total y la capacidad de verlo todo. El número setenta a menudo tiene connotaciones similares.

El número cuatro es usado con frecuencia en la profecía bíblica con carácter simbólico. En el uso físico y literario, el cuatro se relaciona con grupos de cuatro con implicaciones de universalidad, plenitud. La literatura profética usa referencias a "cuatro vientos", "cuatro esquinas de la tierra", "cuatro criaturas vivientes" con "cuatro caras" (ver **Cuatro seres vivientes**).

El famoso y malentendido número 666, es simbólico y se refiere al "número de un hombre". Algunos eruditos sostienen que ese número es el de la Bestia, y a esta "Bestia" le han asignado varios significados, en algunos casos han transliterado este número a los idiomas hebreo y griego, resultando que "coinciden con los nombres de Domiciano, Nerón César, etc. (Rycken), (ver **Nerón**, **Domiciano**, **Numerología**, **Seiscientos sesenta y seis**).

O

ONIROMANCIA

El vocablo "oniromancia" proviene de la combinación de dos palabras griegas: "oneiros", que significa "sueño", y "manteia", "adivinación". Así, etimológicamente, la oniromancia se refiere a la práctica de la adivinación a través de los sueños (Sicre).

La oniromancia es una forma de adivinación que se basa en la interpretación de los sueños para obtener información sobre el futuro, revelar aspectos ocultos o recibir mensajes divinos. Esta práctica ha existido en diversas culturas y tradiciones a lo largo de la historia, y se considera una forma de comunicación entre el mundo espiritual y el humano. Los oniromantes, o intérpretes de sueños, utilizan diversos métodos y técnicas para analizar los sueños y extraer su significado, como la identificación de símbolos recurrentes, el contexto emocional del sueño y las asociaciones personales del soñador.

En la cultura persa, se valoraba la interpretación de los sueños. En "los persas" de Esquilo, la reina reconoce la importancia del signo divino en su sueño. En la cultura griega, también se otorgaba gran importancia a los sueños. Zeus utilizó un sueño para perjudicar a Agamenón y a los aqueos, y Heródoto menciona varios ejemplos en sus "Historias". A veces, los sueños son simbólicos y se prestan a interpretaciones erróneas. Por esta razón, muchos reyes destinaban parte de su presupuesto a mantener un grupo de adivinos, magos, astrólogos y agoreros que pudieran interpretar sus sueños de manera adecuada (Sicre).

La oniromancia también tiene una presencia significativa en el Antiguo Testamento. Desde el libro de Génesis, encontramos numerosos casos. Curiosamente, el primer registro no es de un patriarca, sino del rey Abimélec, a quien Dios advierte en un sueño que deje a Sara. Según la tradición, un sueño lleva a Jacob a fundar el santuario de Betel, y los sueños desempeñan un papel importante en la historia de José: sus propios sueños, que presagian su dominio sobre sus hermanos; los sueños del copero y el panadero; y los sueños del faraón. Uno de los casos más notables y significativos que muestra el valor de los sueños se encuentra en los relatos de Gedeón, donde Dios habla con el protagonista y le asegura que entregará el campamento enemigo en sus manos. La palabra directa de Dios parece ser motivo suficiente para confiar. Sin embargo, el Señor le dice a Gedeón: "Si no te atreves, baja al campamento con tu escudero Furá. Al escuchar lo que dicen, te sentirás animado para atacarlos" (Jue. 7:10). Gedeón baja al campamento y escucha el relato de un centinela sobre un sueño, junto con la interpretación de su compañero. El centinela relata el sueño: "Vi una hogaza de pan de cebada que rodaba hacia el campamento de Madián, llegó a la tienda, la embistió y la volcó de arriba a abajo". Su compañero comenta: "Eso representa la espada del israelita, Gedeón hijo de Joás". La historia concluye con estas palabras curiosas: "Cuando Gedeón escuchó el sueño y su interpretación, se postró" (v. 15). En ese momento, Gedeón siente la confianza suficiente para atacar al enemigo (Sicre).

Pero los sueños también pueden desempeñar un papel más amplio al revelar el curso completo de la historia. Esto ocurre en el libro de Daniel, donde el rey Nabucodonosor tiene dos visiones importantes sobre el significado de la historia y el dominio absoluto de Dios (Dn. 2 y 4), y Daniel mismo tiene otro sueño paralelo (Dn. 7). Aquí también, al igual que en la historia de José y en la mentalidad del Antiguo Oriente, se reconoce que las personas comunes no pueden interpretar los sueños. Ni siquiera los especialistas babilonios pueden hacerlo. Solo Daniel posee la sabiduría especial que Dios le otorga (Dn. 2:27-28). Si un sueño común puede ser un simple presagio o una orden de los dioses, el sueño que se tiene en un santuario se considera una fuente de bendición. Por eso, las personas acuden al templo para tener sueños (incubación), (Sicre).

Si bien los sueños normales pueden ser vistos como simples presagios o mensajes de los dioses, los sueños que ocurren en un santuario son considerados una fuente de bendición. Es por eso que las personas acuden al templo para tener estos sueños. En el Antiguo Testamento, un ejemplo notable de esto es el caso de Salomón al comienzo de su reinado. Mientras ofrecía sacrificios en la ermita de Gabaón, el Señor se le apareció en sueños aquella noche (1 R. 3:5). El hecho de que esto sucediera en el santuario sugiere que fue un caso de incubación. A nivel de prácticas populares, podría haber una referencia a la incubación en Isaías 65:4. El profeta denuncia a aquel pueblo que "se agachaba en los sepulcros y pernoctaba en las grutas". Según Oesterley, al pasar la noche en la tumba, se creía que el espíritu del difunto se aparecería en un sueño al durmiente, brindando la información o consejo deseado.

Esto nos lleva a un aspecto crucial en el Antiguo Testamento. Los sueños, que a veces son valorados como medios de revelación divina, también generan reservas y críticas en otros casos. En el debate entre Moisés y sus hermanos, Dios establece un principio: "Cuando haya entre ustedes un profeta del Señor, me revelaré a él en una visión o le hablaré en sueños; pero no así con mi siervo Moisés, que es fiel en toda mi casa. Cara a cara hablo con él, claramente y no en enigmas; él contempla la forma del Señor" (Nm. 12:6-8). Los sueños y visiones se consideran medios secundarios de revelación en comparación con el contacto directo, cara a cara. Además, este medio, al igual que cualquier otro, puede ser manipulado por falsos profetas, como denuncia Jeremías (Jer. 23:25; 29:8), (Sicre).

ORACIÓN SACERDOTAL

Nombre que se le da a la oración que concluye el discurso de despedida de Jesús en la Última Cena (Jn. 17), (Schökel).

La Oración Sacerdotal en el NT se refiere a la oración que Jesús pronunció en Juan 17. También se conoce como la Oración de Jesús por sus discípulos o la Oración de despedida.

En esta oración, Jesús se dirige a Dios Padre antes de su arresto y crucifixión, y presenta una serie de peticiones y deseos en favor de sus discípulos y de aquellos que creerán en él a través de su testimonio. La Oración Sacerdotal es una muestra poderosa del amor y el cuidado de Jesús por sus seguidores, así como una expresión de su relación íntima con el Padre. Jesús pide por la unidad de sus discípulos, para que sean uno como él, así como él y el Padre son uno. También les pide que sean protegidos del mal y que sean santificados en la verdad. Jesús expresa su deseo de que sus discípulos sean llenos de gozo y que sean enviados al mundo para llevar el mensaje del evangelio. Además, Jesús extiende su oración a aquellos que creerán en él a través del testimonio de los discípulos, pidiendo que todos sean uno y que experimenten el amor de Dios. Jesús anticipa la futura misión de la Iglesia y la importancia de la unidad y el amor como testimonio al mundo.

La Oración Sacerdotal es considerada una de las oraciones más significativas y conmovedoras registradas en el Nuevo Testamento. Revela la relación única entre Jesús y el Padre, así como su preocupación y amor por sus seguidores. También muestra la importancia de la unidad, el testimonio y el amor en la vida y misión de la Iglesia.

la Oración Sacerdotal también tiene connotaciones proféticas y escatológicas en el NT. Aunque la oración se pronunció antes de la crucifixión de Jesús, contiene elementos que apuntan hacia el futuro y revelan aspectos de la obra redentora de Jesús y el plan de Dios para el futuro. Jesús habla de la gloria que tenía con el Padre antes de la fundación del mundo, lo cual sugiere una dimensión eterna y escatológica. Jesús también habla de dar vida eterna a aquellos que el Padre le ha dado, y menciona que esta vida eterna consiste en conocer a Dios y a Jesús mismo como el enviado de Dios. Además, Jesús hace referencia a su glorificación y su vuelta al Padre, lo cual alude a su resurrección, ascensión y exaltación. Esto tiene implicaciones escatológicas, ya que señala la consumación final de la obra redentora de Jesús y su posición como Sumo Sacerdote en el cielo.

En la Oración Sacerdotal, Jesús también menciona su deseo de que aquellos que crean en él estén con él donde él está y contemplen su gloria. Esto puede entenderse como una referencia a la venida del Reino de Dios y la participación de los creyentes en la gloria y la plenitud futura. Jesús incluye en su oración a aquellos que creerán en él a través del testimonio de los discípulos. Esto implica que la misión de la Iglesia sigue adelante después de la partida física de Jesús, y tiene un propósito escatológico de reunir a las personas en la unidad y el amor (Schökel).

En suma, la Oración Sacerdotal contiene connotaciones proféticas y escatológicas en el Nuevo Testamento. Revela aspectos de la obra redentora de Jesús, su glorificación y su posición como Sumo Sacerdote en el cielo. También señala la venida del Reino de Dios y la participación de los creyentes en la gloria futura. La oración incluye la misión continua de la Iglesia y su propósito de reunir a las personas en la unidad y el amor.

ORÁCULO

A través de su historia, el hombre inteligente ha tratado de darse respuesta a las múltiples preguntas que ha provocado el entorno en el cual vive. Así, han sido objeto de su interés el saber acerca de su origen, de la distinción entre sí mismo, otros seres vivos o inanimados; la razón de su presencia en el mundo, el deseo de dar una explicación a los fenómenos naturales. En medio de ese deseo ha buscado, a través de múltiples caudales, el esclarecimiento a todas sus dudas. Una de las fuentes a las que ha recurrido, en especial en los lejanos días de la ignorancia científica en la cual la superstición era la ama y señora de la interpretación del entorno, era el intento de la comunicación con ciertas deidades que fueran capaces de transmitirle la información de su interés.

La comunicación entre el hombre y los dioses era lograda a través de ciertos mediadores que eran capaces de hacer saber a las deidades las inquietudes de los interesados, y de recibir la respuesta de aquellas para satisfacer la inquietud de estos. Era a estas respuestas a las que llegó a conocerse con el nombre de oráculos.

Un oráculo era, entonces, la respuesta dada por ciertos dioses, a través de un mediador —un sacerdote o sacerdotisa— a los hombres que les habían formulado alguna pregunta acerca de algún aspecto intrigante, no resuelto, de su realidad. Esas respuestas eran dadas a través de mensajes orales de orden enigmático en los que era utilizada mucha simbología la cual era necesaria interpretar; también eran utilizadas algunas señales físicas que, igualmente, había que interpretar.

Se tiene conocimiento de que los temas que inquietaban a los hombres, en especial a reyes o líderes políticos, eran posibles declaraciones de guerra entre pueblos vecinos, inicio de algún negocio, posibles convenios matrimoniales, promulgación de nuevas leyes, asuntos relacionados a la salud y la enfermedad, o la elección del jefe o del monarca y otros.

Tal vez sea aquí el momento para referirnos a la etimología del término "oráculo". El mismo se deriva de la palabra latina *oraculum*, la cual se refiere a una respuesta dada por una deidad a alguien que le consulta algo. En cuanto al griego, el mismo término se deriva de *manteion*. Al igual que el término latino, el griego también hace referencia a cierta respuesta dada por una deidad ante una pregunta que le ha sido planteada. Importante es también dejar apuntado que, por extensión, también era conocido como oráculo al lugar al cual había que acudir para pedir la respuesta de algún dios y que era dada, como decíamos, a través del sacerdote que laboraba en ese lugar.

En el caso de la antigua Grecia, el oráculo más conocido y que gozaba de mayor renombre, era el llamado Oráculo de Delfos que, según se dice, estaba situado junto al monte Parnaso, jurisdicción de la ciudad de Corinto. En cuanto a lo que toca a la esfera bíblica, en el texto bíblico encontramos varios testimonios de conductas que bien pueden relacionarse con los oráculos o técnicas de adivinación. Por ejemplo, el libro de Génesis menciona el caso de la copa del patriarca José "... por la que suele adivinar" (Gn. 44:5). El libro de Jueces habla de una tal "... encina de los adivinos" (Jue. 9:37). Dios le dijo a David que atacara a los filisteos cuando escuchara "... ruido como de marcha por las copas de las balsameras..." (2 S. 5:24). Un caso extraño es lo que el profeta Oseas dice respecto de Israel: "Mi pueblo a su índole de madera pregunta, y el leño le responde..." (Os. 4:12). La Biblia también menciona cierta clase de ídolos pequeños que la persona podía llevar consigo. En relación con los mismos, el texto dice que "... han dado vanos oráculos..." (Zac. 10:2). En el caso del profeta Amós, "redactó personalmente la mayor parte de sus oráculos, de sus amenazas y de sus visiones. Después de él sus escritos tomaron la forma de libro gracias a sus discípulos, ya que creó escuela".

Por otra parte, hay varias palabras para explicar este vocablo. Del heb. *debir*, literalmente, lugar sagrado, santuario; significa la comunicación de Dios de modo directo o por medios humanos en respuesta a una consulta. El oráculo divino aconteció de varias maneras: por medio de sueños, visiones, cara a cara, señales, maravillas, *Urim* y *Tumín*, profetas, para responder al interés del pueblo sobre las consultas para conocer la voluntad de Dios, la toma de decisiones y evitarles que consultaran a los adivinos, agoreros o encantadores.

El significado amplio del término oráculo como anuncio es sentencia, declaración, expresión. En la Biblia de las Américas, aparecen traducidos los vocablos oráculo y oráculos, en el orden dado, una sola vez. El primero en el libro de Proverbios 16:10 de la palabra hebrea *Casám*, de la raíz distribuir, determinar por suerte o rollo mágico; por extensión: adivinación, agorero, oráculo. Esa palabra se encuentra en el contexto de la justicia que ejecuta el rey que emite sentencias justas. El segundo uso en Zac. 10:2 de la palabra hebrea *quésem*: suertes, adivinación que incluye pago, con relación a un anuncio o sentencias, de parte de los ídolos llamados *terafines*, cuales adivinaciones son confusas, falsas, ilusorias, que no sirven para el bien del pueblo, sino para enredarlo, descarriarlo. Tiene la connotación de la adivinación por el acto de cortar o dividir un sacrificio, abrirlo y mirar en el hígado o entrañas. La clave era descubrir aspectos anormales o diferentes en su forma, posibles signos o malformaciones. Esa práctica adivinatoria fue común en la antigüedad para hacer pronósticos que tenían que ver con asuntos vitales del pueblo. Los adivinos que menciona Zacarías intentaban descifrar el futuro de esa manera. *Dabar* = palabra, dicho, asunto (2 S. 16:23), se usó en las grandes profecías de los hombres de Dios como verdaderos oráculos a respuestas a las situaciones de la comunidad. El significado más extendido de oráculo en la Biblia es la sentencia, declaración o anuncio de parte del Dios verdadero. La mayoría de los escritos de los profetas del Señor comienzan con el vocablo oráculo.

OSEAS, LIBRO DE

Heb. 1954 *Hoshea*, μ_ה = salvación, libertador. Nombre de cinco personajes del AT.

El personaje del libro de Oseas es llamado profeta Oseas. La información disponible sobre la persona de Oseas es limitada. No se sabe el año exacto de su nacimiento ni de su muerte, tampoco se conoce el lugar de su nacimiento ni su profesión. El libro de Oseas solo proporciona el nombre del profeta, el nombre de su padre (Beerí) y el nombre de su esposa (Gómer). De su matrimonio nacieron tres hijos, dos niños y una niña, a quienes Oseas les dio nombres simbólicos: "Dios siembra" (Yezrael), "Incompadecida" (*lo-ruhamah*) y "No pueblo mío" (*lo-'ammi*).

En cuanto a la época en la que Oseas ejerció su labor profética, se cree que comenzó en los últimos años del reinado de Jeroboán II (782-753 a.C.), poco después de la expulsión de Amós del norte de Israel. Por lo tanto, Oseas nació y creció durante uno de los pocos períodos de esplendor que tuvo Israel desde su separación de Judá. Sin embargo, tras la muerte de Jeroboán II, la situación cambió drásticamente. En los treinta años de reinado de Jeroboán II hubo seis reyes sucesores, cuatro de los cuales llegaron al trono por la fuerza, sin ningún derecho legítimo.

En cuanto al mensaje de Oseas, coincide en parte con el de Amós, denunciando las injusticias y la corrupción reinante, así como criticando el culto superficial y falso. Sin embargo, Oseas se enfoca de manera contundente en condenar la idolatría, tanto en su aspecto cultual como político. La idolatría cultual se refiere a la adoración de Baal y sus ritos de fertilidad, así como la adoración del becerro de oro establecido por Jeroboán como símbolo de la presencia de Dios. Aunque al principio el culto al becerro de oro no planteó problemas, con el tiempo se convirtió en una religión naturista que alejaba al pueblo de Yahvé. La adoración a Baal y al becerro de oro transgredía los mandamientos, ya que implicaba la adoración de otros dioses y la fabricación de imágenes de la divinidad, intentando manipular y dominar a Dios.

La estructura del libro de Oseas es, en general, bastante difícil de comprender. Esto se debe, en parte, al mal estado de conservación del texto hebreo, lo que hace necesario basarse en hipótesis para traducir numerosas frases. Además, la mayoría de los oráculos son breves y resulta complicado relacionarlos

539

con el contexto anterior o posterior. Se ha propuesto la existencia de unidades "kerigmáticas" que englobarían varios oráculos, lo cual facilitaría la comprensión de la obra. Sin embargo, esta teoría no ha sido bien aceptada, entre otras razones, porque no hay base textual que respalde las intervenciones de los oyentes aprobando o rechazando las palabras del profeta. Al concluir la lectura de Oseas, se puede tener la impresión de que el autor agregó el último verso: "¿Quién es tan sabio como para entender esto, tan prudente como para comprenderlo?" (Os. 14:9a). Para él, lo único claro es que los caminos del Señor son rectos y se debe hacer un esfuerzo por seguirlos (Os. 14:9b). Sin embargo, podemos adoptar una perspectiva más optimista.

En conclusión, Oseas es uno de los profetas que causó un gran impacto, al menos en ciertos círculos. Hay tres temas que merecen especial mención. En primer lugar, la imagen del matrimonio aplicada a las relaciones entre Dios y el pueblo, que se desarrolla posteriormente en otros libros proféticos y en la teología bíblica en general, incluyendo el Nuevo Testamento y la espiritualidad cristiana. Aunque cada autor le da matices diferentes, la intuición básica proviene de Oseas. En segundo lugar, la imagen paterna para expresar las relaciones entre Dios y el pueblo, que destaca la victoria de la misericordia y el perdón a pesar de las faltas del hijo. Jeremías retoma este tema en uno de sus oráculos del libro de la consolación (Jer. 31:18-20), y encuentra su expresión más perfecta en la parábola del hijo pródigo en el Evangelio de Lucas (Lc. 15:11-32). En tercer lugar, la idea profética de que Dios prefiere la misericordia a los sacrificios. Aunque Samuel había planteado la alternativa entre obediencia y sacrificios (1 S. 15:22s.), Oseas lo lleva a un nivel más íntimo. Esta formulación es recogida en el Nuevo Testamento (Mt. 9:13 y 12:27, citando en ambos casos Os. 6:6). Además de los casos mencionados, el Nuevo Testamento cita expresamente palabras de Oseas en otras ocasiones: Mt. 2:15 (Os. 11:1: "De Egipto llamé a mi hijo") para presentar a Jesús como el nuevo Israel, y Ro. 9:25s. (Os. 2:23 y 1:10) para dar un nuevo sentido al texto y demostrar la misericordia de Dios hacia los gentiles. También se hace uso de Os. 2:2-3 en 1 P. 2:10 (Schökel), (ver **Profetas menores**). El libro de Oseas contiene 50 versículos en total, de los cuales 34 son de tinte profético (68% del contenido profético) y con una suma de 25 predicciones (BDMPE).

P

PACTO ABRAHÁMICO

El Pacto abrahámico es un tema central en la profecía bíblica y conecta el Antiguo Testamento con el Nuevo. Se presenta en tres pasajes clave: Gn. 12:1-7; 15:1-20 y 17:1-8.

En Génesis 12:1-7, Dios promete bendecir a Abraham y hacerlo en una gran nación. También promete bendecir a quienes lo bendigan y maldecir a quienes lo maldigan. Abraham será una bendición para todos los pueblos de la tierra. Dios también promete darle la tierra de Canaán a su descendencia.

En Génesis 15:1-20, Dios formaliza su promesa en un pacto. En las ceremonias antiguas de pacto, se cortaba un animal por la mitad y las dos partes caminaban juntas entre ellas, implicando un voto de cumplir el pacto. En este caso, Dios pasa solo entre los animales cortados, estableciendo un pacto unilateral en el que solo él está obligado. También Dios promete a Abraham que su descendencia será numerosa como las estrellas (Gn. 15:5) y predice cuatrocientos años de servidumbre antes de que posean la tierra de Canaán. Abraham cree en Dios y esto es contado como justicia.

En Génesis 17, Dios aparece nuevamente a Abraham y confirma el pacto. Amplía la promesa diciendo que Abraham será el padre de muchas naciones (Gn. 17:4-6) y Sara será la madre de las naciones (Gn. 17:16). También promete que reyes vendrán de Abraham y Sara. La tierra de Canaán se promete nuevamente y el pacto se declara como eterno (Gn. 17:7). Estas promesas se reafirman más adelante en Génesis, tanto a Isaac como a Jacob (Gn. 26:3-5).

La circuncisión física fue establecida por Dios como una señal del Pacto abrahámico (Gn. 17:10-14). Este acto consistía en el corte del prepucio y era permanente, sirviendo como recordatorio de la perpetuidad de la relación mediada por el pacto. Se requería que todos los varones fueran circuncidados, incluyendo los descendientes de Abraham, sus siervos, esclavos y extranjeros dentro de la comunidad del pacto. Pues era una señal de la promesa gratuita de Dios y se esperaba que su pueblo la cumpliera con alegría y voluntad, demostrando así el reinado divino sobre la tierra. En la Biblia, el verbo "circuncidar" también se utiliza metafóricamente para describir las actitudes del corazón. Deuteronomio y Jeremías, en particular, usan el lenguaje de la circuncisión espiritual del corazón.

En el libro de los Salmos, el verbo "circuncidar" se utiliza en un sentido de "cortar, destruir" y se asocia con la acción de Dios al derrotar a las naciones en su nombre. Además, en el NT, la circuncisión se convierte en una metáfora para el bautismo, donde se habla de ser circuncidados con una circuncisión espiritual que viene de Cristo y simboliza el entierro y resurrección con Él a través de la fe en el poder de Dios.

En contraste con el posterior Pacto mosaico, el Pacto abrahámico parece ser un pacto unilateral al que Dios se comprometió por medio de su promesa. Varios eruditos se refieren a él como un pacto "unilateral", un pacto "incondicional", un pacto de "compromiso divino" o un "pacto de gracia". Dios parece haberse comprometido a cumplir este pacto sin poner estipulaciones condicionales sobre Abraham y sus descendientes. Esto contrasta fuertemente con el Pacto mosaico tal como se presenta en el libro de Deuteronomio. De hecho, en Deuteronomio 28, Dios presenta claramente estrictas estipulaciones para guardar la ley que eran necesarias para recibir las bendiciones de ese pacto. Así que el Pacto mosaico era un convenio "de dos lados" o "bilateral"; de hecho, era un pacto de ley (aunque, ciertamente, la gracia de Dios también se puede ver en este pacto).

El Pacto abrahámico fue bastante diferente. El aspecto unilateral de este pacto se enfatiza por el hecho de que Dios pasa a través de las mitades de los animales por sí mismo en Génesis 15. El aspecto unilateral o de "gracia" de este pacto se ilustra en la historia al principio, inmediatamente después de la promesa a Abraham en Génesis 12:1-7. En Génesis 12:8-20, Abraham deja la Tierra Prometida (aparentemente en desobediencia), va a Egipto y miente al faraón acerca de su esposa Sara. Sin embargo, Dios, de acuerdo con su promesa unilateral, rescata a Abraham y lo bendice de todos modos (Gn. 12:20; 13:2).

Aunque el Pacto abrahámico era unilateral, Dios llamaba a Abraham y a su descendencia a caminar en obediencia, de manera similar a la gracia en el Nuevo Testamento. En Génesis 12, Dios le dice a Abraham que vaya a la Tierra Prometida, y en Génesis 17, Dios le ordena a Abraham circuncidar a los varones de su familia. Sin embargo, esta obediencia parece ser una respuesta al pacto, no un medio para obtener las bendiciones del pacto. A medida que se desarrolla la historia del Antiguo Testamento, se revela que la desobediencia de Israel puede retrasar u obstaculizar las bendiciones del Pacto abrahámico para una generación en particular, pero no puede detener el cumplimiento eventual del pacto. Por ejemplo, cuando el pueblo de Israel desobedece y se niega a entrar en la Tierra Prometida (Nm. 14), Dios envía a esa generación al desierto para que muera, pero luego trae a la siguiente generación a la Tierra Prometida para cumplir el Pacto abrahámico.

Las promesas proféticas del Pacto abrahámico son fundamentales para el resto de la historia del Antiguo Testamento. De hecho, es el cumplimiento de este pacto lo que impulsa esa historia. Génesis comienza con la maravillosa creación de Dios (Gn. 1-2), pero inmediatamente se ve seguida por pecados y desobediencia humanos repetidos (caps. 3-11). Adán y Eva comen del fruto prohibido, Caín mata a Abel, el pecado se propaga y trae el diluvio, y luego la gente se rebela contra Dios en la torre de Babel. El Pacto abrahámico (cap. 12) es la respuesta de Dios al pecado universal presente en los capítulos 3-11. Aunque quizás se pueda vislumbrar proféticamente la salvación en Génesis 3:15 (ver **Semilla/Simiente de la mujer**), es en el Pacto abrahámico donde la historia de la redención comienza realmente a desarrollarse.

El libro de Génesis concluye con la familia patriarcal viviendo en Egipto. Al comienzo del Éxodo, el Pacto abrahámico impulsa claramente la historia. Los descendientes de Abraham se han multiplicado tal como Dios prometió, y se encuentran esclavizados en Egipto, tal como Dios predijo. Sin embargo, cuando el faraón desafía a Dios e intenta detener el cumplimiento del Pacto abrahámico al matar a los bebés del pueblo de Dios, experimenta el castigo final de la promesa de Dios a Abraham: "Bendeciré a los que te bendigan y maldeciré a los que te maldigan" (Gn. 12:3). Como respuesta a esto, Dios envía diez plagas sobre Egipto (Éx. 7–11), destruyendo completamente al país.

Existen numerosas conexiones críticas entre la historia del Éxodo y el Pacto abrahámico. Cuando el faraón oprime a los israelitas, ellos claman a Dios. Éxodo 2:24-25 dice: "Dios escuchó sus gemidos y se acordó de su pacto con Abraham, Isaac y Jacob. Dios miró a los israelitas y les mostró su preocupación" (énfasis añadido). En el siguiente pasaje, Dios responde a este recuerdo del pacto al levantar a Moisés para liberar a los israelitas de Egipto. Es importante reconocer que el evento del Éxodo (la liberación de Israel de la opresión egipcia) es quizás el evento central o paradigma de la salvación en el Antiguo Testamento. Es igualmente crucial entender que esta gran liberación de Dios está íntimamente ligada al cumplimiento del Pacto abrahámico. Dios había prometido a Abraham que su descendencia sería una gran nación, que poseería la tierra de Canaán y sería bendecida. La historia desde el Éxodo hasta Josué traza el cumplimiento de esa promesa.

El Pacto abrahámico, al ser un pacto unilateral o de gracia, desempeña un papel crucial en la relación entre Israel y Dios, especialmente cuando la gente es desobediente. Un ejemplo de esto se encuentra en Éx. 32, cuando el pueblo adora un becerro de oro mientras Moisés recibe los Diez Mandamientos. La ira de Dios se enciende contra el pueblo y le dice a Moisés que tiene la intención de destruirlos (Éx. 32:10). Moisés, sin embargo, intercede ante Dios, utilizando el Pacto abrahámico como base para pedir gracia: "Recuerda a tus siervos Abraham, Isaac e Israel, a quienes juraste por ti mismo: 'Haré que tu descendencia sea tan numerosa como las estrellas del cielo, y les daré toda esta tierra que he prometido, y será su herencia para siempre'" (Éx. 32:13). ¿Cuál es la respuesta de Dios? "Entonces el Señor se arrepintió del mal que había dicho que haría a su pueblo" (Éx. 32:14).

A medida que la historia del Antiguo Testamento avanza, Israel entra en la Tierra Prometida y se le ofrecen grandes bendiciones, pero el pueblo desobedece y se vuelve a los ídolos. El Pacto mosaico promete castigo por este pecado. Sin embargo, a lo largo de la historia, Dios parece ser paciente y compasivo con ellos, aparentemente debido a su promesa a Abraham. En el libro de 2 Reyes, por ejemplo, mientras la nación se sumerge en el pecado y la apostasía, el texto recuerda al lector la razón por la cual Dios muestra paciencia: "Pero el Señor tuvo compasión de ellos y les mostró misericordia y se preocupó por ellos debido a su pacto con Abraham, Isaac y Jacob. Hasta este día, no ha querido destruirlos ni expulsarlos de su presencia" (2 R. 13:23).

Eventualmente, el pecado y la apostasía de Israel llevan al juicio, de acuerdo con el Pacto mosaico. Los profetas predicen esto constantemente, llamando al pueblo al arrepentimiento y a obedecer el Pacto mosaico. Sin embargo, los profetas se dan cuenta de que la gente no se arrepiente. Por lo tanto, proclaman que el juicio es inevitable, en cumplimiento del Pacto mosaico y la justicia de Dios. No obstante, también proclaman que después del juicio vendrá una restauración gloriosa y un tiempo de bendición, basado en los pactos unilaterales de gracia, como el Pacto abrahámico y el Pacto davídico.

La promesa profética del Mesías venidero está vinculada a estos dos pactos. Además, los profetas, como Isaías, proclaman que los gentiles también serán incluidos en este futuro tiempo de liberación, cumpliendo así Génesis 12:3: "Todas las naciones de la tierra serán bendecidas por medio de ti".

El pacto desempeña un papel fundamental en la doctrina del Nuevo Testamento relacionada con Cristo y su salvación. Los profetas del Antiguo Testamento proclamaron que el Mesías vendría en cumplimiento de los pactos abrahámico y davídico. En el Nuevo Testamento, se hace referencia nuevamente a estos pactos al introducir a Jesucristo como "hijo de David, hijo de Abraham" en Mt. 1:1.

La venida de Jesús también se relaciona con el Pacto abrahámico. En Lucas 1, María proclama que Dios ha sido misericordioso con Abraham y su descendencia, tal como había prometido a sus padres. Zacarías, el padre de Juan el Bautista, declara manifiestamente que la venida de Jesús es el cumplimiento del Pacto abrahámico, destacando la salvación y la misericordia que Dios ha mostrado a través de este pacto.

El Pacto abrahámico, es un elemento central en la doctrina del Nuevo Testamento y está vinculado a la venida de Jesús como el cumplimiento de los pactos abrahámico y davídico. Estos pactos establecen la base para la salvación y la misericordia de Dios hacia su pueblo.

El Pacto abrahámico desempeña un papel central en los evangelios y las cartas de Pablo. Pablo se refiere a menudo a las promesas que Dios hizo a Abraham, y considera que estas promesas son prácticamente sinónimos del Pacto abrahámico. Para Pablo, las promesas combinadas con la fe de Abraham son fundamentales para su comprensión del evangelio y la inclusión de los gentiles.

En Gálatas, Pablo enseña que aquellos que creen en Cristo son considerados hijos de Abraham y son bendecidos junto con él. Argumenta que las promesas del Pacto abrahámico se refieren a aquellos que creen en Cristo, tanto judíos como gentiles. Por lo tanto, el Pacto abrahámico desempeña un papel profético fundamental en la historia de la salvación, guiando hacia el cumplimiento en Jesucristo.

En resumen, el Pacto abrahámico tiene un papel crítico y profético en la historia de la salvación. Las promesas hechas a Abraham guían la historia desde el Antiguo Testamento hasta el Nuevo, culminando en Jesucristo (VA).

PACTO DE PAZ

El Pacto de paz en el Antiguo Testamento es mencionado de manera específica en el libro de Ezequiel. En el libro de Isaías, se describen algunas características de este Pacto de paz como un nuevo Éxodo en el tiempo venidero. Jeremías declara que la gloriosa era mesiánica se basará en un Nuevo Pacto. Sin embargo, es en Ezequiel donde se utiliza la frase "pacto de paz" para describir la nueva relación que traerá el Mesías venidero (Ez. 16:8, 59, 60-62; 17:13-16, 17, 18-19; 20:37). Estos pasajes describen algunas características de ese pacto. Sin embargo, es en el pasaje de Ezequiel 34:25-26 donde se menciona dos veces el "Pacto de paz". En Ezequiel 34, también se describe la conducta abominable de los líderes pasados y presentes de Judá, utilizando la metáfora de "pastores" que no cuidan de sus "ovejas". En contraste, Dios se revela como el Pastor que vendrá a pastorear a sus ovejas, rescatarlas, salvarlas y apacentar al rebaño con justicia. Además, el profeta enfoca la imagen del pastor venidero en la promesa de un gobernante mesiánico de la descendencia de David. Inmediatamente después de la conexión con David, Dios promete establecer el "Pacto de paz". El papel crítico del futuro pastor davídico (rey) en el establecimiento de este Pacto de paz está fuertemente implícito.

Aunque el Pacto de paz parece derivar de las bendiciones del pacto mencionadas en Levítico 26:4-13 y posiblemente alude a Números 25:12, está conectado con el nuevo tiempo mesiánico venidero. Dios presenta este pacto como incondicional, sin ninguna de las estipulaciones del Pacto mosaico. El pacto de paz en Ezequiel 34:25-31 abarca tres aspectos de la paz: paz con los animales salvajes, paz con la vegetación (por ejemplo, el fin de la hambruna) y paz de la opresión. El hambre y los animales peligrosos probablemente se utilizan como símbolos de desastre y calamidad. Sin embargo, esto también podría referirse al futuro momento en el que la naturaleza misma se transformará, eliminando la hostilidad entre la humanidad y la naturaleza que resultó de la caída en Génesis 3.

Algunos autores deducen que Jesús se basa claramente en Ezequiel 34 cuando se declara a sí mismo como el "buen pastor" (Jn. 10:11). Por lo tanto, inherente a la promesa de la venida del "buen pastor" está la promesa de que este gran pastor traerá la verdadera paz a su rebaño, como señala Block.

PACTO DAVÍDICO

El Pacto davídico es uno de los pactos más importantes del Antiguo Testamento. Juega un papel central tanto en el desarrollo de la historia del primer testamento como en la profecía mesiánica.

Este pacto incondicional se encuentra en 2 Samuel 7:8-16, y en él Dios promete a David y a Israel que el Mesías (Jesucristo) vendrá de la descendencia de David y de la tribu de Judá, y establecerá un reino que perdurará para siempre. Jesús es de la línea familiar de David (Lc. 1:32-33) y, como el Hijo de David (Mr. 10:47), cumple este pacto.

El reino glorioso de Cristo se basa en este pacto, que asegura lo siguiente: a) una "Casa" davídica, es decir, una posteridad y una familia; b) un "Trono", es decir, autoridad real; c) un reino, es decir, una esfera de gobierno; d) perpetuidad, "para siempre".

Estas cuatro promesas tienen una única condición: la desobediencia de la familia davídica traerá castigo sobre ellos, pero no anulará el pacto (2 S. 7:15; Sal. 89:20-37; Is. 24:5; 54:3). El castigo se cumplió primero con la división del reino bajo Roboam y, finalmente, con los cautiverios (2 R. 25:1-7). Desde entonces, solo un rey de la línea davídica ha sido coronado en Jerusalén, y fue coronado con espinas.

Otros pasajes del Antiguo Testamento se refieren al pacto de Dios con David. Se expresa en la adoración de Israel a través de los muchos salmos. El Salmo 89:3-4 cita el Pacto davídico como un ejemplo del gran amor y fidelidad de Dios, y el Salmo 132 trata en detalle sobre el Pacto davídico. En otros libros se muestra la fidelidad del Señor al Pacto davídico. Por ejemplo, la ira de Dios se enciende contra Salomón debido a su apostasía, pero Dios declara que no quitará el reino de Salomón durante su vida "por amor a David" (1 R. 11:9-13). En 2 Reyes 8:19 se explica por qué Dios retrasa tal juicio: "Sin embargo, por amor a su siervo David, el Señor no estaba dispuesto a destruir a Judá". Asimismo, en 2 Reyes 20:6, Dios dice a través de Ezequías: "Defenderé esta ciudad por mí y por mi siervo David".

Aunque los profetas prevén la destrucción de Israel, Judá y Jerusalén, también prevén que las promesas del Pacto davídico apuntan a un futuro tiempo de restauración en el que un descendiente justo de David regresará y establecerá un gobierno justo de Dios. Jeremías proclama: "Vienen días —declara el Señor— en que levantaré a David un Renuevo justo, un Rey que reinará sabiamente y actuará con justicia y rectitud en la tierra" (Jer. 23:5). El Pacto davídico está intrincadamente entrelazado en el mensaje profético del Antiguo Testamento, que habla de un futuro de esperanza y restauración, y los profetas hacen referencia frecuentemente a David y al Pacto como base para esa esperanza (Is. 9:7; 55:3; Jer. 30:9; 33:14-26; Ez. 34:23-24; 37:24; Os. 3:5; Am. 9:11).

En el NT, uno de los temas principales de los evangelios es que Jesús Cristo cumple las promesas del Pacto davídico. Es decir, Jesús es aquel a quien señalaba el pacto davídico y del cual hablaron los profetas en el Antiguo Testamento. Mateo introduce este tema en su primer verso: "Un registro de la genealogía de Jesucristo, hijo de David". A lo largo de los evangelios, Jesús es presentado como el descendiente (hijo) de David y como el rey eterno y justo prometido por Dios en el Pacto davídico (Mt. 1:1; 9:27; 12:23; Mr. 10:48; 12:35; Lc. 18:38-39; 20:41). Sin embargo, el Nuevo Testamento también enfatiza que, aunque Jesús viene como el "hijo de David" en cumplimiento del pacto davídico, es superior a David; de hecho, él es el "Señor" de David (Mt. 22:45; Mr. 12:35-37; Lc. 20:41-44; Hch. 2:25-36; 13:32-40).

El libro de Apocalipsis amplia y concluye con este importante tema. En la visión inicial de Juan del Cristo reinante (Ap. 5:5) y en su visión culminante final del Cristo reinante (Ap. 22:16), se describe a Cristo como "la Raíz" y "la Descendencia" de David. Tanto en su nacimiento (Mt. 1:1) como en su reinado culminante sobre toda la creación, Jesucristo es el máximo cumplimiento del Pacto davídico.

En conclusión, el Pacto davídico incondicional, establecido en 2 Samuel 7:8-16, tiene un papel central en la historia bíblica. En el Antiguo Testamento, se promete un reino eterno a través de la descendencia de David. En el Nuevo Testamento, Jesús es presentado como el cumplimiento de este pacto, siendo el "hijo de David" y el Rey eterno. Y en el libro de Apocalipsis, se enfatiza que Jesucristo es la Raíz y Descendencia de David, el máximo cumplimiento del Pacto davídico.

PACTO LEVÍTICO

Dios seleccionó a la tribu de los levitas de Israel para que fueran sacerdotes. En el Antiguo Testamento, el término "levita", a menudo, se utiliza para referirse a un auténtico sacerdote en contraste con una línea de sacerdotes usurpadores. Un pacto es un acuerdo o promesa vinculante. Por lo tanto, el "Pacto levítico" se refiere al concepto de una promesa vinculante que Dios otorga a los levitas como sacerdotes legítimos. En Números 8:19, posiblemente se anticipa un pacto más amplio de carácter "sacerdotal" cuando Dios declara a Aarón, el sumo sacerdote levítico, que él y sus descendientes tienen derecho a recibir una porción de las ofrendas regulares para su sustento. Además, este derecho se considera un "pacto perpetuo" (Éx. 29:9; 40:15).

El Pacto levítico se encuentra en Números 25:12-13 y está relacionado con un evento específico en la historia de Israel. En ese pasaje, Dios hace un pacto con el sacerdote Finees en respuesta a su acción valiente y celosa para detener una plaga que estaba azotando al pueblo de Israel debido a su participación en la idolatría y la inmoralidad. Como resultado de su fidelidad, Dios estableció un pacto de paz y un pacto perpetuo de sacerdocio con Finees y su descendencia.

En cuanto al alcance profético y escatológico del Pacto levítico, algunos estudiosos ven en este pacto una prefiguración del sacerdocio de Cristo en el Nuevo Testamento. Jesús es considerado el Sumo Sacerdote perfecto y eterno, que ofrece un sacrificio final y completo por el pecado de la humanidad. En Hebreos 7:11-28, se hace referencia a Finees como un antepasado del sacerdocio levítico y se contrasta con Jesús como el Sacerdote superior. Se argumenta que el Pacto levítico apunta a la superioridad y cumplimiento del sacerdocio de Cristo.

En términos escatológicos, algunos ven el Pacto levítico como un indicio de la restauración final y la paz que se experimentará en el reino venidero de Dios. Se interpreta como una muestra de la fidelidad de Dios para establecer su reino y su paz duradera a través de un sacerdocio eterno y perfecto. Esto se relaciona con la promesa del Pacto de paz en Ezequiel y otras profecías que hablan de un tiempo futuro de paz y restauración bajo el reinado del Mesías.

De acuerdo con la opinión de algunos eruditos, el pasaje de Jeremías 33:17-22, en el cual se relata el pacto con los sacerdotes levitas, presenta algunas contradicciones. Hay algunas discrepancias con este pasaje en particular. Por ejemplo: la Septuaginta, que era la versión utilizada por los primeros creyentes de la iglesia cristiana, no incluye este pasaje, lo que plantea la posibilidad de que los versículos 33:17-22 no estuvieran presentes en la copia original de Jeremías. Los estudiosos se mantienen divididos en esta cuestión, algunos consideran estos versículos como auténticos, mientras que otros no lo hacen, lo que sugiere precaución al tomar una postura definitiva sobre un pasaje que genera dudas.

Sin embargo, es importante destacar que, independientemente de la autenticidad de estos versículos, el libro de Hebreos (caps. 7–8) deja en claro que Jesucristo viene como el nuevo y mejor Sumo sacerdote, mediador de un nuevo pacto. En este sentido, Jesús cumple el Pacto levítico y lo reemplaza con algo superior. Por lo tanto, el papel de Sumo sacerdote desempeñado por Jesús debe ser visto como el cumplimiento de los aspectos sacerdotales de dicho pacto.

Además, Jesús, como rey y Sumo sacerdote, cumple tanto la promesa del rey davídico mencionada en Jer. 33:17-22, como el pacto sacerdotal descrito en Nm. 25:12-13. Asimismo, Pedro señala en 1 P. 2:5-9 que, debido a la obra de Jesús en la cruz, todos los creyentes ahora forman parte del sacerdocio. Por lo tanto, de la misma manera en que Jesús se convierte en el nuevo Sumo sacerdote en cumplimiento de la profecía, sus seguidores se convierten en el sacerdocio levítico ampliado, verdadero, cumpliendo de hecho la promesa en Jer. 33:22 de sacerdotes tan numerosos como las arenas de la orilla del mar.

PANORAMA BÍBLICO DEL ESPÍRITU SANTO

El panorama bíblico abarca los dos testamentos de la Biblia. En el Antiguo Testamento se encuentra una generosa descripción del mover del Espíritu que sirve de fundamento para comprender mejor la manifestación específica y abundante de la acción sobrenatural sobre hombres y mujeres para profetizar, hablar las palabras de Dios y guiar al pueblo del Señor. Se observa que el Espíritu Santo descendía sobre los hombres de cuando en cuando, haciendo que profetizaran, realizaran milagros, derrotaran a sus enemigos, revelaran la naturaleza y la voluntad de Dios.

En los tiempos del Nuevo Testamento se describe que Jesús fue ungido por el Espíritu, los discípulos investidos con el bautismo y la llenura del Espíritu, la Iglesia se describe como una Iglesia presidida por el Espíritu y llena de experiencias carismáticas que no son ajenas al anticipo pneumatológico explicado en el desarrollo de la historia del pueblo de Israel. Una Iglesia que tenía la gracia y el poder suficientes para cumplir la misión dada por el Señor Jesucristo: predicar el evangelio a toda criatura, hacer discípulos a todas las naciones, bautizar a los convertidos y enseñarles a guardar los mandamientos de Cristo. Todas estas acciones acompañadas de señales, milagros y sanidades, como testimonio de que el reino de Dios y de Cristo había llegado. Es claro el enfoque vivencial acerca del Espíritu de vida, santidad y poder en toda la Escritura (Gálvez).

Antiguo Testamento
La palabra hebrea para Espíritu es *Ruaj*. Su definición etimológica señala de manera

sorprendente la correspondencia del viento, aliento y el aire de la respiración, de la atmosfera con la vida, a semejanza de la lluvia que fertiliza la tierra. En sentido opuesto, la carencia del Espíritu conlleva muerte.

Una rica explicación sobre el significado del *Ruaj* ayudará a comprender mejor la dimensión pneumatológica revelada en el primer testamento. En la perspectiva bíblica teológica el uso de *Ruaj* se refiere al poder espiritual que procede de Dios; de igual manera al poder profético en varias direcciones.

El rico significado de *Ruaj*, según Jochen, incluye:

a) Una metáfora de una situación vital: jadear y respirar fatigosamente en el parto para dar vida.
b) Un significado esencial como lo son los movimientos del aire como aliento y viento, que trae vida y que crea espacio.
c) Un desarrollo vital en el ser humano que se manifiesta como energía vital, ánimo, voluntad y espíritu como capacidad.
d) Un significado teológico que se relaciona con el poder del Espíritu divino profético para investir a los hombres escogidos para que pronuncien palabras proféticas (profecía u oráculo en forma de *mashal* o poesía bíblica que se fundamenta en fuertes contrastes: bien y mal, justicia y maldad, vida o muerte).

Hay diversas evidencias en el Antiguo Testamento sobre el Espíritu en conexión con la vida, la presencia divina vivificadora, creativa y profética sobre el pueblo, sobre los líderes, de manera temporal y condicional. Al reposar el Espíritu Santo en las personas del Antiguo Testamento recibieron sabiduría, inteligencia, consejo, poder, temor de Dios (Albertz - Westermann).

Nuevo Testamento

La palabra griega para Espíritu es *pneuma*. Su significado etimológico es viento, aliento, afín con *pneo*, respirar, soplar. Y los usos que se dan en los escritos neotestamentarios son dos: uno con relación al espíritu del hombre y el otro con respecto al Espíritu Santo. En el caso de los pasajes que se refieren al Espíritu tienen la clara connotación de impartición de vida, vivificación, empoderamiento, sensibilización, fortaleza, llenura, en conexión al Padre y al Hijo (Jochen).

PARÁBOLAS DE ENOC

En realidad, debería usarse el plural, siguiendo el ejemplo de J. T. Milik, al referirse a los "libros de Enoc". Esto se debe a que existe un ciclo completo de Henoc que abarca diferentes libros, como el Enoc etiópico, griego, eslavo, hebreo, fragmentos coptos y el libro de los gigantes. Además, el propio Enoc etiópico, también conocido como 1 Enoc, es una recopilación de otros cinco libros: el libro de los vigilantes (caps. 1–36), el libro de las parábolas (caps. 37–71), el libro de la astronomía (caps. 72–82), el libro de los sueños (caps. 83–90) y el libro de las semanas y la carta de Enoc (caps. 91–105). Además, en algunos de estos cinco libros aún se pueden identificar fragmentos de una obra anterior conocida como el libro de Noé (D. Macho).

Por otra parte, es impresionante leer los títulos de las parábolas y sus contenidos directamente del libro de Enoc, traducido al español, debido a los temas, conceptos, relacionados con la apocalíptica judía, la apocalíptica y la escatología cristiana. Presentamos algunos de los títulos de las parábolas: el juicio venidero de los malvados; la morada de los justos y de los elegidos; las alabanzas de los bienaventurados; los cuatro arcángeles; secretos astronómicos; las moradas de la sabiduría y de la iniquidad; la suerte de los apóstatas: el cielo nuevo y la tierra nueva; la cabeza de los días y el hijo del hombre; la oración de los justos por la venganza y su alegría por su venida; la fuente de la justicia; el hijo del hombre, el sostén de los justos: el juicio de los reyes y los poderosos; la glorificación y victoria de los justos: el arrepentimiento de los gentiles; la resurrección de los muertos, y la separación por el juez de los justos y los malvados; fragmento de Noé sobre el primer juicio mundial: Juicio final de Azazel, los vigilantes y sus hijos; última lucha de las potencias paganas contra Israel; el retorno de la dispersión; los ángeles van a medir el paraíso; el juicio de los justos por el elegido; la alabanza del elegido y de Dios; juicio de reyes y poderosos: bienaventuranza de los justos: visión de los ángeles caídos en el lugar del castigo; Enoc predice a no el diluvio y su propia preservación; los nombres y funciones de los ángeles caídos y satanes: el juramento secreto: la traducción final de Enoc (El libro de Enoc, Anónimo, siglos III-I a.C.).

De ahí que muchos eruditos establecen esa conectividad entre el libro de Enoc. Afirman que el libro de Apocalipsis y la escatología se han nutrido de esa fuente, y con razón.

Según D. Macho, las parábolas conocen todo el contenido del libro de Enoc. En ellas intervienen los arcángeles Miguel, Rafael y Gabriel, así como los ángeles vigilantes y las huestes de Azazel, que se refieren a Asael y Semjaza en 1 Enoc 6-16. En las parábolas se destaca que el pecado de los ángeles fue revelar los secretos a los hombres. El tema del juicio también es central en estas parábolas. El Dios de los espíritus, denominado así habitualmente en este libro, o el Cabeza de los días, llevará a cabo el juicio a través de su Elegido, el Hijo del hombre, y también mediante sus arcángeles. Este juicio resultará en la condenación de los reyes y los poderosos, quienes, aunque pidan gracia no la obtendrán (62:9). El juicio y la salvación se desarrollan en tres parábolas (38-44, 45-57, 58-69). El juicio final, que es el centro de las parábolas, se encuentra en los capítulos 62-63.

Es muy probable que las parábolas hayan sido originalmente escritas en arameo y luego traducidas directamente al etiópico. En su origen, las parábolas no formaban parte de 1 Enoc. Fueron agregadas a esta composición en lugar del libro de los gigantes, que inicialmente era el segundo libro del pentateuco henóquico (D. Macho), (ver **Apócrifos**; **Apocalíptica**; **Apocalíptica, escatológica**; **Hijo del hombre, aportación apocalíptica a la escatología**; **Nueva creación**).

PARÁBOLAS DEL REINO

Según Dodd, las parábolas representan la interpretación que Jesús hizo de su propio ministerio, y las utilizó para enfatizar e ilustrar la idea de que el reino de Dios había llegado a la humanidad. Además, Jesús empleó el simbolismo tradicional de la apocalíptica para resaltar el carácter absolutamente trascendental del reino de Dios. En estas parábolas se utilizan diversos recursos dramáticos para ayudar a las personas a comprender que en los eventos que presencian, como los milagros de Jesús, su llamado a los hombres y sus resultados, las bendiciones de aquellos que lo siguen y el endurecimiento de aquellos que lo rechazan, el trágico conflicto de la cruz y las tribulaciones de los discípulos, la crítica del pueblo judío y las amenazas de desastres, Dios se manifiesta con su reino, su poder y su gloria.

Dodd sostiene que las parábolas del reino ocultan y revelan cómo la historia se convirtió en el vehículo de lo eterno, y cómo lo absoluto se encarnó en carne y sangre. Este era, por supuesto, un "misterio" que solo entenderían aquellos que tuvieran los ojos para ver y los oídos para oír, aquellos a quienes se les revelara "no por la carne ni la sangre, sino por mi Padre que está en los cielos". Esta comprensión se deriva de todas las parábolas del reino.

Sin embargo, es posible resaltar algunas perspectivas: ha llegado el momento de cumplir las profecías que anunciaban la esperanza de que algún día Dios afirmaría su soberanía en el mundo. Sin embargo, Dodd también lamenta que en la era presente las fuerzas del mal estén desatadas.

En una secuencia de escenas, Jesús proclama que ha llegado el momento y que Dios ha actuado, utilizando la metáfora "el hombre fuerte es despojado" para representar la desactivación de las fuerzas del mal. El poder oculto de Dios se ha revelado, al igual que las energías productivas de la tierra que dan lugar a la cosecha en su debido tiempo. Sin embargo, esta manifestación no se presenta como un espectáculo impresionante del poder divino. En cambio, se manifiesta a través de un carpintero de Galilea que predica por las calles, sana a los enfermos y anuncia que "el reino de Dios ha llegado a vosotros". Porque hay una fuerza interna que actúa, como la levadura en la masa, y nada puede detenerla.

Jesús no ha venido como un reformador religioso para intentar solucionar los problemas del judaísmo farisaico en decadencia. Sería inútil poner un parche en una prenda vieja, ya que solo aceleraría su destrucción. ¿A quién visita un médico sino a los enfermos? De manera similar, el Hijo del Hombre, en quien se manifiesta el reino de Dios, se complace en ser conocido como "el amigo de publicanos y pecadores". El pastor muestra una preocupación especial por la oveja perdida, y una ama de casa diligente hará todo lo posible por encontrar una moneda perdida de su pequeño tesoro. Así es como Jesús recorrió las ciudades y aldeas de Galilea, en busca de lo que estaba perdido, y así se manifestó el reino de Dios.

Jesús lanzó la red y recogió todo lo que pudo. Su llamado no cayó en oídos sordos. Se pudo observar cómo los excluidos acudían al reino de Dios, al igual que las aves buscan refugio en las ramas de un árbol frondoso que antes era apenas una semilla casi invisible, como la semilla de mostaza. Y para aquellos que aceptaron el reino de Dios, según Dodd, todo fue gozo, como en un festín de bodas (Dodd).

Otros eruditos sostienen que las parábolas de Jesús están estrechamente relacionadas con su mensaje del reino de Dios y reflejan aspectos centrales del mismo: la llegada del reino, la presencia del reino, la revelación del reino a los humildes, las normas y enseñanzas del reino, cómo ingresar al reino, el crecimiento misterioso del reino, aquellos que rechazan el reino, y varias otras parábolas que hablan de la espera, la venida futura y la consumación del reino. Por lo tanto, en las parábolas del reino se refleja claramente el principio de "ya, pero todavía no" o "ya, pero aún no" establecido por Cullmann.

La enseñanza de Jesús revela la inauguración del reino de Dios. Jesús utilizó las parábolas como una forma clave de enseñar, siendo aproximadamente un tercio de sus enseñanzas parábolas. Esto en sí mismo debería haber indicado su papel mesiánico, ya que las profecías del Antiguo Testamento predijeron que el Mesías vendría como autor de parábolas. Sin embargo, la mayoría del pueblo judío no comprendió estas señales. Esperaban que el reino llegara en un futuro lejano, no en ese momento presente. A pesar de esto, Jesús enseñó a su pueblo que el reino de Dios ya había llegado y que él mismo era la encarnación de ese reino. Esta idea está implícita en varias parábolas, como la parábola de los odres y el remiendo, que ilustra que el reino de Dios no puede ser contenido en estructuras antiguas, y la parábola del reino dividido, que muestra que el reino de Dios estaba presente y actuante en ese momento. Jesús revela la inauguración del reino de Dios.

El anuncio del reino de Dios comenzó inicialmente con los judíos, pero debido a su rechazo también fue anunciado a los gentiles. Esto no fue un cambio repentino, sino parte del plan para que el reino se proclamara en todo el mundo habitado. En el tiempo de Jesús, los judíos creían que serían los únicos participantes en el futuro reino de Dios, pero los profetas habían anunciado que abarcaría a todas las familias de la tierra, es decir, tanto a los pecadores judíos como a los gentiles. En varias parábolas, Jesús aclara quiénes son los verdaderos destinatarios de este reino.

En la parábola de la oveja perdida y la parábola del hijo pródigo, Jesús identifica a los judíos no observantes como destinatarios, personas que eran despreciadas por los fariseos. Jesús no solo declara que ellos son destinatarios del reino, sino que Dios se deleita en su entrada en él. En la parábola de los dos deudores, Jesús ofrece el reino de Dios incluso a las mujeres, incluyendo a aquellas consideradas "pecadoras". En la parábola del gran banquete, el reino se ofrece a los "pecadores", como las rameras y los recaudadores de impuestos, así como a los marginados de la sociedad. En resumen, la comprensión judía de los destinatarios del reino de Dios difiere completamente de la concepción de Jesús.

En cuanto a los requisitos del reino de Dios, Jesús enseña a través de las mismas parábolas: la fe, el arrepentimiento, la confesión, el bautismo, renunciar a todo, la humildad, la pureza de corazón y venderlo todo para adquirir el tesoro escondido.

En cuanto al crecimiento del reino, Jesús explica que al principio es pequeño como una semilla de mostaza, pero se multiplica silenciosamente como la levadura. Crece en secreto como una semilla que se siembra, y aunque comienza pequeña, produce una cosecha abundante, como unas cuantas semillas que generan una cosecha al 30, 60 o 100 por uno.

El pueblo al que Jesús vino lo rechazó (Jn. 1:12), a pesar de la generosa invitación que les hizo a los judíos y a los líderes religiosos de su época. Algunas de las razones de este rechazo incluyen la ceguera espiritual, el legalismo, la codicia y el amor al dinero, como Jesús enseña en las parábolas del rico necio y del rico y Lázaro. También se evidencia el egoísmo y el menosprecio hacia los gentiles, como se revela en la parábola de los talentos.

Jesús deja en claro este rechazo en parábolas como la de la casa vacía, donde se muestra la falta de acogida y respuesta a su mensaje. La parábola de los labradores malvados es otra muestra de rechazo, en la que se pronuncia un juicio sobre la nación de Israel, un pronunciamiento que se cumplió en el año 70 d.C. cuando Jerusalén fue destruida, según algunos autores.

En cuanto a la consumación del reino de Dios, Jesús enseña sobre este tema en la parábola de la cizaña, donde se menciona que la cizaña será arrancada definitivamente para dar paso a la gran cosecha del trigo, que simboliza la consumación escatológica. La parábola de las diez vírgenes también enseña claramente sobre la consumación del reino de Dios, haciendo énfasis en la necesidad de estar preparados y vigilantes.

PARCIAL RUPTURISMO

Parcial rupturismo o rupturismo selectivo. Esta perspectiva sostiene que solo ciertos creyentes serán trasladados al cielo antes o durante la Gran Tribulación, mientras que otros creyentes permanecerán en la tierra para enfrentarla. Según esta postura, el traslado se basa en el nivel de espiritualidad y fidelidad de los creyentes en el momento del arrebatamiento. Aquellos que se consideren más espirituales y estén más comprometidos con Dios serán trasladados, mientras que los creyentes que no cumplan con ciertos estándares o no estén tan preparados espiritualmente serán dejados en la tierra para enfrentar la tribulación.

PARÉNESIS

La palabra griega para "parénesis" es παραίνεσις (*parainesis*). Esta palabra se encuentra en varios pasajes del Nuevo Testamento y se refiere a la exhortación, el consejo, la admonición o la enseñanza moral. La parénesis tiene como objetivo guiar y animar a los creyentes en su vida y conducta según los principios éticos y morales: "Pasajes en los que predomina el tono exhortativo propio de las enseñanzas morales prácticas" (Schökel).

La palabra griega "parénesis" se utiliza en el NT para referirse a la exhortación moral o consejo práctico. Sin embargo, no hay una palabra hebrea equivalente directa para "parénesis" en el AT. En el Antiguo Testamento, la exhortación moral y el consejo práctico se transmiten a través de diferentes términos y conceptos hebreos. Algunas palabras y frases que podrían relacionarse con la idea de "parénesis" en hebreo incluyen:

Musaar (מוּסָר): se traduce comúnmente como "admonición", "disciplina" o "enseñanza moral". Se refiere a la instrucción que busca corregir o guiar a una persona en el camino correcto.

Tochachah (תּוֹכָחָה): significa "represión" o "reproche". Se utiliza para describir una corrección o advertencia dada con la intención de corregir el comportamiento incorrecto.

Chokhmah (חָכְמָה): se traduce como "sabiduría". La sabiduría en el contexto bíblico implica la capacidad de discernir y vivir una vida justa y recta.

Estos términos y conceptos hebreos se utilizan en varios libros del Antiguo Testamento como los Proverbios, los Salmos y los Profetas, para transmitir enseñanzas morales y exhortaciones éticas a los lectores y oyentes. Es pertinente destacar que, aunque no hay una palabra hebrea directa que sea equivalente a "parénesis", los conceptos y las enseñanzas morales están presentes en el Antiguo Testamento y cumplen una función similar en la orientación y exhortación moral a los creyentes.

En el libro de Apocalipsis, no hay una sección claramente identificada como "parénesis" en el sentido tradicional. Sin embargo, se pueden encontrar elementos de exhortación moral y enseñanza ética dispersos a lo largo del libro. Por ejemplo, en las cartas a las siete iglesias en los capítulos 2 y 3, Jesús les da a cada Iglesia una evaluación de su condición espiritual y les exhorta a arrepentirse, perseverar y mantenerse firmes en la fe. Además, a lo largo del libro de Apocalipsis, se enfatiza la importancia de mantener la fe en medio de la persecución y la tentación. Se anima a los creyentes a resistir las influencias corruptas del mundo y a mantenerse fieles a Dios. También se les insta a seguir el ejemplo de Jesús y a vivir en obediencia a sus enseñanzas. Si bien la estructura del libro de Apocalipsis es principalmente apocalíptica y profética, también contiene elementos que pueden considerarse parénesis en el sentido de proporcionar orientación y exhortación moral a los creyentes.

Es importante tener en cuenta que la interpretación del libro de Apocalipsis puede variar entre diferentes tradiciones y enfoques teológicos, por lo que la identificación y comprensión de la parénesis en el libro puede variar.

PARUSÍA

El término "Parusía" proviene del griego antiguo παρουσία (*parusía*). Etimológicamente, la palabra se compone de dos partes: "para", que significa "junto a" o "en presencia de", y "ousia" que significa "ser" o "presencia". Por lo tanto, la combinación de estas dos partes en "parousía" se traduce como "presencia" o "estar presente". Se conoce como el "término técnico del NT, de sentido escatológico, con el que se designa la segunda y definitiva venida del Señor" (Schökel).

La palabra "Parusía" es un término griego que se encuentra en el Nuevo Testamento y se utiliza para referirse a la Segunda venida de Jesucristo. Tiene un significado escatológico y teológico importante en el cristianismo.

Desde una perspectiva escatológica, la Parusía se refiere al evento futuro en el que Jesucristo regresará a la tierra al final de los tiempos para juzgar a los vivos y a los muertos. Este concepto está asociado con la creencia cristiana en la consumación del reino de Dios y el cumplimiento final de las promesas divinas. La Parusía representa la culminación del plan divino de redención y restauración, donde se establecerá la plenitud del reinado de Dios y se hará justicia completa.

Desde una perspectiva teológica, la Parusía está relacionada con la esperanza cristiana y la promesa de la vida eterna. Se cree que, en la Parusía, Jesucristo reunirá a sus seguidores, resucitará a los muertos y los llevará a la presencia de Dios para vivir en comunión eterna con Él. Este evento trascendental también implica el juicio final, donde cada persona será recompensada o condenada según sus acciones y su relación con Dios.

La enseñanza de la Parusía tiene implicaciones éticas y prácticas para los creyentes, ya que se espera que vivan en anticipación y preparación para el regreso de Jesucristo. La creencia en la Parusía motiva a los cristianos a vivir vidas piadosas, justas y centradas en el amor y la esperanza en la venida del Señor. Es importante destacar que las interpretaciones de los detalles y el cronograma de la Parusía pueden variar entre diferentes tradiciones y teologías cristianas. Sin embargo, en general, la Parusía representa la esperanza y la promesa de la consumación final del plan salvífico de Dios en la fe cristiana.

Algunos textos donde aparece la palabra griega *parousia*, pero traducida por *venida*:

"Porque ¿cuál es nuestra esperanza, o gozo, o corona de que me gloríe? ¿No lo sois vosotros, delante de nuestro Señor Jesucristo, en su venida?" (1 Ts. 2:19).

"Para que sean afirmados vuestros corazones, irreprensibles en santidad delante de Dios nuestro Padre, en la venida de nuestro Señor Jesucristo con todos sus santos" (1 Ts. 3:13).

"Y estando él sentado en el monte de los Olivos, los discípulos se le acercaron aparte, diciendo: dinos, ¿cuándo serán estas cosas, y qué señal habrá de tu venida, y del fin del siglo?" (Mt. 24:3).

"Porque como el relámpago que sale del oriente y se muestra hasta el occidente, así será también la venida del Hijo del Hombre" (Mt. 24:27).

"Porque no os hemos dado a conocer el poder y la venida de nuestro Señor Jesucristo siguiendo fábulas artificiosas, sino como habiendo visto con nuestros propios ojos su majestad" (2 P. 1:16).

PASTORES

En el AT, se encuentra un uso frecuente de la imagen simbólica de los pastores. Los profetas emplean esta imagen para referirse tanto a líderes virtuosos como a líderes corruptos. Por lo tanto, encontramos profetas que hablan de pastores buenos, aquellos que son justos, íntegros y fieles a su responsabilidad. También se mencionan pastores malos, aquellos que son injustos, egoístas, negligentes e infieles en su cuidado. A través de la metáfora del pastor, los profetas critican a los líderes de Israel o Judá, incluyendo al rey, los sacerdotes, la nobleza y los falsos profetas. Utilizan esta imagen para resaltar la falta de fidelidad y cuidado por parte de aquellos que deberían liderar y proteger al pueblo. En numerosos textos, los profetas declaran que los pastores de Israel y Judá son infieles y malos, y anuncian el juicio que vendrá sobre ellos como consecuencia de su conducta.

En los libros proféticos, se habla sobre el actuar de los pastores, especialmente en los libros de Jeremías, Zacarías, Ezequiel, Miqueas e Isaías. Se hace referencia a los pastores en diferentes contextos y con diferentes significados.

En Jeremías, se utiliza la metáfora de los pastores para describir a los líderes religiosos y políticos de Judá. Los critica severamente por su negligencia y corrupción. Los acusa de no cuidar del rebaño de Dios, de llevar al pueblo por caminos equivocados y de no guiarlos en la justicia y la verdad. En Jeremías 23:1, Dios declara: "¡Ay de los pastores que están destruyendo y dispersando las ovejas de mi prado!". En contraste con los pastores infieles, Jeremías profetiza sobre un futuro en el que Dios mismo se convertirá en el Buen Pastor que reunirá a su rebaño y los guiará en rectitud (Jer. 10:21; 12:10; 23:1-2).

En Zacarías, se menciona el enojo del Señor contra los malos pastores (Zac. 3:10) y los pastores inútiles que abandonan al rebaño (Zac. 11:17). Se les anuncia que recibirán una retribución dolorosa (Zac. 11:3) y se les reclama su hipocresía y codicia (Zac. 11:5). El profeta incluso expresa que el Señor los destruirá. Solo en Zacarías 10:3b se anuncia que llegará el día en que el mismo Señor visitará su rebaño, los apacentará y recibirán honor.

En el libro de Ezequiel, Dios le dice al profeta, hijo de hombre, que profetice una advertencia para aquellos pastores que se apacientan a sí mismos en lugar de cuidar de las ovejas, explotando al rebaño (Ez. 34:2). Además, el profeta se dirige a los gobernantes, usando la metáfora de los pastores, reclamándoles que deben cuidar al pueblo, como los pastores cuidan de sus ovejas, pero les dice que ellos solo se cuidan a sí mismos. Como resultado, el pueblo ha sufrido a manos de ladrones y gente cruel (Ez. 34:7-8). Por lo tanto, el Señor les pedirá cuentas de sus ovejas y les quitará el rebaño, no permitiéndoles seguir apacentándose a sí mismos, pues el Señor les librará sus bocas (Ez. 34:9-10). Ezequiel dedica un capítulo entero a desarrollar la imagen del pastor (Ez. 34).

Miqueas menciona a los pastores en relación con la profecía del juicio y el castigo que caerá sobre los líderes corruptos de Israel. Los acusa de no cuidar del rebaño y de engañar al pueblo. Miqueas profetiza sobre la destrucción de los gobernantes y anuncia que levantará un líder justo que apacentará su rebaño con fuerza y cuidado (Mi. 5:4).

En el libro de Isaías, los pastores se mencionan en varios contextos diferentes. En algunos pasajes, Isaías se refiere a los líderes corruptos y opresores como pastores falsos que descuidan a su rebaño. Por otro lado, Isaías también profetiza sobre un futuro en el que Dios se levantará como el Buen Pastor para guiar y proteger a su pueblo. Isaías describe al Mesías venidero como el Siervo de Dios que pastoreará a las naciones y llevará justicia y paz a la tierra. En Isaías 34:1-10, Dios condena a los pastores infieles y egoístas (es decir, líderes) de Israel y pronuncia juicio sobre ellos. En otros textos, Dios indica que Él mismo pastoreará el rebaño (Is. 40:10-11). La imagen del pastor es especialmente apropiada porque combina los atributos de poderosa protección, abnegación y cuidado amoroso y tierno. En Isaías 34:11-31, el Señor afirma repetidamente "Yo mismo" pastorearé el rebaño, protegiéndolo, fortaleciendo a los débiles, proveyendo para ellos y gobernando con justicia. En conclusión, Dios declara: "Pondré sobre ellas un pastor, mi siervo David, y él las cuidará" (Is. 34:23).

En resumen, en estos libros proféticos, se mencionan los pastores en diferentes contextos para representar a líderes tanto corruptos y negligentes como justos y piadosos. También se profetiza sobre la venida de un Buen Pastor, ya sea como una figura mesiánica o como una manifestación de Dios mismo, que guiará, protegerá y cuidará a su pueblo de manera justa y amorosa. Los profetas declaran que Dios pondrá fin al liderazgo inepto, corrupto y egoísta y lo reemplazará con un liderazgo justo y recto. Jesús se presenta a sí mismo como el Buen Pastor, basándose en las profecías del Antiguo Testamento, especialmente en Ez. 34. En Juan 10, Jesús contrasta a los ladrones y salteadores con él mismo como el Buen Pastor, que cuida y protege a las ovejas. En el libro de Apocalipsis, se utiliza la imagen del pastor para declarar que Jesús, el Cordero, es el Pastor que guía a su pueblo a manantiales de agua viva y enjuga todas las lágrimas (Gálvez).

PÉRGAMO

Pérgamo, del gr. Πέργαμος. D. Macho describe a Pérgamo como una antigua ciudad ubicada en Misia, que formaba parte de las siete iglesias mencionadas en el Apocalipsis. La ciudad estaba construida en una montaña que se elevaba hasta los 300 metros sobre la llanura y estaba rodeada por dos arroyuelos y fuertes murallas. Según Macho, Pérgamo tenía una posición estratégica privilegiada y era una ciudad próspera y bien comunicada. Durante el reinado de la dinastía atálida (283-133 a.C), se convirtió en una de las ciudades más destacadas del helenismo. La ciudad fue dotada de instituciones culturales y monumentos impresionantes como gimnasios, una biblioteca que rivalizaba con la de Alejandría, un museo de escultura griega, jardines, palacios y templos decorados por renombrados escultores de la época. Después de la muerte del rey Átalo III en el año 133 a.C., el reino pasó a manos de los romanos y se convirtió en la provincia de Asia. A lo largo del siglo I a.C., la ruta comercial principal se desplazó hacia Éfeso y Corinto, lo que hizo que Éfeso se convirtiera en la ciudad más activa y poblada de Asia, aunque Pérgamo siguió siendo la capital oficial de la provincia.

En términos religiosos, Pérgamo tuvo un gran influjo en la vida religiosa de Asia durante el primer siglo de la era cristiana. Cerca de la ciudad se encontraba el famoso santuario de Esculapio, que desde el siglo II a.C. se convirtió en un centro de peregrinación, una escuela de medicina y un sanatorio. Además, Pérgamo desempeñó un papel importante en la promoción del culto a los soberanos de Roma. Durante el reinado de Augusto en el año 29 a.C., Pérgamo dedicó un templo a Roma y a Augusto. El común de Asia, encargado de mantener el culto a Roma y a los emperadores, tenía a su presidente en el sumo sacerdote de Pérgamo, aunque las reuniones se llevaban a cabo en diferentes ciudades.

Tomando en consideración el pasaje de Apocalipsis 2:24, donde se habla de Satanás como promotor de la persecución, es probable que Pérgamo haya sido llamada "el trono de Satanás" debido a que allí estaba ubicado el centro organizativo del culto imperial y, por ende, de la persecución. La primera víctima de esta persecución fue el mártir Antipas. Las festividades idolátricas llevadas a cabo por las autoridades y profesionales seguramente proporcionaron oportunidades para la aparición de doctrinas oportunistas, como las de los nicolaítas, quienes eran falsos maestros dentro de la iglesia que abusaban de su libertad al pecar al comer alimentos ofrecidos a los ídolos y participar en inmoralidad sexual. Según una tradición respaldada por las Constituciones Apostólicas (7, 46), Gayo, a quien Juan dirigió su tercera epístola, era el obispo de Pérgamo. En la actualidad, la ciudad forma parte de Turquía y se conoce como Bergama (D. Macho).

Jesucristo pronuncia un mensaje específico a la iglesia de Pérgamo. A partir de este mensaje, podemos extraer algunas conclusiones sobre lo que Cristo comunica a esta iglesia en particular: Cristo declara que Él conoce las obras de la iglesia de Pérgamo y su contexto en el que moran, incluyendo la presencia de Satanás en esa ciudad (Ap. 2:13a). Esta afirmación muestra que Cristo está plenamente consciente de la situación en la que se encuentra la iglesia y es capaz de evaluarla con precisión. A pesar de las dificultades y la presión que enfrenta la iglesia de Pérgamo, Cristo reconoce su fidelidad y perseverancia en mantenerse firmes en la fe (Ap. 2:13b). Esto sugiere que hay miembros en esa iglesia que se mantienen leales a Cristo y a sus enseñanzas en medio de un entorno hostil. Pero, Cristo reprocha a la iglesia de Pérgamo por tolerar a aquellos que tienen la doctrina de Balaam y a los seguidores de los nicolaítas (Ap. 2:14-15). Estas enseñanzas falsas y prácticas inmorales estaban infiltrándose en la iglesia y no estaban siendo confrontadas ni rechazadas adecuadamente. Por ello, Cristo insta a la iglesia de Pérgamo a arrepentirse de su tolerancia hacia la enseñanza falsa y las prácticas inmorales (Ap. 2:16). Este llamado al arrepentimiento muestra la necesidad de corregir el rumbo y volver a la fidelidad, a las enseñanzas de Cristo. Pero hay una promesa de recompensa: a aquellos en la iglesia de Pérgamo que superen las pruebas y se mantengan fieles, Cristo les promete el maná escondido y un nuevo nombre (Ap. 2:17), lo cual puede ser interpretado como bendiciones espirituales y una identidad renovada en Cristo.

En resumen, el mensaje de Cristo a la iglesia de Pérgamo incluye tanto palabras de reconocimiento por su fidelidad y perseverancia, como una reprensión por su tolerancia hacia la enseñanza falsa. También la llama al arrepentimiento y le promete una recompensa por su fidelidad (Gálvez), (ver **Balaamitas**; **Culto imperial**; **Nicolaítas**; **Siete iglesias del Apocalipsis**).

PERSIA

El nombre de Persia (heb. *Paras*, pr. Antigua: *parsa*) se menciona 28 veces en los libros postexílicos de la Biblia como Esdras, Ester, Daniel y una vez en Ezequiel.

En el año 331 a.C., Alejandro Magno obtuvo una victoria decisiva en la batalla de Gaugamela, cerca de Arbela, lo que le permitió abrir las puertas de Babilonia, Susa, Persépolis y todo Irán. Los judíos de Palestina lograron sobrevivir gracias a la política benevolente practicada por los aqueménidas hacia los pueblos con orientación monoteísta. Durante este tiempo, Artajerjes I (464-424 a.C.) delegó a Esdras y Nehemías (quien se convertiría en el futuro gobernador de Judea) para atender a los repatriados.

En la época persa, el judaísmo se consolidó y los círculos religiosos codificaron la literatura que, junto con otras adiciones posteriores, se cristalizó en lo que conocemos como la Biblia. Bajo el dominio persa, se les autorizó a los judíos acuñar monedas de plata. En las excavaciones realizadas en Palestina, se han descubierto monedas e impresiones de sellos con la inscripción YHD o YHWD (*yehüd*), que era el nombre arameo de la provincia persa de Judea (D. Macho).

El libro de Esdras hace referencia al papel histórico y profético de Persia en varias ocasiones. El nombre de Persia aparece 14 veces en el libro (Esd. 1:1-2, 8; 3:7; 4:3, 5, 7, 9, 24; 6:14; 7:1; 9:9) lo que indica la importancia de esta potencia en los eventos descritos. Persia desempeñó un papel relevante en relación con el pueblo de Israel. Después de que el rey

Nabucodonosor de Babilonia conquistara Jerusalén y llevara a muchos judíos al exilio, el Imperio persa, bajo el liderazgo del rey Ciro, conquistó a Babilonia. Ciro permitió que los exiliados judíos regresaran a su tierra y reconstruyeran el Templo de Jerusalén, cumpliendo así una profecía anteriormente pronunciada por el profeta Jeremías. En el libro de Esdras, se menciona el decreto de Ciro, quien autorizó a los judíos a volver a Jerusalén y reconstruir el Templo (Esd. 1:1-4). Este evento marca un momento crucial en la historia del pueblo judío y en el cumplimiento de la profecía.

Además, el libro de Esdras también describe el apoyo continuo de los reyes persas a la reconstrucción del Templo y la restauración de Jerusalén. Personajes como Darío I y Artajerjes I se mencionan como gobernantes persas que contribuyeron a la reconstrucción y al fortalecimiento de la comunidad judía en Jerusalén; desempeñando un papel fundamental en la restauración de la comunidad judía en su tierra.

Las cinco menciones de Persia en el libro de Ester (Est. 1:3, 14, 18-19; 10:2) tienen una gran relevancia y significado para el pueblo de Israel. Se narra la historia de cómo Ester, una judía, se convierte en reina de Persia y desempeña un papel fundamental en la salvación de su pueblo. El rey persa, Asuero (también conocido como Jerjes I), había promulgado un decreto que permitía la destrucción de todos los judíos en el imperio. Sin embargo, gracias a la intervención de Ester, quien revela su identidad judía y aboga por su pueblo, se logra revertir la situación y los judíos son salvados de la masacre. La relevancia de las menciones de Persia en el libro de Ester radica en que muestra el poder y la influencia de este imperio en la vida del pueblo judío. A través de la historia de Ester, se destaca cómo Dios puede trabajar de manera providencial incluso en medio de una nación extranjera y hostil. Aunque Persia era un Imperio pagano, Dios utiliza a Ester como instrumento para proteger y preservar a su pueblo.

Persia también desempeña un papel importante en el contexto del libro de Daniel, ya que se menciona nueve veces a lo largo del libro. Relata las experiencias del profeta Daniel y sus compañeros durante el cautiverio en Babilonia y en el período posterior. Persia se presenta como el sucesor del Imperio babilónico. El cap. 5 narra la caída del rey Belsasar y la toma de Babilonia por Ciro, el rey persa. Ciro es mencionado como el rey que decretó la liberación de los judíos y permitió que regresaran a su tierra para reconstruir el Templo de Jerusalén, cumpliendo así las profecías de Jeremías. Además, el libro de Daniel registra una serie de visiones proféticas que abarcan varios reinos y períodos de tiempo. Persia es mencionada dentro de estas visiones, específicamente en el cap. 8. En esta visión, se describe un enfrentamiento entre un carnero y un macho cabrío. El carnero representa a los reyes de Media y Persia, mientras que el macho cabrío simboliza a Grecia. Esta visión profética anticipa la futura dominación de Grecia sobre Persia (Gálvez), (ver **Cuatro bestias de Daniel**).

Otro aspecto importante es el papel de Persia como una potencia mundial y su relación con el pueblo de Dios, tal como se describe en el libro de Daniel. Desde la caída de Babilonia hasta el cumplimiento de las profecías relacionadas con la liberación de los judíos, Persia desempeña un papel significativo en la narrativa de Daniel. En Isaías 45:1-8, se menciona a Ciro como el "ungido" de Dios, ya que en el año 536 a.C. decretó que los judíos podían regresar a Israel (ver **Ciro**). Persia dominó gran parte del mundo occidental, incluyendo áreas como Mesopotamia y Asia Menor, hasta el año 330 a.C., cuando Alejandro Magno conquistó la región y tomó el control del Imperio persa (ver **Alejandro el Grande**).

PIEDRAS

Pikaza señala que las piedras han sido consideradas sagradas en muchas religiones debido a su dureza, ya que se utilizan como cimientos de construcciones y edificios sagrados. Además, ciertos tipos de piedras destacan por su belleza y, en algunos casos, como las piedras preciosas, por sus magníficos colores.

En el AT, las piedras tienen varios significados y funciones simbólicas. Las piedras se utilizaban para erigir monumentos y marcadores con el fin de conmemorar eventos importantes o establecer fronteras. Por ejemplo: en Gn. 28:18-22, Jacob erige una piedra como monumento después de tener un sueño revelador en Betel. También se mencionan las "piedras de recordatorio" en Josué 4:6-7, donde se colocan doce piedras tomadas del río Jordán para recordar el cruce milagroso del pueblo de Israel.

Las piedras se utilizaron ampliamente en la construcción de altares y templos, el templo de Salomón, en Jerusalén, fue construido con piedras preciosas y de gran tamaño. Además, en Éxodo 20:25, se instruye a los israelitas a construir altares de tierra o de piedra sin labrar para evitar la contaminación por herramientas de hierro. Las piedras, a menudo, se mencionan como símbolos de fundamento y estabilidad. En Salmos 118:22, se menciona a la piedra desechada por los constructores que se convierte en la piedra angular. Jesús también se compara a sí mismo con una piedra angular en el NT. Las piedras también se utilizaban en el Antiguo Testamento como medio de juicio y testimonio, en Dt. 17:5-7, se establece que aquel que cometa idolatría debe ser apedreado hasta la muerte. Además, en Josué 24:27, se coloca una gran piedra como testigo del pacto entre Dios y el pueblo de Israel.

En varios pasajes, se describe a Dios como una roca o piedra de refugio. En Salmos 18:2, se menciona a Dios como "mi roca, mi fortaleza y mi liberador". Esta metáfora se utiliza para transmitir la idea de que Dios es un refugio seguro y protector para su pueblo. Además, en diferentes ocasiones, las piedras se utilizan como testigos de pactos y acuerdos entre Dios y su pueblo. En Génesis 31:44-54, Jacob y Labán construyen un montón de piedras como testimonio de su acuerdo y promesa mutua. Estas piedras servían como recordatorio visual del pacto realizado entre las partes.

En otra perspectiva, las piedras también se utilizaban como armas en la guerra. En el relato de David y Goliat en 1 Samuel 17, David derrota al gigante Goliat utilizando una honda y una piedra. Este episodio demuestra cómo una piedra, aparentemente insignificante, puede ser utilizada por Dios para lograr una victoria sorprendente.

En el sentido negativo, aunque las piedras tenían un papel importante en la religión israelita, también pueden asociarse con prácticas idolátricas. En varios pasajes, se advierte a los israelitas sobre la adoración de ídolos de piedra y se les insta a destruirlos. En Éxodo 23:24, se les ordena no inclinarse ante dioses de piedra ni adorarlos (Gálvez).

Desde una perspectiva múltiple, Pikaza destaca que en el libro de Apocalipsis se encuentran descripciones sorprendentes de la diversidad de piedras y sus significados. Estas referencias incluyen las joyas que adornan a la ramera (Ap. 17:4), el simbolismo del comercio injusto y el enriquecimiento destructor (Ap. 18:11-13), así como la joyería asociada a la nueva Jerusalén (Ap. 21:11-21). Según Pikaza, en estas descripciones, Juan utiliza el trasfondo de las doce piedras presentes en el pectoral del sumo sacerdote israelita, las cuales representaban a las tribus de Israel (Éx. 28:17-21, 39:8-14; Is. 54:11-12), para elaborar, a partir de esta referencia, la visión de una ciudad rica en piedras preciosas, que representa la presencia de Dios (Ap. 21:16-21). Esta ciudad se relaciona con el sacerdocio, el culto y la vida eterna irradiada por la luz y los colores.

En resumen: el libro de Apocalipsis presenta una rica simbología relacionada con las piedras preciosas, que se entrelaza con las visiones de la ciudad celestial y su conexión con la presencia divina, el culto y la vida eterna.

PLENITUD DE LA GLORIA DE DIOS Y GOZO ETERNO

La plenitud de Dios descrita y anhelada, se refleja en varios pasajes bíblicos:

Ef. 3:19: "Y de conocer el amor de Cristo que sobrepasa el conocimiento, para que sean llenos hasta la medida de toda la plenitud de Dios".

La palabra griega *pleroma* traducida por plenitud, significa "algo que está lleno", en Ef. 3:19: "Dios en la integridad de su ser" (Vine, 1989).

Col. 2:9: "Porque toda la plenitud de la Deidad reside corporalmente en Él".

Jn. 1:16: "Pues de su plenitud todos hemos recibido, y gracia sobre gracia".

Si la integridad de Dios reside en Cristo, entonces nosotros los cristianos hemos recibido un anticipo de la plenitud de Dios a través de Cristo según Jn. 1:16. Estamos saturados de gozo, de gracia y de vida, por tanto, nos gloriamos en el Señor, celebramos, damos gracias, alabamos, cantamos al Dios y Padre en Cristo por el Espíritu Santo. Estas acciones resultantes de la comunión con Dios aquí en la tierra son un eco débil de lo que será en la nueva Jerusalén.

La plenitud de Dios es la superabundante plenitud de la vida divina, la vida *Zoé*: la vida que no perece, la vida de Dios, la vida eterna, la vida llena de gozo. Es una vida que se comunica así misma de manera libre, bella, creativa; una vida que fluye de manera que es capaz de dar vida a los muertos espirituales y a los muertos físicamente. Es una vida que nutre, vitaliza, que reboza de gozo inagotable y produce un resultado de acción de gracias con deleite, júbilo, en todos aquellos que hemos visto su gloria y que hemos bebido de la fuente de agua de vida.

La plenitud de Dios es su pueblo y toda la nueva creación. Esta resplandece con una luz divina que irradia todo el universo. La gloria de Dios se manifiesta en la pródiga comunicación de su plenitud de vida y reside en el día eterno de la resurrección. La gloria de Dios es la fiesta del eterno gozo, es el mensaje constante en pasajes de los evangelios y en las parábolas del reino que describen el encuentro del esposo con las vírgenes, con una fiesta de bodas, el banquete espléndido.

La plenitud de la gloria de Dios se describe como celebración y júbilo. Y la consumación del eterno gozo y el *pleroma* de Dios escatológico se muestra en la imagen de las bodas del Cordero en conectividad con la Jerusalén celestial como lo describe bellamente Juan en Ap. 21:2: "Vi además la ciudad santa, la nueva Jerusalén, que bajaba del cielo, procedente de Dios, preparada como una novia hermosamente vestida para su prometido".

El deleite de la plenitud de vida en la que su pueblo recibe gracia sobre gracia, se percibe con alegría. La Iglesia vive una vida festiva en medio del sufrimiento de la vida con la esperanza de participar en el banquete y la fiesta escatológica del gozo eterno, que acontece en el instante escatológico, "en un abrir y cerrar de ojos", con la Segunda venida de Cristo y la resurrección de los muertos. Allí se consumará en los nuevos cielos y nueva tierra, en la nueva Jerusalén con el Dios trino toda la creación y su pueblo, entonarán cánticos de alabanza y adorarán al Dios trino, al tres veces santo. Así, la nueva creación y el nuevo pueblo de Dios participarán en la fiesta del eterno disfrute en la plenitud de la gloria de Dios.

PLENITUD DE LOS GENTILES

El misterio de la plenitud de los gentiles es un concepto presente en el lenguaje utilizado por el apóstol Pablo. En su contexto, el término "misterio" se refiere a un tema de revelación que antes estaba oculto y que fue revelado por medio de la luz otorgada a los apóstoles al completar el canon del Nuevo Testamento.

En contraste, el hecho de que "todo Israel será salvo" no constituye un misterio en este sentido, ya que las citas utilizadas, tomadas de Isaías 59:20 junto con Jeremías 31:33 y 34, son ejemplos típicos de muchas promesas similares pronunciadas por los profetas en nombre de Jehová. Estas promesas se hicieron especialmente durante períodos de decadencia espiritual en Israel.

La restauración futura de Israel no es simplemente un tema más entre otros en los libros proféticos, sino que representa la culminación de todos ellos. Israel había fallado en su misión con resultados desastrosos en los ámbitos espiritual, cultual y nacional. Los profetas continuamente diagnosticaban los males y pronunciaban juicios sobre la nación rebelde. Sin embargo, siempre concluían sus oráculos con una nota de optimismo elevado ya que Dios, de acuerdo con sus promesas, pactos y juramentos, se comprometía a intervenir finalmente después de un período prolongado de juicio y dispersión. Su propósito era restaurar todo lo que había faltado durante los días de decadencia, pero en un plano de total triunfo.

Para obtener más información sobre este tema, se pueden leer capítulos típicos como Jer. 30-33, Is. 12, 13, 40, 60-66 y Ez. 36-48. En estos pasajes se encuentran profecías que abordan la restauración y la esperanza de Israel después de su tiempo de juicio y dispersión.

El misterio consiste en que "en parte Israel ha caído en endurecimiento, hasta que haya entrado la plenitud de los gentiles" (Ro. 11:25). Este es un tema profético completamente nuevo que no se descubre mediante el estudio del Antiguo Testamento. Entre el endurecimiento de Israel y su restauración final no solo la nación sería dispersada, sino que el testimonio sería entregado a creyentes gentiles hasta que alcanzara su plenitud. El término "plenitud" (*plērōma*) indica la consumación del testimonio, ya sea de Israel o de los creyentes gentiles. Habrá un momento en el que el testimonio, entregado a los gentiles de manera extraordinaria, llegará a su consumación y fin. Discípulos serán hechos de todas las naciones (Mt. 28:19; Hch. 15:14), y es probable que el Señor haya recogido a su Iglesia según los términos de 1 Ts. 4:13-18. Esta plenitud marca el preludio de la salvación de todo Israel.

En primer lugar, el apóstol hace referencia a lo expuesto por Pedro, cuyo nombre hebreo "Simeón" es muy apropiado en este contexto. Esto se debe a que lo que Dios había hecho en Cesarea era de fundamental importancia. Fue la primera vez, después del llamamiento de Abraham, que Dios volvió a tratar con los gentiles como parte del desarrollo de su plan de salvación, excluyendo lo que hubiera hecho a favor de individuos o a través de ellos. El propósito de esta intervención divina es claramente señalado por Jacobo: "Para tomar de entre ellos (los gentiles) un pueblo para su Nombre". Las naciones no se convertirían como tales, sino que el evangelio sacaría de entre ellas a los salvos que se unirían al pueblo espiritual de Dios, la Iglesia. Este período encontrará su consumación en lo que Pablo llama "la plenitud de los gentiles" (Ro. 11:25), (Trenchard).

La idea más probable que Pablo tiene en mente es que en y alrededor de los eventos de la Segunda venida de Cristo, el Israel nacional se convertirá a su Mesías. Hasta ese momento, los gentiles constituirán, en gran parte, el pueblo de Dios (ver **Pueblo de Dios**). Sin embargo, una vez que se haya cumplido el número predeterminado de gentiles que se han convertido al cristianismo, entonces un gran número de judíos también encontrarán la salvación.

La inclusión de los gentiles en el pueblo de Dios tiene su origen en el futuro peregrinaje de los gentiles a Sión y su posterior conversión, tal como se describe en el Antiguo Testamento (Is. 2:2-4; Mi. 4:1-5). Sin embargo, Romanos 11:25-26 contrasta con las expectativas judías del primer siglo d.C., al afirmar que la salvación de los gentiles precede a la de Israel.

POESÍA HEBREA

La poesía, una de las formas más antiguas de la literatura, a menudo se combinaba con la danza para darle ritmo (Éx. 15:20, 21). En el antiguo contexto hebreo, la poesía tenía un lugar destacado. Por ejemplo, las palabras de Sara acerca de su recién nacido tienen una forma poética (Gn. 21:6, 7). Antes de su muerte, Jacob reúne a sus doce hijos y pronuncia sobre cada uno de ellos una bendición que, además de ser profética, tiene un carácter poético (Gn. 49).

Moisés expresa sus sentimientos de gratitud y los de los israelitas hacia el Señor en un cántico sencillo y admirable (Éx. 15:1-19), por haber derrotado al ejército del faraón al arrojarlo al mar. Además, su hermana María añade su propio cántico (Éx. 15:20, 21) al darse cuenta de que los cananeos estarían llenos de temor.

El paralelismo es considerado el recurso básico de la poesía hebrea y, en general, de la poesía semítica. Más que un medio expresivo, constituye un modo de pensar. Consiste en la repetición o en el desarrollo de una intuición poética de tal manera que el tema del primer hemistiquio de un verso se recoge en el segundo. En la antigua poesía hebrea, no se encuentra la rima de manera frecuente. Aunque algunos poemas presentan ciertas cesuras, esto es una excepción. La asonancia, la aliteración y la rima, que son comunes en la poesía oriental, son escasas entre los hebreos. Tampoco hay una sucesión regular de sílabas acentuadas y átonas. Sin embargo, un intenso sentido del ritmo llevó a los poetas a producir versos con la misma cantidad de palabras o, al menos, de acentos tónicos. Los versos y el sentido terminan simultáneamente, salvo en casos excepcionales, como en el Sal. 92, donde el v. 14 continúa al v. 15 (Tabet).

Paralelismo: el carácter esencial de la poesía hebrea es el paralelismo. R. Lowth fue el primero en descubrir el paralelismo como elemento estructural esencial en la poesía hebrea en el s. XVIII. El paralelismo se distingue porque el segundo verso es, de una u otra manera, un eco del precedente. Esta peculiaridad tiene la ventaja de que permanece tras la traducción, lo que no sucede con la rima. Se destacan tres tipos de paralelismo: el sinónimo, el sintético y el antitético, luego otros:

(a) Paralelismo sinónimo. El pensamiento del primer verso se repite en otras palabras en el segundo verso, como en Génesis 4:23:

"Ada y Zila, oíd mi voz;
mujeres de Lamec, escuchad mi dicho".

El conocimiento de este paralelismo sinónimo permite aclarar ciertos pasajes ambiguos a primera vista, como en el Salmo 22:20:

"Libra de la espada mi alma,
del poder del perro mi única".

La palabra "única" se refiere, en efecto, al alma del salmista, es decir, a su vida. De hecho, las revisiones modernas de la Reina-Valera dicen "mi vida".

(b) Paralelismo por gradación ascendente. La segunda línea emite una idea nueva, más o menos estrechamente relacionada con la primera, como en Job 3:17:

"Allí los impíos dejan de perturbar,
y allí descansan los de agotadas fuerzas".

(c) Paralelismo sintético. La primera parte sirve de base a la idea introducida por la segunda, como en el Salmo 25:12:

"¿Quién es el hombre que teme a Jehová?
Él le enseñará el camino que ha de escoger".

Salmo 24:9:

"Alzad, oh puertas, vuestras cabezas,
y alzaos vosotras, puertas eternas,
y entrará el Rey de gloria".

(d) Paralelismo enfático. Los términos característicos se repiten para redondear el pensamiento, como en el Salmo 29:5:

"Voz de Jehová que quebranta los cedros;
quebrantó Jehová los cedros del Líbano".

Salmo 121:3, 4:

"No dará tu pie al resbaladero,
ni se dormirá el que te guarda.
He aquí, no se adormecerá ni dormirá
el que guarda a Israel".

(e) Paralelismo antitético. El segundo pensamiento hace resurgir el primero por antítesis, como en Proverbios 10:1:

"El hijo sabio alegra al padre,
mas el necio es tristeza de su madre".

(f) Paralelismo comparativo. Una similitud, tomada de un dominio familiar, aclara el pensamiento, como en el Salmo 42:1:

"Como el ciervo brama por las corrientes de las aguas,
así clama por ti, oh Dios, el alma mía" (VA).

Es interesante que en Apocalipsis se encuentra un ejemplo de paralelismo sinónimo combinado con un paralelismo enfático (Ap. 3:15-16): "Yo conozco tus obras, que ni eres frío ni caliente. ¡Ojalá fueras frío o caliente! Pero por cuanto eres tibio, y no frío ni caliente, te vomitaré de mi boca".

Repetición y estribillo. La repetición es un recurso común en el estilo literario, tanto en prosa como en poesía, que tiene como objetivo resaltar una idea y captar la atención del lector. Por ejemplo, en el Salmo 136, la frase "Porque para siempre es su misericordia", se repite al final de cada uno de los 26 versículos. De manera similar, en el Salmo 118:1-4 se repite la frase "Porque su amor es eterno".

Ritmo. A diferencia de la métrica griega o latina, que se basa en la alternancia de sílabas largas y breves, el ritmo de la poesía hebrea se construye a partir de la alternancia de sílabas tónicas y átonas. El ritmo hebreo se basa principalmente en un número determinado de acentos intensivos en cada una de las dos partes (hemistiquios) en las que se divide un verso, que constituye la unidad rítmica y está marcada por una pausa.

Efectos sonoros. Debido a su intención de ser recitada en voz alta, la poesía hebrea otorga gran importancia a los efectos sonoros. En los salmos, es común encontrar aliteraciones, que consisten en la repetición de una o más letras en un verso (por ejemplo, en los Salmos 122:6 y 127:1b se repite la letra "shin"). También se emplea la asonancia, que es la repetición de la misma vocal final acentuada en varias palabras. Además, se utilizan recursos como la repetición de sonidos consonánticos para crear efectos sonoros (por ejemplo, en el Salmo 22, los versículos 17b y 18a terminan en las palabras "weraglay" y "'aṣm ôtay", respectivamente, creando una repetición del sonido "ay").

Quiasmo. El quiasmo es un recurso literario que consiste en una secuencia de versos en la que algunas expresiones se refieren a las siguientes, pero en orden inverso. Por ejemplo, en el verso mencionado "Los cielos narran la gloria de Dios", se presenta un quiasmo en el cual las expresiones "los cielos" y "la gloria de Dios" se refieren entre sí, pero en un orden invertido (Tabet).

POESÍA Y PROFECÍA

Los libros proféticos del AT tienen una característica única en su tipo de literatura: combinan prosa y poesía en un ritmo continuo, entrelazan la historia profética, los discursos oratorios y las celebraciones poéticas. Los profetas escriben las palabras de la profecía divina; hablan con un estilo oratorio vibrante, utilizando frases equilibradas en tono sublime para reprender, suplicar, amonestar y consolar a su pueblo extraviado. Además, tejen melodías de poesía lírica inspirada en su obra literaria. Este tipo de literatura es único y no se encuentra en otras literaturas del mundo.

Isaías contiene pasajes que combinan prosa y poesía en los primeros 39 caps., y en los caps., 40-66 son de carácter poético. En Jeremías, los capítulos 1-31 y 46-53 presentan una combinación de prosa y poesía. El caso de Ezequiel y Daniel contiene partes de poesía. La mayoría de los profetas conocidos como menores también consisten, total o parcialmente, en poesía. Con frecuencia, la elocuencia vehemente de los profetas encuentra su expresión en las magníficas cadencias de la poesía lírica en forma de oda, soneto o himno.

Los profetas del AT, en ocasiones, escribieron sus textos en género narrativo, pero la mayor parte de su escritura es poesía. Estos pasajes poéticos, a menudo, presentan un lenguaje figurativo, metáforas, imágenes poderosas y un ritmo lírico distintivo. La poesía se utiliza para transmitir mensajes profundos, emocionales y espirituales, y para capturar la relación entre Dios y su pueblo. La poesía profética tiene un estilo distintivo que combina la exhortación, la advertencia, la consolación y la esperanza. Los profetas utilizaban la poesía como un medio efectivo para comunicar las palabras de Dios y transmitir su mensaje al pueblo de una manera impactante y memorable. Además de su contenido profético, la poesía en los escritos de los profetas, también tiene un valor artístico y literario. Los profetas no solo eran portadores de mensajes divinos, sino también poetas inspirados que utilizaban la belleza del lenguaje y la estructura poética para transmitir sus enseñanzas de una manera poderosa y conmovedora. Apelan a las emociones, sin construcciones gramaticales densas, a través de bellas imágenes, con su poesía pintan cuadros con el fin de provocar un fuerte impacto emocional (Benware).

La poesía profética, a menudo, presenta textos que producen un efecto sonoro armonioso y musical en el poema. Suele tener un ritmo marcado. Utiliza patrones rítmicos para crear un flujo melódico y musical en el poema. El ritmo lo obtiene mediante repeticiones, acentos y pausas estratégicas. La estructura de los poemas proféticos varía. Algunos poemas están organizados en forma de estrofas, versos agrupados en unidades temáticas o en dos líneas, tres o cuatro. Otros pueden seguir una estructura más libre, sin una organización estrófica definida.

Los profetas, frecuentemente, emplean juegos de palabras y juegos de sonido en sus poemas con el propósito de crear asociaciones, contrastes o paralelismos que enfatizan su mensaje. Estos juegos de palabras pueden incluir aliteraciones, asonancias y juegos de sonido similares. El profeta Jeremías utiliza con frecuencia un juego de palabras a lo largo de su libro con el uso de la palabra hebrea "shub", que básicamente significa "girar". Esta palabra puede significar "volverse hacia algo" o "alejarse de algo", lo cual implica significados opuestos. Jeremías la usa en ambos sentidos. Usa esa palabra más de diez veces en tan solo un capítulo (Jer. 3:1–4:1), (VA).

El NT carece de un libro poético completo, pero si tiene porciones que contienen himnos, poemas, que sobresalen por su composición rítmica y belleza, que contrasta con el trasfondo del texto en prosa que les sirve de contexto: el cántico de María (Lc. 1:46-55), Zacarías (Lc. 1:67-79), Simeón (Lc. 2:28-32) y los himnos cristológicos que aparecen en las cartas paulinas (Fil. 2:6-11; Col. 1:15-20; Ef. 1:3-14).

En el libro de Apocalipsis, destacan los himnos y doxologías que evocan los cánticos litúrgicos del AT que conocía y cantaba la iglesia primitiva (Ap. 5:9-10; 11:17-18; 12:10-12; 15:3-4).

La poesía en los profetas del AT, y en algunos pasajes del NT, desempeña un papel significativo en la expresión de la fe, la adoración y la comunicación de verdades espirituales. Su presencia en la Biblia enriquece nuestra comprensión de la Palabra de Dios y nos invita a apreciar la belleza y el poder del lenguaje poético en la comunicación de la fe.

PORNEÍA

En el libro de Apocalipsis aparece 9 veces la palabra griega πορνείας, *porneía*, significa fornicación, impureza sexual o prostitución: Ap. 2:14, 20, 21; 9:2; 14:8; 17:2, 4; 18:3; 19:2; la palabra ἐπόρνευσαν, *eporneusan*, significa fornicado, prostituido, aparece 3 veces (Ap. 17:2; 18:3, 9), (Vine).

En el libro del Apocalipsis, la palabra "porneía" y *eporneusan*, se utilizan en varias ocasiones para referirse a la inmoralidad sexual o a la prostitución. El término tiene connotaciones negativas relacionadas con la conducta sexual inapropiada o ilícita. Se relaciona con el contexto de las advertencias y condenas dirigidas a las iglesias de Asia Menor para rechazar la práctica asociada con el culto a los ídolos o la idolatría. Se advierte a las iglesias que se mantengan alejadas de la inmoralidad sexual, que puede estar vinculada a los rituales paganos y la adoración de ídolos. En ese momento, estas comunidades cristianas se encontraban rodeadas de un entorno cultural y religioso pagano, donde la adoración a dioses falsos y la participación en rituales sexuales inmorales eran prácticas comunes (ver **Culto imperial**; **Gran Ramera, Babilonia**).

La conexión entre la "porneía", *eporneusan* y la idolatría refuerza la idea de que la inmoralidad sexual y la participación en prácticas idolátricas eran problemas comunes en las comunidades cristianas de la época relacionadas con la comida ofrecida a los ídolos. El autor del Apocalipsis insta a los creyentes a mantenerse fieles a Dios y a rechazar cualquier forma de comportamiento inmoral o adoración falsa (Gálvez).

POSMILENARISMO

El posmilenarismo fue la variante más aceptada durante casi toda la historia del cristianismo. Esta entendía que por obra de la evangelización y gracias a la influencia de la Iglesia en la sociedad cristiana, se había entrado en ese período de mil años. El emperador romano había adoptado el cristianismo y la actividad del diablo estaba severamente limitada, así los cristianos soberanos gobernaban juntamente con Cristo. Pero cuando estallaban guerras o epidemias, la Iglesia entraba en pánico porque pensaba que se habían agotado los mil años y que Satanás había sido soltado, de modo que se acercaba el fin del mundo.

En el capítulo 20 del libro de Apocalipsis, el posmilenarismo interpreta que la Segunda venida de Cristo ocurre después del milenio.

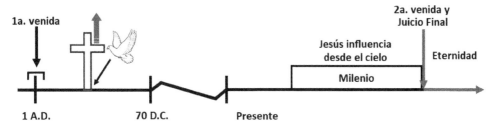

3. Imagen: Posmilenarismo

El posmilenarismo se refiere a la creencia de que Cristo volverá después de un período de tiempo, pero no necesariamente 1000 años, interpretan la profecía cumplida usando un método simbólico. Ellos creen que Ap. 20:1-6, no debería ser tomado literalmente. Los 1000 años allí descritos significan simplemente "un largo período de tiempo".

El prefijo "pos" en "posmilenarismo" denota la opinión de que Cristo volverá después de que los cristianos hayan establecido el reino sobre esta tierra.

En resumen: el posmilenarismo es una perspectiva escatológica que sostiene que el reino de Dios se está expandiendo en la actualidad a través de la predicación del evangelio y la obra redentora del Espíritu Santo en los corazones de las personas. Esta visión afirma que el regreso de Cristo ocurrirá después de un largo período llamado milenio, durante el cual se espera que todo el mundo se convierta al cristianismo. Según los principios posmilenaristas, la Segunda venida de Cristo será seguida inmediatamente por la resurrección general, el juicio final y la plena manifestación del cielo y el infierno.

Para los posmilenaristas, el milenio es una era de prosperidad espiritual que se experimentará durante la actual dispensación, conocida como la era de la Iglesia. Este período se llevará a cabo mediante fuerzas que están actualmente activas en el mundo y puede tener una duración indefinidamente larga, posiblemente más allá de los mil años literales. El cambio en el carácter de las personas se reflejará en una mejora en la calidad de vida social, económica, política y cultural de toda la humanidad (Clouse).

Algunos eruditos ven fallas en esta postura. Afirman que los que se aferran al posmilenarismo creen que este mundo va a ir mejorando cada vez más hasta que el mundo entero sea cristianizado finalmente. Agregan que esa proposición carece de asidero bíblico porque, además, usan el método alegórico para interpretar la profecía no cumplida, asignando sus propios significados a palabras (Gálvez).

POZO

Del griego Φρέατος, *freatos*, que significa "hoyo" o "hondura" (Lacueva), se menciona en Ap. 9:1-2 el pozo del abismo como parte de una visión profética descrita por el apóstol Juan. Este pasaje se enmarca en el contexto del juicio de las siete trompetas. En esta visión, se menciona una estrella que cae, y algunos sugieren que esta estrella se refiere a Satanás, debido a que las estrellas suelen simbolizar a seres angelicales (Ap. 1:16).

El simbolismo apocalíptico utilizado representa una manifestación de juicio y destrucción. El pozo del abismo se interpreta como un lugar abandonado por Dios, del cual emergerá una bestia demoníaca en un momento posterior. También se interpreta como un lugar de encarcelamiento de seres espirituales malignos, a menudo identificados como demonios o espíritus malignos. Cuando el pozo es abierto, estos seres son liberados para llevar a cabo su obra destructiva y causar tormento y aflicción a la humanidad.

Aunque el término exacto "pozo del abismo" no se repite con frecuencia, existen pasajes que aluden a un lugar similar. Por ejemplo, en Lc. 8:31 Jesús se encuentra con un hombre poseído por demonios en la región de los gadarenos, y los demonios le suplican a Jesús que no los envíe al abismo.

La interpretación de este pasaje puede variar entre las diferentes tradiciones y estudiosos de la Biblia.

PREDICCIÓN BÍBLICA

Barton define la predicción bíblica como "un anuncio, más o menos específico, del futuro"; es "un milagro de conocimiento, una declaración o descripción de algo todavía futuro, más allá del poder de la sagacidad humana para discernir o calcular". Agrega que, en ocasiones, parece incluir cuestiones que pueden haber sucedido, pero que las partes interesadas no hubieran sabido hasta una fecha posterior, como se ve en 1 S. 9:20 y 10:22 con la declaración sobre el regreso de las asnas de Saúl. Estos oráculos podrían considerarse predictivos en el sentido de anunciar: "Encontraréis que...". Hacer predicciones, en este sentido, es una actividad en la que cualquier persona podría intentar participar. Sin embargo, debido a que solo Dios tiene el conocimiento necesario del futuro (Is. 44:6-8; cf. 1 Co. 1:25), solo Él puede realmente declarar "lo que ha de ocurrir después" (Is. 41:23).

En la antigua Grecia, la asociación singular de Dios con la predicción llevó a una especialización del término "profeta", desviándolo de su connotación general de un portavoz de la deidad hacia el concepto más específico de alguien que hace predicciones, "uno que habla por adelantado". En el lenguaje moderno, también se emplea la palabra "profeta" de manera similar, como en el caso de un "profeta del tiempo". Sin embargo, la predicción sobrenatural sigue siendo una actividad exclusivamente divina. Para un cristiano que acepta la autoridad de Jesús, incluyendo Su confirmación de la Biblia como la palabra de Dios sin parangón, las profecías de las Escrituras "deben ser necesariamente divinas" y solo esas se consideran como las únicas predicciones legítimas del futuro autorizadas por Dios. Además, los profetas bíblicos, en su defensa de la santidad, pueden ser definidos adicionalmente como "los instrumentos para la revelación de la voluntad de Dios a los hombres, especialmente mediante la predicción de eventos futuros, y en particular, mediante la predicción de la encarnación del Señor Jesucristo y la redención realizada por Él".

A lo largo de la Biblia, se encuentran numerosos ejemplos de predicciones inspiradas que no se limitan únicamente a los libros escritos por profetas mencionados específicamente. Estas predicciones abarcan una amplia gama de temas, desde los más grandes hasta los más pequeños, y todas poseen la autoridad de la revelación divina. Incluso las predicciones más comunes tienen el respaldo de la veracidad divina, como lo evidencia el testimonio del siervo de Saúl acerca del profeta Samuel: "Todo lo que él dice acontece sin falta" (1 S. 9:6; cf. v. 9). Por lo tanto, ¿por qué no acudir a él para preguntarle sobre las asnas perdidas? ¡Y Samuel les dio la respuesta! (1 S. 9:20; 10:16). Algunas predicciones pueden parecer meras inferencias plausibles, como en el caso de 1 Reyes 20:22, que predice que los sirios volverían a atacar a Israel al año siguiente. Aunque estas predicciones pueden parecer simples, pequeñas o aparentemente insignificantes por sí mismas, siempre están relacionadas y subordinadas a importantes eventos que afectan los intereses del pueblo de Dios. A través de esta diversidad, se revela la unidad divina.

Barton argumenta que hay un desarrollo orgánico en la predicción bíblica, y que todo el movimiento profético surge del progreso de la historia redentora. Se apoya en otros autores para respaldar su punto de vista. Berkhof observa que algunas de las profecías más importantes se presentan inicialmente en términos generales, pero a medida que avanza la revelación progresiva de Dios, se van detallando y especificando, especialmente en las profecías mesiánicas. Esto se asemeja a un capullo que se va abriendo gradualmente hasta convertirse en una hermosa flor. Terry cita un ejemplo concreto y temprano: el oráculo de Balaam acerca de Moab, Edom, Amalec, los ceneos, Assur y el poder del lado de Quitim (Nm. 24:17-24). Este oráculo profético se convierte en la joya de muchos oráculos posteriores dirigidos contra estos enemigos y otros similares del pueblo escogido.

El testimonio de las Escrituras no se limita a ejemplos, sino que también incluye declaraciones directas sobre la teoría de la predicción. La primera de Pedro 1:11 afirma que los profetas que hablaron acerca de la gracia destinada a los creyentes anunciaron de antemano las glorias que vendrían. Jesús mismo declaró: "Mirad que os lo he predicho" (Mt. 24:25) y también dijo: "Desde ahora os lo digo antes que suceda, para que cuando suceda, creáis que yo soy" (Jn. 13:19). Además, después de Su partida, Jesús prometió enviar el Espíritu Santo, quien les revelaría las cosas que habrían de venir (Jn. 16:13).

Oehler argumenta que la idea de una predicción pura se expresa de manera precisa en Isaías 42:9: "Yo os anuncio cosas nuevas; antes que se produzcan, os las hago saber". De hecho, este tema es dominante en el libro de Isaías (véanse también Is. 37:26; 41:21-28; 43:9; 44:7-8; 45:22; 46:10; 48:3-8). Según las Escrituras, son las predicciones las que acreditan al profeta (Jer. 28:9). La ejecución del castigo sobre los paganos o el surgimiento de la iglesia gentil son pruebas de que el Ángel de Yahveh había hablado a Zacarías (Zac. 2:9, 11), y la finalización del segundo templo por Zorobabel con ayuda extranjera demostraría que Yahveh había enviado tanto al profeta como al ángel que le interpretó estas cosas (Zac. 4:9; 6:15).

Por otro lado, las predicciones fallidas son pruebas de falsa profecía (Dt. 18:22). Micaías pudo decir, en relación con su predicción de la muerte de Acab en Ramot de Galaad: "Si llegas a volver en paz, Yahveh no ha hablado por mí" (1 R. 22:28). Las Escrituras hebreas están claramente orientadas en torno a temas predictivos. Los académicos críticos, como Rowley, reconocen que los profetas consideraban la predicción del futuro como la esencia de su función. Raymond Brown agrega que la predicción fue la forma en que los escritores del Nuevo Testamento relacionaron ambos testamentos, independientemente de si agrada o no a los académicos modernos.

Concluye argumentando que los profetas de Israel investigaron diligentemente, intentando comprender sus propias predicciones (1 P. 1:10-11), y en ocasiones tuvieron que admitir su ignorancia acerca de sus propias visiones (Dn. 8:27; Zac. 4:13) o palabras (Dn. 12:8). En raras ocasiones, incluso podían desconocer que estaban pronunciando una profecía. Por ejemplo, cuando Abraham intentó tranquilizar las dudas de su hijo Isaac al sugerir: "Dios se proveerá de cordero para el holocausto" (Gn. 22:8), cuando aparentemente no tenía otra cosa en mente para el sacrificio que, a Isaac mismo, habló de manera más acertada de lo que sabía. Se puede comparar este caso con el de Caifás en Juan 11:49-52. La profecía va más allá de lo histórico; lo que sus contemporáneos pudieran haber pensado debe ser subordinado a lo que la inspiración de Dios pueda revelar de manera determinante como Su intención primaria.

El Antiguo Testamento tiene otros dos términos principales para referirse al profeta: "hōzé" y "röë", ambos significando "uno que ve", un "vidente" (1 S. 9:9). En contraste con la proclamación divina a los hombres que connota "nävï", estos términos posteriores enfatizan el modo de revelación de Dios al profeta. Además, subrayan la naturaleza pictórica de gran parte de la revelación profética, ya sea mediante sueños para aquellos menos maduros (por ejemplo, Gn. 37:5-10; Jue. 7:13-15 y, especialmente, Dn. 2:1, 4:5) o mediante visiones, que son el modo más común de revelación de Dios a sus profetas, mientras están despiertos y conscientes (Ez. 7:26; comparar con Is. 1:1 y contrastar con Jer. 23:27, 32). Su "videncia", a su vez, ayuda a explicar fenómenos proféticos como el uso de lenguaje figurado, sus perspectivas cronológicas con saltos telescópicos y lo que Oehler describe como "intuición" profética. Sin embargo, muchas de las revelaciones de Dios también parecen haber sido verbales, habladas de manera audible o a través de algún tipo de comunicación mental (Jer. 30:2), (Barton).

PREGÓN

Vocablo usado en el género literario en la literatura bíblica en la que los profetas lo imitan (Is. 55 y en los libros sapienciales), (Pr. 1:20ss.), (Schökel).

En otros pasajes bíblicos, existen algunas situaciones en las que se utilizan anuncios o proclamaciones públicas para transmitir información importante a la comunidad, p. ej. en el libro de Ester, se relata cómo se hizo una proclamación pública en todo el reino de Persia para convocar a las doncellas y presentarlas ante el rey Asuero como posibles candidatas para convertirse en reina (Est. 2:8). También se menciona que los decretos reales se proclamaban en todas las provincias del reino (Est. 3:14).

En el libro de Jonás, el profeta Jonás es enviado a la ciudad de Nínive para proclamar un mensaje de arrepentimiento y advertencia a sus habitantes (Jon. 3:2-4). Jonás recorre la ciudad proclamando el mensaje, y la gente responde y se arrepiente de sus caminos.

Estos son solo algunos ejemplos en los que se utilizan proclamaciones o anuncios públicos para transmitir mensajes importantes en el Antiguo Testamento. Aunque no se mencionen específicamente los "pregones" como tal, se pueden encontrar situaciones similares en las que se realiza una comunicación pública para transmitir información relevante a la comunidad.

Clave de diagramas de posturas escatológicas

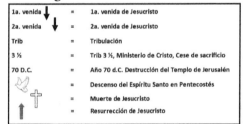

PREMILENARISMO, MEDIO TRIBULACIÓN, DISPENSACIONAL

Sitúa la primera venida de Cristo en el 1 a.C. Afirma que Jesús de Nazaret murió y ascendió e intercede por los cristianos. Cree en la venida del Espíritu Santo en pentecostés; cree en la crucifixión, sepultura, ascensión, resurrección de Cristo; cree en los siete años continuos de la Gran Tribulación.

El premilenarismo dispensacional no cree en la inminencia del arrebatamiento, porque primero tienen que acontecer las señales de principios de dolores que se cumplirá en los primeros tres años y medio.

Enseña que la Iglesia será arrebatada al final de los primeros tres años y medio de

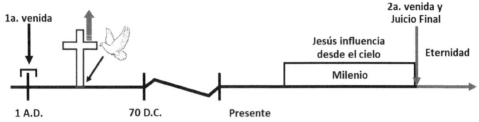

4. Imagen: Postura del premilenarismo, medio tribulación, dispensacional.

la semana setenta de Daniel, que sufrirá los eventos de la primera mitad de la tribulación y luego será arrebatada antes de que comience la segunda mitad de la semana setenta, la cual sí contiene todo el derramamiento de la ira de Dios.

Afirma que la Segunda venida acontece exactamente al finalizar los siete años de la tribulación. Y, con la Segunda venida, se inaugura el milenio literal, luego viene la eternidad.

En resumen: la posición premilenarista sostiene que el regreso de Cristo ocurrirá antes del milenio y que establecerá su reino terrenal. Sin embargo, dentro del premilenarismo existen tres posturas principales acerca de la ubicación de la Iglesia en relación al período de tribulación que precede al milenio. El pretribulacionismo afirma que la Iglesia será arrebatada antes de la tribulación, mientras que el postribulacionismo sostiene que la Iglesia será arrebatada después o al final de la tribulación. Por su parte, el midtribulacionismo plantea que la Iglesia será arrebatada en medio de la tribulación. Una nueva propuesta conocida como arrebatamiento pre-ira es una variante del midtribulacionismo (McCune). Según otras posturas escatológicas, las fallas de esta ramificación son casi las mismas de las dos anteriores, con la diferencia de que la Iglesia sufrirá tres años y medio de la Gran Tribulación y al finalizar esta, ocurrirá inmediatamente el rapto (ver **Premilenarismo pretribulacional**; **Premilenarismo postribulación**).

PREMILENARISMO, POSTRIBULACIÓN, POSTURA HISTÓRICA

El premilenarismo histórico sitúa la primera venida de Cristo en el 1 a.C. Afirma que Jesús de Nazaret murió y ascendió. Cree en la venida del Espíritu Santo en pentecostés.

Enseña que la Iglesia estaba en la anticipación de la profecía y que la época actual de la gracia se predijo en el Antiguo Testamento. Afirma que habrá un milenio después de la Segunda venida de Cristo y no se preocupa con la clasificación de otras épocas de

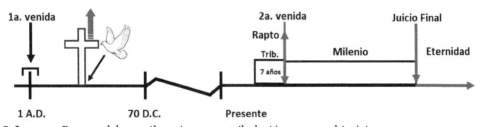

5. Imagen: Postura del premilenarismo, postribulación, postura histórica.

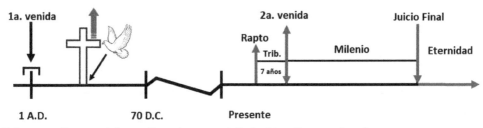

6. Imagen: Postura del premilenarismo, pretribulación, dispensacional.

la historia. Su postura respecto de la Gran Tribulación es postribulacionista: la Iglesia pasará la Gran Tribulación.

Cree que el anticristo aparecerá en la tierra y será el que inaugure la Gran Tribulación. Enseña que los siete años de tribulación comenzarán paralelamente al arrebatamiento de la Iglesia hacia las nubes y, al mismo tiempo, Cristo vendrá en su Segunda venida. Estos eventos son prácticamente simultáneos. Entonces Jesús y su Iglesia regresarán a la tierra para gobernar durante mil años. Luego acontece el juicio final. Al terminar el milenio, comienza la eternidad del reino de Cristo.

Uno de los premilenialistas históricos más influyentes fue George Eldon Ladd, un erudito evangélico, profesor de exégesis y teología en el seminario teológico Fuller. Fue a través del trabajo de Ladd que el premilenarismo histórico ganó popularidad y respeto académico entre los evangélicos y teólogos reformados del siglo XX.

Entre otros premilenialistas históricos conocidos, se nombran a: Walter Martin, John Warwick Montgomery, J. Barton Payne, Henry Alford (un destacado erudito griego) y Theodor Zahn (un erudito alemán del Nuevo Testamento), (Gálvez).

Algunos autores señalan que el *premilenarismo histórico* yerra al creer en siete años de la Gran Tribulación fraguada por el anticristo: la razón es que la interpretación bíblica sugiere que quien confirma el pacto y cesa los sacrificios es Jesús de Nazaret con su muerte en la cruz, no el anticristo. Agregan que no hay una Gran Tribulación de siete años entre el arrebatamiento y la Segunda venida. Por tanto, está postura no tiene base bíblica, exponen los críticos de esta perspectiva (Gálvez).

PREMILENARISMO, PRETRIBULACIONAL, DISPENSACIONAL

En el siglo XIX surgió la doctrina premilenarista pretribulación. Esta sostiene que Satanás campea a sus anchas en la tierra. Entonces tiene que volver Cristo para sujetarlo durante mil años. La variante más popular del premilenarismo evangélico sostiene, además, que antes de que pueda regresar Cristo para sujetar al diablo, tiene que restablecerse la nación soberana de Israel en sus tierras ancestrales. De ahí su apoyo entusiasta del sionismo del siglo XX hasta hoy.

Esta postura cree en la primera venida de Cristo, en su crucifixión, sepultura, ascensión y resurrección. Enseña que el rapto es inminente, y cuando ocurre comienzan a contarse los siete años de la Gran Tribulación. Los primeros tres años y medio son de aparente paz con el liderazgo del anticristo, pero al final de ese período de tiempo de tres años y medio el anticristo se declara abiertamente enemigo de Dios, Israel y la Iglesia. Entonces comienza la tribulación más severa. Al culminar los siete años exactamente sucede la Segunda venida de Cristo y se establece el milenio. Al finalizar el milenio coloca el juicio final y luego la eternidad.

Esta variante del milenarismo se identifica con el dispensacionalismo. Sostiene que la época actual fue inesperada en el Antiguo Testamento, por lo tanto, es un "gran paréntesis" que se introdujo en la historia porque los judíos rechazaron el reino. Declara siete divisiones del tiempo. La época actual es la sexta de las dispensaciones; la última de ellas será la época del milenio después de la Segunda venida.

Muchos exegetas rechazan la interpretación del premilenarismo dispensacional que generalmente abarca el punto de vista pretribulacional. Afirman que se equivoca al enseñar un rapto inminente, el arrebatamiento de la Iglesia mientras comienza la Gran Tribulación de siete años, luego la Segunda venida, el milenio. Ninguna de esas doctrinas las enseña la Escritura, comentan (Gálvez).

PRESENCIA DE DIOS

La presencia de Dios es uno de los temas proféticos más importantes en la Biblia. Dios se revela en la historia por sus actos y su presencia. En ella se revela y es El que Es. En Génesis 12, Dios se le aparece a Abraham, y establece un Pacto con él. Abraham construye un altar al Señor porque el Señor se le "apareció" (Gn. 12:7): la presencia espiritual fue real. A la sazón, comienza una relación íntima entre Dios y Abraham, le dice "anda delante de mí" (Gn. 17:1). Así, Abraham está llamado a caminar "en la presencia de" Dios. En Éxodo 3, se describe la presencia de Dios de manera central en un relato muy interesante. Después de que Moisés expresa dudas acerca de su habilidad para liderar a los israelitas de Egipto, Dios le dice: "Yo estaré con vosotros" (Éx. 3:12), indicando que Dios estaba entrando en una relación íntima con Moisés y el pueblo de Israel. Cuando los israelitas huyen de Egipto, Dios los guía y los protege por medio de una columna de nube de día y una columna de fuego de noche (Éx. 13:21-22). Luego, los israelitas vieron de cerca la presencia de Dios en el monte Sinaí al entrar en un pacto formal (Éx. 19); este pacto fue establecido con tres grandes promesas: "Yo seré vuestro Dios. Vas a ser mi pueblo. Yo habitaré en medio de ti". En seguida, Dios les dijo: "Y harán un santuario para mí, y habitaré en medio de ellos... y pondré mi morada en medio de vosotros, y mi alma no os abominará; y andaré entre vosotros, y yo seré vuestro Dios, y vosotros seréis mi pueblo". Dios mismo dio la orden al pueblo de Israel para que hicieran un santuario para Él. Se tomó la molestia de hacer el diseño tanto del tabernáculo como de los utensilios que lo llenarían. El pueblo de Israel y Moisés no participaron, en absoluto, en el diseño del santuario y sus utensilios. No tenían de que gloriarse. La dedicación de este tabernáculo era específicamente para la gloria, el honor, la alabanza, la adoración del Señor de parte de su pueblo. Tendría que ser consagrado con exclusividad. Esto se refleja en la frase: "para mí". Con todo, el propósito primordial del santuario y demás utensilios era que Dios iba a habitar en medio de ellos, su presencia estaría con ellos. ¡Qué privilegio tuvo el pueblo de Israel! ¡Dios moraba en el tabernáculo junto a ellos, cerca de ellos! Estaba en medio de ellos para socorrerlos de peligros. Para proveerles comida y agua. ¡Qué buen Dios el Dios de Israel! Esta realidad significó mucho para Israel. Dios descendía en el tabernáculo que estaba en medio del pueblo. Si este se movía, Dios se movía con ellos, si se paraba, él también (Éx. 25:8; Lv. 26:11-12) se detenía y a la inversa, cuando la nube se movía el pueblo se movía. Si caminaban hacia el valle Dios los acompañaba. La presencia de Dios los acompañaba literalmente. Así, Dios se manifestó como un Dios móvil, vivo, flexible, libre, cercano. De verdad, Dios está de camino junto al hombre. La historia de Israel es la historia de Dios interviniendo a favor de ellos. Dios es protagonista de la historia, pero no lejos de los suyos. Dios no quiere ser Dios lejos de los hombres, ni en detrimento de los hombres. Es más, no quiere reinar solo, Él anhela que su pueblo reine junto a él. ¿Acaso eso es comprensible?

Dios seguía caminado entre su pueblo cuando este se asentó en la tierra de Canaán. Su presencia estaba donde estaba el arca del pacto, que había estado en el tabernáculo. Llegó el día en que Salomón le construyó a Dios un templo con estructuras sólidas. Y Dios llenó el templo con su presencia, como una muestra de que él seguía habitando con su pueblo. Con todo lo extraordinario de este acompañar de Dios a su pueblo, el propósito de Dios de caminar en medio de los hombres se cumplió de manera parcial. Si ellos permanecían cerca del santuario, entonces podían ser guiados; si el arca del pacto estaba en medio de Israel, entonces podían estar confiados; si acudían al templo que Salomón construyó a Dios, entonces él respondía sus ruegos. ¿Pero qué pasaba con aquellos que por cualquier circunstancia no podían estar cerca del tabernáculo, o no podían ir a adorar al templo? No podían estar cerca, de la presencia de Dios.

Pese a esa magnífica y bondadosa presencia de Dios con su pueblo, es insólito que buena parte del pueblo se alejó del Señor, de su presencia. Por ello, vemos como los profetas advierten del juicio y de la pérdida de la presencia de Dios en el futuro inmediato, también miran más allá de la destrucción: el espectacular reino cuando venga el Mesías y Dios reúna a su pueblo de nuevo y los gobierna con justicia. En este contexto, los profetas proclaman la nueva y mejor alianza que vendría. Declaran con frecuencia que una de las características de este nuevo y mejor reino es una presencia restaurada e intensificada de Dios. Ezequiel 40-48 describe el nuevo Templo en la era venidera. Uno de sus más importantes características es el énfasis en la presencia de Dios. De hecho, las palabras finales de Ezequiel afirman que "el nombre de la ciudad desde entonces será: EL SEÑOR ESTÁ ALLÍ" (Ez. 48:35). El Dios que, a pesar de su grandeza, santidad, omnipotencia, omnisciencia, perfección, ha decidido en su libre voluntad, abajarse, anonadarse, y habitar entre los hombres para amarlos, buscarlos y salvarlos. Este es el "Emanuel" que quiere decir "Dios con nosotros" (Is. 7:14).

Él desea vivir en comunión con su pueblo. No se entiende con facilidad cómo es que Dios siendo Todopoderoso, santo, perfecto, eterno, grande, majestuoso quiera habitar con el hombre que es pecador. En el orden humano se hacen alianzas entre personas o instituciones que tengan características semejantes: los fuertes con los fuertes; los nobles con los nobles, los sabios con los sabios. Contrariamente a estas realidades humanas, Dios hace alianzas con dispares, inferiores, pecadores indigentes de salvarse por sus propios medios. Esto es extraordinario. Dios hace alianza con el hombre no porque lo necesite, sino porque lo ama. Esta es la única razón posible. Fue en Jesucristo, el "Emanuel", el "Dios con nosotros" (Mt. 1:23), que comenzó a cumplirse plenamente esta excelsa realidad. Emanuel, el significado de "Dios con nosotros". El "Emanuel" nació en un pesebre, vistió pañales y tomó sopa. Creció en sabiduría, estatura, conocimiento y en gracia para con los hombres. Y cuando llegó el cumplimiento del tiempo para iniciar su ministerio dejó a sus padres y a sus hermanos. Comenzó a enseñar que el Reino de Dios se había acercado. Fue a buscar a los pecadores a las plazas, los mercados, las calles, las casas, los lugares desiertos, las sinagogas, para salvarlos, sanarlos, liberarlos, para amarlos y estar con ellos. La presencia encarnada de Dios en Jesucristo era real para las personas.

Juan dice esta misma verdad del *Dios con nosotros* con distintas palabras: "En el principio era Verbo, y el Verbo era con Dios, y el Verbo era Dios" (Jn. 1:1), "Y aquel Verbo fue hecho carne, y habitó entre nosotros (y vimos su gloria, gloria como del unigénito del Padre), lleno de gracia y de verdad" (Jn. 1:14), "Lo que era desde el principio, lo que hemos oído, lo que hemos visto con nuestros ojos, lo que hemos contemplado, y palparon nuestras manos tocantes al Verbo de vida" (1 Jn. 1:1). Pablo expresa este mismo misterio con palabras sublimes e inspiradas: "E indiscutiblemente, grande es el misterio de la piedad: Dios fue manifestado en carne, justificado en el espíritu, visto de los ángeles, predicado a los gentiles, creído en el mundo, recibido arriba en gloria" (1 Ti. 3:16). Estos pasajes dicen que el Verbo era Dios. Que se hizo carne y que habitó entre nosotros. El sentido del texto griego que habla de que el Verbo se hizo carne dice literalmente que "el Verbo vino a poner su tienda", "su tabernáculo", junto a los suyos. La palabra traducida por Verbo, en el griego bíblico es *Logos* y significa también "Palabra". Jesús es la Palabra hecha carne, y esta Palabra en el principio estaba con Dios, y la Palabra era Dios. La Palabra solo puede ser el resultado de la acción de una persona, por lo tanto, representa a esta persona. Si en el Antiguo Testamento la presencia de Dios descendía en medio del tabernáculo, ahora el Nuevo Testamento da testimonio que Dios se hace persona, toma forma de hombre, se hace siervo y viene para amar a los seres humanos, buscarlos y salvarlos. Otro texto que nos habla del abajamiento de Dios al hacerse hombre, para habitar entre ellos, es el siguiente: "Haya pues entre vosotros este sentir que hubo también en Cristo Jesús, el cual siendo en forma de Dios, no estimó el ser igual a Dios como cosa a que aferrarse, sino que se despojó a sí mismo, tomando forma de siervo, hecho semejante a los hombres; y estando en la condición de hombre, se humilló a sí mismo, haciéndose obediente hasta la muerte y muerte de cruz" (Fil. 2:5-8).

Explicada así esta verdad, el Dios del evangelio, no es una cosa u objeto; no es idea o principio; se manifiesta como el Señor de los señores, y que ha de regir en la venida de su reino, pero con una dimensión social y antropológica, puesto que será en función del hombre y de su pueblo acompañándolos con su presencia. Pero todo esto no hay que considerarlo aisladamente, sino en una continuación histórica, dentro de la cual la Iglesia lleva a cabo la misión de comunicar estas realidades escatológicas. El Dios que se ha revelado a los hombres en las Sagradas Escrituras no quiere ser Dios en soledad. No es un "Llanero solitario". Es un Dios de comunicación. Tampoco quiere ser Dios a costa y en detrimento de los hombres. No tiene su mano alzada lista para castigar al hombre que se equivoca o es esclavo de su lujuria. ¡No! Él quiere ser Dios junto al hombre, y para el hombre, un Dios solidario, amoroso, perdonador, compañero y, por si fuera poco, padre, hermano, amigo y compañero. El Dios que se ha autocomunicado en el evangelio, no es un dios mitológico de porte griego, mitad hombre y mitad animal, que maneja los hilos de la historia con bajas pasiones, caprichos y en venganza de los hombres. No es un Dios trascendente y lejano, como el dios de los filósofos, el absoluto, pero que es inaccesible. Tampoco es el *Deus Absconditus* de la Edad Medieval, de la religión mediadora que era, en buena medida, la base de la creencia generalizada, al que no se podía tener acceso, por lo que había que recurrir a la veneración de las reliquias y a la súplica de los cientos de santos intercesores o a la compra de perdones, para ganarse el favor de ese dios escondido. El Dios que se ha autocomunicado en el evangelio. Es el *Deus Revelatus* del que habla Martín Lutero: "A Dios nadie lo ha visto nunca, pero el hijo único que está en el seno del Padre, nos lo ha dado a conocer (Jn. 1:18). Al Dios que habita en una luz inaccesible (1 Ti. 6:16) conocemos su presencia por medio del hijo (cf. Mt. 11:27) por eso, quien quiera conocer al Dios incomprensible tiene que atenerse al hijo".

Después de que Cristo ascendió a la gloria del padre, el cumplimiento de las profecías de Ezequiel y Joel llevan a su culmen la presencia continua del Señor Dios en su pueblo: "Os daré un corazón nuevo y os pondré espíritu nuevo en vosotros; quitaré de ti tu corazón de piedra y te daré un corazón de carne. Y pondré mi Espíritu en vosotros y os moveré a seguir mis decretos… ustedes serán mi pueblo y yo seré su Dios" (Ez. 36:26-28); en Joel 2:28 declara: "Derramaré mi Espíritu sobre todos los pueblos …". Esto es un cambio radical en el concepto de la presencia de Dios activa a través de la morada de su Espíritu, su presencia está dentro de cada uno de sus hijos independiente del templo, de montes sagrados, de la Jerusalén terrenal. Pero la presencia colmada va más allá, al final de la historia, en la gloria futura, la presencia de Dios es plena, total: "Ahora bien, la morada de Dios está con los hombres, y vivirá con ellos. Ellos serán su pueblo, y Dios mismo estará con ellos y será su Dios" (Ap. 21:3). "No vi templo en la ciudad, porque el Señor Dios Todopoderoso y el Cordero son su templo. La ciudad no tiene necesidad de sol ni de luna que la alumbren, porque la gloria de Dios alumbra, y el Cordero es su lumbrera" (Ap. 21:22-23), (Gálvez), (ver **Nueva Jerusalén**; **Nueva creación**; **Cordero**).

PRETERISMO COMPLETO O TOTAL

Este enfoque escatológico se inicia y se forja durante los años de 1545 a 1563, durante el largo y espaciado Concilio de Trento. La palabra *preterismo* surge del latín *praeter* y significa "pasado". La doctrina declara que las profecías bíblicas escatológicas y apocalípticas se cumplieron todas en el año 70 d.C. Así, el pacto de Dios con Israel se terminó.

Este enfoque escatológico se introdujo en la Iglesia protestante a través de un libro titulado "La venida" de J. Stuart Russell en el siglo XIX. Los Hermanos Leonard lo promovieron en el año 1996 por medio del libro "La promesa de su venida".

El preterismo total o completo es también conocido con otros nombres: preterismo consistente, escatología de Pacto, hiperpreterismo (es un término usado por los oponentes de la postura preterista total. Considerado por preteristas totales como despectivo) y pantelismo (el término "pantelismo" es un término de origen griego. Significa "todas las cosas han sido cumplidas").

Su postura es que todas las profecías fueron cumplidas con la destrucción de Jerusalén, incluyendo la resurrección de los muertos y la Segunda venida o venidas de Jesucristo. Sostiene que la Segunda venida de Jesús no

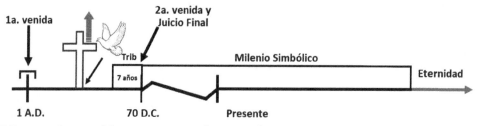

7. **Imagen:** Postura del preterismo completo o total.

se interpreta como un regreso corporal aún futuro, sino como una "presencia" manifiesta a través de la destrucción física de Jerusalén y su Templo en el año 70 d.C. por ejércitos extranjeros, así como el Dios del Antiguo Testamento destruye a las naciones en juicio justo.

También sostiene que la resurrección de los muertos significa la resurrección de las almas en "el lugar de los muertos", en el Seol (hebreo), en el Hades (griego). De modo que, los muertos justos obtienen un cuerpo espiritual, valioso, en los lugares celestiales. Los muertos injustos son lanzados al lago de fuego.

Algunos preteristas totales opinan que este juicio es firme y se concreta durante la muerte de cada individuo. Toman de base He. 9:27: "Y así como todos han de morir una sola vez y después vendrá el juicio".

Comparan los cielos nuevos y la tierra nueva con el cumplimiento de la ley en el año 70 d.C., por lo que deben ser interpretados del mismo modo en que un cristiano es considerado como una "nueva creación" cuando cree en Cristo.

Ante esta postura es imposible demostrar bíblica y teológicamente que todas las profecías se cumplieron en el año 70 d.C. El punto ciego más grande de esta postura es negar el cumplimiento futuro de la Segunda venida de Cristo, la resurrección de los muertos, la consumación final del reino de Dios y la nueva creación (Gálvez), (ver **Infierno**, **Hades**).

PRETERISMO PARCIAL

El preterismo parcial, es el más antiguo de las dos posturas. Mantiene que las profecías de la destrucción de Jerusalén, el anticristo, la Gran Tribulación y el advenimiento del Día del Señor como una "venida en juicio" de Cristo, fueron cumplidos en el año 70 d.C., cuando el general Tito del Imperio romano saqueó a Jerusalén y destruyó el templo judío, provocando una cesación permanente al sacrificio diario de animales. Identifica a Babilonia la Grande de Ap. 17–18 con la antigua ciudad pagana de Roma.

El preterismo parcial se conoce con otros nombres: preterismo ortodoxo, preterismo histórico, hipopreterismo y preterismo moderado.

Todos los preteristas parciales igualmente creen que el término *Últimos Días* no se refiere a los últimos días del planeta tierra, ni a los últimos días de la humanidad, sino a los últimos días del Pacto mosaico que Dios estableció exclusivamente con la nación de Israel hasta el año 70 d.C. Así como Dios venía en juicio sobre varias naciones en el Antiguo Testamento, Cristo también vino en juicio contra aquellos que maltrataron a Israel.

Afirman que el último día es aún futuro, incluye la Segunda venida de Jesús, la resurrección de los muertos justos e injustos, el juicio final y la creación de un nuevo cielo y una nueva tierra, pero el milenio es simbólico.

Aceptan los credos históricos ecuménicos de la Iglesia. Articulan la doctrina de

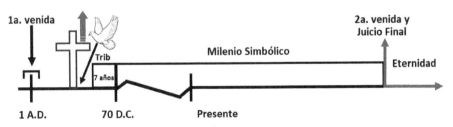

8. Imagen: Postura del preterismo parcial.

la resurrección, sostienen que el Nuevo Testamento predice y señala muchas "venidas" de Cristo. Rechazan la frase "Segunda venida" porque la Escritura registra, otras venidas antes de la venida en juicio del año 70 d.C., de ser así, se eliminaría el cumplimiento del año 70 d.C.

Profesan que la nueva creación viene en una progresión redentora, mientras que Cristo reine en su trono celestial sometiendo a sus enemigos. Eventualmente, culminará en la destrucción de la muerte física, el "último enemigo" (1 Co. 15:20-24).

Algunos eruditos señalan que la grieta doctrinal evidente del preterismo parcial es la creencia equivocada de la tribulación continua de siete años, porque no existe ninguna base bíblica (Gálvez).

PRETERISTA FUTURA POSTRIBULACIÓN

Propuesta de escatología en la historia de Gálvez

Esta propuesta escatológica es ecléctica. Toma las bases bíblicas en las que parece encontrar soporte para enseñar que ya se cumplió parte de la escatología en el ministerio y obra de Cristo que culminó con la resurrección; parte de la profecía se cumplió en el año 70 d.C. Y la parte de la escatología que se cumplirá en el futuro que incluye la Gran Tribulación final de tres años y medio para el pueblo de Israel, tiempo en el que la Iglesia terminará de predicar el evangelio a todo el mundo, mientras que el resto de los habitantes vivirán como en los tiempos de Noé y Lot (Mt. 25; Lc. 21); luego acontecerá la bienaventurada Segunda venida del Señor, en un abrir y cerrar de ojos, por cuya causa los cristianos vivos y los cristianos muertos resucitados entraremos a la eternidad.

Sugiere que la fecha de la primera venida del Mesías, es decir, su nacimiento, ocurrió en el año 4 a.C., en cumplimiento de las profecías mesiánicas escatológicas conocidas del Antiguo Testamento y en base a estudios serios realizados con el fin de aproximarse a la fecha más probable del nacimiento de Cristo.

Anderson realiza un estudio cronológico meticuloso sobre la fecha del nacimiento de Cristo y lo ubica en el año 4 a.C. Traslado parte de la información que se encuentra en su libro *El príncipe que ha de venir*, p. 115ss., 1980: "La natividad tuvo lugar no más de dieciocho meses antes de la muerte de Herodes, y no menos de cinco o seis. La muerte de Herodes tuvo lugar en la primavera del año 4, o del 3 a.C. Así, la fecha más temprana posible para la natividad es el otoño del año 6 a.C. (748 A.U.), dieciocho meses antes de la muerte de Herodes el 4 a.C. La más tardía

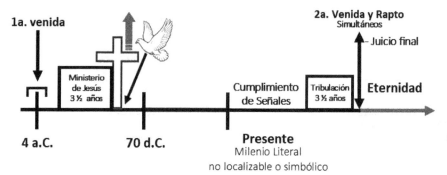

9. **Imagen:** Postura preterista futura postribulación.

sería el otoño del 4 a.C. (750 A.U.), unos seis meses antes de su muerte, asumiendo que esta hubiera ocurrido en la primavera del año 3 a.C… permite asignar con total confianza, utilizando la sentencia de Clinton, la fecha de la muerte de Herodes al mes de Adar del año 3 a.C., y la Natividad al otoño del año 4 a.C.".

El cumplimiento de los tres años y medio de la semana setenta que describe Dn. 9:27, se concretó en el ministerio terrenal de Jesús de Nazaret, el Cristo, que duró tres años y medio. Inició con el anuncio de Jesús de la llegada del reino y terminó con su muerte en la cruz. Y por la muerte Cristo, cual sacrificio de sangre, único, perfecto para el perdón de los pecados, cesó los sacrificios de machos cabríos y corderos, estas afirmaciones se sustentan en Hebreos, caps. 9 y 10. No es el supuesto anticristo del libro de Daniel 9, el que cesa los sacrificios, como muchos enseñan.

Es Cristo quien realiza, sella y confirma el nuevo pacto en su sangre derramada en la cruz: "porque esto es mi sangre del nuevo pacto, que por muchos es derramada para remisión de los pecados" (Mt. 26:28). Los pasajes paralelos son Mr. 14:24; Lc. 22:20, y el pasaje de corintios lo interpreta y amplia en 1 Co. 11:25: "Asimismo tomó también la copa, después de haber cenado, diciendo: esta copa es el nuevo pacto en mi sangre; haced esto todas las veces que la bebiereis, en memoria de mí". ¡No es el anticristo el que hace el pacto con Israel!

Después de la gloriosa resurrección, transcurrieron cincuenta días y coincidió con la fiesta de pentecostés que celebraba el pueblo de Israel. Allí ocurrió la investidura de poder, el derramamiento del Espíritu sobre los ciento veinte en el aposento alto. Así comenzó oficialmente el ministerio y la Iglesia del Señor en medio de aquella generación adúltera, perversa, que sufriría la destrucción total de la ciudad Jerusalén, de los edificios y buena parte de las murallas en el año 70 d.C., por lo que fue una Gran Tribulación para Israel.

Enseña que habrá acontecimientos claros previos a la Segunda venida de Cristo; después del año 70 d.C., vendrá un tiempo indefinido hasta que aparezcan los acontecimientos más claros, previos a la venida del Señor. De acuerdo con la Escritura, son los siguientes: a) el evangelio será predicado en todo el mundo; b) la humanidad estará viviendo como en los tiempos de Noé (Mt. 25) y de Lot (Lc. 21); c) Israel estará viviendo la Gran Tribulación final; d) la gran apostasía final se revelará; e) el hombre de pecado, el inicuo, se manifestará.

En cuanto a la Gran Tribulación final, afirma que en el libro de Daniel 9, Mateo 24 y Lucas 21, se enseña que vendrá la otra y final Gran Tribulación de tres años y medio para el pueblo de Israel, con destrucción total sobre Jerusalén en la que se derribará el muro original existente. Ese muro mide 488 metros de largo, 60 de ellos visibles y se puede ver, con un permiso especial, por medio de un túnel, buena parte del resto de los metros de muro no derribado. Ante esa realidad del muro que permanece, no se cumplió plenamente la profecía del Señor Jesús, cuando anunció que "No quedará piedra sobre piedra". Esta referencia en apariencia sencilla, es un soporte para afirmar que la destrucción de la ciudad, sus murallas, el edificio y el templo de Jerusalén en el año 70 d.C., fue una Gran Tribulación para Israel, pero es solo un cumplimiento parcial.

Seguido de la Gran Tribulación final acontecerá la Segunda venida de Jesucristo y, simultáneamente, los muertos en Cristo y los creyentes vivos subirán arrebatados para encontrarnos con el Señor.

Los juicios se ejecutan en el instante escatológico, momento en el que los salvos entran a la eternidad feliz, al festejo eterno y los incrédulos a condenación. No encuentra fehacientemente lugar en la Escritura para un mileno literal, después de la Segunda venida, porque allí el tiempo *cronos* llega a su fin e inicia la eternidad (Gálvez).

PRIMERO Y ÚLTIMO

La letra inicial y la final del alfabeto griego representan todo el contenido que se encuentra entre ellas. De manera similar, al ser utilizadas aquí, abarcan la totalidad, tanto el principio como el fin. Dios es el origen de todo, el Señor de la Historia hacia quien todo se dirige. Nada puede suceder sin su permiso. Se le describe como "El que es y que era y que ha de venir, el Todopoderoso". En Ap. 2:8, vemos que se expresa lo mismo acerca del Señor Jesucristo, lo que confirma su divinidad y su papel central en este libro del Apocalipsis (Trenchard).

Así, la frase "El primero y el último" es una afirmación que revela una verdad profunda sobre Dios y Cristo. Conserva el estilo de los profetas al declarar que él es el principio y el fin, el origen y la meta, el creador y el consumador de todas las cosas, aquel de quien y para quien todo existe. El título de "Todopoderoso" se refiere a Dios no solo como creador, sino como aquel que tiene poder sobre todo y sobre todos. Las palabras "Alfa" y "Omega" son la primera y la última letra del alfabeto griego, y cuando se unen forman una expresión que significa "el principio y el fin", "el primero y el último". Cuando Dios se autodenomina "Alfa y Omega", "principio y fin", se presenta como el creador y el último fin de todas las cosas. Expresiones similares aplicadas a Dios también se encuentran en las obras de Josefo, quien dice: "Dios es principio, mitad y término de todo"; "Dios existe por sí mismo y es el principio y el fin de todo". En Ap. 22:13, esta fórmula se atribuye a Cristo. El escritor apocalíptico aplica a Cristo casi todos los atributos de Dios (Wikenhauser).

Pikaza atribuye a la resurrección de Cristo el que tenga el título "Alfa y omega", cual título fundamental representa el principio y el fin de todo lo que existe (Ap. 1:17; 2:8; 22:13). Este título condensa el proceso de la historia y se autodenomina "el Viviente". En un sentido, lo primero, es considerado bueno. Juan insta a las iglesias a mantener el amor y las obras iniciales de su fe cristiana (Ap. 2:4; 2:5, cf. 2:19). Sin embargo, en otro sentido, las cosas antiguas, incluyendo la primera resurrección y el milenio (Ap. 20:5-6), deben desaparecer, por tanto, lo último, lo relaciona con el nuevo cielo y una nueva tierra (Ap. 21:1-4). Y concluye que Juan ha resaltado la radical novedad de la consumación escatológica frente a cualquier forma de restauracionismo.

PRÍNCIPE

En el pasaje de Daniel 9:25-27, la mayoría de los estudiosos coinciden en que se trata de una profecía sobre la llegada del Mesías y su obra. Aunque existen diferentes interpretaciones de las palabras "desde la salida de la orden... hasta el Mesías Príncipe, habrá siete semanas, y sesenta y dos semanas...", es evidente que durante el tiempo de la primera venida de Cristo hubo un notable aumento en la expectativa del Mesías. Esto se debe, en parte, al mensaje profético de Daniel, que generó esperanza y anticipación incluso después de su partida. El Mesías-Príncipe, el Sacerdote y Líder ungido, representaba la esperanza de Israel y del mundo. Algunos exegetas consideran que las semanas mencionadas en Daniel son simbólicas, mientras que otros las interpretan de manera literal (Dn. 9:25-27). Este pasaje ha sido motivo de controversia y debate entre los estudiosos.

Young presenta cuatro tipos principales de interpretación del pasaje:

a) La interpretación mesiánica tradicional: esta posición sostiene que las 70 semanas profetizan el primer advenimiento de Cristo, especialmente su muerte, y culminan en la destrucción de Jerusalén. Según esta interpretación, el Mesías que fue muerto se refiere a Jesucristo, y sus defensores incluyen a Agustín, Pusey, Wright, Wilson y el propio Young.

b) La interpretación liberal: esta posición considera que las 70 semanas no son tanto una profecía, sino más bien una descripción de los días de Antíoco Epífanes y su derrota por los macabeos. El Mesías que fue muerto se identifica con el sumo sacerdote Onías, quien fue asesinado por desafiar a Antíoco.

c) La interpretación de la iglesia cristiana: en esta interpretación, el número siete se entiende como un número simbólico que abarca el período desde el edicto de Ciro para repatriar a los judíos, pasando por el primer advenimiento y muerte del Mesías, hasta el tiempo del anticristo y su destrucción en la consumación final.

d) La interpretación del paréntesis: aquí, las 70 semanas se dividen en períodos de 7 sietes, 62 sietes y unos siete finales separados del resto por un paréntesis o hiato indefinido. Los 69 sietes cubren el período hasta la primera venida y la muerte del Mesías, así como la destrucción de Jerusalén. El siete final se refiere al período del anticristo al final de la era.

La mayoría de los intérpretes, excepto los de la escuela liberal, han interpretado las 70 semanas como semanas de años, lo que totaliza 490 años. Jerónimo, por ejemplo, sostuvo que el intervalo especificado comenzó en el año 20 del reinado de Artajerjes, es decir, en el año 454 a.C., cuando Nehemías obtuvo el permiso para reconstruir Jerusalén. Si calculamos los 7 más 62 sietes, que suman 483 años, llegamos al año 29 d.C., que se considera el año culminante del ministerio de Jesús en el que entró triunfante a la ciudad de Jerusalén declarado como el Mesías Príncipe (Zac. 9:25; Mt. 21:5), aunque en los próximos días fue crucificado.

La perspectiva reformada, representada por Calvino, plantea un enfoque interesante. Según esta interpretación, el conteo de las 70 semanas debe comenzar con el edicto de Ciro para el regreso de los exiliados a Jerusalén, estableciendo así una conexión directa entre la profecía de Jeremías de los 70 años y las 70 semanas de Daniel. Calvino identifica el bautismo de Cristo como el momento de su manifestación. Esto implica que el total de años no coincide exactamente, ya que entre el edicto de Ciro en el 536 a.C. y el nacimiento de Jesús en el 4 d.C. (según algunos eruditos), pasaron más de 530 años, y luego se suman otros 30 años hasta su bautismo. Hasta la muerte de Jesús en el 29 d.C., el tiempo se extendería a 565 años. Sin embargo, Calvino y Young consideran que el número exacto de años no es significativo, ya que se trata de un simbolismo más que de una cronología precisa. Según Young, las "70 series de siete" representan el período en el cual se alcanza la perfección de la obra divina más importante. Por lo tanto, dado que estos números simbolizan períodos de tiempo sin una duración específica, no es apropiado intentar calcular la longitud precisa de los "sietes". Esto no es posible, al igual que determinar la duración de cada uno de los "sietes" individuales.

Otros eruditos sostienen que, según el libro de Daniel, lo más importante no es el inicio y el final del período de las 70 semanas, sino los notables acontecimientos que ocurrieron durante ese tiempo. Afirmar que cuando se completaron las 70 semanas, también se cumplieron los seis propósitos mencionados en el v. 24. Y eso es lo que importa. Según esta perspectiva, cuando Jesucristo ascendió al cielo, la poderosa obra de salvación que vino a realizar estaba cumplida. Keil también defiende una interpretación simbólica de este período de tiempo. Él argumenta que calcular la duración real de los períodos mencionados está más allá del alcance de la investigación humana, y que la definición de los días y horas del desarrollo del Reino de Dios hasta su consumación está reservada a Dios, el Gobernador del mundo y el Soberano del destino humano.

Mientras Keil sostiene que las 70 semanas abarcan la historia del reino de Dios hasta su consumación al final de los tiempos, Young cree que con la muerte del Mesías (v. 26) se cumplieron no solo las 69 semanas, sino también la septuagésima. Según Young, el pacto que se confirma con muchos (v. 27) es el evangelio que Cristo proclamó, y su crucifixión a mitad de la semana marcó el fin de la validez de cualquier otro sacrificio u ofrenda. Además, hizo del templo dedicado a tales sacrificios una abominación. La desolación que cayó sobre el templo y la ciudad de Jerusalén bajo el gobierno de Tito fue una manifestación externa de la desolación interna que ya los había afectado.

Sin embargo, otros insisten en que los años de las 70 semanas deben interpretarse de manera más literal. Pusey comienza sus cálculos e interpretación de las 7 y 62 semanas a partir del año 457 a.C., considerando que esta fecha debe ser la autorización inicial de Artajerjes Longimano a Esdras para regresar a Jerusalén. Esto nos llevaría al comienzo del año 27 d.C., el momento del bautismo de Jesús en el Jordán y la ocasión de su unción por el Espíritu Santo. La primera mitad de la septuagésima semana de años está ocupada por el ministerio público de Jesús. Su muerte ocurre en la mitad de esta semana crucial, después de tres años y medio. Durante otros tres años y medio, el evangelio se predica exclusivamente a los judíos hasta que se abre la oportunidad a los gentiles en la casa de Cornelio, y se pone fin al privilegio especial de Israel. Luego, llega la destrucción del templo y la devastación de Jerusalén.

Autores como Seiss, Gabelein y otros de la escuela dispensacional también tienen una opinión precisa sobre las 70 semanas. Una característica particular de esta interpretación es el hiato o paréntesis entre el final de la semana 69, cuando es muerto el Mesías, y el comienzo de la septuagésima, que está reservada para el final de la era y el reinado del anticristo. El príncipe que ha de venir (v. 26) no es el Mesías Príncipe (v. 25), sino el "cuerno pequeño" mencionado en el capítulo 7. El pacto que él confirma (v. 27) es un tratado engañoso mediante el cual gana la lealtad del pueblo judío. Después de tres años y medio, a mitad de la semana, rompe el pacto, proscribe la religión y da paso a una avalancha de maldad sin restricciones, lo que constituye el "tiempo de angustia" (Dn. 12:1), (VA, Beacon), (ver **Dispensacionalismo**).

PROFECÍA

Según A. Ropero, la profecía debe considerarse de un modo global e histórico, de acuerdo con el uso que hacen de ella los profetas y los escritores bíblicos. Existe la creencia de que la profecía es, en esencia, predicción de acontecimientos futuros, revelación de misterios por venir y catástrofes. Pero la profecía bíblica, esencialmente, es una palabra originaria inspirada de Dios, que viene a determinados personajes para confrontarlos: reyes, sacerdotes, pueblo de Israel, naciones extranjeras, con un mensaje parenético referido a tiempos presentes y, en algunos casos, futuros (Is. 5:11-13; 38:5, 6; 39:6, 7; Jer. 20:5, 6; 25:11; 28:16; Am. 1:5; 7:9, 17; Mi. 4:10). El vocablo "parénesis" se deriva del griego *parainesis*, que significa exhortar, concepto recurrente en la Biblia. Por medio de la exhortación se pretende provocar cambios de conducta o actitud a quienes se dirige. La parénesis abarca la exhortación, aviso, petición, reprimenda y advertencia. Mediante el aviso, la amonestación, incluso, la amenaza, los profetas y escritores bíblicos procuran atraer la mente y los corazones al Señor de aquellos que se han alejado de su voluntad. En este sentido, el texto bíblico, profético, es fundamentalmente parenético. Es una llamada de amonestación de parte de Dios que repulsa las pequeñas y grandes infidelidades, advirtiendo las funestas consecuencias que esto trae para el individuo y la comunidad: "Las profecías son lecciones graves y apremiantes de parte de Dios para reconducir nuestro camino y avivar nuestra fe y obediencia", afirma Ropero. En el contexto bíblico, las profecías se dirigen primeramente al pueblo elegido de Israel, y su apenada historia de repetidas caídas en el abominable pecado de la idolatría, luego se refieren a las naciones en derredor que actúan con saña, crueldad y maldad contra el pueblo hebreo. Por ello, la profecía bíblica conlleva elementos de juicio y castigo.

Aun cuando la profecía se refiere a eventos futuros, se relaciona con la situación presente de aquellos a quienes se dirige, porque la función de la profecía es principalmente corregir la actuación del pueblo de Dios, denunciando las infidelidades. En el caso específico de Israel y Judá a pesar de las profecías de advertencia sobre su obstinación en pecar, insistieron en desobedecer, y eso los llevó al destierro. Ahora, es claro para los creyentes que al final fue con un propósito: restaurar y cultivar una relación íntima, legítima, con Dios, que resultara en vivir la verdad, practicar la justicia.

Ropero, deja claro, con varios textos bíblicos, el constante llamado profético parenético de parte del Señor al pueblo de Israel: "Venid luego, dice Jehová, y estemos a cuenta: aunque vuestros pecados sean como la grana, como la nieve serán emblanquecidos; aunque sean rojos como el carmesí, vendrán a ser como blanca lana. Si queréis y obedecéis, comeréis el bien de la tierra; si rehusáis y sois rebeldes, seréis consumidos a espada" (Is. 1:18-20). Como se dice en Ezequiel, el Señor Jehová, que no se complace en la muerte del malvado, sino en que se vuelva el malvado de su camino, y viva. "Volveos, volveos de vuestros malos caminos; ¿por qué queréis morir, oh casa de Israel?" (Ez. 33:11; 18:23).

Ropero, también explica con precisión el concepto del término profecía: en hebreo, profecía se dice *massah*, מַשָּׂא‎ה, de la raíz *nasah*, אבנ‎, que significa "levantar, llevar", de ahí que signifique la "carga" o "peso" que se levanta. Su relación con el oráculo tiene que ver con el hecho de levantar la voz para comunicar una revelación divina (cf. Is. 1:7; 42:2). Por eso, la misma palabra hebrea, *massah*, se puede traducir de forma variada. Por ejemplo, en Jeremías 23:33, la NVI lee: "si este pueblo, o algún profeta o sacerdote, te pregunta: ¿qué mensaje tenemos del Señor? tú les responderás". La BLP: "Si alguien de este pueblo, un profeta o un sacerdote te preguntan: ¿cuál es el oráculo del Señor? les dirás". La RVR60: "Cuando te preguntare este pueblo, o el profeta, o el sacerdote, diciendo: ¿cuál es la profecía de Jehová? les dirás". O la RVR77: "Cuando te pregunte este pueblo, o el profeta, o el sacerdote, diciendo: ¿cuál es la carga de Jehová? les dirás...".

En sentido moral y espiritual, la profecía es una carga para el profeta, un deber pesado. Se siente abrumado por el llamado de Dios y la trascendencia y gravedad del mensaje que se le encarga. Pues la profecía suele ser un mensaje que sana, pero que primero hiere, saca a la luz el pecado y reprende a los desobedientes al mandamiento divino. A veces lo hace en términos muy duros: "¡Oh gente pecadora, pueblo cargado de maldad, raza de perversos, hijos depravados! Dejaron a Jehová, despreciaron al Santo de Israel, le volvieron la espalda" (Is. 1:4).

Resalta, además, que el ministerio parenético de los profetas les trajo grande oposición y menosprecio: "Se puede entender el rechazo y la oposición que sufrieron los profetas por esta causa y por los anuncios de desgracias a manos de los pueblos gentiles, instrumentalizados por la voluntad de Dios para castigar a su pueblo. Además, los profetas no reparan ante grandes o pequeños, gobernados o gobernantes. Para todos tienen palabras de amonestación y reprensión. Como Malaquías, cuando se dirige a los sacerdotes, el estamento más sagrado del pueblo de Israel: "¿dónde está mi temor? dice Jehová de los ejércitos a vosotros, oh sacerdotes, que menospreciáis mi nombre. Y decís: ¿en qué hemos menospreciado tu nombre? En que ofrecéis sobre mi altar pan inmundo. Y dijisteis: ¿en qué te hemos deshonrado? En que pensáis que la mesa de Jehová es despreciable" (Mi. 1:6-7). A la represión va unida la amenaza de castigo: "Si no oyereis, y si no decidís de corazón dar gloria a mi nombre, ha dicho Jehová de los ejércitos, enviaré maldición sobre vosotros, y maldeciré vuestras bendiciones; y aun las he maldecido, porque no os habéis decidido de corazón" (Mi. 2:2). Los profetas son conscientes de su impopularidad, y no se hacen ilusiones sobre el éxito de su misión. Al contrario, aceptan de antemano el rechazo, pero saben que no pueden desprenderse de esa carga, sino siendo fieles a ella, anunciando todo lo que se les ha ordenado con todas sus consecuencias. Está en juego nada menos que Dios y su justicia, a cuyo fin sirven: "Aprended a hacer el bien; buscad la justicia, reprimid al opresor, defended la causa del huérfano, amparad a la viuda" (Is. 1:17). La profecía, pues, cubre casi todos los temas de la revelación de Dios en orden al culto, la moral, la fe y la práctica".

Ropero, también aborda de manera concisa la perspectiva neotestamentaria de la profecía del primer testamento. Explica que los escritores apostólicos, leyeron con ojos nuevos a la luz del supremo acontecimiento de Cristo, las antiguas historias de Israel y los mensajes de sus profetas. Y, descubrieron que "el Espíritu de Cristo que estaba en ellos, predijo las aflicciones que habían de venir a Cristo y las glorias después de ellas" (1 P. 1:11). Por ello, a luz de Cristo, muchos acontecimientos de la historia de Israel adquieren un significado clarificador, profético. Y, Ropero, enumera varios eventos que cobran un sentido cristológico salvífico completo: "la peña golpeada en Horeb representaba a Cristo golpeado en el Calvario (Éx. 17:1-6; 1 Co. 10:4); el maná era tipo y preanuncio de Cristo, el pan vivo venido del cielo (Éx. 16; Jn. 6:31ss.); el cordero de la Pascua representaba al Cordero de Dios inmolado para nuestra redención (Éx. 12; 1 Co. 5:7); las dos esposas de Abraham, Agar y Sara, simbolizaban los dos pactos, el de la Ley y el de la Gracia (Gá. 4:22-26); el Mesías prometido es a la vez el Siervo sufriente de Jehová". Así demuestra, también Ropero, la relación profética entre el Antiguo y el Nuevo Testamento, descubriendo lo que el texto bíblico dice sobre la promesa y el cumplimiento; la ley y el evangelio. Además, cuál es la relación precisa entre ambos testamentos y de qué manera Jesucristo cumple y perfecciona la ley, integrándola en su persona y elevándola al plano trinitario.

PROFECÍA CONDICIONAL

La profecía condicional es aquella profecía verdadera que se anuncia a un pueblo, nación o individuo en la cual se pronuncia un juicio, pero también se incluye, de manera clara o implícita, un llamado al arrepentimiento y a la reflexión, con el propósito de que se produzca un cambio y el juicio anunciado no se lleve a cabo (Gálvez). Un ejemplo típico de este tipo de profecía es la de Jonás sobre el juicio de Nínive (Jon. 3:4). Para el profeta, era difícil creer que ese pueblo cruel se arrepentiría, pero de hecho se arrepintió, se humilló y el Señor decidió no ejecutar la sentencia pronunciada (Jon. 3:10).

Existen textos claros que ilustran este tipo de profecía, como el que se encuentra en Jeremías 18:7-10: "Si en algún momento decido arrancar, derribar y destruir una nación o un reino, pero esa nación se aparta del mal, entonces no llevaré a cabo el castigo que había planeado para ella. Por otro lado, si en algún momento decido edificar y plantar una nación o un reino, pero esa nación hace lo malo y desatiende mis advertencias, entonces no le otorgaré los beneficios que había preparado para ella". Esta perícopa es clara, establece que el resultado de una profecía está condicionado por la respuesta a la palabra profética. Esta verdad demuestra la soberanía, la libertad y la fidelidad de un Dios compasivo. No afecta en absoluto el carácter y los atributos divinos del Dios perfecto y todopoderoso (Jer. 18:6).

Otro ejemplo sorprendente de una profecía condicional se encuentra en el pasaje de 2 R. 20:1-6 y su paralelo en Is. 38:1-6. Isaías informa al rey Ezequías, quien está enfermo de muerte, que así dice el Señor: "Pon en orden tu casa, porque morirás y no te recuperarás". El rey, de inmediato, responde con oración y lágrimas al Señor, suplicando que le conceda más vida. Antes de que Isaías abandone el lugar, Dios le habla y le dice: "Vuelve y dile a Ezequías, líder de mi pueblo, así dice el Señor, el Dios de David tu padre: He oído tu oración y he visto tus lágrimas; te sanaré". Entonces, Dios añade otros quince años de vida a Ezequías.

El Dios Todopoderoso es libre de ejercer su soberana libertad y cambiar el cumplimiento de una palabra profética firmemente anunciada, si hay un cambio en la conducta del destinatario.

PROFECÍA EN EL ANTIGUO CERCANO ORIENTE

En la actualidad, nadie cuestiona la existencia de profetas fuera de Israel, incluso en culturas distintas a las del Antiguo Oriente. Han pasado los tiempos polémicos en los que era necesario negar la existencia de profetas no mencionados en la Biblia para salvaguardar la inspiración de los profetas hebreos. Del mismo modo, también se han superado los tiempos en los que se afirmaba la presencia de profetas en todas partes para negar la supuesta revelación de Dios a través de los profetas de Israel. El estudio de este tema se ha vuelto más científico, menos polémico y menos apologético. El hecho de que haya profetas fuera de Israel no significa que los profetas bíblicos carecieran de inspiración o que fueran menos originales. Ahora, una vez aceptada la amplia difusión de este fenómeno, lo que nos interesa saber es si la profecía bíblica tuvo su origen en las manifestaciones proféticas de algún país vecino. En algún momento se propuso que la profecía extática cananea fue el lugar de origen de la profecía en Israel. Luego se sugirió Egipto como posible origen. Más tarde, se estableció una conexión con la ciudad de Mari. Actualmente, es común comparar a los profetas bíblicos con los neoasirios. A lo largo del siglo XX se han presentado como proféticos los textos más diversos debido a la falta de un concepto claro y unívoco de profecía.

En la región de Mesopotamia, específicamente en la ciudad de Mari, que fue la capital de un reino durante la segunda mitad del tercer milenio y la primera mitad del segundo milenio a.C., se han realizado excavaciones arqueológicas desde su descubrimiento en 1933. Estas excavaciones han revelado un archivo de más de 20 000 tablillas cuneiformes. Entre estas tablillas, se encuentra un grupo que contiene sueños, oráculos y eventos desfavorables transmitidos por adivinos

583

al rey. Por lo general, estos mensajes no eran entregados directamente al rey, sino a través de altos funcionarios o damas de la corte. Los títulos más comunes utilizados para referirse a estos "profetas" en las tablillas son "el/la que se vuelve loco" o "entra en trance", o también "el/la que responde". En cuanto a la profecía neoasiria, que corresponde a la época neoasiria, se han encontrado una serie de oráculos en diez tablillas. Algunas de estas tablillas contienen un solo texto, mientras que otras contienen colecciones con títulos que hacen referencia al autor o autora de la profecía. En la actualidad, se conocen 33 oráculos de este tipo. Entre ellos, se mencionan un total de 15 profetas, siendo 10 mujeres y 5 hombres. En la mayoría de los casos, se indica su nombre, lugar de residencia y profesión. Rara vez se menciona la forma y el lugar de la revelación; aparentemente, estas revelaciones eran espontáneas, aunque en ocasiones eran respuestas a preguntas específicas. Los oráculos se dirigen al rey, a veces a la reina madre y al príncipe heredero y, en un caso particular, a la población asiria. El profetismo cananeo era de sobra conocido por los antiguos lectores de la Biblia. Basta recordar el enfrentamiento de Elías con los 400 profetas de Baal en donde se habla, incluso, de la costumbre de estos "falsos profetas" de hacerse incisiones (1 R. 18). Es muy discutida actualmente la supuesta procedencia de la profecía israelita de la cananea. No parece suficiente afirmar que en ambas hay experiencias extáticas (Sicre, 2012).

Durante los tiempos del Antiguo Testamento, existen registros tanto bíblicos como paganos del mundo antiguo que indican que muchas naciones y religiones del antiguo Cercano Oriente contaban con profetas o individuos similares a profetas que actuaban como intermediarios entre los dioses paganos y los respectivos monarcas (1 R. 18:16-46, donde el profeta Elías se enfrenta a 450 profetas de Baal y 400 profetas de Asera). Estos profetas contaban con el respaldo de la reina Jezabel, una adoradora de Baal de Sidón que estaba casada con Acab, el rey de Israel. Jeremías también menciona que la profecía y otras prácticas relacionadas eran comunes en las cortes reales de todas las naciones de la región. En Jeremías 27, se relata cómo las naciones de Edom, Moab, Amón, Tiro y Sidón estaban conspirando para rebelarse contra Nabucodonosor. Jeremías envía un mensaje a los reyes de estos países, advirtiéndoles que no escuchen los consejos de sus profetas de la corte: "Por tanto, no escuchéis a vuestros profetas, adivinos, soñadores, agoreros ni hechiceros que os dicen: 'No serviréis al rey de Babilonia'". En las cortes reales de los países vecinos, había profetas oficiales de la corte, así como otros que afirmaban recibir mensajes de los diversos dioses de la región para transmitírselos al rey.

La literatura pagana del antiguo Cercano Oriente también hace referencia a los profetas de la corte, así como adivinos y médiums. En los sitios arqueológicos asirios y babilónicos de Mesopotamia se han descubierto miles de tablillas de arcilla, muchas de las cuales mencionan a los profetas de la corte. Sin embargo, se utilizan diversos términos para referirse a estos individuos y sus ocupaciones. En el Antiguo Testamento, los términos principales utilizados para los profetas bíblicos son "vidente", "hombre de Dios" y "profeta". En Mesopotamia, aquellos que transmitían oráculos y otros mensajes divinos recibían títulos oficiales como "respondedor", "funcionario de culto", "extasiado", "adivino" (similar al término hebreo "nabi", que significa "profeta"), "proclamador", "revelador" (similar al término hebreo "vidente") y "enviado uno". También había numerosos individuos que llevaban a cabo acciones proféticas sin recibir títulos oficiales.

Estos profetas, aparentemente, gozaban de un estatus elevado en las cortes reales del antiguo Cercano Oriente. En general, sus oráculos y sueños respaldaban al rey y sus políticas político-militares. En raras ocasiones, amonestaban al rey, pero esto se hacía de manera suave y, generalmente, estaba relacionado con el fracaso del rey en cumplir con una declaración previa de los dioses.

Las prácticas de nigromancia, hechicería y adivinación realizadas por los profetas paganos están prohibidas para Israel según Dt. 18:9-22. A pesar de esto, varios reyes israelitas cayeron en estas prácticas al imitar el modelo de las cortes reales de los países vecinos. Como resultado, se cree que algunos reyes colocaron a profetas bajo su control directo, mientras que los verdaderos profetas se declaraban independientes del rey. De hecho, a menudo, llevaban mensajes de censura de parte de Dios contra el rey. Sin embargo, los reyes desobedientes solían nombrar a sus propios profetas, quienes presentaban mensajes supuestamente divinos que eran convenientes para el rey y no cuestionaban su comportamiento. Estos son los "falsos profetas" a los que Deuteronomio 18 advierte y contra los cuales Jeremías luchó especialmente (Huffmon), (ver **Profecía falsa**).

PROFECÍA EN EL CRISTIANISMO PRIMITIVO

En el Nuevo Testamento encontramos múltiples referencias a la profecía anunciada y cumplida en el engendramiento, nacimiento, vida, carácter y ministerio de Jesús de Nazaret. Se mencionan por nombre varios profetas del AT, sus profecías y cómo se cumplieron varias de ellas. La profecía cumplida del derramamiento del Espíritu Santo sobre la Iglesia (Hch. 2:1-47) fue una evidencia de que el reino de Dios había llegado y que Jesús era el Mesías esperado. Juan el Bautista como precursor del Mesías (cf. Mr. 1:1-4 con Is. 40:3) testifica también del cumplimiento mesiánico cuando pronuncia: "¡He aquí el Cordero de Dios, que quita el pecado del mundo!" (Jn. 1:29). Así Juan el Bautista cumple un rol de transición como un profeta del AT al identificar a Jesús como el Cristo que viene a cumplir las profecías mesiánicas.

En el relato de Lucas sobre el nacimiento de Jesús, Isabel (Lc. 1:39-45), Zacarías (Lc. 1:67-79) y Ana (Lc. 2:36-38), bajo la inspiración del Espíritu, dan testimonios proféticos clave que revelan a Jesús como el Mesías. Jesús mismo reconoce que él, como el Mesías, está cumpliendo el papel del Siervo Sufriente profetizado en Isaías 61 (cf. Lc. 4:18-21). Además, en el libro de Lucas, se presenta a Jesús como el profeta venidero anunciado (Dt. 18:15, 20) en los capítulos 9 al 19. Jesús también les recuerda a dos de sus discípulos que él es el Mesías doliente y glorioso anticipado en todo el AT (Lc. 24:44-47; cf. Jn. 6:14; 7:7, 40), que probablemente aluden a la promesa de un profeta en Dt. 18:18. Además, algunas profecías se enfocan en predicciones acerca de la Segunda venida de Cristo y los eventos asociados, los cuales fueron anunciados en el discurso del monte de los Olivos (Mt. 24; Mr. 13; Lc. 21).

Según J.M. Castillo, Jesús se sitúa en la misma línea de pensamiento que los antiguos profetas, y con más fuerza si cabe. Sus acusaciones violentas contra los letrados y fariseos se han de entender exactamente en este sentido: ¡Cuidado con los letrados! A ésos les gusta andar con vestiduras largas y recibir saludos en las plazas, y los asientos de honor en las sinagogas y los primeros puestos en los banquetes; esos que se comen los bienes de las viudas con pretexto de largas oraciones. Esos tales recibirán una sanción severísima (Mr. 12:38-40; Lc. 20:46-47). La contraposición se repite de manera insistente: de una parte, la fidelidad escrupulosa por cuanto respecta a la observancia de los ritos; de otra, el descuido y hasta el atropello de los derechos de los desamparados. En labios de

Jesús, la defensa de los derechos del débil se asocia a la crítica severa de la praxis cultual existente y las sentencias sobre la pureza del corazón (Mt. 15:10-20; Mr. 7:1-23) y, sobre todo, la repetición exacta de la frase lapidaria de Oseas: "Si ustedes supieran qué significa esto: lo que pido de ustedes es misericordia y no sacrificios, no condenarían a los que no son culpables" (Mt. 12:7; 9:12); "Lo que yo deseo de ti es misericordia y no sacrificio. Quiero que ustedes me conozcan, no que me hagan ofrendas" (Os. 6:6).

En el libro de los Hechos, el profeta Agabo desempeñó un papel notable en el cristianismo primitivo. Es mencionado en dos ocasiones en el NT: en Hch. 11:27-28, se relata que Agabo profetizó una gran hambruna que afectaría a todo el mundo. Esta profecía fue cumplida durante el reinado del emperador romano Claudio, y los discípulos en Antioquía respondieron enviando ayuda a los hermanos en Judea. La segunda mención de Agabo se encuentra en Hch. 21:10-11, donde profetizó que el apóstol Pablo sería arrestado y entregado a los gentiles en Jerusalén. Aunque algunos trataron de persuadir a Pablo para que no fuera a Jerusalén debido a esta profecía, él decidió continuar su viaje y enfrentar las consecuencias. Así, el papel de Agabo en el cristianismo primitivo muestra su don profético y su capacidad para anunciar eventos futuros bajo la dirección del Espíritu Santo.

En el caso de Pablo, menciona la profecía como uno de los dones del Espíritu, especialmente manifestado en el contexto de la adoración de las iglesias, con el propósito de edificar la comunidad (Ro. 12:6; 1 Co. 12:10, 28; 14:1; Ef. 4:11; 1 Ts. 5:19-21). Juan, por su parte, destaca el Espíritu de profecía al enseñar a los discípulos el verdadero significado de las palabras de Jesús (1 Jn. 2:20, 27; Ap. 22:6, 9). Algunos eruditos sugieren que los apóstoles mismos también eran profetas, y que la palabra apostólica en el Nuevo Testamento funciona de manera similar a la palabra profética en el Antiguo Testamento. Se ha planteado que Pablo asumió muchas de las funciones y responsabilidades de un profeta, especialmente en su papel de revelador e intérprete de la Palabra de Dios (1 Ts. 4:13-18; 2 Ts. 2:1-12; 1 Ti. 4:1-5; 2 Ti. 3:1-9). Además, otros apóstoles también presentan características proféticas como Pedro (2 P. 3:1-10), Judas (Jud. 5-19) y Juan (1 Jn. 4:1-6). Asimismo, el libro de Apocalipsis, en su totalidad, es una visión profética de la Segunda venida de Cristo y las señales que anunciarán su llegada (Ap. 1:3; 22:7, 10-21). Sin embargo, varios eruditos sostienen que no existe suficiente base escritural para afirmar que los apóstoles también eran profetas en el sentido estricto (ver **Discurso de los olivos**; **Isaías, libro de**; **Juan el Bautista**; **Moisés**; **Profecía**; **Reino de Dios**; **Mesías**, **Segunda venida**).

PROFECÍA EN EL MUNDO GRECORROMANO

Un tipo particular de "profecía" surgió en el mundo grecorromano. En el ámbito griego, este fenómeno se encuentra documentado en la literatura griega desde Homero (750 a.C.) hasta el siglo IV d.C., y tenía lugar en los santuarios oraculares. Estos lugares sagrados de revelación estaban dispersos por todo el mundo helenístico durante el período griego (desde el siglo IV a.C. hasta el siglo I a.C.). Los oráculos más famosos eran aquellos dedicados a Apolo en Delfos, Claros, Didyma, Corope y Argos, así como los santuarios de Zeus en Dodona y Olimpia.

Estos lugares proféticos generaban un gran interés tanto a nivel personal como popular, ya que las personas buscaban la guía "divina" para enfrentar el pasado, el presente y el futuro. Una figura clave en este contexto era la profetisa conocida como Pitia, quien hablaba en nombre de los dioses a aquellos que buscaban respuestas. Ella desempeñaba su oficio como alta sacerdotisa en el Templo de Apolo en Delfos y era conocida como el Oráculo de Delfos. Su título también se traduce históricamente al inglés como "the Pythoness". El nombre "Pythia" se deriva de "Pytho", que en el mito era el nombre original de Delfos. Se dice que ella pronunciaba oráculos por inspiración del dios Apolo. Sin embargo, hay debates sobre la forma en que se llevaba a cabo la profecía, ya que se menciona que ella entraba en un trance extático y luego sus palabras eran interpretadas por profetas asistentes. También se dice que ella hablaba en discursos claros a aquellos que buscaban profecías.

Las preguntas que se dirigían al oráculo y que eran respondidas por Pitia eran orales, aunque se cree que con el tiempo comenzaron a registrarse por escrito. La mayoría de las preguntas planteadas a Pitia requerían respuestas simples de "sí" o "no", en un antiguo papiro del templo de Delfos se encuentran las siguientes preguntas dirigidas a Pitia: "¿Seré victorioso? ¿Me casaré? ¿Será ventajoso navegar? ¿Debo cultivar? ¿Debo viajar?". Las respuestas divinas a preguntas como estas podían ser proporcionadas por la profetisa y sacerdotisa Pitia o a través de un proceso de sorteo.

En el contexto romano, la profecía floreció en la antigua Roma desde el siglo IV a.C. hasta el siglo V d.C., pero a diferencia de los lugares "proféticos" en Grecia, aquí estaba asociada con personas. Las profetisas más famosas eran conocidas como sibilas. En el siglo IV d.C., el término "Sibila" se convirtió en un término genérico para referirse a una profetisa inspirada. El escritor romano Varro enumeró diez sibilas cuyos escritos proféticos circulaban ampliamente en el mundo romano. Los oráculos escritos de la Sibila de Cumas se hicieron especialmente famosos por su influencia en Roma. Incluso se confiaron a un colegio sacerdotal, al cual se le pedía que interpretara las predicciones de la Sibila relacionadas con el Senado romano en tiempos de crisis y agitación. Esta colección de oráculos fue consultada al menos desde el año 83 a.C. hasta el 363 d.C.

La influencia de la Sibila en Roma fue tan grande que los emperadores César Augusto (13 a.C.) y Tiberio (43 d.C.) ordenaron la destrucción de sus escritos debido a que no estaban de acuerdo con sus profecías. Sin embargo, a pesar de esto, la influencia de la Sibila perduró durante mucho tiempo (VA).

PROFECÍA FALSA

En la Biblia existen numerosos registros de profecías falsas.

Profecías falsas en el Antiguo Testamento

Dios advierte al pueblo sobre las prácticas proféticas falsas en Dt. 18:9-22. Les advierte que los habitantes paganos de la tierra practican la hechicería y la adivinación, para que no sean seducidos por ellas. Sin embargo, el Señor les promete que levantará un profeta de entre su propio pueblo y les insta a escucharlo (Dt. 18:15-16). Después declara que cualquier profeta que pretenda hablar en nombre de otros dioses debe ser condenado a muerte (Dt. 18:20). Finalmente, Dios explica cómo pueden distinguir entre un verdadero profeta y un falso profeta: si la profecía es verdadera, se cumplirá (Dt. 18:21-22). A pesar de este mandamiento, advertencia y promesa del Señor, Israel y Judá escucharon a los profetas de otros dioses.

Los falsos profetas que profetizaban en nombre de otros dioses eran fácilmente reconocibles por los verdaderos profetas de Israel. Sin embargo, también había muchos falsos profetas que hablaban en nombre del Señor, Dios de Israel, y en ocasiones confundían a los reyes y al pueblo mismo. En el libro de

Jeremías, se observa que el pueblo está rodeado de falsos profetas que socavan y contradicen el mensaje del Señor que Jeremías proclama. Como resultado, muchas personas se desviaron de los caminos divinos (Jer. 5:13, 31; 6:13; 8:10-11; 14:14-16; 23:9-40; 27:9).

Es por eso que Dios pronuncia juicio continuamente sobre estos falsos profetas. En Jeremías 28, el falso profeta Hananías contradice a Jeremías y le dice a todo el pueblo que Jeremías está equivocado. Hananías rompe el yugo que Jeremías utiliza como símbolo de la dominación babilónica si el pueblo no se arrepiente, y declara que todos los exiliados que están en Babilonia regresarán en dos años (Jer. 28:5-11), lo cual resulta ser falso. Pero Dios pronto aclara la situación. Jeremías profetiza entonces la muerte de Hananías, quien muere dentro de dos meses, cumpliendo así la predicción de Jeremías. Ezequiel también pronuncia una condena extensa sobre los falsos profetas de su época (Ez. 13).

Profecías falsas en el Nuevo Testamento

Jesús advierte sobre los falsos profetas en Mt. 7:15-23, señalando que se pueden reconocer por sus frutos. Además, 1 Jn. 4:1-3 advierte a los creyentes acerca de los falsos profetas, destacando que los "espíritus" que niegan la realidad de la encarnación son falsos y no provienen de Dios. En Hch. 13:4-12, un falso profeta llamado Bar-Jesús se opone a Pablo y Bernabé. Pablo califica a este falso profeta como "hijo del diablo" y alguien "lleno de toda clase de engaños y fraudes" (13:10). Entonces, Dios golpea al falso profeta con ceguera.

En el NT, los falsos profetas a menudo se asocian con los últimos tiempos. P. ej. Mr. 13:22 declara que "se levantarán falsos cristos y falsos profetas, y mostrarán señales y prodigios para engañar, de ser posible, aun a los escogidos". El tema del engaño conecta la obra de los falsos profetas con la obra de Satanás, quien es conocido por su naturaleza engañosa (cf. Gn. 3). Por eso, Pablo puede llamar al falso profeta en Hch. 13 "hijo del diablo".

En Ap. 19:20, "el falso profeta" que sirve a la bestia maligna es destruido. Este falso profeta parece ser el mismo personaje descrito en Ap. 13:12-17, quien es capaz de engañar a muchas personas con sus obras milagrosas (ver **Bestia que sale del mar**; **Bestia que sale de la tierra**; **Falso profeta**). Sin embargo, tanto la bestia como su falso profeta son arrojados al lago de fuego (Ap. 19:20), lo que representa el triunfo final de Dios sobre Satanás y aquellos que lo sirven a través de profecías falsas engañosas.

PROFECÍA PRECLÁSICA

La profecía preclásica se refiere al período anterior a la destrucción del Reino del Norte de Israel en el año 722 a.C. y la caída del Reino del Sur de Judá en el año 586 a.C. Durante este tiempo, hubo varios profetas importantes que desempeñaron un papel significativo en la historia bíblica. Algunos de los principales profetas de la época preclásica incluyen a Elías y Eliseo: "…centra su atención en las figuras señeras de Elías y Eliseo, a los que considera representantes de la profecía preclásica, es decir, aquella que no deja constancia escrita de su labor. Entiende Von Rad que el profetismo es un fenómeno tardío en Israel, si lo comparamos con la institución sacerdotal, y surge en el siglo IX a.C." (Tellería).

Von Rad adopta una aproximación cautelosa al profetismo preclásico, advirtiendo sobre el riesgo de cometer errores al hablar de profetas sin realizar las adecuadas matizaciones. Explica que, al examinar los inicios del profetismo preclásico, se observa claramente que el material documental no es lo suficientemente abundante ni tan claro como para permitir trazar una historia precisa de este movimiento, o al menos obtener una imagen aproximada de sus orígenes. El uso generalizado del término "profetas", en nuestro lenguaje, nos da la ilusión de una unidad que en realidad no existió. En las fuentes, Natán siempre es mencionado como "profeta", mientras que Gad actúa en ocasiones como "vidente de David" (2 S. 24:11) y en otras como "profeta" (1 S. 22:5). Amós es llamado "vidente" por Amasias, y él responde que no es un "profeta" (Am. 7:12). En 1 S. 9:9, se considera que "profeta" y "vidente" son sinónimos, pero se puede comprobar que el uso de estas palabras ha evolucionado con el tiempo. A Eliseo se le llama frecuentemente "hombre de Dios", y sus seguidores son conocidos como "discípulos de los profetas" (2 R. 2:3, 5, 7, 15; 4:1). En la historia de los profetas en 1 R. 13, se menciona a un "hombre de Dios" proveniente de Judá, mientras que su colega en Betel es llamado "nabí"; sin embargo, esta distinción se desvanece cuando el que viene de Judea declara: "Yo también soy un nabí como tú" (1 R. 13:18). Esta notable variabilidad en la terminología nos impide ver en los textos aislados un reflejo directo e inmediato de la realidad histórica (Von Rad).

A pesar de todo, algunos eruditos proponen ciertas clasificaciones de los profetas preclásicos que se pueden catalogar en tres modelos distintos:

a) Profetas individuales: estos profetas estaban estrechamente vinculados a la corte real y mantenían una relación cercana con el rey. Ejemplos de ellos son Natán, Gad y Miqueas (hijo de Yimlá). Su intervención se limitaba a asuntos políticos y a las intrigas de la corte.

b) Grupos o fraternidades de profetas: estos grupos se formaban alrededor de un gran maestro, como Samuel, Elías y Eliseo. Actuaban bajo la influencia del espíritu de Dios y experimentaban estados de éxtasis contagiosos, inducidos por ritmos musicales, danzas y gestos.

c) Profetas independientes: estos profetas vivían entre el pueblo, alejados de la corte, aunque ocasionalmente intervenían ante los reyes. Ejemplos notables de este grupo son Ajías de Siló, un profeta anónimo de Judá, así como Elías y, con frecuencia, Eliseo. Es probable que este modelo haya ejercido una influencia significativa en los profetas que posteriormente escribieron textos proféticos.

PROFECÍA PROGRESIVA

La predicción progresiva se refiere a un fenómeno en la Escritura en el cual las profecías individuales se comprenden mejor en términos de su cumplimiento propuesto y singular, pero también pueden ser parte de un contexto más amplio que muestra una secuencia cronológica en su cumplimiento. En ocasiones, se pueden identificar varias predicciones separadas que, juntas, exhiben un patrón progresivo a lo largo del tiempo (Barton).

En el nivel más básico, un versículo predictivo puede tener dos partes, como se ve en una de las revelaciones tempranas de Yahweh a Oseas. Por ejemplo, en Oseas 1:4a, se predice el castigo de la casa de Jehú por la sangre derramada en Jizreel, y esto se cumple con el asesinato del último miembro de la dinastía de Jehú en el año 752 a.C. Luego, en Oseas 1:4b, se predice la caída del reino de la casa de Israel, lo cual se cumple 30 años después con la caída de Samaria en manos de Asiria en el año 722 a.C.

Un ejemplo más desarrollado de predicción progresiva se encuentra en Zacarías 2:6-11a. Este pasaje comienza hablando del regreso de los judíos de Babilonia que ya estaba en proceso en ese momento. Luego, predice los castigos divinos que caerán sobre las naciones depredadoras, especialmente Persia, que era el amo contemporáneo de Judá. También predice la venida de Dios en Cristo para morar en medio de Su pueblo y el consiguiente crecimiento de la Iglesia.

Basándose en este principio, las predicciones progresivas en la Biblia pueden ser seguidas en patrones más complejos de repetición o especificación. Por ejemplo, Jeremías 31:2-30 muestra un fenómeno de pensamientos predictivos alternados. Después de una introducción en los versículos 2-3 que ilustra el futuro exilio de Israel mediante el paralelismo con la experiencia previa del pueblo en el desierto, el pasaje profetiza sobre diversos aspectos como el retorno de Israel, la restauración de la tierra, la nueva alianza y la bendición de Dios sobre Su pueblo.

Otro rasgo común dentro de la profecía bíblica es el de la repetida enseñanza por medio de bloques principales de materiales predictivos, p. ej., la serie de cuatro grandes visiones reveladas al profeta Daniel (caps. 7, 8, 9 y 10-12), en el desarrollo sobre un sueño que interpretó previamente en su carrera (cap. 2). Cuando se combina entonces esta repetición principal con un progreso paralelo en cada parte, el resultado es una profecía cíclica (Barton).

PROFECÍAS ESCATOLÓGICAS DE DOBLE CUMPLIMIENTO

A continuación, damos dos ejemplos de profecías que están escrita en un mismo versículo, que anuncian dos cumplimientos: el primero se encuentra en el evangelio de Lucas donde relata que Jesús en la Sinagoga tomó el rollo de Isaías y leyó esta porción:

Lc. 4:18-19: "[18] El Espíritu del Señor está sobre Mí, Porque me ha ungido para anunciar el evangelio a los pobres. Me ha enviado para proclamar libertad a los cautivos, y la recuperación de la vista a los ciegos; para poner en libertad a los oprimidos; [19] para proclamar el año favorable del Señor".

Este pasaje corresponde literalmente al libro del profeta Isaías 61:1-2: "[1] El Espíritu del Señor Dios está sobre mí, Porque me ha ungido el Señor para traer buenas nuevas a los afligidos. Me ha enviado para vendar a los quebrantados de corazón, para proclamar libertad a los cautivos y liberación a los prisioneros; [2] para proclamar el año favorable del Señor, y el día de venganza de nuestro Dios; para consolar a todos los que lloran".

¿Por qué Jesús leyó solamente hasta "… para proclamar el año favorable del Señor…" y no continuó con "… y el día de venganza de nuestro Dios; para consolar a todos los que lloran"? La explicación es que la primera parte del pasaje de la profecía de Isaías se refiere a Cristo en su primera venida en relación al ministerio de la proclamación del evangelio del reino de Dios, en los que el favor de Dios se mostraría con generosidad, con gracia sobre gracia. Y la segunda parte final se relaciona con el anuncio escatológico de la Segunda venida de Cristo, en la que establecerá justicia por medio de juicio y venganza para los malvados que no se arrepienten y no se vuelven de sus malos caminos.

En un mismo pasaje hay profecía mesiánica y profecía escatológica.

Segundo ejemplo:

Jl. 2:28-29: "[28] Y sucederá que después de esto, derramaré Mi Espíritu sobre toda carne; y sus hijos y sus hijas profetizarán, sus ancianos soñarán sueños, sus jóvenes verán visiones. [29] Y aun sobre los siervos y las siervas, derramaré mi Espíritu en esos días".

Jl. 2:30-31: "[30] Haré prodigios en el cielo y en la tierra: sangre, fuego y columnas de humo. [31] El sol se convertirá en tinieblas, y la luna en sangre, antes que venga el día del Señor, grande y terrible".

Los versículos 28 y 29 tienen cumplimiento cabal en la Iglesia primitiva en el relato de Hechos capítulo 2. Allí ocurre el inicio de "los tiempos finales", "los postreros tiempos". Luego viene el tiempo de la historia de la Iglesia.

Los versículos 30 y 31, tendrán cumplimiento en la Segunda venida. Varios exegetas y teólogos eruditos están de acuerdo en esta interpretación.

Esta son pruebas claras de que en un mismo pasaje de profecía hay una diferencia grande de tiempo y de cumplimiento; asimismo que en el Antiguo Testamento encontramos atisbos de la escatología, pero tenemos que identificarlos con propiedad para que nos ayuden a entender la diversidad de profecías mesiánicas y escatológicas que existen (Gálvez).

PROFETA

En hebreo, la denominación común para referirse a un profeta es "nabí", que representa una forma nominal de "qatil" en la que generalmente se incluyen adjetivos de sentido pasivo, como "masiah" (ungido), "nazir" (consagrado) y "aní" (pobre). El origen de la palabra es incierto. Algunos sostienen que está relacionada con una raíz arcaica afín a "nb", que significa "brotar con ruido" o "agitarse interiormente". Según esta etimología, lo que caracterizaba al profeta sería, en primer lugar, el trance extático. Si esta etimología es precisa, se podría decir que, en sus orígenes, la palabra se aplicaba a los miembros de hermandades religiosas fanáticas y después cambió su significado para convertirse en la designación de los profetas clásicos. Por otro lado, Jepsen prefiere afirmar que, además del sentido extático, se superpuso el valor específico de profetizar o proclamar. Según esta perspectiva, el "nabí" sería aquel que habla con vehemencia y bajo la influencia de una potencia superior para anunciar cosas inaccesibles a los mortales. Otros argumentan que se origina a partir de una raíz "nb" (hablar) que también cayó en desuso, pero que se encuentra en las lenguas semíticas vecinas. En este caso, el término "nabí" significaría "el hablante" (Jer. 15:19) o, más precisamente, "aquel que ha sido hecho hablante" (Robert-Feuillet, I.).

Hechas las aclaraciones, entendemos que se ha simplificado el término y concepto de profeta. Por ello, se dice que es un término cuyo origen hebreo es נְבִיא —nabí— y que designa a una persona que ha tenido una relación especial con una deidad que desea comunicar algún mensaje a los seres humanos, para que lo traslade a los mismos. En ese sentido, el profeta se convierte en un canal a través del cual el mensaje es llevado desde la deidad (origen del mensaje) hasta los seres humanos (objetos finales del mensaje). En el caso de los profetas mencionados en la Biblia, la deidad u origen del mensaje es Dios, Jehová o Yahvé. Ese término hebreo tiene la peculiaridad de expresar sentidos como el "hablador" (Jer. 14:18); el "proclamador" (Neh. 6:7); el "portavoz...". El término *nabí* fue traducido al griego por los redactores de la Septuaginta como *profétis*. El término tiene el sentido de "el que habla" en lugar de "alguien".

A lo largo del AT es posible darse cuenta del enorme trabajo que los profetas realizaron al tratar, por un lado, de mostrar al hombre individual, al pueblo de Israel u otra nación, el encargo de Dios para ellos; por otro lado, "Conocer ese designio divino y actuar en plena conformidad con él..." cuando por parte del hombre existía el deseo de conocer lo que Dios quería de él en medio de alguna circunstancia crítica en su vida. Un semblante del profeta, que es muy importante mencionar, es el hecho de que su función principal es comunicar mensajes que tienen relevancia especialmente para el presente, es decir, su mensaje tiene el propósito de resolver algún problema inmediato. En algunas ocasiones, las palabras de los profetas se refieren a eventos futuros. Es importante destacar que, en la mayoría de los casos, los discursos de los profetas se basan en principios y leyes establecidos por Dios mucho tiempo atrás, ya que Él es el origen del mensaje profético. Es común que, al amonestar al pueblo de Israel, el profeta comience sus palabras con frases como

PROFETA

"...han cambiado mis decretos y mis ordenanzas..." (Ez. 5:6), cuando reprende a Israel por su mala conducta y le exhorta a un cambio radical en su estilo de vida. Estos decretos y enseñanzas habían sido entregados siglos antes, y ahora el profeta los recordaba.

El papel de los profetas en el AT implicaba dos aspectos principales: proclamar la palabra del Señor tanto a Israel como a las naciones de su tiempo, y hacer predicciones sobre el futuro. Estos aspectos se centraban en el llamado divino de los profetas a ser los portavoces del pacto de Dios con Israel. Si el pueblo judío obedecía la ley de Moisés, recibirían bendiciones en la tierra; pero si quebrantaban el pacto, enfrentarían maldiciones, como la derrota y el exilio a manos de naciones enemigas. No obstante, si Israel se arrepentía, la nación tendría la oportunidad de ser restaurada a su antigua prosperidad.

La Biblia nos habla de dos tipos de profetas, según si su mensaje fue escrito por ellos mismos, en parte o en su totalidad, o si el texto sagrado simplemente da testimonio de lo que dijeron. En el primer caso, encontramos expresiones como "...toma una tabla grande y escribe en ella con caracteres legibles..." (Is. 8:1) o "Ve ahora, escribe esto en una tablilla..." (Is. 30:8) o "Jeremías escribió en un libro..." (Jer. 51:60). También se menciona al profeta Jeremías cuando Dios le pide que escriba en un rollo las palabras que le ha dicho (Jer. 36:2). También hay profetas cuyos mensajes proféticos fueron comunicados oralmente y no fueron escritos; fueron los oyentes quienes dieron testimonio de ellos.

Tal vez el caso más interesante sea Aarón, el hermano de Moisés, de quien se dijo: "... yo te he constituido dios para faraón, y tu hermano Aarón será tu profeta" (Éx. 7:1). Los nebiim, la parte de la Biblia hebrea que contiene los escritos de los profetas, se encuentra colocada entre la Torá, o ley (primera parte) y los ketubim, o escritos (tercera parte), (Sicre).

Las dos clases de profetas explican los diversos tipos de discurso profético que se encuentran en el AT: anuncio de juicio, anuncio de salvación, pleito, oráculo de seguridad y similares. Es costumbre dividir a los profetas del AT en dos categorías: los primeros profetas: los profetas que no escribieron, como Samuel, Elías y Eliseo; y los últimos profetas: los profetas escritores, como Isaías, Jeremías y Ezequiel (ver **Profetas antiguos**).

En el NT, la palabra profeta en griego es *profetes*. Los eruditos modernos debaten si el judaísmo antiguo creía que la voz de la profecía cesó al final del canon del AT. Sin embargo, está claro en el NT que, para la iglesia primitiva, el testimonio profético era vivo y bien claro. Juan el Bautista aparece como un profeta del AT, y Jesús ratifica que Juan el Bautista es el más grande profeta nacido de mujer (Lc. 7:28) y recibe el espíritu de profecía mientras todavía estaba en el vientre de su madre (Lc. 1:15). Al igual que los profetas del AT, el Bautista llama al arrepentimiento al pueblo de Israel (Mt. 3:7-10; Lc. 3:7-9). Jesús también es identificado como profeta, cumpliendo la profecía del advenimiento de un profeta mayor que Moisés. La profecía también continúa en la iglesia primitiva. Se describe de manera amplia en todo el libro de los Hechos, y aparece en otros escritos (1 Ts. 5; Ap. 1:3; 2-3; 22:7, 10, 18-19). Sigue el patrón del AT con el doble anuncio: lo que Dios había hecho por su pueblo por medio de Jesús el Mesías en cumplimiento de la profecía del AT llamando al arrepentimiento, a la conversión y prediciendo el retorno del Señor en un tiempo futuro.

En el NT, además, se menciona el don de profecía, y en relación con el mismo, en el capítulo 14, el apóstol Pablo insta a sus lectores a que, sobre todos los dones mencionados en la epístola, procuren el de profecía. Menciona también, en el mismo capítulo, que tiene un triple propósito, dado que "...el que profetiza habla a los hombres para edificación, exhortación y consolación". (1 Co. 14:3).

PROFETA CÚLTICO

Profeta ligado en su actividad profética al culto (Schökel).

El profetismo cúltico va más allá de buscar una reconciliación entre sacerdotes y profetas. En algunos casos extremos, esta corriente defiende la idea de que un profeta y un sacerdote pueden desempeñar funciones idénticas. Mientras que los estudiosos que se oponen al culto tienden a rechazar cualquier forma de ritual en el templo, los defensores del profetismo cúltico no resisten la tentación de ver a un profeta como un funcionario litúrgico.

Desde una perspectiva teórica, el profetismo cúltico tiene sus raíces en esfuerzos previos por establecer la forma del culto israelita. Según Gunkel, durante los siglos VIII y VII en Israel tuvo lugar un proceso de espiritualización bajo la influencia profética, y esto dio lugar a la mayoría de los Salmos. Aunque estos Salmos se crearon siguiendo un esquema cúltico, no estaban destinados a ser utilizados en el culto. Mowinckel, por su parte, está de acuerdo con Gunkel, aunque hace una corrección: el propósito de los Salmos era la proclamación cúltica (Schökel-Sicre).

El profetismo cúltico tiene una conexión estrecha con la Escuela del Mito y Ritual, la cual se basa en un principio fundamental: en las religiones de diversos pueblos, la forma en que se desarrollan los mitos y rituales está interrelacionada. Entre los pueblos ubicados entre el Éufrates y el Nilo, se encuentra un esquema ritual cúltico común que se utiliza para representar ritos primitivos que ocurren anualmente. El objetivo de la escuela de estudios es identificar este esquema y luego aplicarlo a diversas religiones. Mowinckel traslada esta intuición al ámbito de la profecía. Descubre que muchos Salmos contienen elementos proféticos, como oráculos. Este fenómeno no se explica como una mera imitación de estilo, como sostiene Gunkel, sino que parece tener un propósito cúltico: la comunidad litúrgica o un individuo plantea una pregunta y espera que alguien dotado del don profético transmita la respuesta divina (Schökel-Sicre).

No cabe duda de que la liturgia israelita reservaba un lugar para los profetas. El profetismo cúltico, que recién comienza a desarrollarse, no tarda mucho en madurar. La misión específica del profeta es pronunciar los oráculos en nombre de Yahvé. Mowinckel hace una distinción cautelosa entre los "nebiim populares" (profetas cúlticos) y los profetas escritores, afirmando que solo Joel y Habacuc pertenecerían al primer grupo. Otra consecuencia de la teoría cúltica es que ciertos escritos proféticos deben ser considerados como parte de la literatura litúrgica. La clave del nuevo tipo de profeta es su participación con el personal del culto. Toda su actividad se puede explicar dentro del marco de la liturgia. Sin embargo, es importante destacar que este profeta no es un sacerdote. Su función continúa siendo exclusivamente "profética" (Schökel-Sicre).

Johnson identifica una categoría de profetismo que está vinculada a los oficios del culto. En tiempos antiguos, la misión de los sacerdotes y levitas era guiar al pueblo a través de los oráculos, especialmente en asuntos relacionados con la observancia ceremonial. Con el tiempo, sus funciones sacerdotales se ampliaron hasta convertirse, incluso, en representantes de la comunidad ante el Señor. De manera similar, el antiguo *nabí* o profeta invoca y habla en nombre del Señor, de manera que los israelitas también consultaban al profeta para obtener paz y conocer la voluntad específica del Señor. Con el tiempo, incluso el profeta se especializa en los ritos de sacrificio. Johnson ha identificado una duplicación perfecta de instituciones con responsabilidades idénticas y un centro común de residencia y trabajo.

El profeta gozaba de un estatus oficial y no estaba sujeto a la autoridad de ningún representante del sacerdocio, como sostiene Holscher. La disolución del profetismo comienza con el exilio, ya que el pueblo se desilusiona al no ver cumplidas las promesas de paz. Los profetas pierden su prestigio, son degradados y relegados al modesto rango de cantores, sometidos perpetuamente a los sacerdotes. Johnson aborda dos preguntas: la primera sobre la distinción real entre sacerdote y profeta, y la segunda sobre si los profetas escritores se incluyen en las reflexiones anteriores. En respuesta a la primera pregunta, Johnson sostiene que la distinción se basa en la forma en que se adquieren los conocimientos. Mientras que el sacerdote los obtiene a través de formas de adivinación o de la experiencia práctica del cargo, el profeta los adquiere a través de un contacto directo y personal con el Señor. En cuanto a la segunda pregunta, Johnson no proporciona una respuesta clara. El término "nabí" es tan amplio que dificulta determinar en qué medida los profetas canónicos se caracterizaban por la conducta típica de los nebiim primitivos. Haldar afirma, sin dudar, que los profetas escritores son *nebum* en todos los aspectos, es decir, son profetas cúlticos y forman parte del personal ordinario del templo. Al igual que ellos, han tenido experiencias extáticas y, en este sentido, no representan ninguna profecía nueva. Son el resultado del amplio fenómeno cúltico del antiguo Oriente, sin privilegios ni excepciones (Schökel-Sicre).

PROFETAS ANTERIORES

Los "profetas anteriores" es un término utilizado para referirse a un grupo específico de profetas en el Antiguo Testamento de la Biblia. Se les llama así porque sus libros están ubicados antes de los llamados "profetas posteriores" en la secuencia de los libros proféticos. Los profetas anteriores incluyen los libros de Josué, Jueces, Samuel y Reyes. Estos libros narran la historia de Israel desde la entrada a la Tierra Prometida bajo el liderazgo de Josué hasta el exilio del pueblo de Israel en Babilonia. Los profetas anteriores no solo registran eventos históricos, sino que también contienen mensajes proféticos y revelaciones de Dios a través de figuras como Samuel, Elías, Eliseo y otros.

Además, los profetas anteriores son parte del género narrativo del Antiguo Testamento. Se encuentran en la primera sección de los "Nevi'im" (Profetas) según la división de la Tanaj (Biblia hebrea). A diferencia de los profetas posteriores, cuyo contenido principal es la profecía, los profetas anteriores tienen un enfoque narrativo. Aunque dentro de estos libros también se encuentran profecías, estas se presentan dentro del contexto de la narrativa y no constituyen el contenido principal.

Los libros que conforman los profetas anteriores son Josué, Jueces, Samuel (dividido en dos libros) y Reyes (dividido en dos libros). En la clasificación cristiana evangélica actual, estos libros se consideran parte del género histórico, que también incluye el libro de Rut, los dos libros de las Crónicas de los reyes de Israel y Judá, y los libros de Esdras, Nehemías y Ester. Sin embargo, estos últimos pertenecen al género de los "Ketuvim" (Escritos).

El contenido de los profetas anteriores abarca desde la obra de Dios cumpliendo su promesa hecha a Abraham (Gn. 15:13) de restaurar a la nación que surgiría de él, sacándolos de la tierra de Egipto donde serían esclavos durante 400 años, y llevándolos a la tierra de Canaán, que había sido prometida a Abraham (Gn. 12:1). La narrativa de los profetas anteriores culmina con la caída de Jerusalén aproximadamente en el año 587 a.C., a manos de Babilonia. Por lo tanto, abarca alrededor de siete siglos de historia.

PROFETAS ANTIGUOS

Los profetas "antiguos" se refieren a los profetas cuyos libros están ubicados antes en la secuencia de los libros proféticos. Estos profetas incluyen a Isaías, Jeremías, Ezequiel y los Doce Profetas Menores (Oseas, Joel, Amós, Abdías, Jonás, Miqueas, Nahúm, Habacuc, Sofonías, Hageo, Zacarías y Malaquías).

Los profetas "antiguos" del Antiguo Testamento comparten algunas características distintivas:

Longevidad profética: los profetas "antiguos" ejercieron sus ministerios proféticos durante períodos más largos en comparación con los profetas "posteriores". Por ejemplo, Isaías profetizó durante los reinados de varios reyes de Judá a lo largo de aproximadamente 40 años.

Profecía escrita: los profetas antiguos dejaron registros escritos de sus mensajes y visiones proféticas. Sus libros contienen tanto profecías como narraciones históricas y exhortaciones. Estos escritos ofrecen una visión profunda de la relación de Israel con Dios y contienen profecías tanto de juicio como de restauración.

Mensajes de juicio y restauración: los profetas antiguos transmitieron mensajes de juicio divino sobre Israel y las naciones circundantes debido a la idolatría, la injusticia social y la desobediencia a la Ley de Dios. Sin embargo, también ofrecieron esperanza y promesas de restauración y redención para el pueblo de Israel, anticipando la venida del Mesías.

Contexto histórico-político: los profetas antiguos se encontraban activos en períodos cruciales de la historia de Israel como el colapso del Reino del Norte (Israel) y el exilio de Judá. Sus mensajes, a menudo, abordaban los eventos y desafíos políticos, sociales y religiosos de su tiempo, y llamaban al arrepentimiento y a la fidelidad a Dios.

Estilo literario y retórico: los profetas antiguos emplearon una variedad de recursos literarios y retóricos para comunicar sus mensajes. Utilizaron lenguaje poético, imágenes vívidas, metáforas y alegorías para transmitir sus enseñanzas y provocar una respuesta emocional y espiritual en sus audiencias.

Otra clasificación. El profetismo bíblico abarca un amplio período de tiempo, desde los primeros profetas mencionados en el libro del Éxodo hasta los profetas posteriores al exilio. A lo largo de este período, se desarrollaron distintas perspectivas y enfoques proféticos, que reflejan las circunstancias históricas y teológicas de cada época.

Profetas preexílicos: estos profetas, como Amós, Oseas, Isaías y Jeremías, se destacaron por su llamado a la justicia social y su denuncia de la idolatría y la injusticia en el reino de Israel y Judá. También anunciaron el juicio de Dios sobre el pueblo por su desobediencia, pero también ofrecieron mensajes de esperanza y restauración para el futuro.

Profetas exílicos: durante el período del exilio babilónico, profetas como Ezequiel y Daniel desempeñaron un papel importante. Sus mensajes se centraron en la necesidad de arrepentimiento y la esperanza de un futuro regreso a la tierra prometida. También se enfocaron en la soberanía de Dios y Su dominio sobre las naciones.

Profetas postexílicos: después del retorno del exilio, surgió un nuevo enfoque profético. Los libros de Esdras, Nehemías, Hageo, Zacarías y Malaquías registran las voces proféticas de esta época. Los profetas postexílicos se centraron en la reconstrucción del templo y la restauración de la adoración adecuada a Dios. También brindaron instrucciones prácticas para la vida cotidiana y renovaron la esperanza en la venida del Mesías.

PROFETAS MAYORES

Los profetas mayores son un grupo de profetas en el Antiguo Testamento que se distinguen por la extensión y profundidad de sus libros proféticos. Estos profetas son Isaías, Jeremías, Lamentaciones, Ezequiel y Daniel.

Isaías: el libro de Isaías es el más largo de todos los libros proféticos y se considera uno de los más importantes del Antiguo Testamento. Isaías profetizó durante el siglo VIII a.C. y su mensaje abarca una amplia gama de temas. Predijo el juicio de Dios sobre Israel y las naciones circundantes debido a la idolatría y la injusticia, pero también proclamó consuelo y esperanza en la venida del Mesías y la restauración de Israel.

Jeremías: el libro de Jeremías contiene las profecías y la vida del profeta Jeremías, quien profetizó durante el siglo VII a.C. Jeremías fue llamado a advertir a Judá sobre la inminente destrucción de Jerusalén y el exilio a Babilonia debido a la idolatría y la corrupción social. También profetizó sobre una nueva alianza que Dios establecería con su pueblo en el futuro.

Lamentaciones: este libro es una colección de cinco poemas atribuidos al profeta Jeremías. Lamentaciones lamenta la destrucción de Jerusalén y el exilio de Judá. Los poemas expresan profundo dolor y tristeza por las consecuencias del pecado y la desobediencia de Israel, pero también contienen elementos de arrepentimiento y súplica a Dios.

Ezequiel: el libro de Ezequiel registra las visiones y los mensajes del profeta Ezequiel, quien profetizó durante el exilio en Babilonia. Ezequiel utilizó imágenes y acciones simbólicas para transmitir sus mensajes proféticos. Predijo la destrucción de Jerusalén, pero también proclamó la restauración y renovación futuras de Israel bajo el liderazgo de un nuevo rey.

Daniel: el libro de Daniel narra la vida y las visiones del profeta Daniel, quien fue llevado al exilio en Babilonia. Daniel interpretó sueños y visiones, y su libro contiene profecías sobre el futuro de los reinos y naciones. También relata historias famosas, como la de Daniel en el foso de los leones y los compañeros de Daniel en el horno ardiente.

Estos profetas mayores ofrecen una perspectiva profunda y significativa sobre la relación entre Dios e Israel, así como sobre el juicio y la restauración divina. Sus mensajes contienen tanto advertencias de consecuencias por la desobediencia como promesas de esperanza y redención para el pueblo de Dios.

PROFETAS MENORES

Los doce profetas menores abarcan un amplio período de tiempo en la historia de los profetas literarios. Los primeros libros como Oseas, Amós y Miqueas, datan del siglo VIII a.C. Mientras tanto, los últimos libros como Hageo, Zacarías y Malaquías, fueron escritos en los siglos VI y V a.C. No existe un consenso académico sobre la razón detrás del orden de los libros. Sin embargo, se reconoce que los últimos tres libros, Hageo, Zacarías y Malaquías, se sitúan cronológicamente al final de la lista, es decir, fueron los últimos en ser escritos. Por otro lado, se cree que Oseas, Amós y, posiblemente, Joel se encuentran entre los primeros en ser escritos. Por lo tanto, parece haber cierto orden basado en la cronología de la escritura de los libros. Sin embargo, esta explicación no abarca el resto de los Profetas Menores y el orden en el que se presentan.

Los profetas menores, también conocidos como los Doce Profetas Menores, son un grupo de profetas en el Antiguo Testamento de la Biblia. Aunque sus libros son más cortos en comparación con los profetas mayores, contienen mensajes proféticos poderosos y significativos:

Oseas: el libro de Oseas se centra en la relación entre Dios e Israel, utilizando el matrimonio de Oseas como una metáfora de la fidelidad y la infidelidad de Israel hacia Dios.

Joel: el libro de Joel contiene profecías sobre el Día del Señor y la venida del Espíritu Santo. Joel llama al arrepentimiento y la renovación espiritual.

Amós: el libro de Amós denuncia la injusticia social y la opresión en Israel y las naciones vecinas. Amós proclama el juicio de Dios y llama al arrepentimiento.

Abdías: el libro de Abdías es el más corto del Antiguo Testamento y contiene una profecía contra Edom debido a su orgullo y trato injusto hacia Israel.

Jonás: el libro de Jonás narra la historia de Jonás y su misión de advertir a la ciudad de Nínive sobre el juicio de Dios. Jonás aprende la lección del perdón y la misericordia de Dios.

Miqueas: el libro de Miqueas denuncia la corrupción social y religiosa en Israel y proclama la justicia y el juicio de Dios. También contiene promesas de restauración y redención.

Nahúm: el libro de Nahúm se centra en la profecía de la destrucción de la ciudad de Nínive debido a su maldad. Nahúm proclama la justicia y el juicio de Dios.

Habacuc: el libro de Habacuc contiene un diálogo entre el profeta y Dios sobre la maldad y la justicia. Habacuc aprende a confiar en Dios incluso en medio de la adversidad.

Sofonías: el libro de Sofonías predice el juicio de Dios sobre Judá y las naciones, pero también ofrece esperanza de restauración para el remanente fiel.

Hageo: el libro de Hageo se enfoca en la reconstrucción del templo en Jerusalén después del exilio babilónico y exhorta al pueblo a priorizar la adoración a Dios.

Zacarías: el libro de Zacarías contiene visiones y mensajes proféticos sobre la restauración de Jerusalén y la venida del Mesías. También aborda temas de arrepentimiento y renovación espiritual.

Malaquías: el libro de Malaquías es el último libro del Antiguo Testamento y contiene mensajes sobre la corrupción religiosa, la fidelidad y la venida de Elías antes del día del Señor.

Aunque los libros de los profetas menores son más cortos, contienen enseñanzas profundas y valiosas para la fe y la vida espiritual. Estos profetas denuncian el pecado, proclaman la justicia de Dios y ofrecen esperanza de restauración y redención.
En la tradición judía y en las Biblias hebreas se les conoce como "El Libro de los Doce" (ver **Libro de los Doce**).

PROFETAS POSTERIORES AL EXILIO

Los profetas posteriores al exilio, llamados posexílicos (ver **Exilio**) son aquellos que profetizaron y escribieron después del período de exilio babilónico, cuando una parte del pueblo judío fue llevada cautiva a Babilonia y luego regresó a Jerusalén. Estos profetas son Hageo, Zacarías y Malaquías:

Hageo: el libro de Hageo se sitúa en el año 520 a.C., cuando un grupo de judíos regresó a Jerusalén después del exilio babilónico. Hageo animó al pueblo a reconstruir el templo destruido y a priorizar la adoración a Dios. El profeta instó al pueblo a considerar su falta de progreso en la reconstrucción del templo y les recordó que era esencial buscar primero el reino de Dios. Hageo también profetizó sobre la gloria futura del templo y la bendición de Dios sobre el pueblo renovado.

Zacarías: el libro de Zacarías fue escrito en el mismo período que Hageo, alrededor del año 520 a.C. Zacarías también animó al pueblo a reconstruir el templo y renovar su relación con Dios. Su libro contiene una serie de visiones simbólicas y mensajes proféticos que abordan la restauración de Jerusalén, el papel del Mesías y la venida del reino de Dios. Zacarías profetizó sobre la coronación del sumo sacerdote Josué, simbolizando la venida del Mesías como sacerdote y rey.

Malaquías: el libro de Malaquías es el último libro del Antiguo Testamento, escrito alrededor del año 430 a.C. Malaquías confrontó la corrupción religiosa y la indiferencia espiritual que se había infiltrado entre el pueblo después del regreso del exilio. El profeta reprendió a los sacerdotes y al pueblo por sus ofrendas deficientes y su infidelidad en el matrimonio. Malaquías profetizó sobre la venida de un mensajero que prepararía el camino para el Señor, y también anunció el día del juicio y la promesa de bendición para aquellos que temen a Dios.

Estos profetas posteriores al exilio desempeñaron un papel crucial en el proceso de restauración espiritual y física del pueblo de Israel después del exilio babilónico. Sus mensajes instaron al pueblo a volver a Dios, reconstruir el templo y vivir con fidelidad a la alianza. También profetizaron sobre la venida del Mesías y la restauración final que Dios traería a su pueblo. Los libros de Hageo, Zacarías y Malaquías ofrecen enseñanzas valiosas sobre la importancia de la adoración sincera, la obediencia y la esperanza en medio de desafíos y dificultades.

PROFETAS PREEXÍLICOS

El tema de los profetas preexílicos se refiere a los profetas que vivieron y profetizaron antes del período de exilio babilónico en la historia de Israel y Judá. Estos profetas jugaron un papel crucial en la vida religiosa y política de su tiempo, y sus mensajes abordaron una variedad de temas importantes.

Los profetas preexílicos surgieron en un momento en el que tanto Israel como Judá se enfrentaban a desafíos espirituales y morales. Estos profetas fueron voces de Dios que llamaron al arrepentimiento, denunciaron la injusticia y la idolatría, y advirtieron sobre el juicio divino inminente.

Uno de los temas principales abordados por los profetas preexílicos fue la infidelidad religiosa del pueblo. Israel y Judá se habían alejado de la adoración al único Dios verdadero y se habían involucrado en la idolatría y la adoración de dioses falsos. Los profetas denunciaron esta práctica y llamaron al pueblo a volver a Dios, a abandonar la idolatría y a renovar su compromiso con la alianza divina.

Además, los profetas preexílicos condenaron la injusticia social y la opresión de los pobres y marginados. Criticaron a los líderes y gobernantes corruptos que se aprovechaban de su posición para beneficio propio, explotando a los necesitados. Estos profetas defendieron la justicia y la equidad, y llamaron a los líderes y al pueblo a actuar con rectitud y compasión.

Otro tema importante en los mensajes de los profetas preexílicos fue la advertencia del juicio divino. Estos profetas proclamaron que

PROFETAS PREEXÍLICOS

la desobediencia y la corrupción llevarían a la ira y al castigo de Dios. Predijeron la caída de los reinos de Israel y Judá, la destrucción de las ciudades y el exilio de su pueblo como resultado de su infidelidad. Sin embargo, también ofrecieron esperanza y promesas de restauración futura, enfatizando la misericordia y el amor duradero de Dios.

En resumen: los profetas preexílicos fueron mensajeros de Dios que se levantaron en un momento crucial de la historia de Israel y Judá. Sus mensajes denunciaron la infidelidad religiosa, la injusticia social y advirtieron sobre el juicio divino inminente. Pero también ofrecieron esperanza, llamando al arrepentimiento y proclamando la misericordia y la restauración futura por parte de Dios.

En el año 598 a.C., los babilonios invadieron Judá. Jerusalén se rindió y los babilonios capturaron al rey, la corte real y gran parte de la aristocracia, llevándolos a Babilonia. Más tarde, Jerusalén se rebeló nuevamente contra los babilonios, y en el año 587/586 a.C., los babilonios invadieron nuevamente y esta vez destruyeron por completo la ciudad de Jerusalén. La mayoría de los israelitas restantes fueron deportados o exiliados a Babilonia. Este evento se conoce como el exilio (ver **Exilio**). Los profetas que profetizaron antes o durante el exilio se llaman profetas preexílicos. Por otro lado, aquellos que profetizaron después del destierro y el regreso a la tierra de Israel son conocidos como los profetas postexílicos (ver **Profetas posteriores al exilio**).

Los profetas preexílicos, generalmente aceptados son:

Oseas (siglo VIII a.C.): Oseas profetizó durante el reinado de Jeroboam II en el reino del norte de Israel. Su mensaje principal se centró en la infidelidad y apostasía de Israel, utilizando su propio matrimonio problemático como una metáfora de la relación entre Dios e Israel. Oseas llamó al arrepentimiento y anunció el juicio venidero.

Amós (siglo VIII a.C.): Amós era un pastor y agricultor que fue enviado por Dios para profetizar en el reino del norte de Israel durante el reinado de Jeroboam II. Su mensaje se enfocó en la injusticia social, la opresión de los pobres y la corrupción religiosa. Amós advirtió sobre el juicio inminente de Dios y llamó al arrepentimiento.

Isaías (siglo VIII-VII a.C.): Isaías profetizó durante los reinados de varios reyes en Judá, incluyendo Uzías, Jotam, Acaz y Ezequías. Su libro es uno de los más extensos y abarca una amplia gama de temas. Isaías habló sobre el pecado y la rebelión de Judá, pero también proclamó la misericordia, la salvación y la esperanza mesiánica.

Miqueas (siglo VIII a.C.): Miqueas profetizó tanto en Israel como en Judá durante los reinados de Jotam, Acaz y Ezequías. Su mensaje incluía la denuncia de la injusticia social, la corrupción de los líderes y la idolatría. Miqueas proclamó el juicio de Dios y la promesa de la restauración y redención futuras.

Sofonías (siglo VII a.C.): Sofonías profetizó en Judá durante el reinado del rey Josías. Su mensaje abordó la idolatría, la injusticia y la arrogancia del pueblo. Sofonías advirtió sobre el juicio de Dios y llamó al arrepentimiento, pero también ofreció esperanza y promesas de restauración para el remanente fiel.

Jeremías (siglo VII-VI a.C.): Jeremías profetizó en Judá durante los reinados de Josías, Joacim, Joaquín y Sedequías, y presenció la caída de Jerusalén y el exilio babilónico. Su mensaje se centró en el llamado al arrepentimiento y la advertencia de la destrucción venidera. Jeremías también profetizó sobre la nueva alianza y la restauración futura.

Estos profetas preexílicos desempeñaron un papel crucial en la historia de Israel y Judá, llamando al arrepentimiento, denunciando la injusticia y proclamando la justicia y la misericordia de Dios. Sus mensajes abarcaban una amplia gama de temas, desde la infidelidad religiosa y la idolatría hasta la esperanza de restauración y redención en medio del juicio divino

A veces, Daniel no se incluye dentro de la categoría de los profetas. De hecho, en la Biblia hebrea, Daniel se encuentra en la sección de los Escritos, junto con libros como los Salmos. Aunque a veces se le clasifica como profeta, se le considera más comúnmente como un escritor de los tiempos del exilio, ya que vivió en Babilonia desde su juventud hasta su muerte. Por lo tanto, Daniel no encaja fácilmente en ninguna categoría específica, ya sea como profeta preexílico o postexílico.

PROFÉTICA, LITURGIA

Pertenece a un género literario. Según Schökel, se refiere a una "composición profética que recoge o imita esquemas y fórmulas de acos litúrgicos para transmitir un mensaje. No está destinada al uso litúrgico; p. ej., Jl. 1-2; Mi. 7".

La profecía litúrgica es un concepto que se refiere a la dimensión profética presente en la celebración litúrgica de la Iglesia. La liturgia, entendida como la participación de la comunidad en los ritos y oraciones públicas de la Iglesia, no solo es un acto de adoración y alabanza a Dios, sino que también tiene un elemento profético que revela la voluntad de Dios y su plan de salvación. Se basa en la creencia de que, durante la celebración litúrgica, Dios se hace presente y habla a su pueblo de manera especial. A través de los ritos, las lecturas bíblicas, las oraciones y los sacramentos, Dios se comunica con su pueblo y revela su Palabra. Los textos sagrados, especialmente las lecturas de la Biblia, contienen promesas, enseñanzas y exhortaciones que tienen un valor profético y son aplicables a la vida de los creyentes. Los ministros ordenados como pastores, ancianos y diáconos, tienen la responsabilidad de proclamar la Palabra de Dios y presidir las ordenanzas sagradas. A través de su ministerio, actúan como portavoces de Dios y transmiten sus mensajes al pueblo. Además, los fieles también participan activamente en la liturgia y, en cierto sentido, participan de la profecía al responder a ella y vivirla en sus vidas diarias.

La profecía litúrgica implica tanto la proclamación de la Palabra de Dios como la respuesta del pueblo a esa Palabra. Al escuchar las lecturas bíblicas, los fieles tienen la oportunidad de discernir la voluntad de Dios y recibir su mensaje para ellos. A través de las oraciones y los cantos litúrgicos, expresan su alabanza, gratitud, súplica y compromiso con Dios. La liturgia se convierte así en un espacio en el que se proclama y se recibe la Palabra de Dios, y en el que se experimenta la acción del Espíritu Santo que guía y fortalece a la comunidad de creyentes.

Es importante destacar que la profecía litúrgica no se limita solo a la palabra hablada o escrita, sino que también se manifiesta en los gestos, símbolos y ritos de la celebración. Por ejemplo, el gesto de la imposición de manos, levantar las manos en señal de adoración, los cantos, la cena del Señor que anuncia la muerte expiatoria de Cristo hasta su Segunda venida.

PROFETISA

Heb. 5031 *nebiah*, נְבִיאָה = "profetisa", fem. de "profeta", gr. 4398 *prophetís*, προφητς, fem. de *prophetes*, προφῆτις.

El término "profetisa" se utiliza para referirse a una mujer llamada por Dios al ministerio profético, que ejercía el don de la profecía en el antiguo Israel o en la iglesia primitiva. En el Antiguo Testamento, se mencionan al menos cinco mujeres a las que se les llama profetisas: (1) María, hermana de Moisés (Éx. 15:20); (2) Débora (Jue. 4:4); (3) Hulda (2 R. 22:14); (4) Noadía (Neh. 6:14) y (5) la esposa de Isaías, cuyo nombre no se menciona, pero a quien Isaías dio nombres proféticos a sus hijos (Is. 8:3). En el Nuevo Testamento, se mencionan como profetisas a Ana (Lc. 2:36) y a las cuatro hijas de Felipe el evangelista (Hch. 21:8, 9). Después de Pentecostés, la distinción de género en relación con los dones proféticos desapareció (Hch. 2:18; cf. Jl. 2:28), (Douglas-Merryl).

En el libro de Ezequiel 13:17, se mencionan profetisas falsas. Estas mujeres fabricaban visiones y mensajes falsos, engañando al pueblo con sus palabras. El profeta Ezequiel les advierte sobre las consecuencias de sus acciones y les insta a arrepentirse. En el libro de Apocalipsis, se hace referencia a una mujer llamada Jezabel, descrita como una pseudoprofetisa en el capítulo 2. Jezabel era una mujer que promovía la inmoralidad y la idolatría en la iglesia de Tiatira. A través de sus enseñanzas engañosas, seducía a los creyentes para que participaran en prácticas inapropiadas y se alejaran de la verdad.

Según D. García, algunas mujeres que eran profetisas también actuaron como líderes durante el período de los profetas anteriores. Un ejemplo es Débora en el libro de los Jueces (capítulos 4 y 5), quien ejerció su liderazgo en el norte de Israel. Otro ejemplo es Hulda, quien vivió seiscientos años después en Jerusalén (2 R. 22:14). Citando a Dias Marianno, García explica que Débora pertenecía a un período en el que los profetas tenían un papel activo en la política, antes de la monarquía. Por otro lado, Hulda vivió en un momento en el que la figura del profeta estaba menospreciada frente a los gobernantes, durante la consolidación de la monarquía. Ambas mujeres actuaron a través del consejo y tuvieron propósitos específicos. No se registran oráculos proféticos pronunciados por Débora y Hulda, sino que confirmaban la voluntad de Yahvé para una batalla o confirmaban aspectos de la ley y la alianza en el Deuteronomio, consultando a las personas que se dirigían a ellas.

El libro de los Hechos también menciona a mujeres que ejercían el don de la profecía. Esto se relata en cuatro ocasiones (Hch. 2:17-18; 19:6; 21:9), dos de ellas en el sermón de Pedro en Pentecostés, donde se cita al profeta Joel. Se menciona a las cuatro hijas vírgenes del evangelista Felipe (Hch. 21:9), y algunos autores concluyen que su actividad profética reconoce tanto a hombres como a mujeres guiados por el Espíritu Santo, pero no se refiere a la función u oficio del profeta. En 1 Corintios 11:5 se observa que las mujeres, al igual que los hombres, oraban a Dios y dirigían palabras de "profecía" a la congregación. García también menciona a Irene Foulkes, quien sostiene que, en esta misma carta, el autor define "profecía" como un mensaje que anima y edifica a la audiencia, similar a una homilía o predicación. Por eso, en 1 Corintios 14:1-4, el apóstol Pablo no les pide a estas mujeres que se callen, a pesar de las costumbres de la época, sino que respeta su papel protagonista. Desde esta perspectiva, los textos bíblicos aluden al carácter de *nebiah* o *prophetís*, destacando el mundo simbólico y las actividades de las mujeres como miembros de la comunidad del Pacto y de la vida.

PROFETISMO

El profetismo es el movimiento que surgió en Israel en el siglo VIII a.C. y tenía como objetivo restaurar el monoteísmo hebreo, combatir la idolatría, denunciar las injusticias sociales, proclamar el día del Señor y fomentar la esperanza mesiánica en un pueblo que había perdido toda esperanza. Este movimiento, iniciado por Amós, llegó a su culminación con Malaquías. Juan el Bautista se considera el último representante de este movimiento (Correa).

El profetismo en Israel abarca siglos, desde Abraham hasta Moisés, de Samuel a Natán, de Elías a Amós, desde Oseas hasta Isaías, y desde Jeremías hasta Malaquías. Es considerado un fenómeno único en la historia. Los profetas hebreos eran personas comprometidas, llenas de vitalidad y dispuestas, incluso, a dar su vida por el mensaje que proclamaban. Para ellos, el ministerio profético era algo vivo que se había convertido en parte esencial de su ser, después de entregarse por completo en las manos de Yahvé (Sicre).

PROMESA

Heb. 562 *omer*, אֹמֶר = "dicho, promesa" (Sal. 77:8); 1697 *dabar*, בַּר = "palabra, promesa" (1 R. 8:56); gr. 1860 *epangelía*, ἐπαγγελία, prim. un término legal que denota una citación, de *epí*, "sobre", y *angello*, "proclamar, anunciar", significaba también un compromiso de hacer o dar algo, una promesa. Con excepción de Hch. 23:21, se refiere solo a las promesas de Dios.

Aunque en el hebreo del Antiguo Testamento no existen palabras específicas que signifiquen "promesa", como "omer" o "dabar", el concepto de "promesa" está ampliamente presente en el texto. Los patriarcas y el pueblo de Dios vivían en una constante esperanza de que Dios cumpliría sus palabras, ya que confiaban en ellas y las veían como una promesa de su fidelidad y provisión. En ocasiones, estas palabras se han traducido como "promesa" en diversas versiones de la Biblia, aunque el término técnico no existe. Pero el concepto de "promesa" es fundamental en el Antiguo Testamento y se refleja en la fe y esperanza del pueblo de Dios en la fidelidad y provisión de Dios, incluso si no hay una palabra específica en hebreo que lo diga con claridad.

Según Moltmann, Dios se revela a través del modo y la historia de la promesa. Por lo tanto, tanto la teología bíblica como la sistemática deberían centrarse en la promesa. Existe una gran diferencia que se destaca en la comparación histórica de las religiones, en relación con la singularidad especial de la fe israelita. Esta diferencia resalta cada vez más la disparidad existencial entre la "religión de la promesa" y las religiones que se centran en la manifestación de los dioses propios del mundo que rodea a Israel. Por lo tanto, la diferencia radical no se encuentra entre los llamados dioses naturales, sino entre el Dios de la promesa y los dioses de la manifestación (Moltmann, 1981).

Dicho lo anterior, la primera promesa del Señor que se encuentra en la Biblia después del pecado de Adán y Eva es la promesa de la venida de un libertador (Gn. 3:15). Cuando Dios llamó a Abraham desde Ur de los caldeos, le dijo que lo convertiría en una nación grande para bendición de todas las familias de la tierra, y que le daría a él y a su descendencia la tierra de Canaán (Gn. 12:2, 7, etc.). Esta promesa se menciona con frecuencia en el Antiguo Testamento (véase, por ejemplo, Éx. 12:25; Dt. 1:8, 11, etc.) y también es mencionada por Pablo en Ro. 4:13-25, donde explica cómo la Ley dada posteriormente no constituye la base para recibir lo prometido (véase también Gá. 3:15-18). Así, la promesa se mantiene vigente, mientras que la Ley tuvo un propósito temporal (cf. Gá. 3:19).

A David se le dio la promesa de que su descendencia tendría perpetuamente el trono de Israel (2 S. 7:12, 13, 16, cf. 2 S. 7:28). Esta promesa fue reafirmada en los momentos más oscuros de la historia de Judá (Jer. 23:5, 8; 30:9; 33:15-17, 20-22, 25-26; Zac. 12:7–13:1; cf. Mt. 1:1ss.; Lc. 1:32, 69; 3:32; Ap. 5:5, etc.).

En los escritos de los profetas se encuentra la extraordinaria promesa de un Nuevo Pacto (Jer. 31:31-40), junto con la restauración de la nación de Israel en la tierra y su unificación en un solo reino (Ez. 36–37), así como el derramamiento del Espíritu (Ez. 36:25-27). El cumplimiento de esta promesa se inicia en la persona y el ministerio de Jesucristo (Hch. 13:23, 29-39). Mediante su muerte, Jesús logró la reconciliación (Ro. 5:10), y aquellos que le pertenecen recibieron en Pentecostés "la promesa del Padre" (Lc. 24:49; Hch. 1:4). La promesa dada a Abraham, que le fue anunciada como una bendición para todas las familias de la tierra, es apropiada por todos aquellos que, por medio de la fe, llegan a ser hijos de Abraham (Ro. 4:9-16; cf. Gá. 3:14, 29). La promesa de vida eterna (1 Jn. 2:25) que se encuentra en Cristo (2 Ti. 1:1) será revelada plenamente cuando seamos reunidos por Él en su regreso para llevarse a los creyentes consigo (cf. Jn. 14:1-4). "Porque todas las promesas de Dios son en Él Sí, y en Él Amén" (2 Co. 1:20).

En el Nuevo Testamento, se utiliza con frecuencia la palabra griega ἐπαγγελία (*epangelía*) para denotar lo que ha sido prometido, y por ello significa un don conferido en gracia, no un seguro conseguido mediante negociaciones. Así, por ejemplo, "la promesa del Espíritu" (Gá. 3:14) significa "el Espíritu prometido" (cf. Lc. 24:49; Hch. 2:33; Ef. 1:13). Lo mismo ocurre con "la promesa de la herencia eterna" (He. 9:15).

En Gálatas 3:16 se utiliza el plural "promesas", debido a que la promesa hecha a Abraham se repitió en varias ocasiones (Gn. 12:1-3; 13:14-17; 15:18; 17:1-14; 22:15-18), y contenía el germen de todas las promesas posteriores (cf. Ro. 9:4; He. 6:12; 7:6; 8:6; 11:17). El apóstol Pablo argumenta frente a sus antiguos correligionarios que la promesa estaba condicionada a la fe y no al cumplimiento de la Ley. La Ley fue posterior e inferior a la Promesa, y no la anuló (Gá. 3:21; cf. 4:23, 28).

Nuevamente, en Efesios 2:12, "los pactos de la promesa" no indica diversos pactos, sino un pacto frecuentemente renovado, centrado en Cristo como el Mesías-Redentor prometido, y comprendiendo las bendiciones que serían conferidas mediante él.

El libro del Apocalipsis culmina con una promesa de esperanza y consuelo para la Iglesia: "El que da testimonio de estas cosas dice: ciertamente vengo en breve. Amén; sí, ven, Señor Jesús" (Ap. 22:20), (Vermeylen, 1990).

PROSTITUTA

En el contexto del libro de Apocalipsis, se menciona el vocablo *pornea*, que algunos traducen como "Ramera" y otros como "Prostituta". Ambos sentidos son válidos. Uno de los textos se refiere a la gran Ciudad, que está sentada sobre varias aguas y que recibirá sentencia (Ap. 17:1). Otro texto explica que las aguas sobre las cuales está sentada la mujer simbolizan pueblos, muchedumbres, naciones y lenguas (Ap. 17:15). También se anuncia que los diez cuernos de la Bestia aborrecerán a esta prostituta, la dejarán asolada, desnuda, la devorarán y la quemarán (Ap. 17:16). En el último texto se describe que los juicios de Dios son justos y verdaderos, ya que finalmente juzgó a la prostituta por haber corrompido la tierra con sus fornicaciones, y era justo vengar la sangre de los justos derramada por ella (Ap. 19:2), (Gálvez).

Pikaza explica que la gran Ciudad se describe utilizando un símbolo común en la teología israelita. Por eso, Juan concibe el pecado de la humanidad y del pueblo israelita en términos de prostitución. Esta prostitución se extiende por toda la tierra. El pecado del Dragón y de las Bestias se personifica en Babel, que según Pikaza es Roma, aunque otros autores difieren en esta interpretación.

La ciudad prostituida se vende a los reyes y pueblos de la tierra para sacar ganancia de ellos, bebiendo la sangre de los mártires de Cristo y de todos los asesinados en la tierra (Ap. 17:1-5, 15; 18:3, 9, 24; 19:2). Paradójicamente, al final, las mismas Bestias y reyes que la han utilizado acabarán matándola en un juicio de talión intrahistórico (Ap. 17:15-18) que Juan (cf. 18:1–19:8) interpreta como un signo de salvación universal, según dice Pikaza.

Juan deja entrever que las fornicaciones de la Prostituta alcanzan a una parte de la Iglesia de Cristo. La razón es que la gran Ciudad, la gran Ramera, la Prostituta, arrastra a sus seguidores a propagar y cumplir la enseñanza de Balaam y los nicolaítas (Ap. 2:14, 20) y a negar la fidelidad al Señor. No resisten lo que exige el fiel testimonio hasta la última consecuencia, incluso la muerte. Se suma la perversión de la profetiza Jezabel, que se dice cristiana (Ap. 2:20), a quien Juan interpreta de manera indirecta como una ramera que seduce a otros cristianos servidores del Señor y adultera de manera continua con ellos, enredándolos en prácticas adúlteras de tal manera que aprenden a vivir en ellas. Esto es una gran ofensa al Dios verdadero, dado que los lleva al abominable pecado de la idolatría.

PROTOEVANGELIO

"Nombre que se le da a la sentencia que Dios ejecutó sobre la serpiente y a la promesa de victoria de la simiente de la mujer sobre esta" (Schökel).

Desde el inicio de la historia, Dios ha deseado lo mejor para aquel que fue el punto culminante de su creación: el hombre, el Adán. Cuando consideró que "...todo lo que había hecho, y he aquí que era bueno en gran manera" (Gn. 1:31), además de haber sido el único ser creado a imagen y semejanza suya. Sin embargo, después de ocurrir el catastrófico evento del primer pecado, comúnmente conocido como la caída, Dios no retiró su actitud de amor inicial hacia el hombre, es decir, siempre mantuvo su deseo de lo mejor para él.

En la teología cristiana, la mayoría de las corrientes interpretativas mantienen el criterio de que, a pesar del muro de separación erigido entre Dios y el hombre debido a la desobediencia, existía una vía de esperanza a través de la cual se podría remediar la ruina que la primera pareja se había infligido.

Casi todas las corrientes teológicas concuerdan en que, en el libro de Génesis, en el mismo contexto de los problemas surgidos a raíz del primer pecado, Dios provee un evangelio en embrión, un anuncio inicial o profético que sería ampliado en el futuro. Este primer evangelio o protoevangelio es una buena noticia que Dios proclama a la humanidad caída.

Esta buena noticia para el hombre se encuentra registrada en el libro de Génesis, cuando Dios pronuncia una sentencia contra "la serpiente" que había engañado a Eva y a Adán. En esa sentencia, Dios dice a la serpiente: "... pondré enemistad entre ti y la mujer, y entre tu descendencia y la suya; esta te herirá en la cabeza, y tú le herirás en el calcañar" (Gn. 3:15). La expresión "herir en la cabeza" significa que la descendencia de la mujer, el Ungido de Dios, el Mesías o el Cristo, derrotará definitivamente a Satanás, quien promovió la oposición del hombre hacia su Creador. El hecho de que se establezca enemistad entre el hombre y el tentador indica su correspondiente reconciliación con Dios.

Es a través de la revelación del Nuevo Testamento que sabemos que esa "serpiente antigua" se llama diablo y Satanás, quien engaña al mundo entero (Ap. 12:9). La expresión "tú le herirás en el calcañar" indica que el Cristo de Dios sería herido previamente, aunque su herida no sería mortal, mientras que la herida que él infligiría a Satanás sería fatal, en la cabeza. Esta enemistad no se limita únicamente a la mujer y la serpiente, sino que será perpetua y se extenderá a su descendencia, hasta que la descendencia de la mujer finalmente aplaste definitivamente la cabeza de la serpiente.

El Comentario Bíblico Mundo Hispano comenta que de la simiente de la mujer nacería alguien que tendría la capacidad de vengar el engaño hecho a la mujer. Los Padres de la Iglesia interpretaron este versículo como el protoevangelio y la promesa de que Jehová proveería a Jesucristo para restaurar la comunión rota con él. En este pasaje, Dios muestra claramente tanto su justicia como su gracia desde el principio.

La herida que sería infligida al futuro salvador señala sus sufrimientos tanto físicos como morales, que experimentó durante su ministerio y en la cruz. Miles de años después, el apóstol Pablo escribió a los miembros de la iglesia de Colosas que Cristo había despojado a los principados y potestades y había triunfado sobre ellos en la cruz (Col. 2:15). Es de gran importancia destacar que Pablo, en su carta a los romanos, posiblemente tenía en mente el protoevangelio cuando escribió que "el Dios de paz aplastará pronto a Satanás bajo vuestros pies" (Ro. 16:20).

También es relevante recordar un hecho anterior a la sentencia dictada, cuando el texto dice que "Dios se paseaba por el huerto, al aire del día" (Gn. 3:8) y se dirigió al hombre sin un tono amenazador o de reproche. Lo hizo a través de un diálogo en el cual formuló tres preguntas: "¿Dónde estás tú?", "¿Quién te enseñó?" y "¿Qué es lo que has hecho?" (Gn. 3:9, 11, 13). Con estas preguntas, hizo que la pareja reconociera por sí misma que no había actuado de acuerdo con la voluntad que les había sido expresada. Es importante entender que la palabra "hombre" se utiliza en un sentido genérico, que incluye tanto al varón como a la mujer.

PROTOAPOCALÍPTICA

La protoapocalíptica engarza los escritos antiguos testamentarios que contienen profecías relacionadas con eventos que acontecerán antes y durante el fin de la historia del pueblo de Israel, las naciones y del juicio universal. Eventos que con posterioridad fueron descritos en la literatura apócrifa intertestamentaria. Tellería, se decanta por la postura protoapocalíptica al incluir los capítulos del 24 al 27 del libro de Isaías, dentro del concepto *Apocalipsis de Isaías*: "…vamos a fijar nuestra atención en el más representativo y, al mismo tiempo, el más completo, que es el llamado por los especialistas *Apocalipsis de Isaías*… vale decir, Isaías 24–27, capítulos que tienen suficiente entidad por si solos dentro del libro de Isaías o dentro de su primera gran división, llamada el protoisaías, como para ser considerados una obra independiente, a todas luces de la escuela isaiana, más tarde recopilada con el resto del libro y ubicada donde ahora se encuentra". El autor Tellería reconoce que hay otro grupo de exegetas que no están de acuerdo con esa nominación; se oponen férreamente a que se consideren apocalípticos estos capítulos: de manera específica Johannes Limdblom que opta por hablar de una *cantata de Isaías* en lugar de un *apocalipsis*, aunque reconoce que estos capítulos poseen algunos rasgos literarios que sitúan su redacción en el período persa (Tellería, 2018).

PUEBLO DE DIOS

La complejidad de la conformación del Pueblo de Dios

Hablar acerca de la relación entre la Iglesia y el pueblo de Israel, como el único pueblo de Dios que trasciende las eras de los dos testamentos, plantea inevitablemente la cuestión de cómo se relacionan entre sí. Algunos teólogos actuales prefieren abordar la relación entre la Iglesia y el pueblo de Israel en términos de continuidad y discontinuidad y no de un solo pueblo.

Estos teólogos reconocen la existencia de elementos tanto de continuidad como de discontinuidad entre la Iglesia y el pueblo de Israel. Registran que la Iglesia tiene sus raíces en las promesas y los propósitos que Dios hizo a Israel en el AT. Ven a la Iglesia como la continuación y el cumplimiento de las promesas hechas a Israel, especialmente a través de la venida de Jesucristo y el establecimiento del nuevo pacto en su sangre. Pero, también reconocen que la venida de Jesucristo y la inauguración del nuevo pacto han introducido una nueva era y una nueva forma de relación con Dios. Comprenden que la Iglesia, compuesta por creyentes judíos y gentiles en Cristo, ha sido incorporada al plan de salvación de Dios de una manera única y diferente a la del antiguo Israel. Aceptan que la Iglesia tiene una identidad y una misión propias en el mundo, fundamentadas en la obra redentora de Cristo y la guía del Espíritu Santo. Es evidente que los primeros cristianos eran conscientes de la novedad que representaba la Resurrección de Jesús. Sin embargo, tuvieron que establecer su identidad a la luz de la historia previa, a la cual Jesús no había renunciado, y considerando la función mediadora de Israel. No resultaba fácil precisar el sentido exacto de esta novedad. Surgieron preguntas como: si la elección de Dios se realiza sin arrepentimiento, ¿puede perder su significado el antiguo pueblo? Si en Jesús se ha cumplido la alianza nueva y definitiva, ¿implica esto la anulación de la antigua alianza? Si el Mesías tiene su propio pueblo o comunidad, ¿significa que el antiguo pueblo queda privado de su función? La comunidad cristiana respondió a estas interrogantes con una postura compleja y matizada, pero lo suficientemente clara y segura: se comprendieron a sí mismos como el Pueblo de Dios, el nuevo y auténtico, y se autodenominaron *ekklesía*, el verdadero *qehal* de Dios. La comunidad cristiana se consideró heredera de los dones y la misión de Israel y, por lo tanto, también merecedora del título de Pueblo de Dios (Bueno, 1998).

Argumentos que respaldan la unión entre la Iglesia e Israel

Se sostiene que la Iglesia estuvo presente, de alguna manera, en Israel en el Antiguo Testamento. Hch. 7:38 establece una conexión explícita al referirse a Dt. 9:10 y mencionar la "ekklēsia" o asamblea en el desierto. Esta idea se refuerza por la estrecha asociación entre la palabra griega "ekklēsia" y la palabra hebrea "qāhāl" o "qehal", que significa asamblea, pero, específicamente, la asamblea de Dios. Además, se argumenta que la Iglesia es vista en algunos pasajes del Nuevo Testamento como preexistente, siendo el prototipo para la creación de Israel (Éx. 25:40; Hch. 7:44; Gá. 4:26; He. 12:22; Ap. 21:11; cf. Ef. 1:3-14).

Otro argumento es que Israel, de alguna manera, está presente en la Iglesia en el Nuevo Testamento. Esto se evidencia en los numerosos nombres de Israel que se aplican a la Iglesia. Algunos ejemplos son: "Israel" (Gá. 6:15-16; Ef. 2:12; He. 8:8-10; Ap. 2:14), "un pueblo elegido" (1 P. 2:9), "la verdadera circuncisión" (Ro. 2:28-29; Fil. 3:3; Col. 2:11), "la simiente de Abraham" (Ro. 4:16; Gá. 3:29), "el remanente" (Ro. 9:27; 11:5-7), "los elegidos" (Ro. 11:28; Ef. 1:4), "el rebaño" (Hch. 20:28; He. 13:20; 1 P. 5:2) y "sacerdocio" (1 P. 2:9; Ap. 1:6; 5:10).

Argumentos que sustentan la separación entre la Iglesia e Israel

Este punto de vista sostiene que la Iglesia se distingue del Israel natural y que existen planes y propósitos diferentes para cada pueblo. Se argumenta que la Iglesia, según el Nuevo

Testamento, es el Israel escatológico incorporado en Jesús el Mesías y, como tal, representa una progresión más allá del Israel histórico (1 Co. 10:11; 2 Co. 5:14-21). Lo que fue prometido a Israel ahora se ha cumplido en la Iglesia, en Cristo, especialmente a través del Espíritu Santo y el Nuevo Pacto (cf. Ez. 36:25-27; Jl. 2:28-29 con Hch. 2; 2 Co. 3; Ro. 8). Sin embargo, se advierte que, aunque la Iglesia es una progresión más allá de Israel, no parece ser el reemplazo permanente de Israel según el pasaje de Romanos 11:25-27.

Con relación a la separación entre Israel y la Iglesia, parece que Romanos 11 hace distinciones relevantes: el rechazo del Mesías por parte de Israel es parcial, no total (Ro. 11:1-10). Algunos judíos, de hecho, han respondido en fe a Cristo; este es "el remanente" que incluye a Pablo mismo. El rechazo de Israel a Jesús como Mesías en realidad sirvió a un propósito misericordioso. Ha allanado el camino para que los gentiles vengan a Cristo (Ro. 11:11-24). Sin embargo, ese no es el final de la historia para Israel, porque Dios usará la conversión de los gentiles para despertar a los judíos a celos de recibir a Jesús como su Mesías. El rechazo de Israel a Jesús como Mesías es temporal, no permanente (Ro. 11:25-27). Se acerca el día en que "todo Israel será salvo" (Ro. 11:26).

Perspectiva bíblica

El concepto de pueblo de Dios se puede extractar de la frase del pacto: "Yo seré su Dios y ellos serán mi pueblo" (Éx. 6:6-7; 19:5; Lv. 26:9-14; Jer. 7:23; 30:22; 32:37-40; Ez. 11:19-20; 36:22-28; Hch. 15:14; 2 Co. 6:16; He. 8:10-12; Ap. 21:3). Por lo tanto, el pueblo de Dios se conforma por todos aquellos que han respondido a Dios por la fe y cuyo origen espiritual descansa exclusivamente en la gracia de Dios.

Los lugares del NT en que aparece tal designación (2 Co. 6:16; Ro. 9:25; 1 P. 2:10; He. 8:10; Ap. 21:3) son textos que recogen los pasajes ya conocidos del AT: Os. 2:23-25; Jer. 3:31ss.; Am 9:11ss., en los que se menciona el derrumbe de la identidad de Israel. Pero ello no es motivo para desvirtuar el valor de la imagen para designar a la nueva comunidad. Estos mismos textos crean el espacio para que resalte con claridad la aparición de otro pueblo, de un pueblo distinto. Esta conclusión queda confirmada y ampliada si miramos más allá de la aparición expresa de la imagen "Pueblo de Dios" y nos fijamos en la teología subyacente. Pablo, en la tipología que ofrece en 1 Co. 10:1-3, deja ver que lo acontecido en Israel se ha consumado ahora de modo pleno; esa dimensión de actualidad se expresaba igualmente en 2 Co. 6:16. La misma alianza de Abraham se entregaba en herencia a Cristo y a los cristianos (Gá. 3:16; 2 Co. 3:6; 1 Co. 11:25; Ro. 4). La Iglesia, por tanto, puede ser designada como "Israel de Dios" (Gá. 6:16). El Evangelio de Mateo presenta a la Iglesia como el verdadero Pueblo de Dios: inserta a Jesús profundamente en su pueblo (Mt. 2), narra el rechazo (Mt. 21:33-46; 22:1-9; 27:25) y, por ello, se anuncia otro pueblo (Mt. 21:43).

Lo mismo podríamos decir de la mayor parte de los escritos neotestamentarios. Varían en los matices que utilizan para expresar el grado de continuidad entre ambos pueblos, pero todos ellos consideran a la nueva comunidad desde la perspectiva y la función del Pueblo de Dios. A la luz de tres textos fundamentales, emerge la novedad del Pueblo de la alianza definitiva: a) Hch. 15:14 (Dios se dignó tomar de los gentiles —*ethné*— un pueblo —*laós*— consagrado a su nombre; cf. también 18:10) recoge la antigua distinción entre *am* y *goyim*, pero sin admitir la separación que establece la pertenencia étnica; es decir, el nuevo pueblo rompe las barreras que establece el odio y crea la reconciliación entre los pueblos (cf. Ef. 2:14-16); b)

1 P. 2:10 profundiza en ese dato: es la desnudez de la fe y del bautismo lo que hace que se pase a ser pueblo, saliendo de la condición de no-pueblo; no deciden, por tanto, los condicionamientos biológicos o raciales, sino la aceptación de la gracia y de la misericordia; c) Tit. 2:13-14 ofrece la razón última y radical: es la acción salvífica de Cristo, su entrega por todos, la que ha permitido la configuración del "pueblo mesiánico". La categoría "Pueblo de Dios", desde su origen, no puede, por tanto, ser considerada al margen de su referencia cristológica. Es la misma dinámica que encontramos en la autodesignación *Ekklesía*, que asume el nuevo Pueblo de Dios. *Ekklesía* precisa el significado de Pueblo de Dios a la vez que se convierte en la designación básica y fundamental de los que creen en Jesucristo. Inicialmente, el grupo de los reunidos en Jerusalén podía ser considerado como una hairesis: corriente, tendencia o secta, de las varias que existían en el judaísmo (cf. Hch. 24:5; 28:22), la de los "nazarenos". Ellos mismos se van aplicando designaciones diversas que destacan algunos de los aspectos más importantes de su comportamiento o de su autoconciencia: hermanos (Hch. 1:15), creyentes o fieles (1 Ts. 1:7; 2:10; Hch. 4:32), santos (Ro. 15:25; 1 Co. 1:2; 6:1-2), elegidos (2 Ti. 2:10; Mr. 13:22, 27), el camino (Hch. 9:2; 19:9, 23). Progresivamente, se va haciendo manifiesto que no tienen cabida en los marcos judíos.

Desde fuera, los mismos judíos consideraban inaceptable reconocer como Mesías a alguien que había sido condenado por las autoridades; esto se convertiría en motivo de expulsión inevitable cuando, tras la destrucción del templo, se hizo necesario precisar la identidad judía. Pero especialmente desde dentro surgían las demandas más fuertes de segregación. Los cristianos eran conscientes de vivir en los últimos tiempos (Hch. 1:1; 2:17; 1 Co. 10:11; 1 P. 4:7), de llevar a cabo la restauración de Israel (Hch. 1:6) porque Jesús, el Mesías esperado, había llegado y en su resurrección se había entregado el Espíritu, el don de la consumación de los tiempos (Hch. 2:17-24). Había aspectos de su fe que no se podían celebrar en el templo (cf. Hch. 2:46), especialmente el bautismo, la eucaristía y la catequesis (cf. Hch. 2:41-42), es decir, todo lo relacionado con su fe en Jesús como el Cristo y el Hijo. Para expresar esta conciencia escatológica, los cristianos utilizaban el término *Ekklesía*. En él convergía una doble corriente que revelaba aspectos importantes de la conciencia eclesial: a) a través del uso de los LXX se recogía la profunda teología del *Qehal* de ser la comunidad y el pueblo de los últimos tiempos y, por lo tanto, asumir la misión sacerdotal y martirial de Israel. La sinagoga quedó excluida seguramente porque en ella se explicaba la ley de Moisés, por lo que se la podía usar en sentido peyorativo (Ap. 2:9; 3:9); el término tenía un uso político (cf. Hch 19:32, 39, 40) para designar la reunión de todos los hombres libres habilitados para debatir los asuntos públicos de la ciudad; al adoptar este término, los cristianos ampliaron el ámbito del culto a todos los aspectos de la experiencia humana, ya que también allí se ejercía el sacerdocio nuevo, pero introdujeron una novedad en comparación con la concepción helenística: la *Ekklesía* cristiana incluía a mujeres, niños y esclavos, como señal de que la nueva Iglesia rompía y superaba las limitaciones establecidas por los hombres... Al conservar el antiguo significado del *Qehal* (cf. He. 2:12, que cita Sal. 22:23), hay que mantener el sentido de asamblea, de congregarse, de reunirse (cf. 1 Co. 14:23), y por ello, de ser evento de gracia, de ser *convocatio* antes de ser *congregatio*. Al mismo tiempo, destacan las aportaciones novedosas del uso cristiano: a) la Iglesia también existe fuera de la asamblea, pero lo hace en base a la asamblea. Es decir, es precisamente la celebración común la que posibilita el cumplimiento de su propia misión en el conjunto de la existencia; b) la nueva comunidad existe en el ámbito de la reconciliación abierta por la cruz de Cristo y por la efusión del Espíritu. Es decir, es un sector de la humanidad inscrita e insertada en una nueva experiencia de reconciliación; c) la *ekklesía* existe como tal en virtud de Jesucristo, porque "él la adquirió con su sangre" (cf. Hch. 20:28). El "Israel de Dios" (Gá. 6:16) es a la vez la "Iglesia de Cristo" (Gá. 1:22). San Pablo expresa esta convicción añadiendo la fórmula "en Cristo Jesús" a "iglesias de Dios" (cf. 1 Ts. 2:14) para diferenciar las comunidades cristianas de las asambleas judías que también podían ser designadas como "iglesias de Dios"; d) desde el principio, *ekklesía* incluye un triple contenido semántico: la asamblea concreta de culto (1 Co. 11:18; 14:19, 28, 34, 35), la iglesia concreta de un lugar o de una ciudad (1 Co. 1:2; 16:1), la Iglesia universal en su conjunto (1 Co. 15:9; Gá. 1:13). Los tres significados se entrecruzan, ya que en todos los casos se trata del pueblo escatológico convocado por Dios en Jesucristo; e) la *ekklesía* siempre es *paroikía* (cf. 1 P. 1:1, 17) porque se encuentra como residente en un lugar y encarnada en él, pero es extranjera y peregrina, es decir, sin identificarse con el lugar o sus habitantes. Los cristianos son, por tanto, extranjeros domiciliados en una ciudad o en un país, pero sin poseer los derechos políticos de los nativos. Este uso se mantiene en los antiguos documentos cristianos para designar a las iglesias.

Sentido teológico de la Iglesia como Pueblo de Dios

E. Bueno explica que, de los datos aportados por el NT, emergen algunos elementos básicos para la eclesiología y para la autoconciencia eclesial. Los condensa así:

a) La Iglesia debe ser vista siempre dentro de la dialéctica continuidad-discontinuidad entre Antiguo y Nuevo Testamento: continúa la misma historia de la alianza antigua y por ello hereda la vocación, la misión y el potencial mesiánico de Israel; pero al mismo tiempo, se ve consumada y matizada por el mesianismo de Jesús, por la novedad de la resurrección y por la efusión del Espíritu.

b) El Pueblo de Dios no puede ser considerado más que en su dimensión trinitaria, según la expresión de san Cipriano: "La Iglesia es el pueblo unificado que participa en la unión del Padre, del Hijo y del Espíritu Santo".

c) La Iglesia, como pueblo y asamblea, hace evidente la dimensión comunitaria de la fe y de la vida cristiana; el cristiano se forma en el seno del pueblo. Nadie puede decir "yo creo" sino en la sinfonía del "nosotros creemos" y, por lo tanto, nadie puede decir "yo soy la Iglesia" más que integrándose en el "nosotros somos la Iglesia".

d) Al ser una categoría previa y fundamental, pone en primer plano la igualdad básica de todos, en base precisamente a la radicalidad de la confesión de fe en Jesús. Todas las diversificaciones no pueden, por lo tanto, acontecer más que en el interior del pueblo y como un servicio a su misión. Por lo tanto, a la luz del Nuevo Testamento, todas las formas y realizaciones eclesiales deben ser reconducidas a la *ekklesía*, al Pueblo de Dios.

e) Afirma a la Iglesia como sujeto histórico insertado en el peregrinar del conjunto de los pueblos. Por lo tanto, no puede considerar ajena ninguna preocupación o dimensión de la existencia colectiva de los pueblos. En medio de ellos, como testigo de una reconciliación que supera las divisiones, la Iglesia debe prestar su servicio y testimonio sacerdotal y profético.

f) Recordando su componente escatológico, establece a la Iglesia como peregrina: al actualizar la victoria escatológica del Padre en Jesús y al anticipar la meta hacia la cual apunta la historia, la libera de toda tentación de triunfalismo. Como no puede convertir su propia provisionalidad en lo definitivo, la hace humilde y servicial para entregar generosamente lo que ella ha recibido como gracia.

g) Muestra unas enormes implicaciones ecuménicas en varios frentes: frente a todos los hombres, la Iglesia se solidariza con sus dramas y dificultades, al margen de colores o creencias; frente a otras confesiones cristianas, representa un punto de unidad y encuentro que es previo a cualquier otra diferencia; y con respecto a otras religiones, recuerda que todos los hombres proceden del mismo origen y aspiran a encontrar al mismo Dios creador y redentor.

En resumen: E. Bueno afirma que la Iglesia como nuevo Pueblo de Dios se encuentra en una dinámica de continuidad y discontinuidad entre el Antiguo y el Nuevo Testamento, heredando la historia y la vocación de Israel, pero también siendo consumada por el mesianismo de Jesús. Se destaca la importancia de la dimensión comunitaria de la fe y la igualdad básica de todos los creyentes. La Iglesia se ve como un sujeto histórico insertado en la historia de la humanidad, llamada a ser testigo de reconciliación y servir a los demás. Además, se reconoce la provisionalidad de la Iglesia y la importancia de su humildad y servicio. Finalmente, se enfatizan las implicaciones universales de la Iglesia, mostrando solidaridad con todos los seres humanos.

PUERTAS Y PROFECÍA

En el libro de Ezequiel, encontramos descripciones detalladas de las puertas en el nuevo templo y la nueva ciudad de Dios. Estas visiones proféticas simbolizan la restauración y la presencia gloriosa de Dios entre su pueblo. En Ezequiel 40:5-27, se describe el nuevo templo que el profeta ve en su visión. Él detalla las tres puertas que dan acceso a este templo: una puerta al este, una puerta al norte y una puerta al sur. Estas puertas son mencionadas junto con las medidas y los detalles arquitectónicos del templo. Representan el acceso y la adoración a Dios en su santuario. Estas puertas son lugares de encuentro con la presencia divina y enfatizan la importancia de la adoración y la comunión con Dios en el contexto del templo sagrado.

En cuanto a las doce puertas de la nueva ciudad de Dios, se mencionan en Ezequiel 48:30-35. Estas puertas están ubicadas alrededor de la ciudad y llevan los nombres de las doce tribus de Israel. Cada puerta está asociada con una tribu específica. Esta disposición simbólica enfatiza la inclusión y la herencia del pueblo de Dios. La ciudad de Dios es un lugar de bendición y protección para todas las tribus de Israel. Además, se destaca que la ciudad es caracterizada por la presencia misma de Dios, quien habita en ella. Estas visiones de las puertas en el nuevo templo y la nueva ciudad de Dios en Ezequiel transmiten la idea de una restauración completa y una cercanía renovada entre Dios y su pueblo. Las puertas representan la apertura divina y la bienvenida a la presencia y bendición de Dios. Simbolizan la relación íntima y el acceso que el pueblo de Dios tiene a su Creador.

En la visión descrita por Ezequiel, tanto el nuevo templo como la nueva ciudad de Dios tienen puertas significativas que representan el acceso y la bienvenida a la presencia divina. En Ezequiel 21:12-13, se mencionan las doce puertas de la ciudad, lo que refuerza la idea de la plenitud y la totalidad simbólica que rodea a estas puertas. Cada puerta está asociada con una de las tribus de Israel, lo que subraya la inclusión de todas las tribus en la bendición de la ciudad y el cumplimiento de las promesas de Dios.

Por otro lado, en Apocalipsis 21:25, Juan describe la nueva Jerusalén, la ciudad celestial, donde se afirma que sus puertas nunca se cierran. Esta declaración es un cumplimiento de la profecía de Isaías 60:11, que habla de las puertas de Jerusalén siempre abiertas para recibir las riquezas de las naciones. En el contexto de Apocalipsis, la nueva Jerusalén representa la consumación de la salvación y el cumplimiento final de la redención de Dios.

El hecho de que las puertas de la nueva Jerusalén nunca se cierren tiene varios significados simbólicos. En primer lugar, implica que no hay restricciones o barreras para aquellos que desean entrar y recibir las bendiciones de la ciudad celestial. Todos los que son salvos por la gracia de Dios tienen libre acceso a su presencia y comunión eterna. Además, esta declaración enfatiza la seguridad y la protección divina. Las puertas abiertas sugieren que no hay amenazas o peligros en la nueva Jerusalén. Es un lugar donde reina la paz y la plenitud, y donde los fieles encuentran refugio y descanso eterno. También es un símbolo de la continua bienvenida y el amor inagotable de Dios hacia su pueblo. Estas puertas son un recordatorio de que la gracia y misericordia divinas son eternas, y que siempre hay lugar para aquellos que se acercan a Él con fe y humildad.

En la descripción de la nueva Jerusalén en Apocalipsis, se menciona que hay ángeles en cada una de las puertas (Ap. 21:12). Estos ángeles simbolizan comunión, bienvenida divina. También se destaca que "los reyes de la tierra traerán su esplendor a ella" (Ap. 21:24). Esto significa que las naciones y sus riquezas serán presentadas y ofrecidas ante la presencia de Dios en la nueva Jerusalén. La gloria y el honor de las naciones serán introducidos en la ciudad, enfatizando la universalidad y la plenitud de la redención divina.

En resumen: tanto en la visión de Ezequiel como en la descripción de Juan en Apocalipsis, las puertas representan el acceso y la bienvenida a la presencia divina. La presencia de las doce puertas en la ciudad simboliza la inclusión y plenitud de salvación para los redimidos tanto judíos como gentiles en su solo pueblo de Dios (Gálvez).

PURGATORIO

Del latín *purgatorium* o *purgatorius* (que limpia o purifica), el purgatorio es un concepto tradicional medieval y romano. Grau lo define así: "Es un lugar y un estado de purificación penal temporal a similitud de fuego purificador, en el que no se perdonan pecados ni mortales ni veniales, solo se expía la pena temporal de los mismos". Rastrea el origen de esta doctrina y expone que esta cobra vida el 6 de marzo de 1254, en que el Concilio I de Lion, bajo Inocencio IV. Expresa que: "Las almas de los que mueren después de recibir la penitencia (pero sin llevarla a cabal cumplimiento), o mueren sin pecado mortal (pero con pecados veniales y diminutos) son purificadas después de la muerte y pueden ser ayudadas por los rezos, penitencias y misas en la Iglesia. Para apuntalar esta doctrina, usan algunos textos fuera de contexto: Mt. 5:26; 12:32". Y agrega que esta doctrina fue ratificada por el Concilio de Trento, Italia, realizado en varios periodos que van de 1545 a 1563 d.C., y que es el resultado de la mezcla de la influencia gnóstica platónica, pagana, con una pésima interpretación de ciertos pasajes de la Escritura canónica y apócrifa. Como toda doctrina que responde a los anhelos del pueblo para satisfacer su propia imaginería religiosa, es atractiva. Es una de las razones por las que permanece en la confesión romana (Lacueva, 1990).

PURGATORIO

La creencia del purgatorio posee ciertos rasgos del espiritismo vulgar el cual enseña que es posible que los vivos se comuniquen con los espíritus de los muertos. Invocaciones, rituales, rezos y prácticas mágico-supersticiosas, son los medios que hacen posible esa comunicación ultramundana.

Los creyentes sabemos que Cristo murió por todos nuestros pecados; que fuimos justificados de una vez por todas a través de la sola fe en su muerte y su resurrección. Y solamente por él tenemos acceso al Dios y Padre. Estamos limpios, somos justos, por los méritos de Cristo; ningún creyente necesita ir a un purgatorio ficticio.

Los textos bíblicos que mencionan qué sucederá después de la muerte física del ser humano en el más allá y el destino final después de la historia, describen solo dos opciones: el cielo y el infierno, no el purgatorio: el camino ancho de la perdición y la puerta estrecha de la vida (Mt. 7:13:14), la cizaña arrojada al horno y el trigo colocado en el granero celeste (Mt. 13:41-43, 49, 50), las vírgenes insensatas son dejadas afuera y las prudentes entran (Mt. 25:10-11), el servidor infiel es lanzado a las tinieblas de fuera y el siervo fiel entra en el gozo de su señor (Mt. 13:21, 30), los malditos van al fuego, al castigo eterno, los benditos a la vida eterna (Mt. 13:33-46), el rico malvado va a los tormentos sin poder recibir ayuda alguna; y Lázaro va al seno de Abraham (Lc. 16:22-23); hay la resurrección para vergüenza y condenación eterna, otra para vida eterna (Dn. 12:2; Jn. 5:29); los impíos son arrojados al lago de fuego y de azufre, y los elegidos entran en la Jerusalén celestial (Ap. 21:1-4, 8). Ante lo descrito, es clara la inexistencia de un *purgatorio*, un lugar de purificación, pues lo que purifica y limpia el pecado es solo la sangre de Cristo (1 Jn. 1:7, 9).

Es necesario anunciar que el papa Benedicto XVI anuló el concepto de un purgatorio como lugar físico en cualquier parte del universo. Afirmó que el purgatorio es un fuego interior que purifica el alma del pecado (https://www.rtve.es/noticias/20110112/benedicto-xvi-purgatorio-no-lugar-del-espacio-sino-fuego-interior/394518.shtml).

QUERUBINES

Del hebreo 3742 *kerub*, ב ר, aparece en singular 22 veces solo en el AT en 6 de sus libros: Éx. 25:19; 2 S. 22:11; 1 R. 6:24, 25, 27; 2 Cr. 3:11, 12; Sal. 18:10; Ez. 10:2, 7, 9, 14; 28:14, 16; y aparece traducido en plural 63 veces en 12 libros del AT y 1 vez en el NT en la Carta a los hebreos.

En el hebreo, el significado de la palabra *kerub* es incierto. Algunos autores lo relacionan con "guardián" o "intercesor". En la Biblia se describen los querubines como criaturas celestiales aladas, generalmente asociadas con el trono o la presencia de Dios.

En el libro de Ezequiel, en los capítulos 1 y 10, se proporciona una descripción detallada de los querubines que rodean el trono de Dios. Estos seres vivientes tienen una apariencia peculiar y simbólica. Se describen como teniendo forma humana, pero poseen cuatro alas y cuatro caras: la cara de un hombre, un león, un buey y un águila.

La presencia de las cuatro alas indica su capacidad para volar en cualquier dirección sin tener que girar (Ez. 10:11). Esto puede simbolizar la velocidad y agilidad con la que estos seres pueden llevar a cabo los propósitos de Dios. Además, cada una de las cuatro caras representa, según algunos autores, diferentes aspectos de la creación y la naturaleza de Dios. La cara humana representa la humanidad, la cara de león representa la majestuosidad y el poder, la cara de buey representa la fuerza y la laboriosidad, y la cara de águila representa la visión aguda y la soberanía.

Un detalle interesante es que todo el cuerpo de los querubines está cubierto de ojos (Ez. 10:12). Esto puede simbolizar la omnisciencia de Dios, destacando cómo Él ve y conoce todas las cosas. Los ojos en todo su cuerpo también pueden representar una imagen de vigilancia constante y atención total a lo que sucede en el mundo. Además de su apariencia, los querubines en Ezequiel están estrechamente asociados con el fuego brillante y el relámpago (Ez. 1:5, 7, 13, 14; 10:2, 6, 7). Estos elementos pueden representar la santidad y la gloria de Dios, así como su poder y juicio. El fuego y el relámpago también pueden simbolizar la purificación y la purga de todo lo que es impuro en presencia de Dios. También en la descripción de los querubines en Ezequiel, se encuentra una similitud con los "cuatro seres vivientes" mencionados en el libro del Apocalipsis. En Ap. 4:6-8 y 5:8, se describe a estos seres alrededor del trono de Dios, y comparten rasgos similares tanto con los querubines en Ezequiel como con los serafines en Isaías 6.

Los "cuatro seres vivientes" en Apocalipsis tienen una apariencia peculiar y simbólica.

Se les describe como criaturas con aspectos de león, ternero, rostro humano y águila. Estos rasgos son similares a los de los querubines en Ezequiel, lo que sugiere una conexión entre estos seres celestiales. Al igual que los querubines en Ezequiel, los "cuatro seres vivientes" en Apocalipsis tienen alas, lo que indica una mayor complejidad en su diseño. Las alas pueden simbolizar la velocidad, la movilidad y la prontitud para cumplir los propósitos de Dios. Estos seres están estrechamente asociados con el trono de Dios y participan en la adoración y alabanza celestial. En Ap. 4:6-8, se describen como criaturas llenas de ojos delante y detrás, lo que nuevamente indica la omnisciencia divina y su capacidad para percibir y comprender todo. Al igual que en Ezequiel están asociados con el fuego. En Ap. 4:5, se menciona un relámpago, voces y truenos que salen del trono de Dios, lo cual puede simbolizar su poder y majestuosidad. El fuego puede representar la purificación y la santidad de Dios.

Esta semejanza entre los querubines en Ezequiel, los serafines en Isaías y los "cuatro seres vivientes" en Apocalipsis sugiere una consistencia en la descripción de estos seres celestiales en la revelación bíblica, siempre relacionados con la presencia y el trono de Dios, su adoración y alabanza, y su papel en la manifestación de la gloria divina (ver **Isaías, libro de**; **Ezequiel**, **Apocalipsis, libro de**; **Cuatros seres vivientes**).

QUILIASMO

El término *quiliasmo* proviene de la palabra griega χίλια, *jília*, que significa "mil", es el resultado de la interpretación del pasaje de Apocalipsis 20:1-10. La frase "mil años" se encuentra en Ap. 20:2, 3, 4, 5, 6, 7. La interpretación quiliástica ha existido desde la antigüedad y se ha mantenido hasta nuestros días. Ha tenido influencia en la Iglesia del siglo II d.C., siendo partidarios de ella figuras como Justino Mártir e Ireneo de Lyon. Además, ha dejado su huella en la Edad Media y continúa siendo relevante en el siglo XX y XXI, siendo abrazada por iglesias y teólogos de diferentes confesiones, incluyendo los protestantes fundamentalistas. Para algunos autores, el milenarismo puede considerarse un utopismo con características tanto seculares como religiosas, que ha perdurado a través de proyectos políticos de salvación universal o incluso en el contexto de la ingeniería social totalitaria (Gray, 2008).

En cuanto a la doctrina, la interpretación *quiliástica* sostiene que Cristo tenía la intención de establecer un reino judío terrenal en su primera venida. Se basa en la afirmación de Marcos 1:15: "El reino de Dios se ha acercado". Sin embargo, los judíos rechazaron tanto el reino como a Cristo como su Rey, lo que impidió el establecimiento del reino y condujo al castigo y dispersión de los judíos entre las naciones.

Según esta postura, el reinado real de Cristo se pospuso hasta su Segunda venida. Además, se revela el misterio de la Iglesia que los santos del AT desconocían. Esta interpretación sostiene que la Iglesia no está relacionada con el Israel del AT. En la dispensación de la gracia, la Iglesia está compuesta tanto por judíos como por gentiles, y Cristo es la cabeza de la Iglesia, no su Rey. La misión de la Iglesia es evangelizar a las naciones mediante la predicación del evangelio, aunque no se espera que el mundo entero sea evangelizado. Al final de esta fase, se cree que Cristo aparecerá y se llevará a cabo el evento conocido como el arrebatamiento de la Iglesia, junto con la resurrección de los muertos en Cristo. Luego, se espera un período de tribulación y la aparición del anticristo. Durante esta etapa, se prevé que los judíos regresarán a Palestina, se convertirán y aceptarán a Jesús como su Rey. Al final de la tribulación, Jesús y Sus santos regresarán para ejecutar juicio sobre sus enemigos, lo que se considera como Su Segunda venida. Durante este tiempo, se llevará a cabo el juicio de los vivos, y las ovejas y las cabras serán separadas. El anticristo será destruido, y Satanás será atado por mil años. Los santos que murieron durante la tribulación serán resucitados, y Cristo establecerá Su trono en Jerusalén. Se prevé la reconstrucción de la ciudad y del Templo, así como la restauración de la ley ceremonial con su altar y sacrificios.

Según la perspectiva premilenial o quiliasmo, Jesús será supremo sobre todas las naciones de la tierra en la era mesiánica que durará mil años. Durante este período, se espera una gran prosperidad y bienaventuranza, con el desierto floreciendo y los lugares solitarios regocijándose, tal como se describe en Is. 11:6, donde se menciona que el leopardo se acostará con el cabrito. Enseña, además, que los judíos jugarán un papel importante como evangelistas, y habrá una multitudinaria conversión que incluirá la plenitud de los gentiles. Se espera que todo Israel sea salvado. Sin embargo, al final de los mil años, se cree que Satanás será soltado por un poco de tiempo y Gog y Magog atacarán el reino de Dios. Sin embargo, serán destruidos por fuego que caerá del cielo y Satanás será arrojado a la perdición. En ese momento, los demás muertos serán resucitados y juzgados, y la Iglesia será trasladada al cielo (Lloyd-Jones).

Es insólito que de la expresión "mil años" o milenio, que se registra en un solo pasaje de un solo capitulo, se hayan conformado tantas escuelas y pensamientos con sus diversas posturas teológicas (ver **Milenio, Amilenarismo, Milenarismo, Premilenarismo, Premilenarismo dispensacional; Premilenarismo histórico; Posmilenarismo**).

QUMRÁN

La región costera noroeste del mar Muerto recibe el nombre de Qumrán. Este nombre es desconocido en la historia bíblica en ambos testamentos. Pero Qumrán es de interés bíblico debido a los descubrimientos arqueológicos realizados en esta área entre 1947 y 1958. Estos descubrimientos se centran en las ruinas de Khirbet Qumrán y en los manuscritos encontrados en once cuevas dispersas en los alrededores de esta. Estos manuscritos, conocidos como los rollos del mar Muerto, han proporcionado valiosa información sobre la vida y la cultura en tiempos antiguos, así como sobre los textos bíblicos, incluidos algunos de tinte profético y escatológico y otros escritos religiosos de la época. También se le conoce a esa localidad como el monasterio de los esenios, situado en el ángulo norte del mar Muerto, a 15 km. Del sur de Jericó, en once grutas localizadas en un radio de pocos kilómetros en torno a los edificios de Qumrán, se han hallado restos de unos 600 manuscritos de los siglos III a.C. y I d.C. escondidos en jarras de arcillas. Una cuarta parte de los manuscritos son de tipo bíblico: Isaías, Eclesiastés y otros libros, incluye varios fragmentos de otros libros del AT (Schökel).

La presencia de múltiples copias del libro de Isaías en los rollos de Qumrán es significativa porque demuestra la importancia y reverencia que se le daba a este libro en la comunidad judía que habitaba en ese lugar. Isaías es considerado uno de los profetas más destacados y su libro contiene profecías y promesas relacionadas con la venida del Mesías y la redención de Israel.

Los escritos de Isaías encontrados en Qumrán ayudan a confirmar la fidelidad y preservación del texto bíblico a lo largo de los siglos. Estas copias antiguas son importantes para los estudiosos de la Biblia porque proporcionan una base para comparar y contrastar con los manuscritos posteriores y las traducciones modernas del libro de Isaías.

R

RAÍZ DE ISAÍ

Del heb. 8330 *shóresh*, ר (raíz); 8328 *shéresh*, ר (raíz, arraigo, localización); gr. ῥίζα, 4491 *rhiza*, nombre que se da a la parte de las plantas, árboles y símiles, que se hunde en la tierra y sustenta a los tallos o troncos. En sentido figurado, se refiere al origen del cual procede algo o alguien, y en el sentido profético y escatológico se relaciona con el padre de David llamado Isaí o Jesé y el mismo David, su reino, que serían el punto de partida para el anuncio profético y escatológico de la llegada y la consumación del reino mesiánico.

Isaí, el padre de David, se menciona varias veces en 1 S 16-17. Luego, las profecías sobre la "raíz", "rama" o "retoño" de Jesé se refieren también a un descendiente de David. Estas tres palabras, utilizadas en Isaías 11:1, 10, y se profetiza sobre el día en que las naciones buscarán a aquel que es la raíz de Isaí (Jesé), haciendo referencia al Mesías. Aquí, el Mesías es descrito como la raíz de Isaí porque, aunque es descendiente de David en su naturaleza humana, también es su origen divino. Esta descripción resalta la dualidad de Jesús como el Hijo de David según la carne y como el Señor y Dios sobre toda la creación. La imagen de la raíz implica la idea de origen, fundamento y autoridad. Así como una raíz es la fuente de vida y sustento para un árbol, el Mesías es la raíz de la línea real de David y, al mismo tiempo, la fuente de vida y salvación para toda la humanidad. Esta imagen resalta la conexión entre el Mesías y la promesa de Dios de establecer un reino eterno a través de la línea de David.

Así las figuras "raíz", "rama" o "retoño" hacen referencia a los descendientes. En Is. 11:1, se describe al libertador venidero, al Mesías, como un "retoño del tronco de Jesé; de sus raíces un Retoño". Esta profecía resalta que el Mesías será un rey justo y recto, que se preocupará por los débiles, los cansados, los necesitados y los pobres (Is. 11:1-9). En Is. 11:10, se declara que la "Raíz de Isaí se levantará como pabellón a los pueblos; las naciones se unirán a él". El Mesías será aquel que reunirá tanto a Israel como a las naciones gentiles hacia Dios. La fuerte conexión de Isaías entre el Mesías y el linaje de David demuestra claramente su comprensión de que el Mesías vendrá en cumplimiento del Pacto davídico establecido en 2 Samuel 7 (ver **Pacto davídico**). Será un tiempo en que las naciones buscarán a aquel que es la raíz de Isaí (Jesé), haciendo referencia al Mesías. En Ap. 5:5, 22:6 se hace referencia dos veces al Mesías como la raíz de David. Esta afirmación subraya la autoridad y el poder del

Mesías como aquel que cumple las promesas y tiene el dominio sobre todas las cosas.

En conclusión: el uso del término "raíz" en los pasajes bíblicos mencionados resalta la naturaleza divina y el origen mesiánico del Señor Jesucristo. Él cumple las promesas hechas a David al ser descendiente de esa línea real, y a su vez, es la fuente de vida y salvación para todas las naciones. La imagen de la raíz enfatiza su autoridad, fundamento y conexión con la promesa de establecer un reino eterno. Jesucristo es el cumplimiento de las esperanzas y la redención prometida en las Escrituras, y su obra trasciende los límites de una sola nación, abarcando a todos los pueblos (ver **Rama/renuevo**).

RAMA/RENUEVO

En varios textos proféticos se usa la imagen de una rama o renuevo para describir el Mesías venidero (Is. 11:1; 53:11; 61:11; Jer. 23:5; 33:15; Zac. 3:8; 6:12;). Bien podría llamársele: la imagen del renuevo mesiánico en las profecías bíblicas. Los oráculos bíblicos son ricos en imágenes y metáforas que nos revelan aspectos importantes sobre el Mesías venidero. Entre estas imágenes, encontramos la recurrente figura de una rama o renuevo que se utiliza para describir al Mesías en varios textos proféticos. Estas referencias, presentes en pasajes como Isaías 11:1; 53:11; 61:11; Jeremías 23:5; 33:15; Zacarías 3:8 y 6:12, nos brindan una visión profunda y significativa sobre la identidad y el papel del Mesías en la historia de la redención. La imagen de la rama o renuevo está arraigada en la tradición y la cultura del antiguo Israel. Desde tiempos remotos, se consideraba que el renuevo era un símbolo de vida, crecimiento y renovación. En el contexto profético, esta imagen se utiliza para describir al Mesías como aquel que surgiría de la línea de David, como un nuevo brote que traería esperanza y restauración al pueblo de Dios.

En Isaías 11:1 leemos: "Y brotará un renuevo del tronco de Isaí, y de sus raíces un vástago fructificará". Aquí, el Mesías es presentado como un renuevo que surgirá de la raíz de Jesé, el padre de David. Esta profecía destaca la conexión entre el Mesías y la dinastía de David, y anuncia su venida como aquel que establecerá un reino de justicia y paz. En otras referencias, como en Jeremías y Zacarías, se enfatiza la función sacerdotal del Mesías. En Jeremías 23:5 se dice: "He aquí vienen días, dice Jehová, en que levantaré a David renuevo justo, y reinará como Rey, el cual será dichoso, y hará juicio y justicia en la tierra". Esta profecía señala al Mesías como un renuevo justo y real, que ejercerá un reinado de justicia y llevará salvación al pueblo de Dios. Además, la imagen de la rama mesiánica también se asocia con la idea de redención y restauración. En Zacarías 3:8, se menciona: "Oye ahora, Josué sumo sacerdote, tú y tus compañeros que se sientan delante de ti, porque son varones simbólicos; he aquí, yo traeré a mi siervo, el Renuevo". Aquí, se presenta al Mesías como el Renuevo que traerá la restauración y cumplirá el propósito divino de redimir a su pueblo.

En síntesis, la imagen de la rama o renuevo en las profecías bíblicas nos ofrece una visión rica y profunda del Mesías venidero. Esta metáfora simboliza la conexión del Mesías con la línea de David, su función sacerdotal, y su papel redentor y restaurador. A través de estas referencias, se nos revela la esperanza y la promesa de la venida del Mesías, quien traerá salvación, justicia y paz a su pueblo.

Estas profecías, cumplidas en la persona de Jesucristo, nos invitan a contemplar la grandeza y el propósito divino detrás de su obra redentora. La imagen de la rama mesiánica nos recuerda que, en medio de la oscuridad y la desesperanza, Dios siempre tiene un plan de restauración y renovación para su creación. Que podamos mirar con fe y esperanza hacia el Renuevo, Jesucristo, quien trae vida abundante y eterna a todos aquellos que confían en Él (Gálvez), (ver **Raíz de Isaí**).

RAMAS INJERTADAS

Las ramas injertadas del olivo se refieren a la inclusión de los gentiles en el pueblo de Dios. En el libro de Romanos, el apóstol Pablo utiliza una poderosa metáfora del injerto de un olivo para ilustrar la inclusión de los cristianos gentiles en el pueblo de Dios. Este pasaje, Ro. 11:17-24, nos brinda una visión profunda y significativa sobre la relación entre Israel y la Iglesia, y nos muestra cómo los gentiles tienen un lugar especial en el plan redentor de Dios.

El olivo, en la tradición bíblica, tiene una rica simbología y se asocia tradicionalmente con Israel. Tanto en Jeremías 11:16 como en Oseas 14:6, se utiliza la imagen del olivo para representar al pueblo de Israel. Sin embargo, en Romanos 11, Pablo amplía esta metáfora para incluir a los gentiles en el plan de salvación de Dios. En Romanos 11:17-18, Pablo compara a los gentiles con "ramas silvestres" que son injertadas en el olivo, que representa a Israel. A través de este injerto, los gentiles participan de la savia de la raíz del olivo, que es Cristo, y son copartícipes de las bendiciones y promesas del pueblo de Dios. Pablo destaca que no deben jactarse ni menospreciar a los judíos, ya que son las raíces las que sostienen a las ramas injertadas, y no al revés. En el v. 19, Pablo advierte a los gentiles de no ser arrogantes ni despreciar a los judíos que han sido desgajados del olivo debido a su incredulidad. En cambio, deben reconocer su posición como injertados por la gracia divina y vivir en humildad y gratitud. Pablo advierte sobre el peligro de la autosuficiencia y la soberbia, recordando que es la gracia de Dios la que sostiene a los creyentes. En los vv. 23-24, Pablo ofrece una perspectiva esperanzadora. Afirma que, si los judíos que fueron desgajados, debido a su incredulidad, se vuelven a arrepentir y creen en Cristo, también serán injertados nuevamente en el olivo. La fidelidad de Dios hacia su pueblo no se ha agotado, y su deseo es que todos, tanto judíos como gentiles, encuentren salvación en Cristo y sean parte del pueblo redimido.

La metáfora del injerto del olivo en Romanos 11:17-24 nos revela la maravillosa obra de inclusión realizada por Dios en su plan redentor. Los gentiles, representados por las ramas silvestres, son injertados en el olivo que simboliza a Israel, participando así de las bendiciones y promesas del pueblo de Dios. Esta imagen nos enseña sobre la gracia y la misericordia de Dios, quien abre las puertas de su reino a todas las naciones.

El pasaje también nos exhorta a vivir en humildad y gratitud, reconociendo que nuestra posición en el pueblo de Dios es fruto de su gracia y no de nuestros méritos. Nos advierte sobre el peligro de la arrogancia y nos llama a valorar la raíz de nuestra fe, que es Cristo mismo. En última instancia, el injerto del olivo nos ofrece esperanza y nos recuerda que la fidelidad de Dios hacia su pueblo no se ha agotado. Su deseo es que todos, tanto judíos como gentiles, encuentren salvación en Cristo y sean parte de la familia de Dios. Que podamos vivir en unidad y amor, reconociendo nuestra identidad como ramas injertadas en el olivo y compartiendo la salvación con todos aquellos que se acerquen a Cristo con fe (ver **Pueblo de Dios**).

La perspectiva escatológica que rige Romanos 11:17-24 amplía nuestra comprensión del pasaje y añade una dimensión de esperanza. El presente injerto de los gentiles en el árbol del pueblo de Dios tiene como propósito despertar celos en Israel por su Mesías. Sin embargo, este pasaje también nos muestra que hay un futuro glorioso para Israel que se cumplirá en la Parusía, la Segunda venida de Cristo. En ese día, todo Israel será salvo, y se establecerá un nuevo pacto en el cual sus pecados serán perdonados y su relación con Dios será completamente restaurada. Esta esperanza escatológica abarca tanto a judíos como a gentiles y recuerda la fidelidad de Dios hacia su pueblo elegido e inspira a vivir con una expectativa escatológica, confiando en que el día de la redención final llegará según su soberana voluntad. Y mientras esperamos ese día del retorno del Señor y la consumación del Reino, podemos participar en la obra de Dios al compartir el evangelio y ser testigos de su amor y gracia tanto para judíos como para gentiles.

RAPTO A LA MITAD DE LA TRIBULACIÓN

El punto de vista conocido como midtribulacionismo sostiene que la Iglesia pasará por la primera mitad de la Gran Tribulación, pero será arrebatada antes de experimentar la ira de Dios. A diferencia del postribulacionismo, esta perspectiva distingue entre la tribulación y la ira. Durante los primeros tres años y medio de la septuagésima semana de Daniel, la Iglesia estará presente y experimentará tribulación, ya que la tribulación siempre ha sido parte de la experiencia del pueblo de Dios.

El midtribulacionismo interpreta a los "elegidos" mencionados en el Discurso de los Olivos de Jesús como refiriéndose a la Iglesia en lugar de los judíos, como argumentan los pretribulacionistas. Además, algunos autores señalan que Mateo 24:21-22 enseña que la Gran Tribulación incluirá a los elegidos: "Porque habrá entonces gran angustia, cual no la ha habido desde el principio del mundo hasta ahora, ni la habrá. Y si aquellos días no fueran acortados, nadie sería salvo; pero por causa de los escogidos, aquellos días serán acortados". Además, sostiene que Mateo 24:29 enseña que después de la "angustia" o Gran Tribulación, Dios derramará su ira, lo cual se refleja en los severos juicios sobre el cosmos. Según este punto de vista, la Iglesia no experimentará la ira de Dios, como se afirma en Romanos 5:9, 1 Tesalonicenses 1:9-10 y 1 Tesalonicenses 5:9. Por lo tanto, el rapto de la Iglesia ocurre en este punto intermedio de la Gran Tribulación de siete años, justo antes de que Dios derrame su ira.

Además, los defensores del midtribulacionismo consideran que la descripción en Apocalipsis 12:14 de la huida de la mujer al desierto por un tiempo, tiempos y la mitad de un tiempo respalda su punto de vista. Ven esto como una referencia al punto medio de la Gran Tribulación. También señalan a Daniel 7:24-25, donde se menciona que "otro rey" diferente de los diez reyes vendrá y oprimirá a los santos, entregándolos a él por un tiempo, tiempos y medio tiempo. Además, Daniel revela que a la mitad del período de siete años (la septuagésima semana de años o la Gran Tribulación), se colocará la "Abominación desoladora" en el Templo (Dn.

10. Imagen: Rapto a la mitad de la tribulación.

9:27). Es importante destacar que otros autores discrepan y tienen diferentes interpretaciones con respecto a estas afirmaciones.

Según esta postura, se argumenta que Pablo está refiriéndose a esta línea de pensamiento cuando habla del "hombre de pecado" estableciéndose en el templo de Dios (2 Ts. 2:3-9). De acuerdo con esta perspectiva, justo antes de que comience el tiempo de ira, Dios arrebatará a su Iglesia. Por lo tanto, el rapto ocurriría tres años y medio después de la Gran Tribulación. Esta visión de la mitad de la tribulación está de acuerdo con el punto de vista pretribulacional en cuanto a que habrá dos venidas de Cristo. Los midtribulacionistas sitúan estas dos venidas en el punto medio de la Gran Tribulación para la Iglesia y en el fin del derramamiento de la ira de Dios, junto con la Iglesia.

El punto de vista del rapto en la mitad de la tribulación intenta combinar elementos de los puntos de vista pretribulacionista y postribulacionista. Se alinea con el pretribulacionismo en cuanto a la idea de dos segundas venidas de Cristo y el arrebatamiento como una remoción física de la ira de Dios. Con el postribulacionismo, este punto de vista se inclina hacia una interpretación más natural de los "elegidos", y reconoce que la Iglesia siempre ha tenido y siempre tendrá que enfrentar la tribulación.

Algunos autores ven debilidades en el punto de vista de la tribulación en la mitad de los siete años. Cuestionan la restricción de la ira de Dios solo a la última mitad de la Gran Tribulación y señalan la falta de evidencia bíblica directa para respaldar el rapto ocurriendo en medio de este período (Hays, Scott, Pate), (ver **Rapto parcial**; **Rapto secreto**; **Ira de Dios**).

RAPTO PARCIAL

La teoría escatológica del rapo parcial sostiene que los verdaderos cristianos serán arrebatados antes, en medio de, o después de la Tribulación, dependiendo de su verdadera conversión a la fe. Según esta teoría, el momento del rapto de un creyente se determina por el tiempo de su conversión durante la Tribulación. Los defensores de esta teoría afirman que solo aquellos que sean fieles a la Iglesia serán arrebatados al comienzo de la Tribulación, mientras que el resto de los creyentes serán arrebatados en algún momento durante este período o al final del mismo.

Por otro lado, la teoría del rapto parcial es una posición intermedia que sostiene que habrá una serie de arrebatamientos. Cada vez que un grupo de creyentes esté preparado, será llevado de la tierra. Los principios fundamentales de esta teoría son los siguientes:

a) Solo aquellos creyentes fieles y dignos serán arrebatados cuando Cristo venga a buscar a su Iglesia, tanto los muertos como los vivos. Esto se basa en pasajes bíblicos como 1 Jn. 2:28; He. 9:28; Fil. 3:11; Lc. 21:36 y 1 Co. 9:27.

b) El resto de los creyentes deberá enfrentar persecuciones y pruebas hasta que sean llevados al cielo en un momento posterior de la tribulación.

c) El arrebatamiento durante la venida de Cristo es considerado una recompensa por la fidelidad, y no un resultado garantizado del nuevo nacimiento.

Los partidarios de la teoría del arrebatamiento parcial plantean que el pasaje de Mateo 24:41, que menciona "la una será tomada, y la otra será dejada", es similar al de Juan 14:3, ya que la palabra "tomada", que en Juan se traduce como "llevármelos" en la NVI, en ambos textos proviene del mismo término griego: *paralambano*. Sin embargo, en Lucas 17:37 se indica que estas personas mencionadas en Mateo 24:41 son llevadas no para estar con Cristo, sino a donde están reunidos los buitres, es decir, al juicio. Los que se quedan entrarán en el reino mesiánico.

Insisten en que solo aquellos que estén atentos y preparados serán recompensados con éxtasis, a diferencia de aquellos que carecen de madurez. Esta visión sostiene la existencia de múltiples resurrecciones de creyentes, y el momento de su resurrección depende de su fidelidad. Este punto de vista encuentra apoyo principalmente en las parábolas y enseñanzas de Jesús relacionadas con su Segunda venida: en la parábola de las diez vírgenes (Mt. 25:1-13), las diez representan a los creyentes. Cinco son tomadas antes porque están despiertas y listas, mientras que las otras cinco son tomadas más tarde. En Mateo 24:40-41, donde se menciona a dos hombres en el campo y a dos mujeres moliendo, el texto sugiere que aquel que es tomado es aquel que está vigilante, alerta y espiritualmente preparado.

El punto de vista del rapto parcial se resume en las palabras de Jesús en Lucas 21:36: "Estad siempre alerta y orad para que podáis escapar de todo lo que está por suceder, y estar de pie delante del Hijo del Hombre".

Mientras algunos eruditos defienden con firmeza el punto de vista del rapto parcial con sus múltiples resurrecciones y arrebatamientos basados en la recompensa, la mayoría permanece escéptica. La principal debilidad de este punto de vista es de naturaleza exegética. En todos estos dichos y parábolas escatológicas, Jesús parece enseñar que la "vigilancia" caracteriza a todos los verdaderos creyentes. Aquellos que no están preparados, a menudo, son condenados al final de estas historias (Mt. 24:50-51; 25:12, 28-30, 41-46), en lugar de ser arrebatados más tarde. Además, no parece haber evidencia clara de múltiples resurrecciones y arrebatamientos en el NT.

Esta posición malinterpreta el propósito pretendido de otros textos que hablan sobre estar alerta y vigilantes (1 Ts. 5:6; 2 Ti. 4:8; Tit. 2:13; He. 9:24-28; Ap. 12:1-6). Para este punto de vista, mantenerse vigilantes se convierte en una condición para participar en el arrebatamiento, en lugar de ser una advertencia para estar alerta y preparados. Además, esta posición divide el cuerpo de Cristo y niega el hecho de que todos los santos de la iglesia participarán en el arrebatamiento. Como se mencionó anteriormente, todos los que están en Cristo, tanto vivos como muertos, se encontrarán con el Señor en el aire en el día del arrebatamiento (1 Ts. 4:15-16), y "todos" serán transformados cuando esto ocurra (1 Co. 15:51-52), (Mc Cune), (ver **Premilenarismo medio tribulación**).

RAPTO SECRETO

Hace algunas décadas escuché los primeros sermones sobre el rapto y me impresionaron; pues la imagen en mi mente de la desaparición repentina solo de los creyentes consagrados y la posibilidad de que algunos creyentes tibios podían quedarse a sufrir la Gran Tribulación me provocaba cierta fascinación mezclada con miedo. Pero con el paso de los años y el estudio formal de la teología, fui perdiendo esa rara sensación.

Al releer el Nuevo Testamento sobre este famoso rapto secreto, descubrí que no tiene ningún basamento bíblico, pero es una de las doctrinas populares más espolvoreadas en el mundo evangélico. En la búsqueda del texto o textos del rapto secreto me topé con la realidad de que no hay ni uno solo que diga claramente que sucederá tal como lo enseñan sus defensores. Ahora, existe un solo pasaje en el que se menciona que "seremos arrebatados" y que será de manera visible; sumado a que ocurre de forma simultánea con la Segunda venida. Y es el mismo pasaje que dos predicadores de la doctrina del rapto creen que tiene sustento en 1 Ts. 4:16-17; pero cuando se examina cuidadosamente sale a relucir que en el esquema narrativo de la teología paulina no se presenta tal doctrina. El pasaje de Tesalonicenses describe una Segunda venida sincronizada con un arrebatamiento visible y audible ambos.

Otro detalle es que, si se cree tal como lo promueven, resulta una enseñanza que conduce a la creencia de tres venidas de Jesucristo: la primera venida en su nacimiento, vida, carácter, obra, enseñanza; la segunda en el rapto secreto o visible y la tercera en su venida gloriosa manifestada globalmente. Eso no lo enseña la Escritura.

Dentro de los promotores del rapto secreto, desde el punto de vista dispensacionalista, hay diferencias. Es sano abordar los aspectos generales en los que ellos están de acuerdo. Cimentan sus enseñanzas sobre Gn. 5:21-24; Jn. 14:1-3; 1 Ts. 3:11-13; 4:13-18. El pasaje donde se apoyan para enseñar que el rapto es secreto es 1 Ts. 5:2: "Porque vosotros sabéis perfectamente que el día del Señor vendrá, así como ladrón en la noche". Interpretan la frase "como ladrón" el que el Señor venga en secreto (La Haye, 1972). Pero una lectura atenta y una interpretación serena nos enseñan que la frase "como ladrón" se refiere a que será a la hora menos esperada no que sea escondida o secreta.

Grau escribe con detalles el origen de la creencia del rapto y se refiere a un factor antiguo que influyó en la formación de las enseñanzas del rapto secreto y las otras conectadas a este: fue la enseñanza futurista de los Jesuitas Francisco Ribera, Roberto Bellarmino y Lacunza. En la contrarreforma, con su perspectiva futurista escatológica, lo dejan todo para el final, después que haya sido arrebatada la Iglesia. Según Grau, la intención encubierta era refutar la creencia protestante de que el papa era el anticristo y Roma la gran Ramera. Ese enfoque escatológico católico lo toma prestado el dispensacionalismo incluyendo el literalismo exagerado y la interpretación talmúdica, sionista.

Sigue con los detalles del origen, afirmando que la doctrina del rapto se originó en Escocia en el año 1830 con la visión de una joven de 15 años llamada Margaret McDonald; ella tuvo una revelación en la que la Segunda venida acontecería en dos etapas: el rapto antes de la Gran Tribulación y la Segunda venida antes de la aparición del anticristo para arrebatar a un grupo de creyentes antes de la Gran Tribulación. Luego, R. Norton escribió sobre la visión afirmando que era la primera vez que se dividía en dos etapas la venida del Señor separadas por la semana 70 de las otras 69 que se describen en Daniel. Durante décadas el escrito quedó refundido hasta que un tiempo después, Dave McPherson, investigando en bibliotecas, dio con los documentos que prueban el origen del punto central del dispensacionalismo: el rapto secreto de la Iglesia, con el cual acaece el cumplimiento final de las profecías sobre el pueblo de Israel (Grau, 1990).

RECOMPENSAS

a. Del gr. *antapodoma* (ἀνταπόδομα, 468), relacionado con *antapodidomi*, recompensar; b. gr. *misthos* (μισθός, 3408), salario, y después, generalmente, recompensa, galardón (Vine).

Parte de la expectativa escatológica de la Iglesia son las recompensas que recibirán los creyentes por sus buenas obras, su fidelidad y perseverancia aquí en la tierra. El Señor después de conceder por gracia la salvación, ha prometido premios y galardones para los creyentes fieles aquí en la vida temporal y en la eternidad. Pero muchos confunden la doctrina de las recompensas y premios, con la doctrina de la salvación. Pasajes que se relacionan con la gracia de la salvación eterna, los atribuyen a las obras que los cristianos tienen que hacer para ganar o contribuir con la obtención de la salvación. Y otros pasajes, que tienen que ver con las obras resultantes de una genuina fe, las relacionan con la obtención de la salvación. Esto ha ocasionado a lo largo de siglos fuertes e interminables discusiones, acerca de si la salvación se pierde o no. Si logramos entender, que todo lo revelado sobre las recompensas, premios o galardones, se relacionan con las obras del creyente, sus acciones y su obediencia a las leyes, principios de la fe cristiana en el reino de Dios y no a la salvación eterna, que acontece como un regalo de Dios, por medio de la fe en Cristo solo, se disipará toda duda, como la obscuridad se disipa cuando llega la luz.

Puntualicemos algunos de los aspectos de los galardones y la salvación que hemos mencionado: al hablar de recompensas y galardones, se refiere a la premiación en el reino consumado de Dios y Cristo. Ahí será recompensado el verdadero éxito de los creyentes. Se mencionan decenas de veces en los evangelios y las cartas del NT, pero en ninguno se dice o se insinúa, ni una sola vez, que las recompensas o galardones se obtienen por fe, por creer o por gracia. En ninguno. Al contrario, se mencionan acciones concretas tales como: ser pobres en espíritu, ser sufridos, ser valientes, estar dispuestos a abandonar todo por el reino de Dios, incluso a los seres queridos, a vender posesiones y seguir a Jesús, hacer la voluntad de Dios y enseñarla a otros, a dar frutos, a ser mansos, a ser misericordiosos, a ser de corazón limpio, a ser pacificadores, a ser como niños, a padecer persecución, a "golpear nuestros cuerpos y ponerlos en servidumbre", a superar la justicia de los maestros fariseos, padecer diversidad de tribulaciones, etc. A continuación, algunos pasajes:

a. "No todo el que me dice Señor, entrará en el reino de los Cielos, sino el que hace la voluntad de mi padre que está en los cielos" (Mt. 7:21).
b. "Bienaventurados los pobres en espíritu, porque de ellos es el reino de los cielos" (Mt. 5:3).
c. "Bienaventurados los que padecen persecución por causa de la justicia, porque de ellos es el reino de los cielos" (Mt. 5:10).
d. "...por vuestra paciencia y fe en todas vuestras persecuciones y tribulaciones que soportáis. Esto es demostración del justo juicio de Dios, para que seáis tenidos por dignos del reino de Dios, por el cual asimismo padecéis" (2 Ts. 1:4b-5).
e. "Y Dijo: de cierto os digo que, si no os volvéis y os hacéis como niños, no entraréis en el reino de los cielos" (Mt. 18:3).
f. "Confirmando los ánimos de los discípulos, exhortándoles a que permanecieran en la fe y diciéndoles: es necesario que a través de muchas tribulaciones entremos en el reino de Dios" (Hch. 14:22).

Al reflexionar sobre estos pocos versículos, de los muchos que hablan sobre los premios o recompensas, notamos inmediatamente que, para entrar, poseer o gobernar con Cristo en el reino, tenemos que padecer o hacer buenas obras entre otras: la voluntad de Dios, ser pobre en Espíritu, padecer persecución, sufrir por causa del reino, volverse como niños, tener paciencia en el sufrimiento, soportar las tribulaciones con una gozosa esperanza. Está claro que en ninguna parte de la Escritura se nos pide eso, o cosas semejantes para ser salvos. Pero sí se nos exigen para participar de las recompensas (Gálvez).

Jesús habló de recompensas tanto en esta vida (Mr. 10:28-31; Lc. 18:28-30) como en la vida futura. En el Sermón del Monte, pronunció bendiciones sobre aquellos que le siguen, prometiendo consuelo de Dios, la visión de Dios, la herencia del reino de los cielos y un galardón celestial (Mt. 5:1-12; Lc. 6:20-26), que se realizarán en la eternidad. Cuando el Hijo del Hombre venga "en la gloria de su Padre con sus ángeles", recompensará a cada persona (Mt. 16:27), diciendo a los justos: "Venid, benditos de mi Padre; heredad el reino preparado para vosotros desde la fundación del mundo" (Mt. 25:34). Las recompensas representan el reconocimiento de Dios hacia el carácter justo de un individuo (Mt. 10:41-42; Mr. 9:41). Cualidades de carácter como la humildad, la bondad, la fidelidad y la generosidad se manifiestan a través de la conducta y el comportamiento exterior. Estos resultados de la relación interior con Dios y la obediencia al Señor se convierten en la base o estándar de las recompensas.

En el NT, hay indicios de que existen grados de recompensa, aunque no se trata de una doctrina central. Jesús menciona a aquellos que demostraron ciertas cualidades y recibirán una "gran recompensa" (Mt. 5:12; Lc. 6:23, 35). En la parábola de las minas (Lc. 19:11-17), los siervos reciben diferentes recompensas de acuerdo con su fidelidad (cf. Mt. 25:14-30). Pero, la existencia de grados de recompensa no implica que ciertos individuos sean más valiosos que otros, sino que fueron más espirituales y realizaron las obras bajo la dirección del Espíritu y, lo más probable, es que ni siquiera pensaron en recompensas, ni en su bienestar propio, sino en el reino de Dios.

Jesús anima a sus discípulos a buscar la aprobación invisible del Padre como la principal motivación para practicar la justicia (Mt. 6:4, 6, 18). Cuando el Señor aparezca en el último día, otorgará la "corona de justicia" a todos aquellos que aman su venida (2 Ti. 4:8; He. 11:6). Estos fieles seguidores anhelarán al Señor mismo más que cualquier recompensa que pueda ser otorgada. De hecho, en el pasaje de las "ovejas y las cabras" en el Discurso de los Olivos de Jesús, cuando los justos son recompensados, parecen no darse cuenta de lo que han hecho para merecerlo (Mt. 25:37-39).

El apóstol Pablo también señala que las recompensas se darán en el juicio final (Ro. 2:6; Ef. 6:8). Pablo mismo espera recibir sus recompensas en "ese día", refiriéndose al día del regreso de Cristo (2 Ti. 4:8). Y, en 2 Corintios 5:10, que todos compareceremos ante el tribunal de Cristo para recibir lo que corresponda por nuestras acciones, ya sean buenas o malas.

El vocablo "malo", en este contexto, se refiere a una obra que no vale nada o que "no sirve para nada", en lugar de ser inherentemente mala. En el contexto paralelo de 1 Corintios 3, Pablo transmite la idea de que los creyentes juegan diferentes roles en el avance del reino de Dios. Unos "plantan" y otros "riegan", pero "cada uno será recompensado conforme a su propio trabajo" (1 Co. 3:8).

En el libro del Apocalipsis, se encuentran las cartas que Jesucristo envía a las siete iglesias de Asia Menor: Éfeso, Esmirna, Pérgamo, Tiatira, Sardis, Filadelfia y Laodicea. En estas cartas, Jesús ofrece recompensas y promesas a aquellos que perseveren y superen las pruebas y desafíos que enfrentan como iglesias y como individuos.

Iglesia de Éfeso (Ap. 2:1-7): después del elogio por su resistencia a la falsedad y la represión por dejar su primer amor, el Señor le promete que comerá del árbol de la vida en el paraíso de Dios, si se vuelve a la obediencia.

Iglesia de Esmirna (Ap. 2:8-11): a pesar de la persecución y la pobreza que enfrentan, Jesús alaba su fidelidad. La recompensa prometida es la corona de la vida y la victoria sobre la segunda muerte.

Iglesia de Pérgamo (Ap. 2:12-17): aunque están en una ciudad donde se practican falsas enseñanzas, Jesús reconoce que algunos se mantienen fieles. La recompensa prometida es el maná escondido y una piedrecita blanca con un nombre nuevo.

Iglesia de Tiatira (Ap. 2:18-29): aunque hay algunos en Tiatira que se han desviado hacia la inmoralidad y la idolatría, Jesús elogia a aquellos que se mantienen firmes en la verdad. La recompensa prometida es autoridad sobre las naciones y la estrella de la mañana.

Iglesia de Sardis (Ap. 3:1-6): aunque tienen una reputación de estar vivos, Jesús les dice que están muertos espiritualmente. Sin embargo, hay algunos que se han mantenido fieles. La recompensa prometida es vestiduras blancas y tener sus nombres en el libro de la vida.

Iglesia de Filadelfia (Ap. 3:7-13): Jesús elogia su fidelidad y obediencia, a pesar de tener poca fuerza. La recompensa prometida es ser una columna en el templo de Dios y tener el nombre de Dios, la ciudad nueva y el nuevo nombre de Jesús.

Iglesia de Laodicea (Ap. 3:14-22): aunque son tibios y autocomplacientes, Jesús los insta a arrepentirse y a ser fervorosos. La recompensa prometida es sentarse con Jesús en su trono y compartir su victoria.

Estas recompensas ofrecidas por Cristo a las siete iglesias del Apocalipsis resaltan la importancia de la fidelidad, la perseverancia, el arrepentimiento y el amor por Dios como elementos clave en la vida cristiana. Al final de la historia bíblica, Jesús hace la promesa de regresar con su recompensa: "¡He aquí, vengo pronto! Mi recompensa está conmigo, y daré a cada uno según lo que haya hecho. Yo soy el Alfa y la Omega, el Primero y el Último, el Principio y el fin" (Ap. 22:12-13; cf. Is. 40:10; 62:11). En los últimos capítulos del Apocalipsis, se menciona que la recompensa final para el pueblo de Dios es habitar en la presencia misma de Dios (Ap. 21:3-7; 22:3-5), (Gálvez), (ver **Siete iglesias del Apocalipsis**).

REINO DE DIOS

Del gr. βασιλεία τοῦ θεοῦ (*basileia tou theou*). Se refiere al gobierno, dominio soberano de Dios, sobre todo lo creado y lo increado. En la tierra la máxima revelación y expresión del reino de Dios es Jesús de Nazaret, el Cristo, por ello, en él se agrupan y se expanden las verdades del reino. También es quien lo predica desde sus comienzos y es el centro, la meta del ministerio de la predicación y la enseñanza de Jesús. Las evidencias y signos de que el reino ha llegado proceden de la obra de Jesucristo: "Pero si yo por el dedo de Dios echo fuera los demonios, entonces el reino de Dios ha llegado a ustedes" (Lc. 11:20).

Jesús es el mensaje del reino y, al mismo tiempo, el mensajero del reino. Él realiza un abordaje claro escatológico del reino del que dan testimonio los evangelios y, al leer con detenimiento los pasajes que se relacionan con cuestiones escatológicas, se detecta que describen los puntos centrales de lo que se cumple escatológicamente en el ministerio de Jesús, de las señales previas a su Segunda venida y la consumación de su reino.

La doctrina del reino de Dios es el punto de partida y de llegada en los relatos de los evangelios: "reino de Dios", "reino de los cielos", "reino", son las frases que se refieren al reinado de Dios y se hallan 52 veces, 31 veces, 138 veces, respectivamente (Strong, 2002).

Hay otras frases registradas en los evangelios que conectan con el reino de Dios: "El reino de Dios y su justicia", "venga tu reino", "para que comáis y bebáis a mi mesa en mi reino", "las buenas nuevas del reino", "hijo del reino", "Palabra del reino", "Y dijo a Jesús: acuérdate de mí cuando vengas en tu reino". El libro de los Hechos 8:12, narra que "…creyeron a Felipe que anunciaba el evangelio del reino de Dios y el nombre de Jesucristo".

Pablo anima a los creyentes a enfrentar con esperanza los sufrimientos porque "…

Es necesario que a través de muchas tribulaciones entremos en el reino de Dios" (Hch. 14:22b). Los últimos versículos del libro de los Hechos describen a un Pablo que permaneció dos años en una casa alquilada "predicando el reino de Dios y enseñando acerca de Jesucristo, abiertamente y sin impedimento" (Hch. 28:31).

De ahí la instrucción de Jesús acerca del imperante actuar de la Iglesia con miras a la recompensa o desaprobación futura. Además de las advertencias de los acontecimientos previos al fin de los tiempos, la Gran Tribulación, la comparación de los tiempos de Noé con los tiempos previos al tiempo de su Segunda venida.

En los evangelios abundan las metáforas que aclaran la verdad de la desaprobación del Señor en su reino, para quienes no actuaron en esta vida con una conciencia escatológica: "expulsión a las tinieblas de afuera", "allí será el lloro y crujir de dientes", "fuego eterno", "el Geena". Por esa causa hace un llamado a velar y orar porque nadie sabe el día ni la hora en que el Hijo del Hombre ha de venir. Mateo muestra el "ya" de la irrupción del reino por medio de Jesús de Nazaret, pero abunda más en el "todavía no", es decir, en lo que está por venir al fin de la historia: el juicio futuro, el juicio a las naciones, el juicio a Israel por el rechazo al Mesías, el castigo, la recompensa final en el reino que produce gozo, alegría, el disfrute de la vida eterna en el cielo.

Jesús enseñó sobre la naturaleza del reino de Dios por medio de parábolas e historias. A través de las enseñanzas del sermón del monte instruyó la ética del reino, pero fue con su ejemplo que mostró a todos la vivencia de dicho reino. Con estas verdades, se deduce que, si para Jesús el reino de Dios fue el eje de toda su enseñanza, debe serlo para los evangélicos, que tienen en grande estima las Sagradas Escrituras y la obra de Jesús de Nazaret. Pero, curiosamente, se han inclinado a los eventos apocalípticos tales como el rapto, el milenio, el anticristo y otros temas parecidos. De resultas, pierden de vista la escatología del reino cumplida en Jesucristo y colocan en el futuro todo el cumplimiento del reino de Dios.

Kuzmic expresa que la escatología del reino es presente a partir de la resurrección de Cristo y futura en el advenimiento de Jesucristo. El futurismo del reino es una perversión de la enseñanza neotestamentaria, enseñando solo en términos futuros dicho reino (Kuzmic, p. 90, 1992).

En la enseñanza del Nuevo Testamento hay una escatología realizada y una futura. Por tanto, la escatología del reino no se sustenta en los eventos apocalípticos, sino en los hechos concretos de la llegada del reino en el ministerio de Cristo, su muerte, su resurrección y el derramamiento del Espíritu Santo. Y llegará a su consumación con la Segunda venida de Cristo. Así que los cristianos estamos viviendo por lo realizado del reino en Cristo, con esperanza en lo que todavía habrá de realizarse del reino; y ello debe reflejarse en nuestra conducta hacia el prójimo, la sociedad y el mundo.

La Iglesia está viviendo en la tensión escatológica del reino del "ya, pero todavía no", puesto que ya tenemos la vida eterna, pero todavía falta la consumación de esa vida. Mientras tanto, debemos ser pertinentes y responsables aquí en este mundo. Como Iglesia no tenemos que desentendernos del dolor, sufrimiento, injusticia, pobreza y desnutrición que vive este mundo, tampoco mirar con desprecio a la creación de Dios que fue afectada por el pecado, como lo expresa Kuzmic: "gran parte de la escatología evangélica, es muy pesimista, en cuanto al mundo y, en consecuencia, está marcada por un alejamiento del mundo. Recalca un rompimiento radical entre la tierra presente y los esperados nuevos cielos y nueva tierra. Esta enseñanza es una discontinuidad total. Mira el presente completamente irredimible y bajo el juicio de destrucción divina. Considera la nueva tierra como un tipo de nueva creación de la nada, en lugar de la transformación de esta. Este punto de vista se debe, en general, a una errónea comprensión de la doctrina bíblica de la creación y la enseñanza del Nuevo Testamento en cuanto al aspecto presente del reino" (Kuzmic, p. 94, 1992).

Gil coincide en la tensión escatológica que vivimos los cristianos: "El reino de Dios, el gobierno de Dios, se ha manifestado a través de la historia en ciertos momentos claves que la palabra profética de Dios ha revelado, haciendo comprender ciertos sucesos históricos y que tuvo su máxima expresión en la primera venida de Jesucristo, está a punto de revelarse por medio de la Segunda venida de Jesucristo" (Diestre Gil, p. 622, 1995).

Me pregunté desde hace algún tiempo ¿si esta doctrina escatológica del reino es central? Entonces, ¿qué pasó en el recorrido histórico de la escatología? ¿Dónde se desvió? ¿Cuándo tropezó? y ¿cómo cayó en la pendiente de la marginalidad? Al leer sobre esta temática encontré que Pannenberg pasa lista a la escatología patrística, medieval, reformada, moderna, y afirma que la doctrina del reino de Dios prácticamente está ausente. Algunos cuantos le han apuntado de lejos al tema, luego ponen la mira en otras doctrinas ciertamente relevantes como la resurrección de los muertos, el juicio final, la conformación de los fieles a Cristo y otras, pero se quedan anclados allí. Otros, cuando abordan el tema, se extravían en los laberintos de la filosofía de la religión, el moralismo, la transformación del mundo y la ética. Pannenberg traza el desvío del enfoque de la escatología de la clarísima centralidad que traía la doctrina del reino de Dios, desde los tiempos de Jesús, incluso hasta los escritos apostólicos para desfigurarse en la época de los padres apologetas en adelante.

En las propias palabras de Pannenberg: "A la vista de la importancia de este hecho y del claro testimonio que de él dan las tradiciones sobre el mensaje de Jesús, sorprende que el tema del reino de Dios no haya desempeñado, en absoluto, en la historia de la escatología cristiana, un papel tan preponderante como cabría esperar. Es verdad que la Primera Carta Clementina aún caracterizaba el mensaje de los apóstoles como el evangelio de la proximidad del reino de Dios, y es frecuente en los demás padres apostólicos hablar del reino de Dios como objeto de la esperanza cristiana. En los padres apologetas aparece raramente el concepto *Basilea*" (Pannenberg, T. III, 2007).

En vista de ello, es preocupante que el tema escatológico del reino de Dios sea escaso en el desarrollo de las doctrinas posteriores a la época apostólica. En la historia de las doctrinas hasta mediados del siglo XX se encuentran asomos y cabos sueltos del reino escatológico. A duras penas se habla de su irrupción, recorrido y consumación.

La escatología evangélica no es la excepción, la enseñanza del reino de Dios está ausente; en su lugar entroniza los eventos de la apocalíptica mal interpretados. De resultas, aparecen las predicaciones sensacionalistas y enseñanzas explosivas que aterran a los oyentes.

Jesús no menciona, en absoluto, las doctrinas secundarias y terciarias que la apocalíptica evangélica pregona. Jesús se concentra en las doctrinas escatológicas esenciales: el reino de Dios, la condenación eterna, la vida eterna, la resurrección, la Segunda venida, el juicio universal de las naciones y los incrédulos, la recompensa de los creyentes y la Iglesia, la gloria del Padre.

Grau acierta al aseverar que, de acuerdo con los evangelios sinópticos, el primer mensaje de Jesús se relaciona con el reino de Dios: "El tiempo se ha cumplido, decía, y el reino de Dios se ha acercado; arrepiéntanse y crean en el evangelio" (Mr. 1:15). El reino que anuncia nuestro Señor Jesucristo es un reino escatológico, que ha irrumpido en el mundo, pero no es del mundo que viene de Dios sin ninguna aportación humana, y que ya está presente por medio de la vida, el mensaje y el ministerio de Jesús de Nazaret. Está al alcance de todos y eso es lo que la iglesia debe vivir y predicar diciendo que ya está presente, pero se consumará en el futuro, al final de los tiempos (Grau, 1997).

Por otra parte, algunos teólogos que abordaron el significado del reino de Dios llegaron a conclusiones diferentes. Para Ritschl, el reino estaba delimitado por el orden social emergente y constituido por quienes participaban en este orden. Para Harnack, el reino pertenecía a todo aquel que, convencido de la Paternidad de Dios y del valor infinito de la persona humana, fuera sensible a la percepción de Dios dentro del funcionamiento interno del alma. Para Weiss, Jesús vio el reino compuesto por sus discípulos cercanos que permanecieron fieles en medio de la tribulación que se acercaba. Estos tres eruditos tienen algo de razón, pero comparten el error de abandonar el aspecto Cristológico del reino (Perrin, p. 33, 2019).

A las propuestas descritas, Purkiser responde que el debate histórico sobre sus diversos enfoques y la discusión si el reino es presente o futuro, ha sido insípido. Las dimensiones presente y futuro están suficientemente sustentadas en las Escrituras, esencialmente en el Nuevo Testamento para afirmar que el reino posee un "aquí y ahora", así como un "más allá en el futuro" (Purkiser, 1988).

Ahora, se comprende que, si la escatología ha sido excluida de un lugar predominante en la historia de la teología, entonces no debe extrañarnos que la doctrina del reino de Dios haya sido descuidada abiertamente hasta hoy dentro de la escatología misma. Es un fallo indigno porque es un tema focal en la predicación y la enseñanza de Jesús de Nazaret.

El reino de Dios no es un lugar, es un estado

Jeremías explica que para la mentalidad judía el reino no es un lugar primariamente, sino un estado. Es una realidad activa que desemboca en el dominio de Dios, del poder de Dios sobre el mundo: "Consta con seguridad que, para el oriental, la palabra *malkuth* tenía un sonido distinto al de la palabra "reino" para el occidental. Porque, en el Antiguo Testamento solo muy escasas veces designa *malkuth* un reino en sentido local, un territorio. Sino que designa casi siempre el poder de gobernar, la autoridad, el poderío de un rey. Pero no se entiende nunca el *malkuth* en sentido abstracto, sino siempre como algo que se está realizando. Por consiguiente, el reino de Dios no es ni un concepto espacial ni un concepto estático, sino un concepto dinámico" (J. Jeremías, 1974).

Jeremías continúa exponiendo que el reino no es un simple objeto de palabras, sino también de acciones: en las curaciones la salvación es salud; en los exorcismos el mundo esclavizado por Satanás ve ya su liberación. Cuando Jesús dice que *el reino ha llegado, el reino está entre ustedes*, perfectamente se puede sustituir en la interpretación por "El dominio de Dios ha llegado, Dios ha llegado, su poder, su soberanía su gobierno están presentes, actuando de manera poderosa y dinámica" (J. Jeremías, 1974).

Cullmann aporta, desde el punto de vista histórico, sobre el reino escatológico, afirmando que la escatología se desplaza del final al centro de la historia, más como contrapartida escatológica el trecho histórico que discurre desde el centro hasta el final. En su vida, muerte y resurrección, Dios habría consumado definitivamente la revelación y comunicación de la salvación escatológica del reino; la historia cobra así en este punto crucial su nivel supremo; el designio divino para la historia se revela y se cumple aquí acabadamente (Cullmann, 2008).

Cullmann amplía sobre el concepto de la tensión escatológica del reino. Manifiesta que los dos modos de tiempo de hablar del reino, presente y futuro, es característico del Jesús histórico. La presencia del cumplimiento, lejos de relajar la tensión hacia el porvenir, la reactiva y viceversa; la cercanía del futuro confirma la actualidad del cumplimiento, Jesús parece poseer la certidumbre de que el reino va a venir porque tiene conciencia de que el tiempo se ha cumplido. La certeza del triunfo final del reino radica en la realidad de su presencia: el *todavía no*, se apoya en el *ya*. El juicio que llevará a cabo el hijo del hombre, al final de los tiempos, se basa en un juicio que se está produciendo ahora en la actitud de los hombres frente a Jesús. La comunidad escatológica se está fraguando ahora, no solo en la persona de Jesús, sino en las de sus discípulos, por cuanto estos lo representan hasta el punto de que el propio Jesús se identifica con ellos (Cullmann, 2008).

Un ejemplo claro de la consistencia del mensaje escatológico de Jesús es el reino de Dios. Está presente al inicio, durante y al final de su ministerio, es la genuina clave de la predicación de Jesús: "El tiempo se ha cumplido, y el reino de Dios se ha acercado. ¡Arrepiéntanse, y crean en el evangelio!" (Mr. 1:15).

La vivencia del reino durante su servicio: "… porque el reino de Dios está entre ustedes" (Lc. 17:21), "Pero si yo expulso a los demonios por el poder del Espíritu de Dios, eso significa que el reino de Dios ha llegado a ustedes" (Mt. 12:28).

La espera futura de la consumación del reino: "Yo les digo que, desde ahora, no volveré a beber de este fruto de la vid, hasta el día en que beba con ustedes el vino nuevo en el reino de mi Padre" (Mt. 26:29).

En síntesis, un tema central en los evangelios es el reino de Dios. Jesús revela el contenido escatológico del reino por medio de la parábola de las diez vírgenes; la parábola de los talentos, poniendo énfasis en el siervo inútil que no tuvo una perspectiva correcta de que su Señor habría de venir a pedir cuentas; el siervo fiel y prudente; la separación de las ovejas y los cabritos; el juicio en base a las obras de misericordia al necesitado. Todo ello en el contexto escatológico de la Segunda venida del Señor que vendrá a pedir cuentas.

Así la enseñanza, el mensaje y la obra de Jesús se condensan en el reino de Dios. De nuevo se observa que todo converge en Cristo en cuanto que Él es el anunciador del reino de Dios, pero al mismo tiempo es la personificación de ese reino. Cristo, el reino de Dios, ha irrumpido en el cumplimiento del tiempo y se da a conocer con la predicación y enseñanza del evangelio. El escritor Lucas matiza en cuanto a la proclamación del Evangelio del Reino y completa la frase con "de Dios", para que haya distinción entre la proclamación de una nueva noticia de un reino humano y el anuncio de la buena noticia que viene del reino de Dios, que no es de este mundo.

La enseñanza escatológica del reino de Dios está presente en el pensamiento del apóstol Pablo: Ro. 14:17: "porque el reino de Dios no es comida ni bebida, sino justicia, paz y gozo en el Espíritu Santo"; 1 Co. 4:20: "Porque el reino de Dios no consiste en palabras, sino en poder"; 1 Co. 6:9: "…los injustos no heredarán el reino de Dios"; 1 Co. 6:10: "ni los ladrones heredarán el reino de Dios"; 1 Co. 15:24: "el fin, cuando entregue el reino al Dios y Padre; 1 Co. 15:50: "…carne y sangre no pueden heredar el reino de Dios"; Gá. 5:21: "…tales cosas no heredarán el reino de Dios"; Ef. 5:5: "…tiene herencia en el reino de Cristo y de Dios"; Col. 1:13: "…trasladado al reino de su amado hijo"; Col. 4:11: "...me ayudan en el reino de Dios"; 1 Ts. 2:12: "Dios que los llamó a su reino y gloria..."; 2 Ts. 1:5: "Que sean tenidos por dignos del reino de Dios por el cual asimismo padecen"; 2 Ti. 4:1: "...Jesucristo, quien juzgará a los vivos y a los muertos en su manifestación y en su reino..."; 2 Ti. 4:18: "...Y el Señor me librará de toda obra mala, y me preservará para su reino celestial...". También está presente en He. 1:8, en las cartas universales: Stg. 2:5; 2 P. 1:11, y en el libro de Apocalipsis en los versículos 1:9; 11:5; 12:10; 16:10; 17:12; 19.

El reino de Dios como historia de revelación y como final de la historia

La teología sistemática de Tillich el único tema que desarrolla en el apartado de la escatología es el del Reino de Dios. Le dedica casi doscientas páginas. Eso habla suficiente sobre lo esencial que resulta el tema dentro de la escatología cristiana.

A la pregunta y a la búsqueda del sentido a las ambigüedades de la vida, la respuesta es el reino de Dios, destaca Tillich. Ese reino tiene dos caras, una dentro de la historia y otra fuera de la historia. La primera ocurre en la historia de la revelación y tiene un impacto en la humanidad por medio de las iglesias locales que son las representantes del reino de Dios en la historia. La segunda se manifiesta en la esfera celestial del reino de Dios y se convierte en un símbolo, el más importante y el de más difícil comprensión del pensamiento cristiano (Tillich, 1984).

El reino de Dios se reveló en la historia de la salvación en el pasado por medio de la predicación y las señales realizadas por Jesús de Nazaret, y ese impacto transformó la sociedad, las naciones y conquistó el Imperio romano por medio de la iglesia visible. Y la otra cara es futura y se consumará en el futuro con la venida de Cristo, la resurrección de los muertos, la nueva creación de todas las cosas, la centralización de la adoración en la nueva Jerusalén, donde Dios y Cristo será todo en todos en el reino eterno.

En resumen: se entiende por reino de Dios, ese acontecimiento realizado de una vez por todas en Cristo y su obra; ese actuar de Dios en los corazones de los arrepentidos y convertidos que esperan la consumación del reino, sabiendo que la voluntad de justicia y paz de Dios, crea en nuestra historia un espacio en sentido salvador, liberador y un futuro prometedor.

En ese sentido, Kehl manifiesta que el reino abre la puerta a la universalidad de la salvación por el amor de Dios comunicado en Cristo; supera la historia individual y colectiva en la resurrección de los muertos; reconforta la espera de su consumación, como superación definitiva de la historia humana presente en su dimensión individual, social y universal en la vida de Dios. La consumación del reino de Dios incluye la transformación de la vieja creación a una nueva creación: "la creación debe ser liberada de la servidumbre, de la corrupción para participar en la gloriosa libertad de los hijos de Dios" (Ro. 8:21). Esa consumación acontecerá en el instante escatológico del retorno del Señor (Kehl, *Escatología*, 1992).

El reino de Dios en el AT

El tema del reino de Dios tiene su origen en el AT. En esta parte de la Biblia, se enfatiza la realeza de Dios, siendo reconocido como el rey de Israel (Éx. 15:18; Nm. 23:21; Dt. 33:5; Is. 43:15) y de toda la tierra (2 R. 19:15; Sal. 29:10; 99:1-4; Esd. 6:5; Jer. 46:18). Además, se hacen referencias a un futuro día en el que Dios reinará sobre su pueblo (Is. 24:23; 33:22; 52:7; Sof. 3:15; Zac. 14:9). Esta idea de la realeza de Dios se mantiene a lo largo del judaísmo y adquiere un significado especial en el apocalipticismo judío, que esperaba el reino de Dios al final de la edad, abandonando cualquier esperanza para la historia presente.

El reino de Dios en los evangelios y Hechos

"El reino de Dios" aparece más de cien veces en Marcos, Lucas y Mateo (donde "reino de los cielos" es sinónimo de "reino de Dios"). Marcos, posiblemente el primer Evangelio escrito, registra la declaración de Jesús en 1:15: "El tiempo se ha cumplido... El reino de Dios está cerca". Este Evangelio, junto con Lucas y Mateo, continúa demostrando que los milagros, las enseñanzas, la muerte y la resurrección de Jesús inauguraron el reino de Dios. Sin embargo, también está claro en Mateo, Marcos y Lucas que la manifestación final del reino aún no ha ocurrido. Lucas indica que el reino estaba presente en Jesús (Lc. 7:28; 8:10; 10:9-11; 11:20; 16:16; 17:20-21), pero también esperaba el regreso de Cristo para su conclusión (Lc. 6:20-26; 11:2; 12:49-50, 51-53; 13:24-30; 21:25-29; 22:15-18, 30). El mismo aspecto dual del reino se encuentra en el segundo volumen de Lucas, Hechos. El reino estuvo presente en el ministerio de Jesús y ahora a través de sus discípulos (Hch. 1:3; 8:12; 19:8; 20:25; 28:23-31), pero no se completará hasta que Cristo regrese (Hch. 1:6; 14:22).

Solo hay tres referencias al "reino de Dios" en el libro de Juan. Jesús le dice a Nicodemo que necesita nacer de nuevo para entrar en el reino de Dios (Jn. 3:3-5). Sin embargo, el reino de Jesús no era terrenal en naturaleza, sino espiritual: uno del corazón (Jn. 18:36). El énfasis de Juan en el aspecto presente del reino de Dios se presenta como el don de la vida eterna que los creyentes ya poseen (Jn. 3:15-16, 36; 6:47, 51, 58; 8:51-52; 10:28; 11:24-26; cf. 1 Jn. 2:25; 3:14; 5:11-13).

El reino de Dios en las epístolas paulinas

El término "reino de Dios" y/o "reino de Cristo" aparece varias veces en los escritos de Pablo. Un grupo se refiere al reino de Dios presente, el "ya", y el otro grupo, al tiempo futuro "todavía no", presentamos los dos grupos de textos en sus tiempos verbales y con las frases Reino de Dios y Reino de Cristo que son intercambiables, pues son el mismo y único reino.

Presente:
Ro. 14:17: Reino de Dios.
1 Co. 4:20: Reino de Dios.
1 Co. 15:24: Reino de Cristo.

Tiempo futuro:
1 Co. 6:9: Reino de Dios.
1 Co. 6:10: Reino de Dios.
1 Co. 15:24: Reino de Dios.
1 Co. 15:50: Reino de Dios.
Gá. 5:21: Reino de Dios.
Ef. 5:5: Reino de Cristo/Dios.
1 Ts. 2:12: Reino de Dios.
2 Ts. 1:5: Reino de Dios.

El reino de Dios en las epístolas generales y Apocalipsis

Las epístolas generales y el Apocalipsis continúan abordando el tema del reino, ya no enfocándose en el aspecto de "aún no". En estas escrituras se destaca que el reino está presente aquí y ahora a través de Cristo y sus seguidores (He. 1:8; Ap. 1:6, 9; 5:10; 11:15; 12:10), pero su plena manifestación ocurrirá únicamente en su Segunda venida. En ese momento, el reino se revelará en toda su plenitud (Stg. 2:5; 2 P. 1:11).

En la carta de Santiago, se resalta la importancia de vivir de acuerdo con los principios del reino de Dios en el contexto de las relaciones humanas y la práctica de la fe.

En las cartas de Pedro, se destaca la esperanza de la futura manifestación del reino de Dios en la Segunda venida de Cristo. Pedro anima a los creyentes a vivir de manera santa y en anticipación de ese día glorioso. En 2 Pedro 1:11, se menciona el llamado a los creyentes a esforzarse por asegurar su entrada en el reino eterno de nuestro Señor y Salvador Jesucristo.

En cuanto al libro del Apocalipsis, se presenta una visión profética completa de la consumación del reino de Dios. Muestra que, al final de los tiempos, Cristo regresará victorioso y establecerá plenamente su reino en la nueva creación. Se enfatiza que todas las naciones y reinos de la tierra serán sometidos al señorío de Cristo.

REINO MESIÁNICO INTERMEDIO

Según Wikenhauser, en la mentalidad del judaísmo primitivo, el reino mesiánico es el tiempo en que el plan salvífico llega a su definitivo cumplimiento; de ahí que se le atribuya duración eterna. Como lugar de su realización se piensa en Palestina, con Jerusalén por capital. Explica que a su establecimiento precederá la destrucción del poder de los gentiles y de todos los malvados, y el regreso de la diáspora judía a la tierra santa. Los justos resucitarán de sus sepulcros. Bajo el cetro del Mesías, los judíos piadosos llevarán una vida de indescriptible felicidad. Dios habitará personalmente en medio de su pueblo, y hasta los paganos se convertirán e irán en peregrinación a Jerusalén para adorar allí al verdadero Dios. Hace la salvedad de que esta esperanza mesiánica, es expresada en formas muy diversas en las distintas fuentes de tradición y que reviste un carácter esencialmente terreno y nacionalista. Aun así, cree que, durante el siglo primero, esta espera escatológica se modificó en dos direcciones: unos renuncian por completo a la idea de un reino mesiánico terreno, y esperan que la salvación definitiva tendrá lugar no es este mundo, sino en el cielo, y que se iniciará con el juicio universal. Otros, en cambio, aferrados siempre a la idea de un reino mesiánico terreno y nacionalista, no le atribuyen ya duración eterna, sino que piensan que a él le sucederá una era de salvación que no tendrá fin; es esta la que representa la salvación definitiva y se inaugura con la resurrección de todos los muertos y el juicio universal. Dado que en esta etapa final al Mesías no le compete función alguna, siendo como es para los judíos un simple "hombre de entre los hombres", se la puede considerar, sin más, como el reino eterno de Dios. Dentro de este marco de ideas escatológicas, el reino mesiánico es solo una especie de reino intermedio entre el presente y el reino eterno de Dios, y es de índole específicamente terrena y nacionalista. En él solo tienen parte los israelitas piadosos a quienes toque vivir en el momento de su iniciación. Es, pues, una especie de preludio de la era eterna y definitiva de la salvación; tal es la presentación que de él hace con toda claridad 4Esd 7:28ss., afirman los judíos.

Pero, el reino eterno de Dios es trascendente y universal, y sus ciudadanos no son exclusivamente judíos, sino todos los justos, incluidos aquellos que han muerto y serán llamados nuevamente a la vida. Este reino no tiene una ubicación geográfica específica, sino que se establecerá en el cielo o en una tierra renovada. La duración del reino mesiánico intermedio varía según diferentes fuentes, desde cuarenta años hasta siete mil años.

Como lo expresan otras posturas escatológicas, en el libro de Apocalipsis, no se proporciona una descripción detallada del reino mesiánico de mil años, sino más bien una interpretación de él. Los versículos 4-6 nos sitúan al comienzo de ese período, mientras que los versículos 7-10 se refieren a su conclusión. La interpretación del versículo 4 es incierta. La primera parte hace referencia a tronos y a quienes se sientan en ellos, y se relaciona con pasajes del libro de Daniel que hablan del tribunal de Dios y el juicio a los santos. Algunos interpretan este versículo como una alusión a los cristianos resucitados que comparten el poder de juzgar al mundo, basándose en otros pasajes bíblicos. Sin embargo, más adelante, en el texto, se menciona la resurrección de los muertos, lo que sugiere una interpretación diferente.

Wikenhauser afirma que el autor del Apocalipsis presencia la resurrección de algunos muertos, y se aclara que se refiere a la resurrección física de los muertos. Esto se puede deducir al comparar el versículo 5 con los versículos 12a y 13. Aunque algunos argumentan que se trata de una resurrección espiritual, la referencia a la resurrección corporal de Cristo en la carta a Esmirna respalda la interpretación de una resurrección física. Por tanto, el reino eterno de Dios es trascendente y universal, mientras que el reino mesiánico intermedio tiene una duración variable y se considera un preludio del reino eterno. El libro de Apocalipsis proporciona una interpretación del reino mesiánico de mil años, que incluye referencias a tronos, juicio y resurrección física. Juan afirma que habrá dos resurrecciones: la primera, en la cual participan los justos y, la segunda, que ocurre mil años después e involucra a los demás muertos, aquellos que no fueron parte de la primera resurrección. El vidente declara que aquellos que participan en la primera resurrección son especialmente dichosos, ya que no sufrirán la segunda muerte, que es la condenación eterna. Durante los mil años, formarán el reino sacerdotal de Dios y de Cristo. El pasaje busca aclarar quiénes son los resucitados, pero su interpretación ha generado diversas opiniones. Algunos sostienen que se refiere únicamente a los mártires, lo cual parece más aceptable considerando la referencia a la Gran Tribulación y las muertes violentas en el texto. Otros opinan que incluye tanto a los mártires como a los confesores, es decir, aquellos cristianos que permanecieron fieles sin haber pasado por el martirio. Estos comentaristas argumentan que todos los cristianos, vivos o fallecidos, son admitidos en el reino de los mil años, basándose en textos como 1 Co. 15:22, 51-52 y 1 Ts. 4:16, que hablan de la resurrección de los que murieron "en Cristo" y la transformación de los vivos en cuerpos gloriosos.

Wikenhauser explica que, dado que hay incertidumbre en la interpretación del versículo 4 en su forma transmitida, se ha planteado la hipótesis de que dos partes del versículo sean interpolaciones y puedan omitir en la interpretación. Según esta hipótesis, el sentido sería que Juan vio las almas de los mártires que revivieron y reinaron con Cristo durante mil años. El pasaje de Ap. 20:4-10 no proporciona suficientes detalles para tener una comprensión precisa de este reinado de mil años. Se menciona que el reinado ocurre en la tierra, posiblemente en Palestina con Jerusalén como capital y que, además, de los ciudadanos del reino mesiánico, también hay otros seres humanos viviendo en la tierra. Babilonia y las dos bestias, junto con sus ejércitos, son destruidos, pero no se describe en absoluto las condiciones de vida en este reino, que está compuesto en su mayoría por los resucitados.

Wikenhauser concluye que el reinado de Cristo tiene una duración de mil años, y esta cifra no es una invención de Juan, sino que probablemente la recibió de alguna tradición. En el judaísmo tardío y entre los primeros cristianos, existía la idea de que la duración del mundo correspondía al tiempo que tomó su creación por parte de Dios. Además, el Salmo 90:4 dice que mil años son como un día, lo que llevó a la conclusión de que la duración total del mundo sería de siete "días de Dios", es decir, siete mil años. Según este cálculo, los seis días de la creación simbolizan los seis mil años que transcurren antes de la venida del Mesías, y el día de descanso simboliza el reino mesiánico, que debe durar mil años y reflejar la felicidad del paraíso. Dado el conocimiento de estas ideas, no es descabellado suponer que Juan esté influenciado por ellas. Además, hay rabinos autorizados de épocas anteriores que también creían en un reino mesiánico de mil años, basándose en el Salmo 90 y en Isaías 63:4.

Es oportuno recordar que la interpretación sobre el reino mesiánico intermedio varia de cuerdo a las distintas escuelas escatológicas (ver **Reino de Dios; Mesías**).

REINO MILENARIO

El reino milenario se refiere a la creencia en el reinado literal de Cristo en la tierra durante mil años después de su Segunda venida. Este término es utilizado por la escuela del reino milenario. Sin embargo, tanto el amilenialismo como el posmilenarismo rechazan esta creencia.

Los defensores del reino milenario sostienen cuatro argumentos: (a) interpretan el Pacto abrahámico literal e incondicionalmente (Gn. 12:1-3; 15:18-21; 17:7-8), creyendo que su simiente heredaría la tierra de Israel (cf. Is. 40ss.; Jer. 29:1-14; Dn. 9:2, etc.). Además, creen que la Iglesia no ha reemplazado permanentemente a Israel en el plan de Dios. Se acerca el día en que Israel se convertirá a Jesús como su Mesías. Cuando Jesús regrese del cielo para establecer el milenio, Jerusalén le servirá como base, y los judíos cristianos desempeñarán un papel destacado (Ro. 11:25-27; Ap. 7:14); (b) según ellos, la idea de un reino milenial está probada en, al menos, tres obras judías apocalípticas contemporáneas con el NT: 1 Enoc 93:3-17 (ca. 167 a.C.); 4 Esdras 7:26-44; 12:31-34 (ca. 90 d.C.); y 2 Baruc 29:3–30:1; 40:1-4; 72:2–74:3 (ca. 100 d.C.).

Cada uno de estos escritos anticipa el siguiente escenario: en la era mesiánica temporal, el Mesías vendrá y establecerá un reino de transición entre esta era y la edad venidera. Algunos antiguos rabinos tenían la misma creencia. Se cree que Pablo alude al reino mesiánico temporal en 1 Corintios 15:20-28. Algunos estudiosos han sintetizado su visión de la secuencia de eventos escatológicos de la siguiente manera:

La Segunda venida repentina de Cristo (1 Ts. 5:1-4). La resurrección de los creyentes fallecidos y la transformación de los creyentes vivos, encontrándose con el Señor en el aire (1 Ts. 4:16-17). El juicio mesiánico presidido por Cristo (2 Co. 5:10) o por Dios (Ro. 14:10). El comienzo del reino mesiánico, no descrito por Pablo, pero posiblemente insinuado en Gá. 4:26. Durante el reino mesiánico, habrá una transformación de toda la naturaleza de la mortalidad a la inmortalidad (Ro. 8:19-22), junto con una lucha contra los poderes angélicos (Ro. 16:20) hasta que la muerte misma sea vencida (1 Co. 15:23-28). El fin del reino mesiánico (Pablo no menciona su duración). Una resurrección general al final del reino mesiánico (1 Co. 6:3), seguida inmediatamente por el juicio sobre todos los hombres y los ángeles vencidos. Según esta propuesta, Pablo introduce dos resurrecciones: una en el regreso de Cristo y otra al final del reino mesiánico. Esta modificación de la escatología judía fue motivada por la vida, muerte y resurrección de Jesús el Mesías. La primera resurrección permite a los creyentes participar en el reino mesiánico.

El pasaje clave del NT para los premilenialistas que enseñan el reino mesiánico temporal es Ap. 20. Según esta perspectiva, Cristo regresará al final de la Gran Tribulación (Ap. 6-18) para derrotar a Satanás, al anticristo y a sus seguidores, y los arrojará al abismo por mil años. La ausencia de los enemigos de Dios resultará en una era de paz sin precedentes en la tierra, con Cristo gobernando desde Jerusalén (Ap. 20:1-3). Junto con Cristo, los cristianos reinarán en el reino milenario (Ap. 20:4-6). Al final de los mil años, Satanás será liberado temporalmente para engañar a las naciones y reunirlas en una última batalla contra Dios y su Cristo, la batalla de Gog y Magog. Sin embargo, Cristo destruirá a Satanás y a los pecadores para siempre, arrojándolos al lago de fuego en el gran Trono Blanco del Juicio (Ap. 20:7-15). Estos eventos serán seguidos por el estado final o el reino eterno de Dios.

Aquellas personas que no son premilenialistas, a menudo, plantean objeciones contra la idea de un reino milenario. Argumentan que solo se hace referencia a los mártires de la Gran Tribulación como reinando con Cristo (Ap. 20:4), y ven la resurrección mencionada como de naturaleza espiritual en lugar de física (Ap. 20:4-6). Los premilenialistas responden a estas objeciones afirmando que la resurrección de los mártires se menciona más adelante, lo que los distingue de todos los cristianos, que también reinarán con Cristo (Ap. 20:4). En otras partes de Apocalipsis, Juan promete que los fieles, no solo los mártires, compartirán el futuro reinado de Cristo (Ap. 2:26-28; 3:12, 21; 5:19; cf. 1 Co. 6:2-3).

Una resurrección espiritual difícilmente puede compensar a los mártires mencionados en Ap. 20:4, ya que están físicamente muertos, pero espiritualmente vivos en la presencia del Señor. Lo que necesitan es una resurrección corporal. Además, la expresión griega traducida como "vivieron" en Ap. 20:4 se refiere a una resurrección corporal por varias razones posibles: el mismo verbo utilizado en Ap. 20:5 significa resurrección corporal; la raíz verbal relacionada, "Yo vivo", en Apocalipsis se refiere frecuentemente a la resurrección corporal (Ap. 1:18; 2:8; 13:14; 20:5); en el contexto de la muerte, siempre se refiere a la resurrección física en el Nuevo Testamento (Jn. 11:25; Hch. 1:3; 9:41); y Juan claramente equipara "vivir" con la resurrección (*anástasis*) en Ap. 20:5 (VA), (ver **Dispensacionalismo; Reino de Dios; Premilenarismo; Posmilenarismo; Milenio**).

RELÁMPAGOS, TRUENOS

Del trono salían ruidos, truenos y relámpagos (Ap. 4:5), lo cual se interpreta simbólicamente como una manifestación de la presencia de Dios. Este pasaje, al igual que muchos otros en el libro del Apocalipsis, debe ser entendido en un sentido simbólico. La descripción del trono de Dios es tan asombrosa que Juan recurre a fenómenos naturales que podemos comprender para transmitirnos una idea de su magnificencia. Estos fenómenos naturales son utilizados como símbolos que representan la grandeza y el poder de Dios que se manifiestan en la naturaleza (Job 36:29-30; Sal. 18:13-15; 29:3-5), (Trenchard). Los ruidos, truenos y relámpagos que salen del trono se interpretan como manifestaciones del poder y la majestuosidad de Dios. Estos fenómenos naturales son símbolos de su soberanía y autoridad sobre todas las cosas. Algunos comentaristas ven los ruidos, truenos y relámpagos como símbolos del juicio divino y la venida del día del juicio. Sugieren que estas manifestaciones representan el temor que acompañarán el juicio final de Dios sobre la humanidad. También pueden interpretarse como signos de la presencia de Dios. Estos fenómenos sobrenaturales evocan una imagen imponente y aterradora de la divinidad, destacando la distancia y el temor reverencial que deben sentir los seres humanos hacia Dios. Otros comentaristas ven los ruidos, truenos y relámpagos como señales proféticas que anticipan los eventos futuros descritos en el Apocalipsis. Estos fenómenos podrían interpretarse como advertencias o indicadores de los acontecimientos catastróficos que están por venir.

Otra interpretación sugiere que los ruidos, truenos y relámpagos son símbolos de la ira divina que se derrama sobre la humanidad pecadora. Estos sonidos y luces intensos pueden ser vistos como advertencias de los juicios venideros de Dios y su justicia contra el mal. Pueden ser señales de revelación progresiva de la gloria divina. A medida que se despliegan los eventos del Apocalipsis, la magnificencia y el esplendor de Dios se manifiestan de manera más evidente. Estos fenómenos son indicadores de la creciente revelación de la gloria y el poder de Dios a medida que la historia se acerca a su cumplimiento final.

Algunos estudiosos encuentran paralelismos entre los ruidos, truenos y relámpagos descritos en el Apocalipsis y la teofanía del monte Sinaí (Éx. 19:16-19) cuando Dios se revela a Moisés y al pueblo de Israel, se describe una escena justamente de truenos, relámpagos y sonidos fuertes. Esta conexión podría sugerir que la visión apocalíptica del trono en el cielo es una manifestación de la presencia y la revelación divina similar a la que ocurrió en el Sinaí.

En Ap. 11:19, Juan tiene una visión del templo de Dios en su estado original en el cielo. En la tierra, el templo ya había sido destruido en el momento en que se escribió el Apocalipsis. Sin embargo, Juan contempla el templo original en el cielo, que incluye el arca y la ley en su interior. El hecho de que el templo se presente abierto nos recuerda a Hebreos 10:19, donde se nos dice que, bajo el Nuevo Pacto, podemos entrar al lugar santísimo. Este acceso al templo y al arca del pacto, en su forma celestial original y no la copia terrenal, es tan extraordinario que, al igual que cuando se dio la ley por primera vez en Éxodo 19:14 y siguientes, Juan presencia grandes fenómenos meteorológicos que acompañan la visión de las realidades celestiales, tales como relámpagos, voces y truenos (Trenchard), (ver **Juicio**).

REMANENTE

1. Heb. 7611 *sheerith*, רִיתָא = "restante, lo que queda", vocablo técnico utilizado por los profetas para el "remanente de Israel" (Am. 5:15; Mi. 4:7; 5:6-7; Sof. 3:13); 2. heb. 7605 *shear*, אָר = "resto, remanente, residuo" (Is. 7:3; 10:20-22; 11:11, 16; 28:5); 3. heb. 3499 *yether*, תֶר = "resto, remanente", de *yathar*, יתר = "dejar de sobra, quedar de sobra" (Mi. 5:3); aparece casi 100 veces en el AT, la generalidad de ellas con el sentido frecuente de noticias suplementarias históricas que se encuentran en otras partes (ver 1 R. 11:41). Algunos profetas lo usan para delimitar el "resto de los temerosos de Yahvé", p. ej. Mi. 5:3; Sof. 2:9 y Zac. 14:2. 4. Raíz heb. 6413 *palath*, פלט = "escapar, quedar libre, sobrevivir" (Is. 4:2; 10:20; Ez. 14:22; Jl. 3:5; Abd. 17).

Del gr. *leimma* (λεῖμμα, 3005), aquello que es dejado, concerniente a *leipo*, dejar: remanente. Se utiliza en Ro. 11:5: "ha quedado un remanente", más lit. "ha venido a haber un remanente", se refiere a que existe un remanente espiritual salvado por medio del evangelio de entre el Israel apóstata. Se refiere a un remanente: un resto pequeño, y como tal constituye una evidencia de la gracia de Dios en elección. Sept, 2 R. 19:4.

1. Del gr. Κατάλοιπος (*katáloipos*) es una palabra griega que significa "restante" o "remanente" (Hch. 17:15); 2. del gr. "hypóleimma" (ὑπόλειμμα) se traduce como "resto", "residuo" o "remanente". Sustantivo: lo que queda o permanece después de que algo ha sido quitado, consumido o destruido (Ro. 9:27), (Vine).

El germen de la idea y el concepto de remanente se encuentran en el relato del diluvio. Noé y su familia son el remanente que se salva durante la inundación, mientras que el resto de las personas son destruidas en el juicio (Gn. 7). En el libro de Génesis 45:6-7, José declara que Dios lo envió para preservar un remanente en la tierra y salvar vidas durante un período de escasez. En el episodio del desánimo de Elías, Dios le revela que ha mantenido un remanente de siete mil fieles en medio de la apostasía nacional

(1 R. 19:10-18). En estas narrativas, el remanente representa a aquellos que permanecen fieles al Señor en medio de la adversidad y el juicio.

Así, uno de los temas recurrentes en las Escrituras es la importancia del "resto" o "remanente". Este término se refiere a aquellos que sobreviven, los que quedan, aquellos que son salvados de los juicios divinos debido a su fidelidad al Señor. Este concepto teológico fundamental está relacionado con Sión, Jerusalén y el pueblo fiel: el Señor no permitirá que su pueblo sea totalmente destruido, sino que preservará una parte de él. A estos sobrevivientes, que son salvados únicamente por la misericordia de Dios, se les llama "resto". Su salvación es una manifestación exclusiva de la misericordia divina, ya que sus pecados se asemejan a los de Sodoma y Gomorra. La frase "sobrevivientes de Israel" introduce una vez más el tema del "resto" o "remanente", que es de vital importancia en la literatura del AT principalmente. Dios ejecutará su juicio sobre Jerusalén, pero preservará a una pequeña parte del pueblo, un "resto" o grupo reducido que ha sido fiel y que confía en sus promesas. Ellos sobrevivirán a la catástrofe y serán salvados por la bondad y misericordia divinas (Levoratti, 2007).

El tema del remanente se menciona específicamente en 2 R. 19:4, 31; 2 Cr. 30:6; 34:9, 21; Esd. 9:8, 13, 14, 15; Neh. 1:3; Is. 10:20-22; 11:11-16; 14:22; 28:5; 37:4, 32; 46:3; 49:6; Jer. 11:23; 23:3; 25:20; 31:7; 42:15; 45:19; 43:5; Ez. 9:8; 11:13; 14:22; 23:25; Jl. 2:32; Am. 5:15; Ab. 1:17; Sof. 2:7, 9; 3:13; Zac. 8:6, 11-12; 9:7; Ro. 9:27; 11:5. La idea central del remanente es que, incluso en medio de una apostasía generalizada y el consiguiente juicio o destrucción, Dios siempre preserva a un pequeño grupo fiel al cual libera y a través del cual trabaja para traer bendiciones. Esta temática se destaca especialmente en los profetas del Antiguo Testamento. La palabra hebrea para remanente aparece más de 100 veces en los libros proféticos.

Los profetas proclaman que, debido a la ruptura del pacto por parte de Israel/Judá y su negativa a arrepentirse y volver a Dios, el juicio vendrá en forma de invasiones extranjeras y destrucción, seguidas del exilio de la tierra. Por ejemplo, el reino del norte de Israel fue destruido y exiliado por los asirios en el 722 a.C., y el reino del sur de Judá fue destruido y exiliado por los babilonios en el 587/586 a.C. Sin embargo, los profetas también profetizan esperanza y restauración más allá del juicio. Aunque muchos serán destruidos, un remanente sobrevivirá y Dios actuará a través de ellos para traer bendición y restauración. Normalmente, este remanente se identifica como aquellos que van al exilio, pero que también esperan regresar a la tierra de Israel. El restablecimiento del remanente, a menudo, se asocia con el inicio de la era mesiánica.

El tema del remanente continúa en el Nuevo Testamento, pero de manera limitada. No aparece explícitamente en los evangelios, aunque algunos eruditos argumentan que está implícito. Por ejemplo, en Mateo 7:13-14, Jesús habla de la puerta estrecha y el camino angosto que conduce a la vida, y pocos son los que lo encuentran. En Mateo 22:14, Jesús resume una parábola diciendo que muchos son llamados, pero pocos son escogidos.

En Romanos 11, el apóstol Pablo aborda el tema del remanente de forma clara. Utiliza la palabra "remanente" y vincula su argumento con la referencia al remanente en 1 R. 19:18, donde Dios declara que se ha reservado siete mil fieles. Pablo destaca las similitudes entre la apostasía en Israel, en tiempos antiguos, y el rechazo del Mesías por parte de Israel en su época. Aunque la nación en su conjunto había rechazado a Dios, Él aún mantenía un remanente fiel. Pablo también resalta que este remanente es establecido por la gracia de

Dios. En Romanos 11:5 explica: "Así también en este tiempo ha quedado un remanente escogido por gracia" (ver **Resto de Israel**).

RESTAURACIÓN

En la Biblia, el término hebreo principal que se traduce como "restauración" es el verbo שׁוּב (*shuv*), que significa "volver" o "regresar". En su contexto bíblico, este término implica un retorno a un estado anterior o una condición deseada y, a menudo, está asociado con el arrepentimiento, la reconciliación y la renovación. Dos ejemplos en los que aparece el término hebreo שׁוּב (*shuv*): Jeremías 3:22 (NVI): "¡Regresen, hijos infieles, que yo sanaré su infidelidad!". Aquí, "regresen" es la traducción del término *shuv*, que se utiliza en el llamado de Dios a su pueblo para que vuelva a Él y sea restaurado. Joel 2:12 (NVI): "Aun ahora —afirma el Señor—, vuélvanse a mí de todo corazón, con ayuno, llantos y lamentos". Nuevamente, "vuélvanse" es la traducción de שׁוּב (*shuv*), y se emplea para instar al pueblo a arrepentirse y regresar a Dios en un acto de restauración y reconciliación.

En el Nuevo Testamento griego, el término principal que se traduce como "restauración" es el verbo ἀποκαθίστημι (*apokathistēmi*), que también significa "restaurar" o "restituir". Este término implica la idea de volver algo a su estado original o restablecerlo a su condición deseada. A menudo, se utiliza en el contexto de la sanidad, la renovación espiritual y la restauración de la relación con Dios.

Además, hay otros términos relacionados que se utilizan en la Biblia para expresar la idea de restauración, como שָׁלֵם (*shalem*) en hebreo, que significa "paz" o "completitud", y ἀποκατάστασις (*apokatastasis*) en griego, que implica la restauración o renovación total de todas las cosas. Dos versículos en los que se encuentra el término griego ἀποκατάστασις (*apokatastasis*): Hechos 3:21 (NVI): "Es necesario que el cielo los retenga hasta el tiempo de la restauración de todas las cosas, como Dios lo ha dicho desde hace mucho tiempo por boca de sus santos profetas". Aquí, "restauración" es la traducción de *apokatastasis*, y se refiere al momento en el que todas las cosas serán restauradas y renovadas según la promesa divina. Mateo 17:11 (NVI): "Elías tiene que venir para poner en orden todas las cosas". Aunque no se menciona directamente la palabra "apokatastasis" en este versículo, se hace referencia a la idea de restauración y renovación completa, en la que todas las cosas serán puestas en orden según el propósito de Dios.

Desde una perspectiva bíblica, la restauración se refiere al acto o proceso divino de devolver o restablecer algo a su estado original o a una condición deseada. En el contexto bíblico, la restauración se relaciona con la intervención de Dios para renovar, sanar y reconciliar a las personas, comunidades o naciones que han experimentado la caída, el pecado o la destrucción.

En el Antiguo Testamento, la restauración está vinculada a la promesa de Dios de redimir y renovar a Israel después de su exilio y dispersión. Por ejemplo, en el libro de Isaías, encontramos profecías de restauración en las que Dios promete reconstruir Jerusalén, restaurar la adoración en el Templo y renovar la relación con su pueblo. Esta restauración implica el perdón de los pecados, la reconciliación con Dios y la renovación de la vida social y religiosa.

En el Nuevo Testamento, la restauración se manifiesta a través del ministerio de Jesucristo. Jesús vino a restaurar la relación rota entre la humanidad y Dios mediante su muerte y resurrección. Su obra de salvación trae la restauración espiritual y la posibilidad de una vida transformada por el poder del Espíritu Santo. Además, Jesús también anunció la restauración final de todas las cosas en su Segunda venida, cuando establecerá un nuevo cielo y una nueva tierra, libres de pecado y maldición.

Desde una perspectiva teológica, la restauración implica la recuperación de la plenitud y la perfección original que Dios tenía en mente para su creación. En el plan redentor de Dios, la restauración no solo va más allá de una simple reparación o regreso a la condición inicial, sino que implica una renovación y transformación completa. La restauración abarca la sanidad espiritual, emocional y física, así como la reconciliación con Dios y la restauración de la comunión y la justicia en las relaciones humanas.

La restauración bíblica y teológica es el acto divino de devolver algo a su estado original o a una condición deseada, implicando la renovación espiritual, la reconciliación y la sanidad, tanto a nivel individual como colectivo, como parte del plan redentor de Dios para su creación (ver **Restauración de Israel**).

RESTAURACIÓN DE ISRAEL

El mensaje de la mayoría de los libros proféticos del Antiguo Testamento puede resumirse en tres puntos principales dirigidos a Israel y Judá: la ruptura del Pacto mosaico, la necesidad de arrepentimiento y el pronunciamiento del juicio, seguido de las promesas de bendiciones futuras y restauración.

Estos profetas confrontaron a Israel y Judá, señalando que habían quebrantado el Pacto mosaico establecido entre ellos y Dios. Instaron al pueblo a arrepentirse y volverse hacia Dios, reconociendo su pecado y buscando su perdón. Sin embargo, dado que no hubo un genuino arrepentimiento, los profetas anunciaron el juicio venidero, que se materializaría a través de la invasión y la destrucción, ya sea por parte de los babilonios o los asirios.

No obstante, los profetas también anunciaron un mensaje de esperanza y restauración más allá del juicio y la destrucción. Predijeron un futuro en el que Dios traería bendiciones y restauración a su pueblo. Hablaron de un nuevo éxodo, un regreso a Israel, en el que Jerusalén y Sión serían reconstruidas y gobernadas por un rey justo y recto de la línea davídica, o incluso por Dios mismo. Además, describieron una visión en la que personas de todas las naciones acudirían a Jerusalén para adorar al verdadero Dios. En ese momento, habría paz y prosperidad en la tierra de Israel.

Después del exilio, muchos judíos regresaron a Israel bajo el liderazgo de Zorobabel y Esdras, y se reconstruyó una especie de nación. Sin embargo, continuaron siendo un país pequeño en lucha bajo dominación extranjera. Pocas de las descripciones de restauración proporcionadas por los profetas del Antiguo Testamento se cumplieron en este regreso, conocido como el retorno postexílico. Por lo tanto, el fuerte mensaje implícito de los profetas posteriores al exilio fue que el pueblo de Israel debía seguir esperando el cumplimiento de esas profecías de restauración.

La comprensión de estas profecías en la actualidad genera divisiones entre los eruditos evangélicos. Muchos premilenialistas, especialmente los dispensacionalistas, tienden a interpretar estas profecías de manera literal. Sostienen que las profecías acerca de la restauración de Israel se cumplirán de manera literal durante el reinado milenario de Cristo en la tierra. En ese tiempo, se restablecerá Jerusalén y Cristo gobernará desde allí sobre una nación creyente de Israel, en una Tierra de Israel literal, y sobre todo el mundo. Este reinado milenario será un período de justicia, paz y prosperidad, tal como lo describen los profetas del Antiguo Testamento, en lo que se conoce como el reino Milenial.

Muchos premilenialistas, especialmente los dispensacionalistas, consideran el restablecimiento de Israel en 1948 como un indicio de un movimiento actual hacia el cumplimiento literal de estas profecías en los últimos tiempos.

Otros premilenialistas adoptan una postura más cautelosa y señalan que la formación del Estado de Israel moderno no indica necesariamente que el "reloj del tiempo" de los últimos tiempos haya comenzado a correr. Argumentan que, al igual que en el pasado, cuando Israel desobedeció a Dios y resultó en juicio y pérdida de la tierra, es posible que el Estado de Israel moderno, al rechazar a Jesús como el Mesías y, a menudo, no defender la justicia, pueda perder fácilmente su derecho a la tierra una vez más. Así, la restauración de Israel predicha por los profetas del Antiguo Testamento podría estar aún en el futuro y no tener nada que ver con el Israel moderno de hoy.

Otro punto de vista importante entre los evangélicos, con respecto a las profecías del Antiguo Testamento sobre la restauración de Israel, es el amilenialismo. En general, los amilenialistas argumentan que muchas de estas profecías deben interpretarse de manera más figurada, simbólica o tipológica. Alegan que así es como se entienden estas profecías en el Nuevo Testamento. Los amilenialistas sostienen que las profecías del Antiguo Testamento sobre la restauración de Israel, como el restablecimiento de Jerusalén o el gobierno del rey davídico, se cumplen mediante la primera venida de Cristo, a través de la Iglesia durante el tiempo entre los dos advenimientos de Cristo, o durante el segundo y último regreso de Cristo, cuando se lleva a cabo el juicio final y se inaugura el cielo nuevo y la tierra nueva. En otras palabras, no hay un restablecimiento futuro de la nación literal de Israel predicho en la Biblia.

RESTO DE ISRAEL

"Pequeña parte del pueblo que, según la predicación profética, escapa de la ruina común en la ejecución del castigo de Yahvé, y continúa la historia de la salvación" (Schökel).

La frase "resto de Israel" se encuentra en los textos proféticos del Antiguo Testamento y hace referencia a un remanente o grupo selecto de personas dentro del pueblo de Israel. Este concepto tiene un significado teológico y espiritual importante en la tradición profética. Son los israelitas que permanecen fieles a Dios y a su pacto, a pesar de la apostasía y la infidelidad generalizada del pueblo. En momentos de juicio o castigo divino sobre Israel, los profetas hablan de este resto que será preservado y restaurado por la gracia y misericordia de Dios".

Este "resto de Israel" se considera un remanente fiel, un grupo creyente que mantiene su lealtad y obediencia a Dios en medio de la corrupción y la idolatría que prevalece en la nación. Los profetas anuncian que este remanente será restaurado, redimido y bendecido por Dios, y jugará un papel crucial en el futuro cumplimiento de las promesas divinas. Los textos proféticos hablan del "resto de Israel" como un testimonio del amor, la fidelidad y el poder de Dios para preservar y sostener a su pueblo. También señalan que este remanente será un instrumento de bendición para las naciones y participará en la restauración y renovación del pueblo de Dios.

El concepto del "resto de Israel" también adquiere un significado mesiánico en el Nuevo Testamento, donde se asocia con la idea de una comunidad creyente formada por judíos y gentiles que aceptan a Jesús como el Mesías y Salvador.

En los textos proféticos del Antiguo Testamento, varios profetas hablan sobre el "resto de Israel". Aquí hay algunos ejemplos:

El profeta Isaías habla extensamente sobre el remanente fiel de Israel. En Is. 10:20-23, se hace referencia al "resto de Israel" como aquellos que se volverán al Dios verdadero y serán preservados. Isaías también profetiza sobre la restauración y bendición del remanente en capítulos posteriores, como en

Is. 11:11-16 y 37:31-32. El profeta Jeremías también habla sobre el "resto de Israel" en varios pasajes. En Jeremías 23:3, Dios promete reunir a su "rebaño remanente" y traerlo de regreso a su tierra. Jeremías 31:7-9 y 50:20 mencionan la redención y restauración del "resto de Israel" en el futuro. El libro de Oseas aborda la infidelidad del pueblo de Israel y su eventual restauración. En Oseas 1:10-11, se profetiza que el "resto de Israel" será contado como el pueblo de Dios y se unirá en un solo líder en el futuro.

En Miqueas 2:12 y 5:7-8, se menciona el "resto de Israel" como aquellos que serán reunidos y restaurados por Dios en los últimos días. Miqueas profetiza que el remanente será fuerte y liderado por el Señor (ver **Remanente**).

RESURRECCIÓN

La palabra griega para "resurrección" es *anastasis* (ἀνάστασις). En el contexto bíblico, implica la idea de levantarse o volver a la vida después de la muerte. Tanto proféticamente, escatológicamente como teológicamente, la resurrección tiene importantes implicaciones. Desde una perspectiva profética, la resurrección se menciona en el AT en pasajes como Daniel 12:2, donde se habla de una resurrección para vida eterna o para vergüenza y desprecio eterno. Estas profecías apuntan a una esperanza futura de una resurrección física y una retribución final. Escatológicamente, la resurrección está estrechamente relacionada con la creencia en el retorno de Jesucristo y el establecimiento del reino de Dios. En 1 Tesalonicenses 4:16-17, se describe la resurrección de los muertos en Cristo y el encuentro con el Señor en el aire durante su Segunda venida. La resurrección también está asociada con la victoria sobre la muerte y la promesa de la vida eterna. Teológicamente, la resurrección es central en la fe cristiana. Pablo, en 1 Corintios 15, destaca la importancia de la resurrección de Cristo como base para la esperanza de la resurrección de los creyentes. La resurrección de Jesús muestra su poder sobre la muerte y su capacidad para dar vida nueva. Además, la resurrección es vista como la garantía de la resurrección de los creyentes y la transformación de sus cuerpos corruptibles en cuerpos gloriosos (Fil. 3:20-21). La resurrección se menciona en muchos versículos, he aquí algunos: Jn 11:25-26: "Yo soy la resurrección y la vida; el que cree en mí, aunque muera, vivirá. Y todo aquel que vive y cree en mí, no morirá eternamente". ¿Crees esto? Hch. 24:15: "Tengo esperanza en Dios, esperanza que ellos también abrigan, de que habrá una resurrección de los justos y de los injustos". Fil. 3:10-11: "A fin de conocerle, y el poder de su resurrección, y la participación en sus padecimientos, llegando a ser semejante a él en su muerte, con la esperanza de llegar a la resurrección de entre los muertos".

Marchadour afirma que solo la resurrección autentifica la exigencia enorme de la vida, el ministerio y la muerte de Cristo como la expresión concluyente de Dios entre los hombres. Los primeros cristianos reconocieron en la resurrección el suceso escatológico que culmina el largo peregrinaje de Israel y da valor universal al destino de Jesús de Nazaret. Después de su resurrección, Jesús es la novedad radical que, según la expresión de la carta de Bernabé, abarca el pasado, explica el presente y proporciona el conocimiento y la esperanza del porvenir. La resurrección fue la nueva luz que iluminó y dio respuesta a las interrogantes de los primeros cristianos sobre la muerte y la vida.

En ese sentido, cuando los teólogos hablamos de la resurrección de los muertos, partimos indefectiblemente de la resurrección de Jesús de Nazaret, el Cristo. Es el acto más grande y magnífico de todo el universo, el anticipo escatológico central para la fe cristiana.

Como se menciona en 1 Corintios 15:20: "Pero en realidad, Cristo ha sido levantado de entre los muertos, como primicias de los que murieron". Jesús de Nazaret es el primero y el más grande fruto de la gran cosecha de la resurrección de los muertos que ocurrirá en la Segunda venida de Jesucristo.

En esa perspectiva, Pannenberg describe la grandeza de la resurrección de Cristo: "Por la resurrección de Jesús, el futuro del reino de Dios, que Él proclamó, queda abierto a cada uno de los seres humanos. Pero solo participa en el Resucitado quien está también unido a Jesús en su muerte. El resucitado es idéntico con el crucificado. Dios ha resucitado al Jesús crucificado, obediente a su misión hasta la muerte en la cruz, es el segundo Adán. Él es el hombre nuevo del futuro, a la vez Espíritu vivificador, emancipado sobre la muerte, el que muere con Cristo también resucitará con él" (Pannenberg, 1983).

La resurrección es la piedra de toque de la fe cristiana, no es una doctrina que se suma a la fe, ¡no! es la doctrina fundamental para la fe. Sin resurrección no hay fe, sin la resurrección de Cristo no habría salvación para los hombres, "vana sería nuestra fe". La resurrección es la radicalización de la fe en Dios, basada en la resurrección de Cristo.

La Escritura del Antiguo Testamento habla de manera implícita de la resurrección en unos pocos pasajes. Un ejemplo, Mt. 22:31-32: "[31] Y en cuanto a la resurrección de los muertos, ¿no han leído lo que les fue dicho por Dios? cuando dijo: [32] 'Yo soy el Dios de Abraham, y el Dios de Isaac, y el Dios de Jacob, Él no es Dios de muertos, sino de vivos'". Y de manera directa, solo el pasaje de Daniel 12:1-3 en hebreo; todos los exegetas están de acuerdo que ese pasaje describe la resurrección de los muertos en el sentido estricto: "[1] En aquel tiempo se levantará Miguel, el gran príncipe que vela sobre los hijos de tu pueblo. Será un tiempo de angustia cual nunca hubo desde que existen las naciones hasta entonces. Y en ese tiempo tu pueblo será librado, todos los que se encuentren inscritos en el libro. [2] Y muchos de los que duermen en el polvo de la tierra despertarán, unos para la vida eterna, y otros para la ignominia, para el desprecio eterno. [3] Los entendidos brillarán como el resplandor del firmamento, y los que guiaron a muchos a la justicia, como las estrellas, por toda la eternidad".

Este pasaje fue escrito en un contexto de persecución, destierro, crueldad y muerte, con el fin de resaltar el concepto de la retribución para los malvados y la justicia para la fidelidad de los mártires. El propósito es fortalecer a los que habrían de sufrir y que ellos comprendieran que vale la pena ser fiel, aunque en esta vida sufran penurias pues, tras la muerte, les espera en su debido tiempo, la resurrección a la vida eterna. Despertarán con su humanidad completa y a los que en esta vida se conducen por el sendero de la iniquidad su fin es camino de vergüenza eterna.

Jesucristo fue el primero en anunciar de manera contundente la resurrección de los muertos comenzando con el anuncio de su propia resurrección. El Evangelio de Marcos muestra que el mensaje escatológico de Jesús comienza a vislumbrase cuando él anuncia a sus discípulos que morirá, pero que resucitará al tercer día (Mr. 8:31-32). Les está enseñando la verdad de que su vida no terminará con la muerte en la cruz, porque en la resurrección él asumirá una vida nueva, transformada, invencible, sin perder la identidad.

Jesús afirma que "él es la resurrección y la vida y el que cree en él, aunque esté muerto vivirá", "Y todo aquel que vive y cree en él no morirá eternamente" (Jn. 11:25-26), y que él resucitará a los muertos salvos: "Y esta es la voluntad del que me ha enviado: que todo aquel que ve al Hijo, y cree en él, tenga vida eterna; y yo le resucitaré en el día postrero" (Jn. 6:40).

Los discípulos cuando oyeron la enseñanza de la resurrección no la entendieron hasta que se convirtió en una realidad palpable. Es comprensible en alguna medida.

El cristianismo primitivo creyó en la resurrección de Cristo y participó en el anuncio de que habría resurrección de los justos e injustos: "teniendo esperanza en Dios, la cual ellos también abrigan, de que ha de haber resurrección de los muertos, así de justos como de injustos" (Hch. 24:15).

Los testimonios de la resurrección en los relatos de los evangelios son posteriores a los de las cartas paulinas, los que estudian teología lo saben. El testimonio de la resurrección más antiguo registrado en el NT se describe en 1 Co. 15. Pablo testifica que recibió y luego transmitió a la Iglesia de Corinto la noticia de la resurrección de Cristo, cumplida conforme a la profecía de la Escritura. Para dar peso a lo expuesto, registra un listado de los testigos del Cristo resucitado: Cefas, los doce discípulos, quinientos hermanos a la vez, que estaban vivos y podían testificar a quienes les preguntaran, a Jacobo, después a todos los apóstoles y, por último, como un "nacido fuera de tiempo" al mismo Pablo (las cartas de Pablo se sitúan en las siguientes fechas: ca. 54-58 d.C., escritas durante el tercer viaje misionero: 1 Corintios y 2 Corintios, Gálatas, Romanos; ca. 59-63 d.C., escritas durante la primera encarcelación de Pablo en Roma: Colosenses, Efesios, Filemón, Filipenses; ca. 64-67 d.C., escritas después de su liberación de la primera encarcelación y durante la segunda encarcelación de Pablo en Roma: 1 y 2 Timoteo, Tito).

Por siglos se ha enseñado, equivocadamente, que el sepulcro vacío es una prueba contundente de la resurrección de Cristo. Para comenzar, no se sabe exactamente cuál es la tumba verdadera, puesto que no es posible la verificación histórica científica. La tradición sugiere que hay un mínimo de dos tumbas vacías, aunque es mucho más probable que sea la "tumba del jardín". Y si tuviéramos la certeza al ciento por ciento de que esa es, el mensaje justo sería "aquí no está". Los mismos evangelistas señalaron algunas posibilidades para rechazar los rumores sesgados de los judíos religiosos: simulación de los discípulos, sustracción del cadáver, cambio de persona, muerte aparente.

Pero sí son pruebas de la resurrección de Cristo, las siguientes dos:

a) *El cambio radical de actitud y de las acciones de los discípulos después del encuentro con el resucitado.* Según Moltmann esta es la prueba más concluyente, pues les otorgó valentía para anunciar, enseñar, evangelizar, testificar que Cristo era el Mesías muerto y crucificado por los romanos con la presión de los religiosos de Jerusalén: "Ustedes mataron al autor de la vida", exclama el transformado Pedro. Anuncian a todo el pueblo, delante de las altas autoridades religiosas perseguidoras, sin temor a ser apedreados, encarcelados, torturados y aun muertos por la causa de Cristo, que ese Jesús ha resucitado, ascendido al cielo y posee toda la autoridad en el cielo y la tierra como Señor. Antes de la resurrección, durante el juicio y la muerte de Jesús, todos huyeron, negando conocer a Jesús de Nazaret, asustados, escondidos, temerosos (Moltmann, 2004).

b) *Las apariciones del Cristo resucitado.* A Cefas, a los doce discípulos, a más de quinientos hermanos a la vez, a Jacobo, posteriormente a todos los apóstoles, finalmente a Pablo, quien junto a los otros apóstoles eran testigos fieles de esa resurrección: "Un apóstol que sabía distinguir minuciosamente entre las opiniones propias y las revelaciones divinas, no se equivoca. En este asunto no podría engañarse a sí mismo ni mucho menos engañar al pueblo de Dios" (Vila, 1983).

Lo determinante para Pablo en la predicación de la resurrección, era la total transformación de conducta y ministerios de los apóstoles después de la resurrección de Cristo, y los testimonios de la aparición del resucitado a los mencionados y su propio encuentro. Así, las pruebas de primera mano para Pablo y su encuentro con el resucitado son el secreto de su fuerza, su perseverancia, su determinación y lo vigorizan para soportar lapidaciones, persecuciones, azotes, cárcel, hambre, frío, calumnias, juicios, naufragios, hasta el mismo martirio.

La resurrección no se puede demostrar por la ciencia, pero sí es un acontecimiento real, testificado por el cristianismo primitivo. Legitimado, además, por la fe de todos aquellos que hemos tenido un encuentro espiritual real con nuestro Señor Jesús, el Cristo resucitado, por la transformación asombrosa que experimentamos desde el día que tuvimos un encuentro con él. De igual manera el Espíritu Santo da testimonio a nuestro propio espíritu de esa maravillosa esperanza.

La esperanza real sobre la que caminamos en este mundo incierto es que participaremos de la primera resurrección en "el instante escatológico", en ese abrir y cerrar de ojos, en el cual seremos levantados o transformados, con un cuerpo glorificado, con una nueva vida. Ello nos abre a la presencia plena de nuestro Dios trino en la nueva Jerusalén, en la nueva creación de todas las cosas (ver **Inmortalidad del alma**).

RETRASO DE LA PARUSÍA

La palabra griega "Parusía" (παρουσία) se traduce generalmente como "venida" o "presencia". En el contexto bíblico y teológico, se refiere específicamente a la Segunda venida de Jesucristo, es decir, su regreso futuro y visible a la tierra al final de los tiempos. Mateo 24:3: "Mientras Jesús estaba sentado en el monte de los Olivos, se le acercaron por aparte sus discípulos y le preguntaron: —dinos, ¿cuándo sucederán estas cosas? ¿Y qué señal habrá de tu venida (Parusía) y del fin de esta era?"; 1 Tesalonicenses 4:15: "De acuerdo con el Señor, afirmamos a ustedes lo siguiente: nosotros, los que estemos vivos y hayamos quedado hasta la venida (Parusía) del Señor, de ninguna manera nos adelantaremos a los que hayan muerto"; 2 Pedro 3:4: "Y argumentan así porque dicen: '¿Dónde está esa venida (Parusía) que él les prometió? Desde que nuestros antepasados murieron, todo sigue igual desde el principio de la creación'" (ver **Segunda venida**).

El concepto del retraso de la Parusía se refiere a la idea planteada por algunos académicos del Nuevo Testamento de que los primeros cristianos (30-70 d.C.) creían que Cristo regresaría antes de que murieran. Sin embargo, cuando esto no sucedió y la Parusía fue postergada, se dice que los primeros creyentes se enfrentaron a una crisis de fe.

Es posible que la expectativa de la iglesia primitiva sobre la inmediatez de la Parusía haya experimentado cierto desarrollo. Esto puede sugerirse al examinar la interpretación de los evangelios sinópticos del discurso de Jesús en el Monte de los Olivos, donde Jesús dice: "En verdad os digo que no pasará esta generación hasta que todas estas cosas sucedan" (Mr. 13:30, aunque es importante señalar que los académicos interpretan este pasaje de diversas formas). Muchos estudiosos sugieren que el Evangelio de Marcos fue escrito en algún momento entre los años 64 y 68 d.C., antes de la destrucción de Jerusalén por los romanos en el año 70 d.C. Por lo tanto, Marcos 13:30 podría estar vinculando a la próxima caída de Jerusalén con la generación contemporánea.

En contraste, el Evangelio de Lucas fue escrito probablemente después de la caída de

Jerusalén (70-80 d.C.). En Lucas 21:20, omite la declaración de Marcos 13:19 que dice: "Porque habrá entonces una tribulación tan grande como no la ha habido desde el principio del mundo hasta ahora, ni la habrá", en referencia a la caída de Jerusalén. Parece que Lucas intenta disociar la caída de Jerusalén de la última generación, sugiriendo que esta última se encuentra en un futuro distante. En otras palabras, Lucas presenta la caída de Jerusalén como un evento histórico que ya ha ocurrido, pero no lo equipara directamente con el fin de los tiempos o la Parusía de Cristo.

Por otro lado, el Evangelio de Mateo (escrito entre el 80 y el 90 d.C.) parece combinar los dos puntos de vista anteriores al distinguir la caída de Jerusalén de la última generación sin ponerlos en tensión. Mateo enfatiza la perspectiva de que la caída de Jerusalén es una parte del cumplimiento parcial de las profecías de Jesús, pero no agota el cumplimiento final. La clave de la perspectiva de Mateo se encuentra en Mt. 24:3, donde los discípulos, al lamentar la predicción de Jesús sobre la inminente caída de Jerusalén, le preguntan a su Maestro dos preguntas relacionadas pero distintas: "¿Cuándo sucederá esto (la caída de Jerusalén en el año 70 d.C.) y cuál será la señal de tu venida y del fin del mundo (la Parusía)?". En otras palabras, la primera pregunta se refiere al trasfondo y al cumplimiento parcial del Discurso del Monte de los Olivos, mientras que la segunda pregunta se refiere al cumplimiento final y futuro de las profecías de Jesús. Si una de estas cosas sucedió, entonces ciertamente también ocurrirá la otra.

Así, tanto en Lucas como en Mateo, Jesús deja abierta la posibilidad de un lapso temporal entre los eventos que se cumplen de manera parcial y los eventos que se cumplirán en su totalidad en el futuro, específicamente en lo que respecta a la Parusía. La diferencia entre la perspectiva de Lucas y la de Mateo, en relación a la caída de Jerusalén y la última generación, radica en cómo abordan la conexión entre estos eventos.

En resumen: la perspectiva de Lucas disocia la caída de Jerusalén de la última generación, mientras que Mateo combina ambos eventos, destacando que la caída de Jerusalén es un cumplimiento parcial, y el fin de los tiempos, con la Parusía de Cristo, es el cumplimiento final.

Finalmente, la iglesia primitiva desarrolló la perspectiva escatológica del "ya-todavía no" para hacer frente al retraso de la Parusía. En consecuencia, debido a que la iglesia primitiva interpretó la primera venida de Cristo como el inicio escatológico que marcaba los signos de los tiempos y el advenimiento del reino de Dios (ver Hch. 2:16-17; 1 Ti. 4:1; 2 Ti. 3:1; He. 1:2), pudo esperar pacientemente su Segunda venida, sin importar si el tiempo que esto implicara fuera corto o largo (ver **Ya, aún no**).

REY DEL NORTE

La perspectiva de Barton sobre el rey del norte se basa en el pasaje de Daniel 11:13-17, que describe los eventos relacionados con el rey del norte. Según Barton, el rey del norte volverá a reunir un ejército más grande que el anterior y se enfrentará al rey del sur. En este contexto, el rey niño mencionado es Ptolomeo V, quien gobernó desde el año 203 hasta el 181 a.C. Además, cree que algunos judíos también se levantarán contra el rey del sur, pero serán derrotados. Barton relaciona este cumplimiento profético con los sufrimientos experimentados en la tierra bajo los reyes griegos en conflicto, y señala que la devastación de Jerusalén ocurrió cuando Scopas, general de Ptolomeo, reconquistó Palestina en el año 200 a.C. Luego, Barton comenta sobre los versículos 15-17 de Daniel 11, donde se menciona que el rey del norte tomará una ciudad fortificada, posiblemente refiriéndose a Gaza en el año 201 a.C. Sin embargo, la secuencia cronológica indica que podría referirse más bien a Sidón, donde Scopas se rindió en el año 198 a.C. después de su derrota en Paneas. El rey del norte se establecerá en la tierra gloriosa, es decir, Palestina, y dará a Ptolomeo, su hija Cleopatra, en matrimonio para intentar destruirlo. Sin embargo, esto no sucedió, ya que Cleopatra se volvió en contra de su padre y se puso del lado de Ptolomeo.

Barton continúa analizando el cumplimiento de otras profecías en el pasaje de Daniel 11. P. ej., en los versículos 18-19, se menciona que el rey del norte volverá su atención hacia las islas y conquistará muchas de ellas. Barton sugiere que esto se cumplió cuando Lucio Escipión Asiático, representando a Roma, puso fin a las afrentas de Antíoco en Asia Menor, y que la derrota final de Antíoco ocurrió en la batalla de Magnesia en el año 190 a.C., muriendo tres años después durante una expedición.

En Daniel 11:20, se habla de un nuevo rey que oprime al reino y es rápidamente derrocado. Barton relaciona esto con Seleuco IV, quien gobernó desde el año 187 hasta el 175 a.C. y afirma que el cumplimiento de esta profecía se encuentra en el intento de Seleuco IV de saquear el templo judío en Jerusalén, como se relata en 2 Macabeos 3, y su posterior asesinato.

Daniel 11:32c-33a, 34: "…el pueblo que conoce a su Dios se mantendrá firme y actuará … Y los sabios del pueblo instruirán a muchos…". 1 Mac. 1:62; 2:42: "…recibirán poca ayuda; y muchos se juntarán a ellos traidoramente". Según Barton, el cumplimiento ocurre con la resistencia Macabea a las persecuciones de Antíoco IV (vv. 30b-32b) y, específicamente, por las victorias de Judas Macabeo a pesar de grandes dificultades (1 Mac. 3:4, 52; Dn. 11:40-44); después de un examen histórico en Dn. 11:2-39, extendiéndose desde el 527 al 165 a.C.

En cuanto a los diversos intentos de los reyes seléucidas por controlar Egipto e Israel desde el año 246 a.C. hasta el año 164 a.C., los reyes seléucidas mencionados en el libro de Daniel 11 siguen un orden cronológico de aparición: Dn. 11:6 (Antíoco II, 261-246 a.C.); Dn. 11:9 (Seleuco II Calínico, 246-226 a.C.); Dn. 11:10 (Seleuco III, 226-223 a.C.); Dn. 11:10 (Antíoco III, el Grande, 223-187 a.C.); Dn. 11:20 (Seleuco IV Filopátor, 187-175 a.C.); Dn. 11:21-45 (Antíoco IV Epífanes, 175-163 a.C.).

Los eruditos han debatido sobre el último rey mencionado en el pasaje, ya que existen dos interpretaciones posibles. Algunos argumentan que Daniel 11:33-45 continúa hablando de Antíoco Epífanes, mientras que otros creen que se refiere al futuro anticristo. La razón por la cual algunos optan por esta última alternativa es porque los detalles mencionados en los versículos 33-45 no concuerdan con lo que se conoce sobre Antíoco Epífanes (ver **Anticristo**, **Antíoco Epífanes**).

REY DEL SUR

El cumplimiento consistió en el ataque de Antíoco, probablemente contra Gaza, en el límite de Egipto. Daniel 11:11-12: "El rey del sur … pondrá en campaña multitud grande, … mas no prevalecerá". Se cumple al derrotar a Antíoco III en Rafia en el 217 a.C., pero descuidó consolidar y aprovechar su ventaja. Daniel 11:5 dice: "El rey del sur se fortalecerá, pero uno de sus príncipes se fortalecerá más que él y gobernará su propio reino con gran poder". Se sugiere que el primer rey helenístico mencionado aquí es Ptolomeo I (323-285 a.C.). Sin embargo, el principal general de Ptolomeo, Seleuco I Nicator, se convirtió en gobernante independiente de Babilonia en el año 311 a.C. y conquistó extensos territorios durante la siguiente década. En Daniel 11:6, se menciona que "la hija del rey del sur (Ptolomeo II, 285-246 a.C.) se casará con el rey del norte (Antíoco II, 261-247 a.C.) ... pero ella no retendrá su poder, y él no perdurará". El cumplimiento de esta profecía ocurrió cuando la esposa repudiada de Antíoco, Laodice, mató a Berenice, Antíoco y su hijo.

Daniel 11:7-8 dice: "Pero de sus raíces surgirá uno en su lugar... y entrará en la fortaleza del rey del norte, conquistándolas y prevaleciendo. También tomará a sus dioses, sus imágenes fundidas y sus valiosos objetos de plata y oro". Esto se cumplió con el hermano de Berenice, Ptolomeo III (246-221 a.C.). Daniel 11:9 dice: "Luego el rey del norte invadirá el reino del rey del sur, pero luego se retirará a su propia tierra". Esto ocurrió porque Ptolomeo III derrotó a Seleuco II (247-226 a.C.) alrededor del año 240 a.C.

Daniel 11:10 dice: "Sus hijos (Seleuco III, 226-223 a.C., y Antíoco III, el Grande) se prepararán para la guerra... y uno de ellos (Antíoco, 223-187 a.C.) invadirá... y arrasará sus defensas (las de Ptolomeo IV, 221-203 a.C.)". Asimismo, Daniel 11:9-12 parece apuntar proféticamente a la derrota del rey seléucida Antíoco III por Ptolomeo IV Filopátor (221-203 a.C.) en 217 a.C. Daniel 11:13-18 señala a Antíoco III, quien más tarde reagrupa a su ejército y se venga de Egipto (197 a.C.). Daniel 11:19-28 alude al tiempo posterior a la muerte de Antíoco III, cuando Egipto tuvo que lidiar con el infame hijo de Antíoco el Grande, Antíoco IV Epífanes (175-164 a.C.) Finalmente, algunos sugieren que Daniel 11:29-35 se refiere a la intervención de navíos romanos bajo el mando de Popilio Laenas, que se convirtió a Antíoco Epífanes y regresó de invadir Egipto, quien después desató su frustración en Israel.

En resumen: estos pasajes del libro de Daniel describen las luchas por el poder y los conflictos entre los reyes helenísticos del sur (dinastía ptolemaica) y del norte (dinastía seléucida) durante este período.

REY MESIÁNICO

El concepto de Rey Mesías, en el contexto bíblico y profético, se refiere a un líder ungido y esperado que cumpliría un papel especial en la redención y el gobierno de Israel. La palabra "Mesías" proviene del hebreo "Mashíaj", y significa "ungido". El título de "Rey Mesías" se deriva de la creencia de que este líder sería ungido por Dios para llevar a cabo una misión específica. En el Antiguo Testamento, se encuentran diversas profecías y referencias que hablan del Rey Mesías. Por ejemplo, en el libro de Isaías se le describe como un gobernante justo y sabio que establecerá la justicia y la paz (Is. 9:6-7). También se le atribuyen títulos como "Renuevo" de la casa de David (Jer. 23:5-6) y "Rey" que vendrá en el nombre del Señor (Zac. 9:9).

La expectativa del Rey Mesías se intensificó en el período del Segundo Templo y durante la época en la que Jesús de Nazaret vivió. Muchos judíos creían en la llegada de un líder mesiánico que liberaría a Israel del dominio extranjero y restauraría el reino de Dios.

En el Nuevo Testamento, Jesús es identificado como el Mesías esperado y se le llama el "Cristo", que es la traducción griega del término hebreo "Mashíaj". Los evangelios presentan a Jesús como el Rey Mesías, pero también como un Mesías de un carácter y misión diferentes a las expectativas políticas y militares comunes en ese tiempo. Jesús proclamó un reino espiritual y enseñó sobre la justicia, el amor y la salvación.

La creencia en un Rey Mesías sigue siendo importante en el judaísmo y en las expectativas escatológicas cristianas. En el cristianismo, se espera la Segunda venida de Jesucristo como el Rey Mesías que traerá la consumación del reino de Dios y gobernará en justicia y gloria.

Así, uno de los retratos dominantes de la venida del Mesías pronosticado en el AT es que él será un rey como David (2 S. 7:1-17; Sal. 2:6-8; 89:26-27; Is. 9:6-7; 11:1; Jer. 23:5-6; Ez. 17:22; 34:23-24; 37:22-25; Mi. 5:2-5; Zac. 3:8; 6:12; 9:9-10; 12:10). Ese tema continúa en la literatura no bíblica del judaísmo del Segundo Templo (539 a.C. a 70 d.C.).

En el NT, especialmente en los evangelios, se encuentra el clímax de la profecía acerca de la venida del Mesías davídico. Hay tres aspectos clave de la presentación de los evangelios sobre Jesús como el Mesías davídico: la unción de Jesús como el Mesías davídico, la confesión de Jesús como el Mesías davídico y la presencia del reino de Dios a través de las palabras y obras de Jesús, el Mesías davídico (ver **Reino de Dios**).

Los cuatro evangelios arraigan el ministerio profético de Jesús en su bautismo (Mt. 3:13-17; Mr. 1:9-11; Lc. 3:21-22; Jn. 1:29-34). Se reconoce comúnmente que el Salmo 2:7 ("Tú eres mi Hijo") e Isaías 42:1 ("Mi Siervo, en quien me complazco") están detrás de la voz que se escuchó en el bautismo de Jesús, atribuyéndole así un papel mesiánico. Además, hay otros dos pasajes del Antiguo Testamento que hablan sobre el bautismo de Jesús: Isaías 11:2 ("la unción del Mesías davídico con el Espíritu de Dios") y 1 Samuel 16:13 ("donde el Espíritu divino desciende poderosamente sobre David después de ser ungido por Samuel"). En conjunto, estos cuatro pasajes del Antiguo Testamento mencionados anteriormente dan la impresión de que los evangelios retratan el bautismo de Jesús como su unción, como el Mesías davídico.

Los evangelios sinópticos relatan que, al comienzo de su ministerio en Cesárea de Filipo, Jesús fue reconocido como el Mesías y, aunque redefinió el concepto, Jesús aceptó el título (Mt. 16:13-20; Mr. 8:27-30; Lc. 9:18-21). La confesión de Pedro acerca de Jesús como el Mesías fue un momento crucial que precipitó el posterior viaje a Jerusalén. Se manejan dos conclusiones importantes de esto: al igual que David en la antigüedad, los discípulos de Jesús entendieron que él era el rey esperado, es decir, fue ungido como el rey davídico (en el bautismo y la confesión), pero aún no había sido entronizado como tal. Además, el viaje de Jesús a Jerusalén fue interpretado inicialmente por sus seguidores como el objetivo final de su ministerio, el momento en el que se esperaba que fuera coronado como el Mesías davídico.

Las palabras y obras de Jesús también hablan de la inauguración del reino de Dios a través de él, ambos aspectos con una orientación davídica. Dentro de las palabras de Jesús se encuentran aquellos dichos que lo presentan, al igual que el rey David, como el pastor de Israel (cf. Mt. 9:36; 18:12-14; 26:30; 10:6; Mr. 6:34; 14:27; Lc. 10:3; 12:32; 15:3-7; Jn. 10), en conexión con pasajes del AT como 2 S. 24:17; 1 R. 22:17; Is. 44:28; Ez. 34:23-24 y Zac. 11:4-17; 13:7, que hablan de los pastores.

Es oportuno mencionar las dos conclusiones importantes que Wright extrae de la aceptación de Jesús del título de Mesías: a) al igual que David en la antigüedad, los discípulos de Jesús entendieron que él era el rey esperado y fue ungido como el rey davídico. El bautismo y la confesión de Jesús como Mesías se ven como una unción mesiánica, pero aún no había sido entronizado como rey; b) el viaje de Jesús a Jerusalén fue interpretado, inicialmente por sus seguidores, como el objetivo final de su ministerio, el momento en el que se esperaba que fuera coronado como el Mesías davídico.

Además, la afirmación de que en Jesús estaba presente uno mayor que Salomón (Mt. 12:41-42; Lc. 11:31) significaba que él era el Mesías que construiría el Templo escatológico y establecería el reino davídico (ver **Pacto**

davídico). Asimismo, la referencia de Jesús al ejemplo de David al alimentar a sus seguidores como un paralelo de lo que él estaba haciendo en sábado (Mt. 12:3-4; Mr. 2:25-28; Lc. 6:3-5), transmitía su sentido de la realeza davídica. Además, Jesús aplicó el Salmo 110, un himno asociado con David, a sí mismo (Mt. 22:41-45; Mr. 12:35-37; Lc. 20:41-44).

El segundo aspecto del ministerio de Jesús que reveló el reino de Dios fueron sus obras, que se describen programáticamente en Lucas 4:18-21, citando a Isaías 61:1-3: "El Espíritu del Señor está sobre mí, porque me ha ungido para predicar buenas nuevas a los pobres. Me ha enviado a proclamar libertad a los cautivos y dar vista a los ciegos, a poner en libertad a los oprimidos, a proclamar el año favorable del Señor".

Después de enrollar el rollo, Jesús se lo devolvió al asistente y se sentó. Todos los ojos en la sinagoga estaban fijos en él, y comenzó diciéndoles: "Hoy se cumple esta escritura en presencia de ustedes". Por lo tanto, debemos entender que Lucas 4:18-21 presenta a Jesús como el Mesías davídico, ungido por el Espíritu de Dios para cumplir el propósito sobrenatural de restaurar a Israel de su exilio.

Así, la unción de Jesús en su bautismo, su confesión como Mesías y la supuesta llegada del reino de Dios, a través de sus palabras y obras, indican que los evangelios lo percibieron como el rey davídico que había venido a restaurar a Israel (Mt. 1:1; 9:27; 12:23; 15:22; 20:30-34; 21:9, 15; Mr. 12:35-37; Hch. 2:29-31; 13:23; Ro. 1:3-4; 2 Ti. 2:8; Ap. 5:5; 22:16). La presentación de Jesús de sí mismo como el Mesías davídico dio un giro inesperado, subvirtiendo finalmente la historia de la restauración de Israel.

Volviendo al tema de la inauguración del reino de Dios a través de las palabras y obras de Jesús, es importante destacar que ambas categorías redefinieron el verdadero Israel. Las parábolas sobre la restauración de Israel (Mt. 13; Mr. 4) invitan a pecadores y marginados a unirse al remanente al seguir a Jesús (por ejemplo, Lc. 15). Este mensaje, ciertamente, sonaba extraño para una nación que, al menos desde la revuelta macabea, se enorgullecía de obedecer la Torá y separarse de lo ritual y moralmente impuro. Los mutilados, ciegos, cojos, sordos y mudos no eran reconocidos como israelitas plenos. Wright observa que, para un judío del primer siglo, las curaciones de Jesús serían vistas como una restauración de aquellos miembros de Israel que, debido a sus enfermedades físicas, se consideraba que eran impuros ritualmente. Los milagros de Jesús reforzaron su redefinición de quiénes constituían el verdadero pueblo de Dios. Sus curaciones en estas categorías, por lo tanto, no solo cumplían un propósito físico, sino también espiritual. Reintegraron a los marginados a la comunidad de culto.

El relato de Jesús sobre la historia de pecado-exilio-restauración de Israel implicaba una redefinición del enemigo. El enemigo acérrimo de Israel no era Roma, sino Satanás. Tres pasajes destacan esta realidad, como señala Wright.

(a) La controversia de Belcebú (Mt. 12:22-32; Mr. 3:20-30; Lc. 11:14-23) refleja la acusación de los líderes judíos de que Jesús realizaba milagros mediante el poder de Satanás, lo cual consideraban una violación del pacto con Yahvé. Jesús desafió estas acusaciones al afirmar que sus milagros eran realizados por el poder de Dios y no de Beelzebú, y que estaban derrotando al maligno, el verdadero enemigo de Israel.

(b) Lucas 12:4-7 (cf. Mt. 10:28-31) sugiere que el verdadero enemigo no era Roma, que podía matar el cuerpo, sino Satanás, que podía condenar al Gehena a la nación.

(c) La historia del intento de exorcismo y el regreso de siete demonios (Mt. 12:43-45; Lc. 11:24-26) enfatiza que la liberación debía ser de Satanás. La restauración de la nación no vendría a través de la rebelión contra los enemigos físicos, sino mediante la expulsión de Satanás.

En el relato de Jesús sobre la historia de Israel, se destaca que él vino como el Mesías sufriente descendiente de David (por ejemplo, Mr. 8:31; 9:31-32; 10:32-34). Esta representación desafió las expectativas mesiánicas judías de la época, y aunque el tema del Mesías sufriente está presente en los profetas del Antiguo Testamento, no era ampliamente comprendido en el pensamiento judío precristiano.

RÍO DE AGUA DE VIDA

En la parte final del Apocalipsis se muestra la imagen del río de agua de vida. El mismo ángel de Ap. 21:9 que le mostró la ciudad y la midió, le muestra a Juan un río con un agua que es incomparable con el agua de la tierra, aun la más cristalina. El agua de este majestuoso río supera con creces a cualquier río terrenal, por su perfecta limpieza, pureza y resplandor. Procede del trono de Dios y del Cordero y, por eso, es agua de vida. El simbolismo de un agua de vida abunda en la Biblia. La imagen recuerda el río en el jardín original de Dios (Gn. 2:10). El mismo Verbo encarnado habla de ello en Juan 4:10, 14 y 7:37-39. También los profetas (Zac. 16:8; Jl. 3:18; Ez. 47:1-12).

Ahora, desde el punto de vista profético, simbólico y escatológico, el tema del agua de vida que procede del trono de Dios y del Cordero tiene profundos y maravillosos significados. En primer lugar, el agua de vida representa la fuente de vida eterna y la renovación espiritual. En el libro de Apocalipsis, se describe el río de agua de vida que fluye desde el trono de Dios y del Cordero en la Nueva Jerusalén (Ap. 22:1). Esta agua de vida es símbolo de la gracia y el poder divinos que fluyen para dar vida. Un símbolo de la nueva creación de todas las cosas. Es un recordatorio de que solo a través de la comunión con Dios podemos encontrar verdadera vida y satisfacción espiritual.

El río de agua de vida evoca los evangelios, donde Jesús habla de sí mismo como la fuente de agua viva. En Juan 4:10, Jesús le dice a la mujer samaritana: "Si conocieras el don de Dios, y quién es el que te dice: 'Dame de beber', tú le pedirías, y él te daría agua viva". Aquí, Jesús presenta el agua viva como un símbolo de la vida eterna que él ofrece a través de su sacrificio en la cruz. En Juan 7:37-39, Jesús también invita a aquellos que tienen sed a venir a él y beber de esa agua viva, que representa al Espíritu Santo que sería dado a los creyentes después de su ascensión.

En un sentido profético, el simbolismo del agua de vida también se encuentra en los escritos de los profetas. En Zacarías 14:8, se profetiza que en los últimos días: "aquel día, saldrán de Jerusalén aguas vivas". Este pasaje se interpreta como una referencia al tiempo del reinado mesiánico, cuando la presencia divina se manifestará de manera poderosa y abundante.

Además, en los Salmos encontramos referencias al agua de vida como un símbolo de la presencia y la provisión divina. En el Salmo 46:4 se menciona un río cuyas corrientes alegran la ciudad de Dios, y en Ezequiel 47:1-12 se describe un río que fluye desde el templo y que da vida y sanidad a todo lo que toca. Estos pasajes transmiten la idea de que la presencia de Dios trae vida, restauración y bendición a su pueblo.

En términos escatológicos, el simbolismo del agua de vida está estrechamente vinculado a la consumación final de todas las cosas. En el libro de Apocalipsis, se describe un río de agua de vida que fluye desde el trono de Dios y del Cordero como parte de la visión del nuevo cielo y la nueva tierra. Este es el momento en el cual Dios habitará con su pueblo y enjugará todas las lágrimas (Ap. 21:1-4). Este simbolismo representa la plenitud de la vida eterna y la perfecta comunión con Dios, en cumplimiento de su plan redentor.

En este contexto, el río del tiempo del fin simboliza principalmente la vida eterna, la satisfacción completa y la fluidez de la comunión entre el Dios trino, su pueblo y la nueva creación. Es un recordatorio de la restauración total y la renovación espiritual que se experimentarán en el cumplimiento final de los propósitos divinos. Este río de agua de vida representa la fuente inagotable de gracia, bendición y vida en la presencia de Dios.

En la visión escatológica, este río de agua de vida nos revela la promesa de un futuro glorioso, donde todas las necesidades serán satisfechas y todas las heridas serán sanadas. Representa un estado de armonía y paz perfectas, donde la comunión con Dios será plena y eterna. Es el cumplimiento máximo de las esperanzas y anhelos humanos, donde la sed espiritual encontrará su satisfacción definitiva (Gálvez), (ver **Nueva Jerusalén**; **Trono/s**).

RÍO ÉUFRATES

El nombre del río Éufrates aparece 34 veces en la Biblia, 10 de ellas en libros proféticos, como Isaías (1 vez) y Jeremías (9 veces), y 2 veces en el libro de Apocalipsis. Sin embargo, en la profecía bíblica, el río Éufrates se utiliza en varios contextos diferentes.

Por ejemplo, en Génesis 15:18, el Señor hace un pacto con Abraham, en el cual promete darle a su descendencia la tierra prometida que se extiende desde el río de Egipto hasta el gran río Éufrates. En Éxodo 23:3, se reiteran los límites de la tierra para el pueblo de Israel. El Señor da instrucciones y ánimo al pueblo hebreo para que tome posesión de la tierra que les ha sido entregada hasta el río Éufrates (Dt. 1:7; 11:24). Se mencionan otras regiones que forman parte del Pacto abrahámico, como "desde el desierto y el Líbano hasta el gran río Éufrates" (Jos. 1:4). También se habla de las batallas de David para recuperar el territorio que Israel había perdido hasta el río Éufrates (2 S. 8:3).

En 1 Reyes, se describe cómo Salomón, en la cúspide de su reinado, gobernaba hasta el río Éufrates (1 R. 4:21, 24). Sin embargo, en el mismo capítulo, el Señor anuncia que quitará el dominio de la tierra hasta el Éufrates debido a la idolatría del pueblo. En los libros de Crónicas, se relata cómo los reyes dominaban hasta el río Éufrates (1 Cr. 1:48; 5:9; 18:3).

Posteriormente, en los libros proféticos, se anuncia el juicio y la restauración, haciendo referencia al río Éufrates en ese contexto. Estos pasajes proféticos hablan de eventos futuros relacionados con el juicio sobre Babilonia y la restauración de Israel. Debido a que Israel perdió el control de la región y la Tierra Prometida, la descripción del río Éufrates también se utiliza de manera metafórica e irónica en las Escrituras. Por ejemplo, en Isaías 27:12 y Miqueas 7:12, se menciona que Dios reunirá a su pueblo desde la región del río Éufrates. Esto simboliza la restauración y el regreso de Israel, a pesar de haber perdido el control de esa área.

Además, en el contexto de la ciudad de Babilonia, que estaba ubicada a orillas del río Éufrates, se utiliza el simbolismo del río en relación con el juicio y la caída de Babilonia. Jeremías ordena que se ate una piedra al rollo del juicio contra Babilonia y se arroje al Éufrates, simbolizando su caída y su eventual destrucción (Jer. 51:60-64). Varios pasajes proféticos del Antiguo Testamento también mencionan a Dios secando el Éufrates, a veces llamado el "mar de Babilonia", como parte del juicio sobre Babilonia y la restauración de Israel (Is. 11:15; Jer. 50:38; 51:36). Esta imagen muestra que Dios actuará poderosamente en el futuro, al igual que lo hizo en el pasado, como se vio en la separación y el cruce del mar Rojo durante el Éxodo.

En un sentido literal, esta profecía puede haber sido cumplida por Ciro el Persa en el año 539/538 a.C. Según el historiador griego Heródoto, Ciro desvió el río Éufrates y entró en Babilonia a través del lecho seco del río, capturando la ciudad sin luchar. Ciro fue el rey que posteriormente permitió que los exiliados judíos regresaran a Israel, cumpliendo así varias profecías en Isaías.

En el libro de Apocalipsis, Juan hace referencia a las imágenes y profecías de Isaías al hablar del juicio sobre la futura Babilonia. Para Juan, Babilonia representa simbólicamente al mundo en general. En Ap. 16:12, se menciona que el sexto ángel derrama su copa sobre el gran río Éufrates, y sus aguas se secan para preparar el camino a los reyes de Oriente. Esta referencia muestra cómo el simbolismo del río Éufrates se utiliza para anunciar eventos relacionados con el juicio y los acontecimientos escatológicos.

En conclusión: el simbolismo del río Éufrates en términos proféticos y escatológicos tiene múltiples capas de significado. Representa la caída de Babilonia, la restauración de Israel y el juicio sobre el mundo. Además, se relaciona con eventos históricos como la conquista de Babilonia por parte de Ciro el Persa. Estos pasajes bíblicos y proféticos nos invitan a reflexionar sobre el poder y la soberanía de Dios en el cumplimiento de sus propósitos en la historia humana.

Y, recientemente, varios autores afirman que la profecía de la sequía del río Éufrates, según Ap. 16:12, se está cumpliendo en pleno siglo XXI (Gálvez).

ROMA/IMPERIO ROMANO

Fundación

Roma, la principal ciudad de la Península Itálica y capital del Imperio romano, se erigió como un pequeño asentamiento en la orilla este del río Tíber alrededor del año 753 a.C. Conocida como la "ciudad asentada sobre siete colinas", inicialmente fue gobernada por reyes hasta el 509 a.C., cuando se transformó en una república bajo el gobierno de un senado. Sin embargo, la república llegó a su fin y dio paso al Imperio romano propiamente dicho en el año 31 a.C., cuando Octaviano, Augusto, derrotó a Marco Antonio en la batalla de *Actium*. Augusto logró restablecer la paz en el Imperio romano después de dos guerras civiles.

Desarrollo

Durante la llamada "paz romana" o *pax romana*, que abarcó desde la época de Augusto hasta mediados del siglo II d.C., se mantuvo una estabilidad política en todo el imperio. Augusto se enorgulleció de haber transformado Roma, pasando de ser una ciudad de ladrillos a una ciudad de mármol, gracias a sus extensos esfuerzos de restauración. Los límites del imperio se extendían desde el océano Atlántico, el canal de la Mancha y el mar del Norte en el oeste, hasta el río Éufrates en el este, los ríos Rin y Danubio en el norte, y el desierto del Sahara en el sur de África.

El Imperio romano temprano fue gobernado por dos dinastías de emperadores: los Julio-Claudianos (Augusto, Tiberio, Calígula, Claudio y Nerón) y los Flavios (Vespasiano, Tito, Domiciano), con un breve período intermedio en el que tres emperadores menos conocidos gobernaron brevemente (Galba, Otón, Vitelio; consultar gráfico en emperadores). Varios emperadores romanos son mencionados directa o indirectamente en el Nuevo Testamento, como Augusto (Lc. 2:1), Tiberio (3:1), Claudio (Hch. 11:28; 18:2) y Nerón (Hch. 25:10-12; 27:24; 2 Ti. 4:16-17). El emperador era un líder autocrático cuya palabra tenía fuerza de ley.

Religión

A muchos emperadores se les otorgaron honores divinos, la mayoría de ellos después de su muerte, aunque algunos los recibieron mientras aún estaban vivos. Por ejemplo, Tiberio, aunque deseaba atribuir deidad a Augusto, rechazó ser venerado como un dios. Por otro lado, Calígula proclamó enérgicamente que él era un dios, la encarnación de Júpiter, y exigía adoración, pero el Senado no lo deificó después de su asesinato. Claudio rechazó honores divinos durante su vida, pero Nerón fue deificado después de su muerte. En las monedas, Nerón era representado como un dios y permitió que se colocara su estatua en el Templo de Marte. Aunque Vespasiano rechazó el culto divino, después de su muerte se construyó un templo en Roma en su honor donde se le atribuyó deidad. Domiciano honró a su fallecido hermano Tito, pero insistía en que sus súbditos se refirieran a él como "nuestro señor y dios". Un templo dedicado a Domiciano en Éfeso, con una enorme estatua del emperador, se convirtió en el centro del culto imperial en Asia Menor. A lo largo del primer siglo, hubo una tendencia creciente de enfatizar la autoridad divina del emperador. Dado que la religión romana estaba estrechamente relacionada con la política y la economía, aquellos que se negaban a adorar al emperador, como los cristianos, sufrían consecuencias económicas, sociales y, a veces, físicas (ver **Culto imperial**).

Además del culto imperial, los romanos abrazaban una variedad de cultos religiosos. Adoraban a dioses y diosas nacionales como Apolo, Juno, Júpiter, Marte y Minerva, así como a deidades extranjeras como Cibeles, Isis, Mitra y Asclepio. Tanto Roma como las grandes ciudades de Asia Menor estaban repletas de templos dedicados a diferentes dioses, junto con estatuas de los emperadores. Sin embargo, la visión religiosa romana no podía tolerar el exclusivismo religioso presente en las religiones monoteístas como el judaísmo y el cristianismo. Para Roma, la religión era un asunto del Estado, y se permitían nuevos movimientos siempre y cuando su lealtad final fuera hacia Roma y participaran en la veneración de los emperadores romanos.

En el primer siglo, la ciudad de Roma era un conglomerado de personas de diversos orígenes étnicos y regionales, que incluían a españoles, alemanes, sirios, asiáticos menores y africanos, entre otros. Se estima que en el siglo I d.C. había alrededor de cincuenta mil judíos en Roma. Aunque no está claro si el judaísmo tenía el estatus de "religión legal" (*religio licita*), los judíos tenían permitido reunirse y adorar en sus sinagogas.

Cristianización

Es probable que el cristianismo llegara a Roma como resultado de los eventos de Pentecostés (Hch. 2:10), y es posible que estos primeros cristianos judíos mantuvieran alguna conexión con la sinagoga durante un tiempo. Sin embargo, cuando el emperador Claudio expulsó a los judíos de Roma en el año 49 d.C., esta acción también afectó a algunos cristianos judíos, como Priscila y Aquila mencionados en Hechos 18:2. Para el momento de la primera visita de Pablo a Roma en el año 60 d.C. y el gran incendio que tuvo lugar en el año 64 d.C., cuando el emperador Nerón utilizó a los cristianos como chivos expiatorios, el cristianismo ya se había separado públicamente del judaísmo. Cuando Pablo escribió la epístola a los romanos alrededor del año 57 d.C., la iglesia en Roma, que probablemente consistía en un grupo de iglesias domésticas (se hace referencia a varios hogares en Ro. 16:5, 10, 11, 14, 15), se había convertido en una iglesia importante (Ro. 1:8), (VA Hays, Scott, Pate).

Roma en la profecía y la escatología

El autor del Apocalipsis, conocido como el vidente de Patmos, escribió este libro en un contexto muy específico y bajo circunstancias concretas: el Imperio romano y su dominio impuesto y mantenido a través del poder político, militar y económico, respaldado por la "religión oficial" de la sociedad. Es fundamental comprender esta realidad histórica para poder entender plenamente el contenido del libro.

Se estima que Juan escribió el Apocalipsis hacia el final del reinado de Domiciano (81-96 d.C.), cuando el culto al emperador se intensificaba, con el emperador siendo adorado como *Dominus ac Deus*. Además, comenzaron a surgir persecuciones esporádicas contra los cristianos. El culto al emperador era particularmente fuerte en las provincias orientales, y Éfeso, donde Juan residía, era el centro principal del culto imperial en Asia. Bajo el reinado de Domiciano, el famoso templo de Diana estaba perdiendo importancia, mientras que el nuevo templo dedicado al emperador, con una gigantesca estatua de Domiciano, dominaba la vida religiosa bajo la dirección del Asiarca, el "Sumo Sacerdote de Asia". Se cree que Juan había denunciado este extravagante culto imperial, convirtiéndose en un rival peligroso para el Asiarca y siendo considerado "el hombre más odiado en Éfeso". Esto podría explicar su destierro a Patmos, una isla penal en Asia. Su "extraordinaria revelación" es una respuesta del Cristo divino a la declaración de guerra del emperador Domiciano y una refutación apostólica contra la manifestación del emperador-dios en Roma. En la visión de Juan, Domiciano se representa como el gran Monstruo diabólico y, detrás de Roma, se ven todas las capitales (Babilonias) de los imperialismos demoníacos de todos los tiempos. La "Bestia que surge del abismo" representa cualquier imperio totalitario en cualquier época. Parece que Juan ve todo el sistema político del imperio como una triste y diabólica imitación del verdadero gobierno de Dios. En el auténtico Reino del Señor, aquel que está sentado en el trono delega autoridad y poder a los 24 ancianos que se encuentran también sentados en tronos. Estos ancianos no cesan de postrarse ante Dios, adorarle y colocar sus coronas a sus pies como un acto de sumisión y reverencia (Ap. 4). De manera similar, el dragón (representando a Satanás) otorga a la bestia su poder, trono y gran autoridad (Ap. 13:2). Esto se traduce también en que "el Monstruo le entregó su propio poder y su trono, con un imperio inmenso" (Lc. 4:6; Jn. 12:31). A su vez, la primera bestia delega su autoridad al falso profeta, que es la segunda bestia (Ap. 16:13). El propósito de esta delegación de poder es que todo el mundo adore a la bestia y al dragón (Ap. 13:4-8, 12).

De las bocas de esta "trinidad malvada" emanan espíritus inmundos en forma de ranas, los cuales seducen a los reyes de la tierra para que se unan a la Ramera y luchen contra el Cordero (Ap. 16:13-17; 17:2, 10; 19:19). Además, los "diez cuernos" que representan a futuros reyes de las provincias del imperio recibirán poder y, de manera unánime, entregarán ese poder y autoridad a la bestia para luchar contra el Señor (Ap. 17:12-14). Sin embargo, estos diez reyes del imperio, sobre los cuales la Ramera ejerce su influencia, acabarán odiándola y la dejarán desolada y desnuda. Devorarán su carne y la quemarán con fuego cuando los pueblos del oriente se levanten en contra de la ciudad capital (Ap. 17:16), (Stam).

Por otra parte, muchos estudiosos creen que, en el libro del Apocalipsis, el término "Babilonia" se refiere, al menos en parte, a la Roma del primer siglo (Ap. 14:8; 16:19; 17:5; 18:2, 10, 21; cf. "la gran ciudad" en Ap. 11:8;

16:19; 17:18; 18:10, 16, 18, 19, 21; 1 P. 5:13). Originalmente, Babilonia era el malvado imperio del AT que destruyó Jerusalén y su Templo, y exilió a Israel. Como un sistema de poder impío en el ámbito religioso, social, político y económico, Roma se asemejaba a Babilonia como una fuerza malvada que buscaba esclavizar al pueblo de Dios.

Babilonia es descrita como la "madre de las rameras" (Ap. 17:5), un símbolo de Roma y, posiblemente, de los poderes mundiales posteriores que se oponen a Dios. Ella hizo que las naciones "beban el vino enloquecedor de sus adulterios" (Ap. 14:8) y se "embriagó con la sangre de los santos" (Ap. 17:6). Sin embargo, al final, ella misma será hecha para beber "la copa llena del vino del furor de la ira de Dios" (Ap. 16:19), cuando su materialismo, idolatría e inmoralidad lleguen a su fin bajo el juicio divino (cap. 18), (ver **Gran Ramera**, **Babilonia**; **Culto imperial**; **Emperadores**).

S

SACERDOTE Y PROFECÍA

El sacerdote y los oráculos divinos desempeñaban un papel importante en el antiguo Israel. En primer lugar, se menciona esta función sacerdotal en Deuteronomio 33:8-10 antes, incluso, del servicio en el altar y la enseñanza de la Torá. A diferencia de Moisés, los sacerdotes israelitas no consultaban directamente a Yahvé de manera personal, sino a través del efod y el *urim* y *tummim* (De tuya).

El efod se menciona en varios pasajes de la Biblia, y parece tener diferentes significados. Por un lado, era una prenda sacerdotal de lino que llevaban el joven Samuel en el templo de Silo, los sacerdotes de Silo y David cuando danzaba ante el arca. Por otro lado, también se refería a una pieza especial del vestido del sumo sacerdote, una especie de casulla de lana y lino de diversos colores bordada en oro. En el efod se cosía el pectoral, una bolsita cuadrada donde se guardaban el *urim* y *tummim*. Además, existía un efod que era un objeto de culto, como el que Gedeón hizo de oro y colocó en la ciudad de Ofra, o el que Mika hizo para su santuario y que, posteriormente, fue robado por los danitas. En el santuario de Nob, la espada de Goliat estaba guardada detrás del efod. En general, el efod servía para consultar a Yahvé (De tuya).

En cuanto al *urim* y *tummim*, su etimología y significado exactos son inciertos. Es posible que estos términos se hayan tomado de la civilización cananea preisraelita. Aunque se utilizaba la forma plural, en realidad se refería a un objeto singular que conservaba su denominación original. No se sabe con certeza cómo eran el *urim* y *tummim*; se han imaginado como piedrecitas, estatuillas, dados, palitos, entre otros. Se guardaban en una bolsita especial del vestido sacerdotal. Según Números 27:21, estas suertes fueron confiadas al sacerdote Eleazar, y Deuteronomio 33:8 indica que se dieron a la tribu de Leví en general. El método para utilizar estas suertes se describe en 1 Samuel 14:41-42. El oráculo respondía con un sí o un no, y se iba precisando mediante eliminaciones sucesivas. Era similar a lanzar una moneda al aire para decidir entre dos opciones. Sin embargo, debemos destacar que a veces el oráculo no daba respuesta, posiblemente porque existía una tercera posibilidad al lanzar las suertes que indicaba una respuesta nula. En la Biblia se relatan numerosos casos de consultas a Yahvé mediante el *urim* y *tummim*, hasta el reinado de David (De tuya).

SALMOS, LIBRO DE

Autoría

Existen diferentes opiniones. Se le han atribuido varios títulos y doxologías relacionadas con el Rey David. Algunos eruditos de la Alta Crítica rechazan la autoría de David, mientras que los eruditos de la Baja Crítica la confirman. Sin embargo, el propio libro de los Salmos atribuye 73 salmos a David, y el testimonio del NT concuerda con estas asignaciones. Incluso los salmos anónimos, que no tienen nombre, se los atribuyen a David debido al peso de su contenido.

El salterio y la profecía

El Salterio, o libro de los Salmos, contiene numerosas predicciones proféticas mesiánicas. Jesús afirmó a sus discípulos que era necesario que se cumpliera todo lo que estaba escrito de Él en los profetas y los salmos (Lc. 24:44). Esta declaración confirma el carácter profético de la colección de poemas, himnos y prosa que conforman el libro de los Salmos. Su importancia también se destaca al ser clasificado como una de las tres partes o divisiones del Antiguo Testamento: la ley, los escritos (salmos) y los profetas.

Los escritores del NT citan abundantemente textos de los Salmos para demostrar cómo Jesús cumple las profecías del AT: Salmos 2:7 predice que el Mesías será llamado hijo de Dios (Mt. 3:17); Salmos 8:5-6 que el Mesías será coronado (He. 2:6-8); Salmo 16:10, su cuerpo no verá corrupción y será resucitado (Hch. 2:25-28); Salmos 22, conocido como el Salmo mesiánico por excelencia, predice con detalles los sufrimientos de Jesús el Mesías: el momento del abandono, las burlas de los que pasaban frente al crucificado, los huesos descoyuntados, sus manos horadadas, y sobre su túnica echan suertes (Mt. 27:32ss.; Mr. 15:20-25; Lc. 19:24; Jn. 19:15). El Salmo 22 se titula como un "salmo de David", lo que indica que históricamente refleja un grito de sufrimiento extremo por parte de David. Este sufrimiento y llanto probablemente se convierten en proféticos, incluso predictivos, a través de la tipología. Aunque David no es crucificado en una cruz, él sufre mucho y describe ese sufrimiento de manera figurativa. Muchas de las figuras retóricas que David utiliza, como "mis huesos están fuera de coyuntura", encuentran su cumplimiento literal en la crucifixión de Cristo. Así, en su sufrimiento y clamor, David es un tipo de Cristo; Salmos 27:12; 35:11 predicen que se levantarán falsos testimonios contra él (Mt. 26:59-61; Mr. 14:57-59); Salmos 31:5 predice que el Mesías entregará su espíritu a Dios (Lc. 23:46); Salmos 35:11 anuncia que el Mesías será acusado por falsos testigos (Mr. 14:56); Salmos 35:19 profetiza que será aborrecido sin causa (Jn. 15:24-25); Salmos 38:11 predice que sus amigos se alejarán de él y lo abandonarán (Mt. 27:55); Salmos 40:7-8 profetiza que vendrá a hacer la voluntad de Dios (He. 10:7); Salmos 41:9; 55:12-14 anuncian que será traicionado por uno de sus amigos (Lc. 22:21); Salmos 45:6, su trono será eterno (He. 1:8); Salmos 68:18 predice que liberará a muchos cautivos en su ascensión (Ef. 4:8); Salmos 69:9; 19:20 profetizan que será afrentado por sus enemigos (Ro. 15:3); Salmos 69:21 predice que en su agonía le ofrecerán vinagre para beber (Mt. 27:48; Mr. 15:36). El Salmo 69 es otro salmo frecuentemente citado. El Salmo 69:9 ("el celo por tu casa me consume"), se cita después de que Jesús limpia el templo (Jn. 2:17); Salmos 78:2 enseñará por medio de parábolas (Mt. 13:34-35); Salmos 109:4, orará por sus enemigos (Lc. 23:34); Salmos 109:8, su traidor será sustituido en su oficio de apóstol (Hch. 1:20); Salmos 110:1, el Mesías se sentará a la diestra de Dios (Mt. 27:64; He. 1:23). El Salmo 110 fusiona las dos imágenes mesiánicas de rey y sacerdote en una sola persona. En Marcos 12:35-36, Jesús cita el Salmo 110:1 para señalar que el Mesías es el Señor de David, no simplemente el Hijo de David. Además, se alude al Mesías sentado a la diestra del trono de Dios; Salmos 118:22, la piedra desechada por los constructores se convertirá en la piedra angular (Mr. 12:10; Lc. 20:27; Mt. 21:42; Hch. 4:11; Ef. 2:20; 1 P. 2:6-7); Salmos 118:26, vendrá en el nombre del Señor (Mt. 21:9); Salmos 132:11, será del linaje de David (Mt. 1:6; Lc. 1:32-33, Hch. 2:30; Ro. 1:3), (Van Gemeren, 1991).

De los 2526 versículos totales que contiene el libro de los Salmos, 242 son de carácter profético dentro de los cuales se encuentran 59 predicciones concretas (BDMPE).

SALTO TELESCÓPICO PROFÉTICO

El "salto telescópico profético" se refiere a la característica de la profecía bíblica en la que se salta de un evento destacado a otro sin considerar el tiempo que los separa. Esto puede resultar en una falta de continuidad cronológica. Por ejemplo, en Jeremías 30:8 se habla del quebrantamiento del yugo babilónico sobre Judá, pero esto también sugiere una seguridad más permanente en el futuro mesiánico. Es un error considerar que estas profecías no se aplican al futuro mesiánico solo porque están vinculadas a eventos contemporáneos. Cuando el profeta está en un estado de éxtasis visionario, los montes y valles a su alrededor parecen crecer hasta convertirse en montañas gigantescas, mientras que la luz dorada brilla en lugares especiales que se aplican exclusivamente al Reino Mesiánico.

Este fenómeno ha llevado a los críticos a acusar a los profetas de tener esperanzas equivocadas de una salvación divina que solo se cumpliría en eventos cercanos, y a negar por completo el milagro de la predicción a largo plazo. A. B. Davidson, por ejemplo, intenta limitar la profecía a cuestiones que tienen un cumplimiento inmediato y constante. Comparándolo con alguien en la oscuridad, que cree escuchar la aproximación de un mal que teme, Davidson sugiere que los profetas, al escuchar con mayor claridad las acciones de Jehová, interpretaron esto como una advertencia de Su venida para sacudir la tierra de manera terrible. Según él, esta manifestación final estaba estrechamente relacionada con esas manifestaciones previas.

Sin embargo, es importante afirmar que el autor principal de las Escrituras es Dios, quien no está "en la oscuridad" y conoce el fin desde el principio. Sería más apropiado postular que, las experiencias visionarias a través de las cuales los profetas recibieron sus revelaciones del Señor, a menudo, tenían una naturaleza pictórica y, en ocasiones, pasaron por alto categorías lógicas como la cronología, ya sea cercana o distante.

Especialmente en lo que respecta al tiempo, el cumplimiento de las profecías es más amplio de lo que los oyentes o, incluso, los propios profetas, pudieron haber percibido en ese momento.

"El salto telescópico" surge de la naturaleza misma de la tarea profética, que consiste en proclamar la santidad tanto en el presente como en el futuro, como se manifiesta en Cristo y en la sociedad. A su vez, el profeta debe hablar de manera profética pero comprensible para sus contemporáneos. Sin embargo, los detalles de los eventos futuros más distantes están más allá de la comprensión de los oyentes contemporáneos.

F. E. Marsh habla de "la ley de la variación" en relación con los tiempos de cumplimiento, y lo ilustra utilizando el ejemplo de Ezequiel 26. En los versículos 1-11, este pasaje se refiere al sitio de Tiro por parte de Nabucodonosor en los años 585-573 a.C., con el pronombre "él", refiriéndose a Nabucodonosor. Sin embargo, la mayor parte del resto del capítulo se refiere a la destrucción final de Tiro en el año 332 a.C. por las tropas de Alejandro Magno, con el pronombre indefinido "ellos", a partir del verso 12. Este cambio en el uso de los pronombres destaca la idea de que, aunque a veces los profetas pudieron haber visto todas las bendiciones futuras de Israel como algo unificado, Dios no lo vio de esa manera, y se aseguró de que se escribieran criterios para distinguir estas distinciones en el texto inspirado.

Un ejemplo de esto se encuentra en Zacarías 8, donde se presentan promesas para el pueblo de Dios. Sin embargo, los versículos 1-8 se refieren al período milenial, hablando sobre la completa santidad y los largos períodos de vida "en aquellos días" (v. 6). Los versículos 9-19 se refieren al período posexílico, hablando sobre las provisiones materiales y la verdad espiritual "en estos días" (v. 9). Y los versículos 20-23 nuevamente se refieren al período milenial, hablando sobre los gentiles que buscan al Dios de Israel en Jerusalén "en aquellos días" (v. 23).

La Escritura muestra diferentes grados en los saltos telescópicos proféticos. Este fenómeno comienza con ciertas predicciones a corto plazo en las que las secuencias temporales se omiten sin generar tensión. Por ejemplo, en Amós 7:9 se deja de lado el desarrollo progresivo que se observa en Oseas 1:4, invirtiendo el orden cronológico al afirmar que los santuarios de Israel serán asolados y la casa de Jeroboam será destruida.

De manera más característica, el "acercamiento de la perspectiva más lejana" implica un salto hacia adelante desde un punto dado en la profecía hacia el futuro reino mesiánico de Dios. En Habacuc 2:13-14, el punto de partida es la amenaza inmediata de Babilonia, pero el profeta se proyecta de inmediato hacia el milenio después de la caída de Babilonia (v. 13). En Miqueas 2:12-13, el contexto se refiere al regreso de los exiliados de Judá desde Babilonia en el año 538 a.C. (v. 12), pero Miqueas se adelanta al futuro regreso (es decir, el arrebatamiento) de Israel en la Segunda venida de Cristo (v. 13), que ocurriría dos siglos después. Abdías 21 mira hacia adelante, primero al juicio de Israel sobre Edom (en tiempos de los Macabeos) y luego al reinado del Señor en el milenio. Un ejemplo similar se encuentra en Daniel 11:39-40. Los profetas, aparentemente, contemplaron todo esto como un gran acto redentor.

No es poco común que la profecía del Antiguo Testamento señale la primera venida de Cristo, para luego dar un salto telescópico hacia Su Segunda venida. En Malaquías 3:1, se menciona a Juan el Bautista como el mensajero que preparará el camino delante de Cristo, quien es el Ángel del pacto. Este pasaje se cumple en el tiempo del Nuevo Testamento. Sin embargo, en Malaquías 3:2-3, se plantea la pregunta sobre quién podrá soportar el día terrible de Su Segunda venida, cuando los hijos de Leví son purificados para ofrecer sacrificios en justicia, lo cual solo puede ocurrir en el milenio.

Un ejemplo clásico de salto telescópico entre las dos venidas de Cristo se encuentra en Isaías 61:1-2. F. E. Marsh utiliza este pasaje para ilustrar lo que llama "el secreto de la significativa discontinuidad". Cuando Jesús estuvo en la sinagoga de Nazaret, citó este pasaje refiriéndose a sí mismo (Lc. 4:18-21), pero se detuvo después de las palabras "para proclamar el año de la buena voluntad del Señor", sin mencionar la frase siguiente "y el día de la venganza de nuestro Dios", que se refiere a Su Segunda venida. Algunos analistas críticos, como Oxtoby, niegan esta interrupción y asumen que todo el pasaje debe haber sido utilizado, aunque no se cite, con el propósito de brindar certeza a los oyentes sobre el favor divino de una manera general. Sin embargo, en relación a la profecía en general, Oxtoby afirma que "el profeta no tenía en mente a Nazaret" y solo puede justificar su uso debido a que "bajo nuevas circunstancias... se había detectado una nueva idoneidad". Sin embargo, esta teoría de reinterpretación no es necesaria. Las partes de Isaías que nuestro Señor citó se aplican a Su primera venida, mientras que las partes que omitió se refieren a Su Segunda venida.

Un punto principal que marca los saltos telescópicos tanto en el Antiguo como en el Nuevo Testamento es la distinción entre los elementos más tempranos y los posteriores del futuro reino del Mesías, con el milenio interponiéndose entre ambos. Por ejemplo, profecías como Daniel 12:2 o Juan 5:28-29 pueden agrupar las dos fases, premilenial y postmilenial, de la resurrección de la humanidad, mientras que en Mateo 25:31-32 el juicio final puede estar directamente vinculado con la Parusía de Cristo. Sin embargo, estos versículos no refutan el milenialismo. La esencia del salto telescópico profético radica en la omisión de datos presentes en otros pasajes. Estos datos pueden ser tanto factuales como cronológicos.

Por ejemplo, en Zacarías 14:1-2 se menciona la lucha de naciones contra Jerusalén sin especificar la razón o la circunstancia, aunque se puede suponer que se debe a la aparición de Cristo en las nubes, lo que lleva a la conversión de los habitantes judíos de Jerusalén según se menciona en el versículo 12:10. Luego, se predice la lucha de Cristo contra estas naciones en el versículo 14:3 inmediatamente después. Los datos también pueden ser de naturaleza cronológica. Por tanto, la clave reside en si la revelación progresiva de las Escrituras posteriores demanda una separación temporal real.

El libro del Apocalipsis es claro en este sentido. Por ejemplo, en Apocalipsis 20:4-6, 12-13 se mencionan claramente dos resurrecciones separadas por mil años, y en los versículos 19:19-21 y 20:7-9 se habla de dos batallas, una contra el anticristo-bestia antes del milenio y otra contra Gog y Magog después. Sin embargo, esta separación temporal no se explica en los diversos aspectos del juicio final ni en el arrebatamiento antes de la tribulación en contraste con la primera resurrección después de ella. Por lo tanto, estos factores de cumplimiento no deben ser separados por intervalos de tiempo debido a un salto telescópico.

SAMUEL

Samuel aparece en la tradición bíblica con rasgos muy diversos: héroe en la guerra contra los filisteos, juez que recorre Israel, vidente en relación con las asnas de Saúl. Ejerce también funciones sacerdotales, ofreciendo sacrificios de comunión y holocaustos. Pero lo que más subraya la tradición bíblica es su carácter profético: es el hombre que transmite la palabra de Dios. Este dato podemos observarlo ya en el capítulo sobre la vocación (1 S. 3), advertimos un contacto nuevo y especial con Dios a través de su palabra, y se le encarga una tarea típicamente profética: anunciar el castigo de la familia sacerdotal de Elí. Por si no fuera suficientemente claro, el resumen final afirma: "Todo Israel, desde Dan hasta Beerseba, supo que Samuel estaba acreditado como profeta del Señor" (1 S. 3:20). Otro rasgo profético de Samuel es su intervención en la política, ungiendo rey a Saúl. La tradición le hace ungir también a David cuando niño (1 S. 16), pero esto quizá carezca de fundamento histórico. En cualquier caso, la unción de Saúl recuerda lo que hará Natán con Salomón (1 R. 1:11ss.), el encargo que recibe Elías con respecto a Jehú (1 R. 19:16) y que ejecutará Eliseo a través de un discípulo (2 R. 9). Por último, y más profético que lo anterior, es su denuncia del rey. En dos ocasiones se enfrenta Samuel a Saúl. La primera, con motivo de la batalla de Mikmás (1 S. 13:7b-15); la segunda, después de la guerra contra los amalecitas (1 S. 15:10-23). Ambos hechos, la unción del rey y la denuncia, plantean serios problemas históricos. Sobre el primero existen dos versiones, la monárquica y la antimonárquica. Respecto al segundo, es posible que exista un duplicado, ya que 1 S. 15:10-23 parece desconocer 1 S. 13:7b-15. De todas formas, parece claro que los autores bíblicos interpretaron a Samuel como el primer gran profeta (Sicre).

Otro punto de vista importante es que Samuel es uno de los personajes centrales en 1 S. 1-19. Él es una figura importante de transición, ya que cierra la brecha entre el tiempo de los jueces (Jueces) y la época de los reyes (1-2 S.; 1-2 R.). Samuel es dedicado a Dios por su madre Ana y es entregado al alto sacerdote Eli para ser criado como sacerdote (1 S. 1). Sin embargo, a medida que Samuel crece, no solo ejerce como sacerdote, sino también como juez y profeta. En esencia, Samuel es el último juez y el primero de los profetas tradicionales que aparecen en 1-2 S. y 1-2 R. La conocida historia del Señor revelando su palabra a Samuel cuando aún es un niño pequeño (1 S. 3:1-18) es una de las primeras pruebas del llamado de Samuel como profeta. Inmediatamente después de ese evento, las Escrituras declaran que el Señor está con Samuel a medida que crece y que "todo Israel, desde Dan hasta Beerseba, reconoció que Samuel fue atestiguado como profeta del Señor" (1 S. 3:19-20). Asimismo, 19:18-24 retrata a Samuel más tarde, en su vida, como líder de una banda de profetas que residen en Ramá.

A lo largo de 1-2 Samuel y 1-2 Reyes, uno de los papeles principales de los verdaderos profetas de Dios es declarar la palabra de Dios al rey. Esos profetas se convierten en portavoces de Dios ante los reyes. Cuando los reyes son fieles a Dios y escuchan al profeta, ese profeta se convierte en un aliado crítico y consejero del rey, guiándolo y ayudándolo. Sin embargo, con demasiada frecuencia los reyes desobedecen, desafiando al verdadero profeta de Dios y siguiendo a otros dioses. Cuando eso sucede, el profeta proclama el juicio de Dios sobre el rey.

Samuel lleva a cabo ambos roles. Como Dios manda, Samuel unge al primer rey Saúl y lo apoya (1 S. 9-11). Pero después de que Saúl repetidamente desobedece a Samuel y al Señor, Samuel reprende a Saúl y unge a David (1 S. 13-16). Durante todo el reinado de Saúl y hasta la época de David, Samuel frecuentemente funciona en el papel de verdadero profeta, presentando la palabra al rey. La muerte de Samuel está registrada en 1 S. 25:1 (ver **Profetas**).

SANGRE

La sangre tiene un significado simbólico y profundo en el contexto tipológico, profético y escatológico de la Biblia. La sangre es vida, la vida está en ella (Lv. 17:11). La sangre "clama justicia" (Gn. 4:10); la sangre de corderos cubría pecados en el AT. En el Nuevo Pacto, la única sangre que limpia de manera efectiva todos los pecados es la sangre de Cristo (1 Jn. 1:7-9). Así en el contexto tipológico, la sangre se utiliza como un tipo o prefiguración de un sacrificio mayor. En el AT se realizaban sacrificios de animales cuya sangre era derramada como un acto de expiación por el pecado. Estos sacrificios apuntaban hacia el sacrificio final y perfecto de Jesucristo en la cruz, donde su sangre fue derramada como el sacrificio definitivo que nos redime y perdona nuestros pecados.

En el contexto profético, la sangre representa el juicio y la redención. La profecía del AT habla del derramamiento de sangre como una consecuencia del pecado y como un medio para la redención. Por ejemplo, el profeta Isaías habla del Siervo sufriente cuya sangre derramada trae sanidad y perdón a la humanidad (Is. 53:5). La sangre de Jesús cumplió esta profecía al ser derramada como el sacrificio que nos reconcilia con Dios y nos concede vida eterna.

En el contexto escatológico, la sangre adquiere un significado aún más poderoso. En el libro de Apocalipsis, se habla de aquellos que han sido redimidos por la sangre del Cordero y se les promete una participación en el reino eterno de Dios. La sangre de Jesús garantiza nuestra redención final y nos da acceso a la vida eterna en la presencia de Dios. Pero también tiene una connotación negativa porque la Ramera o Prostituta comete tantos asesinatos que se describe como ebria de la sangre de todos los mártires de Cristo (Ap. 16:6).

En Apocalipsis 12:11 se muestra la visión Juanica del Cordero degollado expresando amor, salvación y victoria a los creyentes (Ap. 12:11), y paradójicamente con esa sangre bendita los que han salido de la Gran Tribulación blanquean sus vestiduras: "Aquellos son los que están saliendo de la Gran Tribulación; han lavado y blanqueado sus túnicas en la sangre del Cordero (Ap. 7:14), (Gálvez), (ver **Cordero**).

SARDIS

Perspectiva histórica

La antigua capital del reino de Lidia, situada a unos 80 km. al este de Esmirna, al pie del monte Tmolos, es conocida como Sardis. En el año 546 a.C., Ciro derrotó a Creso y se apoderó de su capital, convirtiéndola en un centro de la administración persa. Después de pasar por manos griegas y romanas, la ciudad fue devastada por un terremoto en el año 17 d.C. El emperador Tiberio eximió a Sardis de impuestos para facilitar su reconstrucción. A lo largo de su historia, Sardis tuvo un barrio judío y, posteriormente, una comunidad cristiana (Ap. 1:11; 3:1, 4). Hoy en día, Sart es un pueblo que alberga las ruinas de un antiguo templo dedicado a Artemisa, construido en el siglo IV a.C. También se encuentran vestigios de un templo de Zeus, así como los restos de los muros de una iglesia cristiana del siglo IV.

Perspectiva profética. Carta a la iglesia de Sardis (Ap. 3:1-6)

El nombre "Sardis" significa "los que escapan" o "el remanente". El Señor les dice: "Tienes fama de estar vivo, pero estás muerto" (Ap. 3:1). La muerte en la iglesia de Sardis se hace más evidente cuando, al inicio de la carta, el Señor Jesús se presenta como "el que tiene los siete espíritus de Dios", lo cual denota abundancia y multiplicidad de vida para una iglesia decadente y agonizante. La forma en que Jesús se dirige individualmente a cada iglesia revela mucho sobre el estado, las necesidades y las oportunidades de esa iglesia en particular. "No he encontrado tus obras perfectas delante de Dios" (Ap. 3:2), (Gilberto).

A pesar de ser una ciudad con una fuerte presencia religiosa, Sardis estaba sumergida en el paganismo. Contaba con una influyente comunidad judía. Después de los eventos descritos en el Apocalipsis, construyeron una nueva sinagoga que estaba conectada al gimnasio y al baño de la ciudad, lo cual simbolizaba la histórica relación entre el judaísmo y el paganismo en Sardis. Cibeles y Artemisa eran las deidades protectoras de la ciudad, y aún se pueden observar los restos del templo de Artemisa.

En este mensaje a la iglesia de Sardis, no se menciona la persecución. Parece que la mayoría de los miembros de la iglesia estaban comprometidos con la cultura pagana. Solo unos pocos no habían "manchado sus ropas", una metáfora de impureza e idolatría. El mandato profético a Sardis de "despertar" (NVI) también puede traducirse como "vigilar", una advertencia que Jesús utiliza frecuentemente al enseñar sobre los últimos tiempos (cf. Mt. 24:42-43; 25:13; Mr. 13:34-37). Si se niegan a "despertar" o "vigilar", Jesús vendrá inesperadamente "como un ladrón", otra imagen que evoca sus enseñanzas sobre los últimos tiempos (cf. Mt. 24:43; Lc. 12:39; cf. también 1 Ts. 5:2-4; 2 P. 3:10). Aquellos que se mantengan fieles serán "vestidos de blanco" (una representación de pureza), no serán borrados del libro de la vida y serán reconocidos por Jesús ante el Padre (ver **Siete iglesias del Apocalipsis**).

SATANÁS

Del latín *Satāna*, y este del hebreo 7854 *satán*, שָׂטָן y este a su vez del arameo הַשָּׂטָן (*hashatán*, "el adversario"), también acusador, en gr. 4567 Σατανᾶς, el acusador. Debido a que la doctrina de Satanás está menos desarrollada en el AT, existe cierto debate sobre si se debe traducir el término como un título (el satanás/acusador) o como un nombre (Satanás). En los pasajes de Job 1-2 y Zac. 3:1-2, la palabra se utiliza con el artículo definido: "el satanás".

En el libro de Job, "el acusador" se presenta ante Dios como miembro de la asamblea divina y tiene la responsabilidad de acusar, investigar y probar a los seres humanos. Cuando Dios elogia el carácter intachable y la devoción de Job, Satanás propone dos pruebas para él. En Zacarías 3, Satanás acusa al sumo sacerdote Josué antes de recibir una fuerte reprimenda del Señor. Luego, en 1 Crónicas 21:1, Satanás, esta vez sin el artículo definido, se levanta contra Israel e incita a David a realizar un censo. Aunque la identidad del acusador en Job es más ambigua, las últimas referencias en el AT apuntan a la comprensión del NT de Satanás como un ser personal maligno, un ser demoníaco que se erige como el principal adversario de Dios.

El NT retrata, clara y repetidamente, a Satanás como el líder de los demonios y como el principal oponente de Dios y enemigo de toda la humanidad, especialmente de aquellos que pertenecen a Jesucristo. El NT también se refiere a Satanás con una multitud de otros nombres: el diablo (Mt. 4:1; 25:41), la serpiente (2 Co. 11:3; Ap. 12:9; 20:2), el dragón (Ap. 12), Belcebú (Mt. 10:25; 12:24, 27), el gobernante de este mundo (Jn. 12:31; 14:30; 16:11), el maligno (Mt. 13:19; 1 Jn. 2:13), el príncipe de los demonios (Mt. 9:34; 12:24), el acusador (Ap. 12:10), el enemigo (Lc. 10:19; 1 P. 5:8) y el príncipe de la potestad del aire (Ef. 2:2).

Satanás tiene una doble misión: se opone a Dios y busca destruir a la humanidad. Al igual que tentó a Adán y Eva al pecado en Génesis 3, también tentó a Jesús con la esperanza de frustrar la misión de rescate de Dios, como se relata en Mateo 4. Satanás es la fuente del pecado y el principal tentador. Desde el principio, ha sido un asesino y mentiroso, como se menciona en Juan 8:44, y "ha estado pecando desde el principio", según 1 Jn. 3:8.

El libro del Apocalipsis ofrece una vívida descripción de la animosidad de Satanás hacia Dios y sus propósitos, especialmente en Ap. 12. En este capítulo, se presenta una señal en el cielo: una mujer a punto de dar a luz a un hijo varón (Jesús). El dragón rojo, que representa a Satanás (asociado con el antiguo monstruo marino y la serpiente de Gn. 3), espera para devorar al niño. Sin embargo, el niño es arrebatado y llevado a Dios después de su nacimiento (posiblemente refiriéndose a la resurrección y ascensión de Jesús). La mujer huye al desierto, donde es alimentada y protegida por Dios durante 1260 días.

A partir de Ap. 12:7, Juan relata la misma historia desde la perspectiva de una guerra en el cielo, donde Miguel y sus ángeles luchan contra el diablo y sus ángeles. El gran dragón es derrotado y arrojado a la tierra (posiblemente haciendo referencia a Isaías 14:3-21), donde desata su ira contra la mujer y el resto de sus hijos (la "simiente" según la terminología utilizada, en consonancia con Gn. 3:15). Al final de Ap. 12, el dragón se sitúa en la orilla del mar, desde donde surge la primera bestia que se menciona en Ap. 13. En resumen: el relato de Ap. 12 deja claro que Satanás es el gran enemigo de Dios y su pueblo.

El otro objetivo de Satanás es aniquilar a la humanidad, como se aclara en 1 Pedro 5:8, donde se dice que "vuestro enemigo el diablo ronda como león rugiente buscando a quién devorar". Las acciones malvadas de Satanás incluyen influir en el pensamiento de las personas (Mt. 16:23; Mr. 8:33), tentarlas al pecado (Hch. 5:3; 1 Co. 7:5), engañarlas (2 Co. 11:14; Ap. 12:9; 20:3, 8, 10), acusarlas (Ap. 12:10), atacarlas (Lc. 22:31), obstaculizar temporalmente la obra de Dios (1 Ts. 2:18) y trabajar a través de los enemigos del evangelio (Jn. 8:44; 2 Ts. 2:9; Ap. 2:9, 13; 13:2). Satanás es ingenioso y activo, utilizando su ejército demoníaco para dañar al pueblo de Dios.

Además de la tentación directa, Satanás emplea la mentira, el engaño, la ira, el miedo, la confusión, la enfermedad, las calumnias, los engaños e, incluso, la religión para llevar a cabo su causa. Como resultado, los creyentes están involucrados en un conflicto continuo que requiere discernimiento, sabiduría, coraje y perseverancia. Aunque Satanás es poderoso y astuto, los creyentes no quedan indefensos ante sus ataques. Pablo instruye a los creyentes a "vestirse de toda la armadura de Dios para que puedan estar firmes contra las asechanzas del diablo" (Ef. 6:11). Esta "armadura" incluye la verdad, la justicia, el evangelio de la paz, la fe, la salvación, la Palabra de Dios y la oración. Los creyentes deben participar en la batalla espiritual perdonando (2 Co. 2:10-11), lidiando con la ira (Ef. 4:27), confiando en la fidelidad de Dios (1 Co. 10:13), resistiendo al diablo (1 P. 5:9; Stg. 4:7), ejerciendo la autoridad proporcionada por Jesús (2 Co. 10:3-4), respondiendo con la Palabra de Dios (Mt. 4:1-11) y permaneciendo fieles al Señor Jesús y su evangelio.

El mundo, bajo la dominación de Satanás, está presenciando el comienzo de su liberación. Las palabras de Jesús, registradas en Lucas 11:20, son revolucionarias dentro del contexto judío, ya que introducen la idea de una victoria actual sobre los poderes del mal. Durante la misión de los setenta y dos discípulos, Jesús presenció la caída de Satanás del cielo como un rayo, según lo relatado en Lucas 10:18. Estas declaraciones no solo señalan el inicio de la gran batalla escatológica mencionada en la literatura apocalíptica, como en Daniel 12:1, sino que también revelan que el resultado de esta batalla ya ha sido decidido a través de las derrotas infligidas por Jesús al reino demoníaco.

El NT enseña claramente la destrucción final de Satanás y sus fuerzas demoníacas. Se anuncia un "fuego eterno" preparado para el diablo y sus ángeles, tal como se menciona en Mateo 25:41. Jesús ya ha infligido el golpe mortal a través de su encarnación, crucifixión y resurrección, como se registra en Lc. 10:18; Jn. 12:31; 16:11; He. 2:14 y 1 Jn. 3:8. Después de ser expulsado del cielo a la tierra, como se describe en Ap. 12:9, Satanás será obligado a descender aún más en la Segunda venida de Cristo. Jesús primero arrojará a Satanás de la tierra "al abismo" según Ap. 20:3, y después del abismo al lago de azufre ardiente para sellar su condenación eterna, como se menciona en el versículo 20:10 (VA), (ver **Satanás**).

SECRETO MESIÁNICO

"Wrede identificó en el Evangelio de Marcos un tema especial: la imposición del silencio por parte de Jesús, con respecto a su mesianismo (Mr. 1:25; 5:43; 8:30…). La interpretación de esa voluntad de secreto por parte de Jesús ha sido muy discutida" (Schökel).

El tema intrigante del secreto mesiánico en el Evangelio de Marcos ha generado discusiones y estudios teológicos a lo largo de muchos años. Se remonta a 1901, cuando William Wrede fue el primero en utilizar este término y comenzó a explorar este fenómeno.

En el Evangelio de Marcos, se encuentra evidencia de que Jesús buscaba mantener en secreto la identidad del Mesías en varias ocasiones. Por ejemplo, los demonios fueron obligados a guardar silencio (Mr. 1:25; 1:34;

3:11). Después de realizar cuatro milagros, Jesús ordenó a las personas que guardaran silencio (Mr. 1:44; 5:43; 7:36; 8:26). También les pidió a sus discípulos que no dijeran nada dos veces (Mr. 8:30; 9:9). Además, en dos ocasiones Jesús evitó a las multitudes para no llamar la atención (Mr. 7:24; 9:30).

Además, de estas narraciones claras, Marcos también involucra el secreto mesiánico en otros aspectos del ministerio público de Jesús (Mr. 4:10-12; 7:17-23; 8:31; 9:31; 10:33; 13:24-27). Asimismo, Jesús eligió revelar el misterio y la gloria de su divina filiación solo a sus seguidores más cercanos, y lo hizo en lugares privados (Mr. 4:10-20; 8:27–9:13). Sin embargo, irónicamente, la orden de guardar silencio, a menudo, resultaba en lo contrario: "pero mientras más se lo ordenaba, tanto más ellos lo proclamaban" (Mr. 7:36; 1:45; 5:20; 7:24).

En el Evangelio de Marcos, Jesús a menudo instruye a las personas a guardar silencio acerca de su identidad mesiánica. Este fenómeno se conoce como el "Secreto Mesiánico" o el "Secreto del Reino de Dios". A veces, después de realizar milagros o enseñar, Jesús les pedía a las personas que no hablaran de lo que habían presenciado. Esto se conoce como el "mandato del silencio" o "secreto mesiánico" de Jesús.

Hay varias teorías que intentan explicar por qué Jesús solicitaba el secreto sobre su identidad mesiánica. Algunos estudiosos sugieren que esto se debía a que Jesús quería evitar la atención excesiva y el sensacionalismo alrededor de sus acciones milagrosas. Otros argumentan que Jesús tenía una comprensión particular del tiempo y el propósito divino, y que el momento adecuado para revelar completamente su identidad mesiánica aún no había llegado. Existen varias explicaciones y motivos sugeridos por los eruditos en relación con el propósito del secreto mesiánico en el Evangelio de Marcos. Las siguientes teorías son las más discutidas:

La primera, sostiene que la misión de Jesús era preparar a las personas para el futuro reinado escatológico de Dios. Sin embargo, el concepto de Mesías que el pueblo de Israel esperaba difería de la visión espiritual que Jesús traía consigo. Su reino y su misión no se manifestarían en un trono terrenal y glorioso, sino a través de la cruz, la humildad y la muerte. Por lo tanto, Jesús evitaba libremente usar la palabra "Mesías" debido a las expectativas erróneas que ello implicaba.

La segunda, sugiere que los mandatos de Jesús de guardar silencio tenían como objetivo mantener oculta su faceta de obrador de milagros. A diferencia de los falsos profetas, Jesús no realizaba milagros para impresionar a las personas o aumentar su fama con fines lucrativos. Buscaba evitar ser arrestado y ejecutado por las autoridades, quienes podrían obstaculizar su ministerio ante las multitudes y sus propios discípulos.

La tercera, plantea que la prohibición de proclamar su identidad mesiánica tenía como propósito evitar los obstáculos que las multitudes podrían causar al reconocerlo como el Mesías. Después de realizar sus primeros milagros, se observa cómo las multitudes dificultan la movilidad de Jesús, lo que podría interferir con su misión (Mr. 1:33, 45).

Estas son algunas de las explicaciones y perspectivas propuestas por los estudiosos para comprender el motivo detrás del secreto mesiánico en el Evangelio de Marcos.

Es importante tener en cuenta que el "Secreto Mesiánico" en el Evangelio de Marcos es una característica literaria y teológica específica de este evangelio en particular. No se encuentra de la misma manera en los otros evangelios sinópticos ni en el Evangelio de Juan.

SEGUNDA RESURRECCIÓN

Hay textos que hablan de manera indirecta sobre una segunda resurrección, mientras que otros parecen referirse a una resurrección seguida de una segunda resurrección después de un tiempo determinado. También existen textos que parece que mencionan dos resurrecciones paralelas y simultáneas, mientras que otros hablan de una única resurrección simultánea:

Segunda resurrección como evento separado en el tiempo. En resumen, algunas interpretaciones sostienen que la segunda resurrección es un evento que ocurre después de la resurrección de los justos. Según esta visión, los justos son resucitados en la primera resurrección para disfrutar de la vida eterna con Dios, mientras que los impíos son resucitados en una segunda etapa para enfrentar el juicio y recibir su condena.

Dos resurrecciones simultáneas y paralelas. Otra perspectiva plantea que tanto los justos como los impíos son resucitados al mismo tiempo, pero para diferentes destinos. Según esta visión, los justos son resucitados para la vida eterna, mientras que los impíos son resucitados para ser juzgados y condenados.

Una única resurrección simultánea. Algunos creyentes sostienen que habrá una sola resurrección general de todos los muertos, tanto justos como impíos. En este enfoque, los muertos resucitarán al mismo tiempo y serán juzgados en función de sus acciones durante su vida terrenal.

Ap. 20:4-6: "Y vi tronos, y se sentaron sobre ellos los que recibieron facultad de juzgar; y vi las almas de los decapitados por causa del testimonio de Jesús y por la palabra de Dios, los que no habían adorado a la bestia ni a su imagen, y que no recibieron la marca en sus frentes ni en sus manos; y vivieron y reinaron con Cristo mil años. Pero los otros muertos no volvieron a vivir hasta que se cumplieron mil años. Esta es la primera resurrección. Bienaventurado y santo el que tiene parte en la primera resurrección; la segunda muerte no tiene potestad sobre estos, sino que serán sacerdotes de Dios y de Cristo, y reinarán con él mil años".

Ap. 20:11-15: "Y vi un gran trono blanco y al que estaba sentado en él, de cuya presencia huyeron la tierra y el cielo, y no se halló lugar para ellos. Y vi a los muertos, grandes y pequeños, de pie delante del trono, y los libros fueron abiertos; y otro libro fue abierto, que es el libro de la vida, y los muertos fueron juzgados por lo que estaba escrito en los libros, según sus obras. Y el mar entregó los muertos que estaban en él, y la Muerte y el *Hades* entregaron a los muertos que estaban en ellos; y fueron juzgados, cada uno según sus obras. Y la Muerte y el *Hades* fueron arrojados al lago de fuego. Esta es la muerte segunda: el lago de fuego. Y el que no se encontraba inscrito en el libro de la vida fue arrojado al lago de fuego".

Jn. 5:29: "y saldrán: los que hicieron lo bueno, a resurrección de vida, y los que practicaron lo malo, a resurrección de juicio".

Dn. 12:2: "Y muchos de los que duermen en el polvo de la tierra despertarán, unos para la vida eterna, y otros para la ignominia, para el desprecio eterno".

Hch. 24:15: "teniendo esperanza en Dios que estos también abrigan, de que ciertamente habrá una resurrección tanto de los justos como de los impíos".

Sobre las distintas interpretaciones de estos textos surgen las diferentes interpretaciones sobre la segunda resurrección:

Dispensacionalismo: sostiene que la segunda resurrección se divide en varios eventos separados en el tiempo. Según esta visión, la primera resurrección sería la resurrección de los justos que ocurre en la venida de Cristo antes de un período de mil años conocido como el Milenio. Después del Milenio, se produciría una segunda resurrección de los impíos para enfrentar el juicio final.

Preterismo: enseña que la mayoría de las profecías escatológicas, incluyendo la segunda resurrección, se cumplieron en el pasado durante los primeros siglos del cristianismo. Según esta perspectiva, la segunda resurrección se refiere a un evento espiritual o simbólico que ocurrió en el pasado, como la resurrección espiritual de los creyentes después de la muerte de Cristo.

Universalismo: cree que al final todos los seres humanos serán salvos y reconciliados con Dios. Según esta visión, la segunda resurrección es un proceso mediante el cual todos los seres humanos, tanto justos como impíos, son resucitados y reconciliados con Dios, experimentando su amor y salvación.

Aniquilacionismo: afirma que los impíos no serán condenados a un castigo eterno, sino que serán aniquilados o destruidos después de la resurrección. Según esta perspectiva, la segunda resurrección implica tanto la resurrección de los justos para la vida eterna como la resurrección de los impíos para enfrentar la destrucción final (Gálvez), (ver **Resurrección**, **Dispensacionalismo**, **Preterismo**, **Aniquilacionismo**).

SEGUNDA VENIDA

El segundo advenimiento, también conocido como la Segunda venida, se refiere al retorno de Jesús o al regreso del Señor a la tierra al final de la historia. En este evento, se espera que Jesús resucite a los muertos, recompense a los fieles, condene a los impíos y destruya a los enemigos de Dios. El término "advenimiento" se utiliza para describir esta "venida" o "llegada".

La centralidad de la Segunda venida del Señor

En la iglesia primitiva, la doctrina de la Segunda venida era central en la predicación y la evangelización; tanto era el anhelo sobre el retorno del Señor que algunas iglesias se obsesionaron y algunos creyentes comenzaron a enseñar que la Segunda venida ya había ocurrido. Pablo corrigió ese grave error por medio de cartas explicando que no era cierto y les dijo que antes tenía que ocurrir la aparición del hombre de pecado y la apostasía.

Bancroft comenta que, al pasar los primeros siglos, la Iglesia se fue al otro extremo, relegando la enseñanza de la Segunda venida; debido a la elevación esplendorosa del cristianismo de parte del Imperio romano que decretó la fe cristiana como la creencia oficial de todo el imperio, confinó dicha doctrina en toda la época del oscurantismo. En la Reforma se reanimó un poco la doctrina. Bancroft agrega que muchos siglos después los milenaristas avivaron la doctrina de retorno del Señor, pero cayeron en el error de anunciar que la venida del Señor ocurriría en el año 1840. Pero no vino. Luego un siglo y medio después un movimiento liberal enseña que la Segunda venida es simbólica, es espiritual. Ante estos movimientos extremos es tiempo de volver a la enseñanza de la Escritura para comprender la claridad de la Segunda venida en su justa dimensión (Bancroft, 1986).

La Segunda venida es una de las doctrinas que incluyen todas las posturas teológicas. La razón es la abundante evidencia bíblica clara en todo el Nuevo Testamento. Le da valor agregado el hecho de que con tres palabras griegas diferentes se describa este gran acontecimiento:

Parousía. Del verbo *páremi* = estar presente, presencia, presentación: "Porque, así como el relámpago sale del oriente y resplandece hasta el occidente, así será la venida del Hijo del Hombre" (Mt. 24:27). Moltmann sugiere que es incorrecto emplear el término parusía para designar la nueva venida, la Segunda venida, porque presupone una ausencia temporal. El término que prefiere es "adviento", palabra latina que significa venida del redentor.

Apokalupsis. Revelación, remoción de un velo, implica que el retorno de Jesús será una especial revelación de sí mismo: "De manera que nada les falta en ningún don, esperando ansiosamente la revelación de nuestro Señor Jesucristo" (1 Co. 1:7).

Epiphaneía. De *Epi* = sobre, y *Phaino* = brillar o alumbrar. Significa una aparición o manifestación repentina desde arriba: "Entonces será revelado ese impío, a quien el Señor matará con el Espíritu de Su boca, y destruirá con el resplandor de Su venida" (2 Ts. 2:8), (Lacueva, 1998).

El primer fundamento de toda la fe cristiana es la resurrección de Jesús de Nazaret, el Cristo Resucitado, atestiguada pródigamente. El segundo fundamento esencial es la Segunda venida o el retorno de Cristo. Esa es la esperanza gloriosa de todo el Nuevo Testamento. El mensaje de la predicación del reino de Dios comienza con el anuncio del resucitado y finaliza con el advenimiento del Cristo glorificado. La misión de la Iglesia comienza con la resurrección del Señor y termina con la venida del Señor. Es la consumación de la meta, la glorificación de los creyentes y la nueva creación del cosmos.

Brunner expresa la centralidad de la venida de Cristo en la revelación cristiana así: "La venida de Cristo no es un tema entre otros, sino el tema de nuestra fe, que domina a todos los demás temas" (Stam, 1999).

Algunos autores ven la enseñanza de la Segunda venida del Señor como la única y grande esperanza de la Iglesia: "Aquí es el Mesías en su personalidad claramente definida como el Dios-hombre y en su carácter como el Redentor glorificado, que en su venida en gloria es anunciada como la gran esperanza de la Iglesia" (Fairbarn, 1985).

La Segunda venida en la escatología del Nuevo Testamento es cristología pura. Todo gira en círculos concéntricos alrededor de Jesucristo el Señor. Es presentista porque él ha venido en carne, se ha hecho hombre, realiza su ministerio público anunciando que el evangelio del reino de Dios ha llegado. Las evidencias son que los ciegos ven, los cojos andan, los muertos son resucitados, los demonios son expulsados y a los pobres se les anuncia el evangelio. Pero también es futurista porque después de padecer rechazo, persecución, calumnias, injurias, burla, menosprecio, traición, abandono, juicio injusto, golpes, despojo; es crucificado, muerto, sepultado, resucitado, es el que ha de venir, el que vendrá, el que regresará en gloria sin relación al pecado. Su manifestación será gloriosa en su venida para los hijos de Dios y una tragedia para los que rechazaron a Cristo como el Mesías. Esa verdad resalta en un pasaje de los evangelios sinópticos: "los que en esta vida terrenal se escandalicen de él y de su mensaje, se avergüencen, delante de esta gente infiel y pecadora, Cristo, el hijo del hombre se avergonzará de ellos cuando venga con la gloria de su Padre y con los santos ángeles" (Mr. 8:38b). Esta es una clara predicción de la definitiva venida escatológica de Cristo (A.T. Robertson, 2003).

Los evangelios narran que Jesús enseñó sobre su Segunda venida con distintos recursos pedagógicos: la exhortación, la advertencia, sentencias, parábolas como la de los talentos, las minas y las diez vírgenes; en las que él aparece como el amo, el Señor, el novio, que se va lejos por un tiempo, pero ha de volver para recibir cuentas o para las bodas. En el caso de la parábola de las 10 vírgenes como el novio que regresa para ser recibido por las vírgenes prudentes que le acompañarán a la boda. Cito algunos textos que hablan de manera directa, clara, sobre el retorno del Señor:

Mt. 24:44: "Por eso, también ustedes estén preparados, porque a la hora que no piensan vendrá el Hijo del Hombre".

Mt. 24:27: "Porque, así como el relámpago sale del oriente y resplandece hasta el occidente, así será la venida del Hijo del Hombre".

Mr. 13:24-26: "24 Pero en aquellos días, después de esa tribulación, el sol se oscurecerá y la luna no dará su luz, 25 las estrellas irán cayendo del cielo y las potencias que están en los cielos serán sacudidas. 26 Entonces verán al Hijo del Hombre que viene en las nubes con gran poder y gloria".

Lc. 21:27-28: "27 Entonces verán al Hijo del Hombre que viene en una nube con poder y gran gloria. 28 Cuando estas cosas empiecen a suceder, levántense y alcen la cabeza, porque se acerca su redención".

Jn. 14:1-3: "1 No se angustien ustedes. Crean en Dios y crean también en mí. 2 En la casa de mi Padre hay muchos lugares donde vivir; si no fuera así, yo no les hubiera dicho que voy a prepararles un lugar. 3 Y después de irme y de prepararles un lugar, vendré otra vez para llevarlos conmigo, para que ustedes estén en el mismo lugar en donde yo voy a estar".

¿Cómo esperar la venida del Señor?

Así, el advenimiento o Segunda venida del Señor está suficientemente atestiguada en el NT. Pero ¿con qué actitud debemos esperarla los cristianos? Pues, para iniciar, de manera semejante a los siervos de la parábola que esperan diligentemente que su Señor regrese; como Jesús dijo a sus discípulos: que velaran por ellos mismos, cuidando su conducta, para que "sus corazones no se llenaran de glotonería y embriaguez". Pablo explica a los cristianos la manera correcta de la espera del retorno del Señor: viviendo de manera justa, sobria y piadosa en medio de este mundo malo. Y el apóstol Pedro hace el llamado tiernamente pidiéndoles a los creyentes que esperen la venida del Señor con presteza para ser hallados sin mancha e irreprensibles. El apóstol Juan, después de exponer que veremos a Cristo tal cual es, anima a que la Iglesia mantenga esa esperanza gloriosa porque así se purifica así misma, como Jesús es puro.

Así las exhortaciones de cómo esperar el advenimiento del Señor en el NT; se observa que la expectación de la venida de Dios es un fuerte motivo para vivir en santidad, con un temor reverente y en obediencia a sus mandamientos, dado que el camino de la obediencia en el discipulado es el que conduce a la espera gozosa del encuentro con nuestro Señor Jesucristo (Erb, 2014).

¿Con qué actitud debemos enfrentar la muerte antes de la Segunda venida del Señor?

García provee argumentos y ejemplos de la manera correcta de enfrentar la muerte antes de la Segunda venida del Señor. Se refiere al actuar de Pablo en coherencia con lo que él enseñaba, él decía a los hermanos, por medio de sus cartas. Que prefería ir a estar con Cristo lo cual era "muchísimo mejor" (Fil. 1:23) que quedarse aquí en la tierra. Los pastores, predicadores, evangelistas y demás ministros, hemos predicado este texto y los cristianos lo saben, pero cuando pasamos momentos difíciles y vemos peligros de muerte que nos acechan nos deprimimos y nos cuesta creer esta magnífica verdad. Y, mayormente, cuando un ser querido muere o algunos cristianos está próximos a morir se afligen porque en realidad para ellos no es "muchísimo mejor" estar con Cristo, quieren aferrarse a la vida terrenal. Pablo decía lo que realmente creía, y fue puesto a prueba cuando llegó la proximidad de su muerte, en lugar de aferrarse a la vida temporal respondió con gran firmeza, convicción y alegría lo siguiente: "Porque yo ya estoy siendo derramado, y el tiempo de mi partida es inminente. He peleado la buena batalla, he acabado la carrera, he guardado la fe. Por lo demás, me está guardada la corona de justicia, la cual me dará el Señor, juez justo, en aquel día; y no solo a mí, sino también a todos los que aman su venida" (2 Ti. 4:6-8), (García, 2019).

Eso es lo que debemos expresar los creyentes cuando nos llegue el turno, porque nos fortalece el saber que es verdad lo que Dios nos prometió por cuanto Cristo murió, pero también resucitó y ha prometido reiteradamente en la Biblia que Cristo vendrá por segunda vez para consumar la victoria final.

La venida de Jesús el Hijo del Hombre

La señal, en el sentido estricto, en el retorno del Señor es la "señal del hijo del hombre", "hijo de hombre" viniendo en las nubes. Creo que la intención del autor al mencionar dichas expresiones es comunicar que es Jesús de Nazaret, el hombre de carne y hueso, pero sin pecado, el que se proclamó a sí mismo como el hijo del hombre, el que resucitó al tercer día es el que viene con poder en su gloriosa Segunda venida con un cuerpo glorificado.

Otro detalle relacionado con la venida del Hijo del Hombre es que habrá una conmoción cósmica apocalíptica sin precedentes descrita en Mt. 24:29-31: "[29] El sol no dará su luz, la luna tampoco brillará, las estrellas caerán, las potencias de los cielos serán conmovidas". En labios de Jesús el texto sigue diciendo: "[30] Entonces aparecerá en el cielo la señal del Hijo del Hombre; y todas las tribus de la tierra harán duelo, y verán al Hijo del Hombre que viene sobre las nubes del cielo con poder y gran gloria. [31] Y Él enviará a Sus ángeles con una gran trompeta y reunirán a Sus escogidos de los cuatro vientos, desde un extremo de los cielos hasta el otro".

Bover, señala otro detalle significativo al destacar que el apóstol Pablo no toma los antecedentes de las manifestaciones previas a la venida del Señor descritas en los evangelios, sino que agrega otros: la apostasía, el hombre de pecado, como acontecimientos previos a la Segunda venida del Señor. Describe conjunta y abiertamente el hecho de la venida del Señor con ciertas características, aunque su enseñanza no es muy clara en cuanto al tiempo del retorno del Señor (Bover, 1967).

Pablo menciona repetidamente la venida del Señor con las siguientes expresiones: "vendrá", "descenderá del cielo", "se manifestará", "aparecerá", "será visto".

Esa Segunda venida la expresa en varios versículos en sus distintas cartas. Escribiré uno que corresponda a cada una de las palabras griegas:

Parousía. Presencia o presentación. 1 Co. 15:23: "Pero cada uno en su debido orden: Cristo, las primicias; luego los que son de Cristo en Su venida".

Epifanía. Manifestación. 1 Ti. 6:14: "Que guardes el mandamiento sin mancha ni reproche hasta la manifestación de nuestro Señor Jesucristo".

Apocalipsis

Día del Señor. Fil. 1:6: "Estoy convencido precisamente de esto: que el que comenzó en ustedes la buena obra, la perfeccionará hasta el día de Cristo Jesús" (Vine, 1999).

Pablo nunca menciona la cercanía del retorno del Señor. Más bien afirma su ignorancia sobre este punto. 2 Ts. 2:1-2: "[1] Pero con respecto a la venida de nuestro Señor Jesucristo y a nuestra reunión con Él, les rogamos, hermanos, [2] que no sean sacudidos fácilmente en su modo de pensar, ni se alarmen, ni por espíritu, ni por palabra, ni por carta como *si fuera* de nosotros, en el sentido de que el día del Señor ha llegado".

Este pasaje echa por tierra la creencia del rapto y la Segunda venida inminentes (ver **Adviento**, *Epiphaneía, Parousía, Apokalupsis*).

SEIS ÁNGELES, APOCALIPSIS

En el capítulo 14 del libro del Apocalipsis, se mencionan seis ángeles que desempeñan un papel importante en la narrativa escatológica. Estos ángeles son descritos de manera simbólica y representan diferentes aspectos del juicio divino y la proclamación del evangelio. A continuación, te proporcionaré una descripción general de cada uno de ellos:

El primer ángel (Ap. 14:6-7) se presenta volando en medio del cielo y lleva un evangelio eterno para predicarlo a todos los habitantes de la tierra, a todas las naciones, tribus, lenguas y pueblos. Anuncia el mensaje del juicio y llama a la humanidad a temer a Dios y darle gloria.

El segundo ángel (Ap. 14:8) proclama la caída de Babilonia, que simboliza el sistema mundano y corrupto que se opone a Dios. Anuncia que la ciudad ha caído y advierte a aquellos que participan en sus pecados que sufrirán la ira de Dios.

El tercer ángel (Ap. 14:9-12) advierte a la humanidad sobre la adoración de la bestia y su imagen, y sobre recibir su marca en la frente o en la mano. Declara que aquellos que adoren a la bestia y reciban su marca beberán del vino de la ira de Dios y serán atormentados con fuego y azufre.

El cuarto ángel (Ap. 14:13) anuncia la venida del juicio de Dios sobre la tierra. Proclama que el que adora a la bestia y su imagen será atormentado con fuego y azufre delante de los santos ángeles y del Cordero.

El quinto ángel (Ap. 14:14-15) sale del templo celestial y lleva una hoz aguda. Se le ordena segar la cosecha de la tierra, que simboliza la separación entre los justos y los impíos en el juicio final.

El sexto ángel (Ap. 14: 17-20) sale del altar y tiene autoridad sobre el fuego. Anuncia que está llegando el juicio de Dios y derrama sus siete copas de ira sobre la tierra, lo que provoca una gran destrucción y sufrimiento.

Estos seis ángeles representan diferentes aspectos del juicio divino y la proclamación del mensaje del evangelio en el contexto del libro del Apocalipsis. Sus acciones y anuncios sirven como recordatorios del juicio de Dios sobre la maldad y la necesidad de arrepentimiento y fidelidad a Dios (Lockyer).

SEIS, NÚMERO

La tradición judeocristiana asigna al número 6 en la Biblia una connotación negativa, de imperfección y hasta diabólica. Pero al releer la Escritura y examinar el número 6, se encuentra que tiene una connotación o significado positivo más que negativo. P. ej., el número 6 se relación con actos positivos como:

La creación: el Señor hizo toda la creación en seis días (Gn. 1:31; Éx. 20:11; 31:17).

Trabajo: el hombre tenía que trabajar 6 días y descansar el séptimo, incluyendo los esclavos (Éx. 20:9; 23:12; 34:21; 35:2; Lv. 26:3; Dt. 15:12).

Trabajo de los esclavos: la instrucción divina era que trabajaran 6 años y al séptimo quedaran libres (Jer. 34:14).

Siembra y cosecha: Israel debía sembrar y segar durante 6 años y dejar reposar la tierra el año siguiente (Éx. 23:10; Lv. 25:3).

Iluminación física y espiritual: el candelabro, símbolo de la luz divina, fue fabricado con 6 brazos y una caña central (Éx. 25:32-33).

Adoración, liturgia: el tabernáculo diseñado por Dios debía tener 6 tablas, 6 cortinas (Éx. 26:9, 22).

Servicio: en las vestiduras de Aarón debían escribir 6 nombres de los hijos de Israel en una pierda y otros 6 nombres en otra de las piedras (Éx. 28:10).

Purificación en la mujer: 66 días eran los necesarios para que quedará purificada la mujer después de dar a luz (Lv. 12:5).

Adoración: en el tabernáculo, había una mesa llamada "la mesa del pan de la proposición" o "la mesa de la presencia" donde se colocaban doce panes en dos hileras de 6 panes cada una. Estos panes eran horneados y reemplazados semanalmente. Algunos creen que las dos hileras de panes representan las doce tribus de Israel, simbolizando la presencia y comunión de Dios con su pueblo (Lv. 12:5; 24:6).

Refugio: las ciudades de refugio a las cuales acudían los desamparados, que corrían peligro de muerte, eran 6 (Nm. 35:6; 13, 15).

Construcción, diseño: varios de los ambientes y algunas partes de la construcción del templo de Salomón para el Señor: 6 codos de ancho, 6 gradas de un lado y 6 gradas del otro.

Y podríamos seguir, pero sería muy larga la lista. Por ello, nos saltamos y presentamos el 6 en Apocalipsis:

Creación celestial: ángeles creados con 6 alas (Ap. 4:6).

Numero de un hombre. Y el famoso y mal interpretado número 666: el texto griego dice "es el número de un hombre…" (que actúa como bestia), no se refiere que el 6 sea malo en sí mismo… solo que corresponde al nombre de un hombre (Gálvez).

El numero perfecto es el 6, no el siete.

Y por lo demás muy interesante científicamente hablando: de los números individuales del 1 al 9 más el 0, el único perfecto desde el punto de vista matemático científico es el 6.

No todos pueden serlo, pero el 6 es un número perfecto. Lo sabemos desde hace 2300 años, que es considerablemente más tiempo que la gran mayoría de los otros 50 miembros conocidos del exclusivo club. ¿Por qué es perfecto?

Porque 6 = 1 + 2 + 3. Los números perfectos son aquellos iguales a la suma de sus divisores: 6 se puede dividir por 1, 2 y 3. Al sumar esos números, obtendrás como resultado 6. La historia de los números perfectos es una fascinante y antigua rama de las matemáticas conocida como la teoría de los números. Euclides, en su influyente obra "Los elementos", publicada en el año 300 a.C., fue el primero en hacer referencia a ellos. En su libro, Euclides reveló una forma segura, aunque difícil y laboriosa, de encontrar otros cuatro números perfectos que había descubierto.

Si te da curiosidad saber cuál era la fórmula, aquí va. Si no, sáltate lo que está entre las siguientes líneas de este apartado.

Esto es, paso a paso, lo que dijo: "Si cualquier multitud de números se establece continuamente en doble proporción…".

Es decir, por ejemplo, 1, 2, 4, 8, 16, 32, 64…

"…(empezando) desde una unidad, hasta que toda la suma sumada se convierte en prima".

Así que sumemos hasta llegar a un número primo (divisible solo por 1 y sí mismo):

1 + 2 + 4 + 8 + 16 = 31 "… y la suma multiplicada por el último (número) hace algún número, entonces el número así creado será perfecto".

Entonces, la suma se multiplica por el último número de la secuencia: 31 x 16 = 496... y el resultado debe ser un número perfecto.

Euclides no solo dejó cuatro de esos selectos números —6, 28, 496 y 8128— sino que inspiró a las siguientes generaciones de matemáticos a continuar la búsqueda. ¿Lo es? 496 puede dividirse por 1, 2, 4, 8, 16, 31, 62, 124 y 248. Si los sumamos, el resultado es 496 así que, efectivamente, es un número perfecto.

La larga búsqueda. Pasaron más de 1750 años antes de que se identificara otro número perfecto. Durante ese tiempo, el matemático griego Nicómaco de Gerasa (c.60-c.120 d.C.), un seguidor de Pitágoras, les confirió un carácter más místico. En su obra "Introducción a la aritmética", Nicómaco clasificó los números, incluyendo los perfectos, y los consideró superiores a los demás. Euclides ya había definido los números perfectos, pero Nicómaco fue más allá. Si la suma de los divisores de un número era mayor que el número mismo, los llamaba abundantes; si era menor, los llamaba deficientes. Pero no se limitó a darles nombres, para Nicómaco, algunos números eran más "iguales" que otros, sugiriendo una jerarquía entre ellos. Ahora por medio de la computadora han descubierto números perfectos hasta con 48 dígitos (Weisstein).

SEISCIENTOS SESENTA Y SEIS (666)

La marca, el nombre o el número de la bestia

La doctrina se explica así: el 666 significa la transición ideal para entrever la trinidad satánica como un todo y centrarnos en la segunda persona de dicha trinidad, el anticristo. Hagge cree que el número 666 del anticristo también puede representar la trinidad satánica: Satanás, el anticristo y el falso profeta que encabezará el culto mundial que adora al hijo de Satanás. Así es como el número seis no llega al 7. De igual manera, se ha visto que Satanás no puede llegar a ser Dios el Padre, el anticristo no puede llegar a ser Dios el Hijo y el falso profeta no puede llegar a ser Dios Espíritu Santo. Pero va más allá cuando afirma que puede significar la idolatría mundial ordenada por Nabucodonosor cuando erigió su propia estatua y exigió a todo el mundo que la adorara so pena de muerte. Y cree que el 666 fue estampado en la misma estatua de Nabucodonosor ya que la misma medía 60 codos de alto y 6 de ancho (Hagee, 1996).

Esta doctrina está articulada por especulaciones, alegorías, teorías y argumentos discordantes sin pasar por una sana exégesis. Se ha usado la eiségesis dando rienda suelta a la imaginación desorientada y a la interpretación antojadiza. Pero ello no es exclusivo de estos tiempos. La creencia de la importancia del número 666 es una de las más notorias en la historia de la Iglesia. Se le ha dado gran categoría a tal grado que pareciera que el futuro de las naciones depende de este número y lo que se realice con este. Según los generadores de esta creencia del 666, la bestia y el anticristo tendrán un control total de la población mundial. Ese número, aparecerá cada vez más en todas las marcas de todo lo que se vende. Y solo aquel que esté marcado con el 666 podrá comprar y vender.

En los distintos períodos de la historia eclesiástica se ha asociado a los nombres de personajes malignos según la época: antigua, medieval, moderna y contemporánea. También lo identifican con la bestia que permite alianzas de las fuerzas del mal, celestiales y terrenales. Está ligado al anticristo y sus temerarios engaños.

Malgo le da mucha importancia y afirma que tal es la magnitud del impacto del 666 que hay que estar atentos para descifrar, de manera lingüística y numérica, todo lo que se relaciona con el número 666. Agrega que este número se relaciona con todas las esferas mundanas: políticas, sociales, económicas, comerciales, religiosas, culturales, musicales. Así, la Iglesia se encuentra asediada por el número 666 del anticristo, del hombre de pecado (Malgo, 1984).

El texto que contiene la descripción del 666 es:

Ap. 13:18 (NBLA). Aquí hay sabiduría. El que tiene entendimiento, que calcule el número de la bestia, porque el número es el de un hombre, y su número es 666.

Ap. 13:18 (PDT). Requiere sabiduría entender esto, pero todo el que tenga entendimiento puede encontrar el significado del número de la bestia. El número corresponde al nombre de un hombre. Es 666.

Los versículos anteriores hablan que el 666 corresponde al nombre de un hombre y ese designa a la bestia.

Los recientes descubrimientos derriban todas esas teorías descritas. En uno de los manuscritos más antiguos descubiertos en el año 1999 llamado el papiro 115, preservado en el Museo Asmodeano en Oxford Inglaterra, se afirma que el número que corresponde a un hombre que representa a la bestia es 616 no 666. Los biblistas expertos están de acuerdo.

El Papiro 115 (*P. Oxy.* 4499, designado como 115 en la numeración Gregory-Aland) es un fragmento en papiro de un manuscrito del Nuevo Testamento escrito en griego. Consiste en 26 fragmentos de un códice que contiene partes del libro de Apocalipsis. Se data al siglo III, entre el 225-275 d.C. La peculiaridad del manuscrito es que el número del texto es de Ap. 13:18, y el número que aparece es 616. El texto de este manuscrito es muy valorado por la crítica textual. Se cree que, entre los existentes, es el más cercano al original. Grenfell y Hunt descubrieron el papiro en Oxirrinco. Oxirrinco u Oxirinco es el nombre helenizado de Per-Medyed, antigua ciudad localizada en el siglo XIX, nomo del Alto Egipto, la actual El-Bahnasa (provincia de Minia), que se encuentra a unos 160 km. al sudoeste de El Cairo, Egipto, en el margen izquierdo del Bahr-Yusef, el "Canal de José". Su nombre egipcio es Per-Medyed; en griego se la conoce como Oxirrinco (Ὀξύρυγχος); y en árabe como El-Bahnasa.

Los biblistas expertos afirman que este fragmento del papiro 115 puede ser la segunda copia más antigua del original.

El número 666 se escribió con letras como era la costumbre. Así aparece escrito en letras el 616: XIC, las letras griegas se usaban como números, veamos el siguiente cuadro: letra Ji: X = 600, letra Iota: I = 10, letra kapa final: C = 6, suman 616. La letra kapa final sufrió un cambio después de tres siglos (https://culturacientifica.com/666-numero-la-bestia-2/).

Bonilla expone que los papirólogos afirman que el original de Apocalipsis corresponde al 616, y la interpretación histórica afirma que

UNIDADES				DECENAS				CENTENAS			
A	α	alfa	1	I	ι	iota	10	P	ρ	rho	100
B	β	beta	2	K	κ	kappa	20	Σ	σ	sigma	200
Γ	γ	gamma	3	Λ	λ	lambda	30	T	τ	tau	300
Δ	δ	delta	4	M	μ	my	40	Y	υ	ypsilon	400
E	ε	épsilon	5	N	ν	ny	50	Φ	φ	fi	500
Ϛ	ϛ	digamma*	6	Ξ	ξ	xi	60	X	χ	ji	600
Z	ζ	dseta	7	O	ο	ómicron	70	Ψ	ψ	psi	700
H	η	eta	8	Π	π	pi	80	Ω	ω	omega	800
Θ	θ	zeta	9	Ϙ	ϙ	koppa	90	ϡ	ϡ	san (sampí)	900

* En los manuscritos bizantinos, esta cifra se indica por σ' que condensa la *sigma* y la *tau*. Actualmente, los griegos, que han conservado el alfabeto cifrado para algunos usos particulares (como nosotros las cifras romanas), lo llaman *stigma*.

Juan lo escribe contextualizado por la terrible segunda persecución que desató Domiciano que se le llamó la bestia. Domiciano dice que echó la culpa a los cristianos por la pérdida de la gloria de Roma. Domiciano decretó que todos los cristianos lo adoraran como el Kyrios, como el César. El que no lo hiciera era condenado a muerte (Bonilla, 2007).

Bonilla amplía que la persecución fue más violenta en Éfeso donde radicaba Juan, pero fue exilado a Patmos porque ya estaba anciano; y que Domiciano fue quien decretó que los ancianos fueran exilados. Por eso cree que Juan contextualiza el número de la bestia al nombre de Domiciano porque todas las letras del nombre de Domiciano suman 616. La comunidad cristiana más cercana a la comunidad apostólica ya identificaba entonces a Domiciano con el número 616. En lugar de decir Domiciano, le decían 616. Así, asegura que Ap. 13:18 se refiere a Domiciano, además porque los mismos romanos le decían la Bestia.

Entonces, es fácil inferir que Juan no pensó en una bestia después de 20 siglos, él estaba pensando en Domiciano, en la bestia humana que estaba destruyendo a la Iglesia, a Domiciano, a él se refería Juan, no tenía en mente a otro.

Bonilla responde a la pregunta ¿cómo se llegó al número 666? Una de las respuestas generalmente aceptadas es que los copistas no copiaban literalmente, sino que adaptaban el número de acuerdo con el emperador de turno. El papiro 142 habla que el 546 es el número de la bestia. Cada copista contextualiza a cada emperador tirano. Esos papiros tienen nombre en clave de números de los nombres de los emperadores. Pero fue la vulgata Latina de San Jerónimo, que le dio el número 666 a la bestia. Y esta traducción causó un gran impacto para todo el Imperio y para la posteridad, de tal manera que casi idolatraron esa versión. Nadie más cambió el número 666. Y hay razones para creer que Jerónimo colocó el 666 por el nombre de Juliano el "apóstata", pues el nombre de Juliano, en números correspondientes a sus letras, suma 666. Así los descubrimientos, la bestia han sido los emperadores, personajes, sistemas perversos que fueron identificados por los copistas con los números que correspondían a las letras de sus nombres. En conclusión: la bestia con su número 616, 666, 542, tuvo un significado histórico. Ahora la bestia con ese número se puede aplicar a cualquier persona, institución con acciones y actitudes perversas contra la Iglesia del Señor (Bonilla, 2007).

SELLO DEL DIOS VIVO

A diferencia con la "marca de la bestia", se encuentra el "sello del Dios viviente" (Ap. 7:2, 3, 4, 5, 8; 9:4). Mientras la bestia coloca su marca en la frente de sus seguidores, Dios marca a sus siervos en sus frentes (Ap. 7:3; 9:4). La comparación entre el sello y el "nombre" de Dios y el Cordero, en el libro de Apocalipsis, demuestra que ambas marcas son símbolos de propiedad (ver Ap. 2:3, 13, 17; 3:8, 12; 11:18; 14:1; 21:12, 14; 22:4), en contraste con el "nombre" de la bestia (Ap. 13:17; 14:11; 15:2).

En consecuencia, los seguidores de la bestia llevan tanto su nombre como su marca, de la misma manera que los seguidores de Dios y del Cordero llevan su nombre y su sello (en 2 Ti. 2:19, tanto el "sello" como el "nombre" de Dios identifican a aquellos que pertenecen a Dios). El sello pertenece al "Dios viviente" (es decir, Dios como la fuente de vida) y es un recordatorio de que los nombres de los verdaderos creyentes han sido escritos en el libro de la vida (Ap. 3:5; 13:8; 17:8; 20:12, 15; 21:27; también 2:7, 10-11; 20:4; 21:6; 22:1-2, 14, 17, 19).

El trasfondo más relevante para la imagen del sello divino se encuentra en Ezequiel 9. Allí, Dios ordena a un ángel que marque a todos los verdaderos creyentes para protegerlos de su ira venidera, la cual será infligida por medio de los babilonios (Ez. 9:4, 6). Dios instruye a otros ángeles para que maten a los israelitas infieles que no han sido marcados (Ez. 9:5-10). En Apocalipsis, solo aquellos que son sellados por Dios pueden resistir su ira venidera (Ap. 6:17). En Apocalipsis 9, mientras el quinto ángel toca su trompeta, un ejército de langostas atormenta a "aquellos pueblos que no tenían el sello de Dios en la frente" (Ap. 9:4). Por lo tanto, el "sello" de Dios indica tanto propiedad como protección.

El sello de Dios representa la presencia protectora de Dios en las vidas de todos los creyentes genuinos. Aquellos que están sellados han sido "redimidos" y "comprados", lo cual muestra una estrecha conexión entre el sellamiento divino y su salvación (Ap. 14:3-4). El sellamiento les permite sobrellevar las pruebas y responder con fe en lugar de perderla. El sello de Dios no exime a los creyentes de la persecución, el sufrimiento e incluso la muerte, como se muestra a lo largo del libro de Apocalipsis. Sin embargo, les otorga poder para permanecer leales a Cristo en lugar de ceder cuando son presionados por los poderes malignos humanos y demoníacos.

Aunque los creyentes pueden sufrir e incluso perder la vida física (Ap. 6:9; 12:11; 20:4), el sello les impide perder su vida espiritual y eterna. Aquellos que no están sellados son engañados para adorar a la bestia (Ap. 13:8; 19:20) y sufrirán la ira eterna de Dios (Ap. 14:9-11). En contraste, aquellos que son sellados están protegidos del juicio final de Dios y se les concede vida eterna.

Aunque el libro de Apocalipsis nunca establece explícitamente la conexión, el "sello" se identifica como el Espíritu Santo en otras partes del Nuevo Testamento. Pablo enseña que el Espíritu es el "sello de propiedad" de Dios que se nos ha dado como un depósito, como garantía de lo que está por venir (2 Co. 1:22). En Efesios, él escribe: "Y también vosotros, habiendo oído la palabra de verdad, el evangelio de vuestra salvación, y habiendo creído en él, fuisteis sellados con el Espíritu Santo de la promesa" (Ef. 1:13). Y nuevamente, "No contristéis al Espíritu Santo de Dios, por el cual fuisteis sellados para el día de la redención" (Ef. 4:30).

Para el creyente, el sello de Dios comunica que pertenecemos a Dios, que Él nos protegerá espiritualmente del mal incluso en medio de la persecución, y que Dios cumplirá su promesa de vivir eternamente con Él (VA), (ver **Marca de la bestia**; **Ciento cuarenta y cuatro mil**; **Ira de Dios**).

SEMAÍAS

Del heb. 8098, el nombre "Shemayah" (שְׁמַעְיָה). Está compuesto por dos palabras: "shema" (שְׁמַע), que significa "oír" o "escuchar", y "Yah" (יָה), una forma abreviada del nombre divino Yahvé. Se traduce como "Yahvé ha escuchado" o "Dios ha oído". Traducido al español es Semaías. Nombre común de treinta personas en el AT. Uno de los profetas destacados en el tiempo de Roboam en el reino de Judá fue Semaías. Después de la división del reino de Israel en dos partes, el reino del norte, conocido como Israel, y el reino del sur, conocido como Judá, Semaías centró su ministerio en Judá. Durante un momento crítico, dio uno de los consejos más acertados al rey Roboam.

Tras la muerte de Salomón, el país se sumió en una guerra civil, tal como había predicho el profeta Ahías (1 R. 11:26-40; ver **Ahías, el profeta solinita**). Las diez tribus del norte se separaron de Judá para formar el nuevo reino de Israel. Roboam movilizó sus tropas y se preparó para atacarlas. En ese momento, Semaías, conocido como "el hombre de Dios", le aconsejó a Roboam que no atacara, sino que regresara a casa, y Roboam obedeció (1 R. 12:22-24).

En un evento posterior, aproximadamente cinco años después, el faraón Sisac atacó Jerusalén. En ese momento, Semaías habló a Roboam y su corte, explicando que este ataque era un juicio de Dios para castigar la impiedad de Judá y de todo Israel. Al humillarse Roboam y los príncipes, Dios no los entregó a la muerte, pero los sometió a la dominación del faraón durante un tiempo determinado (2 Cr. 12:5-8).

Además, se menciona que Semaías escribió una historia del reinado de Roboam, aunque desafortunadamente este escrito no se ha conservado (2 Cr. 12:15).

En 2 Crónicas 12, Semaías, ahora llamado "el profeta", aparece nuevamente ante Roboam. Debido a la desobediencia de Roboam a la ley de Dios, Dios permite que Sisac, el rey de Egipto, ataque Jerusalén. Semaías advierte a Roboam y a los líderes de Judá que este ataque es consecuencia de su abandono de Dios (2 Cr. 12:5). En respuesta, Roboam y los líderes reconocen sus errores y se humillan, lo que lleva a que Sisac se retire, habiendo tomado oro del Templo como tributo (2 Cr. 12:6-11). De hecho, en los anales históricos egipcios de Sisac, Jerusalén no se menciona como una de las ciudades conquistadas.

Al final de los textos que describen el reinado de Roboam, se encuentra una alusión a un escrito del profeta Semaías: "En cuanto a los acontecimientos del reinado de Roboam, desde el principio hasta el fin, ¿no están escritas en los anales del profeta Semaías y del vidente Iddo, que tratan de genealogías?" (2 Cr. 12:15). Hasta la fecha, no se ha encontrado. Además, algunos autores asumen que los registros mencionados en este versículo no son textos canónicos, sino registros de la corte real. Sin embargo, es interesante destacar que uno de los roles de los profetas, en ocasiones, era el de llevar registros históricos (ver **Hombre de Dios**; **Profetas**).

SEMILLA/SIMIENTE DE LA MUJER

Heb. 2233, זֶרַע zerá, significa semilla, en el sentido general, para reino vegetal, animal y para descendencia. En el texto de Gn. 3:15 el vocablo se refiere a la descendencia, la posteridad o la semilla de una persona. Y de manera específica, se utiliza para hablar de la descendencia de la mujer y la descendencia de la serpiente.

En griego, la palabra correspondiente para "simiente" se encuentra en el NT, específicamente en el pasaje de Gá. 3:16, que hace referencia a Gn. 3:15. La palabra griega utilizada es σπέρμα (*sperma*), que también se traduce como "simiente" o "descendencia". Al igual que en hebreo, esta palabra griega se refiere a la progenie, la descendencia o la semilla de alguien. Tanto en hebreo como en griego, la idea general detrás de estas palabras es la descendencia o linaje de una persona. En el contexto de Gn. 3:15, y su cumplimiento mesiánico en el NT, se refiere a la simiente o descendencia de la mujer, que encuentra su cumplimiento en Jesucristo como el Mesías prometido.

Lo que se llama el protoevangelio en teología bíblica, se refiere al anuncio del evangelio o buenas nuevas por medio de la semilla o simiente de la mujer que se encuentra en Gn. 3:15, justo después de la caída de Adán y Eva. En este pasaje, Dios pronuncia un juicio tanto para la serpiente (Satanás) como para la humanidad, pero también ofrece una promesa de redención. En Gn. 3:15, Dios dice a la serpiente: "Pondré enemistad entre ti y la mujer, y entre tu simiente y la simiente suya; esta te herirá en la cabeza, y tú le herirás en el calcañar". Esta declaración profética es la primera indicación en la Biblia de la futura venida del Mesías que traerá la salvación y la victoria sobre el mal.

La "simiente de la mujer" se refiere a la descendencia de Eva, es decir, la humanidad en general. La referencia a "tu simiente", se refiere a la descendencia de la serpiente, aquellos que siguen a Satanás y están en enemistad con Dios. La enemistad entre estas dos simientes es una lucha espiritual que se desarrollará a lo largo de la historia.

La promesa de Dios en el protoevangelio es que la simiente de la mujer herirá la cabeza de la serpiente, simbolizando la derrota final de Satanás y su poder maligno. Aunque la simiente de la mujer, representada en última instancia por Jesucristo, sufriría heridas ("tú le herirás en el calcañar"), finalmente prevalecería y destruiría el poder del enemigo.

El protoevangelio es significativo porque establece la base para la esperanza de la redención y la provisión divina para la salvación de la humanidad. Se convierte en la semilla de las promesas mesiánicas que se desarrollan a lo largo de la Biblia y se cumplen en Jesucristo. A medida que avanzamos en la historia bíblica, vemos cómo Dios cumple esta promesa a través del linaje de Abraham, la nación de Israel y, finalmente, en el nacimiento, muerte y resurrección de Jesús, quien es la simiente de la mujer y el Salvador prometido.

En la perspectiva bíblica, la simiente de la mujer también se considera una referencia mesiánica que apunta hacia Jesucristo. A lo largo del AT, hay profecías y promesas que hablan de un descendiente de la mujer que vendría a redimir a la humanidad y restaurar la comunión con Dios. Esta simiente mesiánica es presentada como la respuesta divina al pecado introducido por la serpiente en el Jardín del Edén.

En el NT, encontramos varias conexiones con la simiente de la mujer en Gn. 3:15. P. ej., en Mateo, se traza la genealogía de Jesús hasta Abraham y David, resaltando así su linaje como descendiente de la mujer. Además, en el libro de Apocalipsis, se describe una visión de una mujer que da a luz a un hijo que gobernará a todas las naciones con vara de hierro, una imagen que se asocia con Jesucristo como el Mesías (Ap. 12:1-5).

Desde una perspectiva profética, la simiente de la mujer también se relaciona con la lucha espiritual entre el bien y el mal a lo largo de la historia. La enemistad entre la simiente de la mujer y la simiente de la serpiente se manifiesta en los conflictos y las persecuciones experimentadas por los creyentes a lo largo de los siglos. Sin embargo, la profecía asegura que la victoria final pertenece a la simiente de la mujer, es decir, a Jesucristo y a aquellos que están unidos a Él por fe.

En cuanto a la perspectiva escatológica, la simiente de la mujer en Génesis 3:15 apunta hacia el cumplimiento último en la Segunda venida de Cristo y en el establecimiento del reino de Dios en su plenitud. En ese momento, el diablo será derrotado definitivamente, el mal será erradicado y se restaurará la perfección y armonía que se perdieron en la caída del hombre. Es un recordatorio de la esperanza que los creyentes tienen en la consumación final de la obra redentora de Jesucristo.

El libro de Génesis aborda varios temas que luego se retoman en el libro de Apocalipsis. El tema de la simiente de la mujer no es una excepción. En Ap. 12, se establece una estrecha relación con Gn. 3:15, el dragón es identificado como Satanás y también es llamado la "serpiente antigua", lo que claramente alude a la serpiente en el Jardín del Edén. Además, tanto los aspectos individuales como corporativos de la "simiente de la mujer" están presentes en este pasaje. En el versículo 5, la mujer da a luz a un varón, que representa a Jesucristo. Sin embargo, en el versículo 17, el texto se refiere al "resto de su descendencia", refiriéndose a la comprensión corporativa de la "simiente", es decir, a los fieles creyentes de la Iglesia.

El dragón/serpiente intenta matar al niño, que se identifica con claridad con Cristo, pero las potencias en el cielo luchan contra Satanás para proteger al niño. Como resultado, el dragón es arrojado del cielo a la tierra, donde libra guerra contra los fieles (Ap. 12:17). Eventualmente, en Apocalipsis 20, Satanás, nuevamente llamado la "serpiente antigua", es finalmente destruido, ya que la victoria final pertenece a Cristo.

En resumen: el libro de Apocalipsis retoma el tema de la simiente de la mujer de Gn. 3:15. En Ap. 12, se establece una conexión directa entre el dragón, llamado serpiente, y la serpiente en el Jardín del Edén. Además, se presentan los aspectos individuales y corporativos de la "simiente de la mujer", representados por Jesucristo y los fieles creyentes de la Iglesia. La lucha entre el dragón y la simiente de la mujer se desarrolla en el escenario celestial y terrenal, pero al final, la victoria final pertenece a Cristo, quien destruye a Satanás (Gálvez), (ver **Semilla/simiente de Satanás**).

SEMILLA/SIMIENTE DE SATANÁS

La doctrina de la semilla de la Serpiente

Es una creencia religiosa "cristiana" que explica el relato bíblico de la caída del hombre de manera controvertida y marginal. Según esta doctrina, se sostiene que la Serpiente se apareó con Eva en el Jardín del Edén, y que su descendencia fue Caín. Como resultado de este evento, se crearon dos razas de personas: los descendientes malvados de la Serpiente, condenados a la perdición, y los descendientes justos de Adán, destinados a tener vida eterna. Esta doctrina presenta la historia humana como un conflicto entre estas dos razas, donde finalmente los descendientes de Adán prevalecerán sobre los descendientes de la Serpiente. Según algunos escritos antiguos hebreos, se afirma que Satanás deseaba a Eva y que la historia de la fruta en el Jardín del Edén es una metáfora del idilio entre Eva y el Dragón. Se argumenta que la sentencia de enemistad entre la serpiente y la mujer no está relacionada con comer una fruta, sino con una transgresión basada en una relación de amistad o afecto. También se sugiere que Eva y Satanás tuvieron un hijo fruto de una relación inmoral, lo cual llevó a Dios a enviar el diluvio universal como castigo. Sin embargo, esta interpretación difiere de la creencia más común de que Eva comió una manzana y ha llevado a que se tache de locura a quienes la cuestionan. El pasaje de Génesis 3:15, que habla de la enemistad entre la serpiente y la mujer, es considerado un punto central en esta interpretación controvertida y ha llevado a que se llame "herejes" a quienes piensan de manera diferente a la teología aceptada. La palabra "simiente" en el hebreo del pentateuco es *zera*, 2233, significa: simiente, generación, linaje, semilla, semen, descendencia, hijo. Los defensores de esta postura consideran que la teología tradicional no ha profundizado sobre este tema, y lamentan que hayan excluido del canon bíblico el libro de Enoc, un texto que aclara muchos misterios incluido el tratado en esta entrada. Argumentan que el libro de Enoc se encuentra en la Biblia etíope y también se descubrió este libro entre los papiros de Qumrán. Otro argumento que sostienen es que las semillas son responsables de codificar las especies, lo que significa que una pera siempre será una pera y un tomate siempre será un tomate. Aunque se puede establecer un orden de edad para las peras en una canasta, formando un árbol genealógico de peras, todas ellas pertenecerán a la misma especie. Es importante distinguir entre "simiente" y "genealogía". Simiente se refiere a una semilla o al semen, mientras que la genealogía se dedica al estudio de los antepasados y la descendencia de una familia. La genealogía es el estudio de los lazos de sangre y la relación de un individuo con un grupo más amplio. Basándose en estas argumentaciones y otras más, llegan a la conclusión de que, si "zera" en hebreo significa "simiente", y "simiente" se refiere a "linaje", esto se aplica a seres vivos u organismos biológicos. Por lo tanto, según esta postura, no es bíblico pensar que una serpiente pueda tener una especie o descendencia espiritual, ya que ella es física y su interacción es física. Lo mismo se aplica al Mesías de Nazaret, que también es físico (Ibarra, 2017).

Origen de la doctrina de la simiente de la Serpiente

Un texto del siglo VIII registra una antigua tradición rabínica que tuvo influencia en los gnósticos y eclesiásticos, conocido como los Pirké del Rabí Eliezer. Al referirse al árbol del conocimiento, dice lo siguiente: "el rabino Zehira enseña que no se trata literalmente de un árbol, sino de un hombre que se asemeja a un árbol, haciendo referencia a Deuteronomio 20, 19. Respecto a las palabras 'este jardín es la mujer', se compara a la mujer con un jardín, en base a Cantares 4, 12. Un jardín es un lugar donde se siembra, la semilla germina y produce fruto. Luego se describe el adulterio de Eva con la serpiente. Según este relato, antes de que Adán se acercara a Eva o, siguiendo la analogía anterior, 'al árbol', la serpiente ya se había aproximado a Eva y la había seducido. Esto sugiere que Caín podría ser el resultado de la unión entre Eva y la serpiente, mientras que Abel provendría del matrimonio entre Adán y Eva. Otro testimonio relevante es el Tárgum del pseudoJonatán, cuya tradición identifica a la serpiente como 'el que delata a su creador'" (Montserrat, 2002).

Según el pseudoJonatan, la serpiente es identificada como Samael, el ángel de la muerte. Según esta interpretación, Eva vio a Samael, el ángel de la muerte, y tuvo temor. Reconoció que el fruto del árbol era bueno para comer y tenía propiedades medicinales para los ojos. Adán, por su parte, supo que Eva, su esposa, había concebido de Samael y estaba embarazada, dando a luz a Caín, quien se asemeja a los seres superiores y no a los inferiores (Orbe, 1964). El estrato más antiguo de la gnosis, representado por los setianos de Hipólito, ya consideraba la trilogía compuesta por Eva, Adán y la serpiente, así como su adulterio, aunque de manera tangencial. Por otro lado, los valentinianos del Evangelio de Felipe establecen una conexión entre el adulterio y el homicidio al relacionar el fratricidio de Caín con su padre: la Serpiente, quien es descrita como "homicida desde el principio" (Jn. 8:44), (Piñero, 1999).

El libro de Baruc de Justino Gnóstico establece una conexión entre el engaño de la serpiente a Eva y el origen no solo del adulterio, sino también de la sodomía. Según esta perspectiva, la serpiente, llamada Naas, se acercó a Eva, la engañó y cometió adulterio con ella, lo cual va en contra de la Ley. Luego, también se acercó a Adán y abusó de él como si fuera un joven, lo cual también va en contra de la Ley. De esta manera, se relaciona el adulterio y la pederastia con estos actos.

En la patrística, se encuentran reflexiones que muestran influencia tanto rabínica como gnóstica sobre la simiente de Satanás. Sin embargo, la mayoría de estas reflexiones rechazan las tesis rabínicas y gnósticas, aunque algunos dejan entrever la posibilidad de su realidad. P. ej., se afirma que las tradiciones que consideran a Caín como hijo de Eva y la serpiente son expresiones cristianas antiguas que reflejan dicha influencia. Esto se puede observar en 1 Juan 3:12, donde se menciona a Caín como del Maligno y que mató a su hermano debido a sus malas obras, mientras que las obras de su hermano eran justas. La sintaxis de este pasaje sugiere una procedencia diabólica, ya que el adjetivo utilizado también se refiere al diablo en otros pasajes de 1 Juan y es, inequívocamente, masculino. Esta conexión también se encuentra en Juan 8:44, donde se dice: "vosotros sois hijos de vuestro padre el diablo [...] él era homicida desde el principio", como se ha señalado en el Evangelio de Felipe. Además, se puede ver en Policarpo, quien, en un contexto heresiológico, utiliza una expresión similar al afirmar que, aquellos que no confiesan que Jesucristo ha venido en carne, son anticristos y aquellos que pervierten las enseñanzas del Señor en beneficio de sus propias concupiscencias son hijos primogénitos de Satanás (Ruiz Bueno, 2017). Los representantes de la Iglesia fueron capaces de reconocer tanto el sentido carnal como el espiritual del matrimonio, y se opusieron a aquellos que menospreciaban esta institución. La Escritura ya advertía que surgirían personas que prohibirían la unión entre hombre y mujer. Ireneo identifica a uno de estos individuos como el gnóstico Saturnino, quien era originario de Antioquía y discípulo de Menandro. Saturnino afirmaba que casarse y tener hijos eran acciones inventadas por Satanás.

Los Padres de la Iglesia abordaron diversos temas en sus escritos, pero no existe un consenso unificado sobre la interpretación de la "semilla de la Serpiente" en sus enseñanzas. No obstante, algunos Padres de la Iglesia se refirieron a conceptos similares o relacionados. San Ireneo de Lyon, en su obra "Contra las herejías" (segunda mitad del siglo II), describe una doctrina gnóstica similar a la semilla de la Serpiente y la rechaza explícitamente como herejía. Sin embargo, es importante tener en cuenta que San Ireneo no utilizó específicamente el término "semilla de la Serpiente" en sus escritos. Otros Padres de la Iglesia, como Tertuliano y Orígenes, también se refirieron a enseñanzas gnósticas y heréticas que involucraban conceptos relacionados con la dualidad del bien y el mal, aunque no se puede establecer una conexión directa con la semilla de la Serpiente. En general, los Padres de la Iglesia se centraron en refutar y contrarrestar las herejías y enseñanzas consideradas desviaciones del dogma y la enseñanza ortodoxa de la Iglesia. Sus escritos abarcan una amplia gama de temas teológicos y no existe un consenso claro sobre sus opiniones específicas sobre la semilla de la Serpiente (Ruiz Bueno, 2002).

El problema del adulterio entre Eva y la serpiente, y su consecuente maternidad de Caín y Abel, es admitido por los tres grupos. La línea de la teología johánica deja ver el arrastre de esta tradición en 1 Juan 3:12 y en ciertas sentencias de Policarpo. Según los gnósticos, solo Set es de progenie espiritual porque fue el primer hijo de Adán después de haber recibido la gnosis, lo que convierte a Set en padre de los espirituales. En todos los casos, el tratamiento de una dimensión antropológica como la de la sexualidad resultó problemático entre los primeros cristianos, y las consecuencias de sus vaivenes se dejan ver hasta hoy. Es evidente que mucho antes de las exégesis targúmicas, los cristianos ya habían prestado atención al tema de la sexualidad y su vinculación con el pecado. La complejidad que presenta la cuestión al análisis de los numerosos documentos nos delata la importancia de la esta y su impacto en la institución matrimonial. Esta preocupación contrasta notablemente con la banalidad característica de muchos abordajes contemporáneos a la educación sexual caracterizados por reduccionismos biológicos, prejuicios antropológicos y por un despojo absoluto de los mitos primordiales que han dejado una huella atávica e insoslayable en la psiquis humana (Pertró- Vásquez, 2017).

En el siglo XIX, la doctrina de la semilla de la Serpiente resurgió en los Estados Unidos, especialmente entre líderes religiosos que buscaban promover la supremacía blanca. Estas interpretaciones modernas de la doctrina estaban asociadas con el israelismo británico, que afirmaba que los anglosajones y los pueblos blancos eran los verdaderos descendientes de las tribus perdidas de Israel. Figuras como C. A. L. Totten, Russel Kelso Carter y Daniel Parker desempeñaron un papel destacado en la promoción de estas versiones modernas de la doctrina. Utilizaron la idea de una línea de descendencia directa entre la Serpiente y grupos raciales específicos para respaldar teorías de supremacía blanca.

Además, algunas organizaciones han distorsionado la doctrina de la semilla de la Serpiente para respaldar ideologías racistas y antisemitas, considerando a ciertos grupos étnicos como inferiores o malignos. Sin embargo, estas interpretaciones son ampliamente rechazadas por la mayoría de las comunidades religiosas y teológicas. Figuras como William Marrion Branham, Arnold Murray, Wesley A. Swift y Sun Myung Moon han sido asociadas con enseñanzas relacionadas con la semilla de la Serpiente, pero es importante destacar que estas creencias son controvertidas y no representativas del cristianismo en su conjunto. No hay una cifra precisa sobre la cantidad de seguidores de esta doctrina, pero ha sido objeto de críticas y denuncias por promover el odio racial y ser inconsistentes con las enseñanzas religiosas tradicionales.

SEÑALES

¿Cuándo serán estas cosas, y qué señal habrá de tu venida y del fin del siglo?
Aquí es donde se complica la cuestión por las múltiples respuestas de los teólogos y biblistas. Los futuristas piensan que la pregunta de los discípulos es sobre tres asuntos diferentes: la destrucción del templo, las señales del fin del mundo y la Segunda venida. Pero el contexto no parece indicar tal posibilidad, afirman los preteristas. Ellos creen que la respuesta de las señales, y la afirmación de Jesús: *"De cierto os digo, que no pasará esta generación hasta que todo esto acontezca"* (Mt. 24:34), se refiere únicamente a la duda de los discípulos si su propia generación vería el fin de la época y la venida de la nueva época prometida por los profetas. Para ellos, los discípulos solo querían saber cuándo llegaría, y cuáles señales tenían que identificar, para estar aptos.

La interpretación respecto de la ocasión de las señales es otro asunto en discusión

¿De qué fin habla?
Los preteristas afirman que el fin en este pasaje no es el fin del mundo, sino el fin de la época, el fin del templo, del sistema sacrificial, de la nación basada en el pacto de Israel, y de los últimos remanentes de la época judaica. Mientras que los futuristas enseñan que estas señales son las que comenzarán a suceder después de la fundación de Israel en el año 1948.

¿Qué señales se cumplieron en la última generación en el año 70 d.C.?
Para los preteristas radicales se han cumplido las señales apocalípticas descritas en Mt. 24:4 en adelante. Todas esas señales eran una advertencia para los discípulos de Jesús, para que no fueran engañados. No se refiere a épocas muy posteriores. Estos "eventos" iniciales que señalaban el período entre la resurrección de Cristo y la destrucción del templo y los edificios en el 70 d.C., se manifestarían así:

Mesías falsos. "Porque vendrán muchos en mi nombre, diciendo: yo soy el Cristo; y a muchos engañarán" (v. 5).

Guerras. "Y oiréis de guerras y rumores de guerras; mirad que no os turbéis, porque es necesario que todo esto acontezca; pero aún no es el fin. Porque se levantará nación contra nación" (vv. 6-7a).

Catástrofes naturales. "Y habrá pestes, y hambres, y terremotos en diferentes lugares. Y todo esto será principio de dolores" (vv. 7b-8).

Es posible que cualquiera de estos acontecimientos produjera en los cristianos el augurio de que el fin estaba a punto a suceder, si Jesús no les hubiese advertido que tales eventos serían tendencias generales que caracterizarían la generación final y no señales precisas del fin. Mt. 24:6: "Ustedes van a oír de guerras y rumores de guerras. ¡Cuidado! No se alarmen, porque es necesario que todo esto suceda; pero todavía no es el fin".

Algunos autores piensan que los preteristas totales se equivocan al creer que esas señales se cumplirían exclusivamente antes de la destrucción de la ciudad de Jerusalén. La historia de la Iglesia y la historia universal demuestran que después de casi dos mil años ha habido más mesías falsos y catástrofes naturales que en el primer siglo.

Apostasía. Jesús anuncia una apostasía en este mismo capítulo de Mateo: "Muchos tropezarán entonces, y se entregarán unos a otros, y unos a otros se aborrecerán. Y muchos falsos profetas se levantarán, y engañarán a muchos; y por haberse multiplicado la maldad, el amor de muchos se enfriará. Más el que persevere hasta el fin, este será salvo" (vv. 10-13).

La evangelización mundial. Cristo habla de una evangelización mundial: "Y será predicado este evangelio del reino en todo el mundo, para testimonio a todas las naciones; y entonces vendrá el fin" (v. 14).

La pregunta ¿es posible que el evangelio haya sido predicado al mundo entero dentro de la generación que vivió en los tiempos de Jesús y experimentó la destrucción descrita? la respuesta es que no, pero los preteristas afirman que el testimonio de la Escritura es claro. No solo fue posible, sino que realmente ocurrió. ¿La prueba? Unos años antes de la destrucción de Jerusalén, Pablo escribió a los cristianos de Colosas "del evangelio, que ha llegado hasta vosotros, así como a todo el mundo, y lleva fruto y crece también en vosotros" (Col. 1:5-6), y les exhortó que no se apartasen "de la esperanza del evangelio que habíais oído, el cual se predica en toda la creación que está debajo del cielo" (Col. 1:23). Pablo anunció a la Iglesia en Roma, que "vuestra fe se divulga por todo el mundo" (Ro. 1:8), porque la voz de los predicadores del evangelio ha salido "por toda la tierra... y hasta los fines de la tierra sus palabras" (Ro. 10:18).

Algunos eruditos afirman que el evangelio, ciertamente, se predicó al mundo entero conocido de esa época, mucho antes que Jerusalén fuese destruida en el año 70 d.C. Esta señal del fin se cumplió como Jesús lo dijo, pero de manera parcial, porque después del famoso año 70 d.C. hasta hoy, se ha predicado el evangelio en cada época de la historia de la Iglesia. En los últimos cincuenta años se han fundado nuevas naciones que necesitan ser evangelizadas.

SERAFINES

Del heb. 8314 sing. *saraph* (שָׂרָף), serafín; pl. *seraphim* (שְׂרָפִים), seraphim; Sept. Seraphim (Σεραφείμ). Significado primario: "quemar", "ardientes", algunos autores aseguran que se puede traducir por un "ser exaltado". Así, en el contexto bíblico, los serafines son una categoría de seres celestiales que se mencionan en el libro de Isaías. Los serafines son descritos como criaturas con seis alas: con dos cubrían su rostro, con dos cubrían sus pies y con dos volaban. Se les representa como seres gloriosos y resplandecientes.

En Isaías 6:1-7, los serafines aparecen en una visión que tuvo el profeta Isaías en el templo. Estos seres alaban y adoran a Dios, proclamando su santidad y poder. Uno de los serafines toma un carbón encendido del altar y lo toca en los labios de Isaías, purificándolo y capacitándolo para ser profeta.

En el contexto profético, los serafines son vistos como mensajeros y ejecutores de la voluntad divina. En las visiones proféticas de Isaías, se les representa como seres de alta jerarquía celestial, que están en la presencia directa de Dios y participan en su gobierno. Su función principal es la adoración y alabanza a Dios, así como la ejecución de sus mandatos.

En el contexto escatológico, es muy probable que los serafines se identifiquen, en alguna medida, con los seres celestiales que asisten al trono de Dios, como se menciona en Ezequiel 1:10 y en Apocalipsis 4:5, 8. Se describe cómo los seres vivientes celestiales rodean el trono de Dios en el cielo, adorándolo día y noche y proclamando: "Santo, Santo, Santo, es el Señor". Junto con otros seres celestiales, como los querubines, participan en la manifestación de la gloria y la soberanía de Dios en la visión apocalíptica de Juan. Sin embargo, algunos eruditos ven una distinción entre querubín y serafín, pues, parece ser que, en tanto que los querubines dan testimonio de la santidad de Dios y su naturaleza, los serafines exhiben los principios de Su justo gobierno sobre la tierra. Los seres vivientes de Ap. 4 combinan las características de querubín y serafín. En síntesis, los serafines son seres celestiales mencionados, particularmente en el libro de Isaías. Se les representa como criaturas resplandecientes con seis alas, que alaban y adoran a Dios. Tienen un papel profético en la purificación y capacitación de los profetas, y también se les considera seres de alta jerarquía en el gobierno celestial, participando en la ejecución de la voluntad divina (Gálvez), (ver **Querubines**, **Cuatro seres vivientes**).

SETENTA AÑOS DE CAUTIVERIO

La descripción bíblica de los 70 años de cautiverio se encuentra en varios pasajes. En Jeremías 25:11, el profeta escribe: "Toda esta tierra se convertirá en un desierto desolado, y estas naciones servirán al rey de Babilonia setenta años". Posteriormente, en la carta de Jeremías a los exiliados en Babilonia, se encuentra la siguiente afirmación: "Esto es lo que Jehová dice: cuando en Babilonia se cumplan los setenta años, vendré a vosotros y cumpliré mi misericordiosa promesa de haceros volver a este lugar" (Jer. 29:10). Otros autores bíblicos también citan a Jeremías en relación con estos setenta años. Daniel declara en Daniel 9:2: "Yo, Daniel, entendí por los libros que el número de los años de que habló Jehová al profeta Jeremías, en que había de cumplirse la desolación de Jerusalén, era de setenta años". Zacarías 1:12, también hace referencia a estos setenta años. posiblemente aludiendo a Jeremías: "¿Hasta cuándo negarás compasión a Jerusalén y a las ciudades de Judá, contra las cuales te has mostrado indignado durante estos setenta años?". Además, 2 Cr. 36:20-23 relata el tiempo del destierro y hace referencia a los setenta años mencionados por Jeremías.

Durante los llamados 70 años de cautiverio o exilio, el Reino del Sur experimentó tres períodos de deportación. El primero ocurrió bajo el reinado de Joacím en el año 607 a.C., cuando Daniel y sus compañeros fueron llevados a Babilonia. Joacím, protegido por el faraón egipcio Necao, fue vencido por los caldeos bajo el mando de Nabucodonosor. Aunque Joacím retuvo su trono, los babilonios regresaron a Siria y Asquelón en años posteriores, impidiendo cualquier intento de liberarse del vasallaje a Babilonia.

El segundo período de deportación tuvo lugar bajo el reinado de Joaquín o Jeconías, hijo de Joacím, en el año 598 a.C. Nabucodonosor deportó a más de 3000 judíos en esa ocasión. Finalmente, el tercer período de deportación ocurrió bajo el reinado de Sedequías, el último rey de Judá. Sedequías vivió la destrucción de Jerusalén en el año 586 a.C. y el saqueo de sus tesoros. Sedequías había sido presionado para rebelarse contra Babilonia y unirse a los egipcios en una coalición. Sin embargo, Nabucodonosor logró tomar la ciudad y capturar a Sedequías, quien fue llevado a Babilonia después de presenciar la ejecución de sus hijos. El Templo de Salomón fue destruido y Jerusalén quedó en ruinas, mientras que la mayoría de su población fue llevada al cautiverio.

Después del exilio, los judíos encontraron un nuevo hogar en Babilonia. Sin embargo, cuando los medo-persas conquistaron Babilonia en el año 539 a.C., se les permitió a los judíos regresar a Palestina y reconstruir su vida allí. Aunque algunos judíos comenzaron a reconstruir el Templo y rehabilitar Jerusalén, el estado judío nunca recuperó su plena independencia y permaneció como una provincia del Imperio persa. Muchos judíos optaron por quedarse en el exilio y nunca regresaron a su tierra natal.

Jeremías, quien era conocido entre los cautivos debido a su largo ministerio en Jerusalén, escribió cartas aconsejando a los desterrados que se establecieran en Babilonia, construyeran casas, plantaran viñas y planearan permanecer en cautiverio durante 70 años (Jer. 29). Estos 70 años de cautiverio, probablemente, se contaron desde el comienzo del primer exilio en el año 606 a.C. Durante ese tiempo, los judíos fueron tratados con benevolencia y se les permitió administrar casos judiciales de acuerdo con sus propias leyes. Algunos judíos, como Daniel, Ester y Nehemías, ocuparon altos cargos en el gobierno de Babilonia.

Sin embargo, durante el exilio, los judíos experimentaron cambios significativos en su idioma y costumbres. Abandonaron por completo la idolatría, desarrollaron un celo excesivo por la observancia del sábado y comenzaron a dar gran importancia a las tradiciones rabínicas, características que se intensificarían en la secta de los fariseos siglos más tarde. La sinagoga, que se convirtió en una institución central en la vida judía, comenzó a funcionar como un sustituto del Templo destruido.

El término "setenta años" se utiliza de manera ambigua para referirse tanto al período de exilio de los israelitas, en Babilonia, como al tiempo de dominio babilónico. La determinación precisa de cuándo comienzan y terminan los setenta años es difícil debido a diferentes eventos relevantes. Se han propuesto varias cronologías:

Desde la caída de Nínive y el surgimiento de Babilonia, en el año 612 a.C., hasta la caída de Babilonia en el año 539 a.C., hay un lapso de 73 años.

Desde la caída de Nínive y el surgimiento de Babilonia, en el año 612 a.C. hasta el decreto de Ciro en el año 538 a.C., hay un lapso de 74 años.

Desde la victoria de los babilonios sobre los asirios en la batalla de Carquemis en el año 605 a.C., hasta la caída de Babilonia en el año 539 a.C., hay un lapso de 66 años.

Desde la victoria de los babilonios sobre los asirios en la batalla de Carquemis en el año 605 a.C., hasta el decreto de Ciro en el año 538 a.C., hay un lapso de 67 años.

Desde la caída de Jerusalén y el inicio del exilio en el año 587/586 a.C., hasta la reconstrucción del Templo en los años 520-515 a.C., se estima un período de aproximadamente 70 años.

Cuando Jeremías escribe a los exiliados en Jeremías 29:10, diciéndoles que no regresarán hasta después de setenta años, su punto principal es que setenta años representa toda una vida. Ninguno de los adultos que partieron al exilio estará vivo cuando ocurra el regreso. Por lo tanto, la mayoría de los estudiosos consideran que el término "setenta años", tal como lo usan Jeremías y otros, es un lapso de tiempo general o aproximado que corresponde a "toda una vida" (cf. Sal. 90:10). De hecho, ya sea que se considere la duración del Imperio babilónico o el final del exilio marcado por el decreto de Ciro, el tiempo es aproximadamente setenta años (VA, Hays, Scott, J. Pate), (ver **Setenta años de cautiverio**; **Setenta semanas de Daniel**).

SETENTA SEMANAS DE DANIEL

Interpretaciones históricas primitivas sobre las setenta semanas de Daniel

Es interesante que los Padres de la Iglesia estudiaron las setenta semanas de Daniel y llegaron a conclusiones diferentes. Y curiosamente se percibe en fragmentos de sus escritos el germen de las posturas futuristas y pretéritas históricas mesiánicas; varios de ellos ya ven el actuar del anticristo en los eventos de la semana setenta. Eso confirma que desde épocas tempranas ha habido confusión, y que se ha venido jalando hasta el presente.

Cito a continuación un resumen de las setenta semanas de Daniel en el pensamiento de los Padres de la Iglesia (Saravi, 2021).

Ireneo de Lyon (ca. 130-202), en su escrito *Contra las herejías* (5:25) hace referencia al anticristo que vendría a la mitad de la semana setenta, para cesar el sacrificio e instaurar la Abominación desoladora que antecedería al juicio final. Aquí se percibe la influencia de la exégesis judía precristiana en el pensamiento de Ireneo y como se convierte en el primer padre que muestra un punto de vista claramente futurista.

Para Hipólito de Roma, la septuagésima semana era aún futura y transcurriría después de la era del evangelio. Esta enunciación involucra visiblemente la existencia de un intervalo entre la semana 69 y la 70 y se consumaría cerca del año 500 d.C., Hipólito es el primero en enlazar la septuagésima semana con los dos testigos de Apocalipsis 11:3, los cuales "confirmarían el pacto", pero serán asesinados por el anticristo a la mitad de la semana setenta, juntamente con el cese del sacrificio para establecer inmediatamente la Abominación desoladora.

Según Tertuliano de Cartago (ca. 155-220), las setenta semanas concluyeron con la destrucción de Jerusalén. Procura demostrar el hecho de que el Mesías ya vino en el tiempo estipulado y para él la profecía de Daniel ya se cumplió.

El punto de vista de Orígenes de Alejandría (ca. 185-253) es que, para su tiempo, a mediados del tercer siglo, considera que la profecía de las setenta semanas se ha cumplido, lo describe en su comentario sobre Mateo 24:15.

La perspectiva de Julio Africano (160-240) arranca cinco siglos antes de Cristo. Fijó el comienzo de las semanas en el vigésimo año de Artajerjes (445 a.C.), afirma que estas se cumplirían con la llegada del Mesías, y con esta venida se cumplió el propósito de Daniel 9:24-27. Para él, las setenta semanas transcurren sin interrupción, no aparta la septuagésima semana del resto. Piensa que los 475 años solares acontecidos entre el inicio y la conclusión de las semanas corresponden a 490 años lunares, que eran los que contaban en el calendario hebreo.

El enfoque de Eusebio de Cesárea (260-340) es apologético y quiere demostrar el cumplimiento de la profecía en su obra *Demonstratio evangelica*. Cree que el período de las setenta semanas se cumplió a partir del primer año de Ciro hasta tres años y medio después de la crucifixión. Las primeras siete semanas, de Ciro a Darío, se consuman con la reconstrucción del templo y la restauración del sacerdocio; esto se cumple en el v. 25 de Daniel 9. Según él, las 62 semanas se cumplieron desde Darío a Pompeyo (63 a.C.), a quien identifica como el "príncipe que ha de venir", que destruye a Jerusalén. Se deduce que Eusebio cree que hay un paréntesis entre la semana 69 y la semana 70, y que el Mesías cortado es Hircano II, el último de los Asmoneos. Tras el paréntesis, la última semana incluye el ministerio de Jesús, su crucifixión y tres años y medio de apariciones del Señor resucitado.

Apolinario (310-390) creyó que las setenta semanas delimitaban el tiempo entre la primera y la Segunda venida; esperaba esta última unos cien años después de su tiempo.

En el año 397 d.C., Julio Hilariano elaboró una interpretación en la que no figuraba el Mesías, afirmando que las setenta semanas acontecidas entre Darío y Antíoco Epífanes abarcó un período aproximado de 490 años. De acuerdo con su interpretación, el Santísimo se refiere al santuario del templo y el Ungido Príncipe es Zorobabel. La semana setenta se cumplió en tiempos del dominio del Imperio griego y la mitad de la semana septuagésima se refiere al sacrilegio de Antíoco Epífanes.

Agustín de Hipona (354-430), explicó de manera espontánea que el cumplimiento de la profecía de las setenta semanas se cumplió en el primer advenimiento de Jesús, porque todos los detalles se acoplan más a la primera venida que a la segunda y señala que los sucesos descritos se aplican mucho mejor a la primera venida que a la segunda.

Así el panorama de los testimonios de los representantes de la patrística sobre las setenta semanas de Daniel, analizo que sus respuestas son divergentes y confusas en la creencia del protagonismo del anticristo en la semana setenta. Tocan de manera salteada algunas ideas que retomaron las escuelas futuristas y preteristas tales como el cumplimiento futuro de la semana setenta o el cumplimiento pasado de esta incluso antes de la era cristiana.

Perspectiva bíblica de los 70 sietes y de las 70 semanas de Daniel

El tema del número siete ha estado presente en varios eventos registrados en la Biblia. Se mencionan casos como el castigo siete veces mayor para quien mate a Caín, la venganza setenta veces siete para Lamec, la caída del justo siete veces, el aumento de la luz del sol siete veces, las siete espigas y siete años, las siete vueltas que los israelitas debían dar a Jericó, el perdón setenta veces siete veces, la selección de siete varones de buen testimonio, y las menciones de siete iglesias, siete candeleros, siete estrellas y los siete espíritus en el libro del Apocalipsis.

Dn. 9:24-27: "[24] Setenta semanas están determinadas sobre tu pueblo y sobre tu santa ciudad, para terminar la prevaricación y poner fin al pecado y expiar la iniquidad, para traer la justicia perdurable y sellar la visión y la profecía y ungir al Santo de los santos. [25] Sabe, pues y entiende, que desde la salida de la orden para restaurar y edificar a Jerusalén hasta el Mesías Príncipe, habrá siete semanas, y sesenta y dos semanas; se volverá a edificar la plaza y el muro en tiempos angustiosos. [26] Y después de las sesenta y dos semanas se quitará la vida al Mesías, mas no por sí y el pueblo de un príncipe que ha de venir destruirá la ciudad y el santuario y su fin será con inundación y hasta el fin de la guerra durarán las devastaciones. [27] Y por otra semana confirmará el pacto con muchos; a la mitad de la semana hará cesar el sacrificio y la ofrenda. Después con la muchedumbre de las abominaciones vendrá el desolador, hasta que venga la consumación, y lo que está determinado se derrame sobre el desolador".

A continuación, examino cómo la apocalíptica evangélica enseña las setenta semanas de Daniel.

En varios aspectos de la interpretación de las setenta semanas, los estudiosos de las distintas áreas están de acuerdo en que:

a. Son setenta semanas de años, decretadas sobre el pueblo de Israel y se refiere a Jerusalén, la que sería reconstruida, cuando el autor escribe "sobre tu santa ciudad", pero sería reconstruida.
b. El imperio babilónico es el que destruyó a Jerusalén previo a la primera venida del Mesías.
c. Después de las sesenta y dos (62) semanas se le quitaría la vida al Mesías.

Es oportuno señalar que el Nuevo Testamento no menciona las 70 semanas de Daniel y menos con la creencia de siete años de Gran Tribulación.

Las interpretaciones comienzan a complicarse al iniciar el versículo 27:

Byers describe algunos eventos "escatológicos" equivocados, comúnmente aceptados, que se derivan exclusivamente de este versículo 27 de Daniel 9:

a. Vendrán siete años de Gran Tribulación antes del retorno de Cristo.
b. Serán enmarcados esos últimos siete años por un acuerdo entre el anticristo e Israel en el Medio Oriente.
c. Empezará la segunda parte de la Gran Tribulación cuando el anticristo haya violado su acuerdo.
d. La reedificación del templo de los judíos en Jerusalén, como parte del acuerdo que el anticristo hará con ellos.
e. La restauración de los sacrificios de animales sobre el altar del templo reedificado de los judíos.
f. La ruptura del acuerdo de siete años hecho con Israel, después de solo tres años y medio, por parte del anticristo.
g. A los tres años y medio de su acuerdo de siete años, el anticristo les prohibirá a los judíos ofrecer corderos sobre el altar de su templo en Jerusalén y, en vez de eso, ofrecerá un cerdo o algún otro sacrificio inaceptable (Byers, 1999).

El gran inconveniente es que en las Sagradas Escrituras no se encuentra ningún versículo o pasaje para proclamar esas creencias populares; y si existiera alguno, tampoco nos daría campo libre para fundamentar una doctrina en un solo versículo. Toda doctrina clara se fundamenta con un mínimo de dos o tres versículos que traten el mismo tema en diferentes libros o cartas.

Una introducción al pasaje de Daniel 9:27

El primer error es creer que el versículo 27 explica de manera seguida el versículo 26, pues el escritor, como otros autores bíblicos lo hacen, inserta en un mismo pasaje dos tiempos distintos sobre un mismo tema o dos tiempos diferentes; la parte del versículo 26 "...y el pueblo de un príncipe que ha de venir destruirá la ciudad y el santuario y su fin será con inundación y hasta el fin de la guerra durarán las devastaciones" es un inserto o interpolación[5], que se refiere a la destrucción

---

5 Los teólogos sabemos de las interpolaciones que se encuentran en varios libros de la Biblia. P. ej., la intercalación de los dos relatos del diluvio en uno solo. Se encuentra el relato elohísta que menciona la instrucción de meter en el arca de todo lo que vive dos de cada especie, macho y hembra, también de las aves, de las bestias y reptiles dos de cada especie. Menciona que llovió ciento cincuenta días

689

de Jerusalén por Tito, eso no está en tela de juicio, pero el versículo 27 es una continuación de lo que Daniel explica antes "25...hasta el Mesías Príncipe, habrá siete semanas, y sesenta y dos semanas; se volverá a edificar la plaza y el muro en tiempos angustiosos. 26 Y después de las sesenta y dos semanas se quitará la vida al Mesías, mas no por sí", entonces el versículo 27 va conectado a este pasaje.

Un ejemplo de dos eventos descritos en un mismo versículo se encuentra en el propio libro de Daniel: "24 Setenta semanas están determinadas sobre tu pueblo y sobre tu santa ciudad, para terminar la prevaricación, y poner fin al pecado, y expiar la iniquidad, para traer la justicia perdurable, y sellar la visión y la profecía, y ungir al Santo de los santos"6 (Dn. 9:24).

---

y que después que descendieron las aguas envió a un cuervo que estuvo yendo y viniendo hasta que apareció tierra seca. Por su parte, la interpolación yahvista relata que le fue dada instrucción a Noé que introdujera de todo animal limpio siete parejas macho y hembra, también de las aves siete parejas, macho y hembra; habla que durante el diluvio llovió 40 días y 40 noches, al finalizar este tiempo Noé abrió la ventana del arca y envió una paloma que iba y venía, lo hizo cada siete días hasta que encontró tierra seca. Es obvio que los relatos describen un mismo acontecimiento con detalles diferentes. El que lee el relato del diluvio en Génesis 6-8 sin el conocimiento de la interpolación subyacente solo percibirá ciertos aspectos que no encajan, pero no pasará de allí. Es claro que estos temas no son para ventilarlos en la predicación congregacional (Arenhoevel, Diego, *Así nació la Biblia, problemática del Antiguo Testamento*, pp. 66-72, Ediciones Paulinas, Madrid, 1980).

6 Otras biblias traducen "y ungir el lugar santísimo". La Biblia de las Américas afirma que se puede traducir de las dos formas.

Uno de los eventos cumplidos en el pasado es la "expiación de la iniquidad" por medio de la muerte expiatoria de Cristo (He. 2:17), los eventos no cumplidos son: la segunda mitad de la semana setenta, el poner fin al pecado de manera definitiva, traer la justicia perdurable, estos acontecerán a partir del instante escatológico, "en un abrir y cerrar de ojos", en la Segunda venida de Cristo.

Así, la parte del príncipe que destruirá está interpolada en el pasaje mencionado entre la muerte del Mesías y la otra parte que habla en la que dice "Y por otra semana confirmará el pacto con muchos".

Ahora explicaré algunas frases de Daniel 9:27:

"Y por otra semana confirmará el pacto con muchos"

La creencia popular interpreta que esta oración del Daniel 9:27 significa que el anticristo es quien confirmará ese pacto y que después lo quebrantará, colocando un sacrificio inmundo. Pero creo que ningún anticristo podría hacerlo jamás. Para comenzar, el anticristo se opone a todo lo que se relaciona con Cristo, no participa engañando. Otro punto es que confirmar un pacto es algo muy solemne. En el Antiguo Testamento es Dios quien realiza, confirma y ratifica pactos con su pueblo. En el Nuevo Testamento es Jesucristo el único que es el mediador de un nuevo pacto, lo confirma y lo sella con su propia sangre la cual fue derramada por muchos, para el perdón de los pecados. Esa verdad se demuestra en los siguientes versículos:

Mt. 26:28: "Porque esto es mi sangre, con la que se confirma la alianza, sangre que es derramada en favor de muchos para perdón de sus pecados".

Lc. 22:20: "De la misma manera tomó la copa después de haber cenado, diciendo: esta copa es el nuevo pacto en Mi sangre, que es derramada por ustedes".

Ro. 15:8: "Pues les digo que Cristo se hizo servidor de la circuncisión para demostrar la verdad de Dios, para confirmar las promesas dadas a los padres".

Así las referencias cruzadas, se puede afirmar que Jesucristo es quien confirmó el pacto con muchos. Y esa verdad ensambla perfectamente con la verdad de confirmar ese pacto con la nación de Israel durante siete años, pero a la mitad de los cuales el Mesías sería muerto. Ello confirma, que el ministerio de Jesús duró tres años y medio culminando con su muerte. Y el resultado de su muerte como una ofrenda eterna recibida por el Padre, haría cesar el sacrificio y la ofrenda para siempre.

Esta postura sostiene que es absurdo atribuir tales acciones al anticristo. En ese contexto es imposible que el anticristo o un anticristo realicen un pacto con el pueblo de Dios y menos confirme un pacto. Un anticristo o el anticristo es incapaz de firmar pactos solemnes.

"A la mitad de la semana hará cesar la ofrenda y el sacrificio"

Apoya esta postura uno de los defensores de la interpretación tradicional sobre los sucesos de la semana setenta; en base a la respuesta de Jesús a la pregunta planteada por los discípulos ¿cuándo sucederá todo esto, y cuál será la señal de tu venida y del fin del mundo? "Queda indiscutiblemente establecido por el mismo Cristo... Como contestación les habló de la tribulación predicha por Daniel y les amonestó que la señal de aquella temible persecución iba a ser precisamente el evento que marca la mitad de la septuagésima semana, o sea, la contaminación del lugar santo por la 'abominación de la desolación', probablemente una imagen que el falso príncipe erigirá de sí mismo en el templo, violando su tratado y sus obligaciones de respetar y defender la religión de los judíos... Parece, por los pasajes ya citados, que la predicha tribulación tiene que durar tres años y medio y que tendrá su principio en la violación del tratado a la mitad de la septuagésima semana" (Anderson, p. 54, 1980).

Esta interpretación afirma que el falso príncipe, llamado anticristo, levantará una imagen suya en el templo físico, violando el pacto que realizó con Israel. Otros afirman que el anticristo quitará la ofrenda y el sacrificio ordenados en el antiguo pacto y que en lugar de ellos sacrificará un cerdo en el altar.

La interpretación que se acopla es que Cristo con su muerte en la cruz fue una ofrenda dada una sola vez por nuestros pecados, con la cual hace que cesen los sacrificios de animales y cereales porque ya no son necesarios. He. 9:9-14: "[9] todo esto es un símbolo para el tiempo presente, de que las ofrendas y sacrificios que allí se presentan no pueden perfeccionar la conciencia de los que adoran así, [10] ya que tienen que ver solo con comidas y bebidas, y con diversas ceremonias de purificación y ordenanzas externas, cuyo valor tiene vigencia hasta que llegue el tiempo de reformarlo todo. [11] Pero Cristo vino ya y es el sumo sacerdote de los bienes venideros, a través del tabernáculo más amplio y más perfecto, el cual no ha sido hecho por los hombres, no pertenece a esta creación, [12] y no por medio de la sangre de machos cabríos ni de becerros, sino por medio de su propia sangre. Entró una sola vez y para siempre en el Lugar Santísimo y así obtuvo para nosotros la redención eterna. [13] Si la sangre de los toros y de los machos cabríos y las cenizas de la becerra rociadas sobre los impuros, santifican para la purificación de la carne, [14] ¡cuánto más la sangre de Cristo, que por medio del Espíritu eterno se ofreció a sí mismo sin mancha a Dios, limpiará de obras muertas nuestra conciencia, para que sirvamos al Dios vivo!".

Esta profecía la cumplió Jesús perfectamente en cuanto que a la mitad de la semana cesaría las ofrendas y los sacrificios en el templo de Jerusalén por su muerte. Dejaron de tener valor para Dios, pues el sacrificio de Cristo fue perfecto dentro del plan de salvación. Jesús hizo, por tanto, cesar esos sacrificios de animales que ya no satisfacían al Dios y Padre.

Se necesitaba, pues, un sacrificio perfecto y definitivo, para que los sacrificios de la ley cesaran. Esta es la razón por la que el Mesías príncipe "hizo cesar" para siempre el sacrificio y la ofrenda, cuando ofreció su propio cuerpo y derramó su propia sangre, haciendo la expiación definitiva en el santuario celestial.

Las creencias que sostienen que es el anticristo el principal actor en el libro de Daniel, no tienen fundamento, según algunos autores (Gálvez).

Las diferentes escuelas y sus posturas

Las setenta semanas de Daniel han generado interpretaciones variadas y debates acalorados. Se refiere a la declaración del ángel Gabriel al profeta Daniel: "Setenta semanas están determinadas sobre tu pueblo...". Algunas traducciones interpretan las "semanas" como "conjuntos de siete", lo que equivale a un período de 490 años. Sin embargo, esta profecía ha sido objeto de controversia y se han desarrollado cuatro escuelas de interpretación: el preterismo, el historicismo, el futurismo y el idealismo.

La escuela preterista sostiene que el libro del Apocalipsis se centra principalmente en la situación de la Iglesia a fines del primer siglo. Esta interpretación se basa en el contexto histórico en el que se escribió el libro. La Iglesia católica ha favorecido esta forma de interpretación. Según el pasaje bíblico de las setenta semanas, se puede dividir en tres partes. Los defensores de esta interpretación ven la salida de la orden como el decreto del rey Artajerjes para restaurar Jerusalén en el año 453 a.C. La semana número 69 termina con el bautismo de Jesucristo en el año 30, y a mitad de la siguiente semana, en el año 33, Jesús es crucificado y cesan los sacrificios del Antiguo Testamento. La semana 70 finaliza aproximadamente en el año 36, coincidiendo con los eventos registrados en el capítulo 10 de los Hechos.

Por otro lado, la escuela futurista interpreta los eventos mencionados en los versículos de Daniel como sucediendo en los últimos tiempos de la historia. Esta interpretación está respaldada por la teología dispensacionalista, que aboga por una interpretación literal y habla de un rapto de la Iglesia antes de un período conocido como la Gran Tribulación, que durará 7 años. También mencionan un período de mil años en el que Cristo gobernará personalmente en la Tierra y se cumplirán las promesas hechas a Israel por Dios, seguido de un nuevo regreso de Cristo con sus santos. Los dispensacionalistas afirman que la era de la Iglesia se encuentra entre la semana 69 y la 70. La Gran Tribulación comenzará en la semana 70, que está suspendida en la actualidad, y antes de su inicio, tendrá lugar el rapto de la Iglesia. La posición sostenida por el sistema dispensacionalista destaca la diferencia entre el plan de Dios para la Iglesia y el plan para Israel.

El método historicista interpreta los libros como un registro histórico que se ha desarrollado a lo largo del tiempo, donde algunas cosas ya se han cumplido y otras están por suceder. Este enfoque ha sido predominante en las iglesias protestantes para interpretar las semanas en el libro de Daniel.

En la interpretación del pasaje famoso, el inicio del período de 490 años se marca con el decreto del rey Artajerjes, permitiendo que el pueblo de Israel regrese a su tierra. La aparición de Jesucristo marca el final de la semana 69, alrededor del año 27 a.C. La semana 70 se caracteriza por su crucifixión en medio de la semana, cumpliendo la profecía de que "después de las sesenta y dos semanas, se quitará la vida al Mesías" (Dn. 9:26). En el medio de esa semana 70 se cumple el pasaje que dice que "a la mitad de la semana hará cesar el sacrificio" (Dn. 9:27), porque el antiguo sistema de sacrificios ya no era necesario. Los últimos tres años y medio de esa última semana corresponden al período en el que el evangelio comienza a ser predicado en todo el Imperio romano.

En cuanto al método idealista, se considera que las visiones tienen un carácter intemporal y no representan eventos históricos específicos, sino principios y verdades que indican cómo Dios actúa en la historia. Un pasaje puede aplicarse a diferentes épocas y eventos, teniendo en cuenta los conceptos expresados en ese pasaje en particular. Por ejemplo, un personaje que persiguió al pueblo de Dios en el pasado puede tomarse como ejemplo o cumplimiento de alguien que persigue a la Iglesia en la actualidad.

Además, existen expresiones en las Escrituras que tienen un carácter superlativo. Por ejemplo, en el libro de Génesis se menciona que Lamec podría ser vengado setenta veces siete, lo cual enfatiza una acción de manera extrema. Es interesante notar que miles de años después, Jesucristo utiliza la misma expresión al responder a Pedro sobre la cantidad de veces que se debe perdonar, diciendo: "No te digo hasta siete, sino hasta setenta veces siete" (Mt. 18:22). Esto nos enseña que la actitud de perdón en un cristiano también debe ser de manera extrema.

SIERVO DEL SEÑOR

A continuación, algunos pasajes clave en Isaías relacionados con el siervo del Señor:

Isaías 42:1-9: en este pasaje, se describe al Siervo del Señor como alguien elegido y amado por Dios. El siervo es capacitado por el Espíritu de Dios y tiene la tarea de llevar justicia a las naciones y ser una luz para los gentiles. Esta descripción del siervo del Señor se considera una profecía mesiánica.

Isaías 49:1-7: aquí se presenta al Siervo del Señor como alguien llamado desde el vientre materno y preparado para traer restauración y salvación. El siervo es descrito como una luz para las naciones y se le asigna la tarea de reunir a Israel y restaurar a los cautivos.

Isaías 50:4-11: en este pasaje, el Siervo del Señor es presentado como alguien que está dispuesto a sufrir y ser obediente a pesar de la oposición y el desprecio. El siervo confía en la ayuda de Dios y sufre en silencio, confiando en que el Señor lo vindicará.

Isaías 52:13–53:12: este es uno de los pasajes más conocidos y extensos sobre el Siervo del Señor en Isaías. Aquí se presenta al siervo como alguien que sufrirá y será herido por los pecados y transgresiones de la humanidad. El siervo es descrito como alguien que lleva el castigo y la expiación de la humanidad, y a través de su sufrimiento, trae salvación y reconciliación.

La interpretación y aplicación exacta de estos pasajes pueden variar entre diferentes tradiciones teológicas y enfoques hermenéuticos. Sin embargo, en general, se considera que estos pasajes apuntan a Jesucristo como el cumplimiento último del Siervo del Señor en el Nuevo Testamento.

El Siervo del Señor es presentado como alguien elegido y amado por Dios, capacitado por el Espíritu Santo y enviado con una misión específica. Su tarea incluye llevar justicia, ser una luz para las naciones, traer restauración y salvación, y sufrir por los pecados de la humanidad. El retrato del Siervo del Señor en Isaías es una figura intrigante y profética que desempeña un papel crucial en la obra de Dios en el mundo. Aunque no se menciona explícitamente el nombre de Jesucristo en los pasajes del Siervo del Señor en Isaías, muchos exegetas consideran que estos pasajes proféticos encuentran su cumplimiento en la vida, ministerio, muerte y resurrección de Jesús.

El pasaje más destacado sobre el Siervo del Señor en Isaías es Isaías 52:13–53:12, conocido como el "Cántico del Siervo Sufriente". En este pasaje, se describe al Siervo como alguien que sufre y es herido por los pecados y transgresiones de la humanidad. El Siervo es descrito como un cordero llevado al matadero, pero a través de su sufrimiento, trae salvación y reconciliación. Se le atribuye la tarea de cargar con el castigo y la expiación de la humanidad, y su sufrimiento tiene un propósito redentor. Este pasaje ha sido ampliamente interpretado como una profecía mesiánica que encuentra su cumplimiento en Jesucristo, como se ha mencionado. Los evangelios del Nuevo Testamento hacen referencia a esta profecía de Isaías en relación con la muerte y resurrección de Jesús, y cómo su sacrificio proporciona la salvación y el perdón de los pecados para la humanidad. Además del Cántico del Siervo Sufriente, los otros pasajes mencionados anteriormente en Isaías también aportan elementos importantes sobre la identidad y la misión del Siervo del Señor. Estos pasajes destacan la obediencia, el sufrimiento, la restauración y la redención que el Siervo trae a través de su obra.

Así, el Siervo del Señor en Isaías es una figura profética que representa una misión especial de parte de Dios. Si bien hay diferentes interpretaciones y enfoques teológicos sobre la identidad exacta del Siervo, muchos exegetas ven en estos pasajes una anticipación y un cumplimiento en Jesucristo, quien llevó a cabo la obra redentora y reconciliadora de Dios en el mundo.

SIETE AÑOS DE DIFERENCIA ENTRE EL RAPTO Y LA SEGUNDA VENIDA

Los que afirman que existen esos siete años de diferencia entre el rapto y la Segunda venida, creen que pueden probarlo en el pasaje de la semana setenta en el libro de Daniel. Es el pasaje principal al que se aferran para "explicar cómo ocurrirán" esos siete años de tribulación. Si se examina cuidadosamente, en este texto no se encuentra base para tales afirmaciones. Tampoco existe un versículo, versículos o pasaje en otra parte de las Escrituras que describan los siete años de Gran Tribulación entre el rapto y la Segunda venida. ¡No los hay! No existe un versículo en el libro de Apocalipsis que diga algo relacionado a siete años de tribulación y, en todo caso, sería el indicado en cuanto que el número siete es usado repetidamente. El tiempo que se menciona varias veces es el período que corresponde a tres años y medio, en Daniel se habla literalmente de: "Un tiempo, y tiempos, y la mitad de un tiempo".

Por eso, afirma esta postura que el rapto y la Segunda venida no son inminentes porque antes del retorno del Señor ocurren acontecimientos específicos. Además, de que el arrebatamiento y la Segunda venida son simultáneos de acuerdo con 1 Ts. 4:13-18. Pero para los que creen que el rapto y la Segunda venida son inminentes; que entre estos hay una diferencia de siete años, resulta contradictorio pues el hecho de que el rapto sea inminente, pero luego transcurrirán exactamente siete años para la Segunda venida, entonces esa venida ya no es inminente, ese planteamiento más bien bota su argumento.

SIETE AÑOS DE GRAN TRIBULACIÓN

La postura evangélica, en general, afirma que la Gran Tribulación durará sietes años continuos,[7] pero durante los primeros tres

---

[7] Al hablar de la doctrina evangélica nos referimos a todas aquellas enseñanzas que afirman que la esencia del evangelio consiste en la doctrina de la salvación por gracia a través de la fe sola, en Cristo solo. Defienden la necesidad de la conversión como el hecho de nacer de nuevo. Tiene en

años y medio, aunque son parte de la Gran Tribulación, habrá un aparente éxito del anticristo y su nuevo orden mundial. Al concluir esos primeros tres años y medio, el anticristo demandará que los sacrificios sean interrumpidos y, para respaldar esa creencia, citan atropelladamente Dn. 9:27: "Y él hará un pacto firme con muchos por una semana, pero a la mitad de la semana pondrá fin al sacrificio y a la ofrenda de cereal. Sobre el ala de abominaciones *vendrá* el desolador, hasta que una destrucción completa, la que está decretada, sea derramada sobre el desolador".

En una relectura del pasaje de Daniel y de los textos cruzados sobre ese tema en el NT, parece ser que no se encuentra ningún fundamento bíblico que sustente esta doctrina de siete años exactos continuos de Gran Tribulación que comienzan al darse el arrebatamiento. El texto de Daniel 9:27, no dice nada al respecto. Para reforzar su argumento, los defensores de la postura tradicional echan mano del alegorismo al afirmar que son siete años de tribulación para los impíos, preservando a la Iglesia mediante el arrebatamiento a semejanza de Noé que estuvo cuarenta días guardado en el arca mientras afuera ocurría el diluvio para los impíos. Pero esa alegoría en forma de "tipo" más bien es un argumento en contra de lo que ellos mismos afirman. Grau, refiriéndose a esta cuestión afirma: "...el tipo que aparece en este capítulo va más bien en contra de la teoría dispensacionalista, porque después de que Noé entró en el arca no quedó ya después una segunda oportunidad para los que quedaron fuera" (Grau, 1990).

La parte bofa de los siete años de Gran Tribulación después del arrebatamiento es que se fondea sobre metáforas, alegorías, tipos, y escasea una interpretación consecuente de los pasajes escatológicos y las parábolas como la de las diez vírgenes, la gran cena y otras. Como afirma Grau: "¿cómo podría irrumpir el Día del Señor como ladrón, sin ser advertido, si el llamado arrebatamiento de la Iglesia y también el testimonio de los misioneros judíos estarían advirtiendo y proclamando que el Señor viene dentro de siete años como rey?" (Grau, 1990).

En cuanto al alcance geográfico de la Gran Tribulación descrita en Mateo y Lucas, se puede concluir que acontecerá en la región de Jerusalén y el Israel geográfico. Las frases de Mt. 24:16-20, "los que estén en Judea huyan a los montes", "el que está en el campo, no regrese a la ciudad", "pidan que no acontezca en el invierno ni en sábado", enseñan claramente un evento focalizado en Israel y no un evento mundial.

Hay que tomar en cuenta el hecho insólito de que el apóstol Pablo no menciona ni una sola vez la Gran Tribulación en todas sus cartas. Ello tiene mucho peso, demuestra contundentemente que no es una doctrina de primera línea en la fe cristiana.

SIETE AÑOS Y EL PACTO ENTRE EL ANTICRISTO E ISRAEL

Esta creencia declara que el anticristo confirmará un pacto de paz y seguridad con Israel por siete años, pero que lo romperá justo al terminar los primeros tres años y medio; y cuando el anticristo haya violado dicho pacto comenzará la Gran Tribulación recia de los subsiguientes tres años y medio. Enseguida el anticristo prohibirá que los judíos ofrezcan corderos y ofrecerá un cerdo u otro sacrificio abominable, acto que ellos llaman la Abominación desoladora.

El problema de esta creencia es que esos siete años continuos de la tribulación y la Gran Tribulación no aparecen en ningún texto de

---

alta estima la Biblia como la revelación y la palabra de Dios escrita. Está comprometida con la difusión del evangelio por todos los medios. En relación a los eventos del fin abrazan el dispensacionalismo.

la Escritura, solamente se describen tres años y medio de tribulación y persecución: 1260 días y 42 meses en Ap. 11:1-3; 12:6, cuarenta y dos meses en Ap. 13:5, o tres años y medio de la Gran Tribulación en Dn. 9:27, expresado en un "tiempo" que es equivalente a un año, "tiempos" a dos años y "medio tiempo" a medio año: así, se trata de tres años y medio.

El texto de Daniel no se refiere al famoso pacto que firmará el anticristo con el pueblo de Israel, se relaciona con la profecía en la cual el Mesías es quien confirmará el pacto con Israel, y este no es otro que el nuevo pacto de la alianza, sellado con su propia sangre.

SIETE COLINAS

Apocalipsis 17:9: "Aquí está la mente que tiene sabiduría: las siete cabezas son siete montes sobre los cuales se sienta la mujer". Este versículo se encuentra en el contexto de la visión de Juan sobre la gran Ramera y la Bestia en el libro de Apocalipsis.

La interpretación de las "siete cabezas" como "siete montes" ha llevado a diferentes teorías e interpretaciones. Una interpretación común es que los "siete montes" se refieren a las siete colinas sobre las que se asentaba la antigua ciudad de Roma. Roma es conocida históricamente como "la ciudad de las siete colinas", y algunos consideran que la referencia a los montes en Apocalipsis 17:9 es una alusión simbólica a Roma y su influencia política y religiosa en el mundo de la época.

Algunos ponentes de esta postura afirman que esas colinas son el Aventino, el Capitolino, el Celio, el Esquilino, el Palatino, el Quirinal y el Viminal. Esta interpretación sostiene que la referencia a los montes está destinada a identificar a Roma como la ciudad representativa de la oposición a Dios y su pueblo. Esta interpretación también se relaciona con la descripción de la "gran Ramera" en el mismo pasaje, que se cree que simboliza a Roma y su sistema de poder corrupto.

Se argumenta que la referencia a los montes está destinada a identificar a la ciudad de Roma como el centro de la oposición a Dios y su pueblo.

Otros exegetas sostienen que los "siete montes" son una referencia a diferentes imperios o reinos históricos que han perseguido a los seguidores de Dios a lo largo de la historia. Citan ejemplos como Egipto, Asiria, Babilonia, Persia, Grecia y Roma, considerando que estos imperios han representado el poder y la influencia corrupta que se oponen a Dios.

Otra interpretación más amplia sostiene que los "siete montes" simbolizan las fuerzas políticas y religiosas que se oponen a Dios en general, sin limitarse a un lugar o tiempo específico. Esta interpretación destaca que la batalla entre el bien y el mal, y el conflicto entre el reino de Dios y los poderes terrenales, se ha dado a lo largo de la historia en diferentes contextos y culturas.

Existe otra interpretación alternativa que sostiene que la gran Ramera mencionada en Apocalipsis se refiere a la ciudad de Jerusalén o a Israel, y que también tiene una conexión con los "siete montes". Esta interpretación se basa en el siguiente argumento:

Jerusalén y sus siete colinas: al igual que Roma, Jerusalén también es conocida por sus siete montes: 1. Monte Eremos, donde Jesús proclama sus ocho bienaventuranzas (Mt. 5:1-7); 2. Monte Carmelo, donde vivió el profeta Elías; 3. Monte Garizim o Garizim, lugar del pozo de Jacob (Jue. 21:19); 4. Monte Moriah, donde Abraham iba a sacrificar a su hijo Isaac y a la par está el monte calvario, donde Jesús fue crucificado; 5. Monte Ofel, en la ciudad de David; 6. Monte de los olivos, donde Jesús ora en su agonía y luego asciende al reino de los cielos; 7. Monte Tabor, donde Jesús se transfigura (Mt. 17:1), (Byers).

Además, son claras las acusaciones contra Jerusalén en el Antiguo Testamento por su prostitución continuada, por ser una prostituta que paga a sus amantes, en lugar de que ellos le paguen a ella. Todo el libro de Oseas es una historia entre Dios y su pueblo Israel, el amor de Dios y la infidelidad de Israel, el perdón de Dios y la reincidencia del pueblo de Israel. Por ello, a lo largo del Antiguo Testamento, se encuentran numerosas acusaciones y llamados al arrepentimiento dirigidos a Jerusalén e Israel debido a su idolatría y apostasía. Estos pasajes, como en Jeremías y Ezequiel, describen a Jerusalén como una ciudad infiel y adúltera, lo cual se asemeja a la descripción de la gran Ramera en Apocalipsis.

SIETE CABEZAS

Wikenhauser afirma que, según la interpretación dada en el propio libro del Apocalipsis, las siete cabezas representan reyes, no reinos. Si consideramos que Babilonia se refiere a Roma, como algunos eruditos afirman (aunque otros sostienen que puede ser Babilonia restaurada, Atenas o Jerusalén), entonces las siete cabezas corresponden a los emperadores romanos, quienes a menudo eran llamados "reyes" en las provincias orientales. Dado que se cree que el Apocalipsis fue escrito en los años 94-95 d.C., el sexto emperador sería Domiciano (81-96), y los cinco que ya "cayeron" serían sus predecesores. Queda por determinar si se deben incluir o no los tres emperadores del interregno del 69 (Galba, Otón y Vitelio). Es muy probable que se los excluya, ya que ninguno de ellos fue reconocido en todo el imperio. De ser así, la serie comenzaría con Calígula y estaría compuesta por: Calígula (37-41), Claudio (41-54), Nerón (54-68), Vespasiano (69-79), Tito (79-81), Domiciano (81-96) y Nerva (96-98). Los primeros tres soberanos (César, Augusto, Tiberio), que pertenecen a la familia Julia, no se consideran relevantes en este contexto debido a que tuvieron relaciones amistosas con los judíos y no estuvieron involucrados con los cristianos. Sin embargo, Calígula adoptó una política abiertamente antijudía. Uno de sus gobernadores, Flaco, llevó a cabo una violenta persecución contra los judíos en Alejandría y profanó sus sinagogas con estatuas del emperador. Calígula incluso ordenó personalmente que se erigiera su estatua en el templo de Jerusalén, lo que causó una gran indignación entre los judíos y llevó a considerarlo, al igual que a Antíoco IV Epífanes, como un tipo de anticristo. Durante su reinado, Calígula manifestó por primera vez un delirio de grandeza que alcanzaría extremos increíbles en los emperadores posteriores como Nerón y Domiciano. Sus intentos de profanar el templo también disgustaron enormemente a la comunidad cristiana. Por lo tanto, no es sorprendente que Calígula ocupe el primer lugar en la lista de las siete cabezas. Pocos años después, Nerón desató la primera persecución contra los cristianos, Vespasiano y Tito combatieron contra Jerusalén y destruyeron el templo, y Domiciano, finalmente, llevó la divinización del emperador a sus peores extremos y reanudó la persecución contra los cristianos, aunque esta vez disimulada bajo pretextos legales. Esta enumeración de los emperadores también da significado a la expresión "cayeron", aplicada a los cinco primeros. De hecho, Calígula fue asesinado, Claudio murió envenenado, Nerón se suicidó y hubo rumores de que a Domiciano su propio hermano lo asesinó. Sin embargo, esta propuesta de solución tiene un punto débil al iniciar el conteo de los emperadores romanos con Calígula. Esto ha llevado a muchos a preguntarse si sería posible encontrar una solución satisfactoria comenzando con Augusto, quien fue el primer emperador. Se ha intentado esta opción, partiendo del hecho seguro de que el Apocalipsis fue escrito durante el reinado de Domiciano. Sin embargo, es necesario presentar brevemente este intento.

Después del análisis de interpretación histórico que realiza Wikenhauser, reconoce que, al final, es solo una conjetura. Por ello declara que, de acuerdo con esta hipótesis, el autor del Apocalipsis trabaja con una lista de ocho nombres de emperadores, comenzando con Augusto y, excluyendo a los tres del intervalo, llegando a Domiciano. Sin embargo, al mismo tiempo, tiene en cuenta el número simbólico siete —las siete cabezas—, que le ha sido revelado en su visión, lo que lo obliga a reducir también la cantidad de nombres a siete. Al realizar su cálculo, sitúa su propio tiempo en el reinado de Vespasiano, quien está a punto de terminar su gobierno —cinco cayeron—. Después vendrá Tito, quien reinará por un corto período (79-81), y será sucedido por Domiciano. Entre todos los emperadores, Nerón y Vespasiano se destacan como perseguidores de los cristianos. Ahora bien, la dramática desaparición de Nerón dio lugar en el oriente a la leyenda del "Nerón redivivus" (ver **Nerón *Redivivus***). Utilizando esta leyenda, el Apocalipsis personifica a Domiciano como la encarnación de Nerón, ya que este último estaba reviviendo las persecuciones. Aunque Domiciano es en realidad el octavo emperador, se puede decir que es uno de los siete que ha vuelto a la vida (v. 11). La precisión de los datos sobre los emperadores sugiere que la visión fue registrada por escrito después de que los eventos hubieran ocurrido. Es posible que el autor amplíe una visión que originalmente era menos detallada con detalles vividos anteriormente, pero que anunciaba una persecución. Esta forma de escribir es característica del estilo apocalíptico, que tiende a referirse a eventos pasados describiéndolos como si aún estuvieran por ocurrir.

Wikenhauser, llega la conclusión de que el autor del Apocalipsis escribió realmente durante el reinado de Domiciano, pero con la precisión de los datos sobre los emperadores, crea intencionalmente la impresión de estar escribiendo durante el gobierno de Vespasiano y, aparentemente, profetiza la persecución de Domiciano, cuando él mismo ya es víctima de ella. No podemos detenernos aquí a discutir esta propuesta de solución, pero si se analiza a la luz del libro de Daniel, se puede considerar como posible, ya que en Daniel también se proyectan algunos eventos históricos de la época macabea de manera similar, con una perspectiva profética.

En mi opinión, hay más dudas que certezas en las interpretaciones de las siete cabezas del Apocalipsis. De ahí el constante objeto de debate y diversas posturas a lo largo de la historia y la diversidad de posturas, además de las de los emperadores romanos, expuesta anteriormente.

Interpretación de los reinos o imperios: algunos exegetas consideran que las siete cabezas representan reinos o imperios a lo largo de la historia. Estas interpretaciones buscan establecer paralelos entre las siete cabezas y los grandes poderes políticos o imperios que han existido, como Egipto, Asiria, Babilonia, Persia, Grecia, Roma, entre otros. Sin embargo, esta interpretación es más simbólica y menos específica en cuanto a la identificación de los reinos o imperios concretos.

Interpretación simbólica y teológica: hay quienes sostienen que las siete cabezas tienen un significado simbólico y teológico más profundo, en lugar de referirse a entidades históricas específicas. Estas interpretaciones se centran en el simbolismo numérico del siete y en cómo se utiliza en todo el libro del Apocalipsis para representar la perfección divina o la totalidad. Argumentan que las siete cabezas pueden representar el poder terrenal y la oposición al poder divino, pero sin una conexión directa con figuras históricas.

En última instancia, ninguna de estas interpretaciones puede afirmarse como definitiva o irrefutable. El simbolismo y la naturaleza apocalíptica del libro del Apocalipsis hacen que sea difícil llegar a una conclusión absoluta sobre el significado exacto de las siete cabezas. Apocalipsis es una obra altamente simbólica y profética, y su interpretación requiere un enfoque cuidadoso y equilibrado que considere el contexto histórico, el simbolismo utilizado y los propósitos teológicos del autor (Gálvez).

SIETE CARTAS

La estructura de las siete cartas del Apocalipsis sigue un patrón consistente. Cada carta comienza con una fórmula introductoria que era reconocida por los antiguos habitantes de Asia. Esta fórmula, utilizada tanto por los profetas como en algunas cartas del Antiguo Testamento, establece la autoridad divina del mensaje que se va a comunicar. En lugar de presentarse con su nombre propio, Cristo se atribuye una cualidad o función que resalta su excelencia divina y su poder como redentor y juez. Estos títulos se encuentran en la visión introductoria.

El cuerpo de las cartas contiene alabanzas, censuras, advertencias y exhortaciones. Por lo general, comienzan con las palabras "conozco tus obras", lo que enfatiza que el Señor glorificado observa detalladamente la situación de las comunidades. Cuando la vida religiosa está en orden, se elogia y reconoce primero, y solo después se hacen los reproches necesarios. Solo dos iglesias, Esmirna y Filadelfia, reciben exclusivamente elogios, mientras que Laodicea es reprochada en su totalidad. Para Sardis, los reproches superan a los elogios, por lo que se comienza con ellos.

Las cartas concluyen con una invitación constante a escuchar el mensaje y con una promesa para aquellos que sean vencedores, expresada en diversas metáforas (Wikenhauser).

En síntesis, en la época en que se escribieron estas cartas, las fórmulas introductorias eran familiares para los lectores y oyentes. Estas características literarias ayudaron a captar la atención de las iglesias y transmitir el mensaje de una manera poderosa y evocadora.

En cuanto al impacto para esa época, las cartas tenían un propósito pastoral y exhortativo. Se dirigían a comunidades específicas que enfrentaban desafíos y crisis, y buscaban fortalecer su fe, corregir sus deficiencias y alentar su fidelidad en medio de la persecución y las pruebas.

En términos del fin de los tiempos, las cartas también tienen una relevancia perdurable. Aunque fueron escritas para iglesias específicas en un contexto histórico determinado, sus mensajes contienen principios y enseñanzas aplicables a todas las iglesias y creyentes a lo largo de la historia. Las exhortaciones a la fidelidad, la perseverancia y el arrepentimiento, así como las promesas para los vencedores, siguen siendo relevantes hoy en día, ya que los creyentes enfrentan desafíos y pruebas en su caminar de fe (ver **Siete iglesias del Apocalipsis**).

SIETE COSAS NUEVAS

El número siente es central en el libro de Apocalipsis. Y es sorprendente cómo se repite varias veces. En este apartado, se presenta con análisis y en síntesis la descripción de siete cuestiones o cosas nuevas en el libro del Apocalipsis, propuestas por Lockyer:

1. Un cielo nuevo (Ap. 21:1): "Vi un cielo nuevo… el primer cielo pasó". En este texto se menciona que Juan vio un cielo nuevo y que el primer cielo pasó. Esta declaración se relaciona con el cambio de orden en comparación con el versículo 20:11, donde la tierra y el cielo huyen delante del gran Trono Blanco. En la nueva creación descrita en el Apocalipsis, todo tendrá una naturaleza celestial, ya que el pueblo mismo es el templo de Dios. El término "cielo", en este contexto,

se refiere a los cielos aéreos, es decir, a todo lo que está entre la tierra y la morada de Dios.

En las Escrituras se mencionan tres cielos distintos: el tercer cielo, que es la morada de la gloria divina y de los ángeles y santos; el segundo cielo, que es la zona donde se encuentran el sol, la luna y las estrellas y; el primer cielo, que es el aire que nos rodea y que está sobre nosotros. El tercer cielo es eterno y no experimentará cambios, mientras que los cielos atmosféricos y astronómicos serán transformados en los nuevos cielos.

La necesidad de un nuevo cielo intermedio se debe a la contaminación causada por la presencia de Satanás, quien es considerado el príncipe de la potestad del aire. Esto también se relaciona con la impureza de las estrellas ante los ojos de Dios. Además, el espacio entre nosotros y la morada de Dios ha sido invadido por cohetes, satélites y desechos espaciales lanzados por los seres humanos en el siglo XX.

En síntesis, el concepto de un cielo nuevo en el Apocalipsis implica una transformación de los cielos atmosféricos y astronómicos debido a la contaminación y la presencia de Satanás. En la nueva creación, los creyentes podrán recorrer el nuevo cielo y la nueva tierra con sus cuerpos celestiales.

2. Una tierra nueva (Ap. 21:1): "Una tierra nueva... la primera tierra pasó". Este texto describe el futuro en el cual la antigua tierra será reemplazada por una nueva. La antigua tierra, marcada por el pecado, la violencia y el derramamiento de sangre, será destruida, mientras que la nueva tierra estará libre de pecado, dolor y muerte. Existe un debate entre los estudiosos bíblicos sobre si la nueva creación será completamente nueva o una renovación de lo antiguo. Algunos creen que la antigua creación será purificada y transformada, mientras que otros argumentan por su completa destrucción. Sin importar esto, la nueva creación será fundamentalmente diferente a lo antiguo, al igual que el "hombre nuevo" en Efesios 4:24 es diferente del primer Adán. En la nueva creación, no habrá más enfermedad, dolor, hambre, sed, tristeza, lágrimas, mar, muerte, pecado o noche. Satanás estará ausente, eliminando la tentación. Será un mundo de justicia eterna y libertad de tragedia y maldad. Este glorioso futuro debería inspirarnos a vivir de acuerdo con los principios y valores de la eternidad, ya que las pruebas y desilusiones del presente no pueden compararse con la gloria que nos espera.

3. La nueva Jerusalén (Ap. 21:2, 9-21): en este pasaje, Juan nos muestra la relación de gobierno que existe entre la Iglesia y todo lo demás. Se establece un contraste entre la antigua Jerusalén terrenal, que tiene poco de santidad, y la nueva Jerusalén, una ciudad perfecta descendiente del cielo. La Iglesia se representa como una esposa ataviada con su vestidura nupcial, descendiendo con toda su gloria. Fue formada por el Espíritu Santo en este mundo y fue llevada al cielo por su Esposo, Cristo. Después de la boda con Él, la Iglesia se presenta adornada con los encantos de la eternidad.

Juan también compara a la Iglesia con una ciudad, y se describe que la nueva Jerusalén será una ciudad verdadera. En esta descripción, se mencionan detalles literales como el oro, las calles, las medidas y las piedras. Esta ciudad desciende del cielo porque sería imposible construir una ciudad santa en este mundo. En esta nueva morada de la Iglesia, todos los materiales son provistos por Dios. Se menciona que la Ramera y la ciudad de Babilonia son falsificaciones de lo que se describe en el pasaje, que es un resumen de lo que se presenta más adelante.

Esta ciudad desciende del cielo porque es para un pueblo celestial. Sin una naturaleza celestial, no se podría vivir en ese ambiente eterno. La ciudad será la residencia eterna de

Cristo y los suyos, cuyos cuerpos glorificados serán semejantes al de Cristo. Será una ciudad enorme, con medidas sorprendentes y una perfección de gobierno representada por el número doce en sus puertas, ángeles, tribus, fundamentos, apóstoles, piedras preciosas y perlas. Será una ciudad gloriosa, iluminada por la gloria de Dios y el Cordero, sin necesidad de luz natural. Todo en la ciudad será medido y adornado de acuerdo con los requisitos divinos. Será una ciudad capital, el centro de la presencia y gobierno divino en el universo, donde el nombre del Cordero es mencionado constantemente, indicando que los redimidos comparten el reino con Cristo.

4. La nueva comunión (Ap. 21:3-7): finalmente, la comunión que se rompió en el huerto del Edén es restaurada de manera plena, total y eterna. Ni Satanás ni el hombre podrán volver a romper esa comunión. ¿Qué es el cielo? ¿No es acaso una comunidad de almas completamente restauradas, viviendo en una comunión espiritual ininterrumpida con Dios? Aquí tenemos un cielo que desciende del cielo. No obstante, Dios no vendrá a habitar con los hombres hasta que la antigua creación desaparezca, ya que la tierra actual está demasiado corrompida para ser el hogar de Dios. La frase "con los hombres" se repite tres veces, lo cual sugiere una comunión eterna y bendita entre Dios y los seres humanos. Para Dios, el deleite está en habitar con los hijos de los hombres (Pr. 8:31). El resultado de esta preciosa comunión será un mundo sin lágrimas, ya que solo Dios puede enjugar nuestras lágrimas: "Él enjugará toda lágrima de sus ojos, y no habrá más muerte, ni habrá más llanto, ni dolor, ni clamor, porque las cosas antiguas han pasado" (Ap. 21:4). ¡Qué día tan glorioso será ese!

5. El nuevo templo (Ap. 21:22): en la realidad eterna, todas las sombras y figuras desaparecen, y todo está centrado alrededor del trono de Dios al cual todos tienen acceso. En el pasado, Dios tenía templos y cuerpos de redimidos como templos, pero en la edad eterna, Dios mismo será el templo para su pueblo. El templo de Dios estará abierto en el cielo, manifestando su gracia y su santa presencia de manera gloriosa. En ese momento, se revelará la morada secreta de los hijos de Dios y todos los santos estarán bajo su protección. No será necesario un sacerdote o mediador para tener acceso a Dios.

La ausencia de un templo implica que todos los verdaderos adoradores tendrán pleno y libre acceso a Dios. La presencia divina se extenderá por toda la ciudad celestial, revelada en toda su gloria a través del Cordero. Dios ha reconocido a su pueblo como su templo, pero ahora él mismo es el templo vivo y verdadero, la verdadera arca y el eterno maná escondido. Así como hubo señales divinas en el monte Sinaí, donde fue erigido el primer tabernáculo, la morada de Dios estará siempre abierta como un santuario de fe, pero también será un lugar de juicio para aquellos que lo rechacen (He. 12:18-24).

6. La nueva luz (Ap. 21:23-25; 22:5). En la ciudad eterna y santa, habrá un sistema sobrenatural de iluminación. Actualmente, dependemos de la luz natural del sol, la luna y las estrellas. Sin embargo, en la nueva Jerusalén, estos cuerpos celestiales habrán desaparecido y Dios y el Cordero serán la fuente de toda la luz necesaria. Cristo es la luz del mundo y lo será también en el mundo eterno. No habrá más noche en la ciudad, será un día eterno. Las puertas de la ciudad nunca se cerrarán y no habrá necesidad de seguridad, ya que no existirán el pecado ni los ladrones. Las naciones podrán entrar y salir libremente. Todo lo que es natural y artificial desaparecerá. En ese mundo perfecto, brillaremos reflejando la eterna gloria de Cristo.

7. El nuevo paraíso (Ap. 22:1-5): en el glorioso futuro del pueblo de Dios, se alcanza el punto culminante de la redención: un nuevo paraíso donde la serpiente y el pecado están excluidos para siempre. Aquí hay algunas características destacadas:

Un río divino: en contraste con la antigua creación, donde los ríos corrían hacia el mar, aquí hay un río sin mar. Este río, que fluye desde el trono de Dios, proveerá fertilidad y vegetación en la nueva creación (Gn. 2:10; Ap. 22:1).

El árbol de vida: al igual que en el Edén original, habrá un árbol de vida en medio de una calle. Esto simboliza acceso libre para todos, sin aislamiento ni exclusión. Las hojas de este árbol traen sanidad y vida, y sus frutos son para los santos (Gn. 2:8-15; Ez. 47:12).

Un huerto sin maldición: a diferencia del huerto original que presenció la rebelión y la maldición, este nuevo huerto será perfecto en todos los sentidos. No habrá más maldición ni pecado, y nada se marchitará ni morirá jamás (Gn. 3:1-7; Ap. 22:3, 21).

Estas descripciones nos muestran la esperanza y la plenitud de la redención final. El Antiguo Testamento comienza con una maldición, pero el Nuevo Testamento comienza con Jesucristo, quien vino a llevar la maldición sobre sí mismo. En el glorioso final de la Biblia, encontramos bendición en lugar de maldición (Mal. 4:6; Gá. 3:13; Ap. 22:3, 21).

SIETE COSAS ÚLTIMAS

1. El último testimonio de que la visión es cierta (Ap. 22:8)

El versículo mencionado, Apocalipsis 22:8, es una declaración del apóstol Juan en el contexto de su experiencia al recibir la visión del nuevo paraíso. En este versículo, Juan afirma ser el que ha oído y visto las cosas reveladas en la visión, y se postra como respuesta a la grandeza de lo que ha presenciado. Estos verbos que denotan experiencia, como "oír" y "ver", son significativos porque confirman la autenticidad del Apocalipsis en su totalidad. Juan no solo está hablando de su experiencia en ese momento particular de la visión del nuevo paraíso, sino que también está atestiguando la veracidad y la realidad de todo el libro del Apocalipsis. Juan fue testigo de eventos y revelaciones sobrenaturales que van más allá de su experiencia humana normal. Su testimonio de haber oído y visto estas cosas respalda la autenticidad y la autoridad del Apocalipsis como una revelación divina. Su experiencia personal valida la veracidad de las visiones y profecías contenidos en el libro. En resumen: el versículo de Apocalipsis 22:8 destaca la experiencia personal de Juan al recibir la visión del nuevo paraíso, y al hacerlo, confirma la autenticidad y la realidad de todo el Apocalipsis como una revelación divina.

2. La última bienaventuranza apostólica (Ap. 22:14)

La última bienaventuranza apostólica, registrada en el versículo 22:14 del Apocalipsis, es un recordatorio poderoso y significativo para los creyentes. Después de explorar todas las bienaventuranzas en el libro, esta última nos recuerda la importancia de la obediencia a todo lo que Dios nos ha revelado. En Juan 13:17, Jesús enseñó que la verdadera bendición viene a aquellos que obedecen sus mandamientos.

La obediencia a Dios no solo es un deber, sino que también trae consigo una serie de recompensas. Al caminar en obediencia, nos abrimos a experimentar las ricas bendiciones que Dios tiene reservadas para aquellos que confían en Él y siguen su camino. La obediencia nos permite estar en alineación con la voluntad de Dios y nos lleva a experimentar su amor, su gracia y su favor de una manera más profunda.

La obediencia a Dios implica confiar en Él plenamente y seguir sus enseñanzas sin reservas. Es un acto de fe y sumisión a su autoridad y sabiduría. Al combinar la confianza y la obediencia, los creyentes pueden caminar en una relación íntima con Dios y experimentar la plenitud de su propósito para sus vidas.

3. *El último testimonio divino* (Ap. 22:16, 18, 20)

El último testimonio divino registrado en los versículos 22:16, 18 y 20 del Apocalipsis es una confirmación poderosa de Cristo, quien vive eternamente. Todas las profecías contenidas en este libro sagrado provienen de la mente divina y han sido reveladas a Jesús en toda su gloria y majestad. En tres ocasiones, encontramos la expresión "dar testimonio" o "testifico". Estas palabras resuenan con fuerza, ya que Jesús mismo declara su identidad: "Yo, Jesús". Esta declaración simple pero enfática deja claro que Jesús es el protagonista central de toda la historia. El pronombre personal "Yo" se destaca intencionalmente para enfatizar su importancia. El Apocalipsis es el libro que revela a Jesucristo, y Él es el tema central de su mensaje. La raíz terrenal simboliza su humanidad, mientras que la estrella celestial simboliza su divinidad. Es importante comprender que las palabras de Jesús en este libro son precisas y verdaderas. Cualquier intento de falsificar o distorsionar alguna parte de este sublime libro sería algo trágico. La mutilación o alteración de cualquier parte de este libro sagrado, así como de la Biblia en su conjunto, merece el juicio divino. Debemos valorar y respetar la integridad de la Palabra de Dios, reconociendo que es un regalo divino que no debe ser manipulado ni modificado de ninguna manera.

4. *La última invitación celestial* (Ap. 22:17)

Para entender correctamente las tres formas en que Juan usa el verbo venir, debemos examinarlas a la luz del contexto. Las primeras dos veces realmente significan "¡Ven!". El primer "ven" es doble: el Espíritu y la esposa dicen "¡Ven!". ¿A quién se dirigen? Al que dice tres veces en el capítulo: "Yo vengo pronto" (Ap. 22:7, 12, 20). El Espíritu Santo habla a través de la esposa de Cristo, la Iglesia, y se une a ella en respuesta a la voz del que viene como la estrella de la mañana. Entonces cada cristiano, tanto individual como colectivamente, dice: "¡Ven!". ¿Tenemos nosotros el deseo ferviente de dar la bienvenida al Señor a su regreso? El tercer "ven" está relacionado con el pecador que, como alma sedienta, debe buscar el agua de vida antes de que sea demasiado tarde.

5. *La última promesa de su venida* (Ap. 22:20)

La última promesa de la venida del Señor, registrada en el versículo 22:20 del Apocalipsis, es una declaración que confirma y cumple las palabras dichas previamente por Jesús antes de su muerte, resurrección y ascensión. En Juan 14:1-3, Jesús prometió que regresaría por su Iglesia verdadera, y aquí, en el libro del Apocalipsis, reafirma esa promesa con las palabras "Yo vengo pronto". Esta promesa de la venida de Jesús trae consigo una gran esperanza y consuelo para los creyentes. Saber que nuestro Salvador regresará para llevarnos a estar con Él es motivo de gran alegría y expectativa. Esta promesa nos recuerda la certeza de la redención completa y eterna, y nos anima a perseverar en nuestra fe y a vivir una vida en santidad y devoción a Dios.

La promesa de la venida de Jesús nos impulsa a vivir con una perspectiva eterna, recordándonos que este mundo no es nuestro hogar definitivo y que hay una vida futura y gloriosa que nos espera en la presencia de Dios. Nos anima a mantenernos firmes en nuestra fe, a vivir vidas santas y a compartir el mensaje del evangelio con otros, para que también puedan experimentar la bendición de esta promesa de salvación.

6. La última oración sincera (Ap. 22:20)

La última oración sincera registrada en el versículo 22:20 del Apocalipsis es un eco del anhelo profundo de todos los santos a lo largo de las edades. A medida que nos acercamos al final de este libro sagrado, Juan expresa en pocas pero poderosas palabras la súplica más profunda y anhelante de todos los creyentes: "Sí, ven, Señor Jesús". Esta última oración en el Apocalipsis adquiere un significado especial. Es la culminación de todas las oraciones pronunciadas por los creyentes a lo largo de la historia. Es el clamor del corazón de aquellos que anhelan la venida del Señor Jesús, quien es su Salvador y Redentor.

Esta breve pero poderosa súplica, "Sí, ven, Señor Jesús", encapsula la expectativa y la esperanza de los santos que han puesto su fe en Cristo. Es una expresión de anhelo profundo por la presencia del Señor, por su regreso glorioso y definitivo. Es una oración que revela la confianza y la fe inquebrantable en la fidelidad de Dios para cumplir su promesa de venir nuevamente.

En medio de los desafíos y las tribulaciones de este mundo, los creyentes encuentran consuelo y fortaleza en la certeza de la venida del Señor Jesús. Esta oración sincera es un recordatorio constante de nuestra esperanza en Él, nuestra confianza en su promesa y nuestra dependencia de su gracia.

Al expresar estas palabras, los creyentes reconocen que solo en la presencia del Señor Jesús encontrarán la plenitud de gozo, paz y restauración. Es un reconocimiento humilde de que necesitamos su guía, su amor y su salvación en nuestras vidas.

7. La última bendición (Ap. 22:21)

La última bendición que se encuentra en el versículo 22:21 del Apocalipsis marca un contraste significativo con el Antiguo Testamento. Mientras que el AT terminaba con maldiciones, el último libro de la Biblia concluye con una bendición de gracia: "Amén". Esta palabra enfática implica una afirmación y aceptación de la verdad absoluta. A través de la gracia de Dios, toda la gloria de la eternidad nos pertenece.

El Apocalipsis comienza con la revelación de Jesucristo y termina con la gracia de Cristo Jesús. Esta afirmación refleja la importancia de culminar todo en la gracia que proviene del temor de Dios y la obediencia a sus mandamientos. Christina Rossetti expresó esto de manera elocuente, destacando que todo lo que se encuentra entre estas dos frases no cumple su propósito en nosotros a menos que lo llevemos a su culminación en la gracia que viene de Dios y en nuestra obediencia a Él.

El tiempo se está agotando y la noche se acerca. Como creyentes, anhelamos que el Señor nos encuentre viviendo como hijos de la luz, con nuestros corazones y rostros dirigidos hacia el amanecer eterno. Deseamos que la gloria de Dios ilumine todo en este mundo y que todas las cosas terrenales palidezcan ante su esplendor.

En medio de las dificultades y las sombras, caminamos con la seguridad de que tenemos una herencia de gozo y bendición que aún no podemos ver en su totalidad. Reconocemos que las mismas manos que fueron clavadas en la cruz en sacrificio por nosotros, están esperando el momento de entregarnos esta herencia.

En resumen: la última bendición del Apocalipsis es un contraste notable con el Antiguo Testamento, ya que termina con una bendición de gracia en lugar de maldiciones. Esta bendición resalta la importancia de vivir en la gracia de Dios y obedecer sus mandamientos. Como creyentes, anhelamos vivir en la luz, con nuestros ojos puestos en la eternidad y confiando en la promesa de una herencia celestial. Reconocemos que todo esto es posible gracias al sacrificio de Cristo en la cruz y esperamos el día en que recibiremos plenamente lo que Dios tiene preparado para nosotros.

SIETE ESPÍRITUS DE DIOS

Pasajes en los que aparece la expresión "siete espíritus": Ap. 1:4; 3:1; 4:5; 5:6. En el saludo de apertura de la carta (Ap. 1:4-5, "gracia y paz a vosotros"), los "siete espíritus" se mencionan junto al Padre en su trono y junto a Jesucristo, "el fiel testigo, el primogénito de entre los muertos y el soberano de los reyes de la tierra". En Ap. 3:1, Cristo "tiene los siete espíritus de Dios", lo que muestra que él es el Espíritu de Cristo y es distinto de los siete ángeles. En Ap. 4:5, las "siete lámparas" que arden delante del trono de Dios se identifican como los siete espíritus de Dios. En Ap. 5:6, los siete espíritus aparecen como características del Cordero mismo: "Tenía siete cuernos y siete ojos, que son los siete espíritus de Dios enviados por toda la tierra". El trasfondo de los "siete espíritus" se encuentra, probablemente, en Zacarías 3–4. Los "siete ojos" de Ap. 5:6 reflejan los siete ojos del Señor mencionados en Zac. 3:9 y 4:10, donde se dice que los ojos "recorren toda la tierra".

Las "siete lámparas" de Ap. 4:5 evocan la imagen del candelabro con siete brazos en Zac. 4:2. Cuando se le pide que identifique el símbolo, el ángel responde: "Esta es la palabra del Señor a Zorobabel: 'No con ejército ni con fuerza, sino con mi Espíritu', dice el Señor Todopoderoso" (Zac. 4:6), lo cual establece una conexión plausible con las imágenes del Espíritu de Dios.

Algunos eruditos sugieren que hay una razón clara por la cual el Espíritu Santo se menciona varias veces en el Apocalipsis solo con la frase "el Espíritu" (Ap. 1:10; 2:7, 11, 17, 29; 3:6, 13, 22; 4:2; 14:13; 17:3; 21:10; 22:17), mientras que la frase "los siete espíritus de Dios" aparece solo cuatro veces. La razón es que el contexto sugiere que se utiliza "siete espíritus" cuando se pone énfasis en la unión del Espíritu con el Padre y el Hijo, uniéndose al Padre y al Hijo para otorgar gracia y paz (Ap. 1:4), sirviendo como el Espíritu de Jesús al confrontar a la iglesia (Ap. 3:1), conectado al trono de Dios (Ap. 4:5) y describiendo al Cordero que es digno de tomar el rollo (Ap. 5:6). La imagen de los "siete espíritus" retrata a un miembro de la Deidad en toda su soberanía, poder y plenitud.

En cuanto al significado de los "siete Espíritus", hay diversos enfoques de autores. Algunos proponen que se refiere a los siete ángeles mencionados en otras partes del libro. Otros eruditos, la mayoría, sostienen el enfoque de que es una clara referencia al Espíritu Santo. Otros autores lo ven más en la perspectiva de la plenitud del número siete, de modo que los "siete espíritus" representan el Espíritu séptuplo o el Espíritu manifestado en su perfecta plenitud. Así, se encuentra el significado del Espíritu Santo en su plenitud de siete aspectos. El número siete parece simbolizar la totalidad y se utiliza en varios lugares de este libro, pero no hay que considerarlo necesariamente como un número divino, ya que más adelante vemos cómo el anticristo tiene siete cabezas (Ap. 13:1). Por lo tanto, debemos entenderlo como un símbolo de plenitud y completitud. El número siete representa las diversas funciones del Espíritu Santo en su totalidad.

Otros autores sugieren que la imagen de los "siete espíritus" en el Apocalipsis se encuentra en Isaías 11:2. En la traducción griega del Antiguo Testamento, la Septuaginta, este versículo ha añadido la cualidad de "piedad" a la lista de otras seis virtudes, lo que indica que el gobernante davídico prometido poseerá siete virtudes del Espíritu. Por lo tanto, los siete Espíritus son uno y el mismo Espíritu, uno solo por su nombre y septiforme por sus dones. Es invisible e incorpóreo, y su aspecto exterior es imposible de descubrir. El número siete de sus dones, que Isaías describe de manera espléndida, incluye el Espíritu de sabiduría y entendimiento, para enseñar mediante la sabiduría y el entendimiento que es el creador de todas las cosas. También incluye el Espíritu de consejo y fortaleza, quien lo ha concebido y realizado. Además, se menciona el Espíritu de ciencia y piedad, quien gobierna piadosamente las cosas creadas mediante la manifestación de su conocimiento, dirigiéndolas siempre con misericordia. Asimismo, se hace referencia al Espíritu de temor del Señor, cuyo don infunde el temor del Señor en las criaturas racionales. Estas virtudes representan la santa propiedad del Espíritu que debe ser venerada, y aunque no revelan su aspecto natural, implican una alabanza inefable.

Otros eruditos creen que los "siete Espíritus" mencionados en el Apocalipsis son aquellos profetizados en el libro, y la expresión "siete espíritus" es una forma de describir al Espíritu Santo en su plenitud de siete aspectos. El número siete parece simbolizar la totalidad, y se utiliza en varios lugares de este libro para representar las diversas funciones del Espíritu Santo en su totalidad (ver **Dones de profecía, Números, Numerología, Espíritu**).

SIETE ESTRELLAS

En Apocalipsis 1:16 y 1:20, se hace referencia a las siete estrellas como los ángeles de las siete iglesias.

En el contexto de Apocalipsis, las siete iglesias se refieren a siete comunidades cristianas específicas en Asia Menor que existían en el momento en que el libro fue escrito. Las siete estrellas representan a los ángeles, que algunos interpretan como los mensajeros o líderes de estas iglesias. Los ángeles aquí no se refieren a seres celestiales, sino más bien a los líderes o pastores que tienen la responsabilidad de guiar y representar a sus respectivas comunidades.

La imagen de las estrellas en la mano derecha de Cristo (Ap. 1:16) simboliza el control y la autoridad que Jesús tiene sobre las iglesias y sus líderes. Él sostiene a los líderes en su mano derecha, lo que indica su protección y cuidado. En Apocalipsis 1:20, Jesús explica a Juan el significado de las siete estrellas y los siete candelabros (las iglesias). Él dice: "Las siete estrellas son los ángeles de las siete iglesias, y los siete candelabros que has visto son las siete iglesias".

Esta imagen de las siete estrellas y los siete candelabros se repite en los mensajes dirigidos a cada una de las siete iglesias en Apocalipsis 2-3. Cada mensaje es específico para la iglesia a la que se dirige, y contiene exhortaciones, correcciones y promesas para esa comunidad en particular.

Mensajeros o ángeles de las iglesias: la palabra "ángel" en griego, se puede traducir tanto como "ángel" como "mensajero". Algunos argumentan que las siete estrellas podrían ser entendidas como los mensajeros o enviados de las iglesias, es decir, aquellos que llevan los mensajes de Dios a las congregaciones. Esta interpretación resalta el papel de los líderes como intermediarios entre Dios y los creyentes.

Significado simbólico más amplio: algunos estudiosos sugieren que las siete estrellas también pueden tener un significado simbólico más amplio. En la Biblia, las estrellas, a menudo, se asocian con ángeles o seres celestiales. En este sentido, las siete estrellas podrían representar la presencia y el cuidado de Dios sobre las iglesias en general, en todas las épocas y lugares.

SIETE IGLESIAS DEL APOCALIPSIS

Apocalipsis 2-3 contiene las cartas (o mensajes) a siete iglesias de Asia Menor: Éfeso,

Esmirna, Pérgamo, Tiatira, Sardis, Filadelfia y Laodicea. Esta revelación proviene, en última instancia, de Jesús, el que se describe en Apocalipsis 1 como gloriosamente de pie y caminando entre estas iglesias. A juzgar por el mapa de las siete ciudades, se observa que forman una especie de caracol, comenzando con Éfeso y moviéndose en el sentido de las agujas del reloj. La persona que llevó la carta del Apocalipsis a cada iglesia, probablemente, viajó esta ruta circular para entregar todo el contenido del Apocalipsis junto con su mensaje más específico a cada una de las siete iglesias.

Cada letra es la palabra profética de Jesús dada por medio del Espíritu que inspira a Juan. Por ejemplo, el texto que dice "estas son las palabras", literalmente significa "estas cosas dicen", una fórmula introductoria común a la palabra de los profetas del Antiguo Testamento que, según Keener, es el mismo formato de las cartas proféticas en la tradición del Antiguo Testamento.

En general, las cartas indican que las iglesias de Asia Menor están en malas condiciones espiritualmente. La tibia iglesia Laodicea no recibe ningún elogio, mientras que todas las demás iglesias, excepto Esmirna y Filadelfia, son retratadas como si tuvieran serios problemas. Las cartas resaltan la responsabilidad de la iglesia de ser sal y luz en la cultura circundante. Algunas iglesias están demostrando ser fieles a esa tarea y, como resultado, enfrentan persecución. Pero, otras iglesias están en peligro de perder no solo su influencia, sino también su propia identidad como iglesias por su voluntad de comprometerse con su cultura. Estas iglesias reciben una advertencia profética del Cristo resucitado con la esperanza de que volverán a un camino de fidelidad.

Cada iglesia está llamada a "vencer", un tema predominante en Apocalipsis. La superación se relaciona directamente con la influencia de la iglesia en su cultura versus la influencia de la cultura en la iglesia. A menudo, las áreas de lucha se relacionan con la superposición en esa cultura entre el poder político, el poder religioso y poder económico (ver **Emperadores**, **Culto imperial**). Cristo resucitado, que camina entre sus iglesias, les ofrece una opción profética clara pero difícil: escuchar su voz y perseverar a pesar de la persecución, o rechazar su voz, asimilarse a la cultura, y enfrentar su juicio venidero a pesar de los cambios temporales de comodidad. Por ello, cada carta se cierra con un mensaje profético milenario, una amonestación a escuchar: "Oíd lo que el Espíritu dice a las iglesias" (ver **Éfeso**, **Esmirna**, **Pérgamo**, **Tiatira**, **Sardis**, **Filadelfia**, **Laodicea**).

En resumen: históricamente, las Iglesias del Apocalipsis representan iglesias reales que existían en el momento en que Juan escribió el Apocalipsis, durante el primer siglo d.C. Cada una de estas iglesias tenía sus propias características y desafíos específicos.

Cada una de estas iglesias recibió una carta dirigida por el apóstol Juan, quien escribió el libro, y estas cartas representan tanto una advertencia como una exhortación a las iglesias y a los creyentes de aquel tiempo. Desde una perspectiva histórica, las cartas a las Iglesias del Apocalipsis tienen un significado y también un mensaje para la Iglesia en general de todas las épocas. Cada carta comienza con una descripción de la condición espiritual de la iglesia a la que se dirige, seguida de palabras de elogio o crítica según corresponda. Luego se les da instrucciones y advertencias sobre cómo mejorar su condición espiritual y mantenerse firmes en la fe. Estas cartas también contienen promesas para aquellos que superen las dificultades y permanezcan fieles a Dios. Las características de las siete iglesias de manera concisa, según Silva, son:

Iglesia de Éfeso (Ap. 2:1-7): la iglesia de Éfeso era conocida por su labor y perseverancia, pero se les criticó por haber abandonado su primer amor. Se les insta a arrepentirse, recordar y hacer las obras que hicieron al principio. Se les promete el derecho a comer del árbol de la vida en el paraíso de Dios si superan sus desafíos.

Iglesia de Esmirna (Ap. 2:8-11): la iglesia de Esmirna estaba experimentando persecución y pobreza. Se les alienta a perseverar, a no temer al sufrimiento y a permanecer fieles hasta la muerte. Se les promete la corona de la vida si superan las pruebas.

Iglesia de Pérgamo (Ap. 2:12-17): la iglesia de Pérgamo vivía en una ciudad donde la idolatría y la inmoralidad eran comunes. Se les reprocha por tolerar a los nicolaítas y a los que enseñan falsas doctrinas. Se les insta a arrepentirse. Se les promete el maná escondido y una piedra blanca con un nuevo nombre si superan su situación.

Iglesia de Tiatira (Ap. 2:18-29): la iglesia de Tiatira era conocida por su amor y servicio, pero se les criticó por tolerar a una profetisa llamada Jezabel, que enseñaba inmoralidad y falsas doctrinas seduciendo a pecar a los siervos de Dios. Se les llama a arrepentirse y a mantenerse firmes hasta el final. Se les promete autoridad sobre las naciones y la estrella de la mañana si superan los desafíos.

Iglesia de Sardis (Ap. 3:1-6): la iglesia de Sardis tenía una reputación de estar viva, pero en realidad estaba espiritualmente muerta. Se les exhorta a despertar, a fortalecer las cosas que aún quedan y a arrepentirse. Se les promete vestiduras blancas y el reconocimiento del nombre de ellos delante del Padre si superan su condición.

Iglesia de Filadelfia (Ap. 3:7-13): la iglesia de Filadelfia era conocida por su fidelidad y perseverancia en medio de la oposición. Se les anima a seguir perseverando y se les promete que nadie les quitará su corona. Se les promete también que serán una columna en el templo de Dios y que tendrán el nombre de Dios y el nombre de la Nueva Jerusalén escritos sobre ellos.

Iglesia de Laodicea (Ap. 3:14-22): la iglesia de Laodicea era tibia y complaciente. Se les reprende por su falta de pasión y se les exhorta a ser fervorosos y a arrepentirse. Se les invita a abrir la puerta para que Jesús entre y se comunique con ellos. Se les promete compartir el trono de Jesús si superan su actitud indiferente.

Creemos que, independientemente de las distintas posturas de las escuelas de interpretación preterista, futurista, historicista, idealista o simbólica, estos reproches, advertencias y promesas, ofrecen una visión general de las características y desafíos de cada una de las iglesias del Apocalipsis, según se describen en el libro. Cada carta contiene mensajes y enseñanzas relevantes tanto para las iglesias de aquel tiempo como para los creyentes en la actualidad.

Desde una perspectiva teológica, las cartas a las Iglesias del Apocalipsis revelan verdades y principios espirituales importantes. Nos enseñan sobre la importancia de mantener una fe viva y activa, de perseverar en medio de la adversidad y de vivir en obediencia a los mandamientos de Dios. También se nos recuerda que Dios examina nuestros corazones y nuestras acciones, y que nos llama a arrepentirnos de cualquier pecado o desviación de la verdad. Las cartas a las Iglesias del Apocalipsis nos animan a estar alerta y a permanecer fieles a Dios en medio de los desafíos y las tentaciones del mundo. En resumen: las Iglesias del Apocalipsis representan iglesias históricas a las que se les dio una advertencia y una exhortación específicas en el libro de Apocalipsis. Estas cartas tienen un mensaje bíblico, histórico y teológico que sigue siendo relevante para la Iglesia hasta el día de hoy. Nos instan a evaluar nuestra propia condición espiritual, a permanecer fieles a Dios y a perseverar en la fe en medio de las pruebas (ver **Escuelas de interpretación del Apocalipsis**).

SIETE OJOS

En el libro del Apocalipsis, se mencionan los siete ojos en una visión profética de Juan en la que habla sobre los siete ojos del Cordero (Ap. 5:6). Juan describe una visión del trono de Dios en el cielo y ve a un Cordero de pie, como si hubiera sido inmolado. El Cordero tiene siete cuernos y siete ojos, que se describen como los siete espíritus de Dios enviados por toda la tierra. Estos ojos representan la omnisciencia y el conocimiento completo de Dios y su capacidad de estar presente en todo lugar.

Los siete ojos de fuego. En Apocalipsis 1:14, Juan describe otra visión de Cristo glorificado y dice que sus ojos eran como llama de fuego. Si bien esta descripción no se refiere específicamente a los siete ojos, algunos intérpretes han relacionado los ojos de fuego con los siete ojos mencionados anteriormente, enfatizando la naturaleza divina y omnisciente de Cristo.

Los siete ojos en el Apocalipsis simbolizan el conocimiento completo, la omnisciencia y la presencia divina de Dios y de Cristo. Representan la capacidad de Dios para ver y conocer todas las cosas y para estar presente en todas partes. Estas visiones apocalípticas buscan transmitir un sentido de reverencia y asombro ante la grandeza y el poder de Dios. Es la perfección divina del desconocimiento (Lockyer).

SIETE PLAGAS

Las siete plagas del Apocalipsis son una serie de eventos catastróficos. Según la narrativa, estas plagas son enviadas por Dios como juicio divino sobre la humanidad en los últimos tiempos. Las siete plagas son un tema de gran importancia y debate teológico, y su descripción apocalíptica ha capturado la imaginación y la curiosidad de muchas personas a lo largo de la historia.

Primera plaga. Llagas malignas y dolorosas (Ap. 16:2): "El primer ángel fue y derramó su copa sobre la tierra, y vino una llaga maligna y dolorosa sobre los hombres que tenían la marca de la bestia y que adoraban su imagen". Las personas que han recibido la marca de la bestia sufren llagas dolorosas e incurables. Esta plaga simboliza el juicio divino sobre aquellos que han rechazado a Dios y se han entregado al mal.

Segunda plaga. El mar se convierte en sangre (Ap. 16:3): "El segundo ángel derramó su copa sobre el mar, y se convirtió en sangre como de muerto; y murió todo ser vivo que había en el mar". El mar se convierte en sangre, lo que provoca la muerte de todo ser viviente en el agua. Esta plaga es una manifestación de la ira divina y se interpreta como una advertencia y un llamado al arrepentimiento.

Tercera plaga. Los ríos y las fuentes de agua se convierten en sangre (Ap. 16:4-6): "El tercer ángel derramó su copa sobre los ríos y sobre las fuentes de las aguas, y se convirtieron en sangre. Y oí al ángel de las aguas, que decía: Justo eres tú, oh Señor, el que eres y que eras, el Santo, porque has juzgado estas cosas. Porque derramaron la sangre de los santos y de los profetas, también tú les has dado a beber sangre; pues lo merecen".

Cuarta plaga. Calor abrasador del sol (Ap. 16:8-9): "El cuarto ángel derramó su copa sobre el sol, al cual fue dado quemar a los hombres con fuego. Y los hombres se quemaron con el gran calor, y blasfemaron el nombre de Dios, que tiene poder sobre estas plagas, y no se arrepintieron para darle gloria". El sol emite un calor intenso y abrasador que quema a las personas. Esta plaga es interpretada como un castigo divino sobre aquellos que han adorado y servido a la bestia.

Quinta plaga. Tinieblas y dolor (Ap. 16:10-11): "El quinto ángel derramó su copa sobre el trono de la bestia, y su reino se cubrió de tinieblas, y mordían sus lenguas de dolor, y blasfemaron contra el Dios del cielo por sus dolores y por sus úlceras, y no se arrepintieron de sus obras". Una gran oscuridad cubre la tierra, impidiendo que la gente vea y causando angustia. Esta plaga simboliza la separación de la luz divina y la consciencia de Dios.

Sexta plaga. El río Éufrates se seca (Ap. 16:12): "El sexto ángel derramó su copa sobre el gran río Éufrates; y el agua de este se secó, para que estuviese preparado el camino a los reyes del oriente". Se describe una de las siete plagas del Apocalipsis que afecta a los ríos y las fuentes de agua. Esta plaga en particular se presenta como el secado del río Éufrates, uno de los grandes ríos de la antigua Mesopotamia. El propósito de esta plaga es preparar el camino para los reyes del oriente. La interpretación de este pasaje ha sido objeto de debate y diferentes enfoques teológicos. Algunos teólogos y estudiosos bíblicos ven esta plaga como un evento literal que afectará físicamente al río Éufrates en los últimos tiempos. Ven esto como un cumplimiento profético que está por venir. Argumentan que el secado del río Éufrates permitirá un paso más fácil para los ejércitos y las naciones orientales que se unirán en una batalla final. Otros enfoques interpretativos consideran esta plaga como un simbolismo apocalíptico y espiritual. Ven el río Éufrates como un símbolo del poder y el dominio terrenal, y sugieren que su secado representa la caída y la pérdida de influencia de los poderes terrenales. Esta interpretación resalta la idea de que todas las estructuras y sistemas humanos serán derrocados en el juicio final, y que solo el reino de Dios prevalecerá.

Séptima plaga. Grandes terremotos y una gran granizada (Ap. 16:17-21): "El séptimo ángel derramó su copa por el aire; y salió una gran voz del templo del cielo, del trono, diciendo: Hecho está. Entonces hubo relámpagos y voces y truenos, y un gran terremoto tal como no había habido desde que los hombres han estado sobre la tierra. Y la gran ciudad fue dividida en tres partes, y las ciudades de las naciones cayeron; y la gran Babilonia vino en memoria delante de Dios, para darle el cáliz del vino del ardor de su ira. Y cayó del cielo sobre los hombres un enorme granizo como del peso de un talento; y los hombres blasfemaron contra Dios por la plaga del granizo, porque su plaga fue sobremanera grande".

Esta plaga es descrita como un acontecimiento catastrófico de gran magnitud que involucra fenómenos naturales como relámpagos, truenos, un gran terremoto y un granizo de gran peso. Estos eventos son señales del juicio y la ira de Dios sobre la tierra. La caída de la gran ciudad dividida en tres partes y la mención de Babilonia, se interpretan simbólicamente como la destrucción y el juicio divino sobre los poderes terrenales y las estructuras corruptas. La caída de las ciudades de las naciones también se considera como una manifestación del juicio divino sobre el sistema mundial apartado de Dios. La caída del granizo de gran peso y la reacción de los hombres blasfemando contra Dios revelan la dureza de corazón y la resistencia a arrepentirse, incluso, en medio del juicio divino. Esto resalta la idea de que, a pesar de las señales y las advertencias, algunos continuarán en su rebelión y rechazo hacia Dios.

Las plagas simbolizan los juicios divinos sobre la maldad y la injusticia en el mundo. Representan el castigo y la consecuencia de la rebelión y la idolatría. Las plagas tienen el propósito de confrontar y juzgar a aquellos que se oponen a Dios y se entregan a la iniquidad. Sirven como advertencia y llamado al arrepentimiento, invitando a las personas a volverse a Dios y abandonar el mal. Las siete plagas son una advertencia de la justa ira de Dios y su poder para ejecutar juicio sobre aquellos que se oponen a su voluntad. Revelan las consecuencias catastróficas de la maldad y la idolatría, instando a la humanidad a reflexionar sobre sus acciones y cambiar de rumbo antes de que sea demasiado tarde (Gálvez).

Estas plagas también pueden ser vistas como una forma de purificación y restauración ya que, a través de ellas, se eliminan las estructuras corruptas y se establece el reino justo de Dios.

En última instancia, el propósito de las siete plagas es llamar a la humanidad a la reflexión, el arrepentimiento, y la búsqueda de la redención y la reconciliación con Dios antes del juicio final, tal como afirma Pikaza, el doble propósito de estas: "Ellas son signo de Dios para castigo y conversión (salvación) de los humanos".

SIGNOS O SEÑALES CÓSMICAS

En el AT, el anuncio de Joel 2:28-32 predice justamente señales cósmicas: el sol se oscurecerá y la luna se convertirá en sangre en los últimos días. De manera similar las imágenes se describen en la literatura judía antigua no canónica.

El NT menciona varios signos o señales cósmicas que se consideran como eventos escatológicos, es decir, eventos relacionados con el fin de los tiempos o el cumplimiento final de la obra redentora de Dios. Estos signos cósmicos se describen en diferentes pasajes del Nuevo Testamento, como los siguientes:

El oscurecimiento del sol y la luna: Jesús menciona en Mt. 24:29 que después de la tribulación, "el sol se oscurecerá, y la luna no dará su resplandor". Este oscurecimiento celestial se considera como un signo del inminente retorno de Jesús y el fin de los tiempos.

Las estrellas cayendo del cielo: además del oscurecimiento del sol y la luna, Jesús también habla de "las estrellas cayendo del cielo" en Mateo 24:29 y Marcos 13:25. Esta imagen se interpreta como una señal cósmica que precede al retorno de Jesús y el juicio final.

El rugido del mar y las olas: en Lucas 21:25, Jesús menciona que "habrá señales en el sol, en la luna y en las estrellas, y en la tierra angustia de las gentes, confundidas a causa del rugido del mar y de las olas". Esta descripción se entiende como una imagen simbólica de la agitación y el caos que acompañarán los eventos finales.

Estos signos, sin duda, son los que se prevén en los evangelios sinópticos como características del regreso de Cristo. En Mt. 24:26-31, Mr. 13:24-27 y Lc. 21:25-28 se habla de estos eventos. Es importante destacar que los catálogos bíblicos de prodigios, al pronosticar el juicio divino sobre los enemigos de Dios, también retratan cambios positivos en los cielos y la tierra, que resultarán de la Parusía, la Segunda venida de Cristo, y la nueva creación.

En el libro de Apocalipsis, las plagas se describen como fenómenos específicos en categorías distintas: (1) fenómenos cósmicos, como truenos y relámpagos (Ap. 8:5; 16:18), granizo y fuego mezclados con sangre (Ap. 8:7), cometas que caen a la tierra (Ap. 6:13; 8:8, 10), oscurecimiento del sol, la luna y las estrellas (Ap. 6:12-13; 8:12), y la luna volviéndose sangre (Ap. 6:12), entre otros; (2) fenómenos terrestres, como terremotos (Ap. 8:5; 16:18), el mar convirtiéndose en sangre (Ap. 8:9; 16:3), ríos y manantiales convirtiéndose en sangre (Ap. 16:4), hambrunas (Ap. 6:6, 8) y animales salvajes atacando a la gente (Ap. 6:8).

En cuanto a la imagen del cielo enrollándose como un pergamino, descrito en Apocalipsis 6:14, evoca una visión cósmica dramática y sugiere una transformación radical de la creación tal como la conocemos, según la interpretación de Ladd.

SIMBÓLICA, ACCIÓN

"Especie de mímica con la que el profeta anuncia un hecho, representándolo con gestos. Equivale a un oráculo (p. e., Ez. 4).

Género literario en el que una de las mímicas incluye: mandato del Señor, ejecución del profeta ante el pueblo, explicación del sentido" (Schökel). Veamos el ejemplo de la acción simbólica de Jeremías para darle un mensaje al pueblo del Señor: "Ve y compra un cinturón de lino y colócalo en tu cintura, pero no lo mojes con agua. Siguiendo las instrucciones, compré el cinturón y lo ajusté a mi cintura. Luego, el Señor me habló nuevamente y me dijo: Toma el cinturón que compraste y que llevas puesto, ve al río Éufrates y ocúltalo en una grieta de una roca. Cumplí con la orden y escondí el cinturón en el río Éufrates. Después de mucho tiempo, el Señor me dijo: Ve al río Éufrates y trae el cinturón que te ordené que escondieras allí. Fui al río, busqué en la tierra y saqué el cinturón del lugar donde lo había escondido, pero estaba podrido y ya no servía para nada. En ese momento, el Señor se dirigió a mí nuevamente y me dijo: De la misma manera, destruiré el orgullo de Judá y Jerusalén. Este pueblo malvado se niega a obedecer mis órdenes y sigue obstinadamente los deseos de su corazón. Han seguido a otros dioses para servirlos y adorarlos. Son como ese cinturón que no sirve para nada. Así como uno se ciñe un cinturón alrededor de la cintura, así tenía a todo el pueblo de Israel y a todo el pueblo de Judá unidos a mí, para que fueran mi pueblo y dieran a conocer mi nombre, y fueran mi honor y mi gloria. Pero no me obedecieron. Yo, el Señor, lo afirmo" (Jer. 13:1-11).

Dios, a través de una acción simbólica realizada por el profeta, repite sus amenazas de manera teatral. El término clave en el texto es "cinturón", que se repite ocho veces, y la pista creativa se encuentra en el término "adherirse". Este término refleja la fidelidad del pueblo hacia el Señor, como se expresa en otros pasajes bíblicos (por ejemplo, Dt. 10:20; 11:22; 13:5, 18; 30:20), y se relaciona con conceptos como amar, respetar y seguir, en contraposición a desobedecer y seguir a otros dioses. La metáfora de "adherirse" se representa plásticamente a través de un objeto, en este caso, un cinturón, que se adhiere al cuerpo y puede ser una prenda especial y distintiva (como se menciona en Is. 11:5; 49:18). La dramatización se divide en tres actos o momentos inesperados, ya que Dios da sus indicaciones de manera escalonada. Estas escenas deben interpretarse en presencia de un público o testigos selectos (como se menciona en Is. 19:1), y el progreso de la acción debería despertar la curiosidad e interés del público, similar a lo que ocurre en Ezequiel 24:19. Solo al final del tercer acto, el profeta reacciona personalmente. La referencia al río Éufrates podría ser ficticia dentro de la dramatización, y su nombre parece tener un significado intencional. El Éufrates representa el río de Babilonia, el lugar de exilio donde los judíos infieles se pudrirán (aunque Babilonia también será destruida allí, como se menciona en Jer. 51:64), (Schökel).

Otro ejemplo de pantomima es la acción del profeta Agabo. En Hechos 21:10-11, se narra que había venido desde Judea a encontrarse con los discípulos en Cesárea. En la mímica, Agabo tomó el cinturón de Pablo y se lo ató, y luego anunció que así sería atado por los judíos en Jerusalén y entregado a los gentiles. Esta acción simbólica tenía un significado profético y era una forma de comunicar un mensaje de Dios. El cinturón en la cultura de aquel entonces era una parte importante del atuendo, y se asociaba con la preparación y sujeción. En esta ocasión, el cinturón representaba la sujeción y atadura que Pablo enfrentaría en Jerusalén. El gesto de atarse el cinturón era una manera gráfica de mostrar lo que le sucedería a Pablo: sería arrestado y entregado a los romanos por las autoridades judías. La mímica de Agabo fue una forma visual y profética de advertir a Pablo sobre los peligros que le aguardaban en Jerusalén. Además, también transmitió un mensaje a los otros discípulos presentes, permitiéndoles comprender y prepararse para lo que estaba por venir (Gálvez), (ver **Ágabo**).

SÍMBOLOS EN EL APOCALIPSIS

El libro del Apocalipsis es conocido por su uso abundante y significativo de símbolos. Estos símbolos desempeñan un papel fundamental en la transmisión de mensajes y enseñanzas importantes en el libro. A continuación, se destacan tres aspectos clave relacionados con los símbolos en el Apocalipsis: importancia, cantidad y diversidad.

Importancia. Los símbolos utilizados en el Apocalipsis son de gran importancia porque permiten transmitir verdades espirituales, proféticas y escatológicas de manera impactante y profunda. A través de estos símbolos, se comunican conceptos abstractos, eventos futuros y verdades teológicas en un lenguaje visual y simbólico. Estos símbolos capturan la atención del lector y le invitan a reflexionar sobre el significado más profundo de las enseñanzas bíblicas.

Cantidad. El Apocalipsis contiene una gran cantidad de símbolos a lo largo de sus capítulos. La mención de la cantidad de símbolos va desde números menores a diez, después decenas, centenas, hasta millares. Cada uno de estos símbolos tiene un significado específico dentro del contexto del libro y ayuda a transmitir el mensaje profético y espiritual que se está comunicando.

Diversidad. Los símbolos en el Apocalipsis son diversos y abarcan una amplia gama de imágenes y metáforas. Estos símbolos son tomados tanto del Antiguo Testamento como de la cultura y la mitología judía. Además, se presentan en diversas formas, como animales, objetos, números, colores y eventos naturales. Esta diversidad de símbolos enriquece la narrativa del Apocalipsis y brinda una amplia gama de imágenes para expresar las verdades espirituales y proféticas.

Por estas razones destacadas, hemos decidido presentar la diversidad de símbolos que aparecen en el libro del Apocalipsis basándonos en las notas de Lockyer, con muy pocas modificaciones. El crédito es completamente suyo, para beneficio de los lectores. El propósito de esta sección es dejar claro, de una vez por todas, que el libro del Apocalipsis es eminentemente simbólico y que para entenderlo debemos conocer estos símbolos y figuras retóricas.

Un detalle valioso que menciona Lockier es el hecho de que muchos de los símbolos y figuras, alrededor de trescientos, son extraídos del Antiguo Testamento. Esto nos hace comprender que "las raíces de este último libro de la Biblia se hunden en el pasado, y que el pasado puede ayudarnos a interpretar el presente y el futuro" (Lockyer).

1. *Símbolos procedentes de la creación animal*
   a. El águila. Las invasiones repentinas hechas por los reyes (Ez. 17:2-7). También es tipo de Cristo (Ap. 4:7). Representa seguridad, bondad y cuidado para con Israel (Ap. 12:14).
   b. Las aves. Agentes veloces para hacer bien o mal (Ap. 18:2). A veces representan la maldad espiritual.
   c. El becerro. Símbolo de vigor, juventud y actividad (Sal. 29:6; Os. 14:2). Es un tipo de Jesús, quien sirvió tanto a Dios como al hombre (Ap. 4:7).
   d. La bestia. Del griego *zeríon*, "bestia salvaje". Este término aparece unas treinta y cinco veces (Ap. 6:8; 11:7, etc.). Se aplica a los poderes imperiales que actúan sin sometimiento a Dios (Dn. 4:16).
   e. El caballo. Los caballos están relacionados con guerras y conquistas

(Ap. 6:1-8; 19:19). Tipifican el poder y la fuerza (Sal. 66:12; Os. 1:7).
f. El cordero. Este es un animal manso, frágil y apacible (Is. 11:6; Lc. 10:3). Es mencionado cerca de treinta veces, principalmente refiriéndose a Cristo (Ap. 5:6, etc.).
g. El dragón. El cruel poder de Egipto (Ez. 29:3). El dragón es tipo del poder de Satanás (Ap. 12:7; 13:2-4; 20:2).
h. Las langostas. Tipifican a los enemigos destructores permitidos por Dios (Is. 33:4). Son usados como agentes para la ejecución de los tormentos sobre los impíos (Ap. 9:3, 7).
i. El león. Símbolo de gobernantes, justos o injustos (Ap. 5:5; 13:2; 1 P. 5:8); la grandeza imperial de Babilonia (Dn. 7:4).
j. El leopardo. Símbolo de ferocidad, violencia, tenacidad y venganza (Jer. 5:6; Dn. 7:6). Este animal representa al último tirano cruel de la tierra (Ap. 13:2).
k. El oso. Una criatura de pelo largo y tosco (Ap. 13:2, ver Pr. 17:12). Es un enemigo fuerte y destructor, el imperio persa (Dn. 7:5).
l. Las ovejas. Tipo del pueblo de Dios. Se usan en relación con Cristo en el Salmo 79:13 e Isaías 53:6, 7. Se mencionan también entre las mercaderías codiciables destruidas en Babilonia (Ap. 18:13).
m. El perro. Esta es una expresión de fuerte repulsión (Mt. 15:27; Fil. 3:2). Los perros representan a los perdidos, quienes carecen de sentimientos y de conciencia (Sal. 22:16; Ap. 22:15).
n. La rana. Los egipcios fueron castigados con una plaga de ranas porque creían que los 207 reptiles eran inspirados por los dioses (Éx. 8:2). Las ranas son tipo de los espíritus inmundos (Ap. 16:13).
o. Los seres vivientes. Del griego *zóon*. Aparece dieciocho veces en el Apocalipsis (Ap. 4:6-9, etc.) para referirse a seres angélicos de alto rango.
p. La serpiente. En hebreo, de una palabra que significa "siseo", "silbido". Es griego de una raíz que significa "astucia", "ardid". Simboliza el artificio y la astucia satánicas y la sabiduría meramente humana (Ap. 19:9; 20:2, 3).

2. *Símbolos procedentes de los colores*
a. El amarillo. Este color representa la palidez del rostro, como en Isaías 29:22 y Jeremías 30:6. Es símbolo de la muerte y de los "ayes" futuros (Ap. 6:8).
b. El blanco. Este color es mencionado diecisiete veces en el Apocalipsis. Se aplica a Cristo y a los santos. El blanco es símbolo de justicia y de victoria (Ap. 19:14).
c. El negro. Usado para el luto y la lamentación personales y nacionales (Jer. 4:28). Símbolo del hambre y la miseria bajo el hombre de pecado (Ap. 6:5, 12).
d. El púrpura. El color de la realeza y las riquezas (Éx. 25:4; Lc. 16:19; Jn. 19:2). En la vestimenta de la gran Ramera es símbolo del cristianismo apóstata.
e. El rojo. El color de la sangre representa la furia con la que se llevarán a cabo las terribles guerras que ensangrentarán a la humanidad. Este es también el color correspondiente a Satanás (Ap. 12:3; 17:4).

3. *Símbolos tomados del reino mineral*
a. El bronce (cobre). Soporta la prueba de fuego, por lo que simboliza la resistencia (Dt. 33:26) y la fuerza.

Representa el juicio sobre el pecado (Nm. 21:4-9; Ap. 1:15).
b. El hierro. Da la idea de fuerza y poder irresistibles (Sal. 2:9; Dn. 7:7). El hierro es símbolo de una conciencia y de un poder endurecidos y difíciles de quebrantar (Ap. 2:27; 9:9; 12:5).
c. El oro. El más precioso de los metales. Se relaciona especialmente con la deidad. El oro también simboliza la riqueza y el reinado (Ap. 4:4; 9:7; 18:9-12).
d. Las piedras preciosas. Se encuentran entre los minerales de la tierra. Las piedras preciosas y las perlas adornan la ciudad eterna (Ap. 12:11; 19:21). A menudo se usan para referirse al pueblo de Dios, su tesoro especial (Ap. 17:4; 18:12; Mal. 3:17).
e. La plata. Este material era utilizado en el dinero de redención (Éx. 30:12-16; Lv. 5:15). La plata aparece entre las cosas corruptoras e idolátricas que Babilonia perdió a causa del juicio (Ap. 9:20; 18:12).

4. *Símbolos tomados de las luminarias*
   a. El candelero. Símbolo de la Biblia, del conocimiento y de la salvación (Sal. 119:105; Is. 62:1). Representa el testimonio y el mensaje proclamados (Ap. 1:12-20; 2:1, 5; 11:4).
   b. Las estrellas. Las luminarias menores simbolizan los gobiernos subordinados (Dn. 8:10-12). Tipifican a los seres celestiales, buenos y malos (Ap. 1:16-20; 3:1; 22:16).
   c. La luna. Refleja la luz del sol. Se habla de luna nueva en el Salmo 81:3 y en Ezequiel 46:1. Simboliza el testimonio del pueblo de Dios (Cnt. 6:10; Ap. 6:12; 8:12; 12:1; 21:23).
   d. El relámpago. Símbolo de la obediencia relacionada con el poder judicial de Dios (Ez. 1:13, 14; Nah. 2:4). Simboliza también la majestad de Dios (Dn. 10:6), la venganza y la ira divina (Ap. 4:5; 8:5; 11:9; 16:18).
   e. El sol. La supremacía en el cielo. El término hebreo equivalente significa "brillante" (Mal. 4:2; Hch. 26:13; 1 Co. 15:41).

5. *Símbolos tomados del cuerpo humano*
   a. La boca. Parte del cuerpo relacionada con la respiración, con el habla y con la alimentación (Job 33:2; Éx. 4:11). Se usa con referencia a Cristo, a los santos, al anticristo y a Satanás (Ap. 1:16; 3:16; 9:17; 12:15; 14:5).
   b. El cabello. Los nazareos tenían el cabello largo (Jue. 16:17). El cabello corto era distintivo de energía y dignidad masculinas (Nm. 6:18; 1 Co. 11:14). Simboliza la humanidad glorificada de Cristo y su edad incalculable (Ap. 1:14).
   c. El corazón. Es el asiento de los sentimientos, los afectos, la pureza (Sal. 40:8-12; 1 Ti. 1:5). Dios puede escudriñar las motivaciones, los deseos y las emociones (Ap. 2:23; 17:17; 18:7).
   d. La mano. La mano derecha implica posición y prestigio. Las manos representan el trabajo. Son símbolos de posición, fuerza, acción y servicio (Ap. 1:16; 9:20; 10:5; 14:9, 14).
   e. La mente. La parte perceptiva y pensante de la conciencia (Ez. 11:5). Es símbolo de unidad de decisión (Ap. 17:13) y de sabiduría celestial (Ap. 17:9).
   f. Los ojos. Las ventanas del alma. Representan el conocimiento y la comprensión (Nm. 10:31; Sal. 123:2). Es símbolo de la dirección, la percepción y la inteligencia divinas (Ap. 1:14; 4:6, 8; 21:4).

g. El pecho. El término hebreo significa "parte firme". Es representativo de salud física, vigor, fuerza (Job 21:24). El pecho tipifica el afecto de Cristo y nuestro amor por Él (Ap. 1:13; 15:6).
h. Los pies. Nos permiten detenernos, caminar, correr. La expresión "bajo los pies", significa sujeción (Ef. 1:22). Simboliza el caminar como Cristo y el carácter y la conducta cristianas (Ef. 6:15; Jn. 13:1-10; Ap. 1:15, 17; 3:9; 11:11; 12:1; 13:2).
i. El rostro. Indicador de carácter o expresión (Gn. 3:19; Pr. 21:29). Simboliza la gloria, la inteligencia y la omnisciencia reflejadas (Ap. 1:16; 4:7; 21:4).
j. La voz. Se encuentra cuarenta y seis veces en Apocalipsis. Es una de las grandes maravillas del cuerpo. Representa principalmente las amonestaciones divinas (Ap. 4:5; 8:13; etc.).

6. *Símbolos tomados de la naturaleza*
   a. El ajenjo. Una planta que representa la amargura y la depresión (Jer. 9:15; Lm. 3:15; Am. 5:7). Es símbolo de la maldición divina que provoca la amargura de los enemigos (Ap. 8:11).
   b. Los árboles. Hay tantas aplicaciones y significados como de veces se mencionan en la Biblia. Son símbolo de sustento eterno (Ap. 2:7; 7:1, 3; 8:7; 22:2, 14).
   c. La cebada. La harina de cebada hecha pan (Jue. 7:13; Nm. 5:15; Ez. 13:19). Es símbolo de pobreza, humillación y escasez (Ap. 6:6).
   d. Los frutos. Las cosas materiales que anhela el alma (Ap. 18:14). Son símbolos de riqueza, ganancias y bendiciones celestiales (Sal. 21:10).
   e. La harina. La palabra hebrea viene del verbo "moler". La harina es molida y pulverizada (Nm. 28:20) y tipifica a Cristo en sus sufrimientos (Nm. 28:28). Se encuentra entre las mercaderías que Babilonia pierde en el juicio (Ap. 18:13).
   f. La hierba. En hebreo, "heno verde". Simboliza la fragilidad de la carne (Sal. 90:5; Is. 40:6-8). Es símbolo del juicio como parte integrante de la vida (Ap. 8:7; 9:4).
   g. La higuera. Es símbolo de la vida nacional y política de Israel (Mt. 21:19-21; 24:32, 33). Simboliza también la seguridad, la prosperidad y la paz (Zac. 3:10; Ap. 6:13).
   h. La madera. La provisión abundante de la naturaleza. Observe alrededor de usted los usos de la madera. Es símbolo de idolatría y juicio (Ap. 9:20; 18:12).
   i. Los olivos. Tipo de Israel (Sal. 52:8; Ro. 11, ver también Jue. 9:8, 9 y Jer. 11:16). Describen los frutos y el testimonio de los testigos (Ap. 11:4).
   j. Los olores. La fragancia de la adoración ofrecida a Dios (Lv. 26:31; Fil. 4:18). Simbolizan el perfume de las oraciones que ascienden hacia Dios (Ap. 5:8; 18:13).
   k. Las palmas. En hebreo su nombre significa "erecta". Símbolo del florecimiento de los justos (Sal. 92:12; Cnt. 7:7, 8).
   l. El trigo. Es una figura usada para representar a Cristo, la Palabra de Dios y la profesión de los santos (Jer. 23:28; Mt. 13:24-30). Este artículo de primera necesidad para la vida estaba asociado con el juicio (Ap. 6:6; 18:13).
   m. Las uvas. Sangre, o fruto de la vid (Gn. 49:11); representa a Israel (Jer.

2:21). Simboliza el juicio de los apóstatas (Ap. 14:18).
n. El vino. En hebreo, "exprimido". En Apocalipsis, el vino es símbolo del juicio divino (Ap. 14:8, 10; 16:19; 19:15).

7. *Símbolos tomados de las fuerzas de la naturaleza*
   a. El abismo. Hebreo, "prisión". Se usa en relación con el *Seol*, o lugar a dónde van los espíritus (Is. 14:15; 24:22). Es símbolo de la morada de los malos espíritus y de la prisión de Satanás por mil años (Ap. 9:1, 2; 20:1).
   b. Las aguas. El término aparece unas dieciocho veces en el Apocalipsis. Se usa para referirse a las influencias buenas y malas (Sal. 1:3). Es símbolo de bendición y también de las naciones agitadas satánicamente (Ap. 8:11; 16:4, 5; 17:15; 21:6; 22:1).
   c. El arco iris. En hebreo, "arco en las nubes" (Gn. 9:3). Está entre el cielo y la tierra. Es símbolo de gracia y misericordia, y representa la fidelidad de un Dios que guarda su pacto (Ap. 4:3; 10:1).
   d. Los cielos. Palabra que aparece cincuenta y siete veces en el Apocalipsis. Tiene un triple significado: el cielo atmosférico, el cielo de los astros y el cielo espiritual. Es símbolo de Fuente de autoridad y de luz (Ap. 6:13; 8:10; etc.).
   e. El diluvio. En hebreo, "inundación". Se asocia con el juicio de Dios en la época de Noé (Gn. 6:17). Es símbolo del odio de Satanás contra Israel (Ap. 12:15, 16).
   f. El granizo. Azote usado para describir el poder de Dios en su actuación como Juez (Is. 30:30). Símbolo de la destrucción de las obras de los malvados (Ap. 8:7; 11:9; 16:21).
   g. El lago. La frase "lago de fuego", aparece cinco veces en el Apocalipsis (ver también Nm. 16:32-34; Is. 5:14). Es símbolo de la inmersión en una agonía interminable (Ap. 19:20; 20:10, 15).
   h. El mar. Se hace mención del mar unas veinticinco veces en el Apocalipsis. Se usa literal y simbólicamente. Es símbolo de transparencia celestial y también de pueblos en estado de confusión (Ap. 4:6; 5:13; 8:8; 21:1).
   i. La montaña. Representa estabilidad y grandeza política y moral (Dn. 2:35; Sal. 125:1, 2). Simboliza el derrocamiento de la prominencia nacional (Ap. 6:14, 16; 8:8; 14:1; 17:9; 21:10).
   j. Las nubes. Debido a su naturaleza transitoria, las nubes representan los movimientos divinos (Sal. 18:11; 104:3). También simbolizan la presencia divina, la majestad y la gloria encubierta de Dios (Ap. 1:7; 10:1; 11:12; 14:14-16).
   k. El río. Símbolo de dones y bendiciones espirituales (Sal. 36:8; Jn. 7:38, 39). Simboliza el refrigerio eterno de los santos (Ap. 8:10; 9:14; 16:4; 22:1).
   l. Los terremotos. En hebreo, "vibración". Representan las calamidades y tragedias repentinas (1 R. 19:11). El terremoto simboliza la convulsión y el trastorno en el orden establecido en la tierra (Ap. 6:12; 11:13; 16:18).
   m. El trueno. En hebreo, "choque". Es evidencia de poder divino (1 S. 2:10). Es símbolo de la voz de Dios en el juicio. Aparece diez veces en el Apocalipsis (Ap. 4:5; 6:1; 14:2; etc.).
   n. El viento. Usado para representar el poder invisible y grandioso de Dios

(Is. 11:15; Jn. 3:8; Hch. 2:2). El viento simboliza las operaciones divinas, invisibles pero poderosas (Ap. 6:13; 7:1).

8. *ímbolos tomados de personalidades*
   a. El anciano. Este término se usa, en total, unas doce veces en el Apocalipsis. Se aplica a los líderes y supervisores, tanto judíos como cristianos. Es símbolo de edad, experiencia y sabiduría (1 P. 5:1-3), y de los santos del cielo en su carácter de sacerdocio real (Ap. 4:4; etc.).
   b. El hijo varón. Una frase usada para indicar el sexo de un niño (Lv. 12:2; Job 3:3; Is. 66:7). Representa a Cristo como el hijo nacido de María (Ap. 12:5, 13).
   c. El juez. Administrador de justicia y de veredictos (1 R. 3:9). Representa los justos juicios que vendrán sobre santos y pecadores (Ap. 16:10; 18:8; 19:2, 11; 20:13).
   d. El profeta. Los profetas presentan los mensajes y las advertencias de Dios. Este término se usa doce veces en el Apocalipsis, tanto para designar a los verdaderos profetas como a los falsos (Ap. 2:20; 10:7; 16:13; 20:10).
   e. La ramera. En griego, *pome*, de donde viene la palabra pornografía. Simboliza la corrupción religiosa y el adulterio espiritual (Ap. 17:1-16; 19:2; 21:8).
   f. El rey. En hebreo, "gobernante". Se usa veintiún veces (como "reino", seis veces). Poseedor del poder supremo y la autoridad (1 Ti. 1:17). Este título es símbolo de la dignidad de Cristo y de sus santos (Ap. 1:5, 6; 17:14; 19:16).
   g. El sacerdote. En el orden sacerdotal de Aarón solo había varones; esto es tipo de Cristo (He. 3:1). Todos los redimidos, hombres y mujeres, están incluidos en el sacerdocio real de los creyentes (Ap. 1:6; 5:10; 20:6).

9. *Símbolos tomados de los objetos inanimados*
   a. La coraza. Usada para la defensa (Éx. 25:7; Is. 59:17; Ef. 6:14). Simboliza la protección y la seguridad para el corazón y la conciencia (1 Ts. 5:8; Ap. 9:17).
   b. Los cuernos. Representaban el poder y la gloria de los reyes (Sal. 75:10; 132:17; 1 S. 2:1). También simboliza el poder y la autoridad del hombre de pecado (Ap. 5:6; 13:1; 17:12, 16).
   c. La espada. Representa la autoridad y el poder de los magistrados (Ro. 13:4). Es símbolo de la Palabra de Dios, del juicio administrado por Cristo y también de la guerra (Ap. 1:16; 2:12, 16; 6:8; 19:15-21).
   d. Los libros. Representan un relato o un registro escrito o impreso. Aparece el término unas veintiocho veces en Apocalipsis. En los libros mencionados se incluyen registros de hechos, decisiones y recompensas (Ap. 1:11; 10:2; 17:8; 20:12; 22:18).
   e. El lino fino. En hebreo, "cardado", "blanqueado", "torcido" (Gn. 41:42). Simboliza la justicia de Cristo y la pureza nuestra.
   f. Las llaves. Las llaves sugieren el derecho a ejercer autoridad, y simbolizan la posesión de conocimiento (Is. 22:22; Mt. 16:19; 18:18). Simbolizan, además, conocimiento, autoridad y gobierno divinos (Ap. 1:18; 3:7; 9:1; 20:1).
   g. Las puertas. En hebreo, "aperturas". Una puerta abierta denota seguridad y acceso (Is. 60:11). Las puertas no solo son símbolo de gobierno (Gn.

19:1), sino también de entrada libre en la ciudad (Ap. 21:12-14).
h. El sello. En hebreo, procede del verbo "cerrar". Casi siempre se usa para referirse a una transacción consumada (Est. 8:8; Ef. 1:13). El sello es símbolo de seguridad, conservación y juicio (Ap. 5:1-10; 6:1-17; 7:2; 9:4).
i. El tabernáculo. Una estructura temporal (2 Co. 5:1, 4; 2 P. 1:14) y la morada corporal de Jesús (Jn. 1:14). Representa el lugar donde Dios hace sentir su presencia (Ap. 13:6; 15:5; 21:3).
j. El Templo. Morada permanente, separada para la adoración (1 R. 6:1-14; Sal. 68:29). Este término aparece dieciséis veces en el Apocalipsis. Simboliza la habitación eterna de Dios en medio de su pueblo (Ap. 3:12; 7:15; 11:19; 21:22).
k. La trompeta. Las trompetas se usaban por múltiples razones en las actividades y reuniones públicas (Is. 27:13; Zac. 9:14). La trompeta es símbolo del rapto de la Iglesia y del juicio (1 Ts. 4:16; Ap. 1:10; 8:2; 9:14).

SIMIENTE DE ABRAHAM

Heb. 2233 זֶרַע, *zerá*, significa semilla en el sentido general para reino vegetal, animal y para descendencia. Este vocablo y concepto es central en el Pacto abrahámico para referirse a los descendientes humanos.

Desde un punto de vista bíblico, la simiente de Abraham se refiere a sus descendientes físicos, es decir, a su posteridad biológica a través de su hijo Isaac y sus nietos Jacob y Esaú. Dios promete darles la tierra de Canaán (Gn. 12:7; 13:14-17; 15:13-21; 17:8) y multiplicarlos abundantemente como las estrellas del cielo, el polvo de la tierra o la arena en la orilla del mar (Gn. 13:16; 15:5; 22:17). Esta línea de descendencia física se convirtió en el pueblo de Israel, al cual Dios hizo promesas y pactos especiales.

La simiente de Abraham también tiene un significado espiritual y teológico más amplio. Como parte de la promesa del pacto de Dios a Abraham, se hacen varias promesas con respecto a su simiente o descendencia. Se declara que todas las naciones de la tierra serán bendecidas a través de la simiente de Abraham. Desde el inicio de la promesa a Abraham, Dios declara: "Por ti serán benditas todas las familias de la tierra" (Gn. 12:3). Esta promesa se hace más específica en Gn. 22:17, donde Dios afirma: "En tu simiente serán benditas todas las naciones de la tierra". Esta promesa se repite a Isaac también (cf. Gn. 26:3-5).

En el contexto del cristianismo, la simiente de Abraham adquiere un nuevo significado a través de Jesucristo. En el NT, se enseña que aquellos que tienen fe en Cristo son considerados hijos de Abraham y herederos de las promesas hechas a él. A través de la obra redentora de Jesucristo, todas las personas, independientemente de su origen étnico, pueden ser incluidas en la simiente espiritual de Abraham y participar en las bendiciones y promesas de Dios.

Además, se enseña que la simiente de Abraham incluye a aquellos que tienen fe en Dios, sin importar su origen étnico o biológico. El apóstol Pablo, en particular, se refiere a los creyentes como "hijos de Abraham" y "simiente de Abraham" en sus cartas. Para comprender el concepto de la simiente de Abraham, es importante regresar al pasaje de Gn. 12:1-3, Dios hace promesas a Abraham de bendición y multiplicación tanto para él como para su simiente. En Gálatas 3:6-9, Pablo explica que los creyentes en Cristo son bendecidos junto con Abraham y son considerados como su simiente, pero que Cristo mismo es la última simiente de Abraham que cumple la promesa (Gá. 3:16). Pablo

719

subraya la relación entre todos los creyentes, tanto judíos como gentiles, y Abraham a través de Cristo: "Si sois de Cristo, entonces sois simiente de Abraham, y herederos según la promesa" (Gá. 3:29). Esto refuerza su declaración anterior en el versículo 7: "los que creen son hijos de Abraham".

La simiente de Abraham tiene un significado profético en relación con las promesas mesiánicas y la venida de Jesucristo. Jesús es reconocido como el descendiente de Abraham a través de la línea de David y, a través de Él, todas las naciones son bendecidas, cumpliendo así las promesas hechas a Abraham.

Pablo también explica que la difusión del evangelio entre los gentiles cumple la promesa abrahámica de bendición para todas las naciones. Él afirma que las Escrituras predijeron que Dios justificaría a los gentiles por la fe y anunció el evangelio a Abraham de antemano, diciendo: "Todas las naciones serán bendecidas por medio de ti" (Gá. 3:8-9). Pablo también relaciona esta promesa abrahámica de bendición para todas las naciones con el papel del Espíritu Santo en la vida de todos los creyentes, incluyendo a los gentiles. Él enseña que Dios nos redimió para que la bendición dada a Abraham pudiera llegar a los gentiles por medio de Cristo Jesús para que, mediante la fe, pudiéramos recibir la promesa del Espíritu (Gá. 3:14).

La simiente de Abraham ha desempeñado un papel importante en la historia del cristianismo, especialmente en términos de la teología de la salvación y la relación entre la Antigua y la Nueva Alianza. Jesucristo se ve como el cumplimiento de las promesas hechas a Abraham y su simiente. En Cristo se encuentra la plenitud de la bendición y la redención que Dios prometió a Abraham y a su descendencia.

Este concepto ha sido fundamental para la apertura del cristianismo a todas las naciones y culturas. A través de la fe en Jesucristo, todas las personas pueden ser incluidas en la simiente de Abraham y participar en las bendiciones y promesas de Dios. Esto ha sido especialmente relevante en la expansión del cristianismo más allá del pueblo judío, abriendo las puertas a la evangelización de todas las naciones (Gálvez).

SINGULARIDAD DE LA MISIÓN DE CRISTO

"El evangelio es poder de Dios para salvación al judío primeramente y también al griego", "la palabra de la cruz es poder de salvación al que cree", "Pero ahora Cristo ha resucitado de entre los muertos". La resurrección de Cristo es el poder de la esperanza cristiana de que no todo acaba con la muerte y que tras esa muerte física del creyente acontece la verdadera vida, plena, perfecta y eterna. Esa verdad focal del cristianismo es la singularidad potente, real, que lo hace el único camino de salvación frente a las distintas opciones de otras religiones y de la teología de las religiones. La escatología, en unión a la misión, es llamada a proclamar la singularidad de esta salvación "hasta lo último de la tierra", llevando la palabra "a todas las naciones" y ello implica a todos los seguidores de las diversas religiones.

En el cristianismo del principio se sostiene la perspectiva del exclusivismo de Cristo en la salvación para toda la humanidad. El único Dios soberano creador decide revelarse salvíficamente única y plenamente en Jesucristo. Nada más. En el contexto del Nuevo Testamento, los religiosos y los paganos de todas las naciones, tanto judíos como gentiles, deben llegar a Dios por medio de Jesucristo.

En los evangelios se distingue sin perplejidades que la salvación de todos los pueblos acontece solo por Jesucristo. En ese sentido, Mateo muestra que el evangelio está abierto a todas las naciones: unos magos del lejano oriente, extranjeros y paganos acuden a adorar al niño (Mt. 2). Al volver de Egipto, el niño Jesús y sus padres se instalan en la Galilea, nombrada un poco más adelante como la tierra de los gentiles. El evangelio de Lucas, escrito por un cristiano de origen pagano, se presenta sin inconvenientes a todos los pueblos. Juan Bautista había preparado el terreno, los paganos acudían a escucharle. La predicación se dirigía a todos. La urgencia de la conversión frente a la cólera de Dios se dejaba sentir para cada uno, sea cual fuere su situación socio-religiosa.

Para Jesús de Nazaret el reino de Dios y el banquete escatológico al final de los tiempos, estaba abierto a las naciones paganas: "Llegarán muchos de oriente y de occidente a ocupar un sitio en el banquete con Abraham, Isaac y Jacob en el reino de los cielos" (Mt. 8:11). El proyecto de Jesús es de alcance universal en cuanto a tiempo y extensión de su objeto, pero singular. Se deja entrever que él no espera que se realice en una generación, ni dos, sino en cientos y él sabe que su cumplimiento pleno es escatológico. Su esperanza trasciende su propia muerte (Gálvez, 2015).

En esa misma línea, Moltmann observa la reconciliación, la redención y la justicia como fruto de los sufrimientos singulares de Jesucristo. Ve también el alcance cósmico de la salvación, de la nueva creación para la glorificación de Dios. Esto puede acontecer solo por el camino de Jesucristo en su resurrección. Esa resurrección que ha traído "reconciliación con miras a la transformación y nueva creación del mundo y rehabilitación de los pecadores con miras a un mundo justo para todos los seres" (Moltmann, 1993). Según esta perspectiva, nada de esto ocurre desde las religiones. Se deja entrever un exclusivismo de salvación y la centralidad de Jesucristo en la justicia, en la reconciliación de los hombres y de la creación de Dios.

Emil Brunner sigue la línea de la centralidad de Cristo para la salvación. Hace un matiz al distinguir entre revelación y salvación. Habla que es posible una revelación entre los gentiles, una revelación que es parte de la revelación original. Así, da lugar a una revelación fuera del cristianismo que no sería el resultado de ideas humanas, sino que representaría, en alguna medida, una acción a través de su Espíritu (Morales, 2008).

Pannenberg destaca el carácter absoluto del cristianismo frente a la pluralidad de religiones. Pasa lista a las diferentes épocas, sus teólogos, filósofos y sociólogos representativos en relación a la concepción de la religión y religiones frente al cristianismo. Su aproximación es cautelosa. Pannenberg concluye su apartado sobre la religión y cristianismo aseverando que "la finitización de lo infinito, característica de la relación religiosa del hombre con Dios, ha sido superada en el cristianismo; no, ciertamente, desde el comportamiento cúltico de los cristianos, pero sí en el acontecimiento de la revelación de Dios". Es así como coloca a las religiones como pretensiones de verdades que son superadas por el cristianismo (Pannenberg, 1992).

Para Neill, la singularidad de la misión cristiana frente a las religiones radica en los fundamentos únicos: muerte y resurrección de Jesucristo y su Segunda venida. Toda la profecía y la revelación apunta a dichos fundamentos: la revelación judeo-cristiana, las Sagradas Escrituras, la justificación, la redención, la salvación, la edificación de la Iglesia, la consumación del Reino. Neill ve la conexión imprescindible del acontecimiento histórico de Jesucristo, fundamento de la Iglesia y la subsecuente, necesaria e importante misión. Lo expresa así: "Sencillamente como historia, el evento de Jesucristo es único. La fe cristiana va muchísimo más allá en su interpretación de ese evento. Sostiene que en Jesús la única cosa que se requería que ocurriese ha ocurrido de tal manera que no se necesita nunca más que ocurra otra vez. Haciendo semejantes aseveraciones, los cristianos estaríamos obligados a afirmar que todos los hombres necesitan el evangelio. Para la enfermedad humana, existe un remedio específico y es este" (Neill, 1970). No hay otro. Por lo tanto, el evangelio tiene que ser proclamado hasta los confines de la tierra y hasta el fin del mundo. La Iglesia no puede comprometerse poniendo en peligro su tarea misionera sin dejar de ser la Iglesia.

La esperanza escatológica en unión con la misión de la Iglesia de la proclamación y la evangelización, espera que la Iglesia sea testimonio de justicia y paz en la práctica dentro de este mundo habitado, frente a las religiones. Así, la Iglesia en su misión tiene esperanza, pero trabaja en rectitud en su caminar diario. La singularidad del Cristo resucitado y la ética cristiana son genuinamente el motor de la misión "a toda criatura", "a todas las naciones", "a todas las religiones", por medio de la proclamación, la enseñanza, el discipulado, el evangelismo y el testimonio. Y la Iglesia lo realiza en la sociedad porque se sabe así misma liberada de las potestades y dominaciones de la presente era, es libre, es firme y da el ejemplo. Su convicción la empuja a vivir hasta las últimas consecuencias.

La escatología en unión con la misión, es un poder transformador que proclama el evangelio y testifica con su modo de vida. Pero la escatología en desunión de la misión de la Iglesia es como un árbol sin fruto. Sucumbe en el mundo de la especulación sin una finalidad clara. Es una raíz secundaria que no es capaz de llevar suficiente savia a la planta del evangelio. En el sentido opuesto, una misión sin una escatología sana, confusa, resulta en un activismo sin corazón. Estoy seguro que la misión de la Iglesia embebida de la esperanza cristiana está consciente del pasado donde ocurrió nuestra salvación: la cruz, la muerte de Jesús de Nazaret, su resurrección. Vive alerta en el presente, sin divagar, consciente de la necesidad de anunciar de palabra y de hecho la salvación en la época que le toca vivir y de la generación que le toca enfrentar, en medio de un pluralismo religioso creciente. Pero, eso sí, también pone su mirada en la ciudad celestial, en la ciudadanía del cielo, en la nueva ciudad, los cielos nuevos y tierra nueva; porque sabe que en esa dirección llegará a la meta final, a la consumación de la vida eterna y del reino de Dios en Cristo en la nueva creación de todas las cosas (ver **Cristo, Mesías, Escatología y la misión de la Iglesia**).

SIÓN

Del hebreo 6726 צִיּוֹן (*tsiyyon*), la etimología es incierta, es posible que proceda de la raíz yis, ים, significa: ser árido. Originalmente, "Sión" se refería a la cima o monte en Jerusalén sobre el Valle de Cedrón. Cuando David se convirtió en rey, capturó la ciudad de Jerusalén de los jebuseos. 2 S 5:6a-7 describe tal acción: "Entonces marchó el rey con sus hombres a Jerusalén contra los jebuseos que moraban en aquella tierra…Pero David tomó la fortaleza de Sión, la cual es la ciudad de David". Aparentemente, Sión era la cumbre que se encontraba inmediatamente al sur del futuro Monte del Templo. En 1 Reyes 8, Salomón trajo el Arca de "Sión, la Ciudad de David" a su nueva ubicación en el Templo, que estaba justo al norte. A partir de entonces, el Monte del Templo también se llama Sión.

Sin embargo, a lo largo de los profetas del Antiguo Testamento, Sión se usa tanto literal como metafóricamente. Puede referirse a la cresta sobre la que se encuentra el Templo construido, pero también se usa con frecuencia en un sentido metafórico para referirse a el Templo mismo, toda la ciudad de Jerusalén, o a los habitantes de Jerusalén. Frases como "la hija de Sión", por lo general, se refieren a los habitantes de Jerusalén. En los Salmos, "Sión", a menudo, se refiere a toda la nación.

Cuando los profetas del AT hablan del glorioso reinado futuro de Dios, a menudo, describen a Dios como reinando en Sión. Miqueas, por ejemplo, declara: "El Señor se enseñoreará de ellos en Sión" (Mi. 4:7). Los profetas, a menudo, usan "Sión" como sinónimo de Jerusalén o como el lugar dentro Jerusalén desde donde Dios gobierna (Is. 24:23). Sin embargo, los profetas también usan el término para referirse a los habitantes de Jerusalén (p. ej., Is. 40:9).

Los escritores del NT utilizan el término "Sión" desde una perspectiva profética y escatológica. En Mt. 21:5, se cita Zac. 9:9, donde se utiliza la frase "Hija de Sión" para referirse a los habitantes de Jerusalén. En ocasiones, utilizan "Sión" para hacer referencia a la "Jerusalén celestial". El escritor declara en He. 12:22: "Pero vosotros habéis llegado al monte Sión, a la Jerusalén celestial, la ciudad del Dios vivo". Además, en la visión de Juan sobre los últimos tiempos, se describe a Jesucristo, el Cordero, de pie sobre el Monte Sión en Ap. 14:1.

En conclusión, Sión se usa de distintas maneras en los escritos proféticos y poéticos. En ocasiones, se refiere al monte del templo o a toda Jerusalén como la morada de Dios (Sal. 74:2; Is. 8:18; Jl. 3:17; Am. 1:2), otras veces se describe a la ciudad de Jerusalén en sentido literal y político (Sal. 2:6; 9:11; 48:2; Jl. 2:1). Además, indica a los habitantes de Jerusalén (Sal. 97:8; Is. 1:27; 33:5; cf. «hijos» e «hijas» de Sión, Sal. 149:2; Zac. 9:9). El vocablo Sión se usa con regularidad en paralelo y como sinónimo de Jerusalén, la capital del pueblo de Dios. Sión es el nombre de la ciudad santa y del pueblo de Dios, según los profetas, Sión tendrá un futuro glorioso (Is. 4:3; 60:14; Zac. 8:3). Asimismo, se identifica en el NT con la nueva Jerusalén y el reino futuro de Dios (He. 12:22; Ap. 14:1). (**ver Jerusalén**), (Nelson).

SIONISMO

El sionismo se origina en la palabra "Sión", un término bíblico que hace referencia a Jerusalén. Nathan Birnbaum, un judío europeo, acuñó este término en abril de 1890. El objetivo principal de este movimiento nacionalista ha sido establecer una patria judía en Palestina. A lo largo del siglo XX, otros movimientos judíos europeos se unieron con el propósito de promover el retorno de los judíos a Palestina, que en ese momento formaba parte del Imperio otomano.

Es importante destacar que el nombre del movimiento fue inspirado en la antigua costumbre de Israel, donde una montaña llamada Sión, cerca de Jerusalén, llegó a representar a todo el país. En muchos pasajes bíblicos, se utilizaba el nombre Sión para referirse a Israel. Parte de las ideas que inspiraron el sionismo fue reconocer que el pueblo de Israel no era solo un grupo religioso disperso por el mundo.

Figuras judías influyentes como Mordecai Noah y Moses Hess proclamaron en 1818 y 1862, respectivamente, que la tierra de Israel (Eretz Israel) legítimamente pertenecía a los judíos. Sin embargo, se considera a Theodor Herzl (1860-1904), nacido en Viena y periodista de profesión, como el verdadero fundador del sionismo. Debido al creciente antisemitismo en su época, Herzl escribió un folleto titulado "El Estado judío", en el cual señaló que el antisemitismo representaba una gran amenaza y que los judíos solo podrían sobrevivir si estaban concentrados en un lugar geográfico específico. En 1897, Herzl organizó el primer congreso sionista en Basilea, donde se emitió una proclama que afirmaba el propósito del sionismo: en primer lugar, establecer una patria pública y legalmente segura en Palestina para el pueblo judío; en segundo lugar, contrarrestar el sentimiento antisemita y antiisraelí presente en muchos países, principalmente en la antigua Unión Soviética, partes de Europa y países árabes; y en tercer lugar, en la medida de lo posible, revertir la diáspora y reunir a los judíos dispersos alrededor del mundo debido a los exilios históricos. Este congreso fue un éxito, con una amplia asistencia de judíos provenientes de diversas partes del mundo, incluyendo destacados líderes judíos como Chaim Weizmann, quien posteriormente fue elegido como presidente del estado de Israel en 1949 (MaGlonigle, 1995).

El sionismo se convirtió en un movimiento político y social moderno que, gradualmente, secularizó y politizó los aspectos religiosos. Muchos judíos que emigraron a Palestina anhelaban un estado judío secular y una socialdemocracia, y consideraban que la planificación y la organización humana eran el camino para lograrlo. A medida que avanzaba la primera mitad del siglo XX, el movimiento sionista, aunque liderado por figuras seculares, a menudo recurrió a la Biblia y a las tradiciones religiosas judías. De hecho, durante la Segunda Guerra Mundial, el movimiento fusionó la visión religiosa y la visión secular, creando una tensión que persiste en Israel en la actualidad. A lo largo de la primera mitad del siglo XX, el movimiento sionista organizó e impulsó vigorosamente la inmigración judía a Palestina. El movimiento sionista y líderes clave como David Ben Gurion fueron una fuerza principal que condujo a la creación del estado judío moderno de Israel en 1948.

Un hecho notable es que la lengua hebrea, que prácticamente había desaparecido después de la destrucción de Jerusalén en el año 70 de nuestra era y la dispersión del pueblo judío, fue restaurada y declarada el idioma oficial del pueblo hebreo. Junto con la preservación de las Escrituras, la lengua hebrea ha sido determinante para mantener a lo largo de los siglos el sentimiento de identidad judía y ha sido un factor clave en la formación del estado de Israel a través del movimiento sionista.

Es inevitable que, debido a la diversa procedencia de las personas que han emigrado a Israel, surjan diversas interpretaciones políticas internas. Por esta razón, en la actualidad, coexisten partidos políticos con tendencias de derecha, izquierda y ultraconservadoras.

SODOMA Y GOMORRA

Representan la injusticia social y la inmoralidad sexual. Esta es una de las interpretaciones más comunes y se basa en el relato bíblico que menciona la práctica generalizada de la homosexualidad y otras formas de inmoralidad sexual en Sodoma y Gomorra. Según esta interpretación, la destrucción de estas ciudades sería un ejemplo del juicio divino sobre la perversión sexual y el rechazo de los designios de Dios en ese ámbito.

Los pasajes de Judas 7 y 2 Pedro 2:6-10 se basan en el relato del AT que narra el juicio divino sobre las infames ciudades de Sodoma y Gomorra debido a sus perversiones sexuales. En estas cartas, se describe a Sodoma y Gomorra como ejemplos de ciudades que se entregaron a la inmoralidad sexual y fueron puestas como ejemplo de sufrimiento eterno. Otros enfoques teológicos destacan que el pecado de Sodoma y Gomorra no se limitaba solo a la inmoralidad sexual, sino también a la injusticia y la opresión social; en Ezequiel 16:49-50 se dice: "He aquí, esta fue la iniquidad de Sodoma tu hermana: soberbia, saciedad de pan, y abundancia de ociosidad tuvieron ella y sus hijas; y no fortaleció la mano del afligido y del menesteroso. Y se llenaron de soberbia, e hicieron abominación delante de mí, y cuando yo vi, las quité". Este pasaje resalta la soberbia, la falta de compasión hacia los necesitados y la abominación ante Dios como los pecados principales de Sodoma. Se argumenta que las ciudades eran lugares donde no se practicaba la hospitalidad y se violaban los derechos de los pobres y necesitados. En este sentido, la destrucción de Sodoma y Gomorra sería una advertencia sobre las consecuencias de la injusticia y la falta de compasión hacia los demás.

Algunos intérpretes ven en la historia de Sodoma y Gomorra un mensaje más amplio sobre la incredulidad y el rechazo a Dios. Se argumenta que el pecado de estas ciudades no se limitaba solo a la inmoralidad, sino que había una actitud general de rechazo a la voluntad y los mandamientos de Dios. La destrucción de Sodoma y Gomorra sería un ejemplo del juicio divino sobre aquellos que rechazan a Dios y persisten en la incredulidad.

Algunos intérpretes ven en la historia de Sodoma y Gomorra una representación simbólica del juicio final y la destrucción de los impíos. Se argumenta que estas ciudades se convierten en un símbolo de la maldad y la corrupción que puede llevar a la condenación eterna. La destrucción de Sodoma y Gomorra se interpreta, entonces, como un recordatorio de las consecuencias del pecado y una advertencia sobre el juicio final. Ellos ven este incidente como un tipo de juicio que vendrá en los últimos tiempos (ver **Tipología**).

En el contexto escatológico, hay un texto en Ap. 11.8 que dice: "Y sus cadáveres estarán en la plaza de la gran ciudad que en sentido espiritual se llama Sodoma y Egipto, donde también nuestro Señor fue crucificado"; en este versículo, el autor del Apocalipsis utiliza la referencia a Sodoma de manera simbólica para describir la maldad y la corrupción espiritual que caracteriza a la ciudad mencionada. Al mismo tiempo, se menciona a Egipto como otro símbolo de opresión y resistencia a Dios.

El relato de Sodoma y Gomorra ha sido relacionado con los tiempos del fin y el juicio final. Algunos intérpretes ven en la destrucción de estas ciudades una advertencia sobre el juicio eterno y el destino de aquellos que persisten en el pecado. Jesús mismo hizo referencia a Sodoma y Gomorra para ilustrar la importancia de estar alertas y preparados para el juicio final.

SOFONÍAS, LIBRO DE

El nombre Sofonías significa "el Señor atesora". Sofonías fue contemporáneo de Jeremías y vivió y predicó en el reino del sur de Judá durante el reinado de Josías (640-609 a.C.). Su libro profético forma parte de los Profetas Menores (ver **Profetas menores**).

La genealogía de Sofonías se remonta hasta su tatarabuelo, mientras que en el caso de Habacuc desconocemos el nombre de su padre. Esta discrepancia parece injusta y ha llevado a los comentaristas a buscar explicaciones. Algunos sostienen que esta acumulación de nombres demuestra que Sofonías tiene ascendencia real, ya que su genealogía se remonta hasta Ezequías, uno de los reyes más famosos de Judá. Sin embargo, esta identificación no es muy confiable. Es más probable que la extensa genealogía se explique de la siguiente manera: el padre del profeta se llamaba Cusí, un nombre que suena como "el nubio" para los judíos. Según la mayoría de los comentaristas, fue el propio profeta Sofonías quien promovió este cambio.

Dado que Sofonías ataca el secretismo y amenaza con el castigo a Nínive en su proclamación (Sof. 1:4-5 y 3:13-15), parece razonable situar su actividad en los primeros años de Josías, aproximadamente entre el 639 y el 630. Además, es importante destacar un hecho significativo: cuando la reforma religiosa alcanza su punto máximo en el año 622, se descubre el libro de la Ley y Josías decide consultar a un profeta sobre su contenido. Sin embargo, no es Sofonías quien es consultado, sino la profetisa Hulda. Esto sugiere que Sofonías ya había fallecido para el año 622.

El mensaje de Sofonías se centra en abordar los problemas cotidianos, pero esto no disminuye su mérito. Al igual que los grandes profetas del siglo VIII, Sofonías denunció diversas transgresiones contra Dios y el prójimo. Condenó la idolatría en el culto, las injusticias, el materialismo, la falta de compromiso religioso, los abusos de las autoridades y las ofensas cometidas por extranjeros contra el pueblo de Dios. Fue claro al afirmar que esta situación era insostenible y que, inevitablemente, provocaría el castigo divino. Sofonías no se limitó a condenar. Siguiendo los pasos de Isaías, consideró la destrucción como un paso hacia la salvación. Creía que de un árbol talado surgiría una semilla santa (Is. 6:13) y que de una ciudad rebelde y opresora surgiría un remanente que se volvería al Señor (Sof. 3:13). Por lo tanto, a pesar de sus denuncias terribles, la lectura de Sofonías no infunde temor, sino que se convierte en un estímulo para la acción y un agente de cambio. Ese era su propósito al promover la reforma de Josías.

En el NT, Sofonías no es citado explícitamente, aunque se pueden encontrar ciertas referencias: Mateo 13:41, que habla del escándalo, recuerda a Sofonías 1:3. El título "Rey de Israel" que Natanael aplica a Jesús (Jn. 1:49), es el mismo que Sofonías usa para referirse a Dios en 3:15. También se pueden establecer comparaciones entre Sofonías 3:8 y Apocalipsis 16:1, así como entre Sofonías 3:13 y Apocalipsis 14:5. Es posible que la escasa influencia de Sofonías en el NT se deba a la ausencia de profecías mesiánicas (Schökel).

La profecía de Sofonías se centra en el juicio inminente que caerá sobre Judá y otras naciones vecinas, un juicio que finalmente se cumplió con las invasiones babilónicas. El tema central de Sofonías es "el día del Señor", que se refiere a un momento en el que Dios intervendrá en la historia humana para cumplir su plan decretado. Este día tiene dos aspectos contrastantes: juicio para los incrédulos y desobedientes, pero bendición para los verdaderos creyentes.

Después de profetizar la destrucción de varias naciones y de Jerusalén, Sofonías habla del gran plan de restauración del Señor tanto para el pueblo de Israel como para todas las naciones. Sofonías 3:9-13 es una promesa de salvación, donde se menciona que las lenguas de los pueblos serán purificadas, revirtiendo los efectos de la historia de la Torre de Babel. Además, se habla de un nuevo orden mundial en el que las naciones se unirán para adorar al Señor, incluso incluyendo a los extranjeros, representados por la región de Cus y el África negra.

En resumen: Sofonías profetiza el juicio inminente sobre Judá y las naciones vecinas, pero también ofrece esperanza de restauración y bendición para aquellos que se vuelven al Señor. Su visión incluye la reversión de los efectos de la Torre de Babel y la adoración conjunta de todas las naciones, simbolizada por la inclusión de los extranjeros en el pueblo de Dios (ver **El Día del Señor; Cus/ Etiopía; Babilonia**).

El libro de Sofonías tiene un total de 53 versículos, de los cuales 47 son de carácter profético con un total de 20 predicciones sobre la caída de Jerusalén por el ejército babilónico (BDMPE).

SUEÑOS

La interpretación de los sueños se le ha llamado Oniromancia desde tiempos antiguos. El término "oniromancia" proviene del griego antiguo "oneiros" (ὄνειρος), que significa "sueño", y "manteia" (μαντεία), que se traduce como "adivinación" o "profecía". Se refiere a la práctica de interpretar y hacer predicciones a partir de los sueños (Sicre). La Biblia registra numerosos sueños que contienen advertencias y predicciones. El Señor estableció que se comunicaría con sus profetas a través de los sueños, como se menciona en Números 12:6. Con el tiempo, el uso de los sueños se extendió tanto entre creyentes como entre incrédulos. Curiosamente, el primer caso registrado no es el de un patriarca, sino el de Abimelec, rey de Guerar. Dios le advierte en un sueño que deje a Sara (Gn. 20:3). Jacob también tuvo sueños reveladores, uno de los cuales, según la tradición, lo llevó a fundar el santuario de Betel (Gn. 28:12; 31:10). Labán recibió un mensaje en un sueño (Gn. 31:24). José tuvo sus propios sueños, que presagiaban su superioridad sobre sus hermanos (Gn. 37), así como los sueños del copero y el panadero (Gn. 40) y los del faraón (Gn. 41). Sin embargo, uno de los sueños más curiosos y significativos se encuentra en los relatos de Gedeón. Gedeón escucha el relato del sueño del centinela y la interpretación que le da su compañero: "Mira lo que he soñado: una hogaza de pan de cebada venía rodando contra el campamento de Madián, llegó a la tienda, la embistió, cayó sobre ella y la revolvió de arriba abajo". El compañero comenta: "Eso significa la espada del israelita, de Gedeón hijo de Joás". El relato concluye con estas palabras curiosas: "Cuando Gedeón oyó el sueño y su interpretación, se prosternó". Sin embargo, los sueños también pueden cumplir una función más amplia al revelar el curso completo de la historia.

Esto se puede observar en el libro de Daniel, donde el rey Nabucodonosor tiene dos visiones importantes sobre el sentido de la historia y el dominio absoluto de Dios (Dn. 2 y 4), y el propio Daniel tiene otro sueño paralelo (Dn. 7). También en este caso, al igual que en la historia de José y en la mentalidad común del Antiguo Oriente, se reconoce que las personas comunes no pueden interpretar los sueños. Incluso los especialistas babilonios se quedan perplejos. Solo Daniel posee la sabiduría especial que Dios le concede (Dn. 2:27-28). Nabucodonosor también tuvo otros sueños y Daniel los interpretó (Dn. 2:1, 4, 36; 4:1, 2).

Con lo anterior, llegamos a un aspecto muy importante del Antiguo Testamento: los sueños, que a veces son considerados medios de revelación divina, son muy valorados, pero en otros casos, generan reservas e incluso fuertes críticas. Los sueños y visiones se consideran un medio secundario de revelación en comparación con el contacto directo, el encuentro cara a cara. Además, este medio, al igual que cualquier otro, puede ser manipulado por falsos profetas, como lo denuncia Jeremías (Jer. 23:25; 29:8), (Sicre).

En el Nuevo Testamento, se menciona que José, el prometido de María, recibió mensajes en sueños (Mt. 1:20), y los magos fueron advertidos en sueños (Mt. 2:12). En total, hay casi dos mil referencias a sueños en la Biblia. Los sueños que contenían revelaciones eran evaluados según criterios que revelaban su naturaleza. Si los sueños eran inmorales, se consideraban falsos. Aquellos que intentaran apartar a Israel del culto a Yahvé, a través de sueños, debían ser condenados a muerte (Dt. 13:1-5; Jer. 23:25-32; 29:8; Zac. 10:2). En el evangelio de Mateo, se describen sueños que revelan el conocimiento de Dios. Un ángel se le aparece a José en un sueño para anunciarle que María, su prometida, está esperando un hijo concebido por el Espíritu Santo (Mt. 2:20). Los magos también reciben advertencias en sueños para que no regresen a Herodes (Mt. 2:12). José recibe instrucciones para huir a Egipto y luego para regresar a Galilea a través de sueños (Mt. 2:13, 19, 22). La esposa de Poncio Pilato tiene sueños atormentadores en los que se le revela la inocencia de Jesús el Justo (Mt. 27:19).

Los sueños son presentados como una manifestación del Espíritu Santo en los últimos días. En Hch. 2:17, la palabra griega utilizada para "sueños" es ἐνυπνίοις (*enypniois*), en su forma plural. Esta palabra también se refiere a sueños o visiones que ocurren durante el sueño. El versículo completo dice: "Y en los últimos días, dice Dios, derramaré de mi Espíritu sobre toda carne, y vuestros hijos y vuestras hijas profetizarán; vuestros jóvenes verán visiones, y vuestros ancianos soñarán sueños" (Hch. 2:17). Aquí, "soñarán sueños" se refiere, en general, a la experiencia de recibir revelaciones divinas a través de sueños, aunque no todos los autores concuerdan con esta afirmación. En el ministerio del apóstol Pablo, las visiones o sueños lo guían y fortalecen, pero no se consideran como fuente de doctrina (Hch. 16:9; 23:11; 27:23).

Algunos estudiosos afirman que el tiempo del ministerio profético, incluyendo los sueños admonitorios y predictivos del Antiguo Testamento, llegó a su fin (Mt. 11:12-13; Lc. 16:16) y que ahora toda revelación está subordinada a la palabra de Jesús. Sin embargo, otros sostienen que el ministerio de profeta aún está vigente (1 Co. 12:28, 29; 14:29, 32; Ef. 2:20; 3:5; 4:11), (ver **Visiones**, **Profeta**, **Profecía**).

T

TABERNÁCULO

En el libro de Apocalipsis, se encuentra la palabra griega σκηνὴ (*skēnē*), que se traduce comúnmente como "tabernáculo". Esta palabra aparece en varios contextos a lo largo del libro, y su significado y simbolismo son relevantes para comprender el mensaje apocalíptico. El vocablo "tabernáculo" se utiliza tanto en referencia al tabernáculo del AT como en un sentido simbólico más amplio. En el AT, el tabernáculo era una estructura móvil y sagrada que servía como lugar de encuentro entre Dios y su pueblo. Era el centro de adoración y sacrificio, y simbolizaba la presencia divina entre los israelitas. En el Apocalipsis, la palabra "tabernáculo" se usa para describir tanto el tabernáculo celestial como una evocación del tabernáculo terrenal. El tabernáculo celestial representa la morada de Dios en el cielo, mientras que el tabernáculo terrenal alude a la presencia y la adoración de Dios en la tierra. Ambos conceptos están intrínsecamente conectados y se entrelazan en el simbolismo apocalíptico. La presencia del tabernáculo en el Apocalipsis tiene profundas implicaciones teológicas y escatológicas. Simboliza la comunión entre Dios y su pueblo, la manifestación de su gloria y poder, y la promesa de una nueva creación en la que Dios morará plenamente con la humanidad. Además, el tabernáculo representa la adoración y el culto a Dios, así como la protección y la seguridad que provienen de su presencia. Al examinar los textos de Apocalipsis 7:15; 13:6 y 15:5; 21:3, podemos apreciar la importancia de este símbolo en la revelación apocalíptica. Estos versículos nos presentan diferentes aspectos relacionados con el tabernáculo, como la adoración constante a Dios en su templo celestial, la blasfemia contra su nombre y su presencia, y la apertura del tabernáculo en el cielo como un evento trascendental.

En Apocalipsis 7:15, se describe una escena celestial en la que una multitud de personas está delante del trono de Dios. Estas personas son descritas como los que "sirven día y noche en su templo". Y más adelante dice: "y el que está sentado sobre el trono extenderá su tabernáculo sobre ellos". En este contexto, el término "tabernáculo" se utiliza simbólicamente para transmitir la idea de la presencia y protección de Dios sobre su pueblo. En el AT, el Tabernáculo era el lugar donde Dios se encontraba con su pueblo y donde se llevaban a cabo los actos de adoración y sacrificio. Era considerado sagrado y simbolizaba la presencia divina. El uso del término "tabernáculo" sugiere que Dios extenderá su presencia y protección sobre aquellos que le sirven. La imagen es que Dios establecerá su morada celestial sobre ellos, brindándoles seguridad y comunión constante con él en su templo celestial. Este versículo enfatiza la bendición y el privilegio de aquellos que sirven a Dios. No solo tienen el honor de estar en su presencia, sino que también experimentan su cuidado y protección. Es una imagen poderosa que resalta la estrecha relación entre Dios y aquellos que le adoran.

En Apocalipsis 13:6, se describe a una entidad maligna que abre su boca y pronuncia blasfemias contra Dios. Esta entidad blasfema contra el nombre de Dios, contra su tabernáculo y contra aquellos que moran en el cielo. En este contexto, el término "tabernáculo" se menciona como uno de los objetos de blasfemia. El tabernáculo puede ser entendido simbólicamente como el lugar de la presencia y adoración de Dios. En el AT, el Tabernáculo era un lugar sagrado donde Dios se encontraba con su pueblo y donde se llevaban a cabo los actos de culto y sacrificio. La blasfemia contra el tabernáculo implica una actitud de desprecio y rechazo hacia la presencia y la autoridad divina. Es un acto de rebelión contra Dios y una negación de su poder y santidad. Además de blasfemar contra el tabernáculo, la entidad maligna también blasfema contra el nombre de Dios y contra aquellos que moran en el cielo. Esto indica una actitud de oposición y desprecio hacia Dios mismo y hacia los seres celestiales que están en comunión con él.

En Apocalipsis 15:5, el apóstol Juan relata una visión en la cual observa que el templo del tabernáculo del testimonio es abierto en el cielo. En el AT, el tabernáculo era una estructura sagrada que representaba la presencia de Dios en medio del pueblo de Israel. Era el lugar donde se guardaban los objetos sagrados como el arca del testimonio, que contenía las tablas de la ley. En Ap. 15:5, el término "templo del tabernáculo del testimonio" parece combinar la idea del templo y el tabernáculo en una sola expresión. Este versículo revela que, en la visión de Juan, el templo celestial, que tiene una conexión de cumplimiento profético y escatológico, es como si el tabernáculo del AT es abierto en el cielo. La apertura del templo del tabernáculo del testimonio en el cielo puede simbolizar la revelación y la manifestación de la presencia de Dios en su plenitud. Es posible interpretar esto como la consumación y el cumplimiento de la adoración y la comunión con Dios. La apertura del templo celestial puede representar el acceso directo y la cercanía a Dios en su presencia divina. Este versículo es parte de una visión apocalíptica y presenta una imagen poderosa que enfatiza la trascendencia y la magnificencia del culto y la comunión con Dios en el cielo.

En Apocalipsis 21:3, el apóstol Juan escucha una gran voz del cielo que proclama una declaración significativa: "He aquí el tabernáculo de Dios con los hombres, y él morará con ellos; y ellos serán su pueblo, y Dios mismo estará con ellos como su Dios". Este versículo es parte de la visión de Juan sobre la nueva Jerusalén que desciende del cielo. En esta visión, se revela que el tabernáculo de Dios estará con los seres humanos. Aquí, el término "tabernáculo" se usa metafóricamente para denotar la presencia íntima y la comunión de Dios con su pueblo. La declaración resalta este aspecto clave: la presencia de Dios. El versículo afirma que Dios morará con los seres humanos. Esto significa que Dios estará presente de manera cercana y continua entre su pueblo. Es una promesa de comunión y compañerismo inquebrantable. La frase "y ellos serán su pueblo" indica una relación especial y estrecha entre Dios y su pueblo. Esta relación se basa en el amor, la pertenencia y la adoración mutua. La afirmación final de que "Dios mismo estará con ellos como su Dios" subraya la soberanía y la divinidad de Dios. Él es el Dios único y supremo que se relaciona personalmente con su pueblo. Este versículo revela la culminación del plan de Dios, donde la separación entre Dios y la humanidad se disuelve por completo. La nueva Jerusalén representa un estado de perfección y armonía, donde Dios habita plenamente con su pueblo y se establece una relación eterna de adoración y comunión. En resumen: Apocalipsis 21:3 muestra la gloriosa visión de la presencia divina y la comunión íntima entre Dios y su pueblo en la nueva Jerusalén. Es una promesa de la restauración completa y la unión eterna con Dios, donde él será su Dios y los redimidos su pueblo. Él morará con su pueblo y ellos serán su pueblo fiel en perfecta armonía y adoración (Gálvez), (ver **Nueva Jerusalén**; **Glorificación de Dios**; **Reino de Dios**).

TALIÓN ESCATOLÓGICO

El talión escatológico tiene su trasfondo en la ley del talión o de reciprocidad que el Señor estableció en el Antiguo Testamento (Éx. 21:23-25; Lv. 24:18-20; Dt. 19:21). El propósito divino de esa ley era que su pueblo comprendiera la magnitud de las consecuencias del pecado en su propia vida. Todo aquel que cometiera alguna ofensa contra su prójimo se le aplicaba la misma pena, ni más ni menos. Así, no se permitiría una justicia o venganza arbitraria mayor a la recibida y el ofensor experimentaría al igual que le hizo al ofendido. Jesucristo recordó la Ley del Talión a sus discípulos para enseñar, por contraste, una justicia y un derecho divinos superiores. El maestro dejó sin vigencia la Ley del Talión al establecer los nuevos principios enseñados en el Sermón del Monte: "si te hieren en una mejía vuélvele la otra" (Mt. 5:38-39). En otras palabras, bíblicas: "No te vengues, vence el mal con el bien…". Tales principios trajeron una nueva ley de justicia y un nuevo derecho divino superior que trasciende a la justicia humana. De esa manera, Cristo revela cómo conduciría su Iglesia en ese camino nuevo de justicia para que Dios imponga ese derecho suyo, el resultado será una polaridad entre gracia y derecho: la gracia es el poder de Dios que produce la salvación. El Señor sin dejar de ser juez, mantiene su derecho que deviene en poder para establecer su reinado entre los rebeldes; al mismo tiempo otorga salvación y expresa su soberanía (Gálvez).

Estos postulados se reflejan con claridad en el libro de Apocalipsis; es lo que se ha llamado el *talión escatológico*: no se puede confesar el triunfo y gozo de los adoradores de Dios sin mostrar el riesgo de los adoradores de la Bestia; Dios mata a los culpables porque han matado; han querido a la Bestia, pues en su amor traicionero quedan atrapados, quien adora a la Bestia se destruye en ella. Adorar a la Bestia significa dejarse destruir en el fuego y azufre de su muerte (Ap. 14:10-11). En sentido más real, ellos mismos se matan: quien siembra muerte halla muerte; quien crea opresión será oprimido. Los que adoran a Dios, viviendo a nivel de gratuidad (Ap. 14:6-7) descubrirán y gozarán por siempre aquella gratuidad que han adorado (Pikaza, 2022).

TÁRTARO

Gr. 5020 *Tártaros*. Según Homero y otras antiguas leyendas griegas, el tártaro era descrito como un abismo oscuro y profundo que se encontraba a igual distancia de la Tierra, como la que separaba a esta del Cielo. A medida que evolucionaron las creencias y mitologías griegas, el *tártaro* adquirió un significado simbólico que perdura hasta hoy: se convirtió en el lugar de morada de los condenados en las profundidades del inframundo. En este espacio infernal, se creía que los individuos culpables de crímenes y transgresiones eran sometidos a castigos y sufrimientos eternos (Pérez-Rioja). Del vocablo *tártaro* procede el verbo *tartaróo* ($\tau\alpha\rho\tau\alpha\rho$), con el fin de hablar respecto de la acción de *encarcelar* en el tormento, o *arrojar* al infierno (ver **Infierno, Hades**). Así, el término "tártaro" en la cultura griega antigua hacía referencia a un lugar específico en el inframundo, el reino de los muertos. Era considerado el abismo más profundo del *Hades*, una región oscura y tormentosa donde eran enviados los peores criminales y transgresores. En la mitología griega, el tártaro era descrito como un lugar inhóspito y sombrío, situado debajo de la tierra, más allá de las tierras de los muertos. Se decía que estaba rodeado por altas murallas y guardado por una triple muralla de bronce. En su interior, el tártaro albergaba diversas criaturas y entidades malignas, como los Titanes condenados, los gigantes y otras figuras mitológicas castigadas por los dioses. El concepto de tártaro, como lugar de castigo y sufrimiento, se relacionaba estrechamente con la idea de justicia y retribución en la antigua cultura griega. Los dioses griegos, como Zeus, ejercían su poder y castigaban a aquellos que habían cometido actos terribles o desafiado su autoridad. El acto de ser arrojado al tártaro era una condena de sufrimiento eterno y una manifestación de la ira divina de los dioses (Homero, 2004).

En el contexto del NT, el autor emplea el término "tártaro" para transmitir la idea de un lugar de castigo y encarcelamiento, utilizando un concepto familiar a sus destinatarios de origen helénico. Aunque la palabra "tártaro" solo aparece una vez en el NT (2 Pedro 2:4, ταρταρώσας), su uso indica la comprensión del autor de un lugar de condenación y retribución divina. Es importante tener en cuenta que, en el contexto cristiano, el concepto del infierno y las nociones de castigo y salvación adquieren una dimensión teológica distinta a la concepción griega del tártaro. El NT introduce el concepto de *Gehenna*, una palabra hebrea que se traduce como "infierno" y que representa el lugar de castigo eterno en la enseñanza cristiana (Gálvez), (ver **Ira de Dios; Juicio**).

TEMPLO

Destrucción física del templo y los edificios

Es significativo que Jesús anuncie la destrucción del templo de Jerusalén a esa generación que rechazó el mensaje del Evangelio del reino de Dios, incluyendo a los religiosos que iban a ofrecer sacrificios. Marcos 13:1-2: "Saliendo Jesús del templo, le dijo a uno de sus discípulos: Maestro, mira qué piedras, y qué edificios. Jesús, respondiendo, le dijo: ¿ves estos grandes edificios? No quedará piedra sobre piedra, que no sea derribada".

De acuerdo con lo relatado por Josefo, las murallas, el templo y los edificios fueron arrasados en la caída de Jerusalén por el ejército romano en el año 70 d.C., excepto un muro de cuatrocientos ochenta y ocho metros que era parte de la muralla oeste de la ciudad. Ahora se sabe esa información por los descubrimientos arqueológicos recientes que se han hecho públicos.

Es interesante el relato de Josefo en detalle ya que confirma el hallazgo arqueológico. Según él, debido a que el ejército romano no tenía más personas que matar ni nada que saquear, su furia se vio desvanecida. Sin embargo, para dejar una muestra de la magnificencia y fortaleza de la ciudad que habían conquistado, el emperador César ordenó la demolición de Jerusalén y su templo, exceptuando las torres de Fasael, Hípico y Mariamme, que eran las más altas, y una sección de la muralla en el lado oeste. Estas estructuras se conservaron para servir como campamento de la guarnición romana y para mostrar a las generaciones futuras el poderío de la ciudad que habían sometido. Los responsables de la demolición nivelaron el resto de la ciudad de tal manera que pareciera que nunca hubo vida allí. Así llegó a su fin Jerusalén, una ciudad de gran esplendor y renombre entre todas las civilizaciones, debido a la locura de los rebeldes (Josefo, 1990).

Lo anterior comprueba que la profecía de Jesús sobre que "no quedaría piedra sobre piedra" no se cumplió a cabalidad. Ante ese hecho y otros más, que señalo en otro apartado, es posible sostener que la Gran Tribulación final sobre Israel será futura.

Pero eso no quiere decir que no hubo Gran Tribulación con terribles dolores en el año 70 d.C., Josefo dejó un testimonio de primera mano del horror de aquellos años en Jerusalén, fue un tiempo en que se pasaban los días en el derramamiento de sangre, y las noches en el temor. Fue "común ver las ciudades llenas de cadáveres". Los judíos sobrecogidos de terror se mataban indiscriminadamente unos a otros. Padres con lágrimas preferían matar a sus familias, a fin de no recibir un peor tratamiento de los romanos. En medio del hambre, las madres mataban, asaban y comían sus propios hijos. La tierra entera "por todas partes estaba llena de fuego y sangre". Los lagos y mares se volvieron rojos, cuerpos muertos flotaban por todas partes, extendidos por las riberas, hinchándose en el sol, pudriéndose y partiéndose: soldados romanos capturaban a las personas que intentaban escapar y luego las crucificaban, totalizaban unos 500 por día. Y cuando todo se había terminado, más de un millón de judíos fueron muertos cuando Jerusalén fue sitiada. Otro millón de personas fueron vendidas a esclavitud a través del imperio, y la totalidad de Jerusalén ardía humeando en sus ruinas, virtualmente despoblada (Flavio, Josefo, 1990).

TEOLOGÍA DEL PACTO

La Teología del Pacto es una doctrina reformada con sus raíces en la teología patrística, particularmente en Agustín de Hipona (Harrison, 2006). Posteriormente, se desarrolló de manera sistemática en la obra de Johannes Cocceius (1603-1669 d.C.) y en la Confesión de Westminster. Este sistema de pensamiento fue introducido en América a través de los escritos de Francis Turretin y luego fue desarrollado por los teólogos Charles A. y A. Hodge (Hodge,1991).

La Teología del Pacto se define como un marco y un método de interpretación de la Biblia. A menudo se confunde con una teología y un sistema en el sentido estricto, pero no lo es. Es común contrastarla con el enfoque interpretativo conocido como dispensacionalismo, que ha sido uno de los métodos más populares en el evangelicalismo americano desde la segunda mitad del siglo XIX hasta el siglo XXI.

La Teología del Pacto sigue siendo la perspectiva predominante en el protestantismo desde la época de la Reforma y es el sistema preferido por aquellos con una convicción más reformada. Por otro lado, el dispensacionalismo utiliza el concepto de dispensaciones como los medios específicos que Dios utiliza para tratar con la humanidad y la creación en diferentes períodos de la historia redentora. La Teología del Pacto examina las Escrituras a través y alrededor del tema del pacto. Identifica dos pactos primarios: el Pacto de Obras y el Pacto de Gracia. A veces se menciona un tercer pacto llamado el pacto de redención, el cual se origina a partir de los otros dos pactos. Esta perspectiva se enfoca en los pactos descritos en las Escrituras con Noé, Abraham, Moisés, David y el Nuevo Pacto, catalogándolos como pactos de obras o pactos de gracia.

Según la Teología del Pacto, el pacto de redención es el pacto de gracia establecido por el Dios trino con el propósito de elegir, expiar y salvar a un grupo de individuos para la salvación y la vida eterna. Algunos versículos bíblicos que respaldan este pacto de redención, según esta perspectiva, son Efesios 1:3-14; 3:11; 2 Tesalonicenses 2:13; 2 Timoteo 1:9; Santiago 2:5 y 1 Pedro 1:2. Se sostiene que la salvación de los elegidos fue el plan de Dios desde el principio de la creación, y el pacto de redención simplemente formaliza este plan eterno en el lenguaje del pacto.

Desde una perspectiva redentora histórica, la Teología del Pacto enseña que el pacto de obras es el primer pacto que se encuentra en las Escrituras. Cuando Dios creó al hombre, lo colocó en el Jardín del Edén y le dio un mandamiento sencillo: "De todo árbol del huerto podrás comer, pero del árbol del conocimiento del bien y del mal no comerás, porque el día que de él comas, ciertamente morirás" (Gn. 2:16-17). Dios ubicó a Adán en el jardín y le prometió vida eterna a él y a su descendencia siempre que obedeciera los mandamientos de Dios. La vida era la recompensa por la obediencia, y la muerte era el castigo por la desobediencia. Este es el lenguaje del pacto.

Algunos estudiosos ven en el pacto de obras una forma de lo que se conoce como un pacto suzerano-vasallo, en el cual el rey establecía los términos del pacto al vasallo. El rey otorgaba bendición y protección a cambio del tributo del vasallo. En el caso del pacto de obras, Dios prometía vida eterna y bendición a la humanidad, representada por Adán como cabeza de la raza humana, a cambio de la obediencia del hombre a las estipulaciones del pacto. Aquellos que sostienen esta postura ven una estructura similar en la entrega del Antiguo Pacto a través de Moisés a Israel. Israel hizo un pacto con Dios en el monte Sinaí. Dios prometió darles la Tierra Prometida, "una tierra que mana leche y miel", así como su bendición y protección contra los enemigos, a cambio de la obediencia de Israel a las estipulaciones del pacto. En esta perspectiva histórica, el castigo por violar el pacto fue el exilio de la tierra, que ocurrió con la conquista del Reino del Norte en el año 722 a.C. y del Reino del Sur en el año 586 a.C.

Sin embargo, cuando Adán falló en cumplir el pacto de las obras, Dios instituyó el tercer pacto, conocido como el pacto de la gracia. En el pacto de la gracia, Dios ofrece gratuitamente a los pecadores, que no pueden cumplir con el pacto de las obras, la vida eterna y la salvación a través de la fe en Jesucristo. La provisión para el pacto de la gracia se encuentra inmediatamente después de la caída, cuando Dios profetiza sobre la "simiente de la mujer" en Génesis 3:15 (ver **Semilla/ simiente de la mujer; Semilla/simiente de Satanás; Simiente de Abraham**). Mientras que el pacto de obras es condicional y promete bendición por obediencia y maldición por desobediencia, el pacto de gracia es incondicional y se otorga libremente sobre la base de la gracia de Dios. El pacto de gracia toma la forma de antiguos tratados de concesión de tierras, en los cuales un rey otorgaba tierras a un receptor como un regalo, sin condiciones. La fe salvadora es un regalo de la gracia de Dios (Ef. 2:8-9).

Observamos el pacto de gracia manifestado en los diversos pactos incondicionales que Dios establece con personas en la Biblia. El pacto que Dios hace con Abraham, prometiéndole ser su Dios y que Abraham y sus descendientes sean su pueblo, es una extensión del pacto de la gracia. Del mismo modo, el Pacto davídico, que establece que un descendiente de David siempre reinará como rey, también es una extensión del pacto de la gracia. Por último, el Nuevo Pacto representa la culminación del pacto de la gracia, en el cual Dios escribe Su ley en nuestros corazones y perdona por completo nuestros pecados.

La Teología del Pacto enseña que los distintos pactos del AT encuentran su cumplimiento en Jesucristo. La promesa hecha a Abraham de bendecir a todas las naciones se cumplió en Cristo (ver **Pacto abrahámico**). El rey davídico que gobernaría eternamente sobre el pueblo de Dios también encontró su cumplimiento en Cristo (ver **Pacto davídico**), al igual que el Nuevo Pacto. Incluso en el Antiguo Pacto, podemos encontrar indicios del pacto de la gracia, ya que todos los sacrificios y rituales del Antiguo Testamento apuntaban a la obra salvadora de Cristo, nuestro gran Sumo Sacerdote (He. 8-10). Es por eso que Jesús puede decir en el Sermón del Monte que Él no vino a abolir la Ley, sino a cumplirla (Mt. 5:17), (ver **Nuevo Pacto**).

Con la llegada de Jesucristo, el Mesías prometido en el AT, varios elementos del Antiguo Pacto se vuelven obsoletos porque Jesús cumplió con los tipos y las figuras del AT (He. 8-10). El Antiguo Pacto representaba "tipos y sombras", mientras que Cristo representaba la "sustancia" (Col. 2:17). Una vez más, Cristo vino a cumplir la ley (Mt. 5:17). Como dice el apóstol Pablo: "Porque todas las promesas de Dios son en Él Sí, y en Él Amén, para la gloria de Dios" (2 Co. 1:20).

En conclusión: los principios que caracterizan la Teología del Pacto son los siguientes: coloca el pacto en el centro de su enfoque bíblico. Considera que el Pacto de Gracia es la forma principal en que Dios se revela en las Escrituras después de la caída de Adán y Eva (Gn. 3:15). Los teólogos reformados sostienen que los diversos pactos en la Biblia, como el pacto con Noé (Gn. 6:15), Abraham (15:6), Moisés (Dt. 4:6), David (2 S. 7:13-17, y el Nuevo Pacto en Jesucristo (Jer. 31:31-34), son expresiones del Pacto de Gracia.

La Teología del Pacto interpreta en el AT, de manera figurativa, las promesas hechas a Israel (Gn. 15:18-19) con su promesa de los futuros límites de Israel como parte del Pacto abrahámico (ver **Pacto abrahámico**), y las aplica a la Iglesia. Considera que la Iglesia ha heredado las promesas que originalmente se hicieron a Israel. Esta interpretación se basa en textos del NT.

Es amilenial en su enfoque del Apocalipsis (Ap. 20:1-6), (ver **Amilenialismo**). La Teología del Pacto interpreta el milenio de manera simbólica. No espera un milenio futuro y literal centrado en la restauración de Israel, sino que considera que el reino de Dios está presente en la Iglesia en la actualidad. Según esta perspectiva, la Iglesia ha reemplazado a Israel en el plan de Dios. Además, interpreta la profecía del AT en sentido figurado en lugar de hacerlo de una manera estrictamente literal (ver **Figuras del lenguaje**).

Por otro lado, el dispensacionalismo tiene sus propias características distintivas: reconoce varias dispensaciones en la Biblia, sostiene que la Biblia despliega el mensaje de salvación en diferentes dispensaciones, como la inocencia, la ley, la gracia, la tribulación y el milenio. No revoca los textos del AT, a diferencia de la Teología del Pacto, el dispensacionalismo considera que los textos del primer testamento no son revocados en el NT y que las promesas hechas a Israel se cumplirán literalmente en el futuro. El dispensacionalismo postula que Israel estará en el centro del plan de Dios cuando Cristo gobierne la tierra en su reinado milenario.

Es importante destacar que, en la actualidad, muchos estudiosos de la Biblia ya no polarizan la Teología del Pacto y el dispensacionalismo, sino que consideran que las Escrituras ofrecen una posición de mediación entre ambas perspectivas (ver **Dispensacionalismo**; **Premilenarismo dispensacional**; **Visión ecléctica del Apocalipsis**; **Teoría de los dos pactos**).

TEORÍA DE LOS DOS PACTOS

La teoría de los dos pactos, dentro del dispensacionalismo clásico, sostiene que la Biblia contiene dos pactos diferentes para la salvación de Dios: el Antiguo Pacto de la Ley Mosaica para los judíos y el Nuevo Pacto de fe en Cristo, aparte de la ley, para los gentiles. Hay argumentos básicos que respaldan esta teoría. En Romanos 11, los defensores de la teoría de los dos pactos encuentran en este capítulo 11 una evidencia de la salvación final de Israel sin mencionar a Cristo. Argumentan que esto implica que los judíos pueden ser justificados sin tener fe explícita en Cristo. Según esta perspectiva, la justificación de los judíos se basaría en su fidelidad a la Ley Mosaica y no en la fe en Cristo.

Esta postura cree encontrar apoyo en las cartas de Pablo. Argumenta que tales cartas están dirigidas principalmente a los gentiles y no a los judíos. Por lo tanto, las enseñanzas de Pablo sobre la justificación por la fe, y no por la ley, se aplicarían principalmente a los gentiles y no a los judíos. Según esta línea de pensamiento, los judíos todavía estarían bajo la obligación de cumplir la Ley Mosaica para su salvación. Además, los defensores de la teoría de los dos pactos sostienen que cuando Pablo critica a Israel, lo hace porque se han negado a reconocer a Cristo como el medio de justicia de Dios para los gentiles, y no porque se hayan negado a convertirse en cristianos. Argumentan que Pablo está señalando la necesidad de que los judíos acepten a Cristo como el Mesías, pero no necesariamente para su propia justificación.

Hay refutaciones básicas sobre los argumentos de la teoría de los dos pactos. En Romanos 11, que habla sobre la salvación de Israel, no puede ser considerado de manera aislada. Antes de este punto, Pablo establece que tanto judíos como gentiles están bajo el pecado y son culpables ante Dios (Ro. 1:18-3:18; 5:12-21). Además, el apóstol enfatiza que la ley no puede justificar a los judíos ni a nadie, y que la justicia de Dios se manifiesta en Cristo para todos. Por lo tanto, se sostiene que el enfoque principal de Pablo en Romanos es la universalidad del pecado y la ley que no exime a los judíos de las consecuencias de las trasgresiones (Ro. 3:19-20; 5:20); y la necesidad de la fe en Cristo para la justificación, y no una distinción entre judíos y gentiles en términos de pactos de salvación separados.

Se argumenta que, a lo largo de sus escritos, Pablo ha establecido un enfoque centrado en Cristo (Ro. 3:21-22); en su vocabulario clave. Palabras como "salvo", "incredulidad" y "conoció de antemano", se han interpretado en un contexto cristológico. Por lo tanto, se sostiene que cuando Pablo habla de la salvación de Israel en Romanos 11, está implícitamente refiriéndose a la fe en Cristo como el medio de salvación tanto para judíos como para gentiles.

Así, la justicia de Dios, testificada por la ley y los profetas, se ha manifestado en Cristo. Pablo declaró que todos, sin distinción, pueden alcanzar la justicia que no está disponible a través de la ley, sino por medio "de la fidelidad" a Jesús (Ro. 3:22-26). Además, argumentó que solo aquellos que caminan según el Espíritu de Cristo pueden cumplir el requisito justo de la ley (Ro. 8:1-4). Pablo también se lamentó de que Israel no haya reconocido que la justicia se encuentra en Cristo y no han creído en el mensaje de salvación en él (Ro. 9:30–10:4; 10:9, 14-21). A medida que se avanza hacia el capítulo 11 de Romanos, Pablo ha establecido un enfoque centrado en Cristo para el vocabulario clave de su discurso en un contexto cristológico (Ro. 11:14, 26; 10:9-13; 11:20; 10:17; 11:2; 8:29).

Por último, es Cristo quien cumple las profecías del AT para que por medio de su obra redentora haga de dos pueblos un solo pacto. Y ello lo atestigua la tradición sinóptica, de manera más específica el Evangelio de Mateo. Así, para este evangelista Jesús es reconocido como Emmanuel, el Dios-con-nosotros, la presencia divina de YHWH en la tierra. Él es aquel que vive y experimenta las vicisitudes de los tiempos escatológicos junto a la comunidad (Mt. 8:23-27). Además, Mateo presenta a Jesús como el Mesías, el hijo de David y el hijo de Abraham (Mt. 1:1).

En la línea de descendencia de David, Jesús cumple la historia de Israel que comenzó con Abraham (Mt. 1:1-17). Él es aquel que había sido profetizado como el que debía venir (Mt. 3:11) para reunir al pueblo disperso de Israel en unidad (Mt. 15:24). Sin embargo, en Jesús-Mesías también se cumple la antigua promesa de que todas las naciones serían bendecidas en Abraham (Gn. 12:3). A través de su muerte y resurrección, las barreras que separaban a Israel de las demás naciones fueron eliminadas. En Mateo 28:19, se llama a hombres de todas las razas y lenguas a ser discípulos de Cristo (Mt. 24:14 también lo menciona). La mesianidad de Jesús se revela en su enseñanza y en sus obras (Mt. 5–7; 8–9; 11:4, 6). Las obras dan cumplimiento al anuncio y el anuncio da significado a las obras. Jesús, como Mesías confirmado por Dios a través de su resurrección y revestido de todo poder, envía a sus discípulos a proclamar y enseñar con autoridad todo lo que él ha ordenado. Jesús es el Mesías confirmado por las Escrituras y el Mesías esperado, aunque no es un rey de triunfos clamorosos (Mt. 8:17; cf. Is. 53:4), (Romero, 2002).

Es importante destacar que esta teoría de los dos pactos es considerada controvertida y no es aceptada por todos los teólogos o ramas del cristianismo. Otros enfoques teológicos interpretan las enseñanzas bíblicas de manera diferente y no hacen distinciones entre judíos y gentiles en términos de pactos de salvación. La interpretación teológica puede variar y es objeto de debate y estudio continuo.

Estas refutaciones sugieren que la teoría de los dos pactos puede no reflejar completamente la enseñanza de Pablo en sus escritos. Argumentan que el enfoque principal del apóstol es la universalidad del pecado y la necesidad de la fe en Cristo para la salvación, sin hacer una distinción entre judíos y gentiles en términos de pactos de salvación separados. En realidad, tanto Pablo como el Nuevo Testamento enseñan que hay un solo pacto, a saber, que la fe en Cristo trae salvación tanto a judíos como a gentiles. Según Pablo en Romanos 11:25-33, ese es el mensaje que Israel recibirá en los últimos días (ver **Teología del pacto; Nuevo pacto**).

TERAFINES

Del heb. 8655 "teraphim" (תְּרָפִים) es un sustantivo colectivo cuyo significado exacto es incierto y puede referirse a un solo objeto o a varios. Aparece en el AT, particularmente en el contexto de prácticas idólatras y rituales relacionados con la adivinación o la consulta de ídolos. La naturaleza y apariencia precisa de los terafines no están claras debido a la falta de detalles en los textos bíblicos. La palabra "teraphim" (תְּרָפִים), aparece quince veces en el Antiguo Testamento sin una descripción precisa (Gn. 31:19, 34, 35; Jue. 17:5; 18:14, 17, 18, 20; 1 S. 15:23; 19:13, 16; 2 R. 23:24; Ez. 21:21; Os. 3:4; Zac. 10:2). En la Septuaginta, se traduce con una palabra diferente en casi cada libro en el que aparece, generalmente relacionada con ídolos, lo que indica que se clasifica como un objeto idolátrico.

Varios autores comentan que los terafim se refieren a estatuillas de dioses domésticos que no representaban una deidad en particular. Estas estatuillas tenían diferentes tamaños y, probablemente, se consideraban amuletos de buena suerte. Se les realizaban preguntas para buscar respuestas o consejos (Ez. 21:26; Zac. 10:2). Aunque el nombre está en plural, a veces se usa en singular (1 S. 19:13).

Los babilonios también tenían terafim (Ez. 21:26). En el relato bíblico, Raquel se llevó los terafim de Labán sin que Jacob lo supiera (Gn. 31:19, 34). Después de la matanza en Siquem, Jacob hizo que su clan se deshiciera de todos los dioses extraños, incluyendo los terafim, y los enterró (Gn. 35:2-4). Durante la época de los Jueces, un hombre llamado Micaía tenía un santuario privado con un sacerdote, un efod y los terafim (Jue. 17:5), así como ídolos de metal (Jue. 17:4; 18:14). Algunos hombres de la tribu de Dan tomaron estos objetos para su propio uso (Jue. 17:20). Samuel asoció el culto a los terafim con la hechicería (1 S. 15:23), y parece que Mical, esposa de David, también estaba involucrada en su práctica (1 S. 19:13). Además, los israelitas del reino del norte también practicaban el culto a los terafim (Os. 3:4). El rey Josías destruyó los terafim y otros ídolos durante su reinado (2 R. 23:24). Después del exilio, algunos israelitas aún consultaban a los terafim (Zac. 10:2), (ver **Adivinación**, **Idolatría**).

TERCER TEMPLO

Reconstrucción física antes de la Segunda venida

La doctrina sobre la reconstrucción del templo es comúnmente aceptada por un buen sector de la Iglesia evangélica. Cito una porción de un libro que enseña dicha creencia: "Luego, en 1967, en la guerra de los seis días, cuando fueron atacados los israelitas y estos, providencial, o milagrosamente, vencieron una cantidad increíble de enemigos y reconquistaron Jerusalén y se podría decir que al reloj se le adjuntó la aguja de los minutos. Aun así, no funcionaba como cronómetro, porque le hacía falta la segundera. Lo único que está pendiente para que el reloj esté completo, para que marque el inicio de la hora final, es que Israel restaure su templo" (Enríquez, 2000).

Uno de los argumentos de esa creencia es que el templo tiene que ser construido de nuevo en Jerusalén porque los profetas lo anunciaron para la reanudación de los sacrificios. Agrega que el anticristo entonces podrá suspender los sacrificios durante la Gran Tribulación. Considero que esta forma de argumentar pone en evidencia que un error lleva a otro y el enredo se alarga. Según ellos, es lógico que, si el templo no existe entonces, no habrá sacrificios y si no hay sacrificios el anticristo no tendría necesidad de suspenderlos. Es una explicación falaz. No tiene ni un solo asidero bíblico. Eso sí, citan los versículos de Mt. 24:15 y Dn. 9:27 fuera de contexto para sostener sus especulaciones. Citan el pasaje de 2 Ts. 2:3-4: "[3] Que nadie los engañe en ninguna manera, porque no vendrá sin que primero venga la apostasía y sea revelado el hombre de pecado, el hijo de perdición. [4] Este se opone y se exalta sobre todo lo que se llama Dios o es objeto de culto, de manera que se sienta en el templo de Dios, presentándose como si fuera Dios".

Pero hay referencias en el Nuevo Testamento que exponen, con certeza, que el templo es la Iglesia y está formado por cada creyente en el que mora el Espíritu Santo:

1 Co. 3:16: ¿No saben que ustedes son templo de Dios y que el Espíritu de Dios habita en ustedes?

1 Co. 6:19: ¿O no saben que su cuerpo es templo del Espíritu Santo que está en ustedes, el cual tienen de Dios, y que ustedes no se pertenecen a sí mismos?

2 Co. 6:16: ¿O qué acuerdo tiene el templo de Dios con los ídolos? Porque nosotros somos el templo del Dios vivo, como Dios dijo: "habitaré en ellos, y andaré entre ellos; y seré su Dios, y ellos serán Mi pueblo".

Ef. 2:20-21: "[20] Están edificados sobre el fundamento de los apóstoles y profetas, siendo Cristo Jesús mismo la *piedra* angular, [21] en quien todo el edificio, bien ajustado, va creciendo para *ser* un templo santo en el Señor".

1 P. 2:5: "De esta manera, Dios hará de ustedes, como de piedras vivas, un templo espiritual, un sacerdocio santo, que por medio de Jesucristo ofrezca sacrificios espirituales, agradables a Dios".

Si el apóstol Pablo ha dicho en varias cartas que la Iglesia es el templo espiritual, es imposible que signifique un templo físico de piedra, cemento, madera y otros materiales de construcción.

Ante tanta evidencia es cosa insólita que amarren a la fuerza ideas discordantes para que soporten todas las doctrinas equivocadas como la Gran Tribulación a la mitad de la semana setenta, el anticristo y la reconstrucción del templo. Lo que les queda es seguir sosteniendo con cabeza y manos esa armazón escatológica ficticia. Triste es que fuercen el texto y lo hagan decir lo que no dice: que se refiere al templo físico reconstruido, en el que el anticristo hará cesar el sacrificio y en el cual se colocará el sacrificio inmundo de animales de la Abominación desoladora. Es mucha la especulación.

Lo que quiere decir Pablo, sencillamente, es que en el tiempo de apostasía el hombre de pecado tomará protagonismo en la Iglesia del Señor, confundiendo a una parte de la Iglesia. Pero, otra vez, no es el anticristo, es el hombre de pecado, un falso dios, o un falso cristo que promueve que lo adoren porque él se proclama a sí mismo Dios.

Froese opina que la Segunda venida y la Gran Tribulación no se relacionan en nada con la reconstrucción del templo en Jerusalén y menos para que el anticristo se levante a sí mismo en ese templo para proclamarse Dios (Froese, 2005).

Esas doctrinas impresentables entraron en escena desde el inicio de la Iglesia. Hay registros históricos de manifestaciones de apostasía en las que algunos han intentado reconstruir el templo, dando cumplimiento por mano propia a los requisitos para que ocurra la Segunda venida de Cristo. Uno de ellos es el emperador romano Juliano II en el año 363 d.C. Amiano Marcelino, uno de los amigos cercanos del emperador, lo describe así: "Juliano pretende reconstruir a un precio extravagante el que una vez fuera el orgulloso templo de Jerusalén, encargando esta tarea a Alipio de Antioquía. Alipio puso manos a la obra, ayudado por el gobernador de la provincia. Pero unas temibles bolas de fuego estallaron cerca de las obras, y tras continuados ataques, los obreros abandonaron y no volvieron a acercarse a las obras". Fuerzas extrañas se opusieron, aconteció un terremoto, las dudas cubrieron a los mismos judíos sobre el proyecto, algunos afirmaron que la razón principal fue un sabotaje y un incendio accidental. Pero algunos historiadores de la Iglesia de la época atribuyen el fracaso a la oposición divina (https://es.istanbulseo.net/Timeline_of_the_history_of_the_region_of_Palestine).

En base a las citas del Nuevo Testamento que se refieren al templo de Dios, opino que la idea o profecía sobre la construcción del templo no procede de la doctrina de Cristo y los apóstoles. En 2 Ts. 2:4 Pablo, hablando de la apostasía del fin de los tiempos, dice que el hombre de pecado va a "sentarse él mismo en el templo de Dios, manifestándose a sí mismo que es Dios". Pero el templo de Dios mencionado en la profecía de 2 Ts. 2:4 no apunta, en absoluto, a un templo físico, como lo he explicado en los párrafos anteriores, se refiere a la Iglesia que es el nuevo templo, como lo he demostrado. Los veredictos errados sobre el tema se deben a los errores masivos en comprender las profecías del Nuevo Testamento, resultando en teorías absurdas sobre el fin de los tiempos.

Agrego otros argumentos bíblicos, históricos y teológicos. En primer lugar, el templo de Dios en la profecía de 2 Ts. 2:4 ciertamente no es la reconstrucción del templo de Jerusalén, un templo judío, porque no corresponde al verdadero templo de Dios. Es lamentable que adopten la posición de que el hombre de pecado va a sentarse en un templo reconstruido en Jerusalén. Es cierto que las ceremonias y los sacrificios del judaísmo de la antigua ley fueron signos que apuntaban hacia Cristo; pero después de la primera venida del Mesías y su muerte expiatoria, dichas ceremonias cesaron. El nuevo pacto en la sangre de Cristo instituyó el bautismo en agua y la cena del Señor, nada más.

En esa línea de pensamiento, Gonzaga resalta esa opinión y cita el Concilio de *Florencia*, realizado en el año 1441, en el que se reconoce que la Iglesia enseñaba que la ley ceremonial del Antiguo Testamento (la Ley de Moisés) se dividían en ceremonias, objetos sagrados, sacrificios y rituales. Y eso significaba algo por venir, mientras llegaba el nuevo pacto. Con la muerte de Jesucristo fueron cesados las ofrendas y los sacrificios de una vez por todas. Si se entiende eso, entonces cobra significado el contenido de la carta a los hebreos, que hace un llamado suplicante para los judíos convertidos a Cristo para que no regresen a los sacrificios y leyes ceremoniales antiguo testamentarias. Ya no son necesarias a causa de la única y suficiente ofrenda perfecta que santificó perpetuamente a los creyentes. Y si hay alguien que regresa a sacrificar al templo, con el conocimiento de Cristo, le espera una horrenda expectativa de juicio (Gonzaga, 1966).

Tomás de Aquino reflexiona en la misma perspectiva. Afirma que las ceremonias antiguas significaban a Cristo, que nacería y padecería; pero nuestros sacramentos lo significan como nacido y muerto. Y cómo pecaría quien ahora hiciera profesión de su fe diciendo que Cristo había de nacer, lo que los antiguos con piedad y verdad decían: *así pecaría mortalmente el que ahora observase los ritos* que los antiguos patriarcas observaban piadosa y fielmente. Esto es lo que dice San Agustín en *Contra Faustum* (Aquino, Tomás, *Summa Theologica* I-II, p. 103, art. 4).

Tomás de Aquino explicó correctamente que las ceremonias de la antigua ley significaban que las personas estaban esperando la venida del Mesías. Se deduce, claramente, que no es necesaria la reconstrucción de un nuevo templo en Jerusalén.

TERREMOTOS

Los terremotos son mencionados tanto en los pequeños apocalipsis de los evangelios como en el libro de Apocalipsis. En los evangelios se describen en un contexto profético, de manera breve, en las enseñanzas de Jesús como principios de dolores que continúan su curso junto con otras señales hasta dar a luz el magno acontecimiento del retorno del Señor (Mt. 24:7; Mr. 13:8; Lc. 21:11).

El uso de la imagen de los terremotos en el AT proporciona un trasfondo para comprender su significado apocalíptico en el libro de Apocalipsis. En ese contexto, los terremotos señalan una manifestación directa del poder y la santidad de Dios, como cuando Dios dio la ley en el monte Sinaí (Éx. 19:18) o liberó al pueblo de Israel de la esclavitud en Egipto (Sal. 68:8; 77:18; 114:4-7). Los terremotos también pueden acompañar al futuro Día del Señor, cuando Dios sacudirá todo el cosmos en juicio (Is. 13:10-13; 24:18-23; Ez. 38:19-23; Jl. 2:10-11; Hag. 2:6-7; Zac. 14:3-5; cf. He. 12:26-27), (ver **El día del Señor**). En los evangelios, el temblor de la tierra ocurre en el contexto del regreso de Cristo. Los otros usos en el NT están relacionados con eventos significativos, la crucifixión de Jesús (Mt. 27:54) y la resurrección de Jesús (Mt. 28:2).

En el libro de Apocalipsis, se describen terremotos de gran magnitud en siete ocasiones: Ap. 6:12; 8:5; 11:13, 19; 16:18, 18). Estos terremotos desempeñan un papel importante como parte de los juicios divinos y las convulsiones cósmicas durante los eventos apocalípticos. Están estrechamente relacionados con el juicio en el libro de Apocalipsis. Cada una de las tres series de siete juicios: sellos, trompetas y copas, respectivamente, finaliza con un terremoto (Ap. 6:12; 11:19; 16:18). Muchos estudiosos creen que, al final de cada serie de juicios, se muestra al lector el desenlace de la historia.

En Apocalipsis 6:10, se describe un terremoto mencionado en el sexto sello (Ap. 6:12-14) como parte del juicio de Dios sobre las fuerzas del mal. Además, Apocalipsis 8:2-5 parece reforzar la respuesta de juicio de Dios en respuesta a las oraciones de sus redimidos. Tras la ascensión al cielo de los dos testigos en el capítulo 11, un fuerte terremoto mata a siete mil personas, dejando aterrorizados a los sobrevivientes y dando gloria a Dios (Ap. 11:13). Cuando el séptimo ángel hace sonar su trompeta, el lector es transportado una vez más al final y la consumación del reino de Dios (Ap. 11:15-19).

El derramamiento de la séptima copa en Apocalipsis 16 también coincide con el último de los cuatro "pasajes tormentosos" (Ap. 4:5; 8:5; 11:19; 16:18). El propósito de este pasaje es resaltar que el séptimo ángel derrama su copa sobre el aire, y desde el trono proviene una gran voz que dice: "¡Hecho está!". Luego siguen relámpagos, estruendos, truenos y un fuerte terremoto. Este terremoto es descrito como el más grande que ha ocurrido desde que el hombre está en la tierra, tan tremendo fue el sismo. La gran ciudad se divide en tres partes y las ciudades de las naciones se derrumban. Dios se acuerda de Babilonia, la Grande, y le da la copa llena del vino de su ira. Cada isla huye y las montañas no se pueden encontrar. Del cielo caen enormes granizos de alrededor de cien libras cada uno sobre los hombres, y maldicen a Dios a causa de la plaga de granizo, porque es muy terrible (Ap. 16:17-20), (ver **Discurso de los olivos, Juicio, Ira de Dios**).

En resumen: los terremotos desempeñan un papel significativo en el libro de Apocalipsis como parte de los juicios divinos y las convulsiones cósmicas asociadas con el fin de los tiempos. Están conectados con el juicio de Dios y se describen en momentos clave, como el sexto sello, la ascensión de los testigos, el séptimo ángel y el derramamiento de la séptima copa. Representan el colapso de los poderes terrenales y la intervención divina y la consumación del reino de Dios según la visión apocalíptica.

TESALONICENSES, 1 Y 2

Los exegetas declaran por unanimidad que las dos cartas a los tesalonicenses son los escritos más antiguos que posee la Iglesia cristiana. Su autor es Pablo, en la segunda carta (1:1) colaboran en la redacción Silvano y Timoteo. Fueron redactadas durante el segundo viaje misionero entre los años 49-51 d.C., después de haber dejado la región judía para dirigirse hacia los gentiles, motivado por una visión en la que un varón macedonio le pedía que predicara el evangelio. Los destinatarios de estas epístolas son los creyentes de Tesalónica (P. Millos).

La fundación de la Iglesia de Tesalónica se narra en Hechos 15:40; 16:1-3. La ciudad de Tesalónica, era la capital de la antigua provincia de Macedonia que corresponde a la actual Grecia. Esta ciudad contaba con una población de aproximadamente 200 000 habitantes. Una vez allí, Pablo y Silas comenzaron a predicar el evangelio en la sinagoga local. La sinagoga era un lugar de reunión para los judíos, pero también asistían personas llamadas "temerosos de Dios", que eran gentiles creyentes en el Dios de Israel, aunque no estaban circuncidados según la tradición judía (Hch. 17:4). La predicación de Pablo y Silas en la sinagoga de Tesalónica fue un evento significativo, ya que tuvo un impacto importante en la fundación de la iglesia en esa ciudad. A través de su enseñanza y testimonio, muchos judíos y gentiles se convirtieron al cristianismo. Estos nuevos creyentes formaron la base de la comunidad cristiana en Tesalónica, que posteriormente se convirtió en una iglesia floreciente y activa en el contexto del mundo antiguo.

En la primera epístola a los tesalonicenses, se abordan diversos temas relacionados con la escatología, tanto antes como después de la venida de Cristo. Se menciona la espera sufrida de los creyentes por la venida de Jesús, el Hijo de Dios (1 Ts. 1:10). También se trata el tema de la muerte física y lo que sucede después de ella, abordando la desesperanza de los incrédulos y la esperanza de los creyentes en la resurrección de los muertos, la Segunda venida de Cristo, el arrebatamiento y la transformación del cuerpo físico de los creyentes vivos que permanezcan hasta el retorno del Señor. Estos temas se tratan específicamente en el texto de 1 Ts. 4:13-18.

En el v. 14, Pablo responde primero a los creyentes vivos que aún tenían dudas acerca de lo que sucedería con sus seres queridos fallecidos que habían creído en Cristo. Les asegura que, al igual que los cristianos creen que Jesús murió y resucitó, también deben creer en la promesa de que Dios resucitará a aquellos que murieron creyendo en Él junto con Jesús. Además, amplía la explicación de cómo ocurrirá este evento extraordinario y, además, les revela que aquellos que estén vivos cuando el Señor regrese no experimentarán la muerte física, sino que serán arrebatados a las nubes y transformados para estar con el Señor en un cuerpo glorificado (v. 17). También les explica que, al mismo tiempo que Cristo regrese, los muertos en Cristo resucitarán primero, venciendo así la muerte y el sepulcro, y ascenderán gozosos junto con los creyentes vivos transformados. Pablo les dice que esta es la bienaventurada esperanza tanto para los vivos como para los muertos en Cristo (vv. 15-16). Asimismo, expresa su deseo de que los creyentes sean santificados en todo su ser, es decir, en su alma, cuerpo y espíritu, para la Segunda venida de Cristo (1 Ts. 5:23).

En 2 Tesalonicenses, Pablo vuelve a abordar temas escatológicos relacionados con el descanso del sufrimiento después de la manifestación gloriosa de Cristo, conocida como la *Parousía*. Describe la venida de Cristo desde el cielo, acompañado de sus poderosos ángeles y rodeado de llamas de fuego, con el propósito de castigar con juicio y condenación a aquellos que no conocieron a Dios y no obedecieron el evangelio de nuestro Señor Jesucristo (2 Ts. 1:8).

Pablo también habla sobre la venida del Señor en el capítulo 2, enseñando que no está cerca, como algunos piensan, y advirtiendo a los creyentes que no se dejen engañar por ninguna palabra, ya sea una profecía, una predicación o una carta, que les asegure que la venida del Señor ya ha ocurrido. Les explica que antes de la *Parousía*, debe venir la apostasía, es decir, un alejamiento de la fe, y que también se manifieste el hombre de pecado, conocido como el hijo de perdición (v. 3). Pablo describe algunas características y formas de actuar de este inicuo, quien se opone y se enfrenta a todo lo que se llama Dios, convirtiéndose así en un anticristo y oponiéndose a todo lo que es objeto de culto. Además, se menciona que este hombre de pecado se sienta sobre el templo de Dios, aunque existen diversas interpretaciones sobre esta declaración. Algunas interpretaciones sugieren que el hombre de pecado es el anticristo y se refiere a su gobierno sobre un templo físico reconstruido, mientras que otras interpretaciones sostienen que el templo de Dios es la Iglesia (1 Co. 3:16, 17; 6:19; 9:13; 2 Co. 6:16; Ef. 2:21; cf. 2 Ti. 1:14), y se refiere a la influencia del inicuo sobre los creyentes como templos del Dios viviente. También se menciona el misterio de la iniquidad que ya está en acción y que junto con el hombre de pecado y Satanás mismo realizará señales y prodigios engañosos, pero serán finalmente derrotados por el Señor en su Segunda venida, cuando regrese con todo su resplandor, poder y gloria (2 Ts. 2:8).

Uno de los pasajes escatológicos más destacados se encuentra en 1 Ts. 4:13-18. En este pasaje, se mencionan las doctrinas centrales de la resurrección de los muertos, el arrebatamiento y la Segunda venida de Cristo. Las diversas posturas escatológicas difieren en la interpretación de este texto.

Los pretribulacionistas utilizan este pasaje como respaldo a su punto de vista de que el rapto sacará a la Iglesia de este mundo antes de la Gran Tribulación. Según esta perspectiva, se hace una distinción entre 1 Ts. 4:13-17, donde ocurre el éxtasis secreto antes de la manifestación de las señales de los tiempos, y 1 Ts. 5:1-11 y 2 Tes 1-2 que son las señales de los tiempos inmediatamente anteriores a la Segunda venida pública de Cristo. Los pretribulacionistas sostienen que la Iglesia será llevada al cielo mediante la venida secreta de Cristo (1 Ts. 4), después de lo cual comenzarán las señales de los tiempos y la Gran Tribulación, culminando en la Segunda venida visible y gloriosa de Cristo (1 Ts. 5:1-11; 2 Ts. 1-2). En resumen: los pretribulacionistas postulan una doble venida de Cristo: un rapto secreto (1 Ts. 4:13-17) y la Parusía (1 Ts. 5:1-11; 2 Ts. 2-3).

Los midtribulacionistas también se apoyan en este texto y ven que la Iglesia sufrirá la primera mitad de la Tribulación, pero será arrebatada al cielo antes del ataque de la Gran Tribulación.

Los postribulacionistas argumentan que la Iglesia sufrirá toda la Gran Tribulación, pero que Dios preservará a su pueblo a través de ese tiempo. Los postribulacionistas, y en cierta medida los midtribulacionistas, argumentan que 1 Ts. 4:13-17 está conectado de manera innegable con 1 Ts. 5:1-11, 2 Ts. 2-3 y Mt. 24. Es decir, consideran que estos pasajes se refieren al mismo evento, siendo el rapto y la Segunda venida una misma cosa. Los postribulacionistas señalan los paralelos entre el Discurso de los Olivos en Mt. 24 y 1-2 Tesalonicenses como evidencia de esta conexión. Además, argumentan que 2 Ts. 2-3 no está diseñado para proporcionar una lista de eventos previos al Día del Señor, sino que estos capítulos sirven como prueba de que la Segunda venida de Cristo aún no ha ocurrido. Por otro lado, también destacan que 1 Ts. 4-5 no enseña que el Día del Señor vendrá sin las correspondientes señales de los tiempos, sino más bien que vendrá repentinamente sobre los no cristianos (Gálvez).

Las dos cartas a los tesalonicenses en sus ochos capítulos, 5 y 3, respectivamente, tratan varios temas proféticos y escatológicos. La 1ª carta tiene 89 versículos, de los cuales 16 son de carácter profético escatológico con un total de 9 predicciones específicas. La 2ª carta tiene tan solo 47 versículos, de los cuales 19 son de tipo profético escatológico con 12 predicciones (BDMPE), (ver **Rapto secreto**; **Arrebatamiento**; **Gran Tribulación**; **Segunda venida**; **Premilenarismo pretribulacional**; **Premilenarismo medio tribulación**; **Premilenarismo postribulación**; **Traslados/tribulación**).

THEOSIS

La doctrina de la *theosis* de la Iglesia antigua intentó penetrar en ellos mirando la vida del Cristo resucitado y transfigurado. Y estos pensamientos no resultan insólitos (Moltmann, El futuro, 1979).

La theosis es una antigua doctrina, se enseña primero en la región oriental y luego en la occidental. Enseña que el hombre participa de la naturaleza divina. La palabra *theōsis* es una transliteración de una palabra griega, significa deificación. Esa participación de la naturaleza divina es por medio de la vida de Dios en Cristo recibida por el creyente. Es la adquisición de la salvación por la unión con Dios. Algunos teólogos contemporáneos la han señalado de herejía. Pero otros exegetas y teólogos afirman que hay conceptos y palabras en el Nuevo Testamento que son sinónimas y describen la *theōsis* como adopción, redención, herencia, glorificación, santidad y perfección. Es en Jesucristo, por medio de la fe, por gracia, y por la acción del Espíritu Santo, que se recibe la *theōsis*. Es un acto del amor increado e infinito de Dios. Comienza aquí en la tierra por medio del nuevo nacimiento y avanza en una progresión abierta sin interrupciones a través de toda la eternidad. Afirman también que esa enseñanza era creída en la Iglesia del principio, en la época apostólica.

La consumación de la *theōsis* acontecerá en la resurrección del creyente. Pero aquí en la tierra comienza cuando el pecador y el pagano se vuelven a Dios. Desde ya es derrotado el poder del pecado, del mundo y de Satanás por la muerte y la resurrección de Cristo.

Es interesante que Lutero retome la doctrina antigua de la theosis a tal grado que la expresión clásica de la theosis aparezca en mayor número de pasajes de sus escritos que su fórmula predilecta *theologia crucis*, como eje central de su hermenéutica para la interpretación de las doctrinas. De ahí la consideración del grado de importancia atribuido a la doctrina de la deificación de parte de Lutero. "Feliz intercambio entre las naturalezas humana y divina", "la unión entre Cristo y el cristiano por las virtudes de la fe, el amor y la esperanza", "la fuerza de la fe cristiana que se manifiesta en la capacidad de hacer presente a Cristo en el creyente", son expresiones que reflejan la enseñanza luterana de la theosis (Gálvez).

TIATIRA

Del gr. 2363 Θυάτειρα, *Thyateíra*. La ciudad de Tiatira, ubicada en Asia Menor en los límites de Lidia y Misia, corresponde actualmente a Turquía. Esta ciudad era conocida por su adoración al dios Tyrimnos, quien representaba al sol. Con el tiempo, esta adoración se transformó en el culto al emperador. Tiatira también era reconocida por su destacada producción de tintes. Fue en esta ciudad donde nació Lidia, una mujer comerciante de púrpura que se convirtió en una fiel creyente (Hch. 16:14).

El mensaje a la iglesia de Tiatira se encuentra en Apocalipsis 2:18-29. Jesús se presenta como aquel que posee "ojos como llama de fuego, que todo lo ve, y pies firmes y limpios semejantes al bronce bruñido". Su propósito es transmitir un mensaje de amor que incluye represión para la Iglesia de Tiatira (v. 18). En primer lugar, Jesús elogia a la iglesia al reconocer y valorar sus obras de amor, fe, servicio y paciencia (Hupone). Además, destaca que está al tanto de la calidad de sus obras posteriores, las cuales son superiores a las primeras. Utiliza la metáfora empleada por el apóstol Pablo para describir la construcción de la iglesia, donde las obras duraderas son comparadas con el oro, la plata y las piedras preciosas, en contraste con los materiales efímeros como la paja, el heno y la hojarasca (v. 19). Sin embargo, Jesús también reprende a la iglesia por tolerar a una falsa profetisa y seductora llamada Jezabel. Esta mujer incita a los siervos del Señor a participar en inmoralidad sexual y perversión idolátrica, como comer de los alimentos sacrificados a los ídolos (v. 20).

Después de reprender a la iglesia de Tiatira por tolerar la enseñanza errónea y las prácticas inmorales promovidas por Jezabel, Jesús ofrece otro elogio a aquellos que se han mantenido fieles. Les promete recompensas y les asegura que no les impondrá ninguna otra carga. Solo les pide que retengan con firmeza lo que ya tienen hasta su regreso. Además, aquellos que salgan victoriosos y sigan cumpliendo Su voluntad hasta el final recibirán autoridad sobre las naciones y serán poseedores de la "estrella de la mañana", una referencia a Números 24:17, que alude al Mesías. La "Estrella de la Mañana" puede simbolizar la promesa de la Segunda venida del Mesías en poder y gloria, cuando todos los reinos terrenales, así como las alianzas entre iglesia y estado que se han corrompido (como sucedió en Tiatira) junto con sus instrumentos de tortura y persecución, serán eliminados. En esta carta a la iglesia de Tiatira, Jesús se dirige a una congregación donde la tolerancia ha evolucionado hacia un rechazo abierto de Jesús y Su Palabra, y donde el mal tiene un dominio absoluto, manifestándose en la persecución constante de los santos. No obstante, Jesús hace una distinción entre la institución corrupta de la iglesia de Tiatira y la perseverancia de los santos individuales dentro de ella. Incluso en una iglesia decadente, Dios tiene a aquellos que le pertenecen, un remanente que no ha cedido ante las seducciones de la falsa profetiza Jezabel, similar a los 7000 que no se arrodillaron ante Baal en los días de Jezabel en el AT (Gálvez), (ver **Siete iglesias del Apocalipsis**).

TIEMPOS DE LOS GENTILES

La perspectiva profética y escatológica del tiempo de los gentiles se refiere a un período específico en el plan de Dios para las naciones no judías. Esta perspectiva se basa en varios pasajes bíblicos, especialmente en las enseñanzas de Jesús y los apóstoles. En Lucas 21:24, en el Discurso del Monte de los Olivos, Jesús habla del tiempo de los gentiles cuando dice: "Jerusalén será pisoteada por los gentiles, hasta que los tiempos de los gentiles se cumplan". Esta declaración de Jesús se refiere a un período de tiempo en el que Jerusalén estaría bajo la dominación y opresión de las naciones no judías.

En la perspectiva escatológica, de acuerdo con algunas posturas, se entiende que el tiempo de los gentiles comenzó con la destrucción de Jerusalén en el año 70 d.C. por el Imperio romano, y se extenderá hasta el retorno y la restauración final de Jesucristo (Hch. 1:6-7). Durante este tiempo, las naciones no judías tendrán un papel significativo en los eventos mundiales y en el cumplimiento de los propósitos de Dios.

En Romanos 11, el apóstol Pablo también habla del tiempo de los gentiles en el contexto de la relación entre los judíos y los gentiles en el plan de salvación. Pablo describe cómo los judíos, en su mayoría, han rechazado a Jesús como el Mesías, lo que ha llevado a que los gentiles sean injertados en el pueblo de Dios. Sin embargo, Pablo también enseña que en el futuro habrá un tiempo de restauración para Israel, cuando un remanente judío también abrace a Jesús como el Mesías.

En términos generales, la perspectiva profética y escatológica del tiempo de los gentiles sostiene que las naciones no judías jugarán un papel importante en los eventos finales de la historia, pero también se espera una restauración y un cumplimiento final de las promesas de Dios para Israel. Esta perspectiva está relacionada con la idea de la plenitud de los gentiles, mencionada por Pablo en Romanos 11:25, que indica que en algún momento se completará el número de los gentiles que serán salvos, y se abrirá el camino para la restauración de Israel. Se cree que Pablo declara en Romanos 11 que la conversión de los gentiles al cristianismo tiene la intención de despertar a Israel a celos para reclamar a su Mesías, a quien una vez ha rechazado (Gálvez).

TIERRA

La tierra como creación
Al principio, Dios creó los cielos y la tierra (Gn. 1:1). Luego, el Señor preparó un jardín llamado Edén para la primera pareja humana. Les dio instrucciones para que se multiplicaran, llenaran la tierra y la gobernaran, incluyendo a todas las criaturas marinas, aves y animales terrestres (Gn. 1:28). Pero,

debido al pecado de Eva y Adán, la tierra fue afectada por una maldición. El Señor comunicó a Adán las consecuencias de su desafortunada elección. Le advirtió que, como resultado de haber obedecido a su esposa y haber comido del árbol prohibido, enfrentaría grandes dificultades para obtener alimentos de la tierra (Gn. 3:17). Además, debido al pecado que se extendió a toda la humanidad, los descendientes de Adán, incluidos los patriarcas, fueron esclavizados en Egipto. En ese contexto, Dios llamó a Moisés desde el desierto y lo envió para liberar a su pueblo del Imperio egipcio y llevarlos a la tierra prometida, una tierra que fluía con leche y miel (Éx. 33).

La tierra como heredad: la tierra prometida

La promesa de la tierra prometida fue inicialmente dada a Abraham, junto con otras bendiciones que serían para el pueblo de Israel y también para todas las naciones. Esta promesa de una tierra para los descendientes de Abraham es un tema central que impulsa la historia de Israel. En el libro de Deuteronomio, Dios declara repetidamente que está otorgando a Israel la tierra, una tierra buena y abundante en bendiciones. También promete que Él morará en medio de ellos en la Tierra Prometida. La palabra "tierra" aparece en Deuteronomio más de 125 veces. Gran parte del Pacto mosaico se centra en cómo Israel debe vivir en la Tierra Prometida con la presencia de Dios en medio de ellos. Este pacto describe cómo Israel puede recibir numerosas bendiciones asociadas con la presencia de Dios en la tierra. Además, la tierra se ofrece a Israel como la herencia de Dios, ya que ellos son su pueblo y sus hijos. De hecho, su posesión de la tierra desempeña un papel importante en la definición de su relación con Dios, ya que Él se la ha otorgado como herencia.

En Deuteronomio 28, Dios resume los términos del Pacto mosaico. Si los israelitas obedecen la ley de Dios y se mantienen fieles, serán abundantemente bendecidos en la tierra. Sin embargo, si se apartan del verdadero Dios y adoran a otras deidades, experimentarán juicio y maldiciones. Dios advierte que, en última instancia, tal desobediencia puede resultar en la pérdida de la tierra y la relación basada en la presencia divina en ella.

El destierro en la tierra prometida

Desafortunadamente, tanto Israel como Judá desobedecieron al Señor, se apartaron de Él y cayeron en la idolatría al adorar a otros dioses, tal como habían pronosticado los profetas siervos de Dios. Como consecuencia de su desobediencia, experimentaron la pérdida de la tierra prometida y el destierro de su tierra ancestral.

Los libros de 1 y 2 Reyes, junto con los libros proféticos, registran detalladamente el período del destierro. Durante este tiempo, el reino de Israel fue conquistado por Asiria en el año 722 a.C., y muchos israelitas fueron llevados cautivos a otras tierras. Posteriormente, el reino de Judá fue invadido y derrotado por Babilonia en el año 586 a.C., y una gran cantidad de judíos fueron llevados al exilio en Babilonia (Schökel). Durante el destierro, la vida del pueblo judío se vio profundamente afectada. Fueron separados de su tierra, su templo en Jerusalén fue destruido y se vieron obligados a vivir en una tierra extranjera, lejos de su hogar y de las promesas de Dios. Sin embargo, incluso en medio de la dificultad y el sufrimiento, hubo profetas como Jeremías y Ezequiel que llevaron el mensaje de esperanza y restauración, recordando al pueblo de Israel la fidelidad de Dios y la promesa de un regreso a la tierra prometida. El destierro en la tierra prometida se convirtió en un tiempo de aprendizaje y purificación para el pueblo judío. Durante el exilio, se enfrentaron a las consecuencias de su desobediencia y tuvieron la oportunidad de reflexionar sobre su relación con Dios. A través de los profetas, Dios les recordó su amor, su justicia y su deseo de restaurarlos.

Eventualmente, como se registra en los libros de Esdras y Nehemías, un remanente de los exiliados fue permitido por el rey persa Ciro a regresar a Jerusalén y reconstruir el templo y las murallas de la ciudad. Este regreso marcó el comienzo de la restauración del pueblo judío en la tierra prometida y el inicio de un período de renovación espiritual y reconstrucción.

La restauración relacionada con la era mesiánica

Las profecías del AT anuncian el regreso del exilio de una parte del pueblo de Dios después del juicio y el destierro. Estas profecías hablan de un tiempo glorioso de bendición y restauración que está relacionado con las profecías del reino mesiánico. Aunque algunos judíos regresaron a Israel después del exilio bajo Esdras y Nehemías, la Biblia deja claro que este regreso y reconstrucción, aunque significativos, no fue el glorioso regreso y restauración a la tierra que los profetas proclamaron.

Los judíos que regresaron después del exilio todavía vivían bajo dominación extranjera y no tenían un rey de la línea de David. A nivel económico y político, enfrentaban numerosos desafíos y estaban lejos de experimentar el glorioso reino terrenal descrito por los profetas.

Existen diferentes interpretaciones eruditas sobre cómo entender las profecías del Antiguo Testamento con respecto a la futura restauración de Israel en la tierra. Los defensores de la perspectiva Premilenial dispensacional sostienen que estas profecías deben ser interpretadas de manera literal. Por lo tanto, creen que, durante el reinado milenario de Cristo en la tierra, Israel será restablecido y bendecido en la tierra de Palestina, su tierra ancestral. Según esta perspectiva, Jerusalén será reconstruida y habrá un templo terrenal donde se llevarán a cabo las ceremonias religiosas.

Es importante tener en cuenta que estas interpretaciones varían y son objeto de debate entre los estudiosos y teólogos. Hay otras perspectivas teológicas que interpretan las profecías de manera simbólica o espiritual, considerando que el cumplimiento de las promesas de Dios a Israel se encuentra en la Iglesia y en el reino espiritual de Cristo.

La promesa de la tierra y la relación con la promesa abrahámica en el NT

El Nuevo Testamento aborda los temas de la tierra y el "Reino de Dios" en una estrecha conexión. Estos temas son especialmente tratados en los evangelios, lo que ha llevado a algunos a señalar que la idea de "reino" implica la posesión de la tierra. Además, algunos autores ven una conexión en ciertos pasajes de los escritos de Pablo que hablan sobre las promesas hechas a Abraham, y que involucran la posesión de la tierra por parte de los israelitas y los judíos en el Antiguo Testamento. Las reflexiones de Pablo sobre Abraham en Romanos 4 y Gálatas 3 no pueden ser completamente separadas de la tierra prometida, según Brueggemann.

Por otro lado, la postura postmilenial rechaza las interpretaciones premilenialistas y afirma que Pablo ve el cumplimiento del Pacto abrahámico a través de Cristo con relación a la salvación de los gentiles: "todas las naciones serán bendecidas". En Gálatas 3:14, Pablo vincula las bendiciones prometidas a Abraham con el don del Espíritu para los gentiles. La tierra en el AT estaba conexa con la presencia y la relación con Dios, y aquí en Gálatas, Pablo parece relacionarla con el cumplimiento de la promesa dada a Abraham mediante la morada del Espíritu, que es un tema central en el NT en lo que respecta a la relación con Dios y la experiencia de su presencia en la Iglesia a través del Espíritu Santo.

La promesa escatológica de una nueva tierra

El libro de Apocalipsis, en los capítulos 21 y 22, revela la promesa escatológica de una nueva tierra. En estas visiones, el Señor muestra el futuro definitivo de la tierra, donde se creará una nueva realidad: "Vi un cielo nuevo y una tierra nueva, porque el primer cielo y la primera tierra habían pasado, y el mar ya no existía" (Ap. 21:1). Esta visión representa el cumplimiento final del plan de Dios para la restauración y renovación de toda la creación: "Y el que estaba sentado en el trono dijo: he aquí yo hago nuevas todas las cosas" (Ap. 21:5), (ver **Nueva creación**).

El libro de Apocalipsis describe la visión de Juan acerca de la nueva Jerusalén, una ciudad celestial que desciende del cielo. En esta ciudad, Dios mora con su pueblo y todas las cosas son renovadas y restauradas. Es un lugar de completa comunión con Dios, donde no hay más dolor, muerte ni sufrimiento: "Enjugará Dios toda lágrima de los ojos de ellos; y ya no habrá muerte, ni habrá más llanto, ni clamor, ni dolor; porque las primeras cosas pasaron" (Ap. 21:4). La visión continúa describiendo la belleza y la gloria de la ciudad celestial, con sus murallas, puertas de perlas y calles de oro puro. En el centro de la ciudad se encuentra el trono de Dios y del Cordero, y su luz ilumina todo el lugar. No hay templo en la ciudad, porque la presencia de Dios y del Cordero es su templo. Además, el río de agua de vida fluye desde el trono de Dios, y el árbol de la vida está presente y ofrece su fruto para la sanidad de las naciones. No hay maldición en esta nueva tierra, y los siervos de Dios reinan con Él por toda la eternidad.

La promesa de una nueva tierra en el libro de Apocalipsis muestra la consumación final del plan redentor de Dios. Es el cumplimiento definitivo de las promesas del AT de restauración, renovación y reconciliación de todas las cosas en Cristo. Esta visión nos llena de esperanza y nos motiva a vivir en anticipación de la venida del reino de Dios, donde experimentaremos la plenitud de su presencia y el gozo eterno en la nueva tierra (Gálvez).

TIMOTEO, 1 Y 2

Autor: Pablo, según la postura exegética conservadora. La postura crítica liberal heredada del siglo diecinueve, iniciada por F. Schleirmacher, que descartó la autoría de Pablo de 1 Timoteo. Secundado por F. C. Baur en su obra sobre las Epístolas Pastorales (Stuttgart y Tübingen, 1835), afirmó que las tres cartas (incluida la carta a Tito) debían ser consideradas como literatura pseudoepigráfica. Esta perspectiva logró muchos discípulos entusiastas en la Escuela de Tubinga que de inmediato la acogieron, y hasta hoy en día es aceptada por muchos (Hendriksen, 2006).

Hendriksen refuta con precisión y audacia exegética, bíblica y teológica, uno a uno, todos los argumentos de estilo, gramática, palabras nuevas, enfoques doctrinales que, según ellos, son diferentes en las otras cartas del apóstol Pablo y, por lo tanto, no es el autor. Y concluye, igualmente, con una serie de argumentos sólidos que demuestran que el autor es Pablo. Hay evidencias internas de la autoría de Pablo: 1 Ti. 1:12-13; 2 Ti. 3:10; 4:10-11, 19-20).

Destinatario: Timoteo y Tito. Timoteo era una persona muy notable. Su nombre significa "honrar o adorar a dios", originalmente un nombre pagano muy común que era adoptado por judíos y cristianos con cambio de referencia, esto es, a su Dios.

Trasfondo histórico y fecha: Hendriksen establece que la evidencia histórica apunta en dirección a que Pablo fue liberado de su primer encarcelamiento en Roma, el resto del itinerario es incierto, pero afirma que fueron escritas alrededor del año 63. Pablo, recientemente alejado de Éfeso, donde había dejado a Timoteo, y estando ahora en Macedonia (1 Ti. 1:3), le dice a Timoteo cómo administrar los asuntos de la iglesia.

Temática: en general, son instrucciones de carácter pastoral, liderazgo, espiritualidad, de recta doctrina, rechazo a las falsas enseñanzas y algunos temas proféticos y escatológicos.

Perspectiva profética y escatológica: 1ª Timoteo tiene textos proféticos y escatológicos. Menciona el vocablo *profecías* en el contexto de lo que fue predicho a Timoteo (1 Ti. 1:18) y lo reitera en 1 Ti. 4:14, ampliando que esa profecía la recibió cuando le impusieron manos en el presbiterio. Pablo declara que las instrucciones que se le dan a Timoteo están en perfecta consonancia con las profecías que se han pronunciado sobre su vida. Estas profecías que, probablemente, fueron transmitidas por palabras de sabiduría y conocimiento profetizando el papel significativo que Timoteo desempeñará en el futuro. De esta manera, se revela que Timoteo está llamado a cumplir un destino especial y que su vida ha sido objeto de atención y pronóstico. Pablo agrega que, si Timoteo sigue fielmente las instrucciones y se adhiere a ellas, se convertirá en un valioso soldado. Esta analogía militar sugiere que Timoteo enfrentará desafíos y batallas en su camino, y que su obediencia a las instrucciones recibidas será crucial para su éxito. Al compararlo con un "buen soldado que sabe pelear", se destaca la importancia de la disciplina, la valentía y la habilidad para enfrentar los obstáculos que se le presenten (1 Ti. 1:18).

Las frases "*...el espíritu dice claramente que, en los últimos tiempos, prohibirá casarse y abstenerse de alimentos que Dios creó...*" (1 Ti. 4:1-3), es una declaración profética. En este texto, el autor está advirtiendo sobre un fenómeno que ocurrirá en los últimos tiempos. El Espíritu Santo ha revelado claramente que algunas personas abandonarán su confianza en Dios. Estas personas serán engañadas por espíritus mentirosos y seguirán enseñanzas provenientes de demonios. Pablo describe a aquellos que engañarán a estas personas como hipócritas y mentirosos, incapaces de experimentar vergüenza o remordimiento por sus acciones. Estas personas impondrán prohibiciones sobre el matrimonio y ciertos alimentos, estableciendo reglas y restricciones que van en contra de la voluntad de Dios. Pablo critica la imposición herética y diabólica de reglas y prohibiciones arbitrarias sobre la comida y el matrimonio, en los tiempos finales, y afirma la importancia de confiar en Dios y seguir su verdad.

También habla sobre la *Parousia* (1 Ti. 6:14-16). En este pasaje Pablo exhorta a Timoteo a que guarde el mandamiento de manera impecable y sin reproche hasta la venida de nuestro Señor Jesucristo. Le insta a mantenerse fiel y obediente a los mandatos y enseñanzas de Dios hasta que Jesús regrese en su Segunda venida. Resalta que, en el tiempo apropiado, la aparición de Jesucristo revelará al bienaventurado y único Soberano, quien es el Rey de reyes y el Señor de señores. Esta descripción resalta la magnificencia y supremacía de Jesucristo sobre todos los demás poderes y autoridades terrenales. Agrega que este único Soberano es inmortal y reside en una luz inaccesible. Esta alusión a la luz inaccesible sugiere la pureza, santidad y divinidad de Jesucristo, así como su inaccesibilidad para los seres humanos en su forma celestial. Además, Pablo señala que nadie ha visto a este Ser ni puede verlo, subrayando su trascendencia y misterio.

2ª Timoteo, aunque es más corta en extensión, posee más temas escatológicos que la 1ª. Tales temas los hemos escrito en itálica.

Pablo habla en los vv. 1:9-10 sobre la naturaleza de nuestra salvación y nuestro llamado por gracia y con un propósito divino. Es un acto de amor y misericordia divina inmerecido hacia nosotros. Pablo señala que esta gracia y propósito de Dios se manifestaron en *la aparición de Jesucristo*, nuestro Salvador. Jesús vino al mundo para cumplir un papel fundamental en nuestra redención. *Él abolió la muerte a través de su sacrificio en la cruz y reveló la vida eterna y la inmortalidad*. En otras palabras, Jesús nos trajo la esperanza de *una vida más allá de la muerte* y la oportunidad de tener una relación eterna con Dios. El evangelio es el medio por el cual se revela esta salvación y se ofrece a la humanidad.

"Guardar mi deposito para aquel día" (2 Ti. 1:12b). En esa expresión, Pablo mira hacia el futuro y tiene la seguridad de que Dios guardará su depósito hasta "aquel día". Este día puede hacer referencia a la Segunda venida de Jesucristo o al día del juicio final. El autor confía en que Dios será fiel y preservará lo que le ha sido encomendado hasta ese momento.

En 2 Timoteo 2:10-11, Pablo afirma que su actitud de soportar todo por amor a los escogidos se basa en una palabra fiel, es decir, en una verdad confiable. Él reconoce que, *si morimos con Cristo, también viviremos con él*. Esta declaración implica *la idea de identificación con Jesús en su muerte y resurrección*. Al identificarse con Cristo, el autor espera experimentar la vida eterna y la gloria que viene con ella.

En 2 Timoteo 2:18-19, Pablo menciona a dos personas específicas, Himeneo y Fileto, los cuales se han desviado de la verdad y están propagando una enseñanza errónea. Afirman que *la resurrección* ya ha tenido lugar. Esta creencia contradice la enseñanza cristiana tradicional de que la resurrección ocurrirá en el futuro, en la venida de Jesucristo y el día final. Al afirmar que la resurrección ya ha ocurrido, están distorsionando y trastornando la fe de algunas personas. Pablo les dice, además, que no teman porque "el Señor conoce a los que son suyos".

En 2 Timoteo 3:1-4, Pablo advierte sobre las características y actitudes que prevalecerán *en los últimos días*, refiriéndose a un tiempo futuro de dificultades. Enumera una serie de comportamientos negativos y pecaminosos que estarán presentes en las personas: amadores de sí mismos, avaros, jactanciosos, soberbios, blasfemos, desobedientes a los padres, ingratos, irreverentes, sin amor, implacables, calumniadores, desenfrenados, salvajes, aborrecedores de lo bueno, traidores, impetuosos, envanecidos, amadores de los placeres en vez de amadores de Dios. Estas actitudes egoístas, codiciosas y desobedientes a Dios causarán dificultades y desafíos en la sociedad. Es un llamado a estar alerta y no sucumbir a estas influencias negativas, sino mantener una vida enfocada en amar y seguir a Dios.

En 2 Timoteo 4:1, Pablo hace un encargo solemne a Timoteo en la presencia de Dios y de Cristo Jesús, reconociendo la autoridad y el poder de ambos. Destaca que Cristo Jesús será el juez de los vivos y de los muertos en su manifestación y en su reino. Este encargo se presenta como una declaración seria y de gran importancia. Al dirigirse a Dios y a Cristo Jesús, el autor reconoce su autoridad suprema y su papel como juez final de toda la humanidad, tanto de aquellos que están vivos en el momento presente como de aquellos que han fallecido.

La mención acerca de la manifestación de Cristo se refiere a su regreso o aparición pública en el futuro, cuando se revele plenamente en su gloria y poder. En ese momento, él llevará a cabo el juicio final, evaluando las acciones y los corazones de todas las personas. La mención del reino de Cristo señala que él tiene un dominio y una autoridad absoluta sobre todas las cosas. Su reino es el reinado de Dios en la tierra, donde su voluntad prevalece en todos los aspectos de la vida.

Finalmente, en 2 Timoteo 4:18, la declaración de Pablo expresa su confianza y fe en la protección y cuidado de Dios. Él afirma que el Señor lo librará de toda obra mala, lo que significa que Dios lo protegerá de cualquier mal o peligro al que pueda enfrentarse. Además, Pablo expresa su certeza de que el Señor lo llevará a salvo a Su reino celestial, haciendo referencia a la vida eterna y la presencia de Dios en el más allá. Este reino celestial se refiere al Reino del Dios trino, que existe en una esfera celeste y espiritual, no terrenal. Dios es y será reconocido como el Rey Soberano, el Rey de reyes y el Señor de señores por toda la eternidad. La declaración finaliza con una expresión de alabanza: "A Él sea la gloria por los siglos de los siglos", y concluye con un "Amén", que significa "¡Así sea!" (Gálvez).

TIPOLOGÍA

"Relación entre dos elementos de los cuales el primero (tipo) prefigura y anuncia el segundo (antitipo), la tipología bíblica tiene como fundamento una conexión histórica" (Schökel).

El AT desemboca en el NT como parte de un continuo relato de la historia de la salvación. Lo prometido en el Antiguo se cumple en el Nuevo. Esto se puede lograr a través de la palabra profética o a través de acción/evento. El uso de acción/evento profético para predecir o presagiar acciones/eventos futuros implica tipología. La tipología es parte del cumplimiento de la promesa, esquema que conecta los dos Testamentos juntos.

La interpretación tipológica del AT es diferente de la alegorización de un texto, porque el primero se restringe al significado pretendido por el autor original mientras que el último lee cosas en el Antiguo Testamento (generalmente en conexión con la profecía mesiánica) no inicialmente destinado. Cabe señalar, por supuesto, que los autores del AT pueden no haber comprendido siempre plenamente el cumplimiento a largo plazo de sus profecías. Por ejemplo, el Salmo 22 revela las pruebas y tribulaciones del rey David, que más tarde son vistos por los autores del NT como aplicables a la crucifixión de Cristo (ver la cita del Sal. 22:18 en Mt. 27:34-38; Mr. 15:24-25, la parte de los soldados sobre la ropa de Jesús). David, probablemente, no imaginó su situación como predictiva de los sufrimientos del venidero Mesías, pero sí lo hizo el Espíritu Santo, quien más tarde ayudó a los autores de los evangelios a hacer la conexión (ver **Salmos, libro de**).

Así, la tipología es una forma especial de profecía bíblica que Cristo parecía usar mucho. Algunos ejemplos de tipo de Jesús en el AT: David, Salomón, Elías, Eliseo, Isaías, Jonás, Elías; se refieren a viejas instituciones del testamento como tipos de sí mismo y de su obra (el sacerdocio y el pacto); ve en las experiencias de Israel presagios de la suya propia; él encuentra las esperanzas de Israel cumplidas en sí mismo y en sus discípulos, y ve sus discípulos asumiendo el estatus de Israel; en la liberación de Israel por Dios, él ve un tipo de la reunión de los hombres en su iglesia, mientras que los desastres de Israel son presagios del castigo inminente de quienes lo rechazan, cuya incredulidad está prefigurada en la de los impíos de Israel e incluso, en dos casos, en la arrogancia de las naciones gentiles.

En todos estos aspectos del pueblo de Dios del Antiguo Testamento, Jesús ve presagio de sí mismo y de su obra, con sus resultados en la oposición y el consecuente rechazo de la mayoría de los judíos, mientras que el verdadero Israel ahora debe encontrarse en la nueva comunidad cristiana. Así, en su venida, la historia de Israel ha llegado a sus puntos decisivos. Todo el Antiguo Testamento es recogido en él. Él mismo encarna en su propia persona el estatus y destino de Israel, y en la comunidad de los que le pertenecen, ese estatus y el destino han de cumplirse, ya no en la nación como tal.

El resto del Nuevo Testamento continúa la interpretación tipológica de Jesús del Antiguo Testamento, viendo en él el antitipo supremo del simbolismo del Antiguo Testamento simbolismo. Así, por ejemplo, Pablo ve a Cristo como el "segundo Adán" (Ro. 5:12-21), cuya iglesia es el nuevo Israel (1 Co. 10:1-13; cf. Gá. 6:16). Mateo percibe a Jesús como el nuevo Moisés (Mt. 1-10). Lucas entiende que Jesús es el nuevo David (Lc. 2-3). Hebreos cree que Cristo ha inaugurado el Nuevo Pacto (He. 8) y es el verdadero sacerdocio (He. 7-8; 10), cuya muerte es el cumplimiento y sustitución del sistema sacrificial del Antiguo Testamento (He. 9-10). Apocalipsis 21-22 confirma que Jesús es el nuevo templo.

TRANSFIGURACIÓN

La transfiguración de Cristo es un evento significativo en el Nuevo Testamento, que se menciona en los Evangelios de Mateo, Marcos y Lucas. En este evento, Jesús lleva a tres de sus discípulos, Pedro, Santiago y Juan, a una montaña alta, donde experimenta una transformación asombrosa en su apariencia física. La palabra "transfiguración" deriva del término griego "metamorphóo", μεταμορφ, "cambiar de forma", de *metá*, que señala "cambio", y *morphé*, forma que, literalmente, significa "cambiar de forma" o "transformación".

Transfiguración, en la Biblia, se refiere a la gloria interior y escondida de Jesús haciéndose visible para su círculo íntimo de discípulos: Pedro, Santiago y Juan (Mt. 16:28-17:8; Mr. 9:1-8; Lc. 9:27-36; 2 P. 1:16-21).

Jesús experimenta una transformación visible ante sus discípulos. Su rostro brilla con una luz deslumbrante y su ropa se vuelve resplandeciente y blanca como la nieve. Además, Moisés y Elías aparecen junto a él, conversando con Jesús acerca de su próximo sufrimiento y muerte en Jerusalén. Es un momento de revelación gloriosa, donde la verdadera naturaleza divina de Jesús se manifiesta ante sus discípulos. Es un evento que muestra la conexión entre Jesús, la ley representada por Moisés, y los profetas representados por Elías. También presenta una anticipación de la resurrección y glorificación de Jesús.

Esta experiencia impactante confirma la identidad y la misión de Jesús como el Hijo de Dios y el Mesías esperado. Los discípulos quedan asombrados y temerosos ante esta visión celestial. Pedro, en su emoción, sugiere construir tres tiendas para Jesús, Moisés y Elías, pero una nube luminosa los envuelve y se escucha la voz de Dios que declara: "Este es mi Hijo amado, en quien tengo complacencia; a Él oíd". Es un momento trascendental en la vida de Jesús y una confirmación de su divinidad y autoridad. Este evento también sirve como un recordatorio para los discípulos y para nosotros de la gloria que espera a aquellos que siguen a Jesús y creen en él. Nos invita a reflexionar sobre la importancia de reconocer la verdadera identidad de Jesús y seguir sus enseñanzas con fe y devoción.

En 2 Pedro 1:16-21, Pedro se cita a sí mismo como testigo ocular de la transfiguración; escuchó una voz divina que proclamaba a Jesús como el Hijo de Dios. Esta es la misma voz que habla a través de él en su carta, confirmando que la Segunda venida de Cristo realmente sucederá.

Varios temas proféticos emergen del episodio de la transfiguración como registrada en los textos precedentes. Algunos de los discípulos en verdad gustan del reino de Dios durante su vida, porque la transfiguración provee para ellos un anticipo del esplendor glorioso que acompañará a Cristo en su Segunda venida, la Parusía. La presencia de Moisés y Elías conversando con Jesús en la montaña sugiere que la Ley (representada por Moisés) y los Profetas (representados por Elías) encuentran su cumplimiento en Jesús como el Mesías. La transfiguración en sí misma transmite una palabra profética, indicando que Jesús debe primero sufrir y morir antes de entrar en su gloria celestial. Según Lucas 9:31, Moisés y Elías hablan con Jesús acerca de su "éxodo" en Jerusalén, refiriéndose a su muerte y resurrección, que serán la base de un nuevo éxodo para el pueblo de Dios. Esto se confirma por las palabras de Jesús a sus discípulos cuando descienden del monte, ordenándoles que no cuenten a nadie lo que han visto hasta que él resucite de entre los muertos (Mt. 17:9; Mr. 9:9; cf. Lc. 9:44).

La presencia de Elías en la transfiguración también confirma la creencia reciente de los discípulos de que Jesús es el Mesías, ya que el Antiguo Testamento enseñaba que Elías sería el precursor del Mesías (Mal. 4:5). Jesús está de acuerdo con esto y les dice a los tres discípulos que Elías ya ha venido en la persona de Juan el Bautista, y que él, al igual que Jesús, debe sufrir antes de entrar en la gloria del reino mesiánico (ver **Profetas, Elías, Moisés, Parousía**).

TRANSFORMACIÓN DE LA NATURALEZA

En Génesis 3, se relata cómo Adán y Eva desobedecen a Dios y son expulsados del jardín del Edén, siendo prohibido su acceso al Árbol de la Vida. Este evento, conocido como "la caída", tiene repercusiones que resuenan a lo largo de las Escrituras. De hecho, la historia bíblica, en general, puede considerarse como una historia de redención, que narra cómo Dios busca restaurar a la humanidad a la estrecha relación que originalmente tenían con

Él en el jardín antes de la caída. Sin embargo, el pecado de la humanidad y la consecuente caída tienen graves consecuencias tanto para los seres humanos como para la naturaleza. En términos humanos, resulta en muerte espiritual y física. En cuanto a la naturaleza, trae decadencia y desorden. El pasaje de Génesis 3:17-19 implica que la caída trae una maldición sobre la propia naturaleza, transformándola de su estado ideal anterior a la caída. Antes de la caída, la humanidad vivía en paz y armonía con la naturaleza. Sin embargo, debido a la caída, el pecado altera esa situación, dando lugar a luchas y tensiones entre los seres humanos y la naturaleza. El mundo natural ha pasado de ser un lugar pacífico, maravilloso e idílico a uno difícil y peligroso, que constantemente amenaza con la muerte. Un recordatorio de esta tensión se puede observar en todo el AT, a través de la presencia y amenaza de animales salvajes.

Por lo tanto, parte de la promesa de la restauración final implica la restauración de la armonía y la paz entre la naturaleza y la humanidad. Algunos académicos sugieren que la visión profética de Isaías, en la que los animales salvajes viven en paz con los animales domésticos e incluso con las personas, es una alusión a un futuro tiempo en el que la naturaleza será restaurada (Is. 11:6-9; 65:25).

La expresión más clara del estado de descomposición de la naturaleza y la esperanza de su transformación se encuentra en Romanos 8:19-25. Después de la caída, la naturaleza ha quedado esclavizada y sumida en la decadencia que afecta a este mundo. Sin embargo, hay una promesa y una esperanza de que será liberada y participará en la gloria escatológica que experimentarán los hijos de Dios (Barclay).

Los académicos tienen opiniones divergentes sobre cuándo tendrá lugar esta transformación. Muchos premilenialistas creen que ocurrirá al comienzo del reino milenario, durante el cual el pueblo de Dios y la naturaleza vivirán en paz y armonía (ver **Milenio**). Otros eruditos sostienen que Pablo se refiere a algo que sucede como parte del estado eterno, cuando se cumpla la visión del "nuevo cielo y nueva tierra" descrita en Apocalipsis 21-22. Estos defienden la idea de que no se trata de una restauración de la naturaleza o la tierra, sino de la creación de una nueva tierra o nueva naturaleza (ver **Cielo nuevo y tierra nueva**).

La descripción de la nueva Jerusalén en Apocalipsis 21-22 combina elementos de un mundo natural transformado o completamente nuevo. Se habla de un nuevo jardín, una nueva ciudad, un nuevo templo y todas las cosas nuevas de la nueva creación (ver **Nueva Creación**; **Nueva Jerusalén**).

TRASFORMACIÓN DEL HOMBRE SIN EXPERIMENTAR MUERTE FÍSICA

Hay un evento escatológico extraordinario que se concreta en la generación en la que acontece la Segunda venida. Ocurre que la muerte física no afecta a los de esa generación, es la transformación del hombre vivo a una persona glorificada. Es pasar de la vida terrenal a la vida glorificada sin que medie la muerte física. Los textos que explican esta verdad maravillosa son lo suficientemente claros:

1 Ts. 4:15-17: "[15] Conforme a lo dicho por el Señor, afirmamos que nosotros, los que estemos vivos y hayamos quedado hasta la venida del Señor, de ninguna manera nos adelantaremos a los que hayan muerto. [16] El Señor mismo descenderá del cielo con voz de mando, con voz de arcángel y con trompeta de Dios, y los muertos en Cristo resucitarán primero. [17] Luego los que estemos vivos, los que hayamos quedado, seremos arrebatados junto con ellos en las nubes para encontrarnos con el Señor en el aire. Y así estaremos con el Señor para siempre".

1 Co. 15:51-53: "[51] Pero permítanme revelarles un secreto maravilloso. ¡No todos moriremos, pero todos seremos transformados! [52] sucederá en un instante, en un abrir y cerrar de ojos, cuando se toque la trompeta final. Pues, cuando suene la trompeta, los que hayan muerto resucitarán para vivir por siempre. Y nosotros, los que estemos vivos, también seremos transformados. [53] Pues nuestros cuerpos mortales tienen que ser transformados en cuerpos que nunca morirán; nuestros cuerpos mortales deben ser transformados en cuerpos inmortales".

TRASLADOS/TRIBULACIÓN

Parcial-rupturismo o *rapturismo selectivo*: según esta perspectiva, se sostiene que, en el momento del arrebatamiento, solo aquellos creyentes que sean considerados como espiritualmente maduros, santos y fieles serán llevados al cielo, mientras que los creyentes que no cumplan con ciertos estándares de integridad y santidad serán dejados en la Tierra para enfrentar la Gran Tribulación (Pentecost).

Pretribulacionismo: esta posición sostiene que la Iglesia será trasladada, es decir, arrebatada o llevada al cielo antes de que comience la Gran Tribulación. Según esta perspectiva, los creyentes no experimentarán el sufrimiento y las dificultades de ese período.

Midtribulacionismo: los adherentes de esta postura creen que la Iglesia será trasladada a la mitad de la Gran Tribulación, aproximadamente después de 3,5 años de su inicio. Consideran que la primera mitad de la Tribulación será un tiempo de preparación y advertencia, mientras que la segunda mitad será más intensa y llena de juicio divino.

Postribulacionismo: esta perspectiva sostiene que la Iglesia pasará por toda la Gran

Tribulación y será trasladada al final de ese período, justo antes del regreso visible de Jesucristo. Según esta visión, los creyentes enfrentarán la persecución y las dificultades, pero serán rescatados y glorificados al final (ver **Gran Tribulación**; **Parcial rupturismo**; **Premilenarismo pretribulacional**; **Premilenarismo medio tribulación**; **Premilenarismo postribulación**).

TRES AÑOS Y MEDIO

Los tres años y medio, o los mil doscientos sesenta días, mencionados en Apocalipsis 11:3 y 12:6, corresponden exactamente a los cuarenta y dos meses, donde cada mes consta de treinta días, según se menciona en Apocalipsis 11:2 y 13:5. En el versículo 12:6, se afirma que la mujer permanecerá en el desierto durante mil doscientos sesenta días, lo que equivale a tres años y medio en años de trescientos sesenta días. Luego, en el versículo 12:14, se menciona que esta duración será de "un tiempo, tiempos y medio tiempo". Comparando estos dos pasajes, se puede concluir que "un tiempo" se refiere a un año, y "tiempos", en su forma dual en griego, se refiere a dos años. Por lo tanto, estas tres indicaciones cronológicas distintas designan el mismo período de tiempo y se refieren específicamente al período de la actividad del anticristo y la Gran Tribulación de la Iglesia, según algunas perspectivas tradicionales y dispensacionalistas. Además, en otros pasajes del NT se menciona un período de tres años y medio como un tiempo de desgracia. Según algunos eruditos, hay un paralelismo en la duración de años con Lucas 4:25 y Santiago 5:17, donde la gran sequía causada por el profeta Elías, como castigo divino, tuvo una duración de tres años y medio, aunque el AT no especifica esta circunstancia. El uso de la cifra tres años y medio, mil doscientos sesenta días o cuarenta y dos meses en el Apocalipsis, se origina en el libro de Daniel, donde se refiere al tiempo de la Gran Tribulación de Israel. Algunos eruditos sitúan esta fecha entre junio del 168 a.C. y diciembre del 165 a.C., durante el reinado de Antíoco IV Epífanes, quien intentó erradicar por completo la religión judía. De acuerdo con Daniel 7:25 y 12:7, los santos del Altísimo serán entregados a este rey, simbolizado por el "cuerno pequeño", durante "un tiempo, tiempos y medio tiempo". Según Daniel 9:27, esta misma tribulación, y en particular la desolación del templo, dura "media semana" de años: tres años y medios. Las cifras utilizadas en Daniel 8:14 y 12:11ss., para indicar los días, nos aseguran que "un tiempo" en Dn. 7:25 significa un año, y que la "semana" en Dn. 9:27 es una semana de años (Wikenhauser).

La perspectiva profética de Daniel sobre los tres años y medio de angustia hablan de un período de tiempo en el que se desencadenará una Gran Tribulación y persecución contra el pueblo de Dios (Dn. 7:25) y se refiere a un período de persecución intensa y opresión contra los creyentes. En Daniel 9:27 se profetiza que, en medio de la semana, es decir, después de tres años y medio, se pondrá fin al sacrificio y la ofrenda, y se establecerá la Abominación desoladora. Esta Abominación desoladora se entiende como un evento o acción sacrílega que profana el lugar santo y varía el significado de tal abominación de acuerdo con las diversas escuelas de interpretación. Se profetiza también que al final de esos días, se pondrá fin a la opresión y la liberación vendrá para el pueblo de Dios. Estas profecías de Daniel sobre los tres años y medio de angustia se conectan con la perspectiva escatológica de los mil doscientos sesenta días mencionados en el libro del Apocalipsis. El Apocalipsis utiliza cifras similares a las de Daniel para referirse a un período de persecución y tribulación en los tiempos del fin.

La perspectiva escatológica de los mil doscientos sesenta días en el Apocalipsis está relacionada con la idea de que habrá un tiempo de angustia y pruebas antes de la venida del Reino de Dios. Se considera un período en el que el mal se intensificará y se enfrentará una gran batalla espiritual (Gálvez), (ver **Gran Tribulación**).

TRIBUNAL DE CRISTO

La expresión "tribunal de Cristo" (βῆματος τοῦ Χριστοῦ) aparece solo en 2 Co. 5:10: "Porque es necesario que todos nosotros comparezcamos ante el tribunal de Cristo, para que cada uno pueda recibir lo que le es debido por las cosas hechas mientras estaba en el cuerpo, ya sea bueno o malo".

El tribunal de Cristo evoca a los tribunales ordenados en un banco o plataforma de cuales se hacían proclamas públicas y pronunciamientos judiciales en Roma. Pablo echa mano de esa analogía para expresar que todos los cristianos compareceremos ante el tribunal de Cristo. La frase "todos nosotros", incluye a Pablo, y es claro que los creyentes, sin excepción, aparecerán ante el tribunal de Cristo. Si solo serán creyentes es un asunto de debate, pero la mayoría de los estudiosos llegan a esta conclusión.

La idea de "aparecer" indica una experiencia de revelación total ante Dios en lugar de simplemente aparecer para una conversación informal, como dice pablo claramente en 1 Corintios 4:5: el Señor "sacará a la luz lo que está escondido en tinieblas y expondrá los motivos del corazón de los hombres", no seremos capaces de disfrazarnos ya que Cristo nos verá por lo que realmente somos.

En el pasaje paralelo de 1 Corintios 3:10-15, se sugiere que una persona será recompensada por su trabajo de calidad, construyendo su vida con materiales valiosos como oro, plata y piedras preciosas. Por otro lado, el trabajo deficiente, utilizando materiales como madera, heno o paja, será destruido, aunque el trabajador mismo sobrevivirá "como quien huye entre las llamas" (1 Co. 3:15). Esta pérdida de recompensa puede definir aún más lo que implica ser castigado.

Pablo no especifica el momento exacto de este juicio. Las principales opciones incluyen: (1) inmediatamente después de la muerte del creyente o (2) después de la Segunda venida de Cristo. Lo único que se puede afirmar con certeza es que los creyentes serán juzgados cuando se presenten ante Cristo.

El tribunal de Cristo se centra en evaluar la vida de un cristiano, sus hechos y estilo de vida, en lugar de determinar su destino eterno. Aunque los cristianos han sido salvos por gracia a través de la fe (Ef. 2:8-9), están comprometidos a desarrollar su fe a través de obras (Gá. 5:6; Ef. 2:10; Fil. 2:12-13; 1 Ts. 1:3). Los creyentes son responsables de sus acciones individuales y no están exentos de hacer el bien. La escatología y la ética están estrechamente relacionadas. El tribunal de Cristo cumple la imparcial justicia de Dios, ya que no todos los creyentes viven con el mismo grado de devoción a Cristo. Los cristianos son individualmente responsables de lo que hacen en este cuerpo mortal. En algún momento, todos los creyentes se presentarán ante su Señor, quien evaluará imparcialmente sus vidas y los recompensará en consecuencia (ver **Recompensas**). Pablo sabe que él también tendrá que estar delante de Cristo sin nada que ocultar, y tendrá que explicar su vida. Este "temor del Señor" (2 Co. 5:11) lo motiva, al igual que debería motivar a todos los cristianos, a intensificar su devoción para agradar a Cristo (ver **Juicio, Juicio final**).

Por otra parte, Barth, con precisión, singularidad y agudeza que le caracterizan, explica que todos compareceremos tal como somos ante el tribunal de Cristo. En ese momento, todo lo que conocemos y juzgamos en esta vida llegará a su fin. Tanto el cielo como la tierra, la historia universal y nuestras propias vidas pasarán y desaparecerán. Agrega que, en ese momento, nuestra vida será revelada tal como fue, sin ningún velo o cobertor. Todo lo que hemos pensado, querido y hecho, así como nuestras relaciones con los demás, será expuesto a la luz. Nada quedará oculto ni olvidado. Y usa el símil de "libro abierto", pues todo quedará expuesto, abierto, donde todo será evidente y claro, en ese momento todos apareceremos tal como somos, sin escondernos ni poder hacer excepciones. Usa también el símil de la luz, en tanto que todo brillará, entonces iluminará todo y todos, exponiendo todo a plena vista. Nadie podrá escapar a la irrupción de la luz y todo se hará público. Seremos juzgados en base a cómo hemos vivido nuestra vida, si ha sido sincera o falsa, hermosa o confusa, vivida en amor o en indiferencia u odio, útil o inútil. Habrá una separación y se emitirá una sentencia, determinando si estamos en el lado derecho, el bueno, o en el lado izquierdo, el malo.

Barth afirma que el juicio será divino y no humano, y se decidirá y sentenciará según una sabiduría y justicia divinas. Seremos sorprendidos al ver cómo aquellos que considerábamos primeros aparecerán como últimos, y aquellos que considerábamos últimos aparecerán como primeros. También nos maravillaremos al ver cómo muchas cosas que parecían grandes serán pequeñas, y muchas cosas que parecían pequeñas serán grandes. Podemos confiar en que todo se realizará en orden y de acuerdo con la justicia.

Barth anima a los creyentes a que confiemos porque sostiene que allí se juzgará, se discernirá, se decidirá y se sentenciará realmente, y confiemos, además, que también quedará allí comprobado lo que tocará a cada uno como resultado de la sentencia pronunciada por él, cada uno recibirá lo que corresponde, bueno o malo, según su comportamiento durante su vida terrenal. No habrá más condenas condicionales ni posibilidades de apelación. Estaremos ante el juicio final, eterno y definitivo. Seremos juzgados por Cristo, aquel que nos amó y nos atrajo hacia él por su bondad. Será nuestro Juez, aquel en quien Dios ha cumplido su alianza con la humanidad. Su luz será la del último día, en el que apareceremos tal como somos. Es consolador enfrentar este juicio, pero también es un recordatorio de cómo hemos pecado contra él y hemos vivido como enemigos suyos al buscar a otros dioses y menospreciarlo en nuestros prójimos.

Barth plantea la pregunta de si tenemos miedo de la luz y del juicio que enfrentaremos. Reconoce que hay motivos para tener miedo, pero si nos aferramos al gran y poderoso consuelo que es Jesucristo, no hay razón para temer. Este consuelo nos permite alegrarnos, no en nosotros mismos, sino en Cristo, quien existe ayer, hoy y por toda la eternidad: "Nos alegramos de que todos tendremos que aparecer como somos ante su tribunal. No es algo que tengamos que hacer, sino algo que se nos dará, ¡Amén!" (Barth).

TRINIDAD DEL MAL

La trinidad del mal es otra de las creencias populares evangélicas y la basan en Apocalipsis 13:1: "Y el dragón se detuvo a la orilla del mar. Entonces vi que del mar subía una bestia que tenía siete cabezas y diez cuernos. En cada cuerno llevaba una diadema y en cada cabeza tenía un nombre blasfemo".

Malgo interpreta que el Dragón es el gran adversario de Dios y le nombra el "antipadre" y la bestia es Satanás hecho carne, el "antihijo"; luego conectan el texto de Apocalipsis 13:11-15 en el que, según él, el falso profeta es el "antiespíritu". Esta creencia ve, además, descrita la trinidad del mal en Ap. 16:13: "De la boca del dragón, de la boca de la bestia y de la boca del falso profeta, vi salir tres espíritus impuros con aspecto de ranas".

Argumenta que Satanás imita a la persona de Dios, imita al Hijo en el pasaje citado, pero también el anticristo es una imitación exterior casi perfecta del Señor Jesús. Y así como Jesús es Rey, Sacerdote y Profeta también el anticristo se manifiesta de manera trinitaria y el número tres, que se menciona en uno de los pasajes, tiene más relevancia lo cualitativo que lo cuantitativo (Malgo, 50 respuestas, 2003).

Si se lee y se interpreta con honestidad, esta creencia no tiene pies ni cabeza. Degenera en alegorismo extremo, con una mescolanza confusa de pasajes, de nombres intercambiables a su antojo, por ejemplo: sin ninguna conectividad ecuánime enlazan al anticristo y lo unen a la fuerza en estos pasajes que no se relacionan en nada con el anticristo de Juan. Sumado a todo esto, brota la imaginería al nombrarlo "antipadre", "antihijo" y "antiespíritu", conformando la trinidad satánica, pero esta no se menciona por ninguna parte de los textos, ni se infiere.

Para mí es claro que Satanás es el adversario de los planes de Dios, el falso profeta que engaña a la Iglesia para desviarla y a los incrédulos para que no encuentren la puerta de la salvación, pero no es correcto hacer decir al texto lo que no dice. En todo caso, los personajes, las figuras, las bestias, simbolizan las fuerzas del mal espirituales, hombres, naciones e instituciones que se oponen a los asuntos de Dios y a su Iglesia, pero son derrotados. El libro de Apocalipsis es el mensaje del triunfo definitivo del bien sobre el mal y de la consumación del reino de Dios en Cristo con su pueblo, en la nueva creación y el gozo del festejo eterno.

TRITOISAÍAS

"Nombre que se da al autor anónimo y desconocido, supuesto por la crítica de Isaías 55-66 o de sus partes principales" (Schökel).

El año 1892 marca un hito en la investigación bíblica, ya que fue el año en que Duhm "descubrió" a un profeta anónimo que vivió alrededor del siglo V a.C., poco antes de Esdras y Nehemías. La obra de este profeta se encuentra en los capítulos 56-66 del libro de Isaías y Duhm lo denominó "Tritoisaías". Hasta ese momento, los estudiosos de la Biblia habían considerado que estos capítulos estaban estrechamente relacionados con los anteriores. Los conservadores atribuían todo el libro al profeta Isaías del siglo VIII, mientras que los más liberales pensaban que los capítulos 40-66 formaban un conjunto independiente, obra de otro profeta anónimo conocido como "Deuteroisaías". Duhm rompió con la tradición al descubrir un tercer profeta principal dentro del libro de Isaías. Aunque solo Littmann y Zillessen lo respaldaron por completo, admitiendo que todos estos capítulos eran obra de un solo autor que vivió en el siglo V, el destino de los capítulos 56-66 ya estaba sellado. A partir de entonces, se convirtieron en objeto de interminables debates sin llegar a un acuerdo sobre el autor, la fecha, la problemática y la estructura de estos capítulos (Schökel-Sicre).

En cuanto al autor de los capítulos 56-66, aparte de aquellos que atribuyen todos los capítulos a Deuteroisaías, existen cuatro teorías principales. Algunos sostienen que estos capítulos provienen del mismo Deuteroisaías, quien continuó su actividad en Jerusalén y se enfrentó a nuevos problemas culturales y sociales, así como al desencanto de sus contemporáneos que no veían cumplida la maravillosa salvación anunciada en los capítulos 40-55. Esta opinión es mantenida por Konig, Glahn, Penna, Banwell, Smart y Maass. Otros creen que el autor de los capítulos 56-66 es un discípulo de Deuteroisaías que adaptó la predicación de su maestro a las nuevas circunstancias después del exilio. Esta postura es defendida por Elliger, Memhold, Sellin, Kessler y Bonnard. Duhm, por su parte, consideraba que el autor de estos capítulos era un profeta del siglo V con una mentalidad muy diferente a la de Deuteroisaías. Por último, hay quienes argumentan que estos capítulos fueron escritos por una pluralidad de autores debido a la diversidad de situaciones, intereses, géneros y estilos presentes en ellos. Esta opinión, que es la predominante en la actualidad, ha sido sostenida por Cheyne, Kosters, Cramer, Budde, Abramowski, Volz, Kittel, Muilenburg, Weiser, Eissfeldt, Fohrer, Hanson, Testa y otros.

En cuanto a la fecha de los capítulos 56–66, ha habido diversas propuestas. Algunos los sitúan en un margen de varios siglos, desde el siglo VII hasta el III a.C., mientras que otros los ubican en los primeros años después de la caída de Jerusalén, entre el 587 y el 562 a.C. Algunos autores los fechan desde el regreso de Babilonia hasta la reconstrucción del templo, entre el 537 y el 520 a.C. Otros los sitúan en los últimos decenios del siglo VI y los primeros del siglo V a.C., mientras que Duhm, Kosters, Cheyne, Littmann, Zillessen y otros, sugieren que fueron escritos alrededor del siglo V a.C., antes, durante o después de la reforma de Esdras. También se han propuesto dataciones más tardías, como el siglo IV a.C., el siglo II a.C. e, incluso, el siglo I a.C. Sin embargo, sigue habiendo desacuerdo y falta de consenso en cuanto a la fecha precisa de estos capítulos (Schökel-Sicre).

TROMPETAS

El gr. del NT usa 4536 *Sálpinx*, es un término que se refiere específicamente a un tipo de trompeta utilizada en la antigüedad, generalmente hecha de cuerno o metal. Es la palabra que se usa en Apocalipsis. Las trompetas se refieren a una serie de acontecimientos que se desencadenan como parte del juicio divino y anuncian la llegada de eventos significativos en el plan de Dios para el mundo. Las trompetas se encuentran en el capítulo 8 y el capítulo 9 de Apocalipsis.

En total, hay siete trompetas, cada una de las cuales representa un juicio específico que afecta a la tierra y a sus habitantes. Estas trompetas son tocadas por ángeles, y su sonido es un llamado para advertir y anunciar los juicios venideros.

A medida que las trompetas se tocan, se desencadenan diferentes eventos catastróficos y plagas que afectan la tierra. Algunos de los eventos descritos en las trompetas incluyen:

Granizo y fuego mezclados con sangre: al sonar la primera trompeta, se desata una granizada y fuego mezclados con sangre, que causan destrucción en la tierra y en la vegetación.

Montaña ardiente arrojada al mar: la segunda trompeta anuncia el lanzamiento de una gran montaña ardiendo al mar, lo que provoca la muerte de muchas criaturas marinas y la contaminación de las aguas.

Estrella llamada "Ajenjo" cae en los ríos y fuentes de agua: con la tercera trompeta, una estrella llamada "Ajenjo" cae sobre los ríos y fuentes de agua, volviendo amargas estas aguas y causando daño a quienes las beben.

Tercera parte del sol, la luna y las estrellas oscurecen: al sonar la cuarta trompeta, una tercera parte del sol, la luna y las estrellas se oscurecen, lo que afecta la iluminación y el tiempo en la tierra.

Plaga de langostas: la quinta trompeta anuncia la llegada de una plaga de langostas que no dañará la vegetación, pero sí atormentará a los seres humanos, causándoles dolor durante cinco meses.

Ejército de jinetes mortales: con la sexta trompeta, se desata un gran ejército de jinetes mortales, que causan destrucción y muerte en la tierra. Estos jinetes tienen poder sobre una tercera parte de la humanidad.

Voces, truenos, relámpagos y un terremoto: la séptima trompeta trae consigo una serie de fenómenos naturales como voces, truenos, relámpagos y un gran terremoto que afecta a la tierra.

Las trompetas en el libro del Apocalipsis representan el juicio de Dios sobre la tierra y sus habitantes, y sirven como advertencia de los eventos venideros. Estos juicios tienen el propósito de llamar a la humanidad al arrepentimiento y preparar el camino para la venida del reino de Dios en su plenitud. También simbolizan el cumplimiento de las profecías y revelan el poder y la soberanía de Dios sobre todas las cosas.

TRONO/S

En varias partes de Apocalipsis, se mencionan tronos que representan la autoridad y el poder divinos. Los tronos malignos más significativos son el de Satanás y el de la Bestia. Los tronos más sublimes que aparecen son el del Padre y el del Cordero. Presentamos los más relevantes:

Ap. 2:13: habla del trono de Satanás. En el contexto, se refiere a la ciudad de Pérgamo, donde se encontraba un altar dedicado a Zeus, considerado por los primeros cristianos como una manifestación de adoración a Satanás.

Ap. 3:21: menciona el trono de Cristo. Jesús habla a la iglesia de Laodicea y promete a aquellos que superen las pruebas y perseveren en la fe que se sentarán con él en su trono, así como él se sentó con su Padre en su trono.

Ap. 4:1-11: describe el trono de Dios en el cielo. Juan tiene una visión en la que ve un trono establecido en el cielo y a Dios sentado en él. Alrededor del trono, hay veinticuatro ancianos y cuatro seres vivientes que adoran a Dios y le dan gloria.

Ap. 6:16: indica a las personas que se esconden de la ira del Cordero. En su temor, claman a las montañas y a las rocas que caigan sobre ellos para esconderlos del trono de Dios y de la ira del Cordero.

Ap. 13:2: señala a la bestia que emerge del mar y recibe poder y autoridad del dragón (Satanás). La bestia tiene características similares a los animales mencionados en el libro de Daniel y se le da un trono y gran autoridad.

Ap. 16:10: narra la quinta copa de la ira de Dios. El ángel vierte su copa sobre el trono de la bestia, y su reino se llena de tinieblas y dolor.

Ap. 20:4: estos versículos hablan de los mártires que fueron decapitados por su testimonio de Jesús. Se les ve sentados en tronos y se les da autoridad para juzgar junto con Cristo durante el milenio.

Ap. 20:11-15: aquí se describe el juicio final, donde se menciona un gran Trono Blanco. El que está sentado en el trono es Dios, y todos los muertos, grandes y pequeños, comparecen ante él para ser juzgados según sus obras.

Ap. 22:1: este versículo describe el río de agua de vida que fluye desde el trono de Dios y del Cordero en la nueva Jerusalén. El trono de Dios es central en la ciudad y representa su presencia continua y su soberanía. El trono de Dios representa la soberanía divina sobre la tierra y el cielo, tal como se afirma en la Biblia. En el Antiguo Testamento, los profetas tuvieron el privilegio de tener visiones de Dios en su trono, rodeado por la corte celestial (1 R. 22:19-23; Is. 6:1-3; Ez. 1:4-28; Dn. 7:9-10). Desde esa perspectiva, podían escuchar las deliberaciones divinas en el consejo celestial y anunciar las decisiones divinas en la tierra. El libro de Apocalipsis menciona el trono celestial en cuarenta ocasiones, principalmente en referencia a Dios (por ejemplo, Ap. 4:2, 9; 5:13; 7:10, 15; 19:4; 20:11), pero también en relación con Cristo (por ejemplo, 3:21; 5:13). Desde el principio, este libro resalta la importancia del trono como una imagen central. Junto con la visión de Cristo entre las siete iglesias en la tierra (caps. 1-3), destaca la visión del salón del trono de Dios en el cielo (caps. 4-5). La centralidad del trono simboliza el reinado soberano de Dios como el elemento central de la realidad última, alrededor del cual todo lo demás gira. Todas las visiones subsiguientes en el libro se derivan de estas visiones introductorias de la soberanía de Dios. El testimonio fiel y el sufrimiento de los creyentes, la rebelión y el castigo de los incrédulos, y el cumplimiento de la promesa de Dios de redimir a su pueblo y habitar entre ellos, todo está bajo el control de Dios. Debido a que solo Dios es supremo sobre su creación, solo él es digno de adoración.

A medida que avanzamos de Ap. 4 a Ap. 5, la visión del trono se expande al revelar quién está sentado en él. Aquí, el Cordero también se representa "de pie en el centro del trono" (Ap. 5:6). Él toma el pergamino de la mano derecha de "el que estaba sentado en el trono". A lo largo de Apocalipsis 5, tanto Dios como el Cordero reciben adoración entusiasta por su obra de redención. El mensaje de Juan es claro en todo esto: Jesús es Dios y cumplirá su voluntad en la tierra.

En Apocalipsis 21, después de que el mal haya sido destruido, la nueva Jerusalén, "el símbolo central de todo el libro", desciende del cielo a la tierra. Esta Jerusalén muestra que Dios vivirá entre su pueblo. En la ciudad santa, el trono sigue siendo prominente: "Entonces el ángel me mostró el río de agua de vida, claro como el cristal, que brotaba del trono de Dios y del Cordero por en medio de la gran calle de la ciudad... El trono de Dios y del Cordero estará en la ciudad y sus siervos le servirán. Verán su rostro, y su nombre estará en sus frentes. No habrá más noche. No necesitarán la luz de una lámpara ni la luz del sol, porque el Señor Dios los iluminará. Y ellos reinarán por los siglos de los siglos" (Ap. 22:1-5). En este punto, no solo los veinticuatro ancianos y las cuatro criaturas vivientes tienen acceso a la presencia de Dios. Ahora, todo el pueblo de Dios está invitado a su gloriosa presencia, donde encuentran su pleno propósito al servir y adorar a aquel que está en el trono y al Cordero.

U

ÚLTIMOS PROFETAS

En la Biblia hebrea, los libros del Antiguo Testamento se organizan de manera diferente y se etiquetan de manera distinta en comparación con las Biblias cristianas. La Biblia hebrea divide los libros del Antiguo Testamento en tres divisiones principales: la Torá (o Pentateuco), los Profetas y los Escritos.

Dentro de la sección de los Profetas, hay una subdivisión conocida como los "Últimos Profetas". Esta categoría incluye la mayoría de los libros que comúnmente se consideran proféticos desde una perspectiva cristiana. Los Últimos Profetas son los siguientes:

Isaías, Jeremías, Ezequiel, Oseas, Joel, Amós, Abdías, Jonás, Miqueas, Nahúm, Habacuc, Sofonías, Hageo, Zacarías, Malaquías.

Es importante destacar que, en la Biblia hebrea, el libro de Lamentaciones se encuentra ubicado después de Jeremías en lugar de ser clasificado como un libro independiente de los profetas. Además, el libro de Daniel no se incluye en la sección de los Últimos Profetas en la Biblia hebrea, sino que se encuentra ubicado en la sección de los Escritos.

Esta organización y clasificación de los libros en la Biblia hebrea reflejan una tradición y una perspectiva diferentes a las de las Biblias cristianas. Cabe mencionar que existen variaciones en la organización y clasificación de los libros dentro de diferentes tradiciones judías y cristianas, por lo que es importante considerar el contexto y la perspectiva específica al analizar estos temas (VA Hays, Scott, Pate).

ÚLTIMOS TIEMPOS

La frase "los últimos días" es mencionada en varias traducciones como "los postreros tiempos". Esta se refiere proféticamente al cumplimiento anunciado por los profetas y, de manera específica, en Joel 2:28: "Y después, derramaré mi Espíritu sobre todas las personas. Tus hijos y tus hijas profetizarán, tus viejos soñarán sueños, tus jóvenes verán visiones". Esta profecía encuentra cumplimiento en el libro de los Hechos 2:17: "En los últimos días, Dios dice: Derramaré mi Espíritu sobre todas las personas. Tus hijos y tus hijas profetizarán, tus jóvenes verán visiones, tus viejos soñarán sueños". Es claro, entonces, que "los últimos tiempos" comenzaron en ese tiempo y se extienden hasta el presente y hasta la Segunda venida del Señor. En el sentido escatológico, se refiere al período final de la historia cuando el Mesías establecerá el reino de Dios (Gálvez).

ÚLTIMOS TIEMPOS

En el Antiguo Testamento se anuncia y se espera un tiempo cuando Dios cumplirá sus promesas (Jer. 33:14-16), liberará a su pueblo de sus enemigos (Is. 13:6-12; Ez. 30:3; Jl. 2:11, 30-31; Am. 5:18-20) y los colmará de bendiciones (por ejemplo, Is. 2:2-4; 25:9; 65:20-25; Jer. 50:4-5; Os. 3:5; Jl. 3:1; Zac. 8:23). El cumplimiento de los últimos días también está directamente relacionado con el gobernante venidero del linaje de David (Is. 9:6-7; 11:1-9; Jer. 30:9; 33:15).

Algunos escritores creen que el período conocido como los "últimos días", ha comenzado con la primera venida de Jesús, el Mesías, y esto es cierto. Sin embargo, la confirmación específica es el evento de la venida del Espíritu en Pentecostés. Cuando Pedro explica los eventos de Pentecostés, cita a Joel 2:28-32. Él cambia la frase de apertura en Joel 2:28 de "y después" a "en los últimos días", a la luz de la nueva situación escatológica.

El tiempo de los últimos tiempos se prolongará, como indicamos, por eso Pablo le dice a Timoteo que "habrá tiempos terribles en los últimos días", caracterizado por rebelión e impiedad (2 Ti. 3:1–4:5; también 1 Ti. 4:1; Stg. 5:3; 2 P. 3:3; Jud. 18). Luego, Pablo instruye a Timoteo para que evite a los impíos que se hacen pasar por religiosos, instrucción que supone que Pablo y Timoteo, ambos, viven en los últimos días.

La referencia inicial a "los últimos días" en Hebreos, también indica que el escritor asumió que estaba viviendo en ese período: "En el pasado, Dios habló a nuestros antepasados a través de los profetas en muchas ocasiones y de diversas maneras, pero en estos postreros días nos ha hablado por el Hijo, a quien él nombró heredero de todas las cosas, y por medio de quien hizo el universo" (He. 1:1-2).

Además, Pedro dice que Cristo fue "escogido antes de la creación del mundo, pero fue manifestado en estos postreros tiempos por causa de vosotros", conectando así a sus lectores del primer siglo con los últimos días (1 P. 1:20). Juan también advierte a sus lectores que "esta es la última hora; y como habéis oído que viene el anticristo, ahora mismo han venido muchos anticristos" (1 Jn. 2:18).

Si bien el Nuevo Testamento enseña, sin lugar a duda, que los últimos días comenzaron con la primera venida de Cristo y Pentecostés, también enfatiza el aspecto futuro de los últimos días. Jesús promete resucitar a sus seguidores de entre los muertos en el último día (Jn. 6:39, 40, 44, 54). Para aquellos que rechazan a Jesús, habrá condenación en el último día (Jn. 12:48). Pedro asegura a sus lectores que Cristo ha proporcionado una esperanza viva a través de su resurrección y que su fe será protegida por el poder de Dios "hasta la venida de la salvación que está preparada para ser revelada en el último tiempo" (1 P. 1:3-5). La Segunda venida de Jesús dará inicio al "día del Señor" y marcará el comienzo de la consumación de todas las cosas. Los "últimos días" terminarán con el regreso de Cristo.

Jesús, el Mesías o Cristo, ha venido y vendrá de nuevo. Su primera venida inició los "últimos días" y su Segunda venida concluirá ese período de tiempo. En consecuencia, los cristianos están viviendo en los últimos días y necesitan tener una mentalidad adecuada a su situación. Aunque Satanás ya ha sido derrotado, sigue siendo un peligroso enemigo empeñado en engañar, acusar y perseguir al pueblo de Dios (Ap. 12:7-17).

Pablo indica que los últimos días incluirán tiempos terribles: la gente será amante de sí misma, amante del dinero, jactanciosa, orgullosa, maltratadora, desobediente a sus padres, ingrata, impía, sin amor, implacable, calumniadora, sin dominio propio, brutal, no amante de lo bueno, traidora, temeraria, engreída, amante de los placeres más que de

Dios, teniendo apariencia de piedad, pero negando su eficacia... Mientras tanto, los hombres malvados e impostores irán de mal en peor, engañando y siendo engañados... llegará el momento en que los hombres no soportarán la sana doctrina. En cambio, se rodearán de un gran número de maestros que les dirán lo que sus oídos con comezón quieren oír. Apartarán sus oídos de la verdad y se desviarán hacia los mitos (2 Ti. 3:2-5, 13; 4:3-4).

Pablo anima a Timoteo a permanecer fiel en lo que sabe que es verdad (2 Ti. 3:10, 14-15), estar preparado para enfrentar la persecución (2 Ti. 3:12) y perseverar en el cumplimiento de su ministerio dado por Dios (2 Ti. 4:1-2, 5). En vista de esto, Pedro también alienta a sus lectores a vivir una vida santa y piadosa (2 P. 3:11, 14). Considerando los ataques de Satanás, el enemigo derrotado, pero aún peligroso, Juan dice que los creyentes lo vencerán por la sangre del Cordero y por la palabra del testimonio de ellos; no amarán sus vidas hasta la muerte (Ap. 12:11).

Estos consejos apostólicos recuerdan las advertencias de Jesús en el Discurso del Monte de los Olivos, donde le dice a sus discípulos que deben estar preparados para su regreso comprometiéndose fielmente a hacer lo que les ha mandado (Mt. 24–25), (ver **Escatón**).

ULTRADISPENSACIONALISMO

El ultradispensacionalismo tuvo sus orígenes en Inglaterra con Ethelbert William Bullinger (1837-1913), un clérigo anglicano, erudito bíblico y teólogo. Bullinger enseñó que, durante la época de los evangelios, el mensaje se predicaba únicamente a los judíos junto con el bautismo en agua. Además, creía que los evangelios y los hechos estaban bajo la dispensación de la ley. El ultradispensacionalismo también es conocido como dispensacionalismo extremo y enseña que el inicio de la Iglesia ocurre en Hechos 28. Precisamente debido a este pasaje, los judíos han rechazado formalmente el mensaje evangélico. Pablo, teniendo en cuenta dicho rechazo, anuncia: "Sepan, pues, que a los gentiles es enviada esta salvación de Dios; y ellos oirán" (Hch. 28:28), (Corréa).

Bullinger también fue autor de numerosos libros y editor de una revista. Aunque era un erudito respetado, sus doctrinas no eran consideradas ortodoxas, como por ejemplo su creencia en el "sueño del alma" entre la muerte y la resurrección. Además, él identificó dos dispensaciones entre Pentecostés y el fin de la era de la Iglesia. En la actualidad, algunos de sus seguidores llegan a identificar hasta cuatro dispensaciones en ese período (Salas, 2014).

El dispensacionalismo clásico distingue entre Israel y la Iglesia. Señala Pentecostés, en Hechos 2, como el comienzo de la Iglesia y el punto en el que el plan de Dios cambió de una forma de administración o dispensación a otra. En cambio, el ultradispensacionalismo, en su mayoría, sostiene que la Iglesia comenzó con el ministerio de Pablo en Hechos 28, y otro grupo minoritario afirma que el inicio de la Iglesia se encuentra registrado en Hechos 9 o 13. De hecho, han insertado otra dispensación entre Israel y la Iglesia. Como resultado de estas creencias, sostienen que hay dos "iglesias": la "novia de Cristo", completamente judía, como una dispensación de transición, y el "cuerpo de Cristo", que comenzó con el ministerio que incluye a los gentiles.

Según los ultradispensacionalistas, trasladar el nacimiento de la Iglesia desde Hechos 2 hasta más tarde en Hechos 28, tiene implicaciones significativas para las prácticas cristianas, incluida la visión personal de las Escrituras. Además, no reconocen el ministerio de los doce apóstoles como una continuación del ministerio de Cristo y tampoco aceptan la Gran Comisión como relevante para la iglesia gentil, ya que consideran a Israel como la novia de Cristo. Rechazan el bautismo en agua y otros también rechazan la Cena del Señor como ordenanzas vigentes para la Iglesia. Otro detalle es que la mayoría acepta solo las cartas paulinas como la norma de fe y conducta para la iglesia gentil.

Tanto el dispensacionalismo como el ultradispensacionalismo carecen de fortalezas. Un gran número de teólogos han señalado y refutado sus principales argumentos bíblicos y teológicos, desde su aparición hasta la actualidad (ver *Pink*, 1934; Gálvez, 2023), (ver **Dispensacionalismo**).

UNIÓN EUROPEA

Walvoord enseña que, en un futuro próximo, se establecerá una forma renovada del Imperio romano, el cual desapareció en Europa occidental en el año 476 d.C. Según su creencia, este imperio renacerá en forma de una federación compuesta por diez reinos. Además, sostiene que los países de la Unión Europea están avanzando hacia esa renovación del Imperio romano. Los líderes de los países miembros de esta federación han estado colaborando en busca de una mayor integración económica y, posiblemente, militar, pero manteniendo al mismo tiempo sus distinciones étnicas y culturales.

Algunos analistas han observado que una economía comunitaria sería un paso previo necesario para alcanzar un sistema político común. Un escritor afirmó que una economía común es la condición necesaria para lograr, a largo plazo, el sueño europeo de una verdadera unión política que restaure el papel de Europa como una potencia mundial. Caspar Weinberger mencionó que algunos líderes europeos realmente desean un nuevo y unificado país, los Estados Unidos de Europa. En un documental televisivo canadiense de 1990 titulado "El nacimiento de un superestado", se evaluó la dirección que estaba tomando Europa occidental, afirmando que se está convirtiendo en el centro político y económico del mundo, y también desarrollará un gran poderío militar. Se plantea la posibilidad de que una Europa unificada bajo una sola bandera se convierta en la superpotencia desafiante del siglo XXI. El documental señalaba que el mercado común está evolucionando hacia una federación europea, y que el antiguo sueño de una Europa diversa pero unida, está ganando fuerza en esta nueva era, generando visiones de una nueva edad dorada. Jacques Delors, presidente de la Comisión de la Comunidad Europea en ese momento, expresó su objetivo de lograr una confederación europea real antes del final de la década (Walvoord, 2003).

La historia de la Unión Europea, a menudo conocida en la literatura popular pasada como el Mercado Común Europeo, tenía como objetivo unir a las naciones de Europa para trabajar juntas por la paz y la prosperidad de sus Estados miembros. La Comunidad Económica Europea (CEE) fue una organización política y económica creada por el Tratado de Roma de 1957. En 1993, se formó la Unión Europea, y la CEE se incorporó a ella, pasando a llamarse Comunidad Europea (CE). Inicialmente, la CE contaba con seis miembros: Bélgica, Alemania Occidental, Francia, Italia, Países Bajos y Luxemburgo. A lo largo de los años, la Unión Europea se ha ampliado y, hasta el año 2024, cuenta con 27 miembros: Alemania, Austria, Bélgica, Bulgaria, Chipre, Croacia, Dinamarca, Eslovaquia, Eslovenia, España, Estonia, Finlandia, Francia, Grecia, Hungría, Irlanda, Italia, Letonia, Lituania, Luxemburgo, Malta, Países Bajos, Polonia, Portugal, República Checa, Rumania y Suecia. El propósito fundamental de la Unión Europea sigue siendo la cooperación económica, política y social (fuente de los países miembros: https://eur-lex.europa.eu/ES/).

Es importante mencionar que muchos escritores de libros sobre la profecía bíblica han interpretado el resurgimiento de la Unión Europea como un movimiento hacia el cumplimiento de las profecías en Daniel 7:7, aunque no todos comparten esa postura.

V

VALLE DE LOS HUESOS SECOS

Schökel considera que la visión de los huesos en Ezequiel 37 es uno de los fragmentos más famosos del libro. Además, analiza que la construcción de la profecía es bastante sencilla desde el punto de vista externo. La divide de la siguiente manera: una visión inicial (vv. 1-11); la visión que se convierte en parábola (vv. 12-14); la presentación de la profecía como respuesta a una queja (v. 11). Luego explica que a Ezequiel se le otorga la interpretación precisa de la visión, la cual revela la situación espiritual en la que se pronuncia el oráculo. También encuentra datos seguros, fórmulas conocidas, alusiones y reminiscencias innegables en el texto. No obstante, advierte que estas facilidades para interpretar el pasaje, paradójicamente, pueden ponerlo en peligro. Por esta razón, sugiere leer el pasaje dejándose impresionar por la concentración en los huesos y el espíritu, el movimiento dramático y la pregunta radical sobre la existencia humana.

En la visión, la palabra "huesos" aparece ocho veces y el término "ruaj" (espíritu-viento-aliento) aparece ocho veces también. Estos dos elementos representan el contraste entre el dinamismo puro y lo inerte del ser humano, que aún no es polvo, pero casi tierra. Luego, Schökel explica el proceder del profeta: pronuncia la Palabra de Dios, la dirige y canaliza el dinamismo en dos momentos: el primero acompañado de una tormenta teofánica y el segundo en silencio. Destaca el predominio de sustantivos como "huesos", "espíritu", "tendones", "carne" y "piel", que marcan el comienzo de la acción, pero que quedan eclipsados por la acumulación de verbos activos cuando Dios habla: decir, hacer, entrar, volver, vivir, poner, cubrir, saber (vv. 5-6).

Otro aspecto relevante que resalta Schökel es el hecho de que el valle es una metáfora de lo profundo y lo horizontal, como un corte en la tierra de los vivos que parece adentrarse en el reino de la muerte. Es en ese valle donde se encuentra lo que llena la tierra, es decir, los vivos, según la fórmula "lo que llena la tierra", que se encuentra en otros pasajes bíblicos (Ez. 32:15; Mi. 1:2; Is. 34:1; Sal. 24:1; 50:12). En la visión, los huesos se juntan de manera horizontal, pero solo la carne comienza a elevarse, hasta que al final el hombre se yergue verticalmente.

Así, Ezequiel actúa como actor y espectador en la visión. Como actor, solo habla; como espectador, observa absorto sin hacer comentarios. Actúa como profeta dentro y fuera de la visión: si su palabra ha sido eficaz al conjurar espíritu y traer aliento, también lo será alentando a sus hermanos (la misma palabra "conjurar" se menciona seis veces en hebreo, y "profetizar" una séptima vez).

Finalmente, para Schökel no debe haber confusión en la interpretación de esta profecía, ya que el propio profeta la traslada de manera clara: no se habla de resurrección, sino de liberación y retorno a la patria. Sin embargo, algo aún más claro es que Ezequiel ha creado un símbolo que trasciende la intención inmediata del autor. Al abordar la visión desde una perspectiva biológica de la muerte, remontarse a los motivos de la creación y trabajar con el elemento dinámico del viento (*ruaj*), el profeta ha expresado los anhelos más profundos del ser humano y el mensaje más gozoso de la revelación. Así como Dios es lo suficientemente poderoso como para devolver la vida a los huesos muertos y secos, también lo es para restaurar a Israel, que está destrozado y disperso.

Luego, Schökel hace una aplicación afirmando que la victoria de la vida sobre la muerte es el mensaje de Pascua, por lo que es legítimo que los cristianos lean este pasaje de Ezequiel como un símbolo eterno de la resurrección (Schökel, 1979).

VEINTICUATRO ANCIANOS

Los veinticuatro ancianos se mencionan en varios pasajes del libro del Apocalipsis: 4:4, 10; 5:8, 14; 11:16; 19:4. Trenchard sostiene que la identidad de estos seres ha sido objeto de debate. Existen diferentes opiniones al respecto:

a) Algunos sostienen que podrían ser ángeles de un orden superior que gobiernan. En Isaías 24:23 se hace referencia a los ángeles de Dios como "ancianos". Las vestiduras blancas simbolizarían la pureza, mientras que las coronas y tronos indicarían autoridad o celebración festiva.

b) Otros sugieren que podrían representar a la humanidad redimida. En los cielos, adoran en representación de los santos.

c) Otra posibilidad es que el número veinticuatro tenga un significado simbólico, representando a las doce tribus de Israel y los doce apóstoles de la Iglesia. Aunque es una interpretación plausible, no está del todo confirmada. Trenchard se inclina por la interpretación de que los veinticuatro ancianos son seres humanos redimidos que representan a la humanidad en una disposición permanente de adoración.

Otros autores se alinean, en gran medida, con las ideas mencionadas sobre la identidad de estos personajes. Algunas de las interpretaciones propuestas son: a) los santos del Antiguo Testamento; b) ángeles que representan a los santos; c) una combinación de las anteriores.

El papel principal de los veinticuatro ancianos es adorar a Dios, como se menciona en varios pasajes del libro del Apocalipsis: 4:10; 5:14; 7:11; 11:16; 19:4. Su adoración consiste en postrarse ante Dios en alabanza y adoración, como se describe en los siguientes versículos: Ap. 4:10; 5:8, 14; 7:11; 11:16; 19:4. También verbalizan alabanzas (Ap. 4:9, 11; 7:12; 11:16; 19:4), colocan sus coronas ante el trono de Dios (Ap. 4:10) y entonan cánticos de alabanza (Ap. 5:9-14). Los ancianos también desempeñan un papel mediador en el servicio a los santos. En una ocasión, uno de los ancianos consuela a Juan, quien llora desesperado al pensar que nadie puede abrir el rollo. El anciano le dice: "¡No llores! Mira, el León de la tribu de Judá, la Raíz de David, ha triunfado. Él podrá abrir el rollo y sus siete sellos" (Ap. 5:5). En otra ocasión, uno de los ancianos le explica a Juan la identidad de la gran multitud vestida con túnicas blancas (Ap. 7:9): "Estos son los que han salido de la Gran Tribulación; han lavado sus ropas y las han blanqueado en la sangre del Cordero" (Ap. 7:14). Además, los ancianos son retratados sosteniendo copas doradas que contienen las oraciones de los santos (Ap. 5:8), y también forman parte de una audiencia con Dios y los cuatro seres vivientes para escuchar el canto de los 144 000.

En cuanto al simbolismo del número 24 y de los veinticuatro ancianos, algunos autores sugieren que se deriva de las doce tribus de Israel y los doce apóstoles, o de las veinticuatro órdenes de sacerdotes. Ambos antecedentes posibles indican un papel representativo para los ancianos. Es interesante destacar que los ancianos como tales solo aparecen en el libro del Apocalipsis en contextos celestiales: en la escena de la apertura del trono (Ap. 4:4, 10; 5:5, 6, 8, 11, 14), en los interludios que presentan una perspectiva celestial (Ap. 7:11, 13; 11:16; 14:3) y al comienzo de la última visión celestial (Ap. 14:3; 19:4), (ver **Cuatro seres vivientes**).

Kistemaker, después de revisar cada una de las distintas posturas, comenta que la interpretación tradicional de los veinticuatro ancianos sostiene que este número es el resultado de la combinación de doce por dos, representando a los doce patriarcas del AT y a los doce apóstoles del NT, que son los representantes de los redimidos por Cristo. Victorino de Pettau en Pannonia (la Hungría moderna), quien murió en el año 304, fue el primero en sugerir este punto de vista en su comentario del Apocalipsis. Muchos estudiosos modernos han adoptado esta interpretación como una visión simbólica de este pasaje, aunque con algunas variaciones. Luego concluye que, en muchos respectos, los ancianos tienen mayor importancia y un rango más alto que los ángeles. Los veinticuatro ancianos representan a los santos redimidos, y con todos los ángeles y todas las criaturas estos ancianos dan alabanza, honor y gloria al Cordero (Kistemaker, 2004).

VENGANZA

Heb. *naqam* 5359, "venganza". Este nombre se menciona por primera vez en la promesa de Dios a Caín: "Cualquiera que mate a Caín, siete veces será castigado" (Gn. 4:15).

Los profetas hacen referencia frecuentemente a la "venganza" de Dios contra sus enemigos (Is. 59:17; Mi. 5:15; Nah. 1:2). Esta venganza se manifiesta en un momento específico: "Porque es el día de la venganza de Jehová, año de retribuciones en la contienda de Sión" (Is. 34:8). Isaías une la "venganza" divina con la redención en la promesa de la salvación mesiánica: "El Espíritu del Señor Jehová está sobre mí... porque me ha ungido para... proclamar el año de la buena voluntad de Jehová, y el día de venganza de nuestro Dios" (Is. 61:1-2). Cuando Jesús anunció que esto se cumplía en su propia persona, se detuvo antes de leer la última frase; sin embargo, su sermón claramente anticipa la "venganza" que vendría sobre Israel por rechazarlo. Isaías también dijo: "Porque el día de la venganza está en mi corazón, y el año de mis redimidos ha llegado" (Unger).

Existen venganzas justas (Jue. 15:7; 16:28; 1 R. 18:25; Jos. 10:13; Pr. 6:34), mientras que otras son excesivas e, incluso, totalmente injustas (Gn. 34:27; 2 R. 3:27; Jer. 20:10; Ez. 25:12; Est. 8:3). La Ley del Antiguo Testamento respaldó la represalia excesiva y estableció la ley del talión (Lv. 24:17-21). Por otro lado, Dios reclama para sí el derecho de venganza (Dt. 32:35; Ro. 12:19; He. 10:30), y el justo pone en manos de Dios su causa, esperando y pidiendo la venganza divina sobre sus enemigos (Jer. 11:20). Aunque Dios puede retrasar el castigo, el día de la venganza del Señor llegará (Is. 34:8; 61:2; 63:4; Jer. 46:10; 51:6), no solo para los enemigos de su pueblo, sino también para los pecadores dentro de su pueblo. Sin embargo, esta venganza es parte de su justo juicio y no es una venganza humana descontrolada (ver **Ira de Dios**).

Keil-Delitzsch sostiene que en Isaías 34:8-10 se habla de un día de venganza de Yahvé y un año de retribución para la venganza de Sión, y en su contexto se refiere a la venganza contra el pueblo de Edom. Luego, en Isaías

61:2 y 63:4, se menciona un día y un año de juicio sobre Edom que servirán para hacer justicia a Sión contra sus acusadores y perseguidores. Sin embargo, hay una connotación de un día de venganza escatológico, que se confirma en Is. 66:4 con la descripción de un "fuego que no se apagará" y humo ascendiendo eternamente, lo cual se relaciona con Ap. 19:3. Esto demuestra que el texto se refiere al fin de todas las cosas y no solo al castigo del pequeño pueblo de Edom. El profeta se refiere, principalmente, al castigo anunciado sobre la tierra de Edom dentro de sus fronteras geográficas, pero este castigo en particular es un signo de la condena de todas las naciones y de todas las personas que son "edomitas" en sus sentimientos y conducta hacia la congregación de Yahvé, según Keil-Delitzsch.

En el NT, la palabra "venganza" tiene dos sentidos: uno correccional, similar al del Antiguo Testamento, con referencia a la retribución divina (2 Ts. 1:8; He. 7:24), y otro legal (2 Co. 7:11). Jesús abolió la ley del talión y enseñó a sus discípulos a perdonar a sus enemigos, a soportar las injusticias y a no vengarse (Mt. 5:38-48; Lc. 6:27-36). Por lo tanto, los cristianos no solo deben abstenerse de la venganza, sino que deben devolver bien por mal y dejar la venganza en manos del Señor, quien dice: "Mía es la venganza, yo pagaré" (Ro. 12:19ss.). El juicio divino actúa en lugar de la venganza (Lc. 18:7-8), aunque a veces se posterga hasta el último día (Ap. 6:10; 19:2), (Nelson). Los juicios del Dios verdadero parecen seguir un principio de retribución similar al talión (ver **Juicio**, **El Día del Señor**).

VESTIDURAS

El punto de vista simbólico profético relacionado con las vestiduras se puede observar en diferentes pasajes bíblicos. Por ejemplo, se menciona que Dios cubrió la desnudez de Adán y Eva con vestiduras después de su pecado en el Jardín del Edén (Gn. 3:2; 2;16). Este acto tiene varios significados, muestra la provisión y la gracia de Dios hacia la humanidad caída, Dios no los dejó en su estado de desnudez y vergüenza. En su amor y misericordia, Dios les proporcionó ropa para cubrir su desnudez. Según algunos autores, este acto también prefigura el sacrificio de Jesucristo en la cruz. Las vestiduras de piel que Dios hizo para Adán y Eva implicaban la muerte de animales para proveer esas pieles. En la Biblia, el derramamiento de sangre y la muerte de animales eran necesarios para cubrir el pecado y simbolizaban el futuro sacrificio de Jesús, el Cordero de Dios, quien derramaría su sangre para la redención de la humanidad. En última instancia, el simbolismo de las vestiduras en este pasaje apunta hacia la obra redentora de Jesús y la necesidad de ser cubiertos por su justicia y sacrificio. A través de la fe en Cristo y su obra en la cruz, los creyentes son vestidos con su justicia imputada y son reconciliados con Dios.

La transfiguración de Jesús, descrita en los evangelios (Mt. 17:1-8; Mr. 9:2-8; Lc. 9:28-36), es un evento significativo que tiene implicaciones escatológicas y simbólicas. Durante la transfiguración, Jesús se muestra en una apariencia gloriosa, y sus vestiduras se vuelven resplandecientes de una blancura deslumbrante. Aquí hay algunos aspectos escatológicos relacionados con este evento. La radiante transformación de las vestiduras de Jesús durante la transfiguración simboliza la manifestación de su naturaleza divina. Su apariencia resplandeciente es un indicio de su gloria celestial y su autoridad como el Hijo de Dios. Este evento anticipa la gloria que Jesús revelará en su Segunda venida y en el reino venidero. La presencia de Moisés y Elías durante la transfiguración también tiene un significado escatológico. Moisés representa la Ley y Elías representa a los profetas del Antiguo Testamento. Su aparición junto a Jesús simboliza el cumplimiento de las profecías mesiánicas y señala que Jesús es el cumplimiento de la Ley y los profetas (Mt. 5:17) y la anticipación de la gloria futura que los creyentes experimentarán en el reino venidero. Jesús permite que Pedro, Santiago y Juan sean testigos de esta manifestación gloriosa para fortalecer su fe y darles una visión de la gloria futura que les espera como seguidores de Cristo. El evento de la transfiguración señala la victoria final sobre la muerte y la promesa de vida eterna. Jesús, en su estado glorificado, es un testimonio vivo de su futura resurrección y la resurrección de los creyentes en él. La transformación de sus vestiduras resplandecientes apunta hacia la realidad de la glorificación de los cuerpos de los creyentes en la vida eterna.

En Apocalipsis 1:13, se describe al Hijo del Hombre usando una túnica que llegaba hasta los pies, y llevaba un cinturón de oro alrededor de su pecho. Esto indica su importancia y autoridad. Más adelante, en Apocalipsis 19:16, se menciona que se viste como un guerrero, con el nombre "Rey de Reyes" escrito en su muslo y en su vestidura. Además, se dice que sus vestidos están teñidos con su propia sangre, ya que ha sido sacrificado. Las vestiduras blancas, que no están manchadas, son mencionadas como una característica de los triunfadores de Jesús en varios pasajes, como Ap. 3:4, 5, 18 y 16:15. Estas túnicas (*stolé*) cubren todo el cuerpo y simbolizan la pureza y la justicia. Paradójicamente, se menciona que la sangre del Cordero lava o blanquea los vestidos de los seguidores de Jesús, como se expresa en Apocalipsis 7:14 y 22:14.

Por último, se hace mención de la esposa del Cordero, quien recibe un vestido de lino resplandeciente y limpio, como se menciona en Apocalipsis 19:8. Esto representa la pureza y la santidad de la Iglesia como la novia de Cristo.

VIDA ETERNA

¿Qué significa la *vida eterna*? La frase en griego bíblico es *zoé aionios*, corresponde a la traducción *vida eterna* en español (Vine, 1989). La vida eterna, es la vida que Dios promete a los que creen en Jesucristo. Comienza aquí en la tierra por medio de la conversión: "De cierto, de cierto os digo: el que oye mi palabra, y cree al que me envió, tiene vida eterna; y no vendrá a condenación, más ha pasado de muerte a vida" (Jn. 5:24).

La Escritura deja entrever que la vida eterna acontece con más realidad al finalizar esta vida espacio temporal con la muerte y llega a la plenitud en la resurrección de los muertos. Dios ha preparado la vida eterna en el sentido pleno como el destino glorioso final. Es la vida que ya no perece, que ya no muere más e inicia en el instante escatológico del "abrir y cerrar de ojos" (1 Co. 15:52), en la Segunda venida de Cristo en sincronización con el arrebatamiento y con la primera resurrección.

Es una vida sin fin en la gloria del Señor, estable, sin amenazas e incertidumbres de ningún tipo. Es una vida de seguridad, en la que no cabe la preocupación, el temor, la ansiedad. Es el reposo pleno y la herencia eterna de la vida de paz, del festejo eterno, que solo la disfrutan los que han recibido la potestad de ser hechos hijos de Dios por cuanto han creído y recibido a Jesucristo en sus vidas (Jn. 1:12).

"He aquí todo es hecho nuevo" (2 Co. 5:17). Es la vida nueva en Cristo que comienza aquí en la tierra y no le afecta ningún acontecimiento, incluido el de la muerte. Esta vida se completará en la Segunda venida de Cristo y la consumación de todas las cosas, en la nueva creación, en plena comunión con Dios por medio del Espíritu.

Es una vida llena de luz (Jn. 8:12) en la que desaparece para siempre la obscuridad de la noche, la oscuridad de la creación vieja. Esa luz es sustentada continuamente con la luz de la gloria divina y la luz del Cordero que resplandece en toda la nueva creación, en la nueva Jerusalén de la cual el Dios trino irradiará luz al universo entero.

La vida eterna integral la gozará el creyente completo como tal, a partir de la resurrección, con su única identidad personal, nadie puede tomar su lugar. Es la condensación de "la vida vivida en Cristo".

En el sentido opuesto, es necesario comprender lo que no es la vida eterna, con el propósito de evitar confusiones sobre el concepto de la vida maravillosa sin fin. Resumiré el contenido de esta explicación dada por el famoso teólogo suizo H. Küng:

No es un retorno a la vida espacio temporal. No es la reanimación de un cadáver, tal como sucedió con milagros descritos en la Biblia. Las personas resucitadas volvieron a la vida natural que tenían antes de morir, y volvieron a morir fisiológicamente. Un ejemplo emblemático es el de Lázaro, un milagro extraordinario, después de cuatro días de muerto el Señor le devolvió la vida física. En sentido opuesto, la vida eterna es una vida transformada a partir de la vieja, en la que la muerte es superada de una vez por todas. Es una vida celestial en la vida de Dios.

No es una continuación de esta vida natural temporal. La vida eterna se desarrolla en la dimensión de lo invisible e imperecedero. Es una vida nueva en una nueva creación, donde el tiempo cronos ya no castiga, ni desgasta. Está fuera del alcance porque ya no pertenece a ese tiempo, es un estar en Dios con la nueva vida definitiva.

No es un futuro de espacio y tiempo como el de aquí y ahora. Es un futuro nuevo, distinto y el último itinerario del hombre en Cristo a la luz, la gloria, la paz eterna de Dios (Kung, 1983).

VIDA Y SU FRAGILIDAD

Descripción bíblica
Stg. 4:14: ¿Sin embargo, no sabéis cómo será vuestra vida mañana? sois un vapor que aparece por un poco de tiempo y luego se desvanece.

Santiago describe que la vida es como un vapor efímero. Sigue la línea que se expresa en algunos pasajes del Antiguo Testamento en los que aparecen palabras parecidas al vapor: soplo, sombra, "pronto pasan y volamos".

Job 7:6-7: "Mis días pasan más veloces que la lanzadera, y llegan a su fin sin esperanza. Recuerda, que mi vida es un soplo, mis ojos no volverán a ver el bien".

Sal. 39:4-6: "Señor, hazme saber mi fin, y cuál es la medida de mis días, para que yo sepa cuán efímero soy. He aquí, tú has hecho mis días muy breves, y mi existencia es como nada delante de ti; ciertamente todo hombre, aun en la plenitud de su vigor, es solo un soplo. Sí, como una sombra anda el hombre; ciertamente en vano se afana; acumula y no sabe quién las recogerá".

Sal. 90:10: "Los días de nuestra vida llegan a setenta años; y en caso de vigor, a ochenta años. Con todo, su orgullo es trabajo y pesar, porque pronto pasa, y volamos".

La Biblia describe la vida por medio de metáforas de corta existencia. Los escritores están conscientes que la vida aquí en la tierra posee sus tiempos de satisfacción y sus tiempos de sufrimiento. Pero lo que más afirman con claridad es la brevedad de la vida.

Los seres humanos que no son creyentes igualmente se percatan de la brevedad de la vida, porque el ser humano es el único que sabe que morirá. Esa muerte que tarde o temprano llegará le condiciona en buena medida. Depende de dónde el hombre se encuentre parado en cuanto a convicciones, así será su respuesta: atea, agnóstica, existencialista, nihilista o deísta.

Pese a todo, la vida dada por Dios es bella en sí misma, opacada por el pecado sí, pero tiene sus destellos de gloria en la satisfacción de amar y ser amados; la experiencia única de convertirse en padres; disfrutar de salud, alimento, sueño, amistad, buenos libros, deporte, trabajo y otros; el apreciar las cosas bellas de este planeta: las flores, los pajarillos, el sol, los paseos al aire libre y el compartir con los demás. Estos destellos de la vida bella, aunque limitada, los pueden experimentar los que no son cristianos, pero lo cierto es que siempre tendrán un vacío en su interior y no encontrarán plena satisfacción. El resultado será que muchos se vuelquen a los placeres legítimos e ilegítimos, a las acciones licenciosas, a los afanes de este mundo, aun así, lo que experimentarán será insatisfacción más que bienestar.

Los creyentes encontramos la verdadera felicidad, la satisfacción plena y el sentido de la vida en Cristo. Tenemos las respuestas a las preguntas existenciales sobre la vida y la muerte, el sufrimiento digno y el sufrimiento indigno. Enfrentamos con fe y esperanza las ironías y las injusticias de la vida; la enfermedad y la vejez; la agonía y la muerte.

Como dice Moltmann: "La vida es vitalidad humana y eso significa estar interesado y el interés por la vida le llamamos amor, se halla vida en el amor y por medio del amor vivifica toda la vida" (Moltmann, La Venida, 2004).

Pero todos los seres humanos sabemos que moriremos y ante esa realidad existen diferentes actitudes. Los ateos y los materialistas dialécticos piensan que todo termina con la muerte; los agnósticos afirman que no se puede saber si habrá algo o no después de la muerte; otros creen en la reencarnación, o la liberación del alma del cuerpo que vuelve al depósito de las almas preexistentes. Contrario a esas posturas, los cristianos tenemos la esperanza de que la vida no termina con la muerte, sino que disfrutaremos de una vida transformada, plena y eterna.

VIDENTE

El vocablo "vidente" resulta de la traducción de dos vocablos hebreos: 2374 *jozeh*, חֹזֶה, y 7203 *roeh*, רֹאֶה, para profeta, la palabra hebrea es *nabí*, נָבִי. Son diferentes, pero no excluyentes, se comprueba en 1 Samuel 9:9: "el profeta de hoy solía ser llamado vidente". Según Sicre, el término "roeh" se utiliza solo 11 veces en las tradiciones anteriores al exilio. Se menciona en seis ocasiones, y en cuatro de ellas se refiere a 1 Samuel 9:9, 11, 18, 19. En una ocasión se menciona al sacerdote Sadoc en 2 S. 15:27, y en Isaías 30:10 se habla de los videntes.

El escritor de Crónicas utiliza el título y lo aplica tres veces a Samuel (1 Cr. 9:22; 26:28; 29:29), y dos veces a Janini, un vidente que denunció al rey Asá de Judá y terminó en la cárcel (2 Cr. 16:7, 10). Según Sicre, este suceso relacionado con Samuel aporta datos muy interesantes sobre la imagen antigua del vidente. Se consideraba a un vidente como alguien que conocía cosas ocultas y al que se podía consultar, incluso dándole una propina.

Es notable que Samuel aparezca en el pueblo justo cuando se va a ofrecer un sacrificio, lo que lleva a algunos a creer que también desempeñaba funciones sacerdotales. Sin embargo, es posible que los sacrificios se consideraran parte integral de su actividad. De hecho, uno de los métodos para la adivinación era observar las entrañas de las víctimas, aunque no se mencione específicamente, es común ofrecer un sacrificio como un rito preparatorio y propiciatorio.

Teniendo en cuenta la relación entre la visión y los sacrificios, así como el contexto cultural del Antiguo Oriente, no es sorprendente que a un sacerdote llamado Sadoc se le llame vidente (2 S. 5:27). Aunque se admite que el texto puede tener una fiabilidad cuestionable, no se sabe qué funciones realizaba Sadoc como vidente. Sin embargo, el contexto lo relaciona con el Arca del Pacto.

Por otro lado, resulta muy interesante el texto de Isaías en el que se establece una semejanza entre el visionario y el vidente, lo cual refleja un cambio significativo en la época antigua. Los videntes son presentados en paralelo con los visionarios *Hozim*, quienes, a través de sus visiones y palabras, recuerdan al pueblo sus responsabilidades hacia su Dios. No parecen ser personajes a los que se les consulta sobre problemas triviales, como el de las asnas, sino más bien tratan cuestiones de suma importancia para la nación.

Aunque al pueblo le gustaría que las visiones fueran positivas y mensajes de bienestar, estos visionarios hablan la verdad ante el Santo de Israel en primer lugar y no se detienen en asuntos insignificantes y superficiales, lo que a menudo provoca la ira de sus oyentes y conciudadanos. Isaías percibe un paralelismo entre su propio destino y el de estos personajes (Sicre).

VISIONES

Las visiones son medios que el Señor utiliza para dar a conocer su voluntad, sus juicios, sus predicciones sobre asuntos específicos individuales o comunitarios, presentes o futuros por medio de sus profetas: "y el Señor les dijo: 'Escúchenme bien. Cuando haya entre ustedes profeta del Señor, yo me apareceré a él en una visión, y le hablaré en sueños'" (Nm. 12:6). Son abundantes los pasajes de los libros proféticos que hablan acerca de las visiones recibidas del Señor: "Visión de Isaías, hijo de Amós, acerca de Judá y de Jerusalén" (Is. 1:1; 2:1). "El año treinta, quinto de la deportación del rey Joaquín (...) se abrieron los cielos y contemplé una visión divina" (Ez. 1:1-2). "Visión acerca de Israel" (Am. 1:1). "Visión de Abdías" (Abd. 1). "Visión sobre Samaria y Jerusalén" (Mi. 1:1). "Profecía recibida en visión por el profeta Habacuc" (Hab. 1:1). Basta tener presente los títulos de estos escritos proféticos para advertir la importancia enorme de la visión como medio de comunicación divina. Sin embargo, hubo períodos en los cuales cesaron las visiones y los anuncios de los profetas. Por lo tanto, no sorprende que el narrador de la historia de Samuel destaque la importancia del personaje al indicar que "por entonces no eran frecuentes las visiones" (1 S. 3:1). Si el niño Samuel recibe visiones, es porque tiene un llamado profético genuino. Además, el profeta Joel habla de un futuro avivamiento del Espíritu en el cual Dios derramará de su Espíritu y declara que los jóvenes tendrán visiones (Jl. 3:1).

En las visiones de los profetas se observa con claridad que no todas las visiones son iguales. Sicre afirma que, desde un punto de vista literario, algunas parecen seguir un esquema fijo: el Señor muestra algo, pregunta al profeta qué ve, este responde, y luego el Señor comunica algo nuevo relacionado con lo que se ha visto (Am. 7-9; Jer. 1:11-14; 24). Incluso dentro de estas visiones tan uniformes, a veces se contemplan objetos reales, como un cesto de frutos maduros o dos cestos de higos, mientras que en otras se observan escenas con personajes celestiales, incluso el propio Dios en situaciones peculiares, como preparando langosta o de pie encima de un muro, por mencionar algunos ejemplos. A medida que aumentan las diferencias literarias y el contenido de las visiones, crece la dificultad de analizar y exponer las relaciones entre ellas.

Sicre explica las diversas clasificaciones de las visiones:

Desde el punto de vista de los protagonistas

A) Visiones con personajes celestiales y terrestres. Entre las visiones con personajes exclusivamente divinos se encuentra la de Miqueas ben Yimlá (1 R. 22:19-23) y la del discípulo de Eliseo, cuando ve el monte lleno de caballería y carros de fuego (2 R. 6:17).

B) Personajes puramente humanos e históricos ocupan las visiones de Eliseo sobre el futuro de Benhadad y Jazael de Damasco (2 R. 8:10, 13). Lo normal es que seres divinos, al principio Dios y posteriormente uno o varios ángeles, dialoguen con el profeta.

C) También aparecen a veces personajes simbólicos, como la mujer que encarna la maldad (Zac. 5:5-11).

El escenario puede variar: puede ser la corte celeste (Is. 6; 1 R. 22), el cosmos (Am. 7:3-4), un lugar concreto como el templo de Jerusalén, o una ciudad como Nínive (en Nah. 2-3). También puede ser un lugar ficticio y simbólico, como el valle lleno de huesos muertos en Ez. 37, o un lugar real pero transfigurado, como la nueva Jerusalén descrita en Ez. 40-48. En algunos casos, la visión no se sitúa en un escenario específico, como ocurre en los textos de Amós y en Isaías 21:1-10.

D) Hay visiones centradas en objetos, animales y personas aunque, a veces, todos los elementos aparecen juntos. Como ejemplos de objetos terrenales están el cesto de higos, el cesto de frutos maduros, la rama de almendro y la olla hirviendo. En ocasiones, el objeto terrenal tiene, desde el principio, una dimensión simbólica e irreal, como ocurre con los cuatro cuernos (Zac. 2:1), el candelabro y los olivos (Zac. 4:1-6a) o el rollo de diez metros por cinco volando (Zac. 5:1-4). Como objetos celestiales, aunque fuera de la tradición profética, recordemos que Moisés debía construir el santuario y un altar siguiendo el modelo que Dios le mostró en la montaña (Éx. 25:9; 27:8); lo mismo ocurre con el candelabro (Nm. 8:4). Se da por sentada la existencia de un mundo real, misterioso y genuino que Dios permite ver a Moisés para que lo replique. Los animales ocupan un lugar importante en Zacarías (1:8-10 y, especialmente, 6:1-8). Convertidos en monstruos terribles e irreales, dominan la visión de los imperios (Dn. 7). El carnero y el macho cabrío son protagonistas en Dn. 8. En cuanto a las personas, como mencionamos anteriormente, pueden ser personajes terrenales, celestiales, simbólicos o una combinación de todos ellos. Dado que estos personajes a menudo hablan y actúan, podríamos decir que la visión se centra en un "acontecimiento". Ese acontecimiento, directa o indirectamente, siempre guarda relación con nuestro mundo.

E) Hay visiones en las que predomina lo "visual" y otras en las que predomina lo "auditivo". Estas últimas son visiones centradas en un oráculo. Por ejemplo, en Génesis 15:1: "Abraham recibió en una visión la palabra del Señor". En 1 Samuel 3, la visión nocturna del niño Samuel se enfoca en la comunicación de un mensaje relacionado con Eli y sus hijos. La famosa respuesta de Dios a Natán en un sueño sobre la construcción del templo también se califica como una visión (2 S. 7:17). El Salmo 89:20 contiene una visión centrada en un oráculo sobre David: "Hablé en visión a mis fieles; dije: He coronado a un guerrero, he exaltado a uno escogido de entre el pueblo". En Habacuc 2:2, Dios ordena al profeta escribir la "visión" que resolverá su queja sobre el sentido escandaloso de la historia. Es una visión que debe leerse, no verse, y su contenido es el breve y enigmático oráculo: "El arrogante tiene el alma torcida, pero el justo vivirá por su fe" (Hab. 2:4). En esta línea, se puede ubicar como una evolución tardía la visión de Daniel 10-12, con el extenso discurso pronunciado por el ángel.

Desde el punto de vista temporal

A) Hacia el futuro inmediato, como la visión de Eliseo cuando Dios le revela que Jehú será rey de Siria y que Ben-adad será asesinado por él (2 R. 8:10, 13), y en Jeremías 38:21-23, donde el profeta contempla lo que sucederá si el rey desobedece.

B) Hacia un futuro más o menos cercano, como la restauración de Jerusalén, entre otros ejemplos.

C) Hacia un futuro lejano, "los últimos tiempos", como la magnífica visión de la paz internacional descrita en Isaías 2:1-4.

Desde el punto de vista del mensaje
A) Visiones de condena: las visiones de Amós y Jeremías se encuentran en línea con la denuncia y la condena. Algunas visiones de Ezequiel enfatizan el castigo, como la visión del templo en los capítulos 8-11.

B) Visiones de salvación: las visiones de Zacarías esbozan la futura salvación de Jerusalén e incluso la organización religiosopolítica del estado. Otras visiones presentan la salvación, como el valle de los huesos secos en el capítulo 37 y las visiones del nuevo templo, Judá y Jerusalén en los capítulos 40-48.

Desde el punto de vista difícil de clasificar
Dada la cantidad de posibilidades y elementos involucrados, resulta comprensible la dificultad de categorizar las visiones.

A veces, al lector le parece que no hay nada extraño en ellas. El profeta percibe al igual que cualquier israelita podría ver: una rama de almendro, una olla sobre el fuego, dos cestos de higos. A partir de un dato concreto, llega a una comprensión más profunda de la realidad. Lo que tiene ante sus ojos le permite descubrir algo nuevo, invisible para los ojos comunes, y captar la realidad de manera diferente o profundizar en la acción de Dios. Por ejemplo, Jeremías visita un día la casa del alfarero. Observa cómo gira la rueda, moldea la arcilla, mueve la cabeza descontento, arroja el cacharro y comienza de nuevo. Para Jeremías, la acción del alfarero se convierte en una revelación de la acción de Dios. "¿Acaso no puedo hacer contigo, casa de Israel, al igual que hace este alfarero? —afirma el Señor—. Como el barro en manos del alfarero, así son ustedes en mis manos, casa de Israel" (Jer. 18:1-10). Y esto nos lleva a la fuente principal del conocimiento profético, el medio más importante a través del cual Dios comunica su mensaje: la vida real.

Las visiones sobre la injusticia social
Amós es conocido por sus cinco visiones, pero en realidad todo su libro es una visión (Am. 1:1). Sin embargo, las visiones más expresivas y dramáticas, aquellas que motivan su actividad profética y que finalmente resultan en su expulsión del Reino del Norte, no son las conocidas visiones de los capítulos 7-9, sino más bien la visión del mercado donde se comercia con la justicia, vendiendo al justo por dinero y al pobre por un par de sandalias. Es la visión de una ciudad, Samaria, en la cual los ricos explotan y oprimen a los pobres, despojándolos incluso de lo necesario, mientras acumulan riquezas y cometidos criminales en sus palacios (Am. 3:9-11). Es la visión de unos tribunales en los que se pervierte la justicia y se convierte el derecho en veneno, amargando la vida de los ciudadanos humildes. Es la visión de unos campesinos desposeídos de sus tierras, que poco a poco van perdiendo sus hogares y viñedos, y se ven obligados a venderse como esclavos. Es la visión de unos templos en los que se lleva a cabo una ferviente actividad religiosa, repletos de vacas, ovejas, carneros, ofrendas voluntarias y peregrinaciones constantes, mientras los participantes son los mismos que roban y despojan al pobre. Es la visión de una clase alta que puede permitirse todo tipo de lujos en comida, bebida, mobiliario y perfumes, mientras no se preocupan por las desgracias que afectan al país. Estas son las visiones más frecuentes de los profetas, las más intensas, aquellas que los llevan a arriesgar sus vidas, a gritar y clamar en nombre de Dios. Si en ciertas oca-

siones la visión profética se caracteriza por la valentía de ver lo que los demás no desean ver, en otras se distingue por la capacidad de ver la realidad de manera profunda, ofreciendo una nueva interpretación. Observar la realidad de una guerra encubierta de los ricos contra los pobres en una sociedad aparentemente estable y en paz. Percatarse del olvido y desprecio hacia Dios en lo que algunos consideran meras consecuencias humanas de una guerra. Descubrir la ofensa a Dios y al prójimo en lo que todos consideran simple actividad comercial. Podría decirse que para estas visiones no se requiere una revelación especial de Dios, pero la experiencia demuestra lo contrario. Esas visiones son las que más necesitan de la revelación divina, porque hay cosas que no queremos ver y, aunque las veamos, hay un velo que cubre nuestros ojos y nos impide contemplar profundamente la realidad que nos rodea (Sicre).

Las visiones apocalípticas

Las visiones apocalípticas son experiencias en las que se le muestra al profeta una visión del presente, futuro inmediato, a mediano plazo o a largo plazo. Estas visiones suelen ser de carácter catastrófico o relacionadas con grandes eventos que marcarán el fin de los tiempos. En la Biblia, encontramos varios ejemplos de visiones apocalípticas. Por ejemplo, en el libro de Daniel, se relatan visiones que fueron dadas al profeta Daniel. En el capítulo 2 de Daniel, el rey Nabucodonosor tiene un sueño perturbador y pide a los sabios de Babilonia que le revelen su significado. Daniel, quien tenía el don de interpretar sueños y visiones, es llevado ante el rey y le revela el contenido de su sueño, así como su interpretación profética. En el capítulo 7 del libro de Daniel, el propio Daniel tiene una visión en la que ve cuatro bestias que representan diferentes reinos y eventos futuros. Estas visiones apocalípticas revelan el curso de la historia y el destino de las naciones. Otro ejemplo se encuentra en el libro de Apocalipsis, donde Juan relata una serie de visiones que le fueron reveladas mientras estaba en la isla de Patmos. Estas visiones describen eventos y simbolismos relacionados con el fin de los tiempos y el juicio final. En el capítulo 4, Juan es llevado en espíritu al cielo y ve una visión del trono de Dios rodeado de seres celestiales.

En muchas de estas visiones apocalípticas, el profeta recibe la interpretación de la visión a través de un ángel o ser celestial. Estos mensajeros divinos ayudan al profeta a comprender el significado y el contexto de lo que están presenciando. La interpretación de estas visiones, a menudo, incluye símbolos y metáforas que representan realidades espirituales o eventos futuros.

Es importante tener en cuenta que las visiones apocalípticas no se deben interpretar de manera literal y exacta en términos de eventos históricos o futuros. La interpretación de estas visiones puede variar dependiendo del enfoque interpretativo que se utilice (ver **Preterismo completo**; **Preterismo parcial**; **Preterista futura postribulación**), así será el resultado de la interpretación (ver **Oráculo**, **Vidente**).

VISIONARIO

Según Sicre, la traducción correcta para el término "hozeh" es "visionario". Esto establece una relación y diferencia con el término "vidente". El término "hozeh" se utiliza en 16 ocasiones, pero 10 de ellas están en Crónicas, lo que reduce su uso en textos antiguos a 6 casos. En 2 Samuel 24:11, se menciona a "el profeta (*nabî*) Gad, visionario del rey". Sicre encuentra esta expresión muy curiosa, ya que parece sugerir que la misión de este profeta era servir al rey con sus visiones. El cronista mantiene este título, "visionario del rey", al aplicarlo a Hemán (1 Cr. 25:5) y Yedutún (2 Cr. 35:15).

Sin embargo, Sicre explica que no se puede deducir de esto que el visionario sea un personaje de la corte. El sacerdote Amasías llama así al profeta Amós cuando le pide que regrese a Judá (Am. 7:12). Por lo tanto, sus palabras no reflejan una alta estima por estos personajes, sino que los ve como personas que ganan su sustento con sus visiones y palabras. Lo curioso es que esta evaluación negativa de los visionarios también se encuentra en un texto profético (Mi. 3:5-7). Al dirigirse a los falsos profetas que engañan al pueblo, se mencionan a los profetas (*nebi'im*), visionarios (*hozim*) y adivinos (*qosmim*) juntos. Todos ellos se venden al mejor postor y declaran guerra santa a aquellos que no llenan sus bocas. Sin embargo, prevalece una visión positiva de estos personajes. Sicre agrega que en Isaías 29:10, se habla de los visionarios en paralelo con los profetas (*nebi'im*) como los órganos que el pueblo de Judá tiene para orientarse correctamente. Son los ojos que ven y la cabeza que gobierna. Probablemente, estos dos términos, visionarios y profetas, fueron añadidos más tarde como una explicación adicional, según Sicre. Sin embargo, el glosador consideraba a estas personas como seres fundamentales para la sociedad. El mayor castigo que Dios puede infligir al pueblo es dejarlos ciegos.

Así, la función concreta que desempeñan los videntes queda más explícita en Isaías 30:10. También comenta Sicre que esta importante función religiosa queda clara en 2 Reyes 17:13, donde el autor deuteronomista indica que el Señor había advertido a Israel y Judá por medio de los profetas y visionarios, diciéndoles: "Volveos de vuestro mal camino, guardad mis mandatos y preceptos...". Sicre también menciona que el Cronista guarda el recuerdo de los visionarios como personajes valientes, que incluso se atreven a hablar al impío rey Manasés (2 Cr. 33:18). Además, este autor parece concebir al visionario en especial relación con el monarca, como sugiere este texto y la fórmula "visionario del rey", que se aplica a Hemán y Yedutún.

Aunque los textos sobre estos personajes son escasos, podemos deducir que eran poco numerosos. Sin embargo, si lo típico del visionario es contemplar o tener visiones, este cuadro se completa considerando las referencias pertinentes al verbo "hazah" y a los diversos sustantivos derivados de esa raíz (*hazût*, *hazôn*, *hizzayôn*, *mahaze*). Entonces, la panorámica se amplía extraordinariamente. Cuando Samuel era niño, las visiones no eran abundantes (1 S. 3:1), pero Dios le concede a él esa experiencia. Y desde entonces, como dice Dios a través de Oseas, "yo hablé por los profetas, yo multipliqué las visiones" (Os. 12:11). Por eso, el mensaje de muchos de ellos, como Isaías, Amós, Miqueas, Nahún, Abdías y Habacuc, se presenta como fruto de una visión o contemplación. La gente habla de las visiones de Ezequiel, y él considera adecuado ese término (Ez. 12:21-28). También Daniel utiliza esta terminología para hablar de sus visiones, concluye Sicre.

VISIÓN ECLÉCTICA DEL APOCALIPSIS

Existen cinco enfoques principales de interpretación del Apocalipsis: preterista, historicista, futurista, idealista y ecléctico. El enfoque ecléctico busca combinar los puntos fuertes de varios de los otros puntos de vista y evitar sus debilidades. Coincide con los preteristas en que el Apocalipsis debe tener un significado para los primeros lectores. Por lo tanto, el punto de partida para captar el mensaje del libro es comprender lo que Dios estaba comunicando a través de Juan a las iglesias de Asia Menor. Esto requiere un estudio cuidadoso del contexto histórico y cultural del Apocalipsis.

Al igual que los futuristas, los eclécticos reconocen que algunas porciones del Apocalipsis esperan un cumplimiento final.

Aunque las opiniones varían sobre qué elementos se han cumplido y qué elementos aún están en el futuro, la mayoría está de acuerdo en que los capítulos 19 al 22 del Apocalipsis esperan su cumplimiento. La victoria final de Dios sobre las fuerzas del mal se demostrará decisivamente en la historia.

La visión ecléctica comparte la convicción idealista de que el Apocalipsis tiene un mensaje espiritual relevante para la Iglesia en cada época. Para los eclécticos, como Craig Keener, estas intuiciones y aplicaciones espirituales surgen de una exégesis histórico-literaria: "Una vez que entendemos lo que Dios les decía a las iglesias de Asia a través de Juan, podemos comenzar a establecer analogías sobre cómo el mismo mensaje es relevante para nuestras iglesias hoy en día".

En las últimas décadas, muchos prominentes eruditos evangélicos del Nuevo Testamento que han escrito sobre el Apocalipsis han adoptado el enfoque ecléctico, como Greg Beale (con énfasis en el idealismo), G.R. Beasley-Murray, Alan Johnson, Dennis E. Johnson, Craig Keener, George E. Ladd, Robert Mounce y Grant Osborne (con énfasis en el futurismo). Aunque el enfoque ecléctico puede tentar a los intérpretes a realizar una exégesis desigual y subjetiva, la salvaguardia de construir sobre las fortalezas de los otros enfoques mientras se evitan sus debilidades lo convierte en un enfoque prometedor. El eclecticismo tiende hacia el equilibrio al reconocer que cada enfoque puede ser peligroso cuando se lleva al extremo (ver **Visión ecléctica del Apocalipsis**; **Visión futurista**; **Visión idealista del Apocalipsis**; **Visión preterista del Apocalipsis**).

VISIÓN FUTURISTA DEL APOCALIPSIS

El enfoque futurista en la interpretación del libro del Apocalipsis sostiene que la mayor parte del libro, a partir del capítulo 4, se refiere al futuro. Los defensores de este enfoque enfatizan las profecías en el libro que, según ellos, se cumplirán poco antes, durante y después del regreso de Jesús a la tierra. Estas profecías incluyen la visión del trono, el rollo con los siete sellos que se abren uno por uno, las siete trompetas, los dos testigos, la mujer y el niño varón, las siete copas, la gran ramera y la caída de Babilonia. Todos estos eventos se consideran que ocurren antes de la Segunda venida de Cristo. Pero, en realidad, el autor del Apocalipsis señala, a lo largo de todo el libro, hacia el día del retorno de Cristo. El elemento profético es innegable, ya que Juan menciona la palabra "profecía" siete veces en el Apocalipsis (Ap. 1:3; 11:6; 19:10; 22:7, 10, 18, 19). Juan escribe a la luz del gran y terrible día del retorno prometido de Jesús, por lo que su mensaje es profético en ese sentido.

Los defensores del enfoque futurista comparan la redacción de Apocalipsis 1:1 y 19 con la de 4:1. En los dos primeros pasajes (Ap. 1:1, 19), Juan destaca las cosas que deben suceder pronto, y describe lo que ha visto de las cosas que son y que sucederán más adelante. En el último pasaje, se le dice a Juan: "Ven acá, y te mostraré lo que debe suceder después de estas cosas" (Ap. 4:1). Según los futuristas, esto establece una división en dos categorías: primero, las cosas que pertenecen a la época en la que Juan vivía; y luego, todas las cosas que pertenecen al futuro. Los futuristas interpretan el Apocalipsis de manera literal y consideran que la segunda parte del libro es un testimonio de los eventos que ocurrirán en los últimos tiempos, cuando se traten asuntos cósmicos y se desaten fuerzas sobrenaturales. Este enfoque escatológico pone énfasis en el día del retorno de Cristo.

Sin embargo, este enfoque plantea inconvenientes. Hay ciertos problemas con este enfoque, uno de ellos es que sugiere que "todos los capítulos de Apocalipsis, excepto los tres primeros, no tienen relevancia para la iglesia contemporánea". También plantea un problema en cuanto al énfasis profético, el cual se centra únicamente en el retorno de Cristo. Si esto fuera así, significaría que la Iglesia, desde la época de Juan hasta el presente, no ha podido aplicar el mensaje de estas profecías en el tiempo posterior al primer siglo. Sin embargo, el mensaje de Juan en el Apocalipsis es relevante tanto para sus contemporáneos como para los creyentes de siglos posteriores. El libro está destinado a la Iglesia en todo el mundo y en todas las épocas. Aunque ciertamente se espera con anhelo el retorno de Cristo, esto no significa que las profecías en el Apocalipsis solo se cumplirán en su Segunda venida. Juan tiene un mensaje de consuelo para el pueblo de Dios en cualquier lugar y tiempo. Por lo tanto, la Iglesia debe esperar con paciencia y considerar como bendecidos aquellos que estarán presentes en la venida del Señor, ya que solo esos santos presenciarán la consumación final (Ap. 22:7, 10, 18, 19), (Kistemaker).

Numerosos líderes influyentes de la iglesia postapostólica sostenían alguna forma de enfoque futurista en su interpretación profética (por ejemplo, Justino Mártir, Ireneo, Hipólito, Victorino). Sin embargo, esta perspectiva se debilitó con la popularización del método alegórico de interpretación utilizado por Orígenes y Clemente, así como con la adopción del amilenialismo por Agustín. Sin embargo, a partir de la Reforma Protestante y, especialmente, en el siglo XIX, la visión futurista comenzó a resurgir. En la actualidad, muchos intérpretes evangélicos pueden clasificarse como futuristas, ya sea en su forma dispensacional premilenial o en su forma histórica premilenial (ver **Visión ecléctica del Apocalipsis**; **Visión idealista del Apocalipsis**; **Visión preterista del Apocalipsis**).

VISIÓN HISTORICISTA DEL APOCALIPSIS

La perspectiva historicista del Apocalipsis implica una interpretación continua de la historia, desde el día de Pentecostés hasta la consumación del reino de Dios, entrelazando los acontecimientos seculares con los religiosos cristianos. Los defensores de esta visión han intentado relacionar los eventos de su propia época con las profecías del Apocalipsis. Henry Barclay Swete (1835-1906), un erudito bíblico inglés que enseñaba en Cambridge en 1890, escribió un comentario sobre el Apocalipsis en el que plasmó sus ideas historicistas. En su obra, menciona varios ejemplos de épocas pasadas en las que escritores intentaron encontrar correspondencias entre el Apocalipsis y los eventos de su tiempo. Por ejemplo, a finales del siglo XII, Joaquín de Fiore, quien falleció en 1202, consideró que la bestia que surgía del mar (Ap. 13:1) representaba al islam, que había sido debilitado por las Cruzadas. Para él, Babilonia era Roma en su aspecto mundano, e identificó algunas de las siete cabezas de la bestia (Ap. 17:3, 9-10) con líderes de su propia época. Más de un siglo después, los franciscanos de París consideraron al anticristo como un seudopapa. En el siglo XVI, los reformadores identificaron al papa y al papado como el anticristo. Tanto Martín Lutero como su colega reformador Juan Calvino no dudaron en llamar al papa el anticristo. Y otros siguieron sus pasos: Zuinglio, Wycliffe, Knox, Tyndale, Wesley, Edwards, Finney, Spurgeon.

Otros historicistas interpretan el Apocalipsis como un calendario de eventos que comienzan con la época de Juan en la isla de Patmos en el año 96. Asocian los siete sellos y las siete trompetas con la iglesia primitiva, y otros historicistas interpretan el Apocalipsis como un calendario de eventos que inicia con la época de Juan en la isla de Patmos en el año 96. Asignan los siete sellos y las siete trompetas a la iglesia primitiva y a la Edad Media, y entienden que los capítulos 10 y 11 del Apocalipsis se refieren a la época de la Reforma, aplicando el mensaje de la séptima trompeta a la verdadera Iglesia. En cuanto a las dos bestias mencionadas en el capítulo 13, las interpretan como el papa y el poder papal, y consideran que las siete plagas se cumplieron durante la revolución francesa y las revoluciones modernas, mientras que la caída de Babilonia representa la destrucción del papado. Sin embargo, Kistemaker señala algunas objeciones a esta perspectiva histórica: a) el texto del Apocalipsis no se presta a una presentación histórica continua; la historia y la literatura apocalíptica no concuerdan adecuadamente entre sí; b) si se supone que el Apocalipsis tiene una continuidad histórica, la iglesia primitiva y las generaciones posteriores no habrían podido beneficiarse de un mensaje que no les era aplicable; c) es un error limitar la aplicación del libro exclusivamente a la iglesia occidental, ignorando la existencia de la iglesia oriental; d) se recurre a interpretaciones triviales y fantasiosas que no concuerdan con las Escrituras; e) la metodología utilizada para calcular épocas históricas, basadas en los números del Apocalipsis, es subjetiva y puede llevar a autoengaños; f) no hay consenso sobre lo que significa el libro, incluso entre los intérpretes dentro de la misma escuela de interpretación (ver **Visión ecléctica del Apocalipsis**; **Visión futurista del Apocalipsis**; **Visión idealista del Apocalipsis**; **Visión preterista del Apocalipsis**).

VISIÓN IDEALISTA DEL APOCALIPSIS

El enfoque idealista interpreta el libro de Apocalipsis como una obra que presenta principios contrastantes entre el Cristo victorioso y su pueblo, y Satanás derrotado con sus seguidores. Según los idealistas, este contraste se desarrolla a lo largo del libro, desde el primer capítulo donde Jesús posee las llaves de la muerte y del *Hades*, hasta el capítulo 20 donde el diablo, la muerte y el *Hades* son arrojados al lago de fuego. Incluso cuando Jesús pronunció su discurso sobre los últimos tiempos a sus discípulos (Mt. 24; Mr. 13; Lc. 21), les dio principios que brindarían consuelo y seguridad a ellos y a todos los creyentes a lo largo de los siglos, asegurando que Él siempre estará con ellos.

Se destaca que Juan, en la isla de Patmos, no recibió una visión de la iglesia en tiempos posteriores o al final de los tiempos, sino ideales que animan a los creyentes en su conflicto espiritual. Por lo tanto, describe a Cristo como aquel que establece principios que, en última instancia, erradicarán el mal del mundo, y señala los principios opuestos que Satanás y sus seguidores utilizan. Para los idealistas, el Apocalipsis no es simplemente una narración de eventos pasados ni una profecía de eventos futuros, sino un libro que brinda consuelo y motivación a los seguidores de Dios para que perseveren hasta el final. Insisten en que los principios presentes en este libro son aplicables a los cristianos de todas las generaciones, desde la época de Juan hasta el fin de los tiempos.

Hendriksen define el propósito del Apocalipsis y destaca el consuelo que la Iglesia en lucha recibe en su batalla contra las fuerzas de Satanás. Afirma que el libro está lleno de ayuda y consuelo para los cristianos perseguidos y afligidos. Les asegura que Dios ve sus lágrimas (Ap. 7:17; 21:4), que sus oraciones tienen influencia en los asuntos mundiales (Ap. 8:3, 4) y que su muerte es preciosa a los ojos de Dios. Se garantiza su triunfo final (Ap. 15:2), su sangre será vengada (Ap. 19:2) y su Cristo vive y reina por los siglos de los siglos. Él gobierna el mundo en beneficio de su Iglesia (Ap. 5:7, 8). Volverá para llevar a su pueblo con Él en "la cena nupcial del Cordero" y vivirán juntos para siempre en un universo renovado (Ap. 21:22).

Hendriksen añade que los creyentes que leen el libro de Apocalipsis tienen la certeza de que Jesús nunca los abandona, sino que siempre está cerca de sus santos. Reconocen que son la esposa y que Jesús es el esposo (Ap. 19:7; 21:2, 9). Por lo tanto, cuando el Espíritu y la esposa claman pidiendo que venga (Ap. 22:17), Jesús les asegura que vendrá pronto (Ap. 22:20).

Además, es importante que los creyentes tengan la certeza de que Dios controla la historia desde el principio hasta el fin, y Juan refleja esta verdad en el libro de Apocalipsis.

Según los idealistas, Juan no especifica eventos particulares en el libro, sino principios que se aplican a tendencias inherentes y aspectos que se presentan en todo tiempo y lugar. El concepto del tiempo en sí tiene poca relevancia en el Apocalipsis, ya que no es el tiempo cronológico el que gobierna este libro, sino un principio eterno. El tiempo se describe utilizando términos como cuarenta y dos meses o 1260 días (Ap. 11:2, 3; 12:6; 13:5), y con expresiones como tiempo, tiempos y medio tiempo (Ap. 12:14) y un tiempo breve (Ap. 6:11; 20:3). El tiempo se presenta como una idea sintética que no puede ser cuantificada en años o siglos. Milligan, uno de los representantes de los idealistas, afirma: "Por lo tanto, no tenemos derecho a insertar en la interpretación del Apocalipsis la noción de un desarrollo largo o corto de eventos. Es una representación en la que una idea, no el tiempo necesario para expresarla, desempeña el papel principal". Además, los idealistas sostienen que el Apocalipsis utiliza imágenes, señales, símbolos, nombres y números tomados del contexto cultural y religioso del autor y, a través de ellos, presenta un mensaje universal y eterno. Este mensaje no está vinculado a ningún tiempo o lugar específico, aunque los términos y expresiones utilizados representan escenas tomadas de los países alrededor del mar Mediterráneo y otras regiones del Medio Oriente.

Existen objeciones hacia la escuela idealista, entre las cuales se encuentra la falta de énfasis en la historia y la profecía. Estas preocupaciones son válidas, ya que todo intérprete meticuloso debe asegurarse de no descuidar ninguna parte del libro de Apocalipsis. De hecho, el libro advierte que aquellos que omiten partes de su revelación serán objeto de la maldición de Dios (Ap. 22:19).

No obstante, los idealistas reconocen que muchas secciones de Apocalipsis se ajustan a marcos históricos, pero también pueden aplicarse a diversas épocas en la historia de la iglesia cristiana. Juan pudo atribuir una serie de visiones a su propia época, pero al mismo tiempo, los creyentes que han experimentado persecución en el pasado o que la están experimentando en la actualidad, pueden ver reflejada su situación en el Apocalipsis.

En cuanto a las profecías, los idealistas enseñan que se cumplen a lo largo del tiempo y se cumplirán completamente en la consumación, cuando Jesús regrese. Tienen la certeza de que lo que Dios ha prometido se cumplirá en el momento que el Padre ha determinado por su propia autoridad (Mt. 24:36; Hch. 1:7). Sin embargo, también sostienen que el Apocalipsis no enseña que la Segunda venida de Cristo se haya realizado ya. El libro afirma que Jesús volverá tal como lo prometió, pero no indica que ya haya vuelto. El pasaje en Apocalipsis 19:11-21 presenta una visión de un evento que ocurrirá en el futuro.

Según los intérpretes idealistas, el libro de Apocalipsis se caracteriza por estar repleto de principios éticos que ofrecen orientación a los lectores en sus luchas diarias en áreas como la economía, la raza y el género. Desde la perspectiva idealista, Apocalipsis se entiende como una representación simbólica de la batalla continua entre Dios y el mal. Estos intérpretes utilizan el Apocalipsis como una fuente de enseñanza para la teología de la liberación, con el propósito de ayudar a los pobres en su lucha contra la opresión económica. Encuentran en este libro información relevante para abordar la discriminación racial y la supresión de las minorías. Algunos, incluso, interpretan el Apocalipsis como base para desarrollar una teología feminista.

De este modo, los capítulos 10 al 15 son vistos como una descripción de una comunidad y sus opresores, con profetas que reciben un llamado y descubren la presencia de enemigos surgidos dentro de la comunidad y, finalmente, una liberación que tiene lugar en el momento de la cosecha escatológica. Este enfoque resalta las necesidades e intereses humanos, pero a menudo descuida las verdades eternas de la revelación de Dios en Jesucristo.

El mensaje de Apocalipsis trasciende ampliamente, ya que nos presenta a Cristo victorioso y a sus seguidores como más que vencedores. El enfoque idealista se basa, en gran medida, en el método alegórico utilizado por algunos Padres de la Iglesia como Orígenes y Clemente. Esta visión idealista se convirtió en el enfoque dominante del Apocalipsis desde varios siglos después de Cristo hasta la Reforma Protestante. En la actualidad, también ha ganado popularidad entre intérpretes que no sitúan el significado del Apocalipsis en la historia del siglo primero ni en eventos futuros relacionados con el fin de los tiempos, sino en la lucha continua contra las fuerzas del mal.

Además, la perspectiva idealista valora el género profético-apocalíptico del Apocalipsis, destaca la importancia teológica del libro y se centra en su relevancia espiritual para los cristianos de todos los tiempos y lugares. A diferencia de otras perspectivas, el idealismo no siente la necesidad de armonizar la profecía y su cumplimiento ya que, a menudo, es el lector contemporáneo quien encuentra el cumplimiento.

En contraste con el preterismo y el historicismo, que sitúan el significado del libro específicamente en la historia, y con el futurismo, que anticipa un cumplimiento histórico en algún momento, el idealismo se esfuerza por responder a la pregunta de cómo se relaciona la teología del Apocalipsis con la historia. Sin embargo, el idealismo ofrece pocas esperanzas de que el reino de Dios se consumará alguna vez en el regreso de Cristo, el juicio final y el nuevo cielo y la nueva tierra (ver **Visión ecléctica del Apocalipsis**; **Visión futurista del Apocalipsis**; **Visión preterista del Apocalipsis**).

VISIÓN PRETERISTA DEL APOCALIPSIS

El término "preterista" se deriva de dos palabras latinas: "praeter" (pasado) e "iré" (ir), y se refiere a lo que ya ha pasado, a lo que ya ha sucedido. Según este enfoque, todo lo que se menciona en el libro del Apocalipsis se cumplió en el siglo primero, en el momento en que Juan escribió el libro. Los preteristas sostienen que el simbolismo en el Apocalipsis describe eventos históricos que ocurrieron durante la segunda mitad del siglo primero, y consideran que el libro se refiere exclusivamente a lo que sucedió en el pasado, sin hacer referencia al presente o al futuro.

Dentro del enfoque preterista, existen dos corrientes. Una de ellas reconoce la inspiración del Apocalipsis y valora profundamente las Escrituras. Afirman que la mayoría de los eventos descritos en el Apocalipsis se cumplieron durante el período del Imperio romano en el siglo primero. Los preteristas consideran que el Apocalipsis es un libro relacionado con la persecución en Asia Menor en ese tiempo, pero ven su relevancia principalmente desde un punto de vista literario en la época actual. Por otro lado, la otra corriente rechaza la inspiración de este último libro de la Biblia y equipara el Apocalipsis con otros apócrifos o textos apocalípticos pseudoepigráficos.

Según Kistemaker, los preteristas descuidan el elemento de predicción en el Apocalipsis y se enfocan, en cambio, en los eventos históricos del siglo primero. A continuación, enumera varias objeciones al punto de vista preterista:

a) Señala que, aunque los preteristas argumentan que el mensaje del Apocalipsis se puede aplicar a cualquier época o generación, no reconocen el progreso que se presenta en este libro. El Apocalipsis describe una secuencia progresiva de eventos y predicciones que culminan con la venida del Juez y el juicio final. Esto se evidencia claramente en los relatos de los siete sellos, las siete trompetas y las siete copas. Es difícil sostener que esta secuencia progresiva se refiera únicamente a eventos contemporáneos de finales del siglo primero.

b) Se plantea que los preteristas transmiten la idea de que el mensaje del Apocalipsis estaba principalmente dirigido a los creyentes del siglo primero, lo que implicaría que su importancia para los creyentes de épocas posteriores es secundaria. Sin embargo, el mensaje del Apocalipsis es relevante tanto para los creyentes de la antigüedad como para la Iglesia universal a lo largo del tiempo. Así como las cartas de Pablo escritas a iglesias específicas siguen siendo relevantes para la iglesia universal en la actualidad, el mensaje del Apocalipsis también tiene pertinencia continua para los creyentes en diferentes contextos.

c) Se menciona que los preteristas identifican a la bestia del Apocalipsis 13 con el emperador Nerón, especialmente en relación con el número 666 en el versículo 18 de ese capítulo. Pero la forma poco natural de escribir el nombre Nerón en hebreo, que era necesaria para llegar a este número, sigue sin convencer. Sin duda que Juan estaba plenamente familiarizado con la persecución neroniana, pero parece poco realista limitar la persecución a solo un emperador en un período particular en la historia.

d) Las siete cartas a las siete iglesias en la provincia de Asia dejan una impresión clara de que Jesús se dirigía a cristianos de segunda o incluso tercera generación que estaban flojeando. Por ejemplo, a la iglesia en Éfeso se le manda que "recuerde el lugar del que has caído, arrepiéntete y haz las obras que hacías al principio" (Ap. 2:5). Pablo fundó la iglesia en Éfeso en el 53 y trabajó allá por tres años. Escribió la carta a los efesios en el 62; y después de ser puesto en libertad, mientras Timoteo era pastor de la iglesia en Éfeso, alrededor del 64, Pablo escribió 1 Timoteo, dirigida a este y a la iglesia local.

Si, como dicen los preteristas, Apocalipsis se escribió alrededor del 65, entonces la carta a la iglesia en Éfeso (Ap. 2:1-7) debería mostrar una dedicación total al Señor. Y este no es el caso. Por el contrario, tanto Efesios como 1 Timoteo reflejan problemas, pero son los de una iglesia en crecimiento y desarrollo.

El enfoque preterista interpreta la Parusía, es decir, el retorno de Cristo, no como su Segunda venida al final de la historia, sino como su llegada a Jerusalén en el año 70 d.C., en forma de juicio. Según esta perspectiva, la "Segunda venida" de Cristo y la "Gran Tribulación", que se presentan como señales de los tiempos en el Discurso del Monte de los Olivos, ya ocurrieron (ver **Visión ecléctica del Apocalipsis**; **Visión futurista del Apocalipsis**; **Visión preterista del Apocalipsis**; **Visión idealista del Apocalipsis**).

VISTA CERCANA/VISTA LEJANA

La distinción entre la vista cercana y la vista lejana es un concepto utilizado en la profecía. Los profetas, guiados por el Espíritu, hicieron predicciones que abarcaban eventos inmediatos, a mediano plazo y futuros. Aunque la mayoría de las profecías del Antiguo Testamento se cumplieron en su propio tiempo, algunas aún son futuras, incluso en la actualidad. Inclusive en el presente, ciertas profecías del Antiguo Testamento representan un desafío para comentaristas, biblistas y teólogos bíblicos. Por Ejemplo, en ciertas profecías de juicio ¿se refieren a eventos que ya han ocurrido, como la predicción de la destrucción de Jerusalén por parte de los babilonios? ¿O se refieren a eventos en un futuro lejano, como el Día del Señor? Cuando los profetas describen la restauración del pueblo de Dios, ¿están aludiendo al regreso de los judíos exiliados bajo Zorobabel y Esdras, o a la primera venida de Cristo, o a la Segunda venida de Cristo?

El desafío para los intérpretes es comprender qué profecías ya se han cumplido y cuáles están aún por cumplirse, o si algunas tienen un cumplimiento parcial más cercano y otro cumplimiento más lejano en el futuro. Por ejemplo, los profetas hablan de un tiempo posterior al exilio de Babilonia en el cual un remanente regresará y reconstruirá Jerusalén. Miqueas escribe: "Convertiré a la coja en un remanente, y a la lejana en una nación fuerte; y el Señor reinará sobre ellos en el monte Sión desde ahora y para siempre" (Mi. 4:7).

Jeremías escribe: "Yo mismo reuniré el remanente de mis ovejas de todas las tierras adonde las dispersé, y las haré volver a sus pastos, y crecerán y se multiplicarán" (Jer. 23:3), y también dice: "Vendrán días en que la ciudad será reconstruida en honor del Señor, desde la torre de Jananel hasta la esquina de la puerta" (Jer. 31:38). Cuando los exiliados regresaron bajo el liderazgo de Zorobabel, Esdras y Nehemías para reconstruir el templo y las murallas de la ciudad, ¿se cumplieron estas profecías (y otras similares) en ese momento, o habrá un cumplimiento futuro? ¿Se refiere el "remanente" a aquellos que regresaron del exilio, o habrá una restauración futura y lejana de Israel a la tierra de Palestina?

Siempre es un gran desafío para los intérpretes determinar cuándo los profetas se refieren a eventos cumplidos en la primera venida de Cristo y cuándo se refieren a eventos en Su Segunda venida. Se requiere conocimiento especializado, prudencia y sensatez. Algunos eruditos, en casos donde no hay una interpretación definitiva, adoptan una postura abierta y flexible, basándose en principios éticos que deben prevalecer sobre las especulaciones sobre los detalles específicos del cumplimiento. Esto parece ser lo que Jesús alienta en su respuesta a la pregunta de los discípulos sobre el cumplimiento de una profecía específica: "Entonces los que estaban reunidos le preguntaron: 'Señor, ¿restaurarás en este tiempo el reino a Israel?' Él les dijo: 'No les toca a ustedes saber los tiempos o las épocas que el Padre ha fijado con su propia autoridad. Pero recibirán poder cuando el Espíritu Santo venga sobre ustedes; y serán mis testigos en Jerusalén, en toda Judea, en Samaria y hasta los confines de la tierra'" (Hch. 1:6-8).

En temas bíblicos, proféticos y escatológicos, no tenemos todas las respuestas definitivas.

W, LETRA

En la Cábala, una tradición mística dentro del judaísmo, se asigna un valor numérico a cada letra. Con todo, es importante tener en cuenta que la Cábala se basa en el alefato hebreo y no en el griego.

La letra W, transcrita es la *Vav* y es la sexta letra del Alefato hebreo. Le corresponde, además, el número 6. En la numerología hebrea, cada letra tiene un valor numérico y se cree que estos valores tienen significados y simbolismos más profundos. El numero 6 aparece muchas veces en toda la Escritura con una connotación positiva: *Creación*: el Señor hizo la creación en 6 días. *Trabajo*: seis días había que trabajar y descansar el séptimo. *Siembra*: la instrucción divina era sembrar la tierra durante 6 años continuos y dejar descansar la tierra el séptimo. *Servicio*: el sacerdote se presenta a ofrecer al Señor ofrenda mecida con 6 tortas de pan sin levadura en cada mano. *Adoración*: el candelabro o *Menorah* tenía 6 brazos y una caña central; incluso en el Apocalipsis seres angelicales tienen 6 alas, y en el famoso y mal entendido pasaje del 666, el texto griego dice "es el número de un hombre"… (que actúa como bestia) no se refiere que el 6 sea malo en sí mismo… solo que corresponde al nombre de un hombre (ver **Seiscientos sesenta y seis**; **Seis, número**).

Aun así, es necesario destacar que este sistema de asignación numérica y su interpretación en la Cábala es una práctica esotérica y no tiene una base lingüística o gramatical en el hebreo estándar. Su propósito es explorar aspectos simbólicos y espirituales más profundos dentro del contexto de la Cábala.

Y

YA, AÚN NO

La breve e incisiva frase "Ya, aún no" o "Ya, pero todavía no", fue acuñada por Oscar Cullmann y se encuentra en su clásico libro "Cristo y el tiempo". Se interpreta como la idea de que el reino ya se ha inaugurado entre nosotros, pero todavía no está plenamente realizado; la salvación en Cristo ya se ha recibido en los creyentes, pero aún no está completamente consumada. Cullmann añade que esta tensión entre lo "ya cumplido" y lo "todavía inacabado" es una perspectiva de la historia de la salvación que se encuentra en los textos del Nuevo Testamento. Cullmann destaca que su enfoque va más allá de las posturas escatológicas imprecisas en relación con el tiempo y la historia. Él defiende una comprensión de la temporalidad concebida como la esencia de la escatología, basándose en los textos del Nuevo Testamento. Su objetivo es mostrar que esta tensión entre lo "ya cumplido" y lo "todavía inacabado" se encuentra no solo en Jesús, sino también en los distintos libros del Nuevo Testamento.

Además, Cullmann ilustra esta tensión en el contexto de la finalización de la Segunda Guerra Mundial: "la batalla decisiva de una guerra que puede haber tenido lugar, pero todavía se hace esperar el Día de la Victoria". De esta manera, Cullmann muestra que la historia de la salvación en las comunidades cristianas no se debió a la falta de una Parusía inmediata, sino que interpretaron el evento de Cristo como el punto culminante y el comienzo de una nueva historia.

Cullmann subraya que la comprensión del tiempo por parte de los primeros cristianos está arraigada en sus raíces judías, más que en una concepción griega del tiempo. Aunque hay influencia del tiempo griego en las comunidades cristianas, no representa su concepción temporal propia y tradicional. Por lo tanto, para Cullmann, la historia de la salvación es una auténtica teología de la historia, en la cual el tiempo en el Nuevo Testamento provee un marco para representar la acción divina.

Entonces, la centralidad del evento de Cristo es fundamental en el planteamiento de Cullmann; no es el principio de la historia de la salvación, sino su centro. Desde esta concepción, los primeros cristianos pudieron comprender mejor el pasado religioso y proyectar un nuevo futuro marcado por un acontecimiento histórico central: la muerte y resurrección de Jesús. Según Cullmann, estas afirmaciones son fundamentales para la teología del Nuevo Testamento. El cristianismo se basa en un hecho histórico, Jesús es la revelación absoluta de Dios. Es importante destacar que una afirmación de esta magnitud requiere una opción de fe, pero el historiador secular debe tener en cuenta que el cristianismo (al igual que el judaísmo) confiesa esta fe desde un contexto histórico concreto.

En la perspectiva bíblica, el concepto de "ya, pero todavía no" está estrechamente relacionado con las enseñanzas de Jesús sobre el reino de Dios y la escatología del Nuevo Testamento en general. El reino de Dios se refiere al gobierno o reinado de Dios. Cuando Jesús comenzó su ministerio público, su mensaje principal fue: "El reino de Dios está cerca. ¡Arrepiéntanse y crean en las buenas nuevas!" (Mr. 1:15; también Mt. 4:17, 23; Lc. 4:42-44). Jesús sanaba a los enfermos, expulsaba demonios ("Porque si yo expulso los demonios por la mano de Dios, eso significa que el reino de Dios ya ha llegado a ustedes", Lc. 11:20); alimentaba a los hambrientos y perdonaba a los pecadores, todas señales de que el reino había llegado. En Jesús, el reino de Dios se convirtió en una realidad presente (Mt. 11:11-12; 12:28; 18:1-5; Lc. 17:20-21). La "era venidera" ya había comenzado.

Los discípulos operaban desde un entendimiento judío típico de la escatología, es decir, la doctrina de las últimas cosas. Creían que cuando el Mesías llegara, comenzaría una nueva era de gobierno completo de Dios. Por lo tanto, los discípulos de Jesús esperaban que él estableciera completamente el reino durante su vida. Sin embargo, cuando Jesús fue crucificado, experimentaron no solo una gran tristeza por la muerte de su amigo y líder, sino también una crisis en su comprensión del plan de Dios. Se preguntaban por qué, si Jesús era el Mesías destinado a establecer el reino mesiánico, fue crucificado. ¿Había sido en vano toda la esperanza del advenimiento del reino de Dios, con su paz, justicia y bendiciones?

Después de la resurrección y ascensión de Jesús, y la venida del Espíritu Santo en Pentecostés, los discípulos comenzaron a comprender el gran plan de Dios. En la primera venida de Jesús, el reino de Dios se manifestó en este mundo. Un mundo lleno de pecado, rebelión, Satanás, oscuridad y maldad fue invadido por Jesús, el Rey, y su reino mesiánico de paz, justicia, vida y Dios. A través de la conversión, los creyentes comienzan a experimentar la vida eterna (también conocida como "la era por venir"). El apóstol Pablo habla de ser "rescatados... del dominio de las tinieblas y llevados... al reino del Hijo" (Col. 1:13). Los creyentes se convierten en nuevas personas que viven en un mundo antiguo. Dios ha iniciado su proyecto del reino, pero aún no lo ha cumplido por completo. El reino de Dios ya ha llegado, pero aún no ha venido en toda su plenitud. Dios ha dado inicio a un gran proyecto, pero aún no lo ha finalizado.

Sin embargo, el reino de Dios también tiene una dimensión futura (Mt. 6:10; 25:34; 26:29; Lc. 19:11-27). Los creyentes viven en un territorio ocupado por el enemigo entre la invasión inicial de Dios (la primera venida de Jesús) y la derrota total del mal (la Segunda venida de Jesús). Viven en la superposición entre esta era y la era venidera. Esta situación explica muchos aspectos de la experiencia cristiana actual.

Los creyentes experimentan el perdón de Dios, pero aún pecan y nunca llegarán a ser perfectos en esta vida. Tienen victoria sobre la muerte, pero eventualmente experimentarán la muerte física. Aunque algunos creyentes pueden experimentar sanidad, todos siguen estando sujetos a enfermedades. Aunque los creyentes viven en el Espíritu, Satanás continúa atacando y puede causar daño. Dios habita en los creyentes, pero todavía no experimentan la plena manifestación de Su presencia.

Debido a la realidad del "ya, pero todavía no" del reino de Dios, aquellos que pertenecen a Cristo experimentarán tanto victorias como luchas hasta que Jesús regrese (ver **Escatología**, **Reino de Dios**; **Segunda venida**).

YAVÉ

El uso del nombre de Yavé por parte de los profetas del Antiguo Testamento y sus escritos, es un tema complejo y debatido entre los estudiosos bíblicos. En las escrituras hebreas, conocidas como el Tanaj, se encuentra el tetragrámaton YHWH, que representa el nombre divino de Dios. Sin embargo, su pronunciación exacta se ha perdido en la historia y no se encuentra registrada en los textos bíblicos originales.

Cuando los profetas se refieren a Dios, utilizan diferentes términos y expresiones para hablar de su relación con Él. En todos los pasajes en que aparece el tetragrámaton, unas traducciones utilizan Yahvé, Jehová, Dios, Señor, Altísimo.

No obstante, hay algunas traducciones que usan Yavé, o Yahveh como un equivalente al tetragrámaton. Un par de ejemplos: Isaías 45:1 (BL): "Así habla Yavé a Ciro, su ungido: "Yo te he llevado de la mano para doblegar a las naciones y desarmar a los reyes. Hice que las puertas se abrieran ante ti y no volvieran a cerrarse". Génesis 22:14a (NTV): "Abraham llamó a aquel lugar Yahveh-jireh, que significa 'el SEÑOR proveerá'".

Es importante tener en cuenta que los profetas no solo se centraban en el uso del nombre divino, sino en transmitir las revelaciones y mensajes que recibían de parte de Dios para el pueblo. Su enfoque principal era comunicar los llamados a la justicia, la adoración verdadera y el arrepentimiento, así como anunciar las promesas y advertencias divinas (Gálvez).

YO SOY

La frase "Yo soy", utilizada en el libro del Apocalipsis, tiene raíces tanto en el Antiguo Testamento como en el Evangelio de Juan, y su uso en el Apocalipsis está influenciado por esas referencias anteriores. En el AT, encontramos varias ocasiones en las que Dios se revela a sí mismo utilizando la expresión "Yo soy". Uno de los ejemplos más destacados es cuando Dios se aparece a Moisés en la zarza ardiente y le dice: "Yo soy el que soy" (Éx. 3:14). Esta declaración enfatiza la existencia eterna y el ser divino de Dios.

En el Evangelio de Juan, Jesús hace uso repetido de la expresión "Yo soy", para revelar su identidad divina. Algunos ejemplos notables son: "Yo soy el pan de vida" (Jn. 6:35), "Yo soy la luz del mundo" (Jn. 8:12) y "Yo soy el buen pastor" (Jn. 10:11). Estas afirmaciones de Jesús revelan su papel como el Mesías y su conexión con la naturaleza divina.

En el Apocalipsis, la frase "Yo soy" se utiliza para enfatizar tanto la divinidad de Dios como la identidad y el poder de Jesucristo. También se asocian con Jesucristo, quien es presentado como el Cordero de Dios y el Rey de reyes.

Ap. 1:8: "Yo soy el Alfa y la Omega, principio y fin…" (Ap. 1:11; 21:6; 22:13).

También hay otras frases que resaltan la realidad del YO SOY, aunque no aparece la frase como tal.

Ap. 4:8: "…y día y noche no cesan de decir: Santo, santo, santo es el Señor Dios Todopoderoso, el que era, el que es y el que ha de venir".

Ap. 1:17: "Damos gracias a ti, Señor Dios Todopoderoso, el que eres y que eras, porque has tomado tu gran poder y has reinado".

Al usar estas frases y expresiones, el autor del Apocalipsis establece una continuidad y un vínculo entre las revelaciones divinas del AT, las enseñanzas de Jesús en el Evangelio de Juan y la visión apocalíptica del futuro y el cumplimiento de la voluntad de Dios (Gálvez).

Z

ZACARÍAS, LIBRO DE

Heb. 2148 *Zekhareyah*, זְכַרְיָה, significa "Yahvé recordó". Nombre común, dado a más de 30 personajes del AT.

Zacarías fue un profeta que surgió después del período de cautividad en Babilonia y es considerado el undécimo de los llamados profetas menores. Era hijo de Berequías y nieto de Iddo (Zac. 1:1). Sin embargo, en el libro de Esdras se menciona que era "hijo de Ido" (Esd. 5:1; 6:14), sin que se conozca la razón de esta diferencia en el nombre del padre. Algunos explican que esto se debe a que asumió el oficio sacerdotal de su abuelo a causa de la muerte de su padre.

La mayoría de los comentaristas reconocen que el libro de Zacarías no fue escrito por un solo autor. Están de acuerdo en que los primeros ocho capítulos son generalmente atribuidos a este profeta. Sin embargo, del capítulo nueve al catorce, debido a las diferencias de contenido, estilo e intención, se atribuyen a uno o varios profetas distintos de Zacarías. Actualmente, existe una tendencia a descubrir relaciones profundas entre ambas partes, pero sin negar por ello su origen diferente (Schökel).

Zacarías relaciona las fechas de sus profecías con el reinado de los reyes persas que aún gobiernan sobre Israel, lo cual es un recordatorio de que las profecías preexílicas de restaurar a Israel, a su prominencia bajo un rey descendiente de David, aún no se han cumplido. Aunque el regreso de los exiliados a Jerusalén puede considerarse un cumplimiento parcial de las profecías preexílicas, se queda muy por debajo de la gloriosa visión de restauración que profetizaron Isaías, Jeremías y Ezequiel. Sin embargo, durante los días de Zacarías, este regreso puede verse como un cumplimiento parcial, similar a un cumplimiento "a corta distancia", que aún parece estar avanzando hacia el cumplimiento completo de la visión "a larga distancia".

El libro de Zacarías se compone principalmente de ocho visiones nocturnas (Zac. 1:7–6:15) y dos oráculos (Zac. 9–14). Algunas partes del libro tienen una forma apocalíptica (ver **Apocalíptica escatológica**), mientras que otras se asemejan al material y la forma profética estándar del Antiguo Testamento. Zacarías trae un mensaje que incluye tanto represión como aliento. Señala que la gente está cayendo en los mismos pecados que sus antepasados y los exhorta a participar en la adoración verdadera a través de la renovación espiritual y a preocuparse activamente por la justicia social.

Los evangelios citan, con frecuencia, a Zacarías para demostrar que Jesús es el

Mesías profetizado en el AT. Mateo 21:4-5 y Juan 12:14-15 citan Zacarías 9:9-10 en relación con la humilde entrada del Mesías en Jerusalén montado en un burro. Zacarías 13:7 ("hiere al pastor y las ovejas se dispersarán") se cita en Mateo 26:31. Juan 19:37 declara que la lanza que atraviesa a Jesús en la cruz cumple la profecía de Zacarías 12:10. Además, Zacarías 11:12-13 ("...treinta piezas de plata arrojadas al alfarero") se conecta con una profecía de Jeremías sobre la traición de Judas a Jesús (Mt. 27:9).

Al igual que los otros profetas del AT, Zacarías habla de un tiempo futuro en el que la salvación vendrá a Israel (Zac. 9:16) a través de la obra de un rey-siervo que inicialmente será rechazado por Israel (Zac. 11:4-17). Al igual que Isaías, Zacarías se refiere al Mesías como el "Vástago" (Zac. 3:8; 6:12). Además, entrelazado con el tema de la salvación está la restauración tanto de Israel como de Judá (Zac. 10:9-12; 12:1-9; 14:1-5).

Por su parte, Schökel afirma que los primeros ocho capítulos de Zacarías presentan un cambio frecuente entre el estilo visionario y el oracular, con imágenes surrealistas que pueden desconcertar al lector. Sin embargo, el mensaje del profeta es claro y se puede resumir fácilmente. En primer lugar, Zacarías se refiere a la reconstrucción del templo (Zac. 1:16) y promete a Zorobabel que la obra se completará "no por la fuerza ni con riquezas, sino con la ayuda del espíritu de Dios" (Zac. 4:6b-10a). Esta reconstrucción marca el comienzo de una nueva era de prosperidad y bendición (Zac. 8:9-13).

De hecho, lo que más interesa a Zacarías es el nuevo mundo futuro. Este es el tema central de sus visiones. Después del castigo de los enemigos, se presenta la gloriosa restauración de Jerusalén, gobernada por Josué y Zorobabel. Pero la verdadera gloria proviene de la presencia del Señor, a la cual el profeta se refiere con frecuencia (Zac. 2:9b, 14-16; 8:3, 23). Esto hará que la capital esté abierta no solo para los judíos, sino para todos los pueblos que deseen visitar al Señor.

Por lo tanto, el mensaje de Zacarías se inspira en los mensajes de Ezequiel y Hageo, pero lo desarrolla más plenamente. Sin embargo, Zacarías no solo se preocupa por el futuro, también valora el presente. En su momento histórico, la tarea no es solo la construcción física, sino la conversión espiritual (Zac. 1:1-6). La ética juega un papel fundamental en esta conversión (Zac. 7:9-10; 8:16-17). Zacarías enfatiza que el culto por sí solo no es suficiente (Zac. 7:4-7).

Teniendo en cuenta todos estos detalles, podemos ver que Zacarías es una intersección de diferentes corrientes proféticas. A veces, su predicación nos recuerda a Amós, Isaías o Miqueas (a quienes alude sin mencionarlos explícitamente) debido a su enfoque social. En otras ocasiones, parece ser un discípulo destacado de Ezequiel, con su ideal de restauración política y cultual. En algunos casos, nos encontramos en las puertas de la apocalíptica.

Esta intersección de caminos es lo que hace que la persona y el mensaje del profeta sean aún más interesantes. Su apertura a todas las corrientes proféticas y su capacidad para unificarlas y sintetizarlas, sin simplificaciones, lo convierten en un modelo para no interpretar unilateralmente la tradición profética. Las visiones de Zacarías se convirtieron en un rico arsenal de imágenes utilizadas en los escritos apocalípticos del Nuevo Testamento. En los discursos escatológicos de Jesús, encontramos referencias veladas (cf. Mt. 24:31 con Zac. 2:6; Mr. 13:27 con Zac. 2:6, 10). Sin embargo, fue el autor del Apocalipsis quien más las utilizó, y hay una larga serie de citas explícitas o implícitas que se extienden a lo largo de los textos siguientes.

Sin embargo, la culminación de esta restauración va más allá de las fronteras de Israel, ya que Dios establece un nuevo orden mundial en el que Él mismo gobierna desde una nueva Jerusalén sobre toda la tierra (Zac. 14:6-15). De hecho, Zacarías 2:11 y 14:16-21 forman parte de la profecía del Antiguo Testamento que encuentra su cumplimiento culminante en Apocalipsis 7:9-17 y en Apocalipsis 20–22. Muchos de los cumplimientos, las imágenes y las analogías en el libro de Apocalipsis se derivan de Zacarías y se fusionan con material de Génesis, Salmos, Isaías, Ezequiel y Daniel.

Cumplimientos, imágenes de Zacarías	Analogías en el libro de Apocalipsis
Zac. 1:6	Ap. 10:7; 11:18
Zac. 1:8	Ap. 6:2-4; 19:11
Zac. 2:1-2	Ap. 11:1
Zac. 2:10	Ap. 21:3
Zac. 3:1	Ap. 12:10
Zac. 4:2	Ap. 4:5
Zac. 4:3	Ap. 11:4
Zac. 4:10	Ap. 5:6
Zac. 4:11-14	Ap. 11:4
Zac. 6:2	Ap. 6:4-5
Zac. 6:3	Ap. 6:2; 19:11
Zac. 6:5	Ap. 7:1
Zac. 6:6	Ap. 6:2-5; 19:11

En los capítulos 9 al 11, Schökel comenta que, a pesar de las dificultades en los detalles, se puede observar una composición general coherente en estos versos, y que la imagen global no es extraña. Además, señala que Dios entra en la historia con una poderosa acción liberadora, que se manifiesta en dos direcciones tradicionales: el castigo de los enemigos opresores y la salvación del pueblo escogido. A su vez, esta salvación se expresa en la defensa de la capital, el regreso de los exiliados, la prosperidad que se les otorga y, posiblemente, una purificación interna. Estos son datos bastante generales que dificultan establecer una fecha precisa o aproximada. El autor escribe dejándose llevar por temas y formas que evocan recuerdos, y a primera vista no parece seguir un orden riguroso.

Según Schökel, los capítulos 12–14 tienen un nuevo título y se presentan como una serie de oráculos breves, introducidos por la fórmula "aquel día", o una equivalente. En el último miembro de la serie, encontramos la fórmula al final, lo cual muestra la intención de clausurar la serie. Según Schökel, se cuentan diecisiete fórmulas en total. No parece justificado interrumpir la serie prescindiendo de un signo tan evidente. A primera vista, en estos capítulos, parece que alguien ha querido trazar rasgos sueltos para describir lo que sucederá "entonces, aquel día", comenta. Schökel admite que resulta demasiado casual que todos los oráculos autónomos lleven la misma etiqueta.

Reflexiona que, suponiendo y aceptando esa incitación formal, es normal que el lector se pregunte si los rasgos realmente componen una figura reconocible. Y la respuesta es que algo que sea conocido o comparable a cuadros similares, o reducible a un esquema genérico común, se reconoce. Como resultado, se presentan textos como Isaías 24–27; 65–66 y Joel 3–4, así como Ezequiel 38–39. Schökel explica que estos textos pertenecen a un género literario llamado "escatologías proféticas", y Zacarías 12–14 encaja cómodamente en su compañía. Con motivos tomados de la profecía o inspirados en ella, escritores tardíos componen grandes cuadros de una restauración final. Se trata de la lucha o el juicio definitivo antes de la instauración del reinado de Dios. Los límites geográficos suelen ser universales: una coalición de naciones contra el pueblo santo o la ciudad santa. El pueblo o la ciudad son purificados mediante eliminación o conversión, y los agresores son derrotados en batalla o condenados en juicio (la guerra es un modo de juicio). Schökel afirma que el cosmos puede acompañar los eventos, revelando la venida del Señor o prestando sus armas. El nuevo reino tiene su capital en Jerusalén, y Dios mismo es el rey, aunque puede contar con mediadores. Las naciones, reducidas a un cierto número de supervivientes, pueden unirse al nuevo reino rindiendo homenaje en peregrinación cúltica. En el nuevo reino, Dios dispensa sus bendiciones generosamente.

Este autor cree que el texto actual de Zacarías encaja en el esquema descrito, aunque en su forma, quizás, sea el menos rígido de todos los ejemplos. Podemos resumirlo de la siguiente manera: Jerusalén, centro del mundo, sufre el asalto de los paganos, pero este asalto sirve como purificación para Jerusalén y castigo para los agresores. La purificación de Jerusalén incluye tres aspectos: muerte y destierro de muchos, eliminación de idólatras y falsos profetas, y un acto de penitencia del pueblo que provoca una transformación cósmica. Luego, el Señor viene a reinar como monarca único y universal, cambiando el paisaje y el clima, eliminando las tinieblas y asegurando la fertilidad. El rey invita a los paganos supervivientes a rendir homenaje como condición para otorgarles sus bendiciones, y todo en torno a Jerusalén queda santificado (Schökel).

Zacarias contiene un total de 211 versículos, de los cuales 144 son proféticos, con un total de 78 predicciones (BDMPE).

ZAFNAT-PANEA

Nombre egipcio, "él (o este) viviente es el aprovisionamiento del país". Zafnat-Panea es el nombre que el faraón de Egipto le dio a José en el Antiguo Testamento, específicamente en Génesis 41:45. Según la pronunciación, los judíos lo tradujeron como "revelador de secretos". Este nombre fue dado a José debido a su habilidad para interpretar sueños y revelar el significado oculto de los mismos. En el pasaje bíblico de Números 12:5-7, se narra cómo Jehová desciende en una columna de nube y llama a Aarón y a María. Les habla y les dice que cuando haya un profeta de Jehová, se les aparecerá en visión y hablará con ellos en sueños. Sin embargo, a Moisés, quien es fiel en toda la casa de Jehová, el Señor le habla directamente, sin necesidad de visiones o sueños. Aunque José no es mencionado como profeta, tenía el don de interpretar visiones y sueños, una característica común entre los profetas (Gálvez).

ZEBOIM

1. Heb. *s'boyim* = "gacelas".

Una de las cinco ciudades de la llanura (Gn. 10:19). Quedorlaomer venció a su rey (Gn. 14:2, 8, 10). El fuego del cielo la destruyó, como a las otras ciudades vecinas (Gn. 19:17-29; Dt. 29:23; Os. 11:8), (ver **Sodoma y Gomorra**).

2. Heb. *s'bo'im* = "hienas".

A) Valle de Benjamín, entre Micmas y el desierto al este (1 S. 13:16-18). Este nombre hebreo se preserva en el árabe moderno: el *wadi Abu Diba'* (padre de hienas) es un afluente meridional del wadi el-Kelt, al norte del que una pequeña ramificación del valle se llama Shakk ed-Diba' (barranca de las hienas).

B) Ciudad que ocuparon los benjamitas al volver del exilio (Neh. 11:34). Esta población se hallaba en las colinas de la linde de la llanura de Sarón, al norte de Lida.

El Señor anunció a Abraham que destruiría a Sodoma y Gomorra, que incluía a las ciudades cercanas a ellas, como Zeboim. Hay que recordar que Sodoma y Gomorra se mencionan varias veces en el NT con relación a que el mundo se encontrará viviendo de manera perversa antes del retorno de Señor (ver **Sodoma y Gomorra**).

Índice general de artículos

A
Abdías, libro de, 1
Abismo, 2
Abominación desoladora, 2
Abraham, 3
Acontecimientos previos a la Segunda venida, 4
Adivinación, 12
Adivinación y profecía, 12
Adivinación y sacerdote, 13
Adviento, 15
Aflicciones mesiánicas, 17
Ágabo, 18
Agua en Apocalipsis, 18
Águila, 19
Ahías, el profeta silonita, 19
Alegoría, 20
Alegórica, exégesis, 23
Alegorismo, 23
Alejandro el Grande, 24
Alfa y Omega, 25
Altar, 26
Amilenarismo/amilenialismo, 27
Amós, libro de, 27
Ana, 29
Anciano de días, 29
Ancianos en el Apocalipsis, 30
Ángeles, 31
Animales apocalípticos, 32
Aniquilacionismo, 33
Aniquilación o consumación del mundo, 34
Anticristo, 36
Antíoco Epífanes, 39
Apocalipsis de Baruc, 41
Apocalipsis, libro de, 41
Apocalíptica, 48

Apocalíptica cristiana neotestamentaria, 49
Apocalíptica escatológica, 50
Apocalíptica escatológica dudosa, 50
Apocalíptica judía, 51
Apocalíptica literalista, 52
Apocalíptica secular, 52
Apocalipticismo judío, 53
Apócrifos, 54
Apokalupsis, 57
Aporte de la apocalíptica judía a la escatología cristiana, 58
Árbol de higo, 59
Árbol de la vida, 60
Árboles, 61
Arca de la Alianza, 61
Armagedón, 62
Arrebatamiento, 65
Arrepentimiento, 66
Astrolatría, 68
Astrología, 68
Astros/estrellas, 69
Atbash, 70
Autosuficiencia de la gloria de Dios, 70
Ayes mesiánicos, 71
Ayes proféticos, 73

B
Babilonia, 75
Balaam, 76
Balaamitas, 77
Bálsamo de Galaad, 77
Baltasar, 78
Banquete de las Bodas del Cordero, 79

Beato, 80
Belsasar, 80
Bestia de diez cuernos, 81
Bestia que sale de la tierra, 86
Bestia que sale del mar, 87
Bestias salvajes, 89
Beth Togarmah, 90
Bodas del Cordero, 90

C
Caballos en el Apocalipsis, 93
Cabeza/s, 93
Cabrío, macho, 94
Caldea/caldeos, 95
Calígula, 96
Canciones del siervo de Yahvé, 97
Candelabro, 98
Cánticos, 99
Caoskampf, 100
Carros de fuego, 101
Cena de las Bodas del Cordero, 101
Cielo, 103
Cielo nuevo y tierra nueva, 104
Ciento cuarenta y cuatro mil (144 000), 107
Ciro, 108
Ciudad de Dios, 109
Ciudades en el Apocalipsis, 111
Códigos de la Biblia, libro, 111
Colores, 113
Comisión trilateral, 114
Comunidad Económica Europea, 114
Conceptos escatológicos veterotestamentarios, 115
Conferencia del Club de Roma, 117

Copa de oro, 118
Copas, 119
Cordero, 119
Corona/diadema, 121
Correlación entre la pneumatología y la escatología, 122
Cristo, 123
Cuarto Esdras, libro, 125
Cuatro bestias de Daniel, 126
Cuatro jinetes del Apocalipsis, 129
Cuatro seres vivientes, 131
Cuernos, 132
Culto imperial, 133
Cumplimiento de la profecía, 136
Cúpula de la Roca, 137
Cura/sanidad espiritual, 138
Curación para Israel y las naciones, 139
Cus/Etiopía, 140

D
Daniel, libro de, 143
Darío el Medo, 145
David, 146
Débora, 148
Denuncia profética, 148
Destrucción del Templo de Jerusalén (70 d.C.), 150
Deuterocanónicos, 151
Deuteroisaías, 152
Diablo, 153
Diáspora, 154
Diestra de Dios, 155
Dimensión escatológica del Espíritu Santo, 156
Dios del cielo, 157
Discurso de despedida, 158
Discurso de los olivos, 158
Dispensacionalismo, 160
Dispensaciones, siete, 162
Domiciano, 163
Don de profecía, 1 Corintios 12:10, 165
Don de profecía, Romanos 12:6, 165
Don de profeta, Efesios 4:11., 166
Dos testigos, 166
Dragón, 168

E
Éfeso, 169
Ekklēsia, 170
El Día del Señor/el Día de Yahvé, 173
El mientras tanto escatológico, 175
El rollo/el libro, en Apocalipsis, 175
Elías, 176
Eliseo, 178
Emanuel, 180
Emperadores, 181
Encuentro, escatología y Espíritu Santo, 185
Enemigo del norte, 186
Enoc, libro de, 187
Epiphaneía, 189
Escatología, 190
Escatología, historia, 195
Escatología axiológica, 211
Escatología bíblica cristiana, 212
Escatología consecuente o consistente, 213
Escatología de la creación, 215
Escatología de la nueva creación de todas las cosas, 215
Escatología del Dios que viene, 217
Escatología en la dimensión antropológica, 217
Escatología en la dimensión bíblica, 218
Escatología en la dimensión cristológica, 218
Escatología en la dimensión eclesiológica, 219
Escatología en la dimensión pneumatológica, 219
Escatología en la dimensión profética, 221
Escatología en la dimensión racional, 221
Escatología en la dimensión soteriológica, 222
Escatología en la dimensión teológica, 222
Escatología en la dimensión trinitaria, 223
Escatología existencial, 224
Escatología futurista, 226
Escatología inaugurada, 226
Escatología inseparable de la misión de la Iglesia, 227
Escatología pagana, 228
Escatología realizada, 229
Escatología simbólica, 230
Escatología y la misión de la Iglesia, 231
Escatología y la misión integrativa de la Iglesia, 233
Escatología y método integrativo, 236
Escatón, 238
Escuelas de interpretación del Apocalipsis, 239
Escuela de profetas, 241
Esmirna, 243
Espada, 243
Esperanza escatológica, 244
Espíritu, 249
Espíritu al final de la historia, 251
Espíritu escatológico, 252
Espíritu Santo y la profecía, 253
Espíritu y la glorificación del creyente, 255
Espíritu y la revelación, 256
Espíritu y profecía, 258
Espíritu, Apocalipsis, 259
Espíritu, cartas del Nuevo Testamento, 260
Espíritu, Evangelios y Hechos, 263
Espíritu, interpretación católica romana, 266
Espíritu, interpretación evangélica, 267
Espíritu, interpretación protestante occidental, 268
Espíritu, interpretación protestante oriental, 270
Espíritu, interpretaciones confesionales, 272
Espíritu, interpretaciones pentecostales carismáticas y Neopentecostales, 272

ÍNDICE GENERAL DE ARTÍCULOS

Espíritu, interpretación judaica, 274
Espíritu, libros históricos, 274
Espíritu, libros sapienciales, 274
Espíritu, nueva creación, 275
Espíritu, pentateuco, 276
Espíritu, profetas, 276
Esposa del Cordero, 279
Esposo, 280
Estado intermedio, 281
Estados Unidos, 281
Estanque, 282
Exilio, 283
Éxtasis, trance, posesión, 285
Ezequiel, libro de, 285

F
Falso profeta, 293
Fidelidad pagana, 294
Figuras del lenguaje, 295
Filadelfia, 298
Fin del tiempo, 299
Fuego, 302

G
Gabriel, 305
Gad, 305
Geena, 306
Gematría, 308
Génesis, libro de, 309
Glorificación de Dios, 314
Glorificación de Dios y la glorificación de los creyentes, 316
Gnosis, 318
Gog y Magog, 318
Gomer, 320
Gran Ramera, Babilonia, 320
Gran Tribulación, 323
Gran Tribulación y la Iglesia, 324
Grecia, 326
Guerra fría y la escatología, 327
Guerras, 328

H
Habacuc, libro de, 329
Hablar en lenguas, 330
Hades, 332
Hageo, libro de, 333
Hijas de Felipe, 334
Hijo de perdición, 335

Hijo del hombre, aportación apocalíptica a la escatología, 337
Hijos de los profetas, 337
Historia de cautiverios, retornos y formación del Estado de Israel, 339
Hombre de Dios, 341
Hulda, 342

I
Iddo, 345
Idolatría, 346
Idolocitos, 347
Imperio medo persa, 348
Imprecación, 349
Infierno, 350
Inminencia, 354
Inminente retorno de Cristo, 356
Inmortalidad del alma o resurrección de la carne, 359
Insensibilidad/dureza de Israel, 362
Intermediarios, 365
Ira de Dios, 365
Isaías, libro de, 367
Islam, 369
Israel, 372
Israel escatológico, 372
Israel y la Iglesia, 373
Israel, Estado de, 374

J
Jardín, 375
Jeremías, libro de, 377
Jerusalén, 381
Jerusalén celestial, 383
Jesucristo, 385
Jezabel, 387
Jinete, 387
Joel, libro de, 389
Jonás, libro de, 393
Juan el Bautista, 396
Juan, libro de, 397
Juicio, 403
Juicio del gran Trono Blanco, 406
Juicio final, 409
Juicios de las copas, 412
Juicios de los sellos, 415

Juicios de trompeta, 417
Justicia/justificación, divinas, 420

K
Kábbalah, 423
Kerigma y escatología, 423
Ketubim, 424

L
La cruz y los males mesiánicos, 427
Lago de fuego, 428
Lámparas, candelabros, 430
Laodicea, 431
Libia, 432
Libro de consolación, 432
Libro de la vida, 433
Libro de los Doce, 434
Libros, en Apocalipsis, 434
Libros proféticos, 435
Limbo, 438
Literatura apocalíptica, 439
Llave/s, 439
Lo que sobrevive a la muerte del creyente, 441
Los últimos tiempos comenzaron en el siglo XX, 444
Lucas, libro de, 444
Lucifer, 445
Luna de sangre, 446
Luz a las naciones/gentiles, 447

M
Magia, 449
Malaquías, libro de, 450
Maldición, 452
Maná, 453
Manuscritos del mar Muerto, 453
Mar, 455
Marca de la bestia, 456
Marcos, libro de, 458
Mártir/testimonio, 460
Martirio, 461
Mateo, libro de, 462
Mediadores proféticos, 465
Medos, 466
Melquisedec, 467
Mensajero, fórmula del, 468
Mesec y Tubal, 469
Mesianismo, 470

801

Mesías, 471
Método escatológico, 473
Método antropológico, 473
Método de extrapolación, 473
Método de la anticipación o proléptico, 473
Método de la trasposición, 473
Método en la escatología de J. Moltmann, 473
Método histórico crítico, 474
Método histórico cultural contextual, 475
Método integrativo, 475
Método teológico, 477
Método trascendental, 477
Miguel, 477
Milenarismo o quiliasmo, 478
Milenio, 478
Miqueas, libro de, 481
Miriam, 482
Misterio del Reino de Dios, 482
Moisés, 483
Moneda de la diosa Roma, 485
Montañas/monte, 486
Monte de los olivos, 487
Monte del Templo, 488
Muerte, perspectiva bíblica, 488
Muerte, perspectivas humanistas y pseudocristianas, 491
Mujer de Apocalipsis 12, 493
Mujeres profetas, 495
Música e instrumentos, Apocalipsis, 496

N
Nabi, 499
Nabucodonosor, 499
Nacimiento virginal, 501
Nahúm, libro de, 502
Nuevo orden mundial, 504
Natán, 505
Naciones, gentiles, 506
Nebiim, 507
Necromancia, 507
Nerón, 509
Nerón *Redivivus*, 510
Nicolaítas, 511
Nigromancia, 513
No pasará esta generación, 514

Noadías, 516
Novia, 516
Novilla roja, 517
Novio, 518
Nueva creación, 518
Nueva Jerusalén, 519
Nuevo éxodo, 521
Nuevo Israel, 522
Nuevo Pacto, 524
Nuevo Templo, 527
Numérica, estructura, 528
Número simbólico, 529
Numerología, 530
Números, 531

O
Oniromancia, 535
Oración sacerdotal, 536
Oráculo, 537
Oseas, libro de, 539

P
Pacto abrahámico, 541
Pacto de paz, 544
Pacto davídico, 545
Pacto levítico, 546
Panorama bíblico del Espíritu Santo, 547
Parábolas de Enoc, 548
Parábolas del Reino, 549
Parcial rupturismo, 551
Parénesis, 552
Parusía, 552
Pastores, 553
Pérgamo, 555
Persia, 556
Piedras, 558
Plenitud de la gloria de Dios y gozo eterno, 559
Plenitud de los gentiles, 560
Poesía hebrea, 561
Poesía y profecía, 563
Porneía, 564
Posmilenarismo, 564
Pozo, 565
Predicción bíblica, 566
Pregón, 568
Premilenarismo, medio tribulación, dispensacional, 568

Premilenarismo, postribulación, postura histórica, 569
Premilenarismo, pretribulacional, dispensacional, 570
Presencia de Dios, 571
Preterismo completo o total, 574
Preterismo parcial, 575
Preterista futura postribulación, 576
Primero y último, 578
Príncipe, 578
Profecía, 580
Profecía condicional, 582
Profecía en el antiguo cercano oriente, 583
Profecía en el cristianismo primitivo, 585
Profecía en el mundo grecorromano, 586
Profecía falsa, 587
Profecía preclásica, 588
Profecía progresiva, 589
Profecías escatológicas de doble cumplimento, 590
Profeta, 591
Profeta cúltico, 593
Profetas anteriores, 594
Profetas antiguos, 595
Profetas mayores, 596
Profetas menores, 596
Profetas posteriores al exilio, 597
Profetas preexílicos, 598
Profética, liturgia, 600
Profetisa, 600
Profetismo, 601
Promesa, 602
Prostituta, 603
Protoevangelio, 604
Protoapocalíptica, 605
Pueblo de Dios, 605
Puertas y profecía, 610
Purgatorio, 611

Q
Querubines, 613
Quiliasmo, 614
Qumrán, 615

R
Raíz de Isaí, 617
Rama/renuevo, 618
Ramas injertadas, 619
Rapto a la mitad de la tribulación, 620
Rapto parcial, 621
Rapto secreto, 622
Recompensas, 623
Reino de Dios, 626
Reino mesiánico intermedio, 633
Reino milenario, 635
Relámpagos, truenos, 636
Remanente, 637
Restauración, 639
Restauración de Israel, 640
Resto de Israel, 641
Resurrección, 642
Retraso de la Parusía, 645
Rey del norte, 646
Rey del sur, 647
Rey mesiánico, 648
Río de agua de vida, 651
Río Éufrates, 652
Roma/Imperio romano, 653

S
Sacerdote y profecía, 657
Salmos, libro de, 657
Salto telescópico profético, 659
Samuel, 661
Sangre, 662
Sardis, 663
Satanás, 664
Secreto mesiánico, 665
Segunda resurrección, 666
Segunda venida, 668
Seis ángeles, Apocalipsis, 672
Seis, número, 672
Seiscientos sesenta y seis (666), 674
Sello del Dios vivo, 676
Semaías, 677
Semilla/simiente de la mujer, 678
Semilla/simiente de Satanás, 680
Señales, 683
Serafines, 684
Setenta años de cautiverio, 685
Setenta semanas de Daniel, 687
Siervo del Señor, 693
Siete años de diferencia entre el rapto y la segunda venida, 694
Siete años de gran tribulación, 694
Siete años y el pacto entre el anticristo e Israel, 695
Siete colinas, 696
Siete cabezas, 697
Siete cartas, 699
Siete cosas nuevas, 699
Siete cosas últimas, 702
Siete Espíritus de Dios, 705
Siete estrellas, 706
Siete iglesias del Apocalipsis, 706
Siete ojos, 709
Siete plagas, 709
Signos o señales cósmicas, 711
Simbólica, acción, 711
Símbolos en el Apocalipsis, 713
Simiente de Abraham, 719
Singularidad de la misión de Cristo, 720
Sión, 722
Sionismo, 723
Sodoma y Gomorra, 724
Sofonías, libro de, 725
Sueños, 726

T
Tabernáculo, 729
Talión escatológico, 731
Tártaro, 731
Templo, 732
Teología del Pacto, 733
Teoría de los dos pactos, 735
Terafines, 737
Tercer Templo, 738
Terremotos, 740
Tesalonicenses, 1 y 2, 741
Theosis, 743
Tiatira, 744
Tiempos de los gentiles, 745
Tierra, 745
Timoteo, 1 y 2, 748
Tipología, 751
Transfiguración, 752
Transformación de la naturaleza, 753
Trasformación del hombre sin experimentar muerte física, 754
Traslados/tribulación, 754
Tres años y medio, 755
Tribunal de Cristo, 756
Trinidad del mal, 757
Tritoisaías, 758
Trompetas, 759
Trono/s, 760

U
Últimos profetas, 763
Últimos tiempos, 763
Ultradispensacionalismo, 765
Unión Europea, 766

V
Valle de los huesos secos, 769
Veinticuatro ancianos, 770
Venganza, 771
Vestiduras, 772
Vida Eterna, 773
Vida y su fragilidad, 774
Vidente, 775
Visiones, 776
Visionario, 779
Visión ecléctica del Apocalipsis, 780
Visión futurista del Apocalipsis, 781
Visión historicista del Apocalipsis, 782
Visión idealista del Apocalipsis, 783
Visión preterista del Apocalipsis, 785
Vista cercana/vista lejana, 786

W
W, Letra, 789

Y
Ya, aún no, 791
Yavé, 793
Yo soy, 793

Z
Zacarías, libro de, 795
Zafnat-Panea, 798
Zeboim, 798

803

BIBLIOGRAFÍA

OBRAS GENERALES
Buswell, Oliver, *Teología sistemática, tomo 4, Escatología*. Logoi, Miami, 2005.
Chafer, Lewis, *Escatología, teología sistemática, II tomos*. Publicaciones Españolas, 1986.
Grudem, Wayne, *Teología sistemática*. Vida, Miami, 2007.
Hodge, Charles, *Escatología, en teología sistemática*. Clie, Barcelona, 1991.
Horton, Stanley M., *Teología sistemática: una perspectiva pentecostal*. Editorial Vida, Miami, Zondervan, 2013.
McCune, Rolland, *Teología sistemática del cristianismo bíblico*. Editorial Bautista Independiente, EE. UU., 2018.
Pannenberg, Wolfhart, *Teología sistemática I*. Ortega, Madrid, 1988.
Pannenberg, Wolfhart, *Teología sistemática III*. Sígueme, Salamanca, 2007.
Tillich, Paul, *Teología sistemática, III*. Sígueme, Salamanca, 1984.
Williams, J. Rodman, Renewal, Theology, Systematic Theology from a Charismatic Perspective. Zondervan, MI, 1996.

DICCIONARIOS
Alberts. R., Westerman, C., *"Ruaj, Espíritu"*, en *Diccionario teológico manual del Antiguo Testamento*, vol. II. Madrid, 1985.
Bullinger E. W. Lacueva, F. *Diccionario de figuras de dicción, usadas en la Biblia*. Editorial Clie, Barcelona, 1985.
Cirlot, Juan Eduardo, *Diccionario de símbolos bíblicos*. Editorial Labor, Barcelona, 1992.
Clines, D. J. A. Ed. *The Dictionary of Classical Hebrew*, Vol. 4. Sheffield Academic Press, 2011.
Corrêa de Andrade, Claudionor, *Diccionario teológico*. Editorial Patmos, Miami, Florida, EE. UU., 2002.
Cruz, Antonio, *Diccionario enciclopédico de animales y plantas de la Biblia*. Clie, 2023.
De Ausejo, Serafín, *Diccionario de la Biblia*. Editorial Herder, Barcelona, 1981.
Desmond, Alexander T. y Baker, David W., *Compendio de las ciencias bíblicas contemporáneas diccionario del Antiguo Testamento*. Clie, Barcelona, 2012.
Diccionario bíblico ilustrado Holman. Editorial B&H Publishing Group, LifeWay Christian Resources, Nashville, Tennessee, 1998.
Diccionario teológico manual del Antiguo Testamento. Ediciones Cristiandad, Madrid, 1971.
Douglas, J. D. y Hillyer, N., *Nuevo diccionario bíblico*. Ediciones Certeza, VA países, 1980.

BIBLIOGRAFÍA

Douglas, J. D. y Tenney, Merryl C. *Diccionario bíblico Mundo Hispano*. Editorial CBP, El Paso Texas, 1997.
Duguid, Iain M., *"Exile" in New Dictionary of Biblical Theology*, ed. T. Desmond Alexander y otros. Downers Grove, IL, InterVarsity Press, 2000.
Eerdmans, William B., *Eerdmans Dictionary of the Bible*. Eerdmans Publishing Company, Grands Rapids, Michigan/Cambridge, 2000.
Elwell, Walter, *Evangelical Dictionary of Biblical, Theology*. Editorial Baker, Grand Rapids, Michigan, 1996.
Grove, Downers, *Dictionary of Biblical Imagery: An Encyclopedic Exploration of the Images, Symbols, Motifs, Metaphors, Figures of Speech, and Literary Patterns of the Bible*. IL, InterVarsity Press, 1998.
Harrison, Everett, *Diccionario de teología*. T.E.L.L. MI, EE. UU., 1985.
Hays, J. D., Scott, J., Pate, C., *Dictionary Biblical Prophecy*. Zondervan, Grands Rapids, Michigan, 2007.
Holman Bible Editorial Staff, *Holman Concise Bible Dictionary*. B&H Publishing Group, EE. UU., 2011.
Jochen, Bernd, *Pneumatología*. Editorial Herder, Barcelona, 1996.
Kasper, Walter, *Diccionario enciclopédico de exégesis y de teología bíblica*, Tomo I. Herder, Barcelona, 2011.
Layman, Fred, *Diccionario teológico Beacon*. CNP., Kansas, 1995.
Leland, Ryken; James C. Wilhoit; Tremper, Longman III, General Editors, *Dictionary of Biblical Imagery*. IVP Academic, InterVarsity Christian Fellowship, EE. UU., 1998.
Maier, Johann; Schäfer, Peter, *Diccionario del judaísmo*. Editorial Verbo Divino, Navarra, 1996.
Nelson, Wilson, *Diccionario bíblico ilustrado*. San José Costa Rica, 1977.
New Bible Dictionary, 2ª Edición. Wheaton, Tyndale Press, 1982.
Pérez, J. A. - Rioja, *Diccionario de símbolos y mitos, las ciencias y las artes en su expresión figurada*. Editorial Tecnos, Madrid, 1971.
Pfeiffer, Charles F., *Diccionario bíblico arqueológico*. Editor General de la Edición Inglesa, Editorial Mundo Hispano, Texas, 1993.
Pikaza-Silanes,*Diccionario teológico el Dios cristiano*. Secretariado Trinitario, Salamanca, España, 1992.
Roitman, A. D., *Manuscritos del mar muerto*, Art. en *Gran diccionario enciclopédico de la Biblia*. Clie, Barcelona, 2014.
Ramos, Marcos Antonio, *Nuevo diccionario de religiones, denominaciones y sectas*. Grupo Nelson, EE. UU., 1998.
Ropero, Alfonso, *Diccionario manual bíblico*. Clie, Barcelona, España, 2010.
Ropero, Alfonso, E. Gral., *Gran diccionario enciclopédico de la Biblia*. Clie, Barcelona, 2013.
Ryken Wilhoit, Longman, *Dictionary of Biblical, Imagery*. IVP Academic, Illinois, 1987.
Schökel L., Alonso; Serrano G., Flor, *Diccionario terminológico de la Ciencia Bíblica*. Ediciones Cristiandad, Huesca, Madrid, 1979.
Schultz, Arnold, Harrion, E. F. Bromiley, G. W. &Henry, C. F. H., *Diccionario de teología*. Grand Rapids, MI, Libros Desafío, 2006.
Strong, James, *Diccionario de palabras hebreas y arameas*. Caribe, Miami, 2002.
Strong, James, *Nueva concordancia exhaustiva de la Biblia*. Caribe, Nashville, TN, 2002.

Taylor, Grider, *Diccionario teológico Beacon*. Kansas, 1995.
Unger, Merrill F., Editor, *Diccionario expositivo de palabras del Antiguo Testamento*.
VA., *Diccionario de la historia de la iglesia*. Caribe, Miami, 1989.
VA., *Nuevo diccionario de teología*. CBP, El Paso, Tx. 1992.
Vidal Manzanares, César, *Diccionario de sectas y ocultismo*. Verbo Divino, Navarra, 1994.
Vine, W.; Unger, Merril y White W., *Diccionario expositivo de palabras del Nuevo Testamento*. Clie, Barcelona, 2001.
Vine, W., *Diccionario expositivo del Antiguo y Nuevo Testamento, exhaustivo*. Caribe, Miami, 2004.
Wells, John C., Longman *Pronunciation Dictionary*. Harlow, Longman, 1990: "Elijah".
Wilton M., Nelson, *Nuevo diccionario ilustrado de la Biblia*. Caribe, 1998.

COMENTARIOS

Barclay, William, *Comentario al Nuevo Testamento*. 17 tomos en 1, Clie, Barcelona, 2006.
Carro, Daniel; Poe, Tomás, José; Zorzoli, Rubén O. *Comentario bíblico Mundo Hispano*. Tomo 1, Editorial Mundo Hispano, El Paso, Texas, 1994.
Casa de la Biblia, *Comentario al Antiguo Testamento*. Editorial Verbo Divino, Navarra, 1997.
Comentario bíblico Beacon en diez tomos, Tomo IV, Los profetas mayores. Casa Nazarena de Publicaciones, Lenexa, Kansas, EE. UU., 1969.
Comentario bíblico de William Macdonald, Antiguo Testamento. Editorial Clie, España, 2004.
Comentario bíblico san Jerónimo, Tomo II, Antiguo Testamento II. Ediciones Cristiandad, Madrid, 1986.
Edersheim, A., *Comentario histórico al Antiguo Testamento*. Vol. I, Clie, 1995.
Gonzales, Juan Antonio; Iglesias Beato de Liebana, *Comentarios al Apocalipsis de San Juan*.
Henry, Matthew, *Comentario bíblico, obra completa*. Clie, Barcelona, 1999.
Keener, Craig, *Comentario bíblico con aplicación NVI Apocalipsis*, Vida, Miami, Florida, 2013.
Keil C. F. y Delitzsch, F. J., *Comentario al texto hebreo el Antiguo Testamento*. Clie, Barcelona, 2021.
Kistemaker, Simon J., *Comentario al Nuevo Testamento*. Exposición del Apocalipsis, Libros Desafío, 2004.
Levoratti, Armando J., *Comentario bíblico latinoamericano Antiguo Testamento*, Vol. II. Libros proféticos y sapienciales, Editorial Verbo Divino, Navarra, 2007.
MacDonald, William, *Comentario bíblico William MacDonald*, obra completa. Editorial Clie, 2004.
Millos, Samuel, *Comentario exegético a texto del Nuevo Testamento*. Editorial Clie, Barcelona.
Nuevo comentario bíblico san Jerónimo, dos tomos. Estella, Verbo Divino, Navarra, 2010.
Patsch, H., *Comentario Hechos de los apóstoles*. 1972.
Pérez Millos, *Comentario exegético al texto griego del Nuevo Testamento: Apocalipsis*. Clie, España, 2010.
Pfeiffer, Charles F. *Comentario bíblico Moody, Antiguo Testamento*. Editorial Portavoz, Grand, Rapids, MI, 1993.
Robertson, A. T., *Comentario al texto griego del Nuevo Testamento, obra completa*, 6 tomos en 1. Clie, Barcelona, 2003.
Schökel, L. Alfonso; Sicre Diaz, J. L., *Comentario II, profetas*. Ediciones Cristiandad, Madrid, 1987.

Trenchard, Ernesto, *Comentario a los Hechos de los apóstoles*. Editorial Portavoz, Grand Rapids, Michigan, 1993.
VanGemeren, Willem A. *"Psalms", Expositor's Bible Commentary*. Zondervan, Grand Rapids, 1991.
Walton, John H., Víctor, H. Matthews, Mark W., *Comentario del Contexto Cultural de la Biblia, Antiguo Testamento, El trasfondo cultural de cada pasaje del Antiguo Testamento*. Chavalas, Ed. Mundo Hispano, El Paso, Texas, 2006.

ENCICLOPEDIAS

Catecismo de la Iglesia Católica, capítulo tercero: creo en el Espíritu Santo, artículo 8, https://www.vatican.va/archive/catechism_sp/p1s2c3a8_sp.html
Diez-Macho-Bartina, *Enciclopedia de la Biblia IV*. Ediciones Garriga, S.A., Barcelona, 1969.
Driscoll, James F. *"Gog and Magog", The Catholic Encyclopaedia*. Vol. 6. New York, Robert Appleton Company, 1909.
Enciclopedia de profecía bíblica; La guía completa a las predicciones escriturarias y su cumplimiento, I y II. Editorial Clie, Barcelona, 1993.
Encyclopaedia Judaica, Jerusalem. Keter Publishing House, 1971.
Funk-Wagnalls. *Enciclopedia judía, dominio público*. Vol. VI, 1941.
Gobryas, *Encyclopaedia Iranica*. Consultada 04-01-23.
Payne, John Barton, *Enciclopedia de profecía bíblica, La guía completa a las predicciones escriturarias y su cumplimiento*, Clie, 1993.

MONOGRAFÍAS

Agustín, Aurelio, *Confesiones*. Paulinas, Bogotá, 1986.
Agustín, Aurelio, *La ciudad de Dios*. Porrúa, México, 2006.
Agustín, Aurelio, *La inmortalidad del alma*. Editorial Verbum, Madrid, 2018.
Alfaro, Juan, *Revelación cristiana, fe y teología*. Verdad e Imagen. Sígueme, Salamanca, 1985.
Almeida, Abraao de, *Israel, Gog y el anticristo, 666*. Vida, Miami, 1981.
Álvarez Gómez, Jesús. *Historia de la vida religiosa*, tres tomos. Madrid, Publicaciones Claretianas, 1987.
Álvarez Miguel, VA., *El rostro hispano de Jesús, hacia una hermenéutica esperanzadora*. Universidad para líderes, Honduras, 2009.
Alviar J. José, *Escatología*. EUNSA, Pamplona, 2017.
Anderson, Robert, *El príncipe que ha de venir*. Portavoz, Gran Rapids, 1980.
André, Paul, *Periodo Intertestamentario*. Verbo Divino, Navarra, 1978.
Antúnez, Jaime, *Crónicas de las ideas*. Ed. Andrés Bello, 1989.
Aquino, Tomás, *Summa teológica*, I-II, p. 103, art. 4. Editorial Católica, S.A., Madrid, España, 1988.
Aranda Pérez, Gonzalo; Martínez Florentino, P. Fernández; *Literatura judía inter testamentaria*. Estella, EVD, 1996.
Arenhoevel, Diego, *Así nació la Biblia, problemática del Antiguo Testamento*. Ediciones Paulinas, Madrid, 1980.
Arnold, Martin, *The dragon fear and power*. Reaktion Books Ltd, London, 2018.
Aune, David E., *Revelation*. Dallas, 1997.

BIBLIOGRAFÍA

Bancroft, Emery, Las últimas cosas, en fundamentos de teología bíblica. Portavoz, Michigan, 1986.
Barclay, William, *Apocalipsis*. Aurora, Argentina, 1975.
Barth, Karl, *Al servicio de la Palabra*. Ediciones Sígueme, Salamanca, 1985.
Barth, Karl, *Ensayos teológicos*. Herder, Barcelona, 1978.
Barth, Karl, *Epístola a los romanos*. BAC, Madrid, 1998.
Barton Payne, *I & IIJ*. Clie, Barcelona, 1993.
Bauckham, Richard, *The Theology of the Book of Revelation*. Cambridge University Press, EE. UU., 1993.
Beale, G. K.; David H.; Campbell William B., *Apocalipsis, un comentario breve*. Erdmans Publishing Company, Grand Rapids, Michigan, 2015.
Beale, G. K., *Apocalipsis, un comentario breve*. Apologetic Center, Michigan, 2015.
Beale, G. K., *The Book of Revelation: A Commentary on the Greek Text*. Eerdmans Publishing, 1999.
Beitzel, Barry, *The Moody Atlas of Bible Lands*. Chicago, Moody Press, 1985.
Bernd, Jochen, *Pneumatología*. Editorial Herder, Barcelona, 1996.
Blackstone, W. E., *Jesús viene*. Clie, Barcelona, 1983.
Bloch E., *El principio esperanza I*. Aguilar, Madrid, 1980.
Block, Daniel, *The Book of Ezekiel, Chapters 25-48*, NICOT. Grand Rapids, Eerdmans, 1998.
Boff, Leonardo, *Hablemos de la otra vida*. Sal Terrae, Santander, 1985.
Bonilla, Yatency, *Cristo y el cristianismo dos grandes enemigos*. Cámara Ecuatoria del Libro, Quito, Ecuador, 2007.
Bover, José, *Teología de san Pablo*. BAC, Madrid, 1967.
Briere, J., *Arca de la alianza*, en VTB G. Von Rad "El tabernáculo y el Arca", estudios sobre el AT. Sígueme, 1982.
Brueggemann, Walter, *The Land: Place as Gift, Promise, and Challenge in Biblical Faith*. Overture to Biblical Theology, Minneapolis, Fortress, 2002.
Bruner, Frederick Dale, *A Theology of the Holy Spirit The Pentecostal Experience and the New Testament Witness*, por William Eerdmans Publishing Company, Grand Rapids, 1982.
Budge, E. A. Wallis. *The Gods of the Egyptians; or Studies in Egyptian Mythology*. Chicago, Princeton Theological Seminary Library, 1904.
Bueno De La Fuente, Eloy, *Eclesiología*. Biblioteca de Autores Cristianos, Madrid, 1998.
Bullinger, E. W., *Cómo entender y explicar los números de la Biblia*. Clie, Barcelona, 1990.
Bultmann, Rudolf, *Creer y comprender* II. Studium, Madrid, 1976.
Bultmann, Rudolf, *Teología del Nuevo Testamento*. Ediciones Sígueme, Salamanca, 1981.
Bultmann, Rudolf, *Teología del Nuevo Testamento*. Sígueme, Salamanca, 1987.
Byers, Marvin, *El principio y el fin de la edad en el Nuevo Testamento, en la Victoria Final*. EE. UU., 1999.
Byers, Marvin, *La victoria final ¿en el año 2000?* EE. UU., 1999.
C. Lamadrid González, *Historia, narrativa, apocalíptica*. Verbo Divino, Navarra, 2000.
Calvino, Juan, *Institución de la religión cristiana*. Feliré, Rijswijk, 1986.
Canet, Vicente, *San Agustín, 1650 Aniversario de su nacimiento*. CTSA, Madrid, 2004.
Carballosa, Evis, *Apocalipsis, la consumación del plan eterno de Dios*. Portavoz, Gran Rapids, Michigan, 1997.

BIBLIOGRAFÍA

Carballosa, Evis, *Daniel y el reino mesiánico*. Portavoz, 1979.
Castillo, José María, *El culto cristiano en la iglesia y los profetas*. Ediciones Almendro, Córdoba, Madrid, 1989.
Catecismo ortodoxo para adultos, Octavo artículo.
C. H. Dodd, *Las parábolas del reino*. Ediciones Cristiandad, Madrid, 1974.
Chilton, David, *Días de retribución: una exposición del libro de Apocalipsis*. International Senior Citizens Assn, Texas, 1988.
Clouse, Robert, *¿Qué es el milenio? cuatro enfoques para una respuesta*. CBP, El Paso, Tx. 1997.
Cohn, Norman, *En pos del milenio, revolucionarios milenaristas y anarquistas*. Editorial Alianza, Madrid, 1981.
Collins, John J., *The Apocalyptic Imagination: An Introduction to Jewish Apocalyptic Literatura*. Grand Rapids, Michigan, Eerdmans Publishing Company, 2016.
Cullmann, Oscar, *Cristo y el tiempo*. Estela, Barcelona, 2008.
Cullmann, Oscar, *Cristología del Nuevo Testamento*. Sígueme, Salamanca, 1998.
Cullmann, Oscar, *Una teología de la historia de la salvación*. Estela, Barcelona, 1966.
Cuvillier, Elian, *Los apocalipsis del Nuevo Testamento*. Editorial Verbo Divino, Navarra, 2002.
Dale C., Allison, *The End of the Ages Has Come: An Early Interpretation of the Passion and Resurrection of Christ*. Filadelfia, Fortress, 1985.
Davis, John, *Biblical Numerology: A Basic Study of the Use of Numbers in the Bible*. Grand Rapids, Baker, 1968.
De La Fuente, Tomás, *Claves de interpretación bíblica*. Casa Bautista de Publicaciones, El Paso, Texas, 1992.
De La Hera Gómez, Rocío, *Orígenes de la corriente hermética y desarrollo histórico posterior*, Art. Hermes Trismegistus. Origins of the Hermetic Current and Subsequent Historical Development, 2023.
De La Potterie, Ignacio. *La verdad de Jesús, estudios de cristología juanea, Cristo como figura de revelación*. BAC., EDICA, S. A., Madrid, 1979.
De Tuya, Manuel, *Biblia comentada*. BAC., Madrid, 2010.
De Tuya, Manuel; Salguero, José, *Introducción a la Biblia*. BAC, Madrid, 1966.
De Vaux, R. *Instituciones del Antiguo Testamento*. Barcelona, Cristiandad, 1976.
De Vaux, Roland, *Instituciones del Antiguo Testamento*. Editorial Herder, Barcelona, 1976.
Deane, William J., *Daniel, su vida y sus tiempos*. Clie, Terrasa, Barcelona, 1987.
Delumeau, Jean, *El miedo en occidente*. Taurus, Madrid, 1989.
Días de la Madrid, Damián, *El Apocalipsis: La fuerza de los símbolos*. Centro Bíblico Verbo Divino, Ecuador, 2006.
Diestre Gil, Antolín, *El sentido de la historia y la palabra profética*, 2 vols. Clie, Barcelona, 1995.
Diez Macho, Alejandro, *Introducción general apócrifos del Antiguo Testamento*, Tomos 2 Madrid, Eds. Cristiandad, 1984.
Drosnin, Michael, *El código secreto de la Biblia*. Editorial Planeta, España, 2004.
Duguid, Iain, *Ezekiel*. NIVAC, Grand Rapids, Zondervan, 1999, Ediciones, Semilla, Guatemala, 1991.
Editorial Iglesia de Dios Unida una Asociación Internacional, 2018.
Eichrodt, Walter, *Teología del Antiguo Testamento*, Tomo II. Ediciones Cristiandad, Madrid, 1975.

Eldon, George, *El Apocalipsis de Juan, un comentario*. Caribe, Miami, 1990.
Eldon, George, *El evangelio del reino*. Vida, Miami, 1985.
Eller, Vernard, *El apocalipsis, el libro más revelador de la Biblia*.
Enns, Paul, *Compendio Portavoz de teología*. Grand Rapids, Michigan, EE. UU., 2010.
Enríquez, Sergio, *Compendio escatológico*. Ediciones Ebenezer, 2000.
Erb, Paul, *El alfa y la omega*, Biblioteca Menno, 2014.
Faibarn, Patrick, *La profecía, su naturaleza, función e interpretación*. Clie, Barcelona, 1985.
Fanning, Doon, *Hermenéutica, las reglas para la interpretación bíblica*. Create Space Independent Publishing Platform, 2018.
Feuillet, Robert A., *Introducción a la Biblia*, tomo II. Nuevo Testamento, Barcelona, Editorial Herder, 1967.
Fischl, Johann, *Manual de historia de la filosofía*. Herder, Barcelona 1994.
Flavio, Josefo, *Las guerras de los judíos*. Clie, Barcelona, 1990.
Frose, Arno, *Preguntas más frecuentes sobre la profecía, obra Misionera*. Llamada de Media Noche, Guatemala 2005.
G. Widengren, *Fenomenología de la religión*. Cristiandad, Madrid, 1976.
Gálvez, Rigoberto, *Autocrítica a la religiosidad popular evangélica*. Clie, Barcelona, 2018.
Gálvez, Rigoberto, *El Espíritu del Señor está sobre mí, un estudio sobre la misión del Espíritu en el creyente*. Ediciones Fortaleza, Guatemala, 2009.
Gálvez, Rigoberto, *El Espíritu Santo, dador de vida y poder, pneumatología, un enfoque integrativo*. Ediciones Kerigma, Oregón, EE. UU., 2023.
Gálvez, Rigoberto, *El rostro neopentecostal del protestantismo latinoamericano en unidad y diversidad del protestantismo latinoamericano*. Kairós, Buenos Aires, 2002.
Gálvez, Rigoberto, *Historia de la Iglesia, un recorrido abreviado desde el primer siglo hasta el siglo XXI*. Ediciones Fortaleza, Guatemala, 2017.
Gálvez, Rigoberto, *Para entender la teología, una introducción a la teología cristiana*, Clie, Barcelona, 2016.
Gálvez, Rigoberto, *Repensar la escatología, una revisión crítica y propuesta*. Editorial Clie, Barcelona, España, 2023.
Gálvez, Rigoberto, *Teología de la comunicación, un acercamiento bíblico al uso de los medios masivos de comunicación*. Clie, Barcelona, 2001.
García Cremades, Santi, *Un número perfecto*. Ed. Anaya Multimedia, 2017.
García Granados, Jorge, *Así nació Israel*. Novaro, México, 1968.
García, Daniel, *Escatología*. Impresión digital, Argentina, 2019.
Gentry, Kenneth L.; Ice, Thomas. *The Great Tribulation—Past or Future?: Two Evangelicals Debate the Question*. Kregel Academic & Professional, 1999.
Gentry, Kenneth, *The Book of Revelation Made Easy*. American Vision, 2008.
Gentry, Kenneth, *Un estudio sobre el apocalipsis, la verdadera revelación, The Book of Revelation Made Easy*. American Visión, 2008.
Gilberto, Antonio, *Daniel y Apocalipsis*. Editorial Patmos, Florida, 2001.
Gómez Gómez, Jesús, *La perspectiva escatológica del Nuevo Testamento, fundamentos dogmáticos, litúrgicos y parenéticos*. Tesis, Córdoba, 2011.
Gómez-Heras, José, *Teología protestante, sistema e historia*. BAC, Madrid, 1972.
Gonzaga, Javier, *Concilios*, Tomo I. International Publications, MI, EE. UU., 1966.

BIBLIOGRAFÍA

González A., Lohfink, N., Von Rad, G. *Profetas verdaderos, profetas falsos*. Salamanca, Sígueme, 1976.
González Faus, José Ignacio, *¿Apocalipsis hoy?* Editorial Sal Terrae, Maliaño, España, 2019.
González Lamadrid, *Historia, narrativa, apocalíptica*. Verbo Divino, Navarra, 2000.
González Núñez, Ángel, *Profetas, sacerdotes y reyes en el antiguo Israel*. Instituto Español de Estudios Eclesiásticos, Madrid, 1962.
Gordon, Fee, *Pablo, el Espíritu y el pueblo de Dios*. Editorial Vida, Miami, Florida, 2007.
Grau, José, *Escatología, final de los tiempos*. Clie, Barcelona, 1977.
Gray, John, *La religión apocalíptica y la muerte de la utopía*. Paidós, Madrid, 2008.
Greenet, P., *Historia de la filosofía antigua*. Herder, Barcelona, 1992.
Hagee, John, *Principio del fin, el asesinato de Yitzhak Rabí y la llegada del anticristo*. Betania Nashville, TN, 1996.
Hamar, Paul, *La Primera epístola a los Corintios*. Editorial Vida, Miami, Florida, 1983.
Harrison, Jane Ellen, *Myths of the Odyssey in Art and Literature, Mitos de la Odisea en el arte y en la literatura*, 1882.
Haskell, Rob, *Hermenéutica, interpretación eficaz hoy*. Editorial Clie, Barcelona, 2009.
Hays, J. Daniel, *From Every People and Nation: A Biblical Theology of Race*. Downers Grove, IL, InterVarsity Press, 2003.
Hemer, Colin, *The Letters to the Seven Churches of Asia in Their Local Settings, The Biblical Resource Series*. Wm. B. Eerdmans-Lightning Source, New edition, 2000.
Henderson, Bernard William, *Life and Principate of the Emperor Nero*. Editorial Kessinger Publishing, LLC, 2006.
Hendriksen, William, La Biblia el más allá y el fin del mundo. Desafío, MI, 2002.
Hendriksen, William, *La Biblia sobre la vida venidera*. T.E.L.L. EE. UU., 1987.
Hendriksen, William, *Más que vencedores*. Libros Desafío, Grand Rapids, Michigan, 2005.
Hidalgo de la Vega, María José, *El intelectual, la realeza y el poder político en el Imperio Romano*. Ediciones Universidad de Salamanca, España, 1995.
Hipólito, *Refutaciones* en José Montserrat Torrents, Los gnósticos II, Gredos. Madrid, 2002.
Hoekema, Anthony, *El bautismo del Espíritu Santo*. Ediciones Evangélicas Europeas, 1977.
Hoekema, Anthony, *La Biblia y el futuro*. Libros Desafío, Grand Rapids, Michigan, 2008.
Hoff, Pablo, *Teología evangélica*. Vida, Miami, 2005.
Homero, *La Iliada*. Editorial Anagrama, Barcelona, 2004.
Horton, Stanley, *Nuestro destino, enseñanzas bíblicas, sobre los últimos tiempos*. Vida, Miami, 2005.
Huffmon, H. B., "Prophecy (ANE)," *Anchor Bible Dictionary*, 1982.
Hughes, Philip, *Síntesis de historia de la iglesia*. Herder, Barcelona, 1986.
Ibarra, Ronald, *La simiente de la serpiente, un linaje para gobernarlos a todos*. Editorial Bubok, España, 2017.
Ice T., Gentry, K., *The Great Tribulation, ¿Past or Future? Two Evangelicals Debate the Question*. Kregel Publications, 1999.
James D. G. Dunn, *Jesús y el Espíritu*. Ediciones Secretariado Trinitario, Salamanca, 1981.
Jeremías, Joachim, *Teología del Nuevo Testamento*. Sígueme, Salamanca, 1974.
Johnson, Paul, *La historia de los judíos*. Grupo Zeta Bolsillo, 2006.

BIBLIOGRAFÍA

Johnston, Robert D., *Los números en la Biblia*. Editorial Portavoz, Grand Rapids, Michigan, 1994.
Jolón, Luis Dimas, *Literatura y su influencia judía en el Nuevo Testamento*. Vile, Guatemala, 2016.
Josefo, Flavio, *Antigüedades* 12.9-1/354-59; Clie, Barcelona, 1984.
Josefo, Flavio, *La guerra de los judíos, II*, capítulo VII. Clie, Barcelona, 1990.
Käsemann, Ernst, "*The Righteousness of God in Paul*" in New Testament Questions of Today, trans. W. J. Montague. Filadelfia, Fortress, 1969.
Käsemann, Ernst. *El derecho sagrado en el Nuevo Testamento*, en Id., Ensayos exegéticos, Sígueme, Salamanca, 1978.
Kehl, Medard, *Escatología*. Sígueme, Salamanca, 1992.
Keil, C. F. y Delitzsch, F. G., *Profetas Menores*. Clie, 2021.
Kistemaker, Simón, *Apocalipsis, comentario al Nuevo Testamento*. Desafío, Michigan, 2004.
Köster, Helmut, *Introducción al Nuevo Testamento*. Ediciones Sígueme, Salamanca, 1988.
Kraybill, J. Nelson, *Imperial cult and commerce in John's Apocalypse*. Academic Press, Sheffield, 1996.
Kung, Hans, *¿Vida eterna?* Cristiandad, Madrid, 1983.
Kung, Hans, *El cristianismo y las grandes religiones*. Libros Europa, Madrid, 1987.
Kuzmic, Peter, *Historia y escatología*, en VA, *Al servicio del reino*. Editorial Visión Mundial, San José, 1992.
La Haye, Tim, *El comienzo del fin*. Unilit, Miami, 1972.
Lacueva, Francisco, *Curso práctico de teología bíblica*. Clie, Barcelona, 1998.
Lacueva, Francisco, *Escatología II, Curso de formación teológica evangélica*. Clie, Barcelona, 1990.
Lacueva, Francisco, *Espiritualidad trinitaria*. Clie, Barcelona, 1990.
Lacueva, Francisco, *La iglesia cuerpo de Cristo*. Clie, Barcelona, 1988.
Lacueva, Francisco, *Nuevo Testamento interlineal griego español*. Clie, Barcelona, 1990.
Ladd, George Eldon, *El Apocalipsis de Juan: un comentario*. Caribe, Miami, 1978.
Leon, J. Wood, *Los profetas de Israel*. Outreach Publications, Grand Rapids, Michigan, 1990.
Lieberman, Stephen, *¿Un trasfondo mesopotámico para las llamadas "medidas agádicas" de la hermenéutica bíblica?* Anual del Hebrew Union College, 1987.
Lightfoot, R. H., *The Gospel Message of St. Mark*. Oxford, Clarendon, 1950.
Lloyd-Jones, Martyn, *La iglesia y las últimas cosas, grandes doctrinas*. Editorial Peregrino, España, 2002.
Lockyer, Herbert, *Apocalipsis, el drama de los siglos*. Editorial Vida, Miami, 1988.
Lonergan, Bernard, *Método en teología*. Sígueme, Salamanca, 1988.
Loza Vera, José, *Introducción al profetismo. Isaías*. Biblioteca Bíblica Básica, Editorial Verbo Divino, Pamplona, 2011.
Luther, Martin, *Luther's Works*. Ed. Lewis W. Spitz, St. Louis, Concordia, 1963.
Malgo, Win, *50 Respuestas sacadas de la palabra profética*. Llamada de Media Noche, Guatemala, 2003.
Malgo, Win, *El control total 666*. Llamada de Media noche, Montevideo, Uruguay, 1989.
Marchadour, Alain, *Vida y muerte en la biblia*. Editorial Verbo Divino, Navarra, 1980.
Martínez, José M., *Hermenéutica bíblica*. Editorial Clie, Terrassa, Barcelona, 1987.

BIBLIOGRAFÍA

Martínez, Luis, *Los caminos de la teología, historia del método teológico*. BAC, Madrid, 1998.
Martínez Cavero, Pedro, *El Pensamiento histórico y antropológico de Osorio*. Colección Antigüedad y Cristianismo, Compobell, Murcia, 2002.
Master, John R, en *El juicio del gran trono blanco en: La cuenta regresiva del Armagedón*. Editorial Portavoz, Grand Rapids, Michigan, 2000.
McKay, See B. y otros, "*Solving the Bible Code Puzzle*". Statistical Science, 1999.
Mertens, Heinrich A., *Manual de la Biblia*. Herder, Barcelona, 2004.
Metz, J. B., Memoria *Passions, Una evocación provocadora en una sociedad pluralista*. Sal Terrae, Santander, 2007.
Metz, J. B., *Por una cultura de la memoria*. Anthropos, Barcelona, 1999.
Míguez Bonino, J., Prólogo a Rubem Alves, *Religión: ¿opio o instrumento de liberación?* Montevideo, Tierra Nueva, 1970.
Míguez Bonino, J., *Rostros del protestantismo latinoamericano*. Buenos Aires, Nueva Creación-Eerdmans, Grand Rapids, 1995.
Millard, Erickson, *Christian Theology*. Baker Academic, Michigan, 2017.
Moltmann, Jürgen, *¿Qué es teología hoy?* Sígueme, Salamanca, 1992.
Moltmann, Jürgen, *Dios en la creación*. Sígueme, Salamanca, 1987.
Moltmann, Jürgen, *El camino de Jesucristo*. Sígueme, Salamanca, 1993.
Moltmann, Jürgen, *El Dios crucificado*. Sígueme, Salamanca, 1975.
Moltmann, Jürgen, *El Espíritu Santo y la teología de la vida*. Ediciones Sígueme, Salamanca, 2000.
Moltmann, Jürgen, *El futuro de la creación*. Sígueme, Salamanca, 1979.
Moltmann, Jürgen, *La justicia crea futuro*. Sal Terrae, Bilbao, 1989.
Moltmann, Jürgen, *La venida de Dios. Escatología Cristiana*, Sígueme, Salamanca, 2004.
Moltmann, Jürgen, *Teología de la esperanza*. Sígueme, Salamanca, 1981.
Moltmann, Jürgen, *Teología política, ética política*. Sígueme, Salamanca, 1987.
Moltmann, Jürgen, *Trinidad y reino de Dios*. Sígueme, Salamanca, 1982.
Monloubou, Louis, *Los profetas del Antiguo Testamento*. Editorial Verbo Divino, Navarra, 1987.
Morales, José, *Teología de las religiones*. Rialp, Madrid, 2008.
Mounce, Robert H., *Comentario al libro del Apocalipsis*. Clie, Barcelona, España, 2007.
Myer Pearlman, *Teología bíblica y sistemática*. Vida, Miami, 1990.
Neill, S. C., *Christian Faith and Other Faiths*. OUP, N.Y., 1970.
Newport, John P., *Comentario sobre el Apocalipsis para el día de hoy*. Editorial CBP, El Paso, Tx., 1989.
Newport, John P., *El león y el cordero, un comentario sobre el apocalipsis para el día de hoy*. Casa Bautista de Publicaciones, El Paso, Texas, 1989.
Newsom, Carol A; Breed, Brennan W., *Daniel: A Commentary*. Presbyterian Publishing Corp, 2014.
Núñez, Emilio, *Vida y obra, una autobiografía*. Punto Creativo, Guatemala, 2013.
Orbe, Antonio, "*El pecado original y el matrimonio en la teología del siglo II*". en Gregorianum, 1964.
Osborne, Grant, *Revelation*. BEC, Grand Rapids, Baker, 2002.
Pagán, Samuel, *Isaías, el Santo de Israel*. Clie, 2007.
Pannenberg, Wolfhart, *En pascua y el hombre nuevo*. Sal Terrae, Santander, 1983.

BIBLIOGRAFÍA

Pannenberg, Wolfhart, *Teología y reino de Dios*. Sígueme, Salamanca, 1974.
Parker, T. H. L. *Calvin's New Testament Commentaries*. SCM Press, 1971.
Pate, C. Marvin y otros, *The Story of Israel: A Biblical Theology*. Downers Grove, IL, InterVarsity Press, 2004.
Pentecost, J. Dwight, *Eventos del porvenir, estudios de escatología bíblica*. Editorial Vida, Miami, 1984.
Peretó Rivas, Rubén; Vázquez, Santiago, *Conocimiento y curación de sí, entre filosofía y medicina*. Buenos Aires, 2017.
Pérez de Antón, Francisco, *Cisma sangriento, el brutal parto del protestantismo: un alegato humanista y seglar*. Taurus, Madrid, 2017.
Pérez Largacha, A. *Historia antigua de Egipto y del próximo Oriente*. Akal, Madrid, 2007.
Pérez Vilatela, Luciano. *Alusiones a la guerra dácica de Domiciano en Silio Itálico*. Actas del VIII Congreso Español de Estudios Clásicos, Vol. 3, 1994.
Pérez-Rioja, José Antonio, *Diccionario de símbolos y mitos*. Madrid, Editorial Tecnos, 1971.
Perrin, Nicholas, *The Kingdom of God, A Biblical, Theology, Zondervan*. Michigan, 2019.
Pikasa, Xabier cita a: E. Stauffer, D. Cuss, *Imperial Cult and Honorary Terms in the NT*, Paradosis 23, Friburgo de Suiza, 1974, estudia las medallas imperiales con el "signo" de la Bestia.
Pikaza, Xabier, *Apocalipsis*. Verbo Divino, Navarra, 2022.
Pikaza, Xabier, *Espíritu Santo y comunidad cristiana, el principio social del cristiano*. Ediciones Secretariado Trinitario, Salamanca, 1990.
Piñero, Antonio, *Apócrifos del Antiguo y del Nuevo Testamento*. Alianza Editorial, S. A., Madrid, 2022.
Piñero, Antonio; Montserrat, J.; Torrents, García Bazán, F., *Evangelio de Felipe*, en Textos Gnósticos. Biblioteca de Nag Hammadi II: Evangelios, hechos, cartas, Madrid, Trotta, 1999.
Porter, Stanley E., David Yoon, *Paul and Gnosis*. BRILL, 2016.
Pozo, Cándido, *Teología del más allá*. BAC, Madrid, 1991.
Prévost, Jean Pierre, *Para terminar con el miedo*. Ediciones Paulinas, Madrid, 1987.
Purkiser, W. T., La consumación final, en explorando nuestra fe cristiana. CBP, Texas, 1988.
Quoted in C. K. Barrett, *The New Testament Background: Selected Documents*. New York, Harper Row, 1961.
Ramm, Bernard, *Diccionario de teología contemporánea*. CBP, El Paso, Texas, 1990.
Ramos, Felipe, *Escatología existencial, simbolismo del templo en el cuarto evangelio*. Universidad de Salamanca, 1963.
Ratzinger, Joseph, *Escatología, curso de teología dogmática*. Herder, Barcelona, 2007.
Raymond, Erik, *¿Realmente existe el infierno? Y otras preguntas sobre el juicio, la eternidad y el Dios de amor*. Editorial Portavoz, Grand Rapids, Michigan, 2018.
Rhodes, Ron, *Reasoning from the Scriptures with the Jehovah's Witnesses*. Harvest House, 1993.
Ricciotti, Giuseppe, *Historia de Israel, desde la cautividad hasta el año 135 d.C.*. Barcelona, Miracle, 1949.
Richard, Pablo, *Apocalipsis, reconstrucción de la esperanza*. DEI. San José, Costa Rica, 1994.
Robert, A.; Feuillet, A., *Introducción a la Biblia*, dos tomos. Herder, Barcelona, 1967.
Robertson, A. T. *Comentario al texto griego del Nuevo Testamento, tomo I, Mateo y Marcos*. Clie, Barcelona, 1993.

Rodríguez Yolanda; Ferrer, Gabriel, *Escatología bíblica: doctrina de los últimos tiempos*. Universidad del Atlántico, Barranquilla, 2010.
Rojas Gálvez, Ignacio, *¿Qué sabe de los símbolos del Apocalipsis?* Editorial Verbo Divino, Navarra, 2013.
Roldán, Alberto, *Escatología*. Buenos Aires, Kairós Ediciones, 2002.
Roldán, Alberto, *Teologías en debate, hermenéuticas del reino y el fin de la historia*. Kerigma, Oregón, Estados Unidos, 2020.
Romero, José Antonio, *Dos pueblos, un solo pacto*, Vol. II. Ediciones Ecaprel, Guatemala, 2002.
Ropero, Alfonso, *La vida del cristiano centrada en Cristo*. Clie, Barcelona, 2016.
Rudolph, Kurt, *Gnosis: The Nature and History of Gnosticism*. A&C Black, 2001.
Ruiz Bueno, Daniel, *Carta de San Policarpo a los Filipenses VII* en Padres Apostólicos, edición bilingüe completa, Madrid, BAC.
Ruiz Bueno, Daniel, *Padres apologetas griegos*, s. II, Madrid, BAC, 2002.
Ruiz de la Peña, Juan Luis, *La otra dimensión escatológica cristiana*. Sal Terrae, Bilbao, 1986.
Ruiz de la Peña, *La pascua de la creación, Escatología*. BAC, 1996.
Ryken, Leland, *How to Read the Bible as Literature*. Grand Rapids, Zondervan, 1984.
Ryrie, Charles, *Dispensacionalism, hoy, la historia y principios básicos del dispensacionalismo contemporáneo*. Portavoz, Grands, Rapids, Michigan, 1992.
Ryrie, Charles, *La Biblia y las noticias del mañana, lo que dice la Biblia acerca de los últimos tiempos*. Ediciones las Américas, México, 1995.
Ryrie, Charles, *La campaña del Armagedón, La cuenta regresiva al Armagedón*. Portavoz, Michigan, 2000.
Salvati G. M., en F. P. Fiorenza – JB. Metz, *El hombre como unidad del alma y cuerpo*. Darmstadt, 1979.
San Vicente, J. Ignacio, *Nerón; la falsificación de un mito*. Colección De Falsa Et Vera Historia 3, Ediciones Clásicas, Madrid, 2020.
Saravi, Fernando, *La profecía de las setenta semanas, otro punto de vista*. Editorial Preparad El Camino, Argentina, 2021.
Sayés, José, *Escatología*. Ediciones Palabra, España, 2006.
Schökel, L. Alonso y Sicre Diaz, J., *Profetas, introducciones y comentario*. Tomo 2, Ediciones Cristiandad, Madrid, 1980.
Schökel, Luis Alonso; Carniti, Cecilia. *Salmos*. Tomo 1 (Salmos 1-72). Traducción, introducciones y comentario. Estella, Navarra, Verbo Divino, Navarra, 1992.
Sicre, José Luis; Castillo, J. M.; Estrada, J. A., *La iglesia y los profetas*. Ediciones el Almendro, Córdoba, Madrid, 1989.
Sicre, José Luis, *Introducción al profetismo bíblico*. Editorial Verbo Divino, Navarra, 2012.
Sicre, José Luis, *Profetismo en Israel*. Editorial Verbo Divino, Navarra, 1998.
Silva, Kittim, *Apocalipsis, la revelación de Jesucristo*. Clie, Barcelona, 1989.
Smith, Wilbur, *World Crisis and the Prophetic Scriptures*. Moody, Illinois, 1951.
Sperber, D. *The History of the Menorah*. JJS 16, J. Voss, Die Menora, 1965.
Stam, Juan, *Apocalipsis y profecía, las señales de los tiempos y el tercer milenio*. Kairós, Buenos Aires, 1998.
Stam, Juan, *Escatología bíblica y la misión de la Iglesia, hasta el fin del tiempo y los fines de la tierra*. Semilla, Guatemala, 1999.

Statu, Frabrice, *El Islam en las profecías bíblicas, Israel y el Medio Oriente en los tiempos finales.* Lima, Perú, 2013.
Stauffer, E., D. Cuss, *Imperial Cult and Honorary Terms in the NT.* Paradosis 23, Friburgo de Suiza, 1974.
Stoger, A., *El evangelio según san Lucas*, tomo primero. Barcelona, Editorial Herder, 1979.
Strack, H. L. y Stemberger, G., *Introducción a la literatura talmúdica y midrásica.* Institución San Jerónimo, Valencia, 1988.
Sweet, John, *Revelation.* WPC Philadelphia, Westminster, 1979.
Tábet, Miguel Ángel, *Introducción al Antiguo Testamento III. Libros poéticos y sapienciales.* Ediciones Palabra, S.A., Madrid, España, 2007.
Tamayo, J. J., *Para comprender la escatología.* Verbo Divino, Navarra, 1993.
Taylor, Preston, *Apocalipsis: pasado, presente y futuro.* Unilit, Miami, 1991.
Tellería Larrañaga, Juan María, *Teología del Antiguo Testamento, el mensaje divino contenido los profetas y los escritos.* Editorial Clie, Barcelona, España, 2018.
Terry, M. S., *Hermenéutica.* Clie, Barcelona, 1990.
Tozer, A. W., *¡Prepárate para el regreso de Jesús!* Compilado y editado por J. Snyder, Portavoz, Michigan, 2016.
Trapé, Agostino, *San Agustín, el hombre, el pastor, el místico.* Porrúa, México, 1987.
Trenchard, Ernesto-Wickham, Pablo, *Epístola a los efesios.* Editorial Literatura Bíblica, Trafalgar, Madrid, 1980.
Trotter, Lawrence C., *Credos, confesiones y catecismos.* Seminario Reformado, Guadalajara, Ministerio Cristo Redentor, Iglesia presbiteriana, México.
VA., Ed. Wayne Grudem, *¿Son vigentes los dones milagrosos?* Colección teológica contemporánea, Editorial Clie, Barcelona, 2004.
VA., *El apocalipsis: la fuerza de los símbolos.* Verbo Divino, Navarra, 2006
VA., *El Espíritu Santo en la Biblia.* Editorial Verbo Divino, Navarra, 1986.
VA., *Las religiones del mundo.* Ed. Mundo Hispano, El Paso, TX., 1970.
VA., Modern Scholarship Reinvents Eternal Punishment, *Hell Under Fire.* Zondervan, Grand Rapids, Michigan, 2004.
Vallejo, Fernando, *La puta de Babilonia.* Editorial Planeta Colombiana, 2007.
Varkey, Wilson, *Role of the Holy Spirit in Protestant Systematic Theology a Comparative Study of Karl Barth*, Jürgen Moltmann y Wolfhart Pannenberg, Langham, Monographs, England, Cumbria, 2010.
Vaucher, Alfredo, *El anticristo.* Asociación Publicadora Interamericana, VA. países, 1990.
Vena, Oswaldo, *Apocalipsis.* Elca, EE. UU., 2006.
Vermeylen, Jacques, *El Dios de la promesa y el Dios de la alianza.* Editorial Sal Terrae, España, 1990.
Vila Franco, María Isabel, *Moneda antigua y vías romanas en el noroeste de Hispania.* Archaeopress Publishing Ltd, Oxford, 2016.
Vila, Samuel, Cómo explicar el credo. Clie, Barcelona, 1983.
Vilanova, E., *Historia de la teología cristiana I, de los orígenes al siglo XV.* Herder, Barcelona, 1987.
Von Bathasar, H., *Ensayos teológicos* I. Verbum Caro, Guadarrama, Madrid, 1964.
Von Rad, G., *Estudios sobre el Antiguo Testamento.* Salamanca, Sígueme, 1976.

BIBLIOGRAFÍA

Von Rad, G., *Teología del Antiguo Testamento*, Tomo II. Salamanca, Sígueme, 1976.
Wallis, A., *¿Quién es Jesús de Nazaret?* CLC, Madrid, 1968.
Walton, John, *"The Four Kingdoms of Daniel"*. Journal of the Evangelical Theological Society 29, 1986.
Walvoord, John, *El rapto previo a la tribulación*, en *La cuenta regresiva al Armagedón*. C, Ryrie, consultor, Portavoz, Michigan, 2000.
Walvoord, John, *Profecía en el nuevo milenio*. Llamada de Media Noche, Guatemala, 2003.
Weber, Timothy P., *"Millennialism"* en Walls, Jerry L., Ed. The Oxford Handbook of Eschatology, Oxford University Press, 2007.
Whitelam, K. W., Elisha en Freedman, D. N. [ed], *The Anchor Bible Dictionary*. New York, 1997.
Wigoder, R. J. Z.; Geoffrey, eds., *Oxford Dictionary of the Jewish Religion*. Oxford, UK, Oxford University Press, 1997.
Wikenhauser, Alfred, *El Apocalipsis de san Juan*. Barcelona, Editorial Herder, 1969.
Wilkinson, Philip, *Religiones*. Editorial Espasa Libros, Madrid, España, 2009.
Winling, Raymond, *La teología del siglo XX, la teología contemporánea*. Sígueme, Salamanca, 1987.
Witherington, Ben, *The Gospel of Mark: A Socio-Rhetorical Commentary*. 2001.
Woodrow, Ralph, *Babilonia misterio religioso, antiguo y moderno*. Evangelistic Association Riverside, California, EE. UU., 2008.
Wright, N. T., *The New Testament and the Victory of the People of God I*. SPCK, London, 1992.
Wright, N. T. *What Saint Paul Really Said*. Grand Rapids, Eerdmans, 1997.
Yate, K. M. *Los profetas del Antiguo Testamento*. Casa Bautista de Publicaciones, El Paso, Texas, 1984.
Zaldívar, Raúl, *Apocalipticismo, creencia, duda, fascinación y temor sobre el fin del mundo*. Clie, Barcelona, 2012.
Zimmerli, Walther, *Manual de teología del Antiguo Testamento*. Cristiandad, Madrid, 1980.
Zoller, John, *El cielo*. Clie, Barcelona, 1989.
Zuck, Roy, *Poder espiritual en la enseñanza*. Ediciones Las Américas, Puebla, México, 1993.

BIBLIAS

Alfonso, Ropero, Biblia de estudio del mensaje profético y escatológico. Clie, Barcelona, 2022.
Biblia comentada. Profesores de Salamanca. Editorial Católica. Madrid, España, 1960.
Biblia de la Reforma, Editorial Concordia, 2014, republicada en MO, EE. UU.
Dios habla hoy, Sociedades Bíblicas Unidas, 1966, 1970, 1979, 1983, 1996.
Everymans Bible, Comentary Survy Of The Old Testament, Revised Paul N. Benware, Prensa Moody, Chicago, 1993.
La Biblia de las Américas 1986, 1995, 1997 POR The Lockman Foundation.
La Santa Biblia, Nueva Traducción Viviente, Tyndale House Foundation, 2010.
Nueva Biblia Scofield, Versión ampliada, RV60, New York, Oxford, University Press, 1969.
Nueva Biblia Viva, 2006, 2008 por Bíblica, Inc.
Palabra de Dios para todos 2005, 2008, 2012, 2015. Centro Mundial de Traducción de la Biblia 2005, 2008, 2012, 2015. Bible League International.
Reina Valera Contemporánea 2009, 2011 por Sociedades Bíblicas Unidas.

Reina Valera Revisada 1977 por Harper Collins Christian Publishing.
Reina-Valera 1960, Sociedades Bíblicas en América Latina, 1960. Renovado Sociedades Bíblicas Unidas, 1988.
Santa Biblia, Nueva Versión Internacional, 1999, 2015 por Bíblica, Inc.
Traducción en Lenguaje Actual 2000 por United Bible Societies.

EGRAFÍA

Babilonia la grande pdf onlinewebshop. Nethttp://gevejonitu.onlinewebshop.net ›
Brent, Allen, *The Imperial Cult and the Development of Church Order*, digital format, (Leiden, 1999).
Catecismo Menor de Westminster – Iglesia Reformada http://www.iglesiareformada.com
Diccionario enciclopédico de Biblia y teología https://www.biblia.work/diccionarios/page/2841/
http://sallomo.es/cronologia-las-cartas-Pablo-tarso/
https:// sadici.unlp.edu.ar
https://dadun.unav.edu/bitstream/10171/5646/1/JOSE%20ALVIAR.pdf
https://datos.bne.es › resource) Dante Alighieri (1265-1321) – datos.bne.es – Bibliotheca.
https://eur-lex.europa.eu/ES/
https://es.istanbulseo.net/Timeline_of_the_history_of_the_region_of_Palestine
https://evangelio.blog/2018/01/10/7-razones-por-las-que-su-iglesia-debera-considerar-seriamente-la-escatologa/ Michael J. Vlach.
https://jpc.org.uy/wp-content/uploads/2018/12/EL-PACTO-DE-LAUSANA
https://repositorio.uc.cl/handle/11534/16799, 1982 Garrido Jaime, artículo, *historia y escatología*. URI
https://www.clir.net/obras-escogidas-de-geerhardus-vos/
https://www.e- torredebabel.com/Biblioteca/Voltaire/alma-Diccionario-Filosofico.htm
https://www.e-torredebabel.com/Historia-de-la-filosofia/Filosofiacontemporanea/Nietzsche/Nietzsche-EternoRetorno.htm.
https://www.filosofia.org/enc/ros/cosmol.htm
https://www.iglesiapactoeterno.com/wp-content/uploads/2017/12/02-Catecismo-Mayor-Weminster.pdf
https://www.lausanneeurope.org/es/el-legado-de-john-stott-a-traves-del-movimiento-de-lausana/
https://www.rtve.es/noticias/20110112/benedicto-xvi-purgatorio-no-lugar-del-espacio-sino-fuego-interior/394518.shtml
John Nelson Darby, *Tercera conferencia* (Hechos 1): *La segunda venida de Cristo, la esperanza actual de la Iglesia*. Article #138887Book #5745Collection #22205-
Owen, John, *El Espíritu Santo*, formato digital. https://secundumverbumdei.wordpress.com
Raúl Gabas, *"Escatología, Escuela protestante"*, en gran enciclopedia Rialp, 1991 (https://mercaba.org/Rialp/E/escatologica_escuela_protestante.htm).
Rusconi, Roberto, http://dx.doi.org/10.4067/S0049-34492003000200006 Teología y Vida, Vol. XLIV (2003), pp. 209-220 artículo, *La historia del fin, cristianismo y milenarismo*.
Soli Deo Gloria: toda la gloria al único digno de gloria https://esclavosdecristo.com › soli-deo-gloria-
Tratado de Lisboa - EUROPAhttps://www.europarl.europa.eu › treaty-of-lisbon

REVISTAS

Alviar, José, *La escatología como dimensión de la existencia cristiana tendencias en la escatología contemporánea*, 1998.

Lindhardt, Martin, *El fin se acerca. Historia y escatología en el pentecostalismo, "tradicional" chileno*, Vol. VIII/ N°1/enero-junio 2014/pp.242-261, Universidad de Copenhague 2018.

Maeso, David, *Reflexiones sobre la poesía bíblica*, texto del artículo-36765-1-10-2020, en revista de la Universidad de Granada, España, 2020.

SCRIPTA THEOLOGICA 32 (2000/3) *"christus in fide adest". Cristo presente en el creyente o la teología de la deificación en Lutero*.

ARTÍCULOS

Alviar, José, *La escatología como dimensión de la existencia cristiana tendencias en la escatología contemporánea*, 1998.

De León Barbero, *Tiempo circular y tiempo lineal en la civilización occidental*. Conferencia presentada en el Día Mundial de la Filosofía, Departamento de filosofía, Facultad de Humanidades, Universidad de San Carlos de Guatemala, el 16 de noviembre de 2017.

Drosnin, Michael, *The Bible Code, in The Jewish Chronicle*, in the Journal of the Evangelical Theological Society, Junio, 1998.

Escobar, Samuel, *El reino de Dios, la escatología y la ética social y política en América Latina*, en http://congresoiberoamericanoporlavidaylafamilia.org/ 2019.

Gálvez, Rigoberto, *La repercusión social, política, económica y cultural de la Reforma Protestante del Siglo XVI*, Guatemala, 2020.

Glé, Jean Marie, *El retorno de la escatología, Le retour de l'eschatologie*, Recherches de Science Religieuse 84 (1996) 219-25.

González Gaviria, L. (2019). *La recuperación de la dimensión escatológica de la historia. Una lectura de la Conferencia de Medellín para el siglo XXI*. Cuestiones Teológicas, 46 (105), 29-73.doi: http://dx.doi.org/10.18566/cueteo.v46n105.a02

Graham, Will, *Lo bueno y lo malo de la teología de Bultmann*, Art. En coalicióporelevangelio.org. 2017.

Hernández, Juan, The Rapture Begins, http://teocotidiana.com/2021/08/11/the-raptures-signs/

Izquierdo, Cesar, *Algunas reflexiones en torno al método teológico y la filosofía del lenguaje*, Scripta theologica 14(1982/1) 347-354.

Jürgen Moltmann (1926) *Profesor: Ángel Cordovilla Pérez aula de teología*, 2 de febrero de 2010.

Ladaria, L. F., Articulo sobre *escatología en diccionario de teología fundamental*, Latourelle Fischella, Ninot, Paulinas, Madrid, 1990.

Longenecker, Bruce W., *"Different Answers to Different Issues: Israel, the Gentiles and Salvation History in Romans 9–11"*, Journal for the Study of the New Testament, 1999.

Marx y F. Engels, *Manifiesto del Partido Comunista* (1848) Internet Archive por José F. Polanco, 1998.

Miranda Salas, David, Art. *Teología dispensacional*, Seminario Teológico el Redentor, Concepción, 2014.

Pannenberg, Wolfhart, *la Iglesia como realidad escatológica: su apostolicidad y catolicidad*, Istima, 1969.

Parra, Fredy, *La temporalidad a través del milenarismo lacunziano* en Teología y Vida, Vol. XLIV 2003.

Priora, Juan Carlos, Artículo *Perspectiva bíblica del nuevo orden mundial y del fin de la historia*, Universidad Nacional del Sur; Enfoques: revista de la Universidad Adventista del Plata, Vol. 6, No. 1, 1994.

Roldán, Alberto, *La epistemología escatológica de Wolfhart Pannenberg*, en Teología y cultura, año 1, vol. 2, diciembre 2004.

Zapiain Aizpuru, Maite, *Los Límites del crecimiento: informe al Club de Roma sobre el predicamento de la humanidad*, Meadows, Randers, Behrens, Fondo de Cultura Económica, 1972.